U0824714

白话资治通鉴

VERNACULAR HISTORY AS A MIRROR

中

[北宋] 司马光 著
张宏儒 主编

岳麓書社·长沙
博集天卷 CS-BOOKY

目 录

白 话 资 治 通 鉴

中

晋纪四

第八十二卷

孝惠皇帝上之上永熙元年（庚戌，290）

帝疾笃，未有顾命。勋旧之臣多已物故，侍中、车骑将军杨骏独侍疾禁中。大臣皆不得在左右，骏因辄以私意改易要近，树其心腹。会帝小间，见其新所用者，正色谓骏曰："何得便尔！"时汝南王亮尚未发，乃令中书作诏，以亮与骏同辅政，又欲择朝士有闻望者数人佐之。骏从中书借诏观之，得便藏去，中书监华廙恐惧，自往索之，终不与。会帝复迷乱，皇后奏以骏辅政，帝颔之。夏，四月，辛丑，皇后召华廙及中书令何劭，口宣帝旨作诏，以骏为太尉、太子太傅、都督中外诸军事、侍中、录尚书事。诏成，后对廙、劭以呈帝，帝视而无言。廙，歆之孙；劭，曾之子也。遂趣汝南王亮赴镇。帝寻小间，问："汝南王来未？"左右言未至，帝遂困笃。己酉，崩于含章殿。帝宇量弘厚，明达好谋，容纳直言，未尝失色于人。

太子即皇帝位，大赦，改元，尊皇后曰皇太后，立妃贾氏为皇后。

诏以太尉骏为太傅、大都督、假黄钺，录朝政，百官总己以听。傅咸谓骏曰："谅暗不行久矣。今圣上谦冲，委政于公，而天下不以为善，惧明公未易当也。周公大圣，犹致流言，况圣上春秋非成王之年乎！窃谓山陵既毕，明公当审思进退之宜，苟有以察其忠款，言岂在多！"骏不从。咸数谏，骏渐不平，欲出咸为郡守。李斌曰："斥逐正人，将失人望。"乃止。杨济遗咸书曰："谚云：'生子痴，了官事。'官事未易了也。想虑破头，故具有白。"咸复书曰："卫公有言：'酒色杀人，甚于作直。'坐酒色死，人不为悔，而逆畏以直致祸，此由心不能正，欲以苟且为明哲耳。自古以直致祸者，当由矫枉过正，或不忠笃，欲以亢厉为声，故致忿耳，安有悾悾忠益而返见怨疾乎！"

杨骏以贾后险悍，多权略，忌之，故以其甥段广为散骑常侍，管机密；张劭为中护军，典禁兵。凡有诏命，帝省讫，入呈太后，然后行之。

骏为政，严碎专愎，中外多恶之。冯翊太守孙楚谓骏曰："公以外戚居伊、霍之任，当以至公、诚信、谦顺处之。今宗室强盛，而公不与共参万机，内怀猜忌，外树私昵，祸至无日矣！"骏不从。楚，资之孙也。

元康元年（辛亥，291）

三月，辛卯，孟观、李肇启帝，夜作诏，诬骏谋反，中外戒严，遣使奉诏废骏，以侯就第。命东安公繇帅殿中四百人讨骏，楚王玮屯司马门，以淮南相刘颂为三公尚书，屯卫殿中。段广跪言于帝曰："杨骏孤公无子，岂有反理，愿陛下审之！"帝不答。

时骏居曹爽故府，在武库南，闻内有变，召众官议之。太傅主簿朱振说骏曰："今内有变，其趣可知，必是阉竖为贾后设谋，不利于公，宜烧云龙门以胁之，索造事者首，开万春门，引东宫及外营兵拥皇太子入宫，取奸人，殿内震惧，必斩送之。不然，无以免难。"骏素怯懦，不决，乃曰："云龙门，魏明帝所造，功费甚大，奈何烧之！"侍中傅祗白骏，请与尚书武茂入宫观察事势，因谓群僚曰："宫中不宜空。"遂揖而下阶。众皆走，茂犹坐。祗顾曰："君非天子臣邪？今内外隔绝，不知国家所在，何得安坐！"茂乃惊起。骏党左军将军刘豫陈兵在门，遇右军将军裴頠，问太傅所在，頠绐之曰："向于西掖门遇公乘素车，从二人西出矣。"豫曰："吾何之！"頠曰："宜至廷尉。"豫从言，遂委而去。寻诏頠代豫领左军将军，屯万春门。頠，秀之子也。皇太后题帛为书，射之城外曰："救太傅者有赏。"贾后因宣言太后同反。寻而殿中兵出，烧骏府，又令弩手于阁上临骏府而射之，骏兵皆不得出。骏逃于马厩，就杀之。孟观等遂收骏弟珧、济，张劭、李斌、段广、刘豫、武茂及散骑常侍杨邈、中书令蒋俊、东夷校尉文鸯，皆夷三族，死者数千人。

晋惠帝永熙元年（庚戌，公元290年）

晋武帝病势沉重，没有遗诏。有功绩的旧臣们大多已经去世，侍中、车骑将军杨骏独自在宫中侍候生病的晋武帝。杨骏不让大臣们守候在晋武帝身边，他趁着这个机会，擅自做主把晋武帝身边重要亲近的职位都换了人，培植他自己的心腹。这时，晋武帝的病情稍微有了好转，他看到身边的人都被更换了，就严肃地对杨骏说："你怎么能这么做呢？”这时汝南王司马亮还没有离开京都，晋武帝就命令中书省作诏书，让司马亮与杨骏一同辅佐政事，还打算选择中央的官吏中有名望的几个人协助司马亮和杨骏。杨骏从中书借来诏书观看，拿到手里就收藏起来走了。中书监华廙非常害怕，到杨骏那里去索要诏书，杨骏最终也没有把诏书还给他。这时晋武帝又进入昏迷状态，皇后上奏请求任命杨骏辅政，晋武帝点头答应了她。夏季，四月，辛丑（十二日），皇后召来华廙以及中书令何劭，口头宣布晋武帝的旨意制作诏书，任命杨骏为太尉、太子太傅、都督中外诸军事、侍中、录尚书事。诏书写成之后，皇后当着华廙、何劭的面呈送给晋武帝，晋武帝看了诏书后什么也没有说。华廙是华歆的孙子。何劭是何曾的儿子。随后，催促汝南王司马亮奔赴镇所。过了不久，晋武帝的病又有了好转，他问：“汝南王来了没有？”身边的人说还没有到。这时，晋武帝病重垂危。己酉（二十日），晋武帝在含章殿去世。晋武帝器宇度量开阔宽厚，聪明通达，喜好谋划，能容纳直率的言辞，从来没有在别人面前有不庄重的仪表。

太子登基做了皇帝，大赦天下，改年号为永熙，尊杨皇后为皇太后，立太子妃贾氏为皇后。

晋惠帝下诏书，任命太尉杨骏为太傅、大都督、假黄钺，总领朝政，百官各自掌管自己的职责，听命于杨骏。傅咸对杨骏说：“居丧三年的制度，已经有很久不实行了。如今皇帝谦虚，把政事委托给您，但是天下的人们并不认为这样做是对的，恐怕您还不容易抵挡。周公是大圣之人，尚且招来了流言蜚语，何况皇帝的年龄并不是当年成王的年龄呢！我私下认为，武帝葬事既已办完，您应当慎重考虑进退的事情了，如果可以证明您的真诚，岂在于言辞的多少呢？”杨骏不听傅咸的话，傅咸又多次劝谏，杨骏逐渐坐不住了，想把傅咸赶出朝廷让他去做郡守。李斌劝杨骏说：“斥逐了正直的人，就要失去人们对你的敬仰。”杨骏才没有赶走傅咸。杨济给傅咸的信上说：“俗语说：‘生一个傻儿子，是因为官场上的事儿他太明白。’对官场上的事情是不宜搞得太清楚的。我为你思考忧虑，脑袋都要破了，所以写信提醒你。”傅咸回信说：“卫公有言：‘酒色杀人，比直言杀人还要厉害。’因酒色而死，人们不觉得后悔，但是却害怕由于正直而招来的祸殃，这是由于心不能正，想把苟且偷生当作明智的处世方法以保全自己。自古以来由于正直而招来了灾祸的人，是由于矫正邪恶过了头，或者是因为不是真心实意，想以严酷来博取名声，所以会招来怨恨。哪里会有忠诚恳切做好事，却反而被人憎恨的道理呢！”

杨骏因为贾后阴险蛮横又富于权术谋略而忌恨她，所以他任命自己的外甥段广为散骑常侍掌管机密要事；张劭为中护军，统领皇帝的亲兵。凡是有诏命，皇帝看过之后，呈送给太后，然后实行。

杨骏处理政事，严厉琐碎而又专断固执，朝廷内外的人大多讨厌他。冯翊太守孙楚对杨骏说："您以外戚身份担当着伊尹、霍光的重任，应当公正无私、诚实不欺、谦虚和顺地为人处事。当前皇族强盛，而您却不与他们一起参与日常政务，心里怀着猜疑妒忌，在外培植亲近宠爱的人，这样下去，灾祸临头的日子就没有几天了！"杨骏也不听。孙楚是孙资的孙子。

元康元年（辛亥，公元291年）

三月，辛卯（初八），孟观、李肇禀告晋惠帝，夜里撰写诏书，诬陷杨骏谋反，朝廷内外戒严，派遣使者根据诏命废黜杨骏，以侯爵的身份回家。命令东安公司马繇率领殿中卫士四百人讨伐杨骏，楚王司马玮驻守在司马门，任命淮南相刘颂为三公尚书，驻兵守卫殿中。段广跪着对晋惠帝说："杨骏孤身没有儿子，岂有谋反的道理？希望陛下慎重考虑。"晋惠帝不回答。

当时杨骏住在曹爽从前的宅第，位置在武器库南边，他听到皇宫内有异动，就召集各位官员商议。太傅主簿朱振劝说杨骏道："现在宫中发生了事变，它的趋向可以知道，一定是那些宦官给贾皇后出的主意，对您很不利。应当烧了云龙门逼迫他们，索要起事者的人头，打开万春门，带领东宫以及外营兵围护着皇太子进宫，捉拿恶人，宫殿之内震动恐惧，必定会斩杀肇事者送来，不这样的话，没有办法免于灾难。"杨骏素来怯懦，下不了决心，说道："云龙门是魏明帝所造，劳力耗费非常大，为什么要把它烧了？"侍中傅祗禀告杨骏，请求和尚书武茂进宫观察事态的发展，他对官员们说："宫中不宜空虚。"然后拱手行礼下了台阶。官员们都跑了，武茂还坐在那里。傅祗回过头对他说："你难道不是天子的臣下吗？如今内外隔绝，不知道天子在哪里，你怎么还能坐得住呢？"武茂于是惊觉而起。杨骏的党羽、左军将军刘豫，领兵列阵守候在门外，遇到右军将军裴頠，他问裴頠杨骏在哪里，裴頠欺骗他说："我刚才在西掖门遇到杨骏，他乘着白色的车子，有两个人跟着他向西去了。"刘豫说："我应该去哪里？"裴頠说："应该去廷尉。"刘豫听从裴頠的话，把士兵托付给裴頠后他就走了。不久，命令裴頠代替刘豫兼任左军将军，驻守万春门。裴頠是裴秀的儿子。皇太后把信写在绢帛上，用箭射出城外，上面写着"救太傅者有赏"。贾后就利用这件事宣称太后与杨骏一起谋反。不久，宫中的士兵们出去了，放火烧杨骏的府第，弓弩手在楼阁上对着杨骏的府第放箭，杨骏的士兵们没有办法出来。杨骏逃到马房，被人杀死在那里。孟观等人于是拘捕了杨骏的弟弟杨珧、杨济，张劭、李斌、段广、刘豫、武茂以及散骑常侍杨邈、中书令蒋俊、东夷校尉文鸯，这些人都被夷灭三族，被处死的有几千人。

晋纪五

第八十三卷

孝惠皇帝上之下元康九年（己未，299）

帝为人戆骇，尝在华林园闻虾蟆，谓左右曰："此鸣者，为官乎，为私乎？"时天下荒馑，百姓饿死，帝闻之曰："何不食肉糜？"由是权在群下，政出多门，势位之家，更相荐托，有如互市。贾、郭恣横，货赂公行。南阳鲁褒作《钱神论》以讥之曰："钱之为体，有《乾》《坤》之象，亲之如兄，字曰孔方。无德而尊，无势而热，排金门，入紫闼，危可使安，死可使活，贵可使贱，生可使杀。是故忿争非钱不胜，幽滞非钱不拔，怨仇非钱不解，令闻非钱不发。洛中朱衣、当涂之士，爱我家兄，皆无已已，执我之手，抱我终始。凡今之人，惟钱而已！"

初，广城君郭槐，以贾后无子，常劝后使慈爱太子。贾谧骄纵，数无礼于太子，广城君恒切责之。广城君欲以韩寿女为太子妃，太子亦欲婚韩氏以自固；寿妻贾午及后皆不听，而为太子聘王衍少女。太子闻衍长女美，而后为贾谧聘之，心不能平，颇以为言。及广城君病，临终，执后手，令尽心于太子，言甚切至。又曰："赵粲、贾午，必乱汝家事；我死后，勿复听入。深记吾言！"后不从，更与粲、午谋害太子。

太子性刚，知贾谧恃中宫骄贵，不能假借之。谧时为侍中，至东宫，或舍之，于后庭游戏。詹事裴权谏曰："谧，后所亲昵，一旦交构，则事危矣。"不从。谧谮太子于后曰："太子多畜私财以结小人者，为贾氏故也。若宫车晏驾，彼居大位，依杨氏故事，诛臣等，废后于金墉，如反手耳。不如早图之，更立慈顺者，可以自安。"后纳其言，乃宣扬太子之短，布于远近。又诈为有娠，内藁物、产具，取妹夫韩寿子慰祖养之，欲以代太子。

贾后使董猛矫以长广公主辞白帝曰："事宜速决，而群臣各不同，其不从诏者，宜以军法从事。”议至日西，不决。后见华等意坚，惧事变，乃表免太子为庶人，诏许之。于是使尚书和郁等持节诣东宫，废太子为庶人。太子改服出，拜受诏，步出承华门，乘粗犊车，东武公澹以兵杖送太子及妃王氏，三子虨、臧、尚同幽于金墉城。王衍自表离婚，许之，妃恸哭而归。杀太子母谢淑媛及虨母保林蒋俊。

永康元年（庚申，300）

赵王伦、孙秀将讨贾后，告右卫佽飞督闾和，和从之，期以癸巳丙夜一筹，以鼓声为应。癸巳，秀使司马雅告张华曰："赵王欲与公共匡社稷，为天下除害，使雅以告。"华拒之。雅怒曰："刃将在颈，犹为是言邪！"不顾而出。

及期，伦矫诏敕三部司马曰："中宫与贾谧等杀吾太子，今使车骑入废中宫，汝等皆当从命，事毕，赐爵关中侯，不从者诛三族。"众皆从之。又矫诏开门，夜入，陈兵道南，遣翊军校尉齐王冏将百人排阁而入，华林令骆休为内应，迎帝幸东堂，以诏召贾谧于殿前，将诛之。谧走入西钟下，呼曰："阿后救我！"就斩之。贾后见齐王冏，惊曰："卿何为来？"冏曰："有诏收后。"后曰："诏当从我出，何诏也！"后至上阁，遥呼帝曰："陛下有妇，使人废之，亦行自废矣。"是时，梁王肜亦预其谋，后问冏曰："起事者谁？"冏曰："梁、赵。"后曰："系狗当系颈，反系其尾，何得不然！"遂废后为庶人，幽之于建始殿。收赵粲、贾午等付暴室考竟。诏尚书收捕贾氏亲党，召中书监、侍中、黄门侍郎、八座皆夜入殿。尚书始疑诏有诈，郎师景露版奏请手诏，伦等斩之以徇。

伦阴与秀谋篡位，欲先除朝望，且报宿怨，乃执张华、裴頠、解系、解结等于殿前。华谓张林曰："卿欲害忠臣邪？"林称诏诘之曰："卿为宰相，太子之废，不能死节，何也？"华曰："式乾之议，臣谏事具存，可覆按也。"林曰："谏而不从，何不去位？"华无以对。遂皆斩之，仍夷三族。

于是赵王伦称诏赦天下，自为使持节、都督中外诸军事、相国、侍中，一依宣、文辅魏故事，置府兵万人，以其世子散骑常侍荂领冗从仆射，子馥为前将军，封济阳王；虔为黄门郎，封汝阴王；诩为散骑侍郎，封霸城侯。孙秀等皆封大郡，并据兵权，文武官封侯者数千人，百官总己以听于伦。伦素庸愚，复受制于孙秀。秀为中书令，威权振朝廷，天下皆事秀而无求于伦。

九月，改司徒为丞相，以梁王肜为之，肜固辞不受。

伦及诸子皆顽鄙无识，秀狡黠贪淫，所与共事者，皆邪佞之士，惟竞荣利，无远谋深略，志趣乖异，互相憎嫉。秀子会为射声校尉，形貌短陋，如奴仆之下者，秀使尚帝女河东公主。

晋惠帝元康九年（己未，公元299年）

惠帝为人愚鲁痴呆，一次在华林园听到蛤蟆的叫声，就问左右随从说："这叫的东西，是为公事叫呢！还是为私事叫呢？"当时天下灾荒，许多百姓都饿死了，惠帝听到后说："他们为什么不吃肉粥呢？"因此权力都由手下的小人掌握，政令出自许多部门而不能统一，有权势地位的人家互相推举，如同市场交易。贾氏、郭氏肆意妄为，官场上贿赂公然进行。南阳人鲁褒作了一篇《钱神论》讥讽这种现象说："钱的形象，像天地一样有圆有方，人们亲它爱它如同兄弟，尊称它叫'孔方兄'。没有美德而备受尊崇，没有权势而炙手可热，出入宫廷高门，可以转危为安，起死复生，变尊贵为卑贱，置活人于死地。所以愤怒争执时没有钱就不能取胜，冤屈困厄时没有钱就不能得救，冤家仇敌没有钱就不能解怨释仇，美好的声誉没有钱就不能传播。当今都城的王公贵族、权势要人，个个爱我们孔方兄而没有休止，拿钱的手，紧抱着钱始终不放松。当今的人心中只有钱罢了。"

当初，广城君郭槐，因为皇后贾氏没有孩子，经常劝皇后，让她慈爱地对待太子。贾谧骄横放肆，多次对太子无礼，广城君经常严厉地斥责他。广城君打算让韩寿的女儿去做太子妃，太子也想与韩氏联姻以稳固自己的地位。韩寿的妻子贾午及皇后都不同意，却为太子聘定王衍的小女儿。太子听说王衍的大女儿长得漂亮，而皇后却为贾谧聘定了她，太子心里愤愤不平，有一些不满的话。等到广城君病危，临终时拉住贾皇后的手，叫她对太子尽心，言辞非常恳切中肯。又说："赵粲、贾午，一定会把你家的事搅乱，我死后，不要再听任他们随便进宫，你要用心记住我的话！"皇后没有听从广城君的告诫，又与赵粲、贾午图谋陷害太子。

太子性格刚愎，知道贾谧倚仗皇后的势力而骄纵富贵，不能容忍和敷衍他。贾谧当时担任侍中，到太子的东宫时，太子有时撇在一边，自己到后边的庭园游玩。太子的属官詹事裴权劝谏太子说："贾谧是皇后所亲近溺爱的人，一旦他进谗言，那情况就危险了。"太子不听。果然贾谧向皇后进谗言陷害太子说："太子储备很多私财用来结交小人，就是想要图谋贾家。如果皇帝驾崩，他登上皇位，一定会按照您过去对杨骏、太后的做法来对待您，对他来说，诛杀我们，把您废黜并囚禁在金墉城，易如反掌。还不如早做打算，重新立一个心慈而顺从的人为太子，这样您就能够安全了。”皇后采纳了贾谧的计策，就宣扬太子的短处，并广为传播。还假称自己已怀孕，在宫内准备了禾草和生孩子时使用的工具，接来妹夫韩寿的儿子韩慰祖进宫抚养，计划让韩慰祖来取代太子。

贾皇后又让董猛假托长广公主的言辞对惠帝说：“这件事应当尽快决断，而大臣们意见还不相同，对那些不同意这个诏令的，应当按照军法处理。”大臣们商议到太阳偏西，还没有议定。皇后见张华等大臣态度坚决，害怕事情发生变化，就建议把太子贬黜为平民，惠帝批准了这个建议。于是派遣尚书和郁等拿着符节到东宫，废黜太子为平民。太子更换了衣服出去，拜接了诏书，走出承华门，乘坐粗陋的牛车，东武公司马澹带领一队兵士押送太子及妃子王氏，还有三个儿子司马彪、司马臧、司马尚到金墉城关押起来。王衍上表请求让女儿与太子离婚，得到同意，妃子王氏恸哭着回到娘家。惠帝处死了太子的母亲谢淑媛以及具有保林身份的司马彪之母蒋俊。

永康元年（庚申，公元300年）

赵王司马伦和孙秀打算征讨贾皇后，告诉了右卫佽飞督闾和，闾和同意，约定癸巳（四月初三）三更一点的时候，以鼓声为号。癸巳（初三），孙秀派司马雅告诉张华说：“赵王司马伦打算与您一起共同扶助朝廷，为天下除害，派我来通知您。”张华拒绝。司马雅生气地说：“刀都要架在脖子上了，还说这样的话吗！”头也不回，就走了。

到了约定的时候，司马伦假称惠帝诏令，命令皇宫禁卫军三部司马说：“皇后与贾谧等人杀害朕的太子。现在派车骑将军进宫废黜皇后，你们都应该服从，事情结束，赐予关中侯的爵位。不服从的人，诛杀三族。”大家都听从了司马伦的命令。又假称惠帝诏令骗开宫门，趁夜晚进去，把兵卒安排在路的南侧。派翊军校尉齐王司马冏带领一百兵士推开小门进去，华林园令骆休为内应，接惠帝到东堂，用诏令宣召贾谧到殿前，将要诛杀他，贾谧跑到西钟下面，大呼：“皇后救救我！”随即被斩首。贾皇后看到齐王司马冏，吃惊地问：“你为什么来这儿？”司马冏说：“有诏令要逮捕您。”皇后说：“诏书应该从我这儿发出，哪来的什么诏书！”皇后到门口，远远地向惠帝呼喊：“陛下有妻子，却让人废黜，也就等于自己将要被废黜。”这时，梁王司马彤也事先知道这个计划，贾皇后问司马冏说：“图谋起事的是谁？”司马冏说：“梁王和赵王。”皇后说：“系狗应该系狗的脖颈，却反倒系在狗的尾巴上，怎么能不有这样的结果呢？”于是皇后被废黜为平民，囚禁在建始殿。又逮捕赵粲、贾午等人送往暴室监狱拷问罪行，下诏命令尚书逮捕贾氏亲信党羽，宣召中书监、侍中、黄门侍郎、尚书台高级官员八座连夜入殿。尚书台起初怀疑诏书是假的，尚书郎师景用公文奏请惠帝的亲笔诏书，司马伦等人就将他杀了昭示大臣。

司马伦暗地与孙秀图谋篡夺皇位，打算先除掉朝廷中有名望的大臣，并且借机报复过去曾结怨的人，就把张华、裴颜、解系、解结等人押到宫殿前。张华对张林说："你想谋害忠臣吗？”张林声称奉诏质问张华说："你身为宰相，太子被废黜，却不能为气节而死，这是为什么呢？”张华说："式乾殿前的争议，我劝谏皇帝的过程全部都记录留存下来，可以复查。”张林说："劝谏而不被采纳，为什么不辞职？”张华无言以对。于是把他们全部杀了，并诛杀三族。

于是赵王司马伦假称圣旨，赦免天下罪犯，自己担任使持节、都督中外诸军事、相国、侍中等显要官职，完全模仿当年宣帝、文帝辅佐曹魏王朝时所为，设置一万府兵，让他的长子散骑常侍司马荂任冗从仆射。儿子司马馥为前将军，封为济阳王；司马虔为黄门郎，封为汝阴王；司马诩为散骑侍郎，封为霸城侯。对孙秀等人都封给大郡，并让他们掌握兵权，文武官员有几千人封侯，百官都维持自己的职务以听命于司马伦。司马伦品性平庸而愚蠢，不久又受制于孙秀。孙秀任中书令，权力威势震慑朝廷，全国都侍奉孙秀而用不着请示司马伦。

九月，改司徒之职为丞相，让梁王司马肜担任，司马肜坚持推辞而不接受。

司马伦和他的几个儿子都顽劣粗鄙没有见识，孙秀则狡黠贪婪过人，与他在一起共事的，都是奸邪投机的人，只知竞相追名逐利，没有深谋远虑，志向趣味也各不相同，并且互相厌恶嫉妒。孙秀的儿子孙会担任射声校尉，形体短小相貌丑陋，就像下层做奴仆杂役的人，孙秀却让他娶了惠帝的女儿河东公主。

晋纪六

第八十四卷

孝惠皇帝中之上永宁元年（辛酉，301）

相国伦与孙秀使牙门赵奉诈传宣帝神语云："伦宜早入西宫。"散骑常侍义阳王威，望之孙也，素谄事伦，伦以威兼侍中，使威逼夺帝玺绶，作禅诏，又使尚书令满奋持节、奉玺绶禅位于伦。左卫将军王舆、前军将军司马雅等帅甲士入殿，晓谕三部司马，示以威赏，无敢违者。张林等屯守诸门。乙丑，伦备法驾入宫，即帝位。赦天下，改元建始。帝自华林西门出居金墉城，伦使张衡将兵守之。

孙秀专执朝政，伦所出诏令，秀辄改更与夺，自书青纸为诏，或朝行夕改，百官转易如流。张林素与秀不相能。且怨不得开府，潜与太子荂笺，言："秀专权不合众心，而功臣皆小人，挠乱朝廷，可悉诛之。"荂以书白伦，伦以示秀。秀劝伦收林，杀之。夷其三族。秀以齐王冏、成都王颖、河间王颙，各拥强兵，据方面，恶之。乃尽用其亲党为三王参佐，加冏镇东大将军、颖征北大将军，皆开府仪同三司，以宠安之。

齐王冏谋讨赵王伦，未发，会离孤王盛、颍川处穆聚众于浊泽，百姓从之，日以万数。伦以其将管袭为齐王军司，讨盛、穆，斩之。冏因收袭，杀之，与豫州刺史何勖、龙骧将军董艾等起兵，遣使告成都王颖、河间王颙、常山王乂及南中郎将新野公歆，移檄征、镇、州、郡、县、国，称："逆臣孙秀，迷误赵王，当共诛讨。有不从命者，诛及三族。"

使者至邺，成都王颖召邺令卢志谋之。志曰："赵王篡逆，人神共愤，殿下收英俊以从人望，杖大顺以讨之，百姓必不召自至，攘臂争进，蔑不克矣。"颖从之，以志为谘议参军，仍补左长史。志，毓之孙也。颖以兖州刺史王彦、冀州刺史李毅、督护赵骧、石超等为前锋，远近响应；至朝歌，众二十余万。超，苞之孙也。

常山王乂在其国，与太原内史刘暾各帅众为颖后继。伦、秀闻三王兵起，大惧，诈为冏表曰："不知何贼猝见攻围，臣懦弱不能自固，乞中军见救，庶得归死。"以其表宣示内外；遣上军将军孙辅、折冲将军李严帅兵七千自延寿关出，征虏将军张泓、左军将军蔡璜、前军将军闾和帅兵九千自崿阪关出，镇军将军司马雅、扬威将军莫原帅兵八千自成皋关出，以拒冏。遣孙秀子会督将军士猗、许超帅宿卫兵三万以拒颖。召东平王楙为卫将军，都督诸军；又遣京兆王馥、广平王虔帅兵八千为三军继援。伦、秀日夜祷祈、厌胜以求福；使巫觋选战日；又使人于嵩山著羽衣，诈称仙人王乔，作书述伦祚长久，欲以惑众。

自冏等起兵，百官将士皆欲诛伦、秀，秀惧，不敢出中书省；及闻河北军败，忧懑不知所为。孙会、许超、士猗等至，与秀谋，或欲收余卒出战；或欲焚宫室，诛不附己者，挟伦南就孙旂、孟观；或欲乘船东走入海；计未决。辛酉，左卫将军王舆与尚书广陵公漼帅营兵七百余人自南掖门入宫，三部司马为应于内，攻孙秀、许超、士猗于中书省，皆斩之，遂杀孙奇、孙弼及前将军谢惔等。漼，伷之子也。王舆屯云龙门，召八坐皆入殿中，使伦为诏曰："吾为孙秀所误，以怒三王；今已诛秀。其迎太上皇复位，吾归老于农亩。"传诏以驺虞幡敕将士解兵。黄门将伦自华林东门出，及太子荂皆还汶阳里第，遣甲士数千迎帝于金墉城。百姓咸称万岁。帝自端门入，升殿，群臣顿首谢罪。诏送伦、荂等赴金墉城。广平王虔自河北还，至九曲，闻变，弃军，将数十人归里第。

癸亥，赦天下，改元，大酺五日。分遣使者慰劳三王。梁王肜等表："赵王伦父子凶逆，宜伏诛。"丁卯，遣尚书袁敞持节赐伦死，收其子荂、馥、虔、诩，皆诛之。凡百官为伦所用者皆斥免，台、省、府、卫，仅有存者。

六月，乙卯，齐王冏帅众入洛阳，顿军通章署，甲士数十万，威震京都。

初，大司马冏疑中书郎陆机为赵王伦撰禅诏，收，欲杀之；大将军颖为之辩理，得免死，因表为平原内史，以其弟云为清河内史。机友人顾荣及广陵戴渊，以中国多难，劝机还吴；机以受颖全济之恩，且谓颖有时望，可与立功，遂留不去。

太安元年（壬戌，302）

齐武闵王冏既得志，颇骄奢擅权，大起府第，坏公私庐舍以百数，制与西宫等，中外失望。侍中嵇绍上疏曰："存不忘亡，《易》之善戒也。臣愿陛下无忘金墉，大司马无忘颍上，大将军无忘黄桥，则祸乱之萌无由而兆矣。"又与冏书，以为："唐、虞茅茨，夏禹卑宫。今大兴第舍及为三王立宅，岂今日之急邪！”冏逊辞谢之，然不能从。

张翰、顾荣皆虑及祸，翰因秋风起。思菰菜、莼羹、鲈鱼鲙，叹曰：“人生贵适志耳，富贵何为！”即引去。荣故酣饮，不省府事，长史葛旟以其废职，白冏徙荣为中书侍郎。颍川处士庾衮闻冏期年不朝，叹曰：“晋室卑矣，祸乱将兴！”帅妻子逃于林虑山中。

冏以河间王颙本附赵王伦，心常恨之。梁州刺史安定皇甫商，与颙长史李含不平。含被征为翊军校尉，时商参冏军事，夏侯奭兄亦在冏府。含心不自安，又与冏右司马赵骧有隙，遂单马奔颙，诈称受密诏，使颙诛冏，因说颙曰；“成都王至亲，有大功，推让还藩，甚得众心。齐王越亲而专政，朝廷侧目。今檄长沙王使讨齐，齐王必诛长沙，吾因以为齐罪而讨之，必可禽也。去齐立成都，除逼建亲，以安社稷，大勋也。”颙从之。是时，武帝族弟范阳王虓都督豫州诸军事。颙上表陈冏罪状，且言：“勒兵十万，欲与成都王颖、新野王歆、范阳王虓共会洛阳，请长沙王乂废冏还第，以颖代冏辅政。”颙遂举兵，以李含为都督，帅张方等趋洛阳；复遣使邀颖，颖将应之，卢志谏，不听。

十二月，丁卯，颙表至；冏大惧，会百官议之，曰：“孤首唱义兵，臣子之节，信著神明。今二王信谗作难，将若之何？”尚书令王戎曰：“公勋业诚大；然赏不及劳，故人怀贰心。今二王兵盛，不可当也。若以王就第，委权崇让，庶可求安。”冏从事中郎葛旟怒曰：“三台纳言，不恤王事。赏报稽缓，责不在府。谗言逆乱，当共诛讨，奈何虚承伪书，遽令公就第乎！汉、魏以来，王侯就第，宁有得保妻子者邪！议者可斩！”百官震悚失色，戎伪药发堕厕，得免。

李含屯阴盘，张方帅兵二万军新安，檄长沙王乂使讨冏。冏遣董艾袭乂，乂将左右百余人驰入宫，闭诸门，奉天子攻大司马府，董艾陈兵宫西，纵火烧千秋神武门。冏使人执驺虞幡唱云：“长沙王乂矫诏。”乂又称：“大司马谋反。”是夕，城内大战，飞矢雨集，火光属天。帝幸上东门，矢集御前，群臣死者相枕。连战三日，冏众大败，大司马长史赵渊杀何勖，因执冏以降。冏至殿前，帝恻然，欲活之。乂叱左右趣牵出，斩于阊阖门外，徇首六军，同党皆夷三族，死者二千余人。囚冏子超、冰、英于金墉城，废冏弟北海王寔。赦天下，改元。李含等闻冏死，引兵还长安。

长沙王乂虽在朝廷，事无巨细，皆就邺谘大将军颖。颖以孙惠为参军，陆云为右司马。

晋惠帝永宁元年(辛酉,公元301年)

相国司马伦和孙秀让牙门赵奉假称宣帝有神敕,散布说:“司马伦应当尽快入西宫即帝位。”散骑常侍义阳王司马威,是司马望的孙子,一直对司马伦谄谀奉承,司马伦就让司马威兼任侍中,派他逼迫惠帝交出皇帝玺印与绶带,做禅让帝位的诏书,又派尚书令满奋持符节取来玺印与绶带,奉交给司马伦,表示惠帝已禅位给司马伦。左卫将军王舆、前军将军司马雅带领全副武装的兵士进入宫殿,通告三部司马,向他们宣示威势与封赏,没有谁胆敢违抗。张林等人在各宫门前驻扎防守。乙丑(正月初九),司马伦乘皇帝的专车进入皇宫,即帝位。大赦天下,改年号为建始,惠帝从华林园西门出宫到金墉城居住,司马伦派张衡带兵看守惠帝。

孙秀专擅把持朝政,司马伦所下的诏令,孙秀随意改动增删,甚至自己在青纸上书写,作为诏书,有时朝令夕改,百官像流水一样换来换去。张林一直与孙秀不和,加之怨恨没有得到开府建署的资格,暗地里给太子司马荂一封密信,说:“孙秀专权不能服众,而功臣都是小人,扰乱了朝廷,应当把他们全部诛杀。”司马荂将这封信告诉了司马伦,司马伦又把信交给孙秀看。孙秀劝说司马伦拘捕张林,把他杀了,并夷灭三族。孙秀因为齐王司马冏、成都王司马颖,河间王司马颙,各自拥有强大的军队,独据一方,而认为他们很危险,便把这三个亲王的僚属全部任用自己的亲信党羽充当,又加封司马冏为镇东大将军,司马颖为征北大将军、开府仪同三司,来优宠安抚他们。

齐王司马冏商议征讨赵王司马伦,还没有发动,碰上离孤县人王盛、颍川人处穆在浊泽聚众,百姓响应跟随他们,一天就有万人。司马伦派他的属将管袭任齐王的军司,征讨王盛、处穆,杀死他们。司马冏趁机拘捕并杀死了管袭,与豫州刺史何勖、龙骧将军董艾等人起兵,派遣使者通告成都王司马颖、河间王司马颙、常山王司马乂以及南中郎将新野公司马歆,向征、镇、州、郡、县、国等各地行政部门传布檄文,说:“叛逆之臣孙秀,迷惑误导赵王,应该共同讨伐。有不听从命令的,诛灭三族。”

使者到邺县,成都王司马颖召集邺县县令卢志商议,卢志说:“赵王篡权叛逆,神怒人怨,殿下召集英雄俊杰以顺从民意、扶持正义征讨他,百姓一定会不召而自至,举起胳臂争相前来,没有不成功的道理。”司马颖采纳了卢志的意见,以卢志为谘议参军,仍补任左长史。卢志是卢毓的孙子。司马颖以兖州刺史王彦、冀州刺史李毅,督护赵骧、石超等人为前锋。远方近处都纷纷响应。到达朝歌,军队已有二十多万人。石超是石苞的孙子。

常山王司马乂在他的封国，与太原内史刘暾各率人马作为司马颖的后续军队。司马伦、孙秀听说司马冏等三亲王兴兵，非常恐惧，伪造司马冏给朝廷的奏表，说："不知是什么强盗突然包围了我，我懦弱无能无法自保，乞求朝廷派禁军救援，使我能够回到朝廷领罪。"司马伦等把这份伪造的奏表在朝廷内外传扬展示，又派遣上军将军孙辅、折冲将军李严带领七千兵卒出延寿关，派征虏将军张泓、左军将军蔡璜、前军将军闾和带领九千兵卒出崿阪关，派镇军将军司马雅、扬威将军莫原带领八千兵卒出成皋关，用以抵御司马冏。派遣孙秀的儿子孙会督率将军士猗、许超带领三万宿卫兵抵御司马颖。宣召东平王司马楙为卫将军，监督各支兵马，又派遣京兆王司马馥、广平王司马虔带领八千兵卒作为三支兵马的预备后援。司马伦、孙秀日夜祈祷，用诅咒制胜的法术祈求鬼神降福保佑。让男巫选择作战的日期，又派人在嵩山穿上羽衣，自称仙人王乔，写信说司马伦的帝位定会长久，想以此迷惑众人。

自从司马冏等人起兵，朝廷文武百官以及禁军将士都想诛杀司马伦和孙秀，孙秀非常胆怯，不敢离开中书省。等到听说河北的军队战败，忧郁烦懑不知所措。孙会、许超、士猗等人逃回来后，与孙秀商议，有的提出聚集剩余的兵力去交战；有的提出焚毁皇宫殿堂，诛杀不听从自己的人，挟持司马伦南逃，投奔孙旂、孟观；有的还提出乘船东行入海；但没有商议出结果。辛酉（闰三月初七），左卫将军王舆和尚书广陵公司马漼，带领七百多兵士从南掖门进入皇宫，三部司马在里面为内应，在中书省向孙秀、许超、士猗发起攻击，把他们全杀了。于是又杀了孙奇、孙弼及前将军谢惔等人。司马漼是司马伷的儿子。王舆在云龙门驻守，召集朝廷的高级官吏八座进入宫殿，让司马伦下诏书说："我被孙秀等人所害，因此激怒三亲王。现在已诛杀孙秀，要迎接太上皇恢复皇位，我则归田养老。"传诏官用驺虞幡命令将士解除武装。宦官把司马伦从华林园东门带出，和太子司马荂一起都送回到汶阳里府第，派遣几千武装兵士到金墉城迎接惠帝。百姓都呼喊万岁。惠帝从端门进宫，登上宫殿，大臣们都跪拜叩头请罪。根据诏令把司马伦、司马荂等人送到金墉城。广平王司马虔从河北回来，到达九曲，听说朝廷的变故，就离弃军队，带几十人回归自己的府第。

癸亥（闰三月初九），朝廷宣布赦免天下，改年号为永宁，诏赐臣民聚饮五天。分别派遣使者去慰劳司马冏等三个亲王。梁王司马肜表奏："赵王司马伦父子凶暴叛逆，应当处死。"丁卯（十三日），派遣尚书袁敞持符节赐司马伦死，拘捕他的儿子司马荂、司马馥、司马虔、司马诩，全部处死。文武百官中凡为司马伦任用过的全部贬斥罢免，台、省、府、卫各部门留任的官员所剩无几。

六月，乙卯（初二），齐王司马冏带领部众进入洛阳。军队在通章署停留，全副武装的兵士几十万人，威震京都洛阳。

当初，大司马司马冏怀疑中书郎陆机为赵王司马伦撰写惠帝禅让帝位的诏书而拘捕了他，打算处死。大将军司马颖为陆机辩护说理，陆机得以免除死罪，司马颖又表奏陆机为平原内史，陆机的弟弟陆云为清河内史。陆机的朋友顾荣和广陵人戴渊，因为中原多灾多难，就劝陆机回到吴地。陆机因为受了司马颖保全济助的恩德，又认为司马颖当时深孚众望，以为可以为他做事立功，于是就留下没有离去。

太安元年（壬戌，公元302年）

齐王司马冏如愿以偿，颇有些骄纵奢侈而独揽大权，大规模地建造府第，拆毁公私房屋上百处，格局规模与西宫相当，朝廷内外因而失望。侍中嵇绍给惠帝上奏章说："存在而不忘失去，是《易经》很好的警戒。我希望陛下不要忘了在金墉城之困，大司马不要忘却颍上之败，大将军不要忘了黄桥之败，那么祸乱的发端就无从开始了。"嵇绍又给司马冏写信，认为："尧、舜茅屋不修剪，夏禹住低矮的宫室。现在大兴土木建造房舍和给三个亲王建造宅第，难道是今天所急于做的事吗？"司马冏用谦逊客气的话来认错，但并不采纳。

张翰、顾荣都忧虑灾祸即将来临，张翰因为秋风吹来，怀念起故乡的菰菜、莼菜汤、鲈鱼片，感叹道："人生在世最难得的是舒服自在，富有和显贵有什么用？"随即引退离去。顾荣则故意开怀畅饮，不去过问府中事务，长史葛旟因为他荒废职守，向司马冏汇报，把顾荣贬为中书侍郎。颍川隐士庾衮，听说司马冏整年没有上朝，慨叹道："晋朝衰微了，祸乱即将兴起！"带领妻儿逃到林虑山中避难。

司马冏因为河间王司马颙原来依附赵王司马伦，心里常常忌恨他。梁州刺史安定人皇甫商，对司马颙的长史李含不满。李含被征召担任翊军校尉，这时皇甫商任司马冏的参军事，夏侯奭的哥哥也在司马冏府做事。李含心里很不自在安稳，又和司马冏的右司马赵骧不和，于是一个人骑马逃奔回司马颙那里，假称接受了秘密诏令，让司马颙诛伐司马冏，告诉司马颙说："成都王是皇上的近亲，又有大功，但推辞谦让返回封地，很得人心。而齐王越过比他更近的皇亲而独揽朝政，朝廷上下为之愤恨。现在给长沙王发出檄文让成都王征讨齐王，齐王一定会诛杀长沙王，我们就把这当作齐王的罪行而征讨他，一定能够把他擒获。去掉齐王而拥立成都王，除去逼宫的人而立近亲，使国家社稷安定，是一项大功勋。"司马颙采纳了这个意见。这时，晋武帝的族弟范阳王司马虓任都督豫州诸军事。司马颙上奏表陈说司马冏的罪状，并且说："带领十万军队，要同成都王司马颖、新野王司马歆、范阳王司马虓共同在洛阳会师，请长沙王司马乂废黜司马冏让他回到封地府第去，让司马颖取代司马冏辅佐朝政。"司马颙就发兵点将，让李含任都督，带领张方等急赴洛阳。又派使者邀集司马颖，司马颖打算答应邀请。卢志劝谏，司马颖不听。

十二月，丁卯（二十二日），司马颙的奏表到洛阳。司马冏非常惧怕，召集文武百官商议对策，说："我首先发起义兵，尽臣子的气节，信义显现于神明之前。现在两亲王听信谗言而发难，怎么对待呢？"尚书令王戎说："您的功勋业绩的确很大。但是赏赐没有都到达有功劳的人那里，所以使人怀有二心。现在两亲王兵力强盛，势不可当。如果您隐退回家，而崇敬谦虚地把权交出，大概可以求得平安。"司马冏的从事中郎葛旟生气地说："尚书所说，根本不顾惜齐王的事业。报功赏赐的停顿迟缓，责任不在齐王府。听信谗言发起叛乱，应当共同征讨，更何况怎能凭空根据伪造书信，就让齐王回家呢？汉、魏以来，王侯隐退回家的，难道有能够保全妻儿的吗？提这个建议的人可以杀掉！"文武百官震骇惶恐脸色大变，王戎假装药力发作掉到厕坑，得以逃脱。

李含在阴盘屯兵，张方率两万军队在新安驻扎，给长沙王司马乂发檄文让他征讨司马冏。司马冏派董艾袭击司马乂，司马乂带领身边一百多人急驰进入皇宫，关闭所有宫门，尊奉天子攻打大司马府，董艾在皇宫西侧摆开兵阵，纵火烧千秋神武门。司马冏派人举着驺虞幡呼喊说："长沙王司马乂假称诏令。"司马乂则宣称："大司马谋反。"这一夜，洛阳城内展开激战，箭飞如雨，火光映天。惠帝来到上东门，箭射到惠帝面前，群臣尸横遍地。一连打了三天，司马冏的兵众惨败，大司马长史赵渊杀了何勖，就抓住司马冏投降。司马冏被押到宫殿前，惠帝面容忧伤，想救司马冏活下来。司马乂喝令左右随从把司马冏赶快牵出去，在阊阖门外杀掉，拿他的头到各军展示。司马冏的同党都被夷灭三族，死了两千多人。把司马冏的儿子司马超、司马冰、司马英囚禁在金墉城，废黜司马冏的弟弟北海王司马寔。大赦天下，改年号为太安。李含等人听说司马冏死了，带兵回长安。

长沙王司马乂虽然在朝廷，但事无巨细，都到邺都去请示大将军司马颖。司马颖让孙惠担任参军，陆云担任右司马。

晋纪七

第八十五卷

孝惠皇帝中之下太安二年（癸亥，303）

初，李含以长沙王乂微弱，必为齐王冏所杀，因欲以为冏罪而讨之，遂废帝，立大将军颖，以河间王颙为宰相，己得用事。既而冏为乂所杀，颖、颙犹守藩，不如所谋。颖恃功骄奢，百度弛废，甚于冏时；犹嫌乂在内，不得逞其欲，欲去之。时皇甫商复为乂参军，商兄重为秦州刺史。含说颙曰："商为乂所任，重终不为人用，宜早除之。可表迁重为内职，因其过长安执之。"重知之，露檄上尚书，发陇上兵以讨含。乂以兵方少息，遣使诏重罢兵，征含为河南尹。含就征而重不奉诏，颙遣金城太守游楷、陇西太守韩稚等合四郡兵攻之。颙密使含与侍中冯荪、中书令卞粹谋杀乂；皇甫商以告乂，收含、荪、粹，杀之。骠骑从事琅邪诸葛玫、前司徒长史武邑牵秀皆出奔邺。

河间王颙闻李含等死，即起兵讨长沙王乂。大将军颖上表请讨张昌，许之；闻昌已平，因欲与颙共攻乂。卢志谏曰："公前有大功而委权辞宠，时望美矣。今若顿军关外，文服入朝，此霸主之事也。"参军魏郡邵续曰："人之有兄弟，如左右手。明公欲当天下之敌而先去其一手，可乎！"颖皆不从。八月，颙、颖共表："乂论功不平，与右仆射羊玄之、左将军皇甫商专擅朝政，杀害忠良，请诛玄之、商，遣乂还国。"诏曰："颙敢举大兵，内向京辇，吾当亲率六军以诛奸逆。其以乂为太尉、都督中外诸军事以御之。"

颙以张方为都督，将精兵七万，自函谷东趋洛阳。

乙丑，帝如十三里桥。太尉乂使皇甫商将万余人拒张方于宜阳。己巳，帝还军宣武场。庚午，舍于石楼。九月丁丑，屯于河桥。壬午，张方袭皇甫商，败之。甲申，帝军于芒山。丁亥，帝幸偃师；辛卯，舍于豆田。大将军颖进屯河南，阻清水为垒。癸巳，羊玄之忧惧而卒，帝旋军城东；丙申，幸缑氏，击牵秀，走之。大赦。张方入京城，大掠，死者万计。

太尉乂奉帝攻张方，方兵望见乘舆，皆退走，方遂大败，死者五千余人。方退屯十三里桥，众惧，欲夜遁，方曰："胜负兵家之常，善用兵者能因败为成。今我更前作垒，出其不意，此奇策也。"乃夜潜逼洛城七里，筑垒数重，外引廪谷以足军食。乂即战胜，以为方不足忧。闻方垒成，十一月，引兵攻之，不利。朝议以为乂、颖兄弟，可辞说而释，乃使中书令王衍等往说颖，令与乂分陕而居，颖不从。乂因致书于颖，为陈利害，欲与之和解。颖复书："请斩皇甫商等首，则引兵还邺。"乂不可。

永兴元年（甲子，304）

长沙厉王乂屡与大将军颖战，破之，前后斩获六七万人。而乂未尝亏奉上之礼；城中粮食日窘，而士卒无离心。张方以为洛阳未可克，欲还长安。而东海王越虑事不济，癸亥，潜与殿中诸将夜收乂送别省。甲子，越启帝，下诏免乂官，置金墉城。大赦，改元。城既开，殿中将士见外兵不盛，悔之，更谋劫出乂以拒颖。越惧，欲杀乂以绝众心。黄门侍郎潘滔曰："不可，将自有静之者。"乃遣人密告张方。丙寅，方取乂于金墉城，至营，炙而杀之，方军士亦为之流涕。

公卿皆诣邺谢罪；大将军颖入京师，复还镇于邺。诏以颖为丞相；加东海王越守尚书令。颖遣奋武将军石超等率兵五万屯十二城门，殿中宿所忌者，颖皆杀之；悉代去宿卫兵。

河间王颙表请立丞相颖为太弟。戊申，诏以颖为皇太弟，都督中外诸军事，丞相如故。大赦。乘舆服御皆迁于邺，制度一如魏武帝故事。以颙为太宰、大都督、雍州牧；前太傅刘寔为太尉。寔以老，固让不拜。

太弟颖僭侈日甚，嬖幸用事，大失众望。司空东海王越，与右卫将军陈眕及长沙故将上官巳等谋讨之。秋，七月，丙申朔，陈眕勒兵入云龙门，以诏召三公百僚及殿中，戒严讨颖。石超奔邺。戊戌，大赦，复皇后羊氏及太子覃。己亥，越奉帝北征。以越为大都督。征前侍中嵇绍诣行在。侍中秦准谓绍曰："今往，安危难测，卿有佳马乎？"绍正色曰："臣子扈卫乘舆，死生以之，佳马何为！"

越檄召四方兵，赴者云集，比至安阳，众十余万，邺中震恐。颖会群僚问计，东安王繇曰："天子亲征，宜释甲缟素出迎请罪。"颖不从，遣石超帅众五万拒战。折冲将军乔智明劝颖奉迎乘舆，颖怒曰："卿名晓事，投身事孤；今主上为群小所逼，卿奈何欲使孤束手就刑邪！”

陈眕二弟匡、规自邺赴行在，云邺中皆已离散，由是不甚设备。己未，石超军奄至，乘舆败绩于荡阴，帝伤颊，中三矢，百官侍御皆散。嵇绍朝服，下马登辇，以身卫帝，兵人引绍于辕中斫之。帝曰：“忠臣也，勿杀！”对曰：“奉太弟令，惟不犯陛下一人耳。”遂杀绍，血溅帝衣。帝堕于草中，亡六玺。石超奉帝幸其营，帝馁甚，超进水，左右奉秋桃。颖遣卢志迎帝；庚申，入邺。大赦，改元曰建武。左右欲浣帝衣，帝曰：“嵇侍中血，勿浣也！”

帝既还洛阳，张方拥兵专制朝政，太弟颖不得复豫事。

张方在洛既久，兵士剽掠殆竭，众情喧喧，无复留意，议欲奉帝迁都长安；恐帝及公卿不从，欲须帝出而劫之。乃请帝谒庙，帝不许。十一月，乙未，方引兵入殿，以所乘车迎帝，帝驰避后园竹中。军人引帝出，逼使上车，帝垂泣从之。

十二月，丁亥，诏太弟颖以成都王还第；更立豫章王炽为皇太弟。帝兄弟二十五人，时存者惟颖、炽及吴王晏。晏材资庸下，炽冲素好学，故太宰颙立之。诏以司空越为太傅，与颙夹辅帝室，王戎参录朝政。又以光禄大夫王衍为尚书左仆射。高密王略为镇南将军，领司隶校尉，权镇洛阳。东中郎将模为宁北将军，都督冀州诸军事，镇邺。百官各还本职。令州郡蠲除苛政，爱民务本，清通之后，当还东京。大赦，改元。略、模，皆越之弟也。王浚既去邺，越使模镇之。颙以四方乖离，祸难不已，故下此诏和解之，冀获少安。越辞太傅不受。又诏以太宰颙都督中外诸军事。张方为中领军、录尚书事，领京兆太守。

晋惠帝太安二年（癸亥，公元303年）

当初，李含以为长沙王司马乂力量微弱，一定会被齐王司马冏杀掉，所以想借讨伐司马冏的罪行为名，废黜惠帝，拥立大将军司马颖，让河间王司马颙任宰相，这样自己便得以执掌大权。但不久司马冏却被司马乂杀掉，司马颖、司马颙仍然镇守藩地，不像自己所谋划的那样。此后，司马颖居功自傲，朝政各方面荒废松弛，比司马冏时还要严重，司马颖尤其不能忍受司马乂在禁城之内，使自己不能随心所欲，打算除掉司马乂。当时皇甫商又重新任司马乂的参军，皇甫商的哥哥皇甫重担任秦州刺史。李含对司马颙说：“皇甫商被司马颙任用，皇甫重终究不会被别人所用，应该尽快除掉。可以表奏建议把皇甫重提升到朝廷中任职，趁他经过长安时把他抓住。”皇甫重知道了李含的阴谋，向尚书公布檄文，纠集陇上军队讨伐李含。司马乂因军队刚刚稍得休息，就派使者带诏书命令皇甫重取消这次军事行动，并征调李含去担任河南尹。李含接受征调，皇甫重却不服从诏令，司马颙派金城太守游楷、陇西太守韩稚等人联合四个郡的军队去攻打皇甫重。司马颙又秘密派遣李含与侍中冯荪、中书令卞粹谋杀司马乂，皇甫商得知后告诉司马乂，拘捕并杀掉了李含、冯荪、卞粹。骠骑从事琅邪人诸葛玫，前司徒长史武邑人牵秀都出城投奔邺城。

河间王司马颙听说李含等人已被杀死，当即起兵征讨长沙王司马乂。大将军司马颖上奏表请求讨伐张昌，得到允许，随后听说张昌叛乱已经平定，因而想与司马颙共同攻打司马乂。卢志劝谏说：“您以前立了大功勋却交出权力，辞谢天子的恩宠，因此声望很好。现在如果把军队安顿在城关之外，身着文官服饰进京朝见，这是成为霸主的基础。”参军魏郡人邵续说：“人有兄弟，如同左右手，您想抵挡天下的敌人而先砍掉一只手，能这样吗？”司马颖全都不听。八月，司马颙、司马颖共同上奏表：“司马乂论评功劳不公平，与右仆射羊玄之、左将军皇甫商独揽朝政大权，杀害忠良之人。请诛杀羊玄之、皇甫商，遣送司马乂回他的封国。”惠帝下诏说：“司马颙如果敢于兴兵，矛头指向京都帝辇，我将亲自率领六军诛讨为奸叛乱的人。任用司马乂为太尉、都督中外诸军事以抵御他们。”

司马颙让张方任都督，带领七万精锐军队，从函谷关向东，直指洛阳。

乙丑（八月二十四），惠帝到十三里桥。太尉司马乂派皇甫商带领一万多人在宜阳阻击张方。己巳（二十八日），惠帝把军队撤到宣武场。庚午（二十九日），在石楼住宿。九月，丁丑（初六），惠帝将兵驻扎在河桥。壬午（十一日），张方袭击皇甫商，并将皇甫商打败。甲申（十三日），惠帝在芒山驻军。丁亥（十六日）惠帝到偃师。辛卯（二十日），在豆田住宿。大将军司马颖进军于黄河以南驻扎，阻隔清水作为壁垒。癸巳（二十二日），羊玄之忧郁恐惧而死，惠帝回师城东。丙申（二十五日），惠帝到缑氏，攻击牵秀，并把他打跑，宣布大赦。张方进入京城，大肆抢掠，死者数以万计。

太尉司马乂侍奉惠帝攻打张方，张方的兵远远地看到惠帝的御车，都败退而逃，张方于是惨败，死了五千多人。张方撤退到十三里桥驻扎，大家惶恐不安，想趁夜逃走，张方说：“胜负是兵家常事，善于用兵的人能够转败为胜，现在我反而再到前面修筑堡垒，出其不意，这是奇妙的计策。”于是趁夜色悄悄逼近距洛阳城七里处，修筑了几层堡垒，从外面运进仓库中的粮谷作为军粮。司马乂取胜后，认为张方不足以忧虑。听说张方建成了堡垒，十一月，率领军队去进攻，一无所获。朝廷讨论认为司马乂、司马颖是兄弟，可以用言辞来排解这一纠纷，于是派中书令王衍等人到司马颖那里劝说，让司马颖与司马乂平分秋色、共同辅助皇室，司马颖不答应。司马乂又给司马颖去信，为他陈说利害关系，想与司马颖和解。司马颖回信说："请斩掉皇甫商等人的首级，那么我就率兵回归邺城。"司马乂不同意。

永兴元年（甲子，公元304年）

长沙厉王司马乂多次与大将军司马颖开战，打败司马颖，前后杀死和俘虏六七万人。战事紧张而司马乂对侍奉皇上的礼节却从不曾耽搁减少。城中粮食日益困窘，但士卒们却没有背离的想法。张方认为洛阳不能攻克，想返回长安。这时东海王司马越在朝中担心事情不能成功，癸亥（正月二十五日），暗地与殿中各位将领趁夜把司马乂拘捕，送到另外的官署。甲子（二十六日），司马越启奏惠帝，下诏书罢免司马乂的官职，把他关在金墉城。赦免罪犯，改年号为永安。城门打开后，殿中的官兵看到城外的军队并不强，因而感到后悔，又谋划劫出司马乂来抗拒司马颖。司马越惶惶不安，想杀掉司马乂使大家断绝这个想法。黄门侍郎潘滔说："不能这样，自然有使大家静心的人。"就派人秘密告诉张方。丙寅（二十八日），张方在金墉城带走司马乂，到军营后，把司马乂用火烧烤后杀了，连张方军中的兵士也为司马乂流泪。

朝廷公卿大臣都到邺城向司马颖认错道歉。大将军司马颖进入京城，后又回到邺城镇守。惠帝诏令任司马颖为丞相；给东海王司马越加尚书令职。司马颖派奋武将军石超等人率军队五万人驻扎在洛阳的十二个城门，朝廷中有宿怨的官员，司马颖把他们全部杀了。皇宫禁卫军也全部用自己的军队代替。

河间王司马颙表奏请朝廷立丞相司马颖为皇太弟。戊申（十一日），惠帝下诏立司马颖为皇太弟，兼任都督中外诸军事，并保留丞相职。宣布大赦。皇太弟的车马及服饰用品都迁到邺城，制度就像魏武帝曹操那时一样。让司马颙担任太宰、大都督、雍州牧；前太傅刘寔担任太尉，刘寔声称年纪已老，坚决辞让不去就职。

皇太弟司马颖超越本分享受奢侈，一天比一天严重，所宠幸溺爱的小人执掌权力，令大家十分失望。司空东海王司马越与右卫将军陈眕以及长沙王司马乂过去的部将上官巳等谋划讨伐司马颖。秋季，七月，丙申朔（初一），陈眕率兵攻入云龙门，用皇帝诏书召集三公、群臣及殿中将领，戒严征讨司马颖。石超奔向邺城。戊戌（初三），宣布大赦，恢复皇后羊氏和皇太子司马覃的地位。己亥（初四），司马越侍奉惠帝向北征伐，司马越担任大都督。征调前侍中嵇绍到惠帝身边任职。侍中秦准对嵇绍说：“现在随行，安危难以预料，你有好马吗？”嵇绍神色严肃地说：“臣子护卫皇帝御车，死与生都要忠于职守，要好马干什么？”

司马越发布檄文召集各地军队，奉诏赶来的队伍云集，行军到安阳，人数有十多万，邺城震惊惶恐。司马颖召集幕僚参佐询问计策，东安王司马繇说：“天子亲自征伐，应当放下武器身穿白色衣服出去迎接，并向天子请罪。”司马颖不同意，派石超率五万人抵御作战。折冲将军乔智明劝说司马颖尊奉迎接惠帝御驾，司马颖发怒说：“你空有知晓事理的名声，投身到我身边做事。现在皇上被小人们逼迫，你为什么想让我捆绑住自己的手脚去接受刑罚呢？”

陈眕的两个弟弟陈匡、陈规从邺城赶到惠帝身边，说邺城之内已经分崩离析，因此大家都不怎么安排防备。己未（七月二十四日），石超的军队忽然杀到，惠帝的兵马在荡阴失败，惠帝面颊负伤，中了三箭，百官和侍卫全部溃逃。嵇绍身穿上朝的礼服，下马登上御车，用身体护卫着惠帝，兵士把嵇绍拉到车辕上就砍。惠帝说：“这是忠臣，不要杀！”兵士回答说：“奉皇太弟的命令，只是不侵犯陛下一人而已。”于是杀了嵇绍，鲜血溅到惠帝的衣服上。惠帝从车上掉到草丛中，丢失了六枚御玺。石超侍奉惠帝到自己兵营中，惠帝非常饥饿，石超送上水，左右随从奉上秋桃。司马颖派卢志迎接惠帝。庚申（二十五日），惠帝进入邺城，宣布大赦，改年号为建武。随从想为惠帝洗衣服，惠帝说：“有侍中嵇绍的血，不要洗了！”

惠帝回到洛阳后，张方倚仗着兵权而独揽控制朝政，皇太弟司马颖不再能参与政事。

张方在洛阳时间已长，洛阳城几乎被兵士抢掠一空，士兵们喧闹吵嚷，没有再留下来的心思，商议着想侍奉着惠帝把都城迁往长安，恐怕惠帝和公卿大臣不同意，想等待惠帝出行时将他劫持。就请惠帝去拜谒宗庙，惠帝不答应。十一月，乙未（初一），张方带兵进入宫殿，用自己的车乘去接惠帝，惠帝连忙到后园竹林中躲避。兵士将惠帝带出，逼迫着让他上车，惠帝流着泪勉强答应了。

十二月，丁亥（二十四日），诏令皇太弟以成都王的身份返回府第，改立豫章王司马炽为皇太弟。惠帝兄弟共二十五人，当时在世的只有司马颖、司马炽和吴王司马晏。司马晏才能平庸资质低下，司马炽自幼平和质朴好学，所以太宰司马颙拥立他。诏令司空司马越任太傅，与司马颙共同辅佐皇室，王戎参与管理朝政。又让光禄大夫王衍任尚书左仆射。让高密王司马略任镇南将军，兼任司隶校尉，暂且镇守洛阳。东中郎将司马模担任宁北将军，都督冀州诸军事，镇守邺城。让各部门大臣官员各自回到本来的职任上。命令州、郡取消苛刻的政令，爱护人民，让他们从事本业，等到形势清平通畅后，就返回东京洛阳。宣布大赦，改年号为永兴。司马略和司马模，都是司马越的弟弟。王浚离开邺城后，司马越派司马模在邺城镇守。司马颙因为各地抵触分裂，祸患灾难不断出现，所以下这个诏令使各地方和解，企望能够获得稍微安定的局面。司马越推辞不接受太傅的职务。又下诏让太宰司马颙任都督中外诸军事。让张方担任中领军、录尚书事，兼任京兆太守。

晋纪八

第八十六卷

孝惠皇帝下永兴二年（乙丑，305）

东海中尉刘洽以张方劫迁车驾，劝司空越起兵讨之。秋，七月，越传檄山东征、镇、州、郡云："欲纠帅义旅，奉迎天子，还复旧都。"东平王楙闻之，惧；长史王脩说楙曰："东海，宗室重望；今兴义兵，公宜举徐州以授之，则免于难，且有克让之美矣。"楙从之。越乃以司空领徐州都督，楙自为兖州刺史；诏即遣使者刘虔授之。是时，越兄弟并据方任，于是范阳王虓及王浚等共推越为盟主，越辄选置刺史以下，朝士多赴之。

成都王颖既废，河北人多怜之。颖故将公师藩等自称将军，起兵于赵、魏，众至数万。初，上党武乡羯人石勒，有胆力，善骑射。并州大饥，建威将军阎粹说东嬴公腾执诸胡于山东，卖充军实，勒亦被掠，卖为茌平人师懽奴，懽奇其状貌而免之。懽家邻于马牧，勒乃与牧帅汲桑结壮士为群盗。及公师藩起，桑与勒帅数百骑赴之。桑始命勒以石为姓，勒为名。

司空越以琅邪王睿为平东将军、监徐州诸军事，留守下邳。睿请王导为司马，委以军事。

太宰颙闻山东兵起，甚惧。以公师藩为成都王颖起兵，壬午，表颖为镇军大将军、都督河北诸军事，给兵千人；以卢志为魏郡太守，随颖镇邺，欲以抚安之。又遣建武将军吕朗屯洛阳。

颙发诏，令东海王越等各就国，越等不从。

光熙元年（丙寅，306）

初，太弟中庶子兰陵缪播有宠于司空越；播从弟右卫率胤，太宰颙前妃之弟也。越之起兵，遣播、胤诣长安说颙，令奉帝还洛，约与颙分陕为伯。颙素信重播兄弟，即欲从之。张方自以罪重，恐为诛首，谓颙曰："今据形胜之地，国富兵强，奉天子以号令，谁敢不从，奈何拱手受制于人！"颙乃止。及刘乔败，颙惧，欲罢兵，与山东和解，恐张方不从，犹豫未决。

方素与长安富人郅辅亲善，以为帐下督。颙参军河间毕垣，尝为方所侮，因说颙曰："张方久屯霸上，闻山东兵盛，盘桓不进，宜防其未萌。其亲信郅辅具知其谋。"缪播、缪胤复说颙："宜急斩方以谢，山东可不劳而定。"颙使人召辅，垣迎说辅曰："张方欲反，人谓卿知之。王若问卿，何辞以对？"辅惊曰："实不闻方反，为之奈何？"垣曰："王若问卿，但言尔尔；不然，必不免祸。"辅入，颙问之曰："张方反，卿知之乎？"辅曰："尔。"颙曰："遣卿取之，可乎？"又曰："尔。"颙于是使辅送书于方，因杀之。辅既昵于方，持刀而入，守阁者不疑。方火下发函，辅斩其头。还报，颙以辅为安定太守。送方头于越以请和；越不许。

夏，四月，己巳，司空越引兵屯温。初，太宰颙以为张方死，东方兵必可解。既而东方兵闻方死，争入关，颙悔之，乃斩郅辅，遣弘农太守彭随、北地太守刁默将兵拒祁弘等于湖。五月，壬辰，弘等击随、默，大破之，遂西入关，又败颙将马瞻、郭伟于霸水，颙单马逃入太白山。弘等入长安，所部鲜卑大掠，杀二万余人，百官奔散，入山中，拾橡实食之。己亥，弘等奉帝乘牛车东还。

八月，以司空越为太傅，录尚书事；范阳王虓为司空，镇邺；平昌公模为镇东大将军，镇许昌；王浚为骠骑大将军，都督东夷、河北诸军事，领幽州刺史。

祁弘之入关也，成都王颖自武关奔新野。会新城元公刘弘卒，司马郭劢作乱，欲迎颖为主；郭舒奉弘子璠以讨劢，斩之。诏南中郎将刘陶收颖。颖北渡河，奔朝歌，收故将士，得数百人，欲赴公师藩，顿丘太守冯嵩执之，送邺；范阳王虓不忍杀而幽之。公师藩自白马南渡河，兖州刺史苟晞讨斩之。

冬，十月，范阳王虓薨。长史刘舆以颖素为邺人所附，秘不发丧，伪令人为台使称诏，夜，赐颖死，并杀其二子。颖官属先皆逃散，惟卢志随从，至死不怠，收而殡之。太傅越召志为军谘祭酒。

十一月己巳，夜，帝食𫗦中毒，庚午，崩于显阳殿。羊后自以于太弟炽为嫂，恐不得为太后，将立清河王覃。侍中华混谏曰："太弟在东宫已久，民望素定，今日宁可易乎！”即露版驰召太傅越，召太弟入宫。后已召覃至尚书阁，疑变，托疾而返。癸酉，太弟即皇帝位，大赦，尊皇后曰惠皇后，居弘训宫；追尊母王才人曰皇太后；立妃梁氏为皇后。

怀帝始遵旧制，于东堂听政。每至宴会，辄与群官论众务，考经籍。黄门侍郎傅宣叹曰：“今日复见武帝之世矣！”

太傅越以诏书征河间王颙为司徒，颙乃就征。南阳王模遣其将梁臣邀之于新安，车上扼杀之，并杀其三子。

孝怀皇帝上永嘉元年（丁卯，307）

帝观览大政，留心庶事；太傅越不悦，固求出藩。庚辰，越出镇许昌。

己未，以琅邪王睿为安东将军、都督扬州江南诸军事，假节，镇建业。

九月，戊申，琅邪王睿至建业。睿以安东司马王导为谋主，推心亲信，每事咨焉。睿名论素轻，吴人不附，居久之，士大夫莫有至者，导患之。会睿出观禊，导使睿乘肩舆，具威仪，导与诸名胜皆骑从，纪瞻、顾荣等见之惊异，相帅拜于道左。导因说睿曰：“顾荣、贺循，此土之望，宜引之以结人心；二子既至，则无不来矣。”睿乃使导躬造循、荣，二人皆应命而至。以循为吴国内史；荣为军司，加散骑常侍，凡军府政事，皆与之谋议。又以纪瞻为军谘祭酒，卞壶为从事中郎，周玘为仓曹属，琅邪刘超为舍人，张闿及鲁国孔衍为参军。壶，粹之子；闿，昭之曾孙也。王导说睿：“谦以接士，俭以足用，以清静为政，抚绥新旧。”故江东归心焉。睿初至，颇以酒废事；导以为言，睿命酌，引觞覆之，于此遂绝。

晋惠帝永兴二年（乙丑，公元305年）

东海中尉刘洽因为张方劫持并强行迁移皇帝车驾，劝司空司马越发兵征讨张方。秋季，七月，司马越在崤山以东的各征、镇、州、郡传布檄文说：“将集结带领正义之师，奉迎天子返回原来的都城。”东平王司马楙听到后，惶恐不安。长史王脩对司马楙说：“东海王是宗室中声望最高的，现在兴起正义的军队，您应当把徐州交给他，那就可避免灾难，还享有克己谦让的美德。”司马楙同意了。司马越就以司空兼任徐州都督，司马楙自任兖州刺史，朝廷诏令立即派使者刘虔正式任命。

这时，司马越兄弟都各占据一方重任，于是范阳王司马虓和王浚等人共同推举司马越做盟主，司马越则选择人才安排刺史以下的职务，朝廷的士人大多都投奔到司马越那里。

成都王司马颖被废黜后，河北人大多很怜悯他。司马颖过去的部将公师藩等人自称将军，在赵、魏地区起兵，人数达到几万。当初，上党武乡县羯人石勒，有胆识力量，善于骑马射箭。并州出现严重饥荒，建威将军阎粹向东嬴公司马腾献计，把各族胡人抓到崤山以东地区，卖了以后补充军粮。石勒也被抓住，卖给茌平人师懽做奴隶，师懽认为他的相貌奇特而放了他。师懽与放马场为邻，石勒就与放牧的首领汲桑聚集壮士成为强盗团伙。等公师藩起兵后，汲桑和石勒率领几百骑士投奔到公师藩那里，汲桑让石勒以石作为姓，用勒作为名。

司空司马越让琅邪王司马睿任平东将军、监徐州诸军事的职务，在下邳留守。司马睿请王导担任司马，将军队事务交给王导处理。

太宰司马颙听说崤山以东战事又起，非常恐惧。因为公师藩是为成都王司马颖而起兵，壬午（八月二十三日），司马颙表奏任司马颖为镇东大将军、都督河北诸军事，配给一千兵士；任卢志为魏郡太守，随从司马颖镇守邺城，想以此抚慰并安定公师藩。又派建武将军吕朗到洛阳驻扎。

司马颙发布诏令，命令东海王司马越等人各自回到自己的封国，司马越等人不服从。

光熙元年（丙寅，公元306年）

当初，太弟中庶子兰陵人缪播受到司空司马越的宠信。缪播堂弟右卫率缪胤，是太宰司马颙的前妃的弟弟。司马越起兵，派缪播、缪胤到长安劝说司马颙，让他侍奉惠帝返归洛阳，并相约与司马颙分地而治，共同辅佐王室。司马颙一直信任看重缪播兄弟，当时就想听从他们的劝说。张方认为自己罪行很重，担心成为被诛杀的首犯，就对司马颙说："现在我们占据形势险要的地方，国富兵强，挟天子发布号令，谁敢不服从，怎么能拱手被别人控制？"司马颙听后打消了与司马越联合的念头。等到刘乔兵败，司马颙畏惧，想停止军事行动，与崤山以东地区和解，但又担心张方不听从，因而犹豫不决。

张方平素和长安豪富郅辅亲近要好，让他担任帐下督。司马颙的参军河间人毕垣，曾经受到张方的侮辱，于是劝司马颙说："张方在霸上驻兵很久了，听说崤山以东地区军队强盛，所以徘徊不前，应该在他萌生反心之前做好防备。张方的亲信郅辅对他的谋划全部了解。”缪播、缪胤又对司马颙进行劝说：“应当迅速杀了张方向天下谢罪，崤山以东地区不用兴兵就可以平定。”司马颙派人召郅辅，毕垣迎上前对郅辅说：“张方想谋反，大家都说你知道这事，亲王如果问你，你将如何回答？”郅辅吃惊地说：“的确没有听说张方谋反，这怎么办？”毕垣说：“亲王如果问你，你只能这样说，不然的话，一定免不了灾祸。”郅辅入府，司马颙问他说：“张方谋反，你知道吗？”郅辅说：“是的。”司马颙说：“派你去抓他，行吗？”郅辅又说：“行。”司马颙于是派郅辅给张方送信，然后趁机杀掉张方。郅辅与张方关系亲密，拿刀进去时，守门的兵士也不怀疑，张方在灯旁揭启信封，郅辅抽刀砍掉了他的头，回去报告。司马颙让郅辅任安定太守，把张方的头送给司马越请求和解，但司马越不答应。

夏季，四月，己巳（十三日），司空司马越率兵到温县驻扎。起初，太宰司马颙以为张方一死，东方的战事一定能够停止。不久，东方的军队听说张方死了，争相进入关中，司马颙感到后悔，就杀了郅辅，派弘农太守彭随、北地太守刁默带兵在关东湖县阻击祁弘等人。五月，壬辰（初七），祁弘等人把彭随、刁默打得惨败，于是西进入关，又在霸水打败司马颙的部将马瞻、郭伟，司马颙单枪匹马逃入太白山。祁弘等人进入长安城，所部鲜卑人大肆抢掠，杀了两万多人，大臣官员们跑散，逃入山中，捡拾橡树籽当饭吃。己亥（十四日），祁弘等人侍奉惠帝乘坐牛车东返。

八月，朝廷任司空司马越为太傅，录尚书事；任范阳王司马虓为司空，镇守邺城；任平昌公司马模为镇东大将军，镇守许昌；任王浚为骠骑大将军，都督东夷、河北诸军事，兼任幽州刺史。

祁弘进入关中，成都王司马颖从武关逃奔新野。正赶上新城元公刘弘去世，司马郭劢搞叛乱，想把司马颖迎接来做首领。郭舒拥戴刘弘的儿子刘璠讨伐郭劢，把他杀了。朝廷诏令南中郎将刘陶拘捕司马颖。司马颖北渡黄河，逃奔朝歌，收拢旧部将士，聚集了几百人，想去找公师藩，顿丘太守冯嵩将司马颖抓住，押送到邺城，范阳王司马虓不忍心杀司马颖，把他幽禁起来。公师藩从白马南渡黄河，兖州刺史苟晞讨伐并杀掉了公师藩。

冬季，十月，范阳王司马虓去世。长史刘舆因为过去邺城人一直归附司马颖，所以秘不发丧，派人假装成朝廷使者传宣假诏书，夜里将司马颖赐死，并且杀了他的两个儿子。司马颖的部属起先已全部逃散，只有卢志一直跟随，直到他死了也不懈怠，为司马颖收尸并安葬了他。太傅司马越宣召卢志为军谘祭酒。

十一月，己巳（十七日），夜间，惠帝吃麦饼中毒，庚午（十八日），在显阳殿驾崩。羊皇后思量自己是太弟司马炽的嫂子，担心当不成太后，打算拥立清河王司马覃。侍中华混劝谏说："太弟在东宫已经很久了，在百姓中的声望一直是确定的，今天难道还能改变吗？"随即用不封口的公文迅速宣召太傅司马越，又宣召皇太弟入宫。皇后也已宣召司马覃到尚书阁，司马覃怀疑会有变故，就称病回去了。癸酉（二十一日），太弟司马炽即皇帝位，宣布大赦，尊奉皇后为惠皇后，安排住在弘训宫。追尊母亲王才人为皇太后，册立妃梁氏为皇后。

怀帝司马炽开始遵奉旧制，在东堂听政。每到朝廷召集群臣宴会时，就与大臣官员们商讨各种政务，探讨经典的内容。黄门侍郎傅宣感叹道："今天又看到了武帝的时代了。"

太傅司马越用诏书征召河间王司马颙为司徒，司马颙接受了征召。南阳王司马模派部将梁臣，在新安拦住司马颙，在车上把他掐死，并杀了他的三个儿子。

晋怀帝永嘉元年（丁卯，公元307年）

怀帝司马炽亲自审察大政，对朝廷事务也很留心。太傅司马越对此不高兴，坚决要求出都前往藩镇。庚辰（三十日），司马越离开朝廷，镇守许昌。

己未（七月十一日），朝廷任命琅邪王司马睿为安东将军、都督扬州江南诸军事，持符节，镇守建业。

九月，戊申（初一），琅邪王司马睿到达建业。司马睿以安东司马王导为主要谋士，对他推心置腹，非常信任，每件事都找王导咨询。司马睿名望声誉一直很轻，吴地士人都不附从，在建业居住了很久，士大夫没有来拜访的，王导感到忧虑。正赶上司马睿出去观看禊祭，王导让司马睿乘坐抬轿，安排了威严的仪仗，王导和名士们都骑马侍从，纪瞻、顾荣等人见了后感到惊异，一个跟着一个地在道路旁边行拜礼。王导因此劝说司马睿道："顾荣、贺循，是这个地区最具名望的人了，应当结交他们来收服人心，他们两人来了，就没有不来的人。"司马睿就派王导亲自拜访贺循、顾荣，两个人都接受邀请而来到司马睿处，司马睿让贺循担任吴国内史，顾荣担任军司马，加授散骑常侍。军政事务，都与他们商议。又让纪瞻担任军谘祭酒，卞壸担任从事中郎，周玘任仓曹属，琅邪人刘超任舍人，张闿和鲁国人孔衍任参军。卞壸是卞粹的儿子，张闿是张昭的曾孙。王导对司马睿说："以谦逊的态度对待士人，通过节俭的办法保证用度的充足，以清静无为的原则处理政务，安抚以前的故旧部下与新结交的士人。”所以得到了江东地区人们的信任。司马睿刚来时，常常因为喝酒耽误事情，王导对此进行劝说，于是司马睿命令人斟上酒，接过酒杯后把酒倒掉，从此便戒了酒。

晋纪九

第八十七卷

孝怀皇帝中永嘉四年（庚午，310）

冬，十月，汉河内王粲、始安王曜及王弥帅众四万寇洛阳，石勒帅骑二万会粲于大阳，败监军裴邈于渑池，遂长驱入洛川。粲出轘辕，掠梁、陈、汝、颍间。勒出成皋关，壬寅，围陈留太守王赞于仓垣，为赞所败，退屯文石津。

京师饥困日甚，太傅越遣使以羽檄征天下兵，使入援京师。帝谓使者曰："为我语诸征、镇，今日尚可救，后则无及矣！"既而卒无至者。征南将军山简遣督护王万将兵入援，军于涅阳，为王如所败。如遂大掠沔、汉，进逼襄阳，简婴城自守。荆州刺史王澄自将，欲援京师，至沶口，闻简败，众散而还。朝议多欲迁都以避难，王衍以为不可，卖车牛以安众心。山简为严嶷所逼，自襄阳徙屯夏口。

太傅越既杀王延等，大失众望；又以胡寇益盛，内不自安，乃戎服入见，请讨石勒，且镇集兖、豫。帝曰："今胡虏侵逼郊畿，人无固志，朝廷社稷，倚赖于公，岂可远出以孤根本！"对曰："臣出，幸出破贼，则国威可振，犹愈于坐待困穷也。"十一月，甲戌，越帅甲士四万向许昌，留妃裴氏、世子毗及龙骧将军李恽、右卫将军何伦守卫京师，防察宫省；以潘滔为河南尹，总留事。越表以行台自随，用太尉衍为军司，朝贤素望，悉为佐吏，名将劲卒，咸入其府。于是宫省无复守卫，荒馑日甚，殿内死人交横；盗贼公行，府寺营署，并掘堑自守。越东屯项，以冯嵩为左司马，自领豫州牧。

五年（辛未，311）

东海孝献王越既与苟晞有隙，河南尹潘滔、尚书刘望等复从而谮之。晞怒，表求滔等首，扬言："司马元超为宰相不平，使天下淆乱，苟道将岂可以不义使之！"乃移檄诸州，自称功伐，陈越罪状。帝亦恶越专权，多违诏命；所留将士何伦等，抄掠公卿，逼辱公主；密赐晞手诏，使讨之。晞数与帝文书往来，越疑之，使游骑于成皋间伺之，果获晞使及诏书。乃下檄罪状晞，以从事中郎杨瑁为兖州刺史，使与徐州刺史裴盾共讨晞。晞遣骑收潘滔，滔夜遁，得免；执尚书刘曾、侍中程延，斩之。越忧愤成疾，以后事付王衍；三月，丙子，薨于项，秘不发丧。众共推衍为元帅，衍不敢当；以让襄阳王范，范亦不受。范，玮之子也。于是衍等相与奉越丧还葬东海。何伦、李恽等闻越薨，奉裴妃及世子毗自洛阳东走，城中士民争随之。帝追贬越为县王，以苟晞为大将军、大都督，督青、徐、兖、豫、荆、扬六州诸军事。

夏，四月，石勒率轻骑追太傅越之丧，及于苦县宁平城，大败晋兵，纵骑围而射之，将士十余万人相践如山，无一人得免者。执太尉衍、襄阳王范、任城王济、武陵庄王澹、西河王喜、梁怀王禧、齐王超、吏部尚书刘望、廷尉诸葛铨、豫州刺史刘乔、太傅长史庾等，坐之幕下，问以晋故。衍具陈祸败之由，云计不在己；且自言少无宦情，不豫世事；因劝勒称尊号，冀以自免。勒曰："君少壮登朝，名盖四海，身居重任，何得言无宦情邪！破坏天下，非君而谁！"命左右扶出，众人畏死，多自陈述。独襄阳王范神色俨然，顾呵之曰："今日之事，何复纷纭！"勒谓孔苌曰："吾行天下多矣，未尝见此辈人，当可存乎？"苌曰："彼皆晋之王公，终不为吾用。"勒曰："虽然，要不可加以锋刃。"夜，使人排墙杀之。济，宣帝弟子景王陵之子；禧，澹之子也。剖越柩，焚其尸，曰："乱天下者此人也，吾为天下报之，故焚其骨以告天地。"

苟晞表请迁都仓垣，使从事中郎刘会将船数十艘、宿卫五百人、谷千斛迎帝。帝将从之，公卿犹豫，左右恋资财，遂不果行。既而洛阳饥困，人相食，百官流亡者什八九。帝召公卿议，将行而卫从不备。帝抚手叹曰："如何曾无车舆！"乃使傅祗出诣河阴，治舟楫，朝士数十人导从。帝步出西掖门，至铜驼街，为盗所掠，不得进而还。度支校尉东郡魏浚率流民数百家保河阴之峡石，时劫掠得谷麦，献之，帝以为扬威将军、平阳太守，度支如故。

汉主聪使前军大将军呼延晏将兵二万七千寇洛阳，比及河南，晋兵前后十二败，死者三万余人。始安王曜、王弥、石勒皆引兵会之，未至，晏留辎重于张方故垒，癸未，先至洛阳，甲申，攻平昌门，丙戌，克之，遂焚东阳门及诸府寺。六月，丁亥朔，晏以外继不至，俘掠而去。帝具舟于洛水，将东走，晏尽焚之。庚寅，荀藩及弟光禄大夫组奔轘辕。辛卯，王弥至宣阳门；壬辰，始安王曜至西明门；丁酉，王弥、呼延晏克宣阳门，入南宫，升太极前殿，纵兵大掠，悉收宫人、珍宝。帝出华林园门，欲奔长安，汉兵追执之，幽于端门。曜自西明门入屯武库。戊戌，曜杀太子诠、吴孝王晏、竟陵王楙、右仆射曹馥、尚书闾丘冲、河南尹刘默等，士民死者三万余人。遂发掘诸陵，焚宫庙、官府皆尽。曜纳惠帝羊皇后，迁帝及六玺于平阳。石勒引兵出轘辕，屯许昌。光禄大夫刘蕃、尚书卢志奔并州。

晋怀帝永嘉四年（庚午，公元310年）

冬季，十月，汉河内王刘粲、始安王刘曜以及王弥率领四万人进犯洛阳，石勒率领两万骑兵在大阳与刘粲会合，在渑池打败监军裴邈，于是长驱直入进入洛川。刘粲从轘辕出兵，在梁、陈、汝、颍等地区攻掠。石勒从成皋关出兵，壬寅（十三日），在仓垣包围陈留太守王赞，被王赞打败，退到文石津驻扎。

京城洛阳饥饿困顿的情况日益严重，太傅司马越派遣使者带着插羽毛的檄文征召全国军队，让他们来救援京城。怀帝对使者说："替我告诉各征、镇，今天还可以援救，迟了就来不及了！"但后来终究没有军队到达。征南将军山简派遣督护王万带兵前去救援，在涅阳驻军，结果被王如打败。王如于是在沔水、汉水地区大肆抢掠，进逼襄阳，山简只能围绕城墙进行防守。荆州刺史王澄亲自带兵，想去救援京城，到达沶口，听到山简的军队失败的消息，部众溃散，也只好回师。朝廷商议，多数人想迁都逃难，王衍认为不行，卖掉车、牛来安定人心。山简被严嶷逼迫，从襄阳迁徙到夏口驻扎。

太傅司马越杀了王延等人后，大大地失去了大家的信任。又因为胡人敌寇日益强盛，内心也不安定，于是穿上戎装进宫拜见，请求讨伐石勒，并且屯兵镇守兖州、豫州。怀帝说："现在胡人强盗侵入，逼临京城郊外，大家都没有了坚守的心思，朝廷社稷依赖于你，怎么能远征而使根本孤立呢？"司马越回答说："我出战，如果能侥幸打败贼寇，就可以振奋国威，这比坐以待毙要强。"十一月，甲戌（十五日），司马越率领四万兵士向许昌进发，留下妃子裴氏、长子司马毗以及龙骧将军李恽、右卫将军何伦守卫京城，防卫察看宫廷，以潘滔任河南尹，总管留守事务。司马越上奏表让朝廷以行尚书台跟随自己，任用太尉王衍为军司，朝廷中享有声望的贤臣，都用作佐吏，名将勇士，全部纳入自己官署。这样，宫廷中实际再没有什么守卫，饥饿日益严重，宫殿中死人交相杂陈，盗贼公然抢劫，各府、寺、营、署，都挖掘壕堑自卫。司马越向东驻扎在项县，以冯嵩为左司马，自己兼任豫州牧。

五年（辛未，公元 311 年）

东海孝献王司马越与苟晞之间产生了怨恨，河南尹潘滔、尚书刘望等人又附和他并挑拨他与苟晞的关系。苟晞发怒，表奏索求潘滔等人的头颅，扬言道：“司马元超身为宰相而不公正，造成天下混乱，我难道可以被不义之人驱使？”司马越字元超。于是苟晞向各州传布檄文，称颂自己的功绩，列举司马越的罪状。怀帝对司马越专权，多次违抗诏书旨意，也感到厌恶，司马越留下来的部将兵士何伦等人，抢掠公卿大臣，逼迫污辱公主。怀帝秘密赐给苟晞亲笔诏书，让苟晞征讨司马越。苟晞多次与怀帝有文书往来，司马越对此也起了疑心，派游巡的骑兵在成皋地区监视，果然查获苟晞的使者以及诏书。于是司马越也下达檄文公布苟晞的罪状，以从事中郎杨瑁担任兖州刺史，让他与徐州刺史裴盾一同征讨苟晞。苟晞派骑兵拘捕潘滔，潘滔连夜逃跑，得以逃脱。苟晞抓住尚书刘曾、侍中程延，把他们都杀了。司马越忧愤成疾，把后事托付给王衍。三月，丙子（十九日），司马越在项县去世，但秘不发丧。大家共同推举王衍为元帅，王衍不敢接受，辞让给襄阳王司马范，司马范也不接受。司马范是司马玮的儿子。于是王衍等人一起侍奉司马越的灵柩送往东海郡安葬。何伦、李恽等人听说司马越去世，就侍奉着司马越的裴妃以及长子司马毗从洛阳向东行进。城中士人百姓争相跟随他们。怀帝追贬司马越为县王，以苟晞担任大将军、大都督及督青、徐、兖、豫、荆、扬六州诸军事。

夏季，四月，石勒率轻装骑兵追击太傅司马越的灵车，在苦县宁平城追上，把晋朝军队打得大败，又放开骑兵包围并用弓箭射击，十多万晋朝官兵互相践踏堆积如山，无一人幸免。石勒抓住太尉王衍、襄阳王司马范、任城王司马济、武陵庄王司马澹、西河王司马喜、梁怀王司马禧、齐王司马超、吏部尚书刘望、廷尉诸葛铨、豫州刺史刘乔、太傅长史庾等人，让他们在帐幕中坐下，询问晋朝的种种情况。王衍具体陈说了祸患衰败的原因，声称大计方针不是自己所定，并且自称从小就没有当官从政的愿望，不参与朝廷事务，并由此劝石勒称帝，希望能够脱身免祸。石勒说：“您年轻力壮时就登上朝廷高位，名扬四海，身居重任，怎么说没有当官从政的欲望呢？把天下的事情搞坏搞糟，不是您那又是谁呢？”命令随从将王衍架扶出去。大家都怕死，大多都自己陈述情况。只有襄阳王司马范表情严峻，环顾大家喝道：“今天的事情，为什么还要再说个不停？”石勒对孔苌说：“我在天下行走的地方多了，从未见过这类人，应当让他们留在世上吗？”孔苌说：“他们都是晋朝的王公大臣，终究不能为我们所用。”石勒说：“虽然这样，但也不要用刀杀了他们。”当夜，派人推倒屋墙把这些人压死了。司马济是宣帝司马懿弟弟的儿子景王司马陵的儿子。司马禧是司马澹的儿子。石勒又剖开司马越的灵柩，焚烧了司马越的尸体，说：“搞乱天下的就是这个人，我为天下报仇，所以焚烧他的遗骨来通告天地。”

荀晞上奏表请求迁都仓垣，派从事中郎刘会带领几十艘船、五百禁卫兵、一千斛谷子去接怀帝。怀帝打算听从这个安排，而公卿大臣们犹豫不决，左右随从贪恋家资财产，于是没有成行。不久后洛阳城中饥饿困乏，甚至出现人吃人的现象，文武百官十有八九都流亡了。怀帝召集公卿大臣商议，打算出行，但禁卫随从却不完备。怀帝拍手慨叹说：“为什么竟没有车子乘舆呢？”于是派傅祗出城到河阴县，整理置办船只，朝廷官员几十人充当前导和随从。怀帝步行出西掖门，到铜驼街，遭到强盗掠扰，不能前进，只好回宫。度支校尉东郡人魏浚率领几百家流民在河阴的峡石防卫，当时抢劫掠夺了一些谷麦，就献给怀帝，怀帝任用魏浚为扬威将军、平阳太守，仍兼度支校尉。

汉主刘聪派前军大将军呼延晏率领二万七千兵士进犯洛阳，到达河南时，晋朝军队先后十二次失败，死了三万多人。始安王刘曜、王弥、石勒都带兵与呼延晏会合，还没有到，呼延晏把辎重留在张方遗留下来的旧营垒中，癸未（五月二十七日），呼延晏先行到达洛阳。甲申（二十八日），攻打平昌门，丙戌（三十日），攻克平昌门，于是焚烧东阳门以及各府寺等房屋建筑。六月，丁亥朔（初一），呼延晏因为外面援兵还没有到，俘掠了一些人和财物后离去。怀帝在洛水安排准备了一些船只，准备向东逃难，呼延晏都给焚烧了。庚寅（初四），荀藩以及弟弟光禄大夫荀组逃奔轘辕。辛卯（初五），王弥到达宣阳门。壬辰（初六），始安王刘曜到达西明门。丁酉（十一日），王弥、呼延晏攻克宣阳门，进入南宫，登上太极前殿，放纵士兵大肆抢掠，把宫人、珍宝收罗干净。怀帝出华林园门，想逃奔长安，汉兵追上把他抓住，囚禁在端门。刘曜从西明门进城到武库驻扎。戊戌（十二日），刘曜杀死晋太子司马诠、吴孝王司马晏、竟陵王司马楙、右仆射曹馥、尚书闾丘冲、河南尹刘默等，士人百姓死了三万多人。随即又挖掘各个陵墓，把宫庙、官府都焚烧光了。刘曜纳娶惠帝羊皇后，把怀帝以及皇帝专用的六方玉玺都送往平阳。石勒带兵从轘辕出击，到许昌驻扎。晋光禄大夫刘蕃、尚书卢志逃奔并州。

晋纪十

第八十八卷

孝怀皇帝下永嘉六年（壬申，312）

石勒筑垒于葛陂，课农造舟，将攻建业。琅邪王睿大集江南之众于寿春，以镇东长史纪瞻为扬威将军，都督诸军以讨之。

会大雨，三月不止，勒军中饥疫，死者太半，闻晋军将至，集将佐议之。右长史刁膺请先送款于睿，求扫平河朔以自赎，俟其军退，徐更图之，勒愀然长啸。中坚将军夔安请就高避水，勒曰："将军何怯邪！"孔苌等三十余将请各将兵分道夜攻寿春，斩吴将头，据其城，食其粟，要以今年破丹阳，定江南。勒笑曰："是勇将之计也！"各赐铠马一匹。顾谓张宾曰："于君意何如？"宾曰："将军攻陷京师，囚执天子，杀害王公，妻略妃主，擢将军之发，不足以数将军之罪，奈何复相臣奉乎！去年既杀王弥，不当来此；今天降霖雨于数百里中，示将军不应留此也。邺有三台之固，西接平阳，山河四塞，宜北徙据之，以经营河北，河北既定，天下无处将军之右者矣。晋之保寿春，畏将军往攻之耳；彼闻吾去，喜于自全，何暇追袭吾后，为吾不利邪！将军宜使辎重从北道先发，将军引大兵向寿春。辎重既远，大兵徐还，何忧进退无地乎！"勒攘袂鼓髯曰："张君计是也！"责刁膺曰："君既相辅佐，当共成大功，奈何遽劝孤降！此策应斩！然素知君怯，特相宥耳。"于是黜膺为将军，擢宾为右长史，号曰"右侯"。

汉主聪封帝为会稽郡公，加仪同三司。聪从容谓帝曰："卿昔为豫章王，朕与王武子造卿，武子称朕于卿，卿言闻其名久矣，赠朕柘弓银研；卿颇记否？"帝曰："臣安敢忘之！但恨尔日不早识龙颜！"聪曰："卿家骨肉何相残如此？"帝曰："大汉将应天受命，故为陛下自相驱除，此殆天意，非人事也！且臣家若能奉武皇帝之业，九族敦睦，陛下何由得之！"聪喜，以小刘贵人妻帝，曰："此名公之孙也，卿善遇之。"

石勒自葛陂北行，所过皆坚壁清野，虏掠无所获，军中饥甚，士卒相食。至东燕，闻汲郡向冰聚众数千壁枋头，勒将济河，恐冰邀之。张宾曰："闻冰船尽在渎中未上，宜遣轻兵间道袭取，以济大军，大军既济，冰必可擒也。"秋，七月，勒使支雄、孔苌自文石津缚筏潜渡，取其船。勒引兵自棘津济河，击冰，大破之，尽得其资储，军势复振，遂长驱至邺。刘演保三台以自固，临深、牟穆等复帅其众降于勒。

诸将欲攻三台，张宾曰："演虽弱，众犹数千，三台险固，攻之未易猝拔，舍而去之，彼将自溃。方今王彭祖、刘越石，公之大敌也，宜先取之，演不足顾也。且天下饥乱，明公虽拥大兵，游行羁旅，人无定志，非所以保万全，制四方也。不若择便地而据之，广聚粮储，西禀平阳以图幽、并，此霸王之业也。邯郸、襄国，形胜之地，请择一而都之。"勒曰："右侯之计是也！"遂进据襄国。

宾复言于勒曰："今吾居此，彭祖、越石所深忌也，恐城堑未固，资储未广，二寇交至。宜亟收野谷，且遣使至平阳，具陈镇此之意。"勒从之，分命诸将攻冀州，郡县壁垒多降，运其谷以输襄国；且表于汉主聪，聪以勒为都督冀、幽、并、营四州诸军事，冀州牧，进封上党公。

孝愍皇帝上建兴元年（癸酉，313）

春，正月，丁丑朔，汉主聪宴群臣于光极殿，使怀帝著青衣行酒。庾珉、王儁等不胜悲愤，因号哭；聪恶之。有告珉等谋以平阳应刘琨者，二月，丁未，聪杀珉、儁等故晋臣十余人，怀帝亦遇害。

晋怀帝永嘉六年（壬申，公元312年）

石勒在葛陂修筑营垒，向农民征税修造舟船，打算进攻建业。琅邪王司马睿大规模调集江南的部队到寿春，任镇东长史纪瞻为扬威将军，统领各军队来征讨石勒。

遇到大雨，三个月不停，石勒军队饥乏并流行疾病，死的人超过大半，又听到晋朝军队将要开来，就召集武将及参佐商议。右长史刁膺请石勒先向司马睿求和，请求扫平河朔来赎自己的罪，等到司马睿的军队退还江南，再慢慢谋取他。石勒听后忧伤地大声发出长叹。中坚将军夔安请石勒到地势高的地方避水，石勒说："将军你为什么胆怯呢？"孔苌等三十多个武将请求各自带兵分路夜袭寿春，斩掉吴地武将的头颅，占据他们的城邑，吃他们的粮食，许诺就在当年攻下丹阳、平定江南。石勒笑着说："这真是勇将的计策啊！"各赐他们铠甲一副、马一匹。回头对张宾说："依您看怎么办呢？"张宾说："将军您攻陷京城，囚禁了晋朝天子，杀害亲王公卿大臣，侵占凌辱晋朝的嫔妃公主，拔下您的头发，也不够来数将军您的罪过。怎么能再以臣下的身份尊奉晋朝呢？去年杀了王弥，就不应该到这里来。现在，几百里内上天不断地降雨，这是告诉将军您不应该在这里逗留了。邺城有三个高台，防守坚固，西临汉都城平阳，隔山阻河四面都有要塞，应当向北迁徙占据那里，经营黄河以北地区。河北地区稳定后，天下就没有处在将军您上面的人。晋朝保卫寿春，只是害怕您去攻打罢了。他们听说我们离去了，对自己能够保全而感到高兴满足，还有什么工夫追击我军的后部，开展不利于我军的行动呢？您应当派辎重队伍从北面的道路先行出发，您带领大部军队开往寿春。辎重队伍走远后，大部军队再缓慢回撤，还忧虑什么进退无路的呢？"石勒捋起衣袖抚动髯须说："张君的计策好啊！"又责备刁膺说："您既然做我的辅佐，就应当共同成就大功业，怎么能催促劝说我投降呢？出这个计策的应当杀头！但我平素了解您胆怯怕事，特地原谅您罢了。"于是把刁膺贬黜为将军，提拔张宾为右长史，号称"右侯"。

汉主刘聪封晋怀帝为会稽郡公，加官号开府仪同三司。刘聪和颜悦色地对怀帝说："你过去当豫章王，我与王武子拜访你，王武子向你称赞我，你说久闻大名，送给我柘木良弓和银砚台，你还记得吗？"怀帝说："臣下我怎么敢忘掉呢？只遗憾当时没有及早地认识龙颜！"刘聪说："你家的亲骨肉为什么这样互相残杀？"怀帝说："大汉将要承接天命，所以自相驱赶杀戮替陛下扫清道路，这是天意，不是人所能决定的！再说我家如果能尊奉武皇帝的大业，九族和睦相处，陛下又怎能得到天下呢？"刘聪听得高兴，把小刘贵人给了怀帝做妻子，说："这是名公的孙女，你好好对待她。"

石勒从葛陂向北行进，所经过的地方百姓都坚壁清野，因而没有抢掠到什么东西，军中非常饥饿，出现士卒吃士卒充饥的现象。到达东燕，听说汲郡人向冰聚集了几千人在枋头修筑了营垒，石勒将要渡黄河，又担心遭到向冰的阻击。张宾说："听说向冰的船只全都放在水中没有抬上岸，应当派遣轻装兵士抄小道去偷袭夺取这些船，用来渡大部军队过黄河，大部军队渡河后，一定能擒获向冰。"秋季，七月，石勒派遣支雄、孔苌从文石津绑扎木筏偷渡，夺取了向冰的船只。石勒率兵从棘津渡黄河，攻打向冰，把向冰打得惨败，得到了向冰的全部物资储备，军队士气重新振作起来，于是长驱直入到达邺城。刘演防守三台以求自我稳固，临深、牟穆等人又率领自己的部众向石勒投降。

部将们想攻打三台，张宾对石勒说："刘演虽然兵力微弱，但还有几千军队，三台险峻坚固，攻打不容易很快把它拿下，放弃它而离开，那里将会自己崩溃。现在王浚、刘琨是您的主要敌人，应当先打他们，刘演不值得注意。再说天下饥饿动乱，您虽然拥有强大的军队，但来回行军，长期在旅途中，人心不定，这不是控制四方的万全之计。不如选择一个便利的地方占据它，多多聚集储备粮食，尊奉平阳以谋取幽州、并州，这是霸王的功业。邯郸、襄国，都是好地方，请选一个作为都城。"石勒说："您的计策是对的！"于是进发占据了襄国。

张宾又对石勒说："现在我们驻扎在这里，是王浚、刘琨深深忌惮的。我担心城墙堑壕还不坚固，物资储备还不充分时，他们二人交相率兵来了。应当迅速收取野外的粮食，并且派使者到平阳，一一说明我们镇守此地的意图。"石勒听取了这个建议，分别命令诸将攻打冀州，那里的郡、县、营垒大多投降，就把这些地方的粮谷运往襄国。并且表奏汉主刘聪，刘聪让石勒担任都督冀、幽、并、营四州诸军事，冀州牧，晋封为上党公。

晋愍帝建兴元年（癸酉，公元 313 年）

春季，正月，丁丑朔（初一），汉主刘聪在光极殿宴请群臣，派晋怀帝身穿青衣巡行酌酒劝饮。庾珉、王儁等人不胜悲愤，因此而放声大哭。刘聪讨厌他们。正好有人告发庾珉等人商谋在平阳接应刘琨。二月，丁未（初一），刘聪杀庾珉、王儁等原来晋朝的大臣十多人，晋怀帝也遇害。

晋纪十一

第八十九卷

孝愍皇帝下建兴二年（甲戌，314）

壬辰，王子春等及王浚使者至襄国，石勒匿其劲卒、精甲，羸师虚府以示之，北面拜使者而受书。浚遗勒麈尾，勒阳不敢执，悬之于壁，朝夕拜之，曰："我不得见王公，见其所赐，如见公也。"复遣董肇奉表于浚，期以三月中旬亲诣幽州奉上尊号；亦修笺于枣嵩，求并州牧、广平公。

勒问浚之政事于王子春，子春曰："幽州去岁大水，人不粒食，浚积粟百万，不能赈赡，刑政苛酷，赋役殷烦，忠贤内离，夷狄外叛。人皆知其将亡，而浚意气自若，曾无惧心，方更置立台阁，布列百官，自谓汉高、魏武不足比也。"勒抚几笑曰："王彭祖真可擒也。"浚使者还蓟，具言"石勒形势寡弱，款诚无二"。浚大悦，益骄怠，不复设备。

石勒纂严，将袭王浚，而犹豫未发。张宾曰："夫袭人者，当出其不意。今军严经日而不行，岂非畏刘琨及鲜卑、乌桓为吾后患乎？"勒曰："然。为之奈何？"宾曰："彼三方智勇无及将军者，将军虽远出，彼必不敢动，且彼未谓将军便能悬军千里取幽州也。轻军往返，不出二旬，藉使彼虽有心，比其谋议出师，吾已还矣。且刘琨、王浚，虽同名晋臣，实为仇敌。若修笺于琨，送质请和，琨必喜我之服而快浚之亡，终不救浚而袭我也。用兵贵神速，勿后时也。"勒曰："吾所未了，右侯已了之，吾复何疑！"

三月，勒军达易水，王浚督护孙纬驰遣白浚，将勒兵拒之，游统禁之。浚将佐皆曰："胡贪而无信，必有诡计，请击之。"浚怒曰："石公来，正欲奉戴我耳；敢言击者斩！"众不敢复言。浚设飨以待之。壬申，勒晨至蓟，叱门者开门；犹疑有伏兵，先驱牛羊数千头，声言上礼，实欲塞诸街巷。浚始惧，或坐或起。勒既入城，纵兵大掠，浚左右请御之，浚犹不许。勒升其听事，浚乃走出堂皇，勒众执之。勒召浚妻，与之并坐，执浚立于前。浚骂曰："胡奴调乃公，何凶逆如此！"勒曰："公位冠元台，手握强兵，坐观本朝倾覆，曾不救援，乃欲自尊为天子，非凶逆乎！又委任奸贪，残虐百姓，贼害忠良，毒遍燕土，此谁之罪也！"使其将王洛生以五百骑送浚于襄国。浚自投于水，束而出之，斩于襄国市。

四年(丙子，316)

秋，七月，汉大司马曜围北地太守麴昌，大都督麴允将步骑三万救之。曜绕城纵火，烟起蔽天，使反间绐允曰："郡城已陷，往无及也！"众惧而溃，曜追败允于磻石谷，允奔还灵武，曜遂取北地。

八月，汉大司马曜逼长安。

焦嵩、竺恢、宋哲皆引兵救长安，散骑常侍华辑监京兆、冯翊、弘农、上洛四郡兵，屯霸上，皆畏汉兵强，不敢进。相国保遣胡崧将兵入援，击汉大司马曜于灵台，破之。崧恐国威复振则麴、索势盛，乃帅城西诸郡兵屯渭北不进，遂还槐里。

曜攻陷长安外城，麴允、索綝退保小城以自固。内外断绝，城中饥甚，米斗直金二两，人相食，死者太半，亡逃不可制，唯凉州义众千人，守死不移。太仓有曲数十饼，麴允屑之为粥以供帝，既而亦尽。冬，十一月，帝泣谓允曰："今穷厄如此，外无救援，当忍耻出降，以活士民。"因叹曰："误我事者，麴、索二公也！"使侍中宗敞送降笺于曜。索綝潜留敞，使其子说曜曰："今城中食犹足支一年，未易克也，若许綝以仪同、万户郡公者，请以城降。"曜斩而送之，曰："帝王之师，以义行也。孤将兵十五年，未尝以诡计败人，必穷兵极势，然后取之。今索綝所言如此，天下之恶一也，辄相为戮之。若兵食审未尽者，便可勉强固守；如其粮竭兵微，亦宜早寤天命。"

甲午，宗敞至曜营；乙未，帝乘羊车，肉袒、衔璧、舆榇出东门降。

晋愍帝建兴二年(甲戌，公元314年)

壬辰(正月二十一日)，王子春等和王浚的使者到达襄国，石勒把他强壮的兵士、精锐的兵器都藏起来，把老弱残兵和空虚的府库给使者看，郑重地向北拜会使者，接受王浚的信。王浚送给石勒标志风雅的麈尾，石勒假装不敢拿在手上，而把麈尾悬挂在墙壁上，早晨晚上都恭敬地向它叩拜，说："我不能见到王公，见他所赐的物品，就像见到他一样。"并派遣董肇向王浚奉交奏表，约定三月中旬亲自到幽州尊奉王浚为帝。又给枣嵩去信，请求担任并州牧、广平公。

石勒向王子春询问王浚的政事情况，王子春说："幽州去年发大水，百姓无粮可吃，而王浚囤积了一百多万石粟谷，却不赈济灾民，刑罚政令苛刻残酷，赋税劳役征发频繁，忠臣贤士从他身边离开，夷人、狄人也在外面叛离。人人都知道他将要灭亡，而王浚毫无察觉，若无其事，一点没有惧祸之意，刚刚又重新设置官署，安排文武百官，自以为汉高祖、魏武帝都无法与自己相比。"石勒拍着几案笑着说："王浚确实能够抓到了。"王浚派的使者返回蓟地，都说："石勒目前势力单薄衰弱，忠诚而无二心。"王浚非常高兴，更加骄纵懈怠，不再安排防务。

石勒戒严，将要袭击王浚，但犹豫不决没有发兵。张宾说："袭击敌人，应该出其不意，现在军队戒严一整天还不出发，莫非是害怕刘琨以及鲜卑人、乌桓人成为我们的后患吗？"石勒说："是的，怎么办呢？"张宾说："他们三方才智和胆略没有比得上将军您的，将军即使远征，他们也一定不敢妄动，再说他们未必知道将军能够孤军深入一千里而夺取幽州。轻装的军队往返，超不过二十天，假如他们真的有这个想法，等他们商议后出师，我们已回来了。再说刘琨、王浚，虽然他们名义上同属晋朝的大臣，实际上却是仇敌。如果我们给刘琨去信，送去人质求和，刘琨一定为我们的顺服而高兴，对王浚的灭亡而称快，最终不会为救王浚而袭击我们。用兵贵在神速，不要拖延时间。"石勒说："我所没有了却的，右侯已决断，我还有什么可迟疑的呢？"

三月，石勒的军队到达易水，王浚的督护孙纬急速派人告诉王浚，将要指挥军队阻击石勒，游统制止了这个行动。王浚的将领参佐都说："胡人贪婪不讲信用，一定有诡计，请攻打石勒。"王浚发怒说："石公来，正是要尊奉拥戴我，有敢说攻打的人，杀！"大家都不敢再说。王浚安排宴会准备接待石勒。壬申（初二），石勒早晨到蓟城，呵斥守门卫士开门。开门后石勒怀疑有埋伏的军队，就先驱赶几千头牛羊进城，声称是给王浚奉上礼物，实际上想用牛羊堵塞住街巷。王浚这才有些恐惧，坐立不安。石勒进城后，纵兵抢掠，王浚身边的官员请示防御石勒，王浚还不允许。石勒登上中庭，王浚于是走出殿堂，石勒的部众抓住了他。石勒召来王浚的妻子，与她并排坐着，押着王浚站在前面。王浚骂道："胡奴戏弄你老子，为什么这样凶恶叛逆！"石勒说："您地位高于所有大臣，掌握着强大的军队，却坐视朝廷倾覆，竟不去救援，还想尊自己为天子，难道不是凶恶叛逆吗？又任用奸诈贪婪的小人，残酷虐待百姓，杀死迫害忠良，祸害遍及整个燕土，这是谁的罪呀！”石勒派他的将领王洛生用五百骑兵把王浚押送到襄国，王浚投水自杀，兵士们把他捆住拉了上来，在襄国的街市上把他杀了。

四年（丙子，公元316年）

秋季，七月，汉大司马刘曜围攻北地太守麴昌，大都督麴允率领三万步兵骑兵去救援。刘曜环绕着城墙纵火，浓烟滚滚遮蔽天日，派奸细造谣欺骗麴允说：“郡城已陷落，赶去也来不及了。”部众们听了后惊惧不已，四处溃散。刘曜追击，在磻石谷打败麴允，麴允逃回灵武，刘曜于是占取了北地。

八月，汉大司马刘曜进逼长安。

焦嵩、竺恢、宋哲都带兵救援长安，散骑常侍华辑监督京兆、冯翊、弘农、上洛四个郡的军队，驻扎在霸上，但都畏惧汉兵的强大不敢前进。相国司马保派遣胡崧带兵去援救，在灵台攻打汉大司马刘曜，打败了他。胡崧担心国威重新振作，使得麴允、索綝的势力变强，就带领城西各郡军队驻扎在渭水以北地区不前进，随后回师槐里。

刘曜攻陷长安的外城，麴允、索綝退到小城自守。内外断绝了联系，城中非常饥饿，一斗米值二两金子，人吃人，城里人死了一大半，兵士逃亡不能控制禁止，只有凉州义兵几千人，誓死不动。京城粮食仓库有几十个麦饼，麴允把饼弄碎做成粥来供愍帝食用，不久也吃光了。冬季，十一月，愍帝哭着对麴允说：“现在这样窘困，外无救援，应该忍受耻辱出去投降，使士人、百姓能够生存下来。”说完又感叹说：“耽误我的大事的，是麴允、索綝二公！”派侍中宗敞给刘曜送交投降书。索綝暗自留住宗敞，又派他的儿子去对刘曜说：“现在城中的粮食还足够维持一年，是不容易攻克的，如果应允封索綝为仪同、万户郡公，那就请求献城投降。”刘曜把他杀了送回尸首，说：“帝王之师，按照道义行事。我带兵十五年，从来没有靠诡计去打败敌人，一定是竭尽全部兵力打到底，然后占取该地。现在按索綝所说的这样，天下的恶人都一样，总是互相攻杀。你们如果军队、粮食确实没有用完，就尽力坚守吧；但如果军粮用尽兵势微弱，也就应该早点明白上天的旨意。”

甲午（初十），宗敞到刘曜的兵营。乙未（十一日），愍帝谦恭地乘着羊车，袒露着臂膀，口含玉璧，用车拉着棺材从东门出去投降。

晋纪十二

第九十卷

中宗元皇帝上太兴元年（戊寅，318）

三月，癸丑，愍帝凶问至建康，王斩缞居庐。百官请上尊号，王不许。纪瞻曰："晋氏统绝，于今二年，陛下当承大业；顾望宗室，谁复与让！若光践大位，则神、民有所凭依；苟为逆天时，违人事，大势一去，不可复还。今两都燔荡，宗庙无主，刘聪窃号于西北，而陛下方高让于东南，此所谓揖让而救火也。"王犹不许，使殿中将军韩绩彻去御坐。瞻叱绩曰："帝坐上应列星，敢动者斩！"王为之改容。

丙辰，王即皇帝位，百官皆陪列。帝命王导升御床共坐，导固辞曰："若太阳下同万物，苍生何由仰照！"帝乃止。大赦，改元，文武增位二等。帝欲赐诸吏投刺劝进者加位一等，民投刺者皆除吏，凡二十余万人。散骑常侍熊远曰："陛下应天继统，率土归戴，岂独近者情重，远者情轻！不若依汉法遍赐天下爵，于恩为普，且可以息检核之烦，塞巧伪之端也。"帝不从。

汉主聪寝疾，征大司马曜为丞相，石勒为大将军，皆录尚书事，受遗诏辅政。曜、勒固辞。乃以曜为丞相、领雍州牧，勒为大将军、领幽冀二州牧，勒辞不受。以上洛王景为太宰，济南王骥为大司马，昌国公为大帅，朱纪为太傅，呼延晏为太保，并录尚书事；范隆守尚书令、仪同三司，勒准为大司空、领司隶校尉，皆迭决尚书奏事。癸亥，聪卒。甲子，太子粲即位。

靳准阴有异志，私谓粲曰："如闻诸公欲行伊、霍之事，先诛太保及臣，以大司马统万机，陛下宜早图之！"粲不从。准惧，复使二靳氏言之，粲乃从之。收其太宰景、大司马骥、骥母弟车骑大将军吴王逞、太师顗、大司徒齐王劢，皆杀之。朱纪、范隆奔长安。八月，粲治兵于上林，谋讨石勒。以丞相曜为相国、都督中外诸军事，仍镇长安。靳准为大将军、录尚书事。粲常游宴后宫，军国之事，一决于准。准矫诏以从弟明为车骑将军，康为卫将军。

冬，十月，曜至赤壁。太保呼延晏等自平阳归之，与太傅朱纪等共上尊号。曜即皇帝位，大赦，惟靳准一门不在赦例。改元光初。

靳准使侍中卜泰送乘舆、服御请和于石勒；勒囚泰，送于汉主曜。曜谓泰曰："先帝末年，实乱大伦。司空行伊、霍之权，使朕及此，其功大矣。若早迎大驾者，当悉以政事相委，况免死乎！卿为朕入城，具宣此意。"泰还平阳，准自以杀曜母兄，沈吟未从。十二月，左、右车骑将军乔泰、王腾、卫将军靳康等，相与杀准，推尚书令靳明为主，遣卜泰奉传国六玺降汉。石勒大怒，进军攻明，明出战，大败，乃婴城固守。

晋元帝太兴元年（戊寅，公元318年）

三月，癸丑（初七），愍帝死讯传至建康，晋王服斩衰丧服，别居倚庐。百官奏请晋王使用皇帝尊号，晋王不同意。纪瞻说："晋政权灭亡，至今已经两年，陛下应当继承大业。遍观皇室子弟，又有谁值得推让！陛下如果荣登皇位，那么祖先神灵和国民都能有所依凭；如果拂逆天命，违背人心，大势一旦失去，就无法挽回了。现在洛阳、长安两座京城被毁，国家无主，刘聪在西北自立国号，而陛下却在东南清高地推谢帝位，这就如同急于救火却恭礼谦让。"晋王还是不同意，让殿中将军韩绩撤去摆好的皇帝宝座。纪瞻呵斥韩绩说："皇帝之座与天上列星相应，敢搬动的斩首！"晋王脸色为之一变。

丙辰（初十），晋王即帝位，文武百官陪列于两侧。元帝令王导登御床同坐，王导坚决拒绝，说："如果太阳与天下万物等同，怎么能俯照苍生！"元帝便不再坚持。大赦天下，改年号为太兴，文武官员都晋升二级爵位。元帝打算对所有曾经投贴建议自己接受皇位的人施以奖赏，凡官吏都增加爵位一等，平民都授以吏职，总计有二十多万人。散骑常侍熊远说："陛下顺应天命，继承皇位，普天之下莫不拥戴，岂是只有左近之人情深，而偏远之人情浅！不如依照汉朝的做法，普遍赐给臣民爵位，这样皇恩普及，而且可以省去考察核实的烦劳，堵塞弄虚作假的渠道。"元帝不听。

汉主刘聪病重，征召大司马刘曜任命为丞相，石勒任大将军，二人都领尚书事，禀受遗诏辅佐国政。刘曜、石勒坚决推辞，于是任刘曜为丞相，兼雍州牧，石勒为大将军，兼领幽州、冀州牧，石勒推辞不接受。任命上洛王刘景为太宰，济南王刘骥为大司马，昌国公刘为太师，朱纪为太傅，呼延晏为太保，同领尚书事；范隆仍为尚书令、仪同三司，靳准任大司空、领司隶校尉，轮流决断尚书所奏事宜。癸亥（七月十九日），刘聪去世。甲子（二十日），太子刘粲即位。

靳准私下怀有异志，悄悄对刘粲说："好像听说诸位公卿准备像商代伊尹、汉代霍光那样代摄朝政，杀掉太保呼延晏和我，让大司马刘骥统领万机，陛下应当早做准备。"刘粲不听。靳准恐惧，又让皇太后靳氏和皇后靳氏二人劝说，刘粲于是听从。收捕太宰刘景、大司马刘骥、刘骥的同母弟车骑大将军吴王刘逞、太师刘颢和大司徒齐王刘劢，全部处死。朱纪和范隆逃奔长安。八月，刘粲在上林练兵，准备征讨石勒。任丞相刘曜为相国、都督中外诸军事，仍然镇守长安。任靳准为大将军，领尚书事。刘粲经常在后宫游乐，军国大事全由靳准决断。靳准假称诏令，让堂弟靳明任车骑将军，靳康为卫将军。

冬季，十月，刘曜到达赤壁。太保呼延晏等从平阳来归附，与太傅朱纪等共同拟上皇帝尊号。刘曜于是即帝位，大赦天下，只有靳准一族不在赦免之列。改年号为光初。

靳准派侍中卜泰赠送车驾、服御给石勒，向他请和。石勒囚禁卜泰，押送到汉主刘曜那里。刘曜对卜泰说："先帝刘粲末年，行为实在是违背人伦。大司空靳准行使伊尹、霍光那样的权利，使得朕能登上君位，功劳很大。如果能早日迎奉大驾，我会把政事全部委托他管辖，何况免除一死呢！你为我进城去向靳准原原本本地传达我的意思。"卜泰回到平阳转告靳准，靳准思量自己杀害了刘曜的母亲、兄弟，犹豫不决。十二月，左、右车骑将军乔泰、王腾，卫将军靳康等，合谋杀了靳准，推举尚书令靳明为主，派遣卜泰奉送传国的六颗印信投降汉国。石勒大为恼怒，进军攻击靳明，靳明出兵迎战，大败，于是环城固守。

晋纪十三

第九十一卷

中宗元皇帝中太兴二年（己卯，319）

汉主曜立宗庙、社稷、南北郊于长安，诏曰："吾之先，兴于北方。光文立汉宗庙以从民望。今宜改国号，以单于为祖。亟议以闻！"群臣奏："光文始封卢奴伯，陛下又王中山；中山，赵分也，请改国号为赵。"从之。以冒顿配天，光文配上帝。

冬，石勒左、右长史张敬、张宾，左、右司马张屈六、程遐等劝勒称尊号，勒不许。十一月，将佐等复请勒称大将军、大单于、领冀州牧、赵王，依汉昭烈在蜀、魏武在邺故事，以河内等二十四郡为赵国，太守皆为内史，准《禹贡》，复冀州之境，以大单于镇抚百蛮，罢并、朔、司三州，通置部司以监之；勒许之。戊寅，即赵王位，大赦；依春秋时列国称元年。

三年（庚辰，320）

帝之始镇江东也，敦与从弟导同心翼戴，帝亦推心任之，敦总征讨，导专机政，群从子弟布列显要，时人为之语曰："王与马，共天下。"后敦自恃有功，且宗族强盛，稍益骄恣，帝畏而恶之，乃引刘隗、刁协等以为腹心，稍抑损王氏之权，导亦渐见疏外。中书郎孔愉陈导忠贤，有佐命之勋，宜加委任；帝出愉为司徒左长史。导能任真推分，澹如也，有识皆称其善处兴废。而敦益怀不平，遂构嫌隙。

刘隗为帝谋，出心腹以镇方面。会敦表以宣城内史沈充代甘卓为湘州刺史，帝谓承曰："王敦奸逆已著，朕为惠皇，其势不远。湘州据上流之势，控三州之会，欲以叔父居之，何如？"承曰："臣奉承诏命，惟力是视，何敢有辞！然湘州经蜀寇之余，民物凋弊，若得之部，比及三年，乃可即戎；苟未及此，虽复灰身，亦无益也。"十二月，诏曰："晋室开基，方镇之任，亲贤并用，其以谯王承为湘州刺史。"长沙邓骞闻之，叹曰："湘州之祸，其在斯乎！"承行至武昌，敦与之宴，谓承曰："大王雅素佳士，恐非将帅才也。"承曰："公未见知耳，铅刀岂无一割之用！"敦谓钱凤曰："彼不知惧而学壮语，足知其不武，无能为也。"乃听之镇。时湘土荒残，公私困弊，承躬自俭约，倾心绥抚，甚有能名。

晋元帝太兴二年（己卯，公元 319 年）

汉主刘曜在长安建立宗庙、社稷和南郊、北郊，下诏说："我的祖先从北方开始兴盛，光文皇帝建立汉国宗庙是为了顺从民众愿望。现在应当改国号，奉单于为祖。尽快论议上报！"群臣上奏说："光文最早受封卢奴伯，陛下又曾在中山称王。中山本是赵国领土，请求改国号为赵。"刘曜听从，将冒顿配祀上天，光文皇帝刘渊配祀上帝。

冬季，石勒的左、右长史张敬、张宾，左、右司马张屈六、程遐等劝石勒称皇帝尊号，石勒不同意。十一月，将佐们又请求石勒称大将军、大单于、领冀州牧、赵王，依照蜀汉昭烈帝刘备在蜀、魏武帝曹操在邺的旧例，以河内等二十四郡为赵国，太守都改为内史，根据《尚书·禹贡》，恢复冀州的行政区划，以大单于的身份镇抚众蛮族；撤销并州、朔州、司州的建置，合置部司监管，石勒同意了。戊寅，石勒即后赵王位，大赦天下，依照春秋时列国旧例称元年。

三年（庚辰，公元 320 年）

元帝开始统治江东的时候，王敦和堂弟王导同心同德，共同拥戴和辅佐他，元帝也推心置腹，重用他们。王敦总领征讨军事，王导把持机要政务，门生子弟各自占据显要的职位，当时人因此有这样的说法："王与马，共天下。"后来王敦自恃有功，而且宗族势力强盛，越来越骄恣跋扈，元帝因畏惧而憎恶，于是提拔刘隗、刁协等人作为自己的心腹，逐渐抑制和削弱王氏的职权，王导也逐渐被疏远。中书郎孔愉向元帝陈述王导的忠贤，认为他有辅佐王室的功勋，应当加以任用，也被元帝贬黜为司徒左长史。王导能够听任自然，安守本分，性情淡泊，了解其为人的都称赞他能妥善对待职位的升降。但王敦却更加心怀不满，于是与元帝之间产生了裂痕和矛盾。

刘隗为元帝出主意，派自己的心腹去镇守各地。适逢王敦上表，要让宣城内史沈充代替甘卓任湘州刺史。元帝对司马承说："王敦叛逆的行为已经昭著，照这样的情势下去，不会很久朕就要遭受惠帝那样的命运了。湘州占据长江上游的地势，控制着荆州、交州、广州的交会处，我想让叔父您镇守那里，不知如何？"司马承说："我既奉承诏令，必定尽力而为，哪敢再说什么！不过湘州经历蜀人杜弢的寇乱之后，人烟稀少，物产凋敝，如果我去治理，得等到三年之后，才有能力参加战事。如果不到三年，即使粉身碎骨，也不能有太大的帮助。"十二月，元帝下诏说："自从晋王室建立基业以来，任命方镇大员，都是宗亲和贤良并用，现任命谯王司马承为湘州刺史。"长沙人邓骞听说此事，叹息说："湘州的祸乱，恐怕由此而生了！"司马承行至武昌，王敦设宴招待他，对司马承说："大王平素是德才兼备的读书人，恐怕不是将帅之才。"司马承说："您不大了解我，即使是铅刀又怎能连一割之用都没有呢！"王敦对钱凤说："他不知畏惧却要学豪言壮语，足以知晓他不通军事，不会有什么作为。"于是听任司马承到任。当时湘州土地荒芜，官府和私人均财用短缺，司马承带头节俭，尽心安绥和抚恤民众，很有能干的名声。

晋纪十四

第九十二卷

中宗元皇帝下永昌元年（壬午，322）

王敦以璞为记室参军。璞善卜筮，知敦必为乱，己预其祸，甚忧之。大将军掾颍川陈述卒，璞哭之极哀，曰："嗣祖，焉知非福也！"

戊辰，敦举兵于武昌，上疏罪状刘隗，称："隗佞邪谗贼，威福自由，妄兴事役，劳扰士民，赋役烦重，怨声盈路。臣备位宰辅，不可坐视成败，辄进军致讨，隗首朝悬，诸军夕退。昔太甲颠覆厥度，幸纳伊尹之忠，殷道复昌。愿陛下深垂三思，则四海乂安，社稷永固矣。"沈充亦起兵于吴兴以应敦，敦以充为大都督、督护东吴诸军事。敦至芜湖，又上表罪状刁协。帝大怒，乙亥，诏曰："王敦凭恃宠灵，敢肆狂逆，方朕太甲，欲见幽囚。是可忍也，孰不可忍！今亲帅六军以诛大逆，有杀敦者，封五千户侯。"敦兄光禄勋含乘轻舟逃归于敦。

太子中庶子温峤谓仆射周顗曰："大将军此举似有所在，当无滥邪？"顗曰："不然，人主自非尧、舜，何能无失，人臣安可举兵以胁之！举动如此，岂得云非乱乎！处仲狼抗无上，其意宁有限邪！"

敦遣参军桓罴说谯王丞，请丞为军司。丞叹曰："吾其死矣！地荒民寡，势孤援绝，将何以济！然得死忠义，夫复何求！"丞檄长沙虞悝为长史，会悝遭母丧，丞往吊之，曰："吾欲讨王敦，而兵少粮乏；且新到，恩信未洽。卿兄弟，湘中之豪俊，王室方危，金革之事，古人所不辞，将何以教之？"悝曰："大王不以悝兄弟猥劣，亲屈临之，敢不致死！然鄙州荒弊，难以进讨；宜且收众固守，传檄四方，敦势必分，分而图之，庶几可捷也。"丞乃囚桓罴，以悝为长史，以其弟望为司马，督护诸军，与零陵太守尹奉、建昌太守长沙王循、衡阳太守淮陵刘翼、舂陵令长沙易雄，同举兵讨敦。雄移檄远近，列敦罪恶，于是一州之内皆应承。惟湘东太守郑澹不从，承使虞望讨斩之，以徇四境。澹，敦姊夫也。

敦遣从母弟南蛮校尉魏乂、将军李恒帅甲卒二万攻长沙。长沙城池不完，资储又阙，人情震恐。或说谯王承南投陶侃，或退据零、桂。承曰："吾之起兵，志欲死于忠义，岂可贪生苟免，为奔败之将乎！事之不济，令百姓知吾心耳。"乃婴城固守。未几，虞望战死，甘卓欲留邓骞为参军，骞不可，乃遣参军虞冲与骞偕至长沙，遗谯王承书，劝之固守，当以兵出沔口，断敦归路，则湘围自解。承复书称："江左中兴，草创始尔，岂图恶逆萌自宠臣。吾以宗室受任，志在陨命；而至止尚浅，凡百茫然。足下能卷甲电赴，犹有所及；若其狐疑，则求我于枯鱼之肆矣。"卓不能从。

帝征戴渊、刘隗入卫建康。隗至，百官迎于道，隗岸帻大言，意气自若。及入见，与刁协劝帝尽诛王氏；帝不许，隗始有惧色。

司空导帅其从弟中领军邃、左卫将军廙、侍中侃、彬及诸宗族二十余人，每旦诣台待罪。周𫖮将入，导呼之曰："伯仁，以百口累卿！"𫖮直入不顾。既见帝，言导忠诚，申救甚至；帝纳其言。𫖮喜饮酒，至醉而出，导犹在门，又呼之。𫖮不与言，顾左右曰："今年杀诸贼奴，取金印如斗大，系肘后。"既出，又上表明导无罪，言甚切至。导不之知，甚恨之。

帝命还导朝服，召见之，导稽首曰："逆臣贼子，何代无之，不意今者近出臣族！"帝跣而执其手曰："茂弘，方寄卿以百里之命，是何言邪！"

三月，以导为前锋大都督，加戴渊骠骑将军。诏曰："导以大义灭亲，可以吾为安东时节假之。"以周𫖮为尚书左仆射，王邃为右仆射。帝遣王廙往谕止敦；敦不从而留之，廙更为敦用。征虏将军周札，素矜险好利，帝以为右将军、都督石头诸军事。敦将至，帝使刘隗军金城，札守石头，帝亲被甲徇师于郊外。以甘卓为镇南大将军、侍中、都督荆、梁二州诸军事，陶侃领江州刺史；使各帅所统以蹑敦后。

敦至石头，欲攻刘隗。杜弘言于敦曰："刘隗死士众多，未易可克；不如攻石头，周札少恩，兵不为用，攻之必败，札败则隗自走矣。"敦从之，以弘为前锋，攻石头，札果开门纳弘。敦据石头，叹曰："吾不复得为盛德事矣！"谢鲲曰："何为其然也！但使自今以往，日忘日去耳。"

帝命刁协、刘隗、戴渊帅众攻石头，王导、周𫖮、郭逸、虞潭等三道出战，协等兵皆大败。太子绍闻之，欲自帅将士决战；升车将出，中庶子温峤执鞚谏曰："殿下国之储副，奈何以身轻天下！"抽剑斩鞅，乃止。

敦拥兵不朝，放士卒劫掠，宫省奔散，惟安东将军刘超按兵直卫，及侍中二人侍帝侧。帝脱戎衣，著朝服，顾而言曰：“欲得我处，当早言！何至害民如此！”又遣使谓敦曰：“公若不忘本朝，于此息兵，则天下尚可共安；如其不然，朕当归琅邪以避贤路。”

刁协、刘隗既败，俱入宫，见帝于太极东除。帝执协、隗手，流涕呜咽，劝令避祸。协曰：“臣当守死，不敢有贰。”帝曰：“今事逼矣，安可不行！”乃令给协、隗人马，使自为计。协老，不堪骑乘，素无恩纪，募从者，皆委之，行至江乘，为人所杀，送首于敦。隗奔后赵，官至太子太傅而卒。

帝令公卿百官诣石头见敦，敦谓戴渊曰：“前日之战，有余力乎？”渊曰：“岂敢有余，但力不足耳！”敦曰：“吾今此举，天下以为何如？”渊曰：“见形者谓之逆，体诚者谓之忠。”敦笑曰：“卿可谓能言。”又谓周顗曰：“伯仁，卿负我！”顗曰：“公戎车犯顺，下官亲帅六军，不能其事，使王旅奔败，以此负公！”

辛未，大赦；以敦为丞相、都督中外诸军、录尚书事、江州牧，封武昌郡公，并让不受。

顗被收，路经太庙，大言曰：“贼臣王敦，倾覆社稷，枉杀忠臣；神祇有灵，当速杀之！”收人以戟伤其口，血流至踵，容止自若，观者皆为流涕。并戴渊杀之于石头南门之外。

王导后料检中书故事，乃见顗救己之表，执之流涕曰：“吾虽不杀伯仁，伯仁由我而死，幽冥之中，负此良友！”

敦既得志，暴慢滋甚，四方贡献多入其府，将相岳牧皆出其门。以沈充、钱凤为谋主，唯二人之言是从，所谮无不死者。以诸葛瑶、邓岳、周抚、李恒、谢雍为爪牙。充等并凶险骄恣，大起营府，侵人田宅，剽掠市道，识者咸知其将败焉。

帝忧愤成疾，闰月，己丑，崩；司空王导受遗诏辅政。帝恭俭有余而明断不足，故大业未复而祸乱内兴。庚寅，太子即皇帝位，大赦，尊所生母荀氏为建安君。

晋元帝永昌元年（壬午，公元 322 年）

王敦任用郭璞为记室参军，郭璞擅长卜筮之术，知道王敦必定会作乱，自己将被牵连进灾祸中，为此深深忧虑。王敦大将军府的僚属、颍川人陈述去世，郭璞痛哭欲绝，说：“陈述，你的辞世焉知非福呢！”

戊辰（正月十四日），王敦在武昌举兵，给元帝上疏罗列刘隗的罪状，内称：“刘隗奸佞邪恶，谗言惑众，残害忠良，作威作福，随意挑起事端，动用百姓服劳役，士民疲惫扰苦，赋税和劳役负担繁重，怨声载道。我担任宰辅的职位，不能对此无动于衷，于是进军讨伐。倘若刘隗早上伏罪，众军傍晚即退。往昔商王太甲败坏国家制度，幸好接纳了伊尹忠诚无私的处置，才使商朝国运重新昌盛。我希望陛下再三深思，那么将会四海安宁，国家长存。”沈充也在吴兴起兵与王敦相呼应，王敦任沈充为大都督、督护东吴诸军事。王敦到达芜湖，又上表罗列刁协的罪状。元帝勃然大怒，乙亥（二十一日），下诏说：“王敦凭仗国家对他的恩宠，竟敢肆行狂妄、叛逆之事，把朕比作太甲，想把我幽禁起来。是可忍，孰不可忍！我现在亲自统率六军前去诛戮这个大叛贼，有谁能杀掉王敦，封为五千户侯。”王敦的兄长、光禄勋王含乘坐轻便小舟逃回到王敦身边。

太子中庶子温峤对仆射周顗说：“大将军王敦这么做似乎有一定原因，应当不算过分吧？”周顗说：“不对。人主本来就不是尧、舜那样的圣人，怎么能没有过失呢？作为人臣，怎么可以举兵来胁迫君王！如此举动，哪能说不是叛乱呢！王敦傲慢暴戾，目无主上，他的欲望难道会有止境吗！”

王敦派遣参军桓罴向谯王司马丞游说，请司马丞出任军司。司马丞叹息说：“我怕是要死了。此地土地荒芜，人民稀少，势力孤单，后援断绝，怎能挨得过去呢！不过能为忠义而死，还能再有什么希求呢！”司马丞以文书征召长沙人虞悝为长史，适逢虞悝母亲去世，司马丞前往吊唁，说：“我想讨伐王敦，但军力不够，粮食匮乏，而且我是新近到任的，恩德和信用还未能沾润民心。您家兄弟是湘州地区的豪俊之士，现在王室正遭受危难，古人在服丧期间，投身战事也在所不辞，您对我有什么教诲？”虞悝说：“大王您不因为我们兄弟身份卑贱而嫌弃，亲自降节光临，我们岂敢不效命！不过鄙州荒凉凋敝，难于出兵讨伐。应当暂时聚众固守，把讨伐王敦的檄书传布四方，这样王敦必得分兵应付。待其兵力分散后再图谋攻击，大概可以取胜。”司马丞于是囚禁桓罴，任虞悝为长史，任命他的兄弟虞望为司马，总领、监护诸军，和零陵太守尹奉、建昌太守、长沙人王循、衡阳太守淮陵人刘翼、春陵令长沙人易雄，共同举兵征讨王敦。易雄四处传布檄书，罗列王敦罪状，于是一州之内的郡县，全都响应司马丞。只有湘东太守郑澹不从命，司马丞让虞望讨伐并把他处斩，巡行晓示各地。郑澹是王敦的姐夫。

王敦派遣姨母的儿子、南蛮校尉魏乂和将军李恒，率领甲士二万人进攻长沙。长沙的城墙、护城河不完善，物资储备也不充足，人心惊恐。有人劝说谯王司马承向南投靠陶侃，或者退守零陵、桂林。司马承说：“我之所以起兵，是心存为忠义献身的志向，怎能贪生怕死、苟且活命，当一个败逃的将领呢！即使守卫长沙失败，也让百姓们知道我的心意。”于是环城固守。不久，虞望战死，甘卓想让邓骞留下任参军，邓骞不同意，甘卓便派参军虞冲和邓骞同赴长沙，并致信谯王司马承，劝他固守长沙，自己将遣军自沔口出击，截断王敦的退路，这样湘州之围便会不救自解。司马承复信说：“江东国朝中兴，一切刚刚草创，谁想到叛乱萌生于得宠的大臣。我以王朝宗室的身份禀受重任，志在以身殉职。不过到任时日尚短，一切尚未出头绪，足下如果能轻装迅速赶来救援，或许还来得及；如果犹豫迟滞，那么就只有到干鱼铺去找我了。”甘卓未能听从。

元帝征召戴渊、刘隗来建康参与防卫。刘隗到达之时，百官们在道路上迎接，刘隗把头帻掀起露出前额，高谈阔论，意气昂扬。等到入见元帝，和刁协一起劝元帝将王氏宗族尽数诛杀，元帝不同意，刘隗才显露出畏惧的神色。

司空王导率领堂弟中领军王邃、左卫将军王廙、侍中王侃、王彬以及各宗族子弟二十多人，每天清晨到朝廷等候定罪。周𫖮将要入朝，王导呼唤他说：“周𫖮，我把王氏宗族一百多人的性命托付给您！”周𫖮连头也不回，直入朝廷。等到见了元帝，周𫖮阐说王导忠贞不贰，极力为他辩白，元帝听从了他的意见。周𫖮心中欢喜，以至喝醉了酒。周𫖮走出宫门，王导还在门外等候，又呼唤周𫖮，周𫖮不与他交谈，环顾左右说：“今年杀掉一干乱臣贼子后，能得到斗大的金印，系挂在臂肘之后。”出来以后，又奏上表章，辨明王导无罪，言辞十分妥帖和有力。王导不知道这些事，对周𫖮深为怨恨。

元帝令人把朝服送还王导，召王导进见。王导跪拜叩首至地，说：“叛臣贼子，哪一个朝代没有？想不到现在会出在臣下宗族之中！”元帝来不及穿鞋，赤脚上前拉着他的手说：“王茂弘，我正要把朝廷政务交给你，你这是说的什么话！”

三月，任命王导为前锋大都督，授予戴渊骠骑将军。元帝下诏说：“王导大义灭亲，可以把我任安东将军时的符节交给他。”又任命周𫖮为尚书左仆射，王邃为尚书右仆射。元帝派王廙去告诉王敦，让他停止叛乱。王敦拒不从命，扣留了王廙，王廙转而为王敦效力。征虏将军周札，素来为人阴险，贪图私利。元帝任他为右将军、都督石头诸军务。王敦军队日益临近，元帝让刘隗驻军金城，令周札驻守石头，自己亲自披上甲衣，巡视郊外的军队。又任命甘卓为镇南大将军、侍中、都督荆州梁州军务，任命陶侃兼领江州刺史职，让他们各自率领所部跟随在王敦军队之后。

王敦到达石头，想攻击刘隗。杜弘向王敦建议说："刘隗手下不怕死的士兵众多，不容易战胜，不如进攻石头。周札对人缺少恩泽，士兵都不愿为他效力，一旦遭攻击必然败走，周札兵败则刘隗自己就会逃走。"王敦采纳了杜弘的意见，任命他为前锋，进攻石头。周札果然打开城门让杜弘入城。王敦占据石头后，感叹地说："我既为叛臣，再也不会做功德盛大的事情了。"谢鲲说："为什么这样呢！只要从今以后，这些事一天天淡忘，也就会一天天从心中消失了。"

元帝令刁协、刘隗、戴渊率领兵众进攻石头，王导和周𫖮、郭逸、虞潭等分三路出击，刁协等人的军队都大败。太子司马绍听说以后，打算自己率领将士与敌人决战，坐上军车正要出发，中庶子温峤抓住马勒头劝谏说："殿下是国家君位的继承人，怎么能逞一己之快，轻弃天下而不顾！"抽出剑斩断马的鞅带，司马绍这才罢休。

王敦聚集军队，不朝见元帝，放纵士卒劫掠财物，皇宫、朝廷里的人奔逃离散，只有安东将军刘超屯兵不动，当值护卫，还有侍中二人在元帝身边侍奉。元帝脱下军衣，穿上朝服，环顾四周说："王敦想得到我这个位置，应当早说！何至于如此残害百姓！"又派遣使者告诉王敦说："你如果还没有将朝廷置于脑后，那么就此罢兵，天下还可以安然相处。如果不是这样，那么朕将回到琅邪，为贤人让路。"

刁协、刘隗战败以后，都进入宫中，在太极殿东侧阶与元帝相见。元帝拉着刁协、刘隗的手，流泪哭泣，呜咽有声，劝说并命令二人出逃以避灾祸。刁协说："我将守卫到死，不敢有二心。"元帝说："现在事情紧迫了，怎么能不走呢！"于是下令为刁协、刘隗准备随行的人马，让他们自寻生路。刁协年老，难耐骑乘之苦，平素又缺少恩惠，招募随从人员时，大家都推诿不去。刁协出行至江乘，被人所杀，首级送给王敦。刘隗投奔后赵，在任太子太傅时死去。

元帝命令百官公卿到石头拜见王敦。王敦对戴渊说："前日的交战，还有剩余的力量吗？"戴渊说："岂敢留有余力，只是力量不足罢了！"王敦说："我现在这样的举动，天下人会怎么看？"戴渊说："只看到表象的人说是叛逆，体会诚心的人说是忠贞。"王敦笑着说："您可以称得上会说话了。"王敦又对周𫖮说："周伯仁，您辜负了我！"周𫖮说："您依仗武力违背顺上的道德，我亲自统率六军，不能胜任，致使君王的军队战败奔逃，这就是我辜负您的地方！"

辛未（十八日），元帝实行大赦，任命王敦为丞相、都督中外各军、录尚书事、江州牧，赐封武昌郡公，王敦都推辞不受。

周顗被捕，路经太庙，高声说："贼臣王敦，颠覆国家社稷，胡乱杀害忠臣，神祇如果显灵，应当快快杀掉他！"捕卒用戟刺伤周顗的嘴，鲜血下流直至脚后跟，但他容颜举止泰然自若，观望的人都因此而落泪。周顗和戴渊都在石头城南门外被杀。

王导后来清理中书省的旧有档案，才见到周顗救护自己的上表，拿着流下了眼泪，说："我虽没杀周伯仁，伯仁是因我而死，在冥冥之中我有负于这样的好友！"

王敦得志以后，越发暴虐傲慢，四方贡献的物品大多送入他的府第，将相及地方的文武大员，全都出自他的门下。王敦任用沈充、钱凤为谋主，只对他们二人言听计从，凡被他们谮言诋毁之人无不遇害。又任用诸葛瑶、邓岳、周抚、李恒、谢雍等人为武臣。沈充等人都是凶恶阴险骄恣之徒，大肆建造军营府第，侵占他人田宅，公然拦路抢劫。有识之士都知道他们行将败亡。

元帝因忧愤染病，闰月，己丑（初十），元帝驾崩。司空王导接受元帝遗诏辅佐朝政。元帝恭俭有余而明断不足，所以未能恢复大业却在内部发生祸乱。庚寅（十一日），太子司马绍继承帝位，大赦天下，尊奉生母荀氏为建安君。

晋纪十五

第九十三卷

肃宗明皇帝下太宁二年（甲申，324）

王敦疾甚，矫诏拜王应为武卫将军以自副，以王含为骠骑大将军、开府仪同三司。钱凤谓敦曰："脱有不讳，便当以后事付应邪？"敦曰："非常之事，非常人所能为。且应年少，岂堪大事！我死之后，莫若释兵散众，归身朝廷，保全门户，上计也；退还武昌，收兵自守，贡献不废，中计也；及吾尚存，悉众而下，万一侥幸，下计也。"凤谓其党曰："公之下计，乃上策也。"遂与沈充定谋，俟敦死，即作乱。又以宿卫尚多，奏令三番休二。

帝将讨敦，以问光禄勋应詹，詹劝成之，帝意遂决。丁卯，加司徒导大都督、领扬州刺史，以温峤都督东安北部诸军事，与右将军卞敦守石头，应詹为护军将军、都督前锋及朱雀桥南诸军事，郗鉴行卫将军、都督从驾诸军事，庾亮领左卫将军，以吏部尚书卞壸行中军将军。郗鉴以为军号无益事实，固辞不受；请召临淮太守苏峻、兖州刺史刘遐同讨敦。诏征峻、遐及徐州刺史王邃、豫州刺史祖约、广陵太守陶瞻等入卫京师。帝屯于中堂。

司徒导闻敦疾笃，帅子弟为敦发哀，众以为敦信死，咸有奋志。于是尚书腾诏下敦府，列敦罪恶曰："敦辄立兄息以自承代，未有宰相继体而不由王命者也。顽凶相奖，无所顾忌；志骋凶丑，以窥神器。天不长奸，敦以陨毙；凤承凶宄，弥复煽逆。今遣司徒导等虎旅三万，十道并进，平西将军邃等精锐三万，水陆齐势；朕亲统诸军，讨凤之罪。有能杀凤送首，封五千户侯。诸文武为敦所授用者，一无所问，无或猜嫌，以取诛灭。敦之将士，从敦弥年，违离家室，朕甚愍之。其单丁在军，皆遣归家，终身不调；其余皆与假三年；休讫还台，当与宿卫同例三番。"

帝帅诸军出屯南皇堂。癸酉夜，募壮士，遣将军段秀、中军司马曹浑等帅甲卒千人渡水，掩其未备。平旦，战于越城，大破之，斩其前锋将何康。秀，匹磾之弟也。

敦闻含败，大怒曰："我兄，老婢耳；门户衰，世事去矣！"顾谓参军吕宝曰："我当力行。"因作势而起，困乏，复卧。乃谓其舅少府羊鉴及王应曰："我死，应便即位，先立朝廷百官，然后营葬事。"敦寻卒，应秘不发丧，裹尸以席，蜡涂其外，埋于厅事中，与诸葛瑶等日夜纵酒淫乐。

丁亥，刘遐、苏峻等帅精卒万人至，帝夜见，劳之，赐将士各有差。沈充、钱凤欲因北军初到疲困，击之，乙未夜，充、凤从竹格渚渡淮。护军将军应詹、建威将军赵胤等拒战，不利，充、凤至宣阳门，拔栅，将战，刘遐、苏峻自南塘横击，大破之，赴水死者三千人。遐又破沈充于青溪。寻阳太守周光闻敦举兵，帅千余人来赴。既至，求见敦。王应辞以疾。光退曰："今我远来而不得见，公其死乎！"遽见其兄抚曰："王公已死，兄何为与钱凤作贼！"众皆愕然。

丙申，王含等烧营夜遁。丁酉，帝还宫，大赦，惟敦党不原。

王含欲奔荆州，王应曰："不如江州。"含曰："大将军平素与江州云何，而欲归之？"应曰："此乃所以宜归也。江州当人强盛时，能立同异，此非常人所及；今睹困厄，必有愍恻之心。荆州守文，岂能意外行事邪！"含不从，遂奔荆州。王舒遣军迎之，沈含父子于江。王彬闻应当来，密具舟以待之；不至，深以为恨。钱凤走至阖庐洲，周光斩之，诣阙自赎。沈充走失道，误入故将吴儒家。儒诱充内重壁中，因笑谓充曰："三千户侯矣！"充曰："尔以义存我，我家必厚报汝；若以利杀我，我死，汝族灭矣。"儒遂杀之，传首建康。敦党悉平。充子劲当坐诛，乡人钱举匿之，得免。其后，劲竟灭吴氏。

有司奏："王彬等敦之亲族，皆当除名。"诏曰："司徒导以大义灭亲，犹将百世宥之，况彬等皆公之近亲乎！"悉无所问。

冬，十月，以司徒导为太保、领司徒，加殊礼，西阳王羕领太尉，应詹为江州刺史，刘遐为徐州刺史，代王邃镇淮阴，苏峻为历阳内史，加庾亮护军将军，温峤前将军。导固辞不受。应詹至江州，吏民未安，詹抚而怀之，莫不悦服。

晋明帝太宁二年(甲申,公元324年)

王敦病情加剧,矫称诏令任命王应为武卫将军,做自己的副职,任命王含为骠骑大将军、开府仪同三司。钱凤对王敦说:“倘若您有不幸,是否将把身后之事托付王应?”王敦说:“非常之事,不是平常的人所能够胜任的。何况王应年轻,哪能承担大事!我死以后,不如放下武器,遣散兵众,归顺朝廷,以保全宗族门户,这是上策;退回到武昌,集中军队谨慎自守,给朝廷贡献的物品无所缺废,这是中策;乘我还活着的时候,发遣所有的兵力攻打京城,寄希望于侥幸取胜,这是下策。”钱凤对其党羽说:“王公所谓下策,其实正是上策。”于是与沈充谋议商定,等王敦一死便作乱。又认为宿卫士卒很多,奏令分为三班,轮流一班当值,两班休息。

明帝将要征讨王敦,就此事征询光禄勋应詹的意见,应詹表示赞同,明帝于是坚定了决心。丁卯(六月二十七日),加授司徒王导大都督、兼领扬州刺史,任命温峤都督东安北部诸军事,和右将军卞敦同守石头;任应詹为护军将军、都督前锋及朱雀桥南诸军事;任郗鉴行卫将军、都督扈从御驾诸军事。又让庾亮领左卫将军职,让吏部尚书卞壸任行中军将军职。郗鉴认为有军制上的名号于实际情况无益,坚持辞谢不受,请求征召临淮太守苏峻、兖州刺史刘遐共同讨伐王敦。明帝于是下诏征召苏峻、刘遐以及徐州刺史王邃、豫州刺史祖约、广陵太守陶瞻等入京师护卫。明帝屯军于中堂之地。

司徒王导听说王敦重病不治,便带领王氏子弟为王敦发丧,大家以为王敦确实死了,都有奋战的士气。于是尚书传送诏令到王敦的幕府,罗列王敦的罪恶说:“王敦专断地扶立兄长的儿子继承自己,从来没有重要如宰相的继承人却不由君王任命的。这真是凶顽之徒相互奖掖,无所顾忌;志向凶残丑恶,窥视国家政权。幸好上天不让奸恶之人长寿,王敦因而毙命;钱凤既已奉承奸凶之人,又再煽动作乱,现在派遣司徒王导等率领猛虎般的军队三万人,诸路并进;平西将军王邃等率精兵三万,水陆齐发;朕亲自统领各路大军,讨伐钱凤的罪恶。有谁能够杀死钱凤将首级送来,封为五千户侯。各文武官员即使是由王敦任用的,朕也一概不加过问,你们不要心存猜忌和隔阂,以至于自取诛灭。王敦的将士们跟随王敦多年,远离家室,朕非常怜悯。凡是独生子从军的,都遣返回家,终身不再征发。其余的人都给假三年。休假期满回到朝廷后,都将与宿卫的士卒一样,按三分之二的比例轮休。”

明帝统领各军出城屯驻南皇堂。癸酉(七月初三)夜间,招募勇士,派将军段秀、中军司马曹浑等率领甲士千人渡秦淮河,攻其不备。清晨,在越城与敌交战,大胜,斩杀其前锋将领何康。段秀即段匹磾的兄弟。

王敦听说王含战败，勃然大怒说："我这个兄长只是个老奴婢，门户衰落，大事完了！"回头对参军吕宝说："我要尽力起行。"随即想要起来，因气力困乏，只好又躺下。于是对自己的舅父、少府羊鉴和王应说："我死后王应立即即帝位，先设立朝廷百官，然后再安排葬事。"王敦不久即死，王应隐瞒不公布死讯，用席子包裹尸身，外面涂蜡，埋在议事厅中，和诸葛瑶等人日夜纵酒淫乐。

丁亥（十七日），刘遐、苏峻等率领精兵万人到达建康，明帝夜间召见并犒劳他们，将士们按照级别均有赏赐。沈充、钱凤想乘着北方军队刚到疲倦困乏而发起攻击，乙未（二十五日）夜，沈充、钱凤从竹格渚渡过秦淮河，护军将军应詹、建威将军赵胤等人抵抗失利，沈充和钱凤攻至宣阳门，拔除防御栅栏，正要接战，刘遐、苏峻从南塘拦腰攻击，重创沈充、钱凤的军队，渡河溺死的达三千多人。刘遐后来又在青溪战败沈充。寻阳太守周光听说王敦起兵，率一千多人赶来，到达后求见王敦，被王应以病重为名拒绝。周光退下后说："现在我远道而来却见不到王敦，他大概已经死了吧！"急忙会见其兄长周抚，说："王公已经死了，你何必和钱凤同做叛贼！"众人都很惊愕。

丙申（七月二十六日），王含等人烧毁营帐，连夜遁逃。丁酉（二十七日），明帝回到皇宫，大赦天下罪犯，唯有王敦的党羽不在赦宥之列。

王含想逃奔荆州，王应说："不如去江州。"王含说："大将军王敦以往与江州王彬的关系不怎么样，你想到那儿去？"王应说："这就是去那里合适的原因。江州的王彬在他人强盛的时候，敢于坚持不同立场，这不是一般人能比得上的；现在看到他人遭受困厄，也必定会有恻隐之心。荆州的王舒循规蹈矩，哪能超出常规行事呢！"王含不听，于是逃奔荆州。王舒派军队相迎，将王含、王应父子沉入江中溺死。王彬听说王应要来，秘密准备小船等候。结果王应没来，王彬为此深感遗憾。钱凤逃到阖庐洲，周光将他斩首，自己赴朝廷请求赎罪。沈充逃跑时迷路，来到自己的旧部吴儒家，吴儒诱使沈充进入墙中夹层，然后笑着对沈充说："我可以被封为三千户侯了！"沈充说："你如果顾及往日情义保全我，我家必定会重要地报答你。你如果为了私利杀我，我死以后，你的家族也将灭绝。"吴儒于是杀死沈充，把首级传送到建康。王敦的党徒至此全部平定。沈充的儿子沈劲应当连坐受诛，同乡钱举把他藏匿起来，因此幸免。后来，沈劲终于夷灭了吴氏全族。

有关部门奏报说："王敦的亲族王彬等人，都应当去职除名。"明帝下诏说："司徒王导能大义灭亲，尚且将世代宽宥他，何况王彬等都是你们的近亲呢！”于是全部不加查问。

冬季，十月，任司徒王导为太保，兼领司徒职，以特殊礼仪相待。令西阳王司马羕兼领太尉职，应詹为江州刺史，刘遐为徐州刺史，代替王邃镇守淮阴，任苏峻为历阳内史，授予庾亮护军将军，温峤前将军。王导坚辞不受封职。应詹到江州后，官吏百姓还未安定，应詹抚慰怀柔，众人莫不悦服。

晋纪十六

第九十四卷

显宗成皇帝上之下咸和三年（戊子，328）

冬，十一月，后赵王勒欲自将救洛阳，僚佐程遐等固谏曰："刘曜悬军千里，势不支久。大王不宜亲动，动无万全。"勒大怒，按剑叱遐等出。乃赦徐光，召而谓之曰："刘曜乘一战之胜，围守洛阳，庸人之情皆谓其锋不可当。曜带甲十万，攻一城而百日不克，师老卒怠，以我初锐击之，可一战而擒也。若洛阳不守，曜必送死冀州，自河已北，席卷而来，吾事去矣。程遐等不欲吾行，卿以为何如？"对曰："刘曜乘高候之势，不能进临襄国，更守金墉，此其无能为可知也。以大王威略临之，彼必望旗奔败。平定天下，在今一举，不可失也。"勒笑曰："光言是也。"乃使内外戒严，有谏者斩。命石堪、石聪及豫州刺史桃豹等各统见众会荥阳；中山公虎进据石门，勒自统步骑四万趣金墉，济自大堨。

己卯，中山公虎引步卒三万自城北而西，攻赵中军，石堪、石聪等各以精骑八千自城西而北，击赵前锋，大战于西阳门。勒躬贯甲胄，出自阊阖门，夹击之。曜少而嗜酒，末年尤甚；将战，饮酒数斗。常乘赤马无故局顿，乃乘小马。比出，复饮酒斗余。至西阳门，挥陈就平。石堪因而乘之，赵兵大溃。曜昏醉退走，马陷石渠，坠于冰上，被疮十余，通中者三，为堪所执。勒遂大破赵兵，斩首五万余级。下令曰："所欲擒者一人耳，今已获之。其敕将士抑锋止锐，纵其归命之路。"

四年（己丑，329）

赵太子熙闻赵主曜被擒，大惧，与南阳王胤谋西保秦州。尚书胡勋曰："今虽丧君，境土尚完，将士不叛，且当并力拒之；力不能拒，走未晚也。"胤怒，以为沮众，斩之，遂帅百官奔上邽，诸征镇亦皆弃所守从之，关中大乱。将军蒋英、辛恕拥众数十万据长安，遣使降于后赵，后赵遣石生帅洛阳之众赴之。

五年（庚寅，330）

二月，后赵群臣请后赵王勒即皇帝位；勒乃称大赵天王，行皇帝事。立妃刘氏为王后，世子弘为太子。以其子宏为骠骑大将军、都督中外诸军事、大单于，封秦王；斌为左卫将军，封太原王；恢为辅国将军，封南阳王。以中山公虎为太尉、尚书令，进爵为王；虎子邃为冀州刺史，封齐王；宣为左将军；挺为侍中，封梁王。

中山王虎怒，私谓齐王邃曰："主上自都襄国以来，端拱仰成，以吾身当矢石，二十余年，南擒刘岳，北走索头，东平齐、鲁，西定秦、雍，克十有三州。成大赵之业者，我也；大单于当以授我，今乃以与黄吻婢儿，念之令人气塞，不能寝食！待主上晏驾之后，不足复留种也。"

赵群臣固请正尊号，秋，九月，赵王勒即皇帝位。大赦，改元建平。文武封进各有差。立其妻刘氏为皇后，太子弘为皇太子。

晋成帝咸和三年（戊子，公元328年）

冬季，十一月，后赵王石勒想自己率兵救援洛阳，僚佐程遐等极力劝谏说："刘曜孤军深入千里之外，势必不能持久。大王不应当亲自出动，一旦出动难保万全。"石勒大怒，手按佩剑呵斥程遐等人出去。于是赦免徐光的罪过，把他召来对他说："刘曜凭借一仗的胜利，围攻洛阳，庸人都说他的锋芒不可抵挡。刘曜带领十万甲士，攻打一座城池却一百天不能取胜，军队疲惫，士卒懈怠，用我方精锐的生力军攻击，一战便可擒获他。如果洛阳失守，刘曜必定会进攻冀州，由黄河北边席卷而来，我们就完了。程遐等人不想让我去，您以为怎么样？"徐光回答说："刘曜乘着在高候战胜石虎的势头，不能进军逼迫襄国，反而据守金墉，由此可知他不会有什么作为。凭着大王您的威风胆略进逼他，他必定是望风败逃。平定天下，就在今天这一战，时机不能错过。"石勒笑着说："你说得对。"于是让宫室内外戒严，有敢于劝谏的斩首。命令石堪、石聪和豫州刺史桃豹等各自统领现有士众会聚荥阳，又令中山公石虎进军占据石门，石勒自己率步、骑兵四万人赶赴金墉，从大竭渡过黄河。

己卯（十二月初五），中山公石虎带领步兵三万人从城北向西，进攻前赵中军，石堪、石聪等各带精锐骑兵八千人从城西向北，进攻前赵的前锋，在西阳门展开激烈的战斗。石勒身穿甲胄，从阊阖门出城，夹击敌军。刘曜自少年时便爱喝酒，年老后尤为嗜酒，临战前，饮酒数斗。平常乘坐的红马无缘无故地倒地，于是改乘小马。等到出发时，又饮酒一斗多。到了西阳门，指挥军阵向平坦处移动，石堪乘势攻击，前赵士兵大部溃逃。刘曜酒醉昏昏，往后退逃，战马在石渠失足，刘曜摔在冰上，受伤十多处，有三处伤及内腑，被石堪捉住。石勒于是大败前赵军队，斩首五万多级。下令说："我想抓获的只有一个人，此人现已被擒，特敕令将士停止攻击，给他们留下归顺投降的出路。"

四年（己丑，公元 329 年）

前赵太子刘熙听说前赵主刘曜被擒，大为恐惧，和南阳王刘胤商议，准备向西保守秦州。尚书胡勋说："如今虽然丧失君王，但国土仍然完整，将士也未叛离，如今应当集中力量抵御敌军。力有不支时再逃也不晚。"刘胤发怒，认为这是扰乱人心，将他斩首，随后率领文武百官逃奔上邽。各地方官员也都放弃自己镇守的地方跟从，关中大乱。将军蒋英、辛恕拥有士众数十万人据守长安，派使者向后赵请降，后赵派石生率领在洛阳的士众前往长安。

五年（庚寅，公元 330 年）

二月，后赵的群臣请求后赵王石勒即帝位，石勒便号称"大赵天王"，行使皇帝的权力。又立妃子刘氏为王后，世子石弘为太子。任命儿子石宏为骠骑大将军、都督中外军事、大单于，封为秦王；石斌为左卫将军，封为太原王；石恢为辅国将军，封为南阳王。中山公石虎为太尉、尚书令，晋升爵位为王；石虎的儿子石邃为冀州刺史，封为齐王；石宣为左将军；石挺为侍中，封为梁王。

中山公石虎发怒，私下对齐王石邃说："主上自从建都襄国以来，端身拱手，坐享其成，靠着我身当箭石，冲锋陷阵。二十多年来，在南方擒获刘岳，在北方赶跑索头，向东平定齐、鲁之地，向西平定秦州、雍州，攻克十三州。成就大赵功业的是我，大单于的称号应当授予我，现在却给了奴婢所生的黄吻小儿，想起来令人气愤，寝食难安！等到主上驾崩之后，我不会再让他活命。"

后赵群臣坚持请求石勒正式使用皇帝尊号，秋季，九月，后赵王石勒即帝位。大赦天下，改年号为建平。文武官员封爵加官，各有等秩。册立妻子刘氏为皇后，太子石弘为皇太子。

晋纪十七

第九十五卷

显宗成皇帝中之上咸和七年（壬辰，332）

赵主勒大飨群臣，谓徐光曰："朕可方自古何等主？"对曰："陛下神武谋略过于汉高，后世无可比者。"勒笑曰："人岂不自知！卿言太过。朕若遇汉高祖，当北面事之，与韩、彭比肩；若遇光武，当并驱中原，未知鹿死谁手。大丈夫行事，宜礌礌落落，如日月皎然，终不效曹孟德、司马仲达欺人孤儿、寡妇，狐媚以取天下也。"群臣皆顿首称万岁。

赵右仆射程遐言于赵主勒曰："中山王勇悍权略，群臣莫及；观其志，自陛下之外，视之蔑如；加以残贼安忍，久为将帅，威振内外，其诸子年长，皆典兵权；陛下在，自当无他，恐非少主之臣也。宜早除之，以便大计。"勒曰："今天下未安，大雅冲幼，宜得强辅。中山王骨肉至亲，有佐命之功，方当委以伊、霍之任，何至如卿所言！卿正恐不得擅帝舅之权耳；吾亦当参卿顾命，勿过忧也。"遐泣曰："臣所虑者公家，陛下乃以私计拒之，忠言何自而入乎！中山王虽为皇太后所养，非陛下天属，虽有微功，陛下酬其父子恩荣亦足矣，而其志愿无极，岂将来有益者乎！若不除之，臣见宗庙不血食矣。"勒不听。

八年（癸巳，333）

秋，七月，勒疾笃，遗命曰："大雅兄弟，宜善相保，司马氏，汝曹之前车也。中山王宜深思周、霍，勿为将来口实。"戊辰，勒卒。中山王虎劫太子弘使临轩，收右光禄大夫程遐、中书令徐光，下廷尉，召邃使将兵入宿卫，文武皆奔散。弘大惧，自陈劣弱，让位于虎。虎曰："君终，太子立，礼之常也。"弘涕泣固让，虎怒曰："若不堪重任，天下自有大义，何足豫论！”弘乃即位。大赦。

八月，赵主弘以中山王虎为丞相、魏王、大单于，加九锡，以魏郡等十三郡为国，总摄百揆。

咸康三年（丁酉，337）

赵太子邃素骁勇，赵王虎爱之。常谓群臣曰：“司马氏父子兄弟自相残灭，故使朕得至此；如朕有杀阿铁理否？”既而邃骄淫残忍，好妆饰美姬，斩其首，洗血置盘上，与宾客传观之，又烹其肉共食之。河间公宣、乐安公韬皆有宠于虎，邃疾之如仇。虎荒耽酒色，喜怒无常。使邃省可尚书事，每有所关白，虎恚曰：“此小事，何足白也！”时或不闻，又恚曰：“何以不白！”诮责笞棰，月至再三。邃私谓中庶子李颜等曰：“官家难称，吾欲行冒顿之事，卿从我乎？”颜等伏不敢对。秋，七月，邃称疾不视事，潜帅宫臣文武五百余骑饮于李颜别舍，因谓颜等曰：“我欲至冀州，杀河间公，有不从者斩！”行数里，骑皆逃散。颜叩头固谏，邃亦昏醉而归。其母郑氏闻之。私遣中人诮让邃；邃怒，杀之。佛图澄谓虎曰：“陛下不宜数往东宫。”虎将视邃疾，思澄言而还；既而瞋目大言曰：“我为天下主，父子不相信乎！”乃命所亲信女尚书往察之。邃呼前与语，因抽剑击之。虎怒，收李颜等诘问，颜具言其状，杀颜等三十余人。幽邃于东宫，既而赦之，引见太武东堂；邃朝而不谢，俄顷即出。虎使谓之曰：“太子应朝中宫，岂可遽去！”邃径出，不顾。虎大怒，废邃为庶人。其夜，杀邃及其妃张氏，并男女二十六人同埋于一棺；诛其宫臣支党二百余人；废郑后为东海太妃。立其子宣为天王皇太子，宣母杜昭仪为天王皇后。

晋成帝咸和七年（壬辰，公元332年）

后赵国主石勒盛大地犒赏群臣，对徐光说：“朕可以和古代哪一等君主相比？”徐光回答说：“陛下的神武谋略超过汉高祖，后代人没有可以相比的。”石勒笑着说：“人哪有不知道自己的！您的话太过了。朕如果遇到汉高祖，应当向他北面称臣，与韩信、彭越同列比肩。如果遇上汉光武帝，将会与他共同逐鹿中原，不知鹿死谁手。大丈夫行事，应当光明磊落，如同日月之光明亮洁白，终究不该仿效曹操和司马懿，欺凌他人的孤儿寡妇，靠不正当的手段夺取天下。”群臣都叩头顿首，称呼万岁。

后赵右仆射程遐向国主石勒进言说："中山王石虎勇悍而有权谋武略，群臣中无人比得上，观察他的志向，除陛下以外，对他人都瞧不起。再加上性格凶暴残忍，长期出任将帅，威震内外，他的各位儿子年龄都不小，都握有兵权，陛下在世，自然应当没什么事，但恐怕他不甘心做少主的臣子。应当尽早除去他，以利国家大计。"石勒说："如今天下没有安定，石弘年少，应当得到强大的辅佐。中山王是我的骨肉至亲，有辅佐王命的功绩，正应委付他伊尹、霍光那样的重任，何至于像你说的那样？你只是唯恐不能专掌帝舅的权力罢了。我也会让你参与辅政，不必过分忧虑。"程遐哭泣着说："我所顾虑的是国家，陛下却认为臣是为自己打算而加以拒绝，忠言从何处能入耳呢？中山王虽然是皇太后收养的，但并非陛下的亲骨肉，虽然有些小功劳，陛下酬答他们父子的恩惠荣耀也足够了，但他的心意、欲望却没有止境，难道会是有益于将来的人吗！如果不除去他，我看宗庙将要绝祀了。"石勒不听。

八年（癸巳，公元333年）

秋季，七月，石勒病重，颁布遗命说："石弘兄弟，应当好好相互扶持，司马氏就是你们的前车之鉴。中山王石虎应当深深追思周公、霍光，不要为后世留下口实。"戊辰（二十一日），石勒死。中山王石虎劫持太子石弘让他到殿前，收捕右光禄大夫程遐、中书令徐光，交付廷尉治罪，又征召石邃，让他带兵入宫宿卫，文武官员纷纷逃散。石弘大为恐惧，自言顽劣软弱，要让位给石虎。石虎说："君王去世，太子即位，这是礼仪常规。"石弘流着泪坚决辞让，石虎发怒说："如果你不能承担重任，天下人自会按大义行事，哪里能事先就谈论！"石弘于是即位，大赦天下。

八月，后赵国主石弘任中山王石虎为丞相、魏王、大单于，赐加九锡，划分魏郡等十三郡作为石虎的封国，总领朝廷大小政事。

咸康三年（丁酉，公元337年）

后赵太子石邃素来骁勇，后赵国主石虎宠爱他。石虎经常对大臣们说："司马氏父子兄弟自相残杀，所以朕得以有今天。而朕岂有杀石邃的道理呢！"后来，石邃骄淫残忍，喜欢将美丽的姬妾装饰打扮起来，然后斩下首级，洗去血污，盛放在盘子里，与宾客们互相传览，再烹煮姬妾身体上的肉共同品尝。河间公石宣、乐安公石韬都得到石虎的宠爱，石邃恨之如同仇敌。石虎沉溺于酒色，喜怒无常。他让石邃省视决断尚书奏事，常常当石邃有事禀报时，石虎便不满地说："这种小事，怎么值得禀报！"

有时听不到石邃的禀报，又不满地说："为什么不禀报！"于是对石邃谴责斥骂，鞭打杖击，一个月之中好几次。石邃私下对中庶子李颜等人说："天子的心志难以满足，我想干冒顿那样的事情，你们跟我干吗？"李颜等人伏地不敢回答。秋季，七月，石邃称病不理政事，秘密带领宫内大臣、文武官员五百多人骑马到李颜的别宅饮酒，乘机对李颜等人说："我想到冀州杀死河间公石宣，有胆敢不跟从的斩首！"出行数里后，众人都逃散了。李颜跪地叩头，极力谏止，石邃也就大醉着返回。石邃的母亲郑氏听说此事，私下派遣身边的人责问石邃。石邃发怒，杀死来人。佛图澄对石虎说："陛下不宜经常去东宫。"石虎本来准备探视石邃的病情，想到佛图澄的话，便返回宫中，接着瞪大眼睛高声说："我是天下人的君主，父子都不能互相信任吗！"于是让自己所亲近信任的女尚书前往察看。石邃喊她近前谈话，乘势拔剑刺击。石虎发怒，拘捕李颜等人诘问，李颜原原本本述说了原委，石虎便杀死李颜等三十多人，把石邃幽禁在东宫，不久又赦免其罪，在太武东堂召见他。石邃朝见时也不谢罪，顷刻便离去。石虎让人对他说："太子应召朝见皇后，怎么可以急着离开！"石邃头也不回，径直出宫。石虎勃然大怒，废黜石邃为庶人。当夜，杀死石邃和妃子张氏，连同男女共二十六人合葬在一口棺材内，并诛杀石邃宫臣中的门党二百多人，废黜郑皇后为东海太妃。石虎立儿子石宣为天王皇太子，石宣的母亲杜昭仪被封为天王皇后。

晋纪十八

第九十六卷

显宗成皇帝中之下咸康四年（戊戌，338）

夏，四月，癸丑。以慕容皝为征北大将军、幽州牧，领平州刺史。

赵王虎以燕王皝不会赵兵攻段辽而自专其利，欲伐之。太史令赵揽谏曰："岁星守燕分，师必无功。"虎怒，鞭之。

皝闻之，严兵设备；罢六卿、纳言、常伯、冗骑常侍官。赵戍卒数十万，燕人震恐。皝谓内史高诩曰："将若之何？"对曰："赵兵虽强，然不足忧，但坚守以拒之，无能为也。"

戊子，赵兵进逼棘城。燕王皝欲出亡，帐下将慕舆根谏曰："赵强我弱，大王一举足则赵之气势遂成，使赵人收略国民，兵强谷足，不可复敌。窃意赵人正欲大王如此耳，奈何入其计中乎！今固守坚城，其势百倍，纵其急攻，犹足枝持，观形察变，间出求利；如事之不济，不失于走，奈何望风委去，为必亡之理乎！"皝乃止，然犹惧形于色。玄菟太守河间刘佩曰："今强寇在外，众心恟惧，事之安危，系于一人。大王此际无所推委，当自强以厉将士，不宜示弱。事急矣，臣请出击之，纵无大捷，足以安众。"乃将敢死数百骑出冲赵兵，所向披靡，斩获而还，于是士气自倍。皝问计于封奕，对曰："石虎凶虐已甚，民神共疾，祸败之至，其何日之有！今空国远来，攻守势异，戎马虽强，无能为患；顿兵积日，衅隙自生，但坚守以俟之耳。"皝意乃安。或说皝降，皝曰："孤方取天下，何谓降也！"

赵兵四面蚁附缘城，慕舆根等昼夜力战；凡十余日，赵兵不能克，壬辰，引退。皝遣其子恪帅二千骑追击之，赵兵大败，斩获三万余级。赵诸军皆弃甲逃溃，惟游击将军石闵一军独全。闵父瞻，内黄人，本姓冉，赵主勒破陈午，获之，命虎养以为子。闵骁勇善战，多策略，虎爱之，比于诸孙。

五年(己亥,339)

燕皝王自以称王未受晋命,冬,遣长史刘翔、参军鞠运来献捷论功,且言权假之意,并请刻期大举,共平中原。

晋成帝咸康四年(戊戌,公元338年)

夏季,四月,癸丑(初三)。晋朝廷任命慕容皝为征北大将军、幽州牧,兼领平州刺史。

后赵王石虎因为前燕王慕容皝没有会合后赵的军队攻击段辽,却独自占有掳获的民众和畜产,因而打算讨伐他。太史令赵揽劝谏说:“岁星正当燕国的分野,出师必然无功。”石虎发怒,鞭击他。

慕容皝听说此事,调集军队严加设防,废除了六卿、纳言、常伯、冗骑常侍官职。后赵的军队有数十万人,前燕民众大为恐慌。慕容皝对内史高诩说:“我们将怎么办?”高诩回答说:“赵军虽然强大,但不值得忧虑,只要坚决防守来加以抵御,他们便无所作为。”

戊子(五月初九),后赵军进逼棘城。前燕王慕容皝打算离城逃亡,军中将领慕舆根劝谏说:“现在正当敌强我弱,大王一抬脚,那么赵军的气势便养成了。如果让赵人拥有并安定了国民,兵强粮足,就无法再与之抗衡了。我认为赵人正希望大王这么做,为何中他们的计呢!如今牢牢守住坚固的城堡,气势便增强百倍,纵然赵军猛烈进攻,也还足以支持。再观察形势的变化,伺机出击求取利益。如果事情难以成功,也还可以逃走,为何要望风而逃,自己造就必定亡国的局势呢!”慕容皝这才中止逃亡的计划,但犹豫、恐惧仍然形于颜色。玄菟太守、河间人刘佩说:“现在强寇在外,人心恐惧难安,事情的安危,都系于您一人之身。大王在此时无可推诿,应当自我勉励以鼓舞将士,不应当显示出怯弱。现在事情很危急了,我请求出击敌军,即使不能大胜,也足以安定人心。”于是带领几百名不怕死的骑兵出城冲击后赵军,所向披靡,各有斩获,然后返回,前燕军士气因此大盛。慕容皝向封奕询问对策,封奕回答说:“石虎的凶残暴虐早已过头,人神共愤,灾祸、败亡的降临,指日可待!现在倾国远来,但进攻和防守的情势并不一样,攻难守易,敌军兵马虽强,但并不能成为祸患。他们在此滞留多日后,矛盾和隔阂就自然产生,我们只需坚守等待而已。”慕容皝这才心安。有人劝说慕容皝投降，慕容皝说："孤正要夺取天下，说什么投降！"

后赵军从四面如同蚂蚁一样攀登城墙，慕舆根等昼夜力战十几天，后赵军不能取胜。壬辰（十三日），后赵军退却。慕容皝派儿子慕容恪率领二千骑兵追袭，打得后赵军大败，斩获首级三万多。后赵各路军队都弃甲溃逃，只有游击将军石闵带领的一支军队未遭损失。石闵的父亲名瞻，是内黄人，本来姓冉。当年后赵国主石勒攻破陈午，掳获石闵，令石虎把他当作自己的儿子收养。石闵骁勇善战，多计谋，石虎宠爱他，如同对自己的孙子们一样。

五年（己亥，公元 339 年）

前燕王慕容皝自认为称王没有受晋王室的任命，冬季，派长史刘翔、参军鞠运到建康来进献俘虏和战利品，报告功绩，并且说明假摄称王的意愿。又请求约定日期，大举起兵，共同平定中原。

晋纪十九

第九十七卷

显宗成皇帝下咸康八年（壬寅，342）

冬，十月，燕王皝迁都龙城，赦其境内。

建威将军翰言于皝曰："宇文强盛日久，屡为国患。今逸豆归篡窃得国，群情不附；加之性识庸暗，将帅非才，国无防卫，军无部伍。臣久在其国，悉其地形；虽远附强羯，声势不接，无益救援；今若击之，百举百克。然高句丽去国密迩，常有窥阚之志；彼知宇文既亡，祸将及己，必乘虚深入，掩吾不备。若少留兵则不足以守，多留兵则不足以行。此心腹之患也，宜先除之；观其势力，一举可克。宇文自守之虏，必不能远来争利。既取高句丽，还取宇文，如返手耳。二国既平，利尽东海。国富兵强，无返顾之忧，然后中原可图也。"皝曰："善！"

十一月，皝自将劲兵四万出南道，以慕容翰、慕容霸为前锋；别遣长史王寓等将兵万五千出北道以伐高句丽。高句丽王钊果遣弟武帅精兵五万拒北道，自帅羸兵以备南道。慕容翰等先至，与钊合战，皝以大众继之。左常侍鲜于亮曰："臣以俘虏蒙王国士之恩，不可以不报；今日，臣死日也。"独与数骑先犯高句丽陈，所向摧陷。高句丽陈动，大众因而乘之，高句丽兵大败。左长史韩寿斩高句丽将阿佛和度加，诸军乘胜追之，遂入丸都。钊单骑走，轻车将军慕舆埿追获其母周氏及妻而还。会王寓等战于北道，皆败没，由是皝不复穷追。遣使招钊，钊不出。

赵王虎作台观四十余所于邺，又营洛阳、长安二宫，作者四十余万人；又欲自邺起阁道至襄国，敕河南四州治南伐之备，并、朔、秦、雍严西讨之资，青、冀、幽州为东征之计，皆三五发卒。诸州军造甲者五十余万人，船夫十七万人，为水所没、虎狼所食者三分居一。加之公侯、牧宰竞营私利，百姓失业愁困。贝丘人李弘因众心之怨，自言姓名应谶，连结党与，署置百寮；事发，诛之，连坐者数千家。

虎畋猎无度，晨出夜归，又多微行，躬察作役。侍中京兆韦謏谏曰：“陛下忽天下之重，轻行斤斧之间，猝有狂夫之变，虽有智勇，将安所施！又兴役无时，废民耘获，吁嗟盈路，殆非仁圣之所忍为也。”虎赐谷帛，而兴缮滋繁，游察自若。

孝宗穆皇帝上之上永和元年（乙巳，345）

虎好猎，晚岁，体重不能跨马，乃造猎车千乘，刻期校猎。自灵昌津南至荥阳东极阳都为猎场，使御史监察其中禽兽，有犯者罪至大辟。民有美女、佳牛马，御史求之不得，皆诬以犯兽，论死者百余人。发诸州二十六万人修洛阳宫。发百姓牛二万头配朔州牧官。增置女官二十四等，东宫十二等，公侯七十余国皆九等，大发民女三万余人，料为三等以配之；太子、诸公私令采发者又将万人。郡县务求美色，多强夺人妻，杀其夫及夫自杀者三千余人。至邺，虎临轩简第，以使者为能，封侯者十二人。荆楚、扬、徐之民流叛略尽；守令坐不能绥怀，下狱诛者五十余人。金紫光禄大夫逯明因侍切谏，虎大怒，使龙腾拉杀之。

庾翼既卒，朝议皆以诸庾世在西藩，人情所安，宜依翼所请，以庾爰之代其任。何充曰：“荆楚，国之西门，户口百万，北带强胡，西邻劲蜀，地势险阻，周旋万里；得人则中原可定，失人则社稷可忧，陆抗所谓‘存则吴存，亡则吴亡’者也，岂可以白面少年当之哉！桓温英略过人，有文武器干，西夏之任，无出温者。”议者又曰：“庾爰之肯避温乎？如令阻兵，耻惧不浅。”充曰：“温足以制之，诸君勿忧。”

丹杨尹刘惔每奇温才，然知其有不臣之志，谓会稽王昱曰；“温不可使居形胜之地，其位号常宜抑之。”劝昱自镇上流，以己为军司，昱不听；又请自行，亦不听。

以徐州刺史桓温为安西将军，持节，都督荆、司、雍、益、梁、宁六州诸军事，领护南蛮校尉，荆州刺史，爰之果不敢争。

晋成帝咸康八年（壬寅，公元342年）

冬季，十月，前燕王慕容皝迁都至龙城，赦其境内罪囚。

建威将军慕容翰对慕容皝说：“宇文部强盛日久，屡次成为国家的忧患，现在宇文逸豆归篡权夺国，官民不肯依附。加上他性情见识都平庸昏昧，所用将帅没有才能，国家没有防卫措施，军队没有严密组织。我长久地居住在他们国家，熟知地形。他们虽然依附远方强大的羯人，但后者的声威、力量都远不可及，对救援没什么帮助。现在如果攻击宇文部，定是百战百胜。不过高句丽与我国近在咫尺，对我们常有窥探的心志。他们知道宇文氏灭亡后，祸患将降临到自己的头上，必定会乘虚而入，袭我不备。如果留下少量兵力，不足以守御；多留军队则又不能攻克宇文部。这是我们的心腹之患，应当先行除去。我观察高句丽的力量，我们可以一战而胜。宇文氏只会自保，一定不会到远方来与我国争夺利益。攻取高句丽后，回过头来攻取宇文部，就易如反掌了。这两个国家被平定后，我们便可以尽得东海之利，国富兵强，没有后顾之忧，然后就有可能图谋中原了。”慕容皝说：“好！”

十一月，慕容皝亲自带领精锐士兵四万人循南道进发，让慕容翰、慕容霸为先锋，另派长史王寓等率兵众一万五千人由北道进发，征伐高句丽。高句丽王高钊果然派遣兄弟武率领精兵五万人在北道迎敌，自己带领羸弱的士兵防备南道。慕容翰等人最先到达，与高钊交战，慕容皝率领大军陆续赶来。左常侍鲜于亮说：“我以俘虏的身份蒙受燕王以国士之礼相待的恩泽，不能不报答。今天就是我以死报效的日子。”独自同数名骑兵先行冲击高句丽的战阵，所到之处敌军披靡溃败。高句丽的军阵骚动，燕国大军乘势攻击，高句丽军队大败。左长史韩寿斩杀高句丽将领阿佛和度加，各路军队乘胜追袭，于是进入丸都。高钊独自骑马逃跑，轻车将军慕舆埿追击，抓获高钊的母亲周氏和妻子后返回。适逢王寓等人在北道与高句丽的军队作战，均遭败绩，因此慕容皝不再穷追高句丽王，派使者招抚他，他躲藏不肯出来。

后赵王石虎在邺城建造四十多所台观，又营建洛阳、长安二处宫室，参与劳作的达四十多万人。石虎又想从邺城修建阁道到襄国，敕令黄河以南的四个州郡整治南伐的军备，并州、朔州、秦州、雍州准备西讨的军资，青州、冀州、幽州为东征做准备，都是三个男丁中调遣二人，五人中征发三人。各州郡的军队共有甲士五十多万人，船夫十七万人，溺水而死、被虎狼吞噬的占三分之一。再加上公侯、牧宰竞相谋取私利，百姓们失去产业，愁困不堪。贝丘人李弘顺应民心的怨恚，自称姓名与谶言相符，聚集党羽，设置百官，事发后被杀，连坐获罪的有几千家。

石虎打猎没有节制，清晨外出，夜间返回，又经常微服出行，亲自检视工地的劳役情况。侍中京兆人韦谀劝谏说：“陛下轻视天下的重位，轻易地来往于危险之地，倘若突然发生狂人的变乱，即使有智有勇，又将何处施展？况且征发徭役不分时节，荒废民众的农业生产，吁嗟叹息之声充溢于行路。这些恐怕不是仁圣的君主忍心干的事。”石虎赏赐韦谷物钱帛，但修建工程更加繁多，自己游巡察看泰然自若。

晋穆帝永和元年（乙巳，公元345年）

石虎喜欢打猎，晚年身体沉重不能骑马，就建造打猎用的车子一千辆，定期比赛打猎。从灵昌津向南到荥阳东境的阳都，都划为猎场，让御史监护，有人敢伤害其中的禽兽，便获罪处以大辟的极刑。百姓有美丽的女子或上好的牛马，御史如果弄不到手，就诬陷他们伤害禽兽，论罪处死的有一百多人。又征发各州二十六万人修建洛阳宫，征发百姓牛畜两万头调配给朔州的牧官。又增设宫中女官，分成二十四等，东宫的十二等，七十多个公侯封国的都分九等，大举征选民女三万多人，分成三等配置各处。太子、各王公私下发令征选的美女又将近万人。各个郡县极力选取美女，经常强行夺占百姓的妻子，杀害她们的丈夫，加上丈夫自杀的，人数达三千多。美女送到邺都后，石虎在殿前挑选分等，因为使者能干，被封侯的有十二人。荆楚、扬州、徐州的民众流亡背叛，几乎无存。当地的守令因不能安抚他们，被下狱诛杀的有五十多人。金紫光禄大夫逯明乘侍奉石虎时直言力谏，石虎大怒，让骁勇的龙腾中郎将他用杖击杀。

庾翼死后，朝廷论议都认为庾氏家族世世代代驻守西部藩镇，为人心所向，应当同意庾翼的请求，让庾爰之接替其职位。何充说：“荆楚是国家的西方门户，有民众百万，北边连接强大的胡虏，西边邻近强大的汉国，地势险阻，周边有万里之遥。得到合适的人选那么中原可以平定，所用非人那么国家命运可堪忧虑，这就是陆抗所说的：‘存则吴存，亡则吴亡。’怎能让白脸少年人担当这样的重任呢！桓温英气、谋略过人，有文武两方面的才干，西边这个职位，没有比桓温更合适的人了。”论议者又说：“庾爰之肯让给桓温吗？如果他率军抗命，国家所受的耻辱和惊惧都不会小。”何充说：“桓温足以制服他，你们不必担忧。”

丹杨尹刘惔经常惊奇于桓温的才干，但知道他有不甘为臣的志向，刘惔对会稽王司马昱说：“不能让桓温占据地形便利的地方，对他的地位、封号也应当经常贬抑。”劝司马昱自己镇守长江上游，让自己任军司，司马昱不听。刘惔又请求自己前往，也不获准许。

任命徐州刺史桓温为安西将军，持节，都督荆州、司州、雍州、益州、梁州、宁州诸军事，领护南蛮校尉，荆州刺史，庾爰之果然不敢与他争位。

晋纪二十

第九十八卷

孝宗穆皇帝上之下永和五年（己酉，349）

己巳，虎卒，太子世即位，尊刘氏为皇太后。刘氏临朝称制，以张豺为丞相。豺辞不受，请以彭城王遵、义阳王鉴为左右丞相，以慰其心，刘氏从之。

彭城王遵至河内，闻丧。姚弋仲、蒲洪、刘宁及征虏将军石闵、武卫将军王鸾等讨梁犊还，遇遵于李城，共说遵曰："殿下长且贤，先帝亦有意以殿下为嗣；正以末年惛惑，为张豺所误。今女主临朝，奸臣用事，上白相持未下，京师宿卫空虚，殿下若声张豺之罪，鼓行而讨之，其谁不开门倒戈而迎殿下者！"遵从之。

遵自李城举兵，还趣邺，洛州刺史刘国帅洛阳之众往会之。檄至邺，张豺大惧，驰召上白之军。丙戌，遵军于荡阴，戎卒九万，石闵为前锋。耆旧、羯士皆曰："彭城王来奔丧，吾当出迎之，不能为张豺守城也！"逾城而出，豺斩之，不能止。张离亦帅龙腾二千，斩关迎遵。刘氏惧，召张豺入，对之悲哭曰："先帝梓宫未殡，而祸难至此！今嗣子冲幼，托之将军；将军将若之何？欲加遵重位，能弭之乎？"豺惶怖不知所出，但云"唯唯"。乃下诏，以遵为丞相，领大司马、大都督、督中外诸军，录尚书事，加黄钺、九锡。己丑，遵至安阳亭，张豺惧而出迎，遵命执之。庚寅，遵擐甲曜兵，入自凤阳门，升太武前殿，擗踊尽哀，退如东阁。斩张豺于平乐市，夷其三族。假刘氏令曰："嗣子幼冲，先帝私恩所授，皇业至重，非所克堪；其以遵嗣位。"于是遵即位，大赦，罢上白之围。辛卯，封世为谯王，废刘氏为太妃，寻皆杀之。

初，赵主遵之发李城也，谓武兴公闵曰："努力！事成，以尔为太子。"既而立太子衍。闵恃功，欲专朝政，遵不听。闵素骁勇，屡立战功，夷、夏宿将皆惮之。既为都督，总内外兵权，乃抚循殿中将士，皆奏为殿中员外将军，爵关外侯。遵弗之疑，而更题名善恶以挫抑之，众咸怨怒。中书令孟准、左卫将军王鸾劝遵稍夺闵兵权，闵益恨望，准等咸劝诛之。

十一月，遵召义阳王鉴、乐平王苞、汝阴王琨、淮南王昭等入议于郑太后前，曰："闵不臣之迹渐著，今欲诛之，如何？"鉴等皆曰："宜然！"郑氏曰："李城还兵，无棘奴，岂有今日；小骄纵之，何可遽杀！"鉴出，遣宦者杨环驰以告闵。闵遂劫李农及右卫将军王基密谋废遵，使将军苏彦、周成帅甲士三千人执遵于南台。遵方与妇人弹棋，问成曰："反者谁也？"成曰："义阳王鉴当立。"遵曰："我尚如是，鉴能几时！"遂杀之于琨华殿，并杀郑太后、张后、太子衍、孟准、王鸾及上光禄张斐。

鉴即位，大赦，以武兴公闵为大将军，封武德王。

中领军石成、侍中石启、前河东太守石晖谋诛闵、农，闵、农皆杀之。龙骧将军孙伏都、刘铢等帅羯士三千伏于胡天，亦欲诛闵、农。鉴在中台，伏都帅三十余人将升台挟鉴以攻之。鉴见伏都毁阁道，临问其故。伏都曰："李农等反，已在东掖门，臣欲帅卫士讨之，谨先启知。"鉴曰："卿是功臣，好为官陈力，朕从台上观，卿勿虑无报也。"于是伏都、铢帅众攻闵、农，不克，屯于凤阳门。闵、农帅众数千毁金明门而入。鉴惧闵之杀己，驰招闵、农，开门内之，谓曰："孙伏都反，卿宜速讨之。"闵、农攻斩伏都等。自凤阳至琨华，横尸相枕，流血成渠。宣令内外六夷，敢称兵仗者斩！胡人或斩关、或逾城而出者，不可胜数。

闵使尚书王简，少府王郁帅众数千守鉴于御龙观，悬食以给之。下令城中曰："近日孙、刘构逆，支党伏诛，良善一无预也。今日已后，与官同心者留，不同者各任所之。敕城门不复相禁。"于是赵人百里内悉入城，胡、羯去者填门。闵知胡之不为己用，班令内外："赵人斩一胡首送凤阳门者，文官进位三等，武官悉拜牙门。"一日之中，斩首数万。闵亲帅赵人以诛胡、羯，无贵贱，男女、少长皆斩之，死者二十余万，尸诸城外，悉为野犬豺狼所食。其屯戍四方者，闵皆以书命赵人为将帅者诛之，或高鼻多须滥死者半。

晋穆帝永和五年（己酉，公元349年）

己巳（四月二十三日），石虎去世，太子石世即位，尊奉刘氏为皇太后。刘氏当朝行使皇帝的权力，任命张豺为丞相。张豺辞让不肯接受，请求任命彭城王石遵、义阳王石鉴为左右丞相，以此来安抚他们，刘氏听从了。

彭城王石遵行至河内时，听到了父亲病故的丧讯。姚弋仲、蒲洪、刘宁以及征虏将军石闵、武卫将军王鸾等人在讨伐梁犊的归途中，和石遵在李城相遇。他们一起劝石遵说："殿下年长而且德才兼备，先帝也曾有意让殿下当继承人。正是因为他晚年昏然迷惑，才被张豺所欺误。如今女主当朝，奸臣独揽朝政，上白那里双方相持不下，京师的守卫力量空虚，殿下如果声讨张豺的罪行，击鼓进军对他进行讨伐，有谁不打开城门、掉转武器而迎接殿下呢！"石遵听从了劝说。

石遵自李城发兵，掉头直奔邺城。洛州刺史刘国率领洛阳的部众前来与他会合。讨伐檄文到邺城后，张豺十分害怕，急忙命令包围上白的军队返回。丙戌（十一日），石遵的部队驻扎在荡阴，士兵达九万人，石闵为前锋。邺城德高望重的老人和羯族士兵都说："彭城王前来奔丧，我们应当出城迎接他，再也不能为张豺守城了！"于是纷纷翻越城墙跑了出来，张豺虽然杀掉一些人，但也不能阻止他们。就连张离也率领龙腾卫士二千人，冲破关卡，准备迎接石遵。刘氏十分恐惧，召张豺来到宫中，悲痛地对他边哭边说："先帝的棺材还没有入土，而祸乱就到了这种地步！如今太子年幼，只能依靠将军您了。将军您打算怎么办呢？我想给石遵加封显赫的官位，这样能安抚住他吗？"张豺这时也十分惊慌害怕，不知道该怎样回答，只是说："是的是的。"于是刘氏便下发诏令，任命石遵为丞相，兼领大司马、大都督、督中外诸军，总管尚书职事，并给予他持黄钺、加九锡等特殊礼遇。己丑（十四日），石遵抵达安阳亭，张豺十分害怕，出来迎接，石遵命令拘捕了他。庚寅（十五日），石遵身穿铠甲，炫耀武力，从凤阳门进入邺城，登上太武前殿，捶胸顿足，宣泄悲哀，然后退至东阁。在平乐市杀了张豺，还灭了他的三族。石遵借刘氏的名义下令说："太子年幼，之所以立他为太子，那是先帝个人的情义所致。然而国家大业至关重要，不是他所能承担的。应当以石遵为继位人。"于是石遵即皇帝位，实行大赦，并解除了对上白的包围。辛卯（十六日），封石世为谯王，废黜刘氏为太妃。过了不久，把他们全都杀了。

当初，后赵国主石遵在李城起兵时，曾经对武兴公石闵说："努力干吧！事成以后，让你当太子。"但后来却立石衍为太子。石闵自恃有功，想要专擅朝政，但石遵不听他的。石闵历来英勇善战，屡立战功，四夷和中原久经沙场的老将都害怕他。他这时做了都督，总揽内外兵权，便安抚手下的将士，奏请让他们全都加官殿中员外将军，封爵关外侯。石遵对于石闵的所作所为不加怀疑，反而对这些人题记姓名，品评善恶，加以贬抑，于是众将士都怨恨愤怒。中书令孟准、左卫将军王鸾劝石遵逐渐剥夺石闵的兵权，石闵越发心怀不满。孟准等人全都劝说石遵把石闵杀掉。

十一月，石遵召义阳王石鉴、乐平王石苞、汝阴王石琨、淮南王石昭等人入宫，来到郑太后面前商议。石遵说："石闵不忠于君主的迹象已逐渐明显，如今我想把他杀掉，怎么样？"石鉴等人都说："应当如此！"郑氏说："当初在李城起兵时，如果没有石闵，岂能有今天？石闵有点居功自傲，应当对他有所宽纵，怎么能急急忙忙把他杀掉呢？"这时石鉴借故外出，派宦官杨环迅速去把这一消息告诉石闵。石闵闻讯后就胁迫了李农及右卫将军王基密谋废黜石遵，派将军苏彦、周成率领披甲士兵三千人在南台把石遵捉拿起来。士兵们来到石遵的住处时，他正和妇人玩弹棋。他问周成说："造反的是谁？"周成说："义阳王石鉴应当立为继承人。"石遵说："我尚且如此，石鉴又能支撑多长时间！"于是，在琨华殿把石遵杀掉了，同时杀了郑太后、张后、太子石衍、孟准、王鸾以及上光禄张斐。

石鉴即位，实行大赦。任命武兴公石闵为大将军，封为武德王。

中领军石成、侍中石启、以前的河东太守石晖谋划诛杀石闵、李农。石闵、李农把他们都杀掉。龙骧将军孙伏都、刘铢等率领羯族士兵三千人埋伏在宫中叫作胡天的地方，也想诛杀石闵、李农。当时石鉴正在中台，孙伏都率领三十多人想进入中台挟持石鉴一起攻打石闵、李农。石鉴看见孙伏都捣毁了楼阁通道，便上前询问原因。孙伏都说："李农等人造反，眼下已在东掖门，我想率领卫士讨伐他，特地先来禀告您。"石鉴说："你是朝廷的功臣，好好为朕出力讨伐。朕在中台上观看，你不必顾虑事成之后没有丰厚的赏赐。"于是孙伏都、刘铢率领兵众攻打石闵、李农，但没有成功，只好屯兵于凤阳门。石闵、李农率领数千兵众捣毁金明门，进入中台。石鉴害怕石闵杀掉自己，急忙招来石闵、李农，开门接纳，对他们说："孙伏都造反，你们应该迅速去讨伐他。"于是石闵、李农前去攻打，斩杀了孙伏都等一大批人，从凤阳门至琨华殿，尸横遍地，血流成渠。石闵还向宫城内外宣布命令：六夷如果有胆敢拿起武器的，一律斩首！胡人有的冲破关卡，有的翻越城墙，逃出来的不计其数。

石闵派尚书王简、少府王郁率领数千兵众把石鉴看押在御龙观，食品用绳子悬吊进去。石闵还在邺城中颁布命令说："近日孙伏都、刘铢制造叛乱，他们的亲信党羽已经全都被杀掉，好人没有一个参与其事。从今天以后，凡是和我同心一致的人留下，不同心的人想去哪里悉听其便。我命令城门不再关闭。"于是方圆百里之内的汉族人全都蜂拥进城，而胡人、羯人则争相离去，以致挤满了城门。石闵知道胡人不会为自己所用，便又在宫廷内外颁布命令："凡是斩掉一个胡人的脑袋并送到凤阳门的汉人，文官晋升官位三等，武官全都升为牙门将。”命令发布后，一天之中，被斩首的胡人多达数万。石闵亲自率领汉人诛杀胡人、羯人，不论贵贱、男女、老幼，全都斩首，被杀掉的人有二十多万，尸体堆在城外，全让野狗豺狼吃掉了。对于屯戍边疆的军队，石闵以书信下达命令，让当将帅的汉人把属下胡人、羯人统统杀掉。以至于长得鼻子高一点、胡须多一点的人，大半都被滥杀而死。

晋纪二十一

第九十九卷

孝宗穆皇帝中之上永和十年（甲寅，354）

中军将军、扬州刺史殷浩连年北伐，师徒屡败，粮械都尽；征西将军桓温因朝野之怨，上疏数浩之罪，请废之。朝廷不得已，免浩为庶人，徙东阳之信安。自此内外大权一归于温矣。

浩少与温齐名，而心竞不相下，温常轻之。浩既废黜，虽愁怨不形辞色，常书空作“咄咄怪事”字。久之，温谓掾郗超曰：“浩有德有言，向为令仆，足以仪刑百揆，朝廷用违其才耳。”将以浩为尚书令，以书告之。浩欣然许焉，将答书，虑有谬误，开闭者十数，竟达空函。温大怒，由是遂绝，卒于徙所。以前会稽内史王述为扬州刺史。

二月，乙丑，桓温统步骑四万发江陵，水军自襄阳入均口，至南乡，步兵自淅川趣武关，命司马勋出子午道以伐秦。

桓温别将攻上洛，获秦荆州刺史郭敬；进击青泥，破之。司马勋掠秦西鄙，凉秦州刺史王擢攻陈仓以应温。秦主健遣太子苌、丞相雄、淮南王生、平昌王菁、北平王硕帅众五万军于峣柳以拒温。夏，四月，己亥，温与秦兵战于蓝田。秦淮南王生单骑突陈，出入以十数，杀伤晋将士甚众。温督众力战，秦兵大败。将军桓冲又败秦丞相雄于白鹿原。冲，温之弟也。温转战而前，壬寅，进至灞上。秦太子苌等退屯城南，秦主健与老弱六千固守长安小城，悉发精兵三万，遣大司马雷弱儿等与苌合兵以拒温。三辅郡县皆来降。温抚谕居民，使安堵复业。民争持牛酒迎劳，男女夹路观之，耆老有垂泣者，曰：“不图今日复睹官军！”

北海王猛，少好学，倜傥有大志，不屑细务，人皆轻之。猛悠然自得，隐居华阴。闻桓温入关，披褐诣之，扪虱而谈当世之务，旁若无人。温异之，问曰：“吾奉天子之命，将锐兵十万为百姓除残贼，而三秦豪杰未有至者，何也？”猛曰：“公不远数千里，深入敌境，今长安咫尺而不渡灞水，百姓未知公心，所以不至。”温嘿然无以应，徐曰：“江东无卿比也！”乃署猛军谋祭酒。

温与秦丞相雄等战于白鹿原，温兵不利，死者万余人。初，温指秦麦以为粮，既而秦人悉芟麦，清野以待之，温军乏食。六月，丁丑，徙关中三千余户而归。以王猛为高官督护，欲与俱还，猛辞不就。

晋穆帝永和十年（甲寅，公元354年）

中军将军、扬州刺史殷浩连年北伐，屡次吃败仗，粮饷武器全都消耗殆尽。征西将军桓温借着朝野上下对殷浩的怨愤，上书列举殷浩的罪行，请求将他黜免。朝廷不得已，将殷浩免官，贬为庶人，流放到东阳郡的信安县。从此，朝廷内外的大权统统集中在桓温手里了。

殷浩年轻时就和桓温齐名，双方暗自争胜，不相上下，但桓温经常轻视他。殷浩被废黜以后，虽然忧愁怨愤之情不形于色，但常常用手在空中书写“咄咄怪事”四个字。过了很久，桓温对手下的属官郗超说：“殷浩有德行，善言辞，假如以前让他出任尚书令或仆射，足以成为百官的楷模，只是朝廷对他的任用与他本身的才能不相配罢了。”桓温准备任命殷浩为尚书令，写信告诉了他。殷浩对此欣然应允，在准备送出复信时，担心信中还有不妥之处，便拆开信封检查了十多次，最后忙中出错，送达桓温手里的竟然只是一个空信封。桓温勃然大怒，从此断绝了起用殷浩的想法，殷浩死于流放之地。任命以前的会稽内史王述为扬州刺史。

二月，乙丑，桓温统领步兵和骑兵四万人从江陵出发。水军从襄阳进入均口，抵达南乡；步兵从淅川直奔武关。命令司马勋出子午道去讨伐前秦。

桓温的另一位将领攻打上洛，俘获了前秦荆州刺史郭敬，继续前进，又攻破了青泥。司马勋夺取了前秦的西部边陲地带，前凉秦州刺史王擢攻打陈仓以接应桓温。前秦国主苻健派太子苻苌、丞相苻雄、淮南王苻生、平昌王苻菁、北平王苻硕率领五万兵众驻扎在峣柳，以阻击桓温。夏季，四月，己亥（二十二日），桓温与前秦军队在蓝田交战。前秦淮南王苻生单枪匹马冲入敌阵，往返十多次，杀死杀伤了众多的东晋将士。桓温督促兵众奋力厮杀，前秦军队终于被打得大败。将军桓冲又在白鹿原打败了前秦丞相苻雄。桓冲是桓温的弟弟。桓温辗转作战，一路向前，壬寅（二十五日），到达灞上。前秦太子苻苌等退守驻扎在城南，前秦国主苻健与六千老弱民众固守长安小城，把三万精锐兵士全部派出，让大司马雷弱儿等人与苻长合并兵力，以抵抗桓温。三辅地区的郡县全都投降。桓温安抚告谕当地居民，让他们安居复业，当地的百姓争先恐后地带着酒肉迎接慰劳桓温的部队，男男女女夹道围观，有些老年人还激动地流下了眼泪，说："没想到今天又见到了朝廷的军队！"

北海人王猛，从小好学，才能卓越，胸怀大志，不屑于琐碎事务，人们都轻视他。王猛却悠然自得，隐居于华阴。当他听说桓温入关后，便披着粗布衣服去拜访桓温，边摸着虱子边谈论当时的大事，旁若无人。桓温觉得他与众不同，便问道："我奉天子之命，统率十万精兵为百姓消灭残存的寇贼，然而三秦的豪杰之士至今没有人前来归附，这是为什么呢？"王猛说："您不远数千里，深入敌土，如今长安近在咫尺，您却不横渡灞水，百姓们不知道您的意图，所以不来。"桓温沉默不语，无以应答，过了一会儿说："长江以南没有人能和你相比！"于是安排王猛暂任军谋祭酒。

桓温与前秦丞相苻雄等在白鹿原交战，桓温的军队失利，死亡一万多人。当初，桓温指望抢夺前秦地区的麦子来做军粮，后来前秦人把麦子全都收割了，等待桓温的只有经过清理的空旷农田，所以桓温的军队粮食匮乏。六月，丁丑（初一），桓温裹挟关中的三千多户人家开始撤退。任命王猛为高官督护，想让他和自己一同返回，王猛坚决推辞，不予接受。

晋纪二十二

第一百卷

孝宗穆皇帝中之下升平元年（丁巳，357）

秦主生梦大鱼食蒲，又长安谣曰："东海大鱼化为龙，男皆为王女为公。"生乃诛太师、录尚书事、广宁公鱼遵并其七子、十孙。金紫光禄大夫牛夷惧祸，求为荆州；生不许，以为中军将军，引见，调之曰："牛性迟重，善持辕轭；虽无骥足，动负百石。"夷曰："虽服大车，未经峻壁；愿试重载，乃知勋绩。"生笑曰："何其快也！公嫌所载轻乎？朕将以鱼公爵位处公。"夷惧，归而自杀。

生饮酒无昼夜，或连月不出。奏事不省，往往寝落，或醉中决事；左右因以为奸，赏罚无准。或至申酉乃出视朝，乘醉多所杀戮。自以眇目，讳言"残、缺、偏、只、少、无、不具"之类，误犯而死者，不可胜数。好生剥牛、羊、驴、马，鸡、豚、鹅、鸭，纵之殿前，数十为群。或剥人面皮，使之歌舞，临观以为乐。尝问左右曰："自吾临天下，汝外间何所闻？"或对曰："圣明宰世，赏罚明当，天下唯歌太平。"怒曰："汝媚我也！"引而斩之。他日又问，或对曰："陛下刑罚微过。"又怒曰："汝谤我也！"亦斩之。勋旧亲戚，诛之殆尽，群臣得保一日，如度十年。

东海王坚，素有时誉，与故姚襄参军薛赞、权翼善。赞、翼密说坚曰："主上猜忍暴虐，中外离心，方今宜主秦祀者，非殿下而谁！愿早为计，勿使他姓得之！"坚以问尚书吕婆楼，婆楼曰："仆，刀镮上人耳，不足以办大事。仆里舍有王猛，其人谋略不世出，殿下宜请而咨之。"坚因婆楼以招猛，一见如旧友。语及时事，坚大悦，自谓如刘玄德之遇诸葛孔明也。

生夜对侍婢言曰："阿法兄弟亦不可信，明当除之。"婢以告坚及坚兄清河王法。法与梁平老及特进光禄大夫强汪帅壮士数百潜入云龙门，坚与吕婆楼帅麾下三百人鼓噪继进，宿卫将士皆舍仗归坚。生犹醉寐，坚兵至，生惊问左右曰：“此辈何人？”左右曰：“贼也！”生曰：“何不拜之！”坚兵皆笑。生又大言：“何不速拜，不拜者斩之！”坚兵引生置别室，废为越王，寻杀之，谥曰厉王。

坚以位让法，法曰：“汝嫡嗣，且贤，宜立。”坚曰：“兄年长，宜立。”坚母苟氏泣谓群臣曰：“社稷事重，小儿自知不能，他日有悔，失在诸君。”群臣皆顿首请立坚。坚乃去皇帝之号，称大秦天王，即位于太极殿。诛生幸臣中书监董荣、左仆射赵韶等二十余人。大赦，改元永兴。

融好文学，明辨过人，耳闻则诵，过目不忘，力敌百夫，善骑射击刺，少有令誉；坚爱重之，常与共议国事。融经综内外，刑政修明，荐才扬滞，补益弘多。丕亦有文武才干，治民断狱，皆亚于融。

秦太后苟氏游宣明台，见东海公法之第门车马辐凑，恐终不利于秦王坚，乃与李威谋，赐法死。坚与法诀于东堂，恸哭欧血；谥曰献哀公，封其子阳为东海公，敷为清河公。

秦王坚行至尚书，以文案不治，免左丞程卓官，以王猛代之。坚举异才，修废职，课农桑，恤困穷，礼百神，立学校，旌节义，继绝世；秦民大悦。

晋穆帝升平元年（丁巳，公元357年）

前秦国主苻生梦见大鱼吃蒲草，另外长安城里也有谣谚说：“东海大鱼化为龙，男皆为王女为公。”苻生于是就杀掉了太师、录尚书事、广宁公鱼遵以及他的七个儿子、十个孙子。金紫光禄大夫牛夷害怕祸及自己，请求到荆州任职，苻生不答应，任命他为中军将军，召见时戏弄说：“老牛生性迟缓稳重，善驾车辕，虽然没长骏马的蹄子，但走起路来能负重百石。”牛夷说：“虽然驾着大车，但没有走过险峻的道路。愿意试拉重车，便可知道我的功用了。”苻生笑着说：“多么痛快啊！你嫌所负载的轻吗？朕将用鱼遵的爵位安置你。”牛夷十分害怕，回去后就自杀了。

苻生喝酒不分昼夜，有时一连数月不临朝处理政事。进上的奏章不审阅，常常搁置不理，有时在醉酒后处理政事。周围的人因此就常干奸诈之事，赏罚失去标准。有时到申时酉时才出来临朝视政，乘着醉意杀了许多人。他自己由于少了一只眼睛，就忌讳说“残、缺、偏、只、少、无、不全”一类词，因误说了这些字眼而被杀死的人，不计其数。他喜欢活着剥掉牛、羊、驴、马的皮，用热水煺活鸡、活猪、活鹅、活鸭的毛，把它们放到大殿前面，几十个为一群。有时则剥掉人的脸皮，让他们唱歌跳舞，他来观看，以此作乐。他曾经问周围的人说："自从我统治天下以来，你们在外边听到些什么？"有人对他说："圣明君主主宰天下，赏赐得当，刑罚严明，天下人只有歌颂太平盛世了。"苻生愤怒地说："你向我献媚！"于是就把这个人拉出去杀了。改天他又问这个问题，有人对他说："陛下的刑罚稍微过分了一点。"苻生又愤怒地说："你诽谤我！"这人也被杀了。有功的旧臣和亲戚，被诛杀殆尽，群臣们能保全一天，如同度过十年。

东海王苻坚，一直被当时人称誉，和过去姚襄的参军薛赞、权翼关系很好。薛赞、权翼秘密地劝苻坚说："主上猜忌残忍，行为暴虐，宫廷内外对他已经离心，如今适宜于主持秦国祭祀的人，不是殿下是谁？愿您及早谋划，不要让大权落入他姓人手中！"苻坚去问尚书吕婆楼，吕婆楼说："我，已经是屠刀下的人了，不足以办成大事。我的私宅里有一个叫王猛的人，他的谋略世间少见，殿下应该请他出来，并向他请教。"苻坚通过吕婆楼召来王猛，二人一见如故。谈论到国家当前的大事，苻坚十分高兴，自认为如同刘备遇到了诸葛亮。

苻生夜里对服侍他的婢女说："苻坚、苻法兄弟也不可信赖，明天就应当把他们除掉。"婢女把这一消息告诉了苻坚以及他的哥哥清河王苻法。苻法和梁平老以及特进光禄大夫强汪率领勇士数百人潜入云龙门，苻坚和吕婆楼率领手下三百人击鼓跟进，守卫王宫的将士们全都丢掉武器归顺了苻坚。苻生这时还在醉倒大睡，苻坚的士兵来到后，苻生惊慌地问周围人说："这是些什么人？"周围的人回答："强盗！"苻生说："他们为什么不叩拜！"苻坚的士兵全都笑了。苻生又大声说："为什么不赶快叩拜，不拜者杀头！"苻坚的士兵把苻生带到别的房间，黜废他为越王，不久就把他杀了，定谥号为厉王。

苻坚把王位让给苻法，苻法说："你是嫡传嗣子，而且贤明，应该立为王。"苻坚说："哥哥年长，应该立为王。"苻坚的母亲苟氏哭泣着对群臣说："朝政事关重大，我儿子自知不能胜任。以后大家如有悔恨，过失在诸君身上。"群臣全都叩头请求立苻坚为王。苻坚于是就去掉了皇帝的称号，自称为大秦天王，在太极殿即位。杀掉了苻生的宠臣中书监董荣、左仆射赵韶等二十多人。实行大赦，改年号为永兴。

苻融爱好文献经典，聪明过人，耳闻成诵，过目不忘；力量之大，能敌百人，善于骑马射箭刺击，从小就有美好的声誉。苻坚非常喜欢并看重他，经常和他共商国家大事。苻融谋划治理天下，刑罚政令规范清明，荐举贤才，拔擢沉沦之士，对苻坚有很大帮助。苻丕也有文才武略，但治理民众、决断刑狱，全都不如苻融。

前秦太后苟氏游览宣明台，看见东海公苻法的府宅门前车水马龙，她恐怕这最终会对前秦王苻坚不利，于是就与李威商量，赐苻法死。苻坚在东堂向苻法诀别，失声痛哭，以致口吐鲜血。苻法死后，谥号定为献哀公，其儿子苻阳被封为东海公，苻敷被封为清河公。

前秦王苻坚巡视到了尚书省，看见文牍案卷凌乱，便罢免了尚书左丞程卓的官职，任命王猛取代他。苻坚任用贤才，整治废弛的政事，劝勉农桑，抚恤贫困，礼敬百神，设立学校，表彰节义，恢复已经断绝的宗祀，前秦的百姓十分高兴。

晋纪二十三

第一百零一卷

孝宗穆皇帝下升平四年（庚申，360）

春，正月，癸巳，燕主儁大阅于邺，欲使大司马恪、司空阳骛将之入寇；会疾笃，乃召恪、骛及司徒评、领军将军慕舆根等受遗诏辅政。甲午，卒。戊子，太子暐即皇帝位，年十一。大赦，改元建熙。

二月，燕人尊可足浑后为皇太后。以太原王恪为太宰，专录朝政；上庸王评为太傅，阳骛为太保，慕舆根为太师，参辅朝政。

根性木强，自恃先朝勋旧，心不服恪，举动倨傲。时太后可足浑氏颇预外事，根欲为乱，乃言于恪曰："今主上幼冲，母后干政，殿下宜防意外之变，思有以自全。且定天下者，殿下之功也。兄亡弟及，古今成法，俟毕山陵，宜废主上为王，殿下自践尊位，以为大燕无穷之福。"恪曰："公醉邪？何言之悖也！吾与公受先帝遗诏，云何而遽有此议？"根愧谢而退。

根又言于可足浑氏及燕主暐曰："太宰、太傅将谋不轨，臣请帅禁兵以诛之。"可足浑氏将从之，暐曰："二公，国之亲贤，先帝选之，托以孤嫠，必不肯尔；安知非太师欲为乱也！"乃止。根又思恋东土，言于可足浑氏及暐曰："今天下萧条，外寇非一，国大忧深，不如还东。"恪闻之，乃与太傅评谋，密奏根罪状，使右卫将军傅颜就内省诛根，并其妻子、党与。大赦。是时新遭大丧，诛夷狼籍，内外恟惧，太宰恪举止如常，人不见其有忧色，每出入，一人步从。或说以宜自严备，恪曰："人情方惧，当安重以镇之，奈何复自惊扰，众将何仰！"由是人心稍定。

恪虽综大任，而朝廷之礼，兢兢严谨，每事必与司徒评议之，未尝专决。虚心待士，咨询善道，量才授任，人不逾位；官属、朝臣或有过失，不显其状，随宜他叙，不令失伦，唯以此为贬；时人以为大愧，莫敢犯者。或有小过，自相责曰："尔复欲望宰公迁官邪！"朝廷初闻燕主儁卒，皆以为中原可图。桓温曰："慕容恪尚在，忧方大耳。"

晋穆帝升平四年（庚甲，公元 360 年）

春季，正月，癸巳（二十日），前燕国主慕容儁在邺城对军队进行大检阅，想让大司马慕容恪、司空阳骛统领军队进犯东晋。恰好这时他病情加重，于是就召来慕容恪、阳骛以及司徒慕容评、领军将军慕舆根等人，命他们接受遗诏辅佐朝政。甲午（二十一日），慕容儁去世。戊子，太子慕容暐即皇帝位，时年十一岁。实行大赦，改年号为建熙。

二月，前燕人尊可足浑后为皇太后。任命太原王慕容恪为太宰，总揽朝政；任命上庸王慕容评为太傅，阳骛为太保，慕舆根为太师，参与辅佐朝政。

慕舆根性格质朴倔强，自恃是先朝的有功旧臣，心里不服慕容恪，因此行为举止傲慢。当时太后可足浑氏经常干预朝政，慕舆根想要作乱，就对慕容恪进言说："如今主上年幼，母后干预政事，殿下应该防范意外的变故，考虑如何自我保全。况且平定天下，是殿下的功劳。兄亡弟及，这是古今的既成之规，等到先帝的陵墓竣工后，就应该将主上黜废为王，殿下自己登上尊位，从而为大燕带来无穷之福。"慕容恪说："你喝醉了吗？怎么说这样的悖逆之言！我和你接受先帝的遗诏，你为什么突然提出这样的建议？"慕舆根面有愧色地谢罪退下去了。

慕舆根又向可足浑氏及前燕国主慕容暐进言说："太宰慕容恪、太傅慕容评将要图谋不轨，我请求率领宫中卫兵去消灭他们。"可足浑氏正要同意他的请求，慕容暐说："太宰、太傅二公，是国家亲近而又贤明的人，先帝选择了他们，将孤儿寡母相托，他们一定不会干那样的事情。怎么知道不是太师你想作乱呢！"于是就没有同意慕舆根的请求。慕舆根又思念东土龙城，向可足浑氏及慕容暐进言说："如今天下衰败凋零，外敌不止一家，国家越大，忧患越深，不如东返龙城。"慕容恪听说后，便与太傅慕容评商量，秘密地奏上慕舆根的罪行，让右卫将军傅颜在宫内杀掉慕舆根，连他的妻子、儿子、同党也一并杀掉。实行大赦。这时前燕刚刚遭受了大丧，又诛杀了一大批人，宫廷内外都感到震动恐惧。太宰慕容恪则举止如常，人们看不到他有忧虑的神色，每当出入宫廷时，只有一个人随从。有人劝他应该自己严加防备，慕容恪说："人心正值恐惧，应当泰然自若以使他们镇定，为什么还要自我惊扰？那样民众将仰仗什么！”从此人心逐渐稳定了下来。

慕容恪虽然总揽大权，然而对于朝廷的礼法，小心谨慎，严加遵守，每件事情都要和司徒慕容评商议，从来不独断专行。虚心对待读书人，向他们征求治国良策，根据才能授以官职，使人们各居其位。官属、朝臣如果出现过失，也不公开宣布，只是根据情况加以调动，并且不让他们失去原来的等级次第，仅以此表示贬责。当时的人都以受到这样的处置为大愧，没有人敢轻易触犯。有人出现小过失，也都自己互相责备说：“你又想让宰公慕容恪调动你的官职啦！”东晋朝廷最初听说前燕国主慕容儁去世，都认为中原可以收复。桓温说：“慕容恪尚在，忧患正大着呢！”

晋纪二十四

第一百零二卷

海西公下太和四年（己巳，369）

春，三月，大司马温请与徐、兖二州刺史郗愔、江州刺史桓冲、豫州刺史袁真等伐燕。

大司马温自兖州伐燕。郗超曰："道远，汴水又浅，恐漕运难通。"温不从，六月，辛丑，温至金乡，天旱，水道绝，温使冠军将军毛虎生凿钜野三百里，引汶水会于清水。虎生，宝之子也。温引舟师自清水入河，舳舻数百里。郗超曰："清水入河，难以通运。若寇不战，运道又绝，因敌为资，复无所得，此危道也。不若尽举见众直趋邺城，彼畏公威名，必望风逃溃，北归辽、碣。若能出战，则事可立决。若欲城邺而守之，则当此盛夏，难为功力，百姓布野，尽为官有，易水以南必交臂请命矣。但恐明公以此计轻锐，胜负难必，欲务持重，则莫若顿兵河、济，控引漕运，俟资储充备，至来夏乃进兵，虽如赊迟，然期于成功而已。舍此二策而连军北上，进不速决，退必愆乏。贼因此势以日月相引，渐及秋冬，水更涩滞。且北土早寒，三军裘褐者少，恐于时所忧，非独无食而已。"温又不从。

秋，七月，温屯武阳，燕故兖州刺史孙元帅其族党起兵应温，温至枋头。暐及太傅评大惧，谋奔和龙。吴王垂曰："臣请击之；若其不捷，走未晚也。"暐乃以垂代乐安王臧为使持节、南讨大都督，帅征南将军范阳王德等众五万以拒温。垂表司徒左长史申胤、黄门侍郎封孚、尚书郎悉罗腾皆从军。胤，钟之子；孚，放之子也。

暐又遣散骑侍郎乐嵩请救于秦，许赂以虎牢以西之地。秦王坚引郡臣议于东堂，皆曰："昔桓温伐我，至灞上，燕不救我；今温伐燕，我何救焉！且燕不称藩于我，我何为救之！"王猛密言于坚曰："燕虽强大，慕容评非温敌也。若温举山东，进屯洛邑，收幽、冀之兵，引并、豫之粟，观兵崤、渑，则陛下大事去矣。今不如与燕合兵以退温，温退，燕亦病矣，然后我承其弊而取之，不亦善乎！”坚从之。八月，遣将军苟池、洛州刺史邓羌帅步骑二万以救燕，出自洛阳，军至颍川。又遣散骑侍郎姜抚报使于燕。以王猛为尚书令。

太子太傅封孚问于申胤曰：“温众强士整，乘流直进，今大军徒逡巡高岸，兵不接刃，未见克殄之理，事将何如？”胤曰：“以温今日声势，似能有为，然在吾观之，必无成功。何则？晋室衰弱，温专制其国，晋之朝臣未必皆与之同心。故温之得志，众所不愿也，必将乖阻以败其事。又，温骄而恃众，怯于应变。大众深入，值可乘之会，反更逍遥中流，不出赴利，欲望持久，坐取全胜；若粮廪愆悬，情见势屈，必不战自败，此自然之数。”

温战数不利，粮储复竭，又闻秦兵将至，丙申，焚舟，弃辎重、铠仗，自陆道奔还。以毛虎生督东燕等四郡诸军事，领东燕太守。

温自东燕出仓垣，凿井而饮，行七百余里。燕之诸将争欲追之，吴王垂曰：“不可，温初退惶恐，必严设警备，简精锐为后拒，击之未必得志，不如缓之。彼幸吾未至，必昼夜疾趋，俟其士众力尽气衰，然后击之，无不克矣。”乃帅八千骑徐行蹑其后。温果兼道而进。数日，垂告诸将曰：“温可击矣。”乃急追之，及温于襄邑。范阳王德先帅劲骑四千伏于襄邑东涧中，与垂夹击温，大破之，斩首三万级。秦苟池邀击温于谯，又破之，死者复以万计。孙元遂据武阳以拒燕，燕左卫将军孟高讨擒之。

晋海西公太和四年（己巳，公元369年）

春季，三月，大司马桓温请求与徐、兖二州刺史郗愔，江州刺史桓冲、豫州刺史袁真等讨伐前燕。

大司马桓温从兖州出发讨伐前燕。郗超说：“路途遥远，汴水又浅，恐怕运送粮食的水道难以畅通。”桓温没有听从。六月，辛丑，桓温抵达金乡，因为天旱，水路断绝，桓温让冠军将军毛虎生在钜野开凿三百里水路，引来汶水会合于清水。毛虎生是毛宝的儿子。桓温带领水军从清水进入黄河，船只绵延数百里。郗超说：“从清水进入黄河，运输难以畅通。如果敌人不与我们交战，运输通道又断绝，只能靠着敌人的积蓄来做给养，那又会一无所得，这是危险的办法。不如让现有部队全部径直开向邺城，他们害怕您的威赫名声，一定会闻风溃逃，北归辽东、碣石。如果他们能出来迎战，那么事情就可以立见分晓。如果他们想盘踞邺城固守，那么值此盛夏之时，难以展开行动，百姓遍布各地，全都为官府所控制，易水以南的人一定会恭敬地向我们请求指令。只是怕明公您认为此计虽说锋锐但欠稳妥，胜负难定，而想一定要持有万全之策，那就不如停兵于黄河、济水，控制水路运输，等到储备充足，到明年夏天再进军。虽说拖延了时间，然而成功可期。舍此二策而让绵延百里的军队北上，进不能迅速取胜，退则必然导致差错与粮饷匮乏。敌人顺应这种形势和我们周旋时日，渐渐地就到了秋冬季节，水路更加难以畅通。而且北方寒冷较早，三军将士穿皮衣冬装的很少，恐怕到那时所忧虑的，就不仅仅是没有粮食了。”桓温又没有听从。

秋季，七月，桓温驻扎在武阳，前燕过去的兖州刺史孙元率领他的亲族同党起兵响应桓温，桓温抵达枋头。慕容暐及太傅慕容评十分恐惧，谋划要逃奔到和龙。吴王慕容垂说：“我请求去攻打他们。如果不能取胜，再逃奔也不晚。”慕容暐于是任命慕容垂代替乐安王慕容臧为使持节、南讨大都督，率领征南将军范阳王慕容德等兵众五万人去抵御桓温。慕容垂上表，让司徒左长史申胤、黄门侍郎封孚、尚书郎悉罗腾全都跟随部队一同前往。申胤是申钟的儿子；封孚是封放的儿子。

慕容暐又派散骑侍郎乐嵩去前秦请求救援，许诺把虎牢以西的地域送给他们。前秦王苻坚召群臣到东堂商议，群臣们都说：“过去桓温讨伐我们，到达灞上，燕国不救援我们；如今桓温讨伐燕国，我们为什么要救援?！而且燕国不向我们称藩，我们为什么要去救他?！”王猛悄悄地对苻坚进言说：“燕国虽然强大，但慕容评不是桓温的对手。如果桓温占据了整个崤山以东地区，进军驻扎在洛邑，收揽幽州、冀州的兵力，调来并州、豫州的粮食，在崤谷、渑池炫耀兵威，那么陛下统一天下的大业就全完了。眼下不如与燕国汇合兵力来打退桓温。桓温撤退以后，燕国也就精疲力竭了，然后我们乘之疲惫而攻取，不是很好的事情吗！”苻坚听从了王猛的意见。八月，苻坚派将军苟池、洛州刺史邓羌率领步、骑兵二万人去救援前燕，从洛阳出发，到颍川后驻扎。又派散骑侍郎姜抚出使前燕报告。任命王猛为尚书令。

太子太傅封孚问申胤：“桓温兵众强壮整齐，顺流直下，如今我方大军只在高岸上徘徊，兵不交锋，看不到取胜的迹象，事情将会怎样呢？”申胤说：“以桓温今天的声势，似乎能有所作为，然而在我看来，肯定不会成就功业。为什么呢？晋室衰微软弱，桓温专擅国家的权力，晋王室的朝臣未必都与他同心同德。所以桓温的得志，是众人所不愿看到的，他们必将从中阻挠以败坏他的事业。再有，桓温倚仗着军队人数众多而骄傲，不善于应变。大军深入以后，正是有机可乘的时候，他反而让部队在中途徘徊，不出击争取胜利，指望相持下去，坐取全胜。如果运输误期，粮食断绝，衰落的态势就会如实地显露出来，肯定是不战自败，这是当然之理。”

桓温交战屡屡失利，粮食储备也已空竭，又听说前秦的军队将要到来，丙申（十九日），焚烧了舟船，丢弃了装备、武器，从陆路往回逃奔。任命毛虎生督察东燕等四郡的各种军务，兼任东燕太守。

桓温从东燕出了仓垣，一路上掘井饮水，走了七百多里。前燕的众将领都争着要追击桓温，吴王慕容垂说：“不行，桓温刚刚溃退，惊恐未定，一定会严加戒备，选择精锐士兵来殿后，攻击他未必能遂愿，不如暂缓一下。他庆幸我们没有追上，一定会昼夜急行，等他的士兵们力量耗尽，士气衰落，然后再去攻击他，攻无不克。”于是慕容垂就率领八千骑兵跟在桓温的后边慢慢前进。桓温果然兼程行进。过了几天，慕容垂告诉众将领说：“可以攻打桓温了。”于是就迅速追击，在襄邑追上了桓温。范阳王慕容德先率领精锐骑兵四千人埋伏在襄邑东面的山涧中，与慕容垂夹击桓温，桓温大败，被斩首三万多人。前秦人苟池在谯郡迎击桓温，又攻破了他，战死的兵众又数以万计。孙元乘机占据了武阳以与前燕相抗，前燕左卫将军孟高讨伐并擒获了他。

晋纪二十五

第一百零三卷

太宗简文皇帝咸安元年（辛未，371）

大司马温，恃其材略位望，阴蓄不臣之志，尝抚枕叹曰："男子不能流芳百世，亦当遗臭万年！"术士杜炅能知人贵贱，温问炅以禄位所至。炅曰："明公勋格宇宙，位极人臣。"温不悦。温欲先立功河朔以收时望，还受九锡。及枋头之败，威名顿挫。既克寿春，谓参军郗超曰："足以雪枋头之耻乎？"超曰："未也。"久之，超就温宿，中夜，谓温曰："明公都无所虑乎？"温曰："卿欲有言邪？"超曰："明公当天下重任，今以六十之年，败于大举，不建不世之勋，不足以镇惬民望！"温曰："然则奈何？"超曰："明公不为伊、霍之举者，无以立大威权，镇压四海。"温素有心，深以为然，遂与之定议。以帝素谨无过，而床第易诬，乃言"帝早有痿疾，嬖人相龙、计好、朱灵宝等，参侍内寝，二美人田氏、孟氏生三男，将建储立王，倾移皇基"。密播此言于民间，时人莫能审其虚实。

十一月，癸卯，温自广陵将还姑孰，屯于白石。丁未，诣建康，讽褚太后，请废帝，立丞相会稽王昱，并作令草呈之。太后方在佛屋烧香，内侍启云："外有急奏。"太后出，倚户视奏数行，乃曰："我本自疑此！"至半，便止，索笔益之曰："未亡人不幸罹此百忧，感念存没，心焉如割！"

己酉，温集百官于朝堂。废立既旷代所无，莫有识其故典者，百官震栗。温亦色动，不知所为。尚书左仆射王彪之知事不可止，乃谓温曰："公阿衡皇家，当倚傍先代。"乃命取《汉书·霍光传》，礼度仪制，定于须臾。彪之朝服当阶，神彩毅然，曾无惧容，文武仪准，莫不取定，朝廷以此服之。于是宣太后令，废帝为东海王，以丞相、录尚书事、会稽王昱统承皇极。百官入太极前殿，温使督护竺瑶、散骑侍郎刘亨收帝玺绶。帝著白帢单衣，步下西堂，乘犊车出神虎门，群臣拜辞，莫不歔欷。侍御史、殿中监将兵百人卫送东海第。温帅百官具乘舆法驾，迎会稽王于会稽邸。王于朝堂变服，著平巾帻、单衣，东向流涕，拜受玺绶，是日，即皇帝位，改元。温出次中堂，分兵屯卫。温有足疾，诏乘舆入殿。温撰辞，欲陈述废立本意，帝引见，便泣下数十行，温兢惧，竟不能一言而出。

温威振内外，帝虽处尊位，拱默而已，常惧废黜。先是，荧惑守太微端门，逾月而海西废。辛卯，荧惑逆行入太微，帝甚恶之。中书侍郎郗超在直，帝谓超曰："命之修短，本所不计，故当无复近日事邪？"超曰："大司马臣温，方内固社稷，外恢经略，非常之事，臣以百口保之。"及超请急省其父，帝曰："致意尊公，家国之事，遂至于此，由吾不能以道匡卫，愧叹之深，言何能谕！"因咏庾阐诗云："志士痛朝危，忠臣哀主辱。"遂泣下沾襟。帝美风仪，善容止，留心典籍，凝尘满席，湛如也。虽神识恬畅，然无济世大略，谢安以为惠帝之流，但清谈差胜耳。

二年（壬申，372）

甲寅，帝不豫，急召大司马温入辅，一日一夜发四诏，温辞不至。初，帝为会稽王，娶王述从妹为妃，生世子道生及弟俞生。道生疏躁无行，母子皆以幽废死。余三子，郁、朱生、天流，皆早夭。诸姬绝孕将十年，王使善相者视之，皆曰："非其人。"又使视诸婢媵，有李陵容者，在织坊中，黑而长，宫人谓之"昆仑"，相者惊曰："此其人也！"王召之侍寝，生子昌明及道子。己未，立昌明为皇太子，生十年矣。以道子为琅邪王，领会稽国，以奉帝母郑太妃之祀。遗诏："大司马温依周公居摄故事。"又曰："少子可辅者辅之，如不可，君自取之。"侍中王坦之自持诏入，于帝前毁之。帝曰："天下，倘来之运，卿何所嫌！"坦之曰："天下，宣、元之天下，陛下何得专之！"帝乃使坦之改诏曰："家国事一禀大司马，如诸葛武侯、王丞相故事。"是日，帝崩。

群臣疑惑，未敢立嗣，或曰："当须大司马处分。"尚书仆射王彪之正色曰："天子崩，太子代立，大司马何容得异！若先面咨，必反为所责。"朝议乃定。太子即皇帝位，大赦。

温望简文临终禅位于己，不尔便当居摄。既不副所望，甚愤怨，与弟冲书曰："遗诏使吾依武侯、王公故事耳。"温疑王坦之、谢安所为，心衔之。诏谢安征温入辅，温又辞。

烈宗孝武皇帝上之上宁康元年(癸酉,373)

二月,大司马温来朝;辛巳,诏吏部尚书谢安、侍中王坦之迎于新亭。是时,都下人情恟恟,或云欲诛王、谢,因移晋室。坦之甚惧,安神色不变,曰:“晋祚存亡,决于此行。”温既至,百官拜于道侧。温大陈兵卫,延见朝士,有位望者皆战慑失色。坦之流汗沾衣,倒执手版。安从容就席,坐定,谓温曰:“安闻诸侯有道,守在四邻,明公何须壁后置人邪!”温笑曰:“正自不能不尔。”遂命左右撤之,与安笑语移日。郗超常为温谋主,安与坦之见温,温使超卧帐中听其言。风动帐开,安笑曰:“郗生可谓入幕之宾矣。”时天子幼弱,外有强臣,安与坦之尽忠辅卫,卒安晋室。

秋,七月,己亥,南郡宣武公桓温薨。

初,温疾笃,讽朝廷求九锡,屡使人趣之。谢安、王坦之故缓其事,使袁宏具草。宏以示王彪之,彪之叹其文辞之美,因曰:“卿固大才,安可以此示人!”谢安见其草,辄改之,由是历旬不就。宏密谋于彪之,彪之曰:“闻彼病日增,亦当不复支久,自可更小迟回。”

温弟江州刺史冲,问温以谢安、王坦之所任,温曰:“渠等不为汝所处分。”其意以为,己存,彼必不敢立异,死则非冲所制,若害之,无益于冲,更失时望故也。

晋简文帝咸安元年(辛未,公元371年)

大司马桓温,倚仗他的才能与地位、声望,暗中怀有背叛皇帝的心志,曾经抚枕慨叹道:“男子汉不能流芳百世,也应当遗臭万年!”方术之士杜炅,能预测人的贵贱,桓温问他自己的官位能到什么地步。杜炅说:“明公的功勋举世无双,官位能到大臣的顶峰。”桓温听后不高兴。桓温想先在河朔建立战功,以此为自己赢得更大的声望,回来后接受加九锡的礼遇。等到在枋头失败,他的威赫名声受到挫折。攻克寿春以后,桓温对参军郗超说:“这足以洗雪枋头的耻辱了吧?”郗超说:“没有。”过了许久,郗超到桓温的住所留宿,半夜时分对桓温说:“明公在这里没有考虑什么吗?”桓温说:“你想有话对我说吗?”郗超说:“明公承担着天下的重任,如今以六十高龄,却在一次大规模的行动中失败,如果不建立非常的功勋,就不足以镇服、满足百姓的愿望!”桓温说:“那么该怎么办呢?”郗超说:“明公不干伊尹放逐太甲、霍光废黜昌邑王那样的事情,就无法建立大的威势与权力,镇压四海。”桓温历来怀有此心,对郗超所说的深以为然，于是就和他商定计议。考虑到海西公平素谨慎小心，没有什么过错，而利用床笫之事则容易对他进行诬陷，于是就对人说：“皇上早就患有阳痿，宠臣相龙、计好、朱灵宝等，参与服侍起居床笫之事，与田氏、孟氏两位美人生下了三个儿子，将要设立太子赐封王位，转移皇上的基业。”并将这番话秘密地传播到民间，当时的人们都无法辨别真假。

十一月，癸卯（初九），桓温准备从广陵返回姑孰，驻扎在白石。丁未（十三日），抵达建康，含蓄地劝说褚太后，请求废黜皇帝司马奕，立丞相会稽王司马昱，同时还草拟了诏令进呈给褚太后。太后正在佛室烧香，内侍报告说：“外边有紧急奏章。”褚太后出来，倚着门看奏章，刚看了几行字就说：“我自己本来就怀疑是这样！”看了一半就停下来，向内侍要来笔加上了这样的话：“我不幸遭受了这样的种种忧患，想到死去的和活着的，心如刀绞！”

己酉（十五日），桓温把百官召集到朝堂。废立皇帝因为是多少代没有过的事情，所以没有人知道过去的典则，百官们都震惊恐惧。桓温也神色紧张，不知该怎么办。尚书左仆射王彪之知道事情不能半途而废，就对桓温说：“您废立皇帝，应当效法前代的成规。”于是就命令取来《汉书·霍光传》，礼节仪制很快就决定了。王彪之身穿朝服面对朝堂，神情沉着，毫无惧色，文武仪规典则，全都由他决定，朝廷百官因此而服了他。于是就宣布太后的诏令，废黜司马奕为东海王，以丞相、录尚书事、会稽王司马昱继承皇位。百官进入太极前殿，桓温让督护竺瑶、散骑侍郎刘亨收取了废帝的印玺绶带。司马奕戴着白色便帽，身穿臣子的朝服，走下西堂，乘着牛车出了神虎门，群臣叩拜辞别，没有谁不哽咽。侍御史、殿中监带领一百多名卫兵把他护送到东海王的宅第。桓温率领百官准备好皇帝的车乘，到会稽王的官邸去迎接会稽王司马昱。会稽王在朝堂更换了服装，戴着平顶的头巾，穿着朝服，面朝东方流涕，叩拜接受了印玺绶带。这天，会稽王司马昱即皇帝位，改年号为咸安。桓温临时住在中堂，分派兵力屯驻守卫。桓温的脚有毛病，简文帝诏令可以让他乘车进入殿堂。桓温事先准备好辞章，想陈述他黜废司马奕的本意，但简文帝接见时，一见他便流下了很多眼泪，桓温战战兢兢，始终没能说出一句话。

桓温威震朝廷内外，简文帝虽然身处至尊之位，实际上也仅仅是拱手沉默而已，常常害怕被废黜。此前，火星居于太微、南蕃之间，过了一个月，司马奕就被废黜。辛卯（十二月二十七日），火星逆行进入太微星垣，简文帝对此很讨厌。中书侍郎郗超在宫中当班，简文帝对郗超说：“命运长短，我本来就并不计较，所以应该不再出现前不久废黜皇帝那样的事情了吧?”郗超说:“大司马臣桓温,正在对内稳定国家,对外开拓江山,我愿用百余家口来保他,不会发生那种不正常的事变。”等到郗超急于请假回去看望他父亲时,简文帝说:“告诉尊父,宗族国家之事,最终到了这种地步,是因为我不能用道德去匡正守卫,惭愧慨叹之深,怎么能用语言来表达!”接着便吟诵了庾阐的诗,道:“志士为朝廷危险而痛心,忠臣为君主受辱而悲哀。”然后潸然泪下,打湿了衣襟。简文帝风度仪容很好,言谈举止得体,用心于典籍,翻阅典籍常常弄得满席尘土,一派湛然自得的样子。他虽然神情恬淡,见识通达,但没有济世的大略,谢安认为他是晋惠帝一类的人物,只是清淡方面比晋惠帝略胜一筹。

二年(壬申,公元372年)

甲寅(七月二十三日),简文帝身体不适,紧急征召大司马桓温入朝辅政,一天一夜接连发出四道诏令,桓温推辞不来。当初,简文帝为会稽王时,娶了王述的堂妹为妃,生下了长子司马道生及司马俞生。司马道生粗鲁急躁,品行不端,母子都因此被废黜囚禁而死。其他三个儿子,司马郁、司马朱生、司马天流,全都早年夭折。众姬妾绝孕将近十年,会稽王让会相面的人来观察她们,会相面的人都说:“能生儿子的不是这些人。”会稽王又让相面的人去观察女仆女佣。有一个叫李陵容的,在纺织作坊里,长得又高又黑,宫女们都叫她“昆仑”。相面的人见到她后吃惊地说:“这就是会生儿子的人!”会稽王召她服侍起居,生下了儿子司马昌明及司马道子。己未(二十八日),立司马昌明为皇太子,这时,他已经十岁了。任命司马道子为琅邪王,兼领会稽国,以尊奉帝母郑太妃的祀位。简文帝下达遗诏:“大司马桓温依据周公的旧例,代理皇帝政务。”又说:“对年轻的儿子,可以辅佐就辅佐,如果不能辅佐,桓公则自己取而代之。”侍中王坦之手持诏书进入宫中,在简文帝面前把诏书撕掉了。简文帝说:“天下,来自意外的命运,你有什么不满意的?”王坦之说:“天下,是宣帝、元帝的天下,陛下怎么能独断专行!”于是简文帝就让王坦之修改了诏书,说:“宗族国家之事,一概听命于大司马桓温,就像诸葛亮、王导辅政时的做法一样。”这一天,简文帝驾崩。

群臣疑惑不解,没敢确立嗣子。有人说:“应当让大司马桓温来处理。”尚书仆射王彪之严肃神色地说:“天子驾崩,太子代立,大司马怎能有资格提出异议?!如果事先当面向他询问,一定反而会被他责备。”于是朝廷的议论就此确定了。太子即皇帝位,实行大赦。

桓温希望简文帝临终前将皇位禅让给自己，不这样的话，也应当让他摄政。此后这个愿望没能实现，非常怨恨愤怒，给弟弟桓冲写信说："简文帝遗诏让我按诸葛亮、王导的旧例辅政。"桓温怀疑这事是王坦之、谢安干的，对他们怀恨在心。朝廷诏令谢安前去征召桓温入朝辅政，桓温又推辞了。

晋孝武帝宁康元年（癸酉，公元373年）

二月，大司马桓温来觐见孝武帝。辛巳（二十四日），孝武帝诏令吏部尚书谢安、侍中王坦之到新亭迎接。这时，都城里人心浮动，有人说桓温要杀掉王坦之、谢安，接着晋王室的天下就要转落他人之手。王坦之非常害怕，谢安则神色不变，说："晋朝国运的存亡，取决于此行。"桓温抵达京城以后，百官夹道叩拜。桓温部署重兵守卫，接待会见朝廷百官，有地位名望的人全都惊慌失色。王坦之汗流浃背，连手版都拿倒了。谢安从容就座，坐定以后，对桓温说："谢安听说诸侯有道，守卫在四邻，明公哪里用得着在墙壁后面安置人呀！"桓温笑着说："正是由于不能不这样做。"于是就命令左右的人让他们撤走，与谢安笑谈良久。郗超经常作为桓温的谋主，谢安和王坦之去见桓温，桓温让郗超躺在帷帐后听他们谈话。风吹开了帐子，谢安笑着说："郗超可谓入帐之宾。"当时天子年幼力弱，外边又有强臣，谢安与王坦之竭尽忠诚辅佐护卫，最终使晋王室得以安稳。

秋季，七月，己亥（十四日），南郡宣武公桓温去世。

当初，桓温病重的时候，暗示朝廷给他加九锡的礼遇，多次派人去催促。谢安、王坦之故意拖延此事，让袁宏草拟诏令。袁宏草拟完以后让王彪之审阅，王彪之赞叹他文辞的优美，接着说："你本来是杰出的人才，怎么能写这样的文章让别人看呢？"谢安见到袁宏写的草稿，总是加以修改，因此前后十多天也没有最后定稿。袁宏暗地里和王彪之商量，王彪之说："听说桓温的病情日益严重，应该不会再支持多久了，自然可以再稍微晚一点回复。"

桓温的弟弟江州刺史桓冲，向桓温询问谢安、王坦之应该担任什么职务，桓温说："他们不由你来安排。"这话的意思是，自己活着的时候，他们一定不敢公开抗衡，自己死了以后，则不是桓冲所能控制的，如果谋害了他们，无益于桓冲，因为这样反而会失去声望。

晋纪二十六

第一百零四卷

烈宗孝武皇帝上之中太元三年（戊申，378）

秦王坚遣征南大将军、都督征讨诸军事、守尚书令、长乐公丕，武卫将军苟苌、尚书慕容時帅步骑七万寇襄阳，以荆州刺史杨安帅樊、邓之众为前锋，征虏将军始平石越帅精骑一万出鲁阳关，京兆尹慕容垂、扬武将军姚苌帅众五万出南乡，领军将军苟池、右将军毛当、强弩将军王显帅众四万出武当，会攻襄阳。夏，四月，秦兵至沔北，梁州刺史朱序以秦无舟楫，不以为虞。既而石越帅骑五千浮渡汉水，序惶骇，固守中城；越克其外郭，获船百余艘以济余军。长乐公丕督诸将攻中城。

十二月，秦御史中丞李柔劾奏："长乐公丕等拥众十万，攻围小城，日费万金，久而无效，请征下廷尉。"秦王坚曰："丕等广费无成，实宜贬戮；但师已淹时，不可虚返，其特原之，令以成功赎罪。"使黄门侍郎韦华持节切让丕等，赐丕剑曰："来春不捷，汝可自裁，勿复持面见吾也！"

四年（己卯，379）

秦长乐公丕等得诏惶恐，乃命诸军并力攻襄阳。秦王坚欲自将攻襄阳，诏阳平公融以关东六州之兵会寿春，梁熙以河西之兵为后继。阳平公融谏曰："陛下欲取江南，固当博谋熟虑，不可仓猝。若止取襄阳，又岂足亲劳大驾乎！未有动天下之众而为一城者，所谓'以随侯之珠弹千仞之雀'也！"梁熙谏曰："晋主之暴，未如孙皓，江山险固，易守难攻。陛下必欲廓清江表，亦不过分命将帅，引关东之兵，南临淮、泗，下梁、益之卒，东出巴、峡，又何必亲屈鸾辂，远幸沮泽乎！昔汉光武诛公孙述，晋武帝擒孙皓，未闻二帝自统六师，亲执桴鼓，蒙矢石也。"坚乃止。

诏冠军将军南郡相刘波帅众八千救襄阳，波畏秦，不敢进。朱序屡出战，破秦兵，引退稍远，序不设备。二月，襄阳督护李伯护密遣其子送款于秦，请为内应；长乐公丕命诸军进攻之。戊午，克襄阳，执朱序，送长安。秦王坚以序能守节，拜度支尚书；以李伯护为不忠，斩之。

秦毛当、王显帅众二万自襄阳东会俱难、彭超攻淮南。五月，乙丑，难、超拔盱眙，执高密内史毛璪之。秦兵六万围幽州刺史田洛于三阿，去广陵百里；朝廷大震，临江列戍，遣征虏将军谢石帅舟师屯涂中。石，安之弟也。

右卫将军毛安之等帅众四万屯堂邑。秦毛当、毛盛帅骑二万袭堂邑，安之等惊溃。兖州刺史谢玄自广陵救三阿。丙子，难、超战败，退保盱眙。六月，戊子，玄与田洛帅众五万进攻盱眙，难、超又败，退屯淮阴。玄遣何谦等帅舟师乘潮而上，夜，焚淮桥。邵保战死，难、超退屯淮北。玄与何谦、戴逯、田洛共追之，战于君川，复大破之，难、超北走，仅以身免。谢玄还广陵，诏进号冠军将军，加领徐州刺史。

谢安为宰相，秦人屡入寇，边兵失利，安每镇之以和静。其为政，务举大纲，不为小察。时人比安于王导，而谓其文雅过之。

七年（壬午，382）

冬，十月，秦王坚会群臣于太极殿，议曰："自吾承业，垂三十载，四方略定，唯东南一隅，未沾王化。今略计吾士卒，可得九十七万，吾欲自将以讨之，何如？"秘书监朱肜曰："陛下恭行天罚，必有征无战，晋主不衔璧军门，则走死江海，陛下返中国士民，使复其桑梓，然后回舆东巡，告成岱宗，此千载一时也。"坚喜曰："是吾志也。"

群臣皆出，独留阳平公融，谓之曰："自古定大事者，不过一二臣而已。今众言纷纷，徒乱人意，吾当与汝决之。"对曰："今伐晋有三难：天道不顺，一也；晋国无衅，二也；我数战兵疲，民有畏敌之心，三也。群臣言晋不可伐者，皆忠臣也，愿陛下听之。"坚作色曰："汝亦如此，吾复何望！吾强兵百万，资仗如山；吾虽未为令主，亦非暗劣。乘累捷之势，击垂亡之国，何患不克，岂可复留此残寇，使长为国家之忧哉！"融泣曰："晋未可灭，昭然甚明。今劳师大举，恐无万全之功。且臣之所忧，不止于此。陛下宠育鲜卑、羌、羯，布满畿甸。此属皆我之深仇。太子独与弱卒数万留守京师，臣惧有不虞之变生于腹心肘掖，不可悔也。臣之顽愚，诚不足采；王景略一时英杰，陛下常比之诸葛武侯，独不记其临没之言乎！"坚不听。于是朝臣进谏者众，坚曰："以吾击晋，校其强弱之势，犹疾风之扫秋叶，而朝廷内外皆言不可，诚吾所不解也！”

冠军、京兆尹慕容垂言于坚曰：“弱并于强，小并于大，此理势自然，非难知也。以陛下神武应期，威加海外，虎旅百万，韩、白满朝，而蕞尔江南，独违王命，岂可复留之以遗子孙哉！诗云：‘谋夫孔多，是用不集。’陛下断自圣心足矣，何必广询朝众！晋武平吴，所仗者张、杜二三臣而已，若从朝众之言，岂有混一之功！”坚大悦曰：“与吾共定天下者，独卿而已。”赐帛五百匹。

坚锐意欲取江东，寝不能旦。阳平公融谏曰：“‘知足不辱，知止不殆。’自古穷兵极武，未有不亡者。且国家本戎狄也，正朔会不归人。江东虽微弱仅存，然中华正统，天意必不绝之。”坚曰：“帝王历数，岂有常邪，惟德之所在耳！刘禅岂非汉之苗裔邪，终为魏所灭。汝所以不如吾者，正病此不达变通耳！”

晋孝武帝太元三年（戊申，公元378年）

前秦王苻坚派征南大将军、都督征讨诸军事、守尚书令、长乐公苻丕，武卫将军苟苌和尚书慕容率领七万步、骑兵进犯襄阳，让荆州刺史杨安率领樊州、邓州的兵众作为前锋，征虏将军始平人石越率领一万精锐骑兵出鲁阳关，京兆尹慕容垂、扬武将军姚苌率领五万兵众出南乡，领军将军苟池、右将军毛当、强弩将军王显率领四万兵众出武当，会合攻打襄阳。夏季，四月，前秦的军队抵达沔水以北，梁州刺史朱序认为前秦的军队没有舟船，未做防备。等到石越率领五千骑兵顺流渡过汉水，朱序惶恐惊骇，固守中城。石越攻克了他的外城，缴获了一百多艘船只，用来接运其余的兵众。长乐公苻丕统领众将领攻打中城。

十二月，前秦御史中丞李柔进上弹劾奏章说：“长乐公苻丕等人拥兵十万，围攻小城，每天耗费万金，但久围而不见功效，请求召回送交廷尉加以追究。”前秦王苻坚说：“苻丕等人耗费巨大却不见成效，确实应该被贬责斩杀。只是军队出征已久，不能无功而返，特别地宽恕他们一次，让他们建立战功来赎罪。”苻坚派黄门侍郎韦华持符节严厉地责备苻丕等人，并赐给苻丕一把剑，说：“明年春天还不能取胜的话，你就可以自杀，不要再厚颜来见我了！”

四年(己卯，公元379年)

前秦长乐公苻丕等人见到诏令后十分惶恐，就命令各路部队协力攻打襄阳。前秦王苻坚想亲自统领军队攻打襄阳，诏令阳平公苻融率关东六州的兵众会集寿春，诏令梁熙率黄河以西的兵众作为后继部队。阳平公苻融劝谏说："陛下想要夺取长江以南，本来应当广泛征求意见，深思熟虑，不可仓促行事。如果仅仅是攻取襄阳，又怎么值得亲劳大驾呢！没有动用整个天下的兵众而仅仅是为了区区一城的道理，这是所谓'以珍贵无比的随侯之珠来弹射千仞之上的小雀'呀！"梁熙劝谏说："晋主的暴行，不像孙皓，南朝山河险峻坚固，易守难攻。陛下一定想要统一江南，也不过分别命令将帅带领关东的军队，南进淮河、泗水，让梁州、益州的士卒顺流而下，东出巴山、三峡就可以了，又何必亲自屈居銮舆，远到洼湿之地呢！过去汉光武帝诛杀公孙述，晋武帝擒获孙皓，没有听说二位帝王亲自统领六军，亲自执掌战鼓，遭受箭石的攻击。"苻坚于是作罢。

东晋诏令冠军将军、南郡相刘波率领八千兵众救援襄阳，刘波畏惧前秦，不敢前进。朱序屡屡出战，攻破前秦的军队，秦兵逐渐远退，朱序不再设防。二月，襄阳督护李伯护秘密地派他的儿子到前秦去表示忠诚，请求作为内应。长乐公苻丕命令各路部队进攻襄阳。戊午，攻克了襄阳，抓获了朱序，把他送至长安。前秦王苻坚因为朱序能够保持气节，授官度支尚书；认为李伯护不忠诚，把他杀掉了。

前秦毛当、王显率领二万兵众从襄阳东进，与俱难、彭超会合后攻打淮河以南地区。五月，乙丑(十四日)，俱难、彭超攻下了盱眙，抓获了高密内史毛璪之。前秦的六万军队在三阿包围了幽州刺史田洛，离广陵只有一百里。东晋朝廷十分震惊，沿长江部署了戍卫力量，派遣征虏将军谢石率领水军驻扎在涂中。谢石是谢安的弟弟。

东晋右卫将军毛安之等率领四万兵众驻扎在堂邑。前秦毛当、毛盛率领二万骑兵攻袭堂邑，毛安之等惊慌溃逃。兖州刺史谢玄从广陵出发救援三阿。丙子(五月二十五日)，俱难、彭超战败，退守盱眙。六月，戊子(初七)，谢玄与田洛率领五万兵众进军攻打盱眙，俱难、彭超又被打败，退到淮阴驻扎。谢玄派何谦等人率领水军趁着涨潮沿河而上，夜间焚烧了淮桥。邵保战死，俱难、彭超后退驻扎于淮河以北。谢玄与何谦、戴逯、田洛一起追击他们，在君川交战，又大败了他们。俱难、彭超向北逃跑，仅仅逃脱了性命。谢玄返回广陵，朝廷下达诏令，晋升他的官号为冠军将军，授予兼领徐州刺史的官职。

谢安做宰相时，前秦人屡屡进犯，边境的军队失利，而谢安却总是以沉着、平和的态度使大家镇静。他的施政方法，是务举大纲，不拘泥于小事。当时的人把谢安与王导相提并论，但认为谢安的文雅要超过王导。

七年（壬午，公元382年）

冬季，十月，前秦王苻坚在太极殿会见群臣，和他们商量说："自从我继承大业，已经三十年了，四方之地，大致平定，只有东南一隅，尚未蒙受君王的教化。如今粗略地计算一下我的士兵，能有九十七万，我想亲自统率他们去讨伐晋朝，怎么样？"秘书监朱肜说："陛下代替上天施行惩罚，一定是只有出征远行而不会发生战斗，晋朝国君不是在军营门前口含璧玉以示投降，就是仓皇出逃，葬身于江海，陛下让中原之国的士人百姓返回故土，让他们恢复家园，然后回车东巡，在岱宗泰山奉告成功，这是千载难逢的时机。"苻坚高兴地说："这就是我的志向。"

群臣们都出去了，唯独留下了阳平公苻融。苻坚对他说："自古参与决定大事的人，不过是一两个大臣而已。如今众说纷纭，只能扰乱人心，我要与你来决定此事。"苻融对苻坚说："如今讨伐晋朝有三难：天道不顺，此其一；晋国自身无灾祸，此其二；我们频繁征战，士兵疲乏，百姓怀有畏敌之心，此其三。群臣当中说不能讨伐晋朝的人，全都是忠臣，希望陛下听从他们的意见。"苻坚脸色一变说："你也是如此，我还能寄希望于谁呢？我有强兵百万，资财兵器堆积如山；我虽然不是完美的君主，但也不是昏庸之辈。乘着捷报频传之势，攻击垂死挣扎之国，还怕攻不下来？怎么可以再留下这些残敌，使他们长久地成为国家的忧患呢！"苻融哭泣着说："晋朝无法灭掉，事情非常明显。如今大规模地出动疲劳的军队，恐怕不会获得万无一失的战功。况且我所忧虑的，还不仅于此。陛下宠爱养育鲜卑人、羌人、羯人，让他们布满京都内外，这些人都对我们有深仇大恨。太子独自和数万弱兵留守京都，我害怕有不测之变出现在我们的心腹地区，后悔不及。我的愚妄之见，确实不值得采纳，但王猛是一代英杰，陛下常常把他比作诸葛亮，为什么唯独不铭记他的临终遗言呢？"苻坚依然没有听从。此时向苻坚进谏的朝臣很多，苻坚说："以我们的力量攻打晋朝，比较双方的强弱之势，就像疾风扫秋叶一样，然而朝廷内外都说不能攻打，这确实令我百思不得其解！"

冠军将军、京兆尹慕容垂向苻坚进言说："弱被强所并，小被大所吞，这是自然的道理与趋势，并不难理解。像陛下这样神明威武，适应天意，威名远播海外，拥有强兵劲旅百万，韩信、白起那样的良将布满朝廷，而江南弹丸之地，独敢违抗王命，岂能再留下他们而交给子孙后代呢？《诗经》云：'出谋划策的人太多，因此事情不成功。'

陛下自己在内心做出决断就完全可以了，何必广泛地征询众朝臣的意见？晋武帝平定吴国，所倚仗的只有张华、杜预两三位大臣而已，如果听从众朝臣之言，难道能有统一天下的功业？”苻坚十分高兴地说：“与我共同平定天下的人，只有你而已。”赏赐给慕容垂五百匹帛。

苻坚一心想要攻取长江以东，睡觉时不到天亮就醒了。阳平公苻融劝谏他说：“‘知道满足就不会感到耻辱，知道停止就不会出现危险。’自古以来，穷兵黩武的人没有不灭亡的。况且我们本来就属戎狄之人，天下的正宗嫡传大概不会归于像我们这样的外族人。南朝虽然衰微软弱，勉强生存，但他们是中华的正统，天意一定不会灭绝他们。”苻坚说：“帝王更替之道，怎么会有一成不变的呢？只看道德在哪里。刘禅难道不是汉朝的后裔吗？但最终被魏国所灭。你之所以不如我的原因，毛病正在于不了解变通的道理。”

晋纪二十七

第一百零五卷

烈宗孝武皇帝上之下太元八年（癸未，383）

秦王坚下诏大举入寇，民每十丁遣一兵；其良家子年二十已下，有材勇者，皆拜羽林郎。又曰："其以司马昌明为尚书左仆射，谢安为吏部尚书，桓冲为侍中，势还不远，可先为起第。"良家子至者三万骑，拜秦州主簿赵盛之为少年都统。是时，朝臣皆不欲坚行，独慕容垂、姚苌及良家子劝之。阳平公融言于坚曰："鲜卑、羌虏，我之仇雠，常思风尘之变以逞其志，所陈策画，何可从也！良家少年皆富饶子弟，不闲军旅，苟为谄谀之言以会陛下之意。今陛下信而用之，轻举大事，臣恐功既不成，仍有后患，悔无及也！"坚不听。

八月，戊午，坚遣阳平公融督张蚝、慕容垂等步骑二十五万为前锋；以兖州刺史姚苌为龙骧将军，督益、梁州诸军事。坚谓苌曰："昔朕以龙骧建业，未尝轻以授人，卿其勉之！"左将军窦冲曰："王者无戏言，此不祥之征也！"坚默然。

慕容楷、慕容绍言于慕容垂曰："主上骄矜已甚，叔父建中兴之业，在此行也！"垂曰："然。非汝，谁与成之！"

甲子，坚发长安，戎卒六十余万，骑二十七万，旗鼓相望，前后千里。九月，坚至项城，凉州之兵始达咸阳，蜀、汉之兵方顺流而下，幽、冀之兵至于彭城，东西万里，水陆齐进，运漕万艘。阳平公融等兵三十万，先至颍口。

诏以尚书仆射谢石为征虏将军、征讨大都督，以徐、兖二州刺史谢玄为前锋都督，与辅国将军谢琰、西中郎将桓伊等众共八万拒之；使龙骧将军胡彬以水军五千援寿阳。琰，安之子也。

是时秦兵既盛，都下震恐。谢玄入，问计于谢安，安夷然，答曰："已别有旨。"既而寂然。玄不敢复言，乃令张玄重请。安遂命驾出游山墅，亲朋毕集，与玄围棋赌墅。安棋常劣于玄，是日，玄惧，便为敌手而又不胜。安遂游陟，至夜乃还。桓冲深以根本为忧，遣精锐三千人卫京师；谢安固却之，曰："朝廷处分已定，兵甲无阙，西藩宜留以为防。"冲对佐吏叹曰："谢安石有庙堂之量，不闲将略。今大敌垂至，方游谈不暇，遣诸不经事少年拒之，众又寡弱，天下事已可知，吾其左衽矣！"

冬，十月，秦阳平公融等攻寿阳；癸酉，克之，执平虏将军徐元喜等。融以其参军河南郭褒为淮南太守。慕容垂拔郧城。胡彬闻寿阳陷，退保硖石，融进攻之。秦卫将军梁成等帅众五万屯于洛涧，栅淮以遏东兵。谢石、谢玄等去洛涧二十五里而军，惮成不敢进。胡彬粮尽，潜遣使告石等曰："今贼盛粮尽，恐不复见大军！"秦人获之，送于阳平公融。融驰使白秦王坚曰："贼少易擒，但恐逃去，宜速赴之！"坚乃留大军于项城，引轻骑八千，兼道就融于寿阳。遣尚书朱序来说谢石等，以为："强弱异势，不如速降。"序私谓石等曰："若秦百万之众尽至，诚难与为敌。今乘诸军未集，宜速击之；若败其前锋，则彼已夺气，可遂破也。"

石闻坚在寿阳，甚惧，欲不战以老秦师。谢琰劝石从序言。十一月，谢玄遣广陵相刘牢之帅精兵五千趣洛涧，未至十里，梁成阻涧为陈以待之。牢之直前渡水，击成，大破之，斩成及弋阳太守王咏；又分兵断其归津，秦步骑崩溃，争赴淮水，士卒死者万五千人。执秦扬州刺史王显等，尽收其器械军实。于是谢石等诸军，水陆继进。秦王坚与阳平公融登寿阳城望之，见晋兵部阵严整，又望八公山上草木皆以为晋兵，顾谓融曰："此亦勍敌，何谓弱也！"怃然始有惧色。

秦兵逼肥水而陈，晋兵不得渡。谢玄遣使谓阳平公融曰："君悬军深入，而置陈逼水，此乃持久之计，非欲速战者也。若移陈少却，使晋兵得渡，以决胜负，不亦善乎！"秦诸将皆曰："我众彼寡，不如遏之，使不得上，可以万全。"坚曰："但引兵少却，使之半渡，我以铁骑蹙而杀之，蔑不胜矣！"融亦以为然，遂麾兵使却。秦兵遂退，不可复止。谢玄、谢琰、桓伊等引兵渡水击之。融驰骑略陈，欲以帅退者，马倒，为晋兵所杀，秦兵遂溃。玄等乘胜追击，至于青冈。秦兵大败，自相蹈藉而死者，蔽野塞川。其走者闻风声鹤唳，皆以为晋兵且至，昼夜不敢息，草行露宿，重以饥冻，死者什七八。初，秦兵少却，朱序在陈后呼曰："秦兵败矣！"众遂大奔。序因与张天锡、徐元喜皆来奔。获秦王坚所乘云母车。复取寿阳，执其淮南太守郭褒。

坚中流矢，单骑走至淮北，饥甚，民有进壶飧、豚髀者，坚食之，赐帛十匹，绵十斤。辞曰："陛下厌苦安乐，自取危困。臣为陛下子，陛下为臣父，安有子饲其父而求报乎！”弗顾而去。坚谓张夫人曰：“吾今复何面目治天下乎！”潸然流涕。

谢安得驿书，知秦兵已败，时方与客围棋，摄书置床上，了无喜色，围棋如故。客问之，徐答曰：“小儿辈遂已破贼。”既罢，还内，过户限，不觉屐齿之折。

晋孝武帝太元八年（癸未，公元383年）

前秦王苻坚下达诏令，开始大举入侵东晋。百姓中每十个成年人选派一人充军，良家子弟中年龄在二十岁以下，有才能勇气的人，全都授官羽林郎。又说：“将任命司马昌明为尚书左仆射，谢安为吏部尚书，桓冲为侍中。我军凯旋的时间势必不会太远，可以先给他们盖好府第。”良家子弟应征的有三万多骑兵，苻坚任命秦州主簿赵盛之为少年都统。这时，满朝大臣都不想让苻坚出征，唯独慕容垂、姚苌及良家子弟对其加以劝勉。阳平公苻融向苻坚进言说：“鲜卑、羌族的虏臣，是我们的仇敌，经常盼望着风云变化以实现他们的心愿，他们所献的计划，怎么能听从呢？良家少年都是富人子弟，不知军旅之事，只会讲谄媚之言以迎合陛下的心意。如今陛下相信并采纳了他们的话，轻率地进行大规模行动，臣恐怕既不能成就战功，随之还会产生后患，悔之不及！”苻坚没有听从。

八月，戊午（初二），苻坚派遣阳平公苻融督率张蚝、慕容垂等人的步、骑兵二十五万人作为前锋，任命兖州刺史姚苌为龙骧将军，督益、梁州诸军事。苻坚对姚苌说：“过去我从龙骧将军的官位发迹建立了大业，未曾轻易地把这个官位授予别人，你努力干吧！”左将军窦冲说：“君王无戏言，这话是不祥之兆！”苻坚沉默不语。

慕容楷、慕容绍向慕容垂进言说：“主上的骄纵傲慢已经非常严重，叔父建立中兴大业，就在此行！”慕容垂说：“对。除了你们，谁能和我一起成就大业呢！”

甲子（八月初八），苻坚发兵长安，将士共有六十多万，骑兵二十七万，旌旗战鼓遥遥相望，绵延千里。九月，苻坚抵达项城，凉州的军队刚刚到达咸阳，蜀、汉的军队正顺流而下，幽州、冀州的军队到了彭城，东西万里，水陆并进，运输军粮的船只多达万艘。阳平公苻融等人的部队三十万人，先期抵达颍口。

东晋下达诏令，任命尚书仆射谢石为征虏将军、征讨大都督，任命徐、兖二州刺史谢玄为前锋都督，与辅国将军谢琰、西中郎将桓伊等人的兵众八万人抵抗前秦。让龙骧将军胡彬带领五千水军援助寿阳。谢琰是谢安的儿子。

这时前秦的军队已经非常强盛，东晋京城里的人震惊恐惧。谢玄入朝，向谢安询问应对之策，谢安一副平静的样子，回答说：“已经另有打算了。”然后闭口无言。谢玄不敢再问，就让张玄重新请求指令。谢安于是命令驾车出游山间别墅，亲戚朋友云集，谢安与谢玄玩围棋，以别墅为输赢的赌注。谢安的棋术一直不如谢玄，这天，谢玄由于内心恐惧，在有利的形势下投子打劫，反而还不能获胜。谢安于是就登山漫游，到晚上才回来。桓冲对国家的根本之地深以为忧，想派精锐部队三千人入城保卫京师。谢安固执地阻拦他，说：“朝廷的处理办法已经决定，士兵武器都不缺乏，这支军队应该留在西藩之地以作防备。”桓冲对藩府参佐叹息道：“谢安有身居朝廷的气量，但不熟悉带兵打仗的方法。如今大敌临头，还尽情游玩，高谈阔论不止，只派遣未经战事的年轻人前去抵抗，再加上军队数量不足，力量软弱，天下的结局已经可以知道了，我们将要受外族的统治了！”

冬季，十月，前秦阳平公苻融等攻打寿阳。癸酉（十八日），攻克了寿阳，擒获了平虏将军徐元喜等人。苻融任命他的参军河南人郭褒为淮南太守。慕容垂攻下了郧城。胡彬听说寿阳被攻陷，后退守卫硖石，苻融进军攻打硖石。前秦卫将军梁成等率领五万兵众驻扎在洛涧，沿淮河布防以遏制东面的部队。谢石、谢玄等在距离洛涧二十五里的地方驻军，由于惧怕梁成而不敢前进。胡彬的粮食耗尽，秘密地派遣使者向谢石等报告说：“如今贼寇强盛而我的粮食已经耗尽，恐怕不能再见到大军了！”前秦人擒获了胡彬，把他送交给阳平公苻融。苻融急速派使者向前秦王苻坚报告说：“现在贼寇力量不足，容易擒获，只是怕他们逃走，应该迅速率兵前来。”苻坚于是就把大部队留在项城，带领八千轻装骑兵，日夜兼程赶赴寿阳与苻融会合。苻坚派尚书朱序前去劝说谢石等人，认为：“形势强弱悬殊，不如迅速投降。”朱序私下里却对谢石等人说：“如果秦国的百万兵众全部抵达，确实难以与他们抗衡。如今乘着各路军队尚未会集，应该迅速攻击他们。如果能打败他们的前锋部队，那他们就会丧失士气，最终就可以攻破他们。”

谢石听说苻坚在寿阳，十分害怕，想用不交战的办法来拖垮前秦的军队。谢琰劝说谢石听从朱序的话。十一月，谢玄派广陵相刘牢之率领五千精兵开赴洛涧，在离洛涧十里的地方，梁成扼守山涧部署兵阵以等待刘牢之。刘牢之径直向前渡河，攻击梁成，大败梁成，斩杀了梁成以及弋阳太守王咏。又分派部队断绝了他们归途上的渡口，前秦的步、骑兵全都崩溃，争先恐后地逃向淮水，死亡的士兵有一万五千人，抓获了前秦扬州刺史王显等人，全部收缴了他们的武器军粮。于是谢石等各路军队，从水路、陆路相继进发。前秦王苻坚与阳平公苻融登上寿阳城观望，只见东晋的军队布阵严整，又望见了八公山上的草木，也以为都是东晋的士兵，苻坚掉头对苻融说："这也是强敌，怎么能说它软弱呢？"茫然若失，脸上开始有了恐惧的神色。

前秦的军队紧逼淝水而布阵，东晋的军队无法渡过。谢玄派使者对阳平公苻融说："您孤军深入，然而却紧逼淝水部署军阵，这是长久相持的策略，不是想迅速交战的办法。如果您移动兵阵稍微后撤，让晋朝的军队渡河，双方一决胜负，不也是很好的事情吗？"前秦众将领都说："我众敌寡，不如遏制他们，使他们不能上岸，这样可以万无一失。"苻坚说："只带领兵众稍微后撤一点，让他们渡河渡到一半，我们再出动铁甲骑兵奋起攻杀，没有不胜的道理！"苻融也认为可以，于是就挥舞战旗，指挥兵众后退。前秦的军队一退就不可收拾。谢玄、谢琰、桓伊等率领军队渡过河攻击他们。苻融驰马巡视军阵，想率领后退的兵众，结果战马倒地，苻融被东晋的士兵杀掉，前秦的军队于是崩溃了。谢玄等乘胜追击，一直追到青冈，前秦的军队大败，自相践踏而死的人，遮蔽山野堵塞山川。逃跑的人听到刮风的声音和鹤的鸣叫声，都以为是东晋的军队将要来到，昼夜不敢停歇，慌不择路，风餐露宿，冻饿交加，死亡的人十有七八。当初，前秦的军队稍微后撤时，朱序在军阵后面高声呼喊："秦军失败了！"兵众们听到后就狂奔乱逃。朱序乘机与张天锡、徐元喜都来投奔东晋。晋军缴获了前秦王苻坚所乘坐的装饰着云母的车乘。又攻取了寿阳，抓获了前秦的淮南太守郭褒。

苻坚中了流箭，单身匹马逃到淮河以北，十分饥饿，有的百姓送来了盛在壶里的水泡饭、猪腿，苻坚吃了下去，赏赐给他们十匹布帛，十斤绵。这些人推辞说："陛下厌倦困苦，安于享乐，自取危难。臣等是陛下的儿子，陛下是臣等的父亲，哪里有儿子给父亲饭吃还求取报偿的呢？"他们对赏赐的那些东西看也没看就离开了。苻坚对张夫人说："我如今还以什么脸面去治理天下呢？"说着便潸然泪下。

谢安接到了驿站传递的书信，知道前秦的军队已经失败，当时他正与客人玩围棋，拿着信放到了坐床上，毫无高兴的样子，照旧下棋。客人问他是什么事，他慢条斯理地回答说："小孩子们已经最终击破了寇贼。"下完棋以后，他返回屋里，过门槛时，高兴得竟然连屐齿折断都没有发觉。

晋纪二十八

第一百零六卷

烈宗孝武皇帝中之上太元十年（乙酉，385）

慕容冲即皇帝位于阿房，改元更始。冲有自得之志，赏罚任情。慕容盛年十三，谓慕容柔曰："夫十人之长，亦须才过九人，然后得安。今中山王才不逮人，功未有成，而骄汰已甚，殆难济乎！"

秦平原悼公晖数为西燕主冲所败，秦王坚让之曰："汝，吾之才子也，拥大众与白虏小儿战，而屡败，何用生为！"三月，晖愤恚自杀。

前禁将军李辩、都水使者陇西彭和正恐长安不守，召集西州人屯于韭园。坚召之，不至。

燕王垂攻邺，久不下，将北诣冀州，乃命抚军大将军麟屯信都，乐浪王温屯中山，召骠骑大将军农还邺。于是远近闻之，以燕为不振，颇怀去就。

农至高邑，遣从事中郎眭邃近出，违期不还。长史张攀言于农曰："邃目下参佐，敢欺罔不还，请回军讨之。"农不应，敕备假版，以邃为高阳太守，参佐家在赵北者，悉假署遣归。凡举补太守三人，长史二十余人，退谓攀曰："君所见殊误，当今岂可自相鱼肉！俟吾北还，邃等自当迎于道左，君但观之。"

燕、秦相持经年，幽、冀大饥，人相食，邑落萧条。燕之军士多饿死；燕王垂禁民养蚕，以桑椹为军粮。垂将北趣中山，以骠骑大将军农为前驱，前所假授吏眭邃等皆来迎候，上下如初，李攀乃服农之智略。

五月，西燕主冲攻长安，秦王坚身自督战，飞矢满体，流血淋漓。冲纵兵暴掠，关中士民流散，道路断绝，千里无烟。有堡壁三十余，推平远将军赵敖为主，相与结盟，冒难遣兵粮助坚，多为西燕所杀。坚谓之曰："闻来者率不善达，此诚忠臣之义，然今寇难殷繁，非一人之力所能济也，徒相随入虎口，何益！汝曹宜为国自爱，畜粮厉兵，以俟天时，庶几善不终否，有时而泰也！”

卫将军杨定与冲战于城西，为冲所擒。定，秦之骁将也。坚大惧，以谶书云“帝出五将久长得”，乃留太子宏守长安，谓之曰：“天其或者欲导予出外。汝善守城，勿与贼争利，吾当出陇收兵运粮以给汝。”遂帅骑数百与张夫人及中山公诜、二女宝、锦出奔五将山，宣告州郡，期以孟冬救长安。坚过袭韭园，李辩奔燕，彭和正惭，自杀。

秦太子宏不能守长安，将数千骑与母、妻、宗室西奔下辨。百官逃散，司隶校尉权翼等数百人奔后秦。西燕主冲入据长安，纵兵大掠，死者不可胜计。

秦王坚至五将山，后秦王苌遣骁骑将军吴忠帅骑围之。秦兵皆散走，独侍御十数人在侧，坚神色自若，坐而待之，召宰人进食。俄而忠至，执之，送诣新平，幽于别室。

后秦王苌使求传国玺于秦王坚，曰：“苌次应历数，可以为惠。”坚瞋目叱之曰：“小羌敢逼天子，五胡次序，无汝羌名。玺已送晋，不可得也！”苌复遣右司马尹纬说坚，求为禅代。坚曰：“禅代，圣贤之事，姚苌叛贼，何得为之！”坚与纬语，问纬：“在朕朝何官？”纬曰：“尚书令史。”坚叹曰：“卿，王景略之俦，宰相才也，而朕不知卿，宜其亡也。”坚自以平生遇苌有恩，尤忿之，数骂苌求死，谓张夫人曰：“岂可令羌奴辱吾儿。”乃先杀宝、锦。辛丑，苌遣人缢坚于新平佛寺。张夫人、中山公诜皆自杀。后秦将士皆为之哀恸。苌欲隐其名，谥坚曰壮烈天王。

臣光曰：论者皆以为秦王坚之亡，由不杀慕容垂、姚苌故也。臣独以为不然。许劭谓魏武帝治世之能臣，乱世之奸雄。使坚治国无失其道，则垂、苌皆秦之能臣也，乌能为乱哉！坚之所以亡，由骤胜而骄故也。魏文侯问李克吴之所以亡，对曰：“数战数胜。”文侯曰：“数战数胜，国之福也，何故亡？”对曰：“数战则民疲，数胜则主骄，以骄主御疲民，未有不亡者也。”秦王坚似之矣。

晋孝武帝太元十年（乙酉，公元385年）

慕容冲在阿房城即皇帝位，改年号为更始。慕容冲踌躇满志，任意赏罚。慕容盛年方十三，对慕容柔说：“就是在十人中位居首位，也必须是才能超过其他九人，然后才能安稳。如今中山王慕容冲才能不及别人，没有建立战功，而骄奢傲慢已经十分严重，恐怕难以成功啊！”

前秦平原悼公苻晖多次被西燕国主慕容冲打败，前秦王苻坚责备他说：“你是我最有才能的儿子，带领众多的兵众与白虏的稚嫩小孩子作战，反而屡屡失败，活着还有什么用呢？”三月，苻晖愤恨自杀。

前禁将军李辩、都水使者陇西人彭和正担心长安失守，召集西方各州人驻扎在韭园。苻坚征召他们，他们却不到。

后燕王慕容垂攻打邺城，久攻不下，准备向北到冀州去，就命令抚军大将军慕容麟驻扎在信都，乐浪王慕容温驻扎在中山，征召骠骑大将军慕容农返回邺城。远近的人们听说以后，认为后燕威势不振，都在考虑归附还是离去的问题。

慕容农抵达高邑，从事中郎眭邃被派到附近办事，过了期限还没有返回。长史张攀向慕容农进言说：“眭邃是您身边的部下，胆敢欺骗蒙蔽您，逾期不归，请求回军讨伐他。”慕容农没有答应，敕令准备权宜任命的文书，以眭邃为高阳太守，僚属部下中凡是家在赵地以北的人，全都派他们回去暂时代理官职，共选拔补充了太守三人，长史二十多人。慕容农退下去以后对张攀说：“你的见解非常错误，当今之时，怎么能自相残杀？等我从北边返回来时，眭邃等人自然应当夹道欢迎，你只管等着瞧吧。”

后燕、前秦相持了一年多，幽州、冀州出现了严重饥荒，人相残食，城邑村落一片萧条。后燕的士兵有很多被饿死。后燕王慕容垂禁止百姓养蚕，以桑葚作为军粮。慕容垂准备北赴中山，以骠骑大将军慕容农作为前锋，以前暂时授职的官吏眭邃等人全都前来迎候，上上下下和当初一样，张攀于是对慕容农的远见卓识表示折服。

五月，西燕国主慕容冲攻打长安，前秦王苻坚亲自督战，被飞来的乱箭射得遍体鳞伤，鲜血淋漓。慕容冲放纵军队残暴掠夺，关中士人百姓流离失所，道路被阻绝，千里不见炊烟。有三十多个堡寨营垒，推举平远将军赵敖为主，互相结盟，冒着危险派兵送粮救助苻坚，但大多都被西燕杀掉。苻坚对他们说：“听说前来救助的人大都不能顺利到达，这确实表现了忠臣的大义，但如今敌寇制造的祸难繁多，不是靠一个人的力量就能解决的，你们只能是白白地相继落入虎口，有什么好处？你们应该为了国家而自我保重，积蓄粮食，训练军队，以等待天时，做善事应该不会长久困顿，一有机会还会否极泰来的！”

卫将军杨定与慕容冲在城西交战，被慕容冲擒获。杨定是前秦的勇将。苻坚十分害怕，依据谶书中所说“帝王出走五将山才能国运长久”，便留下太子苻宏守卫长安，对他说：“上天大概是想引导我外出。你好好地守卫城池，不要与寇贼争锋，我要前往陇地招集兵众运送粮食供给你。”于是苻坚就率领数百骑兵与张夫人、中山公苻诜及两个女儿苻宝、苻锦奔往五将山，向各州郡公开宣布，约定在初冬时救援长安。苻坚顺路袭击了韭园，李辩逃奔后燕，彭和正感到惭愧，自杀而死。

前秦太子苻宏无法坚守长安，带领数千骑兵与母亲、妻子、宗室亲属向西逃奔到下辨。僚属百官全都逃散，司隶校尉权翼等数百人投奔后秦。西燕国主慕容冲进城占据了长安，放纵军队大肆抢掠，城中死亡的人不计其数。

前秦王苻坚抵达五将山，后秦王姚苌派骁骑将军吴忠率领骑兵包围了他。前秦的兵众全都溃散逃走，只有十几个侍从官留在苻坚身边，苻坚神色自若，坐在那里等待吴忠的军队，召唤掌管膳食的官吏进上食物。不一会儿吴忠来到，拘捕了苻坚，把他送到新平，幽禁在特设的房间内。

后秦王姚苌派人去向前秦王苻坚索取传国印玺，说：“姚苌按顺序承接天命，可以把玉玺交给我。”苻坚怒目斥责来人说：“小羌胆敢威逼天子，五胡的次序，没有你羌族的名称。传国印玺已经送到了晋朝，无法得到了！”姚苌又派右司马尹纬劝说苻坚，要求苻坚把君主之位禅让给他，苻坚说：“禅让，是圣贤的事情，姚苌是叛贼，怎么能让他继位呢？”苻坚与尹纬谈论了一番，问尹纬：“你在朕的朝廷里做什么官？”尹纬说：“尚书令史。”苻坚叹息地说：“你是王猛那样的人才，具有宰相的才能，然而朕却不知道你，合该灭亡。”苻坚自认为平时对待姚苌有恩，越发憎恨他，多次痛骂姚苌，以求一死，对张夫人说：“岂能让羌奴侮辱我的儿女？”于是就先杀掉了苻宝、苻锦。辛丑（八月二十六日），姚苌派人把苻坚吊死在新平的佛寺。张夫人、中山公苻诜全都自杀。后秦的将士全都为他们悲痛。姚苌想隐瞒杀苻坚的罪名，给苻坚定谥号为壮烈天王。

臣司马光曰：谈论这段历史的人都认为秦王苻坚的灭亡，是由于没有杀掉慕容垂、姚苌。臣唯独认为不是这样。许劭说魏武帝曹操是太平盛世的能臣，混乱世道的奸雄。假使苻坚治理国家不违背治国之道，那么慕容垂、姚苌全都是秦国的能臣，怎么能作乱呢？苻坚之所以灭亡的原因，是由于屡次取胜后变得骄傲。魏文侯问李克关于吴国失败的原因，李克回答说：“经常征战又经常胜利。”魏文侯说：“经常征战又经常胜利，这是国家的福分，为什么灭亡了呢？”李克回答说：“经常征战则民众疲惫，经常胜利则主上骄傲，以骄傲的君主统治疲惫的民众，没有不灭亡的道理。”秦王苻坚就与此相似。

晋纪二十九

第一百零七卷

烈宗孝武皇帝中之下太元十三年（戊子，388）

秦、后秦自春相持，屡战，互有胜负，至是各解归。关西豪杰以后秦久无成功，多去而附秦。

魏王珪阴有图燕之志，遣九原公仪奉使至中山，燕主垂诘之曰："魏王何以不自来？"仪曰："先王与燕并事晋室，世为兄弟，臣今奉使，于理未失。"垂曰："吾今威加四海，岂得以昔日为比！"仪曰："燕若不修德礼，欲以兵威自强，此乃将帅之事，非使臣所知也。"仪还，言于珪曰："燕主衰老，太子暗弱，范阳王自负材气，非少主臣也。燕主既没，内难必作，于时乃可图也。今则未可。"珪善之。仪，珪母弟翰之子也。

十四年（己丑，389）

后秦主苌以秦战屡胜，谓得秦王坚之神助，亦于军中立坚像而祷之曰："臣兄襄敕臣复仇，新平之祸，臣行襄之命，非臣罪也。苻登，陛下疏属，犹欲复仇，况臣敢忘其兄乎！且陛下命臣以龙骧建业，臣敢违之！今为陛下立像，陛下勿追计臣过也。"秦主登升楼，遥谓苌曰："为臣弑君，而立像求福，庸有益乎！"因大呼曰："弑君贼姚苌何不自出！吾与汝决之！"苌不应。久之，以战未有利，军中每夜数惊，乃斩像首以送秦。

秦主登攻后秦右将军吴忠等于平凉，克之。八月，登据苟头原以逼安定。诸将劝后秦主苌决战，苌曰："与穷寇竞胜，兵家之忌也；吾将以计取之。"乃留尚书令姚旻守安定，夜，帅骑三万袭秦辎重于大界，克之，杀毛后及南安王弁、北海王尚，擒名将数十人，驱掠男女五万余口而还。毛氏美而勇，善骑射。后秦兵入其营，毛氏犹弯弓跨马，帅壮士数百人战，众寡不敌，为后秦所执。苌将纳之，毛氏骂且哭曰："姚苌，汝先已杀天子，今又欲辱皇后，皇天后土，宁汝容乎！"苌杀之。诸将欲因秦军骇乱击之，苌曰："登众虽乱，怒气犹盛，未可轻也。"遂止。登收余众屯胡空堡。苌使姚硕德镇安定，徙安定千余家于阴密，遣其弟征南将军靖镇之。

初，帝既亲政事，威权己出，有人主之量。已而溺于酒色，委事于琅邪王道子；道子亦嗜酒，日夕与帝以酣歌为事。又崇尚浮屠，穷奢极费，所亲昵者皆姏姆、僧尼。左右近习，争弄权柄，交通请托，贿赂公行，官赏滥杂，刑狱谬乱。尚书令陆纳望宫阙叹曰："好家居，纤儿欲撞坏之邪！"左卫领营将军会稽许营上疏曰："今台府局吏、直卫武官及仆隶婢儿取母之姓者，本无乡邑品第，皆得为郡守县令，或带职在内，及僧尼乳母，竞进亲党，又受货赂；辄临官领众，政教不均，暴滥无罪，禁令不明，劫盗公行。昔年下书敕群下尽规，而众议兼集，无所采用。臣闻佛者，清远玄虚之神，今僧尼往往依傍法服，五诫粗法尚不能遵，况精妙乎！而流惑之徒，竞加敬事，又侵渔百姓，取财为惠，亦未合布施之道也。"疏奏，不省。

道子势倾内外，远近奔凑；帝渐不平，然犹外加优崇。侍中王国宝以谗佞有宠于道子，扇动朝众，讽八座启道子宜进位丞相、扬州牧，假黄钺，加殊礼。护军将军南平车胤曰："此乃成王所以尊周公也。今主上当阳，非成王之比；相王在位，岂得为周公乎！"乃称疾不署。疏奏，帝大怒，而嘉胤有守。

晋孝武帝太元十三年（戊子，公元388年）

前秦与后秦从春天开始相持不下，交战了好几次，互有胜败，这时各自罢兵返回。关西的一些英雄豪杰因为后秦兴起这么久而仍不能成功，有很多便离去而归附了前秦。

魏王拓跋珪暗中有图谋后燕的野心，派遣九原公拓跋仪担任使者来到后燕都城中山。后燕国主慕容垂盘问他说："魏王为什么不自己来？"拓跋仪说："我们的先王与燕国的祖先曾经一起为晋朝的帝室做事，世世代代情同兄弟。我今天奉使前来，在情理上没有失误。"慕容垂说："今天我的威望，已经传播影响到四面八方，怎么能够与过去相比呢！"拓跋仪说："后燕如果不遵守道德，不循奉礼仪，而只打算依靠军事威力使自己强大，那只是将帅们的事情，不是我这个作使臣的人所知道的。"拓跋仪回国后，对拓跋珪说："后燕国主慕容垂已经年老体衰，太子慕容宝又庸碌懦弱，范阳王慕容德对自己的才干气力非常自负，将来绝不是少主的臣下。慕容垂一旦死去，内部一定会发生争斗，到那个时候才可以图谋他们。现在却还不行。"拓跋珪对他的看法大为称赞。拓跋仪是拓跋珪叔父拓跋翰的儿子。

十四年（己丑，公元389年）

后秦国主姚苌因为前秦军队屡次获胜，以为那是得到了前秦国主苻坚的神灵帮助的结果，因此也在军营中竖立苻坚的神像，并且向他祷告说："我的哥哥姚襄临死时嘱咐我为他报仇，那次在新平城缢死您的祸事，我是在执行哥哥姚襄的遗命，不是我的罪过呀。苻登，不过是陛下您比较疏远的亲属，还想着为您复仇，何况我是弟弟，怎么敢忘掉哥哥的大仇呢？况且陛下您又命令我以龙骧将军的身份建立大业，我又怎敢违背您的教诲？今天我为陛下您立这尊神像，希望陛下不要再追究计较臣下我的过错。"前秦国主苻登爬上军营中的指挥楼，从远处告诉姚苌说："作为臣子而杀害了自己的君主，却又立像求福，能有什么好处呢！"因此，他又大声呼喊说："杀害了自己君主的奸贼姚苌为什么不自己出来！我和你决一死战！"姚苌不答应。可是，时间一长，因为在交战时并没有得到什么好处，而己方军队经常夜里无惊乱好几次，于是姚苌把神像的头斩了下来送给前秦。

前秦国主苻登在平凉进攻后秦右将军吴忠等人，攻克了平凉。八月，苻登据守苟头原，以此威逼安定。几位将军劝说后秦主姚苌与前秦决一死战，姚苌说："和走投无路的强盗在战场上争胜，是用兵的大忌。我准备用计谋战胜他。"于是留下尚书令姚旻镇守安定，自己在深夜率领骑兵三万人直奔大界，偷袭前秦等待搬运的粮草等辎重物资，果然攻克了大界，杀死了毛皇后以及南安王苻弁、北海王苻尚，俘获名将几十人，并且驱赶、掠走男女五万余人，得胜而归。毛皇后貌美而勇武，善于骑马射箭，后秦的兵马冲进她的营帐的时候，毛氏还曾跨上马匹，弯弓反击，带领指挥几百个壮健的兵士死战，但是寡不敌众，被后秦俘获。姚苌有意收她为妾，毛氏边哭边骂着说："姚苌，你先前就已经杀害了天子，今天又想来侮辱皇后，皇天后土，怎么还能容你！"姚苌杀了毛皇后。他部下众将想趁前秦军惊骇混乱之机继续攻击，姚苌说："苻登的部众虽然一时陷于混乱，但是激愤之气还仍然很大，不可轻敌。"于是停止继续进攻。苻登也集结残兵败将，屯聚在胡空堡。姚苌派遣姚硕德镇守安定，并把安定居民一千余家迁到阴密，又派他的弟弟征南将军姚靖到阴密镇守。

当初，孝武帝亲自处理国家的政事，权力与威望出自己手，很有君主的气度。但不久便沉溺于美酒和女色之中，把朝廷的政事统统推给琅邪王司马道子代管。但司马道子也嗜好喝酒，从早到晚都和孝武帝一起把高歌狂饮当成主要事情。孝武帝又迷信佛教，极端奢侈挥霍，浪费在这方面的钱财很多。他所亲近的人又都是三姑六婆、和尚尼姑，所以他左右的侍从人员，乘机争权夺利，互相勾结，公开进行贿赂，封官加赏又杂又滥，刑罚惩戒混乱冤错。尚书令陆纳遥望着皇宫叹息着说道："这么好的一个家，小孩子要把它折腾坏呀！"左卫领营将军会稽人许营呈上一道奏章说："现在朝廷小吏、军中武官，下至那些不知生父只取母姓的奴仆，本来没有经过官府的考察举荐，却都能当上郡守县令，甚至进入朝中当官，至于那些和尚、尼姑、乳娘等人，更是争先恐后地引进他们的亲朋好友，接受财物贿赂。以至于任用官吏、管辖百姓、政治与教化都没有标准，对无罪之人滥施暴行，当禁当行的法令不明确公布，抢劫、偷盗却公然横行。过去，陛下也曾下令命臣属们知无不言，尽可以规劝讽谏，但是等大家把建议提出来集中到一起呈给陛下时，却没有一个建议被采用。我听说佛是一个清淡、玄妙虚旷的神祇，但是现在的这些和尚、尼姑往往虽穿着僧服，却连佛义中最粗浅的教义如不淫、不盗、不杀、不说谎、不酗酒这五戒也还不能遵守，更何况精妙的佛法呢？而那些受流行的歪风迷惑的人，更是一方面纷纷争相拜佛，一方面又欺凌搜刮黎民百姓，谋取财产好处，这也不符合佛家布施的道理。"奏章呈上之后，没有回音。

司马道子的权势在朝廷内外都达到极点，远近官员也都前来投靠。孝武帝的心里渐渐有些不高兴，但在表面上对司马道子还是多加优待尊崇。侍中王国宝奸佞而善于谄媚，得到了司马道子的宠爱。他在背地里鼓动朝中众臣，暗示重要大臣八座联名上奏章给孝武帝，请求擢升司马道子为丞相兼任扬州牧，赐给他皇帝诛杀时专用的铜斧，并加以特别尊崇的礼节等。护军将军、南平人车胤说："这是周成王姬诵尊敬他叔父周公姬旦的办法。而现在主上在位，不能和成王相比，相王处在这地位，怎么能成为周公呢？"于是托词有病，没在奏章上签名。这个奏章呈上后，孝武帝勃然大怒，而夸奖车胤有自己的节操。

晋纪三十

第一百零八卷

烈宗孝武皇帝下太元二十年（乙未，395）

魏王珪叛燕，侵逼附塞诸部。五月，甲戌，燕主垂遣太子宝、辽西王农、赵王麟帅众八万，自五原伐魏，范阳王德、陈留王绍别将步骑万八千为后继。散骑常侍高湖谏曰："魏与燕世为婚姻，彼有内难，燕实存之，其施德厚矣，结好久矣。间以求马不获而留其弟，曲在于我，奈何遽兴兵击之！拓跋涉圭沈勇有谋，幼历艰难，兵精马强，未易轻也。皇太子富于春秋，志果气锐，今委之专任，必小魏而易之，万一不如所欲，伤威毁重，愿陛下深图之。"言颇激切，垂怒，免湖官。湖，泰之子也。

八月，魏王珪治兵河南；九月，进军临河。燕太子宝列兵将济，暴风起，漂其船数十艘泊南岸。魏获其甲士三百余人，皆释而遣之。

宝之发中山也，燕主垂已有疾，既至五原，珪使人邀中山之路，伺其使者，尽执之。宝等数月不闻垂起居，珪使所执使者临河告之曰："若父已死，何不早归！"宝等忧恐，士卒骇动。

燕、魏相持积旬，赵王麟将慕舆嵩等以垂为实死，谋作乱，奉麟为主；事泄，嵩等皆死，宝、麟等内自疑。冬，十月，辛未，烧船夜遁。时河冰未结，宝以魏兵必不能渡，不设斥候。十一月，己卯，暴风，冰合，魏王珪引兵济河，留辎重，选精锐二万余骑急追之。

燕军至参合陂，有大风，黑气如堤，自军后来，临覆军上。沙门支昙猛言于宝曰："风气暴迅，魏兵将至之候，宜遣兵御之。"宝以去魏军已远，笑而不应。昙猛固请不已，麟怒曰："以殿下神武，师徒之盛，足以横行沙漠，索虏何敢远来！而昙猛妄言惊众，当斩以徇！"昙猛泣曰："苻氏以百万之师，败于淮南，正由恃众轻敌，不信天道故也！”司徒德劝宝从昙猛言，宝乃遣麟帅骑三万居军后以备非常。麟以昙猛为妄，纵骑游猎，不肯设备。宝遣骑还诇魏兵，骑行十余里，即解鞍寝。

魏军晨夜兼行，乙酉，暮，至参合陂西。燕军在陂东，营于蟠羊山南水上。魏王珪夜部分诸将，掩覆燕军，士卒衔枚束马口潜进。丙戌，日出，魏军登山，下临燕营；燕军将东引，顾见之，士卒大惊扰乱。珪纵兵击之，燕兵走赴水，人马相腾蹑，压溺死者以万数。略阳公遵以兵邀其前，燕兵四五万人，一时放仗敛手就禽，其遗迸去者不过数千人，太子宝等皆单骑仅免。杀燕右仆射陈留悼王绍，生禽鲁阳王倭奴、桂林王道成、济阴公尹国等文武将吏数千人，兵甲粮货以巨万计。道成，垂之弟子也。

二十一年（丙申，396）

春，正月，燕高阳王隆引龙城之甲入中山，军容精整，燕人之气稍振。

三月，庚子，燕主垂留范阳王德守中山，引兵密发，逾青岭，经天门，凿山通道，出魏不意，直指云中。魏陈留公虔帅部落三万余家镇平城；垂至猎岭，以辽西王农、高阳王隆为前锋以袭之。是时，燕兵新败，皆畏魏，惟龙城兵勇锐争先。虔素不设备，闰月，乙卯，燕军至平城，虔乃觉之，帅麾下出战，败死，燕军尽收其部落。魏王珪震怖欲走，诸部闻虔死，皆有贰心，珪不知所适。

垂之过参合陂也，见积骸如山，为之设祭，军士皆恸哭，声震山谷。垂惭愤呕血，由是发疾，乘马舆而进，顿平城西北三十里。太子宝等闻之，皆引还。燕军叛者奔告于魏云：“垂已死，舆尸在军。”魏王珪欲追之，闻平城已没，乃引还阴山。

垂在平城积十日，疾转笃，乃筑燕昌城而还。夏，四月，癸未，卒于上谷之沮阳，秘不发丧。丙申，至中山；戊戌，发丧，谥曰成武皇帝，庙号世祖。壬寅，太子宝即位，大赦，改元永康。

晋孝武帝太元二十年（乙未，公元395年）

魏王拓跋珪背叛后燕，侵略威胁靠近边塞的一些种族部落。五月，甲戌，后燕国主慕容垂派遣太子慕容宝、辽西王慕容农、赵王慕容麟统领八万人，从五原出发讨伐北魏，范阳王慕容德、陈留王慕容绍另外带领步、骑兵一万八千人作为后继部队。散骑常侍高湖劝谏说：“魏与我们燕国几世以来都是姻亲关系，他们内部发生天灾人祸时，我们燕国总是帮助他们渡过难关。我们对他们的恩德够深厚的了，与他们结成友好关系也已经很久了。中间虽然发生过向他们要马，被拓跋珪拒绝而扣留了他的弟弟拓跋觚的事情，但那件事的错误和起因在我们这里，怎么能够突然调动军队进攻他们呢？何况拓跋珪沉稳勇武，极富谋略，从小就经历过许多艰难困苦，现在又兵强马壮，不应该轻视。皇太子固然年轻气壮，意志果断，势头正盛，但是现在把进攻魏国的指挥大权完全交给他，他一定会轻视魏国，以为很好对付。最后的结果万一不像我们所想象的那样，可就使太子损伤了威望，同时又坏了大事，请陛下再仔细想想这件事！”他的言辞颇有些激烈，慕容垂十分生气，当即罢免了高湖的官职。高湖是高泰的儿子。

八月，魏王拓跋珪在黄河南岸整顿自己的队伍。九月，把部队开到黄河边。后燕太子慕容宝把自己的部队排开，正要渡河与北魏接战，突然狂风大作，把他们的几十艘战船刮到黄河南岸泊下，船上三百多全副武装的士兵，被北魏军队俘虏，北魏把他们全都释放遣送回去。

慕容宝从中山出发的时候，慕容垂已经患有疾病。等到了五原之后，拓跋珪派人守候在从中山来的路上，等待后燕的送信人经过，把他们一个个全部抓住。慕容宝等几个月都没有得到慕容垂的生活起居情况，拓跋珪把俘虏的后燕国信差带到河边，命令他隔河告诉慕容宝说：“你的父亲已经死了，你为什么还不早点回去？”慕容宝等人忧虑恐惧，士兵也惊骇不安。

后燕与北魏两国互相对阵，僵持了二十多天，后燕赵王慕容麟的部将慕舆嵩等人认为慕容垂是真的死了，因此图谋进行叛乱，拥奉慕容麟为后燕国主。结果泄露了消息，慕舆嵩等人都被处死，慕容宝与慕容麟内心互相猜疑。冬季，十月，辛未（二十五日），后燕军自己焚烧战船，趁着黑夜的掩护撤退回国。这时黄河上的冰还没有冻住，慕容宝以为北魏的部队一定不能渡过黄河来追击他们，没有派出侦察部队。十一月，己卯（初三），突然狂风大作，黄河上的冰很快封死，魏王拓跋珪带兵过河，留下军用物资，挑选了骑兵精锐部队两万多人，急速追赶后燕部队。

后燕部队走到参合陂，大风突起，一片黑气如同一道堤岸，从后燕军的后面压了上来，将后燕军全部覆盖。佛教高僧支昙猛对慕容宝说：“风云突变，这是北魏部队就要追到的征兆，应该派兵准备抵御他们。”慕容宝以为距离北魏军已经很远，只是一笑置之。支昙猛不停坚持请求，慕容麟大怒说：“以我们殿下的神勇英明，加之军队力量的强大，足以在沙漠上横行，梳发拖辫的索虏怎么敢跑这么远来追击我们？支昙猛胡说八道，扰乱军心，理应斩首示众！”支昙猛却哭着说：“苻家拥有百万雄师，但却在淮南遭到惨败，正是因为他们仗恃自己人多势众，轻视敌人，不相信天意啊！”司徒慕容德劝慕容宝听信支昙猛的话，慕容宝才派慕容麟率领三万骑兵走在大军的最后，以防备非常事件的发生。慕容麟认为支昙猛的话是瞎说，成天放纵骑兵到处游猎，不肯设置哨卫防备。慕容宝派骑兵向西打探北魏军队的动静，这些骑兵也是只走出十几里地，便人卸甲、马解鞍地倒头睡觉去了。

北魏的军队不分昼夜兼程前进，乙酉（初九），黄昏，追到了参合陂西边。这时，后燕军在陂东，在蟠羊山南面的河旁扎营。魏王拓跋珪连夜部署各个将领，偷袭后燕，让士卒们含着枚，扎紧马口，暗中接近后燕军。丙戌（初十），太阳出来时北魏军登上了山头，向下对着后燕军大营。后燕军队将要向东进发，回头发现北魏骑兵，顿时惊慌失措，混乱不堪。拓跋珪趁势驱兵攻击，后燕军奔跑落水，人撞马踩，踩死淹死者数以万计。略阳公拓跋遵的部队横阻在逃亡的后燕军之前，四五万后燕兵，一起放下武器束手就擒，逃出去的不过几千人。太子慕容宝等人都是单人匹马逃出，得以幸免。北魏军队杀死了后燕右仆射陈留悼王慕容绍，活捉了鲁阳王慕容倭奴、桂林王慕容道成、济阴公慕容尹国等文武官员几千人，至于缴获的兵刃、衣甲、粮草、辎重等更是不计其数。慕容道成是慕容垂的侄儿。

二十一年（丙申，公元 396 年）

春季，正月，后燕高阳王慕容隆带领驻防龙城的兵士来到中山，军容精壮整齐，使后燕人的精神稍稍得到振奋。

三月，庚子（二十六日），后燕国主慕容垂留下范阳王慕容德镇守中山，自己带着部队秘密出发，翻过青岭，途经天门，奋力开凿山岭，打通道路，出乎北魏的意料之外，大军直奔云中。北魏陈留公拓跋虔统领的部落约三万多户人家镇守在平城。慕容垂来到猎岭，让辽西王慕容农、高阳王慕容隆作为前锋部队突袭拓跋虔。这时，后燕部队刚刚遭到惨败，都很畏惧北魏，只有慕容隆统辖的龙城部队勇敢果决，个个争先。拓跋虔平素不注意戒备，闰三月，乙卯（十二日），后燕军来到平城，拓跋虔才发觉，仓促之中率领他的部下出来接战，战败而死。后燕军收编了他的部落。魏王拓跋珪听到这个消息后，大为震惊恐惧，打算放弃都城逃走，其他部落听说了拓跋虔的死讯，都产生了背叛之心，拓跋珪不知往哪里去。

慕容垂率军路过参合陂的时候，看到那里依然尸骸堆积如山，于是祭奠死难者，军士们放声恸哭，哭声震动山谷。慕容垂见此惨状，既惭愧，又愤怒，以致吐血，因此旧疾复发，乘坐马拉的车继续前进，停扎在平城西北部三十里远的地方。太子慕容宝等人听到了这个消息后，都带兵从前方撤回。后燕军里有叛卒跑到北魏说："慕容垂已经死了，军中用车拉着他的尸首。"魏王拓跋珪打算去追击燕军，又听说平城已经沦陷，就带着部队回到阴山。

慕容垂在平城养病有十天，病势却反而加重，在这里兴筑了燕昌城，便班师回朝。夏季，四月，癸未（初十），慕容垂在上谷的沮阳去世。后燕没有宣布这个消息。丙申（二十三日），大军回到都城中山。戊戌（二十五日），为慕容垂发表，追谥他为成武皇帝，庙号世祖。壬寅（二十九日），太子慕容宝即位，实行大赦，改年号为永康。

晋纪三十一

第一百零九卷

安皇帝甲隆安元年（丁酉，397）

王建等攻信都，六十余日不下，士卒多死。庚申，魏王珪自攻信都。壬戌夜，燕宜都王凤逾城奔中山。癸亥，信都降魏。

燕主宝闻魏王珪攻信都，出屯深泽，遣赵王麟攻杨城，杀守兵三百。宝悉出珍宝及宫人募郡国群盗以击魏。

二月，己巳朔，珪还屯杨城。没根兄子丑提为并州监军，闻其叔父降燕，惧诛，帅所部兵还国作乱。珪欲北还，遣其国相涉延求和于燕，且请以其弟为质。宝闻魏有内难，不许，使冗从仆射兰真责珪负恩，悉发其众步卒十二万、骑三万七千屯于曲阳之柏肆，营于滹沱水北以邀之。丁丑，魏军至，营于水南。宝潜师夜济，募勇敢万余人袭魏营，宝陈于营北以为之援。募兵因风纵火，急击魏军，魏军大乱，珪惊起，弃营跣走；燕将军乞特真帅百余人至其帐下，得珪衣靴。既而募兵无故自惊，互相斫射，珪于营外望见之，乃击鼓收众，左右及中军将士稍稍来集，多布火炬于营外，纵骑冲之。募兵大败，还赴宝陈，宝引兵复渡水北。戊寅，魏整众而至，与燕相持，燕军夺气。宝引还中山，魏兵随而击之，燕兵屡败。宝惧，弃大军，帅骑二万奔还，时大风雪，冻死者相枕。宝恐为魏军所及，命士卒皆弃袍仗，兵器数十万，寸刃不返，燕之朝臣将卒降魏及为魏所系虏者甚众。

己卯夜，燕尚书郎慕舆皓谋弑燕主宝，立赵王麟；不克，斩关出奔魏，麟由是不自安。

魏围中山既久，城中将士皆思出战。征北大将军隆言于宝曰："涉珪虽屡获小利，然顿兵经年，凶势沮屈，士马死伤太半，人心思归，诸部离解，正是可破之时也。加之举城思奋，若因我之锐，乘彼之衰，往无不克。如其持重不决，将卒气丧，日益困逼，事久变生，后虽欲用之，不可得也！”宝然之。而卫大将军麟每沮其议，隆成列而罢者，前后数四。

是夜，麟以兵劫左卫将军北地王精，使帅禁兵弑宝。精以义拒之，麟怒，杀精，出奔西山，依丁零余众。于是城中人情震骇。

宝不知麟所之，以清河王会军在近，恐麟夺会军，先据龙城，乃召隆及骠骑大将军农，谋去中山，走保龙城。隆曰：“先帝栉风沐雨以成中兴之业，崩未期年而天下大坏，岂得不谓之孤负邪！今外寇方盛而内难复起，骨肉乖离，百姓疑惧，诚不可以拒敌，北迁旧都，亦事之宜。然龙川地狭民贫，若以中国之意取足其中，复朝夕望有大功，此必不可。若节用爱民，务农训兵，数年之中，公私充实，而赵、魏之间，厌苦寇暴，民思燕德，庶几返旆，克复故业。如其未能，则凭险自固，犹足以优游养锐耳。”宝曰：“卿言尽理，朕一从卿意耳。”

辽东高抚，善卜筮，素为隆所信厚，私谓隆曰：“殿下北行，终不能达，太妃亦不可得见。若使主上独往，殿下潜留于此，必有大功。”隆曰：“国有大难，主上蒙尘，且老母在北，吾得北首而死，犹无所恨。卿是何言也！”乃遍召僚佐，问其去留，唯司马鲁恭、参军成岌愿从，余皆欲留，隆并听之。

壬子，夜，宝与太子策、辽西王农、高阳王隆、长乐王盛等万余骑出赴会军，河间王熙、勃海王朗、博陵王鉴皆幼，不能出城，隆还入迎之，自为鞁乘，俱得免。燕将王沈等降魏。

燕主宝出中山，与赵王麟遇于阱城。麟不意宝至，惊骇，帅其众奔蒲阴，复出屯望都，土人颇供给之。慕容详遣兵掩击麟，获其妻子，麟脱走，入山中。

甲寅，宝至蓟，殿中亲近散亡略尽，惟高阳王隆所领数百骑为宿卫。清河王会帅骑卒二万迎于蓟南，宝怪会容止怏怏有恨色，密告隆及辽西王农。农、隆俱曰：“会年少，专任方面，习骄所致，岂有他也！臣等当以礼责之。”宝虽从之，然犹诏解会兵以属隆，隆固辞；乃减会兵分给农、隆。又遣西河公库傉官骥帅兵三千助守中山。

幽、并之兵皆怀会恩，不乐属二王，请于宝曰：“清河王勇略高世，臣等与之誓同生死，愿陛下与皇太子、诸王留蓟宫，臣等从王南解京师之围，还迎大驾。”宝左右皆恶会，言于宝曰：“清河王不得为太子，神色甚不平。且其才武过人，善收人心；陛下若从众请，臣恐解围之后，必有卫辄之事。”宝乃谓众曰：“道通年少，才不及二王，岂可当专征之任！且朕方自统六师，杖会以为羽翼，何可离左右也！”众不悦而退。

夏，四月，癸酉，宝宿广都黄榆谷，会遣其党仇尼归、吴提染干帅壮士二十余人，分道袭农、隆，杀隆于帐下；农被重创，执仇尼归，逃入山中。会以仇尼归被执，事终显发，乃夜诣宝曰："农、隆谋逆，臣已除之。"宝欲讨会，阳为好言以安之曰："吾固疑二王久矣，除之甚善。"

甲戌，旦，会立仗严备，乃引道。会欲弃隆丧，余崇涕泣固请，乃听载随军。农出，自归，宝呵之曰："何以自负邪？"命执之。行十余里，宝顾召群臣食，且议农罪。会就坐，宝目卫军将军慕舆腾使斩会，伤其首，不能杀。会走赴其军，勒兵攻宝。宝帅数百骑驰二百里，晡时，至龙城。会遣骑追至石城，不及。

乙亥，会遣仇尼归攻龙城，宝夜遣兵袭击，破之。会遣使请诛左右佞臣，并求为太子；宝不许。会尽收乘舆器服，以后宫分给将帅，署置百官，自称皇太子、录尚书事，引兵向龙城，以讨慕舆腾为名；丙子，顿兵城下。宝临西门，会乘马遥与宝语，宝责让之。会命军士向宝大噪以耀威，城中将士皆愤怒，向暮出战，大破之。会兵死伤太半，走还营。侍御郎高云夜帅敢死士百余人袭会军，会众皆溃。会将十余骑奔中山，开封公详杀之。宝杀会母及其三子。

晋安帝隆安元年（丁酉，公元 397 年）

王建等进攻信都城，六十多天也没有攻下，兵卒伤亡很多。庚申（二十二日），魏王拓跋珪带兵进攻信都。壬戌（二十四日）夜晚，后燕宜都王慕容凤出城逃往中山。癸亥（二十五日），信都城向北魏投降。

后燕国主慕容宝听说魏王拓跋珪带兵进攻信都，便率军驻扎在深泽，又派赵王慕容麟进攻杨城，杀死了守兵三百人。慕容宝将皇宫中所藏的珍宝甚至所有的宫女作为赏资，招募各郡各封国的强盗匪徒，让他们充军，去抗击北魏。

二月，己巳朔（初一），拓跋珪带兵回到杨城驻扎。叛将没根的侄儿丑提任并州监军，听说他的叔父降燕，害怕牵连自己被杀，索性带着自己所管辖的兵卒举行叛乱。拓跋珪打算北撤，派国相拓跋涉延前去向后燕求和，并且请求用他的弟弟作为人质。慕容宝听说北魏内部出现动乱，没有答应讲和，又派冗从仆射兰真前往北魏军营，斥责拓跋珪忘恩负义，调动全部步兵十二万人、骑兵三万七千人去曲阳的柏肆驻守，在滹沱河的北岸立下大营，以拦截撤退的北魏军。丁丑（初九），北魏后撤的部队来到这里，在滹沱河的南岸扎营。慕容宝秘密地派遣一支部队连夜渡过河去，招募一万多敢死队袭击北魏军营，慕容宝在营北结阵作为援兵。后燕招募来的这些人，顺着风放火，对魏军发起迅猛的进攻。北魏军一片大乱，拓跋珪也在睡梦中惊醒，光着双脚抛弃大营逃走。后燕将军乞特真带着一百多名士卒来到拓跋的大帐，只得到了拓跋珪仓促之间遗留下的衣服和皮靴。不久，招募来的那些兵勇不知什么原因便突然一片大乱，互相之间胡砍乱射。拓跋珪在营外远远看到这种情况，于是击鼓召集刚刚溃散了的兵士，不久，他左右的侍从以及中军将士渐渐地集合在一起，并在营地的外围设置了许多火炬，派骑兵向前冲击后燕兵营。招募的兵勇大败，逃回慕容宝的大营，慕容宝带领着部队再一次渡到河的北岸。戊寅（初十），北魏整顿好部队渐渐逼近，并和后燕军相对峙。后燕军士气大为低落。慕容宝只好带着部队回到中山，北魏军随后追击，后燕军几次接战均告失败。慕容宝十分恐惧，丢下大部队，自己带两万骑兵逃奔回去。这时正值狂风暴雪，冻死的人横躺竖卧在原野上。慕容宝害怕被北魏军队追上抓获，命令兵士全都丢下袍甲枪杖，最后把几十万精良武器全部丢弃，甚至连一把小刀也没有带回。后燕的朝廷大臣、将帅士兵投降、被俘的人非常之多。

己卯（二月十一日）夜间，后燕尚书郎慕舆皓谋划刺杀后燕国主慕容宝，拥立赵王慕容麟，没有成功。因此慕舆皓便攻破城门，冲出去逃奔北魏。慕容麟从此心中万分不安。

北魏军围困后燕都城中山已经很久，中山城里的将士们都有心想要出城与敌人决一死战。征北大将军慕容隆对慕容宝说："拓跋珪虽然多次获得一些小胜利，但大军在这里羁留已经一年，他们来时的那种凶恶的气势，已经萎靡丧失，兵士马匹也或死或伤损失大半，人心思归，各部落正在离析瓦解，这正是我们可以将他们打败的大好时机呀！再加上我们全城的兵民都在想着奋力一搏，如果利用我们的锐气，趁着他们的衰弱，就没有不胜利的。如果谨慎持重、犹豫不决，等到将士的斗志丧失，环境又一天天变得艰苦，时间一久，事情就会发生变化，到那时候，虽然想利用机会，一定不会再有了。"慕容宝认为他说得很对。但是卫大将军慕容麟却几次阻止慕容隆的建议，慕容隆准备好出击，队伍都整理好了，却被迫停止，前后一共四次。

这天夜晚，慕容麟派兵劫持了左卫将军、北地王慕容精，并且派他率领禁军去刺杀慕容宝。慕容精用大义拒绝了慕容麟，慕容麟大怒，杀了慕容精，跑出城去逃奔西山，依靠丁零的残余部落。从此，中山城里的军民的情绪更加震惊动荡。

慕容宝不知道慕容麟逃到哪里去了，因为清河王慕容会的部队便在附近驻扎，因此害怕慕容麟夺走慕容会的部队，抢先跑去占据龙城，于是，他召集慕容隆及骠骑大将军慕容农，商议要放弃中山，去死保龙城。慕容隆说："先帝历经千辛万苦，才完成了中兴的大业，他死去不到一年便天下大乱，怎么能说我们没有辜负先帝的嘱托厚望啊！现在，外面敌寇力量正当强盛，而我们内部又发生了危难，同胞骨肉反目成仇，百姓惊疑恐惧，这样确实是不可能抗拒强敌的。向北迁回我们的旧都，也是理所当然。但是龙川那一带地方狭小，百姓贫困，如果我们打算将那里作为依凭进图中原，仍然早晚都盼望着取得大的进展和成功，那是一定不可能实现的。如果我们节俭开支花费，爱惜民力，鼓励农耕，训练军队，那么几年之间，官府与民间的积蓄一定会充实起来，而赵、魏之间连年战乱，百姓一定苦不堪言，厌倦、怨恨之声四起，那时，他们思念起我们燕国统治时的恩德，我们或许有机会返归旧都，恢复自己往日的帝业。即使不能这样，那么我们依据山川险要，巩固自己的势力，也还是足够我们在那里安闲度日养精蓄锐了。"慕容宝说："你说的全都在理，我完全听从你的意见。"

辽东人高抚善于占卜算卦，一向得到慕容隆的信任与厚爱，他私下里告诉慕容隆说："殿下此次向北撤退，绝对不可能到达目的地，也不可能看到您的母亲太妃。假如让主上自己单独前往，殿下暗地里留在这里，一定会有大的功业可以建立。"慕容隆说："国家有这样空前的大难，主上遭受奔波之苦与耻辱，而且我的老母亲又在北方，我能够在死的时候头向着北方，便没有什么遗憾了，你这是说的什么话？"于是，他将官吏僚属召集在一起，询问他们是去是留，只有司马鲁恭、参军成岌愿意跟从北迁，其余的都打算留下，慕容隆全听凭他们自己拿主意。

壬子（三月十四日）夜晚，慕容宝与太子慕容策、辽西王慕容农、高阳王慕容隆、长乐王慕容盛等率领一万多骑兵，出城去投奔慕容会的军营，河间王慕容熙、勃海王慕容朗、博陵王慕容鉴还都年幼，未能逃出城来，慕容隆又回到城里去迎护，亲自驾车，终于使他们全部逃脱。后燕将领李沈等人投降北魏。

后燕国主慕容宝逃出都城中山，和赵王慕容麟在阡城相遇，慕容麟没有想到慕容宝来到这里，大惊失色，赶紧率领着他的部众向蒲阴逃去，然后又来到望都驻扎。当地的土人还为他提供粮草。慕容详派兵袭击慕容麟，抓获了他的妻子儿女，慕容麟自己则逃脱，进入山中。

甲寅（三月十六日），慕容宝来到蓟城，他的宫廷中的亲信近臣或走散或逃跑，几乎一个也不剩了，只有高阳王慕容隆所统领的几百名骑兵担任警卫。清河王慕容会率领骑兵二万人到蓟南去迎接。慕容宝对慕容会表情举止充满怨恨的样子感到奇怪，偷偷地告诉了慕容隆与辽西王慕容农。慕容农、慕容隆都说:“慕容会年纪小,但很早就能独当一面,养成了骄纵的习惯,怎么会有别的想法呢!我们有机会一定依据礼仪制度的道理来责备他。”慕容宝虽然听了他们的话,但还是下诏解除了慕容会的兵权,转交给慕容隆。慕容隆坚决推辞,于是慕容宝只好减少慕容会的一部分兵力,分别交给慕容农、慕容隆。他又派遣西河公库傉官骥统领三千兵卒去帮助守卫中山。

幽州及并州的部队都怀念着慕容会的恩德,不愿意隶属于慕容农、慕容隆两位亲王,向慕容宝请求说:“清河王的勇武谋略都高过当世,我们与他发誓要同生共死,愿陛下您与皇太子、各位亲王暂时留在蓟城宫中,我们这些人跟随清河王去向南解救被围困的京师,回来迎接大驾还朝。”慕容宝左右的近臣与侍卫都讨厌慕容会,对慕容宝说:“清河王因为当不上太子,神态与脸色都表现出非常不满。而且他的才能与武力又超过常人,很善于收买人心,陛下如果答应了这些人的请求,我们恐怕解除了中山的围困以后,就一定会有春秋时卫辄那样自己继承王位,却拒绝父亲回国的事发生。”慕容宝于是对那些人说:“慕容会年纪还小,他的才干也赶不上慕容农、慕容隆二王,怎么可以承担自己单独带兵征战的大任!况且朕正要亲自统率六军,依靠慕容会作为我的助手,他怎么可以离开我的身边呢?”那些人都很不高兴地退出去了。

夏季,四月,癸酉(初六),慕容宝在广都黄榆谷扎营露宿。慕容会派遣他的死党部下仇尼归、吴提染干率领壮士二十多人,分两路去偷袭慕容农、慕容隆。在寝帐之中将慕容隆杀死,慕容农则身受重伤,抓住了仇尼归,逃进了深山。慕容会因为仇尼归被对方抓住,事情终会败露,于是连夜去拜见慕容宝说:“慕容农、慕容隆阴谋叛逆,我已将他们除掉。”慕容宝准备讨伐慕容会,表面上只得用好话来稳住他,说:“我本来怀疑他们已经很长时间了,除掉他们很好。”

甲戌(四月初七),清晨,慕容会下令严密戒备,在前面引路,继续前进。慕容会打算遗弃慕容隆的灵柩,将军余崇流着眼泪坚决请求携带,就听凭他随着军队运载。慕容农从深山中出来,自己回到大营,慕容宝呵斥他说:“为什么自负前言!”命令手下人把他逮捕收押起来。走了十几里路,慕容宝回头召集文武大臣一起吃饭,并商议如何给慕容农定罪。慕容会也入席就座,慕容宝使眼色让卫军将军慕舆腾刺杀慕容会,却只将他的头部击伤,没有杀死。慕容会带伤逃奔自己的军队,马上集合部队向慕容宝发起猛攻。慕容宝带着几百名骑兵跑出去二百里,下午的时候,到了龙城。慕容会派遣骑兵追赶到石城,没有追上。

乙亥(四月初八),慕容会派遣仇尼归前去攻打龙城,慕容宝却在夜里派遣一支部队袭击他，并将他打败。慕容会派遣使者去面见慕容宝，请求诛杀左右的奸佞之臣，并且请求册立自己做太子，慕容宝不答应。慕容会便把皇帝用的车马服装器具等全部收为己有，把后宫的姬妾宫女等分赏给各位将帅，并且设置了文武百官，自称为皇太子、录尚书事，带着部队直向龙城进发，名义上却说要讨伐慕舆腾。丙子（初九），在城下驻扎下来。慕容宝来到西门，慕容会乘着马从远处与慕容宝对话。慕容宝斥责他。慕容会命令士兵面对慕容宝大声鼓噪、起哄，以炫耀自己的威势。城里的将士都义愤填膺，傍晚的时候出城与慕容会接战，将他们打得大败。慕容会的兵卒死伤了一大半，他自己也逃回了大营。侍御郎高云当夜率领一百多名敢死壮士偷袭慕容会的营寨，慕容会的部众完全崩溃。慕容会本人只带领着十几名骑兵逃奔中山，被开封公慕容详杀了。慕容宝杀掉了慕容会的母亲和他的三个儿子。

晋纪三十三

第一百一十一卷

安皇帝丙隆安三年（己亥，399）

会稽世子元显，性苛刻，生杀任意；发东土诸郡免奴为客者，号曰乐属，移置京师，以充兵役，东土嚣然苦之。

孙恩因民心骚动，自海岛帅其党杀上虞令，遂攻会稽。会稽内史王凝之，羲之之子也，世奉天师道，不出兵，亦不设备，日于道室稽颡跪咒。官属请出兵讨恩，凝之曰："我已请大道，借鬼兵守诸津要，各数万，贼不足忧也。"及恩渐近，乃听出兵，恩已至郡下。甲寅，恩陷会稽，凝之出走。恩执而杀之，并其诸子。

恩据会稽，自称征东将军，逼人士为官属，号其党曰"长生人"，民有不与之同者，戮及婴孩，死者什七八。醢诸县令以食其妻子，不肯食者，辄支解之。所过掠财物，烧邑屋，焚仓廪，刊木，堙井，相帅聚于会稽，妇人有婴儿不能去者，投于水中，曰："贺汝先登仙堂，我当寻后就汝。"恩表会稽王道子及世子元显之罪，请诛之。

自帝即位以来，内我乖异，石头以南皆为荆、江所据，以西皆豫州所专，京口及江北皆刘牢之及广陵相高雅之所制，朝政所行，惟三吴而已。及孙恩作乱，八郡皆为恩有，畿内诸县，盗贼处处蜂起，恩党亦有潜伏在建康者，人情危惧，常虑窃发，于是内外戒严。加道子黄钺，元显领中军将军，命徐州刺史谢琰兼督吴兴、义兴军事以讨恩；刘牢之亦发兵讨恩，拜表辄行。

谢琰击斩许允之，迎魏隐还郡，进击丘尪，破之，与刘牢之转斗而前，所向辄克。琰留屯乌程，遣司马高素助牢之，进临浙江。诏以牢之都督吴郡诸军事。

初，彭城刘裕，生而母死，父翘侨居京口，家贫，将弃之。同郡刘怀敬之母，裕之从母也，生怀敬未期，走往救之，断怀敬乳而乳之。及长，勇健有大志。仅识文字，以卖履为业，好樗蒲，为乡闾所贱。刘牢之击孙恩，引裕参军事，使将数十人觇贼。遇贼数千人，即迎击之，从者皆死，裕坠岸下。贼临岸欲下，裕奋长刀仰斫杀数人，乃得登岸，仍大呼逐之，贼皆走，裕所杀伤甚众。刘敬宣怪裕久不返，引兵寻之，见裕独驱数千人，咸共叹息。因进击贼，大破之，斩获千余人。

初，恩闻八郡响应，谓其属曰："天下无复事矣，当与诸君朝服至建康。"既而闻牢之临江，曰："我割浙江以东，不失作句践！"戊申，牢之引兵济江，恩闻之曰："孤不羞走。"遂驱男女二十余万口东走，多弃宝物、子女于道，官军竞取之，恩由是得脱，复逃入海岛。高素破恩党于山阴，斩恩所署吴郡太守陆瓌、吴兴太守丘尫、余姚令吴兴沈穆夫。

东土遭乱，企望官军之至，既而牢之等纵军士暴掠，士民失望，郡县城中无复人迹，月余乃稍有还者。朝廷忧恩复至，以谢琰为会稽太守、都督五郡军事，帅徐州文武戍海浦。

以元显录尚书事。时人谓道子为东录，元显为西录；西府车骑填凑，东第门可张罗矣。元显无良师友，所亲信者率皆佞谀之人，或以为一时英杰，或以为风流名士。由是元显日益骄侈，讽礼官立议，以己德隆望重，既录百揆，百揆皆应尽敬。于是公卿以下，见元显皆拜。时军旅数起，国用虚竭，自司徒以下，日廪七升，而元显聚敛不已，富逾帝室。

殷仲堪恐桓玄跋扈，乃与杨佺期结昏为援。佺期屡欲攻玄，仲堪每抑止之。玄恐终为殷、杨所灭，乃告执政，求广其所统；执政亦欲交构，使之乖离，乃加玄都督荆州四郡军事，又以玄兄伟代佺期兄广为南蛮校尉。佺期忿惧。杨广欲拒桓伟，仲堪不听，出广为宜都、建平二郡太守。杨孜敬先为江夏相，玄以兵袭而劫之，以为谘议参军。

是岁，荆州大水，平地三丈，仲堪竭仓廪以赈饥民。桓玄欲乘其虚而伐之，乃发兵西上，亦声言救洛，与仲堪书曰："佺期受国恩而弃山陵，宜共罪之。今当入沔讨除佺期，已顿兵江口。若见与无贰，可收杨广杀之；如其不尔，便当帅兵入江。"时巴陵有积谷，玄先遣兵袭取之。

仲堪遣殷遹帅水军七千至西江口，玄使郭铨、苻宏击之，遹等败走。玄顿巴陵，食其谷；仲堪遣杨广及弟子道护等拒之，皆为玄所败。江陵震骇。

城中乏食，以胡麻廪军士。玄乘胜至零口，去江陵二十里，仲堪急召杨佺期以自救。佺期曰："江陵无食，何以待敌！可来见就，共守襄阳。"仲堪志在全军保境，不欲弃州逆走，乃绐之曰："比来收集，已有储矣。"佺期信之，帅步骑八千，精甲耀日，至江陵，仲堪唯以饭饷其军。佺期大怒曰："今兹败矣！"不见仲堪，与其兄广共击玄；玄畏其锐，退军马头。明日，佺期引兵急击郭铨，几获之；会玄兵至，佺期大败，单骑奔襄阳。仲堪出奔酂城。玄遣将军冯该追佺期及广，皆获而杀之，传首建康。佺期弟思平，从弟尚保、孜敬逃入蛮中。仲堪闻佺期死，将数百人将奔长安，至冠军城，该追获之，还至柞溪，逼令自杀，并杀殷道护。仲堪奉天师道，祷请鬼神，不吝财贿，而啬于周急；好为小惠以悦人，病者自为诊脉分药；用计倚伏烦密，而短于鉴略，故至于败。

四年（庚子，400）

桓玄既克荆、雍，表求领荆、江二州。诏以玄为都督荆、司、雍、秦、梁、益、宁七州诸军事，荆州刺史，以中护军桓脩为江州刺史。玄上疏固求江州；于是进玄督八州及扬、豫八郡诸军事，复领江州刺史。玄辄以兄伟为雍州刺史，朝廷不能违。又以从子振为淮南太守。

晋安帝隆安三年（己亥，公元399年）

会稽王的嫡长子司马元显，生性严酷刻薄，对人的生死，随心所欲地处置。他下令征召东方各郡中解除奴户身份而变成客户的人，把他们称为乐属，迁移到京师去居住，用作后备兵源，忧愁笼罩在东方各郡的广大土地之上，百姓深感痛苦。

逃到海上去的孙恩因为百姓骚动不安，从海岛上率领他的部众，杀死了上虞令，进而对会稽发起了猛攻。会稽内史王凝之，是王羲之的儿子，世代信奉天师道，他既不出兵也不设防戒备，只是每天去道堂上磕头念咒。手下官员请求派兵出城讨伐孙恩，王凝之说："我已请来了得道大仙，借来了鬼兵把守各个险要关卡，每个地方都有几万鬼兵，盗贼不值得担忧。"等到孙恩的兵马越来越近，才允许发兵抵敌，可是孙恩的大军已经到了郡城之下。甲寅，孙恩攻克了会稽城，王凝之逃出城去，被孙恩抓住杀了，同时还杀了他的几个儿子。

孙恩占据了会稽，自称为征东将军，逼迫士人充当他的属官，并把手下的人称作"长生人"，百姓中如果有不跟随他的人，就连婴孩一起杀掉，因此，民众死在他的刀下的有十分之七八。他甚至把一些县令的尸体剁成肉酱，集合他们自己的妻子儿女吃下去，如果拒绝吃，便被肢解分尸。他们路过一个地方便抢掠财物，烧毁房屋和官府的仓库，砍伐树木，填堵水井，民众相随着来到会稽聚集，有的妇女怀中有婴儿，不能跟他们一起去的，便被投到水中，说："恭喜你先走一步登上天堂仙境，我一定会随后来找你的。"孙恩向安帝上表，历数会稽王司马道子和他的嫡长子司马元显的罪状，请求杀掉他们。

自从安帝即位以来，朝内朝外都是变乱丛生，石头城以南的地区都被荆州、江州所占据，以西的地区又全都归豫州所专有，京口地区以及长江以北都是刘牢之以及广陵相高雅之控制的地盘，朝廷政令所能达到、通行的地方，只有三吴这一小片地域。孙恩作乱之后，三吴的八郡又都被孙恩攻占，京畿几个县，也盗贼祸乱四起，孙恩的党羽也有潜伏在建康城中的人，因此人们心情恐惧，经常担心会发生什么意想不到的变乱，朝廷只好宣布全国戒严。安帝加授给司马道子黄钺，任命司马元显为中军将军，徐州刺史谢琰兼督吴兴、义兴等郡军事，来讨伐孙恩。刘牢之也出动军队征讨孙恩，向朝廷呈上奏章之后立即出师。

东晋徐州刺史谢琰击杀了许允之，迎接魏隐回到了郡城，然后进军，击败丘尫。谢琰与刘牢之边战边前进，所到之处，每攻必克。谢琰留在乌程屯扎，派遣司马高素前去为刘牢之助战，开进到浙江附近。这时，朝廷下诏，任命刘牢之都督吴郡诸军事。

当初，彭城人刘裕生下来后，母亲便死了。他的父亲刘翘客居京口，家境贫苦，想把他扔掉。同郡人刘怀敬的母亲是刘裕的姨母，她生下刘怀敬还不到一年，便来到刘裕的家把刘裕救了下来，断了刘怀敬的奶来喂养刘裕。刘裕长大后，异常勇武健壮，胸怀远大志向。他识字不多，依靠贩卖鞋子维持生计，又爱好樗蒲这种赌博游戏，被乡里的人们所轻视。刘牢之征讨孙恩，把刘裕征召来任参军事，派他带几十个人去探听变民军队的动静。遇上一支数千人的变民军队，便立即迎上前去攻击，跟他同来的士兵全部被杀死，刘裕跌进岸下。变民士兵来到河岸边准备下去，刘裕奋勇地挥舞长杆大刀，仰面朝上砍杀了数名敌人，才得以重新登上岸来，仍然大声吼叫着追杀敌人，敌人全部逃走。刘裕杀死杀伤的人非常之多。刘敬宣奇怪刘裕为什么这么久没有回来，带着兵出去寻找他，正好看见刘裕一个人驱赶砍杀几千人的敌兵，大家同声感叹，于是趁机冲上前去一起追杀变民军队，将他们打得大败，斩杀的与抓获的加起来有一千多人。

当初，孙恩听说八个郡的变民起来响应他，对他的僚属说："天下再也不会有什么大事了，我将与诸位一起穿着朝廷的官服，到建康去。”不久听说刘牢之带兵来到浙江边上，他说：“我即使割据浙江以东的地区，不失做越王勾践。”戊申（十二月二十六日），刘牢之带领大军渡过浙江，孙恩听说后说：“我并不觉得逃走就是羞辱。”于是驱赶裹胁男女百姓二十多万人向东逃走，一路上扔掉了许多金银财宝和妇女孩童，官军在路上竞相争抢捧取他们扔下的东西，孙恩因此才得以逃脱，再一次跑上了海岛。高素在山阴击败了孙恩的党羽，杀了孙恩委任的吴郡太守陆瓌、吴兴太守丘尫、余姚令吴兴人沈穆夫。

东部地区的几个郡遭逢战乱，盼望朝廷官军到来。不久，刘牢之等人放纵军士大肆抢掠，士人、百姓大失所望，各郡各县城中再也看不见人的踪迹，一个多月之后才渐渐有人回来。朝廷担心孙恩再来，任命谢琰为会稽太守、都督五郡军事，统率他的徐州旧部文武官员在东海沿线驻防戍守。

安帝任命司马元显为录尚书事。当时的人称司马道子是东录，司马元显是西录。西录府门前车马拥挤不堪；东录府门前却冷落得可以张开罗网捕雀。司马元显没有一个正派的老师或者朋友，他亲信的人都是阿谀奸佞的小人，有的说他是举世无双的英杰，有的说他是风流潇洒的名士。从此，司马元显是一天比一天骄纵奢侈，竟暗示礼官提议，说因为他自己德性隆高，深孚众望，既然已经统领文武百官，文武百官便应该对他示敬。从此公卿以下的所有官员，见到司马元显都行跪拜之礼。当时军队几次征伐，国库空虚枯竭，司徒以下的官员，每天只能领七升粮食，但司马元显却仍然不停地搜刮民财、聚敛钱物，其富有竟然超过帝室。

殷仲堪担心桓玄过于专横暴戾，就与杨佺期结成姻亲，互为助援。杨佺期几次打算进攻桓玄，每次都是殷仲堪竭力阻止。桓玄也恐怕自己最终被殷仲堪、杨佺期剿灭，于是向朝中的掌权者要求扩大他所统领的地区。朝中掌权者也打算在他们之间制造矛盾，使他们的联盟解体，于是加任桓玄为都督荆州四郡军事，同时，让桓玄的哥哥桓伟代替杨佺期的哥哥杨广做了南蛮校尉。杨佺期既气愤又害怕。杨广本想拒绝桓伟前来接任，但殷仲堪不允许，把杨广调出做宜都、建平两个郡的太守。杨孜敬原来是江夏相，桓玄派兵去袭击，并劫持了他，任命他做了自己的咨议参军。

这一年，荆州暴雨成灾，洪水泛滥，平地的水达三丈。殷仲堪把府库中的储备粮食全部拿出来赈济饥民。桓玄打算趁他内部空虚的时候征讨他，于是发动军队向西进发，也声言要去救助洛阳，并给殷仲堪写信说：“杨佺期接受国家的恩宠，但是放弃帝王的坟墓陵寝不管，我们应该一起向他兴师问罪。现在应当进入沔水讨伐杨佺期，我已经在沔水入长江口这一带集结了兵力。如果你的看法与我没有差别，可将杨广抓起来杀掉；如果不这样做，我就要率大军进入长江，攻击江陵。”这时，巴陵还有积存的粮食，桓玄首先派兵去袭击夺取。

殷仲堪派殷遹率领水军七千人到达西江口，桓玄派郭铨、苻宏进攻他，殷遹等败走。桓玄驻扎在巴陵，吃的是殷仲堪留下的粮食。殷仲堪派遣杨广和自己的侄儿殷道护等人带兵抵抗，全部被桓玄打败。江陵一带为此大为震惊恐惧。

江陵城中缺乏粮食，只能把胡麻发给士兵充饥。桓玄乘胜到达零口，距离江陵只有二十里远。殷仲堪急忙写信召请杨佺期前来救援自己。杨佺期却说：“江陵没有粮草，用什么来对付敌人！你可以屈尊到我这里来，我们一起据守襄阳。”殷仲堪的愿望在于保全自己的部队和地盘，不打算放弃自己的州属到别处流亡，于是欺骗杨佺期说：“最近我们征集到了许多粮草，已经有所储备了。”杨佺期相信了他，率步、骑兵共八千人，兵士精壮，铠甲闪光，到达江陵后，殷仲堪只能用一些米饭来犒饷他的军队。杨佺期十分生气地说：“这一次必败无疑了！”连殷仲堪也不去会见，便与他的哥哥杨广一起向桓玄发动进攻。桓玄害怕他的锐气，把部队退到马头。第二天，杨佺期又带兵紧急攻打郭铨，几乎抓到了郭铨，恰好赶上桓玄的兵马来到，杨佺期军队大败溃散，他一个人骑着马逃奔襄阳。殷仲堪也逃奔酂城。桓玄派遣将军冯该追捕杨佺期和杨广，把他们全部抓住杀掉了，又把他们的人头送到建康。杨佺期的弟弟杨思平，堂弟杨尚保、杨孜敬逃到蛮族地区。殷仲堪听说杨佺期已死，带着几百人正要投奔长安，走到冠军城，冯该带兵追上并把他抓了起来，回到柞溪，逼迫他自杀，并且杀死了殷道护。殷仲堪也信奉天师道，向鬼神祈祷祭祀从不吝惜钱财，对周济急需帮助的人却过于小气。他喜欢用一些小恩惠来取得别人的欢心，遇到有病的人亲自为他把脉诊治，开方分药。他工于心计，使用计谋时过于烦琐缜密，但是却缺乏远见卓识和雄才大略，所以导致惨败。

四年（庚子，公元400年）

桓玄攻克了荆州、雍州之后，向朝廷上疏请求管辖江、荆二州。安帝下诏，任命桓玄为都督荆、司、雍、秦、梁、益、宁七州诸军事，荆州刺史；任命中护军桓脩为江州刺史。桓玄再次上疏，坚持要兼管江州，于是朝廷提升桓玄督八州及扬、豫等八郡诸军事，再兼江州刺史。桓玄却擅自任命他的哥哥桓伟为雍州刺史，朝廷不敢拒绝。他又任命自己的侄儿桓振为淮南太守。

晋纪三十四

第一百一十二卷

安皇帝丁隆安五年（辛丑，401）

桓玄表其兄伟为江州刺史，镇夏口；司马刁畅为辅国将军、督八郡军事，镇襄阳；遣其将皇甫敷、冯该戍湓口。移沮、漳蛮二千户于江南，立武宁郡；更招集流民，立绥安郡。诏征广州刺史刁逵、豫章太守郭昶之，玄皆留不遣。

玄自谓有晋国三分之二，数使人上己符端，欲以惑众；又致笺于会稽王道子曰："贼造近郊，以风不得进，以雨不致火，食尽故去耳，非力屈也。昔国宝死后，王恭不乘此威入统朝政，足见其心非侮于明公也，而谓之不忠。今之贵要腹心，有时流清望者谁乎？岂可云无佳胜？直是不能信之耳！尔来一朝一夕，遂成今日之祸。在朝君子皆畏祸不言，玄忝任在远，是以披写事实。"元显见之，大惧。

张法顺谓元显曰："桓玄承藉世资，素有豪气，既并殷、杨，专有荆楚；第下之所控引止三吴耳。孙恩为乱，东土涂地，公私困竭，玄必乘此纵其奸凶，窃用忧之。"元显曰："为之奈何？"法顺曰："玄始得荆州，人情未附，方务绥抚，未暇他图。若乘此际使刘牢之为前锋，而第下以大军继进，玄可取也。"元显以为然。会武昌太守庾楷以玄与朝廷构怨，恐事不成，祸及于己，密使人自结于元显，云"玄大失人情，众不为用，若朝廷遣军，己当为内应"。元显大喜，遣张法顺至京口，谋于刘牢之；牢之以为难。法顺还，谓元显曰："观牢之言色，必贰于我，不如召入杀之；不尔，败人大事。"元显不从，于是大治水军，征兵装舰，以谋讨玄。

元兴元年（壬寅，402）

春，正月，庚午朔，下诏罪状桓玄，以尚书令元显为骠骑大将军、征讨大都督、都督十八州诸军事、加黄钺，又以镇北将军刘牢之为前锋都督，前将军谯王尚之为后部，因大赦，改元，内外戒严；加会稽王道子太傅。

元显欲尽诛诸桓。中护军桓脩，骠骑长史王诞之甥也，诞有宠于元显，因陈脩等与玄志趣不同，元显乃止。诞，导之曾孙也。

张法顺言于元显曰："桓谦兄弟每为上流耳目，宜斩之以杜奸谋。且事之济不，系在前军，而牢之反覆，万一有变，则祸败立至，可令牢之杀谦兄弟以示无贰心，若不受命，当逆为之所。"元显曰："今非牢之，无以敌玄；且始事而诛大将，人情不安。"再三不可。又以桓氏世为荆土所附，桓冲特有遗惠，而谦，冲之子也，乃自骠骑司马除都督荆、益、宁、梁四州诸军事，荆州刺史，欲以结西人之心。

东土遭孙恩之乱，因以饥馑，漕运不继。桓玄禁断江路，公私匮乏，以麸、橡给士卒。玄谓朝廷方多忧虞，必未暇讨己，可以蓄力观衅。及大军将发，从兄太傅长史石生密以书报之；玄大惊，欲完聚江陵。长史卞范之曰："明公英威振于远近，元显口尚乳臭，刘牢之大失物情，若兵临近畿，示以祸福，土崩之势可翘足而待，何有延敌入境，自取穷蹙者乎！"玄从之，留桓伟守江陵，抗表传檄，罪状元显，举兵东下。檄至，元显大惧。二月，丙午，帝饯元显于西池；元显下船而不发。

桓玄发江陵，虑事不捷，常为西还之计；及过寻阳，不见官军，意甚喜，将士之气亦振。

庾楷谋泄，玄囚之。

刘牢之素恶骠骑大将军元显，恐桓玄既灭，元显益骄恣，又恐己功名愈盛，不为元显所容；且自恃材武，拥强兵，欲假玄以除执政，复伺玄之隙而自取之，故不肯讨玄。元显日夜昏酣，以牢之为前锋，牢之骤诣门，不得见，及帝出饯元显，遇之公坐而已。

牢之军溧洲，参军刘裕请击玄，牢之不许。玄使牢之族舅何穆说牢之曰："自古戴震主之威，挟不赏之功而能自全者，谁邪？越之文种，秦之白起，汉之韩信，皆事明主，为之尽力，功成之日，犹不免诛夷，况为凶愚者之用乎！君如今日战胜则倾宗，战败则覆族，欲以此安归乎！不若翻然改图，则可以长保富贵矣。古人射钩、斩祛，犹不害为辅佐，况玄与君无宿昔之怨乎！"时谯王尚之已败，人情愈恐；牢之颇纳穆言，与玄交通。东海中尉东海何无忌，牢之之甥也，与刘裕极谏，不听。其子骠骑从事中郎敬宣谏曰："今国家衰危，天下之重在大人与玄。玄藉父、叔之资，据有全楚，割晋国三分之二，一朝纵之使陵朝廷，玄威望既成，恐难图也，董卓之变，将在今矣。"牢之怒曰："吾岂不知！今日取玄如反覆手耳；但平玄之后，令我奈骠骑何！"三月，乙巳朔，牢之遣敬宣诣玄请降。玄阴欲诛牢之，乃与敬宣宴饮，陈名书画共观之，以安悦其意；敬宣不之觉，玄佐吏莫不相视而笑。玄版敬宣为谘议参军。

元显将发，闻玄已至新亭，弃船，退屯国子学，辛未，陈于宣阳门外。军中相惊，言玄已至南桁，元显引兵欲还宫。玄遣人拔刀随后大呼曰："放仗！"军人皆崩溃，元显乘马走入东府，唯张法顺一骑随之。元显问计于道子，道子但对之涕泣。玄遣太傅从事中郎毛泰收元显送新亭，缚于舫前而数之；元显曰："为王诞、张法顺所误耳。"

壬中，复隆安年号。帝遣侍中劳玄于安乐渚。玄入京师，称诏解严，以玄总百揆，都督中外诸军事，丞相，录尚书事，扬州牧，领徐、荆、江三州刺史，假黄钺。

癸酉，有司奏会稽王道子酣纵不孝，当弃市，诏徙安成郡；斩元显及东海王彦璋、谯王尚之、庾楷、张法顺、毛泰等于建康市。桓脩为王诞固请，长流岭南。

晋安帝隆安五年（辛丑，公元401年）

东晋荆州刺史桓玄向朝廷奏请，任命他的哥哥桓伟做了江州刺史，镇守夏口；任命司马刁畅为辅国将军、督八郡军事，镇守襄阳。桓玄派他手下大将皇甫敷、冯该据守湓口，强行迁移沮水、漳水流域的二千户蛮族居民，到长江以南去居住，设置了武宁郡。他又把一些四处流浪的饥民招集在一起，增设了绥安郡。朝廷下诏书，征召广州刺史刁逵、豫章太守郭昶之进京，桓玄都把他们留住，不让他们去。

桓玄自以为已经拥有了东晋三分之二的疆土，所以多次让人向他呈上他可以做君主的天命符征和吉兆，打算用这些来迷惑百姓；又给会稽王司马道子写信说："孙恩那些盗贼，上次逼近京城的近郊，因为风不顺而没有能够攻打进来，又因为天下大雨，而没有机会运用火攻，所以在粮食吃完之后，自然便回去了，并不是力量不足。过去，王国宝死了之后，王恭没有乘这时的威势，进一步统领朝廷政务，这就完全可以让人看出他的居心，并没有对您有丝毫的不敬和侮辱，但是您却说他不忠。现在的朝中权要贵官，国家的心腹栋梁，深孚众望声名远播的人，是谁？怎么能说没有更好的？只不过是您不能相信他罢了！从此以来，日复一日，才酿成像今天这样的祸患。在朝廷中的那些王公大臣们因为害怕大祸临头，所以不敢说话。桓玄我有愧远在外地任职，才有胆量揭露这样的事实。"司马元显看到了这封信，非常害怕。

张法顺对司马元显说："桓玄继承凭借他家世的名望和资历，又向来具有一股豪气，已经吞并了殷仲堪、杨佺期，自己独霸了荆楚一带的广大地区，但是您所能控制的真正可以算作属于您的疆界，也不过就是三吴之地罢了。孙恩制造祸乱，使东部地区损失巨大，一片荒芜，朝廷、百姓积蓄枯竭，生活窘困，桓玄一定会乘此机会大肆施展他的奸恶凶残的手段，实现他的阴险目的。我心中以为这是值得我们忧虑的一件事。"司马元显说："对此我们能怎么办呢？"张法顺说："桓玄刚刚把荆州强占到手，当地百姓的人心和情感还没有完全归附他，因此，他也正在努力平定局势，安定民心，没有工夫考虑别的事。如果乘着这个时候派遣刘牢之为前锋，而您随后亲自带领大部队进发征剿，那么，桓玄一定可以被我们消灭。"司马元显以为这话很对。正好这时武昌太守庾楷因为桓玄与朝廷的权要结下仇怨，恐怕桓玄起事不能成功，大祸牵连自己，所以偷偷地派人前来，主动向司马元显投靠，说："桓玄非常不得人心，他的部下也不听从他的命令，如果朝廷这时派军队去征讨，那么我一定做内应。"司马元显非常高兴，马上派遣张法顺到京口去，找刘牢之商量。刘牢之却觉得征讨桓玄很困难。张法顺回来后，对司马元显说："我观察刘牢之的表情言谈，一定是与我们怀有二心，所以不如把他召到京城来杀掉。如果不这样，他就会败坏了我们的大事。"司马元显没有听他的活。东晋朝廷从此开始大规模地整治训练水上部队，征选兵卒、装备战舰，准备用来对桓玄发动进攻。

元兴元年（壬寅，公元402年）

春季，正月，庚午朔（初一），东晋朝廷下诏书，历数荆州刺史桓玄的罪状，任命尚书令司马元显为骠骑大将军、征讨大都督、都督十八州诸军事，并把黄钺也加授给了他。又任命镇北将军刘牢之为前锋都督，任命前将军谯王司马尚之统率后卫部队。又下令实行大赦，改年号。在都城内外戒严，任命会稽王司马道子为太傅。

司马元显打算借此机会把桓氏家族的人全部诛灭。中护军桓脩是骠骑长史王诞的外甥，王诞很得司马元显的宠爱信任，所以他向司马元显禀告桓脩等人与桓玄的志趣完全不同，司马元显才放弃了那个想法。王诞是王导的曾孙。

张法顺对司马元显说："骠骑司马桓谦兄弟常常当长江上游荆州方面的耳目，为桓玄提供情报，应该把他们斩了，来杜绝今后类似奸计阴谋的发生。而且此次出军讨伐桓玄，能否达到预期目的，关键就在前锋部队如何，但是刘牢之为人反复无常，万一他那里发生什么变化，那么我们的失败和大祸就会马上到来。所以，您可以让刘牢之杀掉桓谦兄弟，来说明他和我们没有二心。如果他不接受命令，那么我们要在祸患到来之前，先打算好怎么办。”司马元显说：“现在除了刘牢之，没有人可以与桓玄对敌。况且刚开始讨伐桓玄，便诛杀自己的大将，容易使人心不得安宁。”一而再、再而三地拒绝张法顺的请求，不加允许。他又因为桓氏家族世代都得到荆州一带居民的归附，尤其是桓冲为那里的百姓留下了很多好处，而桓谦又是桓冲的儿子，所以才把桓谦由骠骑司马调任都督荆、益、宁、梁四州诸军事及荆州刺史，打算用这种方法收买西部地区百姓的人心。

东晋东部地区遭受孙恩变民所导致的战乱的影响，继以灾荒年景，百姓饥饿贫困，水路的粮食运输不能继续。荆州刺史桓玄又禁闭断绝长江通道，致使官府和私人的物资积蓄都很匮乏，部队也只能用一些粮食的麸皮和橡树的果实等给战士充饥。桓玄以为朝廷正处在多事之秋，值得忧虑的事很多，一定没有闲暇来讨伐自己，因此可以趁此机会积蓄力量，等待时机。等到朝廷征讨他的大部队就要出发的时候，他的堂兄太傅长史桓石生秘密写信告诉了他这个消息，桓玄大吃一惊，打算把部队全部集结到江陵来据守。长史卞范之说：“明公的英名威震于远近，司马元显却是个嘴里还有乳臭的小孩子，刘牢之已经非常丧失民心，如果我们把大部队抢先开拔到都城建康的邻近地区，向他指明安危祸福，那么，他们土崩瓦解的趋势，我们抬起脚的工夫就可以等到了，怎么能把敌人引入境内，自己招致窘迫之势呢？”桓玄听从了他的话，留下桓伟镇守江陵，向朝廷呈上奏表，并把檄文公告传遍各地，揭露司马元显的各项罪行，同时挥师向东部进发。檄文传到都城建康，司马元显看到之后，非常害怕。二月，丙午（初七），安帝在西池为司马元显饯行。司马元显登上战船，却没有马上出发。

桓玄从江陵出发，担心这次大规模军事行动不能取胜，因此，常常怀着向西回军的打算。等到过了寻阳，还是看不见朝廷的部队，心中非常高兴，其他将士的斗志和士气也振作、旺盛起来。

武昌太守庾楷做朝廷讨伐桓玄的内应的阴谋泄露，桓玄把他囚禁起来。

刘牢之平时一向厌恶骠骑大将军司马元显，他恐怕桓玄被消灭之后，司马元显会越发骄横任性，同时又担心自己的功劳声威越来越高，不能被司马元显容留、忍受。而且他自恃勇猛无敌，又拥有一支强大的部队，打算借桓玄的手来铲除朝中的当权者，而自己则等待桓玄的漏洞，有机会再把他消灭，所以他并不热心于去讨伐桓玄。司马元显白天黑夜酣饮昏醉，他任命刘牢之为前锋，刘牢之未经事先约定，而贸然前去晋见他，没有见到，直到安帝出来为司马元显饯行，刘牢之才在公众场合与他匆匆相遇而已。

刘牢之驻军溧州，参军刘裕请求进攻桓玄，刘牢之没有允许。桓玄派刘牢之的一位族舅何穆向刘牢之游说道："从古到今，带着震慑主上的威望，身负无法再加奖赏的功勋而又能保全自己的人，是谁呢？越国的文种，秦国的白起，汉朝的韩信，都能有幸为圣明的主上做事，并为之尽心竭力，但是，在他们功业完成的时候，仍旧还免不了遭到诛戮屠杀，更何况是被凶狠残暴、愚蠢昏庸的人所利用呢！您这一次如果打了胜仗，就会被杀了全家，如果打了败仗，您的家族自然更会遭到夷灭，您难道还打算就这样平安地回去吗？依我看，不如反过来改变自己的主意，那样就可以永远保住您的荣华富贵了。古人有谋害君主用箭射中其带钩和追捕君主用剑砍断其衣襟的，但并不影响他们后来当国家的辅佐大臣，更何况桓玄与您并没有任何宿怨呢！"当时，谯王司马尚之已经惨遭失败，人们的情绪更加恐慌。刘牢之基本上接受了何穆的劝告，与桓玄暗中联系。东海中尉、东海人何无忌，是刘牢之的外甥，与刘裕一起极力劝阻他，他根本不听。他的儿子骠骑从事中郎刘敬宣劝说他道："现在国家衰弱，危在旦夕，整个朝廷的重心与关键，都在您和桓玄两个人手中。桓玄凭借着他父亲、叔父所遗留下来的权位与威望，盘踞并占有了整个楚地，割据了晋国三分之二的土地，如果放纵他、让他有朝一日凌驾于朝廷之上，那么，桓玄的威势声望形成之后，再想图谋铲除他，恐怕就更加困难了。像东汉董卓之变那样的灾难，即将在现今重现了。"刘牢之愤怒地说："我怎能不知道这些！我今天消灭桓玄，易如反掌，但是，扫平桓玄之后，你让我如何对付骠骑大将军司马元显？"三月，乙巳朔（初一），刘牢之派遣刘敬宣去拜见桓玄，请求投降。桓玄暗地里打算把刘牢之杀掉，于是便与刘敬宣一起开宴饮酒，并把一些著名的书法绘画陈列出来，陪同他观看欣赏，希望使他的心情安定舒畅。刘敬宣对桓玄的用心没有任何察觉，桓玄手下那些僚属们看见这种情形，没有不相视而笑的。桓玄临时任命刘敬宣为谘议参军。

司马元显刚刚准备出发，听说桓玄的大部队已经到了新亭，便马上抛弃船只，退到城中的国子学里驻守，辛未（三月初三），在宣阳门外排列开战阵，扎下大营。军营之中惊恐不安，传说桓玄的部队已经抵达南桁。司马元显带着部队准备回宫，这时，桓玄派遣先头部队拔出刀来，紧跟在他们的后边大声呐喊着说："放下武器！"司马元显的部队彻底崩溃。司马元显乘着一匹马跑进了东府，只有张法顺一个人骑马紧跟着他。司马元显向司马道子询问有没有什么办法，司马道子也只是面对着儿子哭泣不止。桓玄派遣太傅从事中郎毛泰把司马元显收押起来，送到新亭。桓玄把他绑在大船的前头，一条条列举他的罪状，司马元显说："我不过是被王诞、张法顺所迷惑耽误罢了。"

壬申（三月初四），东晋恢复隆安这个年号。安帝派侍中到安乐渚去慰劳桓玄。桓玄进入京师，宣称皇帝下诏书，命令解除戒严。朝廷于是便任命桓玄统领文武百官，都督中外诸军事、丞相、录尚书事、扬州牧，兼任徐、荆、江三州刺史，加授给他黄钺。

癸酉（初五），有关部门呈上奏章，指责会稽王司马道子放纵酗酒，忤逆不孝，应该斩首弃尸示众。东晋朝廷下诏，命令把他赶出京城，贬逐到安成郡居住；把司马元显及其儿子东海王司马彦璋和谯王司马尚之，以及庾楷、张法顺、毛泰等人，押到建康城的街市上，全部斩首。桓脩为王诞竭力求情，于是把王诞长期流放到大庾岭以南的偏荒地区去了。

晋纪三十五

第一百一十三卷

安皇帝戊元兴二年（癸卯，403）

侍中殷仲文、散骑常侍卞范之劝大将军玄早受禅，阴撰九锡文及册命。以桓谦为侍中、开府、录尚书事，王谧为中书监、领司徒，桓胤为中书令，加桓脩抚军大将军。胤，冲之孙也。丙子，册命玄为相国，总百揆，封十郡，为楚王，加九锡，楚国置丞相以下官。

桓谦私问彭城内史刘裕曰："楚王勋德隆重，朝廷之情，咸谓宜有揖让，卿以为何如？"裕曰："楚王，宣武之子，勋德盖世。晋室微弱，民望久移，乘运禅代，有何不可？"谦喜曰："卿谓之可，即可耳。"

冬，十月，楚王玄上表请归藩，使帝作手诏固留之。又诈言钱塘临平湖开，江州甘露降，使百僚集贺，用为已受命之符。又以前世皆有隐士，耻于己时独无，求得西朝隐士安定皇甫谧六世孙希之，给其资用，使隐居山林；征为著作郎，使希之固辞不就，然后下诏旌礼，号曰高士。时人谓之"充隐"。又欲废钱用谷、帛及复肉刑，制作纷纭，志无一定，变更回复，卒无所施行。性复贪鄙，人士有法书、好画及佳园宅，必假蒱博而取之；尤爱珠玉，未尝离手。

诏楚王玄行天子礼乐，妃为王后，世子为太子。丁丑，卞范之为禅诏，使临川王宝逼帝书之。宝，晞之曾孙也。庚辰，帝临轩，遣兼太保、领司徒王谧奉玺绶，禅位于楚。壬午，帝出居永安宫。癸未，迁太庆神主于琅邪国，穆章何皇后及琅邪王德文皆徙居司徒府。百官诣姑孰劝进。十二月，庚寅朔，玄筑坛于九井山北，壬辰，即皇帝位。册文多非薄晋室，或谏之，玄曰："揖让之文，正可陈之于下民耳，岂可欺上帝乎！"大赦，改元永始。

三年（甲辰，404）

玄自即位，心常不自安。二月，己丑朔，夜，涛水入石头，流杀人甚多，欢哗震天。玄闻之，惧，曰："奴辈作矣！"

玄性苛细，好自矜伐。主者奏事，或一字不体，或片辞之谬，必加纠擿，以示聪明。尚书答诏误书"春蒐"为"春菟"，自左丞王纳之以下，凡所关署，皆被降黜。或手注直官，或自用令史，诏令纷纭，有司奉答不暇，而纪纲不治，奏案停积，不能知也。又性好游畋，或一日数出。迁居东宫，更缮宫室，土木并兴，督迫严促，朝野骚然，思乱者众。

刘裕从徐、兖二州刺史，安成王桓脩入朝。玄谓王谧曰："裕风骨不常，盖人杰也。"每游集，必引接殷勤，赠赐甚厚。玄后刘氏，有智鉴，谓玄曰："刘裕龙行虎步，视瞻不凡，恐终不为人下，不如早除之。"玄曰："我方平荡中原，非裕莫可用者；俟关、河平定，然后别议之耳。"

刘裕与何无忌同舟还京口，密谋兴复晋室。刘迈弟毅家于京口，亦与无忌谋讨玄。无忌曰："桓氏强盛，其可图乎？"毅曰："天下自有强弱；苟为失道，虽强易弱，正患事主难得耳。"无忌曰："天下草泽之中非无英雄也。"毅曰："所见唯有刘下邳。"无忌笑而不答，还以告裕，遂与毅定谋。

于是裕、毅、无忌、元德、仲德、昶及裕弟道规、任城魏咏之、高平檀凭之、琅邪诸葛长民、河内太守陇西辛扈兴、振威将军东莞童厚之，相与合谋起兵。道规为桓弘中兵参军，裕使毅就道规及昶于江北，共杀弘，据广陵；长民为刁逵参军，使长民杀逵，据历阳；元德、扈兴、厚之在建康，使之聚众攻玄为内应；刻期齐发。

何无忌夜于屏风里草檄文，其母，刘牢之姊也，登榆密窥之，泣曰："吾不及东海吕母明矣。汝能如此，吾复何恨！"问所与同谋者，曰："刘裕。"母尤喜，因为言玄必败，举事必成之理以劝之。

乙卯，裕托以游猎，与无忌收合徒众，得百余人。丙辰，诘旦，京口城开，无忌著传诏服，称敕使，居前，徒众随之齐入，即斩桓脩以徇。脩司马刁弘帅文武佐吏来赴，裕登城，谓之曰："郭江州已奉乘舆返正于寻阳，我等并被密诏，诛除逆党，今日贼玄之首已当枭于大航矣。诸君非大晋之臣乎？今来欲何为？"弘等信之，收众而退。

孟昶劝桓弘其日出猎，天未明，开门出猎人；昶与刘毅、刘道规帅壮士数十人直入，弘方啖粥，即斩之。因收众济江。裕使毅诛刁弘。

先是，裕遣同谋周安穆入建康报刘迈，迈虽酬许，意甚惶惧；安穆虑事泄，乃驰归。玄以迈为竟陵太守，迈欲亟之郡。是夜，玄与迈书曰：“北府人情云何？卿近见刘裕何所道？”迈谓玄已知其谋，晨起，白之。玄大惊，封迈为重安侯。既而嫌迈不执安穆，使得逃去，乃杀之，悉诛元德、扈兴、厚之等。

众推刘裕为盟主，总督徐州事，以孟昶为长史，守京口，檀凭之为司马。彭城人应募者，裕悉使郡主簿刘钟统之。丁巳，裕帅二州之众千七百人，军于竹里，移檄远近，声言益州刺史毛璩已定荆楚，江州刺史郭昶之奉迎主上返正于寻阳，镇北参军王元德等并帅部曲保据石头，扬武将军诸葛长民已据历阳。

玄忧惧特甚。或曰：“裕等乌合微弱，势必无成，陛下何虑之深？”玄曰：“刘裕足为一世之雄；刘毅家无担石之储，樗蒲一掷百万；何无忌酷似其舅；共举大事，何谓无成！”

己未，裕军食毕，悉弃其余粮，进至覆舟山东，使羸弱登山，张旗帜为疑兵，数道并前，布满山谷。玄侦候者还，云“裕军四塞，不知多少”。玄益忧恐，遣武卫将军庾赜之帅精卒副援诸军。谦等士卒多北府人，素畏伏裕，莫有斗志。裕与刘毅等分为数队，进突谦陈；裕以身先之，将士皆殊死战，无不一当百，呼声动天地。时东北风急，因纵火焚之，烟炎熛天，鼓噪之音震动京邑，谦等诸军大溃。

玄时虽遣军拒裕，而走意已决，潜使领军将军殷仲文具舟于石头；闻谦等败，帅亲信数千人，声言赴战，遂将其子昇、兄子濬出南掖门。遇前相国参军胡藩，执马鞚谏曰：“今羽林射手犹有八百，皆是义战，西人受累世之恩，不驱令一战，一旦舍此，欲安之乎！”玄不对，但举策指天；因鞭马而走，西趋石头，与仲文等浮江南走。经日不食，左右进粗饭，玄咽不能下，昇抱其胸而抚之，玄悲不自胜。

裕始至建康，诸大处分皆委于刘穆之，仓猝立定，无不允惬。裕遂托以腹心，动止咨焉；穆之亦竭节尽诚，无所遗隐。时晋政宽弛，纲纪不立，豪族陵纵，小民穷蹙，重以司马元显政令违舛。桓玄虽欲厘整，而科条繁密，众莫之从。穆之斟酌时宜，随方矫正；裕以身范物，先以威禁；内外百官皆肃然奉职，不盈旬日，风俗顿改。

晋安帝元兴二年（癸卯，公元 403 年）

东晋侍中殷仲文、散骑常侍卞范之奉劝大将军桓玄早日接受禅位，当皇帝，暗地里撰写好了加授九锡以及安帝让位的文告。朝廷任命桓谦为侍中、开府、录尚书事，王谧为中书监、兼任司徒，桓胤为中书令。加授桓脩为抚军大将军的称号。桓胤是桓冲的孙子。丙子（九月十六日），朝廷册命桓玄为相国，统领文武百官，封地十个郡，做楚王，加授九锡。他所辖的楚国，也设置丞相以下的各级官吏。

桓谦私下里向彭城内史刘裕问道："楚王功勋卓著，德望很高，朝廷中大多数人的想法，都认为应该举行禅让大典，拥立楚王做皇帝，你认为怎么样？"刘裕说："楚王是南郡宣武公的儿子，功勋仁德都是超过当世所有人的。现在晋朝的帝室已经衰微，百姓的愿望早就改变，乘着这个机运接受禅让，代替司马氏做皇帝，又有什么不可以的？"桓谦非常高兴，说："你说可以，那就可以了。"

冬季，十月，楚王桓玄呈上奏表，请求回到他的封地去，然后又让安帝亲手写诏书，坚决挽留他。他又唆使手下的人造谣说，钱塘临平湖的湖水突然盈满，江州也降下了甘露，于是让文武百官聚集到一起来庆贺，以此作为自己接受皇帝禅让的吉祥预兆。他又因为前几代改朝换代之际，都有隐士不出来做官，而觉得自己接受帝位的时候独独没有，是一种耻辱，所以便通过访查，找到西晋的隐士安定人皇甫谧的第六代孙子皇甫希之，供给他生活的一切费用，让他隐居到深山老林里去，然后以朝廷的名义，征召他出山做著作郎，并让皇甫希之坚决推辞，不去任职，然后再下达诏书，表彰、称赞他，称他作高士。但当时的人们却说皇甫希之是冒充隐士的"充隐"。桓玄又打算废除钱币，而用粮食谷物、绸缎布匹等作为交换、流通的工具，以及恢复使用肉刑等。就这样，各种法令规章乱七八糟地制定了许多，但是桓玄却始终没有一个固定的想法，因此只是翻来覆去地不断变化更换，最后也都没有得以实行。桓玄又性情贪婪卑鄙，别的人如果有好的书法、绘画作品，以及好的花园宅第等，他也一定会假借蒲博等赌博手段把这些占为己有，他尤其喜爱珍珠美玉，珍珠美玉从不离手。

安帝下诏，让楚王桓玄使用天子的礼仪和音乐，并把他的王妃改称王后，把他的嫡长子改称为太子。丁丑（十一月十八日），散骑常侍卞范之，拟写了禅让的诏书，让临川王司马宝逼迫安帝亲笔抄写。司马宝是司马晞的曾孙。庚辰（二十一日），安帝驾临宝殿，派遣兼太保、领司徒的王谧手捧皇帝的玉玺印绶呈献给桓玄，正式向他禅位。壬午（二十三日），安帝搬出皇城，改居永安宫。癸未（二十四日），把东晋的宗室祭庙以及其中所敬的先辈的牌位，迁到琅邪国，又让穆章何皇后和琅邪王司马德文都迁到司徒府暂时居住。文武百官则一起到姑孰去劝说桓玄尽快登基称帝。十二月，庚寅朔（初一），桓玄在九井山的北侧修筑祭坛。壬辰（初三），正式登基。宣布即位的文告，言辞中对晋朝统治有很多非议和贬低。有人劝止他这样做，桓玄却说："皇帝禅位时的文告，正是给天下百姓看的，怎么可以欺骗上天呢？”下令实行大赦，改年号为永始。

三年（甲辰，公元404年）

桓玄自登帝位以来，心里常常觉得不安。二月，己丑朔（初一），深夜，长江波涛汹涌，江水灌进石头城中，被激流淹死卷走的人非常多，喊声震天动地。桓玄听到之后非常害怕，说：“这些奴才们要造反了！”

桓玄的性情苛刻琐细，喜欢炫耀自己的能力和才干。他手下的主要官员在报告事情的奏章中，如果偶有一个字写得不合体，或者偶尔有一句话一个词不太恰当，他一定会加以纠正指出，以此表示他的聪明博学。尚书回答诏书的时候，把“春蒐”二字误写成“春菟”，因为这一点小事，从尚书左丞王纳之以下，凡是经过手、签过字的人，全部被降级甚至免职。桓玄有时还亲自选定官员入宫值日，或亲自指派一些小官吏干一些具体的事情，因此下发的诏书令旨繁多，有关部门根本就来不及办理，但是朝中纲纪混乱，公文因没有时间处置而大量积压，他却根本不可能知道。桓玄生性又喜欢游玩打猎，有的时候竟一天出去几次。后来他暂时迁到东宫居住，更新修葺皇宫的殿室，大兴土木，又监督很严，时间规定得很紧，因此从朝廷官员到市井田野的黎民百姓，骚动不安。这时候，盼望变乱的人越来越多。

刘裕跟随徐、兖二州刺史、安成王桓脩进京朝见桓玄。桓玄对王谧说：“刘裕这个人风度身材不像常人，是人中豪杰。”每次出游和集会，他对刘裕一定格外亲切地招待，赠送赏赐给刘裕的东西也非常厚重。桓玄的皇后刘氏，很有智慧和见识，她对桓玄说：“刘裕走路的姿势犹如猛虎和蛟龙，连眼神都不同一般，恐怕他到头来不会处在别人的手下，我看不如趁早把他除掉。”桓玄说：“我正要扫荡平定中原地区，不是刘裕就没有可以胜任的人。等关、河一带平定之后，再另外商议这件事吧！”

刘裕和何无忌同坐一只船回到京口，一起秘密谋划重新振兴、恢复晋朝皇室的事。谘议参军刘迈的弟弟刘毅，家在京口居住，也与何无忌计议讨伐桓玄。何无忌说：“桓氏家族现在正在强盛时期，怎么可以打他们的主意呢！”刘毅说：“天下的事，自然是有强和弱的分别的，但是如果行为不符合天道人情，那么虽然是强大的一方，也容易变得弱小，值得忧虑的却只是很难得到一个英明称职的领导人罢了。”何无忌说：“天下草莽河泽之中，也不是没有英雄。”刘毅说：“我所见到的，只有刘裕。”何无忌只是微笑，并不回答，回去之后，把刘毅的态度告诉了刘裕，于是他们便与刘毅一起制订了计划。

于是，刘裕、刘毅、何无忌、王元德、王仲德、孟昶，以及刘裕的弟弟刘道规、任城人魏咏之、高平人檀凭之、琅邪人诸葛长民、河内太守陇西人辛扈兴、振威将军东莞人童厚之等人，互相联合起来，计划起兵讨伐桓玄。刘道规此时正担任青州刺史桓弘的中兵参军，刘裕派刘毅去到长江以北与刘道规和孟昶会合，一起杀掉桓弘，占据广陵。诸葛长民此时任刁逵的参军，刘裕又让他杀掉刁逵，占据历阳。王元德、辛扈兴、童厚之此时在建康，刘裕便让他们聚集部众直接对桓玄发起进攻，作为内应。约定时间，一齐发动政变。

何无忌晚上在屏风后面草拟檄文，他的母亲是刘牢之的姐姐，蹬着凳子偷偷地看他在干什么。她哭着说："我当然赶不上东海吕母那样明白事理，但是你既然能这样，那么我还有什么遗憾呢！"然后问他，跟他共同策划的人是谁，何无忌告诉她说："刘裕。"他的母亲更加高兴，于是向他说了桓玄必定失败、发动事变一定能成功的道理，对他进行鼓励。

乙卯（二月二十七日），刘裕以出外打猎为借口，与何无忌到京口城外招集同谋的部众，一共有一百多人。丙辰（二月二十八日），清晨，京口城门一开，何无忌便穿着传达圣旨的使者服装，口称是皇帝的信使，当先进城，他手下的人也都跟着他一齐进入，立即杀死了桓脩。桓脩的司马刁弘率领着文武官员及其助手等听说后，连忙赶到这里。刘裕登上城墙，对他们说："江州刺史郭昶之已经拥戴皇上，在寻阳重新恢复正统皇位了，我们这些人也都接到了皇上的秘密诏书，诛杀铲除叛逆党羽。今天，强盗桓玄的脑袋恐怕已经被挂在大航桥上示众了。你们几位难道不是大晋朝的臣子吗？现在你们到这里来打算干什么？"刁弘等人相信了他的话，又率领手下人回去了。

孟昶在广陵，这一天他劝说青州刺史桓弘出去打猎，在天还没亮的时候，便打开州府的大门，放猎人们出去。孟昶与刘毅、刘道规率领精壮的士兵几十个人乘机径直闯进州府，见桓弘正在喝粥，便立即把他杀了，然后召集部众渡过长江。刘裕又派刘毅去把刁弘杀了。

在此之前，刘裕派遣同党周安穆到建康去向刘迈报告，刘迈虽然敷衍答应一同反叛，但是心中却非常惶恐害怕。周安穆见此情景，担心事情泄露，于是飞马跑了回去。桓玄任命刘迈为竟陵太守，刘迈打算快点到任。当天晚上，桓玄写信给刘迈说："北府那边人们的情况怎么样？你最近看见刘裕，说了些什么？"刘迈以为桓玄已经发现了他们的计划，早晨起来，便把刘裕等人准备谋反的事向桓玄做了禀报。桓玄一听，大惊失色，马上册封刘迈为重安侯。后来又记恨刘迈没有抓住周安穆，让他逃了回去，于是把刘迈杀掉了。然后他又把王元德、辛扈兴、童厚之等人全部杀掉。

大家推举刘裕为征讨桓玄的盟主，总领督辖徐州的行政事务。刘裕又任孟昶为长史，镇守京口，任命檀凭之为司马。彭城人中所有应征的人，刘裕把他们全部交给郡主簿刘钟带领。丁巳（二月二十九日），刘裕率领这两个州的部众一千七百多人，驻扎在竹里，并把出师的通告命令发布到远近地方，声称说益州刺史毛璩已经平定荆楚一带，江州刺史郭昶之已经在寻阳重新拥立皇上复位，镇北参军王元德等人一起统率部下据守石头，扬武将军诸葛长民已经占据了历阳。

桓玄心里非常忧虑、恐惧。有人说："刘裕等人是乌合之众，力量微弱，看样子一定不会有什么建树，陛下为什么要这样深深地忧虑呢？"桓玄说："刘裕有足够的条件可以成为一世的英雄。刘毅家里穷得连一石粮食的积蓄也没有，但樗蒲赌博时一次就押下百万的赌注。何无忌又非常像他的舅舅刘牢之。这些人在一起创立大业，哪能说不会成功呢！"

己未（三月初二），刘裕的部队吃罢饭，把剩下的那些粮食全部扔掉，开进到覆舟山以东的地区，派一些病弱的士兵登到山上，挥舞旗帜作为疑兵，并且分几路一起向前，把旌旗布满山谷。桓玄派出的探子回去后说："刘裕的军队漫山遍野，到处都已驻满，不知道有多少人。"桓玄越发忧虑恐惧，派武卫将军庾赜之率领精壮士卒前去补充增援各路部队。桓谦等人所统辖的士卒很多都是北府部队的老部下，一向非常敬畏佩服刘裕，所以根本没有斗志。刘裕与刘毅等人分为几路兵马，向前冲击桓谦的战阵。刘裕身先士卒，手下的将士也都拼死奋战，无不以一当百，喊杀声惊天动地。这时，东北风骤起，刘裕因此点起火来焚烧敌兵，浓烟烈火直冲云霄，鼓声喊声震动了京邑，桓谦等各路军队全部崩溃。

桓玄这时虽然派出部队迎战刘裕，但是逃跑的主意已经拿定。他暗中派领军将军殷仲文在石头准备好船只。当他听说桓谦等军队已经惨败，便率领亲信部下几千人，声称去参加战斗，然后带着他的儿子桓昇、侄儿桓濬从南掖门逃出。途中遇到前相国参军胡藩，胡藩抓住他的马勒口劝阻说："现在羽林禁卫军的射箭手犹有八百，都是讲信义的旧部，西部人受到桓家的几代大恩，不驱使他们去决一死战，却突然丢下他们，想到哪里去呢？"桓玄并不对答，只是用马鞭指了指上天，然后便打马走了。向西来到石头，与殷仲文等人登船沿着长江向南而走。桓玄心事沉重，整天没有吃东西，左右的侍从人员给他端来粗糙的饭食，桓玄难以下咽，桓昇拥抱着父亲的胸部抚他的胸口，桓玄悲从中来，不能自禁。

刘裕刚来到建康，对那些重大事情的处理和安排，全部交给刘穆之，使那些仓促间应办的公务马上办妥，没有不恰到好处的。刘裕于是把他当作自己的心腹，一举一动全都询问他的意见。刘穆之也是竭尽忠诚、极力筹措，没有任何遗漏和保留。当时晋朝的政令宽泛废弛，纲法纪律都没有建立起来，豪门大族凌傲放纵，但草野百姓却异常贫困穷苦，再加上司马元显又对政令多所违背破坏，桓玄虽然曾经打算进行整顿，但是却因各种规章的分类条目等过于烦琐细密，百姓无所适从。刘穆之仔细研究了当时的情况，按照轻重缓急进行清理矫正。刘裕也能以身作则，首先以威行严法进行管束，使朝廷内外的文武百官都能小心谨慎地奉行职守，不满十天，官风民俗顿时改观。

晋纪三十七

第一百一十五卷

安皇帝庚义熙五年(己酉，409)

二月，南燕将慕容兴宗、斛谷提、公孙归等帅骑寇宿豫，拔之，大掠而去，简男女二千五百付太乐教之。归，五楼之兄也。是时，五楼为侍中、尚书、领左卫将军，专总朝政，宗亲并居显要，王公内外无不惮之。南燕主超论宿豫之功，封斛谷提等并为郡、县公。桂林王镇谏曰："此数人者，勤民顿兵，为国结怨，何功而封？"超怒，不答。尚书都令史王俨谄事五楼，比岁屡迁，官至左丞。国人为之语曰："欲得侯，事五楼。"超又遣公孙归等寇济南，俘男女千余人而去。自彭城以南，民皆堡聚以自固。诏并州刺史刘道怜镇淮阴以备之。

三月，刘裕抗表伐南燕，朝议皆以为不可，惟左仆射孟昶、车骑司马谢裕、参军臧熹以为必克，劝裕行。裕以昶监中军留府事。谢裕，安之兄孙也。

初，苻氏之败也，王猛之孙镇恶来奔，以为临澧令。镇恶骑乘非长，关弓甚弱，而有谋略，善果断，喜论军国大事。或荐镇恶于刘裕，裕与语，说之，因留宿；明旦，谓参佐曰："吾闻将门有将，镇恶信然。"即以为中军参军。

己巳，刘裕发建康，帅舟师自淮入泗。五月，至下邳，留船舰、辎重，步进至琅邪，所过皆筑城，留兵守之。或谓裕曰："燕人若塞大岘之险，或坚壁清野，大军深入，不唯无功，将不能自归，奈何？"裕曰："吾虑之熟矣，鲜卑贪婪，不知远计，进利虏获，退惜禾苗，谓我孤军远入，不能持久；不过进据临朐，退守广固，必不能守险清野，敢为诸君保之。"

刘裕过大岘，燕兵不出。裕举手指天，喜形于色。左右曰："公未见敌而先喜，何也？"裕曰："兵已过险，士有必死之志；余粮栖亩，人无匮乏之忧。虏已入吾掌中矣。”六月己巳，裕至东莞。超先遣公孙五楼、贺赖卢及左将军段晖等将步骑五万屯临朐；闻晋兵入岘，自将步骑四万往就之，使五楼帅骑进据巨蔑水。前锋孟龙符与战，破之，五楼退走。裕以车四千乘为左右翼，方轨徐进，与燕兵战于临朐南，日向昃，胜负犹未决。参军胡藩言于裕曰：“燕悉兵出战，临朐城中留守必寡，愿以奇兵从间道取其城，此韩信所以破赵也。”裕遣藩及谘议参军檀韶、建威将军河内向弥潜师出燕兵之后，攻临朐，声言轻兵自海道至矣。向弥擐甲先登，遂克之。超大惊，单骑就段晖于城南。裕因纵兵奋击，燕众大败，斩段晖等大将十余人，超遁还广固，获其玉玺、辇及豹尾。裕乘胜逐北至广固；丙子，克其大城。超收众入保小城。裕筑长围守之，围高三丈，穿堑三重；抚纳降附，采拔贤俊，华、夷大悦。于是因齐地粮储，悉停江、淮漕运。

秋，七月，加刘裕北青、冀二州刺史。

南燕尚书略阳垣尊及弟京兆太守苗逾城来降，裕以为行参军。尊、苗皆超所委任以为腹心者也。

或谓裕曰：“张纲有巧思，若得纲使为攻具，广固必可拔也。”会纲自长安还，太山太守申宣执之，送于裕。裕升纲于楼车，使周城呼曰：“刘勃勃大破秦军，无兵相救。”城中莫不失色。江南每发兵及遣使者至广固，裕辄潜遣兵夜迎之，明日，张旗鸣鼓而至，北方之民执兵负粮归裕者，日以千数，围城益急。张华、封恺皆为裕所获。超请割大岘以南地为藩臣，裕不许。

秦王兴遣使谓裕曰：“慕容氏相与邻好，今晋攻之急，秦已遣铁骑十万屯洛阳；晋军不还，当长驱而进。”裕呼秦使者谓曰：“语汝姚兴：我克燕之后，息兵三年，当取关、洛；今能自送，便可速来！”刘穆之闻有秦使，驰入见裕，而秦使者已去。裕以所言告穆之。穆之尤之曰：“常日事无大小，必赐预谋，此宜善详，云何遽尔答之！此语不足以威敌，适足以怒之。若广固未下，羌寇奄至，不审何以待之？”裕笑曰：“此是兵机，非卿所解，故不相语耳。夫兵贵神速，彼若审能赴救，必畏我知，宁容先遣信命，逆设此言！是自张大之辞也。晋师不出，为日久矣。羌见伐齐，殆将内惧，自保不暇，何能救人邪！”

六年（庚戌，410）

南燕贺赖卢、公孙五楼为地道出击晋兵，不能却。城久闭，城中男女病脚弱者太半，出降者相继。超辇而登城，尚书悦寿说超曰：“今天助寇为虐，战士凋瘁，独守穷城，绝望外援，天时人事亦可知矣。苟历数有终，尧、舜避位，陛下岂可不思变通之计乎！”超叹曰：“废兴，命也。吾宁奋剑而死，不能衔璧而生！”

丁亥，刘裕悉众攻城。或曰：“今日往亡，不利于师。”裕曰：“我往彼亡，何为不利！”四面急攻之。悦寿开门纳晋师，超与左右数十骑逾城突围出走，追获之。裕数以不降之罪。超神色自若，一无所言，惟以母托刘敬宣而已。

晋安帝义熙五年（己酉，公元409年）

二月，南燕将领慕容兴宗、斛谷提、公孙归等人率领骑兵进犯并攻克东晋的宿豫，大肆抢掠一番之后，便回去了，挑选俘虏的男女青年二千五百人，交付给管理王室音乐的机构，教习训练。公孙归是公孙五楼的哥哥。这时，公孙五楼任侍中、尚书、领左卫将军，在朝中专权，总揽国家的一切政务，他的宗族亲属也都在朝廷官居显要位置，王公大臣、朝廷内外，对他没有不忌惮害怕的。南燕国主慕容超评定宿豫之战的功劳，封斛谷提等人为郡公、县公。桂林王慕容镇劝阻说：“这几个人，劳师动众，为国家结下仇怨，有什么功劳可封？”慕容超大怒，不予回答。尚书都令史王俨谄媚巴结公孙五楼，几年来屡次升迁，官职到了左丞。所以当时百姓根据这些编了句歌谣：“要想封侯，巴结五楼。”慕容超又派公孙归等侵犯济南，俘获了男女一千多人回去。因此，从彭城往南，东晋居民全都修筑城堡聚居一起，进行自卫。朝廷下诏，命并州刺史刘道怜镇守淮阴，用来戒备南燕骚扰。

三月，东晋刘裕上表请求讨伐南燕，朝廷中商议，大臣们都以为不可轻举妄动。只有左仆射孟昶、车骑司马谢裕、参军臧熹认为一定能胜利，劝说刘裕出征。刘裕任命孟昶为监中军留府事。谢裕是谢安哥哥的孙子。

当初，前秦苻氏政权衰败的时候，王猛的孙子王镇恶投奔到东晋，朝廷任命他为临澧令。王镇恶对骑术不很擅长，拉弓射箭的能力也很弱，但是却有深谋远略，善于对事情做出果决的判断，很喜欢谈论军队国家的大事。有人把王镇恶推荐给刘裕，刘裕和他交谈一番，很喜欢他，所以留宿在家里。第二天早晨，对参军佐僚们说：“我听说名将之门当出大将，王镇恶的确是这样。”便任命他为中军参军。

己巳（四月十一日），刘裕从建康出发，率水军从淮水进入泗水。五月，东晋部队到达下邳，把船舰、笨重的军用物资留下，步行开进到琅邪，所路过的地方，都修筑起城池，留下军队把守。有人对刘裕说：“燕国人如果把大岘山的险要堵塞住，或者加固城墙，使散居百姓聚居进去，只把空荡荡的田野留给我们，那么，我们的大部队深入到敌国重地，便不单不能建立什么功业，而且还可能无法安全返回，怎么办？”刘裕说：“我已经把这些考虑成熟了，鲜卑人生性贪婪，没有长远的打算，前进的时候只盼望多多地抢夺掳掠，后退的时候又吝惜田中禾苗。他们以为我们孤军深入一定不能长久坚持，因此不外乎进军驻守临朐，或者退兵戍卫广固，一定不会据险要之地抵抗、清肃四野防备我们。我敢向你们保证。”

刘裕顺利通过大岘，南燕的军队一直没有出现。刘裕举起手来，指着上天，禁不住脸上露出喜色。左右的侍从们说：“您没有看见敌人却先高兴起来，这是为什么？”刘裕说：“大军已过险关，军队没有退路可走，因此一定会有拼死作战的决心；余粮尚在田亩之中储存，我们又没有了缺乏粮草的忧虑。敌人已经完全落入了我的手中。”六月，己巳（十二日），刘裕大军抵达东莞。慕容超先派遣公孙五楼、慕容贺赖卢以及左将军段晖等人统领步、骑兵共五万人屯据在临朐。听说东晋兵马已经通过岘山，便亲自带领步、骑兵共四万人前去迎战，并派公孙五楼率领骑兵开进巨蔑水据守。东晋部队的前锋孟龙符与他展开激战，将他打败，公孙五楼败退而走。刘裕用四千乘军车作为左右的屏障，排成方阵缓缓向前推进，在临朐以南的地方与南燕军队进行会战，太阳渐渐西移，双方的胜负还不明朗。东晋参军胡藩对刘裕说：“南燕倾巢出动，与我们作战，临朐城中的守军一定很少。我愿意带领一支出敌不意的部队从小路去夺取这座城池，这是韩信击败赵国的办法。”刘裕于是派遣胡藩以及谘议参军檀韶、建成将军河内人向弥暗自带兵绕到南燕军队的后面，进攻临朐，号称是轻装部队从海路直接赶来增援的。向弥身披铠甲，首先登上城墙，于是攻破该城。慕容超听说后，大吃一惊，单人匹马从城中逃出，赶到城南投奔段晖。刘裕趁势催动大军奋力战斗，南燕军队大败，斩杀了段晖等大将十多人，慕容超逃回广固，晋兵缴获了他的玉玺、车辇以及挂在车后的豹尾。刘裕乘胜追击，直到广固。丙子（十九日），又攻克了广固外围的外城。慕容超聚集众人进入内城据守。刘裕兴筑长墙围困他们，墙高三丈，挖了三道地沟。好言抚慰接纳投降归附的人士，提拔任用贤才俊杰，不管是汉人还是夷人，都很高兴。从此，因为夺取了齐地这里储存的粮草，便把从长江、淮河水路运输军粮的工作，全部停止。

秋季，七月，东晋加授刘裕为北青、北冀二州的刺史。

南燕尚书略阳人垣尊和他的弟弟京兆太守垣苗，出城向东晋部队投降，刘裕任命他们为行参军。垣尊、垣苗都是慕容超喜欢、重用并引为心腹的人。

有人对刘裕说："张纲心灵手巧，如果把他抓来，让他制作攻城用具，广固一定可以攻克。"正好张纲从长安回来，太山太守申宣把他抓住，送给刘裕。刘裕让张纲登上很高的楼车，命令他在城的四周对城内高喊："刘勃勃把秦军打得大败，所以没有谁能派兵来救你们了。"城中将士听到这话没有不大惊失色的。东晋从江南每次发兵前来增援，或者派遣使者来广固慰问，刘裕都常常暗自派兵卒在前一天夜里迎候，第二天再打着大旗、敲着锣鼓到来。北方的百姓拿着武器、背着粮食归降刘裕的人，每天都有一千多。晋军对广固的围攻，更加猛烈。南燕大臣张华、封恺都先后被刘裕俘虏。慕容超请求割让大岘山以南的地区讲和，并愿做东晋的藩臣，刘裕没有答应。

后秦王姚兴派遣使者对刘裕说："慕容氏与我们相邻，关系友好。现在你们晋国这样急迫地进攻他们，我们秦国已派遣十万精锐强壮的骑兵屯聚在洛阳。你们的部队如果不撤，那么，我们就要长驱进军了。"刘裕把后秦的使节叫到跟前来说："告诉你们姚兴：我攻克燕国之后，停止军事行动三年，然后就要去夺取你们的关中、洛阳。今天你们要是能自己送来，那就快点来吧！"刘穆之听说有后秦使节来，便骑着快马跑来拜见刘裕，但后秦使节已经走了。刘裕把自己说的话告诉给了刘穆之。刘穆之埋怨他说："平常的时候事情无论大小，都一定找我商量。这件事太重大，应该好好考虑一下再决定，为什么就这样贸然地答复他呢？你说的这话不但不足以把敌人威慑住，相反却足以激怒他。如果广固没有攻下，而那些羌族强盗又突然到来，不知道你怎么对付他们？"刘裕笑着说："这是用兵之道，不是你所能明白的，所以才不告诉你。大凡用兵，贵在神奇迅速，他们如果真的能赶来救援的话，一定是害怕我们知道，哪里还能事先派人前来通知我，说下这番话呢？这是他们的大话。晋军不出国征战，时间已经很久了。羌人看见我们大举讨伐三齐之地，心中已经开始畏惧。他们保全自己还来不及，怎么还能援救别人呢？"

六年（庚戌，公元 410 年）

南燕贺赖卢、公孙五楼挖了一条地道出来袭击东晋部队，却不能把他们击退。广固城门关闭太久，城中男女百姓患软脚病的人超过一半，因此出城投降的人一个接着一个。慕容超乘辇车登上城墙，尚书悦寿劝说慕容超道："现在，上天帮助强盗制造罪恶，我们的将士疲惫凋零，单独困守这一座穷破的城池，外援已经毫无希望，天时和人心的倾向也是可以想见的。如果大数已尽，命该如此，那么，即使是尧、舜也都不能不退位，陛下怎么可以不想一下变通的办法呢？”慕容超叹息说：“天下的兴起和覆亡，都是天命。我宁可高举利剑战斗而死，也决不能口里衔着璧玉投降求生。”

丁亥（二月初五），刘裕动员全部兵力，奋力攻城。有人说：“今天是往亡日，不利于调动军队。”刘裕说：“我往他亡，怎么是不利！”在城的四面发动猛攻。悦寿打开城门，把东晋部队放了进来。慕容超与左右侍卫几十个骑兵越过城墙突围出去，被东晋军队追上抓获。刘裕用拒不投降的罪行斥责他，慕容超神色平静，一言不发，只是把母亲托付给刘敬宣照顾而已。

晋纪三十九

第一百一十七卷

安皇帝壬义熙十二年（丙辰，416）

二月，加太尉裕中外大都督。裕戒严将伐秦，诏加裕领司、豫二州刺史，以其世子义符为徐、兖二州刺史。琅邪王德文请启行戎路，修敬山陵；诏许之。

宁州献琥珀枕于太尉裕。裕以虎珀治金创，得之大喜，命碎捣分赐北征将士。

裕以世子义符为中军将军，监太尉留府事；刘穆之为左仆射，领监军、中军二府军司，入居东府，总摄内外；以太尉左司马东海徐羡之为穆之之副；左将军朱龄石守卫殿省，徐州刺史刘怀慎守卫京师，扬州别驾从事史张裕任留州事。怀慎，怀敬之弟也。

刘穆之内总朝政，外供军旅，决断如流，事无拥滞。宾客辐凑，求诉百端，内外谘禀，盈阶满室；目览辞讼，手答笺书，耳行听受，口并酬应，不相参涉，悉皆赡举。又喜宾客，言谈赏笑，弥日无倦。裁有闲暇，手自写书，寻览校定。性奢豪，食必方丈，旦辄为十人馔，未尝独餐。尝白裕曰："穆之家本贫贱，赡生多阙。自叨忝以来，虽每存约损，而朝夕所须，微为过丰，自此外一毫不以负公。"中军谘议参军张邵言于裕曰："人生危脆，必当远虑。穆之若邂逅不幸，谁可代之？尊业如此，苟有不讳，处分云何？"裕曰："此自委穆之及卿耳。"

丁巳，裕发建康，遣龙骧将军王镇恶、冠军将军檀道济将步军自淮、淝向许、洛，新野太守朱超石、宁朔将军胡藩趋阳城，振武将军沈田子、建威将军傅弘之趋武关，建武将军沈林子、彭城内史刘遵考将水军出石门，自汴入河，以冀州刺史王仲德督前锋诸军，开钜野入河。遵考，裕之族弟也。刘穆之谓王镇恶曰："公今委卿以伐秦之任，卿其勉之！"镇恶曰："吾不克关中，誓不复济江！"

王镇恶、檀道济入秦境，所向皆捷。秦将王苟生以漆丘降镇恶，徐州刺史姚掌以项城降道济，诸屯守皆望风款附。惟新蔡太守董遵不下，道济攻拔其城，执遵，杀之。进克许昌，获秦颍川太守姚垣及大将杨业。沈林子自汴入河，襄邑人董神虎聚众千余人来降，太尉裕版为参军。林子与神虎共攻仓垣，克之，秦兖州刺史韦华降。神虎擅还襄邑，林子杀之。

秦阳城、荥阳二城皆降，晋兵进至成皋。秦征南将军陈留公洸镇洛阳，遣使求救于长安。秦主泓遣越骑校尉阎生帅骑三千救之，武卫将军姚益男将步卒一万助守洛阳，又遣并州牧姚懿南屯陕津，为之声援。宁朔将军赵玄言于洸曰："今晋寇益深，人情骇动；众寡不敌，若出战不捷，则大事去矣。宜摄诸戍之兵，固守金墉，以待西师之救。金墉不下，晋必不敢越我而西，是我不战而坐收其弊也。"司马姚禹阴与檀道济通，主簿阎恢、杨虔，皆禹之党也，共嫉玄，言于曰："殿下以英武之略，受任方面；今婴城示弱，得无为朝廷所责乎！"洸以为然，乃遣赵玄将兵千余南守柏谷坞，广武将军石无讳东戍巩城。玄泣谓洸曰："玄受三帝重恩，所守正有死耳。但明公不用忠臣之言，为奸人所误，后必悔之。"既而成皋、虎牢皆来降，檀道济等长驱而进，无讳至石关，奔还。龙骧司马荥阳毛德祖与玄战于柏谷，玄兵败，被十余创，据地大呼。玄司马蹇鉴冒刃抱玄而泣，玄曰："吾创已重，君宜速去！"鉴曰："将军不济，鉴去安之！"与之皆死。姚禹逾城奔道济。甲子，道济进逼洛阳，丙寅，洸出降。道济获秦人四千余人，议者欲尽坑之以为京观。道济曰："伐罪吊民，正在今日！"皆释而遣之。于是夷、夏感悦，归之者甚众。阎生、姚益男未至，闻洛阳已没，不敢进。

晋安帝义熙十二年（丙辰，公元416年）

二月，东晋朝廷加授太尉刘裕为中外大都督。刘裕动员军队严加戒备，准备讨伐后秦，安帝下诏加授刘裕兼任司、豫二州刺史，任命他的世子刘义符为徐、充二州刺史。琅邪王司马德文请求率领部队在前开路，到洛阳去整修祖先的陵墓。安帝下诏允许。

东晋宁州把一个琥珀做的枕头进献给太尉刘裕。刘裕因为琥珀可以治疗外伤，所以得到这个枕头非常高兴，命令把它捣碎，分别赐给即将要去北方征战的将士。

刘裕任命自己的世子刘义符为中军将军，监太尉留府事。任命刘穆之为左仆射，兼任监军、中军二府军司，并让他进入东府居住，总管朝廷内外的一切事务。任命太尉左司马东海人徐羡之为刘穆之的副手，命左将军朱龄石守卫宫廷及国家办事机构，命徐州刺史刘怀慎守卫京师，命扬州别驾从事史张裕任留州事。刘怀慎是刘怀敬的弟弟。

刘穆之在内总管朝廷政务，在外供应军旅的给养，遇事当机立断，快如流水，因此一切事情，没有堆积迟滞的。各方宾客集中到这里，各种请求诉讼千头万绪，内内外外，咨询禀报，堆满台阶屋子。他竟然能够眼睛看辞作讼书，手写答复信件，耳朵同时听属下的汇报，嘴里也应酬自如，而且同时进行的这四种工作互相之间又不混淆错乱，全都处置得当。他又喜欢与宾客来往，说笑谈天，从早到晚，毫无倦意。偶尔有闲暇时间，他便亲自抄书，参阅古籍，校订错误。他的性格奢放豪迈，吃饭一定要宽大的饭桌，一大早便经常要准备十个人左右的饭食，从来没有一个人单独进餐。他曾经告诉刘裕说："我刘穆之的家庭出身本来贫穷微贱，维持生计都很艰难。自从得到您的信任跟从您以来，虽然心中常常想着节俭，但从早到晚所需要的花销，仍然稍微显得过于丰厚了一点，除此而外，没有一点儿是对不起您的了。"中军谘议参军张卲对刘裕说："人生脆弱，必须有一个长远的打算。刘穆之如果遇到什么不幸，谁可以代替他呢？而你所开创的功业已经到了这种程度，一旦发生不幸，你说该如何处理后事？"刘裕说："这自然要完全交给刘穆之和你了。"

丁巳（八月十二日），刘裕从建康出发。他派遣龙骧将军王镇恶、冠军将军檀道济带领步兵从淮河、淝水向许昌、洛阳进发；派遣新野太守朱超石、宁朔将军胡藩进军阳城；派遣振武将军沈田子、建威将军傅弘之进军武关；派遣建武将军沈林子、彭城内史刘遵考带领水师从石门出发，自汴水入黄河；派遣冀州刺史王仲德督领前锋的几支部队，开通钜野被淤塞的旧河道，进入黄河。刘遵考是刘裕的本家弟弟。刘穆之对王镇恶说："刘公这次交给你讨伐秦国的重任，你可要努力呀！"王镇恶说："我如果不攻克收复关中地区，发誓不再过长江！"

王镇恶、檀道济进入了后秦的境界，所过之处，全部告捷。后秦将领王苟生献出漆丘，向王镇恶投降；后秦徐州刺史姚掌献出项城，投降了檀道济。其他的那些保卫地方的守军也都听见东晋军消息便前来归顺，只有新蔡太守董遵不肯屈服。檀道济攻克了他所坚守的城池，抓住了董遵，把他杀了。他们进军克复了许昌，抓获了后秦颍川太守姚垣，以及大将军杨业。沈林子从汴水进入黄河，襄邑人董神虎聚集了一千多部众赶来投降，太尉刘裕任命他为参军。沈林子与董神虎一起进攻仓垣，并把那里攻破，后秦兖州刺史韦华投降，董神虎擅自回到家乡襄邑，沈林子把他杀了。

后秦阳城、荥阳两座城全部投降，东晋部队进发到成皋。后秦征南将军陈留公姚洸镇守洛阳，派遣信使向长安请求救援。后秦王姚泓派遣越骑校尉阎生率领三千骑兵赶来救助，派遣武卫将军姚益男带领一万步兵去协助镇守洛阳，又派并州牧姚懿向南去屯扎在陕津，作为他们的声援。宁朔将军赵玄对姚洸进言道："现在晋寇越来越深入我们国土，人心震骇动摇。他们人多我们人少无法抵挡他们，如果出去迎战，反而不能取胜，那么我们的宏伟事业便会一去不复返了。所以，我们应该按几处镇守的大军不动，坚守金墉，以等待西部的军队前来救援。金墉不被攻克，晋军一定不敢越过我们向西进发，这样，我们便可以不去迎战，坐在这里等待他们出现漏洞。"司马姚禹暗地里与东晋的檀道济勾结、通谋，主簿阎恢、杨虔都是姚禹的党羽，他们都非常嫉妒、厌恶赵玄，所以便对姚洸进言道："殿下因为有英明勇武的谋略和能力，接受独当一面的国家重任。现在只是环城坚守，向敌人显示自己的懦弱，怎么能不受到朝廷的责备呢？"姚洸也认为是这样，于是派遣赵玄带领部众一千多人，向南驻守柏谷坞，派广武将军石无讳向东戍卫巩城。赵玄流着泪对姚洸说："我赵玄接受三代皇帝的重恩，所一直坚守的志向正是以死相报而已。但是您不采纳忠臣的良言，被奸臣耽误，以后一定后悔。"不久，成皋、虎牢都投降东晋，檀道济等人带领大部队长驱直入。石无讳抵达石关，逃了回来。东晋龙骧司马荥阳人毛德祖，在柏谷与赵玄展开战斗，赵玄的军队失败，他身受十几处伤，跌倒在地，大声呼喊。赵玄的司马蹇鉴，冒着被杀的危险，抱住赵玄而哭。赵玄说："我的伤太重了，你应该快点逃走！"蹇鉴说："将军不脱离危险，我蹇鉴到哪里去？"最后与他一起死了。姚禹跳出城来投奔檀道济。甲子（十月二十日），檀道济进军逼近洛阳，丙寅（十月二十二日），姚洸出城投降。檀道济俘获后秦国人四千多，有的人提建议把他们全部活埋，筑起一座土丘。檀道济说："讨伐罪人，安抚平民，今天正是时候！"于是，把他们全部释放，遣送回家。从此，不管是夷族还是汉族，都非常感激高兴，前来归附的人非常多。阎生、姚益男还没有赶到，听说洛阳已经沦陷，没有敢继续前进。

晋纪四十

第一百一十八卷

安皇帝癸义熙十三年（丁巳，417）

秦主泓朝会百官于前殿，以内外危迫，君臣相泣。

太尉裕引水军发彭城，留其子彭城公义隆镇彭城。诏以义隆为监徐、兖、青、冀四州诸军事，徐州刺史。

王镇恶进军渑池，遣毛德祖袭尹雅于蠡吾城，禽之；雅杀守者而逃。镇恶引兵径前，抵潼关。

辛酉，荥阳守将傅洪以虎牢降魏。

三月，道济、林子至潼关。秦鲁公绍引兵出战，道济、林子奋击，大破之，斩获以千数。绍退屯定城，据险拒守，谓诸将曰："道济等兵力不多，悬军深入，不过坚壁以待继援。吾分军绝其粮道，可坐禽也。"乃遣姚鸾屯大路以绝道济粮道。

太尉裕将水军自淮、泗入清河，将溯河西上，先遣使假道于魏；秦主泓亦遣使请救于魏。魏主嗣使群臣议之，皆曰："潼关天险，刘裕以水军攻之甚难；若登岸北侵，其势便易。裕声言伐秦，其志难测。且秦，婚姻之国，不可不救也。宜发兵断河上流，勿使得西。"博士祭酒崔浩曰："裕图秦久矣。今姚兴死，子泓懦劣，国多内难。裕乘其危而伐之，其志必取。若遏其上流，裕心忿戾，必上岸北侵，是我代秦受敌也。今柔然寇边，民食又乏，若复与裕为敌，发兵南赴则北寇愈深，救北则南州复危，非良计也。不若假之水道，听裕西上，然后屯兵以塞其东。使裕克捷，必德我之假道；不捷，吾不失救秦之名；此策之得者也。且南北异俗，借使国家弃恒山以南，裕必不能以吴、越之兵与吾争守河北之地，安能为吾患乎！夫为国计者，惟社稷是利，岂顾一女子乎！"议者犹曰："裕西入关，则恐吾断其后，腹背受敌；北上，则姚氏必不出关助我，其势必声西而实北也。”嗣乃以司徒长孙嵩督山东诸军事，又遣振威将军娥清、冀州刺史阿薄干将步骑十万屯河北岸。

庚辰，裕引军入河，以左将军向弥为北青州刺史，留戍碻磝。

初，裕命王镇恶等：“若克洛阳，须大军到俱进。”镇恶等乘利径趋潼关，为秦兵所拒，不得前。久之，乏食，众心疑惧，或欲弃辎重还赴大军。沈林子按剑怒曰：“相公志清六合，今许、洛已定，关右将平，事之济否，系于前锋。奈何沮乘胜之气，弃垂成之功乎！且大军尚远，贼众方盛，虽欲求还，岂可得乎！下官授命不顾，今日之事，当自为将军办之，未知二三君子将何面以见相公之旗鼓邪！”镇恶等遣使驰告裕，求遣粮援。裕呼使者，开舫北户，指河上魏军以示之曰：“我语令勿进，今轻佻深入。岸上如此，何由得遣军！”镇恶乃亲至弘农，说谕百姓，百姓竞送义租，军食复振。

五月，乙未，齐郡太守王懿降于魏，上书言：“刘裕在洛，宜发兵绝其归路，可不战而克。”魏主嗣善之。

崔浩侍讲在前，嗣问之曰：“刘裕伐姚泓，果能克乎？”对曰：“克之。”嗣曰：“何故？”对曰：“昔姚兴好事虚名而少实用，子泓懦而多病，兄弟乖争。裕乘其危，兵精将勇，何故不克！”嗣曰：“裕才何如慕容垂？”对曰：“胜之。垂藉父兄之资，修复旧业，国人归之，若夜虫之就火，少加倚仗，易以立功。刘裕奋起寒微，不阶尺土，讨灭桓玄，兴复晋室，北禽慕容超，南枭卢循，所向无前，非其才之过人，安能如是乎！”嗣曰：“裕既入关，不能进退，我以精骑直捣彭城、寿春，裕将若之何？”对曰：“今西有屈丐，北有柔然，窥伺国隙。陛下既不可亲御六师，虽有精兵，未睹良将。长孙嵩长于治国，短于用兵，非刘裕敌也。兴兵远攻，未见其利；不如且安静以待之。裕克秦而归，必篡其主。关中华、戎杂错，风俗劲悍；裕欲以荆、扬之化施之函、秦，此无异解衣包火，张罗捕虎；虽留兵守之，人情未洽，趋尚不同，适足为寇敌人之资耳。愿陛下按兵息民以观其变，秦地终为国家之有，可坐而守也。”嗣笑曰：“卿料之审矣。”浩曰：“臣尝私论近世将相之臣：若王猛之治国，苻坚之管仲也；慕容恪之辅幼主，慕容之霍光也；刘裕之平祸乱，司马德宗之曹操也。”

太尉裕至阌乡。沈田子等将攻峣柳，秦主泓欲自将以御裕军，恐田子等袭其后，欲先击灭田子等，然后倾国东出；乃帅步骑数万，奄至青泥。田子本为疑兵，所领裁千余人，闻泓至，欲击之；傅弘之以众寡不敌止之，田子曰：“兵贵用奇，不必在众。且今众寡相悬，势不两立，若彼结围既固，则我无所逃矣。不如乘其始至，营陈未立，先薄之，可以有功。”遂帅所领先进，弘之继之。秦兵合围数重。田子抚慰士卒曰：

“诸君冒险远来，正求今日之战，死生一决，封侯之业于此在矣！”士卒皆踊跃鼓噪，执短兵奋击，秦兵大败，斩馘万余级，得其乘舆服御物，秦主泓奔还灞上。

王镇恶请帅水军自河入渭以趋长安，裕许之。秦恢武将军姚难自香城引兵而西，镇恶追之；秦主泓自灞上引兵还屯石桥以为之援，镇北将军姚强与难合兵屯泾上以拒镇恶。镇恶使毛德祖进击，破之，强死，难奔长安。

镇恶溯渭而上，乘蒙冲小舰，行船者皆在舰内，秦人见舰进而无行船者，皆惊以为神。壬戌旦，镇恶至渭桥，令军士食毕，皆持仗登岸，后登者斩。众既登，渭水迅急，舰皆随流，倏忽不知所在。时泓所将尚数万人。镇恶谕士卒曰：“吾属并家在江南，此为长安北门，去家万里，舟楫、衣粮皆已随流。今进战而胜，则功名俱显；不胜，则骸骨不返；无他岐矣。卿等勉之！”乃身先士卒，众腾踊争进，大破姚丕于渭桥。泓引兵救之，为丕败卒所蹂践，不战而溃；姚谌等皆死，泓单马还宫。镇恶入自平朔门，泓与姚裕等数百骑逃奔石桥。东平公闻泓败，引兵赴之，众皆溃去；胡翼度降于太尉裕。

泓将出降，其子佛念，年十一，言于泓曰：“晋人将逞其欲，虽降必不免，不如引决。”泓怃然不应。佛念登宫墙自投而死。癸亥，泓将妻子、群臣诣镇恶垒门请降，镇恶以属吏。城中夷、晋六万余户，镇恶以国恩抚慰，号令严肃，百姓安堵。

辛未，刘穆之卒，太尉裕闻之，惊恸哀惋者累日。始，裕欲留长安经略西北，而诸将佐皆久役思归，多不欲留。会穆之卒，裕以根本无托，遂决意东还。

安帝义熙十三年（丁巳，公元417年）

后秦国主姚泓，在王宫前殿接受文武百官的朝贺，因国家内忧外患交迫，君臣们相对哭泣。

东晋太尉刘裕从彭城率水军出发西上，留下他的儿子、彭城公刘义隆镇守彭城。晋安帝司马德宗下诏，任命刘义隆为监徐、兖、青、冀四州诸军事，兼徐州刺史。

东晋龙骧将军王镇恶，进军渑池，又派毛德祖袭击后秦弘农太守尹雅据守的蠡吾城，生擒尹雅。尹雅杀死了看守他的兵卒逃走。王镇恶一直向前进攻，抵达潼关。

辛酉（二月十九日），东晋荥阳守将傅洪，献出虎牢城，投降北魏。

三月，檀道济、沈林子抵达潼关。后秦鲁公姚绍率兵出城迎战，檀道济、沈林子奋勇进攻，大破后秦军，斩杀和俘虏敌人数以千计。姚绍率领后秦军撤退，屯驻定城，凭依险要的地势固守城池。姚绍对他手下的将领们说："檀道济他们的兵力不多，而且孤军深入，所以他只能加强营垒固守，等待后继援军。我现在分兵几路，切断他的粮饷供给之路，就可以稳坐这里生擒他。"于是，姚绍派姚鸾把守大路要道，断绝檀道济的送粮道路。

东晋太尉刘裕率领水军从淮河、泗水进入清河，准备再逆流西上，开进黄河，他先派使节向北魏借路。后秦国主姚泓也派人出使北魏，请求救援。北魏国主拓跋嗣命令文武百官共同商讨这件事，群臣们都说："潼关是天险，刘裕用水军攻克恐怕难以达到。但是，如果从黄河北岸登陆向北方侵入，那就容易得多。刘裕声称讨伐秦，他的真实目的难以猜测；而且秦是与我们有婚姻关系的国家，不可以不出兵相助。我们应派兵切断黄河上游，阻止晋军西上。"博士祭酒崔浩说："刘裕吞并秦国的野心由来已久。如今，姚兴去世。他的儿子姚泓愚劣懦弱，国内灾难一再发生。刘裕乘其陷入危机而兴兵讨伐，他的决心是一定要灭国得土。我们如果切断黄河上游，阻截晋军，刘裕一怒之下，必然登陆向我们进攻，这样一来，我们等于代替秦国挨打。如今柔然进攻我们边境，百姓又缺少粮食，如果再与刘裕为敌，发兵南下进攻晋，那么北边敌军柔然就会更加深入。那时，大军救援北方，南方的州县又将告急，这不是好计策。不如借给刘裕水道，听任刘裕西上，然后我们出兵驻防东部，阻塞他的退路。如果刘裕得胜告捷，一定会感激我们借路的恩德；如果失败，我们也会有援救秦国的美名，这是很多办法中比较好的一个。况且，南方与北方风俗不同，即使朝廷放弃恒山以南的领土，刘裕也决不会用来自吴、越的军队与我们争夺据守黄河以北的土地，怎么会成为我们的威胁呢？为国家制定方略的人，应该只为国家的利益考虑，怎么可以顾念一个嫁过来的女子呢！"大臣们还说："刘裕向西进入潼关，便害怕我们切断他的退路，腹背同时遭到攻击；而刘裕如果北上进攻我们，那么秦国姚氏一定不会从潼关出兵救援，所以看刘裕的样子虽然是声称向西，但实际一定是北上。"拓跋嗣于是命令司徒长孙嵩为督山东诸军事。又派振威将军娥清、冀州刺史阿薄干，率领步、骑兵十万人屯军黄河北岸。

庚辰（三月初八），刘裕率领水军开进黄河，任命左将军向弥为北青州刺史，留下戍守碻磝。

当初，刘裕命令王镇恶等人："如果攻克洛阳，一定要等主力大军到达后共同前进。"王镇恶等人却乘胜直接进攻潼关，被后秦兵牵制，不能前进，时间一长，军中粮饷接济不上，士卒中产生恐慌和疑虑，有人打算放弃笨重的军用品回去投奔大军。沈林子手按佩剑怒斥道："相公大志是统一天下，而今许昌、洛阳均已平定，关右也将要收复，大事成功与否，就在前锋部队的行动。为什么要挫伤胜利后的士气，放弃就要得到的功业？况且现在主力大军距我们还远，敌人的力量正强盛，即使我们打算撤退，又怎么能够走脱，我接受了命令就不做回头的打算。今天的事，我自己率军完成任务，不知你们这些君子，将来有什么面目去见宋公的旗鼓！"王镇恶等人派人飞马报告刘裕，要求支援粮草和兵力。刘裕把王镇恶的使节叫到面前，打开战船的北窗，指着黄河岸边的北魏大军给他看，说："我告诉他们不能单独前进，如今却轻率地深入敌境，岸上的形势如此严重，我怎么派得出军队！"王镇恶于是亲自回到弘农，向百姓说明情况，晓以大义，百姓争相捐献粮草，军队的粮饷重新得到补充。

五月，乙未（二十四日），东晋齐郡太守王懿投降了北魏，他上书北魏朝廷说："刘裕现在洛阳，应该迅速发兵切断他的归路，可以不战而胜。"北魏国主拓跋嗣表示赞许。

当时，崔浩在前面为拓跋嗣讲解经典，拓跋嗣问崔浩说："刘裕讨伐姚泓，果真能攻克吗？"崔浩回答说："定能攻克！"拓跋嗣问："为什么！"崔浩说："当年姚兴喜欢追求虚名而不做实事，他的儿子姚泓生性懦弱，身体多病，兄弟之间争权夺势，不能团结一心。如今刘裕乘人之危，他的将士勇猛善战，训练有素，有什么理由不能取胜！"拓跋嗣又问："刘裕的才华与慕容垂相比如何？"崔浩说："刘裕胜过慕容垂。慕容垂凭借父兄的资荫，复兴故有的基业，国人都投靠他，就像夜间的昆虫飞向火光一样，对此稍加凭借，就能轻而易举地建功立业。而刘裕则出身微贱贫寒，没有一尺土地可以凭借，却消灭了桓玄，兴复了晋朝宗室的统治。在北方生擒慕容超，在南方砍下卢循的首级，所过之处，没有敌手，他如果不是才智过人，怎么会这样呢？"拓跋嗣说："刘裕既然已经进入函谷关，一时不能前进，也不能后退，而我们以精锐骑兵直捣他的老巢彭城、寿春，刘裕将会怎么样？"崔浩回答说："如今我们西面有夏国赫连勃勃，北有柔然，他们都在时刻窥伺我们的行动，准备乘机来攻。陛下既然不能亲自指挥军队，我军虽然有精兵，却没发现有良将，长孙嵩的长处是善于治理国家，短处是不善于用兵，根本不是刘裕的对手。我军大举兴兵远征，看不到实际利益，不如暂且按兵不动，静观事态的发展。刘裕攻克秦国后回国，一定会篡取皇帝宝座。关中地区汉族、戎族杂居一处，风俗强悍。刘裕打算用教化荆州、扬州百姓的方法统治函谷关和秦国这一带的百姓，这就好像脱下衣服包火，张开罗网捕捉老虎一样，难以奏效。

刘裕虽然会留下军队驻守，可一时人心难以信服，志趣习俗又不一样，恰好为别人入侵提供了好条件。希望陛下停止出兵征讨，让百姓休养生息，观察局势的变化，秦国的地盘终究会为我国所有，我们坐在这里，就能到手。”拓跋嗣笑着说：“你分析得很周详。”崔浩说：“我曾经私下评论过近世的将领和宰相，比如王猛治理国家，是苻坚的管仲；慕容恪辅佐幼主，是慕容的霍光；刘裕平定桓玄祸乱，是司马德宗的曹操呀！”

东晋太尉刘裕抵达阌乡。沈田子等将领准备进攻峣柳。后秦国主姚泓打算亲自统兵出征，抵御刘裕的大军，又害怕沈田子等人突袭他的后方，就想先消灭沈田子等人，然后出动全国的兵力向东攻打刘裕。于是，姚泓率领步、骑兵数万人，突然抵达青泥。沈田子这支部队，本来就是为迷惑敌人布置的疑兵，一共才一千多人。沈田子听说姚泓亲征，打算迎战，建威将军傅弘之认为敌众我寡无法抵敌，从而劝止他。沈田子说：“用兵贵在出奇制胜，不一定在人数多。况且如今敌我寡众悬殊，看形势不能并存。如果等到敌人集结的阵势稳固，我们就会无处可逃。不如乘他们刚刚到达，营地和战阵都没有建立，我们主动挑战，定能成功。”于是，沈田子率领他的部众首先出动，傅弘之作为后继援军紧跟。后秦兵把这支东晋军重重包围。沈田子安抚激励士卒们说：“各位不畏艰险、远道而来，就是为了像今天这样的会战，生死对决，封侯升官的大业就在这里了！”士卒们大声疾呼，跃跃欲试，手执短兵器奋勇杀敌。后秦军大败，共一万多人被斩杀，缴获姚泓的御车御衣，以及王家专用的器物。姚泓逃回灞上。

东晋龙骧将军王镇恶，请求率水军从黄河开进渭水，然后直趋长安，刘裕应允。后秦恢武将军姚难，从香城率军向西退却，王镇恶挥师追击。后秦国主姚泓从灞上率军返回，屯驻石桥，准备援救姚难。后秦镇北将军姚强与姚难会师，屯兵泾水岸边，抵抗王镇恶的追击。王镇恶命毛德祖进攻，大破后秦军，姚强战死，姚难逃回长安。

王镇恶率水军在渭水中逆流而上，乘坐蒙冲小舰，划桨的士卒都在船内。后秦人看到战舰行进却没有划船的人，都惊奇地以为神仙下凡。壬戌（八月二十三日）凌晨，王镇恶军抵达渭桥，命令战士们吃饱喝足以后，全部手持兵器登岸，最后登陆的人斩首。士卒们登陆完毕，渭水流急，东晋的战舰随波东下，倏忽之间，不见踪影。当时姚泓统率的军队还有几万人。王镇恶向士卒们宣告说：“我们的亲人和家园都在江南，这里是长安北门，离故乡有万里之遥。现在，战船、衣服、粮食都随波漂走，今天我们进攻，战胜可以建功立名；失败，我们的尸骨都回不了家，没有第三条路可走。你们大家共勉吧！”于是，王镇恶身先士卒，冲在最前面，士卒们士气高涨，踊跃奋击，在渭桥大败后秦姚丕的军队。姚泓率兵救援，却被姚丕的败兵冲击践踏，不战自溃。姚谌等人全都战死，姚泓独自逃回皇宫。王镇恶从长安的平朔门进城，姚泓和姚裕等率几百名骑兵逃奔石桥。东平公姚听说姚泓战败，急忙率军赴难救援，可是，后秦军心大乱，士卒们四处逃散。胡翼度向东晋太尉刘裕投降。

姚泓打算出城投降，他的儿子姚佛念，年仅十一岁，对姚泓说："晋人势必要在我们身上满足欲望，即使投降也难免一死，不如自杀。"姚泓心里痛楚，没有回答。姚佛念自己登上宫墙，投下摔死。癸亥（二十四日），姚泓携妻子儿女、文武百官，前往王镇恶的大营投降，王镇恶把他们交给下属官吏关押。长安城中的汉族人和夷族人共有六万多户，王镇恶宣扬东晋的恩德，加以安抚，号令严明，百姓安居乐业。

辛未（十一月初三），东晋左仆射、军司刘穆之去世。太尉刘裕听说后，一连几天震惊悲痛，不胜哀惋。当初，刘裕打算留在长安，继续征服西北，但是，东晋的各位将领都因长期征战，思念故土，大多数都不愿再留。正巧，刘穆之去世，刘裕鉴于朝中没有可以托付的人，才决定东返。

宋纪一

第一百一十九卷

高祖武皇帝永初三年（壬戌，422）

五月，帝疾甚，召太子诫之曰："檀道济虽有干略，而无远志，非如兄韶有难御之气也。徐羡之、傅亮，当无异图。谢晦数从征伐，颇识机变，若有同异，必此人也。"又为手诏曰："后世若有幼主，朝事一委宰相，母后不烦临朝。"司空徐羡之、中书令傅亮、领军将军谢晦、镇北将军檀道济同被顾命。癸亥，帝殂于西殿。帝清简寡欲，严整有法度，被服居处，俭于布素，游宴甚稀，嫔御至少。

初，魏主闻高祖克长安，大惧，遣使请和，自是每岁交聘不绝。及高祖殂，殿中将军沈范等奉使在魏，还，及河，魏主遣人追执之，议发兵取洛阳、虎牢、滑台。崔浩谏曰："陛下不以刘裕欻起，纳其使贡，裕亦敬事陛下。不幸今死，遽乘丧伐之，虽得之不足为美。且国家今日亦未能一举取江南也，而徒有伐丧之名，窃为陛下不取。臣谓宜遣人吊祭，存其孤弱，恤其凶灾，使义声布于天下，则江南不攻自服矣。况裕新死，党与未离，兵临其境，必相帅拒战，功不可必。不如缓之，待其强臣争权，变难必起，然后命将出师，可以兵不疲劳，坐收淮北也。"魏主曰："刘裕乘姚兴之死而灭之，今我乘裕丧而伐之，何为不可？"浩曰："不然。姚兴死，诸子交争，故裕乘衅伐之。今江南无衅，不可比也。"魏主不从，假司空奚斤节，加晋兵大将军、行扬州刺史，使督宋兵将军、交州刺史周幾，吴兵将军、广州刺史公孙表同入寇。

魏军将发，公卿集议于监国之前，以先攻城与先略地。奚斤欲先攻城，崔浩曰："南人长于守城。昔苻氏攻襄阳，经年不拔。今以大兵坐攻小城，若不时克，挫伤军势，敌得徐严而来，我怠彼锐，此危道也。不如分军略地，至淮为限，列置守宰，收敛租谷，则洛阳、滑台、虎牢更在军北，绝望南救，必沿河东走；不则为囿中之物，何忧其不获也！”公孙表固请攻城，魏主从之。

奚斤等攻滑台，不拔，求益兵，魏主怒，切责之。壬辰，自将诸国兵五万余人南出天关，逾恒岭，为斤等声援。

十一月，魏太子焘将兵出屯塞上，使安定王弥与安同居守。

戊子，魏兵逼虎牢。青州刺史东莞竺夔镇东阳城，遣使告急。己丑，诏南兖州刺史檀道济监征讨诸军事，与王仲德共救之。庐陵王义真遣龙骧将军沈叔貍将三千人就刘粹，量宜赴援。

营阳王景平元年（癸亥，423）

叔孙建自滑台西就奚斤，共攻虎牢。虎牢被围二百日，无日不战，劲兵战死殆尽，而魏增兵转多。魏人毁其外城，毛德祖于其内更筑三重城以拒之，魏人又毁其二重。德祖唯保一城，昼夜相拒，将士眼皆生创；德祖抚之以恩，终无离心。时檀道济军湖陆，刘粹军项城，沈叔貍军高桥，皆畏魏兵强，不敢进。丁巳，魏人作地道以泄虎牢城中井，井深四十丈，山势峻峭，不可得防；城中人马渴乏，被创者不复出血，重以饥疫。魏仍急攻之，己未，城陷；将士欲扶德祖出走，德祖曰：“我誓与此城俱毙，义不使城亡而身存也！”魏主命将士：“得德祖者，必生致之。”将军代人豆代田执德祖以献。将佐在城中者，皆为魏所虏，唯参军范道基将二百人突围南还。魏士卒疫死者亦什二三。

奚斤等悉定司、兖、豫诸郡县，置守宰以抚之。魏主命周幾镇河南，河南人安之。

宋武帝永初三年（壬戌，公元 422 年）

五月，刘宋武帝病重，他把太子刘义符召到床前，告诫他说：“檀道济虽有才干，精于谋略，却无野心，不像他的哥哥檀道韶，有一种难以驾驭的气质。徐羡之、傅亮，当不会有其他企图。谢晦多次随我南北征战，善于随机应变，将来如果有问题，一定是他。”然后，刘裕又亲笔写下遗诏：“后世如果出现年幼的君主，朝中政事一概委托给宰相，皇太后用不着临朝主政。”司空徐羡之、中书令傅亮、领军将军谢晦、镇北将军檀道济，共同接受遗命。癸亥（二十一日），刘宋武帝刘裕在西殿去世。刘裕生前清心寡欲，生活简朴，起居有常，严整有度。衣服和住所都很朴素，游览欢宴十分稀有，后宫嫔妃极少。

最初，北魏国主拓跋嗣听到东晋的太尉刘裕克复长安的消息，大为恐惧，立即派遣使臣请和。从此以后，两国使臣每年互访，来往不断。刘裕去世的时候，刘宋使臣殿中将军沈正出使北魏，告辞返国，刚到黄河，北魏国主便派人追赶，生擒而回。北魏还打算发兵攻取黄河南岸的洛阳、虎牢和滑台。白马公崔浩劝阻说：“当初陛下您不嫌刘裕骤然得势，而接纳他派遣的使臣和礼物，刘裕对陛下也十分恭敬。他现在不幸去世了，我们却乘人家遭丧而兴兵讨伐，即使得手也不是光彩的事。更何况以我们国家眼下的实力，也不可一举夺取江南，只落得个伐丧的恶名，我自以为陛下不该这样做。在我看来，我们应该派使节前往吊丧，抚慰孤儿寡妇，同情他们的不幸，从而使我们仁义的名声传播天下，这样一来，长江以南的江山，不攻自服了。况且如今刘裕刚刚去世，其党羽还不曾离析，一旦大军压境，他们势必会同心协力抵抗，我们不一定能成功。不如稍稍延缓，等待他们的权臣争权内讧，变故和灾难必然发生，然后我们再调兵遣将，军士还不曾疲劳，即可坐收淮北的大片土地。”北魏国主拓跋嗣问道：“当年刘裕乘姚兴之死，一举灭掉了秦国。如今我要乘刘裕之死，讨伐刘宋，有什么不可以？”崔浩说：“那不一样。姚兴死后，他的儿子们拼命内争，刘裕才得以乘机讨伐。现在，江南的刘宋无机可乘，所以不可同日而语呀！”北魏国主拒不接受崔浩的意见，授司空奚斤以符节，给他加授晋兵大将军、代理扬州刺史等官职，率领宋兵将军、交州刺史周幾，吴兵将军、广州刺史公孙表等，一起向刘宋进攻。

北魏南征的大军将要出发，朝中的公卿显官在太子拓跋焘的殿前举行会议，讨论应先攻城池还是先占领土地。奚斤认为应先攻取城池，崔浩反对，说：“南方人擅长守城。从前苻氏进攻襄阳，一年有余，不能破城。现在，我们以大军攻小城，如果不立即攻克，必定会挫伤军力，敌人就会慢慢地增援，我军疲劳而敌人气势正盛，这是十分危险的办法。我们不如分别派兵，夺取土地，以淮河为界线，依次委派地方官，征收田赋租金，把洛阳、滑台、虎牢远隔在我们大军的后方。当他们对南方的救援感到绝望的时候，必定会沿黄河往东逃；即使不逃，他们也已经是我们苑中的猎物，还用担心不能擒获？”吴军将军公孙表却仍然坚持先行攻城，拓跋嗣应许了公孙表的请求。

奚斤等率兵围攻滑台，不能攻破，请求增兵。北魏国主拓跋嗣闻之大怒，严厉斥责了奚斤。壬辰（十月二十三日），拓跋嗣亲自率领各部落联军五万余人南下，出天关，越过恒岭，声援奚斤。

十一月，北魏国太子拓跋焘率军出京，在塞上屯聚军队，命令安定王拓跋弥和北新公安同留守京师。

戊子（十二月二十日），北魏军逼近虎牢。刘宋青州刺史东莞人竺夔当时正在镇守东阳城，派人告急求救。己丑（二十一日），刘宋下诏，命令南兖州刺史檀道济督察征讨诸军事，会同徐州刺史王仲德一起前去救援。庐陵王刘义真派遣龙骧将军沈叔貍率兵三千人，奔赴豫州刺史刘粹的驻地，察看时机前去救援。

宋营阳王景平元年（癸亥，公元423年）

北魏将军叔孙建从滑台向西增援，与大将奚斤合兵一处，攻打虎牢城。虎牢被围困已有二百多天，没有一天不在作战，守城的精锐士卒几乎全部战死，而北魏围城军却越增越多。北魏军已摧毁了虎牢的外城。刘宋守将毛德祖又构筑了三层内城用来抵御，北魏再摧毁其中二城。毛德祖只保持最后一城，日夜奋战，守城的将士不能睡觉，眼睛都长疮。毛德祖与士卒们恩义相结，始终团结一心。这时，檀道济驻军湖陆，豫州刺史刘粹驻军项城，龙骧将军沈叔貍驻军高桥，都畏惧北魏兵强势盛，不敢前来救援。丁巳（闰四月二十一日），北魏军挖地道，宣泄虎牢城里的井水，井深四十丈，山势高峻陡峭，守军无法阻止魏军挖掘。城中开始缺水，人马干渴倦乏，受伤的人已流不出鲜血，再加上饥饿和瘟疫，守军难以坚持下去。北魏军仍然发动急迫的强攻。己未（二十三日），城破。将士们想要保护毛德祖突围，毛德祖说："我发誓与此城一同毁灭，大义所在，我不能使城陷而我仍然生存。"拓跋嗣传令攻城将士："碰上毛德祖，必须生擒。"北魏将军、代郡人豆代田俘虏了毛德祖，呈献给拓跋嗣。刘宋将领在虎牢城中的，也都被北魏军生擒，唯独参军范道基率领二百人突围，返回江南。北魏南征士卒死于瘟疫的，也有十分之二三。

北魏大将奚斤等完全占领了刘宋的司州、兖州、豫州所属各郡县，设置地方官安抚治理。北魏国主拓跋嗣命将军周幾镇守河南，河南人安于北魏的统治。

宋纪二

第一百二十卷

太祖文皇帝上之上元嘉三年（丙寅，426）

魏主闻夏世祖殂，诸子相图，国人不安，欲伐之。长孙嵩等皆曰："彼若城守，以逸待劳，大檀闻之，乘虚入寇，此危道也。"崔浩曰："往年以来，荧惑再守羽林、钩己而行，其占秦亡；今年五星并出东方，利以西伐。天人相应，不可失也。"嵩固争之，帝大怒，责嵩在官贪污，命武士顿辱之。于是遣司空奚斤帅四万五千人袭蒲阪，宋兵将军周幾帅万人袭陕城，以河东太守薛谨为乡导。谨，辩之子也。

魏主欲以中书博士平棘李顺总前驱之兵，访于崔浩，浩曰："顺诚有筹略；然臣与之婚姻，深知其为人果于去就，不可专委。"帝乃止。浩与顺由是有隙。

冬，十月，丁巳，魏主发平城。

魏主行至君子津，会天暴寒，冰合，戊寅，帅轻骑二万济河袭统万。壬午，冬至，夏主方燕群臣，魏师奄至，上下惊扰。魏主军于黑水，去城三十余里。夏主出战而败，退走入城，门未及闭，内三郎豆代田帅众乘胜入西宫，焚其西门；宫门闭，代田逾宫垣而出。魏主拜代田勇武将军。魏军夜宿城北，癸未，分兵四掠，杀获数万，得牛马十余万。魏主谓诸将曰："统万未可得也，他年当与卿等取之。"乃徙其民万余家而还。

魏初得中原，民多逃隐。天兴中，诏采诸漏户，令输缯帛；于是自占为绸茧罗縠户者甚众，不隶郡县，赋役不均。是岁，始诏一切罢之，以属郡县。

四年（丁卯，427）

魏主至拔邻山，筑城，舍辎重，以轻骑三万倍道先行。群臣咸谏曰："统万城坚，非朝夕可拔。今轻军讨之，进不可克，退无所资，不若与步兵、攻具一时俱往。"帝曰：

“用兵之术，攻城最下；必不得已，然后用之。今以步兵、攻具皆进，彼必惧而坚守。若攻不时拔，食尽兵疲，外无所掠，进退无地。不如以轻骑直抵其城，彼见步兵未至，意必宽弛；吾羸形以诱之，彼或出战，则成擒矣。所以然者，吾之军士去家二千余里，又隔大河，所谓‘置之死地而后生’者也。故以之攻城则不足，决战则有余矣。”遂行。

魏主至统万，分军伏于深谷，以少众至城下。夏将狄子玉降魏，言：“夏主闻有魏师，遣使召平原公定，定曰：‘统万坚峻，未易攻拔。待我擒奚斤，然后徐往，内外击之，蔑不济矣。’故夏主坚守以待之。”魏主患之，乃退军以示弱，遣娥清及永昌王健帅骑五千西掠居民。

魏军士有得罪亡奔夏者，言魏军粮尽，士卒食菜，辎重在后，步兵未至，宜急击之。夏主从之，甲辰，将步骑三万出城。长孙翰等皆言：“夏兵步陈难陷，宜避其锋。”魏主曰：“吾远来求贼，惟恐不出。今既出矣，乃避而不击，彼奋我弱，非计也。”遂收众伪遁，引而疲之。

魏人乘胜逐夏主至城北，杀夏主之弟河南公满及兄子蒙逊，死者万余人。夏主不及入城，遂奔上邽。魏主微服逐奔者，入其城；拓跋齐固谏，不听。夏人觉之，诸门悉闭；魏主因与齐等入其宫中，得妇人裙，系之槊上，魏主乘之而上，仅乃得免。会日暮，夏尚书仆射问至奉夏主之母出走，长孙翰将八千骑追夏主至高平，不及而还。

乙巳，魏主入城，获夏王、公、卿、将、校及诸母、后妃、姊妹、宫人以万数，马三十余万匹，牛羊数千万头，府库珍宝、车旗、器物不可胜计，颁赐将士有差。

初，夏世祖性豪侈，筑统万城，高十仞，基厚三十步，上广十步，宫墙高五仞，其坚可以厉刀斧。台榭壮大，皆雕镂图画，被以绮绣，穷极文采。魏主顾谓左右曰：“蕞尔国而用民如此，欲不亡得乎！”

宋文帝元嘉三年（丙寅，公元426年）

北魏国主拓跋焘听到夏国主赫连勃勃去世，儿子们内讧，民心不安的消息，打算征讨夏国。长孙嵩等人都说：“夏国如果围绕城池固守，以逸待劳，而柔然汗国的郁久闾大檀听说了这一消息，会乘我们国内空虚，大举进攻，这可是危险的策略。”太常崔浩说：“说起当年，火星两次紧傍着羽林星和钩己星运转，算卦占卜都预示着秦国一定灭亡。今年，金、木、水、火、土五星同时出现在东方，显示西征一定胜利。上天的旨意和凡世的人心是互相呼应的，良机不可失去。”长孙嵩仍然坚持不能西征，拓跋焘暴跳如雷，斥责长孙嵩做官贪赃枉法，命令武士强按他的头，猛烈触地，殴打侮辱。于是，拓跋焘派遣司空奚斤率领四万五千人袭击夏国的蒲阪；派宋兵将军周幾率一万人袭击陕城；命令河东太守薛谨为大军的向导。薛谨是薛辩的儿子。

北魏国主拓跋焘打算让中书博士、平棘人李顺全权指挥前锋部队。他征求崔浩的意见，崔浩说：“李顺确实很有谋略，善于筹划，但是，我与李顺是姻亲，深知他为人非常自信，不可委任他要职。”拓跋焘于是停止了他的任命。崔浩和李顺之间因此产生了隔阂。

冬季，十月，丁巳（十一日），拓跋焘一行从平城出发。

北魏国主拓跋焘，抵达君子津，正遇天气酷寒，气温急剧下降，黄河冰封。戊寅（十一月初三），拓跋焘亲自统率轻骑兵二万人，踏冰渡过黄河，袭击夏国都城统万。壬午（初七），冬至，夏王赫连昌正在与文武群臣欢歌宴饮。北魏大军的突然出现，使夏国上下不胜惊恐。北魏国主拓跋焘驻军在黑水，距统万城只有三十余里。赫连昌率兵迎战，大败而回，急向城中撤退。城门还没有来得及关闭，北魏禁军内三郎豆代田率众乘胜攻进西宫，纵火焚烧了西宫城门；夏军关闭了所有的宫门，豆代田跳出宫墙撤退。拓跋焘擢升豆代田为勇武将军。这天夜里，北魏军队在城北扎营。癸未（初八），北魏军队四处出动，抢夺掳掠，斩杀及俘虏夏国军民数万人，缴获牛马十余万头。拓跋焘对他手下的各位大将说：“统万城恐怕打不下了，以后跟各位再来攻取。”于是，裹胁当地居民一万余户，班师回国。

北魏最初占领中原时，当地的居民大多逃避户籍登记。天兴年间，拓跋珪下诏清查这些没有纳入户籍的人家，命他们缴纳绸缎布匹。于是，自己申报缴纳绸缎布匹的人家非常多，他们不隶属任何郡县，使赋税徭役很不均匀。这一年，北魏国主拓跋焘下诏停止一切清查，将上述人家隶属郡县。

四年（丁卯，公元 427 年）

北魏国主拓跋焘抵达拔邻山，在那里兴筑城堡，留下辎重，然后率领轻骑兵三万人，加速先行进发。朝中随行的文武官员都劝阻他说：“统万城十分坚固，不是一日之内就可以攻克的。如今您率领轻装部队去讨伐，恐怕不能一时攻破，想要退回又没有粮饷及其他军用物资，不如与步兵一道，携带攻城械具进攻统万。”拓跋焘说：“用兵的策略，攻城是最下策；非到万不得已，不可使用。现在我们如果以步兵携攻城械具一起开进，敌人见状，一定会恐惧并坚守城池。如果我们不能按时攻下，粮食吃完，兵士疲劳，城外又没什么可以抢夺的，那时我们就会进退不得，陷入窘境。不如先用骑兵长驱直抵统万城下，敌人见到我们的步兵没有来，一定不太在意。我们再故意装出羸弱不堪的样子，引诱他们出击，他们如果出城迎战，就会被我们生擒。所以这样的原因，是因为我们的将士离家二千余里，又隔着一条黄河，这就是所谓'置之死地而后生'啊！三万人的轻骑兵，攻城自然不够，但用来决战，还绰绰有余。"于是大军启程。

北魏国主拓跋焘抵达统万，大军分别埋伏在深谷之中，只派少数部队来到城下。夏国的大将狄子玉投降了北魏，他向拓跋焘报告说："夏王赫连昌听说北魏大军将到，就派人征召平原公赫连定回军，赫连定说：'统万城坚固险峻，不容易攻破，等我生擒奚斤然后再赶赴统万，内外夹击北魏大军，没有不成功的道理。'所以夏王赫连昌专心守城，等待赫连定。"拓跋焘听到这席话，十分忧虑。于是命令军队撤退，显示懦弱。又派遣娥清和永昌王拓跋健率领骑兵五千人向西大肆劫掠居民。

北魏军中的士卒有人因犯罪逃走，投降了夏军，他向夏国报告说，魏军的粮草已经用尽，军中士卒每天只吃菜，而辎重补给还在后方，步兵也尚未到达，应当乘机急速地袭击他们。赫连昌同意。甲辰（六月初二），赫连昌亲自统率步、骑兵共三万人出城。北魏的大臣司徒长孙翰等人都说："夏国的骑、步兵的阵势难以攻破，我们应该避开他的锋锐。"拓跋焘说："我们远道而来，就是要引诱敌人出城，唯恐他们不出。现在他们既然出城了，我们却避而不打，只能使敌人士气旺盛，我们却被削弱，这不是用兵的好计策！"于是，命令部队集结假装逃走，引诱敌人追赶，使他们疲惫。

北魏国部队乘胜把夏国残兵追到统万城北，杀死了夏王赫连昌的弟弟河南公赫连满和侄儿赫连蒙逊，杀死士卒一万多人。夏王赫连昌来不及跑进城去，于是便逃奔上邽。北魏国主拓跋焘换上士兵的服装追赶逃跑的敌人，并进入了统万城。拓跋齐苦苦劝阻，拓跋焘坚决不听。后来夏国人发觉了这件事，把几个城门都关了起来。拓跋焘于是与拓跋齐等人混进内宫之中，弄到了几件女人穿的裙子，用它当绳索，绑在铁槊上，拓跋焘借此爬上城墙，逃出城外，才免于被擒。等到了黄昏的时候，夏国的尚书仆射问至保护着赫连昌的母亲逃出城外。北魏司徒长孙翰率领八百骑兵追赶夏王赫连昌，一直追到高平，没有追上，便回来了。

乙巳（六月初三），北魏国主拓跋焘进入统万城，俘虏夏国的亲王、公爵、高级文官、军事将领以及赫连昌的皇后和嫔妃、姐妹、宫女等数以万计。还缴获马匹三十余万匹，牛羊几千万头，国库中的珍宝、车辆、旌旗，各种精美的器物，多得不可胜数，拓跋焘把它们按等级分别赏赐给自己的将士。

当初，夏王赫连勃勃性情奢侈，兴筑了这座统万城，城墙高十仞，墙基厚达三十步，上宽十步，宫墙高约五仞，它坚硬得可以用来磨砺刀斧。亭台楼阁、水榭也都十分雄伟壮丽，全都雕刻图画，用锦绣装饰，精致奢华，无以复加。北魏国主拓跋焘看到这些，回头对左右侍从官员说："一个小国，却把百姓奴役到这种地步，怎么能够不亡国呢？"

宋纪四

第一百二十二卷

太祖文皇帝上之下元嘉九年（壬申，432）

魏李顺复奉使至凉。凉王蒙逊遣中兵校郎杨定归谓顺曰："年衰多疾，腰髀不随，不堪拜伏；比三五日消息小差，当相见。"顺曰："王之老疾，朝廷所知；岂得自安，不见诏使！"明日，蒙逊延顺入至庭中，蒙逊箕坐隐几，无动起之状。顺正色大言曰："不谓此叟无礼乃至于此！今不忧覆亡而敢陵侮天地；魂魄逝矣，何用见之！"握节将出。凉王使定归追止之，曰："太常既雅恕衰疾，传闻朝廷有不拜之诏，是以敢自安耳。"顺曰："齐桓公九合诸侯，一匡天下；周天子赐胙，命无下拜，桓公犹不敢失臣礼，下拜登受。今王虽功高，未如齐桓；朝廷虽相崇重，未有不拜之诏；而遽自偃蹇，此岂社稷之福邪！"蒙逊乃起，拜受诏。

使还，魏主问以凉事。顺曰："蒙逊控制河右，逾三十年，经涉艰难，粗识机变，绥集荒裔，群下畏服；虽不能贻厥孙谋，犹足以终其一世。然礼者德之舆，敬者身之基也；蒙逊无礼、不敬，以臣观之，不复年矣。"魏主曰："易世之后，何时当灭？"顺曰："蒙逊诸子，臣略见之，皆庸才也。如闻敦煌太守牧犍，器性粗立，继蒙逊者，必此人也。然比之于父，皆云不及。此殆天之所以资圣明也。"魏主曰："朕方有事东方，未暇西略。如卿所言，不过数年之外，不为晚也。"

十年（癸酉，433）

凉王蒙逊病甚，国人共议，以世子菩提幼弱，立菩提之兄敦煌太守牧犍为世子，加中外都督、大将军、录尚书事。蒙逊卒，谥曰武宣王，庙号太祖。牧犍即河西王位，大赦，改元永和。立子封坛为世子，加抚军大将军、录尚书事。遣使请命于魏。牧犍聪颖好学，和雅有度量，故国人立之。

魏主谓李顺曰："卿言蒙逊死，今则验矣；又言牧犍立，何其妙哉！朕克凉州，亦当不远。"于是赐绢千匹，厩马一乘，进号安西将军，宠待弥厚，政事无巨细皆与之参议。

宋文帝元嘉九年（壬申，公元432年）

北魏太常李顺，再次出使北凉。北凉王沮渠蒙逊派中兵校郎杨定归对李顺说："我年老多病，腰腿不太灵便，不能下跪叩拜。等三五天稍稍好转，再与你相见。"李顺说："你年迈多疾，朝廷早就知道，怎么可以自己苟且偷安，不出来会见钦差大使！"第二天，沮渠蒙逊请李顺入宫，来到庭上，沮渠蒙逊靠着几案坐在那里不动，全无起身行礼的表示。李顺态度严肃，大声说："没有想到你这个老头儿竟无礼到这种地步！如今你不担心国破家亡，竟敢侮辱天地，你已经魂飞魄散了，还有什么必要见你。"于是，他带着符节，转身就要出去。沮渠蒙逊急忙让杨定归追上，并劝阻他说："太常你既然已经宽恕我们主上年老有病，而且又听说朝廷有特许不行叩拜大礼的诏命，所以才敢这样放肆。"李顺说："当年齐桓公九次荣任各诸侯国的盟主，匡扶号令天下。周天子赏他祭祀用的肉，命他不必叩拜，齐桓公却仍不失臣子对君主的礼节，仍在台下叩拜，再上台接受祭肉。如今大王的功德虽高，终究比不上齐桓公。朝廷虽然特别尊重你，却从来没有下过特许不拜的诏书，而你自己却举止傲慢，这怎么能是贵国的福分！"沮渠蒙逊这才起身叩拜，接受诏书。

李顺回到平城，北魏国主拓跋焘询问北凉的情况。李顺回答说："沮渠蒙逊控制河西，已超过三十年了。他历经艰难，也多少知道随机应变。怀柔远方民族，群臣及部众既敬畏又服从。虽不能给子孙留下基业，仍足以在有生之年掌握大权。然而，礼仪是道德的表现，恭敬是修身的基础。沮渠蒙逊无礼，不敬，在我看来，他的日子也不长了。"拓跋焘说："下一代继位后，什么时候会灭亡？"李顺说："沮渠蒙逊的几个儿子，经我大致考察，都是平庸无能之辈。而我听说敦煌太守沮渠牧犍还比较成器，将来继承王位的一定是他。可是他与他的父亲蒙逊相比还差得很远。这是上天帮助您建立伟业呀！"拓跋焘说："我现在正在东方，与燕国用兵，还没有机会进攻西方。如果真的像你所说的那样，我们吞并凉国也就是数年之后的事，并不算晚。"

十年（癸酉，公元433年）

北凉王沮渠蒙逊病情严重，国内贵族和大臣们共同商议，认为世子沮渠菩提年纪幼小，决定立沮渠菩提的哥哥、敦煌太守沮渠牧犍为世子，并加授沮渠牧犍为中外都督、大将军、录尚书事。不久，沮渠蒙逊去世，谥号为武宣王，庙号称太祖。沮渠牧犍继承王位，下令大赦，改年号为永和。又立自己的儿子沮渠封坛为世子，加授抚军大将军、录尚书事。沮渠牧犍又派使节前往北魏，请求任命。沮渠牧犍聪明好学，文雅和气，宽厚而有度量，所以贵族们拥护他登上王位。

拓跋焘对李顺说："你说过蒙逊将死，今天应验了；你还说沮渠牧犍将即位，也应验了，多么奇妙啊！我攻克凉州的日子，恐怕也不远了。"于是，赏赐李顺绢一千匹，御马四匹，进号安西将军。从此对李顺倍加宠信尊重，朝廷政事无论大小都与他共同商量讨论。

宋纪五

第一百二十三卷

太祖文皇帝中之上元嘉十三年（丙子，436）

司空、江州刺史、永脩公檀道济，立功前朝，威名甚重，左右腹心并经百战，诸子又有才气，朝廷疑畏之。帝久疾不愈，刘湛说司徒义康，以为“宫车一日晏驾，道济不复可制”。会帝疾笃，义康言于帝，召道济入朝。其妻向氏谓道济曰：“高世之勋，自古所忌。今无事相召，祸其至矣。”既至，留之累月。帝稍间，将遣还，已下渚，未发；会帝疾动，义康矫诏召道济入祖道，因执之。三月，己未，下诏称：“道济潜散金货，招诱剽猾，因朕寝疾，规肆祸心。”收付廷尉，并其子给事黄门侍郎植等十一人诛之，唯宥其孙孺。又杀司空参军薛彤、高进之；二人皆道济腹心，有勇力，时人比之关、张。

道济见收，愤怒，目光如炬，脱帻投地曰：“乃坏汝万里长城！”魏人闻之，喜曰：“道济死，吴子辈不足复惮。”

十七年（庚辰，440）

司徒义康专总朝权。上羸疾积年，心劳辄发，屡至危殆；义康尽心营奉，药石非口所亲尝不进，或连夕不寐；内外众事皆专决施行。性好吏职，纠剔文案，莫不精尽。上由是多委以事，凡所陈奏，入无不可；方伯以下，并令义康选用，生杀大事，或以录命断之。势倾远近，朝野辐凑，每旦府门常有车数百乘，义康倾身引接，未尝懈倦。复能强记，耳目所经，终身不忘，好于稠人广席，标题所忆以示聪明。士之干练者，多被意遇。尝谓刘湛曰：“王敬弘、王球之属，竟何所堪！坐取富贵，复那可解！”然素无学术，不识大礼，朝士有才用者皆引入己府，府僚无施及忤旨者乃斥为台官。自谓兄弟至亲，不复存君臣形迹，率心而行，曾无猜防。私置僮六千余人，不以言台。四方献馈，皆以上品荐义康而以次者供御；上尝冬月啖甘，叹其形味并劣。义康曰："今年甘殊有佳者。"遣人还东府取甘，大供御者三寸。

殷景仁密言于上曰："相王权重，非社稷计，宜少加裁抑！"上阴然之。

司徒左长史刘斌，湛之宗也；大将军从事中郎王履，谧之孙也；及主簿刘敬文，祭酒鲁郡孔胤秀，皆以倾谄有宠于义康。见上多疾，皆谓"宫车一日晏驾，宜立长君"。上尝疾笃，使义康具顾命诏。义康还省，流涕以告湛及景仁。湛曰："天下艰难，讵是幼主所御！"义康、景仁并不答。而胤秀等辄就尚书议曹索晋咸康末立康帝旧事，义康不知也；及上疾瘳，微闻之。而斌等密谋，欲使大业终归义康，遂邀结朋党，伺察禁省，有不与己同者，必百方构陷之，又采拾景仁短长，或虚造异同以告湛。自是主、相之势分矣。

上以司徒彭城王义康嫌隙已著，将成祸乱，冬，十月，戊申，收刘湛付廷尉，下诏暴其罪恶，就狱诛之，并诛其子黯、亮、俨及其党刘斌、刘敬文、孔胤秀等八人，徙尚书库部郎何默子等五人于广州，因大赦。是日，敕义康入宿，留止中书省。其夕，分收湛等；青州刺史杜骥勒兵殿内以备非常。遣人宣旨告义康以湛等罪状。义康上表逊位，诏以义康为江州刺史，侍中、大将军如故，出镇豫章。

彭城王义康停省十余日，见上奉辞，便下渚；上惟对之恸哭，余无所言。上遣沙门慧琳视之，义康曰："弟子有还理不？"慧琳曰："恨公不读数百卷书！"

以征虏司马萧斌为义康谘议参军，领豫章太守，事无大小，皆以委之。斌，摹之之子也。使龙骧将军萧承之将兵防守。义康左右爱念者，并听随从；资奉优厚，信赐相系，朝廷大事皆报示之。

久之，上就会稽公主宴集，甚欢；主起，再拜叩头，悲不自胜。上不晓其意，自起扶之。主曰："车子岁暮必不为陛下所容，今特请其命。"因恸哭，上亦流涕，指蒋山曰："必无此虑。若违今誓，便是负初宁陵。"即封所饮酒赐义康，并书曰："会稽姊饮宴忆弟，所余酒今封送。"故终主之身，义康得无恙。

十二月，癸亥，以光禄大夫王球为仆射。戊辰，以始兴王浚为扬州刺史。时浚尚幼，州事悉委后军长史范晔、主簿沈璞。晔，泰之子；璞，林子之子也。晔寻迁左卫将军，以吏部郎沈演之为右卫将军，对掌禁旅；又以庾炳之为吏部郎，俱参机密。演之，劲之曾孙也。

晔有隽才，而薄情浅行，数犯名教，为士流所鄙。性躁竞，自谓才用不尽，常怏快不得志。吏部尚书何尚之言于帝曰："范晔志趋异常，请出为广州刺史；若在内衅成，不得不加铁钺，铁钺亟行，非国家之美也。"帝曰："始诛刘湛，复迁范晔，人将谓卿等不能容才，朕信受谗言；但共知其如此，无能为害也。"

宋文帝元嘉十三年（丙子，公元436年）

刘宋司空、江州刺史、永修公檀道济，在刘裕时代就立下奇功，享有很重的威名。他左右心腹战将都身经百战，几个儿子都有才气，刘宋文帝对他又猜忌又畏惧。这时，文帝久病不愈，领军将军刘湛劝说司徒刘义康说："皇上一旦驾崩，檀道济将不可控制。"正巧文帝的病情加重，刘义康劝说文帝，征召檀道济入京朝见。檀道济的妻子向氏对他说："功高当世的功勋大臣，自古以来都易被猜忌。如今没有战事却召你入京，大祸降临了。"檀道济来到建康以后，文帝留他在京一个多月。文帝病情稍稍好转，就要遣送他回到任所，船已下到码头，还没有出发。而文帝的病情突然加重，刘义康假传圣旨召回檀道济到祭祀路神的地方，声称为他设宴饯行，将他逮捕。三月，己未（初八），刘宋文帝下诏称："檀道济暗中散发金银财物，招募地痞无赖。乘我病重之时，图谋不轨。"将檀道济交到专管司法的廷尉处理，连同他的儿子、给事黄门侍郎檀植等十一人，一并诛杀，仅仅饶恕了他年幼的孙子。同时，又杀死了司空参军薛彤、高进之二人，他们都是檀道济的心腹爱将，勇猛善战，当时的人把他们比作关羽、张飞。

檀道济被逮捕时，怒不可遏，两道目光像火炬一样，把头巾狠狠地摔在地上说："你们是在毁坏你们自己的万里长城！"北魏人听到檀道济被杀的消息非常高兴，都说："檀道济死了，东吴那些竖子就没有值得我们忌惮的了。"

十七年（庚辰，公元440年）

刘宋司徒刘义康独揽朝政大权。文帝多年患病，稍微操劳，旧病就复发，多次病危。刘义康对文帝尽心侍奉，药物非经自己亲口尝过，绝不让文帝服用，有时一连几夜都不睡觉。朝廷内外的大小事务，他都一个人决定施行。因为生性就喜爱办理公务，所以阅读公文、处理诉讼等政务，他都处理得无不精密妥善。文帝因此把很多大事都委派给他。刘义康只要有奏请，立即就被批准。州刺史以下官员的人选，文帝都授权刘义康选拔任用。至于赦免和诛杀这类大事，有时刘义康就以录尚书事的身份裁决。因而，刘义康的势力倾动远近，朝野上下的各方人士，都集中在他周围。每天早晨，刘义康府第前面常有车数百辆，刘义康对来访客人亲自接待，从不懈怠。刘义康记忆力极强，一经耳闻目睹，终生不忘，他喜好在大庭广众的场合下，提起自己记忆中的事情，用来显示自己的聪明才干。许多有才能的士大夫，都被他委以重任。刘义康曾对刘湛说："王敬弘、王球这些人，有什么能力？坐享荣华富贵，真让人费解！"然而，刘义康一向没有学问，不识大体，朝中有才干的士大夫都被他延聘到府中来，府中没有才能的，或冒犯他的幕僚，都被贬斥到朝廷机构任职。他自以为，兄弟之间是至亲手足，因此他也不严格用君臣的礼节约束自己的行为，常常任性行事，从不考虑他的行为是否会触犯禁忌。他在府中私养僮仆六千多人，未曾上奏朝廷。各地进贡的物品，都把上品呈献给刘义康，而把次等的呈献文帝。有一年冬天文帝吃柑，叹息柑的外形和味道太差。刘义康说："今年的柑也有好的！"于是派人到府中去取，取来的柑比进贡文帝的直径大三寸。

殷景仁秘密报告文帝说："相王刘义康权势太重，并非国家久远的考虑，应该对他稍加抑制！"文帝心里暗暗同意。

司徒左长史刘斌是刘湛的同族，大将军从事中郎王履是王谧的孙子，他们和主簿刘敬文，祭酒、鲁郡人孔胤秀都因为阴险谄媚，排挤别人，而深得刘义康的宠信。他们看到文帝多病，都说："皇上一旦晏驾，应该拥护年长的人为君主。"文帝一度病重，命刘义康起草托孤诏书。刘义康回到府中，痛哭流涕地告诉刘湛和殷景仁，刘湛说："治理国家，不胜艰难，怎么是年幼君主所能胜任的！"刘义康、殷景仁都没有搭腔。而孔胤秀等人擅自前往尚书议曹，索取当年晋成帝去世，改立他的弟弟晋康帝的旧档案，刘义康并不知道这件事。等到文帝病愈后，略微听到这些情况。而刘斌等人却加紧活动，秘密策划，打算让刘义康最后登上帝位。于是，他们结成死党，窥视朝廷和宫中的变化，凡是与自己不同心的，就千方百计地陷害他。同时，他们又百般搜集殷景仁的材料，或者捏造事实提供给刘湛。从此以后，文帝与宰相之间，离心离德。

刘宋文帝认为司徒、彭城王刘义康的猜忌怨恨已经明显，势必酿成祸乱。冬季，十月，戊申，命令逮捕刘湛交付廷尉，并且下诏公布刘湛的罪行，在狱中就地处决，同时斩杀了刘湛的儿子刘黯、刘亮、刘俨以及刘湛的党羽刘斌、刘敬文、孔胤秀等八人，下令将尚书库部郎何默子等五人，流放到广州，因此下令大赦。这天，文帝命令刘义康进宫值班，随即把他软禁在中书省。晚上，分别逮捕了刘湛等人。青州刺史杜骥统兵在金銮殿防备意外情况发生。最后，文帝派人把刘湛等人的罪状传达给刘义康。刘义康上疏请求辞职，文帝下诏命刘义康为江州刺史，仍然保留侍中、大将军职，出京镇守豫章。

彭城王刘义康被软禁在中书省十多天，晋见文帝并辞行，来到码头。文帝看到他时，悲伤痛哭，没有一句话。文帝派僧人慧琳去看望他，刘义康说："您看我还有回到京师的可能吗？"慧琳说："真遗憾你不多读几百卷书！"

文帝任命征虏司马萧斌为刘义康谘议参军，兼任豫章太守，大小事务都委任他决断。萧斌是萧摹之的儿子。又命龙骧将军萧承之，率军驻防戒备。刘义康左右亲信僚属，有愿追随的，都准许一同前往。文帝赐赏刘义康的财物十分丰厚，而且信件不断，朝中大事都告诉刘义康。

过了很久，文帝驾临会稽公主家赴宴，兄弟姐妹在一起非常愉快。突然，会稽公主起身跪在地上，再拜叩头，不胜悲伤。文帝不明白她的用意，亲自把她扶起来。会稽公主说："车子（义康）到了晚年，陛下一定不能容他，今天特地求你饶他一命。"随后痛哭不止。文帝也泪流满面。他指着蒋山说："你不必担心。我如果违背今天的誓言，就是辜负了高帝。"于是，把正在饮用的酒封起来，送给刘义康，附一封信说："我与会稽姐宴饮，想起了你，把剩下的酒封起来送给你。"因此，会稽公主在世的日子里，刘义康得以平安。

十二月，癸亥（初九），文帝任命光禄大夫王球为仆射。戊辰（十四日），任命始兴王刘浚为扬州刺史。当时刘浚年纪幼小，州里具体事务全部委派给后军长史范晔和主簿沈璞。范晔是范泰的儿子；沈璞是沈林子的儿子。不久，范晔提升为左卫将军，同时朝廷任命吏部郎沈演之为右卫将军，共同掌理皇家禁军。文帝还任命庾炳之为吏部郎，都参与处理朝廷机要。沈演之是沈劲的曾孙。

范晔富有才干，却轻薄放荡，多次触犯礼教人伦规范，受到士大夫们的鄙视。他热衷名利，急于进取，自以为才能无法充分发挥，常常闷闷不乐。吏部尚书何尚之对文帝说："范晔野心太大，志趣与常人不同，应该派他出去担任广州刺史。如果留在朝廷，一旦犯下罪行，就不能不诛灭。不断诛杀，不是国家的好事。"文帝说："刚杀了刘湛，又把范晔赶出京师，别人会议论你们不能包容有才能的人，说我听信谗言。只要我们都知道范晔的问题，他就不能危害朝廷了。"

宋纪六

第一百二十四卷

太祖文皇帝中之中元嘉二十年（癸未，443）

九月，辛巳，魏主如漠南。甲辰，舍辎重，以轻骑袭柔然，分军为四道：乐安王范、建宁王崇各统十五将出东道，乐平王丕督十五将出西道，魏主出中道，中山王辰督十五将为后继。

魏主至鹿浑谷，遇敕连可汗。太子晃言于魏主曰："贼不意大军猝至，宜掩其不备，速进击之。"尚书令刘絜固谏，以为"贼营中尘盛，其众必多，出至平地，恐为所围，不如须诸军大集，然后击之"。晃曰："尘之盛者，由军士惊怖扰乱故也，何得营上而有此尘乎！"魏主疑之，不急击。柔然遁去，追至石水，不及而还。既而获柔然候骑曰："柔然不觉魏军至，上下惶骇，引众北走，经六七日，知无追者，乃始徐行。"魏主深恨之。自是军国大事，皆与太子谋之。

二十一年（甲申，444）

壬寅，魏太子始总百揆，命侍中、中书监穆寿，司徒崔浩，侍中张黎、古弼辅太子决庶政，上书者皆称臣，仪与表同。

古弼为人，忠慎质直；尝以上谷苑囿太广，乞减太半以赐贫民，入见魏主，欲奏其事。帝方与给事中刘树围棋，志不在弼；弼侍坐良久，不获陈闻。忽起，捽树头，掣下床，搏其耳，殴其背，曰："朝廷不治，实尔之罪！"帝失容，舍棋曰："不听奏事，朕之过也，树何罪！置之！"弼具以状闻，帝皆可其奏。弼曰："为人臣无礼至此，其罪大矣。"出诣公车，免冠徒跣请罪。帝召入，谓曰："吾闻筑社之役，蹇蹶而筑之，端冕而事之，神降之福。然则卿有何罪！其冠履就职。苟可以利社稷，便百姓者，竭力为之，勿顾虑也。”

八月，乙丑，魏主畋于河西，尚书令古弼留守。诏以肥马给猎骑，弼悉以弱者给之。帝大怒曰：“笔头奴敢裁量朕！朕还台，先斩此奴！”弼头锐，故帝常以笔目之。弼官属惶怖，恐并坐诛，弼曰：“吾为人臣，不使人主盘于游畋，其罪小；不备不虞，乏军国之用，其罪大。今蠕蠕方强，南寇未灭，吾以肥马供军，弱马供猎，为国远虑，虽死何伤！且吾自为之，非诸君之忧也。”帝闻之，叹曰：“有臣如此，国之宝也。”赐衣一袭，马二匹，鹿十头。

他日，魏主复畋于山北，获麋鹿数千头。诏尚书发车五百乘以运之。诏使已去，魏主谓左右曰：“笔公必不与我，汝辈不如以马运之。”遂还。行百余里，得弼表曰：“今秋谷悬黄，麻菽布野，猪鹿窃食，鸟雁侵费，风雨所耗，朝夕三倍。乞赐矜缓，使得收载。”帝曰：“果如吾言，笔公可谓社稷之臣矣！”

宋文帝元嘉二十年（癸未，公元443年）

九月，辛巳，北魏国主前往漠南。甲辰（初六），魏军舍弃辎重，率轻骑袭击柔然。分兵四路：乐安王拓跋范、建宁王拓跋崇各率十五名将领从东路进军，乐平王拓跋丕督统十五名将领从西路进军，北魏国主从中路进军，中山王拓跋辰督统十五名将领作为后援。

北魏国主来到鹿浑谷，正好与柔然国的敕连可汗相遇。太子拓跋晃对北魏国主说：“柔然贼兵没想到我们的大部队突然到此，我们该趁他们没有防备时立刻进攻。”尚书令刘絜却竭力劝阻，他认为：“柔然军营中尘土很大，他们的人一定很多，到平地去与他们交战，恐怕会被柔然军队包围，不如等到各路大军会集到这里之后再攻打。”拓跋晃说：“柔然军营尘土飞扬，是因为柔然士卒惊慌失措到处乱跑所造成的，不然，怎么会在军营上空有如此多的尘土呢！”北魏国主对此也将信将疑，没有马上攻打。柔然部队趁机逃走，北魏国主追到石水，没有追上而返回。不久，俘获了柔然的侦察骑兵说：“柔然国没有发觉魏兵的到来，所以当得知魏兵已到时，整个军营慌作一团，敕连可汗赶快率将士向北而逃，跑了六七天，知道后面没有追赶的魏兵，才开始缓步行进。”北魏国主听后非常后悔。从此以后，每遇军队或国家大事，北魏国主都要和拓跋晃商量。

二十一年（甲申，公元444年）

壬寅（正月初六），北魏太子拓跋晃开始总管百官事务。拓跋焘任命中侍、中书监穆寿，司徒崔浩，侍中张黎、古弼辅佐太子拓跋晃裁决日常政务。凡上书给太子时都要称臣，礼仪与所称呼的尊卑一致。

古弼为人忠厚谨慎，善良正直，曾经因为上谷的皇家苑囿占地面积太大而请求减去一半面积，赐给贫民百姓。当他进宫晋见拓跋焘，打算奏请这件事时，拓跋焘正在同给事中刘树下围棋，他的心思没在古弼身上。古弼坐等许久，没有得到说话的机会，他忽然跳起来，揪住刘树的头发，把他拉下床，揪着他的耳朵殴打他的后背，说："朝廷没有治理好，实在是你的罪过！"拓跋焘大惊失色，放下棋子说："不听你奏请事情，是我的过错，刘树有什么罪过！放了他！"古弼把要奏请的事情全都说了出来，拓跋焘完全同意。古弼说："我身为臣属，竟无礼到这种程度，罪过实在太大。"说完出宫来到公车官署，脱掉帽子、光着脚请求处罚。拓跋焘召他入宫，对他说："我听说过建造社坛的工事，是要一跛一拐地去干活；完工后，要衣冠端正地去祭祀，神灵就降福于他。可是你有什么罪过呢！戴上帽子穿上鞋做你该做的事去吧。如果是对国家有利，方便百姓的事，就要尽全力去做，不要有任何顾虑。"

八月，乙丑（初三），北魏国主拓跋焘去河西狩猎，尚书令古弼留守平城。拓跋焘下诏让古弼将肥壮的马送给打猎骑兵，但古弼提供的却全是瘦弱的马。拓跋焘勃然大怒说："笔头奴胆敢对我的诏令打折扣。我回去，先斩了这个奴才！"古弼的头长得很尖，拓跋焘经常把他的脑袋比作笔尖。古弼的属下官员惶然恐怖，唯恐自己受牵连被杀。古弼却说："我身为人臣，不让人主沉湎于游玩狩猎之中，这个罪过是小的。如果不预防国家出现的不测之事，使国家缺少军队所用的物资，这个罪过才是大的。现在蠕蠕正处于强盛时期，南方贼寇还未消灭，我把肥壮的马供军队所用，瘦弱的马供打猎所用，这是为国家做长远打算，虽然被处死了又有什么关系呢！况且这一切是我一个人做的，你们不要担心。"拓跋焘听说后，感叹说："我有这样的臣子，是国家之宝呀。"赏赐给古弼一套礼服、两匹马和十头鹿。

又一天，拓跋焘再次去山北打猎，捕获了几千头麋鹿。拓跋焘下诏给尚书，让尚书派出五百辆车来运送麋鹿。拿着诏书的信使已经走了，拓跋焘对左右将士说："笔头公一定不会给我这么多车，你们不如用马来运送。”说完他就回宫了。拓跋焘刚走了一百多里，就收到古弼的奏表说：“今年秋天谷穗下垂而且颜色金黄，桑麻大豆遍布在田野里，野猪野鹿偷吃，飞鸟大雁啄食，加之风吹雨打，这样损耗早晚就会相差三倍。乞请允许推迟延缓运送麋鹿，以便把谷子尽快收割运送完毕。”拓跋焘说：“果然如我所说的那样，笔头公可称得上是国家栋梁之臣啦！”

宋纪七

第一百二十五卷

太祖文皇帝中之下元嘉二十七年（庚寅，450）

魏司徒崔浩，自恃才略及魏主所宠任，专制朝权，尝荐冀、定、相、幽、并五州之士数十人，皆起家为郡守。太子晃曰："先征之人，亦州郡之选也；在职已久，勤劳未答，宜先补郡县，以新征者代为郎吏。且守令治民，宜得更事者。"浩固争而遣之。中书侍郎、领著作郎高允闻之，谓东宫博士管恬曰："崔公其不免乎！苟遂其非而校胜于上，将何以堪之！"

魏主以浩监秘书事，使与高允等共撰《国记》，曰："务从实录。"著作令史闵湛、郗标，性巧佞，为浩所宠信。浩尝注《易》及《论语》《诗》《书》，湛、标上疏言："马、郑、王、贾不如浩之精微，乞收境内诸书，班浩所注，令天下习业。并求敕浩注《礼传》，令后生得观正义。"浩亦荐湛、标有著述才。湛、标又劝浩刊所撰《国史》于石，以彰直笔。高允闻之，谓著作郎宗钦曰："湛、标所营，分寸之间，恐为崔门万世之祸，吾徒亦无噍类矣！"浩竟用湛、标议，刊石立于郊坛东，方百步，用功三百万。浩书魏之先世，事皆详实，列于衢路，往来见者咸以为言。北人无不忿恚，相与谮浩于帝，以为暴扬国恶。帝大怒，使有司按浩及秘书郎吏等罪状。

及崔浩被收，太子召允至东宫，因留宿。明旦，与俱入朝，至宫门，谓允曰："入见至尊，吾自导卿；脱至尊有问，但依吾语。"允曰："为何等事也？"太子曰："入自知之。"太子见帝，言："高允小心慎密，且微贱；制由崔浩，请赦其死！"帝召允，问曰："《国书》皆浩所为乎？"对曰："《太祖记》，前著作郎邓渊所为；《先帝记》及《今记》，臣与浩共为之。然浩所领事多，总裁而已，至于著述，臣多于浩。"帝怒曰："允罪甚于浩，何以得生！"太子惧曰："天威严重，允小臣，迷乱失次耳。臣向问，皆云浩所为。”帝问允：“信如东宫所言乎？”对曰：“臣罪当灭族，不敢虚妄。殿下以臣侍讲日久，哀臣，欲丐其生耳。实不问臣，臣亦无此言，不敢迷乱。”帝顾太子曰：“直哉！此人情所难，而允能为之！临死不易辞，信也；为臣不欺君，贞也。宜特除其罪以旌之。”遂赦之。

于是召浩前，临诘之。浩惶惑不能对。允事事申明，皆有条理。帝命允为诏，诛浩及僚属宗钦、段承根等，下至僮吏，凡百二十八人，皆夷五族；允持疑不为。帝频使催切，允乞更一见，然后为诏。帝引使前，允曰：“浩之所坐，若更有余衅，非臣敢知；若直以触犯，罪不至死。”帝怒，命武士执允。太子为之拜请，帝意解，乃曰：“无斯人，当有数千口死矣。”

六月，己亥，诏诛清河崔氏与浩同宗者无远近，及浩姻家范阳卢氏、太原郭氏、河东柳氏，并夷其族，余皆止诛其身。

宋文帝元嘉二十七年（庚寅，公元450年）

北魏司徒崔浩，自恃才能谋略很高并被北魏国主所宠爱信任，独揽朝中大权。他曾经推荐冀、定、相、幽、并五州的士人几十人直接做郡守。太子拓跋晃说：“早先征聘的人才，也是被作为州郡官入选的，他们担任这一职务已经很久了，辛勤劳苦却一直没得到过朝廷的报答，应该首先补充他们做郡县守令，让新征聘的人代替他们做郎吏。而且太守、县令管理百姓，应该由经历过世面有经验的人来担当。”但是，崔浩坚持力争，派这些人就任。中书侍郎兼著作郎高允听说后对东宫博士管恬说：“崔浩恐怕免不了一场灾祸。为了顺遂自己未必正确的私心而同朝廷有权势的人对抗争胜，他将用什么来保全自己呢？”

北魏国主任命崔浩兼管秘书事务，让他和高允等人共同撰写《国记》，对他们说：“一定要根据事实撰写。”著作令史闵湛、郗标，性情乖巧、奸佞，很受崔浩宠信，崔浩曾经注解《易经》《论语》《诗经》《书经》，闵湛、郗标就上疏建议说：“马融、郑玄、王肃、贾逵所做的注解，都不如崔浩的准确有深度，我们恳求陛下没收国内由这些人做注的各种书，颁布崔浩的注本，命令全国上下都来学习。我们还请求陛下下令让崔浩继续注解《礼记》，使后人将来能看到正确的释义。”崔浩也极力推荐闵湛、郗标有著书立说的才能。而闵湛、郗标反过来又建议崔浩把他所撰写的《国史》刻在石碑上，以此来显示作者崔浩的秉笔直书。高允听说这件事后又对著作郎宗钦说："闵湛、郗标所搞的这一切，若有一点差错，恐怕就会给崔家带来万世的灾祸，我们这些人也不会幸免。"崔浩竟然采纳了闵湛、郗标的建议，把《国史》刻在石碑上，立在郊外祭祀的神坛东侧，占地一百步见方，这一工程共使用劳力三百万。崔浩写北魏祖先们的事迹，每件事都非常详细真实，他把这些陈列在交通要道上，来来往往过路的人看见后都用这些作为谈论的材料，北方鲜卑人对此没有不非常愤怒的，他们纷纷向北魏国主说崔浩的坏话，认为这是大肆张扬祖先的过错和污点。北魏国主大怒，派有关部门调查处理崔浩和其他秘书郎吏的罪。

等到崔浩被捕入狱，太子拓跋晃召高允到东宫，留他住了一夜。第二天早晨，拓跋晃与高允一同进宫朝见，二人来到宫门时，拓跋晃对高允说："我们进去拜见皇上，我自会引导你该做些什么。一旦皇上有什么问话，你只管按照我的话去回答。"高允问他说："出了什么事吗？"太子拓跋晃说："你进去自然就知道了。"太子拜见北魏国主说："高允做事小心审慎，而且地位卑贱，人微言轻，所有的一切都是由崔浩主管制定的，我请求您赦免他的死罪。"北魏国主召见高允，问高允说："《国书》都是崔浩一人写的吗？"高允回答说："《太祖记》由前著作郎邓渊撰写，《先帝记》和《今记》是我和崔浩两人共同撰写的。但是崔浩兼事很多，他只不过是总揽了一下《国书》的大纲而已，并未亲自撰写多少，至于撰写工作，我做得要比崔浩多得多。"北魏国主大怒说："高允的罪行比崔浩要严重，怎么能让他不死呢？"太子拓跋晃很害怕，说："陛下盛怒之下威严凝重，高允这么一个小臣被您的威严吓得惊慌失措、失去理智而语无伦次了。我以前曾经问过他这件事，他说全是崔浩一人干的。"北魏国主质问高允说："真的像太子所说的那样吗？"高允回答说："以我的罪过是应该灭族的，不敢用虚假的话欺骗您。太子是因为我很久以来一直在他身边侍奉讲书而可怜我的遭遇，想要放我一条生路。实际上，他确实没有问过我，我也确实没有对他说这些话，我不敢胡言乱语欺骗您。"北魏国主回过头去对太子说："这就是正直啊！这在人情上很难做到，而高允却能做得到！马上就要死了却也不改变他说的话，这就是诚实。作为臣子，不欺骗皇帝，这就是忠贞。应该特别免除他的罪，作为榜样而褒扬他的品质。"于是，赦免了高允。

此时，北魏国主又召见崔浩前来，亲自审问他。崔浩恐慌迷惑回答不上来。而高允当时却是件件事申述得明明白白，有条有理。北魏国主于是命令高允写诏书：诛斩崔浩和他的幕僚宗钦、段承根等人，以及他们的部属、僮仆，共有一百二十八人，全都夷灭五族。高允犹豫不敢下笔，北魏国主多次派人催促，高允恳求再觐见北魏国主一次，然后再写诏书。北魏国主命人将他带到自己跟前，高允说："崔浩被捕入狱，如果还有其他别的原因，我不敢多说。如果仅仅是因为他冒犯了皇族，他的罪过还达不到被处死的程度。"北魏国主大怒，命令武士逮捕高允。太子拓跋晃为他求情，北魏国主的怒气才稍稍平息，说："没有这个人，就该会有几千人被处死。"

六月，己亥（初十），北魏国主下诏，诛斩清河崔氏老幼和与崔浩属于同一宗族的人，不管血缘关系的疏密远近；与崔浩有姻亲关系的范阳卢氏、太原郭氏、河东柳氏，都被诛灭全族，其他人都只诛斩罪犯本人。

宋纪九

第一百二十七卷

太祖文皇帝下之下元嘉三十年（癸巳，453）

帝欲废太子劭，赐始兴王濬死，先与侍中王僧绰谋之；使僧绰寻汉魏以来废太子、诸王典故，送尚书仆射徐湛之及吏部尚书江湛。

僧绰曰："建立之事，仰由圣怀。臣谓唯宜速断，不可稽缓。'当断不断，反受其乱。'愿以义割恩，略小不忍；不尔，便应坦怀如初，无烦疑论。事机虽密，易致宣广，不可使难生虑表，取笑千载。"帝曰："卿可谓能断大事。然此事至重，不可不殷勤三思。且彭城始亡，人将谓我无复慈爱之道。"僧绰曰："臣恐千载之后，言陛下惟能裁弟，不能裁儿。"帝默然。江湛同侍坐，出阁，谓僧绰曰："卿向言将不太伤切直！"僧绰曰："弟亦恨君不直！"

铄自寿阳入朝，既至，失旨。帝欲立宏，嫌其非次，是以议久不决。每夜与湛之屏人语，或连日累夕。常使湛之自秉烛，绕壁检行，虑有窃听者。帝以其谋告潘淑妃，淑妃以告濬，濬驰报劭。劭乃密与腹心队主陈叔儿、斋帅张超之等谋为逆。

初，帝以宗室强盛，虑有内难，特加东宫兵，使与羽林相若，至有实甲万人。劭性黠而刚猛，帝深倚之。及将作乱，每夜飨将士，或亲自行酒。王僧绰密以启闻。会严道育婢将至，癸亥夜，劭诈为帝诏云："鲁秀谋反，汝可平明守阙，帅众入。"因使张超之等集素所畜养兵士二千余人，皆被甲；召内外幢队主副，豫加部勒，云有所讨。夜，呼前中庶子右军长史萧斌、左卫率袁淑、中舍人殷仲素、左积弩将军王正见并入宫。劭流涕谓曰："主上信谗，将见罪废。内省无过，不能受枉。明旦当行大事，望相与戮力。"因起，偏拜之，众惊愕，莫敢对。淑、斌皆曰："自古无此，愿加善思！"劭怒，变色。斌惧，与众俱曰："当竭身奉令。"淑叱之曰："卿便谓殿下真有是邪？殿下幼尝患风，或是疾动耳。”劭愈怒，因眄淑曰：“事当克不？”淑曰：“居不疑之地，何患不克！但恐既克之后，不为天地所容，大祸亦旋至耳。假有此谋，犹将可息。”左右引淑出，曰：“此何事，而云可罢乎！”淑还省，绕床行，至四更乃寝。

甲子，宫门未开，劭以朱衣加戎服上，乘画轮车，与萧斌共载，卫从如常入朝之仪。呼袁淑甚急，淑眠不起，劭停车奉化门催之相续。淑徐起，至车后；劭使登车，又辞不上，劭命左右杀之。守门开，从万春门入。旧制，东宫队不得入城。劭以伪诏示门卫曰：“受敕，有所收讨。”令后队速来。张超之等数十人驰入云龙门及斋阁，拔刀径上合殿。帝其夜与徐湛之屏人语至旦，烛犹未灭，门阶户席直卫兵尚寝未起。帝见超之入，举几捍之，五指皆落，遂弑之。湛之惊起，趣北户，未及开，兵人杀之。劭进至合殿中阁，闻帝已殂，出坐东堂。萧斌执刀侍直，呼中书舍人顾嘏，嘏震惧，不时出，既至，问曰：“欲共见废，何不早启？”嘏未及答，即于前斩之。江湛直上省，闻喧噪声，叹曰：“不用王僧绰言，以至于此！”乃匿傍小屋中，劭遣兵就杀之。宿卫旧将罗训、徐罕皆望风屈附。左细仗主、广威将军吴兴卜天与不暇被甲，执刀持弓，疾呼左右出战。徐罕曰：“殿下入，汝欲何为！”天与骂曰：“殿下常来，云何于今乃作此语！只汝是贼！”手射劭于东堂，几中之。劭党击之，断臂而死。队将张泓之、朱道钦、陈满与天与俱战死。左卫将军尹弘惶怖通启，求受处分。劭使人从东阁入，杀潘淑妃及太祖亲信左右数十人，急召始兴王濬使帅众屯中堂。

濬时在西州，府舍人朱法瑜奔告濬曰：“台内喧噪，宫门皆闭，道上传太子反，未测祸变所至。”濬阳惊曰：“今当奈何？”法瑜劝入据石头。濬未得劭信，不知事之济不，骚扰不知所为。将军王庆曰：“今宫内有变，未知主上安危，凡在臣子，当投袂赴难；凭城自守，非臣节也。”濬不听，乃从南门出，径向石头，文武从者千余人。时南平王铄戍石头，兵士亦千余人。俄而劭遣张超之驰马召濬，濬屏人问状，即戎服乘马而去。朱法瑜固止濬，濬不从；出中门，王庆又谏曰：“太子反逆，天下怨愤。明公但当坚闭城门，坐食积粟，不过三日，凶党自离。公情事如此，今岂宜去！”濬曰：“皇太子令，敢有复言者斩！”既入，见劭，劭曰：“潘淑妃遂为乱兵所害。”濬曰：“此是下情由来所愿。”

劭诈以太祖诏召大将军义恭、尚书令何尚之入，拘于内；并召百官，至者才数十人。劭遽即位，下诏曰：“徐湛之、江湛弑逆无状，吾勒兵入殿，已无所及，号惋崩衄，肝心破裂。今罪人斯得，元凶克殄，可大赦，改元太初。”

庚戌，武陵王檄书至建康，劭以示太常颜延之曰：“彼谁笔也？”延之曰：“峻之笔也。”劭曰：“言辞何至于是！”延之曰：“竣尚不顾老臣，安能顾陛下！”劭怒稍解。悉拘武陵王子于侍中下省，南谯王义宣子于太仓空舍。劭欲尽杀三镇士民家口。江夏王义恭、何尚之皆曰：“凡举大事者不顾家；且多是驱逼，今忽诛其室累，正足坚彼意耳。”劭以为然，乃下书一无所问。

戊辰，武陵王军于新亭，大将军义恭上表劝进。散骑侍郎徐爰在殿中诳劭，云自追义恭，遂归武陵王。时王军府草创，不晓朝章；爰素所谙练。乃以爰兼太常丞，撰即位仪注。己巳，王即皇帝位，大赦。文武赐爵一等，从军者二等。改谥大行皇帝曰文，庙号太祖。以太将军义恭为太尉、录尚书六条事、南徐州刺史。

乙亥，辅国将军朱脩之克东府，丙子，诸军克台城，各由诸门入会于殿庭，获王正见，斩之。张超之走至合殿御床之所，为军士所杀，刳肠割心，诸将脔其肉，生啖之。建平等七王号哭俱出。劭穿西垣，入武库井中，队副高禽执之。劭曰：“天子何在？”禽曰：“近在新亭。”至殿前，臧质见之恸哭，劭曰：“天地所不覆载，丈人何为见哭？”又谓质曰：“劭可启得远徙不？”质曰：“主上近在航南，自当有处分。”缚劭于马上，防送军门。时不见传国玺，以问劭，劭曰：“在严道育处。”就取，得之。斩劭及四子于牙下。濬帅左右数十人挟南平王铄南走，遇江夏王义恭于越城。濬下马曰：“南中郎今何所作？”义恭曰：“上已君临万国。”又曰：“虎头来得无晚乎？”义恭曰：“殊当恨晚。”又曰：“故当不死邪？”义恭曰：“可诣行阙请罪。”又曰：“未审能赐一职自效不？”义恭又曰：“此未可量。”勒与俱归，于道斩之，及其三子，劭、濬父子首并枭于大航，暴尸于市。劭妃殷氏及劭、濬诸女、妾媵，皆赐死于狱。污潴劭所居斋。殷氏且死，谓狱丞江恪曰：“汝家骨肉相残，何以枉杀无罪人？”恪曰：“受拜皇后，非罪而何？”殷氏曰：“此权时耳，当以鹦鹉为后。”褚湛之之南奔也，濬即与褚妃离绝，故免于诛。严道育、王鹦鹉并都街鞭杀，焚尸，扬灰于江。殷冲、尹弘、王罗汉及淮南太守沈璞皆伏诛。

宋文帝元嘉三十年（癸巳，公元453年）

文帝打算废黜太子刘劭，并要赐始兴王刘濬自杀，事先和侍中王僧绰商议。文帝让王僧绰查找汉魏以来废黜太子、诸亲王的事例，分别送给尚书仆射徐湛之和吏部尚书江湛。

王僧绰说："封立太子这件事，应由陛下做主决定。我以为应该立即决断，不能再等待拖延了。'当断不断，反受其乱。'但愿陛下您能用国家大义去割舍您的骨肉亲情，不要在小事上不忍。不然您就应该像当初那样以父情对待儿子，不再不厌其烦地怀疑谈论这些事。决定重新封立太子一事虽然是在极保密的情况下进行的，最终也还是容易泄露出去，不应该让灾难发生在您的意料之外，而被后世所耻笑。"文帝说："你真可以说是能够决断大事的人。可是，这件事事关重大，不能不非常小心谨慎，三思而后行。而且，彭城王刘义康刚刚去世，我这样做，别人将会说我是不再有慈爱之心的人了。"王僧绰说："我恐怕千年以后，人们会说陛下您只能制裁弟弟，而不能制裁儿子。"文帝沉默无语。当时，江湛也一同陪坐，出了宫门后，他对王僧绰说："你刚才说的那些话，恐怕过于直切些了！"王僧绰回答说："我也很遗憾你太不直切了。"

刘铄从寿阳回朝，到京之后，很令文帝失望。文帝打算封立刘宏为太子，可是，他又担心不符合长幼次序，因而商议许久也决定不下来。每天夜里，文帝都要跟徐湛之秘密商谈，有时甚至是整天整夜。文帝还经常让徐湛之亲自举着蜡烛，绕着墙壁进行检查，唯恐有人窃听。文帝把这一计划告诉了潘淑妃。潘淑妃告诉了刘濬，刘濬骑马飞奔去告诉了刘劭。刘劭于是立刻和他的心腹、队主陈叔儿及斋帅张超之等人谋划制造叛乱。

当初，文帝认为皇室力量强大，唯恐内部发生变难，因此，他特别加强了东宫的兵力，让东宫的兵力和羽林军的兵力差不多，实际兵力达到了一万人。刘劭性情狡猾而又刚强勇猛，文帝一直深深地依赖着他。刘劭将要反叛时，每天夜里都要设宴犒劳东宫卫队的将士们，有时甚至亲自前来敬酒。王僧绰听说后，秘密报告给了文帝。这时正赶上严道育的两个婢女就要被押到朝廷。癸亥夜晚，刘劭伪造了文帝的诏书说："鲁秀图谋反叛，命令你清晨守住宫门，率领众兵入宫。"刘劭又命令张超之等集合起平时特别豢养的士卒二千多人，让他们全副武装。接着，刘劭又召集内外巡逻队的正副队长，事先加以安排布置，声称有紧急征讨。这天深夜，刘劭传唤前中庶子右军长史萧斌、左卫率袁淑、中舍人殷仲素和左积弩将军王正见，一同进入东宫。刘劭涕泪横流，对他们说："主上听信别人的谗言，要把我治罪废黜。我自己反省并没有什么过失，不能被别人冤枉了。明天一早，我就该做出一件大事，希望你们和我共同努力。"说完，刘劭就从座位上站了起来，向在座各位下拜。大家听后都极为惊愕震撼，没有谁敢于回答。袁淑和萧斌都说："自古以来都没有过这样的事情，希望再好好考虑考虑。"刘劭听后不禁勃然大怒，板起面孔。萧斌一看，感到害怕，就和其他人一起说：

“我们自当竭尽全力执行您的命令。”袁淑听后，叱责他们说：“你们以为殿下是真要这样吗？殿下小时候曾经得过疯病，大概是疯病发作了。”刘劭听后更是怒不可遏，斜着眼睛看着袁淑说：“我的事能不能办成？”袁淑回答说：“你现在处在绝对不会被人怀疑的地位，怎么能做不到呢！只是担心你在做成之后，不会被天地所容，大祸也会马上随之而来。假使真有这种打算还可以收回。”左右之人把袁淑拉出去说：“这是什么事，怎么可以说半途而废呢？”袁淑从太子刘劭那里回来后，反复琢磨，绕着床铺来回走动，直到四更才上床睡觉。

甲子（二十一日），皇宫宫门还未打开，刘劭身穿朝服，内穿戎装，与萧斌一同乘坐画轮车，侍卫随从们和平时入朝朝见的样子一样。刘劭派人急急忙忙地去叫袁淑，袁淑此时正在沉沉入睡，不肯起床，刘劭将车停在奉化门旁，不断派人前去催促。袁淑慢腾腾地起床了，来到刘劭乘坐的车的后边，刘劭让他登上车，袁淑又推辞不肯上去，刘劭命令左右斩了袁淑。宫门打开，刘劭从万春门进去。按照以往的宫廷制度，太子宫卫队是不能进入宫城的。刘劭为此就把自己伪造的皇帝诏令拿给守卫看，说：“我奉皇帝旨令，要进宫讨伐叛逆。”又催促后面的队伍赶快前来。张超之等几十人从云龙门跑进了斋阁，拔出佩刀直接来到合殿。文帝那天夜里和徐湛之屏退旁人秘密商谈直到第二天早上，蜡烛还没有熄灭，门前、台阶、窗外值班的卫士还在睡觉没有起床。文帝看见张超之进来了，立刻举起身旁的小几来抵挡，五个手指全部被砍掉了，于是，张超之就把文帝杀了。徐湛之大吃一惊，起身向北窗奔去，还没有打开北窗，士卒们就杀了他。刘劭走到合殿中屋，听说文帝已死，立刻出来登临东堂。萧斌持刀站在一旁侍卫。刘劭传唤中书舍人顾嘏，顾嘏大为震惊，吓得没有按时到，他来到刘劭面前，刘劭问他说：“皇上想把我们一起废了，你为什么不早点儿来告诉我？”顾嘏还没来得及回答，刘劭就上前斩了他。江湛此时正在上省值班，听到外面一片喧哗嘈杂声，就叹息着说道：“不听王僧绰的话，事情才落到了这种地步。”他藏到了旁边的一间小屋里，刘劭派兵前来搜查，将他立刻斩了。皇宫卫队原来的将领罗训、徐罕见状，都望风归降。左细仗主、广威将军吴兴人卜天与来不及披上铠甲，就一手拿刀一手持弓，大声呼唤左右人出来迎战。徐罕说：“殿下入宫，你想要做什么？”卜天与大声骂他说：“殿下常常入宫，你为何今天才说这种话？你就是逆贼！”接着，卜天与手持弓箭，在东堂一箭射向刘劭，几乎射中刘劭。刘劭党羽群起而攻之，卜天与被砍断手臂身亡，皇宫宿卫中将士张泓之、朱道钦、陈满等人和卜天与一起战死。左卫将军尹弘惊惶恐怖，赶快晋见刘劭，请求处罚。刘劭又派人从东阁门闯入后宫，杀了潘淑妃以及文帝生前的亲信左右共计几十人。同时，又紧急传召始兴王刘濬前来，让他率领手下士卒屯扎中堂。

此时，刘濬正在西州，府舍人朱法瑜飞奔前来告诉刘濬说：“宫内人声喧哗得很，宫门紧紧关着，路上传说太子谋反，还不知灾祸变化的结果如何。”刘濬听后，假装大吃一惊，说：“现在我们应该怎么办？”朱法瑜鼓动刘濬回去占据石头城。刘濬没有得到刘劭的消息，不知道事变成功与否，所以情绪烦乱，不知干什么是好。将军王庆说：“现在，宫内发生变化，还不知主上安危与否，凡是身为臣属和儿子的，都应当起来义无反顾地前去救难。如果只是把守自己的城池，不是为人臣所应有的气节。”刘濬没有听他的话，就从南门出去，一直奔向石头，文武官员一千多人跟着他。此时，南平王刘铄正戍守石头，士卒也有一千多。不一会儿，刘劭派张超之骑马赶到，召唤刘濬回朝，刘濬屏退左右向张超之详细询问了这件事的前后经过，然后就全副武装骑马而去。朱法瑜极力阻止刘濬，刘濬不听。等他来到中门，王庆又劝谏他说：“太子反叛，天下人怨恨愤怒。明公你应该紧闭城门不出，坐吃积储的粮食，不超过三天，反叛的党徒自然会土崩瓦解。此事如此明了，你怎么还去呢？”刘濬说：“皇太子的命令，有人胆敢再劝阻，定斩不饶！”刘濬入宫拜见刘劭，刘劭告诉他说：“潘淑妃已被乱兵所害。”刘濬说：“这正是我一直盼望的事。”

刘劭假称文帝的诏令，征召大将军刘义恭、尚书令何尚之入宫，将二人囚禁在宫内。同时，又召集文武百官，但来的人才几十人。刘劭马上继承帝位，颁布诏令，说：“徐湛之、江湛二人图谋反叛，逆弑皇上。我率领士卒入殿，已经来不及，只能悲号痛哭，心肝欲裂。而今，罪恶之徒已被杀，元凶也被消灭，所以实行大赦，改年号为太初。”

庚戌（四月初八），武陵王刘骏的声讨檄文传到建康，刘劭拿给太常颜延之说：“它是出自谁的手笔？”颜延之看后说：“这是颜竣写的。”刘劭又说：“言语词句为什么到了这种令人难堪的地步？”颜延之回答说：“颜竣连老臣我的安危与否都不考虑了，哪里还能顾虑陛下您呢？”刘劭的怒气稍稍平息了些。刘劭把武陵王刘骏在建康的儿子全都抓起来囚禁在侍中下省，把南谯王刘义宣的儿子都关在太仓空屋子内。刘劭还打算把雍、荆、江三州将士们留居在京城的家属全都杀死，江夏王刘义恭和何尚之都说：“凡是图谋大事的人，都不会顾念自己的家，而且很多人又是出于无奈而这样做的，如果现在突然把他们的家属亲人全都杀了，这正好坚定了他们的斗志。”刘劭认为他们说得对，就下书说不再追究家属。

戊辰（二十六日），武陵王刘骏驻军新亭，大将军刘义恭上表，劝说刘骏登基即位。散骑侍郎徐爰在宫内骗刘劭说，自己要去追击刘义恭。于是徐爰去投奔了武陵王刘骏。这时，武陵王府内军事总部草草成立，大家还都不知道朝廷的法令规章。这却是徐爰平时最熟悉的事，就让徐爰兼任太常丞，拟定安排皇帝即位时需要的礼仪。己巳（二十七日），武陵王刘骏即皇帝位，实行大赦，文武官员赐爵一等，随从讨伐的升二等。同时，将刘劭加给父亲的谥号撤掉，改称文皇帝，庙号为太祖。刘骏又任命大将军刘义恭为太尉、录尚书六条事、南徐州刺史。

乙亥（五月初三），辅国将军朱修之攻克刘劭所据守的东府。丙子（初四），各路大军又攻克了台城，之后，又分别从各门涌进，在殿前会师，抓获了王正见，斩了他。张超之匆匆逃到合殿皇帝御床的地方，被军中将士所杀，挖了他的心，掏了他的肠子，各路将士争着割下他的肉，生吞活剥了他。建平王等七王从被囚禁的地方号哭着逃了出来。刘劭挖通西墙，自己藏到了武器仓库的井里，被卫士队队副高禽抓住，刘劭问他说："天子在哪里？"高禽说："就在附近的新亭。"高禽将刘劭押送到金銮殿前，臧质看见刘劭，不禁失声恸哭，刘劭说："这是天地不容，老人家为何哭呢？"又对臧质说："我刘劭能不能请求流放到远方边疆之地？"臧质说："主上如今就近在大航的南边，他自会对你裁决。"于是，就把刘劭捆绑在马上，护送到了军营大门。当时，找不到传国玉玺，就问刘劭，刘劭说："玉玺在严道育处。"立刻派人到严道育处去拿，果然拿到玉玺。刘骏下令在牙旗下将刘劭和他的四个儿子全部斩首。刘濬带领随从几十人挟持着南平王刘铄向南逃去，走到越城时遇到了江夏王刘义恭，刘濬翻身下马，说："南中郎刘骏现在在做什么？"刘义恭回答说："皇上现在已君临万国。"刘濬又问："虎头我来得不晚吧？"刘义恭回答说："实在遗憾的是太晚了。"刘濬又问："我该不会被判死罪吧？"刘义恭回答说："你可以回到行宫，请求处罚。"刘濬又问："不知道皇上还能不能赐给我一个官职，让我为他效忠尽力？"刘义恭回答说："这不好估计。"于是，刘义恭就带着刘濬一起从越城返回京师，走到中途就把他斩了，同时也斩了跟着他的三个儿子。刘劭和刘濬父子的头都被砍下来悬挂在大航，他们的尸体也被拖到集市上曝尸示众。刘劭的妃子殷氏以及刘劭、刘濬所有的女儿、姬妾也都在监狱里被命令自杀。又在刘劭的住处挖了一个大土坑，里面灌满了污水。刘劭的妃子殷氏在自杀之前，曾对狱丞江恪说："他们刘家亲骨肉之间相互残杀，为什么也要杀了我这个没有犯罪的人？"江恪说："你被立为皇后，这不是罪过又是什么呢？"殷氏说："我为皇后只不过是暂时的罢了，马上就该封王鹦鹉为皇后了。"褚湛之投降刘濬大军后，刘濬就同正室褚妃断绝了关系，所以这次褚妃得以不死。严道育、王鹦鹉全都被押到街上，用皮鞭抽打至死，又焚烧了她们的尸体，烧后的骨灰被扔到长江里去。殷冲、尹弘、王罗汉以及淮南太守沈璞也全被诛杀。

宋纪十一

第一百二十九卷

世祖孝武皇帝下大明三年（己亥，459）

竟陵王诞知上意忌之，亦潜为之备；因魏人入寇，修城浚隍，聚粮治仗。诞记室参军江智渊知诞有异志，请假先还建康，上以为中书侍郎。智渊，夷之弟子也，少有操行，沈怀文每称之曰："人所应有尽有，人所应无尽无者，其唯江智渊乎！"

是时，道路皆云诞反。会吴郡民刘成上书称："息道龙昔事诞，见诞在石头城修乘舆法物，习唱警跸。道龙忧惧，私与伴侣言之，诞杀道龙。"又豫章民陈谈之上书称："弟咏之在诞左右，见诞书陛下年纪姓讳，往巫郑师怜家祝诅。咏之密以启闻，诞诬咏之乘酒骂詈，杀之。"上乃令有司奏诞罪恶，请收付廷尉治罪。乙卯，诏贬诞爵为侯，遣之国。诏书未下，先以羽林禁兵配兖州刺史垣阆，使以之镇为名，与给事中戴明宝袭诞。

阆至广陵，诞未悟也。明宝夜报诞典签蒋成，使明晨开门为内应。成以告府舍人许宗之，宗之入告诞；诞惊起，呼左右及素所畜养数百人执蒋成，勒兵自卫。天将晓，明宝与阆帅精兵数百人猝至，而门不开；诞已列兵登陴，自在门上斩蒋成，赦作徒、系囚，开门击阆，杀之，明宝从间道逃还。诏内外纂严。以始兴公沈庆之为车骑大将军、开府仪同三司、南兖州刺史，将兵讨诞。甲子，上亲总禁兵顿宣武堂。

沈庆之至欧阳，诞遣庆之宗人沈道愍赍书说庆之，饷以玉环刀。庆之遣道愍反，数以罪恶。诞焚郭邑，驱居民悉使入城，闭门自守，分遣书檄，邀结远近。时山阳内史梁旷，家在广陵，诞执其妻子，遣使邀旷，旷斩使拒之；诞怒，灭其家。

诞奉表投之城外曰："陛下信用谗言，遂令无名小人来相掩袭；不任枉酷，即加诛翦。雀鼠贪生，仰违诏敕。今亲勒部曲，镇扞徐、兖。先经何福，同生皇家？今有何愆，便成胡、越？陵锋蹈戈，万没岂顾；荡定之期，冀在旦夕。”又曰：“陛下宫帷之丑，岂可三缄！”上大怒，凡诞左右腹心、同籍期亲在建康者并诛之，死者以千数，或有家人已死，方自城内出奔者。

庆之至城下，诞登楼谓之曰：“沈公垂白之年，何苦来此！”庆之曰：“朝廷以君狂愚，不足劳少壮故耳。”

上虑诞奔魏，使庆之断其走路，庆之移营白土，去城十八里，又进军新亭。豫州刺史宗悫、徐州刺史刘道隆并帅众来会；兖州刺史沈僧明，庆之兄子也，亦遣兵助庆之。先是诞诳其众，云“宗悫助我”；悫至，绕城跃马呼曰：“我，宗悫也！”

诞见诸军大集，欲弃城北走，留中兵参军申灵赐守广陵；自将步骑数百人，亲信并自随，声云出战，邪趋海陵道，庆之遣龙骧将军武念追之。诞行十余里，众皆不欲去，互请诞还城，诞曰：“我还易耳，卿能为我尽力乎！”众皆许诺。诞乃复还，筑坛歃血以誓众，凡府州文武皆加秩。以主簿刘琨之为中兵参军；琨之，遵考之子也，辞曰：“忠孝不得并。琨之老父在，不敢承命。”诞囚之十余日，终不受，乃杀之。

右卫将军垣护之、虎贲中郎将殷孝祖等击魏还，至广陵，上并使受庆之节度。庆之进营，逼广陵城。诞饷庆之食，提挈者百余人，出自北门；庆之不开视，悉焚之。诞于城上授函表，请庆之为送，庆之曰：“我受诏讨贼，不得为汝送表。汝必欲归死朝廷，自应开门遣使，吾为汝护送。”

上命沈庆之为三烽于桑里，若克外城，举一烽，克内城，举两烽，擒刘诞，举三烽；玺书督趣，前后相继。庆之焚其东门，塞堑，造攻道，立行楼、土山并诸攻具，值久雨，不得攻城，上使御史中丞庾徽之奏免庆之官，诏勿问，以激之。自四月至于秋七月，雨止，城犹未拔。上怒，命太史择日，将自济江讨诞；太宰义恭固谏，乃止。

沈庆之帅众攻城，身先士卒，亲犯矢石，乙巳，克其外城；乘胜而进，又克小城。诞闻兵入，走趋后园，队主沈胤之等追及之，击伤诞，坠水，引出，斩之。诞母、妻皆自杀。

上闻广陵平，出宣阳门，敕左右皆呼万岁。侍中蔡兴宗陪辇，上顾曰：“卿何独不呼！”兴宗正色曰：“陛下今日正应涕泣行诛，岂得皆称万岁！”上不悦。

诏贬诞姓留氏；广陵城中士民，无大小悉命杀之。沈庆之请自五尺以下全之，其余男子皆死，女子以为军赏；犹杀三千余口。长水校尉宗越临决，皆先刳肠抉眼，或笞面鞭腹，苦酒灌创，然后斩之，越对之，欣欣若有所得。上聚其首于石头南岸为京观，侍中沈怀文谏，不听。

宋孝武帝大明三年（己亥，公元459年）

刘宋竟陵王刘诞知道孝武帝猜忌他，也私下里做好了应变的准备。他利用北魏大军侵入的时机，修筑城墙，疏通护城河，积蓄粮食，整治武器。刘诞手下的记室参军江智渊知道刘诞有谋反的打算，就向刘诞请假，先回到了建康，孝武帝刘骏任命他为中书侍郎。江智渊是江夷弟弟的儿子，从小就很有操行，沈怀文常常称赞他，说："人所应该具有的，他都有，人所应该没有的，他都没有。这样的人，恐怕就只有江智渊了吧！"

这时，人们都在传言，说刘诞就要反叛。偏巧，赶上吴郡平民刘成上书声称："我的儿子刘道龙过去在刘诞那儿做事，看见刘诞在石头城修治皇帝专用的马车和仪仗器物，并练习皇帝出宫时的警卫清道。刘道龙见后，又惊又怕，私下里把他所见到的事跟他的伙伴们说了，刘诞知道后斩了刘道龙。"与此同时，豫章平民陈谈之也上书称："我弟弟陈咏之在刘诞左右任职，看见刘诞写下陛下的年龄、姓名等避讳的东西，前往巫师郑师怜家里进行巫术诅咒活动。陈咏之马上把这一秘密呈报，但刘诞却反诬陈咏之这是借酒辱骂他，就把陈咏之杀了。"孝武帝立刻命令有关部门奏报刘诞的罪行，有关部门请求把刘诞抓进监狱，判刑惩治。乙卯（十八日），孝武帝下诏，将刘诞的爵位贬为侯爵，遣返回他所在的封国。诏书还没有颁下，孝武帝先把羽林禁卫军配给兖州刺史垣阆，让垣阆以前往镇守的名义和给事中戴明宝联合袭击刘诞。

垣阆到达广陵，刘诞还没有醒悟过来。戴明宝连夜通知刘诞的典签蒋成，命令他第二天早晨打开城门作为内应。蒋成马上把这事报告给了府舍人许宗之，许宗之又赶快进去报告给了刘诞。刘诞大吃一惊，从床上跳起，赶快召集左右人员和平常训练蓄养的将士几百人，逮捕了蒋成，下令军队进入临战状态，进行自卫。天色将要破晓时，戴明宝和垣阆率领精锐士卒几百人突然涌来，可是，城门却没有打开，刘诞则已登上城楼，列好队形，亲自在城楼上斩了蒋成，赦免了那些做奴工和被关押的囚徒，打开城门，迎击垣阆，并将垣阆杀死。戴明宝从小路逃回。孝武帝颁下诏令，命全国进入戒严状态。任命始兴公沈庆之为车骑大将军、开府仪同三司、南兖州刺史，率领大军，讨伐刘诞。甲子（二十七日），孝武帝亲自统领禁卫军，驻扎宣武堂。

沈庆之率军赶到欧阳，刘诞派沈庆之的同族人沈道愍带着自己的亲笔信，前去沈庆之那里游说，并送给沈庆之一把玉环刀。沈庆之将沈道愍送了回去，并向沈道愍列举了刘诞的种种罪状。刘诞放火烧了附近的城邑、村落，将老百姓全部驱赶到了城里，然后关闭城门，自行坚守。同时，他又分别让人送出文告，邀请结交远近人士起来响应。当时，山阳内史梁旷，家在广陵，刘诞把他的妻子、孩子抓了起来，然后，派遣使者邀请梁旷出兵响应，梁旷斩了使者，拒绝刘诞的邀约。刘诞大怒，杀了梁旷全家。

刘诞把呈送给孝武帝的奏章，投到了城外，说："陛下听信谗言，于是派无名小辈突然前来偷袭我。我忍受不了这种残酷的冤屈，所以就把他们诛杀了。麻雀、老鼠尚且贪生怕死，我不得不违抗圣旨。今天，亲自率领部下，誓死保卫徐州、兖州。以前，我有什么样的福分，和你一同生在了皇家？如今，我又有什么过失，同你成了胡、越那样的死敌？冒着刀锋，脚踩戈矛，我万死不辞，大局稳定的日子，希望就在早晚间实现。"又说："对陛下宫帷内的丑闻，我又怎能缄口不语？"孝武帝大怒，下令凡是在建康城内刘诞的左右心腹、同一个祖系中穿孝服一年以上的亲戚，全都杀头，当时被杀的数以千计。有些人家属已被杀了，本人却正从广陵城内逃出来。

沈庆之率军来到广陵城下，刘诞登上城楼，对沈庆之说："沈公已到了满头白发的年龄了，何苦还来此地呢！"沈庆之回答说："朝廷认为你狂妄愚蠢，所以不需要烦劳那些青壮年出马。"

孝武帝担心刘诞会投奔到北魏，所以，就派沈庆之切断了刘诞的逃路。沈庆之把军营移到了白土，该地距离广陵城有十八里。尔后，又进军新亭。豫州刺史宗悫、徐州刺史刘道隆，也一同率领大军和沈庆之会师。兖州刺史沈僧明，是沈庆之哥哥的儿子，他也派遣兵力前来援助沈庆之。在这之前，刘诞诳骗他的部下们说："宗悫可以援助我们。"宗悫抵达这里后，骑马绕城一周，大声呼喊："我就是宗悫！"

刘诞眼看朝廷各路大军聚集在广陵城下，打算放弃城池，向北逃跑，留下中兵参军申灵赐坚守广陵。他自己率领几百名步骑兵，连同跟随他的亲信随从，声称要出城作战，顺着斜路奔向海陵。沈庆之派龙骧将军武念前去追击。刘诞走了十几里，大家都不愿意离开，纷纷请求再回广陵城。刘诞说："我们回去是很容易的事，回去之后，你们能为我竭心尽力吗？"大家都许下诺言。于是，刘诞又返回广陵。他建起一座高台，与众将士歃血为盟。将全体官员的官职都升了一级，任命主簿刘琨之为中兵参军。刘琨之是刘遵孝的儿子，他辞让说："忠与孝不能两全，我老父还在建康，我不能接受任命。"刘诞囚禁了刘琨之十几天，刘琨之最终还是不接受任命，刘诞就把他杀了。

右卫将军垣护之、虎贲中郎将殷孝祖等进击北魏后班师回朝，走到广陵，孝武帝让他们一并听从沈庆之的指挥。沈庆之率军前进，直逼广陵城。刘诞派人将饭菜和美酒等送给沈庆之，由一百多人抬着从北门出来，沈庆之都没有打开，就全都烧了。刘诞从城楼上把给孝武帝的奏章拿给他看，请求沈庆之替他呈送给孝武帝。沈庆之说："我是接受诏令前来讨伐叛贼的，不能替你呈送奏表。如果你一定要回到朝廷，接受死罪，你自己就应该打开城门，派遣使者，我为你护送前往。"

孝武帝命令沈庆之在桑里建造三座烽火台，攻克了广陵外城，就燃起一堆烽火；如果攻克了广陵内城，就点起两堆烽火；如果活捉了刘诞，就点起三堆烽火。孝武帝督促进攻的诏书一个接着一个，沈庆之烧了广陵城东门，填平了护城河，开掘进攻道路，竖起攻城楼车，造起土山，制造了其他攻城工具。这时正赶上广陵大雨连绵不断，不能攻城。孝武帝就让御史中丞庾徽之上书要求罢免沈庆之的官职，而又假装下诏说不要追究，想以此刺激沈庆之攻战。从四月直到秋季七月，大雨停止，广陵城还没有攻下来。孝武帝大怒，命令太史选择日期，他要亲自渡过长江去讨伐刘诞。太宰刘义恭竭力劝谏，才没有去。

沈庆之率领士卒向广陵城发起猛攻，他身先士卒，亲自冒着飞箭和石头，向前冲杀。（六月）乙巳，攻克广陵外城。沈庆之又率大军乘胜追击，不久，又攻克内城。刘诞听说朝廷大军已攻入城内，就马上逃到后花园里。队主沈胤之等人追上，把他击伤。刘诞掉到水里，沈胤之等把他拉上来，斩了他。刘诞的母亲、妻子全都自杀。

孝武帝听说广陵叛乱被平，亲自走出宣阳门，下令左右一起高呼万岁。侍中蔡兴宗陪坐在辇车旁，孝武帝回过头问他说："你为何不喊？"蔡兴宗严肃地说："陛下今天正应该对施行诛杀痛哭流涕，怎么能让大家都喊万岁呢？"孝武帝很不高兴。

孝武帝颁下诏令，贬刘诞姓留。将广陵城内的所有居民，无论男女老少，全部杀掉。沈庆之请求留下身高五尺以下的人不杀，其余的男子全都处死，女子全都赏给将士们做妾或做婢女，最后还是杀了三千多人。长水校尉宗越，在执行这项诛杀任务时，对被处死的人他都要首先剖开肚子，挖出肠胃，再挖出眼珠，或者用鞭子抽打被诛者的脸和肚子，再在这些创口上浇上苦酒盐水，然后再杀了他们。宗越面对自己这种惨无人道的手法，欣欣然好像从中得到了什么。孝武帝下令，将死人的头颅送到石城南岸，堆成一座大坟。侍中沈怀文劝阻，但孝武帝没听。

宋纪十二

第一百三十卷

太宗明皇帝上之上泰始元年（乙巳，465）

废帝幼而狷暴。及即位，始犹难太后、大臣及戴法兴等，未敢自恣。太后既殂，帝年渐长，欲有所为，法兴辄抑制之，谓帝曰："官所为如此，欲作营阳邪！"帝稍不能平。所幸阉人华愿儿，赐与无算，法兴常加裁减，愿儿恨之。帝使愿儿于外察听风谣，愿儿言于帝曰："道路皆言'宫中有二天子：法兴真天子，官为赝天子'。且官居深宫，与人物不接，法兴与太宰、颜、柳共为一体，往来门客恒有数百，内外士庶莫不畏服。法兴是孝武左右，久在宫闱；今与他人作一家，深恐此坐席非复官有。"帝遂发诏免法兴，遣还田里，仍徙远郡。八月，辛酉，赐法兴死；解巢尚之舍人。

戊午，帝召诸妃、主列于前，强左右使辱之。南平王铄妃江氏不从。帝怒，杀妃三子南平王敬猷、庐陵王敬先、安南侯敬渊，鞭江妃一百。

先是民间讹言湘中出天子，帝将南巡荆、湘二州以厌之。明旦，欲先诛湘东王彧，然后发。

初，帝既杀诸公，恐群下谋己，以直阁将军宗越、谭金、童太一、沈攸之等有勇力，引为爪牙，赏赐美人、金帛、充牣其家。越等久在殿省，众所畏服，皆为帝尽力；帝恃之，益无所顾惮，恣为不道，中外骚然。左右宿卫之士皆有异志，而畏越等不敢发。时三王久幽，不知所为。湘东王彧主衣会稽阮佃夫、内监始兴王道隆、学官令临淮李道儿与直阁将军柳光世及帝左右琅邪淳于文祖等谋弑帝。帝以立后故，假诸王阉人。彧左右钱蓝生亦在中，彧密使候帝动止。

先是帝游华林园竹林堂，使宫人倮相逐，一人不从命，斩之，夜，梦在竹林堂，有女子骂曰："帝悖虐不道，明年不及熟矣！"帝于宫中求得一人似所梦者斩之。又梦所杀者骂曰:“我已诉上帝矣!”于是巫觋言竹林堂有鬼。是日晡时,帝出华林园。建安王休仁、山阳王休祐、会稽公主并从,湘东王彧独在秘书省,不被召,益忧惧。

帝素恶主衣吴兴寿寂之,见辄切齿,阮佃夫以其谋告寂之及外监典事东阳朱幼、细铠主南彭城姜产之、细铠将晋陵王敬则、中书舍人戴明宝,寂之等闻之,皆响应。幼豫约勒内外,使钱蓝生密报休仁、休祐。时帝欲南巡,腹心宗越等并听出外装束,唯队主樊僧整防华林阁。柳光世与僧整,乡人,因密邀之;僧整即受命。凡同谋十余人。阮佃夫虑力少不济,更欲招合,寿寂之曰:“谋广或泄,不烦多人。”其夕,帝悉屏侍卫,与群巫及彩女数百人射鬼于竹林堂。事毕,将奏乐,寿寂之抽刀前入,姜产之次之,淳于文祖等皆随其后。休仁闻行声甚疾,谓休祐曰:“事作矣!”相随奔景阳山。帝见寂之至,引弓射之,不中。彩女皆迸走,帝亦走,大呼“寂寂”者三,寂之追而弑之。宣令宿卫曰:“湘东王受太皇太后令,除狂主,今已平定。”殿省惶惑,未知所为。

休仁就秘书省见湘东王,即称臣,引升西堂,登御座,召见诸大臣。于时事起仓猝,王失履,跣至西堂,犹著乌帽。坐定,休仁呼主衣以白帽代之。令备羽仪,虽未即位,凡事悉称令书施行。宣太皇太后令,数废帝罪恶,命湘东王纂承皇极。及明,宗越等始入,湘东王抚接甚厚。废帝母弟司徒、扬州刺史豫章王子尚,顽悖有兄风。己未,湘东王以太皇太后令,赐子尚及会稽公主死。建安王休仁等始得出居外舍。释谢庄之囚。废帝犹横尸太医阁口。蔡兴宗谓尚书右仆射王彧曰:“此虽凶悖,要是天下之主,宜使丧礼粗足;若直如此,四海必将乘人。”乃葬之秣陵县南。

丙寅,湘东王即皇帝位,大赦,改元。其废帝时昏制谬封,并皆刊削。

宋明帝泰始元年(乙巳,公元465年)

刘宋废帝刘子业年纪幼时就急躁粗暴。即位后,开始时他还多多少少接受母亲王太后、大臣以及戴法兴等人的管束,不敢放任。王太后去世后,他也慢慢长大了,他想要有所作为,但每次戴法兴都加以阻挠,对他说:“你这么乱做,难道是想要当营阳王吗?”废帝听到这种威吓,心里越来越不高兴。废帝宠爱小太监华愿儿,赏赐给他的金银财宝,不计其数,戴法兴经常加以限制,减少这一支出,华愿儿因此恨戴法兴。废帝令华愿儿到宫廷外打听老百姓对朝廷的议论,华愿儿对废帝说:“外面人们都说‘皇宫内有两个天子,戴法兴是真天子,您是假天子’。况且,您住在深宫之内,和外边没有接触，戴法兴和太宰刘义恭、颜师伯、柳元景结为一体，他们门下来往的宾客，总有数百人之多，内外官民对他们没有不畏惧、服从的。戴法兴又是孝武帝的左右亲信，在宫廷内已经很久了，如今他和别人合为一家，我深恐您这个位子不再会属于您所有。”废帝立刻下诏罢免了戴法兴，遣送他回到乡下老家，又把他放逐到边远的郡县。八月，辛酉（初一），又命戴法兴自杀，免去巢尚之的中书通事舍人之职。

戊午（十一月二十九日），废帝召集所有妃子、公主排列在自己面前，然后强迫左右侍从侮辱她们。南平王刘铄的妃子江氏不从命，废帝大怒，杀了江氏的三个儿子：南平王刘敬猷、庐陵王刘敬先、安南侯刘敬渊，抽了江氏一百鞭。

在这之前，民间讹传说湘中要出天子，所以，废帝打算南巡荆州、湘州，以压制这种灾难。第二天天亮，想先杀了湘东王刘彧，然后出发。

当初，废帝杀了很多文武官属，所以害怕臣属们谋害自己，又因为直阁将军宗越、谭金、童太一、沈攸之等人武勇有力，就把他们提拔起来做自己的爪牙，赏赐的美女、金帛，塞满他们家宅。宗越等人在朝廷保护废帝已有很长时间，大家都很畏服，他们也为废帝尽心尽力。废帝依仗他们，更加无所忌惮、无所不为，使宫内外人心为之骚动。左右的宿卫将士也都有背叛之心，只是害怕宗越等人，所以没敢行动。此时，刘彧等三王被幽禁已久，不知道如何是好。湘东王刘彧的主衣会稽人阮佃夫、内监始兴人王道隆、学官令临淮人李道儿，同直阁将军柳光世以及废帝侍从、琅邪人淳于文祖等一起图谋杀废帝。废帝因为要册封皇后，就调各王府宦官入宫帮忙。刘彧的侍从钱蓝生也在其中，刘彧就暗中命钱蓝生观察废帝的动静。

在这之前，废帝出游华林园竹林堂时，命令宫女赤裸身体相互追逐、戏笑，有一宫女拒不从命，就杀了她。夜里，废帝做梦，梦见自己在竹林堂，有一个女子骂他说：“你悖逆不道，活不到明年小麦成熟的时候。”于是，废帝在宫中找到一个和自己梦中所见模样相仿的人杀了。夜里，又梦见了所杀的女子骂他：“我已经向上帝控诉你了！”于是，巫师巫婆们都说竹林堂里有鬼。这天中午过后，废帝从华林园出来，建安王刘休仁、山阳王刘休祐和会稽公主都跟在他左右，湘东王刘彧一人在秘书省里，未被征召，他心里越发担忧恐惧。

废帝一向讨厌主衣吴兴人寿寂之，一见他便常常恨得咬牙切齿，阮佃夫把密谋告诉了寿寂之和外监典事东阳人朱幼、细铠主南彭城人姜产之、细铠将晋陵人王敬则、中书舍人戴明宝，寿寂之等人一听，也全都响应。朱幼在宫廷内外先做安排，他让钱蓝生秘密向刘休仁、刘休祐报告。此时，废帝正打算南巡，他的心腹宗越等人也被允许回家准备行装，只有队主樊僧整驻守在华林阁。柳光世和樊僧整是同乡，所以柳光世就偷偷劝樊僧整参加行动，樊僧整一口答应下来，参与预谋有十几人。阮佃夫害怕力量太小，打算吸收更多的人参与，寿寂之说："筹谋的人过多，会泄露出去，最好不用那么多人。"这天晚上，废帝赶走所有的侍从、卫士，和一群女巫及宫女，约计几百人在竹林堂射鬼。射杀完毕，要演奏舞乐，寿寂之抽刀来到废帝面前，姜产之跟在寿寂之后面，淳于文祖等人也都紧随其后。刘休仁听见路上有急促的脚步声，就对刘休祐说："事情已经开始了。"二人于是也相跟着奔到了景阳山。废帝看见寿寂之突然来到，张开弓箭射向寿寂之，但没射中。宫女们全都向外逃散，废帝也跟着逃，大呼三声"寂寂"，寿寂之追上杀了他，然后向宿卫宣布："湘东王接受太皇太后的命令，铲除发狂的主上，现在，已经平定。"殿省内的人，惶恐迷惑，不知是在干什么。

刘休仁跑到秘书省看见了湘东王刘彧，一见刘彧就称臣，接着就把刘彧拉到了西堂，登上皇帝座位，立即召见各位大臣。因为这件事来得太突然了，以至于刘彧连鞋都不知丢在哪儿了，只好光着脚来到西堂，刘彧的头上还仍然戴着一顶黑帽。等他坐定后，刘休仁立刻喊主衣换一顶白帽给刘彧戴上。刘休仁又下令准备好羽林仪仗队，虽然刘彧还没有登基即位，但所有的事情都用命令方式执行。接着，就开始宣称奉太皇太后令，列举废帝的罪行，命令湘东王刘彧继承帝位。等到天明，宗越等人才进宫。湘东王刘彧对他们好言安抚，极为宽厚。废帝的同母弟弟、司徒、扬州刺史、豫章王刘子尚，顽劣残暴，很有他哥哥的风气。己未（三十日），刘彧又以太皇太后的名义，赐刘子尚和会稽公主刘楚玉自杀。建安王刘休仁等这才得以出宫，回到了自己的家。刘彧又下令把在狱中的谢庄释放。废帝的尸体仍然放在太医阁前。蔡兴宗对尚书右仆射王彧说："此人虽然凶残暴虐，也还是做过天下之主，应该为他举行个简单的葬礼。如果一直这样放着，四海之内肯定会有投机者趁机起事。"于是，就将废帝葬在秣陵县南部。

丙寅（十二月初七），湘东王刘彧登基即位，宣布大赦，改年号。废帝制定的一些荒唐法规和封赏全都废除。

宋纪十三

第一百三十一卷

太宗明皇帝上之下泰始二年（丙午，466）

邓琬称说符瑞，诈称受路太后玺书，帅将佐上尊号于晋安王子勋。乙未，子勋即皇帝位于寻阳，改元义嘉。以安陆王子绥为司徒、扬州刺史；寻阳王子房、临海王子顼并加开府仪同三司；以邓琬为尚书右仆射，张悦为吏部尚书；袁颛加尚书左仆射；自余将佐及诸州郡，除官进爵号各有差。

是岁，四方贡计皆归寻阳，朝廷所保，唯丹杨、淮南等数郡，其间诸县或应子勋，东兵已至永世，宫省危惧。上集群臣以谋成败。蔡兴宗曰："今普天同叛，宜镇之以静，至信待人。叛者亲戚布在宫省，若绳之以法，则土崩立至，宜明罪不相及之义。物情既定，人有战心，六军精勇，器甲犀利，以待不习之兵，其势相万耳。愿陛下勿忧。"上善之。

殿中御史吴喜以主书事世祖，稍迁河东太守。至是，请得精兵三百，致死于东。上假喜建武将军，简羽林勇士配之。议者以"喜刀笔主者，未尝为将，不可遣"。中书舍人巢尚之曰："喜昔随沈庆之，屡经军旅，性既勇决，又习战陈；若能任之，必有成绩。诸人纷纭，皆是不别才耳。"乃遣之。喜先时数奉使东吴，性宽厚，所至人并怀之。百姓闻吴河东来，皆望风降散，故喜所至克捷。

邓琬以刘胡与沈攸之等相持久不决，乃加袁颛督征讨诸军事。六月，甲戌，颛帅楼船千艘，战士二万，来入鹊尾。颛本无将略，性又怯桡，在军中未尝戎服，语不及战陈，唯赋诗谈义而已，不复抚接诸将；刘胡每论事，酬对甚简。由此大失人情，胡常切齿恚恨。胡以南运米未至，军士匮乏，就颛借襄阳之资，颛不许，曰："都下两宅未成，方应经理。"又信往来之言，云"建康米贵，斗至数百"，以为将不攻自溃，拥甲以待之。

诸军与袁顗相拒于浓湖，久未决。龙骧将军张兴世建议曰："贼据上流，兵强地胜，我虽持之有余而制之不足。若以奇兵数千潜出其上，因险而壁，见利而动，使其首尾周遑，进退疑阻，中流既梗，粮运自艰，此制贼之奇也。钱溪江岸最狭，去大军不远，下临洄洑；船下必来泊岸，又有横浦可以藏船，千人守险，万夫不能过。冲要之地，莫出于此。"沈攸之、吴喜并赞其策。会庞孟虬引兵来助殷琰，刘勔遣使求援甚急，建安王休仁欲遣兴世救之。沈攸之曰："孟虬蚁聚，必无能为，遣别将马步数千，足以相制。兴世之行，是安危大机，必不可辍。"乃遣段佛荣将兵救勔，而选战士七千、轻舸二百配兴世。

兴世帅其众溯流稍上，寻复退归，如是者累日。刘胡闻之，笑曰："我尚不敢越彼下取扬州，张兴世何物人，欲轻据我上！"不为之备。一夕，四更，值便风，兴世举帆直前，渡湖、白，过鹊尾。胡既觉，乃遣其将胡灵秀将兵于东岸，翼之而进。戊戌夕，兴世宿景洪浦，灵秀亦留。兴世潜遣其将黄道标帅七十舸径趣钱溪，立营寨；己亥，兴世引兵进据之，灵秀不能禁。庚子，刘胡自将水步二十六军来攻钱溪。将士欲迎击之，兴世禁之曰："贼来尚远，气盛而矢骤；骤既易尽，盛亦易衰，不如待之。"令将士治城如故。俄而胡来转近，船入洄洑；兴世命寿寂之、任农夫帅壮士数百击之，众军相继并进，胡败走，斩首数百，胡收兵而下。时兴世城寨未固，建安王休仁虑袁顗并力更攻钱溪，欲分其势。辛丑。命沈攸之、吴喜等以皮舰进攻浓湖，斩获千数。是日，刘胡帅步卒二万、铁马一千，欲更攻兴世。未至钱溪数十里，袁顗以浓湖之急，遽追之，钱溪城由此得立。胡遣人传唱"钱溪已平"，众并惧，沈攸之曰："不然。若钱溪实败，万人中应有一人逃亡得还者，必是彼战失利，唱空声以惑众耳。"勒军中不得妄动；钱溪捷报寻至。攸之以钱溪所送胡军耳鼻示浓湖，袁顗骇惧。攸之日暮引归。

张兴世既据钱溪，浓湖军乏食。邓琬大送资粮，畏兴世，不敢进。刘胡帅轻舸四百，由鹊头内路欲攻钱溪，既而谓长史王念叔曰："吾少习步战，未闲水斗。若步战，恒在数万人中；水战在一舸之上，舸舸各进，不复相关，正在三十人中，此非万全之计，吾不为也。"乃托疟疾，住鹊头不进，遣龙骧将军陈庆将三百舸向钱溪，戒庆不须战："张兴世吾之所悉，自当走耳。"陈庆至钱溪，军于梅根。

胡遣别将王起将百舸攻兴世，兴世击起，大破之。胡帅其余舸驰还，谓曰："兴世营寨已立，不可猝攻；昨日小战，未足为损。陈庆已与南陵、大雷诸军共遏其上，大军在此，鹊头诸将又断其下流；已堕围中，不足复虑。"怒胡不战，谓曰："粮运鲠塞，当如此何？"胡曰："彼尚得溯流越我而上，此运何以不得沿流越彼而下邪！"乃遣安北府司马沈仲玉将千人步趣南陵迎粮。

仲玉至南陵，载米三十万斛，钱布数十舫，竖榜为城，规欲突过。行至贵口，不敢进，遣间信报胡，令遣重军援接。张兴世遣寿寂之、任农夫等将三千人至贵口击之，仲玉走还营，悉虏其资实；胡众骇惧，胡将张喜来降。

镇东中兵参军刘亮进兵逼胡营，胡不能制。袁颛惧曰："贼入人肝脾里，何由得活！"胡阴谋遁去，己卯，诳云："欲更帅步骑二万，上取钱溪，兼下大雷余运。"令颛悉选马配之。其日，胡颛委去，径趣梅根。先令薛常宝办船，悉发南陵诸军，烧大雷诸城而走。至夜，颛方知之，大怒，骂曰："今年为小子所误！"呼取常所乘善马"飞燕"，谓其众曰："我当自追之！"因亦走。

庚辰，建安王休仁勒兵入营，纳降卒十万，遣沈攸之等追颛。颛走至鹊头，与戍主薛伯珍并所领数千人偕去，欲向寻阳。夜，止山间，杀马以劳将士，顾谓伯珍曰："我非不能死；且欲一至寻阳，谢罪主上，然后自刎耳。"因慷慨叱左右索节，无复应者。及旦，伯珍请屏人言事，遂斩颛首，诣钱溪军主襄阳俞湛之。湛之因斩伯珍，并送首以为己功。

刘胡帅二万人向寻阳，诈晋安王子勋云："袁颛已降，军皆散，唯己帅所领独返；宜速处分，为一战之资。当停据湓城，誓死不贰。"乃于江外夜趣沔口。

邓琬闻胡去，忧惶无计，呼中书舍人褚灵嗣等谋之，并不知所出。张悦诈称疾，呼琬计事，令左右伏甲帐后，戒之："若闻索酒，便出。"琬既至，悦曰："卿首唱此谋，今事已急，计将安出！"琬曰："正当斩晋安王，封府库，以谢罪耳。"悦曰："今日宁可卖殿下求活邪！"因呼酒。子洵提刀出斩琬。中书舍人潘欣之闻琬死，勒兵而至。悦使人语之曰："邓琬谋反，今已枭戮。"欣之乃还。取琬子，并杀之。悦因单舸赍琬首驰下，诣建安王休仁降。

寻阳乱。蔡那之子道渊在寻阳被系作部，脱锁入城，执子勋，囚之。沈攸之诸军至寻阳，斩晋安王子勋，传首建康，时年十一。

庚子，司徒休仁至寻阳，遣吴喜、张兴世向荆州，沈怀明向郢州，刘亮及宁朔将军南阳张敬儿向雍州，孙超之向湘州，沈思仁、任农夫向豫章，平定余寇。

是岁，侨立兖州，治淮阴；徐州治钟离；青、冀二州共一刺史，治郁洲。郁洲在海中，周数百里，累石为城，高八九尺，虚置郡县，荒民无几。

宋明帝泰始二年（丙午，公元466年）

邓琬以上天显示的种种祥瑞为借口，诈称接到路太后的密诏，率领各将领、僚佐等向晋安王刘子勋奉上皇帝尊号。乙未（正月初七），刘子勋在寻阳登基称帝，改年号为义嘉。任命安陆王刘子绥为司徒、扬州刺史，寻阳王刘子房、临海王刘子顼，都加封为开府仪同三司，还任命邓琬为尚书右仆射，张悦为吏部尚书，加封袁觊为尚书左仆射。其他各将领、僚佐以及各州郡等地方长官，按等级加官晋爵。

这一年，各地的贡品和报告都送往寻阳。建康朝廷的势力范围，只剩下丹杨、淮南等几个郡，而这几个郡中又有很多县起兵响应刘子勋，东线的反朝廷军队已到达永世。建康朝廷惊恐危急。明帝召集群臣讨论国家的安危。蔡兴宗说："当今之时，几乎举国一起反叛，我们应该镇静，以诚待人。叛臣的亲戚，很多在宫廷或朝廷任职，如果绳之以法，我们就会立刻土崩瓦解。应该强调父子兄弟之间，犯罪互不株连的大义，民心安定之后，将士才能有斗志。朝廷的六军精练勇猛，武器犀利，用来对付那些没有经过训练的叛乱部队，形势相差很多，请陛下不要忧虑。"明帝认为他的分析有理。

殿中御史吴喜，原来是世祖孝武帝的主书，逐渐升到河东太守之职。到了这时，请求调给他精锐部队三百人，到东战场去效命。明帝暂时任命吴喜为建武将军，在羽林禁卫军中挑选勇士配备给他。有人认为："吴喜是个拿笔杆子的文官，从来没有当过将领，不可派他作战。"中书舍人巢尚之说："当年，吴喜曾跟随沈庆之，屡次出征，性情勇敢果决，见惯疆场阵战，如果能起用他，一定会有战绩，大家议论纷纷，都是由于不识人才。"于是命吴喜出发。吴喜过去曾任过朝廷的使节，多次去过东方吴地。他性情宽厚，所到过的地方，人民对他都很怀念，因此，老百姓听到他来，都闻风归顺或者逃散，所以吴喜所到之处，总能战胜，传出捷报。

邓琬因刘胡跟建康官军沈攸之等对阵僵持，很久分不出胜负，于是加授袁觊为督征讨诸军事。六月，甲戌（十八日），袁觊率楼船一千艘，兵士两万人，抵达鹊尾。袁觊本无大将的才略，又性情卑怯。在军营中，他从不穿军服，谈话也不涉及战阵，而只吟诗作赋，谈论义理，对各将领既不安抚鼓励，又不肯接见。刘胡每次讨论军事，袁觊对他的回答和应酬都很简略、怠慢。于是，袁觊大失人心，刘胡对他恨之入骨。刘胡因后方补给未到，士卒缺粮，向袁觊借襄阳的存粮，袁觊拒绝，说："京师还有两处住宅没有完工，正要用钱料理。"又相信过路人的传言，说："建康米价飞涨，一斗高达数百钱。"认为用不着进攻，建康将自行崩溃，所以按兵不动，坐等胜利。

各路官军与袁顗在浓湖对峙，很久不能决出胜负。龙骧将军张兴世建议说："叛贼盘踞上游，兵力强大，地势险要，我们的力量与他们对峙是绰绰有余，但不足以剿灭他们。若是派出数千奇兵潜入他们的背后，在险要的地方筑城布阵，伺机发动进攻，就会使他们首尾难顾，进退两难。上游一旦被我们切断，粮食运输一定艰难，这是克制叛贼的奇妙良策。钱溪一带长江两岸最为狭窄，又距大军不远，水道曲折湍急，船只经过必须紧靠岸边，那里又有天然的码头可以停船。千人把守，万人不能通过。其他要害之地，都不能超过此地。"沈攸之、吴喜全都赞成。这时，庞孟虬率兵前来增援殷琰，刘勔派人请求援兵，情况紧急。建安王刘休仁打算派张兴世率军增援刘勔，沈攸之说："庞孟虬的部队，像一群蚂蚁，一定没什么作为，派遣另一位将领，交给他步、骑兵数千人，足以把庞孟虬制住。张兴世这次攻击，可是安危成败的关键，决不可半途而废。"于是命段佛荣率军增援刘勔，而另外挑选战士七千人，轻快小船二百艘，配给张兴世。

张兴世率二百艘小船，逆流而上，接着又返回，一连数天，都是如此。刘胡听到消息，取笑说："我还不敢越过他们的阵地，夺取扬州，张兴世是什么东西，居然想轻易占领我的上游阵地。"于是不做防备。一天晚上四更，正好刮起顺风，张兴世的船队，张满风帆，向西鼓浪前进，穿过湖口、白水口，再过鹊尾。刘胡发觉之后，急忙派他的将领胡灵秀领兵在东岸追赶，紧跟张兴世的船队前进。戊戌（七月十三日），晚上，张兴世停泊于景洪浦，胡灵秀也留在此处。张兴世暗中派遣部将黄道标，率七十条快艇直插钱溪，安营扎寨。己亥（十四日），张兴世率主力西进，直接进驻钱溪新营，胡灵秀无法阻止。庚子（十五日），刘胡亲自率领水陆联合的二十六支军队，前来攻击钱溪，张兴世的将士打算迎战，张兴世不允许，说："贼寇离我们还远，气势旺盛，打起仗来，箭如雨下。然而气太盛，容易衰弱，箭太多，容易枯竭，不如等待。"命令将士照旧加强工事。不久，刘胡船队接近，进入漩涡，张兴世命寿寂之、任农夫率精壮军士数百人先行攻击，主力部队相继一起前进，刘胡败退，数百人阵亡，刘胡收兵而回。当时，张兴世营寨还不够坚固，建安王刘休仁担心袁顗回军与刘胡合力再攻钱溪，打算分散他们的势力。辛丑（十六日），命沈攸之、吴喜等用皮蒙在船上攻击浓湖，杀数千人。当天，刘胡率步兵两万人，披甲骑兵一千人，打算再攻张兴世，进抵钱溪相距只有数十里时，袁顗因浓湖吃紧，命刘胡回兵增援。钱溪的营寨因此得以建成。刘胡派人散布谣言说："钱溪已经平定。"官军大为恐惧，沈攸之说："不对，钱溪如果战败，众人中至少会有一人逃亡回来，必定是他们攻击失利，散布假情报扰乱军心。”下令军中不得妄动。不多时，钱溪捷报传到。沈攸之把钱溪送来刘胡士卒的耳朵、鼻子，送给浓湖守军，袁顗异常惊骇恐惧。沈攸之黄昏时回军。

张兴世占领钱溪之后，叛军浓湖大营粮食开始缺乏。郑琬打算运送大量军需物资接济，但怕张兴世截击，不敢前进。刘胡率轻装船只四百艘，从鹊头江中内航道前进，打算攻打钱溪，中途对长史王念叔说：“我从小习惯于陆地打仗，不懂水战。步兵作战时，我是在数万人中间，可是水上作战，只能在一条船的上边，船与船单独行进，互相不能照顾，我在一船不过三十人中间，这不是安全之计，我不干。”于是，推托得了疟疾，停靠鹊头，不敢前进。只派龙骧将军陈庆率三百艘船驶向钱溪，吩咐陈庆不要与敌人接战，说：“张兴世这个人，我非常熟悉他，他会自动逃走的！”陈庆抵达钱溪，驻扎梅根。

刘胡又派部将王起率一百余艘船攻打张兴世，张兴世反击，大败王起军。刘胡率其余的船队撤回浓湖，对袁顗说：“张兴世营寨已经建成，短期内不可能攻破。昨天小小交战，谈不上损失。陈庆已与南陵、大雷各军共同扼住张兴世的上游，我们大营在此，鹊头诸将领又切断了他的下游，他已坠入我们的包围圈中，不必再为此忧虑。”袁顗对刘胡不亲自作战，十分恼怒，对刘胡说：“运粮路线被切断，对此我们应该怎么办？”刘胡说：“他们能越过我们逆流而上，我们这次运粮为什么不能越过他们顺江而下呢？”于是派遣安北府司马沈仲玉带领一千人徒步前往南陵，迎接军粮。

沈仲玉到达南陵，把三十万斛的米装到船上，又装军饷、布匹等共数十船，在船上用木板钉成围墙，打算突围。可是船队行至贵口，不敢前进，派人抄小路报告刘胡，请求增派重兵前来迎接。张兴世命寿寂之、任农夫等率三千人直奔贵口，攻击沈仲玉。沈仲玉丢下辎重，逃回袁顗大营，所有军用物资，全被夺走。刘胡的部队惊恐万状，部将张喜投降朝廷官军。

镇东中兵参军刘亮向前推进，直逼刘胡军营，刘胡抵抗不住，袁顗惊慌地说：“敌人已侵入人的肝脾重地中间，怎么能活命！”刘胡准备暗中逃走，己卯（八月二十四日），谎报袁顗说：“我打算率步、骑兵两万人，到上游夺回钱溪，并运回积存在大雷的余粮。”要求袁顗挑选马匹全都配备给他。当天，刘胡丢下袁顗，直奔梅根。先命薛常宝征集船只，又命南陵各军全部出发，纵火焚烧大雷各城而逃。当夜，袁顗才得知消息，勃然大怒，骂道：“今年可被这小子害苦了！”呼唤侍从牵来他平日所骑的马，名叫“飞燕”，对他的部属说：“我要亲自追击刘胡！”于是也乘机逃走。

庚辰（二十五日），建安王刘休仁率兵进入袁顗遗弃的大营，接纳十万人投降，同时派沈攸之等追捕袁颉。袁颉逃到鹊头，与镇守那里的主将薛伯珍会合，并带他所属的部队数千人一同向西撤退，打算前往寻阳。夜晚，住宿山间，袁颉杀马慰劳将士，回头对薛伯珍说："我并不是怕死，只不过想要到寻阳，在主上面前请罪，然后自刎！"慷慨激昂，吆喝左右侍从，取来刘子勋赐给的符节，左右侍从无人理他。等到天亮，薛伯珍请求与他单独谈话，遂砍下袁颉人头，前往钱溪，向军主襄阳人俞湛之投降。俞湛之斩薛伯珍，连同袁颉的人头一起上缴作为自己的功劳。

刘胡率两万人奔回寻阳，谎报晋安王刘子勋说："袁颉已经投降，全军溃散，只有我率领我的部属，单独逃回。应紧急采取措施，决一死战，我暂时驻防湓城，誓死效忠您。"于是，率船队从江中外航道西上，连夜直奔沔口。

邓琬听到刘胡逃走的消息，惊恐忧虑，无计可施，急忙召集中书舍人褚灵嗣等策划对策，大家都不知如何是好。吏部尚书张悦假装有病，请邓琬到私宅商讨大事，密令左右全副武装，在帐后埋伏，吩咐："听见我命你们拿酒，便出来动手。"邓琬到后，张悦说："你当初第一个坚持称帝，今天事已吃紧，你有什么办法？"邓琬说："应当杀掉晋安王，查封仓库，以此来赎罪。"张悦说："现在你宁可出卖殿下，也要保全自己活命吗！"于是呼唤拿酒，张悦的儿子张洵，提刀冲出，砍下邓琬人头。中书舍人潘欣之听说邓琬被杀的消息，率兵抵达张悦家门。张悦派人告诉潘欣之说："邓琬打算谋反，已经斩首。"潘欣之才撤回。张悦逮捕了邓琬的儿子，一并杀掉。张悦于是单乘一只小船提着邓琬的人头东下，向朝廷建安王刘休仁投降。

寻阳大乱，蔡那的儿子蔡道渊原被囚禁在寻阳专门制造兵器的作坊里，这时挣脱枷锁，进入寻阳城，逮捕了刘子勋，投入大牢。不久，沈攸之等大军抵达寻阳，杀掉刘子勋，把人头押送到建康。刘子勋时年十一岁。

庚子（九月十六日），司徒刘休仁抵达寻阳，分别派吴喜、张兴世进攻荆州，沈怀明进攻郢州，刘亮及宁朔将军南阳人张敬儿进攻雍州，孙超之进攻湘州，沈思仁、任农夫进攻豫章，平定刘子勋的残余力量。

这一年，刘宋设立侨居南方的兖州，治所设在淮阴，徐州治所设在钟离，青、冀二州共设一个刺史，治所设在郁洲。郁洲在大海之中，方圆数百里，用石头筑城，高八九尺，虚设郡县，荒岛居民寥寥无几。

宋纪十四

第一百三十二卷

太宗明皇帝中泰始三年（丁未，467）

魏遣平东将军长孙陵等将兵赴青州，征南大将军慕容白曜将骑五万为之继援。白曜，燕太祖之玄孙也。白曜至无盐，欲攻之；将佐皆以为攻具未备，不宜遽进。左司马范阳郦范曰："今轻军远袭，深入敌境，岂宜淹缓！且申纂必谓我军来速，不暇攻围，将不为备；今若出其不意，可一鼓而克。"白曜曰："司马策是也。"乃引兵伪退。申纂不复设备，白曜夜中部分，三月，甲寅旦，攻城，食时，克之；纂走，追擒，杀之。白曜欲尽以无盐人为军赏，郦范曰："齐，形胜之地，宜远为经略。今王师始入其境，人心未洽，连城相望，咸有拒守之志，苟非以德信怀之，未易平也。"白曜曰："善！"皆免之。

白曜将攻肥城，郦范曰："肥城虽小，攻之引日；胜之不能益军势，不胜足以挫军威。彼见无盐之破，死伤涂地，不敢不惧；若飞书告谕，纵使不降，亦当逃散。"白曜从之，肥城果溃，获粟三十万斛。白曜谓范曰："此行得卿，三齐不足定也。"遂取垣苗、麋沟二戍，一旬中连拔四城，威震齐土。

房崇吉守升城，胜兵者不过七百人。慕容白曜筑长围以攻之，自二月至于夏四月，乃克之。白曜忿其不降，欲尽坑城中人，参军事昌黎韩麒麟谏曰："今勍敌在前而坑其民，自此以东，诸城人自为守，不可克也。师老粮尽，外寇乘之，此危道也。"白曜乃慰抚其民，各使复业。

崇吉脱身走，崇吉母傅氏，申纂妻贾氏，与济州刺史卢度世有中表亲，然已疏远。及为魏所虏，度世奉事甚恭，赡给优厚。度世闺门之内，和而有礼，虽世有屯夷，家有贫富，百口怡怡，丰俭同之。

崔道固闭门拒魏。沈文秀遣使迎降于魏，请兵援接，白曜欲遣兵赴之。郦范曰："文秀室家坟墓皆在江南，拥兵数万，城固甲坚，强则拒战，屈则遁去。我师未逼其城，无朝夕之急，何所畏忌而遽求援军！且观其使者，视下而色愧，语烦而志怯，此必挟诈以诱我，不可从也。不若先取历城，克盘阳，下梁邹，平乐陵，然后按兵徐进，不患其不服也。"白曜曰："崔道固等兵力单弱，不敢出战；吾通行无碍，直抵东阳，彼自知必亡，故望风求服，夫又何疑！"范曰："历城兵多粮足，非朝夕可拔。文秀坐据东阳，为诸城根本。今多遣兵则无以攻历城，少遣兵则不足以制东阳；若进为文秀所拒，退为诸城所邀，腹背受敌，必无全理。愿更审计，无堕贼彀中。"白曜乃止。文秀果不降。

魏尉元上表称："彭城贼之要藩，不有重兵积粟，则不可固守；若资储既广，虽刘彧师徒悉起，不敢窥淮北之地。"又言："若贼向彭城，必由清、泗过宿豫，历下邳；趋青州，亦由下邳、沂水经东安；此数者，皆为贼用师之要。今若先定下邳，平宿豫，镇淮阳，戍东安，则青、冀诸镇可不攻而克；若四城不服，青、冀虽拔，百姓狼顾，犹怀侥幸之心。臣愚以为，宜释青、冀之师，先定东南之地，断刘彧北顾之意，绝愚民南望之心；夏水虽盛，无津途可由，冬路虽通，无高城可固。如此，则淮北自举，暂劳永逸。兵贵神速，久则生变；若天雨既降，彼或因水通，运粮益众，规为进取，恐近淮之民翻然改图，青、冀二州猝未可拔也。"

宋明帝泰始三年（丁未，公元 467 年）

北魏派平东将军长孙陵等领兵，进攻青州，征南大将军慕容白曜率领骑兵五万人，继续进发作为后援。慕容白曜是前燕国燕太祖的玄孙。慕容白曜抵达无盐，想要攻城，部属将领及僚佐都认为攻城的器具还不完备，不宜马上进攻。左司马范阳人郦范说："我们用轻装部队远途偷袭，深入敌人领土，怎么能做久留的打算！而且申纂一定认为我们来得太快，还来不及围攻，所以没有戒备，现在如果出其不意，可以一战而胜。"慕容白曜说："司马的主意很对。"于是率兵假装撤退。申纂果然不再戒备，慕容白曜在午夜时分进行部署。三月，甲寅（初三），凌晨，向无盐城进攻，早饭时，攻破。申纂逃走，被追捕生擒并斩首。慕容白曜打算将无盐全城人一律当作战利品赏赐部下，郦范说："古齐国地区，形势重要，应当有长远经营计划。而今，王师刚刚入境，人心还没有归顺，城池相连，互相观望，都有固守不降的志向，假如不以恩德和信誉安抚他们，不容易平定啊。”慕容白曜说：“好！”便把百姓一律赦免。

慕容白曜将要进攻肥城，郦范说：“肥城虽然很小，但攻打起来很费时间，胜了不能增加我们的声势，失败则有损于我们的军威。他们看到无盐城被攻陷的惨状，遍地死伤，也不会不感到恐惧，如果送去一封警告信，他们即使不投降，也会四处逃散。”慕容白曜同意，肥城果然崩溃，北魏大军缴获粟米三十万斛。慕容白曜对郦范说：“这次出征，有你出谋，三齐不怕不能平定。”于是夺取垣苗、麋沟二城。十天之内，一连攻克四城，声威震撼齐地。

刘宋房崇吉坚守升城，能作战的士卒不过七百人。北魏慕容白曜兴筑长墙，发动攻击，自二月攻到夏季四月，才攻陷城池。慕容白曜对这么一个小城誓死不投降，大为愤怒，打算把城内百姓全部活埋，参军事昌黎人韩麒麟劝阻说：“眼下强敌在前，而坑杀他们的百姓，恐怕从此向东，各个城的人都会坚守，无法攻克。军队出征太久，粮食吃尽，外面贼寇乘机进攻，这可是危险之道。”慕容白曜于是对百姓慰问安抚，使他们恢复正常生活。

房崇吉只身逃亡，他的母亲傅氏及申纂的妻子贾氏，与北魏济州刺史卢度世原是表亲，不过关系早已疏远。等到傅、贾两人被北魏军俘虏，卢度世对待她们十分恭敬，生活供给也非常优厚。卢度世家门之内，祥和而有礼节，虽然时势有时动乱有时安定，财产有的贫穷有的富有，但百口之家，心情欢快，苦乐共同承担。

崔道固关闭城门抗拒北魏军。沈文秀却派人向北魏投降，请求派兵增援，慕容白曜打算派兵前往。郦范说：“沈文秀的家室和祖先坟墓，都在长江以南，掌握重兵数万，城墙坚固，武器精良，强大时挺身作战，衰弱时起身逃走，我军并未逼到他的城下，他也没有燃眉之急，有什么可怕的，而请求我们派兵增援？并且，我看他的使节，眼睛一直向下看，脸色惭愧，说话啰嗦而胆怯，这一定心怀奸诈，引诱我们走进圈套，不可轻信。不如先夺取历城、盘阳，再拿下梁邹、乐陵，然后慢慢向前推进，不怕他们不屈服。”慕容白曜说：“崔道固等兵力单薄，不敢出战，我们可以通行无阻，一直抵达东阳，沈文秀自知必亡，所以望风投降，又有什么可怀疑的！”郦范说：“历城兵力雄厚，粮食充足，不是早晚之间就能攻克的。沈文秀雄踞东阳，是各城的根本。现在派兵太多，则无法攻打历城；派兵太少，又不足以制服东阳。如果前进遭沈文秀抵御，后退又被各城联军阻击，腹背受敌，绝对没有安全的道理。请再三考虑，不要落入贼寇的圈套。”慕容白曜才停止，而沈文秀果然不降。

北魏尉元上书朝廷说："彭城是贼寇的重要基地，如果不驻防重兵，储存粮草，就不能守住。如果军用物资丰富，就是刘彧出动全部军队，也不敢窥伺淮北之地。"又说："如果贼寇攻击彭城，一定经由清水、泗水，穿过宿豫、下邳。如果攻击青州，也要从下邳顺着沂水，穿过东安。这几个地方，都是贼寇用兵的要地。现在，如果我们能先占领下邳，平定宿豫，驻防淮阳，戍守东安，那么青州、冀州各个据点便可以不攻而破。如果这四个城池不肯屈服，那么青州、冀州虽然攻破，居民百姓回望刘彧，仍怀侥幸的心理。以我的愚见，应该召回逗留青、冀二州的部队，先平定东南地区，断了刘彧北伐的念头，清除愚民回归南方的愿望。使他们明白：夏季雨水虽大，却没有河道可走；冬天陆路虽通，却没有高大的城墙可用来固守。这样，淮河以北的土地就可以占领。暂时辛劳，可以换来永久安逸。兵贵神速，时间长就容易发生变化。如果进入雨季，对方因河路畅通，得以运送粮食，增派军队，再去进攻，恐怕淮河两岸居民将改变立场，青、冀二州仓促之间也就难以攻克了。"

宋纪十六

第一百三十四卷

顺皇帝升明元年（丁巳，477）

初，苍梧王在东宫，好缘漆帐竿，去地丈余；喜怒乖节，主帅不能禁。太宗屡敕陈太妃痛捶之。及即帝位，内畏太后、太妃，外惮诸大臣，未敢纵逸。自加元服，内外稍无以制，数出游行。始出宫，犹整仪卫。俄而弃车骑，帅左右数人，或出郊野，或入市廛。太妃每乘青犊车，随相检摄。既而轻骑远走一二十里，太妃不复能追；仪卫亦惧祸不敢追寻，唯整部伍别在一处，瞻望而已。

初，太宗尝以陈太妃赐嬖人李道儿，已复迎还，生帝。故帝每微行，自称“刘统”，或称“李将军”。常著小裤衫，营署巷陌，无不贯穿；或夜宿客舍，或昼卧道傍，排突厮养，与之交易，或遭慢辱，悦而受之。凡诸鄙事，裁衣、作帽，过目则能；未尝吹篪，执管便韵。及京口既平，骄恣尤甚，无日不出，夕去晨返，晨出暮归。从者并执矛，行人男女及犬马牛驴，逢无免者。民间扰惧，商贩皆息，门户昼闭，行人殆绝。针、椎、凿、锯，不离左右，小有忤意，即加屠剖，一日不杀，则惨然不乐；殿省忧惶，食息不保。阮佃夫与直阁将军申伯宗等，谋因帝出江乘射雉，称太后令，唤队仗还，闭城门，遣人执帝废之，立安成王准。事觉，甲戌，帝收佃夫等杀之。

太后数训戒帝，帝不悦。会端午，太后赐帝毛扇。帝嫌其不华，令太医煮药，欲鸩太后。左右止之曰：“若行此事，官便应作孝子，岂复得出入狡狯！”帝曰：“汝语大有理！”乃止。

六月，甲戌，有告散骑常侍杜幼文、司徒左长史沈勃、游击将军孙超之与阮佃夫同谋者，帝登帅卫士，自掩三家，悉诛之，刳解脔割，婴孩不免。沈勃时居丧在庐，左右未至，帝挥刀独前。勃知不免，手搏帝耳，唾骂之曰：“汝罪逾桀、纣，屠戮无日。”

遂死。是日，大赦。

帝尝直入领军府。时盛热，萧道成昼卧裸袒。帝立道成于室内，画腹为的，自引满，将射之。道成敛版曰："老臣无罪。"左右王天恩曰："领军腹大，是佳射堋；一箭便死，后无复射；不如以骲箭射之。"帝乃更以骲箭射，正中其齐。投弓大笑曰："此手何如！"帝忌道成威名，尝自磨铤，曰："明日杀萧道成。"陈太妃骂之曰："萧道成有功于国，若害之，谁复为汝尽力邪！"帝乃止。

道成忧惧，密与袁粲、褚渊谋废立。粲曰："主上幼年，微过易改。伊、霍之事，非季世所行；纵使功成，亦终无全地。"渊默然。领军功曹丹阳纪僧真言于道成曰："今朝廷猖狂，人不自保；天下之望，不在袁、褚，明公岂得坐受夷灭！存亡之机，仰希熟虑。"道成然之。

或劝道成奔广陵起兵。道成世子赜，时为晋熙王长史，行郢州事，欲使赜将郢州兵东下会京口。道成密遣所亲刘僧副告其从兄行青、冀二州刺史刘善明曰："人多见劝北固广陵，恐未为长算。今秋风行起，卿若能与垣东海微共动虏，则我诸计可立。"亦告东海太守垣荣祖。善明曰："宋氏将亡，愚智共知。北虏若动，反为公患。公神武高世，唯当静以待之，因机奋发，功业自定，不可远去根本，自贻猖蹶。"荣祖亦曰："领府去台百步，公走，人岂不知！若单骑轻行，广陵人闭门不受，公欲何之！公今动足下床，恐即有叩台门者，公事去矣。"纪僧真曰："主上虽无道，国家累世之基犹为安固。公百口，北度必不得俱。纵得广陵城，天子居深宫，施号令，目公为逆，何以避之！此非万全策也。"道成族弟镇军长史顺之及次子骠骑从事中郎嶷，皆以为"帝好单行道路，于此立计，易以成功；外州起兵，鲜有克捷，徒先人受祸耳"。道成乃止。

越骑校尉王敬则潜自结于道成，夜著青衣，扶匐道路，为道成听察帝之往来。道成命敬则阴结帝左右杨玉夫、杨万年、陈奉伯等一十五人于殿中，诇伺机便。

秋，七月，丁亥夜，帝微行至领军府门。左右曰："一府皆眠，何不缘墙入？"帝曰："我今夕欲于一处作适，宜待明夕。"员外郎桓康等于道成门间听闻之。

戊子，帝乘露车，与左右于台冈赌跳，仍往青园尼寺，晚，至新安寺偷狗，就昙度道人煮之。饮酒醉，还仁寿殿寝。杨玉夫常得帝意，至是忽憎之，见辄切齿曰："明日当杀小子取肝肺！"是夜，令玉夫伺织女渡河，曰："见当报我；不见，将杀汝！"时帝出入无常，省内诸阁，夜皆不闭，厢下畏相逢值，无敢出者；宿卫并逃避，内外莫相禁摄。是夕，王敬则出外。玉夫伺帝熟寝，与杨万年取帝防身刀刎之。敕厢下奏伎陈奉伯袖其首，依常行法，称敕开承明门出，以首与敬则。敬则驰诣领军府，叩门大呼，萧道成虑苍梧王诳之，不敢开门。敬则于墙上投其首，道成洗视，乃戎服乘马而出，敬则、桓康等皆从。入宫，至承明门，诈为行还。敬则恐内人觇见，以刀环塞窐孔，呼门甚急，门开而入。他夕，苍梧王每开门，门者震慑，不敢仰视，至是弗之疑。道成入殿，殿中惊怖；既而闻苍梧王死，咸称万岁。

己丑旦，道成戎服出殿庭槐树下，以太后令召袁粲、褚渊、刘秉入会议。道成谓秉曰："此使君家事，何以断之？"秉未答。道成须髯尽张，目光如电。秉曰："尚书众事，可以见付；军旅处分，一委领军。"道成次让袁粲，粲亦不敢当。王敬则拔白刃，在床侧跳跃曰："天下事皆应关萧公！敢有开一言者，血染敬则刀！"仍手取白纱帽加道成首，令即位，曰："今日谁敢复动！事须及热！"道成正色呵之曰："卿都自不解！"粲欲有言，敬则叱之，乃止。褚渊曰："非萧公无以了此。"手取事授道成。道成曰："相与不肯，我安得辞！"乃下议，备法驾诣东城，迎立安成王。于是长刀遮粲、秉等，各失色而去。秉出，于路逢从弟韫，韫开车迎问曰："今日之事，当归兄邪？"秉曰："吾等已让领军矣。"韫拊膺曰："兄肉中讵有血邪！今年族矣！"

是日，以太后令，数苍梧王罪恶，曰："吾密令萧领军潜运明略。安成王准，宜临万国。"追封昱为苍梧王。仪卫至东府门，安成王令门者勿开，以待袁司徒。粲至，王乃入居朝堂。壬辰，王即皇帝位，时年十一，改元，大赦。葬苍梧王于郊坛西。

宋顺帝升明元年（丁巳，公元477年）

当初，刘宋苍梧王刘昱当皇太子时，常常亲自动手，油漆篷帐高竿，能爬到距地面一丈多的高处。他喜怒无常，侍从官员无法劝阻。明帝屡次让他的母亲陈太妃痛打他。刘昱即帝位后，对内害怕皇太后、皇太妃，对外害怕各位大臣，不敢放纵。可是，自从行过加冠礼后，宫内宫外对他逐渐失去控制，于是刘昱不断出宫游逛。最初出宫，还有整齐的仪仗卫队。不久，便丢下随从车马，只带身边几个人，或跑到荒郊野外，或出入街头闹市。陈太妃每次乘坐青盖牛犊车，尾随其后，监视、约束他，他便换乘轻装快马，一气奔跑一二十里，让太妃追赶不上。仪仗卫队也畏惧大祸临头，不敢追寻刘昱的去向，只好把部队驻扎在另外一个地方，远远眺望而已。

当初，明帝曾经把陈太妃赏赐给宠信的弄臣李道儿为妻，后来又把她迎接回去，生下苍梧王。所以，刘昱每次改穿便服外出，就自称刘统，或自称李将军。经常穿短裤、短衫，无论军营、官府、街巷、田野，到处出入。有时夜晚投宿旅店，有时白天就睡在马路旁边，在下等人中间挤来挤去，跟他们做买卖，有时遭到怠慢侮辱也欣然接受。任何低贱的事情，像裁制衣服、制作帽子，只要看过一遍，就能够学会。他从来没有吹过篪，拿起来一吹，声音便合曲调。等到京口事变平息，刘昱骄纵横暴尤为严重，没有一天不出宫，不是晚上出去，凌晨回来，就是凌晨出去，晚上回来。随从人员手持短刀长矛，路上的行人，不管是男是女，不管是狗、马、牛、驴，只要碰上，立即诛杀，无一幸免。百姓忧愁恐惧，店铺及行商，全都停止经营，家家户户，白天闭门，路上行人几乎绝迹。针、锥、凿、锯，不离刘昱左右，只要稍看不顺眼，便顺手抓起凶器，当场杀人剖腹。一天不杀人，就闷闷不乐。宫廷侍从和朝廷官员担忧惶恐，饮食作息都不能安稳。阮佃夫与直阁将军申伯宗等，密谋趁刘昱到江乘打野鸡之时，宣称奉皇太后命令，传唤仪仗卫队回京，关闭城门，派人逮捕刘昱把他废黜，拥护安成王刘准。想不到密谋泄露，甲戌（五月初二），刘昱逮捕阮佃夫等斩首。

皇太后经常教训刘昱，刘昱很不高兴。正逢端午节，太后赏赐给刘昱一把羽毛扇，刘昱嫌它不够豪华，下令御医烹煮毒药，打算毒死太后。左右劝阻他说："如果做了这事，陛下便要当孝子，怎么还能出入宫门玩耍游戏？"刘昱说："你这话很有道理。"于是打消主意。

六月，甲戌（二十二日），有人上告散骑常侍杜幼文、司徒左长史沈勃、游击将军孙超之，跟阮佃夫同谋。刘昱立即率领卫士，亲自突击三家，全部诛杀，砍断肢体，把肉一块块割下，连婴儿也不能幸免。沈勃当时正在家里守丧，卫队还没有到，刘昱挥刀独自一人冲在前面，沈勃知道不能避免，赤手空拳搏斗，猛击刘昱耳朵，唾骂道："你的罪恶，超过桀、纣，死期就在眼前。"于是被砍死。这一天，下诏大赦。

刘昱曾经直接闯入领军府，当时气候炎热，萧道成正裸身躺在那里睡觉。刘昱把萧道成叫醒，让他站在室内，在他肚子上画一个箭靶，自己拉满了弓，就要发射。萧道成收起手版说："老臣无罪。"左右侍卫王天恩说："萧道成肚子大，是一个好箭靶，一箭射死，以后就不能再射了。不如改用圆骨箭头。"刘昱就改用圆骨箭头。一箭射去，正中萧道成的肚脐，他把弓扔掉，大笑，说："这手艺如何！"刘昱对萧道成的威名十分畏惧忌恨，曾亲自磨短矛，说："明天就杀萧道成。"陈太妃骂他说："萧道成对国家有大功，如果杀了他，谁还为你尽力！"刘昱才住手。

萧道成忧愁恐惧，与尚书令袁粲、中书监褚渊密谋废黜刘昱，另立新君。袁粲说：“主上年纪还小，轻微的过失，容易改正。伊尹、霍光的往事，在这末世已难实行。即使成功，最后仍无安身之地。”褚渊沉默不语。领军功曹丹阳人纪僧真对萧道成说：“现在，皇上凶残疯狂，无人可以自保，天下百姓的希望，不在袁粲、褚渊，明公怎么能坐待被剿灭？存亡的关键，请深思熟虑。”萧道成同意。

有人劝萧道成回广陵起兵。萧道成的大儿子萧赜正任晋熙王刘燮的长史，兼行郢州事，萧道成打算命萧赜率郢州军顺长江东下，在京口会师。萧道成派他的亲信刘僧副秘密通告堂兄，代理青、冀二州刺史的刘善明，说：“很多人劝我北上据守广陵，恐怕不是长远的打算。现在秋风将起，你如果能跟垣荣祖联合，稍稍挑动胡虏，我的各种计划当可实施。”同时也告诉东海太守垣荣祖。刘善明说：“宋国将亡，无论愚蠢还是明智的人，都看得一清二楚。北虏如果有什么行动，反而会成为你的祸患。你的智慧韬略和英勇武功高过当世，只有一个办法，那就是安静地等待时机，再趁机猛烈出击，大业自然告成，不可以远离根本之地，自找灾祸。”垣荣祖也说：“领军府距离宫城，不过一百步，如果你全家出奔，别人怎么会不知道？如果单枪匹马，轻装前往，广陵官员万一关闭城门，拒绝接纳，下一步将逃向哪里？你只要抬脚下床，马上就会有人敲宫城的城门，向朝廷告发，你的大事就糟糕了。”纪僧真说：“主上虽然凶暴无道，可是刘家王朝几世建立的政权还算坚固。你百口之家，同时向北出奔，绝不可能。即使进入广陵，天子居住深宫之中，发号施令，指控你是叛逆，你有什么办法躲避？这不是万全之策。”萧道成的族弟、镇军长史萧顺之，以及萧道成的次子、骠骑从事中郎萧嶷，都认为“皇上喜爱单独出来乱窜，在这方面下手，比较容易成功。外州起兵，很少能够成功，反而徒然比别人先受灾祸”。萧道成这才取消原意。

越骑校尉王敬则主动暗中结交萧道成，一到夜里，王敬则就换上平民衣服，匍匐路旁，替萧道成侦察刘昱的行踪。萧道成命王敬则秘密结交刘昱左右亲信杨玉夫、杨万年、陈奉伯等一十五人，他们都在宫城内殿中任职，窥探有什么机会。

秋季，七月，丁亥（初六）的夜晚，刘昱身穿便装，走到领军府门口，左右侍从说：“府里的人全都睡熟，我们为什么不跳墙进去？”刘昱说：“今天晚上，我要到别的地方玩个痛快，明晚再来。”员外郎桓康等在领军府大门后全都听到。

戊子（初七），刘昱乘坐露天无篷车，跟左右侍从前往台冈，比赌跳高。然后，前往青园尼姑庵。夜晚，来到新安寺偷狗，偷来狗找到昙度道人，煮吃狗肉。吃过狗肉，醉醺醺地回仁寿殿睡觉。弄臣杨玉夫一向得到刘昱的宠信，但当天刘昱忽然对杨玉夫大为痛恨，一看见他就咬牙切齿，说："明天就杀了你这小子，挖出肝肺！"这天深夜，命杨玉夫观察织女渡河，说："看见了马上叫醒我；看不见，就杀了你。"当时，刘昱出宫进宫，没有一定时间，宫中各阁门夜间都不敢关闭，负责宫廷保卫的官员，惧怕跟皇帝见面，都不敢出门。禁卫军士卒更是躲得远远的，内外一片紊乱，互不相关，没有人管理。当天夜晚，王敬则出营等候消息，杨玉夫等到刘昱呼呼大睡时，与杨万年合伙取下刘昱的防身佩刀，砍下刘昱的人头。然后假传圣旨，命外庭演奏音乐。陈奉伯把刘昱的人头，藏在袍袖里面，跟往常一样，神色自若，宣称奉皇帝派遣，打开承明门出宫，把人头交给王敬则。王敬则飞马奔向领军府，敲门大喊，萧道成恐怕是刘昱的诡计，不敢开门。王敬则把人头从墙上扔进去，萧道成令人洗净血迹辨识，果然不错，这才全副武装，骑马而出，王敬则、桓康等都随从其后，直往宫城，到了承明门，宣称皇帝御驾回宫。王敬则恐怕守门官兵从门洞往外察看，用刀柄堵住门洞，同时咆哮催促。门打开，进入宫城。从前，每逢夜晚，刘昱闯出闯进，都急躁凶暴，守门卫士震恐，从不敢抬头。所以当晚之事，没有一人怀疑。萧道成进入仁寿殿，殿中官员惊慌恐怖。但紧接着听到刘昱已死的消息，都高呼万岁。

己丑（初八），早晨，萧道成全副武装，站在殿前庭院中槐树下，以皇太后的命令召集尚书令袁粲、中书监褚渊、中书令刘秉入殿举行会议。萧道成对刘秉说："这是你们刘家的事，应该如何决定？"刘秉没有回答，萧道成大怒，满脸的胡子张开，双目发出凶光，如同两道闪电。刘秉说："尚书省的事，可以交付给我。军事措施，全依靠你。"萧道成依次让给袁粲，袁粲推辞不敢当。王敬则拔出佩刀，在座位旁跳起来，厉声道："天下大事，全都要萧公裁决，谁胆敢说半个不字，血染我刀！"说着亲手取出白纱帽，戴到萧道成头上，要求萧道成登基称帝，并威胁说："今天谁敢乱动？大事要趁热一气呵成。"萧道成板起面孔，呵止说："你什么也不明白！"袁粲打算讲话，王敬则大声喝他闭嘴，他只好闭嘴。褚渊说："非萧公不足以办理善后！"就把处理一切事务的权交给萧道成。萧道成说："既然大家都不肯接受，我怎么可以推辞。"于是提议：准备法驾，前往东府城，迎接安成王刘准继任皇帝。萧道成的卫士抽出佩刀，围住袁粲、刘秉，二人面无人色地离去。刘秉出宫，路上遇到堂弟刘韫，刘韫打开车门迎问："今天的事，该不该归你？"刘秉说："我们已让给萧道成。"刘韫捶胸说："你肉里有没有血？今年，全族难逃屠杀。"

当天，萧道成以皇太后的名义发布命令，列举刘昱罪状，说："我密令萧道成暗中运用智谋。安成王刘准，应君临万国。”追封刘昱为苍梧王。皇帝仪仗队抵达东府门前，刘准命守门的人不要开门，等待袁粲的到来。袁粲到了之后，刘准才动身到金銮殿。壬辰（十一日），刘准即皇帝位，当时十一岁，改年号，实行大赦。把刘昱安葬在南郊祭天神坛之西。

齐纪一

第一百三十五卷

太祖高皇帝建元元年（己未，479）

辛卯，宋顺帝下诏禅位于齐。壬辰，帝当临轩，不肯出，逃于佛盖之下，王敬则勒兵殿庭，以板舆入迎帝。太后惧，自帅阉人索得之，敬则启譬令出，引令升车。帝收泪谓敬则曰："欲见杀乎？"敬则曰："出居别宫耳。官先取司马家亦如此。"帝泣而弹指曰："愿后身世世勿复生天王家！"宫中皆哭。帝拍敬则手曰："必无过虑，当饷辅国十万钱。"是日，百僚陪位。侍中谢朏在直，当解玺绶，阳为不知，曰："有何公事？"传诏云："解玺绶授齐王。"朏曰："齐自应有侍中。"乃引枕卧。传诏惧，使朏称疾，欲取兼人，朏曰："我无疾，何所道！"遂朝服步出东掖门，仍登车还宅。乃以王俭为侍中，解玺绶。礼毕，帝乘画轮车，出东掖门就东邸。问："今日何不奏鼓吹？"左右莫有应者。右光禄大夫王琨，华之从父弟也，在晋世已为郎中，至是，攀车獭尾恸哭曰："人以寿为欢，老臣以寿为戚。既不能先驱蝼蚁，乃复频见此事！"呜咽不自胜，百官雨泣。

司空兼太保褚渊等奉玺绶，帅百官诣齐宫劝进；王辞让未受。渊从弟前安成太守炤谓渊子贲曰："司空今日何在？"贲曰："奉玺绶在齐大司马门。"炤曰："不知汝家司空将一家物与一家，亦复何谓！"甲午，王即皇帝位于南郊。还宫，大赦，改元。奉宋顺帝为汝阴王，优崇之礼，皆仿宋初。筑宫丹杨，置兵守卫之。宋神主迁汝阴庙，诸王皆降为公；自非宣力齐室，余皆除国，独置南康、华容、萍乡三国，以奉刘穆之、王弘、何无忌之后，除国者凡百二十人。二台官僚，依任摄职，名号不同、员限盈长者，别更详议。

以褚渊为司徒，宾客贺者满座。褚炤叹曰："彦回少立名行，何意披猖至此！门户不幸，乃复有今日之拜。使彦回作中书郎而死，不当为一名士邪！名德不昌，乃复有期颐之寿！”渊固辞不拜。

奉朝请河东裴顗上表，数帝过恶，挂冠径去；帝怒，杀之。太子赜请杀谢朏，帝曰：“杀之遂成其名，正应容之度外耳。”久之，因事废于家。

帝问为政于前抚军行参军沛国刘瓛，对曰：“政在《孝经》。凡宋氏所以亡，陛下所以得者，皆是也。陛下若戒前车之失，加之以宽厚，虽危可安；若循其覆辙，虽安必危矣。”帝叹曰：“儒者之言，可宝万世！”

齐高帝建元元年（己未，公元479年）

辛卯（四月二十日），刘宋顺帝颁诏将帝位传让给齐王。壬辰（二十一日），顺帝应当到殿前去会见百官，但他不肯出面，却逃到佛像的宝盖下面。王敬则率领军队来到宫殿的庭院中，抬着一顶木板轿子入宫，去迎接顺帝。太后害怕了，便亲自率领宦官找到了顺帝，王敬则劝诱顺帝，让他从宝盖下面出来，领着他上了轿子。顺帝止住眼泪，对王敬则说：“准备杀死我吗？”王敬则说：“只是让您到另外的宫殿中居住罢了。您家先前取代司马氏一家也是这样做的。”顺帝掉着眼泪弹着食指说：“但愿我今后生生世世永远不再生在帝王家中！”宫中的人们都哭泣起来。顺帝拍着王敬则的手说：“如果不发生意外，就赠送给你十万钱。”当天，百官为齐王陪席，侍中谢朏正在值班，应当解送玺印，但他假装不知道，还说：“有什么公事吗？”有人传达诏旨说：“解送玺印，交给齐王。”谢朏说：“齐王自然应当另有自己的侍中。”说着，他便拉过枕头，躺了下来。传达诏旨的官员害怕了，便让谢朏声称得了疾病，打算另找一个兼任侍中的人，谢朏说：“我没有生病，为什么说我有病！”于是，他穿着朝服，徒步走出东掖门，上了车，回住宅去了。齐王便让王俭担任侍中，解送玺印。礼典结束以后，顺帝坐着彩漆画轮的车子，出了东掖门，前往太子的府邸。顺帝问：“为什么今天没有器乐演奏？”周围的人都没有回答。右光禄大夫王琨是王华的堂弟，在晋朝已经担任了郎中，到了此时，他抓着车上悬着的獭尾痛哭着说：“人们都为长寿高兴，老臣却为长寿悲哀。既然此身不能够先行死去，所以才屡次目睹这种事情！”他呜呜咽咽地哭泣着，难以自制，百官也都泪如雨下。

司空兼太保褚渊等人捧上玺印，率领百官前往齐王宫请萧道成即帝位，齐王推辞谦让，没有接受。褚渊的堂弟、前任安成太守褚炤对褚渊的儿子褚贲说：“今天司空在哪里？”褚贲说：“在齐王宫大司马门奉献玺印。”褚贲说：“我真不知道你家司空把一家的物件交给另一家，这又算怎么一回事情！”甲午（二十三日），齐王在建康南郊即帝位。南齐高帝回宫以后，大赦天下罪囚，更改年号为建元。南齐高帝将顺帝奉为汝阴王，优待尊崇汝阴王的礼仪，完全效仿刘宋初年的做法。高帝在丹杨为顺帝修筑宫室，并设置兵力守卫。刘宋诸帝的神位都被迁移到汝阴庙中，刘宋诸王都被降爵为公；如果没有为齐室出力，公侯以下一律削除国号，唯独设置南康、华容、萍乡三国，以便奉养刘穆之、王弘与何无忌的后人；削除国号的诸王计有一百二十人。尚书台和御史台的官员仍然保持原来的职位，对于官名称谓不同和官员超过名额的情况，另外再加详细计议。

高帝任命褚渊为司徒，前来祝贺的人和宾客挤满了座席。褚炤叹息着说：“褚渊从少年时代便建树了自己的名望与操行，有谁料想到他会猖狂到这般地步！褚家门户不幸，才会又有今天的拜官之举。假使褚渊在担任中书郎的时候死去了，难道不会成为一位名士吗！如今他的名誉与德行都败坏了，可是偏偏会长命百岁！”于是，褚渊坚决不肯接受任命。

奉朝请、河东人裴颉上表指斥高帝的过失与丑行，直接辞官离去。高帝大怒，将他杀死。太子萧赜请求杀掉谢朏，高帝说：“杀了他，便成就了他的名望了。我们恰恰应该把他置之度外包容下来哩。”过了好长一段时间，谢朏终于因事被废免在家中。

高帝向前任抚军行参军沛国人氏刘瓛询问如何处理政务，刘回答说：“政务就在《孝经》里面。大凡刘宋灭亡，陛下得国的原因，其中都包含着《孝经》阐述的道理。倘若陛下能够将前车之失引以为戒，再加上待人宽和仁厚，即使国家已经垂危了，也可以安定下来；倘若陛下重蹈覆辙，即使国家原来很安定，也一定会招致危亡。”高帝感叹着说：“儒士的话，真是可以用作万代之宝啊！”

齐纪三

第一百三十七卷

世祖武皇帝中永明八年（庚午，490）

九月，癸丑，魏太皇太后冯氏殂；高祖勺饮不入口者五日，哀毁过礼。中部曹华阴杨椿谏曰："陛下荷祖宗之业，临万国之重，岂可同匹夫之节以取僵仆！群下惶灼，莫知所言。且圣人之礼，毁不灭性；纵陛下欲自贤于万代，其若宗庙何！"帝感其言，为之一进粥。

于是诸王公皆诣阙上表，"请时定兆域，及依汉、魏故事，并太皇太后终制，既葬，公除"。诏曰："自遭祸罚，慌惚如昨，奉侍梓宫，犹希仿佛。山陵迁厝，所未忍闻。"冬，十月，王公复上表固请。诏曰："山陵可依典册；衰服之宜，情所未忍。"帝欲亲至陵所，戊辰，诏："诸常从之具，悉可停之；其武卫之官，防侍如法。"癸酉，葬文明太皇太后于永固陵。甲戌，帝谒陵，王公固请公除。诏曰："此当别叙在心。"己卯，又谒陵。

九年（辛未，491）

春，正月，诏太庙四时之祭：荐宣皇帝，起面饼、鸭臛；孝皇后，笋、鸭卵；高皇帝，肉脍、菹羹；昭皇帝，茗、粣、炙鱼：皆所嗜也。上梦太祖谓己："宋氏诸帝常在太庙从我求食，可别为吾致祠。"乃命豫章王妃庾氏四时祠二帝、二后于清溪故宅。牲牢、服章，皆用家人礼。

臣光曰：昔屈到嗜芰，屈建去之，以为不可以私欲干国之典，况子为天子，而以庶人之礼祭其父，违礼甚矣！卫成公欲祀相，宁武子犹非之；而况降祀祖考于私室，使庶妇尸之乎！

齐武帝永明八年（庚午，公元490年）

九月，癸丑（十八日），北魏太皇太后冯氏去世。为此，孝文帝五天没喝一口水，悲哀伤痛超过了应尽的礼数。中部曹华阴人杨椿劝阻说："陛下肩负祖宗留下的大业，亲临统治万国的重任，怎么可以像一个普通人一样，为了讲究小节而伤害自己的身体，倒地不起呢？文武百官为此惶惑焦急，不知该说些什么好。况且，圣人的礼节要求，再大的悲哀也不可以毁伤性命。即使陛下想要在万代之中树立贤人的榜样，那么，皇家宗庙祭祀又怎么办呢？"孝文帝因这番话受到感动，为此吃了一次稀粥。

这样一来，各王公大臣也都开始到朝廷上书，"请求赶快确定太皇太后的安葬地点，按照汉、魏时期的惯例，并遵照太皇太后的临终遗嘱，安葬以后脱去丧服"。孝文帝下诏令说："自从遭受灾祸和惩罚，恍惚之间，一切就好像发生在昨天。我侍奉太皇太后的灵柩，好像看见了她的身影。安葬太皇太后的陵寝墓地，我实在不忍听到这些。"冬季，十月，王爵、公爵们又一次上书，坚决请求安葬太皇太后，于是下诏说："太皇太后安葬的时间和地点，可以依照以往惯例。如果让我脱下丧服，从感情上说，我忍受不了。"孝文帝打算自己亲自到太皇太后安葬的地方，戊辰（初四），下诏说："平常跟随的各仪仗队，都不用跟从。武装保卫的侍官，像以往一样进行防守保卫。"癸酉（初九），在方山永固陵安葬了文明太皇太后。甲戌（初十），孝文帝祭拜太皇太后陵墓，各王公大臣坚决请求孝文帝以国家利益为重，脱下丧服，换上平时穿的衣服。孝文帝下诏说："这事朕当另外讲述我心里想说的话。"己卯（十五日），孝文帝再次祭拜太皇太后陵墓。

九年（辛未，公元491年）

春季，正月。武帝下诏规定皇家祖庙四季的祭品：在宣皇帝灵牌前供献起面饼和鸭肉羹；孝皇后灵牌前供奉嫩笋和鸭蛋；高皇帝灵牌前供奉细肉和肉酱粥；在昭皇后灵牌前供奉清茶、粽子和烤鱼。这些供奉物，都是他们生前喜欢吃的东西。武帝梦见高帝对他说："宋朝那些皇帝常常挤到太庙里，跟着我要食物，你可以另找一个地方祭祀我。"于是，命令豫章王萧嶷的妃子庾氏，春夏秋冬四季，在清溪旧宅里祭祀祖父母和父母，祭祀时所使用祭品以及穿的衣服，都按照家庭中的礼节进行。

臣司马光曰：从前，屈到最喜欢吃菱角，但他的儿子屈建祭祀时把菱角撤掉了，认为不可以因为个人的嗜好而冒犯国家的祭典。更何况儿子做皇帝，却用平民的礼仪去祭祀父亲，这就太违背礼教了！卫成公打算祭祀姒相，大夫宁武子尚且责怪他不对。何况武帝把祭祀祖父母和父母的仪式降到在自己的私宅中进行，让自己庶子的妻子来主持！

齐纪四

第一百三十八卷

世祖武皇帝下永明十一年（癸酉，493）

丙子，文惠太子长懋卒。太子风韵甚和，上晚年好游宴，尚书曹事分送太子省之，由是威加内外。

太子性奢靡，治堂殿、园囿过于上宫，费以千万计，恐上望见之，乃傍门列修竹；凡诸服玩，率多僭侈。启于东田起小苑，使东宫将吏更番筑役，营城包巷，弥亘华远。上性虽严，多布耳目，太子所为，人莫敢以闻。上尝过太子东田，见其壮丽，大怒，收监作主帅；太子皆藏之，由是大被诮责。

又使嬖人徐文景造辇及乘舆御物；上尝幸东宫，匆匆不暇藏辇，文景乃以佛像内辇中，故上不疑。文景父陶仁谓文景曰："我正当扫墓待丧耳！"仍移家避之。后文景竟赐死，陶仁遂不哭。

及太子卒，上履行东宫，见其服玩，大怒，敕有司随事毁除。以竟陵王子良与太子善，而不启闻，并责之。

太子素恶西昌侯鸾，尝谓子良曰："我意中殊不喜此人，不解其故，当由其福薄故也。"子良为之救解。及鸾得政，太子子孙无遗焉。

戊寅，上疾亟，暂绝；太孙未入，内外惶惧，百僚皆已变服。王融欲矫诏立子良，诏草已立。萧衍谓范云曰："道路籍籍，皆云将有非常之举。王元长非济世才，视其败也。"云曰："忧国家者，惟有王中书耳。"衍曰："忧国，欲为周、召邪，欲为竖刁邪？"云不敢答。及太孙来，王融戎服绛衫，于中书省阁口断东宫仗不得进。顷之，上复苏，问太孙所在，因召东宫器甲皆入，以朝事委尚书左仆射西昌侯鸾。俄而上殂，融处分以子良兵禁诸门。鸾闻之，急驰至云龙门，不得进，鸾曰："有敕召我！"排之而入，奉太孙登殿，命左右扶出子良；指麾部署，音响如钟，殿中无不从命。融知不遂，释服还省，叹曰："公误我！"由是郁林王深怨之。

齐武帝永明十一年(癸酉，公元493年)

丙子(正月二十五日)，文惠太子萧长懋去世。萧长懋仪态风韵都很温和，武帝晚年喜欢游乐欢宴，就将尚书各曹的事务交给萧长懋处理，因此，萧长懋在宫中宫外都威望很高。

萧长懋生性奢侈豪华，他修建自己的殿堂、花园，远远超过了武帝的宫殿，建筑费用都要以千万计算，他害怕武帝看见，就沿着殿门，种植了一排排修长的竹子。各种服饰、玩物，萧长懋大多都奢侈过分。他请求武帝让他在东田建造一个小规模养禽畜的林苑，让东宫的将士们轮番充当修筑的工匠，营造城墙，围住街巷，伸展辽远，异常华丽。武帝性情虽然严厉，到处都有自己的耳目，但是，太子萧长懋的所作所为，却没有人敢告诉他。一次，武帝偶然路过东田，看见那里的建筑非常壮观华丽，于是勃然大怒，下令逮捕监作主帅。萧长懋听说后，马上把他们全都藏了起来，为此萧长懋受到严厉斥责。

萧长懋又让自己宠爱的人徐文景制造皇帝专用的辇车和其他专用物件。武帝曾经亲临东宫，萧长懋没来得及将辇车收藏起来，徐文景急中生智，就赶快把一尊佛像放在辇车里，所以武帝也就没有怀疑。徐文景的父亲徐陶仁曾经对徐文景说："我现在正在打扫墓地，等待为你办丧事！"徐陶仁将全家搬走，躲开徐文景远远的。后来，徐文景真的被迫自杀，徐陶仁并没有为此而哭泣。

太子萧长懋去世时，武帝有一天步行到了东宫，看见了萧长懋过去的那些奢华的服饰、玩物，极为愤怒，下令有关部门随即全都毁掉。武帝认为，竟陵王萧子良平时和萧长懋关系最好，可他却没有把这些报告给自己，因此他同时责备了萧子良。

太子萧长懋平时一直讨厌西昌侯萧鸾，他曾经对萧子良说："我心里特别不喜欢这个人，不知道这是什么缘故，该是他福分浅吧。"萧子良替萧鸾解释辩白。等到后来萧鸾夺取政权后，就将萧长懋的子孙全都杀了，没留一个。

戊寅(七月三十日)，齐武帝病势加重，一时气闷晕倒。这时皇太孙萧昭业还没有入宫，宫内宫外人人惶恐不安，文武百官也都穿上了丧服。王融打算假传圣旨，命萧子良继承王位，他已将诏书草稿写好。萧衍对范云说："民间已是议论纷纷，都说宫内可能要发生不一般的情况。王融并不是治理国家的人才，他眼看着就要出事了。"范云说："忧国忧民的人，也只有王融一人了。"萧衍说："忧国忧民，是想要当周公、召公呢，还是想当齐桓公死后的竖刁呢？"范云不敢回答。等到萧昭业入宫，王融已是全副武装，穿着红色战服，站在中书省厅前要道，截住东宫卫队不让他们进入。过了一会儿，武帝醒转过来，问皇太孙萧昭业在哪里，于是召东宫卫队全部入宫，武帝把国家大事全部托付给了尚书左仆射西昌侯萧鸾。不一会儿，武帝就去世了。王融采取紧急措施，命令萧子良的军队接管宫城各门。萧鸾得到消息后，立刻上马飞奔到云龙门，但被守在那里的卫士挡住，不让他进去，萧鸾说："皇上有诏令，让我晋见。"接着，他推开卫士，直接闯了进去，马上拥戴皇太孙萧昭业登基即位，命令左右侍从把萧子良搀扶出金銮殿。萧鸾指挥和安排警卫戒备，声音洪亮如钟，殿内所有的官员侍从，没有一个不听他的命令的。王融知道自己的计划不能实现，也就只好脱下战服，返回中书省，叹息着说："萧子良耽误了我。"从此以后，萧昭业对王融深为怨恨。

齐纪五

第一百三十九卷

高宗明皇帝上建武元年（甲戌，494）

九月，壬申朔，魏诏曰："三载考绩，三考黜陟；可黜者不足为迟，可进者大成赊缓。朕今三载一考，即行黜陟，欲令愚滞无妨于贤者，才能不拥于下位。各令当曹考其优劣为三等，其上下二等仍分为三。六品已下，尚书重问；五品已上，朕将亲与公卿论其善恶，上上者迁之，下下者黜之，中者守其本任。"

魏主之北巡也，留任城王澄铨简旧臣。自公侯已下，有官者以万数，澄品其优劣能否为三等，人无怨者。

壬午，魏主临朝堂，黜陟百官，谓诸尚书曰："尚书，枢机之任，非徒总庶务，行文书而已；朕之得失，尽在于此。卿等居官，年垂再期，未尝献可替否，进一贤退一不肖，此最罪之大者。"又谓录尚书事广陵王羽曰："汝为朕弟，居机衡之右，无勤恪之声，有阿党之迹，今黜汝录尚书、廷尉，但为特进、太子太保。"又谓尚书令陆睿曰："叔翻到省之初，甚有善称；比来偏颇懈怠，由卿不能相导以义。虽无大责，宜有小罚；今夺卿禄一期。"又谓左仆射拓跋赞曰："叔翻受黜，卿应大辟；但以咎归一人，不复重责；今解卿少师，削禄一期。"又谓左丞公孙良、右丞乞伏义受曰："卿罪亦应大辟；可以白衣守本官，冠服禄恤尽从削夺。若三年有成，还复本任；无成，永归南亩。"又谓尚书任城王澄曰："叔神志骄傲，可解少保。"又谓长兼尚书于果曰："卿不勤职事，数辞以疾，可解长兼，削禄一期。"其余守尚书尉羽、卢渊等，并以不职，或解任，或黜官，或夺禄，皆面数其过而行之。渊，昶之兄也。

帝又谓陆睿曰："北人每言'北俗质鲁，何由知书！'朕闻之，深用怃然！今知书者甚众，岂皆圣人！顾学与不学耳。朕修百官，兴礼乐，其志固欲移风易俗。朕为天子，何必居中原！正欲卿等子孙渐染美俗，闻见广博；若永居恒北，复值不好文之主，不免面墙耳。”对曰：“诚如圣言。金日磾不入仕汉朝，何能七世知名。”帝甚悦。

齐明帝建武元年（甲戌，公元494年）

九月，壬申（初一），北魏孝文帝下诏令说：“每三年考评一次官员们的政绩，考评三次后根据情况对他们进行罢免或提升，这对于那些应该被罢免的人来说当然不会认为是太迟了，但是对于那些应该提升的人来说就大大地被拖欠了。朕现在决定三年考评一次，考评完毕就进行罢黜或提升处理，目的是为了使那些低能者不要妨碍了忠贤者的上进，使有才能的不要总是处在低位。分别命令负责考评的部门官员，把考评者分为优劣三等，其中上等和下等仍然再分为三等。六品以下的官员，由尚书复核审查，五品以上的官员，朕将亲自与各位公卿一起评议其好坏，上上者提升使用，下下者罢免不用，中等的原任不变。”

北魏孝文帝北巡期间，留下任城王拓跋澄考评百官。朝中从公侯以下，有官职的数以万计，拓跋澄评定他的优劣和才能高低，划为三个等级，结果没有一个人有怨言。

壬午（十一日），北魏孝文帝亲临朝堂，宣布对众臣百官们的罢黜或提升情况，他对诸位尚书们说：“尚书是关键性的要害职位，并非仅仅是总管事务，处理一下文书而已。朕的成败得失，完全关系于尚书。你们担任这职务，已经有两年了，但是从来没有向朕建议过什么事可为，什么事不可行；没有推荐过一个贤才，撤换过一个不称职的人，这是罪过中之最大者。”孝文帝又对录尚书事广陵王拓跋羽说：“你是朕的弟弟，处在执掌要害部门的位置上。但是，你没有勤勉为政、恪守本职的声誉，却有结党营私的行迹。现在，罢免去你的录尚书、廷尉之职，只担任特进、太子太保。”又对尚书令陆睿说：“拓跋羽初到尚书省任职之时，人们对他的评价相当高，可是近来偏听偏信，论事不公，而且松懈懒惰，这完全是由于你不能以道义引导相劝他的结果。你虽然没有大的责任，但是也应该受到小小的罚处，因此减去你一年的俸禄。”又对左仆射拓跋赞说：“拓跋羽被罢黜，你应处以死刑。但是，事情既然归咎于拓跋羽一人了，就不再处分他人了，所以只解除你少师之职，削去一年的俸禄。”接着又对左丞公孙良、右丞乞伏义受说：“你们的罪过也应该处以死刑，但是只对你们进行如下处罚；削去你们的官服和俸禄，以布衣身份继续留任本职，如果在三年之内有政绩，就官复原职；如果没有任何成就，那就永远削职为民，回去种地去。”又接着对尚书任城王拓跋澄说：“叔叔你趾高气扬，骄傲自大，所以解除少保官职。”还对长兼尚书于果说：“你不勤于职任之事，数次以疾病为借口，所以亦解除长兼，削去一年的俸禄。”其余如守尚书尉羽、卢渊等人，均以不称职，或者被解除职务，或者被罢黜官位，或者被削去俸禄，孝文帝当面指责了他们的过失，所受处罚立即执行。卢渊是卢昶的哥哥。

孝文帝又对陆睿说：“北方人常说：‘北方风俗朴质、粗犷，怎么会变得知书识礼、文质彬彬呢？’朕听了之后，感到异常失望。现在好读书、有学识的人很多，难道他们都是圣人吗？完全在于好学与不好学。朕整顿百官，大兴礼乐，全部心意在于移风易俗。朕身为天子，何必一定要去中原地区居住呢？还不是为了使你们的子孙后代渐渐习染当地好的风俗习惯，能多闻多见，增加见识。如果永远住在恒山之北，再遇上一个不喜欢诗书礼乐的国君的话，那就难免会变得孤陋寡闻。”陆睿回答道：“确实如圣上所说。金日磾如果不到汉朝去做官，怎么能够知名于世呢？”孝文帝听了陆睿的话，心里十分喜悦。

齐纪六

第一百四十卷

高宗明皇帝中建武三年（丙子，496）

魏主下诏，以为："北人谓土为拓，后为跋。魏之先出于黄帝，以土德王，故为拓跋氏。夫土者，黄中之色，万物之元也；宜改姓元氏。诸功臣旧族自代来者，姓或重复，皆改之。"于是始改拔拔氏为长孙氏，达奚氏为奚氏，乙旃氏为叔孙氏，丘穆陵氏为穆氏，步六孤氏为陆氏，贺赖氏为贺氏，独孤氏为刘氏，贺楼氏为楼氏，勿忸于氏为于氏，尉迟氏为尉氏；其余所改，不可胜纪。

魏主雅重门族，以范阳卢敏、清河崔宗伯、荥阳郑羲、太原王琼四姓，衣冠所推，咸纳其女以充后宫。陇西李冲以才识见任，当朝贵重，所结姻娅，莫非清望；帝亦以其女为夫人。诏黄门郎、司徒左长史宋弁定诸州士族，多所升降。又诏以："代人先无姓族，虽功贤之胤，无异寒贱；故宦达者位极公卿，其功、衰之亲仍居猥任。其穆、陆、贺、刘、楼、于、嵇、尉八姓，自太祖已降，勋著当世，位尽王公，灼然可知者，且下司州、吏部，勿充猥官，一同四姓。自此以外，应班士流者，寻续别敕。其旧为部落大人，而皇始已来三世官在给事已上及品登王公者为姓；若本非大人，而皇始已来三世官在尚书已上及品登王公者亦为姓。其大人之后而官不显者为族；若本非大人而官显者为族。凡此姓族，皆应审核，勿容伪冒。令司空穆亮、尚书陆琇等详定，务令平允。"琇，馛之子也。

魏旧制：王国舍人皆应娶八族及清修之门。咸阳王禧娶隶户为之，帝深责之；因下诏为六弟聘室："前者所纳，可为妾媵。咸阳王禧，可聘故颍川太守陇西李辅女；河南王幹，可聘故中散大夫代郡穆明乐女；广陵王羽，可聘骠骑谘议参军荥阳郑平城女；颍川王雍，可聘故中书博士范阳卢神宝女；始平王勰，可聘廷尉卿陇西李冲女；北海王详，可聘吏部郎中荥阳郑懿女。”懿，羲之子也。

时赵郡诸李，人物尤多，各盛家风，故世之言高华者，以五姓为首。

帝与群臣论选调曰：“近世高卑出身，各有常分；此果如何？”李冲对曰：“未审上古以来，张官列位，为膏粱子弟乎，为致治乎？”帝曰：“欲为治耳。”冲曰：“然则陛下何为专取门品，不拔才能乎？”帝曰：“苟有过人之才，不患不知。然君子之门，借使无当世之用，要自德行纯笃，朕故用之。”冲曰：“傅说、吕望，岂可以门地得之！”帝曰：“非常之人，旷世乃有一二耳。”秘书令李彪曰：“陛下若专取门地，不审鲁之三卿，孰若四科？”著作佐郎韩显宗曰：“陛下岂可以贵袭贵，以贱袭贱！”帝曰：“必有高明卓然、出类拔萃者，朕亦不拘此制。”顷之，刘昶入朝。帝谓昶曰：“或言唯能是寄，不必拘门；朕以为不尔。何者？清浊同流，混齐一等，君子小人，名器无别，此殊为不可。我今八族以上士人，品第有九；九品之外，小人之官复有七等。若有其人，可起家为三公。正恐贤才难得，不可止为一人浑我典制也。”

齐明帝建武三年（丙子，公元496年）

北魏孝文帝发布诏令，认为：“北方人称‘土’为‘拓’，称‘后’为‘跋’。魏朝的祖先是黄帝的后代，以土德而称帝，所以姓拓跋。土，乃黄中之色，万物之元，所以应该改姓为‘元’。诸位功臣旧族中凡从代京迁来的，其姓氏有的重复，要一律改变。”于是，开始改拓跋氏为长孙氏、达奚氏为奚氏、乙旃氏为叔孙氏、丘穆陵氏为穆氏、步六孤氏为陆氏、贺赖氏为贺氏、独孤氏为刘氏、贺楼氏为楼氏、勿忸于氏为于氏、尉迟氏为尉氏，其余所改姓氏，多得记不下来。

北魏孝文帝一向看重名门望族，由于范阳人卢敏、清河人崔宗伯、荥阳人郑义、太原人王琼四姓门族，在士大夫中最受推重，所以特意选他们的女儿进入后宫。陇西人李冲以才识受到任用，成为朝中显贵，他所结的姻亲，都是具有清白名望而为时人所敬重的高门，孝文帝也以他的女儿为夫人。孝文帝诏令黄门郎、司徒左长史宋弁审定各州的士族，地位多有升降。孝文帝又诏令：“代京人早先没有姓族，虽然是功勋、贤士的后代，也与那些寒贱出身者没有什么区别。所以，一些宦途通达者虽然位极公卿，但他们的亲族却依然担任着地位卑下的官职。其中之穆、陆、贺、刘、楼、于、嵇、尉八姓，从太祖皇帝以来，功勋卓越，著称于世，位至王公，无人不知，通知司州和吏部，不要让他们充任卑微官职，而应当同卢、崔、郑、王四姓一样对待。除这些大族之外，其他还应该班列士族之列者，不久就继续由朝廷下令加以确认。那些过去为部落头人，而从道武帝皇始年间以来三代官职在给事以上，以及爵位上至王公的，确定其姓；如果不是头人，而自皇始年间以来三代官职在尚书以上，以及爵位上至王公的，也确定其姓。属头人之后代，但是官职不显要的确定其族，或者本非头人而官职显要的也确定其族。凡此姓与族，都应该加以审核，不允许其中有伪冒者。命令司空穆亮、尚书陆琇等人详加审定，务必要做到公正合理。”陆琇是陆馛的儿子。

北魏过去的制度：各藩王的妃嫔都应选娶八大姓及有清望的门第人家之女。咸阳王拓跋禧娶隶户人家之女为妃嫔，孝文帝严厉地责备了他，因此下诏令为六个弟弟重新聘娶妻室，说：“以前所纳娶的，可以改做小妾。咸阳王元禧，可以聘娶颍川太守陇西人李辅的女儿；河南王元幹，可以聘娶已故中散大夫代郡人穆明乐的女儿；广陵王元羽，可以聘娶骠骑谘议参军荥阳人郑平城的女儿；颍川王元雍，可以聘娶中书博士范阳人卢神宝的女儿；始平王元勰，可以聘娶廷尉卿陇西人李冲的女儿；北海王元详，可以聘娶吏部郎中荥阳人郑懿的女儿。”郑懿是郑羲的儿子。

当时，赵郡李姓诸门中，人物尤其多，都能发扬家风，所以世人谈论门第高贵，均推卢、崔、郑、王、李五姓为首。

孝文帝与群臣们议论选拔调派官员之事，他问道：“近世以来，出身高卑贵贱，各有一定，这样划分如何呢？”李冲反问道：“不知道上古以来，分官列位，其目的是为了那些膏粱子弟们呢？还是为了治理国家呢？”孝文帝回答：“当然是为了治理天下。”李冲又顺势反问：“那么陛下为什么专门选取门第出身，而不注重才能方面的选拔呢？”孝文帝辩解说：“如果其人有过人的才能，不怕不为人所知。然而，君子门第出身，即使没有为当世所用之才能，但终归在德行方面要纯洁笃实一些，朕所以选用他们。”李冲再反问道：“难道傅说、吕望可以凭门第出身得到吗？”孝文帝再回答：“这种不平常的人才，旷世才有一二。”这时，秘书令李彪也说道：“陛下如果专以门第取士，那么对于鲁国的三卿季孙、孟孙、叔孙氏与孔门四科人才，是选择前者呢？还是选择后者呢？”著作佐郎韩显宗也说道：“陛下岂能使贵者世袭为贵，贱者永远为贱呢？”孝文帝回答：“如果遇有才识高明、卓然不凡，出类而拔萃者，朕也不拘泥于这一制度。”一会儿，刘昶来到朝中，孝文帝对他说：“有人说选拔官员要唯才能是重，不必拘于门第出身，朕则以为不然。为什么呢？因为这样则会清浊同流，混淆为一，以致名器不分，使君子小人没有区别，这无论如何是不可以的。我们现在八族以上的士人，品第分为九个级别。九品之外，出身低贱而做官者又分为七等。如果世有贤才，可以升为三公。朕正担心贤才难得，但是也不可以仅为一个人而搞乱了我的典章制度。”

齐纪七

第一百四十一卷

高宗明皇帝下建武四年（丁丑，497）

初，魏主迁都，变易旧俗，并州刺史新兴公丕皆所不乐；帝以其宗室耆旧，亦不之逼，但诱示大理，令其不生同异而已。及朝臣皆变衣冠，朱衣满坐，而丕独胡服于其间，晚乃稍加冠带，而不能修饰容仪，帝亦不强也。

太子恂自平城将迁洛阳，元隆与穆泰等密谋留恂，因举兵断关，规据陉北。丕在并州，隆等以其谋告之。丕外虑不成，口虽折难，心颇然之。及事觉，丕从帝至平城，帝每推问泰等，常令丕坐观。有司奏元业、元隆、元超罪当族，丕应从坐。帝以丕尝受诏许以不死，听免死为民，留其后妻、二子，与居于太原，杀隆、超、同产乙升，余子徙敦煌。

初，丕、睿与仆射李冲、领军于烈俱受不死之诏。睿既诛，帝赐冲、烈诏曰："睿反逆之志，自负幽冥；违誓在彼，不关朕也。反逆既异余犯，虽欲矜恕，如何可得？然犹不忘前言，听自死别府，免其孥戮。元丕二子、一弟，首为贼端，连坐应死，特恕为民。朕本期始终而彼自弃绝，违心乖念，一何可悲！故此别示，想无致怪。谋反之外，皎如白日耳。"冲、烈皆上表谢。

臣光曰：夫爵禄废置，杀生予夺，人君所以驭臣之大柄也。是故先王之制，虽有亲、故、贤、能、功、贵、勤、宾，苟有其罪，不直赦也；必议于槐棘之下，可赦则赦，可宥则宥，可刑则刑，可杀则杀；轻重视情，宽猛随时。故君得以施恩而不失其威，臣得以免罪而不敢自恃。及魏则不然，勋贵之臣，往往豫许之以不死；彼骄而触罪，又从而杀之。是以不信之令诱之使陷于死地也。刑政之失，无此为大焉！

是时，代乡旧族，多与泰等连谋，唯于烈无所染涉，帝由是益重之。帝以北方酋长及侍子畏暑，听秋朝洛阳，春还部落，时人谓之“雁臣”。

齐明帝建武四年（丁丑，公元497年）

早先，北魏孝文帝迁都洛阳，改变旧的风俗习惯，但是并州刺史新兴公元丕一点也不高兴这样做，孝文帝因为他在家族中年辈较长，因此就不强行让他改换，只是用大道理加以诱导劝说，以便使他不公开反对。到了朝中大臣们都改换了衣服帽子，每天上朝殿内朱衣满座，但是唯独元丕还穿着胡服置身其间，后来他才慢慢加上了帽子和带子，可是仍旧不修饰外表仪容，孝文帝也不强迫他。

太子元恂将从平城迁往洛阳之时，元隆同穆泰等人密谋策划，要把元恂留在平城，因此出兵堵住雁门东陉、西陉二关，阴谋占据关北恒、朔二州。当时，元丕在并州，元隆等人把自己的计划告诉了他，元丕表面上忧虑事情难以成功，口头上虽然反对，但是心里却颇为赞同。等到穆泰等人叛乱之事败露之后，元丕随从孝文帝到了平城，孝文帝每次审问穆泰等人时，常常让元丕坐在旁边观看。有的官员奏告元业、元隆、元超罪该满门诛斩，元丕也应该连坐治罪。孝文帝以元丕曾经在诏令中被许以不死，就免他一死，黜为平民，让他的后妻和两个儿子陪伴他居住在太原，而杀了元隆、元超及其同胞兄弟元乙升，其他的儿子流放敦煌。

原先，元丕、陆睿以及仆射李冲、领军于烈等人都受过皇帝的不死之诏。陆睿被杀之后，孝文帝在赐给李冲、于烈的诏书中说：“虽然朕曾经诏许陆睿在任何情况下都可以免于一死，可是他叛逆谋反的阴谋，自己有负于鬼神，是他违背了曾经发过的誓言，所以他的死与朕没有关系。他叛乱谋反既不同于其他诸犯，即使想要宽恕他，又怎么可能呢？然而朕犹不忘先前说过的话，所以让他自己在狱中自尽，并且免去他儿子的死罪。元丕的两个儿子、一个弟弟，最早策划叛乱，最先参与叛乱，理应连坐处死，朕特加恕免，只是黜为平民而已。朕本来期望与他们和衷共济，始终相善，但是他们自己弃绝情义，违背良心，产生不轨之念，这是多么令人感到可悲的啊！所以，特意告诉你们一下，想必不会令你们奇怪吧？除了谋反这件事情之外，朕对他们的一片真心皎如明月，天地可鉴。”李冲、于烈都上表致谢。

臣司马光曰：给予或剥夺爵位、俸禄，掌管生杀予夺之权力，这是做皇帝的人驾驭臣下们的重要手段，所以先王们裁定的制度，虽然有亲、故、贤、能、功、勤、宾等所谓“八议”，但是如果臣下犯有罪行，并不直接赦免，而一定要通过刑法部门来商议，可以赦免则赦免，可以宽大则宽大，可以判刑则判刑，可以诛死则诛死，惩罚的轻与重根据实情而定，处理的宽与严随时机而有所不同。因此，国君得以施行仁恩而又不失其威严，臣子们既可以得到免罪而又不敢以此自恃。到了北魏却不是这样了，对于功勋显贵的大臣，往往预先许诺以终生不被处死，但是其人因此而自骄，触法犯罪，则又被处死。这正是以言而无信的允诺诱惑其人，使他陷于死地。刑法政治的失误过错，没有比这更大的了。

在这时候，平城的鲜卑族人，多数与穆泰等人一起策划，唯独于烈没有丝毫参涉，因此孝文帝对他更加器重了。孝文帝考虑到北方的酋长以及在身边侍奉自己的王子们害怕暑热，所以就任他们秋天到洛阳朝见，春天再返回各自的部落去，当时的人称他们为“雁臣”。

齐纪八

第一百四十二卷

东昏侯上永元元年（己卯，499）

初，太尉陈显达自以高、武旧将，当高宗之世，内怀危惧，深自贬损，常乘朽弊车，道从卤簿止用羸小者十数人。尝侍宴，酒酣，启高宗借枕，高宗令与之。显达抚枕曰：“臣年衰老，富贵已足，唯欠枕枕死，特就陛下乞之。”高宗失色曰：“公醉矣。”显达以年礼告退，高宗不许。及王敬则反，时显达将兵拒魏，始安王遥光疑之，启高宗欲追军还；会敬则平，乃止。及帝即位，显达弥不乐在建康，得江州，甚喜。尝有疾，不令治，既而自愈，意甚不悦。闻帝屡诛大臣，传云当遣兵袭江州，十一月，丙辰，显达举兵于寻阳，令长史庾弘远等与朝贵书，数帝罪恶，云：“欲奉建安王为主，须京尘一静，西迎大驾。”

陈显达发寻阳，败胡松于采石，建康震恐。甲申，军于新林，左兴盛帅诸军拒之。显达多置屯火于岸侧，潜军夜渡，袭宫城。乙酉，显达以数千人登落星冈，新亭诸军闻之，奔还，宫城大骇，闭门设守。显达执马矟，从步兵数百，于西州前与台军战，再合，显达大胜，手杀数人，矟折；台军继至，显达不能抗，走，至西州后，骑官赵潭注刺显达坠马，斩之，诸子皆伏诛。长史庾弘远，炳之之子也，斩于朱雀航。将刑，索帽著之，曰：“子路结缨，吾不可以不冠而死。”谓观者曰：“吾非贼，乃是义兵，为诸军请命耳。陈公太轻事；若用吾言，天下将免涂炭。”弘远子子曜，抱父乞代命，并杀之。

帝既诛显达，益自骄恣，渐出游走，又不欲人见之；每出，先驱斥所过人家，唯置空宅。尉司击鼓蹋围，鼓击所闻，便应奔走，不暇衣履，犯禁者应手格杀。一月凡二十余出，出辄不言定所，东西南北，无处不驱。常以三四更中，鼓声四出，火光照天，幡戟横路。士民喧走相随，老小震惊，啼号塞路，处处禁断，不知所过。四民废业，樵苏路断，吉凶失时，乳母寄产，或舆病弃尸，不得殡葬。巷陌悬幔为高鄣，置仗人防守，谓之“屏除”，亦谓之“长围”。尝至沈公城，有一妇人临产不去，因剖腹视其男女。又尝至定林寺，有沙门老病不能去，藏草间；命左右射之，百箭俱发。帝有膂力，牵弓至三斛五斗。又好担幢，白虎幢高七丈五尺，于齿上担之，折齿不倦。自制担幢校具，伎衣饰以金玉，侍卫满侧，逞诸变态，曾无愧色。学乘马于东冶营兵俞灵韵，常著织成袴褶，金薄帽，执七宝矟，急装缚裤，凌冒雨雪，不避坑阱。驰骋渴乏，辄下马，解取腰边蠡器，酌水饮之，复上马驰去。又选无赖小人善走者为逐马左右五百人，常以自随。或于市侧过亲幸家，环回宛转，周遍城邑。或出郊射雉，置射雉场二百九十六处，奔走往来，略不暇息。

齐东昏侯永元元年（己卯，公元 499 年）

当初，太尉陈显达因自己是高帝、武帝时候的旧将，所以在明帝之时，心存危惧，自己使劲地贬损自己，经常乘坐一辆破破烂烂的车子，出外时扈从的仪仗队也只有又弱又小的十多个人。一次，他曾经陪侍明帝宴饮，酒酣之时，启奏明帝要借用一下枕头，明帝命令别人给他一个。枕头拿来后，陈显达用手摸着枕头说：“我年老体衰，享受的荣华富贵已经足够了，只欠一个枕头枕着而死，所以特意来向陛下乞求一个。”明帝听了陈显达这一番言语，不禁失色，对他说：“您喝醉了。”陈显达以自己已经年届七十，而请求辞官，但是明帝不予准许。在王敬则反叛之时，陈显达正率兵抵抗北魏，始安王萧遥光怀疑陈显达，就启奏明帝，想把陈显达的军队召回，恰好王敬则叛乱被平定，于是就没有进行。到了东昏侯即位之后，陈显达越发不愿意住在建康，被派做江州刺史，他十分欢喜。陈显达曾经得病，他不让医治，但是不久自己好了，他心中非常不高兴。陈显达知道东昏侯多次诛杀大臣，并且听人传说朝廷肯定要派兵来袭击江州，所以十一月丙辰（十五日），陈显达在寻阳起兵，命令长史庾弘远等人给朝廷中的新贵们送去一封信，信中列举了东昏侯的罪恶行径，并且说道：“准备拥立建安王萧宝寅为帝，待京中诸害一除，就西迎建安王登基。”

陈显达从寻阳发兵，在采石打败了胡松，消息传到建康，朝中一片震惊，惶恐不安。甲申（十二月十三日），陈显达率部到了新林，左兴盛统率诸路军队抵挡陈部。陈显达在长江岸边设置了许多火堆，夜间率军偷渡过江，去袭击宫城。乙酉（十四日）

陈显达带领数千人马登上落星冈，驻守在新亭的诸路军队得知之后，拔腿往回跑，宫城之内大为恐惧，只好闭门设守。陈显达骑马执槊，带领几百名步兵，与朝廷军队开战，两次交战，陈显达大胜，亲手斩杀好几人，但是不幸的是手中的槊折断了。这时，朝廷军队开过来了，陈显达抵抗不住，只好逃跑。陈显达逃到西州之后，骑官赵潭用手中之槊投刺他，陈显达中槊坠马，被赵潭斩首。陈显达的几个儿子也都伏法被斩。长史庾弘远是庾炳之的儿子，在朱雀航被斩。将要行刑之时，庾弘远要来帽子戴上，说道："当年子路把冠缨系好而死。我也不可以不戴帽子死去。"他又对观看的人说："我不是反贼，而是起义军，为的是替诸军请命。陈显达太轻率了，如果他采纳了我的意见的话，天下就可以免于陷入水火之中了。"庾弘远的儿子庾子曜，抱着他的父亲乞求代父一死，与其父一并遭杀害。

东昏侯诛杀了陈显达之后，越发骄横恣意。他渐渐开始喜欢出外游走，但又不想让人看见，每次出外，总是事先把所要经过地方所住的人家赶走，只留下空房子。他出游时，先由尉司敲着鼓沿途走一大圈，居民们凡是听到鼓声，就应立即跑开，连衣服和鞋都来不及穿好，违反禁令的人就被随手格杀。一月之中，东昏侯要出去二十多次，而且从来不说个具体的去处，东西南北，无处不去。他还常常在夜间三四更时分出游，弄得鼓声四出，火光照天，幡仪兵戟横路。这时，士人民众们喧叫奔跑，前后相随，老人小孩惊慌失措，哭喊成一片，拥挤在路上，但是处处禁止通行，所以都不知道何处可以经过。就这样，搞得四方的民众无法从业，连去打柴割草都无路可行，红白喜事不能按时进行，一些孕妇不能把孩子生在家里，甚至有的人抱病躲逃，结果死在路上，不能得到殡葬。东昏侯还让人在小巷和田间小道悬挂布幔以成为高高的屏障，并且布置人手执兵器守护，称作"屏除"，也叫作"长围"。有一次，东昏侯来到沈公城，有一个妇人因临产而没有躲逃，于是剖开产妇的腹部看是男孩还是女孩。又有一次，东昏侯来到定林寺，有一个老和尚因年老患病不能离去，藏在草丛中，他就命令随从用箭射老和尚，百名弓手一起发射。东昏侯臂力过人，能拉开三斛五斗力的弓。东昏侯还喜好顶幡，高七丈五尺的白虎，放在牙齿上顶着，把牙齿折断了还没玩够。东昏侯自己制作了顶幡器械，表演时穿的服装上饰以金玉，每次表演时侍卫站满两侧，使出各种技能把戏，从来不感到不好意思。东昏侯跟东冶营兵俞灵韵学骑马，经常穿着编织的衣裤，不穿外服，头戴薄金制的帽子，手执七宝槊，戎装束裤，冒着雨雪，遇上陷坑，也不避开。他纵马驰骋得渴乏了，就从马上下来，解下腰侧挂的马杓，盛水喝一通，又上马狂奔而去。东昏侯又选择那些善于长跑的无赖痞子五百个，称为逐马左右，经常让他们随马而跑。他或者在市中自己亲近宠幸的人家中游玩，从这家转到那家，来回转悠，能转遍全城。他或者去郊外射野鸡，布置了射雉场二百九十六处，奔走往来，从一处到另一处，毫无暇息之时。

齐纪九

第一百四十三卷

东昏侯下永元二年（庚辰，500）

初，帝疑雍州刺史萧衍有异志。直后荥阳郑植弟绍叔为衍宁蛮长史，帝使植以候绍叔为名，往刺衍。绍叔知之，密以白衍，衍置酒绍叔家，戏植曰："朝廷遣卿见图，今日闲宴，是可取良会也。"宾主大笑。又令植历观城隍、府库、士马、器械、舟舰，植退，谓绍叔曰："雍州实力未易图也。"绍叔曰："兄还，具为天子言之：若取雍州，绍叔请以此众一战！"送植于南岘，相持恸哭而别。

及懿死，衍闻之，夜召张弘策、吕僧珍、长史王茂、别驾柳庆远、功曹吉士瞻等入宅定议。茂，天生之子；庆远，元景之弟子也。乙巳，衍集僚佐谓曰："昏主暴虐，恶逾于纣，当与卿等共除之！"是日，建牙集众，得甲士万余人，马千余匹，船三千艘。出檀溪竹木装舰，葺之以茅，事皆立办。诸将争橹，吕僧珍出先所具者，每船付二张，争者乃息。

是时，南康王宝融为荆州刺史，西中郎长史萧颖胄行府州事，帝遣辅国将军、巴西、梓潼二郡太守刘山阳将兵三千之官，就颖胄兵使袭襄阳。衍知其谋，遣参军王天虎诣江陵，遍与州府书，声云："山阳西上，并袭荆、雍。"衍因谓诸将佐曰："荆州素畏襄阳人，加以唇亡齿寒，宁不暗同邪！我合荆、雍之兵，鼓行而东，虽韩、白复生，不能为建康计；况以昏主役刀敕之徒哉！"颖胄得书，疑未能决；山阳至巴陵，衍复令天虎赍书与颖胄及其弟南康王友颖达。天虎既行，衍谓张弘策曰："用兵之道，攻心为上。近遣天虎往荆州，人皆有书。今段乘驿甚急，止有两函与行事兄弟，云'天虎口具'；及问天虎而口无所说，天虎是行事心膂，彼间必谓行事与天虎共隐其事，则人人生疑。山阳惑于众口，判相嫌贰，则行事进退无以自明，必入吾谋内。是持两空函定一州矣。”

山阳至江安，迟回十余日，不上。颖胄大惧，计无所出，夜呼西中郎城局参军安定席阐文、谘议参军柳忱，闭斋定议。阐文曰：“萧雍州畜养士马，非复一日，江陵素畏襄阳人，又众寡不敌，取之必不可制；就能制之，岁寒复不为朝廷所容。今若杀山阳，与雍州举事，立天子以令诸侯，则霸业成矣。山阳持疑不进，是不信我。今斩送天虎，则彼疑可释。至而图之，罔不济矣。”忱曰：“朝廷狂悖日滋，京师贵人莫不重足累息。今幸在远，得假日自安。雍州之事，且藉以相毙耳。独不见萧令君乎？以精兵数千，破崔氏十万众，竟为群邪所陷，祸酷相寻。‘前事之不忘，后事之师也。’且雍州士锐粮多，萧使君雄姿冠世，必非山阳所能敌。若破山阳，荆州复受失律之责，进退无可，宜深虑之。”萧颖达亦劝颖胄从阐文等计。诘旦，颖胄谓天虎曰：“卿与刘辅国相识，今不得不借卿头！”乃斩天虎送示山阳，发民车牛，声云起步军征襄阳。山阳大喜。甲寅，山阳至江津，单车白服，从左右数十人诣颖胄。颖胄使前汶阳太守刘孝庆等伏兵城内，山阳入门，即于车中斩之。副军主李元履收余众请降。

柳忱，世隆之子也。颖胄虑西中郎司马夏侯详不同，以告忱，忱曰：“易耳！近详求婚，未之许也。”乃以女嫁详子夔，而告之谋，详从之。乙卯，以南康王宝融教纂严，又教赦囚徒，施惠泽，颁赏格。丙辰，以萧衍为使持节都督前锋诸军事。丁巳，以萧颖胄为都督行留诸军事。颖胄有器局，既举大事，虚心委己，众情归之。以别驾南阳宗夬及同郡中兵参军刘坦、谘议参军乐蔼为州人所推信，军府经略，每事谘焉。颖胄、各献私钱谷及换借富赀以助军。长沙寺僧素富，铸黄金为金龙数千两，埋土中。颖胄取之，以资军费。

颖胄遣使送刘山阳首于萧衍，且言年月未利，当须明年二月进兵。衍曰：“举事之初，所藉者一时骁锐之心。事事相接，犹恐疑怠；若顿兵十旬，必生悔吝。且坐甲十万，粮用自竭；若童子立异，则大事不成。况处分已定，安可中息哉！昔武王伐纣，行逆太岁，岂复待年月乎？”

戊午，衍上表劝南康王宝融称尊号；不许。十二月，颖胄与夏侯详移檄建康百官及州郡牧守，数帝及梅虫儿、茹法珍罪恶。颖胄遣冠军将军天水杨公则向湘州，西中郎参军南郡邓元起向夏口。军主王法度坐不进军免官。乙亥，荆州将佐复劝宝融称尊号；不许。夏侯详之子骁骑将军亶为殿中主帅，详密召之，亶自建康亡归。壬辰，至江陵，称奉宣德皇太后令：“南康王宜纂承皇祚，方俟清宫，未即大号；可封十郡为宣城王、相国、荆州牧，加黄钺，选百官，西中郎府、南康国如故。须军次近路，主者备法驾奉迎。”

竟陵太守新野曹景宗遣亲人说萧衍，迎南康王都襄阳，先正尊号，然后进军；衍不从。王茂私谓张弘策曰：“今以南康置人手中，彼挟天子以令诸侯，节下前进为人所使，此岂他日之长计乎！”弘策以告衍，衍曰：“若前涂大事不捷，故自兰艾同焚；若其克捷，则威振四海，岂碌碌受人处分者邪！”

齐东昏侯永元二年（庚辰，公元500年）

起初，东昏侯怀疑雍州刺史萧衍有异谋。直后荥阳人郑植的弟弟郑绍叔担任了萧衍的宁蛮长史，东昏侯就派郑植以探望弟弟郑绍叔为借口，去刺杀萧衍。郑绍叔知道了这一阴谋，秘密地报告了萧衍，萧衍在郑绍叔家中备办了酒席，以开玩笑的口吻对郑植说：“朝廷派遣您来谋害我，今天我正得闲，与您宴饮，这正是下手的好机会呀。”说罢，宾主大笑不已。萧衍又让郑植把雍州的城墙壕沟、仓库、兵士、战马、器械、船舰等仔细观察一番，郑植看过之后，对郑绍叔说：“雍州实力强大，是无法轻易解决的。”郑绍叔对他说：“哥哥回到朝廷之后，请一字不差地对天子说：如果要攻取雍州的话，我郑绍叔要率众搏一死战！”郑植回朝去，郑绍叔把他送到南岘，兄弟二人执手相视，恸哭而别。

到萧懿死之后，萧衍知道噩耗，连夜召集张弘策、吕僧珍、长史王茂、别驾柳庆远、功曹吉士瞻等人到府第议定对策。王茂是王天生的儿子，柳庆远是柳元景弟弟的儿子。乙巳（十一月初九），萧衍把手下的僚佐们召集到一起，对他们说：“昏乱的君主残暴，罪恶超过了纣王。所以，我应当与你们一起把他除掉。”在这一天，萧衍树起大旗，召集兵马，共得到带甲兵士一万多人，战马一千多匹，船舰三千艘。萧衍又命令搬出檀溪中的竹子木料，装到战舰之上，上面盖上茅草，这些事情很快就都办妥了。各将领争抢船橹，吕僧珍把自己原先准备好的拿出来，每只船发给两只，才停止了争抢。

这时，南康王萧宝融任荆州刺史，西中郎长史萧颖胄代理州府事务，东昏侯派遣辅国将军、巴西和梓潼两郡太守刘山阳率领三千兵士赴任，会同萧颖胄的兵力一起袭击襄阳。萧衍知道了这一计划，就派遣参军王天虎去江陵，给荆州和西中郎府的官员们每人送去一封书信，信中说：“刘山阳率兵西进，要同时袭击荆州和雍州。”于是萧衍对部下的众位将佐们说："荆州人向来害怕襄阳人，况且雍州和荆州地界相邻，唇亡而齿寒，所以岂能不与我们暗中联络，通力合作呢？我只要能会合荆州和雍州的兵力，大张旗鼓地东进，就是使韩信、白起再生，也无法为朝廷想出什么好招来，何况是昏君差使着一帮提刀传敕的宠幸之徒呢！"萧颖胄收到萧衍的信之后，心中迟疑而不能决断。刘山阳到了巴陵，萧衍再次命令王天虎送信与萧颖胄及其弟弟南康王萧宝融的僚友萧颖达。王天虎出发之后，萧衍又对张弘策说："用兵之道，攻心为上。前不久，我派遣王天虎去荆州，给每个人都送了信。近来驿使四出传信，忙个不停，但只有两封信给萧疑胄、萧颖达兄弟二人，信中只写'工天虎口述'。他们问具体情况时，王天虎又一句也说不上来，因为我压根就没有向他交代过一句。王天虎是萧颖胄信得过的心腹之人，所以荆州方面一定要以为萧颖胄与王天虎一起隐瞒着事情，于是人人心中疑虑丛生。刘山阳会被众人的言说搞迷糊了，就一定要对萧颖胄产生疑心，他们互相之间将不信任。这样的话，萧颖胄将进退两难，无论如何也解释不清自己，因此就必定要落入我的圈套之中。这是以两封空函定一州之妙计啊。"

刘山阳到了江安，迟疑了十多日，不往前开进。萧颖胄对此大为恐惧，然而又想不出什么良策妙计来，夜里，他叫来西中郎城局参军安定人席阐文、谘议参军柳忱，关起门来一起商议对策。席阐文说："萧衍在雍州招兵买马，已经不是一天两天的事了。江陵人向来害怕襄阳人，又寡不敌众，要收拾他们必定办不到，即使能制服了他们，最终也不会为朝廷所容忍。如今，如果杀了刘山阳，与雍州方面一起起兵举事，立天子以令诸侯，则霸业可成。刘山阳迟疑而不进，这是不相信我们。现在，如果斩了王天虎，把首级送给刘山阳，那么他的疑虑就可以消除。等他来了之后，再把他收拾掉，无不可以成功的。"柳忱接着说道："朝廷的昏狂悖乱一天比一天严重，京城中的大臣们惴惴不安，人人吓得连大气也不敢出，只有垂首听命的份儿，哪敢稍有移动。现在，我们幸好远离朝廷，可以暂时安全。朝廷命令我们袭击雍州，只不过借此而让双方互相残杀罢了。难道忘记了尚书令萧懿了吗？他以几千精兵，打败了崔慧景的十万大军，然而竟被那帮邪恶的小人所陷害，很快就灾祸及身。'前事不忘，后事之师'，他的教训实在值得我们记取。再说雍州兵力精锐，粮草充足，萧衍雄姿英发，谋略过人，罕有人能匹敌，刘山阳一定不是他的对手。如果他击败了刘山阳，我们荆州也会因没有执行朝廷之令而受到责难，这真是进也不可，退也不可，所以应该认真加以考虑。"萧颖达也劝萧颖胄听从席阐文等人的计策。第二天早晨，萧颖胄对王天虎说："您同刘山阳相识，现在不得不借您的头用一用。"于是，萧颖胄令人斩了王天虎，把他的脑袋送给刘山阳看，并且调用民众的车和牛，声称派遣步军去征讨襄阳。刘山阳见状欣喜若狂。甲寅（十八日），刘山阳到了江津，独自乘坐一辆车，穿着白色便服，只带了几十个随从，去见萧颖胄。萧颖胄指派曾经任过汶阳太守的刘孝庆等人在城内埋伏兵力，刘山阳进入城门之后，就在车中把他斩了，副军主李元履收集余部，请求投降。

柳忱是柳世隆的儿子。萧颖胄顾虑西中郎司马夏侯详不合作，把心中之虑告诉了柳忱，柳忱说："这再容易不过了。前不久，夏侯详曾来求婚，要娶我的女儿做儿媳妇，我没有答应他。"于是，柳忱就把自己的女儿嫁给了夏侯详的儿子夏夔，并且把密谋告诉了夏侯详，夏侯详听从了。乙卯（十九日），萧颖胄以南康王萧宝融的名义发布戒严令，又赦放囚徒，施布恩惠，颁布奖赏标准。丙辰（二十日），朝廷任命萧衍为使持节都督前锋诸军事。丁巳（二十一日），朝廷任命萧颖胄为都督行留诸军事。萧颖胄有才识与度量，一旦已经开始谋举大业，就能做到虚心待人接物，处处委曲求全，所以众心都向着他。由于别驾南阳人宗夬，以及同郡中兵参军刘坦、谘议参军乐蔼深得州人的推崇信任，所以萧颖胄在军府大事方面，常常向他们咨问。萧颖胄和宗夬各自捐献自己的钱粮，并且转借了大量的资金，以便资助军用。长沙寺的僧人向来富有，他们把黄金铸成金龙，约有数千两，埋藏在地下，萧颖胄取出来，用以资助军费开支。

萧颖胄派遣使者把刘山阳的首级送给萧衍，并且告诉萧衍说年月不吉利，应当等到明年二月再起兵出发。萧衍说："起兵的开头，所凭借的就是一时的骁锐气势与信心，即使不停息地干下去，还恐怕要担心出现松劲情绪，如果停兵等待三个来月，必定会产生后悔和顾惜。何况聚集了十万大军，时间一长，粮食就要消耗光。如果那毛孩子再提出什么不同意见，那么大事就难以成功。况且现在已经一切安排就绪，怎么能中途停息呢？过去周武王讨灭殷纣王，出发时间正好冲犯太岁星，岂能等待什么吉利的年月呢？"

戊午（二十二日），萧衍上表南康王萧宝融，劝他称帝，但萧宝融不答应。十二月，萧颖胄同夏侯详向建康朝廷中的百官群臣以及各州郡的长官们传送了声讨东昏侯以及梅虫儿、茹法珍罪恶的檄文。萧颖胄派遣冠军将军、天水人杨公则出发去湘州，派遣西中郎参军、南郡人邓元起向夏口进发。军主王法度因按兵不进而被免职。乙亥（初十），荆州的将佐们再次劝萧宝融称帝，仍旧没有答应。夏侯详的儿子骁骑将军夏侯亶任殿中主帅，夏侯详秘密召他前来，夏侯亶就从建康逃回来了。壬辰（二十七日），萧颖胄到达江陵，声称接奉宣德皇太后的命令："南康王萧宝融应当继承皇位，但由于要等待清除去宫中的昏君和奸臣，所以暂时不称帝，而封地十郡，为宣城王、相国、荆州牧，并且授予黄钺，可以挑选任命百官，原有的西中郎府和南康国照旧不变。等待军队到了附近之时，由主管官员备办车驾前去奉迎他。”

竟陵太守、新野人曹景宗派遣亲属游说萧衍，建议他去迎接南康王，以襄阳为都城，先称帝即位，然后再进军建康，萧衍没有采纳他的意见。王茂私下里对张弘策说："现在，南康王被掌握在萧颖胄手中，他挟天子以令诸侯，使持节大人萧衍的前进后退都将受他驱使，这岂能是来日的长久之计吗？”张弘策把王茂的话告诉了萧衍，萧衍说："假若下一步的大事不能成功，那么无论贵贱都将一块遭难而死；如果大事能告捷，那么我将威震四海，难道会碌碌无为而受他人摆布吗！”

齐纪十

第一百四十四卷

和皇帝中兴元年（辛巳，501）

九月，乙未，诏萧衍若定京邑，得以便宜从事。衍留骁骑将军郑绍叔守寻阳，与陈伯之引兵东下，谓绍叔曰："卿，吾之萧何、寇恂也。前涂不捷，我当其咎；粮运不继，卿任其责。"绍叔流涕拜辞。比克建康，绍叔督江、湘粮运，未尝乏绝。

萧衍之克江、郢也，东昏游骋如旧，谓茹法珍曰："须来至白门前，当一决。"衍至近道，用聚兵为固守之计，简二尚方、二冶囚徒以配军；其不可活者，于朱雀门内日斩百余人。

崔慧景之逼建康也，东昏侯拜蒋子文为假黄钺、使持节、相国、太宰、大将军、录尚书事、扬州牧、钟山王；及衍至，又尊子文为灵帝，迎神像入后堂，使巫祷祀求福。及城闭，城中军事悉委王珍国；兖州刺史张稷入卫京师，以稷为珍国之副。稷，瓌之弟也。

时城中实甲犹七万人，东昏素好军陈，与黄门、刀敕及宫人于华光殿前习战斗，诈作被创势，使人以板捆去，用为厌胜。常于殿中戎服、骑马出入，以金银为铠胄，具装饰以孔翠。昼眠夜起，一如平常。闻外鼓叫声，被大红袍，登景阳楼屋上望之，弩几中之。

始，东昏与左右谋，以为陈显达一战即败，崔慧景围城寻走，谓衍兵亦然，敕太官办樵、米为百日调而已。及大桁之败，众情凶惧。茹法珍等恐士民逃溃，故闭城不复出兵。既而长围已立，堑栅严固；然后出荡，屡战不捷。

东昏尤惜金钱，不肯赏赐；法珍叩头请之，东昏曰："贼来独取我耶！何为就我求物！"后堂储数百具榜，启为城防；东昏欲留作殿，竟不与。又督御府作三百人精仗，待围解以拟屏除，金银雕镂杂物，倍急于常。众皆怨怠，不为致力。外围既久，城中皆思早亡，莫敢先发。

茹法珍、梅虫儿说东昏曰：“大臣不留意，使围不解，宜悉诛之。”王珍国、张稷惧祸，珍国密遣所亲献明镜于萧衍，衍断金以报之。兖州中兵参军张齐，稷之腹心也，珍国因齐密与稷谋，同弑东昏。齐夜引珍国就稷，造膝定计，齐自执烛；又以计告后舍人钱强。十二月，丙寅夜，强密令人开云龙门，珍国、稷引兵入殿，御刀丰勇之为内应。东昏在含德殿作笙歌，寝未熟，闻兵入，趋出北户，欲还后宫，门已闭。宦者黄泰平刀伤其膝，仆地，张齐斩之。稷召尚书右仆射王亮等列坐殿前西钟下，令百僚署笺，以黄油裹东昏首，遣国子博士范云等送诣石头。右卫将军王志叹曰：“冠虽弊，何可加足！”取庭中树叶挼服之，伪闷，不署名。衍览笺无志名，心嘉之。亮，莹之从弟；志，僧虔之子也。衍与范云有旧，即留参帷幄。王亮在东昏朝，以依违取容。萧衍至新林，百僚皆间道送款，亮独不遣。东昏败，亮出见衍，衍曰：“颠而不扶，安用彼相！”亮曰：“若其可扶，明公岂有今日之举！”城中出者，或被劫剥。杨公则亲帅麾下陈于东掖门，卫送公卿士民，故出者多由公则营焉。衍使张弘策先入清宫，封府库及图籍。于时城内珍宝委积，弘策禁勒部曲，秋毫无犯。收潘妃及嬖臣茹法珍、梅虫儿、王咺之等四十一人皆属吏。

己卯，衍入屯阅武堂，下令大赦。又下令：“凡昏制谬赋、淫刑滥役外，可详检前原，悉皆除荡；其主守散失诸所损耗，精立科条，咸从原例。”又下令：“通检尚书众曹，东昏时诸诤讼失理及主者淹停不时施行者，精加讯辩，依事议奏。”又下令：“收葬义师，瘗逆徒之死亡者。”潘妃有国色，衍欲留之，以问侍中、领军将军王茂，茂曰：“亡齐者此物，留之恐贻外议。”乃缢杀于狱，并诛嬖臣茹法珍等。以宫女二千分赉将士。乙酉，以辅国将军萧宏为中护军。

齐和帝中兴元年（辛巳，公元501年）

九月，乙未（初四），和帝萧宝融诏令萧衍如果平定京城，自己可以根据具体情况而行事，不必每事都请示。萧衍留下骁骑将军郑绍叔驻守寻阳，自己与陈伯之率兵东下。行前，萧衍对郑绍叔说：“您就是我的萧何和寇恂。如果前方战事不能取胜，我承当过失；如果粮草运输跟不上，您承担责任。”郑绍叔流涕向萧衍拜辞。一直到攻克建康，郑绍叔督管江、湘的粮食运送，从来没有断绝过。

萧衍攻克江、郢之后，东昏侯照样游骋玩乐，他对茹法珍说："等他来到白门前时，再与他决一死战，以定胜负。"萧衍到了建康附近，东昏侯才召聚兵力，准备固守，他命人从建康的左、右尚方和东、西二冶当中挑选囚徒充军，对不能让其活着的囚徒，在朱雀门内日斩百余人。

崔慧景攻逼建康之时，东昏侯拜钟山神蒋子文为假黄钺、使持节、相国、太宰、大将军、录尚书事、扬州牧、钟山王。到萧衍率兵到来之时，东昏侯又尊蒋子文为灵帝，迎接他的神像进入后堂，让巫师祈祷求福。到了城门关闭之后，东昏侯把城中的军事全部委托给王珍国。兖州刺史张稷来守卫京师，东昏侯又让张稷任王珍国的副手。张稷是张瓌的弟弟。

当时，城中的兵卒还有七万人，东昏侯向来喜好军阵，与身边的黄门、刀敕以及宫人们在华光殿前演习战斗，假作受伤的样子，让人用木板抬去，用这种形式来作为诅咒制胜。东昏侯还经常在殿中着戎服，骑着马出入，用金银做成铠甲和头盔，全都装饰以孔雀和翠鸟的羽毛。他仍旧昼眠夜起，一如平常那样。他听到外面的击鼓呐喊之声，就披着大红袍，登上景阳楼的屋顶观望，差点被弩机射中。

开始之时，东昏侯与左右心腹一起合计，以为陈显达一战即败，崔慧景围城很快就逃走，于是认为萧衍的军队也会这样，所以敕令太官备办柴火和粮米，够百日之用就行了。但是，在大桁之败以后，城中民心慌乱，人人自危。茹法珍等人担心士人和百姓们逃溃，所以关闭城门而不再出战，但是等到萧衍的长围已经布置好，堑栅坚固之后，再派兵出城荡击，屡战屡败。

东昏侯尤其爱惜金钱，不肯赏赐。茹法珍磕头请他给兵将赏赐，东昏侯竟说："贼寇来只是为了收拾我一人吗？为什么向我要东西赏赐？"后堂之中储放了几百块木料，有人向东昏侯启奏要拿去做城防之用，他却想留下来盖宫殿。东昏侯又督促御府制作了三百人使用的精制兵器，准备等萧衍之围解除之后，出外游玩时，卫士们用以驱赶士民。至于金银雕镂物品，东昏侯亦让赶制，并限定时间要比平时快出一倍。但是，众人都心有怨气，消极怠工，根本不愿为他出力。外面围困的时间已经很久，城中的人都希望能早点逃走，谁也不敢先有所动作。

茹法珍和梅虫儿给东昏侯出主意说："大臣们不用心，以致使城围不能解除，所以应该把他们全部杀掉。"王珍国和张稷惧害大祸临头，王珍国就派遣自己的亲信给萧衍献了一块明镜，以示自己的心意，萧衍则截断金子作回报，表示愿意和他同心共事。兖州中兵参军张齐是张稷的心腹，王珍国就通过张齐秘密地与张稷策谋，要一同杀掉东昏侯。张齐在夜间把王珍国带到张稷那里，两人凑在一起谋密定计，张齐亲自在旁边手执蜡烛。他们密谋好之后，又把计策告诉了后舍人钱强。十二月丙寅（初六）夜间，钱强秘密令人打开云龙门，王珍国和张稷带兵冲入殿中，御刀丰勇之做内应。这天晚上，东昏侯在含德殿笙歌弹唱，休息之后，还没有睡熟，听到兵进来了，就急忙从北门跑出去，想跑回后宫去，可是门已经关闭了。宦官黄泰平用刀砍伤了东昏侯的膝盖，他倒在了地上，张齐上来斩下了他的脑袋。张稷召集尚书右仆射王亮等人列坐在殿前西边的钟下，命令群僚们签名，又命令人在黄绢上涂油，裹住东昏侯的首级，然后派遣国子博士范云等人送到石头。右卫将军王志叹息着说道："帽冠虽然破了，但怎能再用脚踩呢？"他到庭中摘取树叶，用手搓成团吞服下去，假装气上不来闷过去了，不在册子上签名。萧衍阅看送来的百官群僚们的签名册，见上面没有王志的名字，心里十分嘉许他。王亮是王莹的堂弟，王志是王僧虔的儿子。萧衍与范云过去就有交情，于是就把他留下来作为自己的幕僚。王亮在东昏侯执政之时，靠耍两面派而取悦于朝廷。萧衍到了新林，百官群僚们都抄小道去向他致意，唯独王亮没有派人去。东昏侯失败之后，王亮出见萧衍，萧衍对他说："朝廷倾覆而不加以匡扶，用你这宰相有何用呢？"王亮回答："如果东昏侯可以扶持的话，明公您哪里能有今日之举呢？"从宫城中出来的人，有的被抢劫。杨公则亲自率领部下列阵在东掖门，以便护送公卿士民们，所以出城者大多由杨公则的营地经过。萧衍派张弘策先进去清理宫中，封存了府库和各种图籍。其时，宫城中珍宝之物到处都是，张弘策严加管束部曲，做到秋毫无犯。潘贵妃以及宠臣茹法珍、梅虫儿、王咺之等四十一人全被收拘，交给主管官吏处理。

己卯（十九日），萧衍进驻阅武堂，下令大赦天下。萧衍又下令："凡是错误的规章、荒谬的税赋、过分的刑罚和劳役，可以详细考察当初设立的原因，全部废除。地方官吏负责掌管而造成散失和损耗，应精细地设立科目条例，一切都根据原来的惯例。"又下令："对尚书省各部门的文案通检一遍，凡是在东昏侯时对各种诉讼案件处理不公道的，以及主办人拖延不及时办理的，认真地加以讯问辨查，根据事实论处并奏上。"又下令："收葬阵亡将士，对东昏侯军队中的死亡者也加以掩埋。"潘贵妃的姿容极其美丽，萧衍想把她留下，就以这件事问侍中、领军将军王茂，王茂说："使齐国亡掉的正是这个女人，您如果留下她，恐怕要招来外界的议论。"于是，萧衍下令把潘贵妃勒死在狱中，宠臣茹法珍等人也被诛杀。萧衍命令把两千宫女分赏给将士们。乙酉（二十五日），萧衍任命辅国将军萧宏为中护军。

梁纪一

第一百四十五卷

高祖武皇帝天监元年（壬午，502）

甲寅，诏进大司马位相国、总百揆、扬州牧，封十郡为梁公，备九锡之礼，置梁百司，去录尚书之号，骠骑大将军如故。二月，辛酉，梁公始受命。

丙寅，诏梁国选诸要职，悉依天朝之制。于是以沈约为吏部尚书兼右仆射，范云为侍中。

梁公纳东昏余妃，颇妨政事，范云以为言，梁公未之从。云与侍中、领军将军王茂同入见，云曰："昔沛公入关，妇女无所幸，此范增所以畏其志大也。今明公始定建康，海内想望风声，奈何袭乱亡之迹，以女德为累乎！"王茂起拜曰："范云言是也。公必以天下为念，无宜留此。"梁公默然。云即请以余氏赉王茂，梁公贤其意而许之。明日，赐云、茂钱各百万。

丙戌，诏梁公增封十郡，进爵为王。癸巳，受命，赦国内及府州殊死以下。

梁王将杀齐诸王，防守犹未急。鄱阳王宝寅家阉人颜文智与左右麻拱等密谋，穿墙夜出宝寅，具小船于江岸，著乌布襦，腰系千余钱，潜赴江侧，蹑徒步，足无完肤。防守者至明追之，宝寅诈为钓者，随流上下十余里，追者不疑。待散，乃渡西岸投民华文荣家，文荣与其族人天龙、惠连弃家将宝寅遁匿山涧，赁驴乘之，昼伏夜行，抵寿阳之东城。魏戍主杜元伦驰告扬州刺史任城王澄，以车马侍卫迎之。宝寅时年十六，徒步憔悴，见者以为掠卖生口。澄待以客礼，宝寅请丧君斩衰之服，澄遣人晓示情礼，以丧兄齐衰之服给之。澄帅官僚赴吊，宝寅居处有礼，一同极哀之节。寿阳多其义故，皆受慰唁；唯不见夏侯一族，以夏侯详从梁王故也。澄深器重之。

齐和帝东归，以萧憺为都督荆、湘等六州诸军事、荆州刺史。荆州军旅之后，公私空乏，憺厉精为治，广屯田，省力役，存问兵死之家，供其乏困。自以少年居重任，谓佐吏曰："政之不臧，士君子所宜共惜。吾今开怀，卿其无隐！"于是人人得尽意，民有讼者皆立前待符教，决于俄顷，曹无留事。荆人大悦。

齐和帝至姑孰，丙辰，下诏禅位于梁。

梁武帝天监元年（壬午，公元502年）

甲寅（正月二十四日），宣德太后诏令大司马萧衍位进相国、总百揆、扬州牧，并封他十郡为梁公，加九锡之礼，在梁公国设置各种官员，免去录尚书的称号，但骠骑大将军的称号照样不变。二月辛酉（初二），梁公萧衍方才接受诏命。

丙寅（初七），宣德太后诏令梁国选任各种要职官员，全部依照朝廷之制。于是，任命沈约为吏部尚书兼右仆射，范云为侍中。

梁公萧衍纳取了东昏侯的余妃，对政事颇有妨害，范云加以劝说，但是梁公没有听从。范云又与侍中、领军将军王茂一同入见萧衍，范云对萧衍说："过去沛公刘邦进关，不亲近女色，这正是范增敬畏其志向远大之处。如今明公您刚平定建康，海内之众对您的名声非常景仰，您如何可以沿袭那种乱身亡国的行迹，沉溺于女色呢？"王茂也下拜说道："范云说得极对。您一定要以天下为念，不应该把这个女人留在身边。"梁公听了，默然无语。于是，范云就请求萧衍把余氏赏赐给王茂，梁公认为他们的意见正确，就同意了。次日，萧衍分别给范云、王茂赏赐了一百万钱。

丙戌（二十七日），宣德太后诏令给梁公增封十郡，进爵位为王。三月癸巳（初五），萧衍接受了诏命，并且下令赦免建康城内以及各府州死刑以下犯人。

梁王萧衍将要杀害南齐诸王，但是监视看管措施还不甚严密。鄱阳王萧宝寅家中的阉人颜文智与左右心腹麻拱等人密谋，在夜间挖开墙壁，把萧宝寅送出去，又在长江岸边准备了一只小船。萧宝寅穿着黑布短衣，腰里系着一千多钱，偷偷地跑到江边。他穿着草鞋，徒步而行，以致两只脚全都磨破了，天亮之后，看管的人发现萧宝寅不见了，就去追赶，萧宝寅装作是钓鱼人，与追赶者一起在江中并舟而行了十多里，追赶者都没有对他产生怀疑。等到追赶的人离开之后，萧宝寅就在西边靠岸，投奔到百姓华文荣家中，华文荣与其同族之人华天龙、华惠连丢弃家业，带着萧宝寅逃到山沟里。他们租了一头毛驴，让萧宝寅骑着，昼伏而夜行，来到了寿阳的东城。驻守在这里的北魏戍主杜元伦急忙把情况报告了扬州刺史任城王元澄，元澄用车马侍卫迎接萧宝寅。当时，萧宝寅年纪十六岁，由于徒步而行，所以形容憔悴，见到的人还以为他是被掠卖来的人口。元澄以招待客人的礼节对待萧宝寅，萧宝寅向元澄要为皇帝守丧而穿的生麻布制的丧服，元澄派人对萧宝寅晓示了一番情理，最后只给了他为兄长守丧而穿的熟麻布制的丧服。元澄率领手下的官吏们亲赴萧宝寅住处去吊丧，萧宝寅的一举一动，表现得与居君父之丧完全一样。寿阳有许多受过南齐旧恩的故旧，萧宝寅接受他们的吊唁，唯独不见夏侯一姓的人，这是由于夏侯详跟从了梁王萧衍。元澄非常器重萧宝寅。

南齐和帝萧宝融将东归建康，他任命萧憺为都督荆、湘等六州诸军事及荆州刺史。荆州经过战争之后，公私两方在财用方面都非常匮乏，萧憺励精图治，广开屯田，省免劳役，抚问有家人当兵阵亡了的人家，供应救济他们。他自以为年纪轻而居于重任，所以特别用心，对手下的官吏们说："政事如果没有办好，大家都应该共同努力。我现在开诚布公于你们，希望你们也不要有所隐瞒。"于是，人人都感到心情舒畅，办事效率大增，民众如有诉讼者站在一旁等待处理，很快就可以做出决定，官署中没有积压的事情。因此，荆州人非常高兴。

南齐和帝到达姑孰，丙辰（二十八日），下诏禅让皇位于梁公萧衍。

梁纪三

第一百四十七卷

高祖武皇帝三天监七年（戊子，508）

秋，七月，甲午，魏立高贵嫔为皇后。尚书令高肇益贵重用事。肇多变更先朝旧制，减削封秩，抑黜勋人，由是怨声盈路。群臣宗室皆卑下之，唯度支尚书元匡与肇抗衡，先自造棺置听事，欲舆棺诣阙论肇罪恶，自杀以切谏；肇闻而恶之。会匡与太常刘芳议权量事，肇主芳议，匡遂与肇喧竞，表肇指鹿为马。御史中尉王显奏弹匡诬毁宰相，有司处匡死刑；诏恕死，降为光禄大夫。

魏高后之立也，彭城武宣王勰固谏，魏主不听。高肇由是怨之，数谮勰于魏主，魏主不之信。勰荐其舅潘僧固为长乐太守，京兆王愉之反，胁僧固与之同，肇因诬勰北与愉通，南招蛮贼。彭城郎中令魏偃、前防阁高祖珍希肇提擢，构成其事。肇令侍中元晖以闻，晖不从，又令左卫元珍言之。帝以问晖，晖明勰不然；又以问肇，肇引魏偃、高祖珍为证，帝乃信之。戊戌，召勰及高阳王雍、广阳王嘉、清河王怿、广平王怀、高肇俱入宴。勰妃李氏方产，固辞不赴。中使相继召之，不得已，与妃决而登车。入东掖门，度小桥，牛不肯进，击之良久，更有使者责勰来迟，乃去牛，人挽而进。宴于禁中，至夜，皆醉，各就别所消息。俄而元珍引武士赍毒酒而至，勰曰："吾无罪，愿一见至尊，死无恨！"元珍曰："至尊何可复见！"勰曰："至尊圣明，不应无事杀我，乞与告者一对曲直！"武士以刀镮筑之，勰大言曰："冤哉，皇天！忠而见杀。"武士又筑之，勰乃饮毒酒，武士就杀之，向晨，以褥裹尸载归其第，云王因醉而薨。李妃号哭大言曰："高肇枉理杀人，天道有灵，汝安得良死！"魏主举哀于东堂，赠官、葬礼皆优厚加等。在朝贵贱，莫不丧气，行路士女皆流涕曰："高令公枉杀贤王。"由是中外恶之益甚。

冬，十月，魏悬瓠军主白早生杀豫州刺史司马悦，自号平北将军，求救于司州马仙琕。时荆州刺史安成王秀为都督，仙琕签求应赴。参佐咸谓宜待台报，秀曰："彼待我以自存，援之宜速，待敕虽旧，非应急也。"即遣兵赴之。上亦诏仙琕救早生。仙琕进顿楚王城，遣副将齐苟儿，以兵二千助守悬瓠。诏以早生为司州刺史。

魏以尚书邢峦行豫州事，将兵击白早生。魏主问之曰："卿言，早生走也，守也？何时可平？"对曰："早生非有深谋大智，正以司马悦暴虐，乘众怒而作乱，民迫于凶威，不得已而从之。纵使梁兵入城，水路不通，粮运不继，亦成禽耳。早生得梁之援，溺于利欲，必守而不走。若临以王师，士民必翻然归顺，不出今年，当传首京师。"魏主悦，命峦先发，使中山王英继之。

峦帅骑八百，倍道兼行，五日至鲍口。丙子，早生遣其大将胡孝智将兵七千，离城二百里逆战，峦奋击，大破之，乘胜长驱至悬瓠。早生出城逆战，又破之，因渡汝水，围其城。诏加峦都督南讨诸军事。

魏主闻邢峦屡捷，命中山王英趣义阳，英以众少，累表请兵，弗许。英至悬瓠，辄与峦共攻之。十二月，己未，齐苟儿等开门出降，斩白早生及其党数十人。英乃引兵前趋义阳。宁朔将军张道凝先屯楚王城，癸亥，弃城走，英追击，斩之。

梁武帝天监七年（戊子，公元508年）

秋季，七月，甲午（十三日），北魏立高贵嫔为皇后。尚书令高肇因此越发贵重而专权了。高肇变更了许多先朝的旧制度，减削封秩，抑黜功勋之臣，因此而怨声载道。群臣宗室都俯首听命于高肇，唯有度支尚书元匡同高肇抗衡，他先自己做了一副棺材置于听事之处，准备用车把棺材装上运到殿上去讲论高肇的罪恶，然后自杀以对皇上进行死谏。高肇知道之后非常憎恨元匡，恰遇元匡与太常刘芳议订度量衡之事，高肇同意刘芳的意见，元匡便同高肇争执吵闹，把高肇比作是指鹿为马的赵高。御史中尉王显在奏章中弹劾元匡诋毁宰相高肇，有关部门判处元匡死刑。皇上诏令恕免元匡不死，降为光禄大夫。

北魏立高皇后之时，彭城武宣王元勰再三劝谏不可，宣武帝不听。高肇由此而怨恨元勰，数次在宣武帝面前进谗言诋毁元勰，宣武帝不听信。元勰推荐自己的舅舅潘僧固为长乐太守，京兆王元愉反叛，胁迫潘僧固与他同伙，高肇因此而诬告元勰北与元愉勾结相通，南招蛮贼。彭城武宣王元勰手下的郎中令魏偃、原先的防阁高祖珍希望高肇提拔他们，就与高肇勾结一起陷害元勰。高肇命令侍中元晖上报宣武帝，元晖不从，又命令左卫元珍去报告了。宣武帝就此事询问元晖，元晖说明元勰不会如此；宣武帝又以此事问高肇，高肇叫来魏偃和高祖珍作证，宣武帝就相信了高肇的诬陷。戊戌（九月十八日），宣武帝召元勰以及高阳王元雍、广阳王元嘉、清河王元怿、广平王元怀、高肇一起入宴。元勰的妃子李氏正在生产，因此他再三推辞不去赴宴。中使相继而来宣召，元勰万不得已，只好与李氏诀别，然后登车而去，进入东掖门，过小桥，拉车的牛不肯向前，打了它很久还是不向前迈进，又有使者责备元勰来得迟了，于是只好去掉牛，由人把车拉进去。宴会在宫中举行，到了夜间，全都喝醉了，宣武帝令他们各就方便之处休息。不一会儿，元珍带着武士送毒酒来了，元勰说："我没有罪，希望能一见圣上，死而无恨！"元珍说："圣上怎么可以再次见呢？"元勰说："皇上圣明，不应该没有事就把我杀掉，乞求与诬告我的人当面对质！"武士用刀环向元勰的脸上打去，元勰大声呼喊道："冤枉啊！老天爷！我如此忠心反而被杀！"武士又打，元勰只好饮下毒酒，武士上前杀了元勰，天亮之后，用褥子裹了尸体装在车上送回他的府第，声称大王因酒醉而死去。李妃放声大哭，高声喊道："高肇冤枉杀人，伤天害理，老天爷有灵，你怎么能得到好死呢？"宣武帝在东堂为元勰举哀，赠官和葬礼莫不优厚加倍。朝廷之内的大小官员，无不丧气叹息，行路男女都流着眼泪说："高令公冤枉地杀害了贤德的彭城王。"从此朝廷内外对高肇更加憎恨得厉害了。

冬季，十月，北魏悬瓠军主白早生杀了豫州刺史司马悦，自称为平北将军，向梁朝司州的马仙琕求救。当时，荆州刺史安成王萧秀为都督，马仙琕把情况写在简上送给萧秀，请求前去救援，萧秀手下的参佐们都认为要上报朝廷批准后方可行动，萧秀说："白早生等待着我们去援救，方可自存，所以应该火速前往，等待朝廷批准虽是旧制，但并非是应急之策。"因此便派兵前去救援白早生。梁武帝也诏令马仙琕去援救白早生。马仙琕进驻楚王城，派遣副将齐苟儿带兵两千帮助守悬瓠。梁武帝任命白早生为司州刺史。

北魏委任尚书邢峦兼管豫州事务，率兵攻打白早生。宣武帝问邢峦："你说，白早生是逃跑，还是顽守呢？何时可以讨平他？"邢峦回答："白早生没有深谋大智，只因司马悦暴虐残忍，因此利用众人之愤怒而反叛作乱，百姓迫于他的凶威，不得已而顺从了他。即使梁朝军队入城了，但是水路不通，粮运跟不上，也会被我们抓住的。白早生得到梁朝的援助，被利欲冲昏头脑，必定死守而不跑。如果派朝廷军队前去讨伐，士民大众们必定幡然归顺，不出今年，一定能把白早生的首级送到京师来。”宣武帝十分高兴，命令邢峦先出发，让中山王元英随后跟进。

邢峦率领八百骑兵，快速赶路，五天光景就到了鲍口，丙子（二十六日），白早生派遣他的大将胡孝智率领七千兵卒，在离城二百里的地方迎战邢峦，邢峦奋勇出击，大败敌手，乘胜长驱直入，直抵悬瓠。白早生出城迎战，邢峦又打败了他，因此渡过汝水，围住了悬瓠城。北魏宣武帝诏令邢峦为都督南讨诸军事。

北魏宣武帝得知邢峦屡屡获捷，命令中山王元英前去义阳，元英因兵少，多次上表请求增兵，朝廷不同意。元英到了悬瓠，就与邢峦一起攻城。十二月己未（初十），齐苟儿等人打开城门出降，斩了白早生及其党羽几十人。元英带兵前去义阳。宁朔将军张道凝先驻扎在楚王城，癸亥（十四日），弃城逃跑，元英追击，斩了张道凝。

梁纪四

第一百四十八卷

高祖武皇帝四天监十七年（戊戌，518）

临川王宏妾弟吴法寿杀人而匿于宏府中，上敕宏出之，即日伏辜。南司奏免宏官，上注曰："爱宏者兄弟私亲，免宏者王者正法；所奏可。"五月，戊寅，司徒、骠骑大将军、扬州刺史临川王宏免。

宏自洛口之败，常怀愧愤，都下每有窃发，辄以宏为名，屡为有司所奏，上每赦之。上幸光宅寺，有盗伏于骠骑航，待上夜出；上将行，心动，乃于朱雀航过。事发，称为宏所使，上泣谓宏曰："我人才胜汝百倍，当此犹恐不堪，汝何为者？我非不能为汉文帝，念汝愚耳！"宏顿首称无之，故因匿法寿免宏官。

宏奢僭过度，殖货无厌。库屋垂百间，在内堂之后，关籥甚严，有疑是铠仗者，密以闻。上于友爱甚厚，殊不悦。他日，送盛馔与宏爱妾江氏曰："当来就汝欢宴。"独携故人射声校尉丘佗卿往，与宏及江大饮，半醉后，谓曰："我今欲履行汝后房。"即呼舆径往堂后，宏恐上见其货贿，颜色怖惧。上意益疑之，于是屋屋检视，每钱百万为一聚，黄榜标之，千万为一库，悬一紫标，如此三十余间。上与佗卿屈指计，见钱三亿余万，余屋贮布绢丝绵漆蜜纻蜡等杂货，但见满库，不知多少。上始知非仗，大悦，谓曰："阿六，汝生计大可！"乃更剧饮至夜，举烛而还。兄弟方更敦睦。

宏都下有数十邸，出悬钱立券，每以田宅邸店悬上文契，期讫，便驱券主夺其宅，都下、东土百姓，失业非一。上后知之，制悬券不得复驱夺，自此始。

侍中、领军将军吴平侯昺，雅有风力，为上所重，军国大事皆与议决，以为安右将军，监扬州。昺自以越亲居扬州，涕泣恳让，上不许。在州尤称明断，符教严整。

辛巳，以宏为中军将军、中书监，六月，乙酉，又以本号行司徒。

臣光曰：宏为将则覆三军，为臣则涉大逆，高祖贷其死罪矣。数旬之间，还为三公，于兄弟之恩诚厚矣，王者之法果安在哉！

梁武帝天监十七年（戊戌，公元 518 年）

临川王萧宏的小妾的弟弟吴法寿杀人之后藏在萧宏府内，梁武帝命令萧宏交出他，当天就把吴法寿依法治罪。南司奏请免去萧宏官职，梁武帝在奏折上批示："怜爱萧宏是兄弟的私情，免除萧宏的官职是帝王的法律，批准南司的奏请。"五月戊寅（二十四日），司徒、骠骑大将军、扬州刺史临川王萧宏被免职。

萧宏自从兵败洛口之后，常常怀着羞愧、愤恨之恼，京城中每当发生了造反作乱，都打着萧宏的名号，因此多次被有关部门汇报，梁武帝宽恕了他。梁武帝临幸光宅寺，有强盗埋伏在萧宏府前以萧宏的官名命名的浮桥骠骑航上，等待梁武帝夜晚出来。梁武帝刚要出发，忽然心中一阵惊悸，于是便从另一座叫朱雀航的桥上过。事情暴露后，贼人口称是受萧宏指使，梁武帝哭着对萧宏说："我的人品才能胜过你百倍，但是处在皇位上还感到力不从心，你能做什么？我不是不能如同汉文帝诛杀淮南王刘长那样把你杀掉，而是可怜你愚蠢啊！"萧宏叩头说没有这事，但是终于因为藏匿吴法寿被免了官。

萧宏奢侈无度，暴敛无厌。他有库房将近一百间，位于内堂的后面，平时看守、防备非常严密，有人怀疑里面是兵器，便秘密上报了梁武帝。梁武帝对兄弟友爱看得很重，所以很不高兴。有一天，梁武帝送给萧宏的爱妾江氏丰盛的酒菜，并说："我要来你家畅饮。"随后他只带了老部下射声校尉丘佗卿前去，和萧宏以及江氏开怀畅饮。半醉之后，梁武帝说："我现在要去你的后房走走。"就坐轿一直来到后堂，萧宏恐怕武帝看到他的财物，脸色十分惊恐。于是梁武帝心中更加怀疑他了，便把每间房子都检查了一遍，发现萧宏把每一百万钱堆为一处，用黄色木片作为标志，每一千万钱存在一间库房之中，挂一个紫色标志，共有三十多间。梁武帝和兵佗卿屈指计算，算出共有三亿多万钱，其他的房间贮存着布、绢、丝、绵、漆、蜜、纻、麻、蜡等杂货，只见满库都是，不知有多少。梁武帝这才知道库里放的不是兵器，于是非常高兴，说："阿六，你的生计真可以啊！"于是再行痛饮直到深夜，举着蜡烛回宫。从此兄弟俩才重归于好了。

萧宏在京城里有数十处府第，他放债立债券时，总是让借债者把自己的田宅或店铺作为抵押写在文契之上，过了期，就把借债者驱赶走，从而夺取他们的住宅，京城和东土百姓不止一人失去产业。梁武帝后来知道了这事，下令不得再以债券侵夺欠债者的产业，这一规定就是从此而开始的。

侍中、领军将军吴平侯萧昺，特别有风度，有骨气，被梁武帝所看重，因此军队、国家的大事都和他商量处理，让他做安右将军，监扬州。萧昺认为扬州是京邑之地，应当由皇上的亲兄弟来镇守，而自己是皇上的堂弟，不能超越皇上兄弟之亲，因此便流着泪恳切地推辞，但梁武帝不许他推辞。萧昺治理扬州尤其称得上明察果断、政令严整。

辛巳（二十七日），梁武帝任命萧宏为中军将军、中书监，六月乙酉（初一），又任命他以中军将军的官号兼司徒。

臣司马光曰：萧宏做将领则覆没三军，做臣子则有大逆不道之涉，梁武帝饶恕他的死罪是可以的，但是几十天里，又重新让他位列王公，这从兄弟的恩情讲是诚厚的了，可是帝王的法度在哪里呢！

梁纪五

第一百四十九卷

高祖武皇帝五天监十八年（己亥，519）

魏征西将军张彝之子仲瑀上封事，求铨削选格，排抑武人，不使豫清品。于是喧谤盈路，立榜大巷，克期会集，屠害其家；彝父子晏然，不以为意。二月，庚午，羽林、虎贲近千人，相帅至尚书省诟骂，求仲瑀兄左民郎中始均不获，以瓦石击省门；上下慑惧，莫敢禁讨。遂持火掠道中薪蒿，以杖石为兵器，直造其第，曳彝堂下，捶辱极意，焚其第舍。始均逾垣走，复还拜贼，请其父命，贼就殴击，生投之火中。仲瑀重伤走免，彝仅有余息，再宿而死。远近震骇。胡太后收掩羽林、虎贲凶强者八人斩之，其余不复穷治。乙亥，大赦以安之，因令武官得依资入选。识者知魏之将乱矣。

时官员既少，应选者多，吏部尚书李韶铨注不行，大致怨嗟；更以殿中尚书崔亮为吏部尚书。亮奏为格制，不问士之贤愚，专以停解月日为断，沈滞者皆称其能。亮甥司空谘议刘景安与亮书曰："殷、周以乡塾贡士，两汉由州郡荐才，魏、晋因循，又置中正，虽未尽美，应什收六七。而朝廷贡才，止求其文，不取其理，察孝廉唯论章句，不及治道，立中正不考才行，空辩氏姓，取士之途不博，沙汰之理未精。舅属当铨衡，宜改张易调，如何反为停年格以限之，天下士子谁复修厉名行哉！"亮复书曰："汝所言乃有深致。吾昨为此格，有由而然。古今不同，时宜须异。昔子产铸刑书以救弊，叔向讥之以正法，何异汝以古礼难权宜哉！"洛阳令代人薛琡上书言："黎元之命，系于长吏，若以选曹唯取年劳，不简能否，义均行雁，次若贯鱼，执簿呼名，一吏足矣，数人而用，何谓铨衡！"书奏，不报。后因请见，复奏"乞令王公贵臣荐贤以补郡县"，诏公卿议之，事亦寝。其后甄琛等继亮为吏部尚书，利其便己，踵而行之，魏之选举失人，自亮始也。

初，燕燕郡太守高湖奔魏，其子谧为侍御史，坐法徙怀朔镇，世居北边，遂习鲜卑之俗。谧孙欢，沈深有大志，家贫，执役在平城，富人娄氏女见而奇之，遂嫁焉。始有马，得给镇为函使，至洛阳，见张彝之死，还家，倾赀以结客。或问其故，欢曰："宿卫相帅焚大臣之第，朝廷惧其乱而不问，为政如此，事可知矣，财物岂可常守邪！"欢与怀朔省事云中司马子如、秀容刘贵、中山贾显智、户曹史咸阳孙腾、外兵史怀朔侯景、狱掾善无尉景、广宁蔡俊特相友善，并以任侠雄于乡里。

梁武帝天监十八年（己亥，公元519年）

北魏征西将军张彝的儿子张仲瑀上书，请奏修订选官的规定，以限制武将，不让他们在朝中列入士大夫的清品。因此，议论和抗议之声到处都是，这些人在大街上张榜，约定集合时间，要去屠灭张家。张彝父子却平静自如，不把这件事放在心上。二月庚午（二十日），羽林、虎贲等将近一千人，一同来到尚书省叫骂，寻找张仲瑀的哥哥左民郎中张始均，没有找到，就用瓦片、石块砸尚书省的大门。尚书省的官吏们都很害怕，没有人敢去阻挡他们。于是这些武士们又手执火把引燃了路上的蒿草，用石头、木棍作为兵器，一直攻入张家住宅，将张彝拖到堂下，尽情地捶打污辱，并且烧毁了他的住房。张始均跳墙逃跑了，但又赶回来向贼兵求饶，请求他们饶他父亲不死，贼兵们趁势殴打他，将他活活投到火里。张仲瑀受伤逃脱了，张彝被打得只剩一丝游气，过了两晚就死掉了。远近都因这件事而受到震惊。但是胡太后只抓了闹事的羽林、虎贲中的八个首恶分子，杀掉了他们，其余的就不再追究了。乙亥（二十五日），又颁布了大赦令来安抚他们，于是命令武官可以按资格入选。有识之士知道北魏将要发生动乱了。

当时官员名额较少，应选的人却很多，吏部尚书李韶停止选择录用工作，遭到很多埋怨；于是朝廷便另外任命殿中尚书崔亮为吏部尚书。崔亮奏请制定了新的录用标准。规定不管应选者是贤是愚，只以其待选的时间为依据，时间长者优选录用，因此那些长时间待选的人都称赞他有才能。崔亮的外甥司空谘议刘景安给崔亮写信说："商周时期由乡间学校选拔官员，两汉时期由州郡推荐人才，魏晋两代因循汉代旧例，又在各州郡设置了中正的职位主管这件事，虽然没达到尽善尽美的程度，但是所选的人才每十人中也有六七人是应当入选的。然而朝廷选拔人才，只要求他们文采好，而不考察他们的本体如何。考察孝廉只根据他们的章句学问如何，而不看他们有无治理国家的办法。设立中正官职只辨识他们的姓氏，而不考察应选者的才能、品行，选取士人的路途不广，淘汰的办法不严密。舅舅您被委任来主管铨选官员之事，本应改换掉那些不妥的章程，为什么反而以年资长短为任用的标准，这样一来，天下的士人谁还会再注意修励自己的名节和品行呢！”崔亮回信说：“你所说的的确有深刻的道理，但是我前不久采取的那种办法，也有它的道理，古今不同，时机合适时便应当加以变革。从前子产铸造青铜刑书来挽救时弊，但是叔向以不合先王之法来讥刺他，这和你用古代礼法来责难随时变化有什么不同！”洛阳令代京人薛琡上书说：“百姓的性命，掌握在官吏的手上，如果选拔官吏只按他们的年资，而不问他们的能力大小，使之像排队飞行的大雁，或像游动的鱼群一样先后排列，拿着名册叫名字，那么吏部只需一名官吏就足够了，这怎能叫作铨选人才呢！”薛琡的上书交上之后，没有得到答复。后来薛琡又因此而请求拜见皇上，再次上奏：“请求陛下命令王公大臣推荐贤才来补任郡县长官的职务。”因此北魏孝明帝下令让大臣们议定这件事，但是亦没有下文。后来，甄琛等人接替崔亮做了吏部尚书，因论资排辈这种办法对自己有便利，就继续奉行，北魏的选拔任用官员不得当，是从崔亮开始的。

当初，燕国的燕郡太守高湖逃奔魏国，他的儿子高谧做了侍御史，因为犯了法被流放到怀朔镇，几代人居住在北部边疆，于是就养成了鲜卑人的风俗习惯。高谧的孙子高欢，深沉而有大志，家境贫困，在平城服役，富家娄氏的女儿看到他，认为他不同一般，便嫁给了他。他这才有了马匹，得以充当镇上的信使。他到洛阳时，见到张彝被打死一事，回到家之后，就倾尽财物来结识宾客。有人问他为什么这样做，高欢说：“皇宫中的卫兵们结伙起来焚烧了大臣的住宅，朝廷却畏惧他们叛乱而不敢过问，执政到了这种地步，事态如何便可想而知了，岂可死守着这些财物而过一辈子呢？”高欢和怀朔省事云中人司马子如、秀容人刘贵、中山人贾显智、户曹史咸阳人孙腾、外兵史怀朔人侯景、狱掾善无人尉景、广宁人蔡俊等人，特别地友好亲密，他们均以仗义任气而称雄于乡里。

梁纪六

第一百五十卷

高祖武皇帝六普通五年（甲辰，524）

三月，魏以临淮王彧都督北讨诸军事，讨破六韩拔陵。

五月，临淮王彧与破六韩拔陵战于五原，兵败，彧坐削除官爵。安北将军陇西李叔仁又败于白道，贼势日盛。

魏主引丞相、令、仆、尚书、侍中、黄门于显阳殿，问之曰："今寇连恒、朔，逼近金陵，计将安出？"吏部尚书元脩义请遣重臣督军镇恒、朔以捍寇，帝曰："去岁阿那瓌叛乱，遣李崇北征，崇上表求改镇为州，朕以旧章难革，不从其请。寻崇此表，开镇户非冀之心，致有今日之患；但既往难追，聊复略论耳。然崇贵戚重望，器识英敏，意欲遣崇行，何如？"仆射萧宝寅等皆曰："如此，实合群望。"崇曰："臣以六镇遐僻，密迩寇戎，欲以慰悦彼心，岂敢导之为乱！臣罪当就死，陛下赦之；今更遣臣北行，正是报恩改过之秋。但臣年七十，加之疲病，不堪军旅，愿更择贤材。"帝不许。脩义，天赐之子也。

臣光曰：李崇之表，乃所以销祸于未萌，制胜于无形。魏肃宗既不能用，及乱生之后，曾无愧谢之言，乃更以为崇罪，彼不明之君，乌可与谋哉！《诗》云："听言则对，诵言如醉，匪用其良，覆俾我悖。"其是之谓矣。

壬申，加崇使持节、开府仪同三司、北讨大都督，命抚军将军崔暹、镇军将军广阳王深皆受崇节度。深，嘉之子也。

东西部敕勒皆叛魏，附于破六韩拔陵，魏主始思李崇及广阳王深之言。丙申，下诏："诸州镇军贯非有罪配隶者，皆免为民。"改镇为州，以怀朔镇为朔州，更命朔州曰云州。遣兼黄门侍郎郦道元为大使，抚慰六镇。时六镇已尽叛，道元不果行。

秀容人乞伏莫于聚众攻郡，杀太守；丁酉，南秀容牧子万于乞真杀太仆卿陆延，秀容酋长尔朱荣讨平之。荣，羽健之玄孙也。其祖代勤，尝出猎，部民射虎，误中其髀，代勤拔箭，不复推问，所部莫不感悦。官至肆州刺史，赐爵梁郡公，年九十余而卒；子新兴立。新兴时，畜牧尤蕃息，牛羊驼马，色别为群，弥漫川谷，不可胜数。魏每出师，新兴辄献马及资粮以助军，高祖嘉之。新兴老，请传爵于子荣，魏朝许之。荣神机明决，御众严整。时四方兵起，荣阴有大志，散其畜牧资财，招合骁勇，结纳豪杰，于是侯景、司马子如、贾显度及五原段荣、太安窦泰皆往依之。显度，显智之兄也。

魏广阳王深上言："今六镇尽叛，高车二部亦与之同，以此疲兵击之，必无胜理。不若选练精兵守恒州诸要，更为后图。"遂与李崇引兵还平城。崇谓诸将曰："云中者，白道之冲，贼之咽喉，若此地不全，则并、肆危矣。当留一人镇之，谁可者？"众举费穆，崇乃请穆为朔州刺史。

梁武帝普通五年（甲辰，公元524年）

三月，北魏委任临淮王元彧都督北讨诸军事，去讨伐破六韩拔陵。

五月，临淮王元彧同破六韩拔陵在五原交战，战败，元彧因而获罪被削除官爵。安兆将军陇西人李叔仁也在白道战败，因此贼兵的势力日益强盛了。

北魏孝明帝把朝廷中的丞相、令、仆、尚书、侍中、黄门等大臣召到显阳殿，问他们："如今恒、朔之地贼寇蜂起，逼近祖先陵墓金陵，怎么办？"吏部尚书元脩义请求派遣朝廷重臣督领军队镇守恒、朔，以抵御贼寇，孝明帝说："去年阿那瓌叛乱，派遣李崇北征，李崇上表请求改镇为州，朕因为旧的章程难以变更，便没有听从他的请求。思量李崇这个上表，开启了镇上人家的非分之想，以致有今日之患。但是过去的事情难以挽回，这里只是顺便说一下罢了。然而李崇是皇亲贵戚，名望甚重，气量大，识见远，英武机敏，我想派他前去，你们看如何呢？"仆射萧宝寅等都说："这样决定，非常符合众人之心。"李崇说："我考虑到六镇地处偏远，贼寇密布，提出改镇为州是为了安慰取悦当地人之心，岂敢引导他们作乱呢？我罪该万死，陛下仁慈而赦免了我，如今更要派我北行，这对我正是一个报恩改过的机会。但是我年已七十，加之疾病在身，不堪军旅之事了。希望能另外选择优秀人才。”孝明帝没有答应。元脩义是元天赐的儿子。

臣司马光曰：李崇的上表，是为了消除祸乱于未发之时，制敌取胜于无形之中。魏孝明帝既不能采纳他的建议，到祸乱产生之后，不但没有半点愧谢之言，反而更把这认为是李崇的罪过，那个不明智的君主，怎么可以同他谋事呢！《诗经》云：“听到美言便应对，闻诵诗书则陶醉，良善之言不采用，反责我等行逆罪。”说的是这个意思了。

壬申（二十三日），北魏委任李崇为使持节、开府仪同三司、北讨大都督，命令抚军将军崔暹、镇军将军广阳王元深一并接受李崇指挥调遣。元深是元嘉的儿子。

东部和西部的敕勒人都反叛了北魏，投附于破六韩拔陵，北魏孝明帝这才开始想到了李崇和广阳王元深曾经说过的话。丙申（八月十八日），孝明帝诏令：“各州镇在册的军人中凡不是因犯罪而被流放服役的，全都免为平民。”改镇为州，以怀朔镇为朔州，又改名朔州为云州。派遣兼黄门侍郎郦道元为大使，让他去安抚宣慰六镇。当时六镇已经全部反叛，郦道元没有成行。

秀容人乞伏莫于聚众攻打郡城，杀了太守。丁酉（十九日），南秀容的放牧人万于乞真杀了太仆卿陆延，秀容的酋长尔朱荣讨伐平定了这场叛乱。尔朱荣是尔朱羽健的玄孙。尔朱荣的祖父尔朱代勤，一次出外打猎，他的部落中的一个成员射虎，误中了他的大腿，他把箭拔出来，没有问罪于该人，因此部落成员们莫不对他心悦诚服。尔朱代勤为官做到肆州刺史，受赐爵位梁郡公，活了九十多岁才去世。他的儿子尔朱新兴继承了爵位。尔朱新兴做酋长之时，畜牧业尤其兴旺，牛、羊、骆驼和马，以毛色分群，弥漫于川谷之中，数量多得无法计算。北魏每到出兵之时，尔朱新兴便献上马匹以及军资粮食等来帮助军队，孝文帝经常表彰他。尔朱新兴年老了，请求把爵位传给尔朱荣，北魏朝廷准许了。尔朱荣心机神妙，明察而有决断，管理部属特别严格。当时四方兵起，烽火遍地，尔朱荣心中暗藏大志，把自己的牲畜钱财散发众人，招募纠合骁勇之徒，结交招纳豪杰，于是侯景、司马子如、贾显度以及五原人段荣、太安人窦泰等人都去依附了他。贾显度是贾显智的哥哥。

（十月）北魏广阳王元深上书说：“如今六镇全都反叛了，高车二部的情况也与六镇相同，以这样的疲劳之兵攻打他们，必定没有取胜的道理。所以，不如挑选演练精兵把守恒州的各个要冲之地，再作以后的打算。”于是便与李崇领兵回到了平城。李崇对众将说：“云中是白道的要冲，叛贼的咽喉要害，如果此地保不住，那么并州和肆州就危险了。所以，应当留下一个人镇守，谁来承当呢？”众人推举费穆，李崇便奏请任命费穆为朔州刺史。

梁纪八

第一百五十二卷

高祖武皇帝八大通二年（戊申，528）

魏灵太后再临朝以来，嬖幸用事，政事纵弛，恩威不立，盗贼蜂起，封疆日蹙。魏肃宗年浸长，太后自以所为不谨，恐左右闻之于帝，凡帝所爱信者，太后辄以事去之，务为壅蔽，不使帝知外事。通直散骑常侍昌黎谷士恢有宠于帝，使领左右；太后屡讽之，欲用为州，士恢怀宠，不愿出外，太后乃诬以罪而杀之。有蜜多道人，能胡语，帝常置左右，太后使人杀之于城南而悬赏购贼。由是母子之间，嫌隙日深。

是时，车骑将军，仪同三司，并、肆、汾、广、恒、云六州讨虏大都督尔朱荣兵势强盛，魏朝惮之。高欢、段荣、尉景、蔡俊先在杜洛周党中，欲图洛周不果，逃奔葛荣，又亡归尔朱荣。刘贵先在尔朱荣所，屡荐欢于荣，荣见其憔悴，未之奇也。欢从荣之马厩，厩有悍马，荣命欢翦之，欢不加羁绊而翦之，竟不蹄啮，起，谓荣曰："御恶人亦犹是矣。"荣奇其言，坐欢于床下，屏左右，访以时事，欢曰："闻公有马十二谷，色别为群，畜此竟何用也？"荣曰："但言尔意！"欢曰："今天子暗弱，太后淫乱，嬖孽擅命，朝政不行。以明公雄武，乘时奋发，讨郑俨、徐纥之罪以清帝侧，霸业可举鞭而成，此贺六浑之意也。"荣大悦，语自日中至夜半乃出，自是每参军谋。

魏肃宗亦恶俨、纥等，逼于太后，不能去，密诏荣举兵内向，欲以胁太后。荣以高欢为前锋，行至上党，帝复以私诏止之。俨、纥恐祸及己，阴与太后谋鸩帝，癸丑，帝暴殂。甲寅，太后立皇女为帝，大赦。既而下诏称："潘充华本实生女。故临洮王宝晖世子钊，体自高祖，宜膺大宝。百官文武加二阶，宿卫加三阶。"乙卯，钊即位。钊始生三岁，太后欲久专政，故贪其幼而立之。

尔朱荣闻之，大怒，谓元天穆曰："主上晏驾，春秋十九，海内犹谓之幼君；况今奉未言之儿以临天下，欲求治安，其可得乎！吾欲帅铁骑赴哀山陵，翦除奸佞，更立长君，何如？”天穆曰：“此伊、霍复见于今矣。”乃抗表称：“大行皇帝背弃万方，海内咸称鸩毒致祸。岂有天子不豫，初不召医，贵戚大臣皆不侍侧，安得不使远近怪愕！又以皇女为储两，虚行赦宥，上欺天地，下惑朝野。已乃选君于孩提之中，实使奸竖专朝，隳乱纲纪，此何异掩目捕雀，塞耳盗钟。今群盗沸腾，邻敌窥窬，而欲以未言之儿镇安天下，不亦难乎！愿听臣赴阙，参预大议，问侍臣帝崩之由，访侍卫不知之状，以徐、郑之徒付之司败，雪同天之耻，谢远近之怨，然后更择宗亲以承宝祚。”荣从弟世隆，时为直阁，太后遣诣晋阳慰谕荣；荣欲留之，世隆曰：“朝廷疑兄，故遣世隆来，今留世隆，使朝廷得预为之备，非计也。”乃遣之。

乙酉，魏葬孝明皇帝于定陵，庙号肃宗。

尔朱荣与元天穆议，以彭城武宣王有忠勋，其子长乐王子攸，素有令望，欲立之。又遣从子天光及亲信奚毅、仓头王相入洛，与尔朱世隆密议。天光见子攸，具论荣心，子攸许之。天光等还晋阳，荣犹疑之，乃以铜为显祖诸孙各铸像，唯长乐王像成。荣乃起兵发晋阳，世隆逃出，会荣于上党。灵太后闻之，甚惧，悉召王公等入议，宗室大臣皆疾太后所为，莫肯致言。徐纥独曰：“尔朱荣小胡，敢称兵向阙，文武宿卫足以制之。但守险要以逸待劳，彼悬军千里，士马疲弊，破之必矣。”太后以为然，以黄门侍郎李神轨为大都督，帅众拒之，别将郑季明、郑先护将兵守河桥，武卫将军费穆屯小平津。先护，俨之从祖兄弟也。

荣至河内，复遣王相密至洛，迎长乐王子攸。夏，四月，丙申，子攸与兄彭城王劭、弟霸城公子正潜自高渚渡河，丁酉，会荣于河阳，将士咸称万岁。戊戌，济河，子攸即帝位，以劭为无上王，子正为始平王；以荣为侍中、都督中外诸军事、大将军、尚书令、领军将军、领左右，封太原王。

郑先护素与敬宗善，闻帝即位，与郑季明开城纳之。李神轨至河桥，闻北中不守，即遁还；费穆弃众先降于荣。徐纥矫诏夜开殿门，取骅骝厩御马十匹，东奔兖州，郑俨走还乡里。太后尽召肃宗后宫，皆令出家，太后亦自落发。荣召百官迎车驾，己亥，百官奉玺绶，备法驾，迎敬宗于河桥。庚子，荣遣骑执太后及幼主，送至河阴。太后对荣多所陈说，荣拂衣而起，沈太后及幼主于河。

费穆密说荣曰：“公士马不出万人，今长驱向洛，前无横陈，既无战胜之威，群情素不厌服。以京师之众，百官之盛，知公虚实，有轻侮之心。若不大行诛罚，更树亲党，恐公还北之日，未渡太行而内变作矣。”荣心然之，谓所亲慕容绍宗曰：“洛中人士繁盛，骄侈成俗，不加芟翦，终难制驭。吾欲因百官出迎，悉诛之，何如？”绍宗曰：“太后荒淫失道，嬖幸弄权，淆乱四海，故明公兴义兵以清朝廷。今无故歼夷多士，不分忠佞，恐大失天下之望，非长策也。”荣不听，乃请帝循河西至淘渚，引百官于行宫西北，云欲祭天。百官既集，列胡骑围之，责以天下丧乱，肃宗暴崩，皆由朝臣贪虐，不能匡弼，因纵兵杀之，自丞相高阳王雍、司空元钦、仪同三司义阳王略以下，死者二千余人。前黄门郎王遵业兄弟居父丧，其母，敬宗之从母也，相帅出迎，俱死。遵业，慧龙之孙也，俊爽涉学，时人惜其才而讥其躁。有朝士百余人后至，荣复以胡骑围之，令曰：“有能为禅文者免死。”侍御史赵元则出应募，遂使为之。荣又令其军士言“元氏既灭，尔朱氏兴”，皆称万岁。荣又遣数十人拔刀向行宫，帝与无上王劭、始平王子正俱出帐外。荣先遣并州人郭罗刹、西部高车叱列杀鬼侍帝侧，诈言防卫，抱帝入帐，余人即杀劭及子正，又遣数十人迁帝于河桥，置之幕下。

帝忧愤无计，使人谕旨于荣曰：“帝王迭兴，盛衰无常。今四方瓦解，将军奋袂而起，所向无前，此乃天意，非人力也。我本相投，志在全生，岂敢妄希天位！将军见逼，以至于此。若天命有归，将军宜时正尊号；若推而不居，存魏社稷，亦当更择亲贤而辅之。”时都督高欢劝荣称帝，左右多同之，荣疑未决。贺拔岳进曰：“将军首举义兵，志降奸逆，大勋未立，遽有此谋，正可速祸，未见其福。”荣乃自铸金为像，凡四铸，不成。功曹参军燕郡刘灵助善卜筮，荣信之，灵助言天时人事未可。荣曰：“若我不吉，当迎天穆立之。”灵助曰：“天穆亦不吉，唯长乐王有天命耳。”荣亦精神恍惚，不自支持，久而方寤，深思愧悔曰：“过误若是，唯当以死谢朝廷。”贺拔岳请杀高欢以谢天下，左右曰：“欢虽复愚疏，言不思难，今四方多事，须藉武将，请舍之，收其后效。”荣乃止。夜四更，复迎帝还营，荣望马首叩头请死。

荣所从胡骑杀朝士既多，不敢入洛城，即欲向北为迁都之计。荣狐疑甚久，武卫将军泛礼固谏。辛丑，荣奉帝入城。帝御太极殿，下诏大赦，改元建义。从太原王将士，普加五阶，在京文官二阶，武官三阶，百姓复租役三年。时百官荡尽，存者皆窜匿不出，唯散骑常侍山伟一人拜赦于阙下。洛中士民草草，人怀异虑，或云荣欲纵兵大掠，或云欲迁都晋阳；富者弃宅，贫者襁负，率皆逃窜，什不存一二，直卫空虚，官守旷废。荣乃上书，称：“大兵交际，难可齐壹，诸王朝贵，横死者众，臣今粉躯不足塞咎，乞追赠亡者，微申私责。无上王请追尊为无上皇帝，自余死于河阴者，王赠三司，三品赠令、仆，五品赠刺史，七品已下白民赠郡镇；死者无后听继，即授封爵。又遣使者循城劳问。”诏从之。于是朝士稍出，人心粗安。封无上王之子韶为彭城王。荣犹执迁都之议，帝亦不能违；都官尚书元谌争之，以为不可，荣怒曰："何关君事，而固执也！且河阴之事，君应知之。"谌曰："天下事当与天下论之，奈何以河阴之酷而恐元谌！谌，国之宗室，位居常伯，生既无益，死复何损，正使今日碎首流肠，亦无所惧！"荣大怒，欲抵谌罪，尔朱世隆固谏，乃止。见者莫不震悚，谌颜色自若。后数日，帝与荣登高，见宫阙壮丽，列树成行，乃叹曰："臣昨愚暗，有北迁之意，今见皇居之盛，熟思元尚书言，深不可夺。"由是罢迁都之议。谌，谧之兄也。

梁武帝大通二年（戊申，公元528年）

北魏胡太后再次当政以来，宠信之徒横行专权，政事松弛，朝廷的威信树立不起来，盗贼纷起，边界一天天缩小。孝明帝渐渐长大，胡太后本人也认为自己的所作所为不够谨慎，担心左右会向孝明帝汇报，于是凡孝明帝平时所宠信的人，太后便借某种事由除掉他们，竭力堵塞孝明帝视听，不让他知道外面发生的事情。通直散骑常侍、昌黎人谷士恢深受孝明帝宠爱，孝明帝命他统领宫中卫士。胡太后多次含蓄地暗示谷士恢，想把他调为地方官，但谷士恢受孝明帝宠幸，不愿离开京城，于是胡太后便罗织罪名将他杀了。有一个密多道人，会说胡话，孝明帝经常让他在身边服侍。胡太后派人在城南杀了他，还假装悬赏缉拿罪犯。从此胡太后和孝明帝母子二人之间，隔阂越来越深。

当时，车骑将军、仪同三司及并、肆、汾、广、恒、云六州讨虏大都督尔朱荣，兵势强盛，北魏朝廷很是害怕。高欢、段荣、尉景、蔡俊等人原先在杜洛周手下，本想图谋取代杜洛周，结果没成功，于是逃奔葛荣，接着又投奔尔朱荣。先前便在尔朱荣处做事的刘贵，多次向尔朱荣推荐高欢，尔朱荣见高欢身形瘦弱，相貌憔悴，并没有觉出他有什么出奇之处。一次高欢随尔朱荣来到马棚，马棚中有一匹强悍凶猛的马，尔朱荣令高欢给这匹马修剪。高欢没套上马笼头和捆住马脚便修剪起来，这匹马竟然也没踢没咬。高欢修剪完后站起身来，对尔朱荣说："制服坏人也跟这是同一道理。"尔朱荣很惊奇他能说出这样的话来，于是请高欢坐在床下，屏退左右，向他征询当前的国家大事。高欢说道："我听说您有十二群马，按颜色分成不同的马群，这样畜养到底是要做什么用呢？"尔朱荣说："请只管说出你的看法！"高欢说："现在皇上软弱，太后淫乱，奸佞小人专权，朝廷的政策不能贯彻执行。凭您的雄才大略，若乘此时起兵，讨伐郑俨、徐纥的罪行，肃清皇上身边的奸佞小人。那么您的霸业挥鞭之际便可成就，这就是我高欢的主意。”尔朱荣听了非常高兴，二人从中午谈至半夜才出来。从此以后，高欢每每参与尔朱荣的军事谋划。

北魏孝明帝也很厌恶郑俨、徐纥等人，碍于胡太后，不能把他们除掉。于是孝明帝秘密下诏书命尔朱荣发兵至京城，想以此来胁迫胡太后。尔朱荣任命高欢为前锋，部队行至上党时，孝明帝又下密诏阻止了这一行动。郑俨、徐纥担心灾祸会降临到自己头上，便暗中与胡太后策划阴谋毒死孝明帝。癸丑（二月二十五日），北魏孝明帝突然去世。甲寅（二十六日），胡太后立皇女为皇帝，大赦天下。不久又下诏书宣称：“潘充华实际上生的是女儿。原来的临洮王元宝晖的后代元钊，是孝文帝的嫡系后代，应该做皇帝。文武百官各晋二级官位，宿卫晋三级官位。”乙卯（二十七日），元钊即位。元钊这时才刚刚三岁，胡太后想长久地独揽大权，所以贪图元钊年纪小而立他为帝。

尔朱荣听说这事之后，非常恼怒，对元天穆说：“皇上去世了。他已十九岁了，而天下还仍把他看作是小皇帝，何况现在立一个还不会说话的幼儿来统治天下，想求得国家长治久安，怎么可能呢！我打算率骑兵奔赴国都哀悼皇帝，除掉奸佞之人，重新立一位年纪大一点的皇帝，你们看怎么样？”元天穆说：“这是伊尹、霍光今日再生啊！”于是尔朱荣上书朝廷，声称：“已故皇帝离开人世，天下都认为是被毒酒害死的。哪儿有皇帝生病，刚开始不召医生看视，贵戚大臣都不服侍左右的道理？这怎能不让天下之人感到奇怪、诧异呢！又立皇女为皇位继承人，妄自实行大赦，宽恕罪犯，对上欺骗天地，对下迷惑朝野之人。接着又选立孩童为帝，实际上让奸臣小人把持朝政，毁坏国家纲纪，这与掩目捕雀、塞耳盗铃有何区别？现在各地盗匪猖獗，邻国之敌暗中窥伺，朝廷却打算让一个还不会说话的孩子来镇抚安定天下，不是太难了吗？希望朝廷允许我回到京城，参与商讨国家大计，向侍卫之臣询问皇帝驾崩的原因，访查侍卫们不知道的真实情况，将徐纥、郑俨之徒交给法官查办，以雪同一之耻，消除远近各地的怨恨之情，然后重新选择一位皇族成员继承皇位。”尔朱荣的堂弟尔朱世隆，当时任直阁将军，胡太后派他到晋阳慰问安抚尔朱荣。尔朱荣打算留下尔朱世隆，尔朱世隆说道：“朝廷现在怀疑兄长您，所以才派我来您这里，现在您却要留下我，这就会使得朝廷能够预先做好防备，不是好计策呀。”尔朱荣这才让尔朱世隆回去了。

乙酉（三月二十八日），北魏将孝明帝安葬于定陵，庙号为肃宗。

尔朱荣跟元天穆商议，认为彭城武宣王元勰有功勋，他的儿子长乐王元子攸平素声望很高，打算立元子攸为帝。尔朱荣又派侄子尔朱天光及亲信奚毅、仆人王相来到洛阳，与尔朱世隆秘密商议。尔朱天光见到元子攸后，向他详细地讲了尔朱荣的想法，元子攸答应了。尔朱天光等人回到晋阳，尔朱荣仍犹疑不定，于是便用铜为皇室的子孙们每人都铸铜像，以此占卜谁能做皇帝，结果只有长乐王元子攸的铜像铸成了。尔朱荣这才起兵从晋阳出发，尔朱世隆逃出京城，在上党与尔朱荣相会。胡太后听说后，非常恐惧，将王公大臣全部召入宫中商议对策。皇族宗室和大臣们都很痛恨胡太后平日的所作所为，因此没有人发言。只有徐纥说："尔朱荣这个小胡人，竟敢起兵冒犯朝廷，文武禁卫军足以将他制伏。只要守住险要地区以逸待劳，尔朱荣的孤军千里而来，兵马疲惫不堪，一定能够打败他。"胡太后认为徐纥说得很对，于是任命黄门侍郎李神轨为大都督，率兵迎击尔朱荣，副将郑季明、郑先护率兵守卫河桥，武卫将军费穆驻扎在小平津。郑先护是郑俨的堂祖父兄弟。

尔朱荣的军队到达河内后，尔朱荣又派王相秘密进到洛阳城，迎接长乐王元子攸。夏季，四月丙申（初九），元子攸与他的哥哥彭城王元劭、弟弟霸城公元子正偷偷从高渚渡过黄河，丁酉（初十），在河阳跟尔朱荣见了面，将士们都高呼万岁。戊戌（十一日），尔朱荣等渡过黄河，元子攸即皇帝位，任命元劭为无上王，元子正为始平王，任命尔朱荣为侍中、都督中外诸军事、大将军、尚书令、领军将军、领左右，并封为太原王。

郑先护平素与孝庄帝元子攸的关系很密切，听说他已即位做了皇帝，便与郑季明一起打开城门将尔朱荣的部队接进城中。李神轨来到河桥后，听说北中城已失守，便立即逃回了洛阳城；费穆丢下士兵自己先投降了尔朱荣。徐纥假传圣旨夜里打开宫殿大门，牵出了十匹养在骅骝厩中的御马，向东逃奔了兖州。郑俨也逃回了老家。胡太后将孝明帝的后宫嫔妇们召集在一起，命令她们都出家为尼，太后自己也削了发。尔朱荣召令文武百官迎接圣驾，己亥（十二日），文武百官捧着皇帝的印玺、绶带，准备了车辇，从河桥迎回孝庄帝。庚子（十三日），尔朱荣派骑兵抓获了胡太后和小皇帝，将他们送到了河阴，胡太后对尔朱荣讲了许多求情的话，尔朱荣拂袖而起，命人将胡太后和小皇帝沉入了黄河之中。

费穆暗中劝尔朱荣说："您兵马不足万人，现在远道而至洛阳，前面没有遇到任何抵抗，既没有什么战胜之威，平素人们心中对您又不畏服。因京城军队众多，文武百官势力强盛，如果知道了您的虚实的话，便会对您有所轻视。若不狠狠地实行诛杀、惩治，另外培植亲信，恐怕您回到北方之时，还未过太行山，内乱便会发生。”尔朱荣内心认为费穆的话很对，于是便对亲信慕容绍宗说：“洛阳人口众多，骄奢成习，如不加以整饬，终究难以控制。我打算趁文武百官出迎之际，全部杀掉他们，你看怎样？”慕容绍宗说道：“太后荒淫无道，奸佞小人专权，将天下搞得混乱不堪，所以您才起义兵以整肃朝廷。现在却无故杀戮许多官员，不分忠臣奸臣，恐怕会使天下人大失所望，这不是上策。”尔朱荣不听，于是请孝庄帝沿黄河向西来到淘渚这个地方，尔朱荣率百官来到皇帝行宫的西北，说是要祭天。文武百官集中起来后，尔朱荣布置骑兵四面包围了他们，指责这些文武百官们说，天下动乱，孝明帝突然死去，都是由于他们这些朝廷大臣贪赃枉法，酷虐无忌，不能匡扶社稷所造成的，因此命令部队诛杀了他们。从丞相高阳王元雍、司空元钦、仪同三司义阳王元略以下，被杀的达两千多人。原黄门郎王遵业兄弟正在居父丧，王遵业的母亲是孝庄帝的伯母，他们一起出来迎接皇帝，结果也都被杀掉了。王遵业是王慧龙的孙子，聪明豪爽而又博学，他死之后人们一方面很怜惜他的才学，一方面又讥讽他过于躁进。有一百多名朝廷官员后来才到，尔朱荣又让骑兵们包围了他们，对这些官员下令说：“如果谁能做一篇元氏禅让皇位于尔朱氏的文告，就可以免死。”侍御史赵元则站出来响应，于是便让他起草禅让文告。尔朱荣又命令他的士兵们高呼：“元氏既灭，尔朱氏兴。”士兵们一齐山呼万岁。尔朱荣又派数十人持刀来到行宫，孝庄帝与无上王元劭、始平王元子正一起来到帐外。尔朱荣先派并州人郭罗刹、西部高车人叱列杀鬼侍立在孝庄帝两侧，假装说是保护皇帝，将孝庄帝抱入帐中，其余的人便杀了元劭和元子正。接着尔朱荣又派数十人将孝庄帝迁到了河桥，置于他的帐下。

孝庄帝忧伤愤慨但却无计可施，派人向尔朱荣传达旨意说：“帝王迭兴，盛衰无常。现在天下纷乱，将军奋而起兵，所向无敌，这是天意，不是靠人的力量所能达到的。我原来投奔于你，只是希望能够活下来罢了，哪敢妄想登上皇位！将军你逼我做皇帝，我才到了现在这个地步。如果上天有意安排你做皇帝的话，将军你应选好时机登上皇位。如果你推辞而不做，想保存大魏的社稷，那么你也应该另选一位亲信而又贤明的人做皇帝，你对他加以辅佐。”当时，都督高欢劝尔朱荣称帝，尔朱荣的部下大多赞同，尔朱荣犹疑未决。贺拔岳进言道：“将军您首先发起义兵，志在铲除奸逆，大功还未告成，便急着有这种打算，恐怕只能很快招来灾祸，我看不出有什么好处。”尔朱荣于是便自己用黄金铸像，共铸了四次，均未成功。功曹参军燕郡人刘灵助善于占卜，尔朱荣对他很信任。刘灵助认为无论从天时来看，还是从人事上看都不可以称帝。尔朱荣说道："如果我做皇帝不吉利的话，便应当迎请元天穆做皇帝。"刘灵助说："元天穆也不吉利，只有长乐王元子攸符合天意。"尔朱荣这时也精神恍惚，支持不住了，过了很长时间才清醒过来，深感惭愧悔恨地说："错到这个地步，我只有以死来向朝廷谢罪了。"贺拔岳请求杀掉高欢来谢罪天下，尔朱荣的部下们说："高欢虽然愚蠢粗陋，说话没有考虑到会有灾难，但是现在天下混乱，还须依靠武将，请您饶了他，让他以后为您效力。"尔朱荣这才作罢。夜里四更时，又迎请孝庄帝回到军营，尔朱荣朝着皇帝的马头叩头请求死罪。

尔朱荣所率领的胡人骑兵因杀朝廷大臣太多，不敢进入洛阳城，便想将国都迁到北方。尔朱荣犹疑了很长时间，武卫将军泛礼坚决反对迁都。辛丑（十四日），尔朱荣护送孝庄帝进入洛阳城。孝庄帝登上太极殿，下诏大赦天下，改年号为建义。跟从太原王尔朱荣的将士，全部晋升五级官阶，在京城中的文官晋升二级官阶，武官晋升三级，百姓免除租役三年。当时文武百官已荡然无存，即使活下来的也大都逃窜藏匿起来，不再露面，只有散骑常侍山伟一人拜见皇帝，接受赦免。洛阳城中的官员百姓都很担惊害怕，人人都另有所虑，有的说尔朱荣要纵兵大肆掠取，有的说尔朱荣要迁都晋阳。于是富贵人家放弃了住宅，贫困人家携带包裹，都纷纷逃奔他乡，城中人口还剩下不到十分之一二，守备空虚，政府各部门都空无一人。尔朱荣于是向孝庄帝上书说："大兵往来接触，很难整齐统一，朝廷中的王、大臣、横遭杀戮的很多，我现在即使粉身碎骨也不足以抵消所犯的罪责，所以我请求圣上追封那些死去的大臣们，以稍微弥补一下我的罪责。请求追封无上王为无上皇帝，其余在河阴被杀的人，凡原先是分封王的，追封三司，三品官员封赠令、仆，五品官员封赠刺史，七品官员以下至布衣封赠郡守、镇将。死者如果没有后代，听任另择继承人，立即授予封爵。另外，再派使者慰问城内的百姓。"孝庄帝下诏同意这样做。于是朝廷官员这才渐渐地出头露面，人心才稍微安定下来。追封无上王之子元韶为彭城王。尔朱荣仍坚持迁都的主张，孝庄帝也不敢违背他的意愿。都官尚书元谌跟尔朱荣争辩迁都之事，认为不能迁都，尔朱荣怒冲冲地说："这跟你有什么关系，你却这么顽固！况且河阴之事，你应该知道吧。"元谌说道："天下大事应该让天下人共同议论，您何必用在河阴残酷杀戮百官之事来吓唬我元谌呢！我元谌是皇族宗室，位居尚书之职，既然活着也没什么益处，那么死了又能减少什么呢？即使我今日肝脑涂地，也没什么可畏惧的。"尔朱荣听了非常恼怒，想治元谌之罪，尔朱世隆死死劝谏，尔朱荣这才作罢。当时在场见到这种情形的人没有不感到害怕的，而元谌却神色如故。几天以后，孝庄帝与尔朱荣登高远眺，看到宫殿巍峨壮丽，树木成行，尔朱荣这才感叹地说："微臣我过去太愚蠢糊涂了，竟会有向北迁都的想法，现在我看到皇宫如此壮丽雄伟，仔细想一想元谌尚书的话，深深感到他说得对。"于是便打消了迁都的主张。元谌是元谧的哥哥。

梁纪十

第一百五十四卷

高祖武皇帝十中大通二年（庚戌，530）

魏尔朱荣虽居外藩，遥制朝政，树置亲党，布列魏主左右，伺察动静，大小必知。魏主虽受制于荣，然性勤政事，朝夕不倦，数亲览辞讼，理冤狱，荣闻之，不悦。

帝既外逼于荣，内逼皇后，恒怏怏不以万乘为乐，唯幸寇盗未息，欲使与荣相持。及关、陇既定，告捷之日，乃不甚喜，谓尚书令临淮王彧曰："即今天下便是无贼。"彧见帝色不悦，曰："臣恐贼平之后，方劳圣虑。"帝畏余人怪之，还以他语乱之曰："然。抚宁荒余，弥成不易。"荣见四方无事，奏称："参军许周劝臣取九锡，臣恶其言，已斥遣令去。"荣时望得殊礼，故以意讽朝廷，帝实不欲与之，因称叹其忠。

城阳王徽之妃，帝之舅女；侍中李彧，延寔之子，帝之姊婿也。徽、彧欲得权宠，恶荣为己害，日毁荣于帝，劝帝除之。帝惩河阴之难，恐荣终难保，由是密有图荣之意，侍中杨侃、尚书右仆射元罗亦预其谋。

是月，荣将四五千骑发并州，时人皆言"荣反"，又云"天子必当图荣"。九月，荣至洛阳，帝即欲杀之，以太宰天穆在并州，恐为后患，故忍未发，并召天穆。有人告荣云："帝欲图之。"荣即具奏，帝曰："外人亦言王欲害我，岂可信之！"于是荣不自疑，每入谒帝，从人不过数十，又皆挺身不持兵仗。帝欲止，城阳王徽曰："纵不反，亦何可耐，况不可保邪！"

壬辰，帝忌日；癸巳，荣忌日。甲午，荣暂入，即诣陈留王家饮酒，极醉，遂言病动，频日不入。帝谋颇泄，世隆又以告荣，且劝其速发，荣轻帝，以为无能为，曰："何匆匆！"

预帝谋者皆惧，帝患之。城阳王徽曰："以生太子为辞，荣必入朝，因此毙之。"

帝曰："后怀孕始九月，可乎？"徽曰："妇人不及期而产者多矣，彼必不疑。"帝从之。戊戌，帝伏兵于明光殿东序，声言皇子生，遣徽驰骑至荣第告之。荣方与上党王天穆博，徽脱荣帽，欢舞盘旋，兼殿内文武传声趣之，荣遂信之，与天穆俱入朝。帝闻荣来，不觉失色，中书舍人温子昇曰："陛下色变。"帝连索酒饮之。帝令子昇作赦文，既成，执以出，遇荣自外入，问："是何文书？"子昇颜色不变，曰"敕"，荣不取视而入。帝在东序下西向坐，荣、天穆在御榻西北南向坐。徽入，始一拜，荣见光禄少卿鲁安、典御李侃晞等抽刀从东户入，即起趋御座，帝先横刀膝下，遂手刃之，安等乱斫，荣与天穆同时俱死。荣子菩提及车骑将军尔朱阳睹等三十人从荣入宫，亦为伏兵所杀。帝得荣手版，上有数牒启，皆左右去留人名，非其腹心者悉在出限，帝曰："竖子若过今日，遂不可制。"于是内外喜噪，声满洛阳城。百僚入贺。帝登阊阖门，下诏大赦，遣武卫将军奚毅、前燕州刺史崔渊将兵镇北中。是夜，北乡长公主帅荣部曲，焚西阳门，出屯河阴。

汾州刺史尔朱兆闻荣死，自汾州帅骑据晋阳；世隆至长子，兆来会之。壬申，共推太原太守、行并州事长广王晔即皇帝位，大赦，改元建明。晔，英之弟子也。以兆为大将军，进爵为王；世隆为尚书令，赐爵乐平王，加太傅、司州牧；又以荣从弟度律为太尉，赐爵常山王；世隆兄天柱长史彦伯为侍中；徐州刺史仲远为车骑大将军，兼尚书左仆射、三徐州大行台。仲远亦起兵向洛阳。

初，尔朱荣尝从容问左右曰："一日无我，谁可主军？"皆称尔朱兆。荣曰："兆虽勇于战斗，然所将不过三千骑，多则乱矣。堪代我者，唯贺六浑耳。"因戒兆曰："尔非其匹，终当为其穿鼻。"乃以高欢为晋州刺史。及兆引兵向洛，遣使召欢，欢遣长史孙腾诣兆，辞以"山蜀未平，今方攻讨，不可委去，致有后忧。定蜀之日，当隔河为掎角之势"。兆不悦，曰："还白高晋州，吾得吉梦，梦与吾先人登高丘，丘旁之地，耕之已熟，独余马蔺，先人命吾拔之，随手而尽。以此观之，往无不克。"腾还报，欢曰："兆狂愚如是，而敢为悖逆，吾势不得久事尔朱矣。"

十二月，壬寅朔，尔朱兆攻丹谷，都督崔伯凤战死，都督史仵龙开壁请降，源子恭退走。兆轻兵倍道兼行，从河桥西涉渡。先是，敬宗以大河深广，谓兆未能猝济，是日，水不没马腹。甲辰，暴风，黄尘涨天，兆骑叩宫门，宿卫乃觉，弯弓欲射，矢不得发，一时散走。华山王鸷，斤之玄孙也，素附尔朱氏。帝始闻兆南下，欲自帅诸军讨之，鸷说帝曰："黄河万仞，兆安得渡！"帝遂自安。及兆入宫，鸷复约止卫兵不使斗。帝步出云龙门外，遇城阳王徽乘马走，帝屡呼之，不顾而去。兆骑执帝，锁于永宁寺楼上，帝寒甚，就兆求头巾，不与。兆营于尚书省，用天子金鼓，设刻漏于庭；扑杀皇子，污辱嫔御妃主，纵兵大掠，杀司空临淮王彧、尚书左仆射范阳王诲、青州刺史李延寔等。

甲子，尔朱兆缢敬宗于晋阳三级佛寺，并杀陈留王宽。

梁武帝中大通二年（庚戌，公元530年）

北魏尔朱荣虽居处京城之外的藩镇，却遥控朝政，广树党羽，布置于孝庄帝左右，以便窥伺观察朝中动静，因此朝中不管大事小事，他都知晓。孝庄帝虽然受到尔朱荣的控制，但生性勤于政事，从早到晚不疲倦，多次亲自察览诉状，审理冤案。尔朱荣听说这些之后，很不高兴。

孝庄帝既然外受逼于尔朱荣，内又受逼于尔朱皇后，因此总是快快不乐，并不以自己是皇帝而感到快乐，唯可庆幸的是寇盗尚未平息，希望寇盗与尔朱荣相抗衡。等到关、陇地区已经平定，捷报传到朝廷之时，孝庄帝却并不感到十分高兴，只是对尚书令临淮王元彧说道："从今以后天下便无贼寇了。"元彧见孝庄帝脸色不悦，说道："我担心贼寇平定以后，才真正会使圣上您多费思虑呢。"孝庄帝怕其他人感到奇怪，赶忙用别的话打乱他搪塞道："是的，抚慰安定兵荒后残剩的百姓，也实在不容易。"尔朱荣见四方平定无事，便向孝庄帝上奏道："参军许周劝我取得九锡的特殊荣宠，我很厌恶他的话，已经斥责了他一通，让他离开了。"尔朱荣当时希望能够得到孝庄帝特殊的礼遇，所以故意以此来委婉地向魏主暗示自己的愿望，孝庄帝实在不想给尔朱荣以特殊礼遇，因此只是大加称赞了一番尔朱荣的忠诚之心。

城阳王元徽的妃子，是孝庄帝舅舅的女儿；侍中李彧，是李延寔之子，也是孝庄帝的姐夫。元徽、李彧想得到权力，获得孝庄帝的恩宠，便忌恨尔朱荣，认为他是自己的障碍，于是终日在孝庄帝面前诋毁尔朱荣，劝孝庄帝除掉他。孝庄帝从河阴之难中吸取教训，担心尔朱荣最终难以驾驭，从此便暗暗生发了图谋尔朱荣的想法。侍中杨侃、尚书右仆射元罗也参与了这一计划。

这个月，尔朱荣率四五千骑兵从并州出发，当时人们都说："尔朱荣要反叛。"又说："天子肯定要图谋杀了尔朱荣。"九月，尔朱荣到了洛阳，孝庄帝当时便想杀了他，由于太宰元天穆还在并州，担心成为后患，所以忍住未杀尔朱荣，同时召元天穆进京。

有人告诉尔朱荣说：“皇帝想图谋杀了您。”尔朱荣便将这话上奏了孝庄帝，孝庄帝说道：“外边的人也传言说你想害了我，怎么可以相信这些话呢！”于是尔朱荣便不再怀疑，每次入朝拜谒皇帝，随从之人也不过几十，并且都赤手不带兵器。孝庄帝又打算放弃原来的想法，不再杀尔朱荣，城阳王元徽说道：“即使尔朱荣不反叛，又怎么能容忍他，何况并不能保证他不反呢！”

壬辰（十九日），这一天是皇帝的忌日，癸巳（二十日），这一天是尔朱荣的忌日。甲午（二十一日），尔朱荣短暂上朝之后，便到陈留王家里饮酒去了，喝得大醉，于是便说生病了，连日没有上朝。孝庄帝的计划大多被泄露出去了，尔朱世隆又将这些告诉了尔朱荣，并且劝他赶快启程逃走，尔朱荣对孝庄帝很轻视，认为他不能有所作为，说道：“何必这么匆忙呢！”

参与孝庄帝谋划的人都非常害怕，孝庄帝也很担心。城阳王元徽说：“以皇后生太子为借口，尔朱荣肯定会入朝，便可趁机杀了他。”孝庄帝说：“皇后才怀孕九个月，这样说行吗？”元徽说道：“妇人不到日期而产子的多了，尔朱荣肯定不会怀疑的。”孝庄帝于是听从了他的建议。戊戌（二十五日），孝庄帝在明光殿东厢埋伏武士，对外声言说皇后生了皇太子，派元徽飞马赶至尔朱荣的府第告诉他这一消息。尔朱荣当时正跟上党王元天穆赌博，元徽摘下了尔朱荣的帽子，拿在手上欢舞盘旋，向他祝贺，再加上殿内文武信使也前来催促尔朱荣，于是尔朱荣便相信了这一消息，跟元天穆一起来到了朝廷。孝庄帝听说尔朱荣来了，不禁惊慌失色，中书舍人温子昇说：“陛下脸色都变了。”孝庄帝赶忙连连要酒来喝。孝庄帝命温子昇起草赦文，写成之后，温子昇拿着走出了宫殿，这时正遇上尔朱荣从外面进来，尔朱荣问道：“这是什么文书？”温子昇神色不变，答道：“这是圣旨。”尔朱荣没有拿过来看一看便走了进去。孝庄帝在东墙下西向坐，尔朱荣、元天穆在御榻西北面南向坐。元徽进来后，刚拜了一拜，尔朱荣便看见光禄少卿鲁安、典御李侃等人持刀从东门闯了进来，尔朱荣赶快起身快步来到孝庄帝的座位旁，孝庄帝预先将刀横在了膝下，于是亲手杀了尔朱荣。鲁安等奔上前去一阵乱砍，尔朱荣与元天穆一起被杀死。尔朱荣的儿子尔朱菩提及车骑将军尔朱阳睹等三十名随尔朱荣入宫的人，也都被伏兵所杀。孝庄帝得到了尔朱荣的手版，上面有几张启奏书，记的都是些皇帝左右要除掉或留下的人名，不是尔朱荣心腹的人均在赶出之列。孝庄帝说道：“这小子如果活过了今天，就难以制驭了。”于是朝廷内外一片欢喜之声，高兴的声音布满洛阳城。文武百官纷纷入朝庆贺。孝庄帝登上阊阖门，下诏实行大赦，派武卫将军奚毅、前燕州刺史崔渊率兵镇守北中城。当夜，北乡长公主率尔朱荣的部曲烧毁了西阳门，逃出洛阳城，屯驻于河阴。

汾州刺史尔朱兆听到了尔朱荣已死的消息后，从汾州率骑兵占据了晋阳。尔朱世隆到了长子，尔朱兆前来与他会合。壬申（十月三十日），大家共同推举太原太守、行并州事长广王元晔即皇帝位，实行大赦，改年号为建明。元晔是元英的侄子。任命尔朱兆为大将军，晋爵为王；任命尔朱世隆为尚书令，赐爵为乐平王，加封为太傅、司州牧；又任命尔朱荣的堂弟尔朱度律为太尉，赐爵为常山王；任命尔朱世隆的哥哥天柱长史尔朱彦伯为侍中；任命徐州刺史尔朱仲远为车骑大将军，兼尚书左仆射、三徐州大行台。尔朱仲远这时也出兵指向洛阳。

当初，尔朱荣曾随便地问左右道："一旦我死了，谁可以统领军队？"左右都说尔朱兆可以。尔朱荣却说："尔朱兆虽然战斗勇猛，但他率领的部队至多不能超过三千骑，再多就会乱了。能够代替我的人，只有高欢啊。"因此尔朱荣告诫尔朱兆说："你不是高欢的对手，最终要受其所制的。"于是便任命高欢为晋州刺史。等到尔朱兆率军至洛阳的时候，派人召请高欢，高欢派长史孙腾前去见尔朱兆，推辞说："山蜀的叛乱还没有平息，现在正在讨伐，不能放弃，以免招致后患。等到平定山蜀叛乱后，当隔黄河与您构成犄角之势。"尔朱兆很不高兴，对孙腾说道："你回去告诉高刺史，我做了一个好梦，梦见自己与先人登上高丘，高丘周围的土地，耕翻得已经很熟了，却只剩下了马蔺草，先人命我将马蔺草拔除掉，我随手便将草拔除干净了。由此来看，我一定会无往而不克的。"孙腾回去向高欢做了汇报，高欢说道："尔朱兆如此猖狂愚蠢，竟敢做悖逆之事，看来我是不能长久侍奉尔朱氏了。"

十二月，壬寅朔（初一），尔朱兆攻打丹谷，都督崔伯凤战死，都督史仵龙打开营门向尔朱兆请降，源子恭溃退逃走。尔朱兆率轻装兵士倍道兼程，从河桥的西边渡过了黄河。在这之前，孝庄帝以为黄河又深又宽，尔朱兆不可能很快渡过黄河，但是这一天，黄河水还没不过马腹。甲辰（初三），狂风大作，黄尘漫天，直至尔朱兆的骑兵叩击皇宫的宫门，值宿的卫士才发觉，搭弓放箭，由于狂风，箭射不出去，便都四散奔逃。华山王元鸷，是元斤的玄孙，一直依附于尔朱氏。孝庄帝开始听说尔朱兆南下的时候，想亲自统领六军讨伐，元鸷却对孝庄帝说："黄河水宽万仞，尔朱兆怎么会过得来呢！"孝庄帝于是自己也觉得很安全了。等到尔朱兆的部队攻进了皇宫，元鸷又制止宫廷卫兵，不让他们与之交战。孝庄帝走出云龙门外，遇到城阳王元徽正骑马而逃，孝庄帝连声呼叫元徽，元徽却不顾孝庄帝，径自逃去。尔朱兆的骑兵抓住了孝庄帝，将他锁在永宁寺的楼上，孝庄帝感到十分寒冷，向尔朱兆要头巾，尔朱兆没有给他。尔朱兆扎营于尚书省，用天子才能使用的金鼓，在庭中设刻漏，杀害了皇子，对宫中的嫔御、妃子、公主大加污辱，纵兵大肆掠夺财物，杀了司空临淮王元彧、尚书左仆射范阳王元诲和青州刺史李延寔等。

甲子（二十三日），尔朱兆将孝庄帝缢杀于晋阳的三级佛寺中，同时还杀害了陈留王元宽。

梁纪十一

第一百五十五卷

高祖武皇帝十一中大通三年（辛亥，531）

魏高欢将起兵讨尔朱氏，镇南大将军斛律金、军主善无库狄干，与欢妻弟娄昭、妻之姊夫段荣皆劝成之。欢乃诈为书，称尔朱兆将以六镇人配契胡为部曲，众皆忧惧。又为并州符，征兵讨步落稽，发万人，将遣之。孙腾与都督尉景为请留五日，如此者再，欢亲送之郊，雪涕执别，众皆号恸，声震原野。欢乃谕之曰："与尔俱为失乡客，义同一家，不意在上征发乃尔！今直西向，已当死，后军期，又当死，配国人，又当死，奈何？"众曰："唯有反耳！"欢曰："反乃急计，然当推一人为主，谁可者？"众共推欢，欢曰："尔乡里难制。不见葛荣乎？虽有百万之众，曾无法度，终自败灭。今以吾为主，当与前异，毋得陵汉人，犯军令，生死任吾则可；不然，不能为天下笑。"众皆顿颡曰："死生唯命！"欢乃椎牛飨士，庚申，起兵于信都，亦未敢显言叛尔朱氏也。

会李元忠举兵逼殷州，欢令高乾帅众救之。乾轻骑入见尔朱羽生，与指画军计，羽生与乾俱出，因擒斩之，持羽生首谒欢。欢抚膺曰："今日反决矣！"乃以元忠为殷州刺史，镇广阿。欢于是抗表罪状尔朱氏，尔朱世隆匿之不通。

四年（壬子，532）

辛巳，安定王至邙山。高欢以安定王疏远，使仆射魏兰根慰谕洛邑，且观节闵帝之为人，欲复奉之。兰根以帝神采高明，恐于后难制，与高乾兄弟及黄门侍郎崔㥄共劝欢废之。欢集百官问所宜立，莫有应者，太仆代人綦毋俊盛称节闵帝贤明，宜主社稷，欢欣然是之。㥄作色曰："若言贤明，自可待我高王，徐登大位。广陵既为逆胡所立，何得犹为天子！若从俊言，王师何名义举？”欢遂幽节闵帝于崇训佛寺。

时诸王多逃匿，尚书左仆射平阳王脩，怀之子也，匿于田舍。欢欲立之，使斛斯椿求之。椿见脩所亲员外散骑侍郎太原王思政，问王所在，思政曰：“须知问意。”椿曰：“欲立为天子。”思政乃言之。椿从思政见脩，脩色变，谓思政曰：“得无卖我邪？”曰：“不也。”曰：“敢保之乎？”曰：“变态百端，何可保也！”椿驰报欢。欢遣四百骑迎脩入毡帐，陈诚，泣下沾襟，脩让以寡德，欢再拜，脩亦拜。欢出备服御，进汤沐，达夜严警。昧爽，文武执鞭以朝，使斛斯椿奉劝进表。椿入帐门，磬折延首而不敢前，脩令思政取表视之，曰：“便不得不称朕矣。”乃为安定王作诏策而禅位焉。

戊子，孝武帝即位于东郭之外，用代都旧制，以黑毡蒙七人，欢居其一，帝于毡上西向拜天毕，入御太极殿，群臣朝贺，升阊阖门大赦，改元太昌。以高欢为大丞相、天柱大将军、太师，世袭定州刺史。庚寅，加高澄侍中、开府仪同三司。

梁武帝中大通三年（辛亥，公元531年）

北魏高欢将起兵征讨尔朱氏，镇南大将军斛律金、军主善无库狄干与高欢的妻弟娄昭、高欢妻子的姐夫段荣等都力劝高欢起兵。高欢于是假借尔朱兆的名义写了一封假信，对士兵们说尔朱兆要把六镇之人配给契胡为部曲，大家听后都很忧虑恐惧。高欢又伪造了一张并州的符令，要征调高欢军讨伐步落稽。高欢派了一万人马，正要出发，孙腾与都督尉景为六镇人向高欢请求停留五天，这样停留了两次。高欢亲自将这支队伍送到郊外，流着眼泪与将士们告别，将士们都失声痛哭，声震原野。高欢于是又抚慰告诫将士们道：“我与你们大家都是失去了故乡之人，情义如同一家人，没想到上面如此征调我们！今若西向并、汾讨伐步落稽，已经应当死了，延误军期，又该当处死，配属契胡，还是要死，我们该如何是好？”众人齐声说道：“只有造反了！”高欢道：“造反乃迫不得已之计，但应推举一人为首领，谁能担当呢？”众人共推高欢为首领，高欢说道：“你们都是乡里乡亲，难以控制。不见当初葛荣么，虽然拥有百万大军，但却全无法令制度，终究还是败亡了。现在既然大家推举我为首领，就应该跟以前有所不同，不能凌辱汉人，违犯军纪，生死任我指挥调度才行；否则，就会被天下人耻笑。”众人都点头说：“我们不论生死都听您号令！”

高欢于是杀牛犒飨将士，庚申（六月二十二日），高欢在信都起兵，但尚未敢公开声言反叛尔朱氏。

正值李元忠发兵逼近殷州，高欢命高乾率军前往援救殷州。高乾轻骑入城会见尔朱羽生，与尔朱羽生一起商议军事计划，尔朱羽生跟高乾一起出城，高乾趁机捕获并斩杀了尔朱羽生，带着尔朱羽生的人头前来拜见高欢。高欢摸着胸口说："今日只好决计造反了！"遂任命李元忠为殷州刺史，镇守广阿。高欢于是上表朝廷历数尔朱氏的罪状，尔朱世隆将此表私藏扣押，没有上报皇帝。

四年（壬子，公元532年）

辛巳（四月十八日），安定王到了邙山。高欢因安定王与皇族嫡系比较疏远，于是派仆射魏兰根前往洛阳慰问，同时观察一下节闵帝的为人，打算再推奉他为帝。魏兰根认为节闵帝神气高扬，担心以后难以驾驭，便与高乾兄弟及黄门侍郎崔㥄等一起劝高欢废掉节闵帝。高欢召集百官向大家征询应该立谁为帝，没人作声，太仆代郡人綦毋俊盛赞节闵帝贤明，认为应该立他做社稷之王，高欢很高兴，觉得綦毋俊说得很对。崔㥄正言厉色地说道："如果要说贤明，自然应该等待我们高王，慢慢登上皇位。广陵王既然是由叛乱的胡人所立，怎能还让他做天子！如果听从了綦毋俊的话，大王您的队伍怎么称得上是义举？"高欢于是便将节闵帝幽禁在崇训佛寺中。

当时北魏诸王大多逃走藏匿了起来，尚书左仆射平阳王元脩，是元怀的儿子，躲藏在乡间田舍中。高欢想立元脩为帝，便派斛斯椿去寻找元脩。斛斯椿找到元脩所亲信的员外散骑侍郎太原人王思政，向他打听元脩的下落，王思政说："我要知道您为何找他。"斛斯椿道："想立他为皇帝。"王思政这才说出元脩在什么地方。斛斯椿随王思政去见元脩，元脩见了他们脸色大变，对王思政说道："你不是要出卖我吧？"王思政道："当然不是。"元脩又说："你敢保证吗？"王思政答道："事情千变万化，怎么能保证呢！"斛斯椿飞马向高欢做了汇报，高欢派四百名骑兵将元脩接入毛毡大帐之中，向元脩表达了自己的诚挚之心，言谈之际泪落沾襟。元脩以寡德为由推让再三，高欢又拜了两拜，元脩也拜了一拜。高欢出帐，准备好皇帝的服装、用品让元脩沐浴更衣，彻夜严加警戒。第二天早晨，因军中无法备朝服，所以文武百官执鞭朝拜元脩，高欢让斛斯椿进奉劝进表。斛斯椿进入帷门，弯腰施礼伸着头，不敢走到元脩跟前，元脩命王思政接过劝进表，看过之后，说道："我也只好即位称朕了。"高欢于是为安定王作诏书禅位于元脩。

戊子（二十五日），北魏孝武帝元脩在洛阳东郭外即皇帝位，采用鲜卑旧制，将黑毡蒙在七个人身上，高欢便是其中一人。元脩在毡上向西拜过天之后，便入御太极殿，群臣朝拜庆贺。孝武帝元脩登上阊阖门，大赦天下，改年号为太昌。任命高欢为大丞相、天柱大将军、太师，世袭定州刺史。庚寅（二十七日），加封高澄为侍中、开府仪同三司。

梁纪十二

第一百五十六卷

高祖武皇帝十二中大通六年（甲寅，534）

魏贺拔岳将讨曹泥，使都督武川赵贵至夏州与宇文泰谋之，泰曰："曹泥孤城阻远，未足为忧。侯莫陈悦贪而无信，宜先图之。"岳不听，召悦会于高平，与共讨泥。悦既得翟嵩之言，乃谋取岳。岳数与悦宴语，长史武川雷绍谏，不听。岳使悦前行，至河曲，悦诱岳入营坐，论军事，悦阳称腹痛而起，其婿元洪景拔刀斩岳。岳左右皆散走，悦遣人谕之云："我别受旨，止取一人，诸君勿怖。"众以为然，皆不敢动。而悦心犹豫，不即抚纳，乃还入陇，屯水洛城。岳众散还平凉，赵贵诣悦请岳尸葬之，悦许之。岳既死，悦军中皆相贺，行台郎中薛憕私谓所亲曰："悦才略素寡，辄害良将，吾属今为人虏矣，何贺之有！"憕，真度之从孙也。

岳众未有所属，诸将以都督武川寇洛年最长，推使总诸军；洛素无威略，不能齐众，乃自请避位。赵贵曰："宇文夏州英略冠世，远近归心，赏罚严明，士卒用命，若迎而奉之，大事济矣。"诸将或欲南召贺拔胜，或欲东告魏朝，犹豫不决。都督盛乐杜朔周曰："远水不救近火，今日之事，非宇文夏州无能济者，赵将军议是也。朔周请轻骑告哀，且迎之。"众乃使朔周驰至夏州召泰。

泰与将佐宾客共议去留，前太中大夫颍川韩褒曰："此天授也，又何疑乎！侯莫陈悦，井中蛙耳，使君往，必擒之。"众以为："悦在水洛，去平凉不远，若已有贺拔公之众，则图之实难，愿且留以观变。"泰曰："悦既害元帅，自应乘势直据平凉，而退据水洛，吾知其无能为也。夫难得易失者，时也。若不早赴，众心将离。"

泰与帐下轻骑驰赴平凉，令杜朔周帅众先据弹筝峡。时民间惶惧，逃散者多，军士争欲掠之，朔周曰："宇文公方伐罪讨民，奈何助贼为虐乎！"抚而遣之，远近悦附；

泰闻而嘉之。朔周本姓赫连，曾祖库多汗避难改焉，泰命复其旧姓，名之曰达。

丞相欢使侯景招抚岳众，泰至安定遇之，谓曰："贺拔公虽死，宇文泰尚存，卿何为者！"景失色曰："我犹箭耳，唯人所射。"遂还。

泰至平凉，哭岳甚恸，将士皆悲喜。

欢复使侯景与散骑常侍代郡张华原、义宁太守太安王基劳泰，泰不受，欲劫留之，曰："留则共享富贵，不然，命在今日。"华原曰："明公欲胁使者以死亡，此非华原所惧也。"泰乃遣之。基还，言"泰雄杰，请及其未定击灭之"。欢曰："卿不见贺拔、侯莫陈乎！吾当以计拱手取之。"

魏主闻岳死，遣武卫将军元毗慰劳岳军，召还洛阳，并召侯莫陈悦。毗至平凉，军中已奉宇文泰为主；悦既附丞相欢，不肯应召。泰因元毗上表称："臣岳忽罹非命，都督寇洛等令臣权掌军事。奉诏召岳军入京，今高欢之众已至河东，侯莫陈悦犹在水洛，士卒多是西人，顾恋乡邑，若逼令赴阙，悦蹑其后，欢邀其前，恐败国殄民，所损更甚。乞少赐停缓，徐事诱导，渐就东引。"魏主乃以泰为大都督，即统岳军。

丞相欢闻泰定秦、陇，遣使甘言厚礼以结之，泰不受，封其书，使都督济北张轨献魏主。斛斯椿问轨曰："高欢逆谋，行路皆知之，人情所恃，唯在西方，未知宇文何如贺拔？"轨曰："宇文公文足经国，武能定乱。"椿曰："诚如君言，真可恃也。"

魏主欲伐晋阳，辛卯，下诏戒严，云"欲自将伐梁"。发河南诸州兵，大阅于洛阳，南临洛水，北际邙山，帝戎服与斛斯椿临观之。六月，丁巳，魏主密诏丞相欢，称"宇文黑獭、贺拔胜颇有异志，故假称南伐，潜为之备；王亦宜共为形援。读讫燔之"。欢表以为"荆、雍将有逆谋，臣今潜勒兵马三万，自河东渡，又遣恒州刺史库狄干等将兵四万自来违津渡，领军将军娄昭等将兵五万以讨荆州，冀州刺史尉景等将山东兵七万、突骑五万以讨江左，皆勒所部，伏听处分"。帝知欢觉其变，乃出欢表，令群臣议之，欲止欢军。欢亦集并州僚佐共议，还以表闻，仍云："臣为嬖佞所间，陛下一旦赐疑。臣若敢负陛下，使身受天殃，子孙殄绝。陛下若垂信赤心，使干戈不动，佞臣一二人愿斟量废出。"

帝以宇文泰兼尚书仆射，为关西大行台，许妻以冯翊长公主，谓泰帐内都督秦郡杨荐曰："卿归语行台，遣骑迎我！"以荐为直阁将军。泰以前秦州刺史骆超为大都督，将轻骑一千赴洛，又遣荐与长史宇文侧出关候接。

秋，七月，己丑，魏主亲勒兵十余万屯河桥，以斛斯椿为前驱，陈于邙山之北。椿请帅精骑二千夜渡河掩其劳弊，帝始然之；黄门侍郎杨宽说帝曰："高欢以臣伐君，何所不至！今假兵于人，恐生他变。椿若渡河，万一有功，是灭一高欢，生一高欢矣。”帝遂敕椿停行，椿叹曰：“顷荧惑入南斗，今上信左右间构，不用吾计，岂天道乎！”宇文泰闻之，谓左右曰：“高欢数日行八九百里，此兵家所忌，当乘便击之。而主上以万乘之重，不能渡河决战，方缘津据守。且长河万里，捍御为难，若一处得渡，大事去矣。”即以大都督赵贵为别道行台，自蒲反济，趣并州，遣大都督李贤将精骑一千赴洛阳。

魏主问计于群臣，或欲奔梁，或云南依贺拔胜，或云西就关中，或云守洛口死战，计未决。元斌之与斛斯椿争权，弃椿还，绐帝云：“高欢兵已至！”丁未，帝遣使召椿还，遂帅南阳王宝炬、清河王亶、广阳王湛以五千骑宿于瀍西，南阳王别舍沙门惠臻负玺持千牛刀以从。众知帝将西出，其夜，亡者过半，亶、湛亦逃归。湛，深之子也。武卫将军云中独孤信单骑追帝，帝叹曰：“将军辞父母，捐妻子而来，‘世乱识忠臣’，岂虚言也！”戊申，帝西奔长安，李贤遇帝于崤中。己酉，欢入洛阳，舍于永宁寺，遣领军娄昭等追帝，请帝东还。长孙子彦不能守陕，弃城走。高敖曹帅劲骑追帝至陕西，不及。帝鞭马长骛，糗浆乏绝，三二日间，从官唯饮涧水。至湖城，有王思村民以麦饭壶浆献帝，帝悦，复一村十年。至稠桑，潼关大都督毛鸿宾迎献酒食，从官始解饥渴。

梁武帝中大通六年（甲寅，公元534年）

北魏的贺拔岳将要讨伐曹泥，派了都督武川人赵贵到夏州先与宇文泰商量，宇文泰说：“曹泥掌握的是一座孤城，隔的距离又远，不足以成为我们忧虑的对象。侯莫陈悦贪心而又不讲信义，应该先收拾他。”贺拔岳没有听从宇文泰的建议，而是召请侯莫陈悦在高平与自己会合，共同讨伐曹泥。侯莫陈悦听了翟嵩的话以后，就图谋除掉贺拔岳。贺拔岳多次与侯莫陈悦随便聊天说话，担任长史的武川人雷绍劝告他，他听不进去。贺拔岳叫侯莫陈悦走在前面，到了河曲，侯莫陈悦引诱贺拔岳到他的军营去坐，一同谈论军事，谈着谈着，侯莫陈悦假装说自己肚子疼，站起身来，他的女婿元洪景拔出腰刀杀了贺拔岳，贺拔岳身边的人都纷纷逃散，侯莫陈悦派人告诉他们说：“我奉了朝廷密旨，只取贺拔岳一个人的性命，各位都不要害怕。”大家都认为侯莫陈悦的话是真的，不敢轻举妄动。但是侯莫陈悦自己的心里还犹豫不决，不敢安抚招纳贺拔岳的部属，于是就回到陇地，驻扎在水洛城。贺拔岳离散的部属回到平凉，赵贵来到侯莫陈悦处请求由他安葬贺拔岳的遗体，侯莫陈悦答应了他。贺拔岳死了之后，侯莫陈悦军队里的官兵都相互庆贺，行台郎中薛憕悄悄地对他亲近的人说："侯莫陈悦向来缺乏才识谋略，总是杀害良将，我们这些人现在已注定被人俘虏了，有什么可以庆贺的！"薛憕是薛真度的侄孙子。

贺拔岳的部下们都还没有归属，各位将领考虑到担任都督的武川人寇洛年龄最大，就推举他总管所有的军队，寇洛一向没有威望谋略，不能把大家管理好，就自己请求让位，赵贵说道："夏州刺史宇文泰的才略天下第一，远近的人心都向着他，他赏罚严明，士兵们都愿意听从他的命令，如果将他迎接来，拥戴他作为我们的统帅，大事就可以成功了。"各位将领中有的想去南方叫贺拔胜来收拾残局，有的想去东方把情况禀告北魏的朝廷，一时间犹豫不决。担任都督的盛乐人杜朔周说道："远水救不了近火，今天这样的事情，除了宇文泰外，没有任何人能够办成功，赵将军的一番议论是正确的。请允许我朔周骑上快马向宇文泰报告噩耗，并且迎接他到这儿来。"大家就让杜朔周作为使者赶往夏州请宇文泰来。

宇文泰与他的将领、幕僚、宾客一同商议是去是留，前太中大夫、颍川人韩褒说道："这是上天授命给您，还有什么可以疑虑的呀！侯莫陈悦不过是井中之蛙，如果您去的话，一定能够捉住他。"众人都认为："侯莫陈悦所处的水洛距离平凉不远，如果他已经拥有贺拔岳留下的兵马，再算计他就非常困难了，希望暂且留下来观察时局的变化。"宇文泰说："侯莫陈悦既然杀害了贺拔岳元帅，自然应该乘这个势头直接占据平凉，而他却退了一步占据了水洛，由此我知道他没有能耐再干什么了。难以得到而又容易失去的是时机，假如我不早点去的话，人心将会离散。"

宇文泰与手下的轻骑兵一起快速地赶赴平凉，命令杜朔周带领兵马先占领弹筝峡。此时老百姓都很惊惶恐惧，逃散的人很多，士兵们争先恐后地要掠夺他们的财物，杜朔周对士兵们说："宇文泰大人正在征伐罪人，使百姓安享太平，你们怎么还帮助奸贼做坏事呀？"他对百姓进行安抚并把他们发送回去，远近的人因此都高兴地归附过来；宇文泰听到这一消息后嘉奖了他。杜朔周本姓赫连，他的曾祖父库多汗为了避难而改姓杜，宇文泰叫杜朔周恢复他的旧姓，给他起名为赫连达。

北魏的丞相高欢派侯景去招纳安抚贺拔岳的兵马，宇文泰走到安定的时候遇见了他，对他说："贺拔岳虽然已经去世，但我宇文泰还活着，你想要干什么！"侯景大惊失色，回答说："我不过是一支箭，人家把我射到哪儿我就到哪儿。"于是便返回了。

宇文泰到达平凉之后，非常悲痛地哭吊贺拔岳，将士们都又悲又喜。

高欢又派侯景与散骑常侍代郡人张华原、义宁太守太安人王基去慰劳宇文泰，宇文泰没有接受，还想把他们扣留下来，说："你们留下来我们就一同享受富贵，不然的话，你们的性命就在今日完结。"张华原回答说："您用死亡来威胁使者，这可不是我张华原所惧怕的。"宇文泰无奈，就让他们回去了。王基到晋阳后，对高欢说："宇文泰是一位杰出的英雄，请您趁他还没有稳定就攻击消灭他。"高欢回答说："你不是看见贺拔岳与侯莫陈悦之间的情况了嘛！我会使用计谋拱手取他的性命。"

北魏国主孝武帝听到贺拔岳的死讯，派遣武卫将军元毗去慰问贺拔岳的军队，把他们召回洛阳，并且宣召侯莫陈悦。元毗到了平凉，部队里面已经拥戴宇文泰作为首领；侯莫陈悦已经归附了高欢，因此不愿意接受孝武帝的宣召。宇文泰通过元毗给孝武帝递送了表章，说："大臣贺拔岳突然死于非命，都督寇洛等人要我暂且掌握这儿的军事权力。我已经接到您宣召贺拔岳的军队进京城的诏书，但是现在高欢的兵马已经到了五原河以东地区，侯莫陈悦还在水洛，我手下的士兵大多数是西部人，留恋自己的家乡，如果硬逼着叫他们赶赴京城，侯莫陈悦在后面追击，高欢在前面拦截，恐怕会产生国家遭殃百姓被杀的后果，受到的损失更大。请您允许我们稍微停一停缓一缓，慢慢地进行诱导，渐渐地将他们带到东部地区。"孝武帝就任命宇文泰为大都督，就统率贺拔岳的部队。

丞相高欢听说宇文泰平定了秦、陇地区，就派遣使者用甜言蜜语和丰厚的礼品来结交宇文泰，宇文泰没有接受，而是封好高欢的书信，派担任都督的济北人张轨去献给孝武帝。斛斯椿问张轨："高欢的叛逆之心路人皆知，众望所归的唯有西边的宇文泰了，不知道宇文泰的才能与贺拔岳相比如何？"张轨回答说："宇文公论文足以管理国家，论武能够平定叛乱。"斛斯椿说道："果真像你说的那样，宇文泰真是可以依靠的对象。"

孝武帝想要讨伐高欢所住的晋阳，辛卯（五月初十），颁下诏书命令戒严，说"要亲自带兵讨伐梁"。他征调河南各州的兵马，在洛阳进行大规模的检阅仪式，部队的南端挨着洛水，北端靠近邙山，孝武帝身穿盔甲与斛斯椿一道亲临视察。六月，丁巳（初六），孝武帝秘密写给丞相高欢一封诏书，假称："宇文黑獭、贺拔胜颇有叛变篡位的意图，所以我假装说要讨伐南方，暗中进行准备；您也应该一同做出增援的样子。读后请将诏书烧掉。"高欢上书给孝武帝，说："荆州的贺拔胜、雍州的宇文泰将要实施叛逆的阴谋，我现在暗中带领三万兵马，从河东渡河，又派遣恒州刺史库狄干等人统领四万兵马从来违津渡河，领军将军娄昭等人统领五万兵马讨伐荆州，冀州刺史尉景等人统领七万山东兵、五万惯于冲锋陷阵的精锐骑兵讨伐江东地区，他们都已率领自己的部属，恭敬地聆听您的吩咐。”孝武帝知道高欢已经觉察自己要制造事变，就亮出高欢的奏章，叫大臣们对它进行评议，想要制止高欢出兵。高欢也召集并州的官佐属吏共同商议，然后又一次递上奏章，仍然说：“我受到一群奸臣的挑拨离间，陛下因此一时对我产生了怀疑。我要是胆敢辜负陛下，就让上天将灾难降临到我的身上，断子绝孙。陛下如果相信我的赤胆忠心，免动干戈，我就希望您能考虑把一两个奸臣从您的身边赶出去。”

孝武帝让宇文泰兼任尚书仆射，出任关西大行台，还答应将冯翊长公主许配给他做妻子。他对宇文泰的帐内都督、秦郡人杨荐说：“你回去告诉你们行台，让他派骑兵来迎接我！”又任命杨荐为直阁将军。宇文泰任命以前的秦州刺史骆超为大都督，率领一千名轻装骑兵前往洛阳，又派遣杨荐与长史宇文侧一道到关外迎候孝武帝。

秋天，七月，己丑（初九），北魏孝武帝亲自带领十万兵马屯驻在河桥地区，以斛斯椿为先锋，陈兵在邙山的北面。斛斯椿请求率领两千名精锐骑兵渡过黄河，乘敌军疲劳困乏处于不利状态的时候发动突然袭击，孝武帝开始同意他的计划，但黄门侍郎杨宽劝告孝武帝说：“高欢以臣子的身份讨伐君王，还有什么做不出的！现在把兵马借给别人，怕会发生其他的变故。斛斯椿渡河之后，万一有功的话，那就成了灭除了一个高欢，又生出一个高欢。”孝武帝于是颁下诏书，命令斛斯椿停止行动。斛斯椿叹息道：“近来火星进入南斗，现在皇上相信他身边的人的离间陷害，不采用我的计谋，岂不是天意呀！”宇文泰听了这话之后，对身边的部下说：“高欢几天之中行军八九百里路，这是兵家所忌讳的事情，应当乘这个机会袭击他。而皇上以万乘之重，不能渡过河去与高欢决一死战，倒是靠着渡口一味防守。而且长河足有万里，防御起来困难，如果有一个地方让高欢的军队渡过，总的局势就完了。”他立刻任命大都督赵贵为别道行台，从蒲反渡河，向并州进军，又派大都督李贤率领一千名精锐骑兵赶往洛阳。

孝武帝向各位大臣询问计策，有人说投奔南方梁朝，有的人说到南方依靠贺拔胜，有的人说去西部的关中地区，有的人说坚守洛口死战一场，计划定不下来。元斌之与斛斯椿争权夺利，他丢下斛斯椿回来，欺骗孝武帝说：“高欢的兵马已经到了！”丁未（二十七日），孝武帝派遣使者召回斛斯椿，然后就率领南阳王元宝炬、清河王元亶、广阳王元湛带着五千名骑兵在瀍水的西部宿营，寄居在南阳王舍下的出家人惠臻背着玉玺手持千牛刀跟随着。大家都知道孝武帝将要出发到西部去，这一天夜间，逃亡的人超过一半，清河王元亶、广阳王元湛也逃了回去。元湛是元深的儿子。武卫将军云中人独孤信单人匹马追赶孝武帝。孝武帝感叹地说道：“将军你辞别父母，舍弃妻子而来，有言道：‘世道大乱的时候能够识别出忠臣。’这可不是瞎话呀！”戊申（二十八日），孝武帝奔往西部的长安，李贤在崤县境内与孝武帝相遇。己酉（二十九日），高欢进入洛阳，住在永宁寺，派遣领军娄昭等人追赶孝武帝，请他东还。长孙子彦不能守住陕城，弃城逃跑了。高敖曹率领着精锐的骑兵追赶孝武帝一直到达陕城以西，终究没有赶上。孝武帝鞭打着马长时间地急驰，粮草乏绝。两三天里面，跟随孝武帝的官员只能喝山涧的水充饥，到了湖城，当地王思村中的农民献给孝武帝麦饭与壶浆，孝武帝感到很高兴，免除了全村十年的徭役。到了稠桑，潼关大都督毛鸿宾迎接孝武帝，送上了酒与食物，跟随的官员才解除了饥渴。

梁纪十三

第一百五十七卷

高祖武皇帝十三大同元年（乙卯，535）

魏丞相泰以军旅未息，吏民劳弊，命所司斟酌古今可以便时适治者，为二十四条新制，奏行之。

泰用武功苏绰为行台郎中，居岁余，泰未之知也，而台中皆称其能，有疑事皆就决之。泰与仆射周惠达论事，惠达不能对，请出议之。出，以告绰，绰为之区处，惠达入白之，泰称善，曰："谁与卿为此议者？"惠达以绰对，且称绰有王佐之才，泰乃擢绰为著作郎。泰与公卿如昆明池观渔，行至汉故仓池，顾问左右，莫有知者。泰召绰问之，具以状对。泰悦，因问天地造化之始，历代兴亡之迹，绰应对如流。泰与绰并马徐行，至池，竟不设网罟而还。遂留绰至夜，问以政事，卧而听之；绰指陈为治之要，泰起，整衣危坐，不觉膝之前席，语遂达曙不厌。诘朝，谓周惠达曰："苏绰真奇士，吾方任之以政。"即拜大行台左丞，参典机密，自是宠遇日隆。绰始制文案程式朱出、墨入及计帐、户籍之法，后人多遵用之。

东魏以丞相欢之子洋为骠骑大将军、开府仪同三司，封太原公。洋内明决而外如不慧，兄弟及众人皆嗤鄙之；独欢异之，谓长史薛琡曰："此儿识虑过吾。"幼时，欢尝欲观诸子意识，使各治乱丝，洋独抽刀斩之，曰："乱者必斩！"又各配兵四出，使都督彭乐帅甲骑伪攻之，兄澄等皆怖桡，洋独勒众与乐相格，乐免胄言情，犹擒之以献。

三年（丁巳，537）

东魏遣兼散骑常侍李谐来聘，以吏部郎卢元明、通直侍郎李业兴副之。谐，平之孙；元明，旭之子也。秋，七月，谐等至建康，上引见，与语，应对如流。谐等出，上目送之，谓左右曰："朕今日遇勍敌。卿辈尝言北间全无人物，此等何自而来！"是时邺下言风流者，以谐及陇西李神俊、范阳卢元明、北海王元景、弘农杨遵彦、清河崔赡为首。神俊名挺，宝之孙；元景名昕，宪之曾孙也；皆以字行。赡，㥄之子也。

时南、北通好，务以俊乂相夸，衔命接客，必尽一时之选，无才地者不得与焉。每梁使至邺，邺下为之倾动，贵胜子弟盛饰聚观，礼赠优渥，馆门成市。宴日，高澄常使左右觇之，一言制胜，澄为之拊掌。魏使至建康亦然。

梁武帝大同元年（乙卯，公元535年）

西魏的丞相宇文泰考虑到战事得不到平息，官吏百姓已经疲劳，就命令有关部门斟酌参照古往今来既利于目前情况、又适合于治理天下的制度，制订出二十四项新的法令，上书得到文帝的批准后开始实行。

宇文泰任用武功人苏绰为行台郎中，一年多之后，宇文泰自己对苏绰还不大了解，但是行台官署中的人都称赞苏绰能力强，遇上有疑难的事情都去请他帮助决策。宇文泰与仆射周惠达讨论一件事，周惠达不能回答宇文泰的问题，就请求允许他出去跟别人一起商议此事。周惠达出门后，把情况告诉了苏绰，苏绰为周惠达做了分析解答，周惠达返回后按照苏绰的意见做出回答。宇文泰认为周惠达回答得非常好，问道："谁和你一道做出了这番议论？"周惠达说出了苏绰的名字，并且称赞苏绰具有辅佐君王成就大业的才能，宇文泰便提拔苏绰为著作郎。宇文泰与公卿一起去昆明池观赏捕鱼，走到汉代传下来的仓池时，回过头来询问身旁的人，他们中没有一个知道仓池的情况。宇文泰就把苏绰叫来，向他提问，苏绰把一件件事都讲得绘声绘色。宇文泰很高兴，就一直问到天地开始创造化育时有什么景象，历代兴盛与灭亡的经过如何，苏绰始终对答如流。宇文泰与苏绰一道骑着马慢慢地并行，到了昆明池，竟然没有撒网就返回了。在丞相府，宇文泰将苏绰一直留到晚上，就一些军政大事征求苏绰的意见，苏绰讲述，宇文泰躺着倾听。当苏绰指出治理国家有哪些关键之处的时候，宇文泰从睡榻上起来，整理好衣服端正地坐着，不知不觉他的膝头已经在席子上往前移动，二人谈到第二天清晨，宇文泰还听得不满足。第二天早上，宇文泰对周惠达说："苏绰真是个奇特的人，我这就让他管理重要的政务。"他随即任命苏绰为大行台左丞，让他参与掌管处理机密大事，从此苏绰越来越受到宇文泰的宠信。苏绰开始制订处理文书的程序，如用红笔批出，用黑笔签收，还有关于计账、户籍的一些办法，这些程序、办法后来的人大多遵照沿用了。

东魏任命丞相高欢的儿子高洋为骠骑大将军、开府仪同三司，并封他为太原公。高洋内心既果断而又精明，可是外表上看起来好像智力不够，他的兄弟以及其他的许多人都嗤笑鄙视他，唯独高欢认为他与众不同，曾经对长史薛琡说："这孩子的见识与思考问题的能力都超过我。"还在高洋幼小的时候，高欢曾经想观察一下各个儿子的智能如何，让他们各自整理一团乱丝，唯独高洋一人抽出刀来砍断了乱丝，说："乱的东西就一定要砍断！"高欢又给儿子们各自配备了兵力，让他们四面出行，叫都督彭乐率领戴盔裹甲的骑兵假装进攻，长兄高澄等人都害怕得乱了阵脚，只有高洋布置兵力与彭乐对抗，于是彭乐脱去盔甲叙述情况，高洋仍然擒拿了彭乐，将他献给高欢。

三年（丁巳，公元537年）

东魏派遣兼任散骑常侍的李谐为正使，吏部郎卢元明、通直侍郎李业兴为副使，出使梁朝。李谐是李平的孙子，卢元明是卢昶的儿子。秋季，七月，李谐等人抵达建康，梁武帝接见了他们，并和他们做了交谈，他们都对答如流。李谐等人出门了，梁武帝目送着他们远去后，对身旁的人说道："我今天可遇上了劲敌，你们这些人曾经说北方没有一个像样的人物，那么现在这几位是从哪里来的呢？"当时，东魏的国都邺城内够得上称作"风流人物"的，要以李谐以及陇西人李神俊、范阳人卢元明、北海人王元景、弘农人杨遵彦、清河人崔赡为首。李神俊的名字叫李挺，是李宝的孙子；王元景的名字叫王昕，是王宪的曾孙；他们通常都用表字。崔赡是崔㥄的儿子。

此时，南方与北方沟通和好，在交往中，务必要让对方夸己方的人贤能，所以奉命出使或接待客人的，必定是精选出的当时最杰出的人，才能门第不高的参与不了这些事情。每当梁朝的使者来到邺城的时候，城内为之轰动，那些高门贵族家庭的子弟都要打扮得珠光宝气，聚集在一起围观，赠送给对方的都是优厚的礼品，宾馆的门口简直变成了集市。举行宴会的日子，高澄经常叫身旁的人看他们，每当有惊人妙语压倒了来使，高澄就为他们鼓掌。东魏的使者到梁朝的建康时也是这样。

梁纪十四

第一百五十八卷

高祖武皇帝十四大同九年（癸亥，543）

东魏御史中尉高仲密取吏部郎崔暹之妹，既而弃之，由是与暹有隙。仲密选用御史，多其亲戚乡党，高澄奏令改选；暹方为澄所宠任，仲密疑其构己，愈恨之。仲密后妻李氏艳而慧，澄见而悦之，李氏不从，衣服皆裂，以告仲密，仲密益怨。寻出为北豫州刺史，阴谋外叛。丞相欢疑之，遣镇城奚寿兴典军事，仲密但知民务。仲密置酒延寿兴，伏壮士，执之，二月，壬申，以虎牢叛，降魏。魏以仲密为侍中、司徒。

欢以仲密之叛由崔暹，将杀之，高澄匿暹，为之固请，欢曰："我丐其命，须与苦手。"澄乃出暹，而谓大行台都官郎陈元康曰："卿使崔暹得杖，勿复相见。"元康为之言于欢曰："大王方以天下付大将军，大将军有一崔暹不能免其杖，父子尚尔，况于他人！"欢乃释之。

高季式在永安戍，仲密遣信报之；季式走告欢，欢待之如旧。

魏丞相泰帅诸军以应仲密，以太子少傅李远为前驱，至洛阳，遣开府仪同三司于谨攻柏谷，拔之；三月，壬申，围河桥南城。

东魏丞相欢将兵十万至河北，泰退军瀍上，纵火船于上流以烧河桥；斛律金使行台郎中张亮以小艇百余载长锁，伺火船将至，以钉钉之，引锁向岸，桥遂获全。

欢渡河，据邙山为陈，不进者数日。泰留辎重于瀍曲，夜，登邙山以袭欢。候骑白欢曰："贼距此四十余里，蓐食干饭而来。"欢曰："自当渴死！"乃正阵以待之。戊申，黎明，泰军与欢军遇。东魏彭乐以数千骑为右甄，冲魏军之北垂，所向奔溃，遂驰入魏营。人告彭乐叛，欢甚怒。俄而西北尘起，乐使来告捷，虏魏侍中、开府仪同三司、大都督临洮王柬，蜀郡王荣宗，江夏王昇，钜鹿王阐，谯郡王亮，詹事赵善及督将僚佐四十八人。诸将乘胜击魏，大破之，斩首三万余级。

欢使彭乐追泰，泰窘，谓乐曰："汝非彭乐邪？痴男子，今日无我，明日岂有汝邪！何不急还营，收汝金宝！"乐从其言，获泰金带一囊以归，言于欢曰："黑獭漏刃，破胆矣！"欢虽喜其胜而怒其失泰，令伏诸地，亲捽其头，连顿之，并数以沙苑之败，举刃将下者三，噤龂良久。乐曰："乞五千骑，复为王取之。"欢曰："汝纵之何意，而言复取邪？"命取绢三千匹压乐背，因以赐之。

明日，复战，泰为中军，中山公赵贵为左军，领军若干惠等为右军。中军、右军合击东魏，大破之，悉俘其步卒。欢失马，赫连阳顺下马以授欢。欢上马走，从者步骑七人，追兵至，亲信都督尉兴庆曰："王速去，兴庆腰有百箭，足杀百人。"欢曰："事济，以尔为怀州刺史，若死，用尔子。"兴庆曰："儿少，愿用兄。"欢许之。兴庆拒战，矢尽而死。

泰使谍潜入虎牢，令守将魏光固守，侯景获之，改其书云："宜速去。"纵谍入城，光宵遁。景获高仲密妻子送邺，北豫、洛二州复入于东魏。

梁武帝大同九年（癸亥，公元543年）

东魏的御史中尉高仲密娶了吏部郎崔暹的妹妹做妻子，不久之后又将她遗弃了。由于这一原因，高仲密与崔暹之间产生了矛盾。高仲密选用的御史，许多是他的亲戚同乡，高澄将这一情况报告给孝静帝，孝静帝下令另外再挑选御史；此时崔暹正受到高澄的宠信，高仲密怀疑是他在罗织陷害自己，对他更加痛恨。高仲密后来的妻子李氏美丽而又聪慧，高澄见了很喜欢她，想施行非礼。李氏没有答应，在挣扎过程中衣服都被撕破了，她将这一切都对高仲密说了，高仲密心头的怨恨又深了一层。很快他离开京城担任了北豫州刺史，暗中准备叛离。丞相高欢对他产生了怀疑，派遣防城都督奚寿兴去主管北豫州的军事，高仲密只能负责一些民政事务。高仲密安排酒宴与奚寿兴一同喝酒，暗中埋伏了精壮的武士，活捉了奚寿兴。二月，壬申（十二日），高仲密占领虎牢反叛，投降了西魏。西魏任命高仲密为侍中、司徒。

高欢认为高仲密叛变的起因在崔暹身上，准备杀掉崔暹，高澄把崔暹隐藏起来，再三为他求情，高欢回答说："我可以给他一次活命的机会，但是必须狠狠地打他一顿。"高澄这才交出崔暹，但是对大行台都官郎陈元康说道："你要是让崔暹受杖刑的话，那我们就不要再见面了。”陈元康听了这句话，就为高澄而劝高欢说道：“大王您刚刚把天下托付给大将军，大将军有这么一个崔暹，却不能使他免受杖刑，在人们眼里，你们父亲与儿子之间相处都这样，何况对别人呢？”于是高欢就释放了崔暹。

高季式在永安驻防，高仲密写信给他，叙述了他自己投降的情况。高季式跑去告诉了高欢，高欢待他跟以往一样。

西魏丞相宇文泰统率各路大军来策应高仲密，让太子少傅李远担任先锋，到达洛阳之后，派遣开府仪同三司于谨攻打柏谷，夺取了该城。三月，壬申，包围了河桥南城。

东魏丞相高欢率领十万人马到达黄河北岸，宇文泰把部队撤到瀍水的上游，从那里放出火船要烧掉河桥；斛律金派行台郎中张亮用一百多只小船装载着长锁链，待火船将要到来，就用钉子钉住它，然后牵拉锁链拖到岸边，桥梁于是得以保全。

高欢渡过黄河，占据了邙山布置军阵，连续几天没有进军。宇文泰把辎重留在瀍曲，夜里，指挥部队登上邙山，准备袭击高欢。瞭望敌情的骑兵向高欢报告说：“贼兵距离这儿有四十多里，他们是清早吃了一顿干饭之后来的。”高欢说道：“他们一定会渴死的！”接着，他下令摆正阵势等待敌人的到来。戊申（十八日），黎明，宇文泰的部队与高欢的部队遭遇了。东魏的彭乐率领几千名骑兵作为右翼，冲击西魏部队的北边，冲到哪里，哪里就溃散，于是直驰入西魏的军营。有人报告说彭乐反叛了，高欢非常恼怒。没多久西北部尘土飞扬，彭乐的使者跑来报捷，说已经俘虏了西魏的侍中、开府仪同三司、大都督、临洮王元柬，蜀郡王元荣宗，江夏王元昇，钜鹿王元阐，谯郡王元亮，詹事赵善以及督将僚佐四十八人。将领们乘胜追击西魏的人马，打得敌人一败涂地，共斩首三万多。

高欢派彭乐追赶宇文泰，宇文泰的处境越来越危急，便对彭乐说：“你不是彭乐吗？真是痴汉子，今天要是没有我了，明天哪里还会有你！你为什么不赶快回到营地，收取属于你的金银财宝！”彭乐听取了宇文泰的意见，就获取了他遗留下来的一袋子金条返回，对高欢说道：“宇文黑獭从我的刀刃下漏网，已经吓破胆了！”高欢虽然对彭乐取胜感到高兴，但同时也恼怒他没将宇文泰捉到手，就命令他趴到地上，自己亲手揪住他的头髻，连连往下磕，并且数落他在沙苑战役中失败的事。高欢越说火气越大，三次举起刀子要向他劈去，直气得咬牙切齿，心中的愤怒持续很长时间不能平息下来。彭乐告饶道：“求您拨给我五千名骑兵，我再去为大王您捉宇文泰。”高欢说道：“你放掉他是出于什么目的，怎么现在又对我说要再去捉？”接着，他叫人拿来三千匹绢压到彭乐的背上，就算是奖给他的。

第二天，双方又一次交战，宇文泰率领部队居于中间，中山公赵贵指挥左翼部队，领军若干惠等人指挥右翼部队。中间部队与右翼部队联合攻击东魏的部队，狠狠打击了对方，俘虏了它的所有步兵。战斗中高欢失去了坐骑，赫连阳顺跳下马让高欢骑，高欢跨上马就跑，身后跟随的步、骑兵只有七个人，眼看追兵赶到了，高欢的亲信都督尉兴庆对高欢说："王爷您快跑，我的腰间还挂着一百支箭，足可以杀死一百个人。"高欢说道："如果我能摆脱这次劫难，我就任命你为怀州刺史，要是你不幸战死，我就把这个职位给你的儿子。"尉兴庆回答说："我的儿子年龄还小，您就任用我的兄长吧。"高欢表示同意。尉兴庆上前抵抗，身上的箭用尽后被追兵杀死。

宇文泰派遣间谍潜入虎牢，命令守城的将领魏光坚决防守，侯景捉住了这个间谍，把宇文泰的信改成这样："应该尽快离开。"然后将间谍放进城去，魏光看到信以后连夜逃跑了。侯景俘虏了高仲密的妻子、儿子，将他们送到邺城，北豫、洛这两个州又重为东魏所有。

梁纪十五

第一百五十九卷

高祖武皇帝十五大同十一年（乙丑，545）

散骑常侍贺琛启陈四事。启奏，上大怒，召主书于前，口授敕书以责琛。

上为人孝慈恭俭，博学能文，阴阳、卜筮、骑射、声律、草隶、围棋，无不精妙。勤于政务，冬月四更竟，即起视事，执笔触寒，手为皴裂。自天监中用释氏法，长斋断鱼肉，日止一食，惟菜羹、粝饭而已，或遇事繁，日移中则嗽口以过。身衣布衣，木绵皂帐，一冠三载，一衾二年，后宫贵妃以下，衣不曳地。性不饮酒，非宗庙祭祀、大飨宴及诸法事，未尝作乐。虽居暗室，恒理衣冠，小坐、盛暑，未尝褰袒，对内竖小臣，如遇大宾。然优假士人太过，牧守多浸渔百姓，使者干扰郡县。又好亲任小人，颇伤苛察；多造塔庙，公私费损。江南久安，风俗奢靡，故琛启及之。上恶其触实，故怒。

臣光曰：梁高祖之不终也，宜哉！夫人君听纳之失，在于丛脞；人臣献替之病，在于烦碎。是以明主守要道以御万机之本，忠臣陈大体以格君心之非，故身不劳而收功远，言至约而为益大也。观夫贺琛之谏未至于切直，而高祖已赫然震怒，护其所短，矜其所长；诘贪暴之主名，问劳费之条目，困以难对之状，责以必穷之辞。自以蔬食之俭为盛德，日昃之勤为至治，君道已备，无复可加，群臣箴规，举不足听。如此，则自余切直之言过于琛者，谁敢进哉！由是奸佞居前而不见，大谋颠错而不知，名辱身危，覆邦绝祀，为千古所闵笑，岂不哀哉！

中大同元年（丙寅，546）

东魏司徒、河南大将军、大行台侯景，右足偏短，弓马非其长，而多谋算。诸将高敖曹、彭乐等皆勇冠一时，景常轻之，曰："此属皆如豕突，势何所至！"景尝言于丞相欢："愿得兵三万，横行天下，要须济江缚取萧衍老公，以为太平寺主。"欢使将兵十万，专制河南，杖任若己之半体。

景素轻高澄，尝谓司马子如曰："高王在，吾不敢有异；王没，吾不能与鲜卑小儿共事！"子如掩其口。及欢疾笃，澄诈为欢书以召景。先是，景与欢约曰："今握兵在远，人易为诈，所赐书皆请加微点。"欢从之。景得书无点，辞不至；又闻欢疾笃，用其行台郎颍川王伟计，遂拥兵自固。

欢谓澄曰："我虽病，汝面更有余忧，何也？"澄未及对，欢曰："岂非忧侯景叛邪？"对曰："然。"欢曰："景专制河南，十四年矣，常有飞扬跋扈之志，顾我能畜养，非汝所能驾御也。今四方未定，勿遽发哀。库狄干鲜卑老公，斛律金敕勒老公，并性遒直，终不负汝。可朱浑道元、刘丰生，远来投我，必无异心。潘相乐本作道人，心和厚，汝兄弟当得其力。韩轨少戆，宜宽借之。彭乐心腹难得，宜防护之。堪敌侯景者，唯有慕容绍宗，我故不贵之，留以遗汝。"又曰："段孝先忠亮仁厚，智勇兼备，亲戚之中，唯有此子，军旅大事，宜共筹之。"又曰："邙山之战，吾不用陈元康之言，留患遗汝，死不瞑目。"相乐，广宁人也。

梁武帝大同十一年（乙丑，公元 545 年）

散骑常侍贺琛向梁武帝启奏了四件事。贺琛启奏之后，梁武帝勃然大怒，把主书召到面前，口授敕书指责贺琛。

梁武帝为人很守孝道，待人慈悲，彬彬有礼，生活又节俭。他博学多才，善写文章，对阴阳、卜筮、骑射、声律、书法、围棋无所不精。他对国家事务很勤勉，冬天，四更一过，他就起来工作。由于天气严寒，握笔的手都粗糙得裂口子了。自从天监年间信仰释迦牟尼的佛教以来，长期斋戒吃素食，不再吃鱼肉。每天只吃一顿饭，也只不过是些菜羹、粗米饭罢了。有时遇到事务繁多，太阳移过头顶了，就漱一漱口算吃过饭了。他身穿布衣，用的是木棉织的黑色帐子。一顶帽子戴三年，被子盖两年才换。后宫里贵妃以下，不穿拖地的衣裙。他生性不喝酒，如果不是在宗庙举行祭祀，或是办大宴席以及进行其他的拜佛等活动，就不奏乐。尽管他居住在幽暗的房子中，却一直衣冠楚楚，坐在宫中便座上，在酷暑的日子里，也没有袒胸露怀。对待宫中太监小臣，像对待尊贵的宾客一样。但是宽待士大夫太过分，牧守大多渔猎百姓，使臣干扰郡县。梁武帝本人又爱亲近任用奸诈的小人，很失之于苛刻挑剔。他还兴建了许多塔和庙，使公家和私人都破费损耗。江南一带长期安定，形成了生活奢侈的风俗，所以贺琛在奏折中提到了此事。武帝不喜欢他触及事实，所以大为恼怒。

臣司马光曰：梁武帝不得善终，是应该的！国君之所以在听取意见、接纳进谏方面出现过失，就是因为只注意了琐碎细小的事情而没有雄才大略。大臣进谏时所犯的毛病，也在于烦琐。因此贤明的君抓住最主要的问题以驾驭万事的根本，忠心的大臣要陈述大的方针政策来劝阻君主想得不对的地方，所以作为君主不需亲自动手操劳，就能取得大的功效，作为大臣说得简明扼要便收到很大的效益。纵观贺琛的进谏，可以说还未达到直言极谏的地步，而梁武帝却已经勃然大怒，袒护自己的短处，夸耀自己的长处。质问贺琛贪婪暴虐的官吏名字，追问徭役过重、费用铺张的具体项目，用难以回答的问题来困扰他，用无法对答的言辞来责备他。梁武帝自认为每顿饭只吃蔬菜的节俭作风是极大的美德，忙到太阳偏西才吃饭这种勤勉的工作态度是最好的治国办法，为君之道他已具备，再没有什么需要增加的了，对于大臣的规劝，认为全不值得去听取。像这样，那么其余比贺琛的进谏更恳切、直率、激烈的话，谁还敢去对他说呢！因此，奸佞小人在眼前也视而不见，重大决策颠倒错误也不知道，最后落得声名受辱，自身危亡，国家颠覆，祭祀断绝，被人永世怜悯讥笑，难道不可悲吗！

中大同元年（丙寅，公元546年）

东魏司徒、河南大将军、大行台侯景，右脚比左脚短，所以，骑马射箭对他来说并不擅长，但是他足智多谋。高敖曹、彭乐等将领都是当时最勇猛的，侯景常常很轻视他们，对人说："这些人就像受惊的猪一样横冲直撞，流窜侵扰，能撞到哪里去呢！"侯景曾对丞相高欢说："我愿意率领三万人马，横扫天下，总要渡过长江把萧衍那老头子绑来，让他做太平寺的寺主。"高欢派他带领十万兵马，全权管理黄河以南地区，对他的依靠、任用，就好像他是自己的半个身体一样。

侯景一贯轻视高澄，他曾对司马子如说："高王在世的时候，我不敢存有异心。如果高王去世了，我不能与那个鲜卑小子共事！"司马子如赶忙捂住了侯景的嘴。到了高欢已病入膏肓的时候，高澄便假借高欢的名义写了一封书信召侯景前来。以前，侯景曾与高欢有过约定，他对高欢说："现在我在远处掌握着军队，人们很容易从中搞鬼。以后凡是您赐给我的书信都请您加一个小黑点。”高欢同意了侯景的要求。此时侯景拿到了高欢的书信，信上却没有黑点，便推辞不去。后来他又听说高欢的病情已经很严重了，就采纳了他的行台郎颍川人王伟的计谋，聚集军队，巩固自己的势力。

高欢问高澄：“虽然是我病了，可你的脸上却有另外的忧虑，这是为什么？”没等到高澄回答，高欢又说：“莫不是担心侯景要反叛？”高澄回答说：“是的。”高欢又说：“侯景专制河南已有十四年了，他一直飞扬跋扈，有夺取天下的志向。只有我能畜养他，你很难驾驭。现在，天下还没有安定，如果我死了，你不要马上发丧。库狄干这位鲜卑老人，斛律金这位敕勒老人，他们俩都是性格耿直、强劲有力的人，终不会对你负心的。可朱浑道元、刘丰生他们俩远道前来投奔我，也一定没有背离我们的心意。潘相乐原来是个道人，心地和善厚道，你们兄弟几个人会得到他的帮助的。韩轨有点耿直愚鲁，你们应宽容待他。彭乐的内心很难推测，应该提防他。所有人中，能够与侯景对抗的，只有慕容绍宗一人。我故意不让他得到富贵，就是要把他留下给你。”高欢接着又说：“段孝先这个人忠实、正直、坦白、仁慈、厚道，既有勇又有谋，在所有内外亲属中，只有这个人，军机大事要和他一起商量。”高欢又说道：“邙山战役时，我没有采纳陈元康的忠告，给你留下了隐患，我死不瞑目。”潘相乐是广宁人。

梁纪十六

第一百六十卷

高祖武皇帝十六太清元年（丁卯，547）

侯景自念己与高氏有隙，内不自安。辛亥，据河南叛，归于魏，颍州刺史司马世云以城应之。景诱执豫州刺史高元成、襄州刺史李密、广州刺史怀朔暴显等。遣军士二百人载仗暮入西兖州，欲袭取之，刺史邢子才觉之，掩捕，尽获之，因散檄东方诸州，各为之备，由是景不能取。

是岁，正月，乙卯，上梦中原牧守皆以其地来降，举朝称庆。旦，见中书舍人朱异，告之，且曰："吾为人少梦，若有梦必实。"异曰："此乃宇内混壹之兆也。"及丁和至，称景定计以正月乙卯，上愈神之。然意犹未决，尝独言："我国家如金瓯，无一伤缺，今忽受景地，讵是事宜？脱致纷纭，悔之何及？"朱异揣知上意，对曰："圣明御宇，南北归仰，正以事无机会，未达其心。今侯景分魏土之半以来，自非天诱其衷，人赞其谋，何以至此！若拒而不内，恐绝后来之望。此诚易见，愿陛下无疑。"上乃定议纳景。

壬午，以景为大将军，封河南王，都督河南北诸军事、大行台，承制如邓禹故事。平西谘议参军周弘正，善占候，前此谓人曰："国家数年后当有兵起。"及闻纳景，曰："乱阶在此矣！"

韩轨等围侯景于颍川。景惧，割东荆、北兖州、鲁阳、长社四城赂魏以求救。尚书左仆射于谨曰："景少习兵，奸诈难测，不如厚其爵位以观其变，未可遣兵也。"荆州刺史王思政以为："若不因机进取，后悔无及。"即以荆州步骑万余从鲁阳关向阳翟。丞相泰闻之，加景大将军兼尚书令，遣太尉李弼、仪同三司赵贵将兵一万赴颍川。

景恐上责之，遣中兵参军柳昕奉启于上，以为："王旅未接，死亡交急，遂求援关中，自救目前。臣既不安于高氏，岂见容于宇文！但螯手解腕，事不得已，本图为国，愿不赐咎！臣获其力，不容即弃，令以四州之地为饵敌之资，已令宇文遣人入守。自豫州以东，齐海以西，悉臣控压；见有之地，尽归圣朝，悬瓠、项城、徐州、南兖，事须迎纳。愿陛下速敕境上，各置重兵，与臣影响，不使差互！”上报之曰：“大夫出境，尚有所专；况始创奇谋，将建大业，理须适事而行，随方以应。卿诚心有本，何假词费！”

景复乞兵于魏，丞相泰使同轨防主韦法保及都督贺兰愿德等将兵助之。大行台左丞蓝田王悦言于泰曰：“侯景之于高欢，始敦乡党之情，终定君臣之契，任居上将，位重台司；今欢始死，景遽外叛，盖所图甚大，终不为人下故也。且彼能背德于高氏，岂肯尽节于朝廷！今益之以势，援之以兵，窃恐贻笑将来也。”泰乃召景入朝。

景阴谋叛魏，事计未成，厚抚韦法保等，冀为己用，外示亲密无猜间。每往来诸军间，侍从至少，魏军中名将，皆身自造诣。同轨防长史裴宽谓法保曰：“侯景狡诈，必不肯入关，欲托款于公，恐未可信。若伏兵斩之，此亦一时功也。如其不尔，即应深为之防，不得信其诳诱，自贻后悔。”法保深然之，不敢图景，但自为备而已；寻辞还所镇。王思政亦觉其诈，密召贺兰愿德等还，分布诸军，据景七州、十二镇。景果辞不入朝，遗丞相泰书曰：“吾耻与高澄雁行，安能比肩大弟！”泰乃遣行台郎中赵士宪悉召前后所遣诸军援景者。景遂决意来降。魏将任约以所部千余人降于景。

或告东魏大将军澄云：“侯景有北归之志。”会景将蔡道遵北归，言“景颇知悔过”。景母及妻子皆在邺，澄乃以书谕之，语以阖门无恙，若还，许以豫州刺史终其身，还其宠妻、爱子，所部文武，更不追摄。景使王伟复书曰：“今已引二邦，扬旌北讨，熊豹齐奋；克复中原，幸自取之，何劳恩赐！昔王陵附汉，母在不归，太上囚楚，乞羹自若，矧伊妻子，而可介意！脱谓诛之有益，欲止不能，杀之无损，徒复坑戮，家累在君，何关仆也！”

梁武帝太清元年（丁卯，公元547年）

侯景想到自己与高家有隔阂，心里感到惴惴不安。辛亥（十三日），侯景依据河南而反叛东魏，归属了西魏，颍州刺史司马世云带领全城百姓响应他的行动。侯景引诱并捉住了豫州刺史高元成、襄州刺史李密、广州刺史怀朔人暴显等人。他派遣了二百人的军队，用战车载着刀、戟等兵器在黄昏时分进入了西兖州，想用偷袭的方法夺取这个州。西兖州刺史邢子才发觉了，不动声色先发制人，侯景派出的二百人马全部被擒，于是邢子才向东方的各个州都散发了檄文，这些州各自都做了准备，因此侯景未能夺取这些地方。

这一年，正月，乙卯（十七日），梁武帝梦见中原地区的牧守们都献地来投降，举朝上下一片欢庆。早晨起来，梁武帝遇见中书舍人朱异，便把做梦的事告诉了他，并说："我这个人很少做梦，如果做了梦，梦中之事就一定会应验。"朱异忙说："这是天下要统一的征兆。"等到侯景的使者丁和前来告诉梁武帝，说侯景决定向梁朝投诚是在乙卯（十七日）这天，梁武帝就更相信这个梦是天神的意志。但是他的决心还没有完全定下，曾自自言自语地说："我的国家像金瓯一样，无一伤缺之处，现在忽然要接受侯景送来的土地，这难道是合乎事理的吗？倘若因此而引起混乱，后悔怎么来得及呢？"朱异揣摩到了梁武帝的心思，便对梁武帝说："陛下圣明无比，君临天下，南北方的人都仰慕、归心于您，只是因为没有机会侍奉您，所以其心意一直没有实现。现在，侯景把魏朝的一半土地分割出来归附您，如果不是天意引导他的心，人们又赞助他的打算，怎么会走到这一步呢！如果拒绝侯景，不收留他，恐怕就会断绝了随后准备来归降的人的希望。这些实在是显而易见的，希望陛下您不要犹豫。"梁武帝听完这席话，于是决定接纳侯景。

壬午，梁武帝任命侯景为大将军，封他为河南王，让他担任都督河南、北诸军事及大行台之职，并特意授权他可以如后汉的邓禹那样秉承皇帝的旨意发号施令。平西谘议参军周弘正擅长观察天像变化而预测吉凶，他在侯景投奔梁朝之前曾对人说："几年之后国内会有兵戈之乱。"等他听说梁武帝接纳了侯景，便说："祸乱原因就在这里了。"

韩轨等人率军把侯景包围在颍川。侯景见这种状况，害怕了，便把东荆、北兖州、鲁阳、长社四座城割让给了西魏，用此来贿赂西魏，以便取得其援救。西魏尚书左仆射于谨说："侯景在少年时就习武练兵，为人奸诈，难以揣测，所以不如给他高官厚禄，看看他的变化再说，先不要派兵去援救他。"荆州刺史王思政却认为："如果不抓住时机进取，后悔就来不及了。"于是便派荆州的一万多名步兵和骑兵经鲁阳关向阳翟进发。西魏丞相宇文泰知道情况之后便封侯景为大将军兼尚书令，并派遣太尉李弼、仪同三司赵贵率领一万人马赶赴颍川去为侯景解围。

侯景怕梁武帝责怪他向西魏求援一事，便派中兵参军柳昕向梁武帝送去一封信，上面说道："陛下您派出的军队还没有来到，而我这里生死攸关，情况十分危急，便向关中求援，以便挽救自己所面临的危机。我既不能安处于高澄手下，又怎么会被宇文泰所容纳？但是手遭毒蛇螫咬而连手腕去掉，这是万不得已之事，本来想着为国，希望您不要怪罪我！我得到了关中的帮助，所以不能马上就背弃他们，现在我把四个州的地方当作引敌人上钩的诱饵，已经让宇文泰派了军队进入颍川，帮助我守卫这里。从豫州以东到齐海以西的地区，都在我的控制范围之内；我的这些现在实有的土地，都归于梁朝所有，悬瓠、项城、徐州、南兖这些地方，只需要派人去加以接管就可以了。希望陛下您迅速向边境下发命令，让他们各置重兵，与我呼应，相互之间不要发生差脱误会！"梁武帝回答说："大夫离开国境，还有自作主张的权限呢，何况你始创奇谋，将建大业，理应根据事情的发展而行事，随机应变。你一片诚意，心系朝廷，何须多加解释呢！"

侯景又向西魏乞求援兵。丞相宇文泰让同轨防主韦法保以及都督贺兰愿德等人率领军队前去帮助他。大行台左丞蓝田人王悦对宇文泰说："侯景同高欢之间，开始是亲密的乡党关系，最终变成了君臣关系，侯景位居上将，权倾朝廷；而今高欢刚刚死去，侯景便很快外叛，这是因为他的图谋很大，终不甘居人下。况且他能对高氏背信弃义，又怎么会为本朝尽忠尽节呢？现在您扩大他的势力，派兵去援助他，我私下担心这样会让后人耻笑的。"于是宇文泰便派人召侯景入朝。

侯景暗中打算反叛西魏，但计划没有实现，便优抚韦法保等人，希望他们能替自己效力，表面上做出亲密无间的样子。侯景每每来往于各个军队之间，带的侍从极少，对于西魏军队中的各个著名将领，他都亲自去拜访他们。同轨防长史裴宽对韦法保说："侯景为人奸诈狡猾，一定不肯应宇文丞相之召而入关，他肯定要通过您向朝廷讲情，恐怕不可以相信他。如果埋伏兵士斩了他，这也是一时的功劳啊。如果您不这样，我们就应该深深地提防他，不能轻信他的欺骗和引诱，以致为自己留下悔恨。"韦法保非常赞同裴宽的话，不敢杀掉侯景，只是自己加强了防卫罢了。后来，他找了个借口便回自己的镇所去了。王思政也觉得侯景在欺骗他，就秘密把贺兰愿德等人召回来，分别部署了各路军队，占领了侯景所管辖的七个州，十二个镇。侯景果然推辞而不肯入朝，他在给宇文泰的信中说："我耻于同高澄并行，又怎么能同大弟您比肩呢！"宇文泰收到了这封信后，便派行台郎中赵士宪将以前派去的救援侯景的各路军队全部召回。于是，侯景便决心投降梁朝。西魏将领任约带领所属的一千多名将士投降了侯景。

有人告诉东魏大将军高澄："侯景有北归之意。"这时正好侯景的将领蔡道遵回到了东魏，讲道："侯景有所悔过。"侯景的母亲和妻子儿女都住在邺城，高澄便写信告诉侯景，说他的全家人都安然无恙，如果他肯回到东魏，便许诺让他终身担任豫州刺史，并还他宠妻爱子，对于他手下的文武官员，更是既往不咎。侯景指使手下人王伟给高澄回信说："现在，我已经带领梁和西魏的军队，举旗北伐，兵卒们士气高涨；恢复中原地区，我希望能自己攻取，怎么能有劳您来恩赐给我呢！从前王陵归附了刘邦，母亲被项羽抓去他仍不肯回去；刘邦的父亲被项羽囚禁了，项羽威胁要杀掉其父，刘邦却坦然地向项羽讨要煮他父亲的肉汤喝，父母尚且如此，何况是妻子儿女，那就更不介意了！如果说杀掉我的妻子和孩子对您有利的话，我想阻止您也是阻止不了的，如果杀掉他们对我毫无损害，那么您杀戮了他们也是徒然，反正我的家室全在您手中，如何处置，与我有什么相关啊！"

梁纪十七

第一百六十一卷

高祖武皇帝十七太清二年（戊辰，548）

春，正月，己亥，慕容绍宗以铁骑五千夹击侯景，景诳其众曰："汝辈家属，已为高澄所杀。"众信之。绍宗遥呼曰："汝辈家属并完，若归，官勋如旧。"被发向北斗为誓。景士卒不乐南渡，其将暴显等各帅所部降于绍宗。景众大溃，争赴涡水，水为之不流。景与腹心数骑自硖石济淮，稍收散卒，得步骑八百人，南过小城，人登陴诟之曰："跛奴！欲何为邪！"景怒，破城，杀诟者而去。昼夜兼行，追军不敢逼。使谓绍宗曰："景若就擒，公复何用！"绍宗乃纵之。

甲寅，景遣仪同三司于子悦驰以败闻，并自求贬削；优诏不许。景复求资给，上以景兵新破，未忍移易。乙卯，即以景为南豫州牧，本官如故；更以鄱阳王范为合州刺史，镇合肥。光禄大夫萧介上表谏曰："窃闻侯景以涡阳败绩，只马归命，陛下不悔前祸，复敕容纳。臣闻凶人之性不移，天下之恶一也。昔吕布杀丁原以事董卓，终诛董而为贼；刘牢反王恭以归晋，还背晋以构妖。何者？狼子野心，终无驯狎之性，养虎之喻，必见饥噬之祸矣。侯景以凶狡之才，荷高欢卵翼之遇，位忝台司，任居方伯，然而高欢坟土未干，即还反噬。逆力不逮，乃复逃死关西；宇文不容，故复投身于我。陛下前者所以不逆细流，正欲比属国降胡以讨匈奴，冀获一战之效耳；今既亡师失地，直是境上之匹夫，陛下爱匹夫而弃与国。若国家犹待其更鸣之辰，岁暮之效，臣窃惟侯景必非岁暮之臣；弃乡国如脱屣，背君亲如遗芥，岂知远慕圣德，为江、淮之纯臣乎！事迹显然，无可致惑。臣朽老疾侵，不应干预朝政；但楚囊将死，有城郢之忠，卫鱼临亡，亦有尸谏之节。臣忝为宗室遗老，敢忘刘向之心！"上叹息其忠，然不能用。介，思话之孙也。

东魏既得悬瓠、项城，悉复旧境。大将军澄数遗书移，复求通好；朝廷未之许。澄谓贞阳侯渊明曰："先王与梁主和好，十有余年。闻彼礼佛文云：'奉为魏主，并及先王'，此乃梁主厚意；不谓一朝失信，致此纷扰，知非梁主本心，当是侯景扇动耳，宜遣使谘论。若梁主不忘旧好，吾亦不敢违先王之意，诸人并即遣还，侯景家属亦当同遣。"渊明乃遣省事夏侯僧辩奉启于上，称"勃海王弘厚长者，若更通好，当听渊明还"。上得启，流涕，与朝臣议之。右卫将军朱异、御史中丞张绾等皆曰："静寇息民，和实为便。"司农卿傅岐独曰："高澄何事须和？必是设间，故命贞阳遣使，欲令侯景自疑；景意不安，必图祸乱。若许通好，正堕其计中。"异等固执宜和，上亦厌用兵，乃从异言，赐渊明书曰："知高大将军礼汝不薄，省启，甚以慰怀。当别遣行人，重敦邻睦。"

己卯，上遣使吊澄。景又启曰："臣与高氏，衅隙已深，仰凭威灵，期雪仇耻；今陛下复与高氏连和，使臣何地自处！乞申后战，宣畅皇威！"上报之曰："朕与公大义已定，岂有成而相纳，败而相弃乎！今高氏有使求和，朕亦更思偃武。进退之宜，国有常制，公但清静自居，无劳虑也！"景又启曰："臣今蓄粮聚众，秣马潜戈，指日计期，克清赵、魏，不容军出无名，故愿以陛下为主耳。今陛下弃臣遐外，南北复通，将恐微臣之身，不免高氏之手。"上又报曰："朕为万乘之主，岂可失信于一物！想公深得此心，不劳复有启也。"

景乃诈为邺中书，求以贞阳侯易景，上将许之。舍人傅岐曰："侯景以穷归义，弃之不祥；且百战之余，宁肯束手就絷！"谢举、朱异曰："景奔败之将，一使之力耳。"上从之，复书曰："贞阳旦至，侯景夕返。"景谓左右曰："我固知吴老公薄心肠！"王伟说景曰："今坐听亦死，举大事亦死，唯王图之！"于是始为反计：属城居民，悉召募为军士，辄停责市估及田租，百姓子女，悉以配将士。

景邀羊鸦仁同反，鸦仁执其使以闻。异曰："景数百叛虏，何能为！"敕以使者付建康狱，俄解遣之。景益无所惮，启上曰："若臣事是实，应罹国宪；如蒙照察，请戮鸦仁！"景又言："高澄狡猾，宁可全信！陛下纳其诡语，求与连和，臣亦窃所笑也。臣宁堪粉骨，投命雠门，乞江西一境，受臣控督。如其不许，即帅甲骑，临江上，向闽、越，非唯朝廷自耻，亦是三公旰食。"上使朱异宣语答景使曰："譬如贫家，畜十客、五客，尚能得意；朕唯有一客，致有忿言，亦朕之失也。"益加赏赐锦彩钱布，信使相望。

戊戌，景反于寿阳，以诛中领军朱异、少府卿徐驎、太子右卫率陆验、制局监周石珍为名。异等皆以奸佞骄贪，蔽主弄权，为时人所疾，故景托以兴兵。驎、验，吴郡人；石珍，丹杨人。驎、验迭为少府丞，以苛刻为务，百贾怨之，异尤与之昵，世人谓之“三蠹”。

庚子，诏遣宁远将军王质帅众三千巡江防遏。景攻历阳太守庄铁，丁未，铁以城降。因说景曰：“国家承平岁久，人不习战，闻大王举兵，内外震骇，宜乘此际速趋建康，可兵不血刃而成大功。若使朝廷徐得为备，内外小安，遣羸兵千人直据采石，大王虽有精甲百万，不得济矣。”景乃留仪同三司田英、郭骆守历阳，以铁为导，引兵临江。江上镇戍相次启闻。上问讨景之策于都官尚书羊侃，侃请“以二千人急据采石，令邵陵王袭取寿阳；使景进不得前，退失巢穴，乌合之众，自然瓦解”。朱异曰：“景必无渡江之志。”遂寝其议。侃曰：“今兹败矣！”

己酉，自横江济于采石，有马数百匹，兵八千人。是夕，朝廷始命戒严。

景分兵袭姑孰，执淮南太守文成侯宁。南津校尉江子一帅舟师千余人，欲于下流邀景；其副董桃生，家在江北，与其徒先溃走。子一收余众，步还建康。子一，子四之兄也。

太子见事急，戎服入见上，禀受方略，上曰：“此自汝事，何更问为！内外军事，悉以付汝。”太子乃停中书省，指授军事，物情惶骇，莫有应募者。朝廷犹不知临贺王正德之情，命正德屯朱雀门，宁国公大临屯新亭，大府卿韦黯屯六门，缮修宫城，为受敌之备。大临，大器之弟也。

百姓闻景至，竞入城，公私混乱，无复次第，羊侃区分防拟，皆以宗室间之。军人争入武库，自取器甲，所司不能禁，侃命斩数人，方止。是时，梁兴四十七年，境内无事，公卿在位及闾里士大夫罕见兵甲，贼至猝迫，公私骇震。宿将已尽，后进少年并出在外，军旅指㧑，一决于侃，侃胆力俱壮，太子深仗之。

景初至建康，谓朝夕可拔，号令严整，士卒不敢侵暴。及屡攻不克，人心离沮。景恐援兵四集，一旦溃去；又食石头常平诸仓既尽，军中乏食；乃纵士卒掠夺民米及金帛子女。是后米一升至七八万钱，人相食，饿死者什五六。

癸巳，侍中、都官尚书羊侃卒，城中益惧。侯景大造攻具，陈于阙前，大车高数丈，一车二十轮，丁酉，复进攻城，以虾蟆车运土填堑。

湘东王绎遣世子方等将步骑一万人援建康，庚子，发公安。绎又遣竟陵太守王僧辩将舟师万人，出自汉川，载粮东下。方等有俊才，善骑射，每战，亲犯矢石，以死节自任。

壬寅，侯景以火车焚台城东南楼。材官吴景，有巧思，于城内构地为楼，火才灭，新楼即立，贼以为神。景因火起，潜遣人于其下穿城。城将崩，乃觉之，吴景于城内更筑迂城，状如却月以拟之，兼掷火，焚其攻具，贼乃退走。

梁武帝太清二年（戊辰，公元548年）

春季，正月，己亥（初七），东魏慕容绍宗带领五千精锐骑兵前后夹击侯景的军队。侯景欺骗他的士兵们说："你们这些人的家属，已经被高澄杀掉了。"侯景手下的士兵都相信了他的话。慕容绍宗从远方高喊着："你们的家属都平安无事，如果你们回归，官职和勋爵会像从前一样封给你们。"说完，他披散着头发面向北斗星发誓。侯景的士兵们不愿意南渡，将领暴显等人各自统率自己的部队投降了慕容绍宗。侯景的人马全面溃败，士兵们争相抢渡涡水，河水都被败兵们阻断不再奔流了。侯景与自己的几个心腹之人骑马从硖石渡过了淮河。他们逐渐收集了一些溃散的士兵，步兵、骑兵共有八百人。他们向南经过一座小城时，有人登上了城墙上面呈凸凹形的短墙对侯景谩骂道："跛脚的奴才，看你还想做什么！"侯景听完恼羞成怒，攻破了这座小城，杀掉了骂他的人之后带兵离去。他们昼夜兼行，追击他们的东魏军队不敢逼近。侯景派人对慕容绍宗说："侯景如果被抓去，您还有什么用呢？"慕容绍宗于是便放过了他。

甲寅（二十二日），侯景派遣仪同三司于子悦飞马返回建康，把自己战败的事启奏朝廷，并且自己请求革职贬官。梁武帝下诏没有答应。侯景又请求为他补充财物和给养，梁武帝因为侯景的军队刚刚被打败，没有忍心把他调动。乙卯（二十三日），梁武帝就让侯景担任南豫州牧，他原来的官职还依然保持；又任命鄱阳王萧范为合州刺史，镇守合肥。光禄大夫萧介上表进谏说："我私下听说侯景在涡阳打了败仗，单枪匹马前来归顺。陛下您不追悔他从前造成的灾难，又下令容纳了他。我听说恶人的秉性不会改变，天下的恶人是一样的。昔日吕布杀死了丁原，来侍奉董卓，而最终又杀死了董卓，成为叛贼。刘牢之反叛王恭，归附晋朝，但又背弃了晋朝，制造邪恶事端。为什么呢？因为狼子野心，最终也不会有驯服、顺从的秉性，以喂养老虎为例，一定会出现被饥饿的老虎吃掉的祸患。侯景凭借着他的凶狠与狡猾的才能，受高欢的豢养和保护，身居高位独据一方，然而，高欢死后坟土还未干，他就反叛了高氏。只是因为叛逆的力量还不足，他才又逃奔到了关西。宇文泰没有收容他，所以他才投靠了我们。陛下您以往之所以不拒细流，接纳了侯景，正是为了像汉代在边境上设置属国安置投降的胡人来对付匈奴那样，欲让侯景来对付东魏，希望他同东魏打一仗；而现在侯景既然亡师失地，吃了败仗，那么他便只是边境上的一个平常之人，陛下您舍不得区区一个侯景，却失去了与友好国家的和睦，如果国家还等待他自新之时，晚年效力，我私下认为侯景必定不是晚年效力的臣子。他抛弃家国像脱掉鞋一样轻率，背弃国君、亲人像丢掉草芥一样容易，他怎么会懂得远慕圣德而来，做我们梁朝纯贞的臣子呢！他的所作所为很明显，没有人会感到迷惑不解。我已经衰老，又受疾病侵扰，本不应该干预朝廷政事。但是楚国令尹子囊在临死时，还叮嘱子庚修筑郢都的城墙，不忘保护社稷。卫国的史鱼将死之时，尚有让儿子置尸窗下进谏卫灵公之举。我身为皇族遗老，怎么敢忘记刘向的一片忠心！”梁武帝很赞赏萧介的一片忠心，但是却不能听从他的忠告。萧介是萧思话的孙子。

东魏得到了悬瓠、项城后，完全恢复了原有的疆土。大将军高澄多次派人送交国书，再次请求与梁朝通好。朝廷没有允许。高澄对贞阳侯萧渊明说：“先王与梁主和睦相处，有十多年了。听说他拜佛的文字中写着，为魏国国主奉佛，同时也提到先王。这是梁主的真情厚意，没想到一朝失信，竟导致如此纷乱。我知道这并不是梁主的本意，一定是侯景煽动罢了。我们应该派遣使者去商讨一下，如果梁主没有忘记旧日两国之间的友好关系，我也不敢违背先王的意愿与梁朝为敌。我会立即遣返留在北方的人，侯景的家属也会同时得到遣返。”萧渊明于是派遣省事夏侯僧辩向梁武帝呈递了奏书，声称：“勃海王高澄是宽宏大量、十分厚道的长者，如果梁朝再次与东魏通好的话，高澄会允许我回到梁朝的。”梁武帝看到萧渊明的启奏后，流下了眼泪。便与朝中大臣们共同商议此事。右卫将军朱异、御史中丞张绾等人都说：“平息敌寇，安息百姓，讲和对于我们来说确实很好。”只有司农卿傅岐认为；“高澄为什么要和我们讲和？这一定是他设下的离间计，之所以让贞阳侯萧渊明派来使者，目的是想让侯景自己产生猜疑。侯景的心神不定，心里不安宁，就一定会图谋叛乱引起灾祸。如果您答应与东魏友好往来，就正好堕入了高澄的圈套，中了他的奸计。”朱异等人固执地主张应该与东魏和好，梁武帝也厌倦了战争，于是便同意了朱异的意见，赐给萧渊明一封信，信上说：“知道高大将军待你不错，我看了你的奏折，心里感到很宽慰。自当另外派遣使者到魏国，以便重新建立两国之间的和睦友好关系。”

己卯（二月十七日），梁武帝派遣使者去慰问高澄，吊唁高欢。侯景又向梁武帝上奏说："我与高氏父子之间的嫌隙和仇恨已经很深，我仰仗您的威灵，期待着报仇雪耻。现在陛下又与高氏修好讲和，让我何处安身呢？请求您让我再次与高澄交战，来显示梁朝的皇威！"梁武帝写信回答侯景说："我与你之间君臣大义已定，怎会有你打了胜仗就接纳你，打了败仗就抛弃你的道理呢？现在，高澄派遣使者来求和，我也想停止干戈。应该进还是应该退，国家有正常的制度，你只管清静自居就行了，无须费心去考虑这些！"侯景又向梁武帝启奏说："我现在已贮备了粮草，聚集了士兵，喂了战马，藏好了武器，不日便可收复北方。我不能出师无名，所以希望陛下您能为我做主。现在陛下把我弃之在外，南北双方又开始互相沟通，只怕微臣的性命，将难免死在高澄之手。"梁武帝又写信给侯景说："我是大国之君，怎么可以失信于人呢！我想你深深知道我的这番心，你不必再启奏了。"

侯景于是假造了一封来自东魏都城邺城的书信，信中写道要用贞阳侯萧渊明交换侯景。梁武帝打算答应这一要求。舍人傅岐说："侯景因为山穷水尽才归至正道，投奔梁朝，舍弃了他是不吉祥的。况且侯景也身经百战，他怎么肯束手就擒呢？"谢举、朱异说："侯景是败军之将，用一个使者就能把他召回来。"梁武帝听从了谢举、朱异的话，给邺城回信说："贞阳侯早一到，侯景晚上会押送回去。"侯景对左右的人说："我就知道这个老家伙是个薄情寡义之人！"王伟对侯景劝说道："现在，我们等着听候梁国安排也是死，图谋大业也不过一死，希望大王您考虑一下这件事！"于是侯景才开始有反叛之计：将寿阳城内所有的居民，都招募为军队的士兵；立即停止收取市场税及田租；百姓之女，都被分派给将士们。

侯景邀羊鸦仁一同反叛梁朝，羊鸦仁拘捕了侯景的信使，并把这件事报告了朝廷。朱异说："侯景的反叛军队只有几百人，能有什么作为！"梁武帝命令把侯景的信使送到建康的监狱里，不久，又释放了他。侯景更加肆无忌惮，向梁武帝启奏说："如果我的事是事实，我应该受到国家法律的制裁。如果我能承蒙您的关照和详察，请您杀掉羊鸦仁！"侯景又启奏说："高澄为人十分狡猾，怎么可以完全相信他的话！陛下听信了他的谎言，力求与他和好，我在私下里对这件事也感到很可笑。我怎敢冒粉身碎骨的危险，投身我的仇人高澄呢，请求您将长江西部的一块地区，划归我控制。如果您不答应我这一要求，我就统率兵马，来到长江之上，杀向闽、越地区。这样，不仅朝廷蒙受耻辱，也会使三公大臣们顾不上吃饭。"梁武帝让朱异代替他向侯景的信使回答说："比如一个贫寒的家庭，蓄养着十个、五个食客，还要让他们满意，我只有一个客人，就招致了你这些愤慨的话，这也是我的过失啊！"这之后，梁武帝对侯景的赏赐更多了，赏给了他许多鲜艳华美的彩帛及钱币，信使往来不断，道路相望。

戊戌（八月初十），侯景在寿阳反叛。他以杀掉中领军朱异、少府卿徐驎、太子右卫率陆验、制局监周石珍为借口反叛了梁朝。朱异等人为人奸诈，善于花言巧语阿谀奉承，骄奢淫逸而又贪婪，欺骗梁武帝，玩弄权术，被当时的人所痛恨，因此侯景以此为借口起兵叛乱。徐驎、陆验是吴郡人。周石珍是丹杨人。徐驎与陆验曾轮流担任少府丞。因为他们做事苛刻，商人们都怨恨他们。朱异与他俩的关系尤其亲昵，因此，世上的人都称他们是“三蠹虫”。

庚子（十月十三日），梁武帝下诏派遣宁远将军王质统率三千人马沿长江防卫和阻止侯景的进攻。侯景向历阳太守庄铁的军队发动了进攻。丁未（二十日），庄铁率全城军民投降了侯景，并对侯景说：“国家连续安定许多年了，人们都已不习惯作战，听说大王您起兵，朝廷内外都感到很震惊和害怕。应该乘机迅速逼近建康，那样，不经过流血打仗就能取得成功。如果让朝廷渐渐有所防备，朝廷内外也稍稍安定一些，只要派遣一千名瘦弱的士兵径直占据采石的话，大王虽然有百万精锐军队，也不会成功。”侯景于是留下了仪同三司田英以及郭骆守卫历阳，让庄铁担任向导，带领军队来到了长江边上。防卫长江的要塞相继把侯景反叛的近事启奏给了梁武帝。梁武帝向都官尚书羊侃询问讨伐侯景的计策。羊侃请求“派二千人马快速占据采石，并命令邵陵王袭击、夺取寿阳，让侯景不能前进，退又失去巢穴。这些乌合之众，自然也就土崩瓦解了”。朱异却说：“侯景一定没有渡过长江的打算。”于是，没有采纳羊侃的建议，羊侃说：“现在梁朝就要败亡了。”

己酉（二十二日），侯景从横江渡过长江到达采石，一共有几百匹马和八千士兵。这天夜里，朝廷才下令实行戒严。

侯景分几路人马袭击姑孰城，抓住了淮南太守文成侯萧宁。南津校尉江子一统率千余水军，想在长江下流拦击侯景的军队。江子一的副将董桃生，家住在长江北面，他与手下人率先溃败逃走。江子一聚集了剩下的人马，徒步回到了建康。江子一是江子四的哥哥。

太子见情况紧急，便身穿戎装进入皇宫见梁武帝，领受梁武帝的指示，梁武帝对他说：“这些是你自己的事，又何必问我呢？朝廷内外的军政事务，我全都交给你了。”太子于是进驻中书省，指挥布置军事事务。人们情绪惶惶不安，没有人敢应募出征。朝廷还不知道临贺王萧正德已暗中投降了侯景这一情况，仍命令萧正德驻兵把守朱雀门，命宁国公萧大临驻守新亭，大府卿韦黯率兵驻守六个城门、修缮皇宫的城墙，为一旦遭受敌人进攻做好准备。萧大临是萧大器的弟弟。

百姓听说侯景的军队来到，争相逃入城里。官员与百姓混杂在一起，不再有秩序。羊侃布置防守计划，每处都安排皇室成员来监督。军队的官兵争相进入武器库，自己拿兵器和盔甲，掌管武器库的人不能禁止，羊侃下令斩杀了几个人，才制止了这种混乱。这年，是梁朝建立后的第四十七年，国内一直平安无事，在职的公卿以及闾里士大夫都很少见到兵器和铠甲。现在叛贼突然来到，形势紧迫，官员与百姓都很震惊。朝廷中的老将已经没有了，后来晋升的青年将领都正在外面征战或防守边境，军队的指挥，完全由羊侃一人决定。羊侃有胆有谋，太子深深地仰仗于他。

侯景刚到建康时，以为很快就能攻克建康，所以最初他的军队号令严格，仪容整齐，士兵们不敢侵扰、凌暴百姓。等到多次攻打建康城都没有攻克时，人心开始离散、沮丧。侯景担心救援建康的军队从四面八方汇集而来，自己的军队迟早会有溃退的一天。另外，由于石头城备用粮仓的粮食已经吃完了，军队缺乏食物。于是，侯景便纵容他的士兵去掠夺百姓的米粮以及金银、丝织品和百姓的儿女。从这以后，大米的价格一升涨到七八万钱，以致造成人吃人的情况，被饿死的人达到十分之五六。

癸巳（十二月初七），侍中、都官尚书羊侃去世，建康城里更是人心惶恐。侯景大造攻城器具，并把这些器具陈列在城楼前。高大的战车高达几丈，一辆车有二十个车轮。丁酉（十一日），侯景又向皇城发动进攻，用蛤蟆车运土填平战壕。

湘东王萧绎派遣他的长子萧方等率领一万步兵、骑兵前来建康救援，庚子（十四日），援兵从公安出发。萧绎又派遣竟陵太守王僧辩率领一万名水军，从汉川出发，用船运载粮食顺水东下。萧方等才智过人，擅长骑马射箭。每次与敌人交战，他都亲自冒着箭林石雨杀敌，以为节义而死为己任。

壬寅（十六日），侯景用载有火种的车焚烧皇城东南楼。材官吴景心灵手巧，他让人在皇城里面的地上建起一座楼。大火刚灭新建的楼就立起，贼兵认为有神相助。侯景趁大火燃烧起来的时候，偷偷派人从下面凿城挖洞。城将要崩塌时，城内的人才发觉。吴景让人们在城内修造了迂回曲折的城墙，它的形状好似半圆形的月亮。同时，还向敌人扔掷火把，焚烧了他们的进攻器具。贼兵这才退兵。

梁纪十八

第一百六十二卷

高祖武皇帝十八太清三年（己巳，549）

己巳，太子迁居永福省。高州刺史李迁仕、天门太守樊文皎将援兵万余人至城下。台城与援军信命久绝，有羊车儿献策，作纸鸱，系以长绳，写敕于内，放以从风，冀达众军，题云："得鸱送援军，赏银百两。"太子自出太极殿前乘西北风纵之，贼怪之，以为厌胜，射而下之。援军募人能入城送启者，鄱阳世子嗣左右李朗请先受鞭，诈为得罪，叛投贼，因得入城，城中方知援兵四集，举城鼓噪。上以朗为直阁将军，赐金遣之。朗缘钟山之后，宵行昼伏，积日乃达。

临贺王记室吴郡顾野王起兵讨侯景，二月，己丑，引兵来至。初，台城之闭也，公卿以食为念，男女贵贱并出负米，得四十万斛，收诸府藏钱帛五十万亿，并聚德阳堂，而不备薪刍、鱼盐。至是，坏尚书省为薪，撤荐，剉以饲马，荐尽，又食以饭。军士无肷，或煮铠、熏鼠、捕雀而食之。御甘露厨有干苔，味酸咸，分给战士。军人屠马于殿省间，杂以人肉，食者必病。侯景众亦饥，抄掠无所获；东城有米，可支一年，援军断其路。又闻荆州兵将至，景甚患之。王伟曰："今台城不可猝拔，援兵日盛，吾军乏食，若伪求和以缓其势，东城之米，足支一年，因求和之际，运米入石头，援军必不得动，然后休士息马，缮修器械，伺其懈怠击之，一举可取也。"景从之，遣其将任约、于子悦至城下，拜表求和，乞复先镇。太子以城中穷困，白上，请许之。上怒曰："和不如死！"太子固请曰："侯景围逼已久，援军相仗不战，宜且许其和，更为后图。"上迟回久之，乃曰："汝自图之，勿令取笑千载。"遂报许之。景乞割江右四州之地，并求宣城王大器出送，然后济江。中领军傅岐固争曰："岂有贼举兵围宫阙而更与之和乎！此特欲却援军耳。戎狄兽心，必不可信。且宣城嫡嗣之重，国命所系，岂可为质！”上乃以大器之弟石城公大款为侍中，出质于景。又敕诸军不得复进，下诏曰：“善兵不战，止戈为武。可以景为大丞相，都督江西四州诸军事，豫州牧、河南王如故。”己亥，设坛于西华门外，遣仆射王克、上甲侯韶、史部郎萧瑳与于子悦、任约、王伟登坛共盟。太子詹事柳津出西华门，景出栅门，遥相对，更杀牲歃血为盟。既盟，而景长围不解，专修铠仗，托云“无船，不得即发”，又云“恐南军见蹑”，遣石城公还台，求宣城王出送；邀求稍广，了无去志。太子知其诈言，犹羁縻不绝。韶，懿之孙也。

于是景决石阙前水，百道攻城，昼夜不息。邵陵世子坚屯太阳门，终日蒱饮，不恤吏士，其书佐董勋、熊昙朗恨之。丁卯，夜向晓，勋、昙朗于城西北楼引景众登城，永安侯确力战，不能却，乃排闼入启上云：“城已陷。”上安卧不动，曰：“犹可一战乎？”确曰：“不可。”上叹曰：“自我得之，自我失之，亦复何恨！”因谓确曰：“汝速去，语汝父：勿以二宫为念。”因使慰劳在外诸军。

俄而景遣王伟入文德殿奉谒，上命褰帘开户引伟入，伟拜呈景启，称：“为奸佞所蔽，领众入朝，惊动圣躬，今诣阙待罪。”上问：“景何在？可召来。”景入见于太极东堂，以甲士五百人自卫。景稽颡殿下，典仪引就三公榻。上神色不变，问曰：“卿在军中日久，无乃为劳！”景不敢仰视，汗流被面。又曰：“卿何州人，而敢至此，妻子犹在北邪？”景皆不能对。任约从旁代对曰：“臣景妻子皆为高氏所屠，唯以一身归陛下。”上又问：“初渡江有几人？”景曰：“千人。”“围台城几人？”曰：“十万。”“今有几人？”曰：“率土之内，莫非己有。”上俯首不言。

景复至永福省见太子，太子亦无惧容。侍卫皆惊散，唯中庶子徐摛、通事舍人陈郡殷不害侧侍。摛谓景曰：“侯王当以礼见，何得如此！”景乃拜。太子与言，又不能对。

景退，谓其厢公王僧贵曰：“吾常跨鞍对陈，矢刃交下，而意气安缓，了无怖心；今见萧公，使人自慑，岂非天威难犯！吾不可以再见之。”于是悉撤两宫侍卫，纵兵掠乘舆、服御、宫人皆尽。收朝士、王侯送永福省，使王伟守武德殿，于子悦屯太极东堂。矫诏大赦，自加大都督中外诸军、录尚书事。

建康士民逃难四出。太子洗马萧允，至京口，端居不行，曰：“死生有命，如何可逃！祸之所来，皆生于利；苟不求利，祸从何生！”

己巳，景遣石城公大款以诏命解外援军。柳仲礼召诸将议之。邵陵王纶曰：“今日之命，委之将军。”仲礼熟视不对。裴之高、王僧辩曰：“将军拥众百万，致宫阙沦没，正当悉力决战，何所多言！”仲礼竟无一言，诸军乃随方各散。南兖州刺史临成公大连、湘东世子方等、鄱阳世子嗣、北兖州刺史湘潭侯退、吴郡太守袁君正、晋陵太守陆经等各还本镇。君正，昂之子也。邵陵王纶奔会稽。仲礼及弟敬礼、羊鸦仁、王僧辩、赵伯超并开营降，军士莫不叹愤。仲礼等入城，先拜景而后见上；上不与言。仲礼见父津，津恸哭曰：“汝非我子，何劳相见！”

庚午，诏征镇牧守可复本任。景留柳敬礼、羊鸦仁，而遣柳仲礼归司州，王僧辩归竟陵。初，临贺王正德与景约，平城之日，不得全二宫。及城开，正德帅众挥刀欲入，景先使其徒守门，故正德不果入。景更以正德为侍中、大司马，百官皆复旧职。正德入见上，拜且泣。上曰：“啜其泣矣，何嗟及矣！”

上虽外为侯景所制，而内甚不平。景欲以宋子仙为司空，上曰：“调和阴阳，安用此物！”景又请以其党二人为便殿主帅，上不许。景不能强，心甚惮之。太子入，泣谏，上曰：“谁令汝来！若社稷有灵，犹当克复；如其不然，何事流涕！”景使其军士入直省中，或驱驴马，带弓刀，出入宫庭，上怪而问之，直阁将军周石珍对曰：“侯丞相甲士。”上大怒，叱石珍曰：“是侯景，何谓丞相！”左右皆惧。是后上所求多不遂志，饮膳亦为所裁节，忧愤成疾。太子以幼子大圜属湘东王绎，并剪爪发以寄之。五月，丙辰，上卧净居殿，口苦，索蜜不得，再曰“荷！荷！”遂殂。年八十六。景秘不发丧，迁殡于昭阳殿，迎太子于永福省，使如常入朝。王伟、陈庆皆侍太子，太子呜咽流涕，不敢泄声，殿外文武皆莫之知。

辛巳，发高祖丧，升梓宫于太极殿。是日，太子即皇帝位，大赦，侯景出屯朝堂，分兵守卫。

始兴太守陈霸先结郡中豪杰欲讨侯景，郡人侯安都、张偲等各帅众千余人归之。霸先遣主帅杜僧明将二千人顿于岭上，广州刺史萧勃遣人止之曰：“侯景骁雄，天下无敌，前者援军十万，士马精强，犹不能克，君以区区之众，将何所之！如闻岭北王侯又皆鼎沸，亲寻干戈，以君疏外，讵可暗投！未若且留始兴，遥张声势，保太山之安也。”霸先曰：“仆荷国恩，往闻侯景渡江，即欲赴援，遭值元、兰，梗我中道。今京都覆没，君辱臣死，谁敢爱命！君侯体则皇枝，任重方岳，遣仆一军，犹贤乎已，乃更止之乎！”及遣使间道诣江陵，受湘东王绎节度。时南康土豪蔡路养起兵据郡，勃乃以腹心谭世远为曲江令，与路养相结，同遏霸先。

梁武帝太清三年(己巳,公元549年)

己巳(正月十三日),梁朝的皇太子搬到永福省居住。高州刺史李迁仕、天门太守樊文皎率领一万多名援兵赶到城下。朝廷与援军之间的书信往来已经中断很久,有一个叫羊车儿的人出了一个主意,就是做一只纸鸢,在上面系上长绳,将敕令写在里头,顺风放出去,希望它能到达援军中的任何一支。为了保证成功,纸鸢上还题上这样几个字:"如果得到纸鸢后把它送给援军,将赏一百两银子。"皇太子亲自走到太极殿的前面,乘着西北风放出纸鸢,贼兵见了觉得奇怪,以为这是一种能以诅咒制服人的巫术用品,就把它射了下来。援军那一边也在招募能进入都城呈送文书的人,鄱阳王嫡长子萧嗣身边的下属李朗主动请求先打自己一顿鞭子,然后假装得罪了上司,叛逃到贼兵那里,因此得到机会进入城中,城中的军民这才知道援军已经聚集在周围,全城上下高兴得又是擂鼓又是呐喊。梁武帝任命李朗为直阁将军,赏赐他金银后又派他出城。李朗沿着钟山的后面,晚上行走白天潜伏,几天之后才到达援军的营垒。

南梁临贺王的记室、吴郡人顾野王拉起队伍讨伐侯景,二月,己丑(初三),顾野王率部队赶到了京城。当初,台城关闭城门的时候,公卿们将粮食问题记挂在心上,男的、女的、尊贵的、低贱的都出来背米,一共得到四十万斛粮食,同时还收集了各个府第贮藏的钱和帛达五十万亿,它们全都集中在德阳堂,但是他们并没有储备柴禾、牲口草料,以及鱼、盐。到了此时,只好拆除尚书省的建筑作木柴,拿掉垫席,磨碎了以后喂马,垫席用光了,又用米饭喂马。士兵们没有肉吃之后,有的人煮甲衣上的皮革,烤老鼠,捕捉鸟雀来吃。皇室的厨房里有一种干的海苔,味道又酸又咸,不得已拿出来分给战士。军人们在皇宫与各省的办公场所杀马,煮的马肉中还夹杂着人肉,吃的人无不得病。侯景的部队也很饥饿,四处搜寻掠夺却没有取得什么收获。东府城里有不少大米,可以供应部队整整一年,可是去那里的路被援军切断了。在这种情况下,侯景又听说荆州的部队将要赶到,心里非常害怕。王伟对他说:"现在看来,台城不可能迅速攻克,对方的援军力量日益强大,而我们的部队缺少粮食,如果我们假装向他们求和的话,可以缓解他们逼近的势头,东城的大米,足够让我们吃一年,趁着求和的时候,把大米运进石头城,援军一定不敢行动,然后我们使将士与战马都得到休息,修理好有关器械,看到对方懈怠下来再攻击他们,一下子就可以夺取台城。"侯景接受了他的建议,派遣手下的将领任约、于子悦来到台城下面,恭敬地递上文书求和,请皇上允许他去恢复原先镇守的失地。皇太子考虑到城里已困窘不堪,就将此事禀报给梁武帝,请他答应侯景的要求。梁武帝愤怒地说道:"跟侯景和好,还不如死！”皇太子再三请求说：“侯景围困逼迫我们已经很久，我们的援军又相互推诿不投入战斗，应该暂且答应与侯景媾和，以后再做其他打算。”梁武帝犹豫了很久才说：“你自己考虑吧，不要让千载以下的人讥笑。”于是派人告诉侯景，说皇上已答应他的请求。侯景乞求朝廷割让长江西面的四个州给他，又表示得让宣城王萧大器出来相送，然后他才渡过长江。中领军傅岐态度坚决地争辩说：“哪有叛贼兴兵包围宫殿，而我们转过头来跟他们媾和的道理！侯景现在是想让援军撤走而已。戎狄侯景人面兽心，绝对不能相信。况且宣城王是皇上的直系后裔，地位重要，国家的命运维系在他的身上，怎么可以叫他去当人质！”梁武帝于是便任命萧大器的弟弟石城公萧大款为侍中，派他去侯景那里做人质。他又命令各路援军一律不得再前进，同时还颁下这样的诏书：“善于用兵的人不必以刀兵定胜负，止与戈两字合成为‘武’。可以任命侯景为大丞相，统管江西四个州诸军事，仍照旧担任豫州牧、河南王。”己亥（十三日），梁武帝在西华门外设立神坛，派遣仆射王克、上甲侯萧韶、吏部郎萧瑳与于子悦、任约、王伟一同登上神坛订立盟约。太子詹事柳津来到西华门外，侯景则来到栅门外，遥遥相对，双方再屠宰牲畜，口中含血，订立盟誓。盟约订立以后，侯景却长时间地不解除原来的包围，集中精力专门修缮铠甲与兵器，还找借口说：“没有船只，不能立即出发。”又说：“害怕那些屯驻在秦淮河南岸的援军追击。”他叫石城公返回台城，要宣城王出来相送，提的要求越来越多，丝毫没有离去的意思。皇太子明知他说的都是假话，却还是不停地笼络他。萧韶是萧懿的孙子。

侯景于是挖开皇宫石门前的玄武湖，引出里面的湖水灌城，从各处攻城，昼夜不停。邵陵王的嫡长子萧坚屯驻在太阳门，终日不是赌博就是饮酒，不体恤手下官吏与将士的疾苦，他的书佐董勋、熊昙朗恨透了他。丁卯（十二日），下半夜临近拂晓的时候，董勋、熊昙朗从台城的西北楼引导侯景的人马攀登上来，永安侯萧确奋力拼搏，不能打退敌人，就推开宫中的小门启禀梁武帝道：“台城已经陷落了。”梁武帝平静地躺着不动，问道：“还可以打一仗吗？”萧确回答说：“已经不行了。”梁武帝叹了一口气说道：“从我这儿得到的，又从我这儿失去，还有什么可遗憾的呢！”他于是对萧确说道：“你快些离开，告诉你的父亲不要记挂我和太子。”于是便派萧确慰劳在外面的各路援军。

没有多久，侯景派遣王伟来到文德殿拜见梁武帝，梁武帝下令揭起帘幕，打开殿门带王伟进来，王伟跪拜之后，将侯景的文书呈交给梁武帝，声称：“我们受到一些奸佞的蒙蔽，带领人马进入朝堂，惊动了皇上，现在特地到宫中等候降罪。”梁武帝问道："侯景在什么地方？你可以把他叫来。"侯景来太极殿的东堂晋见梁武帝，随身带了五百多全副武装的武士保护自己。侯景在大殿下面跪拜，以额触地，典仪带着他走到三公坐的榻前。梁武帝神色不变，问侯景道："你在军队里的时间很长，恐怕很辛苦！"侯景不敢抬头正视梁武帝，汗水流了一脸。梁武帝又问道："你是哪个州的人，敢到这里来，你的妻儿还在北方吗？"对这些问题侯景都不能回答。任约在旁边代替侯景回答说："臣下侯景的妻儿都被高家屠杀光了，只有我单身一人投靠了陛下您。"梁武帝又问道："当初你渡江过来的时候有多少人？"侯景说道："一千人。"再问道："包围台城时有多少人？"回答说："十万人。"问："现在有多人？"回答："四海之内，没有不属于我的人。"梁武帝低下头去，不再说话。

侯景又到永福省去拜见皇太子，皇太子也没有表现出害怕的神情。皇太子身边的侍卫都已惊慌地逃散了，唯独中庶子徐摛、通事舍人陈郡人殷不害在一旁侍奉。徐摛对侯景说："你来拜见应当遵守礼节，怎么可以像现在这样？"侯景听了就跪下参拜。皇太子与侯景说话，侯景又不能回答。

侯景离开之后，对他的厢公王僧贵说道："我经常跨上马鞍与敌人对阵，面临刀丛箭雨，而心绪平稳如常，一点也不害怕；今天见到萧公，心里竟然不由自主地恐慌起来，这岂不是天子的威严难以触犯吗？我不能再见他们了。"于是他把两宫的侍卫都撤掉，放纵将士把皇帝及后妃使用的车辆、服装，还有宫女都抢得一干二净。又将朝士、王侯们捉了送到永福省，派王伟守卫武德殿，于子悦屯驻在太极殿的东堂。侯景接着又伪造梁武帝的诏书，下令大赦天下，还加封自己为都督中外诸军、录尚书事。

建康的老百姓往四面八方逃难。太子洗马萧允来到京口时，端正地坐着不走，说道："死生都是命中注定，怎么可以逃掉呢？灾祸的到来，都是由利而生；如果不追求利，灾祸从哪里产生！"

己巳（十四日），侯景派遣石城公萧大款带上梁武帝的诏书，去下令解散外面的救援部队。柳仲礼召集各位将领商议此事，邵陵王萧纶对柳仲礼说道："今天该下什么样的命令，我们都听将军您了。"柳仲礼注目细看萧纶不做回答。裴之高、王僧辩说道："将军您拥有百万人马，却致使皇宫沦陷，眼下正是应该投入全部力量决一死战的时候，何必多言呢？"柳仲礼竟然始终不发一言，各路援军于是只好分散，回到各自原来驻守的地方去了。南兖州刺史临成公萧大连、湘东王嫡长子萧方等、鄱阳王嫡长子萧嗣、北兖州刺史湘潭侯萧退、吴郡太守袁君正、晋陵太守陆经等人都返回本来镇守的州郡。袁君正是袁昂的儿子。邵陵王萧纶逃往会稽。柳仲礼和他的弟弟柳敬礼，还有羊鸦仁、王僧辩、赵伯超一道打开营门向侯景投降，将士们没有不叹息愤恨的。柳仲礼等人进入京城之后，先拜会侯景然后才晋见梁武帝，梁武帝不跟他们说话。柳仲礼见到了父亲柳津，柳津痛哭道："你不是我的儿子，何必来跟我相见！"

庚午（十五日），朝廷颁下诏书，命令各位征镇牧守，可以回到他们原本的任所去。侯景留下了柳敬礼、羊鸦仁，而派遣柳仲礼返回司州，王僧辩回归竟陵。当初，临贺王萧正德与侯景约定：平定台城的那一天，不得保全皇上与太子。等到城门打开时，萧正德率领人马挥着刀准备进去，侯景先派手下的士兵把守大门，所以萧正德最终没能达到目的。侯景让萧正德改任侍中、大司马，文武百官都恢复了原来的职务。萧正德进入皇宫晋见梁武帝，一边跪拜一边哭泣。梁武帝说道："你眼泪流个不停，是感叹不能再跟他在一起了吧？"

梁武帝虽然表面上被侯景控制，但是他的心里却非常不平。侯景想让宋子仙出任司空，梁武帝说道："三公是要调和阴阳的，怎么可以任用宋子仙这种人？"侯景又请求让他的两个同党出任便殿主帅，梁武帝没有同意。侯景不能强迫梁武帝，心里非常害怕他。皇太子进来，流着眼泪劝告梁武帝，梁武帝说道："谁让你来的！如果国家的神灵还在，还可以恢复；如果不是这样，流泪有什么用！"侯景派手下的士兵到几个省里值勤，有的人赶着驴马，带着弓刀，在宫廷中出出进进。梁武帝感到奇怪，询问这是怎么回事，直阁将军周石珍回答说："这是侯丞相的卫兵。"梁武帝听了大怒，斥责周石珍道："是侯景，为什么管他叫丞相？"旁边的人都很害怕。从此以后梁武帝所提出的要求大多数都不能得到满足，饮料与膳食也被减少，在忧虑与气愤交加的情况下他病倒了。皇太子把小儿子萧大圜托付给了湘东王萧绎，并且将剪下的头发与指甲寄给他。五月，丙辰（初二），梁武帝躺在净居殿，嘴里发苦，索要蜂蜜水喝却得不到，发出了两声"嗬！嗬！"的声音，便死去了，享年八十六岁。侯景封锁消息不发丧，将梁武帝的遗体收殓后移到了昭阳殿，又从永福省接来皇太子，叫他像平常一样入朝。王伟、陈庆都在旁边监视皇太子，皇太子呜咽着泪流满面，不敢发出声音，殿堂外的文武百官没有人知道这件事。

辛巳（二十七日），侯景为梁武帝发丧，将棺材抬到太极殿。这一天，皇太子登上了皇位，大赦天下，侯景出屯朝堂，把士兵派到各处守卫。

始兴太守陈霸先集结郡中豪杰，准备讨伐侯景，郡人侯安都、张偲等各自率领一千多人来归附他。陈霸先派遣主帅杜僧明率两千人到大庾岭上屯驻，广州刺史萧勃派人来制止他说："侯景骁勇强悍，天下无敌，前一段时间，去援救朝廷的部队多达十万人，兵强马壮，尚且不能打败他，现在您只有这么一点人，能对他怎么样呢？听说岭北地区的王侯那里局势又很不稳定，这些皇亲之间都互相开战，您只不过是跟萧家没什么关系的外人，怎么可以明珠暗投呢？您不如暂且留在始兴，远远地张扬自己的声势，可以像泰山一般保证安全。”陈霸先回答说：“我蒙受国恩，以前听到侯景渡江的消息，我就准备前去救援，可是在途中让元仲景与兰裕给阻拦住了。如今国都沦陷，国君受到污辱，做臣子的就应为国君而死，谁还敢顾惜自己的性命？君侯您是皇亲国戚，承担着一个方面的重任，您派我带领一支军队去讨伐国贼，还比不派要好得多，怎么又来制止我呢？”于是他就派使者抄小路赶到江陵，表示接受湘东王萧绎的指挥调度。当时南康的地方豪强蔡路养拉起武装占据了郡城，萧勃就派自己的心腹谭世远出任曲江县令，与蔡路养联合起来，共同遏制陈霸先。

梁纪十九

第一百六十三卷

太宗简文皇帝上大宝元年（庚午，550）

春，正月，辛亥朔，大赦，改元。

陈霸先发始兴，至大庾岭，蔡路养将二万人军于南野以拒之。路养妻侄兰陵萧摩诃，年十三，单骑出战，无敢当者。杜僧明马被伤，陈霸先救之，授以所乘马；僧明上马复战，众军因而乘之，路养大败，脱身走。霸先进军南康，湘东王绎承制授霸先明威将军、交州刺史。

丙午，侯景请上幸西州，上御素辇，侍卫四百余人，景浴铁数千，翼卫左右。上闻丝竹，凄然泣下，命景起舞；景亦请上起舞。酒阑坐散，上抱景于床曰："我念丞相。"景曰："陛下如不念臣，臣何得至此！"逮夜乃罢。

时江南连年旱蝗，江、扬尤甚，百姓流亡，相与入山谷、江湖，采草根、木叶、菱芡而食之，所在皆尽，死者蔽野。富室无食，皆鸟面鹄形，衣罗绮，怀珠玉，俯伏床帷，待命听终。千里绝烟，人迹罕见，白骨成聚，如丘陇焉。

景性残酷，于石头立大碓，有犯法者捣杀之。常戒诸将曰："破栅平城，当净杀之，使天下知吾威名。"故诸将每战胜，专以焚掠为事，斩刈人如草芥，以资戏笑。由是百姓虽死，终不附之。又禁人偶语，犯者刑及外族。为其将帅者，悉称行台，来降附者，悉称开府，其亲寄隆重者曰左右厢公，勇力兼人者曰库直都督。

绎自去岁闻高祖之丧，以长沙未下，故匿之。壬寅，始发丧，刻檀为高祖像，置于百福殿，事之甚谨，动静必咨焉。绎以为天子制于贼臣，不肯从大宝之号，犹称太清四年。丙午，绎下令大举讨侯景，移檄远近。

梁简文帝大宝元年（庚午，公元550年）

春季，正月，辛亥朔（初一），梁朝大赦天下，改年号为大宝。

陈霸先率军从始兴出发，抵达大庾岭。蔡路养统率两万人驻扎在南野进行抵抗。蔡路养的妻侄兰陵人萧摩诃，年方十三，单骑出战，没人敢抵挡他。杜僧明的战马受了伤，陈霸先救了他，并把自己骑的马给他；杜僧明跃上马又投入战斗，众军乘着他的气势勇猛进击，蔡路养大败，脱身逃跑了。陈霸先于是进军南康，湘东王萧绎以皇帝之令授予陈霸先明威将军、交州刺史。

丙午（四月二十七日），侯景请简文帝巡视西州，简文帝乘坐不加雕漆的素辇，带四百多名侍卫人员。而侯景则率几千名铁甲铮亮的武士，翼卫在左右。简文帝听到丝竹之声，凄然流泪，传命侯景起舞；侯景也请简文帝起舞。酒阑人散，简文帝在床上抱着侯景说："我心里念着丞相。"侯景回答说："陛下如不念顾我，我哪能得到现在的地位！"直到夜色降临才分手。

这时江南连年闹旱灾、蝗灾，江州、扬州尤其严重，老百姓流离失所，成群结队逃入山谷之中、江湖之滨，采集草根、树叶、菱角、鸡头为食物。饥民所至，这些东西一扫而空，饿死的人横陈田野，比比皆是，富裕人家也没有吃的，一个个饿得鸟面鹄形，穿着罗绮衣裳，怀里藏着珍珠美玉，俯伏在床帷之间，等待死亡。千里之内，炊烟断绝，人迹罕见，白骨成堆，像丘陇一样。

侯景生性残酷，他在石头城设立大碓，犯法的人被抓住，就用大碓捣杀。平常总是告诫诸将说："一旦攻破栅栏，踏平城市，就杀它个干干净净，使天下人知道我的厉害！"所以他手下的诸将每次战胜，就专门以烧杀抢掠为能事，杀人如刈草芥，以此作为游戏取乐。因此老百姓即使死，也绝不归附他。侯景又禁止人民在一起交头接耳，有违犯的刑罚株连到他的外族。当他的将帅的，都称为行台；来投降归附他的，都称为开府。他所特别亲信看重的称为左右厢公，勇气力量超人的称为库直都督。

萧绎自去年就听到了梁武帝驾崩的消息，因为当时长沙还没打下，所以封锁消息。壬寅（二十三日），才发丧，用檀木雕刻梁武帝像，安放在百福殿里，朝拜很恭谨，一举一动都前往咨求。萧绎认为天子被贼臣挟制，所以不肯采用大宝的年号，还是照旧年号称太清四年。丙午（二十七日），萧绎下令大举讨伐侯景，檄文传遍远近。

梁纪二十

第一百六十四卷

世祖孝元皇帝上承圣元年（壬申，552）

湘东王命王僧辩等东击侯景，二月，庚子，诸军发寻阳，舳舻数百里。陈霸先帅甲士三万，舟舰二千，自南江出湓口，会僧辩于白茅湾，筑坛歃血，共读盟文，流涕慷慨。癸卯，僧辩使侯瑱袭南陵、鹊头二戍，克之。戊申，僧辩等军于大雷；丙辰，发鹊头。戊午，侯子鉴还至战鸟，西军奄至，子鉴惊惧，奔还淮南。

丁丑，僧辩至姑孰，子鉴帅步骑万余人渡洲，于岸挑战，又以鸼千艘载战士。僧辩麾细船皆令退缩，留大舰夹泊两岸。子鉴之众谓水军欲退，争出趋之；大舰断其归路，鼓噪大呼，合战中江，子鉴大败，士卒赴水死者数千人。子鉴仅以身免，收散卒走还建康，据东府。僧辩留虎臣将军庄丘慧达镇姑孰，引军而前，历阳戍迎降。景闻子鉴败，大惧，涕下覆面，引衾而卧，良久方起，叹曰："误杀乃公！"

丁亥，王僧辩进军招提寺北，侯景帅众万余人、铁骑八百余匹陈于西州之西。陈霸先曰："我众贼寡，应分其兵势，以强制弱；何故聚其锋锐，令致死于我！"乃命诸将分处置兵。景冲将军王僧志陈，僧志小缩，霸先遣将军安陆徐度将弩手二千横截其后，景兵乃却。霸先与王琳、杜龛等以铁骑乘之，僧辩以大兵继进，景兵败退，据其栅。龛，岸之兄子也。景仪同三司卢晖略守石头城，开北门降，僧辩入据之。景与霸先殊死战，景帅百余骑，弃矟执刀，左右冲陈；陈不动，众遂大溃，诸军逐北至西明门。

景至阙下，不敢入台，召王伟责之曰："尔令我为帝，今日误我！"伟不能对，绕阙而藏。景欲走，伟执鞚谏曰："自古岂有叛天子邪！宫中卫士，犹足一战，弃此，将欲安之！"景曰："我昔败贺拔胜，破葛荣，扬名河朔，渡江平台城，降柳仲礼如反掌；今日天亡我也！"因仰观石阙，叹息久之。以皮囊盛其江东所生二子，挂之鞍后，与房世贵等百余骑东走，欲就谢答仁于吴。侯子鉴、王伟、陈庆奔朱方。

僧辩之发江陵也，启湘东王曰："平贼之后，嗣君万福，未审何以为礼？"王曰："六门之内，自极兵威。"僧辩曰："讨贼之谋，臣为己任，成济之事，请别举人。"王乃密谕宣猛将军朱买臣，使为之所。及景败，太宗已殂，豫章王栋及二弟桥、樛相扶出于密室，逢杜崱于道，为去其锁。二弟曰："今日始免横死矣！"栋曰："倚伏难知，吾犹有惧！"辛卯，遇朱买臣，呼之就船共饮，未竟，并沉于水。

益州刺史、太尉武陵王纪，颇有韬略，在蜀十七年，南开宁州、越嶲，西通资陵、吐谷浑，内修耕桑盐铁之政，外通商贾远方之利，故能殖其财用，器甲殷积，有马八千匹。闻侯景陷台城，湘东王将讨之，谓僚佐曰："七官文士，岂能匡济！"内寝柏殿柱绕节生花，纪以为己瑞。乙巳，即皇帝位，改元天正，立子圆照为皇太子，圆正为西阳王，圆满为竟陵王，圆普为谯王，圆肃为宜都王。以巴西、梓潼二郡太守永丰侯捴为征西大将军、益州刺史，封秦郡王。司马王僧略、直兵参军徐怦固谏，不从。僧略，僧辩之弟；怦，勉之从子也。

景与腹心数十人单舸走，推堕二子于水，将入海，瑱遣副将焦僧度追之。景纳羊侃之女为小妻，以其兄鹍为库直都督，待之甚厚；鹍随景东走，与景所亲王元礼、谢葳蕤密图之。葳蕤，答仁之弟也。景下海，欲向蒙山，己卯，景昼寝；鹍语海师："此中何处有蒙山，汝但听我处分。"遂直向京口。至胡豆洲，景觉，大惊；问岸上人，云"郭元建犹在广陵"，景大喜，将依之。鹍拔刀，叱海师向京口，因谓景曰："吾等为王效力多矣，今至于此，终无所成，欲就乞头以取富贵。"景未及答，白刃交下。景欲投水，鹍以刀斫之。景走入船中，以佩刀抉船底，鹍以矟刺杀之。尚书右仆射索超世在别船，葳蕤以景命召而执之。南徐州刺史徐嗣徽斩超世，以盐内景腹中，送其尸于建康。僧辩传首江陵，截其手，使谢葳蕤送于齐；暴景尸于市，士民争取食之，并骨皆尽；溧阳公主亦预食焉。初，景之五子在北齐，世宗剥其长子面而烹之，幼者皆下蚕室。齐显祖即位，梦猕猴坐其御床，乃尽烹之。赵伯超、谢答仁皆降于侯瑱，瑱并田迁等送建康。王僧辩斩房世贵于市，送王伟、吕季略、周石珍、严亶、赵伯超、伏知命于江陵。

公卿藩镇数劝进于湘东王，十一月，丙子，世祖即皇帝位于江陵，改元，大赦。是日，帝不升正殿，公卿陪列而已。

侯景之乱，州郡太半入魏，自巴陵以下至建康，以长江为限，荆州界北尽武宁，西拒硖口，岭南复为萧勃所据，诏令所行，千里而近，民户著籍，不盈三万而已。

梁元帝承圣元年(壬申,公元552年)

湘东王命令王僧辩等向东进军,攻击侯景。二月,庚子(二十六日),各路大军从寻阳出发,兵船从头到尾达几百里。陈霸先率甲兵三万,舟舰二千只,从南江出湓口,和王僧辩会师于白茅湾。两军将士筑坛歃血,一起宣读盟文,人人都慷慨激昂,涕下沾衣。癸卯(初四),王僧辩派侯瑱袭击南陵、鹊头这两个敌军的戍所,取得了胜利。戊申(初九),王僧辩等驻扎在大雷,丙辰(十七日),从鹊头出发。戊午(十九日),侯子鉴率军从合肥回到战鸟,发现西边的湘东王萧绎的大军已经突然来了,他又惊又怕,赶快逃回了淮南。

丁丑(三月初九),王僧辩等抵达姑孰,侯子鉴率领步、骑兵一万余人渡过水洲,在岸上挑战,又用狭长的船千艘装载战士。王僧辩指挥小船,让它们都退缩到后头去,只留大兵舰在两岸夹江停泊。侯子鉴的士兵们以为敌军水师要退却了,争着出来追赶。这时,王僧辩指挥大兵舰截断了侯军的归路,呐喊鼓噪,从两边夹击侯子鉴的部队,在长江中间作战。侯子鉴大败,士兵跳入水里淹死的有几千人。侯子鉴只身一人逃脱,收罗溃散的残兵逃回建康,据守东府。王僧辩留下虎臣将军庄丘慧达镇守姑孰,自己带兵乘胜挺进,历阳戍所的守将出迎而降。侯景听到侯子鉴大败的消息,大为恐惧,泪流满面,拉过被子躺下,过了很久才起来,叹息着说:"你可把老子给坑了!"

丁亥(十九日),王僧辩向招提寺北面进军,侯景率领士兵一万余人,铁甲骑兵八百余骑排列在西州的西边严阵以待。陈霸先说:"我军兵力多,贼党兵力少,应该设法分散贼兵的兵势,达到以强制弱的目的。为什么要让贼兵把精锐力量集中在一起,让他们来把我军置于死地呢!"于是命令将领们分头到几个地方布置部队。侯景冲击将军王僧志的战阵,王僧志有意稍稍退却,陈霸先派将军安陆人徐度带领弓箭手二千人横截敌军的后路,于是侯景的部队惊慌而退。侯景军退却时,陈霸先和王琳、杜龛等用铁甲骑兵迅速追击,王僧辩指挥大军跟进,侯景的士兵败退下去,缩入营栅固守。杜龛是杜岸哥哥的儿子。侯景手下的仪同三司卢晖略负责守石头城,他打开北门投降,王僧辩长驱直入,占据了石头城。侯景与陈霸先展开了白刃战以决生死,侯景亲率一百多骑兵,扔了长矛,手执短刀,左冲右突地冲击陈霸先的阵脚,但冲击不动,侯景的兵众于是彻底崩溃,陈霸先指挥各路兵马追击败兵,一直追到西明门。

侯景逃到宫阙下,不敢入台,把王伟叫来责备他说:"你劝我称帝,你看,今天可让你害苦了!"王伟无言以对,绕着宫阙躲闪着。侯景要逃跑,王伟抓住他的马笼头劝他说:"自古以来哪里有什么叛逆天子!宫中卫士很多,还足够再决一死战,扔下这地方，你将跑到哪儿去安身！”侯景叹息说：“我过去打败贺拔胜，击破葛荣，扬名黄河以北，渡长江南下后又平定台城，降服柳仲礼几十万大军易如反掌。今天是天要亡我啊！”于是仰头看着石阙，久久地叹息不已。然后，侯景用皮袋子把他到建康后生的两个儿子装好，挂在马鞍后头，就带着房世贵等一百余骑兵逃跑了，想去吴地投奔谢答仁。侯子鉴、王伟、陈庆逃走投奔了朱方。

当初，王僧辩出发到江陵去的时候，对湘东王萧绎说：“平定侯景乱贼之后，继承君位的人康强万福，不知应该奉行什么礼仪？”湘东王回答道：“台城六门之内，任你充分发挥兵威。”王僧辩说：“讨伐侯景乱贼的谋略战术，我义不容辞视为己任；至于像成济弑魏君那样的事，请另外推举别人去干。”于是，湘东王就秘密地告诉宣猛将军朱买臣，要他届时去简文帝宫中执行任务。待到侯景兵败，简文帝也死了，豫章王萧栋和他的两个弟弟萧桥、萧樛互相搀扶着从密室走出来，正好在路上碰上杜崱，杜崱为他们去掉锁链。两个弟弟说：“今天才算免了横死的灾祸了！”萧栋说：“祸与福互为倚伏，变化难知，我还有深深的恐惧！”辛卯（二十三日），三个人遇到朱买臣，朱买臣喊他们到船上一块饮酒，没到席散，三个人全被沉入水中。

益州刺史、太尉武陵王萧纪，很有武艺韬略。他治理蜀地十七年，向南开发了宁州、越巂，向西打通了资陵、吐谷浑。对内努力兴办农业、纺织、食盐、冶铁等经济事业，对外发展与远方的通商贸易。所以蜀地财富增殖很快，兵器衣甲积累了很多，共拥有八千匹战马。萧纪听到侯景攻陷台城，湘东王萧绎将要出兵讨伐他的消息，就对身边官吏说：“七官（萧绎）是个文人，哪能匡扶社稷，救济黎民！”萧纪住的宫殿里柏木做的殿柱环绕树节的地方开了花，他以为是应在自己身上的祥瑞。乙巳（四月初八），萧纪登基即皇位，改年号为天正，把大儿子萧圆照立为皇太子，并封儿子萧元正为西阳王，萧圆满为竟陵王，萧元普为谯王，萧元肃为宜都王。他又任命巴西、梓潼二郡的太守永丰侯萧㧑为征西大将军、益州刺史，封为秦郡王。司马王僧略、直兵参军徐怦苦苦劝止，但萧纪不听。王僧略是王僧辩的弟弟。徐怦是徐勉的侄子。

侯景与身边的亲信几十人乘一只小船逃跑，人多船小，他把两个儿子推到水中淹死了。小船将要入海时，侯瑱派副将焦僧度去追击。当初，侯景娶羊侃的女儿为妾，任命她哥哥羊鹍为库直都督，对待他很优厚。羊鹍跟着侯景往东跑，和侯景所信任的王元礼、谢葳蕤秘密商议反叛侯景。谢葳蕤是谢答仁的弟弟。侯景下海后，想逃回蒙山，己卯（十八日），侯景白天正睡觉，羊鹍对海上的向导说：“这海中哪里有蒙山，你别管，只听我调度指挥。”于是就让船直接驶向京口。船行进到胡豆洲时，侯景发现方向不对，大吃一惊。向岸上的人打听情况，他们说：“郭元建还在广陵呢！”侯景听了心中大喜，就准备去投奔郭元建。羊鹍拔刀威胁海上向导，呵斥他，让他把船开往京口，并对侯景说：“我们为大王出过不少力，现在到了这个地步，终于一事无成，想借借你的头来换点富贵享用。”侯景还没有回答，好几把白晃晃的刀争着砍下来。侯景想跳海，羊鹍用刀砍他。侯景窜入船里，用自己的佩刀去撬船的底板，羊鹍用长矛把他刺死了。尚书右仆射索超世在别的船上，谢葳蕤假传侯景的命令召他来议事，等他来了就把他捆起来。南徐州刺史徐嗣徽杀了索超世，又用盐填入侯景肚子里，把他的尸体送到建康。王僧辩把侯景的首级传送到江陵去，又砍下他的手，派谢葳蕤送到北齐去。然后把侯景尸体扔在市集上，士兵民众争着去挖他的肉来吃，连骨头都被抢光了。侯景宠爱过的溧阳公主也加入了吃侯景肉的行列。当初，侯景有五个儿子留在北齐，高澄把他长子的面皮剥下来，然后用油锅烹了，其他四个小儿子都下蚕室割去生殖器。文宣帝高洋即位之后，梦见猕猴坐在他的御床上，于是把侯景的几个幼子全部下了油锅。赵伯超、谢答仁都投降了侯瑱，侯瑱把他们和田迁等人押送到建康。王僧辩把房世贵斩首于市，另把王伟、吕季略、周石珍、严亶、赵伯超、伏知命等人押送到江陵。

公卿大臣，各路军事头领多次劝湘东王登帝位。十一月，丙子（十二日），元帝萧绎在江陵登上皇帝位，改换年号，大赦天下。这一天，皇帝没有升坐正殿，只是让公卿大臣左右排列一下而已。

侯景之乱以来，梁朝的州郡有一大半被并入西魏，自巴陵以下至建康这一线治理范围只在长江以南，荆州境内北边到武宁为止，西边到硖口为止，岭南又被萧勃占据着。朝廷诏令所到的地方，不过方圆千里以内，百姓户口登记在簿册上的，还不满三万户。

梁纪二十二

第一百六十六卷

敬皇帝绍泰元年（乙亥，555）

初，王僧辩与陈霸先共灭侯景，情好甚笃，僧辩为子颇娶霸先女，会僧辩有母丧，未成婚。僧辩居石头城，霸先在京口，僧辩推心待之，颇兄颢屡谏，不听。及僧辩纳贞阳侯渊明，霸先遣使苦争之，往返数四，僧辩不从。霸先窃叹，谓所亲曰："武帝子孙甚多，唯孝元能复雠雪耻，其子何罪，而忽废之！吾与王公并处托孤之地，而王公一旦改图，外依戎狄，援立非次，其志欲何所为乎！"乃密具袍数千领及锦彩金银为赏赐之具。

会有告齐师大举至寿春将入寇者，僧辩遣记室江旰告霸先，使为之备。霸先因是留旰于京口，举兵袭僧辩。九月，壬寅，召部将侯安都、周文育及安陆徐度、钱塘杜稜谋之。稜以为难，霸先惧其谋泄，以手巾绞稜，闷绝于地，因闭于别室。部分将士，分赐金帛，以弟子著作郎昙朗镇京口，知留府事，使徐度、侯安都帅水军趋石头，霸先帅马步自江乘、罗落会之，是夜，皆发，召杜稜与同行。知其谋者，唯安都等四将，外人皆以为江旰征兵御齐，不之怪也。

甲辰，安都引舟舰将趣石头，霸先控马未进，安都大惧，追霸先骂曰："今日作贼，事势已成，生死须决，在后欲何所望！若败，俱死，后期得免斫头邪？"霸先曰："安都嗔我！"乃进。安都至石头城北，弃舟登岸。石头城北接冈阜，不甚危峻，安都被甲带长刀，军人捧之，投于女垣内，众随而入，进及僧辩卧室；霸先兵亦自南门入。僧辩方视事，外白有兵，俄而兵自内出。僧辩遽走，遇子颇，与俱出阁，帅左右数十人苦战于听事前，力不敌，走登南门楼，拜请求哀。霸先欲纵火焚之，僧辩与颇俱下就执。霸先曰："我有何辜，公欲与齐师赐讨？"且曰："何意全无备？"僧辩曰："委公北门，何谓无备？”是夜，霸先缢杀僧辩父子。既而竟无齐兵，亦非霸先之谲也。前青州刺史新安程灵洗帅所领救僧辩，力战于石头西门，军败；霸先遣使招谕，久之乃降。霸先深义之，以为兰陵太守，使助防京口。乙巳，霸先为檄布告中外，列僧辩罪状，且曰：“资斧所指，唯王僧辩父子兄弟，其余亲党，一无所问。”

丙午，贞阳侯渊明逊位，出就邸，百僚上晋安王表，劝进。冬，十月，己酉，晋安王即皇帝位，大赦，改元，中外文武赐位一等。以贞阳侯渊明为司徒，封建安公。告齐云：“僧辩阴图篡逆，故诛之。”仍请称臣于齐，永为藩国。齐遣行台司马恭与梁人盟于历阳。

梁敬帝绍泰元年（乙亥，公元555年）

当初，王僧辩和陈霸先共同消灭了侯景，两人感情很是深固。王僧辩为儿子王颜迎娶陈霸先的女儿，正赶上王僧辩母亲去世，所以没有成婚。王僧辩居住在石头城，陈霸先在京口，王僧辩推心置腹地对待陈霸先，王颜的哥哥王颉多次劝他要有所提防，王僧辩不听。等到王僧辩迎纳贞阳侯萧渊明为帝时，陈霸先派使者苦苦劝阻，争辩不休，使者为此往返了几趟，王僧辩不听。陈霸先私下叹息，对他的亲信说：“武帝的子孙很多，只有孝元帝能平定侯景之乱，为祖宗报仇雪耻。他的儿子有什么罪，突然就废了他！我和王公僧辩共同处于先帝托孤的重臣的地位，而王公僧辩现在一下子改变主意，对外依附戎狄之邦，不按次序立天子，他到底想干什么呢？”于是秘密准备战袍几千领和锦彩金银等等作为赏赐部下的物品，准备起事。

正好这时有人来报告，北齐军队进行大调动，已经到达了寿春，将要向南进犯。王僧辩派记室江旰通知陈霸先，让他有所戒备。陈霸先借这个机会把江旰扣留在京口，举兵袭击王僧辩。九月，壬寅（二十五日），陈霸先召集部将侯安都、周文育以及安陆人徐度、钱塘人杜稜一起密谋策划。杜稜认为这事很难进行，陈霸先害怕秘密泄露，用手巾绞住杜稜，使他闷绝在地上，然后把他关在另一间屋子里，接着就部署将士，分赐金银布帛，命令自己弟弟的儿子著作郎陈昙朗留下来镇守京口，掌管州府政事，又派徐度、侯安都率领水军直逼石头，陈霸先自己率领骑兵、步兵从江乘、罗落这条路线去与之会合。当天夜里，各路兵马都出发了，并带着杜稜随军同行。知道这次进军的真正目的的人，只有侯安都等四个将领，外人都以为是江旰来征调军队抵抗北齐的进犯，对军队的出动不感到奇怪。

甲辰（八月二十七日），侯安都指挥舟舰将奔袭石头，陈霸先有意勒马不进。侯安都以为陈霸先临事犹豫，心中大惊，就追上陈霸先大骂："今天我们造反，事到临头，已经无法挽回了，是生是死必须做出决断，你迟疑不进，留在后头，存的什么念头！如果失败，咱们都得死，留在后头就能免去砍头吗？"陈霸先一听心中暗自高兴，说："侯安都在怪我不下决心，生我的气呢！"于是带兵前进。侯安都到了石头城的北边，扔下船上了岸。石头城北边和山冈高坡相连，城墙不太高峻，侯安都披着盔甲，手握长刀，让手下军人把他抬起来扔到城墙上，众人随着他蜂拥而入，一直进到王僧辩卧室。陈霸先的队伍也从南门攻入了。王僧辩正在处理军政事务，外面有人说士兵袭击，过一会儿士兵从里头冒了出来，王僧辩急忙逃跑，遇到儿子王頠，和他一起冲出门外，率身边几十人在议事厅前面苦战，力竭不敌，跑到南门楼上，向进逼过来的陈霸先拜请乞求哀怜。陈霸先要放火烧南门楼，王僧辩和王頠都下楼就擒。陈霸先质问说："我有什么过错，你要和北齐军队一起讨伐我？"而且还问："北齐军队来犯，你全无戒备，是什么意思？"王僧辩有点莫名其妙，回答说："派你守京口，扼据建康北门，怎么说我对北齐军队没有戒备？"当天夜里，陈霸先把王僧辩父子两人绞杀了。后来，竟没有发现北齐军队的影子，看来，这也并不是陈霸先玩弄诡计。前青州刺史新安人程灵洗率领所部将士来救王僧辩，在石头西门奋力苦战，终于兵败。陈霸先派使者去招谕他，过了很久，他才投降了。陈霸先被程灵洗的义气深深感动，任命他为兰陵太守，让他协助防守京口。乙巳（二十八日），陈霸先发布檄文，通告中外，列举王僧辩的罪过，说明为什么要讨伐他。檄文中还说："我所要讨伐的，只是王僧辩父子兄弟，至于其他王氏亲戚党羽，一概不加问罪。"

丙午（二十九日），贞阳侯萧渊明退位，搬出宫廷回自己的官邸。百官上表给晋安王萧方智，劝他登基。冬季，十月，己酉（初二），晋安王萧方智即皇帝位，大赦天下，改换年号为绍泰，对朝廷内外文武百官都赏赐一级官位。任命贞阳侯萧渊明为司徒，封为建安公。派人通报北齐，说："王僧辩阴谋篡位造反，所以杀了他。"仍然请求向北齐称臣，永远当北齐的附属国。北齐派行台司马恭和梁朝人在历阳订立了盟约。

陈纪一

第一百六十七卷

高祖武皇帝永定元年（丁丑，557）

初，齐有术士言“亡高者黑衣”，故高祖每出，不欲见沙门。显祖在晋阳，问左右：“何物最黑？”对曰：“无过于漆。”帝以上党王涣于兄弟第七，使库直都督破六韩伯昇之邺征涣。涣至紫陌桥，杀伯昇而逃，浮河南渡；至济州，为人所执，送邺。

帝之为太原公也，与永安王浚皆见世宗，帝有时洟出，浚责帝左右曰：“何不为二兄拭鼻！”帝深衔之。及即位，浚为青州刺史，聪明矜恕，吏民悦之。浚以帝嗜酒，私谓亲近曰：“二兄因酒败德，朝臣无敢谏者，大敌未灭，吾甚以为忧。欲乘驿至邺面谏，不知用吾不。”或密以白帝，帝益衔之。浚入朝，从幸东山，帝裸裎为乐。浚进谏曰：“此非人主所宜！”帝不悦。浚又于屏处召杨愔，讥其不谏。帝时不欲大臣与诸王交通，愔惧，奏之。帝大怒曰：“小人由来难忍！”遂罢酒，还宫。浚寻还州，又上书切谏，诏征浚。浚惧祸，谢疾不至，帝遣驰驿收浚，老幼泣送者数千人。至邺，与上党王涣皆盛以铁笼，置于北城地牢，饮食溲秽，共在一所。

二年（戊寅，558）

帝既残忍，有司讯囚，莫不严酷，或烧犁耳，使立其上，或烧车，使以臂贯之，既不胜苦，皆至诬伏。唯三公郎中武强苏琼，历职中外，所至皆以宽平为治。时赵州及清河屡有人告谋反者，前后皆付琼推检，事多申雪。尚书崔昂谓琼曰：“若欲立功名，当更思余理；数雪反逆，身命何轻！”琼正色曰：“所雪者冤枉耳，不纵反逆也。”昂大惭。

帝怒临漳令嵇晔、舍人李文思，以赐臣下为奴。中书侍郎彭城郑颐私诱祠部尚书王昕曰："自古无朝士为奴者。"昕曰："箕子为之奴。"颐以白帝曰："王元景比陛下于纣。"帝衔之。顷之，帝与朝臣酣饮，昕称疾不至，帝遣骑执之，见方摇膝吟咏，遂斩于殿前，投尸漳水。

齐主北筑长城，南助萧庄，士马死者以数十万计。重以修筑台殿，赐与无节，府藏之积，不足以供，乃减百官之禄，撤军人常廪，并省州郡县镇戍之职，以节费用焉。

齐主如北城，因视永安简平王浚、上党刚肃王涣于地牢。帝临穴讴歌，令浚等和之，浚等惶怖且悲，不觉声颤；帝怆然，为之下泣，将赦之。长广王湛素与浚不睦，进曰："猛虎安可出穴！"帝默然。浚等闻之，呼湛小字曰："步落稽，皇天见汝！"帝亦以浚与涣皆有雄略，恐为后害，乃自刺涣，又使壮士刘桃枝就笼乱刺。槊每下，浚、涣辄以手拉折之，号哭呼天，于是薪火乱投，烧杀之，填以土石。后出之，皮发皆尽，尸色如炭，远近为之痛愤。帝以仪同三司刘郁捷杀浚，以浚妃陆氏赐之；冯文洛杀涣，以涣妃李氏赐之，二人皆帝家旧奴也。陆氏寻以无宠于浚，得免。

陈武帝永定元年（丁丑，公元557年）

当初，北齐有一个术士曾说："将来灭亡高姓政权的人必是穿黑衣服的。"所以高祖高欢每次外出，都不愿碰见和尚。文宣帝高洋在晋阳时，问身边的人："什么东西最黑？"身边的人回答说："没有比漆更黑的了。"文宣帝因为上党王高涣在兄弟中排行第七，七、漆同音，就想除掉他。文宣帝派库直都督破六韩伯昇去邺城征召高涣。高涣走到紫陌桥，杀了破六韩伯昇逃脱了，坐船向南渡过黄河，逃到济州时，被人抓获，送到了邺城。

文宣帝还当太原公的时候，与永安王高浚一起去见文襄帝，文宣帝有时鼻涕流出来，高浚责备文宣帝身边的人说："为什么不替二哥擦鼻涕？"文宣帝因此深深地记恨他。待到文宣帝登上皇帝之位后，高浚任青州刺史，他为人聪明，对下体谅宽恕，官吏百姓都喜欢他。高浚因为文宣帝嗜酒如命，私下对亲信说："二哥因为嗜酒败坏了德行，朝廷里的大臣中没有敢犯颜进谏的人，我很为此担忧。想坐驿车到邺城去当面进谏，不知道他能采纳我的意见不能？"有人把这一番话秘密报告了文宣帝，文宣帝因此更加怀恨高浚了。高浚入朝，跟随文宣帝游东山，文宣帝赤身裸体以为游乐，高浚进谏说："这样做不是当皇帝的人所适宜的！"文宣帝很不高兴。高浚又在隐蔽处召见杨愔，讽刺他不向皇帝进谏。文宣帝当时不愿大臣和诸王有所交流接触，杨愔心里害怕，就把高浚召见他的事奏闻文宣帝。文宣帝勃然大怒说：“这小子如此猖狂，我从来就难以忍受他！”于是就停下酒宴，回皇宫去了。高浚不久回到青州，又上书恳切地进谏，文宣帝下诏书征召高浚。高浚害怕有杀身之祸，推托身体有病，没有应召。文宣帝派人乘驿马来抓高浚，抓走高浚时，老幼哭着送他的有几千人。高浚到了邺城，与上党王高涣一起，都被关在铁笼里，放在北城的地牢中，饮食便溺，都在一个屋里。

二年（戊寅，公元558年）

文宣帝生性既然残忍，上行下效，司法部门审问囚犯，没有不严酷行刑的。有的把铁犁的犁耳烧红，让囚犯站在上面；有的把车轴烧红，让囚犯将手臂从中间的孔中穿过去。囚犯既受不了这种酷刑，就都屈打成招，受诬屈服。只有三公郎中武强人苏琼，在朝廷内外多年历任各种官职，所到之处都以宽和平缓作为治理的法则。当时赵州和清河老是有人告发谋反者，前后多次都交给苏琼推问检查，这些诬告的事最后都得到申明昭雪。尚书崔昂对苏琼说：“你如果想建立功名，那就应当重新想想别的办法；像这样多次为谋反的逆贼洗刷罪名，那你的身家性命就太不值钱了！”苏琼严肃地说：“我所洗刷的是被冤枉的人，从来也不纵容谋反逆贼。”崔昂听了非常惭愧。

文宣帝对临漳令嵇晔、舍人李文思非常恼火，把他们赐给臣下当奴仆，中书侍郎彭城人郑颐私下设圈套陷害祠部尚书王昕。他有意对王昕说：“自古以来，没有朝廷士大夫当奴仆的。”这句话引得王昕说了一句：“商朝的箕子不就当了纣王的奴隶吗？”郑颐把这话拿去报告给文宣帝，对文宣帝说：“王元景把陛下比成纣王。”文宣帝自此对王昕怀恨在心。过了不久，文宣帝与朝廷大臣们设宴畅饮，王昕借口有病没有去参加，文宣帝派骑兵去抓他，骑兵去了一看，王昕正坐在那儿晃着腿吟诗呢，于是把他抓来斩首于宫殿前，尸体被扔入漳河。

北齐文宣帝在北边修筑长城，在南边兴兵帮助萧庄，士兵、战马因此死亡的共有几十万。此外，还动工修筑台阁宫殿，赏赐臣下也凭一时的高兴，毫无节度，这样一来，弄得内府仓库的积蓄全耗光了。于是就下令减少文武百官的俸禄，撤销对军人平常的供给，把省、州、郡、县、镇、戍的职官予以合并，想用这种办法来节省费用。

（十二月）北齐国主文宣帝到北城，趁便到地牢去看永安简平王高浚、上党刚肃王高涣。文宣帝站在地牢边放声唱歌，命令高浚等囚犯应和，高浚等人惶惶然，又恐怖又悲伤，不知不觉声音颤抖起来。文宣帝听了，不禁也悲伤起来，为之流泪，准备赦免他们。长广王高湛平素与高浚有矛盾，见状进言说："猛虎怎么能放出洞穴？"文宣帝听了默不作声。高浚等人听了，就叫着高湛的小名说："步落稽呀，皇天看到你今天的作为了！"文宣帝也因为高浚与高涣都有雄才大略，恐怕留下他们将来是个祸害，于是自己抽剑刺向高涣，又让壮士刘桃枝朝囚笼乱刺。刘桃枝的槊每次刺去，高浚、高涣就用手拽住折断它，同时呼天抢地地号哭着，于是随从们将点着的柴禾往里乱扔，把高浚、高涣活活烧死在地牢，再填上泥土石块。后来尸体挖出来，皮肤头发都脱落光了，尸体的颜色和木炭一样，远近的人们看到了，都为之痛哭愤恨不已。文宣帝因为仪同三司刘郁捷动手杀了高浚，就把高浚的妃子陆氏赐给他；因为冯文洛杀了高涣，就把高涣的妃子李氏赐给他。刘郁捷、冯文洛这两个人都是皇帝家的旧家奴。不久又由于陆氏并不为高浚所宠爱，才被命令离开刘家。

陈纪二

第一百六十八卷

世祖文皇帝上天嘉元年（庚辰，560）

齐显祖之丧，常山王演居禁中护丧事，娄太后欲立之而不果；太子即位，乃就朝列。以天子谅阴，诏演居东馆，欲奏之事，皆先咨决。杨愔等以演与长广王湛位地亲逼，恐不利于嗣主，心忌之。居顷之，演出归第，自是诏敕多不关预。

或谓演曰："鸷鸟离巢，必有探卵之患。今日王何宜屡出？"中山太守阳休之诣演，演不见。休之谓王友王晞曰："昔周公朝读百篇书，夕见七十士，犹恐不足。录王何所嫌疑，乃尔拒绝宾客！"

先是，显祖之世，群臣人不自保。及济南王立，演谓王晞曰："一人垂拱，吾曹亦保优闲。"因言："朝廷宽仁，真守文良主。"晞曰："先帝时，东宫委一胡人傅之。今春秋尚富，骤览万机，殿下宜朝夕先后，亲承音旨。而使他姓出纳诏命，大权必有所归，殿下虽欲守藩，其可得邪！借令得遂冲退，自审家祚得保灵长乎？"演默然久之，曰："何以处我？"晞曰："周公抱成王摄政七年，然后复子明辟，惟殿下虑之！"演曰："我何敢自比周公！"晞曰："殿下今日地望，欲不为周公，得邪？"演不应。显祖常遣胡人康虎儿保护太子，故晞言及之。

齐主将发晋阳，时议谓常山王必当留守根本之地；执政欲使常山王从帝之邺，留长广王镇晋阳；既而又疑之，乃敕二王俱从至邺。外朝闻之，莫不骇愕。又敕以王晞为并州长史。演既行，晞出郊送之。演恐有觇察，命晞还城，执晞手曰："努力自慎！"跃马而去。

平秦王归彦总知禁卫，杨愔宣敕留从驾五千兵于西中，阴备非常；至邺数日，归彦乃知之，由是怨愔。

领军大将军可朱浑天和，道元之子也，尚帝姑东平公主，每曰："若不诛二王，少主无自安之理。"燕子献谋处太皇太后于北宫，使归政皇太后。

又自天保八年已来，爵赏多滥，杨愔欲加澄汰，乃先自表解开府及开封王，诸叨窃恩荣者皆从黜免。由是嬖宠失职之徒，尽归心二叔。平秦王归彦初与杨、燕同心，既而中变，尽以疏忌之迹告二王。

侍中宋钦道，弁之孙也，显祖使在东宫，教太子以吏事。钦道面奏帝，称："二叔威权既重，宜速去之。"帝不许，曰："可与令公共详其事。"

愔等议出二王为刺史，以帝慈仁，恐不可所奏，乃通启皇太后，具述安危。宫人李昌仪，高仲密之妻也，李太后以其同姓，甚相昵爱，以启示之；昌仪密启太皇太后。

愔等又议不可令二王俱出，乃奏以长广王湛镇晋阳，以常山王演录尚书事。二王既拜职，乙巳，于尚书省大会百僚。愔等将赴之，散骑常侍兼中书侍郎郑颐止之，曰："事未可量，不宜轻脱。"愔曰："吾等至诚体国，岂常山拜职有不赴之理！"

长广王湛，旦伏家僮数十人于录尚书后室，仍与席上勋贵贺拔仁、斛律金等数人相知约曰："行酒至愔等，我各劝双杯，彼必致辞。我一曰'执酒'，二曰'执酒'，三曰'何不执'，尔辈即执之！"及宴，如之。愔大言曰："诸王反逆，欲杀忠良邪！尊天子，削诸侯，赤心奉国，何罪之有！"常山王演欲缓之。湛曰："不可。"于是拳杖乱殴，愔及天和、钦道皆头面血流，各十人持之。燕子献多力，头又少发，狼狈排众走出门，斛律光逐而擒之。子献叹曰："丈夫为计迟，遂至于此！"使太子太保薛孤延等执颐于尚药局。颐曰："不用智者言至此，岂非命也！"

二王与平秦王归彦、贺拔仁、斛律金拥愔等唐突入云龙门，见都督叱利骚，招之，不进，使骑杀之。开府仪同三司成休宁抽刃呵演，演使归彦谕之，休宁厉声不从。归彦久为领军，素为军士所服，皆弛仗，休宁方叹息而罢。

演入，至昭阳殿，湛及归彦在朱华门外。帝与太皇太后并出，太皇太后坐殿上，皇太后及帝侧立。演以砖叩头，进言曰："臣与陛下骨肉至亲，杨遵彦等欲独擅朝权，威福自己，自天公已下皆重足屏气；共相唇齿，以成乱阶，若不早图，必为宗社之害。臣与湛为国事重，贺拔仁、斛律金惜献武皇帝之业，共执遵彦等入宫，未敢刑戮。专辄之罪，诚当万死。"

时庭中及两庑卫士二千余人，皆被甲待诏。武卫娥永乐，武力绝伦，素为显祖所厚，叩刀仰视，帝不睨之。帝素吃讷，仓猝不知所言。太皇太后令却仗，不退；又厉声曰："奴辈即今头落！"乃退。永乐内刀而泣。

太皇太后因问："杨郎何在？"贺拔仁曰："一眼已出。"太皇太后怆然曰："杨郎何所能为，留使岂不佳邪！"乃让帝曰："此等怀逆，欲杀我二子，次将及我，尔何为纵之？"帝犹不能言。太皇太后怒且悲，曰："岂可使我母子受汉老妪斟酌！"太后拜谢。太皇太后又为太后誓言："演无异志，但欲去逼而已。"演叩头不止。太后谓帝："何不安慰尔叔！"帝乃曰："天子亦不敢为叔惜，况此汉辈！但匄儿命，儿自下殿去，此属任叔父处分。"遂皆斩之。

长广王湛以郑颐昔尝谗己，先拔其舌，截其手而杀之。演令平秦王归彦引侍卫之士向华林园，以京畿军士入守门阁，斩娥永乐于园。

太皇太后临愔丧，哭曰："杨郎忠而获罪。"以御金为之一眼，亲内之，曰："以表我意。"演亦悔杀之。于是下诏罪状愔等，且曰："罪止一身，家属不问。"顷之，复簿录五家；王晞固谏，乃各没一房，孩幼尽死，兄弟皆除名。

以中书令赵彦深代杨愔总机务。鸿胪少卿阳休之私谓人曰："将涉千里，杀骐而策蹇驴，可悲之甚也！"

陈文帝天嘉元年（庚辰，公元560年）

在北齐文宣帝的丧期内，常山王高演住在宫禁之中处理丧事，娄太后想立他为帝，但没有实现；太子登了皇位之后，高演才到朝廷百官中去就列。因为天子居丧，便下诏让高演居住在东馆，大臣们想启奏皇帝的事，都先到高演那儿请示决定。杨愔等人因为高演与长广王高湛地位很高，与皇帝又是亲属关系，恐怕他们对嗣主产生威胁，所以对他们心怀猜忌。在东馆住了一阵子之后，高演搬出来回自己的宅第。从此之后，有关诏书敕令的事大多不再干预了。

有人对高演说："凶猛的鸷鸟一旦离开窝巢，鸟蛋就有被掏的危险。在如今这种形势之下，大王您怎么可以经常外出呢？"中山太守阳休之去拜见高演，高演托词不见他。阳休之对高演的朋友王晞说："过去周公早上读一百篇书，晚上会见七十个士，还恐怕做得不够。录王避什么嫌疑，竟这样拒绝宾客？"

早先，文宣帝在的时候，群臣人人不能自保。待到济南王立为皇帝，高演对王晞说："皇上现在亲自执政了，我们也能托福保住悠闲的日子了。"因此又说："皇上宽和施仁，真是能继承基业、光大教化的良主啊。"王晞回答说："先帝时，东宫太子那儿还曾委派一个胡人去辅导他呢。现在皇上年龄还小，骤然承担起处理纷繁的军国大事的重任，殿下最好早晚陪在他身边，亲自听取皇上的言语圣旨。如果放任外姓之人去传递诏命，国家大权必然会旁落，那时殿下虽然想守住自己的藩国，还能如愿吗？即使您能如愿以偿，急流勇退，但请想想，高家的国祚还能够千秋万代永在吗？”高演听了，默不作声，想了很久，才问：“那我该怎样自处呢？”王晞进言说：“过去周公曾抱着成王摄政七年，然后才把政权归还成王，明确表示自身引退，希望殿下好好想想！”高演说：“我怎么敢自比为周公呢！”王晞回答说：“以殿下今日的地位声望而言，你想不当周公，能行吗？”高演听了没有应声。文宣帝常常派胡人康虎儿保护太子，所以王晞的话里提到这件事。

北齐国主高殷将从晋阳出发去邺城继位，当时的舆论认为常山王高演必定会留守在晋阳这个国家的根本之地；执政者想让常山王跟随高殷去邺城，留下长广王高湛镇守晋阳；不久又对高湛产生了怀疑，于是下令二王都跟从高殷去邺城。朝廷外的人听到这种安排，没有不感到害怕惊愕的。接着又下一道敕令，让王晞去当并州长史。高演既已出发，王晞到郊外为他送行。高演恐怕有人暗中窥视监察，命令王晞快回城去，临别，拉着王晞的手说：“望你努力自我保重！”然后跳上马奔跃而去。

平秦王高归彦总管禁卫军，杨愔宣布敕令，留下随驾的五千名精兵在晋阳，暗中准备对付非常事件。到达邺城几天后，高归彦才知道这种安排，从此对杨愔产生了怨恨之心。

领军大将军可朱浑天和，是可朱浑道元的儿子，娶了废帝高殷的姑母东平公主为妻，他总是说：“如果不杀了二王，少主绝不可能平安执政。”燕子献谋划着把太皇太后安置到邺城北宫去，使国家政权归皇太后掌管。

另外，自从天保八年以来，官爵赏赐太多太滥，杨愔想加以澄清淘汰，于是带头上表请求解除自己开府及开封王的职务，众多沾光窃取皇恩享受荣华的人都跟着被废黜罢免了。从此那些原来被宠幸但现在失去官职的人，都归心于高演与高湛两位皇叔。平秦王高归彦起初和杨愔、燕子献是一条心，不久中途变志，把杨愔、燕子献疏远猜忌二王的种种迹象全部密告了二王。

侍中宋钦道是宋弁的孙子。文宣帝派他供职在宫，教育太子熟悉吏事。宋钦道当面启奏废帝说：“两位皇叔威权已经很重，应该设法尽快除去他们。”废帝不许可，对他说：“你可以和令公杨愔共同详细讨论这件事。”

杨愔等人商议把二王派出去当刺史，但考虑到高殷天性慈爱仁厚，恐怕不会批准他们的奏请，于是就直接启奏皇太后，详尽讲述了二王构成的威胁以及皇上的安危。宫人李昌仪，是高仲密的妻子。李太后因为她和自己同姓，便和她很亲近，十分喜爱她，就把杨愔等人递上来的奏折给她看。李昌仪便秘密地把奏折的内容报告了太皇太后。

杨愔等人又商议说不能让二王都出去当刺史，于是就启奏，请求让长广王高湛镇守晋阳，任命常山王高演为录尚书事。二王拜领了官职以后，乙巳（二十三日），在尚书省会见百官。杨愔等人将去赴会，散骑常侍兼中书侍郎郑颐阻止了他们，说："这事的祸福不可测量，不宜轻率。"杨愔说："我等对国家一片至诚，岂有常山王拜职而不去赴会的道理！"

长广王高湛，一早就在后室中埋伏了几十个家僮，并对参与宴会的勋贵贺拔仁、斛律金等几个人关照说："敬酒敬到杨愔等人时，我对他们每个人各劝双杯酒，他们必定起来致辞。我头一次说：'拿酒。'第二次说：'拿酒。'第三次说：'为什么不拿！'你们就动手把他们抓起来！"到了宴会时，果真照计划办理。杨愔被抓时大声说："诸王造反谋逆，想杀害忠臣良将吗？我等尊奉天子，削弱诸侯，赤胆忠心为国家，有什么罪！"常山王高演想缓和一点。高湛说："不行。"于是拳头棍棒乱打，杨愔、可朱浑天和、宋钦道都被打得满头满面流血，每人被十个人按住，一点也动弹不得。燕子献力气大，头发又很少，一下子挣脱，狼狈地推开众人跑出门去，斛律光追上去捉住了他。燕子献长叹说："大丈夫用计迟了一步，终于落到这步田地！"二王又派太子太保薛孤延等到尚药局去抓郑颐。郑颐说："这帮人不听智者的话以至于此，这难道不是命吗？"

常山王高演、长广王高湛与平秦王高归彦、贺拔仁、斛律金推拥着杨愔等人闯入云龙门，遇见了都督叱利骚，便招呼他过来，他不来，便派骑兵去杀了他。开府仪同三司成休宁抽出刀来呵斥高演，高演派高归彦去说服他，成休宁声色俱厉地抗议，表示绝不服从。高归彦长期以来担任领军，军士们一向对他很敬服，这时都放下兵器不再抵抗，成休宁才叹息着让开了。

高演进了皇宫，来到昭阳殿，高湛和高归彦停在朱华门外。废帝和太皇太后、皇太后一起走出来，太皇太后坐在宫殿上，皇太后和废帝站在两侧。高演把头抵在殿砖上，边叩头边说："臣与陛下是至亲骨肉，杨遵彦等人想独自垄断朝廷大权，作威作福，自王公以下的文武百官无不蹑足屏气，莫敢吱声；这帮人互相勾结，串通一气，已经成了动乱的祸根，如果不早日除掉他们，必定会成为宗庙社稷的大害。我与高湛以国家安危为重，贺拔仁、斛律金珍惜献武皇帝开创的事业，所以才共同行动，抓住了杨遵彦等人入宫见皇上，我们未敢对他们擅自施刑杀戮，现交由皇上处治。我等没有事先请示就行事，专断之罪，实在罪该万死。”

当时宫廷中和两边走廊里有卫士二千余人，都披着甲胄、拿着兵器等待废帝的诏令。武卫娥永乐，武艺力气超群，过去一向为文宣帝所看重厚待，这时用手敲着刀刃，抬起头来仰视废帝，期待他下令。但废帝有意不看他。废帝平素就口吃木讷，这时仓促之间更不知该说什么好。太皇太后下令卫兵放下兵器退下，卫士们不退；太皇太后又厉声喝道：“你们这些奴才不听令，立刻就让你们掉脑袋！”卫士们这才退下了。娥永乐把刀插入鞘内痛哭起来。

太皇太后这才发问：“杨郎现在在哪里？”贺拔仁回答说：“他一只眼睛的眼球被打出来了。”太皇太后怆然涕下，说：“杨郎能有什么反抗之力呢，留着他以待任命使唤难道不好吗？”于是责备废帝，说：“这些人心怀叛逆，想杀害我的两个儿子，接着就将要杀害我，你为什么纵容他们？”废帝还是说不出话来。太皇太后既非常生气又悲伤难禁，她说：“怎么可以让我们母子受这汉族老太婆的算计呢！”皇太后跪下谢罪。太皇太后又为皇太后发誓说：“高演并没有夺位的异志，只是想除去自身的威胁而已。”高演在下面不断叩头。皇太后只好对废帝说：“还不赶快安慰你叔叔！”废帝这才说出话来：“天子也不敢为叔叔的事而惜身不前呀，何况这些汉人！只要给侄儿一条命，我自己下殿走开，这些人交给叔叔，由你们处治。”于是把杨愔等人全部斩首了。

长广王高湛因为忌恨郑颐过去曾经在皇帝面前进他的谗言，就特别凌虐他，先把他的舌头割掉，又砍下他的手，然后才杀死他。高演命令平秦王高归彦把原来的侍卫兵士带到华林园去，另换京城一带的军士来宫中担任守卫，娥永乐在华林园被斩杀。

太皇太后亲自参加杨愔的丧事，哭着说：“杨郎是因为忠君才获罪的呀！”她让人用御府的金子做了一只眼睛，亲自放到杨愔眼眶里去，说：“以此来表达我痛惜的心意。”高演也后悔杀了杨愔。于是下诏宣布杨愔等人的罪状时，加上了这样一句：“这些人的罪由他们个人负责，家属不予问罪。”过一阵子，又根据簿册逮捕杨愔、可朱浑天和、燕子献、宋钦道、郑颐等五家的人口；王晞一再劝谏，于是五家各抄斩一房，小孩也斩而不留，兄弟们则全被除名。

任命中书令赵彦深代替杨愔总理朝廷机要大事。鸿胪少卿阳休之私下对人说：“这真是将要跋涉千里的时候，却杀掉了骐骥骏马而换上跛足老驴呀，真是太可悲了！”

陈纪五

第一百七十一卷

高宗宣皇帝上之下太建四年（壬辰，572）

齐尚书右仆射祖珽，势倾朝野，左丞相咸阳王斛律光恶之，遥见，辄骂曰："多事乞索小人，欲行何计！"又尝谓诸将曰："兵马处分，赵令恒与吾辈参论。盲人掌机密以来，全不与吾辈语，正恐误国家事耳。"光尝在朝堂垂帘坐，珽不知，乘马过其前，光怒曰："小人乃敢尔！"后珽在内省，言声高慢，光适过，闻之，又怒。珽觉之，私赂光从奴问之。奴曰："自公用事，相王每夜抱膝叹曰：'盲人入，国必破矣。'"

穆提婆求娶光庶女，不许。齐王赐提婆晋阳田，光言于朝曰："此田，神武帝以来常种禾，饲马数千匹，以拟寇敌。今赐提婆，无乃阙军务也！"由是祖、穆皆怨之。

斛律后无宠，珽因而间之。光弟羡，为都督、幽州刺史、行台尚书令，亦善治兵，士马精强，鄣候严整，突厥畏之，谓之"南可汗"。光长子武都，为开府仪同三司，梁、兖二州刺史。

光虽贵极人臣，性节俭，不好声色，罕接宾客，杜绝馈饷，不贪权势。每朝廷会议，常独后言，言辄合理。或有表疏，令人执笔，口占之，务从省实。行兵仿其父金之法，营舍未定，终不入幕；或竟日不坐，身不脱介胄，常为士卒先。士卒有罪，唯大杖挞背，未尝妄杀，众皆争为之死。自结发从军，未尝败北，深为邻敌所惮。周勋州刺史韦孝宽密为谣言曰："百升飞上天，明月照长安。"又曰："高山不推自崩，槲木不扶自举。"令谍人传之于邺，邺中小儿歌之于路，珽因续之曰："盲老公背受大斧，饶舌老母不得语。"使其妻兄郑道盖奏之。帝以问珽，珽与陆令萱皆曰："实闻有之。"珽因解之曰："百升者，斛也。盲老公，谓臣也，与国同忧。饶舌老母，似谓女侍中陆氏也。且斛律累世大将，明月声震关西，丰乐威行突厥，女为皇后，男尚公主，谣言甚可畏也。”帝以问韩长鸾，长鸾以为不可，事遂寝。

斑又见帝，请间，唯何洪珍在侧，帝曰：“前得公启，即欲施行，长鸾以为无此理。”斑未对，洪珍进曰：“若本无意则可；既有此意而不决行，万一泄露，如何？”帝曰：“洪珍言是也。”然犹未决。会丞相府佐封士让密启云：“光前西讨还，敕令散兵，光引兵逼帝城，将行不轨，事不果而止。家藏弩甲，僮奴千数，每遣使往丰乐、武都所，阴谋往来。若不早图，恐事不可测。”帝遂信之，谓何洪珍曰：“人心亦大灵，我前疑其欲反，果然。”帝性怯，恐即有变，令洪珍驰召祖珽告之：“欲召光，恐其不从命。”珽请：“遣使赐以骏马，语云：‘明日将游东山，王可乘此同行。’光必入谢，因而执之。”帝如其言。

六月，戊辰，光入，至凉风堂，刘桃枝自后扑之，不仆。顾曰：“桃枝常为如此事。我不负国家。”桃枝与三力士以弓弦罥其颈，拉而杀之，血流于地，铲之，迹终不灭。于是下诏称其欲反，并杀其子开府仪同三司世雄、仪同三司恒伽。

祖珽使二千石郎邢祖信簿录光家。珽于都省问所得物，祖信曰：“得弓十五，宴射箭百，刀七，赐稍二。”珽厉声曰：“更得何物？”曰：“得枣杖二十束，拟奴仆与人斗者，不问曲直，即杖之一百。”珽大惭，乃下声曰：“朝廷已加重刑，郎中何宜为雪！”及出。人尤其抗直，祖信慨然曰：“贤宰相尚死，我何惜余生！”

齐主遣使就州斩斛律武都，又遣中领军贺拔伏恩乘驿捕斛律羡，仍以洛州行台仆射中山独孤永业代羡，与大将军鲜于桃枝发定州骑卒续进。伏恩等至幽州，门者白：“使人衷甲，马有汗，宜闭城门。”羡曰：“敕使岂可疑拒！”出见之。伏恩执而杀之。初，羡常以盛满为惧，表解所职，不许。临刑，叹曰：“富贵如此，女为皇后，公主满家，常使三百兵，何得不败！”及其五子伏护、世达、世迁、世辨、世酋皆死。

周主闻光死，为之大赦。

陈宣帝太建四年（壬辰，公元 572 年）

北齐尚书右仆射祖珽，势力可以倾动朝内外，左丞相咸阳王斛律光很厌恶他，远远地见到祖珽，总是骂道：“使国家多事、贪得无厌的小人，想搞什么样的诡计！”又曾对部下的将领们说：“军事兵马的处理，尚书令赵彦深还常常和我们一起商量讨论。这个瞎子掌管机密以来，完全不和我们说，使人担心会误了国家的大事。”斛律光曾在朝堂上坐在帘子后面，祖珽不知道，骑马经过他的面前，斛律光大怒说：“这个小人竟敢这样！”后来祖珽在门下省，说话傲慢自大，正巧斛律光经过那里，听到祖珽说话的腔调，又大怒。祖珽发觉后，私下贿赂斛律光的随从奴仆询问原因，奴仆说：“自从您当权以来，相王每天夜里手抱双膝叹气说：‘瞎子入朝，国家必毁。’”

穆提婆请求娶斛律光的妾所生的女儿做妻子，没有得到允许。齐王赐给穆提婆晋阳地方的田地，斛律光在朝上说：“这些田地，从神武帝以来一直种谷物，饲养几千匹马，打算对付入侵的外敌。现在赏赐给穆提婆，恐怕会影响国家的军务吧！”从此祖珽、穆提婆都怨恨他。

斛律后得不到皇帝的宠爱，祖珽因此离间他们的关系。斛律光的弟弟斛律羡是都督、幽州刺史、行台尚书令，也善于治军，兵士马匹都很精干强壮，设置的要塞堡垒规范整齐，突厥很怕他，称他为“南可汗”。斛律光的长子斛律武都是开府仪同三司，梁、兖二州的刺史。

斛律光虽然贵极人臣，但生性节俭，不喜欢声色，很少接待宾客，拒绝接受馈赠，不贪图权势。每逢朝廷集会议事，常常在最后发言，说的话总是很符合情理。遇有上表或奏疏，叫人拿了笔，由自己口述，替他写下来，务必简短真实。用兵时仿照他父亲斛律金的办法，军队的营房没有落实，自己不进帐幕；或者整天不坐，身上不脱铠甲，打仗时身先士卒。士兵犯了罪，只用大棒敲打脊背，从不随意杀人，所以部下的士兵争相为他效命。自从年轻时参加军队，没有打过败仗，深为相邻的敌方害怕。北周的勋州刺史韦孝宽私下制造谣言说：“百升飞上天，明月照长安。”又说：“高山不推自崩，槲木不扶自举。”派间谍把谣言传到邺城，邺城的小孩在路上歌唱。祖珽接续道：“盲老公背受大斧，饶舌老母不得语。”叫妻兄郑道盖向后主奏报。后主就此问祖珽，祖珽和陆令萱都说：“确实听说有这件事。”祖珽还解释说：“百升，就是斛。盲老公，是指我，和国家同忧愁。饶舌老母，似乎指女侍中陆令萱。况且斛律氏几代都是大将，斛律光字明月，声震关西，斛律羡字丰乐，威行突厥，女儿是皇后，儿子娶公主，谣言真是可畏。”后主又问韩长鸾，韩长鸾以为不可能，这件事才压下来。

祖珽又去见后主，请求后主屏退左右，当时只有何洪珍在旁边，后主说：“以前接到你的启奏，就准备执行，韩长鸾认为没有这种道理。”祖珽还没有回答，何洪珍向后主进言说：“如果本来没有这种意思就算了；既然有这种意思而不决定执行，万一泄露出去，怎么办？”后主说：“何洪珍的话说得对。”但是还没有决定。恰逢丞相府佐封士让上密启说：“斛律光以前西征回来，皇上下诏命令将军队解散，斛律光却指挥军队进逼都城，准备发动叛乱，事情没有成功而停止了。家里私藏弓弩和铠甲、僮仆奴婢数以千计，常常派使者去斛律羡、斛律武都的住所，阴谋往来。如果不趁早谋划，恐怕事情不可预测。”后主便相信了，对何洪珍说：“人心也太灵验，我以前怀疑他要造反，果真如此。”后主性格懦弱胆小，只恐马上有变，叫何洪珍迅速把祖珽召来，告诉他说：“我要召斛律光来，恐怕他不肯服从命令。”祖珽请求说：“派使者赐给他骏马，告诉他：‘明天将去东山游玩，王可以骑这匹马和我一同前往。’斛律光一定会来向陛下道谢，趁此机会把他抓起来。”后主就照祖珽所说的那样去做。

六月戊辰，斛律光进宫，到凉风堂，刘桃枝从背后击打他，没有跌倒。斛律光回头说：“刘桃枝常常做这种事。我没有辜负国家。”刘桃枝和另外三个力士用弓弦缠住他的脖子，用力勒紧将他杀死，鲜血流在地上，经过铲除，血迹始终存在。后主于是下诏说斛律光要造反，将他的儿子开府仪同三司斛律世雄、仪同三司斛律恒伽一并杀死。

祖珽派二千石郎邢祖信对斛律光的家产登记造册。祖珽在尚书都省问起所查到的东西，邢祖信说：“得到十五张弓，聚宴习射时用的箭一百支，七把刀，朝廷赏赐的长槊两杆。”祖珽厉声说：“还得到什么东西？”邢祖信回答说：“得到二十捆枣木棍，准备当奴仆和别人斗殴时，不问是非曲直，先打奴仆一百下。”祖珽大为惭愧，便低声说：“朝廷已经对他处以重刑，郎中不宜为他洗雪！”邢祖信离开尚书都省，有人责怪他过于坦率耿直，他感慨说：“贤良的宰相尚且被杀，我何必顾惜自己的余生！”

北齐后主派使者到梁州、兖州治所去，就地将斛律武都处死，又派中领军贺拔伏恩乘驿车去捉拿斛律羡，又以洛州行台仆射中山人独孤永业代替斛律羡，和大将军鲜于桃枝征发定州的骑兵继续前往。贺拔伏恩等到幽州，守城门的人告诉斛律羡：“来的人内穿衣甲，马身有汗，应当关闭城门。”斛律羡说：“怎能怀疑皇上派来的使者把他们拒之城外！”便出城会见使者。贺拔伏恩将他捉住处死。当初，斛律羡时常为一家权势太大而惧怕，曾经上表请求解除自己的职务，后主不许。临刑时，他叹息说：“如此富贵，女儿是皇后，满家是公主，日常驱使三百名士兵，怎能不败！”他的五个儿子斛律伏护、斛律世达、斛律世迁、斛律世辨、斛律世酋都被处死。

北周后主听到斛律光死去的消息，为此大赦全国表示庆幸。

陈纪六

第一百七十二卷

高宗宣皇帝中之上太建八年（丙申，576）

冬，十月，己酉，周主自将伐齐，以越王盛、杞公亮、随公杨坚为右三军，谯王俭、大将军窦泰、广化公丘崇为左三军，齐王宪、陈王纯为前军。

遣内史王谊监诸军攻平阳城。齐行台仆射海昌王尉相贵婴城拒守。甲子，齐集兵晋祠。庚午，齐主自晋阳帅诸军趣晋州。周主日自汾曲至城下督战，城中窘急。庚午，行台左丞侯子钦出降于周。壬申，晋州刺史崔景嵩守北城，夜，遣使请降于周，王轨帅众应之。未明，周将北海段文振，杖槊与数十人先登，与景嵩同至尉相贵所，拔佩刀劫之。城上鼓噪，齐兵大溃，遂克晋州，虏相贵及甲士八千人。

齐主方与冯淑妃猎于天池，晋州告急者，自旦至午，驿马三至。右丞相高阿那肱曰："大家正为乐，边鄙小小交兵，乃是常事，何急奏闻！"至暮，使更至，云"平阳已陷"，乃奏之。齐主将还，淑妃请更杀一围，齐主从之。

辛亥，周主入平阳。梁士彦见周主，持周主须而泣曰："臣几不见陛下！"周主亦为之流涕。

周主以将士疲弊，欲引还。士彦叩马谏曰："今齐师遁散，众心皆动，因其惧而攻之，其势必举。"周主从之，执其手曰："余得晋州，为平齐之基，若不固守，则大事不成。朕无前忧，唯虑后变，汝善为我守之！"遂帅诸将追齐师。诸将固请西还，周主曰："纵敌患生。卿等若疑，朕将独往。"诸将乃不敢言。癸丑，至汾水关。

是夜，齐主欲遁去，诸将不从。丁巳，周师至晋阳。齐主复大赦，改元隆化。以安德王延宗为相国、并州刺史，总山西兵，谓曰："并州兄自取之，儿今去矣！"延宗曰："陛下为社稷勿动。臣为陛下出死力战，必能破之。"穆提婆曰："至尊计已成，王不得辄沮！”齐主乃夜斩五龙门而出，欲奔突厥，从官多散。领军梅胜郎叩马谏，乃回向邺。时唯高阿那肱等十余骑从，广宁王孝珩、襄城王彦道继至，得数十人与俱。

延宗发府藏及后宫美女以赐将士，籍没内参十余家。齐主闻之，谓近臣曰：“我宁使周得并州，不欲安德得之。”左右曰：“理然。”延宗见士卒，皆亲执手称名，流涕呜咽，众争为死；童儿女子，亦乘屋攘袂，投砖石以御敌。

己未，周主至晋阳。庚申，齐主入邺。周师围晋阳，四合如黑云。安德王延宗命莫多娄敬显、韩骨胡拒城南，和阿干子、段畅拒城东，自帅众拒齐王宪于城北。延宗素肥，前如偃，后如伏，人常笑之。至是，奋大矟往来督战，劲捷若飞，所向无前。和阿干子、段畅以千骑奔周军。周主攻东门，际昏，遂入之，进焚佛寺。延宗、敬显自门入，夹击之，周师大乱，争门，相填压，塞路不得进。齐人从后斫刺，死者二千余人。周主左右略尽，自拔无路。承御上士张寿牵马首，贺拔伏恩以鞭拂其后，崎岖得出。齐人奋击，几中之。城东道厄曲，伏恩及降者皮子信导之，仅得免，时已四更。延宗谓周主为乱兵所杀，使于积尸中求长鬣者，不得。时齐人既捷，入坊饮酒，尽醉卧，延宗不复能整。

周主出城，饥甚，欲遁去，诸将亦多劝之还。宇文忻勃然进曰：“陛下自克晋州，乘胜至此。今伪主奔波，关东响震，自古行兵，未有若斯之盛。昨日破城，将士轻敌，微有不利，何足为怀！丈夫当死中求生，败中取胜。今破竹之势已成，奈何弃之而去！”齐王宪、柱国王谊亦以为去必不免，段畅等又盛言城内空虚。周主驻马，鸣角收兵，俄顷复振。辛酉，还攻东门，克之。延宗战力屈，走至城北，周人擒之。周主下马执其手，延宗辞曰：“死人手，何敢迫至尊！”周主曰：“两国天子，非有怨恶，直为百姓来耳。终不相害，勿怖也。”使复衣帽而礼之。唐邕等皆降于周。独莫多娄敬显奔邺，齐主以为司徒。

壬戌，周主大赦，削除齐制。收礼文武之士。

陈宣帝太建八年（丙申，公元576年）

冬季，十月，己酉（初四），北周国主亲自率军队征伐北齐，任命越王宇文盛、杞公宇文亮、随公杨坚为右三军，谯王宇文俭、大将军窦泰、广化公丘崇为左三军，齐王宇文宪、陈王宇文纯为前军。

派内史王谊监督各路军队进攻平阳城。北齐的行台仆射海昌王尉相贵据城抵抗。甲子（十九日），北齐军队聚集在晋祠。庚午（二十五日），北齐后主从晋阳率领各路军队向晋州进发。北周国主当天从汾曲来到晋州城下督战，城中情况危急。庚午（二十五日），北齐的行台左丞侯子钦出城向北周投降。壬申（二十七日），晋州刺史崔景嵩防守北城，晚上，派使者出城向北周请求投降，王轨率领众军响应崔景嵩。天还没有亮，北周将领北海人段文振，手持长矛和几十人先行登上城头，和崔景嵩一同到尉相贵那里，拔出佩刀劫持他。城上呼喊骚乱，齐兵大溃，于是攻克晋州，俘虏了尉相贵和他部下的甲士八千人。

北齐后主正和冯淑妃在天池狩猎，晋州告急的人，从早晨到中午，骑驿马来了三次。右丞相高阿那肱说："皇上正在取乐，边境有小小的军事行动，这是很平常的事，何必急着来奏报！"到傍晚，告急的使者再次到来，说"平阳已经陷落"，这才向君主奏报。北齐国主准备回去，冯淑妃却要求君主再围猎一次，北齐国主听从了她的要求。

辛亥（十二月初七），北周国主进入平阳。梁士彦见到周主，用手握着周主的胡须哭泣说："臣几乎见不到陛下了！"北周国主也动情流泪。

北周国主因将士疲乏困倦，准备率军回朝。梁士彦勒住周主的马规劝说："现在齐国的军队败退逃散，人心浮动，乘他们恐惧时发起进攻，一定可以打败他们。"北周国主听从了他的意见，握住他的手说："我得到晋州，这是平定齐国的基础，如果不坚决守住，就会大事不成。朕没有前忧，只忧虑后变，你好好为我守住这里！"于是率领将士们追赶北齐军队。将领们坚持请周主西归，北周国主说："放走乱人，祸患就会发生。你们如果有怀疑，朕将独自前去。"将领们于是不敢再说。癸丑（初九），到了汾水关。

当天晚上，北齐国主准备逃走，将领们都不肯跟从。丁巳（十三日），北周军队到晋阳。北齐后主再次大赦全国，把年号改为隆化。任命安德王高延宗为相国、并州刺史，总辖山西的军队，对他说："并州请兄长自己取走，我现在就要离开这里！"高延宗说："陛下应该替国家着想不要走。臣愿意为陛下拼死作战，一定能把他们打败。"穆提婆说："天子大计已定，安德王不能屡加阻挠！"北齐后主便在晚上破五龙门出走，要投降突厥，随从的官员纷纷散去。领军梅胜郎勒住后主的马加以规劝，这才返回邺城。当时只有高阿那肱等十几人骑马跟随，广宁王高孝珩、襄城王高彦道相继来到，只有几十人和后主在一起。

高延宗散发王府中的储藏和后宫里的美女赏赐给将士们，查抄没收了十几家太监。北齐后主听说后，对近臣说："我宁愿让周朝得到并州，不愿让安德王得到它。"左右的近臣说："理当如此。"高延宗看见士兵时，都亲自握住他们的手称呼他们的姓名，众人流泪悲泣出声，争着为他效死；儿童妇女，也都登上房顶捋起衣袖，投掷砖头石块抵抗敌人。

己未（十二月十五日），北周国主到晋阳。庚申（十六日），北齐后主进入邺城。北周军队包围了晋阳，就像黑云从四面压城一般。安德王高延宗命令莫多娄敬显、韩骨胡在城南抵抗，和阿干子、段畅在城东抵抗，自己率领众军在城北抵抗北周的齐王宇文宪。高延宗身体肥胖，前看像仰面朝天，后看像俯伏在地，人们常常取笑他的模样。这时，他挥舞长矛来回督战，强劲有力敏捷得像飞一般，指向哪里，谁也抵挡不住。和阿干子、段畅率领一千骑兵直奔北周的军队。北周国主进攻晋阳的东门，当时天色昏暗，便进到城里，放火焚烧城里的佛庙。高延宗、莫多娄敬显从城门进入，两面夹击，北周军队大乱，争着逃出城门，城门间人群填塞挤压，堵住了道路无法前进。北齐人从后刀砍矛刺，北周军队死了二千多人。北周国主左右的人几乎都已死亡逃散，自己走投无路。承御上士张寿牵着马头，贺拔伏恩用鞭子抽打马的后部，困难艰险地出了城。齐人奋勇追击，几乎打中了他。晋阳城东的道路狭隘弯曲，贺拔伏恩和投降北周的皮子信在前面带路，这才幸免于死，这时已经是深夜四更。高延宗以为北周国主已经被乱兵所杀，派人在堆积的尸体中寻找留有长胡须的人，没有找到。当时北齐人打了胜仗，到坊间饮酒，都喝醉了睡在地上，高延宗无法再整理队伍。

北周国主出城以后，非常饥饿，想逃走，将领们也多劝他回去。宇文忻发怒变色而进言："陛下从攻克晋州以来，乘胜到了这里。现在齐国的伪主劳碌奔逃，关东一带震惊，自古以来用兵，没有像这次的盛大。昨天破城时，由于将士轻敌，所以遭受一点挫折，这又何必放在心上！大丈夫应当从死中求生，败中取胜。现在破竹之势已经形成，为什么要放弃它而离去！"齐王宇文宪、柱国王谊也认为离开必定免不了失败，段畅又极力说晋阳城里已经空虚。北周国主于是勒马停止后撤，吹响号角集合军队，不多久军势重新振作。辛酉（十七日），早晨，返回攻打东门，终于攻克。高延宗在作战中力量用尽，跑到城北，被北周军队捉住。北周国主下马握住他的手，高延宗辞谢说："这是死人的手，怎敢靠近天子！"北周国主说："两个国家的天子，并非有怨仇憎恨，都是为了救老百姓而来的，我终究不会加害于您，不必害怕。”请他重新穿戴起衣帽而待之以礼。唐邕等都投降了北周。只有莫多娄敬显逃奔到邺城，北齐后主任命他为司徒。

壬戌（十八日），北周国主大赦全国，取消北齐的制度。招收并礼遇文武之士。

陈纪八

第一百七十四卷

高宗宣皇帝下之上太建十二年（庚子，580）

周杨后性柔婉，不妒忌，四皇后及嫔、御等，咸爱而仰之。天元昏暴滋甚，喜怒乖度，尝谴后，欲加之罪。后进止详闲，辞色不挠，天元大怒，遂赐后死，逼令引诀，后母独孤氏诣阁陈谢，叩头流血，然后得免。

后父大前疑坚，位望隆重，天元忌之，尝因忿谓后曰："必族灭尔家！"因召坚，谓左右曰："色动，即杀之。"坚至，神色自若，乃止。

甲午夜，天元备法驾，幸天兴宫；乙未，不豫而还。小御正博陵刘昉，素以狡谄得幸于天元，与御正中大夫颜之仪并见亲信。天元召昉、之仪入卧内，欲属以后事，天元喑，不复能言。昉见静帝幼冲，以杨坚后父，有重名，遂与领内史郑译、御饰大夫柳裘、内史大夫杜陵韦谟、御正下士朝那皇甫绩谋引坚辅政，坚固辞，不敢当；昉曰："公若为，速为之；不为，昉自为也。"坚乃从之，称受诏居中侍疾。

是日，帝殂。秘不发丧。昉、译矫诏以坚总知中外兵马事。

坚恐诸王在外生变，以千金公主将适突厥为辞，征赵、陈、越、代、滕五王入朝。

时众情未壹，坚引司武上士卢贲置左右。将之东宫，百官皆不知所从。坚潜令贲部伍仗卫，因召公卿，谓曰："欲求富贵者宜相随。"往往偶语，欲有去就，贲严兵而至，众莫敢动。出崇阳门，至东宫，门者拒不纳，贲谕之，不去；瞋目叱之，门者遂却，坚入。贲遂典丞相府宿卫。

内史下大夫勃海高颎明敏有器局，习兵事，多计略，坚欲引之入府，遣杨惠谕意。颎承旨，欣然曰："愿受驱驰。纵令公事不成，颎亦不辞灭族。"乃以为相府司录。

坚革宣帝苛酷之政，更为宽大，删略旧律，作《刑书要制》，奏而行之；躬履节俭，中外悦之。

陈宣帝太建十二年（庚子，公元580年）

北周杨皇后性格柔顺，不妒忌，所以其他四位皇后以及后宫中的九嫔、侍御等都爱戴并敬重她。天元皇帝越来越昏庸暴虐，喜怒无常，曾无故责备杨皇后，想强加给她罪名。但是杨皇后举止安详，言语态度没有曲挠服软的表示，所以天元皇帝十分愤怒，遂将杨皇后赐死，逼令她自杀。杨皇后的母亲独孤氏闻讯后，急忙进宫，为杨皇后求情，以至叩头流血，杨皇后才免于一死。

杨皇后的父亲杨坚任职大前疑，地位尊崇，深孚众望。天元皇帝一直猜忌他，有一次发怒时对杨皇后说："我一定要将你家灭族。"于是传令召杨坚进宫，对左右侍从说："他如果变了脸色，就立即把他杀死。"杨坚来到以后，神色自若，天元皇帝才没有杀他。

甲午（五月初十）夜，天元皇帝乘坐车驾，临幸天兴宫。乙未（十一日），因病返回。小御正博陵人刘昉一向以狡黠谄媚得到天元皇帝的宠爱，与御正大夫颜之仪一起受到天元皇帝的信任。天元皇帝召见刘昉、颜之仪到卧室，想向他们托付后事，但因病发音困难，不能再说话。刘昉见静帝年纪幼小，而杨坚是杨皇后的父亲，声名显赫，于是和领内史郑译、御饰大夫柳裘、内史大夫杜陵人韦謩、御正下士朝那人皇甫绩商议，邀请杨坚辅政。杨坚坚辞不接受，刘昉就对他说："您如果想干，就赶快上任；如果不想干，我就自己干。"杨坚这才答应，对外则宣称接到天元皇帝诏命，要他住进宫中侍奉疾病。

当天，天元皇帝去世。宫中对外秘而不宣。刘昉、郑译又假传诏命，让杨坚总管朝野内外的军队。

杨坚恐怕宗室诸王在地方发动叛乱，就以千金公主将要远嫁突厥为借口，征召赵王宇文招、陈王宇文纯、越王宇文盛、代王宇文达、滕王宇文逌等五王入朝。

当时北周将帅大臣尚未归心于杨坚，杨坚把掌管宫廷宿卫的司武上士卢贲安排在自己的身边。杨坚将要去正阳宫，朝中百官都不知道该怎么办。杨坚一面密令卢贲部署宿卫禁兵，一面召见公卿大臣，对他们说："想求取富贵的人请追随我。"公卿大臣们三三两两私下商议，有的表示愿意追随杨坚，有的则想留在朝廷。这时，卢贲带着全副武装的宿卫禁兵来到，公卿大臣们谁也不敢再有离去的表示。杨坚带着朝中百官出了宫廷东门崇阳门，来到正阳宫，但是守门的禁兵不放杨坚进去，卢贲上前对他们说明情况，即便这样禁兵还是不肯撤离。于是卢贲双目圆睁，厉声喝令他们闪开，守门禁兵这才退下，杨坚得以进入正阳宫。卢贲从此负责掌管丞相府的警卫。

北周内史下大夫勃海人高颎，聪明敏捷，有度量，懂军事，足智多谋。杨坚想请他进丞相府任职，于是派杨惠去向高颎转达相邀之意。高颎接受了邀请，并欣然回答说："愿意听从杨公差遣。纵使杨公大业不成，我也不怕遭到灭族之祸。"杨坚于是任命高颎为丞相府司录。

杨坚执政以后，革除了北周宣帝苛刻残暴的政令，为政务从宽大。他删改旧律，制定《刑书要制》，上奏静帝颁行天下。他又提倡节俭，并且身体力行，于是得到了朝野内外的称赞。

陈纪九

第一百七十五卷

高宗宣皇帝下之下太建十四年（壬寅，582）

春，正月，己酉，上不豫，太子与始兴王叔陵、长沙王叔坚并入侍疾。叔陵阴有异志，命典药吏曰："切药刀甚钝，可砺之！"甲寅，上殂。仓猝之际，叔陵命左右于外取剑。左右弗悟，取朝服木剑以进，叔陵怒。叔坚在侧，闻之，疑有变，伺其所为。乙卯，小敛。太子哀哭俯伏。叔陵抽锉药刀斫太子，中项，太子闷绝于地；母柳皇后走来救之，又斫后数下。乳媪吴氏自后掣其肘，太子乃得起；叔陵持太子衣，太子自奋得免。叔坚手扼叔陵，夺去其刀，仍牵就柱，以其褶袖缚之。时吴媪已扶太子避贼，叔坚求太子所在，欲受生杀之命。叔陵多力，奋袖得脱，突走出云龙门，驰车还东府，召左右断青溪道，赦东城囚以充战士，散金帛赏赐；又遣人往新林追所部兵；仍自被甲，著白布帽，登城西门招募百姓；又召诸王将帅，莫有至者，唯新安王伯固单马赴之，助叔陵指挥。叔陵兵可千人，欲据城自守。

时众军并缘江防守，台内空虚。叔坚白柳后，使太子舍人河内司马申，以太子命召右卫将军萧摩诃入见受敕，帅马步数百趣东府，屯城西门。叔陵惶恐，遣记室韦谅送其鼓吹与摩诃，谓曰："事捷，必以公为台辅。"摩诃给报之曰："须王心膂节将自来，方敢从命。"叔陵遣其所亲戴温、谭骐诣摩诃，摩诃执以送台，斩其首，徇东城。

叔陵自知不济，入内，沈其妃张氏及宠妾七人于井，帅步骑数百自小航渡，欲趣新林，乘舟奔隋。行至白杨路，为台军所邀。伯固见兵至，旋避入巷，叔陵驰骑拔刃追之，伯固复还，叔陵部下多弃甲溃去。摩诃马容陈智深迎刺叔陵僵仆，陈仲华就斩其首，伯固为乱兵所杀，自寅至巳乃定。

丁巳，太子即皇帝位，大赦。

陈宣帝太建十四年（壬寅，公元582年）

春季，正月，己酉（初五），陈宣帝患病，太子陈叔宝与始兴王陈叔陵、长沙王陈叔坚一同入宫侍疾。陈叔陵心怀不轨，对掌管药品的官吏下令说："切药草的刀太钝了，应该磨一磨。"甲寅（初十），陈宣帝去世。仓促之际，陈叔陵命令左右随从到宫外取剑，随从没有明白他的用意，取来他朝服上作为装饰用的木剑进呈，陈叔陵见了大怒。陈叔坚在一旁，看到了陈叔陵的所作所为，怀疑将有变故，于是就暗中监视陈叔陵的举动。乙卯（十一日），陈宣帝遗体入殓，太子俯伏痛哭。陈叔陵乘机抽出切药刀向太子砍去，砍中了太子的颈项，太子昏倒在地；太子生母柳皇后赶来救护太子，也被陈叔陵砍了数下。太子的奶妈吴氏从后面扯住陈叔陵的胳膊，太子才得以爬起；陈叔陵又抓住太子的衣服，太子奋力挣脱，才幸免于难。陈叔坚扑上去用手扼住陈叔陵的脖子，夺去他手中的刀，然后把他拖到一根柱子旁，就用他的衣袖将他捆在柱子上。当时奶妈吴氏已经扶太子出殿躲避，陈叔坚就去寻找太子，向他请示如何处置陈叔陵。陈叔陵健壮有力，奋力挣脱衣袖，冲出云龙门，乘车驰还扬州治所东府城。他召集左右随从阻断通向宫廷所在台城的青溪道，又下令赦免东府城囚徒以充战士，散发金帛钱财赏赐战士，又派人前往新林，追还他所指挥的军队，并亲自穿上甲胄，戴上白布帽，登上城西门招募百姓。他又征召宗室诸王和将帅，但无人响应，只有新安王陈伯固单枪匹马来投奔，协助他指挥军队。陈叔陵的军队大约有一千人，打算占据府城自守。

当时陈朝军队都被部署在沿江一带防守，宫廷内兵力空虚。陈叔坚启奏柳皇后，派遣太子舍人河内人司马申以太子的名义征召右卫将军萧摩诃入宫接受敕令，统率步、骑兵数百人进军东府城，部署在城西门外。陈叔陵惶恐不安，派遣记室参军韦谅把他的鼓吹仪仗送给萧摩诃，并对萧摩诃说："如果你帮助我举事成功，我一定任命你为辅政大臣。"萧摩诃骗韦谅说："必须让始兴王的心腹大将亲自来说，我才能听从命令。"于是陈叔陵又派亲信戴温、谭骐来到萧摩诃军营，被萧摩诃抓起来送往台省，斩首后于东府城示众。

陈叔陵自知不能成功，于是回到府内，把妃子张氏和宠妾七人沉入井中溺死，然后率领步、骑数百人从小航渡过秦淮河，想要逃往新林，再乘船投奔隋朝。走到白杨路，遭到朝廷军队截击。陈伯固看见朝廷大军来到，就躲进街巷想独自逃命，陈叔陵发现后驱马拔刀追赶，陈伯固只好又和他一起返回。陈叔陵的部下丢盔弃甲，纷纷溃逃。萧摩诃的马容陈智深迎面把陈叔陵刺落马下，陈仲华上前就势割下其首级，陈伯固则被乱兵杀死；一场混战从寅时开始，到巳时才被平息。

丁巳（正月十三日），陈朝皇太子陈叔宝即皇帝位，大赦天下。

陈纪十

第一百七十六卷

长城公下至德二年（甲辰，584）

仆射江总虽为宰辅，不亲政务，日与都官尚书孔范、散骑常侍王瑳等文士十余人，侍上游宴后庭，无复尊卑之序，谓之“狎客”。上每饮酒，使诸妃、嫔及学士与狎客共赋诗，互相赠答，采其尤艳丽者，被以新声，选宫女千余人习而歌之，分部迭进。其曲有《玉树后庭花》《临春乐》等，大略皆美诸妃嫔之容色。君臣酣歌，自夕达旦，以此为常。

祯明二年（戊申，588）

甲子，隋以出师，有事于太庙，命晋王广、秦王俊、清河公杨素皆为行军元帅。广出六合，俊出襄阳，素出永安，荆州刺史刘仁恩出江陵，蕲州刺史王世积出蕲春，庐州总管韩擒虎出庐江，吴州总管贺若弼出广陵，青州总管弘农燕荣出东海，凡总管九十，兵五十一万八千，皆受晋王节度。东接沧海，西拒巴、蜀，旌旗舟楫，横亘数千里，以左仆射高颎为晋王元帅长史，右仆射王韶为司马，军中事皆取决焉；区处支度，无所凝滞。

杨素引舟师下三峡，军至流头滩。将军戚昕以青龙百余艘守狼尾滩，地势险峭，隋人患之。素曰：“胜负大计，在此一举。若昼日下船，彼见我虚实，滩流迅激，制不由人，则吾失其便；不如以夜掩之。”素亲帅黄龙数千艘，衔枚而下，遣开府仪同三司王长袭引步卒自南岸击昕别栅，大将军刘仁恩帅甲骑自北岸趣白沙，迟明而至，击之；昕败走，悉俘其众，劳而遣之，秋毫不犯。

素帅水军东下，舟舻被江，旌甲曜日。素坐平乘大船，容貌雄伟，陈人望之，皆惧，曰："清河公即江神也！"

江滨镇戍闻隋军将至，相继奏闻；施文庆、沈客卿并抑而不言。

及隋军临江，间谍骤至，宪等殷勤奏请，至于再三。文庆曰："元会将逼，南郊之日，太子多从；今若出兵，事便废阙。"帝曰："今且出兵，若北边无事，因以水军从郊，何为不可！"又曰："如此则声闻邻境，便谓国弱。"后又以货动江总，总内为之游说，帝重违其意，而迫群官之请，乃令付外详议。总又抑宪等，由是议久不决。

帝从容谓侍臣曰："王气在此。齐兵三来，周师再来，无不摧败。彼何为者邪！"都官尚书孔范曰："长江天堑，古以为限隔南北，今日虏军岂能飞渡邪！边将欲作功劳，妄言事急。臣每患官卑，虏若渡江，臣定作太尉公矣！"或妄言北军马死，范曰："此是我马，何为而死！"帝笑以为然，故不为深备，奏伎、纵酒、赋诗不辍。

陈长城公至德二年（甲辰，公元584年）

尚书仆射江总虽然担任宰相，但并不亲自处理政务，每天与都官尚书孔范、散骑常侍王瑳等文士十余人，侍奉后主在皇宫后庭游玩宴乐，不讲君臣尊卑次序，被称为"狎客"。陈后主每举办酒宴，就使诸位妃、嫔和江总等狎客一起赋诗，互相赠答，然后挑选其中特别艳丽的诗作，谱上新曲，再挑选宫女千余人练习歌唱，分部演出。其歌曲有《玉树后庭花》《临春乐》等，大多是赞美诸位妃、嫔的美丽容貌。君臣饮酒酣歌，从夜晚到清晨，以此为常事。

祯明二年（戊申，公元588年）

甲子（十月二十八日），隋文帝要出师讨伐陈朝，在太庙祭告祖先，并任命晋王杨广、秦王杨俊、清河公杨素三人都为行军元帅。命令杨广统率军队从六合出发，杨俊统率军队从襄阳出发，杨素统率军队从永安出发，荆州刺史刘仁恩统率军队从江陵出发，蕲州刺史王世积统率军队从蕲春出发，庐州总管韩擒虎统率军队从庐江出发，吴州总管贺若弼统率军队从广陵出发，青州总管弘农人燕荣统率军队从东海出发，共有行军总管九十位，兵力五十一万八千人，都受晋王杨广的节度指挥。东起海滨，西到巴、蜀，旌旗耀日，舟楫竞进，横亘连绵千里。朝廷又任命左仆射高颎为晋王元帅府长史，右仆射王韶为司马，前线军中一切事务全由他们裁决处理。他们安排各路军队进退攻守，料理调拨军需供应，十分称职，没有贻误。

杨素率领水军顺流而下，越过三峡，进至流头滩。陈朝将军戚昕率领青龙战船一百余艘防守狼尾滩，这里地势险要，易守难攻，隋朝将士因而担忧。杨素说："成败在此一举。我军如果白天下船进攻，敌军就会知道我军虚实，加上滩流迅急，船只难以掌握，我们就失去了居于上游的便利条件；不如在夜里突然袭击敌军。"于是杨素亲自率领黄龙舰船数千艘，将士衔枚，顺流而下，又派遣开府仪同三司王长袭率领步兵由长江南岸攻打戚昕别处营垒，大将军刘仁恩率领骑兵由北岸向白沙进发，黎明时各军皆至，于是一起发起进攻；戚昕战败逃走，隋军俘获了陈朝全部将士，慰劳后加以遣返，纪律严明，秋毫不犯。

于是杨素率领水军顺流东下，舟舻舰船布满江面，旌旗甲胄鲜明耀日。杨素坐在一只平板大船上，仪表堂堂，陈朝人看见后，都心中惧怕，说："清河公真像是长江水神！"

陈朝沿江镇戍要塞听说隋军将到，相继飞书奏报朝廷；但是中书舍人施文庆、沈客卿把奏疏全部压下，没有呈奏天子。

直至隋军进至长江北岸，江南地区也突然出现了大批间谍探子以后，袁宪等人又多次上奏请求。施文庆对陈后主说："元旦的大朝会即将来临，南郊大祀那天，太子必须率领较多军队；现在如果向京口、采石以及江面派遣军队和舰船，南郊大祀之事就得废省。"陈后主说："现在暂且派出军队，到时候如果北边战场无事，就顺便使用这支水军跟从到南郊，参加祭祀，又有什么不可以！"施文庆又回答说："这样做会被邻国知道，隋朝便会认为我国弱小。"后来施文庆又用金银财物贿赂尚书令江总，于是江总又入宫为施文庆游说，陈后主不好违背江总的意见，但又迫于群臣百官再三奏请，于是就下令由朝廷百官大臣再仔细商议决定。而江总又利用职权多方压制袁宪等人，所以长时间商议却没有做出决定。

陈后主口气徐缓地对侍卫近臣说："帝王的气数在此地。齐军曾经三次进犯，周军也曾经两次大兵压境，无不遭到惨重失败。他们隋军又能怎么样呢！"都官尚书孔范说："长江是一道天堑，古代作为隔绝南方和北方的界限。现在敌军难道能飞渡吗！边镇将帅想建立功勋，所以谎报边事紧急。我常常担忧自己官职低下，如果敌军能越过长江，我一定会建功立业，荣升太尉了。"有人谎报说隋军马匹多死，孔范又口出大言说："这是我国的马，怎么会死！"陈后主听后大笑，认为孔范说得很对，所以不做认真的防备，仍奏乐观舞，纵酒宴饮，赋诗取乐不止。

隋纪一

第一百七十七卷

高祖文皇帝上之上开皇九年（己酉，589）

是日，贺若弼自广陵引兵济江。先是弼以老马多买陈船而匿之，买弊船五六十艘，置于渎内。陈人觇之，以为内国无船。弼又请缘江防人每交代之际，必集广陵，于是大列旗帜，营幕被野，陈人以为隋兵大至，急发兵为备，既知防人交代，其众复散；后以为常，不复设备。又使兵缘江时猎，人马喧噪。故弼之济江，陈人不觉。韩擒虎将五百人自横江宵济采石，守者皆醉，遂克之。晋王广帅大军屯六合镇桃叶山。

庚午，贺若弼攻拔京口，执南徐州刺史黄恪。弼军令严肃，秋毫不犯，有军士于民间酤酒者，弼立斩之。所俘获六千余人，弼皆释之，给粮劳遣，付以敕书，令分道宣谕。于是所至风靡。

樊猛在建康，其子巡摄行南豫州事。辛未，韩擒虎进攻姑孰，半日，拔之，执巡及其家口。

于是贺若弼自北道，韩擒虎自南道并进，缘江诸戍，望风尽走；弼分兵断曲阿之冲而入。陈主命司徒豫章王叔英屯朝堂，萧摩诃屯乐游苑，樊毅屯耆阇寺，鲁广达屯白土冈，忠武将军孔范屯宝田寺，己卯，任忠自顺兴入赴，仍屯朱雀门。

贺若弼进据钟山，顿白土冈之东。晋王广遣总管杜彦与韩擒虎合军，步骑二万屯于新林。蕲州总管王世积以舟师出九江，破陈将纪瑱于蕲口，陈人大骇，降者相继。晋王广上状，帝大悦，宴赐群臣。

时建康甲士尚十余万人，陈主素怯懦，不达军士，唯日夜啼泣，台内处分，一以委施文庆。文庆既知诸将疾己，恐其有功，乃奏曰："此辈怏怏，素不伏官，迫此事机，那可专信！"由是诸将凡有启请，率皆不行。

贺若弼之攻京口也，萧摩诃请将兵逆战，陈主不许。及弼至钟山，摩诃又曰：“弼悬军深入，垒堑未坚，出兵掩袭，可以必克。”又不许。陈主召摩诃、任忠于内殿议军事，忠曰：“兵法：客贵速战，主贵持重。今国家足兵足食，宜固守台城，缘淮立栅，北军虽来，勿与交战；分兵断江路，无令彼信得通。给臣精兵一万，金翅三百艘，下江径掩六合；彼大军必谓其渡江将士已被俘获，自然挫气。淮南土人与臣旧相知悉，今闻臣往，必皆景从。臣复扬声欲往徐州，断彼归路，则诸军不击自去。待春水既涨，上江周罗睺等众军必沿流赴援。此良策也。”陈主不能从。明日，欻然曰：“兵久不决，令人腹烦，可呼萧郎一出击之。”任忠叩头苦请勿战。孔范又奏：“请作一决，当为官勒石燕然。”陈主从之，谓摩诃曰：“公可为我一决！”摩诃曰：“从来行陈，为国为身；今日之事，兼为妻子。”陈主多出金帛赋诸军以充赏。甲申，使鲁广达陈于白土冈，居诸军之南，任忠次之，樊毅、孔范又次之，萧摩诃军最在北。诸军南北亘二十里，首尾进退不相知。

贺若弼将轻骑登山，望见众军，因驰下，与所部七总管杨牙、员明等甲士凡八千，勒陈以待之。陈主通于萧摩诃之妻，故摩诃初无战意；唯鲁广达以其徒力战，与弼相当。隋师退走者数四，弼麾下死者二百七十三人，弼纵烟以自隐，窘而复振。陈兵得人头，皆走献陈主求赏，弼知其骄惰，更引兵趣孔范；范兵暂交即走，陈诸军顾之，骑卒乱溃，不可复止，死者五千人。员明擒萧摩诃，送于弼，弼命牵斩之，摩诃颜色自若，弼乃释而礼之。

时韩擒虎自新林进军，忠已帅数骑迎降于石子冈。领军蔡徵守朱雀航，闻擒虎将至，众惧而溃。忠引擒虎直入朱雀门，陈人欲战，忠挥之曰：“老夫尚降，诸军何事！”众皆散走。于是城内文武百司皆遁，唯尚书仆射袁宪在殿中，尚书令江总等数人居省中。陈主谓袁宪曰：“我从来接遇卿不胜余人，今日但以追愧。非唯朕无德，亦是江东衣冠道尽。”

陈主遑遽，将避匿，宪正色曰：“北兵之入，必无所犯。大事如此，陛下去欲安之！臣愿陛下正衣冠，御正殿，依梁武帝见侯景故事。”陈主不从，下榻驰去，曰：“锋刃之下，未可交当，吾自有计！”从宫人十余出后堂景阳殿，将自投于井，宪苦谏不从；后阁舍人夏侯公韵以身蔽井，陈主与争，久之，乃得入。既而军人窥井，呼之，不应，欲下石，乃闻叫声；以绳引之，惊其太重，及出，乃与张贵妃、孔贵嫔同束而上。

高颎先入建康，颎子德弘为晋王广记室，广使德弘驰诣颎所，令留张丽华，颎曰：“昔太公蒙面以斩妲己，今岂可留丽华！”乃斩之于青溪。德弘还报，广变色曰：“昔人云，‘无德不报’，我必有以报高公矣！”由是恨颎。

于是陈国皆平，得州三十，郡一百，县四百。诏建康城邑宫室，并平荡耕垦，更于石头置蒋州。

隋文帝开皇九年（己酉，公元589年）

这一天，隋吴州总管贺若弼从广陵统率军队渡过长江。起先，贺若弼卖掉军中老马，大量购买陈朝的船只，并把这些船只藏匿起来，然后又购买了破旧船只五六十艘，停泊在小河内。陈朝派人暗中窥探，认为隋军没有船只。贺若弼又请求让沿江防守的兵士每当轮换交接的时候，都一定要聚集广陵，于是隋军大举旗帜，营幕遍野，陈朝以为是隋朝大军来到，于是急忙调集军队加强戒备，随后知道是隋朝士卒换防交接，就将已聚集的军队解散；后来陈朝对此已习以为常，就不再加强戒备。贺若弼又时常派遣军队沿江打猎，人欢马叫。所以贺若弼渡江时，陈朝守军竟没有发觉。庐州总管韩擒虎也率领将士五百人从横江浦夜渡采石，陈朝守军全都喝醉了酒，隋军轻而易举就攻下了采石。晋王杨广统率大军驻扎在六合镇桃叶山。

庚午（正月初六），隋将贺若弼率军攻克京口，生俘陈朝南徐州刺史黄恪。贺若弼的军队纪律严明，秋毫不犯，有士卒在民间买酒的，贺若弼即令将他斩首。所俘获的陈朝军队六千余人，贺若弼全部予以释放，发给资粮，好言安慰，遣返回乡，并付给他们隋文帝敕书，让他们分道宣传散发。因此，隋军所到之处，陈朝军队望风溃败。

陈朝南豫州刺史樊猛当时还在建康，由他的儿子樊巡代理南豫州事。辛未（初七），隋将韩擒虎率军进攻姑孰，只用了半天，就攻下了姑孰城，俘虏了樊巡及其全家。

此时，隋将贺若弼率军从北道，韩擒虎率军从南道，齐头并进，夹攻建康。陈朝沿江的镇戍要塞守军都望风尽逃；贺若弼分兵占领曲阿，隔断了陈朝援军的通道，自己率主力进逼建康。陈后主命令司徒、豫章王陈叔英率军守卫朝堂，萧摩诃率军驻守乐游苑，樊毅率军驻守耆阇寺，鲁广达率军驻守白土冈，忠武将军孔范率军驻守宝田寺。己卯（十五日），任忠率军自吴兴入援京师，驻守朱雀门。

隋将贺若弼率军进据钟山，驻扎在白土冈的东面。晋王杨广派遣总管杜彦和韩擒虎合军，共计步骑两万人驻扎在新林。隋蕲州总管王世积统率水军出九江，在蕲口击败陈将纪瑱，陈朝将士大为惊恐，向隋军投降的人接连不断，晋王杨广上表禀报军情，隋文帝非常高兴，于是宴请和赏赐百官群臣。

当时建康还有军队十余万人，但是陈后主生性怯懦软弱，又不懂军事，只是日夜哭泣，台城内的所有军情处置，全部委任给施文庆。施文庆知道将帅们都痛恨自己，唯恐他们建立功勋，于是向陈后主上奏说："这些将帅们平时总是心中不满，一向不甘心情愿侍奉陛下，现在到了危急时刻，怎么可以完全信任他们呢？"因此这些将帅凡是有所启奏请求，绝大部分都未获批准。

在隋将贺若弼进攻京口时，陈朝都督萧摩诃曾经请求率军迎战，陈后主不许。等到贺若弼进至钟山，萧摩诃又上奏说："贺若弼孤军深入，立足未稳，如果乘机出兵袭击，可保必胜。"陈后主还是不许。陈后主招集萧摩诃、任忠在宫中内殿商议军事，任忠说："兵法上说：来犯之军利在速战，守军利在坚持。现在国家兵足粮丰，应该固守台城，沿秦淮河建立栅栏，隋军虽然来攻，不要轻易出战；分兵截断长江水路，不要让隋军音信相通。陛下可给我精兵一万人，金翅战船三百艘，顺江而下，径直突然袭击六合镇；这样，隋朝大军一定会认为他们渡过江的将士已经被我们俘获，锐气自然就会受挫。此外，淮南土著居民与我以前就互相熟悉，如今听说是我率军前往，必定会群起响应。我再扬言将要率军进攻徐州，断敌退路，这样，各路隋军就会不战自退。待到雨季春水既涨，上游周罗睺等军必定顺流而下赶来增援。这是一个很好的战略计策。"陈后主也不听从。到了第二天，陈后主忽然说："与隋军长久相持不进行决战，令人心烦，可叫萧摩诃出兵攻打敌军。"任忠向陈后主跪地叩头，苦苦请求不要出战。忠武将军孔范又上奏说："请求与隋军进行决战，我军必胜，我将为陛下在燕然山刻石立碑纪念战功。"陈后主听从了孔范的意见，对萧摩诃说："你可为我率军与敌军一决胜负！"萧摩诃说："从来作战都是为了国家与自己，今日与敌决战，兼为妻儿家人。"于是陈后主拿出很多金钱财物，分配给诸军用作奖赏。甲申（二十日），命令鲁广达率军在白土冈摆开阵势，在各军的最南边，由南往北，依次是任忠、樊毅、孔范，萧摩诃的军队在最北边。陈朝军队所摆开的阵势南北长达二十里，首尾进退互不知晓。

隋将贺若弼率领轻骑登上钟山，望见陈朝众军已摆开阵势，于是驰骑下山，与所部七位总管杨牙、员明等将领率兵士共八千人，也摆好阵势准备迎战。因为陈后主私通萧摩诃的妻子，所以萧摩诃一开始就不想为陈后主打仗；只有鲁广达率领部下拼死力战，与贺若弼的军队旗鼓相当。隋军曾经四次被迫后退，贺若弼部下战死二百七十三人，后来贺若弼部队纵放烟火用来掩护隐蔽，才摆脱困境重新振作起来。陈朝兵士获得隋军人头，纷纷跑去献给陈后主以求得奖赏，贺若弼看到陈朝军队骄傲轻敌，不愿再苦战，于是再一次率军冲击孔范的军阵；孔范的兵士与隋军刚一交战即败走，陈朝诸军望见，骑兵、步卒也一起纷纷溃逃，互相践踏不可阻止，死了五千人。总管员明擒获了萧摩诃，把他送交贺若弼，贺若弼命令将其推出去斩首，萧摩诃神色自若，贺若弼于是给他松绑并以礼相待。

当时韩擒虎率军从新林向台城进发，任忠已经率领部下数骑到石子冈去投降。当时陈朝领军将军蔡徵率军守卫朱雀航，听说韩擒虎将到，部队惊惧，望风溃逃。任忠带领韩擒虎的军队径直进入朱雀门，还有一些陈军将士想进行抵抗，任忠对他们挥挥手说："我都投降了隋军，你们还抵抗什么！"于是陈军全都逃散。此时，台城内文武大臣全都逃跑，只有尚书仆射袁宪在殿内，尚书令江总等数人在尚书省府中。陈后主对袁宪感叹说："我从来对待你不比别人好，今日只有惭愧。这不只是朕失德无道所致，也是由于江东士大夫的气节全都丧失净尽了。"

陈朝后主惊慌失措，想要躲藏，袁宪严肃地说道："隋军进入皇宫后，必不会对陛下有所侵侮。事已至此，陛下还能躲到什么地方去？我请求陛下把衣服冠冕穿戴整齐，端坐正殿，依照当年梁武帝见侯景的旧例。"陈后主没有听从，下了坐床飞奔而去，并说："兵刃之下，不能拿性命去贸然抵挡，我自有办法！"于是跟着十余个宫人逃出后堂景阳殿，就要往井里跳，袁宪苦苦哀求，陈后主不听。后阁舍人夏侯公韵用自己的身子遮挡住井口，陈后主极力相争，争了很长时间才得以下到井里。不久，有隋军兵士向井里窥视，并大声喊叫，井下无人回答，士兵扬言要落井下石，方才听到井下有人呼唤，于是抛下绳索往上拉人，感到非常沉重，十分吃惊，直到把人拉了上来，看见是陈后主与张贵妃、孔贵嫔三人同绳而上。

隋高颎最先进入建康，当时高颎的儿子高德弘是晋王府记室参军，杨广就派他驰马来见高颎，传令留下张丽华，高颎说："古时候姜太公吕尚蒙面斩了殷纣王的宠姬妲己，今天岂能留下张丽华！"于是将张丽华斩于青溪。高德弘还报杨广，杨广脸色一变说："古人云：'无德不报。'我一定有办法回报高公！"从此杨广忌恨高颎。

于是陈国被全部平定，隋朝共得到三十个州，一百个郡，四百个县。隋文帝诏令将建康的城邑宫殿房屋，全部毁掉为耕田，又在石头城设置蒋州。

隋纪三

第一百七十九卷

高祖文皇帝中开皇二十年（庚申，600）

初，上使太子勇参决军国政事，时有损益；上皆纳之。勇性宽厚，率意任情，无矫饰之行。上性节俭，勇尝文饰蜀铠，上见而不悦，戒之曰："自古帝王未有好奢侈而能久长者。汝为储后，当以俭约为先，乃能奉承宗庙。吾昔日衣服，各留一物，时复观之以自警戒。恐汝以今日皇太子之心忘昔时之事，故赐汝以我旧所带刀一枚，并菹酱一合，汝昔作上士时常所食也。若存记前事，应知我心。"

后遇冬至，百官皆诣勇，勇张乐受贺。上知之，问朝臣曰："近闻至日内外百官相帅朝东宫，此何礼也？"太常少卿辛亶对曰："于东宫，乃贺也，不得言朝。"上曰："贺者正可三数十人，随情各去，何乃有司征召，一时普集！太子法服设乐以待之，可乎？"因下诏曰："礼有等差，君臣不杂。皇太子虽居上嗣，义兼臣子，而诸方岳牧正冬朝贺，任土作贡，别上东宫；事非典则，宜悉停断。"自是恩宠始衰，渐生猜阻。

勇多内宠，昭训云氏尤幸。其妃元氏无宠，遇心疾，二日而薨，独孤后意有他故，甚责望勇。自是云昭训专内政，生长宁王俨，平原王裕，安成王筠；高良娣生安平王嶷，襄城王恪；王良媛生高阳王该，建安王韶；成姬生颍川王煚；后宫生孝实，孝范。后弥不平，颇遣人伺察，求勇过恶。

晋王广弥自矫饰，唯与萧妃居处，后庭有子皆不育，后由是数称广贤。大臣用事者，广皆倾心与交。上及后每遣左右至广所，无贵贱，广必与萧妃迎门接引，为设美馔，申以厚礼；婢仆往来者，无不称其仁孝。上与后尝幸其第，广悉屏匿美姬于别室，唯留老丑者，衣以缦彩，给事左右；屏帐改用缣素；故绝乐器之弦，不令拂去尘埃。上见之，以为不好声色，还宫，以语侍臣，意甚喜，侍臣皆称庆，由是爱之特异诸子。

晋王广美姿仪，性敏慧，沈深严重；好学，善属文；敬接朝士，礼极卑屈；由是声名籍甚，冠于诸王。

广为扬州总管，入朝，将还镇，入宫辞后，伏地流涕，后亦泫然泣下。广曰："臣性识愚下，常守平生昆弟之意，不知何罪失爱东宫，恒蓄盛怒，欲加屠陷。每恐谗谮生于投杼，鸩毒遇于杯勺，是以勤忧积念，惧履危亡。"后忿然曰："睍地伐渐不可耐，我为之娶元氏女，竟不以夫妇礼待之，专宠阿云，使有如许豚犬。前新妇遇毒而夭，我亦不能穷治，何故复于汝发如此意！我在尚尔，我死后，当鱼肉汝乎！每思东宫竟无正嫡，至尊千秋万岁之后，遣汝等兄弟向阿云儿前再拜问讯，此是几许苦痛邪！"广又拜，呜咽不能止，后亦悲不自胜。自是后决意欲废勇立广矣。

隋文帝开皇二十年（庚申，公元600年）

当初，隋文帝让太子杨勇参与决策军国政事，他经常提出批评建议，文帝都采纳了。杨勇性情宽厚，直率热情，平易近人，无弄虚作假的品行。文帝本性崇尚节俭，杨勇曾经在蜀地出的已经很精美华丽的铠甲上再加装饰，文帝看到后很不高兴，他告诫杨勇说："自古以来帝王无一喜好奢侈而能长久的，你作为皇位继承人，应当以节俭为先，这样才能承继宗庙。我过去的衣服，都各留一件，时常取出它们观看以告诫自己。恐怕你以当今皇太子自居而忘却了过去的事情，因此我赐给你一把我旧时所佩带的刀，一盒你旧日为上士时常常吃的腌菜。要是你还能记得以前的事，你就应该懂得我的良苦用心。"

后来到了冬至，百官都去见杨勇，杨勇排列乐队接受百官的祝贺。文帝知道了这件事，就问朝臣："最近听说冬至那天朝廷内外百官都去朝见太子，这是什么礼法？"太常少卿辛亶回答："百官到东宫，是祝贺，不能说是朝见。"文帝说："祝贺的人应该三五十人，随意各自去，为什么由有关部门召集，一时间百官都集中起来同去？太子身穿礼服奏乐来接待百官，能这样吗？"于是文帝下诏说："礼法有等级差别，君臣之间不能混杂。皇太子虽然是皇帝的继承人，但从礼义上讲也是臣子，各地方长官在冬至节来朝贺，进献自己辖地的特产，但另外给皇太子上贡，这就不符合典章制度了，应该全部停止。"从此，文帝对杨勇的恩宠开始衰落，渐渐有了猜疑和戒心。

杨勇有很多姬妾，他对昭训云氏尤其宠爱。杨勇的妃子元氏不得宠，突然得了心疾，两天就死了。独孤皇后认为这里还有别的缘故，对杨勇很是责备。此后，云昭训总揽东宫内的事务，她生了长宁王杨俨、平原王杨裕、安成王杨筠；高良娣生了安平王杨嶷、襄城王杨恪；王良媛生了高阳王杨该、建安王杨韶；成姬生了颖川王杨煚；其他的宫人生了杨孝实、杨孝范。独孤皇后更加不高兴，经常派人来窥伺探查，找杨勇的过失和罪过。

晋王杨广了解这件事后就更加伪装自己，他只和萧妃住在一起，对后宫所生子女都不去抚育，独孤皇后因此多次称赞杨广有德行。朝廷中执掌朝政的重臣，杨广都尽心竭力地与他们结交。文帝和独孤皇后每次派身边的人到杨广的住处，无论来人的地位高低，杨广必定和萧妃一起在门口迎接，为来人摆设盛宴，并厚赠礼品。于是来往的奴婢仆人没有不称颂杨广为人仁爱贤孝的。文帝与独孤皇后曾经驾临杨广的府第，杨广将他的美姬都藏到别的房间里，只留下年老貌丑之人，身着没有文饰的衣服来服侍。房间里的屏帐都改用朴素的幔帐，故意弄断琴瑟丝弦，不让拂去上面的灰尘。文帝看到这种情况，以为杨广不爱好声色，返回皇宫后，告诉侍臣这一情况。文帝感到非常高兴，侍臣们也都向他祝贺。从此，文帝喜爱杨广超出别的儿子。

晋王杨广容貌俊美，举止优雅，性情聪颖机敏，性格深沉持重，喜好学习，擅长做文章，对朝中之士恭敬结交，待人非常礼貌谦卑，因此他的声誉很盛，高于文帝其他的儿子。

杨广被任命为扬州总管，去朝见文帝，将要返回扬州，他进皇宫向独孤皇后辞行，跪在地上流泪，独孤皇后也潸然泪下。杨广说："我性情见识愚笨低下，常常顾念平时兄弟之间的感情，不知什么地方得罪了皇太子，他常常满怀怒气，想诬陷杀害我。我常常恐惧谗言出于亲人之口、酒具食器中被投入毒药的事情发生，因此我非常忧虑，念念在心，忧惧遭到危亡的命运。"独孤皇后气愤地说："他真是越来越让人无法忍受了。我给他娶了元氏的女儿，他竟然不以夫妇之礼对待元氏，却特别宠爱阿云，使她生下了这么多猪狗一般的儿子。先前，儿媳妇元氏被毒害而死，我也不能特别地追究此事。为什么他对你又生出如此念头！我还活着，他就如此！我死后，他就该残害你们了！我每每想到东宫皇太子竟然没有正室，在你们父皇百年之后，让你们兄弟几个跪拜问候阿云儿，这是多么痛苦的事啊！"杨广又跪在地上，呜咽不止，独孤皇后也悲伤得不能自已。从此独孤皇后下决心要废掉杨勇而立杨广为太子。

隋纪四

第一百八十卷

炀皇帝上之上大业元年（乙丑，605）

三月，丁未，诏杨素与纳言杨达、将作大匠宇文恺营建东京，每月役丁二百万人，徙洛州郭内居民及诸州富商大贾数万户以实之。废二崤道，开葼册道。

敕宇文恺与内史舍人封德彝等营显仁宫，南接皁涧，北跨洛滨。发大江之南、五岭以北奇材异石，输之洛阳；又求海内嘉木异草，珍禽奇兽，以实园苑。辛亥，命尚书右丞皇甫议发河南、淮北诸郡民，前后百余万，开通济渠。自西苑引谷、洛水达于河；复自板渚引河历荥泽入汴；又自大梁之东引汴水入泗，达于淮；又发淮南民十余万开邗沟，自山阳至杨子入江。渠广四十步，渠旁皆筑御道，树以柳；自长安至江都，置离宫四十余所。庚申，遣黄门侍郎王弘等往江南造龙舟及杂船数万艘。东京官吏督役严急，役丁死者什四五，所司以车载死丁，东至城皋，北至河阳，相望于道。又作天经宫于东京，四时祭高祖。

三年（丁卯，607）

牛弘等造新律成，凡十八篇，谓之《大业律》；甲申，始颁行之。民久厌严刻，喜于宽政。其后征役繁兴，民不堪命，有司临时迫胁以求济事，不复用律令矣。旅骑尉刘炫预修律令，弘尝从容问炫曰：“《周礼》士多而府史少，今令史百倍于前，减则不济，其故何也？”炫曰：“古人委任责成，岁终考其殿最，案不重校，文不繁悉，府史之任，掌要目而已。今之文簿，恒虑覆治，若锻炼不密，则万里追证百年旧案。故谚云：‘老吏抱案死。’事繁政弊，职此之由也。”弘曰：“魏、齐之时，令史从容而已，今则不遑宁处，何故？”炫曰：“往者州唯置纲纪，郡置守、丞，县置令而已。其余具僚则长官自辟，受诏赴任，每州不过数十。今则不然，大小之官，悉由吏部，纤介之迹，皆属考功。省官不如省事，官事不省而望从容，其可得乎！”弘善其言而不能用。

又诏发丁男百余万筑长城，西拒榆林，东至紫河。尚书左仆射苏威谏，上不听，筑之二旬而毕。帝之征散乐也，太常卿高颎谏，不听。颎退，谓太常丞李懿曰：“周天元以好乐而亡，殷鉴不远，安可复尔！”颎又以帝遇启民过厚，谓太府卿何稠曰：“此虏颇知中国虚实，山川险易，恐为后患。”又谓观王雄曰：“近来朝廷殊无纲纪。”礼部尚书宇文弼私谓颎曰：“天元之侈，以今方之，不亦甚乎？”又言：“长城之役，幸非急务。”光禄大夫贺若弼亦私议宴可汗太侈。并为人所奏。帝以为诽谤朝政，丙子，高颎、宇文弼、贺若弼皆坐诛，颎诸子徙边，弼妻子没官为奴婢。事连苏威，亦坐免官。颎有文武大略，明达世务，自蒙寄任，竭诚尽节，进引贞良，以天下为己任；苏威、杨素、贺若弼、韩擒虎皆颎所推荐，自余立功立事者不可胜数；当朝执政将二十年，朝野推服，物无异议，海内富庶，颎之力也。及死，天下莫不伤之。

隋炀帝大业元年（乙丑，公元 605 年）

三月，丁未（十七日），炀帝下诏派杨素和纳言杨达、将作大匠宇文恺营建东京，每个月役使壮丁二百万人，迁徙洛州城内的居民和各州的富商大贾几万户充实东京。废弃二崤道，开辟葼册道。

炀帝命令宇文恺和内史舍人封德彝等人营建显仁宫，显仁宫南边连接阜涧，北边跨越洛水，征调大江以南五岭以北的奇材异石，输送到洛阳；又搜求海内的嘉木异草，珍禽奇兽，用以充实皇家园林。辛亥（二十一日），命令尚书右丞皇甫议征发河南、淮北各郡的百姓前后一百余万人，开辟通济渠。从西苑引谷水、洛水到黄河，又从板渚引黄河水经过荥泽进入汴水，从大梁以东引汴水进入泗水到淮河。又征发淮南的百姓十余万人开凿邗沟从山阳到杨子进入长江。通济渠宽四十步，渠两旁都筑有御道，栽种柳树。从长安到江都设置离宫四十余所。庚申（三十日），派遣黄门侍郎王弘等人到江南建造龙舟和各种船只几万艘。东京的官吏监督工程严酷急迫，服役的壮丁死去十之四五。有关部门用车装着死去的役丁，东到城皋，北至河阳，载尸之车连绵不断。炀帝又在东京建造天经宫，每年四季祭祀文帝。

三年（丁卯，公元607年）

牛弘等人制定新法律，共十八篇，称之为《大业律》；甲申（四月初六），开始颁布施行。百姓久已厌恶法律严酷苛繁，对宽政十分高兴。但后来频繁的劳役征发，使百姓无法忍受，官吏们常常临时胁迫百姓服役以应付差使，也就不再按律令执行了。旅骑尉刘炫参与修订律令，牛弘曾从容地问刘炫：“《周礼》记载是士多而吏员少，现在吏员比从前多出百倍，减少则无法应付事务，这是什么原因呢？”刘炫说：“古人委任吏员须要有责任有成绩，年终考核成绩，案卷不用重新审理，文牍不求繁多琐碎，吏员的责任，只是掌握工作的要点而已。现在的吏员总是担心文簿要重新审理考核，假若文辞考虑不周密，就会不远万里去追查印证百年的旧案。所以有谚语说：‘老吏伏抱文案而死。’事务繁杂是为政的弊端，这就是吏员多而效率低的原因。”牛弘说：“北魏、北齐之时，吏员们办事很从容，现在则匆匆忙忙不得安宁，这是什么缘故？”刘炫说：“过去州只设置长吏、司马，郡只设置郡守、郡丞，县仅设县令而已。其余应配备的僚属，则由长官自己挑选任命，得到诏命后就赴任，每州吏员不过几十人。如今则不然，大大小小的官吏，全部由吏部掌管，零零碎碎的事务都属于考绩范围。减少官吏不如减少事务，官员们的事务不减，却希望他们办事从容，那可能吗？”牛弘很认可刘炫的话，但却不能采纳。

炀帝又下诏征发男丁一百余万人修筑长城，西起榆林，东至紫河。尚书左仆射苏威劝阻，炀帝不听，修筑了二十天完工。炀帝征召全国的散乐艺人，太常卿高颎劝阻，炀帝不听。高颎退下来对太常丞李懿说：“北周天元帝因为好乐而亡国，殷鉴并不远，怎么可以再重复呢？”高颎又认为炀帝对启民可汗的待遇过厚，对太府卿何稠说：“这个胡虏很清楚中国的虚实、山川的险易，恐怕会成为后患。”他又对观王杨雄说：“近来朝廷太无纲纪了。”礼部尚书宇文弼私下对高颎说：“周天元的奢侈，以今天的情况与之比较，也不算太过分吧？”又说：“修长城的工程，幸而不是急迫的任务。”光禄大夫贺若弼也私下议论宴请启民可汗的规模太奢侈。这些话都被人报告给了炀帝。炀帝认为他们诽谤朝政。丙子（七月二十九日），高颎、宇文弼、贺若弼都获罪被杀。高颎的几个儿子被流放到边地；贺若弼的妻子儿女被没收为官奴婢。事情还牵连到苏威，他也获罪而被免官。高颎有文韬武略，明晓世务，通达事理，自从蒙受重任以来，竭诚尽力，推荐引进忠诚贤良之士，以天下为己任。苏威、杨素、贺若弼、韩擒虎都是高颎推荐的，其他建有功劳做成大事的人不可胜数。他当朝执政将近二十年，朝野上下都非常敬重他，对他无异议。国家富庶，是高颎努力的结果。及至他被杀，天下人没有不伤感的。

隋纪五

第一百八十一卷

炀皇帝上之下大业七年（辛未，611）

壬午，下诏讨高丽。敕幽州总管元弘嗣往东莱海口造船三百艘，官吏督役，昼夜立水中，略不敢息，自腰以下皆生蛆，死者什三四。夏，四月，庚午，车驾至涿郡之临朔宫，文武从官九品以上，并令给宅安置。先是，诏总征天下兵，无问远近，俱会于涿。又发江淮以南水手一万人，弩手三万人，岭南排镩手三万人，于是四远奔赴如流。五月，敕河南、淮南、江南造戎车五万乘送高阳，供载衣甲幔幕，令兵士自挽之，发河南、北民夫以供军须。秋，七月，发江、淮以南民夫及船运黎阳及洛口诸仓米至涿郡，舳舻相次千余里，载兵甲及攻取之具，往还在道常数十万人，填咽于道，昼夜不绝，死者相枕，臭秽盈路，天下骚动。

帝自去岁谋讨高丽，诏山东置府，令养马以供军役。又发民夫运米，积于泸河、怀远二镇，车牛往者皆不返，士卒死亡过半，耕稼失时，田畴多荒。加之饥馑，谷价踊贵，东北边尤甚，斗米直数百钱。所运米或粗恶，令民籴而偿之。又发鹿车夫六十余万，二人共推米三石，道途险远，不足充糇粮，至镇，无可输，皆惧罪亡命。重以官吏贪残，因缘侵渔，百姓困穷，财力俱竭，安居则不胜冻馁，死期交急，剽掠则犹得延生，于是始相聚为群盗。

邹平民王薄拥众据长白山，剽掠齐、济之郊，自称知世郎，言事可知矣；又作《无向辽东浪死歌》以相感劝，避征役者多往归之。

漳南人窦建德，少尚气侠，胆力过人，为乡党所归附。会募人征高丽，建德以勇敢选为二百人长。同县孙安祖亦以骁勇选为征士，安祖辞以家为水所漂，妻子馁死，县令怒笞之。安祖刺杀令，亡抵建德，建德匿之。官司逐捕，踪迹至建德家，建德谓安祖曰："文皇帝时，天下殷盛，发百万之众以伐高丽，尚为所败。今水潦为灾，百姓困穷，加之往岁西征，行者不归，疮痍未复；主上不恤，及更发兵亲击高丽，天下必大乱。丈夫不死，当立大功，岂可但为亡虏邪！"乃集无赖少年，得数百人，使安祖将之，入高鸡泊中为群盗，安祖自号将军。时鄃人张金称聚众河曲，蓨人高士达聚众于清河境内为盗。郡县疑建德与贼通，悉收其家属，杀之。建德帅麾下二百人亡归士达，士达自称东海公，以建德为司兵。顷之，孙安祖为张金称所杀，其众尽归建德，兵至万余人。建德能倾身接物，与士卒均劳逸，由是人争附之，为之致死。

自是所在群盗蜂起，不可胜数，徒众多者至万余人，攻陷城邑。甲子，敕都尉、鹰扬与郡县相知追捕，随获斩决；然莫能禁止。

隋炀帝大业七年（辛未，公元611年）

壬午（二月二十六日），炀帝下诏征讨高丽。命令幽州总管元弘嗣到东莱海口造船三百艘，官吏们督促工程，工匠、役丁们昼夜站立在水中，不敢停下稍微休息一下，他们自腰以下都生了蛆，病累而死去的人有十之三四。夏季，四月，庚午（十五日），炀帝车驾到涿郡的临朔宫，随从车驾的文武官员九品以上的，都命令分给宅邸安置。原先，炀帝下诏征发天下兵卒，无论远近，都在涿郡集中。又征发江淮以南的水手一万人，弩手三万人，岭南排镩手三万人，于是从全国各地奔赴涿郡的兵卒川流不息。五月，命令河南、淮南、江南等地制造兵车五万辆送往高阳，以供装载衣甲幔幕，命令士兵们自己拉车；征发河南、河北民夫以供应军需。秋季，七月，征发江、淮以南民夫以及船只运输黎阳和洛口各粮仓的米到涿郡，船只首尾相连绵延千余里。运载兵器铠甲以及攻城器械的人来往于道路上的常达几十万，拥挤于道，昼夜不停。病累而死的人互相枕着，路上到处散发臭气，天下都为攻打高丽的事闹得动荡不安。

炀帝自从去年就计划征伐高丽，下诏在山东置府，命令养马以供军队役使。又征发民夫运米，储存在泸河、怀远二镇。运粮车的牛都没有返回的，士卒死亡过半。耕种失时，田地荒芜，再加上饥荒，谷价腾贵，东北边境地区尤其突出，一斗米要值几百钱。运来的米有的很粗劣，却命令百姓买进这些米而用钱来补偿损失。炀帝又征发小车夫六十余万，两个人推三石米，运粮的道路艰难险阻且又遥远，这三石米还不够车夫路上吃的，到达泸河、怀远二镇时，车夫们已没有可以缴纳的粮食，只好畏罪而逃亡了。再加上官吏贪狠暴虐，借机鱼肉百姓，百姓穷困，财力都枯竭了。安分守己则无法忍受饥寒，死期也将迫近；抢劫掠夺则还可能活命，于是百姓开始聚众闹事做盗贼。

邹平的百姓王薄，拥有部众占据长白山，在齐郡、济北郡附近抢劫掠夺，王薄自称知世郎，宣扬事势已可知。王薄又作《无向辽东浪死歌》来劝说百姓，逃避征役的人很多都投奔了王薄。

漳南人窦建德，年轻时就崇尚豪侠义气之举，他胆识力气超过常人，乡里人都爱归附于他。正逢朝廷招募人去征伐高丽，窦建德因勇敢而被挑选为二百人长。同县的孙安祖也因骁勇而被挑选为征士，孙安祖以家被水淹没、妻子饿死为由来推辞，县令发怒，鞭打孙安祖。孙安祖刺杀了县令，逃到窦建德家，窦建德把他藏起来。官军追捕孙安祖，寻踪觅迹追到窦建德家。窦建德对孙安祖说："文帝时，国家富庶强盛，他征发百万之众去讨伐高丽，尚且被打败，如今水涝成灾，百姓穷困，加上过去西征吐谷浑，去的人没能回来，国家的疮痍未平复，皇上不知体恤百姓疾苦，仍然要发兵亲自征讨高丽，天下必定大乱。大丈夫不死，应当建立大功，怎么能只做逃奴呢！"于是就召集了无依靠的少年几百人，让孙安祖率领进入高鸡泊中做盗贼，孙安祖自称将军。当时鄃县人张金称在河曲聚众；蓨郡人高士达在清河境内聚众为盗。郡县官吏怀疑窦建德与盗贼来往，把他的家属都抓起来杀掉了。窦建德率领部下二百人逃奔高士达，高士达自称东海公，任命窦建德为司兵。不久，孙安祖被张金称杀死，孙安祖的部众都归附了窦建德，他的兵力达一万余人。窦建德能够尽心竭力地待人接物，与士卒同甘共苦，因此人们都争相归附他，愿意为他效命。

从此，群盗蜂拥而起，不可胜数，徒众多的可达万余人，攻陷城邑。甲子（十二月十三日），炀帝命令都尉、鹰扬郎将与郡县要互相配合追捕盗贼，随捕随杀，但是仍然无法制止百姓造反。

白话资治通鉴

VERNACULAR HISTORY AS A MIRROR

（上）

[北宋] 司马光 著
张宏儒 主编

岳麓書社·长沙
博集天卷 CS-BOOKY

图书在版编目（CIP）数据

白话资治通鉴 /（北宋）司马光著；张宏儒主编．—长沙：岳麓书社，2020. 8

ISBN 978-7-5538-1325-7

Ⅰ. ①白…　Ⅱ. ①司…②张…　Ⅲ. ①中国历史—古代史—编年体 ②《资治通鉴》—译文　Ⅳ. ① K204. 3

中国版本图书馆 CIP 数据核字（2020）第 073143 号

BAIHUA ZIZHITONGJIAN

白话资治通鉴

［北宋］司马光著　张宏儒主编
责任编辑：蒋　浩　冯文丹
监　　制：秦　青
特约策划：草　鱼
营销编辑：吴　思
封面设计：Hanyin Original

岳麓书社出版
地址：湖南省长沙市爱民路 47 号
邮编：410006

版次：2020 年 8 月第 1 版
印次：2020 年 8 月第 1 次印刷
开本：700mm × 995mm　1/16
印张：75
字数：1330 千字
书号：ISBN 978-7-5538-1325-7
定价：188. 00 元（全三册）

承印：三河市中晟雅豪印务有限公司

如有质量问题，请致电质量监督电话：010-59096394
团购电话：010-59320018

前 言

《资治通鉴》是宋代著名政治家、史学家、文学家、一代名臣司马光主持编纂的我国历史上第一部编年体通史。司马光倾其心力，乃至“骸骨癯瘁，目视昏近，齿牙无几，神识衰耗”，历时 19 年成书。《资治通鉴》共 294 卷，另《考异》30 卷，《目录》30 卷，总共 354 卷，300 多万字，记述了上起周威烈王二十三年（公元前 403 年），下终五代周世宗显德六年（公元 959 年），凡 1362 年的史实。

司马光编写《资治通鉴》的目的在于“资治”，即“鉴前世之兴衰，考当今之得失，嘉善矜恶，取是舍非”，乃“专取关国家兴衰，系生民休戚，善可为法，恶可为戒者”，成一部通史。书中记述了许多君王的善政。如汉文帝虚心接受臣下提出的治国强军谏议并实施执行，从而使国家繁荣强盛。他还曾下诏说农业是天下的根本，没有什么事情比农业更为重要。汉文帝身为国君，以节俭孝敬闻于天下，其母卧病三年，他常“目不交睫，衣不解带”，亲口尝试汤药。隋文帝勤俭治国，勤于政事，“鸡鸣上朝，日落不倦”，“居处服玩，务存节俭”；在政治、选官、军事等方面实行一系列改革，巩固了隋的统一，对后世产生了深远影响。唐太宗以隋亡为鉴戒，励精图治，以民为本，注意百姓的休养生息，推行均田制，任人唯贤，宽言纳谏，勤政节俭，从而使国家形成了人口增多、经济发展、社会稳定的局面，等等。相反，那些昏庸无道、奢侈腐化、吃喝淫乐的昏君佞臣，最终导致了国灭家亡的下场……《资治通鉴》以其内容博大精深，记录史实详尽可靠，成为史学者、研究者的必读之书；以其记述历朝历代的兴衰得失，镜鉴于后人，有资于治国施政，成为国家各级行政管理的领导人、决策者的必读之书；其中仁君贤臣的修身处世、待人接物的生活美德，可以启迪思想、辅导人生，成为普通大众的必读之书。关于本书的摘选原则，有三个要点。首先，要凝聚《资治通鉴》

的精华。本书仍以通贯《资治通鉴》全书的政治、军事史为主题，兼及经济、法律、文化等其他方面，摘录东周至五代期间的重大事件和著名人物的言行，浓缩而不割断历史，集中反映各个时期的基本面貌和变迁。其次，尽可能地保留《资治通鉴》的特点。本书因袭《资治通鉴》的卷次和编年纪事的旧体，择要收录了司马光等史家的评论。这样做的目的，是希望能够不失《资治通鉴》的本貌，又便于读者查阅原书。在以上两点之外，我们还注意选取文字精彩或内容可读性强的段落，以供读者欣赏和学习。对于未能尽然符合以上三个原则的少数卷帙，只能整卷舍弃了，但剩余各卷编次不作变动。本书由张宏儒主编，选编及译者分别为马怡（第 1—57 卷）、孙家洲（第 58—123 卷）、侯明（第 124—171 卷）、袁熹（第 172—191 卷）、毛双民（第 192—249 卷）、柳宪（第 251—294 卷）。

书中的错误与不当之处，敬请读者指正。

《资治通鉴》序 宋神宗御制

朕惟君子多识前言往行以畜其德，故能刚健笃实，辉光日新。《书》亦曰："王，人求多闻，时惟建事。"《诗》《书》《春秋》，皆所以明乎得失之迹，存王道之正，垂鉴戒于后世者也。

汉司马迁紬石室金匮之书，据左氏《国语》，推《世本》《战国策》《楚汉春秋》，采经摭传，罔罗天下放失旧闻，考之行事，驰骋上下数千载间，首记轩辕，至于麟止，作为纪、表、世家、书、传，后之述者不能易此体也。惟其是非不谬于圣人，褒贬出于至当，则良史之才矣。

若稽古英考，留神载籍，万机之暇，未尝废卷。尝命龙图阁直学士司马光论次历代君臣事迹，俾就秘阁翻阅，给吏史笔札，起周威烈王，讫于五代。光之志以为周积衰，王室微，礼乐征伐自诸侯出，平王东迁，齐、楚、秦、晋始大，桓、文更霸，犹托尊王为辞以服天下；威烈王自陪臣命韩、赵、魏为诸侯，周虽未灭，王制尽矣。此亦古人述作造端立意之所繇也。其所载明君、良臣，切摩治道，议论之精语，德刑之善制，天人相与之际，休咎庶证之原，威福盛衰之本，规模利害之效，良将之方略，循吏之条教，断之以邪正，要之于治忽，辞令渊厚之体，箴谏深切之义，良谓备焉。凡十六代，勒成二百九十四卷，列于户牖之间而尽古今之统，博而得其要，简而周于事，是亦典刑之总会，册牍之渊林矣。

荀卿有言："欲观圣人之迹，则于其粲然者矣，后王是也。"若夫汉之文、宣，唐之太宗，孔子所谓"吾无间焉"者。其余治世盛王，有惨怛之爱，有忠利之教，或知人善任，恭俭勤畏，亦各得圣贤之一体，孟轲所谓"吾于《武成》取二三策而已"；至于荒坠颠危，可见前车之失，乱贼奸宄，厥有履霜之渐。《诗》云："商鉴不远，在夏后之世。”故赐其书名曰《资治通鉴》，以著朕之志焉耳。

治平四年十月初开经筵，奉圣旨读《资治通鉴》。其月九日，臣光初进读，面赐御制序，令候书成日写入。

朕知道，君子多熟悉前人之行、往昔之事，以此来蓄养品德，所以能够刚健坚实，光辉日新。《尚书》也说：“作为君王，应该广采众学，时刻有所建树。”《诗经》《尚书》《春秋》，都是说明得失的规律，存守王道的正统，给后代以借鉴和训诫的著作。

汉代司马迁缀集皇家石室和金柜里的典籍，根据左氏《国语》，推及《世本》《战国策》《楚汉春秋》等，博采经籍，摭取传纪，网罗天下轶事旧闻，纵横驰骋于上下数千年间，开篇记载黄帝轩辕氏，至于西汉发现麒麟而止，创作纪、表、世家、书、传形式，使后世述史者都不能改变这种体例。由于他判断是非不与圣人相悖，褒贬十分得当，才被称为优秀史家的人才。

父皇英宗，留神典籍，日理万机之时，也未尝辍止读书。曾命龙图阁直学士司马光论列历代君王大臣的事迹，让他在皇家秘阁翻阅文献档册，供给史官、笔纸，修撰起自周威烈王、讫于五代的历史。司马光的意见认为：周朝积弱，王室衰微，礼乐仪制和军事征讨都由诸侯恣意自为；周平王被迫东迁国都，齐国、楚国、秦国、晋国于是强大；但到齐桓公、晋文公交替称霸，还要假托尊崇周王为辞以收服天下心；直至周威烈王任命臣子韩、赵、魏三家为诸侯时，周朝虽尚未灭亡，但王室制度已丧失殆尽！这也是古人著书时开篇立意的宗旨。书中记载圣明君主、贤良大臣，切磋治国之道，议论中的精辟语句，道德、刑法双管齐下的良善制度，上天与人世相处的关系，吉凶、善恶现象的根源，作威作福兴盛衰弱的原因，规划利害的效果，优秀将领的战略，廉谨官员的治策，以邪正为标准进行判断，从郅治与怠忽中抓住要旨，直至词语渊博厚实的文体，哲理深刻的含义，实可称完备无缺。全书共记载十六个朝代，辑成二百九十四卷，放置于室中而尽知古今之道统，内容广博而得其要点，简明而又周详于事件，也可称为历代典制法规的总汇，档册文牍的全书。

荀况曾说过：“若想观察圣人的形迹，便要寻其出类拔萃者，后代贤王即为其例。”像汉朝的文帝、宣帝，唐朝的太宗，正属孔子所说“我无可非议”者。其余太平治世享有盛名的君王，或有忧国忧民仁爱之心，或有忠贞利民的教诲，或知人善任，勤俭谨慎，也各得到圣贤的一方面，如孟轲所说“我对于《武成》只取其二三事而已”。至于荒淫覆亡者，可使我们见到前车之鉴；乱臣贼子，则引起我们严寒将至的警惕。《诗经》说：“商朝的借鉴不远，就在夏朝的灭亡。”所以赐此书名为《资治通鉴》，以表明朕之心志。

治平四年十月初次开设御前讲经，奉圣旨讲读《资治通鉴》。是月九日，臣司马光开始进读，皇帝面赐御制序，命臣待书成之日写入。

目录

白话资治通鉴

上

周纪一

第一卷

威烈王二十三年（戊寅，前403）

初，智宣子将以瑶为后，智果曰：“不如宵也。瑶之贤于人者五，其不逮者一也。美鬓长大则贤，射御足力则贤，伎艺毕给则贤，巧文辩惠则贤，强毅果敢则贤；如是而甚不仁。夫以其五贤陵人而以不仁行之，其谁能待之？若果立瑶也，智宗必灭。”弗听。智果别族于太史，为辅氏。

赵简子之子，长曰伯鲁，幼曰无恤。将置后，不知所立，乃书训戒之辞于二简，以授二子曰：“谨识之！”三年而问之，伯鲁不能举其辞；求其简，已失之矣。问无恤，诵其辞甚习；求其简，出诸袖中而奏之。于是简子以无恤为贤，立以为后。

简子使尹铎为晋阳，请曰：“以为茧丝乎？抑为保障乎？”简子曰：“保障哉！”尹铎损其户数。简子谓无恤曰：“晋国有难，而无以尹铎为少，无以晋阳为远，必以为归。”

及智宣子卒，智襄子为政，与韩康子、魏桓子宴于蓝台。智伯戏康子而侮段规。智国闻之，谏曰：“主不备难，难必至矣！”智伯曰：“难将由我。我不为难，谁敢兴之！”对曰：“不然。《夏书》有之：‘一人三失，怨岂在明，不见是图。’夫君子能勤小物，故无大患。今主一宴而耻人之君相，又弗备，曰‘不敢兴难’，无乃不可乎！蚋、蚁、蜂、虿，皆能害人，况君相乎！”弗听。

智伯请地于韩康子，康子欲弗与。段规曰：“智伯好利而愎，不与，将伐我；不如与之。彼狃于得地，必请于他人；他人不与，必向之以兵，然后我得免于患而待事之变矣。”康子曰：“善。”使使者致万家之邑于智伯。智伯悦。又求地于魏桓子，桓子欲弗与。任章曰：“何故弗与？”桓子曰：“无故索地，故弗与。”任章曰：“无故索地，诸大夫必惧；吾与之地，智伯必骄。彼骄而轻敌，此惧而相亲；以相亲之兵待轻敌之人，智氏之命必不长矣。《周书》曰：‘将欲败之，必姑辅之。将欲取之，必姑与之。’主不如与之，以骄智伯，然后可以择交而图智氏矣，奈何独以吾为智氏质乎！”桓子曰：“善。”复与之万家之邑一。

智伯又求蔡、皋狼之地于赵襄子，襄子弗与。智伯怒，帅韩、魏之甲以攻赵氏。襄子将出，曰：“吾何走乎？”从者曰：“长子近，且城厚完。”襄子曰：“民罢力以完之，又毙死以守之，其谁与我！”从者曰：“邯郸之仓库实。”襄子曰：“浚民之膏泽以实之，又因而杀之，其谁与我！其晋阳乎，先主之所属也，尹铎之所宽也，民必和矣。”乃走晋阳。

三家以国人围而灌之，城不浸者三版；沈灶产蛙，民无叛意。智伯行水，魏桓子御，韩康子骖乘。智伯曰：“吾乃今知水可以亡人国也。”桓子肘康子，康子履桓子之跗，以汾水可以灌安邑，绛水可以灌平阳也。絺疵谓智伯曰：“韩、魏必反矣。”智伯曰：“子何以知之？”絺疵曰：“以人事知之。夫从韩、魏之兵以攻赵，赵亡，难必及韩、魏矣。今约胜赵而三分其地，城不没者三版，人马相食，城降有日，而二子无喜志，有忧色，是非反而何？”明日，智伯以絺疵之言告二子，二子曰：“此夫谗人欲为赵氏游说，使主疑于二家而懈于攻赵氏也。不然，夫二家岂不利朝夕分赵氏之田，而欲为危难不可成之事乎！”二子出，絺疵入曰：“主何以臣之言告二子也？”智伯曰：“子何以知之？”对曰：“臣见其视臣端而趋疾，知臣得其情故也。”智伯不悛。絺疵请使于齐。

赵襄子使张孟谈潜出见二子，曰：“臣闻唇亡则齿寒。今智伯帅韩、魏以攻赵，赵亡则韩、魏为之次矣。”二子曰：“我心知其然也；恐事未遂而谋泄，则祸立至矣。”张孟谈曰：“谋出二主之口，入臣之耳，何伤也！”二子乃潜与张孟谈约，为之期日而遣之。襄子夜使人杀守堤之吏，而决水灌智伯军。智伯军救水而乱，韩、魏翼而击之，襄子将卒犯其前，大败智伯之众，遂杀智伯，尽灭智氏之族。唯辅果在。

臣光曰：智伯之亡也，才胜德也。夫才与德异，而世俗莫之能辨，通谓之贤，此其所以失人也。夫聪察强毅之谓才，正直中和之谓德。才者，德之资也；德者，才之帅也。云梦之竹，天下之劲也；然而不矫揉，不羽括，则不能以入坚。棠溪之金，天下之利也；然而不熔范，不砥砺，则不能以击强。是故才德全尽谓之“圣人”，才德兼亡谓之“愚人”；德胜才谓之“君子”，才胜德谓之“小人”。凡取人之术，苟不得圣人、君子而与之，与其得小人，不若得愚人。何则？君子挟才以为善，小人挟才以为恶。挟才以为善者，善无不至矣；挟才以为恶者，恶亦无不至矣。愚者虽欲为不善，智不能周，力不能胜，譬如乳狗搏人，人得而制之。小人智足以遂其奸，勇足以决其暴，是虎而翼者也，其为害岂不多哉！夫德者人之所严，而才者人之所爱；爱者易亲，严者易疏，是以察者多蔽于才而遗于德。自古昔以来，国之乱臣，家之败子，才有余而德不足，以至于颠覆者多矣，岂特智伯哉！故为国为家者苟能审于才德之分而知所先后，又何失人之足患哉！

安王十五年（甲午，前387）

魏文侯薨，太子击立，是为武侯。

武侯浮西河而下，中流顾谓吴起曰："美哉山河之固，此魏国之宝也！"对曰："在德不在险。昔三苗氏，左洞庭，右彭蠡；德义不修，禹灭之。夏桀之居，左河济，右泰华，伊阙在其南，羊肠在其北；修政不仁，汤放之。商纣之国，左孟门，右太行，常山在其北，大河经其南；修政不德，武王杀之。由此观之，在德不在险。若君不修德，舟中之人皆敌国也！"武侯曰："善。"

魏置相，相田文。吴起不悦，谓田文曰："请与子论功可乎？"田文曰："可。"起曰："将三军，使士卒乐死，敌国不敢谋，子孰与起？"文曰："不如子。"起曰："治百官，亲万民，实府库，子孰与起？"文曰："不如子。"起曰："守西河，秦兵不敢东乡，韩、赵宾从，子孰与起？"文曰："不如子。"起曰："此三者子皆出吾下，而位居吾上，何也？"文曰："主少国疑，大臣未附，百姓不信，方是之时，属之子乎，属之我乎？"起默然良久曰："属之子矣！"

久之，魏相公叔尚主而害吴起。公叔之仆曰："起易去也。起为人刚劲自喜。子先言于君曰：'吴起，贤人也，而君之国小，臣恐起之无留心也。君盍试延以女，起无留心，则必辞矣。'子因与起归而使公主辱子，起见公主之贱子也，必辞，则子之计中矣。"公叔从之，吴起果辞公主。魏武侯疑之而未信，起惧诛，遂奔楚。

楚悼王素闻其贤，至则任之为相。起明法审令，捐不急之官，废公族疏远者，以抚养战斗之士，要在强兵，破游说之言从横者。于是南平百越，北却三晋，西伐秦，诸侯皆患楚之强；而楚之贵戚大臣多怨吴起者。

二十一年（庚子，前381）

楚悼王薨。贵戚大臣作乱，攻吴起；起走之王尸而伏之。击起之徒因射刺起，并中王尸。既葬，肃王即位，使令尹尽诛为乱者；坐起夷宗者七十余家。

周威烈王二十三年（戊寅，公元前403年）

当初，晋国的智宣子想以智瑶为继承人，族人智果说："他不如智宵。智瑶有超越他人的五项长处，只有一项短处。发美高大是长处，精于骑射是长处，才艺双全是长处，能写善辩是长处，坚毅果敢是长处。虽然如此却很不仁厚。如果他以五项长处来制服别人而做不仁不义的恶事，谁能和他和睦相处？要是真的立智瑶为继承人，那么智氏宗族一定灭亡。"智宣子置之不理。智果便向太史请求脱离智族姓氏，另立为辅氏。

赵国的大夫赵简子的长子叫伯鲁，幼子叫无恤。赵简子想确定继承人，不知立哪个好，于是把他的日常训诫言辞写在两块竹简上，分别交给两个儿子，嘱咐说："好好记住！"过了三年，赵简子问起两个儿子，大儿子伯鲁说不出竹简上的话；再问他的竹简，已丢失了。又问小儿子无恤，竟然背诵竹简训词很熟习；追问竹简，他便从袖子中取出献上。于是，赵简子认为无恤十分贤德，便立他为继承人。

赵简子派尹铎去晋阳，临行前尹铎请示说："您是打算让我去抽丝剥茧般地搜刮财富呢，还是将它作为保障之地？"赵简子说："作为保障。"尹铎便少算居民户数，减轻赋税。赵简子对儿子赵无恤说："一旦晋国发生危难，你不要嫌尹铎地位不高，不要怕晋阳路途遥远，一定要以那里作为归宿。"

等到智宣子去世，智襄子智瑶当政，他与韩康子、魏桓子在蓝台饮宴，席间智瑶戏弄韩康子，又侮辱他的家相段规。智瑶的家臣智国听说此事，就告诫说："主公您不提防招来灾祸，灾祸就一定会来了！"智瑶说："人的生死灾祸都取决于我。我不给他们降临灾祸，谁还敢兴风作浪！"智国又说："这话可不妥。《夏书》中说：'一个人屡次三番犯错误，结下的仇怨岂能在明处，应该在它没有表现时就提防。'贤德的人能够谨慎地处理小事，所以不会招致大祸。现在主公一次宴会就得罪了人家的主君和臣相，又不戒备，说：'不敢兴风作浪。'这种态度恐怕不行吧！蚊子、蚂蚁、蜜蜂、蝎子，都能害人，何况是国君、国相呢！"智瑶不听。

智伯向韩康子要地，韩康子想不给。段规说："智伯贪财好利，又刚愎自用，如果不给，一定讨伐我们，不如姑且给他。他拿到地更加狂妄，一定又会向别人索要；别人不给，他必定向人动武用兵，这样我们就可以免于祸患而伺机行动了。"韩康子说："好主意。"便派了使臣去送上有万户居民的领地。智伯大喜，果然又向魏桓子提出索地要求，魏桓子想不给。家相任章问："为什么不给呢？"魏桓子说："无缘无故来要地，所以不给。"任章说："智伯无缘无故强索他人领地，一定会引起其他大夫官员的警惧；我们给智伯地，他一定会骄傲。他骄傲而轻敌，我们警惧而互相亲善；用精诚团结之兵来对付狂妄轻敌的智瑶，智家的命运一定不会长久了。《周书》说：'要打败敌人，必须暂时听从他；要夺取敌人的利益，必须先给他一些好处。'主公不如先答应智伯的要求，让他骄傲自大，然后我们可以选择盟友共同图谋，又何必单独让我们作智伯的靶子呢！"魏桓子说："对。"也交给智伯一个有万户的封地。

智伯又向赵襄子要蔡和皋狼的土地。赵襄子拒绝不给。智伯勃然大怒，率领韩、魏两家甲兵前去攻打赵家。赵襄子准备出逃，问："我到哪里去呢？"随从说："长子城最近，而且城墙坚厚又完整。"赵襄子说："百姓精疲力尽地修完城墙，又要他们舍生入死地为我守城，谁能和我同心？"随从又说："邯郸城里仓库充实。"赵襄子说："搜刮民脂民膏才使仓库充实，现在又因战争让他们送命，谁会和我同心？还是投奔晋阳吧，那是先主的地盘，尹铎又待百姓宽厚，人民一定能同我们同舟共济。"于是前往晋阳。

智伯、韩康子、魏桓子三家围住晋阳，引水灌城。城墙头只差三版的地方没有被淹没，锅灶都被泡塌，青蛙孳生，人民仍是没有背叛之意。智伯巡视水势，魏桓子为他驾车，韩康子站在右边护卫。智伯说："我今天才知道水可以让人亡国。"魏桓子用胳膊肘碰了一下韩康子，韩康子也踩了一下魏桓子的脚。因为汾水可以灌魏国都城安邑，绛水也可以灌韩国都城平阳。智家的谋士絺疵对智伯说："韩、魏两家肯定会反叛。"智伯问："你何以知道？"絺疵说："以人之常情而论。我们调集韩、魏两家的军队来围攻赵家，赵家覆亡，下次灾难一定是连及韩、魏两家了。现在我们约定灭掉赵家后三家分割其地，晋阳城仅差三版就被水淹没，城内宰马为食，破城已是指日可待。然而韩康子、魏桓子两人没有高兴的心情，反倒面有忧色，这不是必反又是什么？"第二天，智伯把絺疵的话告诉了韩、魏二人，二人说："这一定是小人离间，想为赵家游说，让主公您怀疑我们韩、魏两家而放松对赵家的进攻。不然的话，我们两家岂不是放着早晚就分到手的赵家田土不要，而要去干那危险必不可成的事吗？"两人出去，絺疵进来说："主公为什么把臣下我的话告诉他们两人呢？"智伯惊奇地反问："你怎么知道的？"回答说："我见他们认真看我而匆忙离去，因为他们知道我看穿了他们的心思。"智伯不改。于是絺疵请求让他出使齐国。

赵襄子派张孟谈秘密出城来见韩、魏二人，说："我听说唇亡齿寒。现在智瑶率领韩、魏两家来围攻赵家，赵家灭亡后就该轮到韩、魏了。"韩康子、魏桓子也说："我们心里也知道会这样，只怕事情还未办好而计谋先泄露出去，就会马上大祸临头。"张孟谈又说："计谋出自二位主公之口，进入我一人耳朵，有何妨碍呢？"于是两人秘密地与张孟谈商议，约好起事日期后送他回城了。夜里，赵襄子派人杀掉智军守堤官吏，使大水决口反灌智瑶军营。智瑶军队为救水淹而大乱，韩、魏两家军队乘机从两翼夹击，赵襄子率士兵从正面迎头痛击，大败智家军，于是杀死智瑶，又将智家族人尽行诛灭。只有辅果得以幸免。

臣司马光曰：智伯的灭亡，在于才胜过德。才与德是不同的两回事，而世俗之人往往分不清，一概而论之曰贤明，于是就看错了人。所谓才，是指聪明、辨察、坚强、果毅；所谓德，是指正直、公道、平和待人。才，是德的辅助；德，是才的统帅。云梦地方的竹子，天下都称为刚劲，然而如果不矫正其曲，不配上羽毛，就不能作为利箭穿透坚物。棠溪地方出产的铜材，天下都称为精利，然而如果不经熔烧铸造，不锻打出锋，就不能作为兵器击穿硬甲。所以，德才兼备称之为圣人；无德无才称之为愚人；德胜过才称之为君子；才胜过德称之为小人。挑选人才的方法是，如果找不到圣人、君子而委任，与其得到小人，不如得到愚人。原因何在？因为君子持有才干把它用到善事上；而小人持有才干用来作恶。持有才干做善事，能处处行善；而凭借才干作恶，就无恶不作了。愚人尽管想作恶，因为智慧不济，气力不胜任，好像小狗扑人，人还能制服它。而小人既有足够的智力来实现其奸谋，又有足够的勇气来果断实施暴行，就如恶虎生翼，他的危害难道不大吗？有德的人令人尊敬，有才的人使人喜爱；对喜爱的人容易宠信专任，对尊敬的人容易疏远，所以察选人才者经常被人的才干所蒙蔽而忘记了考察他的品德。自古至今，国家的乱臣奸佞，家族的败家浪子，因为才有余而德不足，导致家国覆亡的多了，又何止智瑶呢！所以治国治家者如果能审察才与德两种不同的标准，知道选择的先后，又何必担心失去人才呢！

周安王十五年（甲午，公元前387年）

魏国魏文侯去世，太子魏击即位，是为魏武侯。

魏武侯顺黄河而下，在中游对吴起说："稳固的山河真美啊！这是魏国的宝啊！"吴起回答说："国宝在于德政而不在于地势险要。当初三苗氏部落，左面有洞庭湖，右面有彭蠡湖，但他们不修德义，被禹消灭了。夏朝君王桀的居住之地，左边是黄河、济水，右边是泰华山，伊阙山在其南面，羊肠坂在其北面，但因朝政不仁，也被商朝汤王驱逐了。商朝纣王的都城，左边是孟门，右边是太行山，常山在其北面，黄河经过其南面，因他施政不德，被周武王杀了。由此可见，国宝在于德政而不在于地势险要。如果君主您不修德政，恐怕就是这条船上的人，也要成为您的敌人。"魏武侯听罢说道："对。"

魏国设置国相，任命田文为相。吴起不高兴，对田文说："我和你比较功劳如何？"田文说："可以。"吴起便说："统率三军，使士兵乐于战死，敌国不敢谋算，你比我吴起如何？"田文说："我不如你。"吴起又问："整治百官，亲善百姓，使仓库充实，你比我吴起如何？"田文说："我不如你。"吴起再问："镇守西河，使秦兵不敢向东侵犯，韩国、赵国依附听命，你比我吴起如何？"田文还是说："我不如你。"吴起质问道："这三条你都在我之下，而职位却在我之上，是什么道理？"田文说："如今国君年幼，国多疑难，大臣们不能齐心归附，老百姓不能信服，在这个时候，是嘱托给你呢，还是嘱托给我呢？"吴起默默不语，想了一会儿说："嘱托给你啊！"

过了很久，魏国国相公叔娶公主为妻而以吴起为忌。他的仆人献计说："吴起容易去掉，吴起为人刚劲而沾沾自喜。您可以先对国君说：'吴起是个杰出人才，但君主您的国家小，我担心他没有长留的心思。国君您何不试着要把女儿嫁给他，如果吴起没有久留之心，一定会辞谢的。'主人您再与吴起一起回去，让公主羞辱您，吴起看到公主如此轻视您，一定会辞谢国君的婚事，这样您的计谋就实现了。"公叔照此去做，吴起果然辞谢了与公主的婚事。魏武侯疑忌他，不敢信任，吴起害怕被诛杀，于是投奔了楚国。

楚悼王平素听说吴起是个人才，一到便任命他为国相。吴起严明法纪号令，裁减一些不重要的闲官，抛弃了王族中的远亲疏戚，从而安抚奖励征战之士，希望大力增强军队，破除合纵连横游说言论。于是楚国向南平定百越，向北抵挡住韩、魏、赵三国的扩张，向西征讨秦国，各诸侯国都害怕楚国的强大，而楚国的王亲贵戚、权臣显要中却有很多人怨恨吴起。

二十一年（庚子，公元前381年）

楚悼王去世。贵族国戚和大臣作乱，攻打吴起，吴起逃到悼王尸体边，伏在上面。攻击吴起的暴徒用箭射吴起，并射中了悼王的尸体。办完丧事，楚肃王即位，命令楚相全数歼灭作乱者，因射吴起之事而被灭族的多达七十余家。

周纪二

第二卷

显王七年（己未，前 362）

秦献公薨，子孝公立，孝公生二十一年矣。是时河、山以东强国六，淮、泗之间小国十余，楚、魏与秦接界。魏筑长城，自郑滨洛以北有上郡；楚自汉中，南有巴、黔中。皆以夷翟遇秦，摈斥之，不得与中国之会盟。于是孝公发愤，布德修政，欲以强秦。

八年（庚申，前 361）

孝公下令国中曰："昔我穆公，自岐、雍之间修德行武，东平晋乱，以河为界，西霸戎翟，广地千里，天子致伯，诸侯毕贺，为后世开业甚光美。会往者厉、躁、简公、出子之不宁，国家内忧，未遑外事。三晋攻夺我先君河西地，丑莫大焉。献公即位，镇抚边境，徙治栎阳，且欲东伐，复穆公之故地，修穆公之政令。寡人思念先君之意，常痛于心。宾客群臣有能出奇计强秦者，吾且尊官，与之分土。"于是卫公孙鞅闻是令下，乃西入秦。公孙鞅者，卫之庶孙也，好刑名之学。事魏相公叔痤，痤知其贤，未及进。会病，魏惠王往问之曰："公叔病如有不可讳，将奈社稷何？"公叔曰："痤之中庶子卫鞅，年虽少，有奇才，愿君举国而听之！"王嘿然。公叔曰："君即不听用鞅，必杀之，无令出境！"王许诺而去。公叔召鞅谢曰："吾先君而后臣，故先为君谋，后以告子。子必速行矣！"鞅曰："君不能用子之言任臣，又安能用子之言杀臣乎！"卒不去。王出，谓左右曰："公叔病甚，悲乎，欲令寡人以国听卫鞅也！既又劝寡人杀之，岂不悖哉！"卫鞅既至秦，因嬖臣景监以求见孝公，说以富国强兵之术；公大悦，与议国事。

十年（壬戌，前359）

卫鞅欲变法，秦人不悦。卫鞅言于秦孝公曰："夫民不可与虑始，而可与乐成。论至德者不和于俗，成大功者不谋于众。是以圣人苟可以强国，不法其故。"甘龙曰："不然，缘法而治者，吏习而民安之。"卫鞅曰："常人安于故俗，学者溺于所闻，以此两者，居官守法可也，非所与论于法之外也。智者作法，愚者制焉；贤者更礼，不肖者拘焉。"公曰："善。"以卫鞅为左庶长。卒定变法之令。令民为什伍而相收司、连坐，告奸者与斩敌首同赏，不告奸者与降敌同罚。有军功者，各以率受上爵；为私斗者，各以轻重被刑大小。僇力本业，耕织致粟帛多者，复其身；事末利及怠而贫者，举以为收孥。宗室非有军功论，不得为属籍。明尊卑爵秩等级，各以差次名田宅、臣妾、衣服。有功者显荣，无功者虽富无所芬华。

令既具未布，恐民之不信，乃立三丈之木于国都市南门，募民有能徙置北门者予十金。民怪之，莫敢徙。复曰："能徙者予五十金！"有一人徙之，辄予五十金。乃下令。

令行期年，秦民之国都言新令之不便者以千数。于是太子犯法。卫鞅曰："法之不行，自上犯之。"太子，君嗣也，不可施刑，刑其傅公子虔，黥其师公孙贾。明日，秦人皆趋令。行之十年，秦国道不拾遗，山无盗贼，民勇于公战，怯于私斗，乡邑大治。秦民初言令不便者，有来言令便。卫鞅曰："此皆乱法之民也！"尽迁之于边。其后民莫敢议令。

臣光曰：夫信者，人君之大宝也。国保于民，民保于信；非信无以使民，非民无以守国。是故古之王者不欺四海，霸者不欺四邻，善为国者不欺其民，善为家者不欺其亲。不善者反之，欺其邻国，欺其百姓，甚者欺其兄弟，欺其父子。上不信下，下不信上，上下离心，以至于败。所利不能药其所伤，所获不能补其所亡，岂不哀哉！昔齐桓公不背曹沫之盟，晋文公不贪伐原之利，魏文侯不弃虞人之期，秦孝公不废徙木之赏。此四君者道非粹白，而商君尤称刻薄，又处战攻之世，天下趋于诈力，犹且不敢忘信以畜其民，况为四海治平之政者哉！

二十八年（庚辰，前341）

魏庞涓伐韩。韩请救于齐。齐威王召大臣而谋曰："蚤救孰与晚救？"成侯曰："不如勿救。"田忌曰："弗救则韩且折而入于魏，不如蚤救之。"孙膑曰："夫韩、魏之兵未弊而救之，是吾代韩受魏之兵，顾反听命于韩也。且魏有破国之志，韩见亡，必东面而诉于齐矣。吾因深结韩之亲而晚承魏之弊，则可受重利而得尊名也。”王曰：“善。”乃阴许韩使而遣之。韩因恃齐，五战不胜，而东委国于齐。

齐因起兵，使田忌、田婴、田盼将之，孙子为师，以救韩，直走魏都。庞涓闻之，去韩而归。魏人大发兵，以太子申为将，以御齐师。孙子谓田忌曰：“彼三晋之兵素悍勇而轻齐，齐号为怯。善战者因其势而利导之。《兵法》：‘百里而趣利者蹶上将，五十里而趣利者军半至。’”乃使齐军入魏地为十万灶，明日为五万灶，又明日为二万灶。庞涓行三日，大喜曰：“我固知齐军怯，入吾地三日，士卒亡者过半矣！”乃弃其步军，与其轻锐倍日并行逐之。孙子度其行，暮当至马陵，马陵道狭而旁多阻隘，可伏兵，乃斫大树，白而书之曰：“庞涓死此树下！”于是令齐师善射者万弩夹道而伏，期日暮见火举而俱发。庞涓果夜到斫木下，见白书，以火烛之，读未毕，万弩俱发，魏师大乱相失。庞涓自知智穷兵败，乃自刭，曰：“遂成竖子之名！”齐因乘胜大破魏师，虏太子申。

周显王七年（己未，公元前362年）

秦国秦献公去世，其子即位为秦孝公。孝公已经二十一岁了。这时黄河、崤山以东有六个强国，淮河、泗水流域十几个小国林立，楚国、魏国与秦国接壤。魏国筑有一道长城，从郑县沿着洛水直到上郡；楚国自汉中向南占有巴郡、黔中等地。各国都把秦国当作未开化的夷族，予以鄙视，不准其参加中原各诸侯国的会议盟誓。目睹此情，秦孝公决心发愤图强，整顿国家，修明政治，让秦国强大起来。

八年（庚申，公元前361年）

秦孝公在国中下令说：“当年我国的国君秦穆公，立足于岐山、雍地，励精图治，向东平定了晋国之乱，以黄河划定国界；向西称霸于戎翟等族，占地广达千里；被周王赐予方伯重任，各诸侯国都来祝贺，所开辟的基业是多么光大宏伟。只是后来历代国君厉公、躁公、简公及出子造成国内动乱不息，才无力顾及外事。魏、赵、韩三国夺去了先王开创的河西领土，这是无比的耻辱。献公即位后，平定安抚边境，把都城迁到栎阳，亲往治理，准备向东征讨，收复穆公时的旧地，重修穆公时的政策法令。我想到先辈的未竟之志，常常痛心疾首。现在宾客群臣中谁能献上奇计，让秦国强盛，我就封他为高官，给他封地。”卫国的公孙鞅听到这道命令，于是西行来到秦国。公孙鞅，是卫国宗族旁支后裔，喜好法家刑名之学。他在魏国国相公叔痤手下做事，公叔痤深知他的才干，但还未来得及推荐，就重病不起。魏惠王前来看望公叔痤，问道：“您如果不幸去世，国家大事如何来处置？”公叔痤说：“我手下任中庶子之职的公孙鞅，年纪虽轻，却有奇才，希望国君把国家交给他来治理！”魏惠王听罢默然不语。公叔痤又说：“如果国君您不采纳我的建议而重用公孙鞅，那就要杀掉他，不要让他到别的国家去。”魏惠王许诺后告辞而去。公叔痤又急忙召见公孙鞅道歉说：“我必须先忠于君上，然后才能照顾属下；所以先建议惠王杀你，现在又告诉你。你赶快逃走吧！”公孙鞅摇头说：“国君不能听从你的意见来任用我，又怎么能听从你的意见来杀我呢？”终究没有出逃。魏惠王离开公叔痤，果然对左右近臣说：“公叔痤病入膏肓，真是太可怜了。他先让我把国家交给公孙鞅去治理，一会儿又劝我杀了他，岂不是糊涂了吗？”公孙鞅到了秦国后，托宠臣景监推荐见到秦孝公，陈述了自己富国强兵的计划，孝公大喜过望，从此与他共商国家大事。

十年（壬戌，公元前359年）

公孙鞅想实行变法改革，秦国的贵族都不赞同。他对秦孝公说：“对下层人，不能和他们商议开创的计划，只能和他们分享成功的利益。讲论至高道德的人，与凡夫俗子没有共同语言，要建成大业也不能去与众人商议。所以圣贤之人只要能够强国，就不必拘泥于旧传统。”大夫甘龙反驳说：“不对，按照旧章来治理，才能使官员熟悉规矩而百姓安定不乱。”公孙鞅说：“普通人只知道安于旧习，学者往往陷于所知范围不能自拔。这两种人，让他们做官守法可以，但不能和他们商讨旧章之外开创大业的事。聪明的人制定法规政策，愚笨的人只会受制于人；贤德的人因时而变，无能的人才死守成法。”秦孝公说：“说得好！”便任命公孙鞅为左庶长。于是制定变法的法令。下令将人民编为五家一伍、十家一什，互相监督，犯法连坐。举报奸谋的人与杀敌立功的人获同等赏赐，隐匿不报的人按临阵降敌给以同等处罚。立军功者，可以获得上等爵位；私下斗殴内讧的，以其轻重程度处以大小刑罚。致力于本业，耕田织布生产粮食布匹多的人，免除他们的赋役。不务正业因懒惰而贫穷的人，全家收为国家奴隶。王亲国戚没有获得军功的，不能享有宗族的地位。明确由低到高的各级官阶等级，分别配给应享有的田地房宅、奴仆侍女、衣饰器物。使有功劳的人获得荣誉，无功劳的人即使富有也不能显耀。

法令已详细制定但尚未公布，公孙鞅怕百姓难以确信，于是在国都的集市南门立下一根长三丈的木杆，下令说有人能把它拿到北门去就赏给十金。百姓们感到此事很古怪，没人动手去搬。公孙鞅又说："能拿过去的赏五十金。"于是有一个人半信半疑地拿着木杆到了北门，立刻获得了五十金的重赏。这时，公孙鞅才下令颁布变法法令。

变法令颁布一年后，秦国百姓前往国都控诉新法使民不便的数以千计。这时太子也触犯了法律，公孙鞅说："新法不能顺利施行，就在于上层人士带头违犯。"太子是国君的继承人，不能施以刑罚，便将他的老师公子虔处刑，将另一个老师公孙贾脸上刺字，以示惩戒。第二天，秦国人听说此事，都小心翼翼地遵从法令。新法施行十年，秦国一片路不拾遗、山无盗贼的太平景象，百姓勇于为国作战，不敢再行私斗，乡野城镇都得到了治理。这时，那些当初说新法不便的人中，有些又来说新法好，公孙鞅说："这些人都是乱法的刁民！"把他们全部驱赶到边疆去住。此后老百姓不敢再议论法令的是非。

臣司马光曰：信誉，是君主至高无上的法宝。国家靠人民来保卫，人民靠信誉来保护；不讲信誉无法使人民服从，没有人民便无法维持国家。所以古代成就王道者不欺骗天下，建立霸业者不欺骗四方邻国，善于治国者不欺骗人民，善于治家者不欺骗亲人。只有蠢人才反其道而行之，欺骗邻国，欺骗百姓，甚至欺骗兄弟、父子。上不信下，下不信上，上下离心，以致一败涂地。靠欺骗所占的一点儿便宜救不了致命之伤，所得到的远远大于失去的，这岂不令人痛心！当年齐桓公不违背曹沫以胁迫手段订立的盟约，晋文公不贪图攻打原地而遵守信用，魏文侯不背弃与虞人打猎的约会，秦孝公不收回对移动木杆之人的重赏，这四位君主的治国之道尚称不上完美，而公孙鞅可以说是过于刻薄了，但他们处于你攻我夺的战国乱世，天下尔虞我诈、斗智斗勇之时，尚且不敢忘记树立信誉以收服人民之心，又何况今日治理一统天下的当政者呢！

二十八年（庚辰，公元前 341 年）

魏国庞涓率军攻打韩国。韩国派人向齐国求救。齐威王召集大臣商议说："是早救好呢，还是晚救好呢？"成侯邹忌建议："不如不救。"田忌不同意，说："我们坐视不管，韩国就会灭亡，被魏国吞并。还是早些出兵救援为好。"孙膑却说："现在韩国、魏国的军队士气正盛，我们就去救援，是让我们代替韩国承受魏国的打击，反而听命于韩国了。这次魏国有吞并韩国的野心，待到韩国感到亡国迫在眉睫，一定会向东再来恳求齐国，那时我们再出兵，既可以加深与韩国的亲密关系，又可以乘魏国军队的疲弊，正是一举两得，名利双收。”齐威王说：“对。”便暗中答应韩国使臣的求救，让他回去，却迟迟不出兵。韩国以为有齐国的支持，便奋力抵抗，但经过五次大战都大败而归，只好把国家的命运寄托在东方齐国身上。

齐国这时才出兵，派田忌、田婴、田盼为将军，孙膑为军师，前去援救韩国，仍用老办法，直袭魏国都城。庞涓听说后，急忙放弃韩国，回兵国中。魏国集中了全部兵力，派太子申为将军，抵御齐国军队。孙膑对田忌说：“魏、赵、韩那些地方的士兵向来剽悍勇猛，看不起齐国；齐国士兵的名声也确实不佳。善于指挥作战的将军必须因势利导，扬长避短。《孙武兵法》说：‘从一百里外去奔袭会损失上将军，从五十里外去奔袭只有一半军队能到达。’”于是便命令齐国军队进入魏国地界后，做饭修造十万个灶，第二天减为五万个灶，第三天再减为二万个灶。庞涓率兵追击齐军三天，见此情况，大笑着说：“我早就知道齐兵胆小，进入我国三天，士兵已逃散一多半了。”于是丢掉步兵，亲率轻兵精锐日夜兼程追击齐军。孙膑估计魏军的行程当晚将到达马陵。马陵这个地方道路狭窄而多险隘，可以伏下重兵，孙膑便派人刮去一棵大树的树皮，在白树干上书写六个大字：“庞涓死此树下！”再从齐国军队中挑选万名优秀射箭手夹道埋伏，约定天黑后一见有火把亮光就万箭齐发。果然，庞涓在夜里赶到那棵树下，看见白树干上隐约有字，便令人举火照看，还未读完，两边箭如飞蝗，一齐射下，魏军大乱，溃不成军。庞涓自知败势无法挽回，便拔剑自尽，临死前叹息说：“让孙膑这小子成名了！”齐军乘势大破魏军，俘虏了太子申。

周纪三

第三卷

赧王上二年（戊申，前313）

秦王欲伐齐，患齐、楚之从亲，乃使张仪至楚，说楚王曰："大王诚能听臣，闭关绝约于齐，臣请献商於之地六百里，使秦女得为大王箕帚之妾，秦、楚嫁女娶妇，长为兄弟之国。"楚王说而许之。群臣皆贺，陈轸独吊。王怒曰："寡人不兴师而得六百里地，何吊也？"对曰："不然。以臣观之，商於之地不可得而齐、秦合，齐、秦合则患必至矣。"王曰："有说乎？"对曰："夫秦之所以重楚者，以其有齐也。今闭关绝约于齐则楚孤，秦奚贪夫孤国而与之商於之地六百里！张仪至秦，必负王。是王北绝齐交，西生患于秦也，两国之兵必俱至。为王计者，不若阴合而阳绝于齐，使人随张仪，苟与吾地，绝齐未晚也。"王曰："愿陈子闭口，毋复言，以待寡人得地！"乃以相印授张仪，厚赐之。遂闭关绝约于齐，使一将军随张仪至秦。

张仪详堕车，不朝三月。楚王闻之，曰："仪以寡人绝齐未甚邪？"乃使勇士宋遗借宋之符，北骂齐王。齐王大怒，折节以事秦，齐、秦之交合。张仪乃朝，见楚使者曰："子何不受地？从某至某，广袤六里。"使者怒，还报楚王。楚王大怒，欲发兵而攻秦。陈轸曰："轸可发口言乎？攻之不如因赂之以一名都，与之并力而攻齐，是我亡地于秦，取偿于齐也。今王已绝于齐而责欺于秦，是吾合齐、秦之交而来天下之兵也，国必大伤矣！"楚王不听，使屈匄帅师伐秦。秦亦发兵使庶长章击之。

四年（庚戌，前311）

秦惠王使人告楚怀王，请以武关之外易黔中地。楚王曰："不愿易地，愿得张仪而献黔中地。"张仪闻之，请行。王曰："楚将甘心于子，奈何行？"张仪曰："秦强楚弱，大王在，楚不宜敢取臣。且臣善其嬖臣靳尚，靳尚得事幸姬郑袖，袖之言，王无不听者。”遂往。楚王囚，将杀之。靳尚谓郑袖曰：“秦王甚爱张仪，将以上庸六县及美女赎之。王重地尊秦，秦女必贵而夫人斥矣。”于是郑袖日夜泣于楚王曰：“臣各为其主耳。今杀张仪，秦必大怒。妾请子母俱迁江南，毋为秦所鱼肉也！”王乃赦张仪而厚礼之。张仪因说楚王曰：“夫为从者无以异于驱群羊而攻猛虎，不格明矣。今王不事秦，秦劫韩驱梁而攻楚，则楚危矣。秦西有巴、蜀，治船积粟，浮岷江而下，一日行五百余里，不至十日而拒扞关，扞关惊则从境以东尽城守矣，黔中、巫郡非王之有。秦举甲出武关，则北地绝。秦兵之攻楚也，危难在三月之内，而楚待诸侯之救在半岁之外，夫待弱国之救，忘强秦之祸，此臣所为大王患也。大王诚能听臣，臣请令秦、楚长为兄弟之国，无相攻伐。”楚王已得张仪而重出黔中地，乃许之。

张仪遂之韩，说韩王曰：“韩地险恶山居，五谷所生，非菽而麦，国无二岁之食；见卒不过二十万。秦被甲百余万。山东之士被甲蒙胄以会战，秦人捐甲徒裼以趋敌，左挈人头，右挟生虏。夫战孟贲、乌获之士以攻不服之弱国，无异垂千钧之重于鸟卵之上，必无幸矣。大王不事秦，秦下甲据宜阳，塞成皋，则王之国分矣，鸿台之宫，桑林之苑，非王之有也。为大王计，莫如事秦以攻楚，以转祸而悦秦，计无便于此者！”韩王许之。

张仪归报，秦王封以六邑，号武信君。复使东说齐王曰：“从人说大王者必曰：‘齐蔽于三晋，地广民众，兵强士勇，虽有百秦，将无奈齐何。’大王贤其说而不计其实。今秦、楚嫁女娶妇，为昆弟之国；韩献宜阳；梁效河外；赵王入朝，割河间以事秦。大王不事秦，秦驱韩、梁攻齐之南地，悉赵兵，渡清河，指博关，临菑、即墨非王之有也！国一日见攻，虽欲事秦，不可得也！”齐王许张仪。

张仪去，西说赵王曰：“大王收率天下以摈秦，秦兵不敢出函谷关十五年。大王之威行于山东，敝邑恐惧，缮甲厉兵，力田积粟，愁居慑处，不敢动摇，唯大王有意督过之也。今以大王之力，举巴、蜀，并汉中，包两周，守白马之津。秦虽僻远，然而心忿含怒之日久矣。今秦有敝甲凋兵军于渑池，愿渡河，逾漳，据番吾，会邯郸之下，愿以甲子合战，正殷纣之事。谨使使臣先闻左右。今楚与秦为昆弟之国，而韩、梁称东藩之臣，齐献鱼盐之地，此断赵之右肩也。夫断右肩而与人斗，失其党而孤居，求欲毋危得乎！今秦发三将军，其一军塞午道，告齐使渡清河，军于邯郸之东，一军军成皋，驱韩、梁军于河外，一军军于渑池，约四国为一以攻赵，赵服必四分其地。臣窃为大王计，莫如与秦王面相约而口相结，常为兄弟之国也。”赵王许之。

张仪乃北之燕，说燕王曰："今赵王已入朝，效河间以事秦。大王不事秦，秦下甲云中、九原，驱赵而攻燕，则易水、长城非大王之有也！且今时齐、赵之于秦，犹郡县也，不敢妄举师以攻伐。今王事秦，长无齐、赵之患矣。"燕王请献常山之尾五城以和。

张仪归报，未至咸阳，秦惠王薨，子武王立。武王自为太子时，不说张仪；及即位，群臣多毁短之。诸侯闻仪与秦王有隙，皆畔衡，复合从。

五年（辛亥，前310）

张仪说秦武王曰："为王计者，东方有变，然后王可以多割得地也。臣闻齐王甚憎臣，臣之所在，齐必伐之。臣愿乞其不肖之身以之梁，齐必伐梁，齐、梁交兵而不能相去，王以其间伐韩，入三川，挟天子，案图籍，此王业也！"王许之。齐王果伐梁，梁王恐。张仪曰："王勿患也！请令齐罢兵。"乃使其舍人之楚，借使谓齐王曰："甚矣王之托仪于秦也！"齐王曰："何故？"楚使者曰："张仪之去秦也固与秦王谋矣，欲齐、梁相攻而令秦取三川也。今王果伐梁，是王内罢国而外伐与国，而信仪于秦王也。"齐王乃解兵还。张仪相魏一岁，卒。

仪与苏秦皆以纵横之术游诸侯，致位富贵，天下争慕效之。又有魏人公孙衍者，号曰犀首，亦以谈说显名。其余苏代、苏厉、周最、楼缓之徒，纷纭遍于天下，务以辩诈相高，不可胜纪；而仪、秦、衍最著。

周赧王二年（戊申，公元前313年）

秦王想征伐齐国，又顾虑齐国与楚国有互助条约，便派张仪前往楚国。张仪对楚王说："大王如果能听从我的建议，与齐国废除盟约，断绝邦交，我可以向楚国献上商於地方的六百里土地，让秦国的美女来做侍奉您的妾婢。秦、楚两国互通婚嫁，就能永远结为兄弟之邦。"楚王十分高兴，答应张仪的建议。群臣都前来祝贺，只有陈轸表示哀痛。楚王恼怒地问："我一兵未发而得到六百里土地，有什么不好？"陈轸回答："您的想法不对。以我之见，商於的土地不会到手，齐国、秦国却会联合起来，齐、秦一联合，楚国就祸事临门了。"楚王问："你有什么解释呢？"陈轸回答："秦国之所以重视楚国，就是因为我们有齐国做盟友。现在我们如果与齐国毁约断交，楚国便孤立了，秦国又怎么会偏爱一个孤立无援的国家而白送商於六百里地呢？张仪回到秦国以后，一定会背弃对大王您的许诺。那时大王北与齐国断交，西与秦国生出怨仇，两国必定联合发兵夹攻。为您算计，不如我们暗中与齐国仍旧修好而只表面上绝交，派人随张仪回去，如果真的割让给我们土地，再与齐国绝交也不晚。”楚王斥责道：“请你陈先生闭上嘴巴，不要再说废话了，等着看我去接收大片土地吧！”于是把国相大印授给张仪，又重重赏赐他。随后下令与齐国毁约断交，派一名将军同张仪前往秦国。

张仪回国后，假装从车上跌下，三个月不上朝。楚王听说后自语道：“张仪是不是觉得我与齐国断交做得还不够？”便派勇士宋遗借了宋国的符节，北上到齐国去辱骂齐王。齐王大怒，立即降低身份去讨好秦国，齐国、秦国于是和好。这时张仪才上朝，见到楚国使者，故作惊讶地问：“你为何还不去接受割地？从某处到某处，有六里多见方。”使者愤怒地回国报告楚王，楚王勃然大怒，想发兵攻打秦国。陈轸说：“我可以开口说话吗？攻秦国还不如用一座大城的代价去收买它，与秦国合力攻齐国。这样我们从秦国失了地，还可以在齐国得到补偿。现在大王您已经与齐国断交，又去质问秦国的欺骗行为，是让我们促使齐国、秦国和好而招来天下的军队了，国家一定会有大损失！”楚王仍是不听他的劝告，派屈匄率军队征讨秦国，秦国也任命魏章为庶长，起兵迎击。

四年（庚戌，公元前 311 年）

秦惠王派人通知楚怀王，想用武关以外的地方换黔中之地。楚王说：“我不愿换地，只想用黔中之地来换张仪。”张仪听说后，请求秦王同意。秦王问：“楚国要杀死你才甘心，你为什么还要去？”张仪说：“秦国强，楚国弱，只要大王您在，估计楚国不敢把我怎么样。而且我和楚王的宠臣靳尚关系密切，靳尚又侍奉楚王的爱姬郑袖，郑袖的话，楚王没有不听的。”于是欣然前往楚国。楚王把他下在狱中，准备处死。靳尚对郑袖说：“秦王十分宠爱张仪，想用上庸等六个县及美女来赎回他。大王看重土地，又尊重秦国，那样秦国的美女将被宠幸，您就会遭到冷落。”于是郑袖日夜在楚王面前哭着哀求：“当年的事，不过是臣各为其主。现在要是杀了张仪，秦国必定震怒。我请求让我们母子两人先迁居江南，不要成为秦国刀下的鱼肉。”楚王于是赦免了张仪，还以厚礼相待。张仪劝说楚王道：“倡导各国联合抗秦，简直是赶着羊群去进攻猛虎，明显无法相斗。现在大王您不肯听命秦国，秦国如果逼迫韩国、驱使魏国来联合攻楚，楚国可就危险了。秦国西部有巴、蜀两地，备船积粮，沿岷江而下，一天可行五百余里，不到十天就兵临扞关。扞关惊动，则由此以东的各城都要修治守备，黔中、巫郡便不再是大王您的了。秦国如果大举甲兵攻出武关，那么楚国的北部就成为绝地，秦兵再南攻楚国，楚国的存亡只在三个月以内，而楚国等待各国来救援要在半年以上。坐等那些弱国来救，而忘记了强秦的威胁，我可要为大王您现在的做法担心啊！大王如果能诚心诚意地听我的意见，我可以让楚国、秦国永久结为兄弟之邦，不再互相攻杀。”楚王虽然已经得到了张仪，却又舍不得拿黔中之地来交换，于是同意了张仪的建议，让他离开。

张仪便前往韩国，劝说韩王：“韩国地方险恶多山，所产五谷，不是豆子就是杂麦，国家口粮积存不够两年，现在军中的士兵不过二十万，秦国却有甲兵一百余万。崤山以东的人要披上盔甲才可以参战，而秦国人个个赤膊便能上阵迎敌，左手提着人头，右手夹着俘虏。秦国用孟贲、乌获那些勇士来进攻不肯臣服的弱国，正像在鸟蛋上压下千钧重石，无一可幸免。大王您不肯迎合秦国，若秦国发下甲兵占据宜阳，扼守成皋，大王的国家就被分裂，鸿台的宫殿，桑林的园苑，就不再是您能享有的了。为大王着想，您不如结好秦国进攻楚国，既转嫁了祸灾又取得秦国欢心，没有比这更好的主意了！”韩王听从了张仪的意见。

张仪回到秦国报告，秦王封赏给他六个城邑和武信君的爵位。又派他向东游说齐王说：“主张联合抗秦的人，必对您说：‘齐国有三晋作屏障，地广人多，兵强士勇，即使有一百个秦国，也拿齐国无可奈何。’大王您也总是称赞这种说法而不考虑实际情况。现在秦、楚两国互通婚姻，结为兄弟之国；韩国献给秦国宜阳；魏国交出河外之地；赵王也去朝见秦王，割让河间讨好秦国。大王若是不迎合秦国，秦国将驱使韩国、魏国之兵进攻齐国南部，再逼迫赵兵倾巢而出，渡过清河，直指博关。那时临菑、即墨等齐国心腹地带可就不属于您所有了。等到国家遭受攻击的那天，您再想讨好秦国，也来不及了！”齐王同样采纳了张仪的建议。

张仪离开齐国，又向西游说赵王道：“大王带头联合各国抵抗秦国，使秦兵十五年不敢出函谷关侵犯各国。大王的威望在崤山以东传扬，我们秦国十分恐惧，缮甲厉兵，积蓄粮草，时刻担忧您的威慑，不敢放松警惕，唯恐大王您兴兵前来问罪。现在我们秦国托福您大王的神力，一举攻下巴、蜀，吞并汉中，包围两周，兵抵白马津。我们秦国虽然地处偏远，然而对赵国心存愤怒已不是一天了。如今秦国有一支不成样子的败甲残兵驻在渑池，愿意渡过黄河，越过漳水，进据番吾，前来邯郸城下相会。希望用古时甲子会战形式，重演武王伐纣的故事。为此，特派使臣我来通知您的左右。

现在楚国与秦国结为兄弟之邦，韩国、魏国俯首称臣，齐国献出盛产鱼盐的海滨之地，这就像砍断了赵国的右臂。被砍断了右臂而与别人争斗，失去同党而又孤立无援，想要不灭亡，能办到吗？如果秦国派出三支大军，一支军队扼守午道，通知齐国渡过清河，在邯郸之东驻军；另一支军队驻扎成皋，驱使韩、魏军队进军河外；第三支军队驻扎渑池，约定四国联合攻赵，征服后必定四分其地。我为大王着想，您不如与秦王当面亲口结下盟约，使两国成为长久的兄弟之国。”赵王也接受了张仪的劝说。

最后，张仪北上到达燕国，对燕王说：“如今赵王已经去朝见秦王，并献出河间以迎合秦国。大王您不赶快结好秦国，秦国就会派甲兵到云中、九原，驱使赵国进攻燕国，易水、长城可就不是大王您的了！况且，现在齐国、赵国就像秦国的郡县一样，不敢妄起刀兵相攻伐。大王您服从秦国，就可以长年免除齐国、赵国的威胁了。”燕王于是请张仪献上常山脚下的五个城以向秦国求和。

张仪回国报告，还没到咸阳，秦惠王就去世了，其子秦武王继位。武王从做太子时就不喜欢张仪，等到他一即王位，群臣中很多人便前来诽谤数说张仪的短处。各国听说张仪与秦王间发生矛盾，都放弃了对秦国的许诺，再次联合抗秦。

五年（辛亥，公元前310年）

张仪向秦武王建议：“为大王您考虑，东方发生事变，大王才能乘机多割得土地。我听说齐王十分憎恨我，我居留在哪里，齐国必定要去攻打哪里。我请求让我这个不肖之人到魏国去，齐国必定要讨伐魏国，齐国、魏国正打得难解难分的时候，大王便可以乘机攻打韩国，进军三川，挟持天子，掌握天下的版图，这是帝王大业呀！”秦王允许张仪到魏国去。齐国果然出兵攻魏，魏王十分惊恐。张仪安慰说：“大王不要担心！让我来退掉齐兵。”于是派他的手下人到楚国，借楚国使臣之口对齐王说：“大王把张仪托付给秦国的办法真厉害呀！”齐王问：“怎么讲？”楚国使者说：“张仪离开秦国本来就是与秦王定下的计谋，想让齐、魏两国互相攻击而秦国乘机夺取三川。现在大王您果然攻打魏国，正是对内劳民伤财，对外结仇邻国，而使张仪重新获得秦王的信任。”齐王听罢，下令退兵回国。张仪在魏国做了一年的国相，便去世了。

张仪与苏秦都以合纵、连横的政治权术游说各国，达到富贵的高位，使天下人争相效法。还有个魏国人公孙衍，名号犀首，也以能说会道著称。其余的苏代、苏厉、周最、楼缓之流，纷纭而起，遍于天下，务必以诡辩诈术一争高下，多得举不胜举。然而还要数张仪、苏秦、公孙衍当时名声最为显赫。

周纪四

第四卷

赧王中三十六年（壬午，前 279）

秦王使使者告赵王，愿为好会于河外渑池。赵王欲毋行，廉颇、蔺相如计曰：“王不行，示赵弱且怯也。”赵王遂行，相如从。廉颇送至境，与王诀曰：“王行，度道里会遇之礼毕，还不过三十日；三十日不还，则请立太子以绝秦望。”王许之。

会于渑池。王与赵王饮，酒酣，秦王请赵王鼓瑟，赵王鼓之。蔺相如复请秦王击缶，秦王不肯。相如曰：“五步之内，臣请得以颈血溅大王矣！”左右欲刃相如，相如张目叱之，左右皆靡。王不怿，为一击缶。罢酒，秦终不能有加于赵；赵人亦盛为之备，秦不敢动。赵王归国，以蔺相如为上卿，位在廉颇之右。

廉颇曰：“我为赵将，有攻城野战之功。蔺相如素贱人，徒以口舌而位居我上，吾羞，不忍为之下！”宣言曰：“我见相如，必辱之！”相如闻之，不肯与会；每朝，常称病，不欲争列。出而望见，辄引车避匿。其舍人皆以为耻。相如曰：“子视廉将军孰与秦王？”曰：“不若。”相如曰：“夫以秦王之威而相如廷叱之，辱其群臣；相如虽驽，独畏廉将军哉！顾吾念之，强秦所以不敢加兵于赵者，徒以吾两人在也。今两虎共斗，其势不俱生。吾所以为此者，先国家之急而后私仇也！”廉颇闻之，肉袒负荆至门谢罪，遂为刎颈之交。

初，燕人攻安平，临菑市掾田单在安平，使其宗人皆以铁笼傅车辖。及城溃，人争门而出，皆以折车辖败，为燕所擒；独田单宗人以铁笼得免，遂奔即墨。是时齐地皆属燕，独莒、即墨未下，乐毅乃并右军、前军以围莒，左军、后军围即墨。即墨大夫出战而死。即墨人曰：“安平之战，田单宗人以铁笼得全，是多智习兵。”因共立以为将以拒燕。乐毅围二邑，期年不克，乃令解围，各去城九里而为垒，令曰：“城中民出者勿获，困者赈之，使即旧业，以镇新民。”三年而犹未下。或谗之于燕昭王曰：“乐毅智谋过人，伐齐，呼吸之间克七十余城，今不下者两城耳，非其力不能拔，所以三年不攻者，欲久仗兵威以服齐人，南面而王耳。今齐人已服，所以未发者，以其妻子在燕故也。且齐多美女，又将忘其妻子。愿王图之！”昭王于是置酒大会，引言者而让之曰：“先王举国以礼贤者，非贪土地以遗子孙也。遭所传德薄，不能堪命，国人不顺。齐为无道，乘孤国之乱以害先王。寡人统位，痛之入骨，故广延群臣，外招宾客，以求报雠；其有成功者，尚欲与之同共燕国。今乐君亲为寡人破齐，夷其宗庙，报塞先仇，齐国固乐君所有，非燕之所得也。乐君若能有齐，与燕并为列国，结欢同好，以抗诸侯之难，燕国之福，寡人之愿也。汝何敢言若此！”乃斩之。赐乐毅妻以后服，赐其子以公子之服；辂车乘马，后属百两，遣国相奉而致之乐毅，立乐毅为齐王。乐毅惶恐不受，拜书，以死自誓。由是齐人服其义，诸侯畏其信，莫敢复有谋者。

顷之，昭王薨，惠王立。惠王自为太子时，尝不快于乐毅。田单闻之，乃纵反间于燕，宣言曰：“齐王已死，城之不拔者二耳。乐毅与燕新王有隙，畏诛而不敢归，以伐齐为名，实欲连兵南面王齐。齐人未附，故且缓攻即墨以待其事。齐人所惧，唯恐他将之来，即墨残矣。”燕王固已疑乐毅，得齐反间，乃使骑劫代将而召乐毅。乐毅知王不善代之，遂奔赵。燕将士由是愤惋不和。

田单令城中人食，必祭其先祖于庭，飞鸟皆翔舞而下城中。燕人怪之，田单因宣言曰：“当有神师下教我。”有一卒曰：“臣可以为师乎？”因反走。田单起引还，坐东乡，师事之。卒曰：“臣欺君。”田单曰：“子勿言也！”因师之。每出约束，必称神师。乃宣言曰：“吾唯惧燕军之劓所得齐卒，置之前行，即墨败矣！”燕人闻之，如其言。城中见降者尽劓，皆怒，坚守，唯恐见得。单又纵反间，言“吾惧燕人掘吾城外冢墓，可为寒心！”燕军尽掘冢墓，烧死人。齐人从城上望见，皆涕泣，共欲出战，怒自十倍。田单知士卒之可用，乃身操版、锸，与士卒分功；妻妾编于行伍之间；尽散饮食飨士。令甲卒皆伏，使老、弱、女子乘城，遣使约降于燕；燕军皆呼万岁。田单又收民金得千镒，令即墨富豪遗燕将，曰：“即降，愿无虏掠吾族家！”燕将大喜，许之。燕军益懈。田单乃收城中，得牛千余，为绛缯衣，画以五采龙文，束兵刃于其角，而灌脂束苇于其尾，烧其端，凿城数十穴，夜纵牛，壮士五千随其后。牛尾热，怒而奔燕军。燕军大惊，视牛皆龙文，所触尽死伤。而城中鼓噪从之，老弱皆击铜器为声，声动天地。燕军大骇，败走。齐人杀骑劫，追亡逐北，所过城邑皆叛燕，复为齐。田单兵日益多，乘胜，燕日败亡，走至河上，而齐七十余城皆复焉。乃迎襄王于莒；入临菑，封田单为安平君。

周赧王三十六年(壬午,公元前279年)

秦王派使者通知赵王,愿意在黄河外的渑池和好相会。赵王不想赴会,廉颇、蔺相如建议说:“大王若是不去,就显得赵国懦弱而又胆怯。”赵王于是决定前往,由蔺相如随行。廉颇送到边境,与赵王告别时说:“大王此行,估计加上路程时间,到会议仪式全部结束,不超过三十天就会回来,如果超过三十天您还没有回来,请允许我们立太子为赵王,以断绝秦国的要挟念头。”赵王同意。

渑池相会,秦王与赵王饮酒。酒兴之间,秦王请赵王表演鼓瑟,赵王便演奏了。蔺相如也请秦王表演敲击瓦盆的音乐,秦王却不肯。蔺相如厉色说道:“在五步之内,我就可以血溅大王!”秦王左右卫士想上前杀死蔺相如,蔺相如怒目呵斥,左右人都畏缩不敢行动。秦王只好非常不情愿地敲了一下瓦盆。直到酒宴结束,秦国始终不能对赵国加以非分之求。再加上赵国人也早有军队戒备,秦国到底没敢轻举妄动。赵王回国,加封蔺相如为上卿之职,地位在大将廉颇之上。

廉颇不满地说:“我作为赵国大将,有攻城野战之功,蔺相如原不过是下层小民,只以能说善辩而位居我之上,我实在感到羞耻,忍不下这口气!”便宣称:“我遇到蔺相如,一定要羞辱他一番!”蔺相如听说后,不愿意和他遇见,每逢上朝,常常称病,不和廉颇去争位次的高下。出门在外,远远望见廉颇的车驾,他便令自己的车回避。蔺相如的门客下属都感到十分羞耻。蔺相如对他们说:“你们看廉将军的威严比得上秦王吗?”回答都说:“比不上。”蔺相如说:“面对秦王那么大的威势,我都敢在他的朝廷上斥责他,羞辱他的群臣,我虽然无能,难道单单怕廉将军吗!我是考虑到:强暴的秦国之所以还不敢大举进犯赵国,就是因为我和廉将军在。我们两虎相争,必有一伤。我所以避让,是先考虑到国家的利益而后才去想个人的私怨啊!”廉颇听说了这番话十分惭愧,便赤裸着上身到蔺相如府上来负荆请罪,两人从此结为生死之交。

当初,燕国军队攻打齐国安平时,临菑市的一个小官田单正在城中,他预先让家族人都用铁皮包上车轴头。待到城破,人们争相涌出城门,都因为车轴互相碰断,车辆损坏难行,被燕军俘虏,只有田单一族因铁皮包裹车轴得以幸免,逃到了即墨。当时齐国大部分地区都被燕军占领,仅有莒城、即墨未沦陷。乐毅于是集中右军、前军包围莒城,集中左军、后军包围即墨。即墨大夫出战身亡。即墨人士说:“安平之战,田单一族人因铁皮包轴得以保全,可见田单足智多谋,熟悉兵事。”于是共同拥立他为守将抵御燕军。乐毅围攻两城,一年未能攻克,便下令解除围攻,退至城外九里处修筑营垒,下令说:“城中的百姓出来不要抓捕他们,有困饿的还要赈济,让他们各操旧业，以安抚新占地区的人民。”过了三年，城还未攻下。有人在燕昭王面前挑拨说：“乐毅智谋过人，进攻齐国，一口气攻克七十余城。现在只剩两座城，不是他的兵力不能攻下，之所以三年不攻，就是他想倚仗兵威来收服齐国人心，自己好南面称王而已。如今齐国人心已服，他之所以还不行动，就是因为妻子、儿子在燕国。况且齐国多有美女，他早晚将忘记妻子。希望大王早些防备！”燕昭王听罢下令设置盛大酒宴，拉出说此话的人斥责道：“先王倡导全国礼待贤明人才，并不是为了多得土地留给子孙。他不幸遇到继承人缺少德行，不能完成大业，使国内人民怨愤不从，无道的齐国趁着我们国家动乱得以残害先王。我即位以后，对此痛心疾首，才广泛延请群臣，对外招揽宾客，以求报仇。谁能使我成功，我愿意和他分享燕国大权。现在乐毅先生为我大破齐国，平毁齐国宗庙，报却了旧仇，齐国本来就应归乐毅先生所有，不是燕国该得到的。乐毅先生如果能拥有齐国，与燕国成为平等国家，结为友好的邻邦，抵御各国的来犯，这正是燕国的福气，也是我的心愿啊！你怎么敢说这种话呢？”于是将挑拨者处死。又赏赐乐毅妻子以王后服饰，赏赐他的儿子以王子服饰，配备君王车驾乘马及上百辆属车，派宰相奉送到乐毅那里，立乐毅为齐王。乐毅十分惶恐，不敢接受，一再拜谢，写下辞书，并宣誓以死效忠燕王。从此齐国人敬服燕国乐毅的德义，各国也畏惧他的信誉，没有再敢来算计的。

不久，燕昭王去世，燕惠王即位。惠王从当太子时，就与乐毅有矛盾。田单听说了，便派人去燕国用反间计，散布说：“齐王已经死了，齐国仅有两座城未被攻克。乐毅与燕国新王有矛盾，害怕加祸不敢回国，他现在以攻打齐国为名，实际想率领军队在齐国称王。齐国人没有归附，所以他暂缓进攻即墨，等待时机举行大事。齐国人所怕的，是燕王派别的大将来，那样即墨就城破受害了。”燕惠王本来就疑心乐毅，中了齐国的反间计，便派骑劫代替乐毅为大将，召他回国。乐毅知道燕王换将居心不良，于是投奔了赵国。从此，燕军将士都愤愤不平，内部不和。

这时，田单下令让城中人吃饭时，先在庭院里祭祀祖先，四处飞鸟争吃祭饭，都盘旋落到城中，燕军很是惊讶，田单又让人散布说：“会有天神派军师下界来帮助我们。”有个士兵说：“我可以做神师吗？”说罢起身便走。田单急忙离座追回他，让他面东高坐，奉其为神师。士兵说：“我犯上欺主了。”田单忙悄声嘱咐：“你不要说出去。”便以他为师，每当发布号令，都必称奉神师之命。田单又令人散布说：“我就怕燕军把齐国俘虏割去鼻子，作为前导，那样即墨城就完了！”燕国人听说，果然这样做了。城中守兵看到投降燕军的人都被割去鼻子，万分痛恨，决心坚守不降，唯恐被俘。田单再使出反间计，说："我怕燕军掘毁我们的城外坟墓，那样齐国人就寒心了。"燕军又中计，把城外坟墓尽行挖毁，焚烧死尸。齐国人从城上远远望见，都痛哭流涕，争相请求出战，怒气倍增。田单知道这时军士已经可以死战，于是带头拿起版、锹和士卒一起筑城，把自己的妻妾编进军队，还分发全部食品犒劳将士。他下令让披甲士兵都潜伏在城下，只以老弱人员、女子登城守卫，又派人去燕军中假意约定投降，燕军都欢呼万岁。田单在城中百姓中募集到一千镒金银，让即墨城的富豪送给燕军大将，说："我们马上就投降。请不要抢劫掠夺我们的家族！"燕国将军大喜，立刻应允。燕军戒备更加松懈。田单在城中搜罗到一千余头牛，给牛披上大红绸衣，绘上五彩天龙花纹，在牛角上绑束尖刀，而在牛尾绑上灌好油脂的苇草，然后点燃，趁着夜色，从预先凿好的几十个城墙洞中，赶牛冲出，后面紧随着五千名壮士。牛尾部被火燎烧，都惊怒地奔向燕军大营。燕军大惊失色，看到牛身上都是天龙花纹，碰到的不是死就是伤。加上城中敲锣打鼓齐声呐喊，老弱居民也敲击铜器助威，响声惊天动地。燕国军队万分恐惧，纷纷败逃。齐军趁乱杀死燕军大将骑劫，追杀逃亡的燕军，所经过的城邑都叛离燕国，再度归顺齐国。田单的军队越来越多，乘胜而入，燕军日日望风而逃，逃到黄河边，齐国失去的七十几座城都被收复。田单于是前往莒城迎齐襄王回国都临菑，襄王册封田单为安平君。

周纪五

第五卷

赧王下五十五年（辛丑，前260）

秦左庶长王龁攻上党，拔之。上党民走赵。赵廉颇军于长平，以按据上党民。王龁因伐赵。赵军数战不胜，止一裨将、四尉。

秦数败赵兵，廉颇坚壁不出。赵王以颇失亡多而更怯不战，怒，数让之。应侯又使人行千金于赵为反间，曰："秦之所畏，独畏马服君之子赵括为将耳！廉颇易与，且降矣！"赵王遂以赵括代颇将。蔺相如曰："王以名使括，若胶柱鼓瑟耳。括徒能读其父书传，不知合变也。"王不听。初，赵括自少时学兵法，以天下莫能当；尝与其父奢言兵事，奢不能难，然不谓善。括母问其故，奢曰："兵，死地也，而括易言之。使赵不将括则已；若必将之，破赵军者必括也。"及括将行，其母上书，言括不可使。王曰："何以？"对曰："始妾事其父，时为将，身所奉饭而进食者以十数，所友者以百数，王及宗室所赏赐者，尽以与军吏士大夫；受命之日，不问家事。今括一旦为将，东乡而朝，军吏无敢仰视之者；王所赐金帛，归藏于家，而日视便利田宅可买者买之。王以为如其父，父子异心，愿王勿遣！"王曰："母置之，吾已决矣！"母因曰："即如有不称，妾请无随坐！"赵王许之。

秦王闻括已为赵将，乃阴使武安君为上将军而王龁为裨将，令军中："有敢泄武安君将者斩！"赵括至军，悉更约束，易置军吏，出兵击秦师。武安君佯败而走，张二奇兵以劫之。赵括乘胜追造秦壁，壁坚拒不得入；奇兵二万五千人绝赵军之后，又五千骑绝赵壁间。赵军分而为二，粮道绝。武安君出轻兵击之，赵战不利，因筑壁坚守以待救至。秦王闻赵食道绝，自如河内发民年十五以上悉诣长平，遮绝赵救兵及粮食。齐人、楚人救赵。赵人乏食，请粟于齐，王弗许。周子曰："夫赵之于齐、楚，扞蔽也，犹齿之有唇也，唇亡则齿寒；今日亡赵，明日患及齐、楚矣。救赵之务，宜若奉漏瓮沃焦釜然。且救赵，高义也；却秦师，显名也；义救亡国，威却强秦。不务为此而爱粟，为国计者过矣！”齐王弗听。九月，赵军食绝四十六日，皆内阴相杀食。急来攻垒，欲出为四队，四五复之，不能出。赵括自出锐卒搏战，秦人射杀之。赵师大败，卒四十万人皆降。武安君曰：“秦已拔上党，上党民不乐为秦而归赵。赵卒反覆，非尽杀之，恐为乱。”乃挟诈而尽坑杀之，遗其小者二百四十人归赵，前后斩首虏四十五万人；赵人大震。

五十七年（癸卯，前258）

正月，王陵攻邯郸，少利，益发卒佐陵；陵亡五校。武安君病愈，王欲使代之。武安君曰：“邯郸实未易攻也；且诸侯之救日至。彼诸侯怨秦之日久矣，秦虽胜于长平，士卒死者过半，国内空，远绝河山而争人国都；赵应其内，诸侯攻其外，破秦军必矣。”王自命不行，乃使应侯请之。武安君终辞疾，不肯行；乃以王龁代王陵。

赵王使平原君求救于楚，平原君约其门下食客文武备具者二十人与之俱，得十九人，余无可取者。毛遂自荐于平原君。平原君曰：“夫贤士之处世也，譬若锥之处囊中，其末立见。今先生处胜之门下三年于此矣，左右未有所称诵，胜未有所闻，是先生无所有也。先生不能，先生留！”毛遂曰：“臣乃今日请处囊中耳！使遂蚤得处囊中，乃脱颖而出，非特其末见而已。”平原君乃与之俱，十九人相与目笑之。平原君至楚，与楚王言合从之利害，日出而言之，日中不决。毛遂按剑历阶而上，谓平原君曰：“从之利害，两言而决耳！今日出而言，日中不决，何也？”楚王怒叱曰：“胡不下！吾乃与而君言，汝何为者也？”毛遂按剑而前曰：“王之所以叱遂者，以楚国之众也。今十步之内，王不得恃楚国之众也！王之命悬于遂手。吾君在前，叱者何也？且遂闻汤以七十里之地王天下，文王以百里之壤而臣诸侯，岂其士卒众多哉？诚能据其势而奋其威也。今楚地方五千里，持戟百万，此霸王之资也。以楚之强，天下弗能当。白起，小竖子耳，率数万之众，兴师以与楚战，一战而举鄢、郢，再战而烧夷陵，三战而辱王之先人，此百世之怨而赵之所羞，而王弗之恶焉。合从者为楚，非为赵也。吾君在前，叱者何也？”楚王曰：“唯唯，诚若先生之言，谨奉社稷以从。”毛遂曰：“从定乎？”楚王曰：“定矣。”毛遂谓楚王之左右曰：“取鸡、狗、马之血来！”毛遂奉铜盘而跪进之楚王曰：“王当歃血以定从；次者吾君，次者遂。”遂定从于殿上。毛遂左手持盘血而右手招十九人曰：“公等相与歃此血于堂下！公等录录，所谓‘因人成事’者也。”平原君已定从而归，至于赵，曰："胜不敢相天下士矣！"遂以毛遂为上客。

于是楚王使春申君将兵救赵，魏王亦使将军晋鄙将兵十万救赵。秦王使谓魏王曰："吾攻赵，旦暮且下，诸侯敢救之者，吾已拔赵，必移兵先击之！"魏王恐，遣人止晋鄙，留兵壁邺，名为救赵，实挟两端。又使将军新垣衍间入邯郸，因平原君说赵王，欲共尊秦为帝，以却其兵。齐人鲁仲连在邯郸，闻之，往见新垣衍曰："彼秦者，弃礼义而上首功之国也。彼即肆然而为帝于天下，则连有蹈东海而死耳，不愿为之民也！且梁未睹秦称帝之害故耳，吾将使秦王烹醢梁王！"新垣衍怏然不悦，曰："先生恶能使秦王烹醢梁王？"鲁仲连曰："固也，吾将言之。昔者九侯、鄂侯、文王，纣之三公也。九侯有子而好，献之于纣，纣以为恶，醢九侯；鄂侯争之强，辩之疾，故脯鄂侯；文王闻之，喟然而叹，故拘之牖里之库百日，欲令之死。今秦，万乘之国也，梁，亦万乘之国也；俱据万乘之国，各有称王之名，奈何睹其一战而胜，欲从而帝之，卒就脯醢之地乎！且秦无已而帝，则将行其天子之礼以号令于天下，则且变易诸侯之大臣，彼将夺其所不肖而与其所贤，夺其所憎而与其所爱，彼又将使其子女谗妾为诸侯妃姬，处梁之宫，梁王安得晏然而已乎！而将军又何以得故宠乎！"新垣衍起，再拜曰："吾乃今知先生天下之士也！吾请出，不敢复言帝秦矣！"

初，魏公子无忌仁而下士，致食客三千人。魏有隐士曰侯嬴，年七十，家贫，为大梁夷门监者。公子置酒大会宾客，坐定，公子从车骑虚左自迎侯生。侯生摄敝衣冠，直上载公子上坐不让；公子执辔愈恭。侯生又谓公子曰："臣有客在市屠中，愿枉车骑过之。"公子引车入市，侯生下见其客朱亥，睥睨，故久立，与其客语，微察公子，公子色愈和；乃谢客就车，至公子家。公子引侯生坐上坐，遍赞宾客，宾客皆惊。及秦围赵，赵平原君之夫人，公子无忌之姊也，平原君使者冠盖相属于魏，让公子曰："胜所以自附于婚姻者，以公子之高义，能急人之困也。今邯郸旦暮降秦而魏救不至，纵公子轻胜弃之，独不怜公子姊邪！"公子患之，数请魏王敕晋鄙令救赵，及宾客辩士游说万端，王终不听。公子乃属宾客约车骑百余乘，欲赴斗以死于赵；过夷门，见侯生。侯生曰："公子勉之矣，老臣不能从！"公子去，行数里，心不快，复还见侯生。侯生笑曰："臣固知公子之还也！今公子无他端而欲赴秦军，譬如以肉投馁虎，何功之有！"公子再拜问计。侯嬴屏人曰："吾闻晋鄙兵符在王卧内，而如姬最幸，力能窃之。尝闻公子为如姬报其父仇，如姬欲为公子死无所辞。公子诚一开口，则得虎符，夺晋鄙之兵，北救赵，西却秦，此五伯之功也。"公子如其言，果得兵符。公子行，侯生曰："将在外，君令有所不受。有如晋鄙合符而不授兵，复请之，则事危矣。臣客朱亥，其人力士，可与俱。晋鄙若听，大善；不听，可使击之！”于是公子请朱亥与俱。至邺，晋鄙合符，疑之，举手视公子曰：“吾拥十万之众屯于境上，今单车来代之，何如哉？”朱亥袖四十斤铁椎，椎杀晋鄙，公子遂勒兵下令军中曰：“父子俱在军中者，父归！兄弟俱在军中者，兄归！独子无兄弟者，归养！”得选兵八万人，将之而进。

周赧王五十五年（辛丑，公元前260年）

秦国派左庶长王龁进攻上党，予以攻克。上党百姓逃往赵国。赵国派廉颇率军驻守长平，接应上党逃来的百姓。王龁于是挥兵攻打赵国。赵军迎战，几战都不胜，一员副将和四名都尉阵亡。

赵兵屡次被秦军打败，廉颇便下令坚守营垒，拒不出战。赵王以为廉颇损兵折将后更加胆怯，不敢迎敌，气愤得多次斥责他。应侯范雎又派人用千金去赵国施行反间计，散布说：“秦国所怕的，只是马服君赵奢的儿子赵括做大将。廉颇好对付，而且他也快投降了！”赵王中计，便用赵括代替廉颇为大将。蔺相如劝阻说：“大王因为赵括有些名气就重用他，这是粘住调弦的琴柱再弹琴啊！赵括只知道死读他父亲的兵书，不知道随机应变。”赵王仍是不听。起初，赵括从小学习兵法时，就自以为天下无人可比。他曾与父亲赵奢讨论兵法，赵奢也难不倒他，但终究不说他有才干。赵括的母亲询问原因，赵奢说：“带兵打仗，就是出生入死，而赵括谈起来却很随便。赵国不用他为大将也还罢了，如果一定要用他，灭亡赵军的必定是赵括。”待到赵括将要出发，他的母亲急忙上书，指出赵括不能重用。赵王问：“为什么？”回答说：“当年我侍奉赵括的父亲，他做大将时，亲自去捧着饭碗招待的有几十位，他的朋友有几百人。大王及宗室王族给他的赏赐，他全部分发给将士。他自接受命令之日起，就不再理睬家事。而赵括刚刚做了大将，就向东高坐，接受拜见，大小军官没人敢抬头正脸看他。大王赏给他的金银绸缎，他全部拿回家藏起来，每天忙于察看有什么良田美宅可买的就买下。大王您以为他像父亲，其实他们父子用心完全不同。请大王千万不要派他去。”赵王却说：“老太太你不用管，我已经决定了。”赵括母亲便说：“万一赵括出了什么差错，我请求不要连累我治罪。”赵王同意了赵母的请求。

秦王听说赵括已经上任为大将，便暗中派武安君白起为上将军，改王龁为副将，下令军中：“谁敢泄露白起为上将军的消息，格杀勿论！”赵括到了赵军中，全部推翻原来的规定，调换军官，下令出兵攻击秦军。白起佯装战败退走，预先布置下两支奇兵准备截击。赵括乘胜追击，直达秦军营垒，秦军坚守，无法攻克。这时，秦军一支二万五千人的奇兵已切断了赵军的后路，另一支五千人的骑兵堵截住赵军返回营垒的通道，赵军被一分为二，粮道也断绝。武安君白起便下令精锐轻军前去袭击，赵军迎战失利，只好坚筑营垒等待救兵。秦王听说赵军运粮通道已经切断，亲自到河内征发十五岁以上的百姓全部调往长平，阻断赵国救兵及运粮。齐国、楚国援救赵国。赵军缺乏粮食，向齐国请求接济，齐王不给。周子说："赵国对于齐国、楚国来说，是一道屏障，就像牙齿外面的嘴唇，唇亡则齿寒。今天赵国灭亡了，明天灾祸就会降临齐国、楚国。援救赵国这件事，应该像捧着漏瓦罐去浇烧焦了的铁锅那样，刻不容缓。何况援救赵国是高尚的道义；抵抗秦军，是显示威名的好事。必须主持正义援救亡国，显示兵威击退强秦。不致力于此事反而爱惜粮食，这样为国家决策是个大错！"齐王仍是不听。九月，赵军已断粮四十六天，士兵们都在内部暗中残杀，互相吞吃。赵括着急，便下令进攻秦军营垒，想派出四支队伍，轮番进攻，到第五次，仍无法突围。赵括亲自率领精兵上前肉搏，被秦兵射死。赵军于是全线崩溃，四十万士兵全部投降。白起说："当初秦军已攻克上党，上党百姓却不愿归秦而去投奔赵国。赵国士兵反复无常，不全部杀掉，恐怕会有后乱。"于是使用奸计把赵国降兵全部活埋，只放出二百四十个年岁小的回到赵国，前后共杀死四十五万人，赵国大为震惊。

五十七年（癸卯，公元前 258 年）

正月，王陵进攻邯郸，几次失利，秦王便征发更多的兵丁去支援王陵；王陵损失了五校，仍不能胜。这时武安君白起病愈，秦王想派他去替代王陵。白起却说："邯郸实在是不容易攻下的，而且诸侯救兵一天便可到达。那些国家对秦国的怨恨已经积蓄很久了。秦国虽然在长平一战大获全胜，但自己士兵也死亡过半，国内空虚，再长途跋涉去远攻别人的国都，这时如果赵国在内抵抗，各国在外围进攻，秦军必然大败。"秦王见亲自下命令不行，又让应侯范雎去劝说白起。白起始终以病坚决推辞，不肯前去，于是秦王只得派王龁去代替王陵。

赵王派平原君赵胜到楚国去求救，赵胜准备挑选门下食客中文武双全的二十个人一起前往，但只挑出十九个，剩下的都不足取。这时有个叫毛遂的人向赵胜自我推荐。赵胜说："贤良人才为人处世，好比锥子在口袋中，锥尖立即能露出来。如今先生来到我赵胜门下已经三年，我左右的人没有谁称赞过你，我也未听说过你的作为，说明先生没有什么长处，先生不能干，先生留下吧！”毛遂说道：“我不过今天才请你把我放到口袋里而已！如果早把我放进去，我早就脱颖而出了，岂止是露出个锥尖呢！”平原君赵胜于是让毛遂一同赴楚，另外十九个人都相视嘲笑他。赵胜到了楚国，向楚王阐述联合抗秦的必要性，从太阳升起时开始谈，一直谈到中午，楚王仍是犹豫不决。毛遂于是手按宝剑顺着台阶走上去，对平原君说：“联合抗秦的重要性，‘利’‘害’两个字可以说清楚，做出决定！现在从日出时谈起，到中午还不能决断，是什么原因？”楚王怒斥毛遂道：“还不赶快滚下去，我和你的主人说话，你算是什么东西？”毛遂按着剑又上前几步说：“大王你之所以斥责我，是仗着楚国人多势众。现在咱们相距在十步以内，你不可能依仗楚国人多势众了！你的性命在我的手中。在我的主人面前，你为什么呵斥我？我毛遂听说商朝开国的汤王以七十里地方为开端，终于称王天下；周朝创业的周文王仅凭着一百里土地，使诸侯臣服。他们难道是仗着兵多将广、人多势众吗？只不过是顺应历史大势、振奋扬威而已。现在楚国有五千里广地，持戟战士一百万，这是称王称霸的资本啊！以楚国的强大，各国都难以抵挡。白起，不过是个小人物，带着几万兵，兴师动众与楚国作战，一战就夺去鄢、郢两城，再战便火烧夷陵，三战已将楚国宗庙平毁，侮辱楚王祖先。这是百世难解的仇怨，连赵国都替你羞愧，而大王却不以为难堪。现在提倡联合抗秦，实在是为了楚国，不是为赵国啊！我的主人在面前，你还呵斥我什么？”楚王只好说：“是的是的，正像先生指教的那样，我愿意以全国的力量与你们合作。”毛遂便说：“联合之事确定了吗？”楚王说：“确定了。”毛遂便对楚王左右随从说：“取鸡、狗、马的血来！”毛遂举起铜盘跪着上前对楚王说：“请大王歃血宣誓订立同盟，其次是我的主人，再次是我毛遂。”于是在大殿上订立了抗秦同盟。这时毛遂又左手持铜盘右手对随行的十九人招呼说：“你们也在堂下一起歃血宣誓吧！你们跟来跟去，还是靠着别人才办成了事情。”平原君赵胜与楚国订立盟约后回到赵国，叹息说：“从今后我不敢再说能识别天下人才了！”于是奉毛遂为上等宾客。

订立同盟后，楚王便派春申君黄歇率军救赵，魏王也令大将晋鄙统兵十万来救赵。秦王派人对魏王说：“我攻打赵国，早晚就会攻下，各国中谁敢来救赵国，我灭了赵国以后，必定调动大军先进攻它！”魏王惧怕，派人去让晋鄙停止前进，屯兵邺城坚守，名义上说是来救赵，实际上脚踩两边。魏王又派将军新垣衍潜入邯郸，通过平原君去劝说赵王，打算共同尊秦王为帝，以使他罢兵。齐国人士鲁仲连正在邯郸，听说此事，便来见新垣衍说：“那个秦国，是鄙弃礼义伦常而崇尚杀人立功的国家。如果它能公然称帝于天下各国，我鲁仲连只有去跳东海而死，绝不做秦国的臣民！况且，魏国还没有看到秦王称帝以后给它带来的危害，我将让秦王把魏王煮成肉酱。”新垣衍怏怏不快地问鲁仲连：“你哪儿能让秦王把魏王煮成肉酱呢？”鲁仲连说：“确实如此，听我慢慢说来。当年九侯、鄂侯、文王，是商纣王朝廷里的三公。九侯有个女儿，容貌姣好，将她献给纣王，纣王厌恶她，就把九侯剁成肉酱。鄂侯极力为九侯辩护，疾声呼冤，所以被纣王做成肉干；周文王听说了，只是喟然长叹，也被关押在牖里的仓库达一百天，想让他死。现在的秦国，是拥有万乘兵车的大国，魏国，也是同样的大国；都具有雄厚的国家实力，各自有称王的名位，为什么看到秦国打胜了一次战役，就想听从它的指挥，尊秦王为帝，从而使自己落到被人宰割做成肉酱的地步呢？如果秦王未被制止而称帝，就将施行天子的礼仪，号令于天下各国，并且将更换各国君主的大臣。他将剥夺他所看不起的人的职位，转授给他所器重的人；他将剥夺他所憎恨的人的职位，转授给他所宠爱的人；他又将使秦国的女子和惯说坏话的妾姬，指令婚配给各国君主。设想这些人在大梁宫殿中，魏王还能泰然处之吗？而将军你又有什么办法能保住在君主面前的旧日恩宠呢？”新垣衍听完心惊，离座再次拜谢说：“我今天才知道先生是天下高士啊！我这就告辞回国，不敢再提尊秦为帝的话了。”

当初，魏国公子魏无忌为人仁义而礼贤下士，收养食客三千人。魏国有个隐士名叫侯嬴，已经七十岁，家中贫穷，在魏都大梁任夷门守门官吏。一次，公子魏无忌设置盛大酒宴，招待宾客，来客已经坐定，魏无忌却吩咐备齐车马，空着左边位置，亲自去接侯嬴。侯嬴穿戴旧衣破帽，跳上车子，昂然上坐，也不谦让。魏无忌亲自驾车，更加恭敬。半途，侯嬴又对魏无忌说：“我有个朋友在集市上当屠户，请让车子绕到他那里去一下。”魏无忌指挥车子进了集市，侯嬴下车见到朋友朱亥，故意久久地站在那里与他谈话；同时微微斜视魏无忌，只见他态度仍然十分谦和，于是辞别朋友登车，到了魏无忌府第。魏无忌引侯嬴坐在上座，向各位宾客介绍称赞他，宾客们都很惊讶。这时秦兵围困赵国首都邯郸，赵国平原君赵胜的夫人，是魏无忌的姐姐。赵胜派到魏国求救的使者车马接连不断，指责魏无忌说：“赵胜我之所以与您联成姻亲，就是仰慕您的高尚道义，能够急人之危。现在邯郸早晚要落入秦国手中而魏国援兵裹足不前，即使您看不起我赵胜，鄙弃我，难道也不可怜您的姐姐吗？”魏无忌十分焦急，多次请魏王命令大将晋鄙进兵救赵，又派门下能说善辩的宾客百般游说，然而魏王始终不为所动。魏无忌只好聚集门下宾客百余乘车马，准备赴赵国以死相拼。他路过夷门，去见侯嬴。侯嬴只淡淡地说：“公子您好自为之吧，我老了不能前去！”魏无忌离开后，走了数里，心中闷闷不快，又转回去见侯嬴。侯嬴笑着说：“我早就知道公子会回来！如今您没有别的办法而亲身去迎战秦军，好比用肉去投打饿虎，能有什么结果？”魏无忌于是下车再拜请教计策。侯嬴屏退左右随从悄声说道：“我听说晋鄙的调兵兵符在魏王卧室里，他最宠爱的如姬，有办法偷出来。曾听说公子您为如姬报过杀父之仇，如姬表示愿意为您办事，万死不辞。公子只要一开口，就可以得到调兵的虎符，夺去晋鄙的兵权，北上救赵，西抗强秦，建立五霸的功业了。”魏无忌照他的办法去做，果然拿到了兵符。临行前，侯嬴又说：“大将出征在外，君王的命令可以不接受。假如晋鄙以此合验兵符后仍不交出兵权，再向魏王请示，那事情就危险了。我的朋友朱亥，是个勇猛力士，可以与您一齐去。晋鄙如果听从，最好不过。如果不听从，可以让朱亥打死他！”于是魏无忌又邀请朱亥前去。到了邺城，晋鄙合验兵符后，仍很怀疑，摆手看着魏无忌说：“我率领十万大军在边境驻扎，而你只孤身单车前来替代我，是怎么回事呢？”朱亥立即从袖中掣出四十斤重的铁椎，打死晋鄙，魏无忌便部署军队，下令说：“父子两人都在军队中的，父亲可以回去！兄弟两人都在军队中的，哥哥可以回去！独子一个没有兄弟的，可以回去奉养父母！”于是选定八万士兵，挥军前进。

秦纪一

第六卷

始皇帝上十九年（癸酉，前228）

王翦击赵军，大破之，杀赵葱，颜聚亡，遂克邯郸，虏赵王迁。王如邯郸，故与母家有仇怨者皆杀之。还，从太原、上郡归。

燕太子丹怨王，欲报之，以问其傅鞠武。鞠武请西约三晋，南连齐、楚，北媾匈奴以图秦。太子曰："太傅之计，旷日弥久，令人心惛然，恐不能须也。"顷之，将军樊於期得罪，亡之燕；太子受而舍之。鞠武谏曰："夫以秦王之暴而积怒于燕，足为寒心，又况闻樊将军之所在乎！是谓委肉当饿虎之蹊也。愿太子疾遣樊将军入匈奴！"太子曰："樊将军穷困于天下，归身于丹，是固丹命卒之时也，愿更虑之！"鞠武曰："夫行危以求安，造祸以为福，计浅而怨深，连结一人之后交，不顾国家之大害，所谓资怨而助祸矣。"太子不听。

太子闻卫人荆轲之贤，卑辞厚礼而请见之。谓轲曰："今秦已虏韩王，又举兵南伐楚，北临赵；赵不能支秦，则祸必至于燕。燕小弱，数困于兵，何足以当秦！诸侯服秦，莫敢合从。丹之私计愚，以为诚得天下之勇士使于秦，劫秦王，使悉反诸侯侵地，若曹沫之与齐桓公，则大善矣；则不可，因而刺杀之。彼大将擅兵于外而内有乱，则君臣相疑，以其间，诸侯得合从，其破秦必矣。唯荆卿留意焉！"荆轲许之。于是舍荆卿于上舍，太子日造门下，所以奉养荆轲，无所不至。及王翦灭赵，太子闻之惧，欲遣荆轲行。荆轲曰："今行而无信，则秦未可亲也。诚得樊将军首与燕督亢之地图，奉献秦王，秦王必说见臣，臣乃有以报。"太子曰："樊将军穷困来归丹，丹不忍也！"荆轲乃私见樊於期曰："秦之遇将军，可谓深矣，父母宗族皆为戮没！今闻购将军首，金千斤，邑万家，将奈何？"於期太息流涕曰："计将安出？"荆卿曰："愿得将军之首以献秦王，秦王必喜而见臣，臣左手把其袖，右手揕其胸，则将军之仇报而燕见陵之愧除矣！”樊於期曰：“此臣之日夜切齿腐心也！”遂自刎。太子闻之，奔往伏哭，然已无奈何，遂以函盛其首。太子豫求天下之利匕首，使工以药淬之，以试人，血濡缕，人无不立死者。乃装为遣荆轲，以燕勇士秦舞阳为之副，使入秦。

秦始皇帝十九年（癸酉，公元前228年）

秦将王翦率军攻击赵军，大败赵兵，杀赵葱，颜聚逃亡。秦军于是攻陷邯郸，俘虏了赵国国君赵迁。秦王嬴政亲自驾临邯郸，将过去与他母亲家有仇怨的人全部杀了。然后回驾，经太原、上郡返归秦都咸阳。

燕国太子姬丹怨恨秦王嬴政，想要实施报复，为此征求太傅鞠武的意见。鞠武建议太子丹西与韩、赵、魏三国订约，南与齐、楚联合，北与匈奴媾和，赖此共同图谋秦国。太子丹说：“太傅的计略虽好，但要实现它却是旷日持久的事情，令人内心烦闷、焦躁，恐怕不能再等待了。”不久，秦国将领樊於期在本国获罪，逃到燕国。太子丹接纳了他，并让他住下。鞠武规劝太子丹说：“仅凭秦王的暴虐以及对燕国积存的愤怒、怨恨，就足以令人寒心的了，更何况他还将获悉樊将军被收留在燕国了呢！这就等于把肉弃置在饿虎往来的小道上。希望您尽快将樊将军送到匈奴去！”太子丹说：“樊将军走投无路，归附于我，这本来就是我应当舍命保护他的时候了，请您还是考虑一下其他的办法吧！”鞠武说：“做危险的事情来求取安全，制造灾祸以祈求幸福，谋略浅薄而致积怨加深，为了结交一个新的朋友，而不顾及国家将遭受大的危害，这即是所谓的积蓄怨仇并助长灾祸了！”太子丹对鞠武的劝说置之不理。

太子丹听说卫国人荆轲很贤能，便携带厚礼，以谦卑的言辞求见他。太子丹对荆轲说：“现在秦国已俘虏了韩王，又乘势举兵向南进攻楚国，向北威逼赵国。赵国无力对付秦国，那么灾难就要降临到燕国头上了。燕国既小又弱，多次为战争所拖累，哪里还能够抵挡住秦国的攻势啊？各诸侯国都屈服秦国，没有哪个国家敢于再合纵抗秦了。目前，我个人的计策很愚鲁，认为如果真能获得一位天下最大无畏的勇士，让他前往秦国胁迫秦王嬴政，迫使他将兼并来的土地归还给各国，就像曹沫当年逼迫齐桓公归还鲁国丧失的领土一样。如此当然是最好的了。假若不行，便乘机刺杀掉秦王嬴政。秦国的大将拥兵在外，而国内发生动乱，于是君臣之间相互猜疑。趁此时机，各国如能够合纵抗秦，就一定可以击败秦军。希望您留心这件事情。”荆轲答应了充当刺客赴秦。太子丹于是安排荆轲住进上等客舍，并天天亲往舍中探望，凡能够进送、供给荆轲的东西，没有不送到的。及至秦将王翦灭亡了赵国，太子丹闻讯后惊恐不已，便想送荆轲出行。荆轲说：“我现在前往秦国，但没有令秦人信任我的理由，这就未必能接近秦王。倘若果真得到樊将军的头颅和燕国督亢的地图奉献给秦王，秦王必定很高兴召见我，那时我才能够刺杀他以回报您。”太子丹说：“樊将军在穷途末路时来投奔我，我实在不忍心杀他啊！”荆轲于是私下里会见樊於期说：“秦国对待您，可说是残酷之极，您的父母、宗族都被诛杀或没收为官奴了！现在听说秦国悬赏千斤黄金、万户封地购买您的头颅，您打算怎么办呢？”樊於期叹息地流着泪说：“那么能想出什么办法呢？”荆轲说：“希望能得到您的头颅献给秦王，秦王见此必定欢喜而召见我，那时我左手拉住他的袖子，右手持匕首刺他的胸膛。这样一来，您的大仇得报，燕国遭受欺凌的耻辱也可以消除了！”樊於期说：“这正是我日日夜夜切齿烂心地渴求实现的事情啊！”随即拔剑自刎。太子丹闻讯急奔而来，伏尸痛哭，但已经无可奈何了，就用匣子盛装起樊於期的头颅。此前，太子丹已预先求取到天下最锋利的匕首，令工匠把匕首烧红浸入毒药之中，又用这染毒的匕首试刺人，只需渗出一丝血，人就没有不立即倒毙的。于是便准备行装送荆轲出发，又派燕国的勇士秦舞阳当他的助手，二人作为使者前往秦国。

秦纪二

第七卷

始皇帝下二十年（甲戌，前227）

荆轲至咸阳，因王宠臣蒙嘉卑辞以求见；王大喜，朝服，设九宾而见之。荆轲奉图而进于王，图穷而匕首见，因把王袖而揕之；未至身，王惊起，袖绝。荆轲逐王，王环柱而走。群臣皆愕，卒起不意，尽失其度。而秦法，群臣侍殿上者不得操尺寸之兵，左右以手共搏之，且曰："王负剑！"负剑，王遂拔以击荆轲，断其左股。荆轲废，乃引匕首擿王，中铜柱。自知事不就，骂曰："事所以不成者，以欲生劫之，必得约契以报太子也！"遂体解荆轲以徇。

三十四年（戊子，前213）

丞相李斯上书曰："异时诸侯并争，厚招游学。今天下已定，法令出一，百姓当家则力农工，士则学习法令。今诸生不师今而学古，以非当世，惑乱黔首，相与非法教人；闻令下，则各以其学议之，入则心非，出则巷议，夸主以为名，异趣以为高，率群下以造谤。如此弗禁，则主势降乎上，党与成乎下。禁之便！臣请史官非秦记皆烧之；非博士官所职，天下有藏《诗》《书》、百家语者，皆诣守、尉杂烧之。有敢偶语《诗》《书》弃市；以古非今者族；吏见知不举，与同罪。令下三十日，不烧，黥为城旦。所不去者，医药、卜筮、种树之书。若有欲学法令者，以吏为师。"制曰："可。"

三十七年（辛卯，前210）

冬，十月，癸丑，始皇出游；左丞相斯从，右丞相去疾守。始皇二十余子，少子胡亥最爱，请从；上许之。

十一月，行至云梦，望祀虞舜于九疑山。浮江下，观藉柯，渡海渚，过丹阳，至钱唐，临浙江。水波恶，乃西百二十里，从狭中渡。上会稽，祭大禹，望于南海；立石颂德。还，过吴，从江乘渡。并海上，北至琅邪、之罘。见巨鱼，射杀之。遂并海西，至平原津而病。

始皇恶言死，群臣莫敢言死事。病益甚，乃令中车府令行符玺事赵高为书赐扶苏曰："与丧，会咸阳而葬。"书已封，在赵高所，未付使者。秋，七月，丙寅，始皇崩于沙丘平台。丞相斯为上崩在外，恐诸公子及天下有变，乃秘之不发丧，棺载辒凉车中，故幸宦者骖乘。所至，上食、百官奏事如故，宦者辄从车中可其奏事。独胡亥、赵高及幸宦者五六人知之。

初，始皇尊宠蒙氏，信任之。蒙恬任外将，蒙毅常居中参谋议，名为忠信，故虽诸将相莫敢与之争。赵高者，生而隐宫；始皇闻其强力，通于狱法，举以为中车府令，使教胡亥决狱；胡亥幸之。赵高有罪，始皇使蒙毅治之；毅当高法应死。始皇以高敏于事，赦之，复其官。赵高既雅得幸于胡亥，又怨蒙氏，乃说胡亥，请诈以始皇命诛扶苏而立胡亥为太子。胡亥然其计。赵高曰："不与丞相谋，恐事不能成。"乃见丞相斯曰："上赐长子书及符玺，皆在胡亥所。定太子，在君侯与高之口耳。事将何如？"斯曰："安得亡国之言！此非人臣所当议也！"高曰："君侯材能、谋虑、功高、无怨、长子信之，此五者皆孰与蒙恬？"斯曰："不及也。"高曰："然则长子即位，必用蒙恬为丞相，君侯终不怀通侯之印归乡里明矣！胡亥慈仁笃厚，可以为嗣。愿君审计而定之！"丞相斯以为然，乃相与谋，诈为受始皇诏，立胡亥为太子；更为书赐扶苏，数以不能辟地立功，士卒多耗，数上书，直言诽谤，日夜怨望不得罢归为太子；将军恬不矫正，知其谋；皆赐死，以兵属裨将王离。

扶苏发书，泣，入内舍，欲自杀。蒙恬曰："陛下居外，未立太子；使臣将三十万众守边，公子为监，此天下重任也。今一使者来，即自杀，安知其非诈！复请而后死，未暮也。"使者数趣之。扶苏谓蒙恬曰："父赐子死，尚安复请！"即自杀。蒙恬不肯死，使者以属吏，系诸阳周；更置李斯舍人为护军，还报。胡亥已闻扶苏死，即欲释蒙恬。会蒙毅为始皇出祷山川，还至。赵高言于胡亥曰："先帝欲举贤立太子久矣，而毅谏以为不可；不若诛之！"乃系诸代。

遂从井陉抵九原。会暑，辒车臭，乃诏从官令车载一石鲍鱼以乱之。从直道至咸阳，发丧。太子胡亥袭位。

九月，葬始皇于骊山，下锢三泉；奇器珍怪，徙藏满之。令匠作机弩，有穿近者辄射之。以水银为百川、江河、大海，机相灌输。上具天文，下具地理。后宫无子者，皆令从死。葬既已下，或言工匠为机藏，皆知之，藏重即泄。大事尽，闭之墓中。

秦始皇帝二十年（甲戌，公元前227年）

荆轲抵达秦国都城咸阳，通过秦王嬴政的宠臣蒙嘉，以谦卑的言辞求见秦王，秦王嬴政大喜过望，穿上君臣朝会时的礼服，安排朝会大典迎见荆轲。荆轲手捧地图进献给秦王，图卷全部展开，匕首出现，荆轲乘势抓住秦王的袍袖，举起匕首刺向他的胸膛。但是未等荆轲近身，秦王嬴政已惊恐地一跃而起，挣断了袍袖。荆轲随即追逐秦王，秦王绕着柱子奔跑。这时，殿上的群臣都吓呆了，事发仓促，大出意料，他们全都失去了常态。秦国法律规定，在殿上侍从的群臣不得携带任何武器。因此大家只好徒手上前扑打荆轲，并喊道："大王，把剑推上背！"秦王嬴政将剑推到背上，便剑套倾斜，剑柄向前，即拔出剑来回击荆轲，砍断了他的左大腿。荆轲肢体残废无法再追，便把匕首向秦王投掷过去，但却击中了铜柱。荆轲知道行刺之事已无法完成，就大骂道："此事所以不能成功，只是想活捉你以后强迫你订立契约，归还所兼并的土地，以此回报燕太子啊！"于是，荆轲被分尸示众。

三十四年（戊子，公元前213年）

丞相李斯上书说："过去诸侯国纷争，以高官厚禄招揽游说之士。现在天下已定，法令统一出自朝廷，百姓理家就要致力于耕田做工，读书人就要学习法令规章。但今日的儒生却不学习现代事务，只知一味地效法古代，并借此非议现实，蛊惑、扰乱民众，相互非难指责现行制度，并以此教导百姓；闻听命令颁下，就纷纷根据自己的学说、主张妄加评议，入朝时口是心非，出朝后便街谈巷议，夸饰君主以提高自己的声望，标新立异以显示自己的高明，煽动、引导一些人攻击诽谤国家法令。这种情况如不禁止，就势必造成君主的权势下降，臣下结党纳派活动蔓延民间。唯有禁止这些才有利于国家！因此我建议史官将除秦国史记之外的所有史书全部烧毁；除博士官按职责收藏书外，天下凡有私藏《诗》《书》、诸子百家著作的人，一律按期将所藏交到郡守、郡尉处，一并焚毁；有敢于相互私语谈论《诗》《书》的处死；借古非今的诛杀九族；官吏发现这种事情而不举报的与以上人同罪；此令颁布三十天后仍不将私藏书籍烧毁的，判处黥刑，并罚处修筑长城劳役的城旦刑。不予焚烧的，是医药、占卜、种植的书。如果想要学习法令，应以官吏为师。”始皇下制令说：“可以。”

三十七年（辛卯，公元前210年）

冬季，十月，癸丑，始皇帝出游，左丞相李斯陪同前往，右丞相冯去疾留守咸阳。始皇有二十多个儿子，小儿子胡亥最受宠爱，他要求随父皇出游，获始皇准许。

十一月，始皇帝一行到达云梦，向着九嶷山遥祭葬在那里的舜帝。然后乘船顺长江而下，观览藉柯，渡经海渚，过丹阳，抵钱塘，到达浙江边。因钱塘江潮波涛汹涌，便向西行驶一百二十里，从富阳与分水之间的狭窄处渡江。随之始皇登上会稽山，祭祀禹帝，遥望南海，刻立巨石歌功颂德。然后起驾返回，归途中经过吴地，从江乘县渡过长江，沿海北上，抵达琅邪、之罘。始皇看见大鱼，即发箭将鱼射杀。接着又沿海西行，到了平原渡口后便病倒了。

始皇帝很厌恶谈论“死”，因此群臣中没有人敢于提关于死的事。待到他病势更加沉重时，才命中车府令、兼掌符玺事务的赵高写诏书给长子扶苏说：“参加丧事处理，灵柩到咸阳后安葬。”诏书已封好，但却搁置在赵高处，没有交给使者送出。秋季，七月，丙寅（二十日），始皇在沙丘宫平台驾崩。丞相李斯因皇帝在都城外病逝，唯恐各位皇子及天下发生什么变故，于是就秘不发丧，将棺材停放在能调节冷暖的凉车中，由始皇生前最宠信的宦官在车的右边陪乘。所到一地，上呈餐饭、百官奏报事务与过去一样，宦官即从车中接受并批复奏事。只有胡亥、赵高及受宠幸的宦官五六个人知道内情。

当初，始皇帝尊重宠爱蒙氏兄弟，很信任他们。蒙恬在外担任大将，蒙毅则在朝中参与商议国事，称为忠信大臣，即便是高级将领或丞相，也没有敢与他们一争高低的。赵高一生下来就被阉割了。始皇听说他办事能力很强，且通晓刑法，便提拔他担任了中车府令，并让他教小儿子胡亥学习审理判决诉讼案。胡亥非常宠爱他。赵高曾经犯下大罪，始皇派蒙毅惩治他。蒙毅认为赵高依法应被处死，但始皇因赵高办事灵活而赦免了他，并恢复了他的官职。赵高既然素来得到胡亥的宠幸，恰又怨恨蒙氏兄弟，便劝说胡亥，让他诈称始皇遗诏命杀掉扶苏，立胡亥为太子。胡亥同意了赵高的计策。赵高又说：“这件事如果不与丞相合谋进行，恐怕不能成功。”随即会见丞相李斯，说：“皇上赐给扶苏的诏书及符玺都在胡亥那里。定立太子之事只在您我口中的一句话罢了。这件事将怎么办呢？”李斯说：“怎么能够说这种亡国的话呀！此事不是我们这些为人臣子的人所应当议论的啊！”赵高道：“您的才能、谋略、功勋、人缘以及所获扶苏的信任，这五点全部拿来与蒙恬相比，哪一点比得上他呢？”李斯回答：“都比不上他。”赵高说：“既然如此，那么只要扶苏即位，就必定任用蒙恬为丞相，您最终不能怀揣通侯的印信返归故乡的结局已经是显而易见的了！而胡亥仁慈忠厚，是可以担当皇位继承人的。希望您慎重地考虑一下，做出定夺！”丞相李斯听后认为赵高说得有理，便与他共同谋划，诈称接受了始皇的遗诏，立胡亥为太子，又篡改始皇给扶苏的诏书，指斥他多年来不能开辟疆土、创立功业，却使士卒大量伤亡，并且数次上书，直言诽谤父皇，日日夜夜地抱怨不能获准解除监军职务，返归咸阳当太子；而将军蒙恬不纠正扶苏的过失，并参与和了解扶苏的图谋。因此令他们自杀，将兵权移交给副将王离。

扶苏接到诏书，哭泣着进入内室，打算自杀。蒙恬说：“陛下在外地，并未确立谁是太子。他派我率领三十万军队镇守边陲，令您担任监军，这乃是天下的重任啊。现在仅仅一个使者前来传书，我们就自杀，又怎么能知道其中不是有诈呢?！让我们再奏请证实一下，然后去死也不晚啊。”但是使者多次催促他们自行了断，扶苏于是对蒙恬说：“父亲赐儿子死，还哪里需要再请示查实呢？”随即自杀。蒙恬不肯死，使者便将他交给官吏治罪，囚禁在阳周；改由李斯的舍人担任护军，然后回报李斯、赵高。胡亥这时已听说扶苏死了，便想释放蒙恬。恰逢蒙毅代替始皇外出祈祷山川神灵求福后返回，赵高即对胡亥说：“始皇帝想要荐举贤能确定你为太子已经很长时间了，可是蒙毅一直规劝他，认为不可如此。现在不如就把蒙毅杀掉算了！”于是逮捕了蒙毅，将他囚禁到代郡。

皇室车队于是从井陉抵达九原。当时正值酷暑，装载始皇遗体的凉车散发出恶臭，胡亥等便指示随从官员在车上装载一石鲍鱼，借鱼的臭味混淆腐尸的气味。从直道抵达咸阳后，发布治丧的公告。太子胡亥继承了皇位。

九月，将始皇安葬在骊山皇陵，把铜熔化后灌入，堵塞住地下深处的水。又运来各种奇珍异宝，藏满墓穴。还下令工匠制作带有机关的弓弩，遇到穿入靠近墓穴的人，即自动射杀。用水银做成百川、江河、大海，以机械灌注输送。墓穴顶部布有天文图像，底部设置地理模型。后宫嫔妃凡未生子女的，令她们全部陪葬。下葬以后，有人说工匠们制造隐藏的机械装置，知道其中的全部秘密，如果他们再做第二重机关，就会将其中的秘密泄露出去。于是待送终的大事完毕后，那些工匠即被尽数封闭在墓穴中。

秦纪三

第八卷

二世皇帝下二年（癸巳，前208）

郎中令赵高恃恩专恣，以私怨诛杀人众多；恐大臣入朝奏事言之，乃说二世曰："天子之所以贵者，但以闻声，群臣莫得见其面故也。且陛下富于春秋，未必尽通诸事；今坐朝廷，谴举有不当者，则见短于大臣，非所以示神明于天下也。陛下不如深拱禁中，与臣及侍中习法者待事，事来有以揆之。如此，则大臣不敢奏疑事，天下称圣主矣。"二世用其计，乃不坐朝廷见大臣，常居禁中；赵高侍中用事，事皆决于赵高。

高闻李斯以为言，乃见丞相曰："关东群盗多，今上急益发繇，治阿房宫，聚狗马无用之物。臣欲谏，为位贱，此真君侯之事；君何不谏？"李斯曰："固也，吾欲言之久矣。今时上不坐朝廷，常居深宫。吾所言者，不可传也；欲见，无间。"赵高曰："君诚能谏。请为君候上闲，语君。"于是赵高侍二世方燕乐，妇女居前，使人告丞相："上方闲，可奏事。"丞相至宫门上谒。如此者三。二世怒曰："吾常多闲日，丞相不来；吾方燕私，丞相辄来请事！丞相岂少我哉，且固我哉？"赵高因曰："夫沙丘之谋，丞相与焉。今陛下已立为帝，而丞相贵不益，此其意亦望裂地而王矣。且陛下不问臣，臣不敢言。丞相长男李由为三川守，楚盗陈胜等皆丞相傍县之子，以故楚盗公行，过三川城，守不肯击。高闻其文书相往来，未得其审，故未敢以闻。且丞相居外，权重于陛下。"二世以为然，欲案丞相；恐其不审，乃先使人按验三川守与盗通状。

李斯闻之，因上书言赵高之短曰："高擅利擅害，与陛下无异。昔田常相齐简公，窃其恩威，下得百姓，上得群臣，卒弑简公而取齐国，此天下所明知也。今高有邪佚之志，危反之行，私家之富，若田氏之于齐矣，而又贪欲无厌，求利不止，列势次主，其欲无穷，劫陛下之威信，其志若韩玘为韩安相也。陛下不图，臣恐其必为变也。"二世曰："何哉！夫高，故宦人也；然不为安肆志，不以危易心，洁行修善，自使至此，以忠得进，以信守位，朕实贤之；而君疑之，何也？且朕非属赵君，当谁任哉！且赵君为人，精廉强力，下知人情，上能适朕；君其勿疑！"二世雅爱赵高，恐李斯杀之，乃私告赵高。高曰："丞相所患者独高；高已死，丞相即欲为田常所为。"

是时，盗贼益多，而关中卒发东击盗者无已。右丞相冯去疾、左丞相李斯、将军冯劫进谏曰："关东群盗并起，秦发兵诛击，所杀亡甚众，然犹不止。盗多，皆以戍、漕、转、作事苦，赋税大也。请且止阿房宫作者，减省四边戍、转。"二世曰："凡所为贵有天下者，得肆意极欲，主重明法，下不敢为非，以制御四海矣。夫虞、夏之主，贵为天子，亲处穷苦之实以徇百姓，尚何于法！且先帝起诸侯，兼天下，天下已定，外攘四夷以安边境，作宫室以章得意；而君观先帝功业有绪。今朕即位，二年之间，群盗并起，君不能禁，又欲罢先帝之所为，是上无以报先帝，次不为朕尽忠力，何以在位！"下去疾、斯、劫吏，案责他罪。去疾、劫自杀；独李斯就狱。二世以属赵高治之，责斯与子由谋反状，皆收捕宗族、宾客。赵高治斯，榜掠千余，不胜痛，自诬服。

斯所以不死者，自负其辩，有功，实无反心，欲上书自陈，幸二世寤而赦之。乃从狱中上书曰："臣为丞相治民，三十余年矣。逮秦地之狭隘，不过千里，兵数十万。臣尽薄材，阴行谋臣，资之金玉，使游说诸侯；阴修甲兵，饬政教，官斗士，尊功臣；故终以胁韩，弱魏，破燕、赵，夷齐、楚，卒兼六国，虏其王，立秦为天下。又北逐胡、貉，南定百越，以见秦之强。更克画，平斗斛、度量、文章，布之天下，以树秦之名。此皆臣之罪也，臣当死久矣！上幸尽其能力，乃得至今。愿陛下察之！"书上，赵高使吏弃去不奏，曰："囚安得上书！"

赵高使其客十余辈诈为御史、谒者、侍中，更往覆讯斯，斯更以其实对，辄使人复榜之。后二世使人验斯，斯以为如前，终不敢更言。辞服，奏当上。二世喜曰："微赵君，几为丞相所卖！"及二世所使案三川守由者至，则楚兵已击杀之。使者来，会丞相下吏，高皆妄为反辞以相傅会，遂具斯五刑论，腰斩咸阳市。斯出狱，与其中子俱执，顾谓其中子曰："吾欲与若复牵黄犬，俱出上蔡东门逐狡兔，岂可得乎！"遂父子相哭而夷三族。二世乃以赵高为丞相，事无大小皆决焉。

三年（甲午，前207）

初，中丞相赵高，欲专秦权，恐群臣不听，乃先设验，持鹿献于二世曰："马也。"二世笑曰："丞相误邪，谓鹿为马？"问左右，或默，或言马以阿顺赵高，或言鹿者。高因阴中诸言鹿者以法。后群臣皆畏高，莫敢言其过。

高前数言“关东盗无能为也”；及项羽虏王离等，而章邯等军数败，上书请益助。自关以东，大抵尽畔秦吏，应诸侯；诸侯咸率其众西向。八月，沛公将数万攻武关，屠之。高恐二世怒，诛及其身，乃谢病，不朝见。

二世梦白虎啮其左骖马，杀之，心不乐，怪问占梦。卜曰：“泾水为祟。”二世乃斋于望夷宫，欲祠泾水，沈四白马。使使责让高以盗贼事。高惧，乃阴与其婿咸阳令阎乐及弟赵成谋曰：“上不听谏；今事急，欲归祸于吾。欲易置上，更立子婴。子婴仁俭，百姓皆载其言。”乃使郎中令为内应，诈为有大贼，令乐召吏发卒追，劫乐母置高舍。遣乐将吏卒千余人至望夷宫殿门，缚卫令仆射，曰：“贼入此，何不止？”卫令曰：“周庐设卒甚谨，安得贼，敢入宫！”乐遂斩卫令，直将吏入，行射郎、宦者。郎、宦者大惊，或走，或格；格者辄死，死者数十人。郎中令与乐俱入，射上幄坐帏。二世怒，召左右；左右皆惶扰不斗。旁有宦者一人侍，不敢去。二世入内，谓曰：“公何不早告我，乃至于此！”宦者曰：“臣不敢言，故得全；使臣早言，皆已诛，安得至今！”阎乐前即二世，数曰：“足下骄恣，诛杀无道，天下共畔足下；足下其自为计！”二世曰：“丞相可得见否？”乐曰：“不可！”二世曰：“吾愿得一郡为王。”弗许。又曰：“愿为万户侯。”弗许。曰：“愿与妻子为黔首，比诸公子。”阎乐曰：“臣受命于丞相，为天下诛足下；足下虽多言，臣不敢报！”麾其兵进。二世自杀。阎乐归报赵高。赵高乃悉召诸大臣、公子，告以诛二世之状，曰：“秦故王国；始皇君天下，故称帝。今六国复自立，秦地益小，乃以空名为帝，不可；宜如故，便。”乃立子婴为秦王。以黔首葬二世杜南宜春苑中。

九月，赵高令子婴斋戒，当庙见，受玉玺；斋五日。子婴与其子二人谋曰：“丞相高杀二世望夷宫，恐群臣诛之，乃诈以义立我。我闻赵高乃与楚约，灭秦宗室而分王关中。今使我斋、见庙，此欲因庙中杀我。我称病不行，丞相必自来；来则杀之。”高使人请子婴数辈，子婴不行。高果自往，曰：“宗庙重事，王奈何不行？”子婴遂刺杀高于斋宫，三族高家以徇。

秦二世皇帝二年（癸巳，公元前208年）

秦朝郎中令赵高仰仗着受皇帝恩宠而专权横行，因报他的私怨杀害了很多人，因此恐怕大臣们到朝廷奏报政务时揭发他，就劝二世说："天子之所以尊贵，不过是因为群臣只能听到他的声音，而不能见到他的容颜罢了。况且陛下还很年轻，未必对件件事情都熟悉，现在坐在朝廷上听群臣奏报政务，若有赏罚不当之处，就会把自己的短处暴露给大臣们，似此便不能向天下人显示圣明了。所以陛下不如拱手深居宫禁之中，让我和熟习法令规章的侍中们在一起等待事务奏报，大臣们将事务报上来就可以研究处理。这样，大臣们就不敢奏报是非难辨的事情，天下便都称道您为圣明的君主了。"二世采纳了赵高的这一建议，不再坐朝接见大臣，常常住在深宫之中，赵高侍奉左右，独掌大权，一切事情都由他来决定。

赵高听说李斯对此不满而有非议，便去会见丞相李斯说："关东地区的盗贼纷纷起来闹事，现在皇上却加紧增征夫役去修建阿房宫，并搜集狗马一类无用的玩物。我想进行规劝，但因地位卑贱不敢言。这可实在是您的事情啊，您为什么不去劝谏呢？"李斯道："本来是该如此啊，我早就想说了。但如今皇上不坐朝接见大臣听取奏报，经常住在深宫中，我所要说的话，不能传达进去，而想要觐见，又没有机会。"赵高说："倘若您真的要进行规劝，就请让我在皇上得空的时候通知您。"于是赵高等到二世正在欢宴享乐、美女站满面前时，派人通告李斯："皇上正有空闲，可以进宫奏报事情。"李斯即到宫门求见。如此接连三次。二世大怒道："我常常有空闲的日子，丞相不来。我正在闲居休息，丞相就来请示奏报！丞相这岂不是轻视我年幼，看不起我吗？"赵高便趁机说道："沙丘伪造遗诏逼扶苏自杀的密谋，丞相参与了。现在陛下已立为皇帝，而丞相的地位却没有提高，他的意思也是想要割地称王了。而且陛下若不问我，我还不敢说，丞相的长子李由任三川郡守，楚地盗贼陈胜等都是丞相邻县的人，因此这些盗贼敢于公然横行，以致经过三川城的时候，李由只是据城防守不肯出击。我听说他们还相互有文书往来，因尚未了解确实，所以没敢奏报给陛下。况且丞相在外面，权势比陛下大。"二世认为赵高说得有理，便想查办丞相，但又怕事实不确，于是就先派人去审核三川郡守与盗贼相勾结的情况。

李斯听说了这件事，即上奏书揭发赵高的短处说："赵高专擅赏罚大权，他的权力跟陛下没有什么区别了。从前田常当齐国国君简公的相国，窃取了齐简公的恩德威势，下得百姓拥戴，上获群臣支持，终于杀掉了简公，夺取了齐国，这是天下周知的史事啊。如今赵高有邪恶放纵的心意，阴险反叛的行为，他私家的富足，与田氏在齐国一样，而又贪得无厌，追求利禄不止，地位权势仅次于君主，欲望无穷，窃取陛下的威信，他的野心就犹如韩玘当韩国国君韩安的丞相时那样了。陛下不设法对付，我怕他是必定会作乱的。”二世说：“这是什么话！赵高本来就是个宦官，但他却从不因处境安逸而放肆地胡作非为，不因处境危急而改变忠心，他行为廉洁向善，靠自己的努力才得到今天的地位。他因忠诚而得到进用，因守信义而保持职位，朕确实认为他贤能。但您却怀疑他，这是为什么呢？而且朕不依靠赵高，又当任用谁呀！何况赵高的为人，精明廉洁、强干有力，对下能了解人情民心，对上则能适合朕的心意，就请您不要猜疑了吧！”二世非常喜爱赵高，唯恐李斯把他杀掉，便暗中将李斯的话告诉了赵高。赵高说：“丞相所担心的只是我一个人，我死了，丞相就要干田常所干的那些事了。”

此时，盗贼日益增多，而秦朝廷不停地征发关中士兵去东方攻打盗贼，右丞相冯去疾、左丞相李斯、将军冯劫便为此提出规劝说：“关东群盗同时起事，秦朝发兵进剿，所诛杀的非常多，但仍然不能止息。盗贼之所以多，都是由于兵役、水陆运输和建筑等事劳苦不堪，赋税太重啊！恳请暂时让修建阿房宫的役夫们停工，减少四方戍守边防的兵役、运输等徭役。”二世说：“大凡所以能尊贵至拥有天下的原因，就在于能够为所欲为、极尽享乐，君主重在修明法制，臣下便不敢为非作歹，凭此即可驾驭天下了。虞、夏的君主，虽然高贵为天子，却亲自处于穷苦的实境，以为百姓献身，这还有什么可效法的呢?！况且先帝由诸侯起家，兼并了天下。天下已经平定，就对外排除四方蛮族以安定边境，对内兴修宫室以表达得意的心情，而你们是看到了先帝业绩的开创的。如今朕即位，两年的时间里，盗贼便蜂拥而起，你们不能加以禁止，又想要废弃先帝创立的事业，这即是上不能报答先帝，下不能为朕尽忠效力，如此你们凭什么占据着自己的官位呢?！”于是就将冯去疾、李斯、冯劫交给司法官吏，审讯责罚他们的其他罪过。冯去疾、冯劫自杀了，只有李斯被下至狱中。二世即交给赵高处理，查究李斯与儿子李由进行谋反的情况，将他们的家族、宾客全都逮捕了。赵高惩治李斯，笞打他一千余板，李斯不堪忍受苦痛，含冤认罪。

李斯之所以不自杀，是因为他自恃能言善辩，有功劳，实无反叛之心，而想要上书做自我辩解，希望二世能幡然醒悟，将他赦免。于是就从狱中上奏书说：“我任丞相治理百姓，已经三十多年了。曾赶上当初秦国疆土狭小，方圆不过千里，士兵仅数十万的时代。我竭尽自己微薄的才能，暗地里派遣谋臣，供给他们金玉珍宝，让他们去游说诸侯，同时暗中整顿武装，整治政令、教化，擢升敢战善斗的将士，尊崇有功之臣。故而终于能以此胁迫韩国，削弱魏国，击破燕国、赵国，铲平齐国、楚国，最终兼并六国，俘获了它们的国君，拥立秦王为天子。接着又在北方驱逐胡人、貉人，在南方戡定百越部族，以显扬秦王朝的强大。并改革文字，统一度量衡和制度，颁布于天下，以树立秦王朝的威名。这些都是我的罪状啊，我早就应当被处死了！只是由于皇上希望我竭尽所能，我才得以活到今日。故望陛下明察！”奏书呈上后，赵高却命狱吏丢弃而不予上报，并且说道：“囚犯怎么能上书！”

赵高派他的门客十多人假充御史、谒者、侍中，轮番审讯李斯，李斯则翻供以实情对答，于是赵高就让人再行拷打他。后来二世派人去验证李斯的供词，李斯以为还与以前一样，便终究不敢更改口供，在供词上承认了自己的罪状。判决书呈上去后，二世高兴地说：“如果没有赵君，我几乎就被丞相出卖了！”待二世派出去调查三川郡守李由的人抵达三川时，楚军已经杀死了李由。使者回来，正逢李斯被交给司法官吏审问治罪，赵高即捏造了李由谋反的罪证，与李斯的罪状合在一起，于是判处李斯五刑，在咸阳街市上腰斩。李斯走出监狱时，与他的次子一同被押解，李斯便回头对次子说：“我真想和你重牵黄狗，共同出上蔡东门去追逐狡兔，但哪里还能办得到啊！”于是父子二人相对痛哭。李斯三族的人也都被诛杀了。二世便任命赵高为丞相，事无巨细，全由赵高决定。

三年（甲午，公元前207年）

当初，中丞相赵高想独揽秦朝大权，但又担心群臣不服，于是便先进行试验，牵来一只鹿献给二世说：“这是马啊。”二世笑道：“你错了吧？怎么把鹿叫作马？”即询问侍立左右的大臣们，群臣有的沉默不语，有的说是马以迎合赵高，有的则说是鹿。于是，赵高暗中借秦法陷害了那些明说是鹿的人。此后群臣都畏惧赵高，没有人敢谈他的过错。

赵高以前曾多次说“关东的盗贼成不了大事”，待到项羽俘获王离等人，而章邯等人的军队也多次被打败，赵高才上书请求增兵援助。这时自函谷关以东，大体上全都背叛秦朝官吏，响应诸侯；诸侯也都各自统率部众向西进攻。八月，刘邦率几万人攻打武关，屠灭了全城。赵高恐怕二世为此发怒，招致杀身之祸，就托病不出，不再朝见二世。

二世梦见一只白虎咬他的左骖马，并把马咬死，因此心中闷闷不乐，颇觉奇怪，便询问占梦的人。占梦人卜测说：“是泾水神在作祟。”二世于是就在望夷宫实行斋戒，想祭祀泾水神，将四匹白马沉入河中。并为盗贼的事派人去责问赵高。赵高愈加害怕，即暗中与他的女婿咸阳县令阎乐、他的弟弟赵成商议说：“皇上不听规劝，而今情势紧急，便想嫁祸于我。我打算更换天子，改立二世哥哥的儿子子婴为皇帝。子婴为人仁爱俭朴，百姓们都尊重他说的话。”随即命郎中令作为内应，诈称有大盗，令阎乐调兵遣将去追捕，同时劫持阎乐的母亲安置到赵高府中。又派阎乐率领官兵一千多人来到望夷宫殿门前，将卫令仆射捆绑起来，说：“大盗进里面去了，为什么不进行阻拦？”卫令道：“宫墙周围设置卫兵，防守非常严密，怎么会有盗贼敢溜入宫中啊！”阎乐就斩杀了卫令，带兵径直闯进宫去，边走边射杀郎官和宦官。郎官、宦官惊恐万状，有的逃跑，有的抵抗，而反抗者即被杀死，这样死了几十人。郎中令和阎乐于是一同入内，箭射二世的篷帐、帷帐。二世怒不可遏，召唤侍候左右的卫士，但近侍卫士都慌乱不堪，不上前格斗。二世身旁只有一名宦官服侍着，不敢离去。二世入内对这个宦官说：“你为什么不早告诉我呀，竟至于到了这个地步！”宦官道：“我不敢说，所以才能保全性命；倘若我早说了，已经被杀掉了，哪里还能活到今日?!”阎乐这时走到二世面前，数落他说：“您骄横放纵，滥杀无辜，天下人都背叛了您，您还是自己打算一下吧！”二世说：“我可以见到丞相吗？”阎乐道：“不行！”二世说：“我希望得到一个郡来称王。”阎乐不准许。二世又道：“我愿意做万户侯。”阎乐仍不答应。二世于是说：“那么我甘愿与妻子儿女去做平民百姓，像各位公子的结局那样。”阎乐道：“我奉丞相的命令，为天下百姓诛杀您，您再多说，我也不敢禀告！”随即指挥他的兵士上前。二世就自杀了。阎乐回报赵高，赵高便召集全体大臣、公子，告诉他们诛杀二世的经过情形，并说道：“秦从前本是个王国，始皇帝统治了天下，因此称帝。现在六国重又各自独立，秦朝的地盘越来越小，仍然以一个空名称帝，不可如此，应还像过去那样称王才合适。”便立子婴为秦王，并用平民百姓的礼仪把二世葬在了杜县南面的宜春苑中。

九月，赵高让子婴斋戒，到宗庙参拜祖先，接受国君的印玺。斋戒五天后，子婴与他的两个儿子商量说：“丞相赵高在望夷宫杀了二世皇帝，害怕群臣将他杀掉，才假装依据礼义拥立我为王。我听说赵高曾经与楚军约定，消灭秦朝的宗室之后，在关中分别称王。如今他让我斋戒，赴宗庙参拜，这是想乘朝见宗庙之机杀了我啊。我若托病不去，丞相必定会亲自前来请我，他来了就杀掉他。”赵高派了几批人去请子婴，子婴就是不动身。赵高果然亲自前往，说道：“参拜宗庙是重大的事情，大王您为何不去啊？”子婴即在斋宫刺杀了赵高，并诛杀赵高家三族的人以示众。

汉纪一

第九卷

太祖高皇帝上之上元年（乙未，前206）

冬，十月，沛公至霸上；秦王子婴素车、白马，系颈以组，封皇帝玺、符、节，降轵道旁。诸将或言诛秦王。沛公曰："始怀王遣我，固以能宽容。且人已降，杀之不祥。"乃以属吏。

沛公西入咸阳，诸将皆争走金帛财物之府分之；萧何独先入收秦丞相府图籍藏之，以此沛公得具知天下厄塞、户口多少、强弱之处。沛公见秦宫室、帷帐、狗马、重宝、妇女以千数，意欲留居之。樊哙谏曰："沛公欲有天下耶，将为富家翁耶？凡此奢丽之物，皆秦所以亡也，沛公何用焉！愿急还霸上，无留宫中！"沛公不听。张良曰："秦为无道，故沛公得至此。夫为天下除残贼，宜缟素为资。今始入秦，即安其乐，此所谓'助桀所虐'。且忠言逆耳利于行，毒药苦口利于病，愿沛公听樊哙言！"沛公乃还军霸上。

十一月，沛公悉召诸县父老、豪杰，谓曰："父老苦秦苛法久矣！吾与诸侯约，先入关者王之；吾当王关中。与父老约，法三章耳：杀人者死，伤人及盗抵罪。余悉除去秦法，诸吏民皆案堵如故。凡吾所以来，为父老除害，非有所侵暴；无恐！且吾所以还军霸上，待诸侯至而定约束耳。"乃使人与秦吏行县、乡、邑，告谕之。秦民大喜，争持牛、羊、酒食献飨军士。沛公又让不受，曰："仓粟多，非乏，不欲费民。"民又益喜，唯恐沛公不为秦王。

或说沛公曰："秦富十倍天下，地形强。闻项羽号章邯为雍王，王关中，今则来，沛公恐不得有此。可急使兵守函谷关，无内诸侯军；稍征关中兵以自益，距之。"沛公然其计，从之。

已而项羽至关，关门闭；闻沛公已定关中，大怒，使黥布等攻破函谷关。十二月，项羽进至戏。沛公左司马曹无伤使人言项羽曰："沛公欲王关中，令子婴为相，珍宝尽有之。"欲以求封。项羽大怒，飨士卒，期旦日击沛公军。当是时，项羽兵四十万，号百万，在新丰鸿门；沛公兵十万，号二十万，在霸上。

范增说项羽曰："沛公居山东时，贪财，好色；今入关，财物无所取，妇女无所幸，此其志不在小。吾令人望其气，皆为龙虎，成五采，此天子气也。急击勿失！"

楚左尹项伯者，项羽季父也，素善张良，乃夜驰之沛公军，私见张良，具告以事，欲呼与俱去，曰："毋俱死也！"张良曰："臣为韩王送沛公；沛公今有急，亡去，不义，不可不语。"良乃入，具告沛公。沛公大惊。良曰："料公士卒足以当项羽乎？"沛公默然曰："固不如也。且为之奈何？"张良曰："请往谓项伯，言沛公之不敢叛也。"沛公曰："君安与项伯有故？"张良曰："秦时与臣游，尝杀人，臣活之。今事有急，故幸来告良。"沛公曰："孰与君少长？"良曰："长于臣。"沛公曰："君为我呼入，吾得兄事之。"张良出，固要项伯；项伯即入见沛公。沛公奉卮酒为寿，约为婚姻，曰："吾入关，秋毫不敢有所近，籍吏民，封府库而待将军。所以遣将守关者，备他盗之出入与非常也。日夜望将军至，岂敢反乎！愿伯具言臣之不敢倍德也。"项伯许诺，谓沛公曰："旦日不可不蚤自来谢。"沛公曰："诺。"于是项伯复夜去，至军中，具以沛公言报项羽；因言曰："沛公不先破关中，公岂敢入乎！今人有大功而击之，不义也；不如因善遇之。"项羽许诺。

沛公旦日从百余骑来见项羽鸿门，谢曰："臣与将军戮力而攻秦，将军战河北，臣战河南；不自意能先入关破秦，得复见将军于此。今者有小人之言，令将军与臣有隙。"项羽曰："此沛公左司马曹无伤言之；不然，籍何以至此！"项羽因留沛公与饮。范增数目项羽，举所佩玉玦以示之者三；项羽默然不应。范增起，出，召项庄，谓曰："君王为人不忍。若入前为寿，寿毕，请以剑舞，因击沛公于坐，杀之。不者，若属皆且为所虏！"庄则入为寿，寿毕，曰："军中无以为乐，请以剑舞。"项羽曰："诺。"项庄拔剑起舞。项伯亦拔剑起舞，常以身翼蔽沛公，庄不得击。

于是张良至军门见樊哙。哙曰："今日之事何如？"良曰："今项庄拔剑舞，其意常在沛公也。"哙曰："此迫矣，臣请入，与之同命！"哙即带剑拥盾入。军门卫士欲止不内，樊哙侧其盾以撞，卫士仆地。遂入，披帷立，瞋目视项羽，头发上指，目眦尽裂。项羽按剑而跽曰："客何为者？"张良曰："沛公之参乘樊哙也。"项羽曰："壮士！赐之卮酒！"则与斗卮酒。哙拜谢，起，立而饮之。项羽曰："赐之彘肩！"则与一生彘肩。樊哙覆其盾于地，加彘肩其上，拔剑切而啖之。项羽曰：“壮士复能饮乎？”樊哙曰：“臣死且不避，卮酒安足辞！夫秦有虎狼之心，杀人如不能举，刑人如恐不胜；天下皆叛之。怀王与诸将约曰：‘先破秦入咸阳者，王之。’今沛公先破秦，入咸阳，毫毛不敢有所近，还军霸上以待将军。劳苦而功高如此，未有封爵之赏，而听细人之说，欲诛有功之人，此亡秦之续耳，窃为将军不取也！”项羽未有以应，曰：“坐！”樊哙从良坐。

坐须臾，沛公起如厕，因招樊哙出。沛公曰：“今者出，未辞也，为之奈何？”樊哙曰：“如今人方为刀俎，我方为鱼肉，何辞为！”于是遂去。鸿门去霸上四十里，沛公则置车骑，脱身独骑；樊哙、夏侯婴、靳强、纪信等四人持剑、盾步走，从骊山下道芷阳，间行趣霸上。留张良使谢项羽，以白璧献羽，玉斗与亚父。沛公谓良曰：“从此道至吾军，不过二十里耳。度我至军中，公乃入。”沛公已去，间至军中，张良入谢曰：“沛公不胜杯杓，不能辞，谨使臣良奉白璧一双，再拜献将军足下；玉斗一双，再拜奉亚父足下。”项羽曰：“沛公安在？”良曰：“闻将军有意督过之，脱身独去，已至军矣。”项羽则受璧，置之坐上。亚父受玉斗，置之地，拔剑撞而破之，曰：“唉，竖子不足与谋！夺将军天下者，必沛公也；吾属今为之虏矣！”沛公至军，立诛杀曹无伤。

汉高帝元年（乙未，公元前206年）

冬季，十月，沛公刘邦率军抵达霸上。秦王子婴乘素车、驾白马，颈上系着绳子以示自己该服罪自杀，手捧封好的皇帝玉玺和符节，伏在轵道亭旁向刘邦投降。众将领中有人主张杀掉秦王。刘邦说：“当初怀王之所以派我前来，原本就是因为认定我能宽容人。何况人家已经降服了，还要杀人家，如此做是不吉利的。”于是便将秦王子婴交给了主管官员处置。

刘邦领兵向西进入咸阳，众将领都争先恐后地奔往秦朝贮藏金帛财物的府库瓜分财宝，唯独萧何率先入宫取秦朝丞相府的地理图册、文书、户籍簿等档案收藏起来，刘邦借此全面了解了天下的山川要塞、户口的多少及财力物力强弱的分布。刘邦看到秦王朝的宫室、帷帐、名种狗马、贵重宝器和宫女数以千计，便想留下来在皇宫中居住。樊哙劝谏说：“您是想拥有天下，还是只想做一个富翁啊？这些奢侈华丽之物，都是招致秦朝覆灭的东西，您要它们有什么用啊！望您尽快返回霸上，不要滞留在宫里！”刘邦不听。张良说：“秦朝因为不施行仁政，所以您才能够来到这里。而为天下人铲除残民之贼，应如同丧服在身，把抚慰人民作为根本。现在刚刚进入秦的都城，就要安享其乐，这即是人们所说的‘助桀为虐’了。况且忠言逆耳利于行，良药苦口利于病，望您能听取樊哙的劝告！”刘邦于是率军返回霸上。

十一月，刘邦把各县的父老和有声望的人召集起来，对他们说：“父老们遭受秦朝严刑苛法的苦累已经很久了！我与各路诸侯约定，先入关中的人为王。据此我就应该在关中称王了。如今与父老们约法三章：杀人者处死，伤人者和抢劫者抵罪。除此之外，秦朝的法律统统废除，众官吏和百姓都照旧安定不动。我之所以到这里来，是为了替父老们除害，而不是来欺凌你们的，请你们不必害怕！况且我所以领兵回驻霸上，不过是为了等各路诸侯到来后订立一个约束大家行为的规章罢了。”随即派人和秦朝的官吏一起巡行各县、乡、城镇，向人们讲明道理。秦地的百姓都欢喜异常，争相拿着牛、羊、酒食来慰问款待刘邦的官兵。刘邦又辞让不肯接受，说道：“仓库中的粮食还很多，并不缺乏，不想让百姓们破费。”百姓们于是更加高兴，唯恐刘邦不在秦地称王。

有人劝说刘邦道：“关中地区比天下其他地方要富足十倍，而且地势险要。听说项羽封章邯为雍王，让他在关中称王。现在如果他来了，您恐怕就不能占据这个地方了。可以火速派兵把守函谷关，不让诸侯军进来，并逐步征召关中兵，以此增加自己的实力，抵御他们。”刘邦认为此计可行，就照着办了。

不久，项羽到达函谷关，但是关门紧闭。项羽听说刘邦已经平定了关中，勃然大怒，派黥布等人攻破了函谷关。十二月，项羽进军至戏水。刘邦的左司马曹无伤派人告诉项羽说：“沛公想要在关中称王，任秦王子婴为相，奇珍异宝全都占有了。”企图借此求得项羽的封赏。项羽闻言怒不可遏，就让士兵们饱餐一顿，打算次日攻打刘邦的军队。这时，项羽拥兵四十万，号称百万大军，驻扎在新丰县的鸿门；刘邦拥兵十万，号称二十万，驻军霸上。

范增劝项羽说：“刘邦住在崤山之东时，贪财而又好色。现今入关，却不搜取财物，不宠幸女色，这表明他的志向不小呀。我曾命人观望他那边的云气，都显示出龙虎的形状，出现五彩，这是天子之气啊！应该赶快进攻他，不要错过了时机！”

楚国的左尹项伯是项羽的叔父，向来与张良要好，便连夜驰马到刘邦军中，私下里会见张良，将这些事情一五一十地对他说了，想要叫张良同他一起离开，说道：“可别跟刘邦一块儿死啊！”张良说：“我为韩王伴送沛公，而今沛公遇有急难，我却逃走了，这是不义的行为，我不能不告诉他。”于是张良即进去将项伯的话全都讲述给了刘邦。刘邦大吃一惊。张良说：“您估计一下您的兵力足够抵挡项羽的吗？”刘邦沉默了一会儿道：“的确是不如他呀。这可该怎么办呢？”张良说：“请让我去告诉项伯，说您是绝不敢背叛项羽的。”刘邦道：“您是怎么与项伯成为故交的啊？”张良说：“在秦的时候，项伯与我有交往，他曾经杀过人，我救了他。现在事情紧急，所以还幸亏他前来告我。”刘邦说：“你与他谁大谁小？”张良道：“他比我大。”刘邦说：“您替我唤他进来，我将把他当作兄长来对待。”张良于是出去，坚持邀请项伯入内，项伯便进去与刘邦相见。刘邦手捧酒杯向项伯敬酒祝福，并与他约定结为亲家，说：“我进入关中，连毫毛般微小的东西都不敢沾边，只是登记官民，封存府库，等待着项羽将军的到来。之所以派将领把守函谷关，是为了防备有其他盗贼出入和有非常情况发生。我日日夜夜盼望着将军驾临，哪里敢谋反啊！望您能把我不敢忘恩负义的情况详尽地反映给项将军。”项伯答应了，对刘邦说：“你明日不可不早些来亲自向项王道歉啊！”刘邦说：“好吧。”项伯于是当夜就赶了回去，到达军营后，将刘邦的话一五一十地报告给项羽，并趁机道：“要不是刘邦先攻下关中，您又怎么敢进来呀？如今人家建立了大功却还要去攻打人家，是不义的。不如就因此好好地对待他。”项羽同意了。

第二天，刘邦带领一百多骑随从人员到鸿门来见项羽，道歉说：“我与将军您合力攻秦，您在黄河以北作战，我在黄河以南战斗，没料到自己能先进入关中破秦，得以在这里与您重又相见。如今有小人之言搬弄是非，使您和我之间产生了隔阂。”项羽道：“这是您的左司马曹无伤散布的流言，不然的话，我何至于如此啊！”项羽于是就留刘邦与他一起喝酒。范增频频向项羽递眼色，并三次举起他所佩戴的玉玦暗示项羽杀刘邦，项羽却只是默然不语，毫无反应。范增便起身出去招呼项庄，对他说：“项王为人心慈手软，还是你进去上前给刘邦敬酒，敬完酒，你就请求表演舞剑，然后乘势在坐席上袭击刘邦，杀了他。不然的话，你们这些人都将成为他的阶下囚了！”项庄即入内为刘邦祝酒，敬完酒后，项庄道：“军营中没有什么可用来取乐的，就请让我来为你们舞剑助兴吧。”项羽说：“好哇。”项庄于是拔剑起舞。项伯见状也起身拔剑起舞，并时时用身子遮护刘邦，使得项庄无法行刺。

这时张良来到军门见樊哙。樊哙说：“今天的事情怎么样了？”张良说：“现在项庄拔剑起舞，他的用意却常在沛公身上啊。”樊哙道：“事情紧迫了，我请求进去，与他拼命！”樊哙随即带剑持盾闯入军门。军门的卫士想要阻止他进去，樊哙就侧过盾牌一撞，卫士扑倒在地。樊哙于是入内，掀开帷帐站立在那里，怒目瞪着项羽，头发直竖，两边的眼角都睁裂开了。项羽手按剑，跪起身，说道："来客是干什么的？"张良说："是沛公的陪乘卫士樊哙。"项羽道："真是壮士啊！赐给他一杯酒喝！"左右的侍从即给了他一大杯酒。樊哙拜谢后，起身站着一饮而尽。项羽说："再赐给他猪腿吃！"侍从们便又拿给他一条生猪腿。樊哙将他的盾牌倒扣在地上，把猪腿放在上面，拔出剑来切切就大口地吃了。项羽说："壮士，你还能再喝酒吗？"樊哙道："我连死都不逃避，一杯酒难道还值得我推辞吗？秦王的心肠狠如虎狼，杀人唯恐杀不完，用刑惩罚人唯恐用不够，致使天下的人都起来反叛他。怀王曾与各路将领约定说：'先打败秦军进入咸阳城的人，在关中为王。'现在沛公最先击溃秦军，进入咸阳，毫毛般微小的东西都不敢染指，就率军返回霸上等待您的到来。这样劳苦功高，您非但不给予封地、爵位的奖赏，还听信小人的谗言，要杀有功之人。这是在重蹈秦朝灭亡的覆辙呀，我以为您的这种做法是不可取的！"项羽无话可答，就说："坐吧。"樊哙于是在张良的身边坐下了。

坐了不一会儿，刘邦起身去上厕所，趁机招呼樊哙出来。刘邦说："我现在出来，没有告辞，怎么办啊？"樊哙道："现在人家正好比是屠刀和砧板，我们则是鱼肉，如此还告什么辞啊！"于是就这么走了。鸿门与霸上相距四十里，刘邦撇下车马，抽身独自骑马而行，樊哙、夏侯婴、靳强、纪信等四人手拿剑和盾牌，快步相随，经骊山下，取道芷阳，抄小路奔向霸上。留下张良，让他向项羽辞谢，将白璧敬献给项羽，大玉杯给亚父范增。刘邦临行前对张良说："从这条路到我们的军营，只不过二十里地。您估计着我已经抵达军中时，再进去。"刘邦已走，抄小道回到军营，张良方才进去告罪说："沛公禁不起酒力，无法来告辞，谨派臣张良捧上白璧一双，以连拜两次的隆重礼节敬献给将军您；大玉杯一双，敬呈给亚父您。"项羽说："沛公现在哪里呀？"张良道："他听说您有要责备他的意思，便抽身独自离去，现在已经回到军中了。"项羽就接受了白璧，放到坐席上。亚父范增接受玉杯后搁在地上，拔剑击碎了它们，说："唉，这小子不值得与他共谋大业！夺取项将军天下的人，必定是刘邦。我们这些人眼看着就要被他俘获了！"刘邦到达军中，立即杀掉了曹无伤。

汉纪二

第十卷

太祖高皇帝上之下三年（丁酉，前 204）

冬，十月，韩信、张耳以兵数万东击赵。赵王及成安君陈余闻之，聚兵井陉口，号二十万。

广武君李左车说成安君曰：“韩信、张耳乘胜而去国远斗，其锋不可当。臣闻‘千里馈粮，士有饥色；樵苏后爨，师不宿饱。’今井陉之道，车不得方轨，骑不得成列；行数百里，其势粮食必在其后。愿足下假臣奇兵三万人，从间路绝其辎重；足下深沟高垒勿与战。彼前不得斗，退不得还，野无所掠，不至十日，而两将之头可致于麾下；否则必为二子所禽矣。”成安君尝自称义兵，不用诈谋奇计，曰：“韩信兵少而疲，如此避而不击，则诸侯谓吾怯而轻来伐我矣。”

韩信使人间视，知其不用广武君策，则大喜，乃敢引兵遂下。未至井陉口三十里，止舍。夜半，传发，选轻骑二千人，人持一赤帜，从间道萆山而望赵军。诫曰：“赵见我走，必空壁逐我；若疾入赵壁，拔赵帜，立汉赤帜。”令其裨将传餐，曰：“今日破赵会食！”诸将皆莫信，佯应曰：“诺。”信曰：“赵已先据便地为壁；且彼未见吾大将旗鼓，未肯击前行，恐吾至阻险而还也。”乃使万人先行，出，背水陈；赵军望见而大笑。

平旦，信建大将旗鼓，鼓行出井陉口；赵开壁击之，大战良久。于是信与张耳佯弃鼓旗，走水上军；水上军开入之，复疾战。赵果空壁争汉旗鼓，逐信、耳。信、耳已入水上军，军皆殊死战，不可败。信所出奇兵二千骑共候赵空壁逐利，则驰入赵壁，皆拔赵旗，立汉赤帜二千。赵军已不能得信等，欲还归壁；壁皆汉赤帜，见而大惊，以为汉皆已得赵王将矣，兵遂乱，遁走，赵将虽斩之，不能禁也。于是汉兵夹击，大破赵军，斩成安君泜水上，禽赵王歇。

诸将效首虏，毕贺，因问信曰："兵法：'右倍山陵，前左水泽。'今者将军令臣等反背水陈，曰'破赵会食'，臣等不服，然竟以胜。此何术也？"信曰："此在兵法，顾诸君不察耳！兵法不曰：'陷之死地而后生，置之亡地而后存'？且信非得素拊循士大夫也，此所谓'驱市人而战之'，其势非置之死地，使人人自为战；今予之生地，皆走，宁尚可得而用之乎！"诸将皆服，曰："善！非臣所及也。"

楚数侵夺汉甬道，汉军乏食。汉王与郦食其谋桡楚权。食其曰："昔汤伐桀，封其后于杞；武王伐纣，封其后于宋。今秦失德弃义，侵伐诸侯，灭其社稷，使无立锥之地。陛下诚能复立六国之后，此其君臣、百姓必皆戴陛下之德，莫不响风慕义，愿为臣妾。德义已行，陛下南乡称霸，楚必敛衽而朝。"汉王曰："善！趣刻印，先生因行佩之矣。"

食其未行，张良从外来谒。汉王方食，曰："子房前！客有为我计桡楚权者。"具以郦生语告良，曰："何如？"良曰："谁为陛下画此计者？陛下事去矣！"汉王曰："何哉？"对曰："臣请借前箸，为大王筹之。昔汤、武封桀、纣之后者，度能制其死生之命也；今陛下能制项籍之死命乎？其不可一也。武王入殷，表商容之闾，释箕子之囚，封比干之墓；今陛下能乎？其不可二也。发钜桥之粟，散鹿台之钱，以赐贫穷；今陛下能乎？其不可三也。殷事已毕，偃革为轩，倒载干戈，示天下不复用兵；今陛下能乎？其不可四也。休马华山之阳，示以无为；今陛下能乎？其不可五也。放牛桃林之阴，以示不复输积；今陛下能乎？其不可六也。天下游士，离其亲戚，弃坟墓，去故旧，从陛下游者，徒欲日夜望咫尺之地。今复立六国之后，天下游士各归事其主，从其亲戚，反其故旧、坟墓，陛下谁与取天下乎？其不可七也。且夫楚唯无强，六国立者复桡而从之，陛下焉得而臣之？其不可八也。诚用客之谋，陛下事去矣！"汉王辍食，吐哺，骂曰："竖儒几败而公事！"令趣销印。

汉王谓陈平曰："天下纷纷，何时定乎？"陈平曰："项王骨鲠之臣，亚父、钟离昧、龙且、周殷之属，不过数人耳。大王诚能捐数万斤金，行反间，间其君臣，以疑其心；项王为人，意忌信谗，必内相诛，汉因举兵而攻之，破楚必矣。"汉王曰："善！"乃出黄金四万斤与平，恣所为，不问其出入。平多以金纵反间于楚军，宣言："诸将钟离昧等为项王将，功多矣，然而终不得裂地而王，欲与汉为一，以灭项氏而分王其地。"项羽果意不信钟离昧等。

夏，四月，楚围汉王于荥阳，急；汉王请和，割荥阳以西者为汉。亚父劝羽急攻荥阳；汉王患之。项羽使使至汉，陈平使为大牢具。举进，见楚使，即佯惊曰："吾以为亚父使，乃项王使！"复持去，更以恶草具进楚使。楚使归，具以报项王；项王果大疑亚父。亚父欲急攻下荥阳城，项王不信，不肯听。亚父闻项王疑之，乃怒曰："天下事大定矣，君王自为之，愿赐骸骨！"归，未至彭城，疽发背而死。

汉高帝三年（丁酉，公元前204年）

冬季，十月，韩信和张耳率领几万名士兵向东攻打赵。赵王赵歇和成安君陈余闻讯，即在井陉口集结部队，号称二十万大军。

广武君李左车劝说成安君道："韩信、张耳乘胜势离开本国远征，锋芒锐不可当。我听说：'从千里之外供给军粮，士兵当会面有饥色；临时拾柴割草来做饭，军队当会常常食不果腹。'而今井陉这条路，车辆不能并行，骑兵不能成列，行军队伍前后拉开几百里，依此形势，随军的粮草必定落在大部队的后面。望您暂时拨给我三万人作为突击队，抄小路去截断对方的辎重粮草，而您则深挖壕沟、高筑营垒，坚守不出战。这样一来，他们向前无仗可打，退后无路可回，野外又无什么东西可抢，如此不到十天，韩信、张耳这两个将领的头颅就可以献到您的帐前了；否则就肯定要被他们二人所俘获。"但陈余曾经自称是义兵，不屑于使用诈谋奇计，故说："韩信兵力单薄且又疲惫不堪，对这样的军队还避而不击，各诸侯便会认为我胆怯而随便来攻打我了。"

韩信派人暗中打探消息，得知陈余不采纳广武君的计策，高兴异常，因此便敢率军径直前进，在距离井陉口三十里的地方停下来宿营。到半夜时分，韩信传令部队出发，挑选两千名轻骑兵，每人手拿一面红旗，从小道上山隐蔽起来，观察赵军的动向；并告诫他们说："交战时赵军看到我军退逃，必会倾巢出动来追赶我们，你们即趁机迅速冲入赵军营垒，拔掉赵军的旗帜，遍插汉军的红旗。"又命他的副将传送一些食品给将士，说道："待今天打败赵军后再会餐！"众将领们都不相信，只是假意应承道："好吧。"韩信说："赵军已经抢先占据了有利地形安营扎寨，而且他们没有看见我军大将的旗鼓，是不肯出兵攻打我们的先头部队的，这是因为他们怕我军到了险要的地方，遇阻后就会撤回去。"韩信随即派遣一万人打先锋，开出营寨，背靠河水摆开阵势。赵军望见后都哗然大笑。

天刚蒙蒙亮的时候，韩信打出了大将的旗鼓，鼓乐喧天地开出了井陉口。赵军洞开营门迎击，双方激战了很久。这时，韩信和张耳便假装丢旗弃鼓，逃回河边的阵营。河边部队大开营门放他们进去，然后又和赵军鏖战。赵军果然倾巢出动，争抢汉军抛下的旗鼓，追逐韩信和张耳。韩信、张耳进入河边的阵地后，全军即都拼死奋战，赵军无法打败他们。韩信派出的二千名骑兵突击队一起等到赵军将士全体出动去追逐争夺战利品时，立刻奔驰进入赵军营地，拔掉所有赵军旗帜，插上两千面汉军红旗。赵军已经无法抓获韩信等人，便想退回营地，但却见自己的营垒中遍是汉军的红旗，都惊慌失措，以为汉军已将赵王的将领全部擒获了，于是士兵们大乱，纷纷逃跑，赵将尽管不停地斩杀逃兵，也无法禁止溃败之势。汉军随即又前后夹击，大败赵军，在水边杀了陈余，活捉了赵王赵歇。

将领们献上敌人的首级和俘虏，都向韩信祝贺，并趁势问韩信说："兵法上提出：'布军列阵要右边和背面靠山，前面和左边临水。'而这次您却反而让我们背水布阵，还说什么'待打败赵军后再会餐'，我们当时都颇不信服，但是竟然取胜了，这是什么战术呢？"韩信说："这战术也是兵法上有的，只不过你们没有留意罢了！兵法上不是说'陷之死地而后生，置之亡地而后存'吗？况且我所率领的并不是平时训练有素的将士，这即是所谓的'驱赶着街市上的平民百姓去作战'，势必非把他们置于死地，使他们人人为各自的生存而战不可；倘若给他们留下活路，他们就会逃走了，那样一来，难道还能够用他们去冲锋陷阵吗？"将领们于是都心悦诚服地说："对啊！您的谋略的确非我们所能比呀！"

楚军屡次袭击截断汉军运粮的通道，使汉军中粮食短缺。汉王因此与郦食其谋划如何削弱楚国的实力。郦食其说："从前商汤讨伐夏桀，将夏桀王的后裔封在杞国；周武王讨伐商纣，将商纣王的子孙封在宋国。如今秦朝丧失德行、背弃道义，侵伐各诸侯国，灭掉各国后，使诸侯的后代生无立锥之地。陛下若真能重新扶立六国的后裔，当今六国的君臣、百姓都对陛下感恩戴德，无一不向往陛下的风范，仰慕陛下的仁义，都甘愿做陛下的臣民。如此德义已经施行，陛下即可面向南居帝位称霸天下，楚王也必定会整理衣冠，肃然起敬地前来朝拜了。"汉王说："好！赶快去刻制印玺，您就可带上它们出使各国了。"

郦食其尚未起程，张良从外面回来谒见汉王。汉王当时正在吃饭，说道："子房，你过来！宾客中有人为我策划了削弱楚国实力的办法。"随即把郦食其的话都告诉了张良，说："你看怎么样啊？"张良道："什么人为陛下谋划了这个计策？陛下统一天下的大事要完了！"汉王说："为什么呢？"张良答道："我请求借用您面前的筷子，来为您指画一下目前的形势：从前商汤、周武王之所以封立夏桀、商纣王的后裔，是因为估量到自己可以掌握住对他们的生死大权。而如今陛下能够决定项羽灭亡的命运吗？这是不可封六国国君后代的第一个理由。周武王进入殷商的都城，在里门表彰商纣王时的贤人商容的德行，释放了被囚禁的箕子，翻修比干的坟墓。而如今陛下能够这样做吗？这是不可封六国之后的第二个理由。周武王曾经发放商纣王钜桥粮仓的粮食，散播鹿台府库的金钱，以赈济贫苦百姓。如今陛下可以这么做吗？这是不可封六国之后的第三个理由。殷商灭亡后，周武王废弃战车，改作乘车，倒置兵器，以向天下人表示不再用兵。如今陛下能这样做吗？这是不可封六国之后的第四个理由。把战马放养在华山的南面，以显示让它们休息不再驱用。如今陛下可以这么做吗？这是不可封六国之后的第五个理由。将牛放牧到桃林的北面，以表示不再用它们运输粮草辎重。如今陛下能够这样做吗？这是不可封六国之后的第六个理由。天下远游的士子，所以要远离自己的父母兄弟，抛弃自己祖先的坟墓，离开自己的老友，跟随陛下辗转奔波，为的就是得到那日思夜想的一点点封地。倘若今天重新封立六国国君的后裔，使天下远游之士各自回去侍奉他们的君主，伴随他们的父母妻儿，返归他们旧友、祖坟所在的故土，那么陛下还依靠谁去夺取天下呢？这是不可封六国之后的第七个理由。况且当今只有楚国强大，尚无超过它的，假如复立的六国后代重又屈从楚国，那么陛下还怎么使他们臣服于汉呢？这是不可封六国之后的第八个理由。如若真的采用了那位宾客的计策，陛下统一天下的大事可不就完了吗？”汉王听了这番话后饭也不吃了，吐出口中的食物，骂道：“这个书呆子，几乎坏了我的大事！”立即下令，赶快销毁那些印玺。

汉王刘邦对陈平说：“天下纷扰混乱，到什么时候才能安定啊？”陈平说：“项王身边刚直不阿的臣子，如亚父范增、钟离昧、龙且、周殷之辈，也不过几个人罢了。大王您如果确能拿出几万斤黄金，施用反间计，离间楚国的君臣关系，使他们内心互相猜疑，而项羽的为人原就猜忌多疑，易听信谗言，这样一来，他们内部必然会自相残杀，我们即可乘机发兵去攻打他们，如此击败楚军是一定的啦。”汉王说：“对啊！”便取出黄金四万斤交给陈平，任凭他自行活动，不过问他使用的情况。陈平于是用许多黄金雇请间谍到楚军中去进行离间活动，扬言说：“各位将领如钟离昧等人为项王领兵打仗，功劳卓著，但是却终究不能分得一块土地而称王，因此他们便想与汉军联合起来，借此灭掉项氏，瓜分楚国的土地，各自称王。”项羽果然有所猜忌，不再信任钟离昧等人。

夏季，四月，楚军在荥阳围攻刘邦，形势紧急。刘邦向项羽请求议和，将荥阳西面的地区划归汉国。但范增却劝项羽火速攻打荥阳，汉王为此忧心忡忡。这时项羽派使者前往汉王处，陈平置备了丰富盛大的宴席，命人端去款待楚国的使者，一见到楚使，就假装惊诧地说："我还以为是亚父的使者呢，原来竟是项王的使者啊！"随即将酒菜又端了出去，改换粗劣的饭菜送给楚使食用。楚使回国后，即把这些情况汇报给了项羽，项羽果然又对范增大加猜疑。范增想要加紧攻下荥阳城，项羽不信任他，不肯听从他的意见。范增闻听项羽对他有怀疑，便怒气冲冲地说："天下事大体上已有定局了，您自己干吧，望能准许我辞职回家！"于是范增踏上了归途，还没有到达彭城时，就因背上毒疮发作死去了。

汉纪三

第十一卷

太祖高皇帝中五年（己亥，前202）

冬，十月，汉王追项羽至固陵，与齐王信、魏相国越期会击楚；信、越不至，楚击汉军，大破之。汉王复坚壁自守，谓张良曰："诸侯不从，奈何？"对曰："楚兵且破，二人未有分地，其不至固宜；君王能与共天下，可立致也。齐王信之立，非君王意，信亦不自坚；彭越本定梁地，始，君王以魏豹故拜越为相国；今豹死，越亦望王，而君王不早定。今能取睢阳以北至谷城皆以王彭越，从陈以东傅海与韩王信。信家在楚，其意欲复得故邑。能出捐此地以许两人，使各自为战，则楚易破也。"汉王从之。于是韩信、彭越皆引兵来。

十二月，项王至垓下，兵少，食尽，与汉战不胜，入壁；汉军及诸侯兵围之数重。项王夜闻汉军四面皆楚歌，乃大惊曰："汉皆已得楚乎？是何楚人之多也！"则夜起，饮帐中，悲歌慷慨，泣数行下；左右皆泣，莫能仰视。于是项王乘其骏马名骓，麾下壮士骑从者八百余人，直夜，溃围南出驰走。平明，汉军乃觉之，令骑将灌婴以五千骑追之。项王渡淮，骑能属者才百余人。至阴陵，迷失道，问一田父，田父绐曰"左"。左，乃陷大泽中，以故汉追及之。

项王乃复引兵而东，至东城，乃有二十八骑；汉骑追者数千人。项王自度不得脱，谓其骑曰："吾起兵至今，八岁矣；身七十余战，未尝败北，遂霸有天下。然今卒困于此，此天之亡我，非战之罪也！今日固决死，愿为诸君快战，必溃围，斩将，刈旗，三胜之，令诸君知天亡我，非战之罪也。"乃分其骑以为四队，四乡。汉军围之数重。项王谓其骑曰："吾为公取彼一将。"令四面骑驰下，期山东为三处。于是项王大呼驰下，汉军皆披靡，遂斩汉一将。是时，郎中骑杨喜追项王，项王瞋目而叱之，喜人马俱惊，辟易数里。项王与其骑会为三处，汉军不知项王所在，乃分军为三，复围之。项王乃驰，复斩汉一都尉，杀数十百人；复聚其骑，亡其两骑耳。乃谓其骑曰："何如？"骑皆伏曰："如大王言！"

于是项王欲东渡乌江，乌江亭长权船待，谓项王曰："江东虽小，地方千里，众数十万人，亦足王也。愿大王急渡！今独臣有船，汉军至，无以渡。"项王笑曰："天之亡我，我何渡为！且籍与江东子弟八千人渡江而西，今无一人还；纵江东父兄怜而王我，我何面目见之！纵彼不言，籍独不愧于心乎！"乃以所乘骓马赐亭长，令骑皆下马步行，持短兵接战。独籍所杀汉军数百人，身亦被十余创。顾见汉骑司马吕马童，曰："若非吾故人乎？"马童面之，指示中郎骑王翳曰："此项王也。"项王乃曰："吾闻汉购我头千金，邑万户；吾为若德。"乃自刎而死。王翳取其头；余骑相蹂践争项王，相杀者数十人；最其后，杨喜、吕马童及郎中吕胜、杨武各得其一体；五人共会其体，皆是，故分其户，封五人皆为列侯。

诸侯王皆上疏请尊汉王为皇帝。二月甲午，王即皇帝位于汜水之阳。更王后曰皇后，太子曰皇太子；追尊先媪曰昭灵夫人。

帝置酒洛阳南宫，上曰："彻侯、诸将毋敢隐朕，皆言其情。吾所以有天下者何？项氏之所以失天下者何？"高起、王陵对曰："陛下使人攻城略地，因以与之，与天下同其利；项羽不然，有功者害之，贤者疑之，此其所以失天下也。"上曰："公知其一，未知其二。夫运筹帷幄之中，决胜千里之外，吾不如子房；填国家，抚百姓，给饷馈，不绝粮道，吾不如萧何；连百万之众，战必胜，攻必取，吾不如韩信。三者皆人杰，吾能用之，此吾所以取天下者也。项羽有一范增而不能用，此所以为我禽也。"群臣说服。

汉高帝五年（己亥，公元前202年）

冬季，十月，汉王刘邦追击项羽到达固陵，与齐王韩信、魏国的相国彭越约定日期合击楚军。但是韩信、彭越的军队没有来，楚军攻打汉军，大败了汉军。刘邦于是重又坚固营垒加强防守，并对张良说："诸侯不遵守信约，怎么办啊？"张良答道："楚军即将被打败，而韩信、彭越二人没有分得确定的领地，因此他们不应约前来会合，原来是应当的。君王您如果能与他们一起共分天下，就可以立即把他们召来。齐王韩信的封立，并不是您的本意，韩信自己也不放心。彭越本来平定了梁地，当初您为了魏豹，封彭越为魏国相国。而今魏豹已死，彭越也想自己称王，但您却不早做决定。现在，您可以把从睢阳以北到谷城的地区都封给彭越，把从陈郡以东到沿海地区的区域划给韩信。韩信的家乡在楚地，他的意思也是想要重新得到自己故乡的土地。您如果能拿出以上地方许给他们两人，让他们各自为自己的利益而战，那么楚国就很容易攻破了。”汉王听从了这一建议。于是韩信、彭越都率军前来。

十二月，项羽到了垓下，兵少粮尽，与汉军交战未能取胜，便退入营垒固守。这时汉军和诸侯的军队将项羽的军营重重包围了起来。项羽在晚上听到汉军四面都唱起楚歌，就大惊道：“汉军已经全部得到楚国的土地了吗？为何楚人这么多呀？”便连夜起身，在帐中饮酒，慷慨悲歌，泪下数行，侍从人员见状也都纷纷哭泣，全不忍心抬头观看。项羽于是骑上他的名叫骓的骏马，部下的壮士骑马相随的有八百多人，当夜即突围往南奔驰。天大亮时，汉军才发觉，便命令骑将灌婴率五千名骑士追赶。项羽渡过淮河，相随的骑兵能跟得上他的才一百多人。到达阴陵后，项羽一行人迷了路，就向一个农夫问路，农夫骗他说“往左”。但是项羽等往左走，却陷进了大沼泽地中。汉军因此便追上了他们。

项羽于是又领兵向东奔走，到达东城，相随的只有二十八个骑兵了。而这时汉军骑兵追逐前来的有好几千人。项羽自己料想是不能脱身了，便对他的骑兵们说：“我从起兵到现在，已经八年了，身经七十多次战斗，不曾失败过，这才霸有了天下。但是今天终于被困在这里，这是上天要灭亡我啊，并不是我用兵有什么过错！今天定要一决生死，愿为你们痛快地打一仗，一定突破重围，斩杀敌将、砍倒汉旗，接连三次取胜，让你们知道是天要亡我，而不是我用兵的过错。”随即他把人马分为四队，向四个方向冲杀。但汉军已将他们重重包围。项羽便对他的骑兵们说：“看我为你们斩杀他一员将领！”就命令骑士们从四面奔驰而下，约定在山的东边分三处会合。接着项羽便大声呼喝着策马飞奔而下，汉军随即都溃败散乱，项羽就斩杀了一员汉将。这时，郎中骑杨喜追击项羽，项羽瞪着双眼厉声呵斥他，杨喜人马都受到惊吓，退避了好几里地。项羽便与他的骑兵们分三处相会合，汉军不知道项羽究竟在哪里，于是分兵三路，重又把他们包围了起来。项羽随即奔驰冲杀，又斩杀了汉军的一名都尉，杀掉了汉军百十来人，重新聚拢了他的骑兵，至此不过仅损失了两名骑士罢了。项羽就对他的骑兵们说：“怎么样啊？”骑兵们都敬服地说：“正像大王您所说的一样！”

这时项羽就想东渡乌江，乌江亭长把船停泊在岸边等着他，并对项羽说：“江东虽然狭小，土地方圆千里，民众几十万人，却也足够用以称王的了。望大王您火速渡江！现在只有我有船，汉军到来，无船渡江。”项羽笑着说：“上天要灭亡我，我还要渡江做什么呀！况且我与江东子弟八千人渡江西征，而今没有一个人归还，纵使江东父老怜爱我，仍然以我为王，但我又有什么脸面去见他们啊！即便他们不说什么，难道我就不感到心中有愧吗？”于是就把自己所骑的骏马骓送给了亭长，命令他的骑兵都下马步行，手持短兵器与汉军交战。仅项羽一人就杀死了汉军几百人，项羽自己也身受十多处伤。这时项羽回头看见了汉军骑司马吕马童，就说：“你不是我的老朋友吗？”吕马童背过脸，指给中郎骑王翳说：“这就是项王！”项羽便说道：“我听说汉王悬赏千金买我的头颅，分给万户的封地，我就留给你一些恩德吧！”即自刎而死。王翳随即取下项羽的头颅。其余的骑兵便相互践踏着争抢项羽的躯体，互为残杀的有几十个人。到了最后，杨喜、吕马童和郎中吕胜、杨武各夺得项羽的一部分肢体。五个人把项羽的肢体会合拼凑到一起，都对得上，因此便分割原来悬赏的万户封地，将五人都封为列侯。

诸侯王一致上疏，请求推尊汉王为皇帝。二月甲午（初三），汉王便在汜水北面登上帝位。改称王后为皇后，王太子为皇太子；追尊先母为昭灵夫人。

高帝刘邦在洛阳南宫举行酒宴，高帝说道：“各位列侯、各位将军，不要对朕隐瞒，都来说说这个道理：我之所以能取得天下的原因是什么？项羽之所以失掉天下的原因又是什么呀？”高起、王陵回答说：“陛下派人攻城略地，攻取了城邑、土地就分封给他，与大家同享利益；项羽却不是这样，他对有功的人嫉恨，对贤能的人猜疑，这就是他失去天下的原因。”高帝说：“你们是只知其一，不知其二啊。谈到运筹帷幄之中，决胜千里之外，我不如张良；镇守国家，安抚百姓，供给粮饷，保持运粮道路畅通无阻，我不如萧何；统率百万大军，战必胜，攻必克，我不如韩信。这三位都是人中英杰，而我能够任用他们，这就是我所以能取得天下的原因。项羽虽然有一个范增，却不能信任使用他，这便是项羽所以被我捕捉打败的原因了。”群臣都心悦诚服。

汉纪四

第十二卷

太祖高皇帝下十年（甲辰，前197）

定陶戚姬有宠于上，生赵王如意。上以太子仁弱，谓如意类己；虽封为赵王，常留之长安。上之关东，戚姬常从，日夜啼泣，欲立其子。吕后年长，常留守，益疏。上欲废太子而立赵王，大臣争之，皆莫能得。御史大夫周昌廷争之强，上问其说。昌为人吃，又盛怒，曰："臣口不能言，然臣期期知其不可！陛下欲废太子，臣期期不奉诏！"上欣然而笑。吕后侧耳于东厢听，既罢，见昌，为跪谢，曰："微君，太子几废。"

时赵王年十岁，上忧万岁之后不全也；符玺御史赵尧请为赵王置贵强相，及吕后、太子、群臣素所敬惮者。上曰："谁可者？"尧曰："御史大夫昌，其人也。"上乃以昌相赵，而以尧代昌为御史大夫。

初，上以阳夏侯陈豨为相国，监赵、代边兵；豨过辞淮阴侯。淮阴侯挈其手，辟左右，与之步于庭，仰天叹曰："子可与言乎？"豨曰："唯将军令之！"淮阴侯曰："公之所居，天下精兵处也；而公，陛下之信幸臣也。人言公之畔，陛下必不信；再至，陛下乃疑矣；三至，必怒而自将。吾为公从中起，天下可图也。"陈豨素知其能也，信之，曰："谨奉教！"

豨常慕魏无忌之养士，及为相守边，告归，过赵，宾客随之千余乘，邯郸官舍皆满。赵相周昌求入见上，具言豨宾客甚盛，擅兵于外数岁，恐有变。上令人覆案豨客居代者诸不法事，多连引豨。豨恐；韩王信因使王黄、曼丘臣等说诱之。

太上皇崩，上使人召豨，豨称病不至；九月，遂与王黄等反，自立为代王，劫略赵、代。上自东击之。至邯郸，喜曰："豨不据邯郸而阻漳水，吾知其无能为矣！"

周昌奏："常山二十五城，亡其二十城；请诛守、尉。"上曰："守、尉反乎？"对曰："不。"上曰："是力不足，亡罪。"

上令周昌选赵壮士可令将者，白见四人。上嫚骂曰："竖子能为将乎？"四人惭，皆伏地；上封各千户，以为将。左右谏曰："从入蜀、汉，伐楚，赏未遍行；今封此，何功？"上曰："非汝所知。陈豨反，赵、代地皆豨有。吾以羽檄征天下兵，未有至者，今计唯独邯郸中兵耳；吾何爱四千户，不以慰赵子弟！"皆曰："善！"

又闻豨将皆故贾人；上曰："吾知所以与之矣。"乃多以金购豨将，豨将多降。

十一年（乙巳，前196）

冬，上在邯郸。陈豨将侯敞将万余人游行，王黄将骑千余军曲逆，张春将卒万余人渡河攻聊城；汉将军郭蒙与齐将击，大破之。太尉周勃道太原入定代地，至马邑，不下，攻残之。赵利守东垣，帝攻拔之，更命曰真定。帝购王黄、曼丘臣以千金，其麾下皆生致之。于是陈豨军遂败。

淮阴侯信称病，不从击豨，阴使人至豨所，与通谋。信谋与家臣夜诈诏赦诸官徒、奴，欲发以袭吕后、太子；部署已定，待豨报。其舍人得罪于信，信囚，欲杀之。春，正月，舍人弟上变，告信欲反状于吕后。吕后欲召，恐其傥不就；乃与萧相国谋，诈令人从上所来，言豨已得，死，列侯、群臣皆贺。相国绐信曰："虽疾，强入贺。"信入，吕后使武士缚信，斩之长乐钟室。信方斩，曰："吾悔不用蒯彻之计，乃为儿女子所诈，岂非天哉！"遂夷信三族。

臣光曰：世或以韩信首建大策，与高祖起汉中，定三秦，遂分兵以北，禽魏，取代，仆赵，胁燕，东击齐而有之，南灭楚垓下，汉之所以得天下者，大抵皆信之功也。观其距蒯彻之说，迎高祖于陈，岂有反心哉！良由失职怏怏，遂陷悖逆。夫以卢绾里闬旧恩，犹南面王燕，信乃以列侯奉朝请；岂非高祖亦有负于信哉？臣以为高祖用诈谋禽信于陈，言负则有之；虽然，信亦有以取之也。始，汉与楚相距荥阳，信灭齐，不还报而自王；其后汉追楚至固陵，与信期共攻楚而信不至；当是之时，高祖固有取信之心矣，顾力不能耳，及天下已定，信复何恃哉！夫乘时以徼利者，市井之志也；酬功而报德者，士君子之心也。信以市井之志利其身，而以士君子之心望于人，不亦难哉！是故太史公论之曰："假令韩信学道谦让，不伐己功，不矜其能，则庶几哉！于汉家勋，可以比周、召、太公之徒，后世血食矣！不务出此，而天下已集，乃谋畔逆；夷灭宗族，不亦宜乎！"

汉高帝十年(甲辰,公元前 197 年)

定陶女子戚夫人受高帝宠爱,生下赵王刘如意。高帝因为太子为人仁慈懦弱,认为刘如意像自己,虽然封他为赵王,却把他长年留在长安。高帝出巡关东,戚夫人也常常随行,日夜在高帝面前哭泣,想要立如意为太子。而吕后因年老,常留守长安,与高帝愈发疏远。高帝便想废掉太子而立赵王为继承人,大臣们表示反对,都未能说服他。御史大夫周昌在朝廷上强硬地争执,高帝问他理由何在。周昌说话口吃,又在盛怒之下,急得只是说:"臣口不能言,但臣期期知道不能这样做,陛下要废太子,臣期期不奉命!"高帝欣然而笑。吕后在东厢房侧耳聆听,事过后,她召见周昌,向他跪谢说:"要不是您,太子几乎就废了。"

当时赵王刚十岁,高帝担心自己死后他难以保全;符玺御史赵尧于是建议为赵王配备一个地位高而又强有力,平时能让吕后、太子及群臣敬惮的相。高帝问:"谁合适呢?"赵尧说:"御史大夫周昌正是这样的人。"高帝便任命周昌为赵国的相,而令赵尧代替周昌为御史大夫。

起初,高帝任命阳夏侯陈豨为相国,监管赵国、代国边境部队。陈豨拜访淮阴侯韩信并向他辞行。淮阴侯握着他的手,屏退左右随从,与他在庭院中散步,忽然仰天叹息道:"有几句话,能和你说吗?"陈豨说:"只要是将军您的指示,我都听从。"韩信说:"你所处的地位,集中了天下精兵;而你,又是陛下信任的大臣。如果有人说你反叛,陛下肯定不信;然而再有人说,陛下就会起疑心;说第三次,陛下必定会愤怒地亲自率领大兵来攻打你。请让我为你做个内应,那么天下就可以谋取了。"陈豨平常便知道韩信的能力,相信他,于是说:"遵奉你的指教!"

陈豨常常羡慕当年魏国信陵君魏无忌养士的行为,及至他做相国驻守边境,告假回来时,经过赵国,跟随他的宾客乘坐的车有一千多辆,把邯郸城的官舍都住满了。赵相周昌见此情况请求入京进见高帝,详述陈豨门下宾客盛多,又专擅兵权在外数年,恐怕会有事变,等等。高帝令人再审查陈豨宾客在代国时的种种不法之事,很多牵连到陈豨。陈豨听说后十分恐慌,韩王信趁机派王黄、曼丘臣等人来劝诱他联成一伙儿。

太上皇驾崩时,高帝派人来召陈豨,陈豨称病不去;九月,他便与王黄等人公开反叛,自封为代王,率军劫掠赵国、代国。高帝领兵从东面进击,到达邯郸,高兴地说:"陈豨不占据邯郸而去扼守漳水,我知道他没多大能耐了!"

周昌奏报说:"常山郡二十五城,有二十城都失陷了,请处死郡守、郡尉。"高帝问:

“郡守、郡尉反叛了吗？”周昌回答：“没有。”高帝说：“这是他们力量不足，没有罪。”

高帝又令周昌选挑赵国壮士中可充当将领的，周昌报告说有四个人，并让他们来进见。高帝谩骂道：“你们这群小子能当将军吗？”四人大为惭愧，都伏在地上；高帝却真的赏赐各人以一千户的封邑，任用为将领。左右随从劝阻说：“跟随您进兵蜀、汉，征讨楚王的功臣都没有全部封赏；今天封他们，凭的什么功劳？”高帝说：“这就不是你们所能知道的了。陈豨造反，赵国、代国一带都被他占有。我用紧急军书征调天下军队，至今都还没有到来，现在估计能够调遣的只有邯郸城中这些士兵而已，我为什么还要吝惜那四个千户封邑，不用来抚慰赵国子弟呢？”属下都点头说：“好主意。”

高帝又听说陈豨的部将很多过去都是商人，便说：“我知道如何对付他们了。”下令多用黄金去收买陈豨部将，果然有大部分来降。

十一年（乙巳，公元前196年）

冬季，高帝在邯郸城。陈豨的部将侯敞率一万余人游动袭击，王黄率骑兵一千余人屯军曲逆，张春率一万余士卒渡过黄河进攻聊城；汉朝将军郭蒙与齐国将军迎击，大破陈军。太尉周勃取道太原去平定代地，兵抵马邑，久攻不下，攻下后便大行杀戮。赵利守东垣城，高帝亲自率军攻克，将地名改为真定。高帝又悬赏千金捉拿王黄、曼丘臣，结果其部下都将他们活捉送来，于是陈豨军队溃败。

淮阴侯韩信假称有病，不随从高帝去攻击陈豨，暗中却派人到陈豨那里，与他勾结谋划。韩信想在夜间与家臣用伪诏书赦免官府的有罪工匠及奴隶，打算发动他们去袭击吕后、太子。已经部署完毕，只等陈豨的消息。韩信有个门下舍人曾因得罪韩信，被囚禁起来，准备处死。春季，正月，舍人的弟弟上书举报事变，将韩信打算谋反的情况告诉吕后。吕后想把韩信召来，又担心他可能不服从，便与相国萧何商议，假装让人从高帝处来，说陈豨已经被擒，处死。列侯及群臣闻讯都到朝中祝贺。萧何又欺骗韩信说：“你虽然病了，也应当强挺着来道贺。”韩信来到朝廷，吕后便派武士将他捆绑起来，在长乐宫钟室里斩首。韩信在斩首之前，叹息说：“我真后悔没用蒯彻的计策，竟上了小孩子、妇人的当，这难道不是天意吗？”吕后随后下令将韩信三族都连坐杀死。

臣司马光曰：世人有的认为，韩信为汉高祖首先奠定开业大计，与他一同在汉中起事，平定三秦后，又分兵向北，擒获魏国，夺取代国，扑灭赵国，胁迫燕国，再向东攻击占领齐国，复向南在垓下消灭楚国，汉朝之所以能得到天下，大致都归功于韩信。再看他拒绝蒯彻的建议，在陈地迎接高祖，哪里有反叛之心呢？实在是因为失去诸侯王的权位后怏怏不快，才陷于大逆不道。卢绾仅仅有高祖里巷旧邻的交情，就被封为燕王，而韩信却以侯爵身份侍奉朝廷；高祖难道不也有亏待韩信的地方吗？我认为，汉高祖用诈骗手段在陈地抓获韩信，说他亏待是有的；不过，韩信也有咎由自取之处。当初，汉王与楚王在荥阳相持，韩信灭了齐国，不来奏报汉王却自立为王；其后，汉王追击楚王到固陵，与韩信约定共同进攻楚王，而韩信按兵不动；当时，高祖本已有诛杀韩信的念头了，只是力量还做不到罢了。待到天下已经平定，韩信还有什么可倚仗的呢？抓住机会去谋取利益，是市井小人的志向；建立大功以报答恩德，是有志操学问的君子的胸怀。韩信用市井小人的志向为自己谋取利益，而要求他人用君子的胸怀回报，不是太难了吗？所以，太史公司马迁评论说："假如让韩信学习君臣之道，谦虚礼让，不夸耀自己的功劳，不矜持自己的才能，情况大概就不同了！他对汉家的功勋，可以与周公、召公、太公吕尚等人相比，后代也就可以享有祭祀了！他不去这样做，反而在天下已定之时，图谋叛逆，被斩灭宗族，不是理所当然的吗？"

汉纪五

第十三卷

高皇后八年（辛酉，前180）

秋，七月，太后病甚，乃令赵王禄为上将军，居北军；吕王产居南军。太后诫产、禄曰："吕氏之王，大臣弗平。我即崩，帝年少，大臣恐为变。必据兵卫宫，慎毋送丧，为人所制！"辛巳，太后崩，遗诏：大赦天下，以吕王产为相国，以吕禄女为帝后。高后已葬，以左丞相审食其为帝太傅。

诸吕欲为乱，畏大臣绛、灌等，未敢发。朱虚侯以吕禄女为妇，故知其谋，乃阴令人告其兄齐王，欲令发兵西，朱虚侯、东牟侯为内应，以诛诸吕，立齐王为帝。齐王乃与其舅驷钧、郎中令祝午、中尉魏勃阴谋发兵。齐相召平弗听。八月，丙午，齐王欲使人诛相；相闻之，乃发卒卫王宫。魏勃绐召平曰："王欲发兵，非有汉虎符验也。而相君围王固善，勃请为君将兵卫王。"召平信之。勃既将兵，遂围相府，召平自杀。于是齐王以驷钧为相，魏勃为将军，祝午为内史，悉发国中兵。

相国吕产等闻之，乃遣颍阴侯灌婴将兵击之。灌婴至荥阳，谋曰："诸吕拥兵关中，欲危刘氏而自立。今我破齐还报，此益吕氏之资也。"乃留屯荥阳，使使谕齐王及诸侯与连和，以待吕氏变，共诛之。齐王闻之，乃还兵西界待约。

吕禄、吕产欲作乱，内惮绛侯、朱虚等，外畏齐、楚兵；又恐灌婴畔之，欲待灌婴兵与齐合而发，犹豫未决。

当是时，济川王太、淮阳王武、常山王朝及鲁王张偃皆年少，未之国，居长安；赵王禄、梁王产各将兵居南、北军；皆吕氏之人也。列侯群臣莫自坚其命。

太尉绛侯勃不得主兵。曲周侯郦商老病，其子寄与吕禄善。绛侯乃与丞相陈平谋，使人劫郦商，令其子寄往绐说吕禄曰：“高帝与吕后共定天下，刘氏所立九王，吕氏所立三王，皆大臣之议，事已布告诸侯，皆以为宜。今太后崩，帝少，而足下佩赵王印，不急之国守藩，乃为上将，将兵留此，为大臣诸侯所疑。足下何不归将印，以兵属太尉，请梁王归相国印，与大臣盟而之国。齐兵必罢，大臣得安，足下高枕而王千里，此万世之利也。”吕禄信然其计，欲以兵属太尉；使人报吕产及诸吕老人，或以为便，或曰不便，计犹豫未有所决。

吕禄信郦寄，时与出游猎，过其姑吕媭。媭大怒曰：“若为将而弃军，吕氏今无处矣！”乃悉出珠玉、宝器散堂下，曰：“毋为他人守也！”

九月，庚申旦，平阳侯窋行御史大夫事，见相国产计事。郎中令贾寿使从齐来，因数产曰：“王不早之国；今虽欲行，尚可得耶！”具以灌婴与齐、楚合从欲诛诸吕告产，且趣产急入宫。平阳侯颇闻其语，驰告丞相、太尉。

太尉欲入北军，不得入。襄平侯纪通尚符节，乃令持节矫内太尉北军。太尉复令郦寄与典客刘揭先说吕禄曰：“帝使太尉守北军，欲足下之国。急归将印，辞去！不然，祸且起。”吕禄以为郦况不欺己，遂解印属典客，而以兵授太尉。太尉至军，吕禄已去。太尉入军门，行令军中曰：“为吕氏右袒，为刘氏左袒！”军中皆左袒。太尉遂将北军；然尚有南军。丞相平乃召朱虚侯章佐太尉；太尉令朱虚侯监军门，令平阳侯告卫尉：“毋入相国产殿门！”

吕产不知吕禄已去北军，乃入未央宫，欲为乱。至殿门，弗得入，徘徊往来。平阳侯恐弗胜，驰语太尉。太尉尚恐不胜诸吕，未敢公言诛之，乃谓朱虚侯曰：“急入宫卫帝！”朱虚侯请卒，太尉予卒千余人。入未央宫门，见产廷中。日餔时，遂击产；产走。天风大起，以故其从官乱，莫敢斗；逐产，杀之郎中府吏厕中。朱虚侯已杀产，帝命谒者持节劳朱虚侯。朱虚侯欲夺其节，谒者不肯。朱虚侯则从与载，因节信驰走，斩长乐卫尉吕更始。还，驰入北军报太尉，太尉起拜贺。朱虚侯曰：“所患独吕产；今已诛，天下定矣！”遂遣人分部悉捕诸吕男女，无少长皆斩之。辛酉，捕斩吕禄而笞杀吕媭，使人诛燕王吕通而废鲁王张偃。戊辰，徙济川王王梁。遣朱虚侯章以诛诸吕事告齐王，令罢兵。

诸大臣相与阴谋曰：“少帝及梁、淮阳、恒山王，皆非真孝惠子也；吕后以计诈名他人子，杀其母养后宫，令孝惠子之，立以为后及诸王，以强吕氏。今皆已夷灭诸吕，而所立即长，用事，吾属无类矣！不如视诸王最贤者立之。”或言：“齐王，高帝长孙，可立也。”大臣皆曰：“吕氏以外家恶而几危宗庙，乱功臣。今齐王舅驷钧，虎而冠；即立齐王，复为吕氏矣。代王方今高帝见子最长，仁孝宽厚；太后家薄氏谨良。且立长固顺，况以仁孝闻天下乎！”乃相与共阴使人召代王。

太宗孝文皇帝上元年（壬戌，前179）

陈平谢病；上问之，平曰：“高祖时，勃功不如臣，及诛诸吕，臣功亦不如勃；愿以右丞相让勃。”十一月，辛巳，上徙平为左丞相，太尉勃为右丞相，大将军灌婴为太尉。诸吕所夺齐、楚故地，皆复与之。

帝益明习国家事。朝而问右丞相勃曰：“天下一岁决狱几何？”勃谢不知；又问：“一岁钱谷入几何？”勃又谢不知；惶愧，汗出沾背。上问左丞相平。平曰：“有主者。”上曰：“主者谓谁？”曰：“陛下即问决狱，责廷尉；问钱谷，责治粟内史。”上曰：“苟各有主者，而君所主者何事也？”平谢曰：“陛下不知其驽下，使待罪宰相。宰相者，上佐天子，理阴阳，顺四时；下遂万物之宜；外镇抚四夷诸侯；内亲附百姓，使卿大夫各得任其职焉。”帝乃称善。右丞相大惭，出而让陈平曰：“君独不素教我对！”陈平笑曰：“君居其位，不知其任邪？且陛下即问长安中盗贼数，君欲强对邪？”于是绛侯自知其不如平远矣。居顷之，人或说勃曰：“君既诛诸吕，立代王，威震天下。而君受厚赏，处尊位，久之，即祸及身矣。”勃亦自危，乃谢病，请归相印，上许之。秋，八月，辛未，右丞相勃免，左丞相平专为丞相。

汉高后八年（辛酉，公元前180年）

秋季，七月，太后病重，于是下令任命赵王吕禄为上将军，统领北军；吕王吕产统领南军。太后告诫吕产、吕禄说：“封立吕氏为王，大臣心中多不服。我就要去世，皇帝年幼，恐怕大臣们乘机向吕氏发难。你们务必要统率禁军，严守宫廷，千万不要为送丧而轻离重地，以免被人所制！”辛巳（三十日），太后去世，留下遗诏：大赦天下，命吕王吕产为相国，以吕禄之女为皇后。高后丧事处理完毕，朝廷改任左丞相审食其为皇帝太傅。

诸吕打算作乱，因惧怕大臣周勃、灌婴等人，未敢贸然行事。朱虚侯刘章娶吕禄之女为妻，所以得知吕氏的阴谋，就暗中派人告知其兄齐王刘襄，让齐王统兵西征，朱虚侯、东牟侯为他做内应，图谋诛除吕氏，立齐王为皇帝。齐王就与他舅父驷钧、郎中令祝午、中尉魏勃暗中密谋发兵。齐相召平反对举兵。八月，丙午（二十六日），齐王准备派人杀国相召平；召平得知，就发兵包围了王宫。魏勃欺骗召平说："齐王没有汉朝廷的发兵虎符，就要发兵，这是违法的。您发兵包围了齐王本是对的，我请求为您带兵入宫软禁齐王。"召平信以为真，让魏勃指挥军队。魏勃掌握兵权之后，就命令包围相府，召平自杀。于是，齐王命驷钧为相，魏勃为将军，祝午为内史，征发齐国的全部兵员。

相国吕产等人闻讯齐王举兵，就派颍阴侯灌婴统兵征伐。灌婴率军行至荥阳，与其部下计议说："吕氏在关中手握重兵，图谋篡夺刘氏天下，自立为帝。如果我们现在打败齐军，回报朝廷，这就增强了吕氏的力量。"于是，灌婴就在荥阳屯兵据守，并派人告知齐王和诸侯，约定互相联合，静待吕氏发起变乱，即一同诛灭吕氏。齐王得知此意，就退兵到齐国的西部边界，待机而动。

吕禄、吕产想发起变乱，但内惧朝中绛侯周勃、朱虚侯刘章等人，外怕齐国和楚国等宗室诸王的重兵，又恐手握军权的灌婴背叛吕氏，打算等灌婴所率汉兵与齐军交战之后再动手，所以犹豫未决。

此时，济川王刘太、淮阳王刘武、常山王刘朝及鲁王张偃，都年幼，没有就职于封地，居住于长安；赵王吕禄、梁王吕产分别统率南军和北军，都是吕氏一党。列侯群臣没有人能自保安全。

太尉绛侯周勃手中没有军权。曲周侯郦商年老有病，其子郦寄与吕禄交好。绛侯就与丞相陈平商定一个计策，派人劫持了郦商，让他儿子郦寄去欺骗吕禄说："高帝与吕后共同安定天下，立刘氏九人为诸侯王，立吕氏三人为诸侯王，都是经过朝廷大臣议定的，并已向天下诸侯公开宣布，诸侯都认为理应如此。现在太后驾崩，皇帝年幼，您身佩赵王大印，不立即返回封国镇守，却出任上将，率兵留在京师，必然会受到大臣和诸侯王的猜忌。您为何不交出将印，把军权还给太尉，请梁王归还相国大印给朝廷，您二人与朝廷大臣盟誓后各归封国？这样，齐兵必会撤走，大臣也得以心安，您高枕无忧地去做方圆千里的一国之王，这是造福于子孙万代的事。"吕禄相信了郦寄的计谋，想把军队交给太尉统率；派人把这个打算告知吕产及吕氏长辈，有人同意，有人反对，计策犹豫未决。

吕禄信任郦寄，经常与他结伴外出游猎，途中曾前往拜见其姑母吕媭。吕媭大怒说："你身为上将而轻易地离军游猎，吕氏如今将无处容身了！"吕媭把家中的珠玉、宝器全拿出来，抛撒到堂下，说："不要为别人珍藏这些东西了！"

九月，庚申（初十）清晨，行使御史大夫职权的平阳侯曹窋，前来与相国吕产议事。郎中令贾寿出使齐国返回，批评吕产说："大王不早些去封国，现在即便是想去，还来得及吗？"贾寿把灌婴已与齐、楚两国联合欲诛灭吕氏的事告诉了吕产，并且催吕产迅速入据皇宫，设法自保。平阳侯曹窋听到了贾寿的话，快马加鞭，赶来向丞相和太尉报告。

太尉想进入北军营垒，但被阻止不得入内。襄平侯纪通负责典掌皇帝符节，太尉便命令他持节，伪称奉皇帝之命允许太尉进入北军营垒。太尉又命令郦寄和典客刘揭先去劝说吕禄："皇帝指派太尉代行北军指挥职务，要您前去封国。立即交出将印，告辞赴国！否则，将有祸事发生！"吕禄认为郦寄不会欺骗自己，就解下将军印绶交给典客刘揭，而把北军交给太尉指挥。太尉进入北军时，吕禄已经离去。太尉进入军门，下令军中说："拥护吕氏的袒露右臂膀，拥护刘氏的袒露左臂膀！"军中将士全都袒露左臂膀。太尉就这样取得了北军的指挥权。但是，还有南军未被控制。丞相陈平召来朱虚侯刘章辅佐太尉。太尉令朱虚侯监守军门，又令平阳侯曹窋告诉统率宫门禁卫军的卫尉说："不许相国吕产进入殿门！"

吕产不知吕禄已离开北军，进入未央宫，准备作乱。吕产来到殿门前，无法入内，在殿门外徘徊往来。平阳侯恐怕难以制止吕产入宫，策马告知太尉。太尉还怕未必能战胜诸吕，没敢公开宣称诛除吕氏，就对朱虚侯说："立即入宫保护皇帝！"朱虚侯请求派兵同往，太尉拨给他一千多士兵。朱虚侯进入未央宫门，见到吕产正站立在廷中。时近傍晚，朱虚侯立即率兵向吕产冲击，吕产逃走。天空狂风大作，因此吕产所带党羽亲信慌乱，都不敢接战搏斗；朱虚侯等人追逐吕产，在郎中府的厕所中将吕产杀死。朱虚侯已杀吕产，皇帝派谒者持皇帝之节前来慰劳朱虚侯。朱虚侯要夺皇帝之节，谒者不放手，朱虚侯就与持节的谒者共乘一车，凭着皇帝之节，驱车疾驰，斩长乐卫尉吕更始。事毕返回，驰入北军，报知太尉。太尉起立向朱虚侯拜贺说："最令人担忧的就是吕产。现在吕产被杀，天下已定！"于是，太尉派人分头逮捕所有吕氏男女，不论老小一律处斩。辛酉（十一日），捕斩吕禄，将吕媭乱棒打死，派人杀燕王吕通，废除鲁王张偃。戊辰（十八日），改封济川王刘太为梁王，派朱虚侯刘章去告知齐王，吕氏已被诛灭，令齐罢兵。

诸位大臣暗地共同商量说："少帝和梁王、淮阳王、恒山王，都不真是孝惠帝的儿子，当年吕后设计取他人的儿子，杀死他们的生母，把他们收养在后宫中，令孝惠帝认作儿子，立为继承人和诸侯王，用来加强吕氏的力量。现在，吕氏已被灭族，但吕氏所立的人，很快就要长大，等他们掌握实权，我们恐怕都要被灭族！不如从诸侯王中另选最贤者立为皇帝。”有人说：“齐王，是高帝的长孙，可立他为帝。”大臣们都说：“吕氏正因为外戚强横，几乎危及皇帝宗庙，摧残功臣，现在齐王的舅舅驷钧，为人暴恶，好像戴着冠帽的老虎，假若立齐王为帝，驷钧一族就会成为第二个吕氏。代王是高帝在世诸子中年龄最大的一位，为人仁孝宽厚，太后薄氏一家谨慎温良。立年长的本来就名正言顺，更何况代王又以仁孝而闻名于天下。”于是，大臣们共同议定拥立代王为帝，并暗地派人召代王入京。

汉文帝元年（壬戌，公元前 179 年）

丞相陈平因病请求辞职，汉文帝询问原因，陈平说：“高祖开国时，周勃的功劳不如我大，在诛除诸吕的事件中，我的功劳不如周勃；我请求将右丞相的职务让给周勃担任。”十一月，辛巳（初八），文帝将陈平调任为左丞相，任命太尉周勃为右丞相，大将军灌婴为太尉。文帝还下令，把吕后当政时割夺齐、楚两国封立诸吕的封地，全部归还给齐国和楚国。

文帝越来越明习国家政事。朝会时，文帝问右丞相周勃说：“全国一年内判决多少案件？”周勃谢罪说不知道；文帝又问：“一年内全国钱谷收入有多少？”周勃又谢罪说不知道；紧张和惭愧之下，周勃汗流浃背。文帝又问左丞相陈平。陈平说：“有专门主管这些事务的官员。”文帝问：“由谁主管？”陈平回答：“陛下如果要了解诉讼刑案，应该责问廷尉；如果要了解钱谷收支，应该责问治粟内史。”文帝说：“假若各事都有主管官吏，那么您是负责什么事情的呢？”陈平谢罪说：“陛下由于不知道我的平庸低能，任命我为宰相。宰相的职责，对上辅佐天子，理通阴阳，顺应四季变化；对下使万物各得其所；对外安抚四夷和诸侯，对内使百姓归附，使卿大夫各自得到能发挥其专长的职务。”文帝这才赞好。右丞相周勃极为惭愧，退朝之后责备陈平说：“就是您平素不教我如何回答！”陈平笑着说：“您身为宰相，却不知宰相的职责是什么吗？况且，如果陛下问长安城中有多少盗贼，您能勉强回答吗？”由此，绛侯周勃自知能力比陈平差得很远。过了一段时间，有人劝周勃说：“您诛灭吕氏，扶立代王为帝，威名震动天下。现在您接受朝廷厚赏，担任职位尊崇的右相，时间一长，将要大祸临头了。”周勃也为自己担忧，就自称有病，请求辞去丞相职务，文帝批准了他的请求。秋季，八月，辛未（二十日），文帝罢免了右丞相周勃，左丞相陈平一人担任丞相。

汉纪六

第十四卷

太宗孝文皇帝中前三年（甲子，前177）

初，南阳张释之为骑郎，十年不得调，欲免归。袁盎知其贤而荐之，为谒者仆射。

释之从行，登虎圈，上问上林尉诸禽兽簿。十余问，尉左右视，尽不能对。虎圈啬夫从旁代尉对。上所问禽兽簿甚悉，欲以观其能；口对响应，无穷者。帝曰："吏不当若是邪！尉无赖！"乃诏释之拜啬夫为上林令。释之久之前，曰："陛下以绛侯周勃何如人也？"上曰："长者也。"又复问："东阳侯张相如何如人也？"上复曰："长者。"释之曰："夫绛侯、东阳侯称为长者，此两人言事曾不能出口，岂效此啬夫喋喋利口捷给哉！且秦以任刀笔之吏，争以亟疾苛察相高。其敝，徒文具而无实，不闻其过，陵迟至于土崩。今陛下以啬夫口辨而超迁之，臣恐天下随风而靡，争为口辨而无其实。夫下之化上，疾于景响，举错不可不审也。"帝曰："善！"乃不拜啬夫。上就车，诏释之参乘。徐行，问释之秦之敝，具以质言。至宫，上拜释之为公车令。

顷之，太子与梁王共车入朝，不下司马门。于是释之追止太子、梁王，无得入殿门，遂劾"不下公门，不敬"，奏之。薄太后闻之；帝免冠，谢教儿子不谨。薄太后乃使使承诏赦太子、梁王，然后得入。帝由是奇释之，拜为中大夫；顷之，至中郎将。

从行至霸陵，上谓群臣曰："嗟乎！以北山石为椁，用纻絮斫陈漆其间，岂可动哉！"左右皆曰："善！"释之曰："使其中有可欲者，虽锢南山犹有隙；使其中无可欲者，虽无石椁，又何戚焉！"帝称善。

是岁，释之为廷尉。上行出中渭桥，有一人从桥下走，乘舆马惊，于是使骑捕之，属廷尉。释之奏当："此人犯跸，当罚金。"上怒曰："此人亲惊吾马；马赖和柔，令他马，固不败伤我乎！而廷尉乃当之罚金！"释之曰："法者，天下公共也。今法如是；

更重之，是法不信于民也。且方其时，上使使诛之则已。今已下廷尉；廷尉，天下之平也，壹倾，天下用法皆为之轻重，民安所错其手足！唯陛下察之！”上良久曰：“廷尉当是也。”

其后人有盗高庙坐前玉环，得；帝怒，下廷尉治。释之按“盗宗庙服御物者”为奏当弃市。上大怒曰：“人无道，乃盗先帝器！吾属廷尉者，欲致之族；而君以法奏之，非吾所以共承宗庙意也。”释之免冠顿首谢曰：“法如是，足也。且罪等，然以逆顺为差。今盗宗庙器而族之，有如万分一，假令愚民取长陵一抔土，陛下且何以加其法乎？”帝乃白太后许之。

汉文帝前三年（甲子，公元前177年）

当初，南阳人张释之当骑郎，历时十年未得升迁，曾打算辞官返归故里。袁盎知道张释之是个有德才的人，就向文帝推荐他，升为谒者仆射。

张释之跟随文帝，来到禁苑中养虎的虎圈，文帝向上林尉询问禁苑中所饲养的各种禽兽的登记数目，先后问了十多种，上林尉仓惶失措，左右观望，全都答不上来。站立于一旁的虎圈啬夫代上林尉回答了文帝的提问。文帝十分详细地询问禽兽登记的情况，想考察虎圈啬夫的才能；虎圈啬夫随问随答，没有一个问题被难倒。文帝说：“官吏难道不应像这样吗！上林尉不可信赖。”于是，文帝诏令张释之去任命啬夫为管理禁苑的上林令。张释之停了许久，走近文帝说：“陛下以为绛侯周勃是什么样的人呢？”文帝回答说：“他是长者。”张释之又问：“东阳侯张相如是什么样的人呢？”文帝答：“长者。”张释之说：“绛侯周勃、东阳侯张相如被称作长者，他们两人在论事时尚且有话说不出口，哪能效法这个啬夫的多言善辩呢！秦王朝重用刀笔之吏，官场之上争着用敏捷苛察比较高低，它的害处是空有其表而无实际的内容，皇帝听不到对朝政过失的批评，却使国家走上土崩瓦解的末路。现在陛下因啬夫善于辞令而破格升官，我只怕天下人争相效仿，都去练习口辩之术而无真才实能。在下位的受到在上位的感化，比影随景，响应声还快。君主的举动不可不审慎啊！”文帝说：“您说得好啊！”于是不给啬夫升官。文帝上车返回皇宫，令张释之为陪乘。一路上缓缓而行，文帝询问秦朝政治的弊端，张释之都给以回答。车驾返抵宫中，文帝任命张释之为公车令。

时隔不久，太子与梁王共乘一车入朝，经过司马门，二人也未曾下车示敬。于是，张释之追上太子和梁王，禁止他们二人进入殿门，并马上劾奏太子和梁王“经公门不下车，为不敬”。薄太后也得知此事，文帝为此向太后免冠赔礼，承认自己教子不严的过错。薄太后于是派专使传诏赦免太子和梁王，二人才得以进入殿门。由此，文帝更惊奇和赏识张释之的胆识，升他为中大夫；不久，任命他为中郎将。

张释之随从文帝巡视霸陵，文帝对群臣说：“哎呀！我的陵墓用北山岩石做外，把麻絮切碎填充在间隙中，再用漆将它们黏合为一体，如此坚固，难道有谁能打得开吗？”左右近侍都说：“对！”唯独张释之说：“假若里面有能勾起人们贪欲的珍宝，即便熔化金属把整个南山封起来，也会有间隙；假若里面没有珍宝，即便是没有石椁，又有什么可忧虑的啊？”文帝称赞他说得好。

这一年，张释之被任命为廷尉。文帝出行经过中渭桥，有一人从桥下跑出，惊动了为皇帝驾车的马匹；于是，文帝令骑士追捕，并将他送交廷尉治罪。张释之奏报处置意见：“此人违反了清道戒严的规定，应当罚金。”文帝发怒说：“此人直接惊了我乘舆的马，仗着这马脾性温和，假若是其他马，能不伤害我吗？可廷尉却判他罚金！”张释之解释说：“法，是天下公共的。这一案件依据现在的法律就是这样定罪；加罪重判，法律就不能取信于民众。况且，在他惊动马匹之际，如果皇上派人将他杀死，也就算了。现在已把他交给廷尉，廷尉是天下公平的典范，稍有倾斜，天下用法就可轻可重，没有标准了，百姓还怎样安放自己的手脚呢？请陛下深思。”文帝思虑半晌，说：“廷尉的判决是对的。”

其后，有人偷盗高祖庙中神位前的玉环而被捕，汉文帝大怒，交给廷尉治罪。张释之奏报判案意见：按照“偷盗宗庙服御器物”的律条，案犯应当在街市公开斩首。汉文帝大怒说：“此人大逆不道，竟敢盗先帝器物！我将他交给廷尉审判，是想将他诛灭全族；而你却依法判他死罪，这是违背我恭奉宗庙的本意的。”张释之见皇帝震怒，免冠顿首谢罪说：“依法这样判，已经满够了。况且，同样的罪名，还应该根据情节逆顺程度区别轻重。今天此人以偷盗宗庙器物之罪被灭族，若万一有愚昧无知之辈，从高祖的长陵上取了一捧土，陛下将怎样给他加以更重的惩罚呢？”于是，文帝向太后说明情况，批准了张释之的判刑意见。

汉纪七

第十五卷

太宗孝文皇帝下前十四年（乙亥，前166）

上辇过郎署，问郎署长冯唐曰："父家何在？"对曰："臣大父赵人，父徙代。"上曰："吾居代时，吾尚食监高祛数为我言赵将李齐之贤，战于钜鹿下。今吾每饭意未尝不在钜鹿也。父知之乎？"唐对曰："尚不如廉颇、李牧之为将也。"上搏髀曰："嗟乎，吾独不得廉颇、李牧为将！吾岂忧匈奴哉！"唐曰："陛下虽得廉颇、李牧，弗能用也。"

上怒，起，入禁中，良久，召唐，让曰："公奈何众辱我，独无间处乎！"唐谢曰："鄙人不知忌讳。"上方以胡寇为意，乃卒复问唐曰："公何以知吾不能用廉颇、李牧也？"唐对曰："臣闻上古王者之遣将也，跪而推毂，曰：'阃以内者，寡人制之；阃以外者，将军制之。'军功爵赏皆决于外，归而奏之，此非虚言也。臣大父言，李牧为赵将，居边，军市之租，皆自用飨士；赏赐决于外，不从中覆也。委任而责成功，故李牧乃得尽其智能；选车千三百乘，彀骑万三千，百金之士十万，是以北逐单于，破东胡，灭澹林，西抑强秦，南支韩、魏。当是之时，赵几霸。其后会赵王迁立，用郭开谗，卒诛李牧，令颜聚代之，是以兵破士北，为秦所禽灭。今臣窃闻魏尚为云中守，其军市租尽以飨士卒，私养钱五日一椎牛，自飨宾客、军吏、舍人，是以匈奴远避，不近云中之塞。虏曾一入，尚率车骑击之，所杀甚众。夫士卒尽家人子，起田中从军，安知尺籍、伍符！终日力战，斩首捕虏，上功幕府，一言不相应，文吏以法绳之，其赏不行；而吏奉法必用。臣愚以为陛下赏太轻，罚太重。且云中守魏尚坐上功首虏差六级，陛下下之吏，削其爵，罚作之。由此言之，陛下虽得廉颇、李牧，弗能用也！"上说。是日，令唐持节赦魏尚，复以为云中守，而拜唐为车骑都尉。

六年（癸未，前158）

冬，匈奴三万骑入上郡，三万骑入云中，所杀略甚众，烽火通于甘泉、长安。以中大夫令免为车骑将军，屯飞狐；故楚相苏意为将军，屯句注；将军张武屯北地；河内太守周亚夫为将军，次细柳；宗正刘礼为将军，次霸上；祝兹侯徐厉为将军，次棘门；以备胡。上自劳军，至霸上及棘门军，直驰入，将以下骑送迎。已而之细柳军，军士吏被甲，锐兵刃，彀弓弩持满，天子先驱至，不得入。先驱曰："天子且至！"军门都尉曰："将军令曰：'军中闻将军令，不闻天子之诏。'"居无何，上至，又不得入。于是上乃使使持节诏将军："吾欲入营劳军。"亚夫乃传言："开壁门。"壁门士请车骑曰："将军约：军中不得驰驱。"于是天子乃按辔徐行。至营，将军亚夫持兵揖曰："介胄之士不拜，请以军礼见。"天子为动，改容，式车，使人称谢："皇帝敬劳将军。"成礼而去。既出军门，群臣皆惊。上曰："嗟乎，此真将军矣！曩者霸上、棘门军若儿戏耳，其将固可袭而虏也。至于亚夫，可得而犯耶！"称善者久之。月余，汉兵至边，匈奴亦远塞，汉兵亦罢。乃拜周亚夫为中尉。

汉文帝前十四年（乙亥，公元前166年）

文帝乘辇车经过中郎的官府，问郎署长冯唐说："您老人家原籍是何处？"冯唐回答说："我的祖父是赵国人，父亲迁居代国。"文帝说："我在代国时，我的尚食监高祛多次对我称赞当年赵国将军李齐的贤能，讲述他与秦兵大战于钜鹿城下的事情。现在，我每次吃饭，心思没有不在钜鹿的时候。老人家您知道吗？"冯唐回答说："李齐还不如廉颇、李牧为将带兵的本领大。"文帝拍着大腿说："唉！我偏偏得不到廉颇、李牧那样的人做将军！有了这样的将军，我难道还担忧匈奴的入侵吗？"冯唐说："陛下即使得到了廉颇、李牧，也不能任用他们。"

文帝大怒，起身返回宫中，过了许久，召见冯唐，责备他说："您为什么要当众侮辱我，难道没有适当的机会吗？"冯唐谢罪说："我是个乡鄙之人，不懂得忌讳。"文帝正在担忧匈奴的入侵问题，于是再问冯唐说："您怎么知道我不能任用廉颇和李牧呢？"冯唐回答说："我听说上古明君派遣将军出征时，跪着推将军的车辆前行，而且说：'国门之内的事，由我来决定；国门以外的事情，请将军裁决。'一切军功、封爵、奖赏的事都由将军在外面决定，回国后再奏报君主。这并不是虚假的传言。我的祖父说：李牧为赵国将军，驻守边境时，把从军中交易市场上收得的税收，都自行用于犒劳将士；赏赐都由将军在外决定，不必向朝廷请示批准。对他委以重任而责令成功，所以李牧才能充分发挥他的聪明才干；他率领着精选出来的一千三百辆战车、一万三千名善于骑射的骑兵，十万训练有素的将士，所以能够在北方驱逐匈奴，击败东胡，消灭澹林，在西方抑制了强大的秦国，在南方抵御了韩国和魏国。在那个时候，赵国几乎成为一个霸主之国。后来，恰逢赵王赵迁继位，他听信郭开的谗言，终于诛杀李牧，命令颜聚代替李牧而统兵。正因为如此，赵国军队溃败，将士逃散，被秦军消灭。现在我私下听说魏尚担任云中郡郡守时，把军中交易市场所得的税收全都用来犒劳士卒，还用自己的官俸钱，每五天宰杀一头牛，自己宴请宾客、军吏和幕僚属官，因此，匈奴远避，不敢接近云中边塞。匈奴曾经入侵云中郡一次，魏尚率领车骑部队出击，杀了很多匈奴人。那些士兵都是平民百姓的子弟，从田间出来参军从征，怎能知道'尺籍''伍符'之类的军令军规？整日拼死战斗，斩敌首级，捕获俘虏，在向幕府呈报战果军功时，只要一个字有出入，那些舞文弄墨的官员，就引用军法来惩治他们，他们应得到的赏赐就被取消了；而那些官吏所奉行的法令却必须执行。我认为陛下的赏赐太轻，而惩罚却太重。而且云中郡郡守魏尚因为上报斩杀敌军首级的数量差了六个，陛下就把他交给官吏治罪，削去他的爵位，判罚他做一年的刑徒。由此说来，陛下即使得到廉颇、李牧，也不能任用啊！”文帝高兴地接受了冯唐的批评。当天，他就令冯唐持皇帝符节去赦免魏尚，重新任命魏尚做云中郡郡守，并任命冯唐为车骑都尉。

后六年（癸未，公元前 158 年）

冬季，匈奴三万骑兵入侵上郡，三万骑兵入侵云中郡，杀害和掳掠了很多军民，报警的烽火一直传到甘泉和长安城。朝廷任命中大夫令免为车骑将军，率军屯守飞狐；任命原楚相苏意为将军，守句注；命将军张武屯守北地郡；命河内郡守周亚夫为将军，驻扎细柳；命宗正刘礼为将军，驻扎霸上；命祝兹侯徐厉为将军，驻扎棘门，以防备匈奴。文帝亲自犒劳军队，到达驻扎霸上和棘门的军营时，文帝一行人直接驰马进入营垒，将军和他的部属都骑着马迎送文帝出入。接着文帝到达细柳的军营，只见将士们身披铠甲，手执锋利的武器，张满弓弩。文帝的先导队伍到达，不能进入军营。先导说：“天子马上就到了！”把守军门的都尉说：“将军命令说：‘军中只听将军的号令，不听天子的诏令。’”过了一会儿，文帝来到，也不能进入军营。于是文帝便派使者持节诏告将军："朕想进入军营慰劳军队。"周亚夫才传达军令说："打开军营大门。"守卫军营大门的军官向皇帝的车马随从说："将军有规定：在军营内不许策马奔跑。"文帝一行人便拉着马缰绳缓慢地前进。来到军营中，周亚夫手持兵器对着文帝拱手作揖说："身上穿着盔甲的武士不能下拜，请允许我以军礼参见陛下。"文帝被打动了，面容变得庄重肃穆，手扶车前的横木，向军营将士致意，并派人向周亚夫表示谢意，说："皇帝恭敬地慰劳将军。"完成了劳军的仪式后离去。走出营门，群臣都表示惊讶。文帝说："唉！周亚夫才是真正的将军呢！前面所经过的霸上和棘门的军队，如同儿戏罢了，那些将军很容易受到袭击而被人俘虏。至于周亚夫，谁能冒犯他呢？"文帝对周亚夫称赞了很久。过了一个多月，汉军到达边境，匈奴远远地离开了边界，汉军也就撤回来了。于是，文帝任命周亚夫为中尉。

汉纪八

第十六卷

孝景皇帝下前三年（丁亥，前154）

初，孝文时，吴太子入见，得侍皇太子饮、博。吴太子博争道，不恭；皇太子引博局提吴太子，杀之。遣其丧归葬，至吴，吴王愠曰："天下同宗，死长安即葬长安，何必来葬为！"复遣丧之长安葬。吴王由此稍失藩臣之礼，称疾不朝。京师知其以子故，系治、验问吴使者；吴王恐，始有反谋。后使人为秋请，文帝复问之，使者对曰："王实不病；汉系治使者数辈，吴王恐，以故遂称病。夫'察见渊中鱼不祥'；唯上弃前过，与之更始。"于是文帝乃赦吴使者，归之，而赐吴王几杖，老，不朝。吴得释其罪，谋亦益解。然其居国，以铜、盐故，百姓无赋；卒践更，辄予平贾；岁时存问茂材，赏赐闾里；他郡国吏欲来捕亡人者，公共禁弗予。如此者四十余年。

晁错数上书言吴过，可削；文帝宽，不忍罚，以此吴日益横。及帝即位，错说上曰："昔高帝初定天下，昆弟少，诸子弱，大封同姓，齐七十余城，楚四十余城，吴五十余城；封三庶孽，分天下半。今吴王前有太子之郤，诈称病不朝，于古法当诛。文帝弗忍，因赐几杖，德至厚，当改过自新；反益骄溢，即山铸钱，煮海水为盐，诱天下亡人谋作乱。今削之亦反，不削亦反。削之，其反亟，祸小；不削，反迟，祸大。"上令公卿、列侯、宗室杂议，莫敢难；独窦婴争之，由此与错有郤。及楚王戊来朝，错因言："戊往年为薄太后服，私奸服舍，请诛之。"诏赦，削东海郡。及前年，赵王有罪，削其常山郡；胶西王印以卖爵事有奸，削其六县。

廷臣方议削吴。吴王恐削地无已，因发谋举事；念诸侯无足与计者，闻胶西王勇，好兵，诸侯皆畏惮之，于是使中大夫应高口说胶西王曰："今者，主上任用邪臣，听信谗贼，侵削诸侯，诛罚良重，日以益甚。语有之曰：'狧糠及米。'吴与胶西，知名诸侯也，一时见察，不得安肆矣。吴王身有内疾，不能朝请二十余年，常患见疑，无以自白，胁肩累足，犹惧不见释。窃闻大王以爵事有过。所闻诸侯削地，罪不至此；此恐不止削地而已！”王曰：“有之。子将奈何？”高曰：“吴王自以为与大王同忧，愿因时循理，弃躯以除患于天下，意亦可乎？”胶西王瞿然骇曰：“寡人何敢如是！主上虽急，固有死耳，安得不事！”高曰：“御史大夫晁错，营惑天子，侵夺诸侯，诸侯皆有背叛之意，人事极矣。彗星出，蝗虫起，此万世一时；而愁劳，圣人所以起也。吴王内以晁错为诛，外从大王后车，方洋天下，所向者降，所指者下，莫敢不服。大王诚幸而许之一言，则吴王率楚王略函谷关，守荥阳、敖仓之粟，距汉兵，治次舍，须大王。大王幸而临之，则天下可并，两主分割，不亦可乎！”王曰：“善！”归，报吴王，吴王犹恐其不果，乃身自为使者，至胶西面约之。

初，楚元王好书，与鲁申公、穆生、白生俱受《诗》于浮丘伯；及王楚，以三人为中大夫。穆生不耆酒，元王每置酒，常为穆生设醴。及子夷王、孙王戊即位，常设，后乃忘设焉。穆生退，曰：“可以逝矣！醴酒不设，王之意怠；不去，楚人将钳我于市。”遂称疾卧。申公、白生强起之，曰：“独不念先王之德与？今王一旦失小礼，何足至此！”穆生曰：“《易》称：‘知几其神乎！几者，动之微，吉凶之先见者也。君子见几而作，不俟终日。’先王之所以礼吾三人者，为道存也；今而忽之，是忘道也。忘道之人，胡可与久处，岂为区区之礼哉！”遂谢病去。申公、白生独留。王戊稍淫暴，太傅韦孟作诗讽谏，不听，亦去，居于邹。戊因坐削地事，遂与吴通谋。申公、白生谏戊，戊胥靡之，衣之赭衣，使雅舂于市。休侯富使人谏王。王曰：“季父不吾与，我起，先取季父矣！”休侯惧，乃与母太夫人奔京师。

及削吴会稽、豫章郡书至，吴王遂先起兵，诛汉吏二千石以下；胶西、胶东、菑川、济南、楚、赵亦皆反。楚相张尚、太傅赵夷吾谏王戊，戊杀尚、夷吾。赵相建德、内史王悍谏王遂，遂烧杀建德、悍。齐王后悔，背约城守。济北王城坏未完，其郎中令劫守，王不得发兵。胶西王、胶东王为渠率，与菑川、济南共攻齐，围临菑。赵王遂发兵住其西界，欲待吴、楚俱进，北使匈奴与连兵。

吴王悉其士卒，下令国中曰：“寡人年六十二，身自将；少子年十四，亦为士卒先。诸年上与寡人同，下与少子等，皆发。”凡二十余万人。南使闽、东越，闽、东越亦发兵从。吴王起兵于广陵，西涉淮，因并楚兵，发使遗诸侯书，罪状晁错，欲合兵诛之。吴、楚共攻梁，破棘壁，杀数万人；乘胜而前，锐甚。梁孝王遣将军击之，又败梁两军，士卒皆还走。梁王城守睢阳。

初，文帝且崩，戒太子曰："即有缓急，周亚夫真可任将兵。"及七国反书闻，上乃拜中尉周亚夫为太尉，将三十六将军往击吴、楚，遣曲周侯郦寄击赵，将军栾布击齐；复召窦婴，拜为大将军，使屯荥阳监齐、赵兵。

上与错议出军事，错欲令上自将兵而身居守；又言："徐、僮之旁吴所未下者，可以予吴。"错素与吴相袁盎不善，错所居坐，盎辄避；盎所居坐，错亦避；两人未尝同堂语。及错为御史大夫，使吏按盎受吴王财物，抵罪；诏赦以为庶人。吴、楚反，错谓丞、史曰："袁盎多受吴王金钱，专为蔽匿，言不反；今果反，欲请治盎，宜知其计谋。"丞、史曰："事未发，治之有绝；今兵西向，治之何益！且盎不宜有谋。"错犹与未决。人有告盎，盎恐，夜见窦婴，为言吴所以反，愿至前，口对状。婴入言，上乃召盎。盎入见，上方与错调兵食。上问盎："今吴、楚反，于公意何如？"对曰："不足忧也！"上曰："吴王即山铸钱，煮海为盐，诱天下豪杰；白头举事，此其计不百全，岂发乎！何以言其无能为也？"对曰："吴铜盐之利则有之，安得豪杰而诱之！诚令吴得豪杰，亦且辅而为谊，不反矣。吴所诱皆无赖子弟、亡命、铸钱奸人，故相诱以乱。"错曰："盎策之善。"上曰："计安出？"盎对曰："愿屏左右。"上屏人，独错在；盎曰："臣所言，人臣不得知。"乃屏错。错趋避东厢，甚恨。上卒问盎，对曰："吴、楚相遗书，言高皇帝王子弟各有分地，今贼臣晁错擅适诸侯，削夺之地，以故反，欲西共诛错，复故地而罢。方今计独有斩错，发使赦吴、楚七国，复其故地，则兵可毋血刃而俱罢。"于是上默然良久，曰："顾诚何如？吾不爱一人以谢天下。"盎曰："愚计出此，唯上孰计之！"乃拜盎为太常，密装治行。后十余日，上令丞相青、中尉嘉、廷尉欧劾奏错："不称主上德信，欲疏群臣、百姓，又欲以城邑予吴，无臣子礼，大逆无道。错当要斩，父母、妻子、同产无少长皆弃市。"制曰："可。"错殊不知。壬子，上使中尉召错，给载行市，错衣朝衣斩东市。上乃使袁盎与吴王弟子宗正德侯通使吴。

袁盎、刘通至吴，吴、楚兵已攻梁壁矣。宗正以亲故，先入见，谕吴王，令拜受诏。吴王闻袁盎来，知其欲说，笑而应曰："我已为东帝，尚谁拜！"不肯见盎，而留军中，欲劫使将；盎不肯，使人围守，且杀之。盎得间，脱亡归报。

太尉引兵东北走昌邑。吴攻梁急，梁数使使条侯求救，条侯不许；又使使诉条侯于上。上使告条侯救梁，亚夫不奉诏，坚壁不出；而使弓高侯等将轻骑兵出淮泗口，绝吴、楚兵后，塞其饷道。梁使中大夫韩安国及楚相张尚弟羽为将军；羽力战，安国持重，乃得颇败吴兵。吴兵欲西，梁城守，不敢西；即走条侯军，会下邑，欲战。条侯坚壁不肯战；吴粮绝卒饥，数挑战，终不出。条侯军中夜惊，内相攻击，扰乱至帐下，亚夫坚卧不起，顷之，复定。吴奔壁东南陬，亚夫使备西北；已而其精兵果奔西北，不得入。吴、楚士卒多饥死叛散，乃引而去。二月，亚夫出精兵追击，大破之。吴王濞弃其军，与壮士数千人夜亡走，楚王戊自杀。

吴王之初发也，吴臣田禄伯为大将军。田禄伯曰："兵屯聚而西，无他奇道，难以立功。臣愿得五万人，别循江、淮而上，收淮南、长沙，入武关，与大王会，此亦一奇也。"吴王太子谏曰："王以反为名，此兵难以借人，人亦且反王，奈何？且擅兵而别，多他利害，徒自损耳！"吴王即不许田禄伯。

三王之围临菑也，齐王使路中大夫告于天子。天子复令路中大夫还报，告齐王坚守："汉兵今破吴楚矣。"路中大夫至，三国兵围临菑数重，无从入。三国将与路中大夫盟曰："若反言：'汉已破矣，齐趣下三国，不，且见屠。'"路中大夫既许，至城下，望见齐王曰："汉已发兵百万，使太尉亚夫击破吴、楚，方引兵救齐；齐必坚守无下！"三国将诛路中大夫。齐初围急，阴与三国通谋，约未定；会路中大夫从汉来，其大臣乃复劝王无下三国。会汉将栾布、平阳侯等兵至齐，击破三国兵。解围已，后闻齐初与三国有谋，将欲移兵伐齐。齐孝王惧，饮药自杀。

胶西、胶东、菑川王各引兵归国。胶西王徒跣、席藁、饮水谢太后。王太子德曰："汉兵还，臣观之，已罢，可袭，愿收王余兵击之！不胜而逃入海，未晚也。"王曰："吾士卒皆已坏，不可用。"弓高侯韩颓当遗胶西王书曰："奉诏诛不义：降者赦除其罪，复故；不降者灭之。王何处？须以从事。"王肉袒叩头，诣汉军壁谒曰："臣卬奉法不谨，惊骇百姓，乃苦将军远道至于穷国，敢请菹醢之罪！"弓高侯执金鼓见之曰："王苦军事，愿闻王发兵状。"王顿首膝行，对曰："今者晁错天子用事臣，变更高皇帝法令，侵夺诸侯地。卬等以为不义，恐其败乱天下，七国发兵且诛错。今闻错已诛，卬等谨已罢兵归。"将军曰："王苟以错为不善，何不以闻？及未有诏、虎符，擅发兵击义国？以此观之，意非徒欲诛错也。"乃出诏书，为王读之，曰："王其自图！"王曰："如卬等死有余罪！"遂自杀，太后、太子皆死。胶东王、菑川王、济南王皆伏诛。

郦将军兵至赵，赵王引兵还邯郸城守。郦寄攻之，七月不能下。匈奴闻吴、楚败，亦不肯入边。栾布破齐还，并兵引水灌赵城；城坏，王遂自杀。

帝以齐首善，以迫劫有谋，非其罪也，召立齐孝王太子寿，是为懿王。

济北王亦欲自杀，幸全其妻子。齐人公孙玃谓济北王曰："臣请试为大王明说梁王，通意天子；说而不用，死未晚也。"公孙玃遂见梁王曰："夫济北之地，东接强齐，南牵吴、越，北胁燕、赵。此四分五裂之国，权不足以自守，劲不足以捍寇，又非有奇怪云以待难也；虽坠言于吴，非其正计也。乡使济北见情实，示不从之端，则吴必先历齐，毕济北，招燕、赵而总之，如此，则山东之从结而无隙矣。今吴王连诸侯之兵，驱白徒之众，西与天子争衡；济北独底节不下，使吴失与而无助，跬步独进，瓦解土崩，破败而不救者，未必非济北之力也。夫以区区之济北而与诸侯争强，是以羔犊之弱而扞虎狼之敌也。守职不桡，可谓诚一矣。功义如此，尚见疑于上，胁肩低首，累足抚衿，使有自悔不前之心，非社稷之利也。臣恐藩臣守职者疑之！臣窃料之，能历西山，径长乐，抵未央，攘袂而正议者，独大王耳。上有全亡之功，下有安百姓之名，德沦于骨髓，恩加于无穷，愿大王留意详惟之！"孝王大说，使人驰以闻；济北王得不坐，徙封于菑川。

汉景帝前三年（丁亥，公元前154年）

当初，孝文帝在位时，吴国太子进京朝见文帝，得以陪伴皇太子饮酒、博戏。吴太子在博戏过程中与太子争棋路，态度不恭；皇太子就拿起棋盘猛击吴太子，把他打死了。朝廷送他的灵柩回去安葬，灵柩到达吴国，吴王恼怒地说："天下都是刘氏一家的天下，死在长安就葬在长安，何必送回来安葬呢？"吴王又把太子的灵柩送回长安安葬。吴王从此渐渐失去藩臣的礼节，声称身体有病，不来朝见皇帝。京城知道吴王是为了儿子的缘故，就拘留和审问吴国的使者；吴王恐惧，开始产生了谋反的念头。后来，吴王派人代替他去长安行秋季朝见之礼，文帝再一次追问吴王不来朝见的原因，使臣回答说："吴王其实没有生病；朝廷拘留了几批吴国使者，又治他们的罪，吴王恐惧，所以才声称有病。有这么一句话，'察见深潭中的鱼，不吉利'；希望皇上不再追究他以前的过失，让他改过自新。"这样，文帝就释放了吴国使者，让他们回去；并且赏赐给吴王几案和手杖，表示照顾他年事已高，不必前来朝见。吴王见朝廷不再追究他的罪名，谋反之心也就渐渐消除了。但是，因为他国内有冶铜、制盐的财源，便不向百姓征收赋税；百姓应该为官府服役时，总是由吴王发给代役金，另外雇人应役；每到年节时，慰问有贤才的士人，赏赐平民百姓；其他郡国的官吏要来吴国捕捉流亡的人，吴国公然阻止，不把罪犯交出去。这样，前后持续了四十多年。

晁错多次上书奏说吴王的罪过，认为可以削减其封地；汉文帝宽厚，不忍心惩罚，所以吴王日益骄横。等到汉景帝即位，晁错劝说景帝："当初，高帝刚刚平定天下，兄弟少，儿子们年幼，大封同姓诸侯王，封给齐国七十多座城，封给楚国四十多座城，封给吴国五十多座城；封给这三个并非嫡亲的诸侯王的领地，就去了全国的一半。现在，吴王以前因有吴太子之死的嫌隙，假称有病不来朝见，按照古法应当处死。文帝不忍心，因而赐给他几案、手杖，对他恩德极为深厚，他本应该改过自新；但他反而更加骄横无法，利用矿山采铜铸钱，熬海水制盐，招诱天下流亡人口，图谋叛乱。如今，削减他的封地他会叛乱，不削减他的封地，他也会叛乱；如果削减他的封地，他反得快，祸害会小一些；如果不削减他的封地，他反得慢，将来有备而发，祸害更大。”景帝下令公卿、列侯、宗室共同讨论晁错的建议，没有人敢与晁错辩驳；只有窦婴一人坚决反对，从此与晁错之间产生了矛盾。等到楚王刘戊来京朝见，晁错借机说：“刘戊去年为薄太后服丧期间，在服丧的居室里私下奸淫，请求处死他。”景帝下诏，免去刘戊的死罪，但把原楚国封地东海郡收归朝廷。另外，在前一年，赵王有罪，朝廷削夺了他的常山郡；胶西王刘卬因在卖爵事上有不法行为，朝廷削夺了他封地中的六县之地。

朝廷大臣们正在议论削夺吴王的封地。吴王刘濞恐怕削夺没有止境，就打算举兵叛乱；想到其他诸侯王没有足以共商大事的，听说胶西王刘卬勇武，喜欢兵法，诸侯都畏惧他，于是，吴王派中大夫应高去亲口游说胶西王刘卬，说：“现在，主上重用奸邪之臣，听信谗言恶语，侵夺削弱诸侯国，对诸侯王的惩罚极为严厉，而且一天比一天厉害。俗语有这样的说法：‘狗舔光了米糠，就会发展到吃米。’吴国和胶西国，都是著名的诸侯王国，一旦被朝廷注意，就不会有安宁的日子了。吴王身体患有暗疾，已有二十多年不能朝见，时常担心受到朝廷怀疑，无法自己表白，无论怎样谨小慎微，自我约束，都怕得不到朝廷的宽容，我私下听说大王因出卖爵位的过失而受朝廷处置。我所听到的其他诸侯被削夺封地的事情，若按所犯罪名来处理，都不应该受到如此严重的惩罚。恐怕朝廷的用意，不仅仅是要削夺诸侯王的封地吧！”胶西王刘卬说：“我确实有被削夺的事。你认为该怎么办？”应高说：“吴王自认为与大王面临着共同的忧患，希望顺应时势，遵循情理，牺牲生命去为天下消除祸患，我想您也同意吧？”胶西王大吃一惊，说：“我怎么敢做这样的事！天子待诸侯虽然很严苛，我只有一死了事，怎能起意反叛呢？”应高说：“御史大夫晁错，在天子身边蒙骗蛊惑，侵夺诸侯封地，诸侯王都有背叛之心，从这些来看，形势已发展到极点了。彗星出现，蝗灾发生，这是千载难逢的好时机；而忧愁劳苦，正是圣人的奋起之处。吴王准备对朝廷提出清除晁错的要求，在战场上则跟随于大王之后，纵横天下，所向无敌，锋芒所指之处，没有人胆敢不服。大王若真能许诺一句话，吴王就率领楚王直捣函谷关，据守荥阳、敖仓的粮库，抵御汉军，整治好驻扎之地，恭候大王到来。有幸得到大王光临，就可以吞并天下，吴王和大王平分江山，不也很好吗？”胶西王说：“好！”应高返归吴国，向吴王汇报，吴王还怕胶西王不实行诺言，就亲自前往，到胶西国与刘卬当面约定。

当初，楚元王刘交喜爱书籍，和鲁地人申公、穆生、白生都拜浮丘伯为师，学习《诗经》；等到他当了楚王，就任命他们三人为中大夫。穆生不喜欢喝酒，楚元王每次设宴饮酒时，都特意为穆生准备甜酒。等到楚元王的儿子夷王以及孙子刘戊为王时，也总在举行宴会时为穆生特备甜酒，但以后就忘记这样做了。穆生退席而出，说：“应该离去了！不特设甜酒，说明楚王对我已怠慢了；再不离去，楚王将会给我戴上刑具在街市上示众。”于是，穆生声称有病，卧床不起。申公、白生极力劝他继续为楚王效力，说：“你就不念先王的恩德吗？现在楚王一时稍有礼貌不周怎么至于这样？”穆生说：“《易经》上说：‘知道契机的神妙吗？契机，是动机的微妙变化，是显示吉凶的先兆。君子看到契机而采取行动，并不整天等待。’先王礼待我们三人的原因，是他心中有道义；现在楚王怠慢我们，是忘记了道义。怎么能和忘记了道义的人长期共处，难道我这样只是因为那区区的礼节吗？”于是，穆公声称有病，离开了楚国。申公和白生却继续留任楚国。楚王刘戊逐渐荒淫残暴，太傅韦孟作了一首诗，用来进行委婉的批评，楚王不加理睬，韦孟也离开楚国，去邹地居住。刘戊因犯罪被朝廷削夺封地，就与吴王刘濞通谋，准备叛乱。申公、白生去劝谏刘戊，刘戊将他们二人罚为罪徒，用绳索把他们拴着，穿着刑徒的红褐色囚衣，在街市上舂米。休侯刘富派人来劝阻楚王，楚王说：“叔父不与我合作，我一旦起事，就先攻打叔父了！”休侯刘富害怕，就与他的母亲太夫人逃奔长安。

及至朝廷削夺吴国会稽郡、豫章郡的文书到达，吴王刘濞就首先起兵，杀死朝廷任命的二千石以下的官员；胶西王、胶东王、菑川王、济南王、楚王、赵王也都举兵叛乱。楚相张尚、太傅赵夷吾谏阻楚王刘戊，刘戊杀死了张尚和赵夷吾。赵相建德、内史王悍谏止赵王刘遂，刘遂将他们两人烧死。齐王后悔通谋叛乱，违背与吴楚的盟约，固守城池进行抵御。济北王的城墙坏了没有修好，他的郎中令劫持了他，使他无法举兵参加叛乱。胶西王和胶东王为统帅，联合菑川王、济南王共同攻打齐国，围攻齐国都城临菑。赵王刘遂把军队调往赵国西部边境，准备与吴、楚等国军队联合进攻，又向北方的匈奴派出使者，联络匈奴一起举兵。

吴王征发了所有士卒，下令全国说：“我今年六十二岁了，亲自担任统帅；我的小儿子十四岁，也身先士卒。所有年龄上与我一样，下与我的小儿子一样的人，都征发从军！”吴国共征发了二十多万人。吴王向南方派出使者去联络闽、东越，闽和东越也发兵响应。吴王在广陵起兵，向西渡过淮河，随即与楚国的军队合并，派使者致书诸侯，指控晁错罪状，准备联合进兵诛杀晁错。吴、楚两国军队一起攻打梁国，攻破了棘壁，杀死数万人；吴、楚联军乘胜前进，兵锋锐不可当。梁孝王派将军迎击，又有两支军队被吴、楚联军打败，梁军士兵都向后逃跑。梁王固守都城睢阳。

当初，汉文帝临终前，告诉太子说：“假若国家有危难，周亚夫足以胜任军队统帅的重担。”等到七国叛乱的文书到达朝廷，景帝就任命中尉周亚夫为太尉，统帅三十六位将军及其部队，前去迎击吴、楚叛军；派遣曲周侯郦寄攻打赵国，派将军栾布攻打齐境叛军；景帝又召回窦婴，任命他为大将军，让他率军驻守荥阳，监督用兵于齐国和赵国境内的汉军。

景帝与晁错商谈出军平叛的事情，晁错想让景帝统兵亲征而他自己留守长安；晁错又建议：“徐县、僮县附近一带，吴国没有攻占的地方，可以送给吴国，争取他们退兵。”晁错一直与吴相袁盎不友善，有晁错在的地方，袁盎总是避开；袁盎出现在何处，晁错也总是避开；两人未曾在同一个室内说过话。等到晁错升任御史大夫，派官员审查袁盎接受吴王财物贿赂的事，处以相当的刑罚，确定袁盎有罪；景帝下诏赦免袁盎，把他降为平民。吴、楚叛乱发生后，晁错对御史丞、侍御史说：“袁盎接受了吴王的许多金钱，专门为吴王掩饰，说他不会叛乱；现在，吴王果然反叛了，我想奏请严惩袁盎，他肯定知道吴王的密谋。”御史丞、侍御史说：“如果在吴国叛乱前，治袁盎的罪，可能会中止叛乱密谋；现在叛军大举向西进攻，审查袁盎，能有什么作用？况且，袁盎不会参与密谋。”晁错犹豫不决。有人把晁错的打算告知了袁盎，袁盎很害怕，连夜去见窦婴，对他说明吴王叛乱的原因，希望能面见景帝，亲口说明原委。窦婴入宫奏报景帝，景帝就召见袁盎。袁盎入宫晋见，景帝正与晁错在调度军粮。景帝问袁盎：“现在吴、楚叛乱，你觉得局势会怎样？”袁盎回答说：“不值得担忧！”景帝说：“吴王利用矿山就地铸钱，熬海水为盐，招诱天下豪杰；在年老白头时举兵叛乱，如果他的图谋没有万全的把握，难道会起事吗？为什么说他不能有所作为呢？”袁盎回答说：“吴王确实有采铜铸币、熬海水为盐的财利，但哪有什么豪杰被他招诱去了呢？假若吴王真的招到了豪杰，豪杰也会辅佐他按仁义行事，也就不会叛乱了。吴王所招诱的，都是些无赖子弟、没有户籍的流民、私铸钱币的坏人，所以才能相互勾结而叛乱。”晁错说：“袁盎分析得很好。”景帝问：“应采取什么妙计？”袁盎说：“请陛下让左右回避。”景帝让人退出，唯独还有晁错在场。袁盎说：“我要说的话，任何臣子都不应听到。”景帝就让晁错回避。晁错迈着小而快的步伐，退避到东边的厢房中，对袁盎极为恼恨。景帝终于问袁盎，袁盎回答说：“吴王和楚王互相通信，说高皇帝分封子弟为王，各自有封地，现在贼臣晁错擅自贬谪诸侯，削夺他们的封地，因此他们才造反，准备向西进军，共同诛杀晁错，恢复原有的封地才罢休。现在的对策，只有斩晁错，派出使臣宣布赦免吴、楚七国，恢复他们原有的封地，那么，七国的军队可以不经过战争就都会撤走。”于是，景帝沉默了很长时间，说：“不这样做，还有什么别的办法？我不会为了爱惜他一个人而向天下谢罪的。”袁盎说：“我的计策就是这样，请皇上认真考虑！”景帝就任命袁盎为太常，秘密收拾行装，做前往吴国的准备。过了十多天，景帝授意丞相陶青、中尉嘉、廷尉张欧上疏弹劾晁错：“辜负皇上的恩德和信任，要使皇上与群臣、百姓疏远，又想把城邑送给吴国，毫无臣子的礼节，犯下了大逆无道之罪。晁错应判处腰斩，他的父母、妻子、兄弟不论老少全部公开处死。”景帝批复说：“同意所拟判决。”晁错对此却一无所知。壬子（二十九日），景帝派中尉召晁错，欺骗他说坐着车巡察市中，于是，晁错穿着上朝的官服在东市被斩首。景帝就派袁盎与吴王的侄子、宗正德侯刘通为使臣，出使吴国。

袁盎、刘通到达吴国，吴军和楚军已开始进攻梁国的壁垒了。宗正刘通因是同姓亲属，先入内会见吴王，告知吴王，让他跪拜接受皇帝的诏书。吴王听说袁盎来了，估计到他要劝说自己撤兵，就笑着回答说：“我已经做了东方的皇帝了，还向谁跪拜呢？”吴王不肯与袁盎见面，把他留在军营中，准备强迫他担任吴军的将领；袁盎不答应，吴王派人把他关押起来，准备杀死他。袁盎寻机逃脱回来向景帝汇报出使情况。

太尉周亚夫领兵向东北到达昌邑。吴军猛烈进攻梁国，梁王多次派使者向条侯周亚夫求救，周亚夫不答应。梁王又派使臣向景帝告状，说周亚夫不肯救援。景帝派使臣命令周亚夫援救梁国，周亚夫不执行皇帝诏令，仍坚守营垒，不派军队出战；但他却命令弓高侯韩颓当等人率领轻骑兵，奔袭淮泗口，断绝吴、楚军队的后路，堵塞吴、楚的粮道。梁国派中大夫韩安国及楚相张尚的弟弟张羽为将军；张羽作战勇猛，韩安国指挥持重，才得以挫败吴军。吴军想向西进兵，但因梁军据城死守，便不敢越过梁向西进兵；因此，吴军就前来进攻条侯周亚夫的军队，两军在下邑相遇，吴军急于求战。条侯坚守壁垒不肯交战；吴军粮道断绝，士卒饥饿，多次挑战，周亚夫始终不应战。周亚夫的军营中，夜间突然惊乱，内部互相攻击，甚至闹到了周亚夫的大帐附近，周亚夫坚持睡着不起，过了一会儿，就恢复平静了。吴军向汉军营垒的东南角调集军队，周亚夫却命令营中加强对西北方向的防御，不久，吴、楚的精兵果然突袭汉营西北，因汉军早有防备，不能攻入。吴、楚军队中，有许多士卒饿死或者背叛离散，吴王就领兵撤退了。二月，周亚夫派出精锐军队追击，大败吴、楚军队。吴王刘濞丢下他的军队，与几千名精壮士兵连夜逃跑；楚王刘戊自杀。

吴王刚开始举兵叛乱时，吴国臣子田禄伯担任大将军。田禄伯说："大军集结向西进攻，没有可以出奇兵的通道，难以成功。我请求给我五万人马，另外沿长江、淮河逆流而上，占领淮南、长沙，攻入武关，与大王主力军队会师，这也是一支奇兵。"吴王的太子劝阻说："大王以造反为名义，这样的军队不能让别人带领，假若别人也背叛您，又该怎么办？况且，让别人全权指挥一支军队，又走另外一条路，容易产生许多其他利害问题，只是白白地削弱了自己的力量！"吴王就没有批准田禄伯的请求。

当胶西王等三个诸侯王的叛军围困临菑的时候，齐王派一位姓路的中大夫向景帝报告。景帝又命令这位姓路的中大夫返回齐国复命，告诉齐王坚守临菑，说："朝廷军队已经打败吴、楚叛军了。"路中大夫赶回时，三国的军队已把临菑城重重包围，无法入城。三国的将领迫使路中大夫与他们结盟，说："你反过来说：'汉朝廷的军队已被打败了，齐国赶快向三个王国的军队投降吧。不然，临菑就要被踏平了。'"路中大夫应允了，到了城下，远远见到齐王，他就说："汉已经派出了百万大军，让太尉周亚夫指挥，打败了吴、楚军队，正领兵前来救齐，齐一定要坚守不降！"三个王国的将领杀死了路中大夫。齐都城当初被围紧急时，齐王曾暗中与三个王国联络，准备参与叛乱，盟约未定；恰好路中大夫从汉朝廷而来，齐王的大臣们又劝他不能向三国叛军投降。恰逢汉将栾布、平阳侯曹奇等率军到达齐国，打败了三国的军队。解除了临菑之围以后，汉军将领听说齐王当初与三国密谋勾结，就准备调集军队攻打齐国。齐孝王害怕，服毒自杀。

胶西王、胶东王、菑川王分别领军队返回封地。胶西王赤着脚，坐卧在禾秆编的席上饮水，向太后请罪。胶西王的太子刘德说："汉军已开始撤兵，据我观察，他们已很疲乏，可以突袭，希望召集大王的残余军队去袭击他们！如果突袭不能获胜，再逃入海岛隐蔽，也还不晚。"胶西王说："我的部队都已残破，无法作战了。"弓高侯韩颓当给胶西王送来一封信，信中说："我奉皇帝诏令诛杀不义的人，投降的，赦免他的罪名，恢复原有的官爵；不投降的，一定要消灭他。你准备选择哪一条道路？等待你做出选择，我好采取相应的处置措施。"胶西王光着上身、磕着头来到汉军营垒前请谒，他说："我刘卬遵法不谨慎，惊骇了百姓，竟使将军辛苦地远道来到我们这个穷国，我请求处以剁成肉酱的惩罚！"弓高侯手持指挥作战用的金鼓来见他，说："你被发兵的举动害苦了，我希望听你解释发兵的原因。"胶西王一边磕头一边跪着向前走，回答说："当时，晁错是受天子信任的执政大臣，变更高皇帝的法令，侵夺诸侯王国的封地。我们认为他的做法不符合道义，恐怕他败坏、扰乱天下，所以我们七国才发兵，准备杀晁错。现在听说晁错已被皇帝处死，我们就很谨慎地撤兵回国了。"韩将军说："你如果认为晁错不好，为什么不向皇上奏报？并在没有接到皇上诏令和调兵虎符的情况下，怎么擅自调发军队去进攻忠于朝廷的封国？由此看来，你们发兵的用意，不只是想杀晁错。"韩将军就拿出诏书，向胶西王宣读，然后说："你自己考虑应该怎样处置吧！"胶西王说："像我刘卬这样的人，死有余辜！"于是自杀了，胶西王国的太后、太子都死了。胶东王、菑川王、济南王都被处死。

郦将军的军队到达赵国，赵王领兵从边界返回都城邯郸，据城自守。郦寄发动进攻，连续用兵七个月，没有攻破邯郸城。匈奴得知吴军和楚军失败，也不肯进入边境援救赵王。栾布平定齐国率军返回，与郦将军的军队会合，引河水淹灌邯郸；城墙毁坏，赵王刘遂自杀。

景帝因为齐国首先抵御叛军，后来因迫于形势与叛军有串联，不是齐王的罪过，就召来齐孝王的太子刘寿，立为齐王，他就是齐懿王。

济北王也准备自杀，以求侥幸保全他的妻子儿女。齐国人公孙玃对济北王说："我请求试为大王去劝说梁王，通过他向皇上解释；如果我的劝说不被采纳，大王再死也不晚。"公孙玃就去求见梁王，说："济北国的封地，东边邻近强大的齐国，南面连接着吴国和越国，北面受到燕国和赵国的威胁。这是一个四面受敌，随时有可能被人瓜分的国家，济北王的权谋不足以自守封地，实力不足以防御外敌入侵，又没有什么奇方妙计可用来抵御灾难；虽然他曾失言答应与吴国联合行动，却并不是出于他的本意，只不过是为形势所迫。假若当初济北王表露出忠于朝廷的真心，显示出不顺从吴王的痕迹，那么，吴国一定会先放过齐国，攻占济北国，招诱燕国、赵国而统领它们，这样，崤山以东的诸侯联盟就会形成，并可连成完整的一片。现在吴王会合七国的军队，驱使没有受过训练的徒众，向西进军与天子争夺天下；而只有济北一国固守臣节不归降吴王，使吴国丧失盟友而孤立无援，只能艰难地单独进军，结果土崩瓦解，一蹶不振，追寻其原因，未必不是济北国坚守不降所做出的贡献。用微不足道的济北国，与几国叛军相抗衡，这就如同弱小的羊羔牛犊与凶猛的虎狼搏斗一样。济北王恪尽职守，不肯屈服，可称得上忠心耿耿了。济北王有这样的功业道义，竟然还受到朝廷的怀疑，整天缩肩低头，手足无措，使他产生了后悔当初没有与吴王联合行动的念头，这对国家是不利的。我害怕那些恪尽职守的封国诸侯，都由此而产生疑虑！我私下估计：在当今能够经过西方的山险，直入长乐宫和未央宫，在太后和皇上面前勇于据理力争的，只有大王您一个人。这样，上有保全面临亡国厄运的济北国的功德，下有安定百姓的名誉，您的功德及于骨髓，您的恩惠世代相传，希望大王认真考虑这件事！”梁孝王听了很高兴，派人急速进京向朝廷奏报；因此，济北王得以不被治罪，被改封到菑川国为王。

汉纪九

第十七卷

世宗孝武皇帝上之上建元六年（丙午，前135）

东海太守阳汲黯为主爵都尉。始，黯为谒者，以严见惮。东越相攻，上使黯往视之。不至，至吴而还，报曰："越人相攻，固其俗然，不足以辱天子之使。"河内失火，延烧千余家，上使黯往视之。还，报曰："家人失火，屋比延烧，不足忧也。臣过河南，河南贫人伤水旱万余家，或父子相食，臣谨以便宜，持节发河南仓粟以振贫民。臣请归节，伏矫制之罪。"上贤而释之。其在东海，治官理民，好清静，择丞、史任之，责大指而已，不苛小。黯多病，卧闺阁内不出；岁余，东海大治，称之。上闻，召为主爵都尉，列于九卿。其治务在无为，引大体，不拘文法。

黯为人，性倨少礼，面折，不能容人之过。时天子方招文学儒者，上曰："吾欲云云。"黯对曰："陛下内多欲而外施仁义，奈何欲效唐、虞之治乎！"上默然，怒，变色而罢朝，公卿皆为黯惧。上退，谓左右曰："甚矣汲黯之戆也！"群臣或数黯，黯曰："天子置公卿辅弼之臣，宁令从谀承意，陷主于不义乎！且已在其位，纵爱身，奈辱朝廷何！"黯多病，病且满三月；上常赐告者数，终不愈。最后病，庄助为请告。上曰："汲黯何如人哉？"助曰："使黯任职居官，无以逾人；然至其辅少主，守城深坚，招之不来，麾之不去，虽自谓贲、育亦不能夺之矣！"上曰："然。古有社稷之臣，至如黯，近之矣！"

元光元年（丁未，前134）

卫尉李广为骁骑将军，屯云中，中尉程不识为车骑将军，屯雁门；六月，罢。广与程不识俱以边太守将兵，有名当时。广行无部伍、行陈，就善水草舍止，人人自便，不击刁斗以自卫，莫府省约文书；然亦远斥候，未尝遇害。程不识正部曲、行伍、营陈，击刁斗，士吏治军簿至明，军不得休息；然亦未尝遇害。不识曰："李广军极简易，然虏卒犯之，无以禁也；而其士卒亦佚乐，咸乐为之死。我军虽烦扰，然虏亦不得犯我。"然匈奴畏李广之略，士卒亦多乐从李广而苦程不识。

臣光曰：《易》曰："师出以律，否臧凶。"言治众而不用法，无不凶也。李广之将，使人人自便。以广之材，如此焉可也；然不可以为法。何则？其继者难也；况与之并时而为将乎！夫小人之情，乐于安肆而昧于近祸，彼既以程不识为烦扰而乐于从广，且将仇其上而不服。然则简易之害，非徒广军以禁虏之仓卒而已也！故曰"兵事以严终"，为将者，亦严而已矣。然则效程不识，虽无功，犹不败；效李广，鲜不覆亡哉！

汉武帝建元六年（丙午，公元前135年）

东海太守濮阳县人汲黯担任主爵都尉。当初，汲黯担任谒者，因他为人威严而被大家敬畏。东越部族相互攻击，武帝派汲黯前去巡视。他没有达到东越，仅走到吴地就回来了，向武帝报告说："越人自相攻击，本来他们的习俗就是如此，不值得为此烦劳天子的使臣。"河内郡失火，火势蔓延烧毁了一千多家民房，武帝派汲黯前去视察。他返回之后，报告说："平民百姓不慎失火，因为房屋毗连而蔓延燃烧起来，不值得陛下忧虑。我经过河南郡，见河南郡的贫民遭受洪水干旱灾害的有一万多家，有的甚至于到了父子相食的悲惨境地，我谨借出使的机会，用陛下的符节，命令发放河南官仓积粮以救济贫民。我请求归还符节，甘愿领受假托天子命令的惩罚。"武帝很赏识他，就赦免了他的罪。他在东海郡时，整肃官吏，治理百姓，喜好清静无为，谨慎地选择郡丞和各曹掾史，然后放手任用，他只关注大事，不苛求细枝末节。汲黯身体多病，躺在内室中不出门；过了一年多，东海郡治理得很好，百姓交口称赞汲黯。武帝听到了，召汲黯入朝，担任主爵都尉，地位与九卿相同。他处理政务，主张清静无为，从大的方向引导，不拘泥法令条文。

汲黯为人，性情倨傲，缺少礼数，当面使人难堪，不能容忍别人的过失。当时武帝正招揽文学之士和儒家学者，武帝说："我想要怎样怎样。"汲黯应声回答说："陛下心中藏着许多欲望，而表面上却做出施行仁义的样子，怎么可能效法唐尧虞舜那样的政绩呢?”武帝沉默不语，接着勃然大怒，脸色很难看地宣布结束朝会，公卿大臣都替汲黯担忧。武帝退朝回到内宫，对左右侍从说:“汲黯的愚笨刚直也太过分了!”群臣中有人批评汲黯，汲黯说:“天子设立公卿等辅佐大臣，难道是让他们阿谀奉承，使君主陷入不仁不义的境地吗?况且，我既然已经处在公卿的位置上，如果只想顾全自身性命，那就会使朝廷蒙受耻辱，那怎么得了!”汲黯身体多病，病假将要接近三个月的限期了，武帝多次特许延长他休病假的时间，还是没有痊愈。最后病重时，庄助替他请假。武帝说:“汲黯这个人怎么样呢?”庄助说:“让汲黯任职当官，没有什么超越常人的才能;但要说到让他辅佐年幼的君主，会坚定不移地维护祖先基业，有人以利禄引诱他，他不会前去投靠，君主严词苛责地驱赶他，他也不会离去，即使有人认为像孟贲、夏育那样勇猛无敌，也无法改变他的耿耿忠心!”武帝说:“说得对。古时有所谓的社稷之臣，说到汲黯，就很接近了!”

元光元年(丁未，公元前134年)

卫尉李广担任骁骑将军，驻守云中郡，中尉程不识担任车骑将军，驻守雁门郡。六月，朝廷罢免了他们二人的军事职务。李广和程不识都以边境郡守的身份指挥军队，当时很有名气。李广指挥行军没有固定编制和行列阵势，选择水甜草肥的地方驻扎下来，人人自便，夜间也不派设巡更士兵敲打着刁斗警卫营盘，军中指挥部的文书简单便宜;但是，他也远远地派出监视敌军的侦察哨兵，军营未曾遭到袭击。程不识则整肃军事编制，讲究队列和布阵安营，夜间敲刁斗巡逻，军中官佐处理军队文书一直忙到天明，军队不能随意休息;然而也没有遇到危险。程不识说:“李广的军队很简单便宜，但是，如果敌人突然袭击它，就没有办法抵御;而李广的士兵也很自在，都心甘情愿地为他拼力死战。我的军队虽然军务烦扰，但敌人也不能侵犯我。”然而，匈奴人更害怕李广的谋略，汉军士兵也多数愿意跟随李广作战，而苦于跟随程不识。

臣司马光曰:《易经》说:“军队一出动就要有严格的军纪，否则，不论胜败都是凶。”这是说统领大军而不用法纪来控驭，没有不凶的。李广统领军队，使人人自便。凭李广的奇才，这样是可以的，但是，不能把他的方法引为楷模来效法。为什么呢?其他人要继续沿用这一方法却很难，更何况与李广同时做将领的人呢?说到普通人的本来性情，都喜好安逸，而不知道接近祸害的危险，那些士兵们既然认为程不识治军严苛烦扰，而愿意跟随李广作战，势必将要仇视他们的长官而不服从指挥。这样说来，指挥军队简单便宜的危害，就不仅仅是李广的军队无法防御敌人突然袭击之一点了！所以说“军队的事情要始终严格”，统领军队，也就是严格而已。如果这样的话，仿效程不识用兵，即便是打不了胜仗，还可以保证不失败；如果学习李广的方法，很少能避免全军覆灭的结局啊！

汉纪十

第十八卷

世宗孝武皇帝上之下元光二年（戊申，前 133）

夏，六月，以御史大夫韩安国为护军将军，卫尉李广为骁骑将军，太仆公孙贺为轻车将军，大行王恢为将屯将军，太中大夫李息为材官将军，将车骑、材官三十余万匿马邑旁谷中，约单于入马邑纵兵。阴使聂壹为间，亡入匈奴，谓单于曰："吾能斩马邑令、丞，以城降，财物可尽得。"单于爱信，以为然而许之。聂壹乃诈斩死罪囚，悬其头马邑城下，示单于使者为信，曰："马邑长吏已死，可急来！"于是单于穿塞，将十万骑入武州塞。未至马邑百余里，见畜布野而无人牧者，怪之。乃攻亭，得雁门尉史，欲杀之；尉史乃告单于汉兵所居。单于大惊曰："吾固疑之。"乃引兵还，出曰："吾得尉史，天也！"以尉史为天王。塞下传言单于已去，汉兵追至塞，度弗及，乃皆罢兵。王恢主别从代出击胡辎重，闻单于还，兵多，亦不敢出。

上怒恢。恢曰："始，约为入马邑城，兵与单于接，而臣击其辎重，可得利。今单于不至而还，臣以三万人众不敌，只取辱。固知还而斩，然完陛下士三万人。"于是下恢廷尉，廷尉当"恢逗桡，当斩"。恢行千金丞相蚡，蚡不敢言上，而言于太后曰："王恢首为马邑事，今不成而诛恢，是为匈奴报仇也。"上朝太后，太后以蚡言告上。上曰："首为马邑事者恢，故发天下兵数十万，从其言为此。且纵单于不可得，恢所部击其辎重，犹颇可得以慰士大夫心。今不诛恢，无以谢天下。"于是恢闻，乃自杀。自是之后，匈奴绝和亲，攻当路塞，往往入盗于汉边，不可胜数；然尚贪乐关市，嗜汉财物；汉亦关市不绝以中其意。

六年（壬子，前129）

匈奴入上谷，杀略吏民。遣车骑将军卫青出上谷，骑将军公孙敖出代，轻车将军公孙贺出云中，骁骑将军李广出雁门，各万骑，击胡关市下。卫青至龙城，得胡首虏七百人；公孙贺无所得；公孙敖为胡所败，亡七千骑；李广亦为胡所败。胡生得广，置两马间，络而盛卧，行十余里；广佯死，暂腾而上胡儿马上，夺其弓，鞭马南驰，遂得脱归汉。下敖、广吏，当斩，赎为庶人；唯青赐爵关内侯。青虽出于奴虏，然善骑射，材力绝人，遇士大夫以礼，与士卒有恩，众乐为用，有将帅材，故每出辄有功。天下由此服上之知人。

汉武帝元光二年（戊申，公元前133年）

夏季，六月，汉武帝任命御史大夫韩安国为护军将军，卫尉李广为骁骑将军，太仆公孙贺为轻车将军，大行王恢为将屯将军，太中大夫李息为材官将军，统率战车、骑兵、步兵共三十多万人暗中埋伏在马邑附近的山谷中，约定等单于进入马邑就挥军出击。汉军暗地派聂壹当间谍，逃到匈奴人那儿，聂壹对单于说："我能杀马邑县的县令和县丞，献城归降，您可以得到全城的所有财物。"单于很喜欢和信任聂壹，认为他说得对，就同意了他的计划。聂壹返回马邑县城，就斩杀死刑囚犯，用来假冒县令、县丞，把他们的头挂在马邑城下，让单于的使者观看，以此作为证明，说："马邑县的长官已经死了，你们可以赶快来！"于是，单于越过边塞，统率十万骑兵进入武州塞。走到距离马邑县城还有一百多里的地方，单于见牲畜遍野，却没有一个放牧的人，感到奇怪。单于就派人攻打亭隧，俘虏了雁门郡的尉史，要杀掉他，这个尉史就告诉单于汉兵埋伏的地点。单于大吃一惊，说："我本来就怀疑其中有诈。"就领兵撤退，在撤出汉境之后，单于说："我俘虏了这个尉史，是天保佑我啊！"就称尉史为"天王"。边塞守军传报单于已率军退走，汉军追到边塞，估计追不上了，就全军撤回。王恢指挥的另一支军队，从代地出发，准备袭击匈奴的后勤给养，听说单于返回，军队很多，也不敢出击。

武帝对王恢很恼怒。王恢说："根据原来的计划，约定引匈奴进入马邑县城，主力军队与单于交战，而我率军袭击他们的后勤给养，可以获胜。现在单于未到马邑就全军撤回，我用三万人的军队打不过匈奴大军，那样做只能是自辱。我本知道撤兵回来是要杀头的，但这样却保全了陛下的三万将士。”于是汉武帝就把王恢交付廷尉审判，廷尉判决：“王恢避敌观望，不敢出击，判处斩首。”王恢暗中向丞相田蚡行贿一千金，求他开脱罪名，田蚡不敢向武帝说，就对太后说：“王恢第一个提出了在马邑诱歼匈奴主力的计划，现在行动失败而杀了王恢，这是等于为匈奴报了仇啊。”武帝朝见太后时，太后就把田蚡的话告诉了武帝。武帝说：“王恢是马邑计划的主谋，我听从了他的建议，调集了天下几十万人马，安排了这次军事行动。况且，即使捉不到单于，王恢的军队袭击匈奴的后勤给养，仍然可以安慰将士们的心。如今不杀王恢，无法向天下人谢罪。”王恢得知了武帝的话，就自杀了。从此之后，匈奴断绝了与汉的和亲，进攻扼守大路的要塞，常常入侵汉朝边境，不可胜数；但是匈奴仍然贪图在边关的互市贸易，喜爱汉朝的财物；汉朝也不关闭边境贸易市场，以投其所好。

六年（壬子，公元前129年）

匈奴入侵上谷郡，杀害抢掠官吏百姓。武帝派遣车骑将军卫青从上谷郡出兵，骑将军公孙敖从代国出兵，轻车将军公孙贺从云中郡出兵，骁骑将军李广从雁门郡出兵，各自率领一万骑兵，出击屯兵在边关贸易市场附近的匈奴军队。卫青进攻到龙城，斩首和俘获匈奴七百多人；公孙贺一无所得；公孙敖被匈奴打败，损失了七千骑兵；李广也被匈奴打败。匈奴人活捉了李广，把他安置在两匹并行的马匹中间，让他躺在用绳子结成的网袋中，走出了十多里路；李广先是装死，后来突然纵身跃起，跳到了一个匈奴人骑坐的马上，夺得他的弓箭，打着马向南奔驰，于是得以逃脱归来。汉朝廷把公孙敖、李广交付司法官吏审讯，罪当斩首，后出钱赎罪，做了平民；只有卫青被赏给关内侯的爵位。卫青虽然出身于奴仆，但是善于骑马射箭，勇力超过常人；对官吏士大夫以礼相待，对士兵有恩，众人都愿为他效力，他有做军事统帅的才能，所以每次率兵出征能立下战功。天下人由此都佩服武帝的知人善任。

汉纪十一

第十九卷

世宗孝武皇帝中之上元狩四年（壬戌，前119）

冬，有司言："县官用度太空，而富商大贾冶铸、煮盐，财或累万金，不佐国家之急；请更钱造币以赡用，而摧浮淫并兼之徒。"是时，禁苑有白鹿而少府多银、锡，乃以白鹿皮方尺，缘以藻缋，为皮币，直四十万。王侯、宗室，朝觐、聘享必以皮币荐璧，然后得行。又造银、锡为白金三品；大者圜之，其文龙，直三千；次方之，其文马，直五百；小者椭之，其文龟，直三百。令县官销半两钱，更铸三铢钱，盗铸诸金钱罪皆死；而吏民之盗铸白金者不可胜数。

于是以东郭咸阳、孔仅为大农丞，领盐铁事；桑弘羊以计算用事。咸阳，齐之大煮盐，仅，南阳大冶，皆致生累千金；弘羊，洛阳贾人子，以心计，年十三侍中。三人言利，事析秋毫矣。

诏禁民敢私铸铁器、煮盐者钛左趾，没入其器物。公卿又请令诸贾人末作各以其物自占，率缗钱二千而一算；及民有轺车若船五丈以上者，皆有算。匿不自占，占不悉，戍边一岁，没入缗钱。有能告者，以其半畀之。其法大抵出张汤。汤每朝奏事，语国家用，日晏，天子忘食；丞相充位，天下事皆决于汤。百姓骚动，不安其生，咸指怨汤。

上与诸将议曰："翕侯赵信为单于画计，常以为汉兵不能度幕轻留，今大发士卒，其势必得所欲。"乃粟马十万，令大将军卫青、票骑将军去病各将五万骑，私负从马复四万匹，步兵转者踵军后又数十万人，而敢力战深入之士皆属票骑。票骑始为出定襄，当单于；捕虏言单于东，乃更令票骑出代郡，令大将军出定襄。郎中令李广数自请行，天子以为老，弗许；良久，乃许之，以为前将军。太仆公孙贺为左将军，主爵都尉赵食其为右将军。平阳侯曹襄为后将军，皆属大将军。赵信为单于谋曰：“汉兵既度幕，人马罢，匈奴可坐收虏耳。”乃悉远北其辎重，以精兵待幕北。

大将军既出塞，捕虏知单于所居，乃自以精兵走之，而令前将军广并于右将军军，出东道。东道回远而水草少，广自请曰：“臣部为前将军，今大将军乃徙令臣出东道。且臣结发而与匈奴战，今乃一得当单于，臣愿居前，先死单于。”大将军亦阴受上诫，以为“李广老，数奇，毋令当单于，恐不得所欲”。而公孙敖新失侯，大将军亦欲使敖与俱当单于，故徙前将军广。广知之，固自辞于大将军；大将军不听，广不谢而起行，意甚愠怒。

大将军出塞千余里，度幕，见单于兵陈而待。于是大将军令武刚车自环为营，而纵五千骑往当匈奴；匈奴亦纵可万骑。会日且入，大风起，砂砾击面，两军不相见，汉益纵左右翼绕单于。单于视汉兵多而士马尚强，自度战不能如汉兵，单于遂乘六骡，壮骑可数百，直冒汉围，西北驰去。时已昏，汉匈奴相纷拿，杀伤大当。汉军左校捕虏言单于未昏而去，汉军发轻骑夜追之，大将军军因随其后，匈奴兵亦散走。迟明，行二百余里，不得单于，捕斩首虏万九千级，遂至寘颜山赵信城，得匈奴积粟食军，留一日，悉烧其城余粟而归。

前将军广与右将军食其军无导，惑失道，后大将军，不及单于战。大将军引还，过幕南，乃遇二将军。大将军使长史责问广、食其失道状，急责广之幕府对簿。广曰：“诸校尉无罪，乃我自失道，吾今自上簿至莫府。”广谓其麾下曰：“广结发与匈奴大小七十余战，今幸从大将军出接单于兵，而大将军徙广部，行回远而又迷失道，岂非天哉！且广年六十余矣，终不能复对刀笔之吏！”遂引刀自刭。广为人廉，得赏赐辄分其麾下，饮食与士共之，为二千石四十余年，家无余财，猿臂，善射，度不中不发。将兵，乏绝之处见水，士卒不尽饮，广不近水，士卒不尽食，广不尝食；士以此爱乐为用。及死，一军皆哭；百姓闻之，知与不知，无老壮皆为垂涕。而右将军独下吏，当死，赎为庶人。

票骑将军骑兵车重与大将军等，而无裨将，悉以李敢等为大校，当裨将，出代、右北平二千余里，绝大幕，直左方兵，获屯头王、韩王等三人，将军、相国、当户、都尉八十三人，封狼居胥山，禅于姑衍，登临翰海，卤获七万四百四十三级。天子以五千八百户益封票骑将军；又封其所部右北平太守路博德等四人为列侯，从票侯破奴等二人益封，校尉敢为关内侯，食邑；军吏卒为官、赏赐甚多。而大将军不得益封，军吏皆无封侯者。

两军之出塞，塞阅官及私马凡十四万匹，而复入塞者不满三万匹。

乃益置大司马位，大将军、票骑将军皆为大司马，定令，令票骑将军秩禄与大将军等。自是之后，大将军青日退而票骑日益贵。大将军故人、门下士多去事票骑，辄得官爵，唯任安不肯。

票骑将军为人，少言不泄，有气敢往。天子尝欲教之孙、吴兵法，对曰："顾方略何如耳，不至学古兵法。"天子为治第，令票骑视之，对曰："匈奴未灭，无以家为也！"由此上益重爱之。然少贵，不省士，其从军，天子为遣太官赍数十乘；既还，重车余弃粱肉，而士有饥者；其在塞外，卒乏粮或不能自振，而票骑尚穿域蹋鞠；事多此类。大将军为人仁，喜士退让，以和柔自媚于上。两人志操如此。

是时，汉所杀虏匈奴合八九万，而汉士卒物故亦数万。是后匈奴远遁，而幕南无王庭。汉渡河自朔方以西至令居，往往通渠，置田官，吏卒五六万人，稍蚕食匈奴以北；然亦以马少，不复大出击匈奴矣。

汉武帝元狩四年（壬戌，公元前119年）

冬季，主管官员奏称："国家的经费非常困难，而豪富的大商人通过冶炼金属和煮制食盐等，家财有的积蓄到黄金万斤，却不肯用来资助国家急需。请陛下重新制造钱币使用，以打击那些浮滑奸邪、吞并别人财物之徒。"当时，御苑中有一种白鹿，少府衙门有很多银、锡。于是，汉武帝命人用一尺见方的白鹿皮，四边绣上五彩花纹，称为皮币，值四十万钱。同时下令：凡王侯、皇族进京朝觐，或相互聘问，以及参加祭祀大典时，都必须将呈献的玉璧放在皮币之上，然后才能通行。又用银、锡制造出三种白金币：大币为圆形，以龙为纹，值三千钱；次者为方形，以马为纹，值五百钱；小币为椭圆，以龟为纹，值三百钱。又命令地方官府销毁半两钱，改铸三铢钱，凡私自铸造各种钱币的人一律处死。但官吏和民间私自铸造白金币的人仍然不可胜数。

因此，汉武帝任命东郭咸阳、孔仅二人为大农丞，负责盐铁事务；桑弘羊也以擅长计算而受到重用。东郭咸阳本为齐地的大煮盐商，孔仅则是南阳的大冶炼商，二人都扩大产业而积聚千金。桑弘羊为洛阳商人子弟，精于心算，十三岁就做了侍中。他们三人商讨谋利的事，连细枝末节都能分析到。

汉武帝颁布诏书，禁止民间私铸铁器和煮盐，犯禁者受左脚穿铁鞋之刑，工具和产品没收。公卿大臣们又奏请汉武帝命令从事各种工商末业的人各自申报自己的财产，每二千钱纳税一百二十钱，作为一算。另外，凡百姓家有小型马车，或有五丈以上船只的，都要征算。凡隐匿财产不报，或申报不实的，戍守边塞一年，钱财没收。告发别人隐匿财产的人，赏给被告发者财产的一半。这些法令大部分出自张汤。张汤每次朝会，奏报国家财用情况，都到很晚，汉武帝因此忘记了吃饭。丞相李蔡坐在位子上充数，天下大事都由张汤决策。百姓骚动，无法安心生活，都怨恨张汤。

汉武帝与各位军事将领商议说："翕侯赵信给匈奴单于出谋划策，常常认为我国军队不能够轻装穿过大沙漠，即使到了那里也不能久留。此次我们发动大军，一定要达到我们的目的。"于是征选了用粟米饲养的战马十万匹，命大将军卫青、骠骑将军霍去病各率骑兵五万，跟随官兵私人驮运行装的马匹也有四万匹，步兵和运送辎重的人夫跟在大军之后有数十万人，其中敢于深入匈奴腹地作战的都隶属于骠骑将军霍去病，骠骑将军霍去病才准备出塞，正面攻击匈奴单于。后从俘虏口中得知单于在东边，于是改命霍去病自代郡出塞，卫青自定襄出塞。郎中令李广屡次主动请求出征，汉武帝认为他年事已高，不准所请，过了很长时间才答应他，任命为前将军。太仆公孙贺被任命为左将军，主爵都尉赵食其为右将军，平阳侯曹襄为后将军，都隶属于大将军卫青。赵信为单于谋划说："汉国横穿大沙漠后，人马必然疲惫，我军可以坐等擒获敌军。"于是将己方的辎重运到北方很远的地方，命精锐部队在沙漠以北等候汉军。

卫青出塞后，自俘虏口中得知单于住地，便亲自率精兵挺进，命前将军李广与右将军赵食其合兵一处，由东路进军。李广因东路绕远，水草也少，主动请求说："我的部队是前将军的部队，而今大将军却改命我部为东路军。我自少年时就开始与匈奴作战，今天才有机会正面对付单于，所以愿意做前锋，先去与单于死战。"卫青曾受汉武帝暗中告诫，认为："李广年纪已老，运气又不好，不要让他与单于正面作战，恐怕他不能完成擒获单于的任务。"而公孙敖不久前失去侯爵，卫青也想让他与自己一同正面与单于作战立功，所以将前将军李广调到东路。李广知道内情，坚决地向卫青推辞，遭到卫青拒绝。李广未向卫青告辞就动身出发，心中十分恼怒。

卫青率大军出塞一千余里，横穿大沙漠，见匈奴单于的军队正列阵以待，便下令将兵车环绕一周结成营阵，派出五千骑兵攻击匈奴，匈奴也放出约一万骑兵迎战。恰好太阳将要西沉，狂风忽起，砂砾扑打人脸，两军士卒相互不能分辨。卫青增派左右两翼的军队包抄单于。单于见汉军人多，兵马仍然很强，估计自己打不过汉军，便乘坐六匹健骡，在约数百名精壮骑兵的保护下直冲汉军防线，向西北方向飞奔而去。这时天已黑，汉军与匈奴的将士们仍在激烈搏杀，双方损失大体相当。汉军左翼校尉报告卫青说，他从抓到的俘虏那里得知，单于已于天未黑时离去。于是卫青派出轻骑兵连夜追击，自率大军跟随其后，匈奴兵也四散逃走。将近天明时，汉军已追出二百余里，没有抓到单于，但擒获和斩杀匈奴一万九千余人。于是到寘颜山赵信城，夺得匈奴的存粮供应军队。在该地停留一日之后，将该城和所余的粮食全部烧光，然后班师而还。

前将军李广与右将军赵食其率领的东路军因没有向导，在沙漠中迷失了道路，所以落到卫青的后面，没能赶上与单于的那一战。直到卫青率部班师，经过沙漠南部时才遇到李、赵二位将军。卫青派长史责问二人迷路的情况，并命李广马上到大将军处听候传讯。李广说道："校尉们没有罪，是我自己迷了路，我现在自己到大将军幕府去受审。"又对他的部下说："我从少年时开始作战，而大将军却将我部调到东路，路途本就绕远，又迷失了道路，难道这不是天意吗！况且我六十多岁了，毕竟不能再去面对那些刀笔小吏！"于是拔刀自刎。李广为人清廉，得到赏赐就分给部下，与士卒一起吃喝，做了四十多年二千石官，家中却没有多余的财产。他的手臂像猿臂又长又灵活，擅长射箭，估计射不中目标，便不发箭。他带领军队，在困境中找到水，士卒没有都喝过，李广不沾水；士卒没有都吃过，李广不进食。士卒因此乐意被他使用。及至李广死去，全军都哭了。百姓听到死讯，认识他的和不认识他的，无论年老还是年轻，都为他流泪，右将军赵食其一人被交付审判，其罪当死，赎身后成为平民。

骠骑将军霍去病率领的骑兵军车和辎重都与大将军卫青相同，但没有副将，将李敢等人全都任命为大校，充当副将，从代郡、右北平郡出塞二千余里，穿越大沙漠，与匈奴左部的军队遭遇，擒获匈奴屯头王、韩王等三人，以及将军、相国、当户、都尉等八十三人，在狼居胥山祭祀天神，姑衍山祭祀地神，又登上翰海旁边的山峰眺望，共俘获匈奴七万零四百四十三人。汉武帝增加霍去病食邑五千八百户，又封其部将右北平太守路博德等四人为列侯，从票侯赵破奴等二人增加食邑，封校尉李敢为关内侯，赐食邑。低级军官和兵卒升官，受赏的人很多。而大将卫青却没有增加食邑，部下军吏士兵全都没有被封侯的。

卫青与霍去病两支部队出塞时，曾在边塞检阅，官私马匹加起来共十四万匹，至班师重新入塞时，马匹不到三万。

于是，汉武帝增设大司马一职，由卫青、霍去病同时担任，还规定霍去病的官级和俸禄与卫青一样。从此以后，卫青的权势日渐衰落，而霍去病日益尊贵。很多卫青以往的朋友和门客去改投霍去病，马上得到了官职、爵位，只有任安不肯这样做。

霍去病为人寡言沉稳，有勇气，敢于任事，汉武帝曾想教他学习孙武、吴起兵法，他说："作战只看谋略如何罢了，用不着古代兵法。"汉武帝为霍去病修建府第，让他前往观看，他说："匈奴还没有消灭，要家干什么呢！"因此，汉武帝更加爱重他了。但霍去病少年显贵，对部下不关心。他率军出征时，汉武帝派负责宫廷膳食的太官给他送来的食物装了数十辆车。班师时，车上装满吃剩下的粮食和肉类，而士兵却有饿肚子的。在塞外时，军队有时因缺粮而士气不振，可霍去病却修建场地踢球游戏。像这样的事例有很多。卫青为人仁和，尊重士子，谦虚退让，以温顺柔和博取汉武帝的喜爱。二人的志趣节操就是如此。

这时，汉朝消灭匈奴共八九万人，汉军也死亡了数万人。此后，匈奴迁往很远的地方，沙漠以南再没有匈奴的王庭了。汉军渡过黄河，从朔方以西到令居县，处处开通河渠，设置田官，派士卒五六万人屯垦，逐渐蚕食到匈奴旧地以北。但也因缺少马匹，不再大举出击匈奴了。

汉纪十二

第二十卷

世宗孝武皇帝中之下元鼎四年（戊辰，前113）

初，南越文王遣其子婴齐入宿卫，在长安取邯郸樛氏女，生子兴。文王薨，婴齐立，乃藏其先武帝玺，上书请立樛氏女为后，兴为嗣。汉数使使者风谕婴齐入朝。婴齐尚乐擅杀生自恣，惧入见要，用汉法比内诸侯，固称病，遂不入见。婴齐薨，谥曰明王。太子兴代立，其母为太后。

太后自未为婴齐姬时，尝与霸陵人安国少季通。是岁，上使安国少季往谕王、王太后以入朝，比内诸侯，令辩士谏大夫终军等宣其辞，勇士魏臣等辅其决，卫尉路博德将兵屯桂阳待使者。南越王年少，太后中国人；安国少季往，复与私通。国人颇知之，多不附太后。太后恐乱起，亦欲倚汉威，数劝王及群臣求内属；即因使者上书，请比内诸侯，三岁一朝，除边关。

五年（己巳，前112）

南越王、王太后饬治行装，重赍为入朝具。其相吕嘉，年长矣，相三王，宗族仕宦为长吏者七十余人，男尽尚王女，女尽嫁王子弟、宗室，及苍梧秦王有连，其居国中甚重，得众心愈于王。王之上书，数谏止王，王弗听；有畔心，数称病，不见汉使者。

天子闻嘉不听命，王、王太后孤弱不能制，使者怯无决；又以为王、王太后已附汉，独吕嘉为乱，不足以兴兵，欲使庄参以二千人往使。参曰："以好往，数人足矣；以武往，二千人无足以为也。"辞不可，天子罢参。郏壮士故济北相韩千秋奋曰："以区区之越，又有王、王太后应，独相吕嘉为害，愿得勇士三百人，必斩嘉以报。"于是天子遣千秋与王太后弟樛乐将二千人往。入越境。吕嘉等乃遂反，下令国中曰："王年少。太后，中国人也，又与使者乱，专欲内属，尽持先王宝器入献天子以自媚；多从人行，至长安，虏卖以为僮仆；取自脱一时之利，无顾赵氏社稷、为万世虑计之意。”乃与其弟将卒攻杀王、王太后及汉使者，遣人告苍梧秦王及其诸郡县，立明王长男越妻子术阳侯建德为王。而韩千秋兵入，破数小邑。其后越开直道给食，未至番禺四十里，越以兵击千秋等，遂灭之；使人函封汉使者节置塞上，好为谩辞谢罪，发兵守要害处。

齐相卜式上书，请父子与齐习船者往死南越。天子下诏褒美式，赐爵关内侯，金六十斤，田十顷，布告天下；天下莫应。是时列侯以百数，皆莫求从军击越。会九月尝酎，祭宗庙，列侯以令献金助祭。少府省金，金有轻及色恶者，上皆令劾以不敬，夺爵者百六人。辛巳，丞相赵周坐知列侯酎金轻，下狱，自杀。

六年（庚午，前111）

楼船将军杨仆入越地，先陷寻陿，破石门，挫越锋，以数万人待伏波将军路博德至俱进，楼船居前，至番禺，南越王建德、相吕嘉城守。楼船居东南面，伏波居西北面。会暮，楼船攻败越人，纵火烧城。伏波为营，遣使者招降者，赐印绶，复纵令相招。楼船力攻烧敌，驱而入伏波营中。黎旦，城中皆降。建德、嘉已夜亡入海，伏波遣人追之。校尉司马苏弘得建德，越郎都稽得嘉。戈船、下濑将军兵及驰义侯所发夜郎兵未下，南越已平矣。遂以其地为南海、苍梧、郁林、合浦、交趾、九真、日南、珠厓、儋耳九郡。师还，上益封伏波；封楼船为将梁侯，苏弘为海常侯，都稽为临蔡侯，及越降将苍梧王赵光等四人皆为侯。

汉武帝元鼎四年（戊辰，公元前113年）

当初，南越文王赵胡派其子赵婴齐入宫为汉武帝充当侍卫，婴齐在长安娶邯郸女子樛氏为妻，生一子，取名赵兴。赵胡死后，赵婴齐继承王位，隐藏其先祖南越武帝赵佗的印玺，上书朝廷，请求立樛氏女为王后，赵兴为世子。朝廷多次派遣使臣，提醒赵婴齐入京朝觐。赵婴齐愿自操生杀予夺大权，随心所欲，害怕一旦入朝，朝廷会用法令像约束内地诸侯一样约束他，所以假称有病，没有到长安朝见。赵婴齐死后，谥号称明王。太子赵兴即王位，其母樛氏为王太后。

樛氏在没有成为赵婴齐的姬妾之前，曾与霸陵人安国少季有私情。这年，汉武帝派安国少季至南越国，告谕赵兴和他的母亲入京朝觐，同于内地诸侯；又派能言善辩的谏大夫终军等宣告朝廷的谕旨，勇士魏臣等帮助他们做决定；并命卫尉路博德率兵屯驻桂阳等待使臣。由于南越王年纪还小，樛氏又是汉朝人，安国少季到南越国后，又与樛氏私通，国中之人颇有耳闻，所以多数人都不拥护樛氏。樛氏害怕发生变乱，也想倚靠朝廷的威势，多次劝赵兴和南越国群臣请求归属朝廷，于是便借这次朝廷使臣前来的机会，上书请求比照内地诸侯，每三年朝觐一次，解除边界关卡。

五年（己巳，公元前112年）

南越王赵兴、王太后樛氏置办行装和重礼，准备入京朝觐。南越国丞相吕嘉年事已高，历任三代国王的丞相，其家族成员在南越国担任重要官职的有七十余人，男子都娶了国王的女儿，女子都嫁给国王的子弟或王族成员，与苍梧秦王也有姻亲关系。吕嘉在南越国的地位十分重要，比南越王更得人心。南越王上书汉朝请求归附，吕嘉曾多次谏阻，但南越王不听，吕嘉便生出离叛之心，几次推说有病，不肯与汉使相见。

汉武帝听说吕嘉不肯听命，而南越王、王太后又势孤力弱，不能控制，所派使臣怯懦无决断；又认为既然南越王、王太后已肯于归附，只有吕嘉从中捣乱，用不着举兵，想派庄参率兵二千前往南越国。庄参奏道："要是以友好的目的前往，几个人就够了；如果是以武力去胁迫，二千人是不够用的。"推辞说不能去，汉武帝将庄参免职。郏县壮士、曾任济北国丞相的韩千秋自告奋勇说："一个小小的南越国，又有其国王和王太后的响应，只丞相吕嘉一人捣乱，给我三百勇士，必能斩杀吕嘉回报。"于是汉武帝派韩千秋和南越王太后的弟弟樛乐率兵二千前往。汉军进入南越国境，吕嘉等便反叛，号令全国说："国王年轻，王太后本是汉朝人，又与汉使淫乱，一心想归附汉朝，将先王的宝器全都献给汉天子来讨好；还想带去大批随从之人，到达长安后卖为奴隶，只顾自己眼前利益，却不顾赵氏的江山社稷，没有为子孙万代着想的意思。"吕嘉与其弟率兵攻杀了南越王赵兴、王太后樛氏及汉朝使臣，派人告知苍梧秦王及各郡县，立南越明王赵婴齐大儿子赵越的南越妻子所生的儿子术阳侯赵建德为王。韩千秋率兵进入南越国后，攻破了几座小城。后南越人诱其直入，提供饭食，在距其都城番禺约四十里的地方将韩千秋所部汉军歼灭，然后派人把汉使的符节用函封好，放到边塞上，以动听的诳骗言辞谢罪，同时派兵加强边界要隘的镇守。

齐国丞相卜式上书朝廷，请求汉武帝批准他父子和齐国熟习舰船的人前往南越为国尽力。为此，汉武帝颁布诏书，表扬卜式，封卜式为关内侯，赏金六十斤、土地十顷，并宣告全国，然而全国却无人响应。当时列侯数以百计，没有一个人要求从军打南越。正好举行祭祀活动，天下列侯奉命进献黄金助祭。少府检查所献黄金，凡重量不足或成色不好的，皇上命令一律以“不敬”罪加以参劾。结果，因此而被革去爵位的，有一百零六人。辛巳（初六），丞相赵周也被指控“明知列侯所献黄金重量不足，却纵容包庇”，被逮捕下狱，赵周自杀。

六年（庚午，公元前111年）

楼船将军杨仆率兵进入南越国，首先攻陷寻陿，击破石门，挫败南越军的前锋，然后率部下数万人等待伏波将军路博德到来一同前进。杨仆为前导，到达南越国都番禺。南越王赵建德、丞相吕嘉等据城垣坚守。杨仆屯兵城东南面，路博德屯兵城西北面。黄昏时，杨仆军攻破南越军，放火烧城。路博德则设下营垒，派人招揽投降官兵，赏给印信、绶带，再命他们去招降同伴。杨仆军猛烈进攻，火烧敌军，南越军被驱赶到路博德营中。黎明时，城中南越人全部投降。赵建德、吕嘉已于半夜逃到海上，路博德派人追击。校尉司马苏弘生擒赵建德，原南越国郎官都稽活捉吕嘉。戈船将军、下濑将军的部队及驰义侯率领的夜郎军尚未赶到，南越国已被剿平。汉朝于是在南越旧地设南海、苍梧、郁林、合浦、交趾、九真、日南、珠厓、儋耳九郡。大军返回后，汉武帝加封路博德食邑，封杨仆为将梁侯，苏弘为海常侯，都稽为临蔡侯；南越降将原苍梧王赵光等四人也都被封为列侯。

汉纪十三

第二十一卷

世宗孝武皇帝下之上天汉元年（辛巳，前100）

上嘉匈奴单于之义，遣中郎将苏武送匈奴使留在汉者，因厚赂单于，答其善意。武与副中郎将张胜及假吏常惠等俱，既至匈奴，置币遗单于。单于益骄，非汉所望也。

会缑王与长水虞常等及卫律所将降者，阴相与谋劫单于母阏氏归汉。卫律者，父故长水胡人，律善协律都尉李延年，延年荐言律使于匈奴，使还，闻延年家收，遂亡降匈奴。单于爱之，与谋国事，立为丁灵王。虞常在汉时素与副张胜相知，私候胜曰："闻汉天子甚怨卫律，常能为汉伏弩射杀之。吾母、弟在汉，幸蒙其赏赐。"张胜许之，以货物与常。后月余，单于出猎，独阏氏、子弟在，虞常等七十余人欲发，其一人夜亡告之。单于子弟发兵与战，缑王等皆死，虞常生得。

单于使卫律治其事，张胜闻之，恐前语发，以状语武。武曰："事如此，此必及我，见犯乃死，重负国。"欲自杀，胜、惠共止之。虞常果引张胜。单于怒，召诸贵人议，欲杀汉使者。左伊秩訾曰："即谋单于，何以复加！宜皆降之。"单于使卫律召武受辞。武谓惠等："屈节辱命，虽生，何面目以归汉！"引佩刀自刺。卫律惊，自抱持武，驰召医，凿地为坎，置煴火，覆武其上，蹈其背以出血。武气绝，半日复息。惠等哭，舆归营。单于壮其节，朝夕遣人候问武，而收系张胜。

武益愈，单于使使晓武，欲降之，会论虞常，欲因此时降武；剑斩虞常已，律曰："汉使张胜谋杀单于近臣，当死，单于募降者赦罪。"举剑欲击之，胜请降。律谓武曰："副有罪，当相坐。"武曰："本无谋，又非亲属，何谓相坐！"复举剑拟之，武不动。律曰："苏君！律前负汉归匈奴，幸蒙大恩赐号称王，拥众数万，马畜弥山，富贵如此！苏君今日降，明日复然；空以身膏草野，谁复知之！"武不应。律曰："君因我降，与君为兄弟；今不听吾计，后虽欲复见我，尚可得乎！”武骂律曰：“汝为人臣子，不顾恩义，畔主背亲，为降虏于蛮夷，何以汝为见！且单于信汝，使决人死生，不平心持正，反欲斗两主，观祸败。南越杀汉使者，屠为九郡；宛王杀汉使者，头悬北阙；朝鲜杀汉使者，即时诛灭；独匈奴未耳。若知我不降明，欲令两国相攻，匈奴之祸从我始矣。”律知武终不可胁，白单于，单于愈益欲降之。乃幽武置大窖中，绝不饮食；天雨雪，武卧，啮雪与旃毛并咽之，数日不死。匈奴以为神，乃徙武北海上无人处，使牧羝，曰：“羝乳乃得归。”别其官属常惠等，各置他所。

二年（壬午，前99）

初，李广有孙陵，为侍中，善骑射，爱人下士。帝以为有广之风，拜骑都尉，使将丹阳、楚人五千人，教射酒泉、张掖以备胡。及贰师击匈奴，上诏陵，欲使为贰师将辎重。陵叩头自请曰：“臣所将屯边者，皆荆楚勇士奇材剑客也，力扼虎，射命中，愿得自当一队，到兰于山南以分单于兵，毋令专乡贰师军。”上曰：“将恶相属邪！吾发军多，无骑予女。”陵对：“无所事骑，臣愿以少击众，步兵五千人涉单于庭。”上壮而许之，因诏路博德将兵半道迎陵军。博德亦羞为陵后距，奏言：“方秋，匈奴马肥，未可与战，愿留陵至春俱出。”上怒，疑陵悔不欲出而教博德上书，乃诏博德引兵击匈奴于西河。诏陵以九月发，出遮虏障，至东浚稽山南龙勒水上，徘徊观虏，即无所见，还，抵受降城休士。陵于是将其步卒五千人，出居延，北行三十日，至浚稽山止营，举图所过山川地形，使麾下骑陈步乐还以闻。步乐召见，道陵将率得士死力，上甚悦，拜步乐为郎。

陵至浚稽山，与单于相值，骑可三万围陵军，军居两山间，以大车为营。陵引士出营外为陈，前行持戟、盾，后行持弓、弩。虏见汉军少，直前就营。陵搏战攻之，千弩俱发，应弦而倒，虏还走上山，汉军追击杀数千人。单于大惊，召左、右地兵八万余骑攻陵。陵且战且引南行。数日，抵山谷中，连战，士卒中矢伤，三创者载辇，两创者将车，一创者持兵战，复斩首三千余级。引兵东南，循故龙城道行，四五日，抵大泽葭苇中，虏从上风纵火，陵亦令军中纵火以自救。南行至山下，单于在南山上，使其子将骑击陵。陵军步斗树木间，复杀数千人，因发连弩射单于，单于下走。是日捕得虏，言“单于曰：‘此汉精兵，击之不能下，日夜引吾南近塞，得无有伏兵乎？’诸当户君长皆言：‘单于自将数万骑击汉数千人不能灭，后无以复使边臣，令汉益轻匈奴。复力战山谷间，尚四五十里，得平地，不能破，乃还。’”

是时陵军益急，匈奴骑多，战一日数十合，复伤杀虏二千余人。虏不利，欲去，会陵军候管敢为校尉所辱，亡降匈奴，具言：“陵军无后救，射矢且尽，独将军麾下及校尉成安侯韩延年各八百人为前行，以黄与白为帜；当使精骑射之即破矣。”单于得敢大喜，使骑并攻汉军，疾呼曰：“李陵、韩延年趣降！”遂遮道急攻陵。陵居谷中，虏在山上，四面射，矢如雨下；汉军南行，未至鞮汗山，一日五十万矢皆尽，即弃车去。士尚三千余人，徒斩车辐而持之，军吏持尺刀入狭谷，单于遮其后，乘隅下垒石，士卒多死，不得行。昏后，陵便衣独步出营，止左右：“毋随我，丈夫一取单于耳！”良久，陵还，太息曰：“兵败，死矣！”于是尽斩旌旗，及珍宝埋地中，陵叹曰：“复得数十矢，足以脱矣。今无兵复战，天明，坐受缚矣，各鸟兽散，犹有得脱归报天子者。”令军士人持二升糒，一片冰，期至遮虏障者相待。夜半时，击鼓起士，鼓不鸣。陵与韩延年俱上马，壮士从者十余人，虏骑数千追之。韩延年战死。陵曰：“无面目报陛下！”遂降。军人分散，脱至塞者四百余人。

陵败处去塞百余里，边塞以闻。上欲陵死战；后闻陵降，上怒甚，责问陈步乐，步乐自杀。群臣皆罪陵，上以问太史令司马迁，迁盛言：“陵事亲孝，与士信，常奋不顾身以徇国家之急，其素所畜积也，有国士之风。今举事一不幸，全躯保妻子之臣随而媒蘖其短，诚可痛也！且陵提步卒不满五千，深蹂戎马之地，抑数万之师，虏救死扶伤不暇，悉举引弓之民共攻围之，转斗千里，矢尽道穷，士张空拳，冒白刃，北首争死敌，得人之死力，虽古名将不过也。身虽陷败，然其所摧败亦足暴于天下。彼之不死，宜欲得当以报汉也。”上以迁为诬罔，欲沮贰师，为陵游说，下迁腐刑。

久之，上悔陵无救，曰：“陵当发出塞，乃诏强弩都尉令迎军；坐预诏之，得令老将生奸诈。”乃遣使劳赐陵余军得脱者。

汉武帝天汉元年（辛巳，公元前100年）

汉武帝嘉许匈奴单于的诚意，派中郎将苏武将留在汉朝的匈奴使臣送回匈奴，顺便携带厚礼，答谢匈奴单于的好意。苏武与副使中郎将张胜及暂时充任使团官吏的常惠等一同前往，到达匈奴后，将礼品送给单于。单于却更加骄横，不是汉朝原来所希望的样子。

正在此时，曾经归降过汉朝的匈奴缑王和长水人虞常，以及卫律所率领的投降匈奴的原汉朝人暗中商议，企图劫持匈奴单于母亲阏氏回到汉朝。卫律的父亲原是长水地区的匈奴人，卫律本人则因与汉朝的协律都尉李延年关系很好，经李延年推荐，受汉朝派遣出使匈奴。卫律出使归来，听说李延年一家被收捕，便逃到匈奴投降。单于很喜欢他，与他商讨国家大事，封他为丁灵王。虞常在汉朝时一直与副使张胜关系密切，私下拜访张胜时说："听说大汉天子非常怨恨卫律，我可以埋伏弓弩手为汉朝将其射死。我的母亲和弟弟都在汉朝，希望他们能得到赏赐。"张胜答应了虞常的要求，并送给他很多财物。一个多月以后，单于出外打猎，只有他母亲和部分子弟留在王庭。虞常等七十余人正准备发动政变，不料其中一人于夜间逃走，告发了虞常等人的政变计划。于是单于子弟调兵与虞常等人交战，缑王等全部被杀，虞常被活捉。

匈奴单于派卫律处理此事。张胜听到消息后，害怕先前与虞常约定之事被查出，便向苏武报告。苏武说："发生了这样的事，肯定会涉及我，如受到侵犯再死，那就更加辜负国家了。"于是准备自杀，被张胜、常惠一起阻止。后虞常果然供出张胜，单于大怒，召集贵族们商议，打算杀死汉使。匈奴左伊秩訾官说："谋杀卫律就要处死，如果谋害单于，又应如何加重惩处呢！应让他们全部归降。"单于派卫律传话给苏武。苏武对常惠等人说："如果卑躬屈节，有辱我们的使命，即使活着，又有何面目再回到我们大汉呢！"说完拔出佩刀刺入自己的身体。卫律大吃一惊，一把将苏武抱住，急忙召医生前来，在地上挖了一个土洞，点起炭火，将苏武放在洞上，用脚踩苏武的后背，使淤血流出。苏武气绝，半日才慢慢苏醒。常惠等痛哭，将苏武抬回驻地。单于很钦佩苏武的气节，早晚都派人问候，而将张胜逮捕。

苏武逐渐痊愈，单于派人来劝谕苏武，要苏武归降匈奴。正在此时，虞常被定为死罪，便打算借此机会逼苏武投降。用剑斩下虞常的人头之后，卫律说："汉使张胜想谋杀单于的亲信大臣，其罪当死，单于招募归降，降者赦免。"说完举剑要刺张胜，张胜请求投降。卫律又对苏武说："副使有罪，你作为正使，应连坐受罚。"苏武回答说："我本未参与其事，与张胜又没有亲属关系，为什么要连坐受罚！"卫律又举剑威胁苏武，苏武纹丝不动。卫律说："苏先生！我以前背叛汉朝，归顺匈奴，有幸蒙单于大恩、赐号称王，并拥有数万人众，马匹牲畜满山，这样富贵！苏先生如果今日归降，明日就会和我一样，否则白白横尸荒野，又有谁知道呢！"苏武闭口不答。卫律又说："你要是听我的话，归降匈奴，我与你就如兄弟一般；如今日不听我的建议，以后即使想再见我，还能够办得到吗？"苏武骂道："你身为汉朝臣子，却不顾恩义，背叛君主、亲人，投降蛮夷异族，我见你干什么！况且单于信任你，让你决定别人的生死，你不但不公平处理，反而想挑动两国君主相互争斗，在一旁坐观成败。南越国杀死汉使，被汉灭掉后变为九郡；大宛王杀死汉使，其人头被悬于长安宫廷北门；朝鲜杀死汉使，立即招来灭国之祸；只有匈奴还没有干过这种事。你明知我不会投降，却想借此挑起两国之间的战争，只怕匈奴的灾难，将会从我开始了。”卫律明白苏武终究不会受他的胁迫，只得禀报单于。单于见苏武如此忠心，越发想争取他归顺，便将苏武囚禁于一个大地窖中，断绝苏武的饮食，企图逼其就范。当时正下大雪，苏武躺在地上，靠吞食雪片和衣服上的毡毛，一同咽下，几天后竟然未死。匈奴人以为有神灵庇护，便将苏武放逐到北海荒无人烟之处，让他放牧一群公羊，并对苏武说：“等到公羊能产出羊奶，你就可以回国了。”常惠等使团中不肯投降的官员，也被分别扣留在其他地方。

二年（壬午，公元前99年）

当初，李广的孙子李陵担任侍中，精通骑马射箭之术，爱护士卒，谦恭地对待贤士。汉武帝认为李陵颇有其祖父李广的风范，封他为骑都尉，命他带领丹阳和楚地人五千，在酒泉、张掖一带教习射箭之术，以防备匈奴。李广利出击匈奴时，汉武帝召见李陵，想命他为李广利押运辎重。李陵叩头请求说：“我所率领屯戍边塞的人，都是荆楚地区勇武之士和奇才剑客，论力量能够手扼猛虎，论箭术堪称百发百中，希望能让我自己率领一队人马，前往兰于山以南地区，用以分散匈奴单于的兵力，使其不能全力对抗贰师将军的部队。”汉武帝说：“你不愿作别人的部下吗！这次我调动的军队太多，没有马匹分配给你。”李陵说：“我用不着马匹，愿以少敌众，率五千步兵直捣匈奴单于的王庭。”汉武帝赞赏李陵的豪情壮志，同意了他的请求，下诏命路博德在半途中接应李陵。路博德也羞于做李陵的后援部队，便上奏说：“如今正值秋季，匈奴马肥，不宜于此时与匈奴交战，希望陛下命李陵稍等，到明年春天再一同出征。”汉武帝很生气，怀疑是李陵胆怯后悔，不想出征，而让路博德上书，便下诏命路博德率兵赴西河袭击匈奴，同时命李陵于九月自居延遮虏障出发，深入东浚稽山南面的龙勒水边巡回观察匈奴动静，如果不见敌踪，便退回受降城休养士卒。于是，李陵率领步兵五千人，出居延向北推进，三十天后抵达浚稽山，停下扎营，沿途命人将所过之处的山川地形绘制成图，派部下骑兵陈步乐送回长安。汉武帝召见陈步乐，听他报告说李陵能使部下拼死效力，非常高兴，封陈步乐为郎官。

李陵在浚稽山与单于率领的匈奴军队相遇，匈奴约三万骑兵将李陵的部队包围。李陵屯兵两山之间，用大车围成营寨，亲自率领士卒在营外列下战阵，前排手持戟、盾，后排手持弓、弩。匈奴兵见汉军人少，便直逼营前阵地。李陵率部迎击，展开搏斗，汉军千弩齐发，匈奴兵纷纷应弦倒地，只得退回山上，汉军追击，杀死匈奴数千人。单于大惊，召左、右两翼军八万余骑兵前来围攻李陵。李陵率部且战且走，向南撤退，数日后，来到一个山谷之中。汉军接连作战，士卒大多身带箭伤，仍顽强苦战，受伤三处的坐在车上，受伤两处的驾车，受伤一处的手持武器坚持战斗，又斩杀匈奴三千余人。李陵率部沿着龙城旧道向东南方撤退，四五日后，退到一大片沼泽芦苇之中。匈奴在上风放火，企图烧死汉军；李陵也命部下放火烧光周围的芦苇以自救。汉军继续南行，来到一座山下。单于在南山上命他的儿子率领骑兵向汉军进攻。汉军在树林之中步战，又杀死匈奴数千人，并用连弩机射单于，单于下山逃避。这一天，汉军抓到部分匈奴俘虏，据他们说："我们听单于说：'这是汉朝的精兵，猛攻也没能将他们消灭，他们日夜引我们向南接近汉塞，莫非是有埋伏的军队吗？'各位当户、君长都说：'单于亲率数万骑兵攻击汉军数千人而不能将他们消灭，以后将无法再号令边臣，还会使汉朝更加轻视匈奴。所以要在山谷中再次力战，还有四五十里才到平原地区，如仍不能取胜就返回。'"

此时汉军处境越发凶险。匈奴骑兵多，一日交战数十回合，汉军又杀伤匈奴二千余人。匈奴作战不利，打算撤兵离去。然而就在此时，李陵军中有一个名叫管敢的军候，因受到校尉的欺辱，逃到匈奴军中投降，一一说出汉军实情："李陵部队并无后援，箭矢也即将用尽，只有将军部下和校尉成安侯韩延年所属部队各八百人在前面开路，以黄旗和白旗作为标志。应当派精锐骑兵用弓箭射杀他们，汉军立即就可击破。"单于得到管敢，喜出望外，命匈奴骑兵一齐向汉军发起进攻，同时令人大声喊叫："李陵、韩延年快快投降！"又派兵截断汉军的道路，猛攻李陵。李陵的部队被困在山谷之中，匈奴军在山上，从四面射箭，箭如雨下。李陵继续向南退却，尚未到达鞮汗山，一天中五十万支箭已全部用尽，于是放弃辎重车辆，继续前往。此时军中士兵还有三千余人，只能砍下车的辐条拿在手中做武器，文职人员也手持短刀加入战斗行列。汉军退入狭谷之中，单于亲自率兵截断汉军后路，指挥匈奴兵卒将山上巨石滚入谷中，汉军多数死去，不能前进。黄昏以后，李陵独自一人身穿便衣走出大营，止住左右随从说："不要跟着我，我要独自一人生擒单于！"过了很长一段时间，李陵回到营中，叹道："我们已然兵败，即将死于此地了！"于是将所有的旌旗尽行砍倒，与珍宝一起埋入地下，李陵叹了口气，对部下说道："如果再有数十支箭，我们就足以逃脱了。现在已没有武器再战，天亮以后，就只能坐等被擒了，不如各自逃命，还有人能够侥幸逃脱回去报告天子。”于是命将士每人身带二升干粮，一片冰，约定到遮虏障会合。半夜时，李陵命人击鼓叫醒将士们，但战鼓已破，敲不响。李陵与韩延年都跨上战马，十几名壮士跟随。匈奴数千名骑兵随后追击，韩延年战死。李陵说道：“我已无面目报答皇帝陛下！”于是投降了。其他人分散突围，逃回边塞的有四百余人。

李陵兵败之处距边塞只有一百余里，边塞将领将此事报告朝廷。汉武帝本希望李陵能死战，后听说李陵投降匈奴，十分愤怒，责问陈步乐，陈步乐自杀而死。满朝大臣都说李陵有罪，汉武帝问太史令司马迁对此事的看法，司马迁竭力为李陵分辩说：“李陵对父母孝顺，对士人讲信义，常常奋不顾身，赴国家急难，这正是他平时的志愿所在，颇有国士的风范。如今出征偶然不幸失败，那些保全自身性命和妻子儿女的臣子就跟着捏造他的短处，实在令人痛心！况且李陵率领不到五千步兵，深入满是战马的匈奴腹地，抵挡数万敌军；匈奴被打得连救死扶伤都顾不过来，将全国所有能拉弓射箭的人全部调来围攻李陵。李陵率部转战千里，箭矢用尽，无路可走，将士们手拿着没有箭的空弩机，冒着敌人锋利的枪尖刀刃，仍然面向北方拼死力战，能够得到部下这样的拼死效力，即使是古代的名将，也不过如此！李陵虽然兵败，但他对匈奴的打击也足以使他名扬天下了。李陵之所以没有死节，当是想找机会报效国家。”汉武帝认为司马迁在诬陷欺骗，是为了诋毁李广利，为李陵游说开脱，下令对司马迁施以宫刑。

很久以后，汉武帝才对原先使李陵陷入孤立无援的境地表示后悔，说道：“应当在李陵率军出塞时，再让强弩将军路博德前去接应；而我预先就颁下诏书，使老将路博德生出奸诈之心，不肯接应李陵。”于是派使臣对逃脱回来的李陵余部进行慰劳赏赐。

汉纪十四

第二十二卷

世宗孝武皇帝下太始三年（丁亥，前94）

是岁，皇子弗陵生。弗陵母曰河间赵婕妤，居钩弋宫，任身十四月而生。上曰："闻昔尧十四月而生，今钩弋亦然。"乃命其所生门曰尧母门。

臣光曰：为人君者，动静举措不可不慎，发于中必形于外，天下无不知之。当是时也，皇后、太子皆无恙，而命钩弋之门曰尧母，非名也。是以奸人逆探上意，知其奇爱少子，欲以为嗣，遂有危皇后、太子之心，卒成巫蛊之祸，悲夫！

赵人江充为水衡都尉。初，充为赵敬肃王客，得罪于太子丹，亡逃；诣阙告赵太子阴事，太子坐废。上召允入见。充容貌魁岸，被服轻靡，上奇之；与语政事，大悦，由是有宠，拜为直指锈衣使者，使督察贵戚、近臣逾侈者。充举劾无所避，上以为忠直，所言皆中意。尝从上甘泉，逢太子家使乘车马行驰道中，充以属吏。太子闻之，使人谢充曰："非爱车马，诚不欲令上闻之，以教敕亡素者；唯江君宽之！"充不听，遂白奏。上曰："人臣当如是矣！"大见信用，威震京师。

征和二年（庚寅，前91）

初，上年二十九乃生戾太子。甚爱之。及长，性仁恕温谨，上嫌其材能少，不类己；而所幸王夫人生子闳，李姬生子旦、胥，李夫人生子髆，皇后、太子宠浸衰，常有不自安之意。上觉之，谓大将军青曰："汉家庶事草创，加四夷侵陵中国，朕不变更制度，后世无法；不出师征伐，天下不安；为此者不得不劳民。若后世又如朕所为，是袭亡秦之迹也。太子敦重好静，必能安天下，不使朕忧。欲求守文之主，安有贤于太子者乎！闻皇后与太子有不安之意，岂有之邪？可以意晓之。”大将军顿首谢。皇后闻之，脱簪请罪。太子每谏征伐四夷，上笑曰：“吾当其劳，以逸遗汝，不亦可乎！”

上每行幸，常以后事付太子，宫内付皇后；有所平决，还，白其最，上亦无异，有时不省也。上用法严，多任深刻吏；太子宽厚，多所平反，虽得百姓心，而用法大臣皆不悦。皇后恐久获罪，每戒太子，宜留取上意，不应擅有所纵舍。上闻之，是太子而非皇后。群臣宽厚长者皆附太子，而深酷用法者皆毁之；邪臣多党与，故太子誉少而毁多。卫青薨，臣下无复外家为据，竞欲构太子。

上与诸子疏，皇后希得见。太子尝谒皇后，移日乃出。黄门苏文告上曰：“太子与宫人戏。”上益太子宫人满二百人。太子后知之，心衔文。文与小黄门常融、王弼等常微伺太子过，辄增加白之。皇后切齿，使太子白诛文等。太子曰：“第勿为过，何畏文等！上聪明，不信邪佞，不足忧也！”上尝小不平，使常融召太子，融言“太子有喜色”，上嘿然。及太子至，上察其貌，有涕泣处，而佯语笑，上怪之；更微问，知其情，乃诛融。皇后亦善自防闲，避嫌疑，虽久无宠，尚被礼遇。

是时，方士及诸神巫多聚京师，率皆左道惑众，变幻无所不为。女巫往来宫中，教美人度厄，每屋辄埋木人祭祀之；因妒忌恚詈，更相告讦，以为祝诅上，无道。上怒，所杀后宫延及大臣，死者数百人。上心既以为疑，尝昼寝，梦木人数千持杖欲击上，上惊寤，因是体不平，遂苦忽忽善忘。江充自以与太子及卫氏有隙，见上年老，恐晏驾后为太子所诛，因是为奸，言上疾祟在巫蛊。于是上以充为使者，治巫蛊狱。充将胡巫掘地求偶人，捕蛊及夜祠、视鬼，染污令有处，辄收捕验治，烧铁钳灼，强服之。民转相诬以巫蛊，吏辄劾以为大逆无道，自京师、三辅连及郡、国，坐而死者前后数万人。

是时，上春秋高，疑左右皆为蛊祝诅；有与无，莫敢讼其冤者。充既知上意，因胡巫檀何言：“宫中有蛊气；不除之，上终不差。”上乃使充入宫，至省中，坏御座，掘地求蛊；又使按道侯韩说、御史章赣、黄门苏文等助充。充先治后宫希幸夫人，以次及皇后、太子宫，掘地纵横，太子、皇后无复施床处。充云：“于太子宫得木人尤多，又有帛书，所言不道，当奏闻。”太子惧，问少傅石德。德惧为师傅并诛，因谓太子曰：“前丞相父子、两公主及卫氏皆坐此，今巫与使者掘地得征验，不知巫置之邪，将实有也，无以自明。可矫以节收捕充等系狱，穷治其奸诈。且上疾在甘泉，皇后及家吏请问皆不报；上存亡未可知，而奸臣如此，太子将不念秦扶苏事邪！”太子曰：“吾人子，安得擅诛！不如归谢，幸得无罪。”太子将往之甘泉，而江充持太子甚急；太子计不知所出，遂从石德计。秋，七月，壬午，太子使客诈为使者，收捕充等；按道侯说疑使者有诈，不肯受诏，客格杀说。太子自临斩充，骂曰：“赵虏！前乱乃国王父子不足邪！乃复乱吾父子也！”又炙胡巫上林中。

太子使舍人无且持节夜入未央宫殿长秋门，因长御倚华具白皇后，发中厩车载射士，出武库兵，发长乐宫卫卒。长安扰乱，言太子反。苏文迸走，得亡归甘泉，说太子无状。上曰：“太子必惧，又忿充等，故有此变。”乃使使召太子。使者不敢进，归报云：“太子反已成，欲斩臣，臣逃归。”上大怒。丞相屈氂闻变，挺身逃，亡其印绶，使长史乘疾置以闻。上问：“丞相何为？”对曰：“丞相秘之，未敢发兵。”上怒曰：“事籍籍如此，何谓秘也！丞相无周公之风矣，周公不诛管、蔡乎！”乃赐丞相玺书曰：“捕斩反者，自有赏罚。以牛车为橹，毋接短兵，多杀伤士众！坚闭城门，毋令反者得出！”太子宣言告令百官云：“帝在甘泉病困，疑有变；奸臣欲作乱。”上于是从甘泉来，幸城西建章宫，诏发三辅近县兵，部中二千石以下，丞相兼将之。太子亦遣使者矫制赦长安中都官囚徒，命少傅石德及宾客张光等分将；使长安囚如侯持节发长水及宣曲胡骑，皆以装会。侍郎马通使长安，因追捕如侯，告胡人曰：“节有诈，勿听也！”遂斩如侯，引骑入长安；又发楫棹士以予大鸿胪商丘成。初，汉节纯赤，以太子持赤节，故更为黄旄加上以相别。

太子立车北军南门外，召护北军使者任安，与节，令发兵。安拜受节，入，闭门不出。太子引兵去，驱四市人凡数万众，至长乐西阙下，逢丞相军，合战五日，死者数万人，血流入沟中。民间皆云“太子反”，以故众不附太子，丞相附兵浸多。

庚寅，太子兵败，南奔覆盎城门。司直田仁部闭城门，以为太子父子之亲，不欲急之；太子由是得出亡。丞相欲斩仁，御史大夫暴胜之谓丞相曰：“司直，吏二千石，当先请，奈何擅斩之！”丞相释仁。上闻而大怒，下吏责问御史大夫曰：“司直纵反者，丞相斩之，法也；大夫何以擅止之？”胜之惶恐，自杀。诏遣宗正刘长、执金吾刘敢奉策收皇后玺绶，后自杀。上以为任安老吏，见兵事起，欲坐观成败，见胜者合从之，有两心，与田仁皆要斩。上以马通获如侯，长安男子景建从通获石德，商丘成力战获张光，封通为重合侯，建为德侯，成为秺侯。诸太子宾客尝出入宫门，皆坐诛；其随太子发兵，以反法族；吏士劫略者皆徙敦煌郡。以太子在外，始置屯兵长安诸城门。

上怒甚，群下忧惧，不知所出。壶关三老茂上书曰：“臣闻父者犹天，母者犹地，子犹万物也，故天平，地安，物乃茂成；父慈，母爱，子乃孝顺。今皇太子为汉适嗣，承万世之业，体祖宗之重，亲则皇帝之宗子也。江充，布衣之人，闾阎之隶臣耳；陛下显而用之，衔至尊之命以迫蹴皇太子，造饰奸诈，群邪错缪，是以亲戚之路鬲塞而不通。太子进则不得见上，退则困于乱臣，独冤结而无告，不忍忿忿之心，起而杀充，恐惧逋逃，子盗父兵，以救难自免耳。臣窃以为无邪心。《诗》曰：'营营青蝇，止于藩。恺悌君子，无信谗言。谗言罔极，交乱四国。'往者江充谗杀赵太子，天下莫不闻。陛下不省察，深过太子，发盛怒，举大兵而求之，三公自将；智者不敢言，辩士不敢说，臣窃痛之！唯陛下宽心慰意，少察所亲，毋患太子之非，亟罢甲兵，无令太子久亡！臣不胜惓惓，出一旦之命，待罪建章宫下。"书奏，天子感寤，然尚未敢显言赦之也。

太子亡，东至湖，藏匿泉鸠里。主人家贫，常卖屦以给太子。太子有故人在湖，闻其富赡，使人呼之而发觉。八月，辛亥，吏围捕太子。太子自度不得脱，即入室距户自经。山阳男子张富昌为卒，足蹋开户，新安令史李寿趋抱解太子，主人公遂格斗死，皇孙二人并皆遇害。上既伤太子，乃封李寿为邘侯，张富昌为题侯。

三年（辛卯，前90）

吏民以巫蛊相告言者，案验多不实。上颇知太子惶恐无他意，会高寝郎田千秋上急变，讼太子冤曰："子弄父兵，罪当笞。天子之子过误杀人，当何罪哉！臣尝梦一白头翁教臣言。"上乃大感寤，召见千秋，谓曰："父子之间，人所难言也，公独明其不然。此高庙神灵使公教我，公当遂为吾辅佐。"立拜千秋为大鸿胪，而族灭江充家，焚苏文于横桥上。及泉鸠里加兵刃于太子者，初为北地太守，后族。上怜太子无辜，乃作思子宫，为归来望思之台于湖，天下闻而悲之。

汉武帝太始三年（丁亥，公元前94年）

这一年，皇子刘弗陵出生。刘弗陵的母亲是河间人，姓赵，受封为婕妤，住在钩弋宫，怀孕十四个月后生刘弗陵。汉武帝说："听说当年尧是十四个月才出生的，如今赵婕妤生这个孩子也是如此。"于是下令将钩弋宫宫门改称尧母门。

臣司马光曰：作为君主，每一个动静、措施都不能不慎重，内心想的事，外表必然会显露出来，天下人都会知道。那时，皇后、太子全部安然健在，汉武帝却下令将钩弋宫宫门称为尧母门，在名义上是不妥当的。正因为如此，才使奸猾之徒揣摩皇上的心意，认为他非常宠爱幼子，想立幼子为皇位继承人，于是产生出危害皇后、太子之心，终于酿成巫师用邪术害人的祸难，可悲啊！

赵国人江充被任命为水衡都尉。当初，江充本是赵敬肃王的门客，因为得罪了赵王太子刘丹，逃出赵国，来到朝廷告发了刘丹的隐私秘事，刘丹因此被废除赵国太子之位。汉武帝召江充入宫见面，见他仪表堂堂，身体魁梧，衣着轻暖而华丽，暗中称奇。与他谈论一番政事后，汉武帝大为高兴，从此宠信江充，封其为直指绣衣使者，让他督察皇亲国戚、天子近臣中的违背体制、奢侈不法行为。江充检举参劾，毫无避讳，汉武帝因此认为他忠正直率，所说的话都合汉武帝的心意。江充曾随汉武帝前往甘泉宫，正遇上太子刘据派遣去甘泉宫问安的使者坐着马车在皇帝专用的“驰道”上行走，江充便将其逮捕问罪。太子听说后，派人向江充求情说：“我并非爱惜车马，实在是不愿让皇上知道后，认为我平时没有管教左右，希望江先生宽恕！”江充并不理睬，径自上奏。汉武帝说：“作臣子的，就应当这样！”对江充大加信任，从而使江充威震京师。

征和二年（庚寅，公元前 91 年）

当初，汉武帝二十九岁时才有了戾太子刘据，对他非常喜爱。刘据长大后，性格仁慈宽厚、温和谨慎，汉武帝嫌他不像自己那样精明强干；汉武帝平日宠爱的王夫人也生一子名叫刘闳，李姬生二子刘旦、刘胥，李夫人生一子刘髆。皇后、太子因皇上对他们的宠爱逐渐减少，常常有不能自安的感觉。汉武帝察觉后，对大将军卫青说：“我朝有很多事都还处于草创阶段，再加上周围的外族对我国的侵扰不断，朕如不变更制度，后代就将失去准则依据；如不出师征伐，天下就不能安定，因此不能不使百姓们受些劳苦。但倘若后代也像朕这样去做，就等于重蹈了秦朝灭亡的覆辙。太子性格稳重好静，肯定能安定天下，不会让朕忧虑。要找一个能够以文治国的君主，还能有谁比太子更强呢！听说皇后和太子有不安的感觉，难道真是如此吗？你可以把朕的意思转告他们。”卫青叩头感谢。皇后听说后，特意摘掉首饰向汉武帝请罪。每当太子劝阻征伐四方时，汉武帝就笑着说：“由我来担当艰苦重任，而将安逸留给你，不也挺好吗！”

汉武帝每次出外巡游，经常将留下的事交付给太子，宫中事务交付给皇后。如果有所裁决，待汉武帝回来后就将其中最重要的向他报告，汉武帝也没有不同意的，有时甚至不过问。汉武帝用法严厉，任用的多是严苛残酷的官吏；而太子待人宽厚，经常将一些他认为处罚过重的事从轻发落。太子这样做虽然得百姓之心，但那些执法大臣都不高兴。皇后害怕长此下去会获罪，经常告诫太子，应注意顺从皇上的意思，不应擅自有所纵容宽赦。汉武帝听说后，认为太子是对的，而皇后不对。群臣中，为人宽厚的都依附太子，而用法严苛的则都诋毁太子。由于奸邪的臣子大多结党，所以为太子说好话的少，说坏话的多。卫青去世后，那些臣子认为太子不再有母亲娘家的靠山，便竞相陷害太子。

汉武帝与儿子们很少在一起，与皇后也难得见面。一次，太子进宫谒见皇后，太阳都转过去半天了，才从宫中出来。黄门太监苏文向汉武帝报告说："太子调戏宫女。"于是汉武帝将太子宫中的宫女增加到二百人。后来太子知道了这件事，便对苏文怀恨在心。苏文与小黄门太监常融、王弼等经常暗中寻找太子的过失，然后再去添枝加叶地向汉武帝报告。对此，皇后恨得咬牙切齿，让太子禀明皇上杀死苏文等人。太子说："只要我不做错事，又何必怕苏文等人！皇上圣明，不会相信邪恶谗言，用不着忧虑。"有一次，汉武帝感到身体有点不舒服，派常融去召太子，常融回来后对汉武帝说："太子面带喜色。"汉武帝默然无语。及至太子来到，汉武帝观其神色，见他脸上有泪痕，却强装有说有笑，汉武帝感到很奇怪，再暗中查问，才得知事情真相，于是将常融处死。皇后自己也小心防备，远避嫌疑，所以尽管已有很长时间不再得宠，却仍能使汉武帝以礼相待。

这时，方士和各类神巫多聚集在京师长安，大都是以左道旁门的奇幻邪术迷惑众人，无所不为。一些女巫来于宫中，教宫中美人躲避灾难的办法，在每间屋里都埋上木头人，进行祭祀。因相互妒忌争吵时，就轮番告发对方诅咒皇上、大逆不道。汉武帝大怒，将被告发的人处死，后宫妃嫔、宫女以及受牵连的大臣被杀的有数百人。汉武帝产生疑心以后，有一次，在白天小睡，梦见有好几千木头人手持棍棒想要袭击他，霍然惊醒，从此感到身体不舒服，精神恍惚，记忆力大减。江充自以为与太子及皇后有嫌隙，见汉武帝年纪已老，害怕皇上去世后被太子诛杀，便定下奸谋，说皇上的病是因为有巫术作祟造成的。于是汉武帝派江充为使者，负责查出巫术案。江充率领胡人巫师到各处掘地寻找木头人，并逮捕了那些用巫术害人，夜间祷祝及自称能见到鬼魂的人，又命人事先在一些地方洒上血污，然后对被捕之人进行审讯，将那些染上血污的地方指为他们以邪术害人之处，并施以铁钳烧灼之刑，强迫他们认罪。于是百姓们相互诬指对方用巫术害人；官吏则每每参劾别人为大逆不道。从京师长安、三辅地区到各郡、国，因此而死的先后共有数万人。

此时，汉武帝年事已高，怀疑周围的人都在用巫术诅咒于他；而那些被逮捕治罪的人，无论真实情况如何，谁也不敢诉说自己有冤。江充窥探出汉武帝的疑惧心理，便指使胡人巫师檀何言称："宫中有蛊气，不将这蛊术气除去，皇上的病就一直不会好。"于是汉武帝派江充进入宫中，直至宫禁深处，毁坏皇帝的宝座，挖地找蛊；又派按道侯韩说、御史章赣、黄门苏文等协助江充。江充先从后宫中汉武帝已很少理会的妃嫔的房间着手，然后依次搜寻，一直搜到皇后宫和太子宫中，各处的地面都被纵横翻起，以致太子和皇后连放床的地方都没有了。江充扬言："在太子宫中找出的木头人最多，还有写在丝帛上的文字，内容大逆不道，应当奏闻皇上。"太子非常害怕，问少傅石德应当怎么办。石德害怕因为自己是太子的老师而受牵连被杀，便对太子说："先前公孙贺父子、两位公主以及卫伉等都被指犯有用巫术害人之罪而被杀死，如今巫师与皇上的使者又从宫中挖出证据，不知是巫师放置的呢，还是确实有，自己是无法解释清楚的。您可假传圣旨，将江充等人逮捕下狱，彻底追究其奸谋。况且皇上有病住在甘泉宫，皇后和您派去请安的人都没能见到皇上，皇上是否还在，实未可知，而奸臣竟敢如此，难道您忘了秦朝太子扶苏之事了吗！"太子说道："我这做儿子的怎能擅自诛杀大臣！不如前往甘泉宫请罪，或许能侥幸无事。"太子打算亲自前往甘泉宫，但江充却抓住太子之事逼迫甚急，太子想不出别的办法，于是按着石德的计策行事。秋季，七月壬午（初九），太子派门客冒充皇帝使者，逮捕了江充等人。按道侯韩说怀疑使者是假的，不肯接受诏书，被太子门客杀死。太子亲自监杀江充，骂道："你这赵国的奴才，先前扰害你们国王父子，还嫌不够，如今又来扰害我们父子！"又将江充手下的胡人巫师烧死在上林苑中。

太子派侍从门客无且携带符节乘夜进入未央宫长秋门，通过长御女官倚华将一切报告皇后，然后调发皇家马车运载射手，打开武器库拿出武器，又调发长乐宫的卫兵。长安城中一片混乱，纷纷传言："太子造反。"苏文得以逃出长安，来到甘泉宫，向汉武帝报告说太子很不像话。汉武帝说道："太子肯定是害怕了，又愤恨江充等人，所以发生这样的变故。"因而派使臣召太子前来。使臣不敢进入长安，回去报告说："太子已经造反，要杀我，我逃了回来。"汉武帝大怒。丞相刘屈氂听到事变消息后，抽身就逃，连丞相的官印、绶带都丢掉了，派长史乘驿站快马奏报汉武帝。汉武帝问道：

“丞相是怎么做的？”长史回答说：“丞相封锁消息，没敢发兵。”汉武帝生气地说：“事情已经这样沸沸扬扬，还有什么秘密可言！丞相没有周公的遗风，难道周公能不杀管叔和蔡叔吗！”于是给丞相颁赐印有玺印的诏书，命令他：“捕杀叛逆者，朕自会赏罚分明。应用牛车作为掩护，不要和叛逆者短兵相接，杀伤过多兵卒！紧守城门，决不能让叛军冲出长安城！”太子发表宣言，向文武百官发出号令说：“皇上因病困居甘泉宫，我怀疑可能发生了变故，奸臣们想乘机叛乱。”汉武帝于是从甘泉宫返回，来到长安城西建章宫，颁布诏书征调三辅附近各县的军队，部署中二千石以下官员，归丞相兼职统辖。太子也派使者假传圣旨，将关在长安中都官狱中的囚徒赦免放出，命少傅石德及门客张光等分别统辖；又派长安囚徒如侯持符节征发长水和宣曲两地的胡人骑兵，一律全副武装前来会合。侍郎马通受汉武帝派遣来到长安，得知此事后立即追赶前去，将如侯逮捕，并告诉胡人：“如侯带来的符节是假的，不能听他调遣！”于是将如侯处死，带领胡人骑兵开进长安；又征调船只和水手，交给大鸿胪商丘成指挥。当初，汉朝的符节是纯赤色，因太子用赤色符节，所以在汉武帝所发的符节上改加黄缨以示区别。

太子来到北军军营南门之外，站在车上，将护北军使者任安召出，颁与符节，命令任安发兵。但任安拜受符节后，却返回营中，闭门不出。太子带人离去，将长安四市的市民约数万人强行武装起来，到长乐宫西门外，正遇到丞相刘屈氂率领的军队，双方会战五天，死亡数万人，鲜血像水一样流入街边的水沟。民间都说“太子谋反”，所以人们不依附太子，而丞相一边的兵力却不断加强。

庚寅（十七日），太子兵败，南逃到长安城覆盎门。司直田仁正率兵把守城门，因觉得太子与皇上是父子关系，不愿逼迫太急，所以使太子得以逃出城外。丞相刘屈氂要杀田仁，御史大夫暴胜之对丞相说：“司直为朝廷二千石大员，理应先行奏请，怎能擅自斩杀呢！”于是丞相将田仁释放。汉武帝听说后大发雷霆，将暴胜之逮捕治罪，责问他道：“司直放走谋反的人，丞相杀他，是执行国家的法律，你为什么要擅加阻止？”暴胜之惶恐不安，自杀而死。汉武帝下诏派宗正刘长、执金吾刘敢携带皇帝下达的谕旨收回皇后的印玺和绶带，皇后自杀。汉武帝认为，任安是老官吏，见出现战乱之事，想坐观成败，看谁取胜就归附谁，对朝廷怀有二心，因此将任安与田仁一同腰斩。汉武帝因马通擒获如侯，封其为重合侯；长安男子景建跟随马通，擒获石德，封其为德侯；商丘成奋力战斗，擒获张光，封其秺侯。太子的众门客，因曾经出入宫门，所以一律处死；凡是跟随太子发兵谋反的，一律按谋反罪灭族；各级官吏和兵卒凡非出于本心，而被太子胁迫的，一律放逐到敦煌郡。因太子逃亡在外，所以开始在长安各城门设置屯守军队。

汉武帝非常愤怒，群臣感到忧虑和恐惧，不知如何是好。壶关三老令狐茂上书汉武帝说："我听说，父亲就好比是天，母亲就好比是地，儿子就好比是天地间的万物，所以只有上天平静，大地安然，万物才能茂盛；只有父慈母爱，儿子才能孝顺。如今皇太子本是汉朝的合法继承人，将承继万世大业，执行祖宗的重托，论关系又是皇上的嫡长子。江充本为一介平民，不过是个市井中的奴才罢了，陛下却对他尊显重用，让他挟至尊之命来迫害皇太子，纠集一批奸邪小人，对皇太子进行欺诈栽赃、逼迫陷害，使陛下与太子的父子至亲关系隔塞不通。太子进则不能面见皇上，退则被乱臣的陷害困扰，独自蒙冤，无处申诉，忍不住愤恨的心情，起而杀死江充，却又害怕皇上降罪，被迫逃亡。太子作为陛下的儿子，盗用父亲的军队，不过是为了救难，使自己免遭别人的陷害罢了，臣认为并非有什么险恶的用心。《诗经》上说：'绿蝇往来落篱笆，谦谦君子不信谗。否则谗言无休止，天下必然出大乱。'以往，江充曾以谗言害死赵太子，天下人无不知晓。而今陛下不加调查，就过分地责备太子，发雷霆之怒，征调大军追捕太子，还命丞相亲自指挥，致使智慧之人不敢进言，善辩之士难以张口，我心中实在感到痛惜。希望陛下放宽心怀，平心静气，不要苛求自己的亲人，不要对太子的错误耿耿于怀，立即结束对太子的征讨，不要让太子长期逃亡在外！我以对陛下的一片忠心，随时准备献出我短暂的性命，待罪于建章宫外。"奏章递上去，汉武帝见到后受到感动而醒悟，但还没有公开宣布赦免太子。

太子向东逃到湖县，隐藏在泉鸠里农户家。主人家境贫寒，经常织卖草鞋来奉养太子。太子有一位以前相识的人住在湖县，听说很富有，太子派人去叫他，于是消息泄露。八月辛亥（初八），地方官围捕太子。太子自己估计难以逃脱，便回到屋中，紧闭房门，自缢而死。前来搜捕的兵卒中，有一山阳男子名叫张富昌，用脚踹开房门。新安县令史李寿跑上前去，将太子抱住解下。主人与搜捕太子的人格斗而死，二位皇孙也一同遇害。汉武帝感伤于太子之死，便封李寿为邘侯，张富昌为题侯。

三年（辛卯，公元前90年）

官吏和百姓以巫术害人罪相互告发的，经过调查发现其多为不实。此时汉武帝也颇知太子刘据是因被江充逼迫，惶恐不安，才起兵诛杀江充，并无他意，正好守卫汉高祖刘邦祭庙的郎官田千秋又上紧急奏章，为太子鸣冤说："做儿子的擅自动用父亲的军队，其罪应受鞭打。天子的儿子误杀了人，又有什么罪呢！我梦见一位白发老翁，叫我上此奏章。”于是汉武帝霍然醒悟，召见田千秋，对他说：“我们父子之间的事，一般认为外人难以插言，只有你知道其间的不实之处。这是高祖皇帝的神灵派您来指教于我，您应当担任我的辅佐大臣。”立即就任命田千秋为大鸿胪，并下令将江充满门抄斩，将苏文烧死在横桥之上。曾在泉鸠里对太子兵刃相加的人，最初被任命为北地太守，后也遭满门抄斩。汉武帝怜惜太子无辜遭害，便特修一座思子宫，又在湖县建了一座归来望思之台，天下人听说这件事后，都很悲伤。

汉纪十五

第二十三卷

孝昭皇帝上始元元年（乙未，前 86）

九月，丙子，秺敬侯金日磾薨。初，武帝病，有遗诏，封金日磾为秺侯，上官桀为安阳侯，霍光为博陆侯；皆以前捕反者马何罗等功封。日磾以帝少，不受封，光等亦不敢受。及日磾病困，光白封，日磾卧受印绶；一日薨。日磾两子赏、建俱侍中，与帝略同年，共卧起。赏为奉车，建驸马都尉。及赏嗣侯，佩两绶，上谓霍将军曰："金氏兄弟两人，不可使俱两绶邪？"对曰："赏自嗣父为侯耳。"上笑曰："侯不在我与将军乎？"对曰："先帝之约，有功乃得封侯。"遂止。

二年（丙申，前 85）

或说霍光曰："将军不见诸吕之事乎？处伊尹、周公之位，摄政擅权，而背宗室，不与共职，是以天下不信，卒至于灭亡。今将军当盛位，帝春秋富，宜纳宗室，又多与大臣共事，反诸吕道。如是，则可以免患。"光然之，乃择宗室可用者，遂拜楚元王孙辟疆及宗室刘长乐皆为光禄大夫，辟疆守长乐卫尉。

六年（庚子，前 81）

春，二月，诏有司问郡国所举贤良、文学，民所疾苦、教化之要，皆对："愿罢盐、铁、酒榷、均输官，毋与天下争利，示以俭节，然后教化可兴。"桑弘羊难，以为："此国家大业，所以制四夷，安边足用之本，不可废也。"于是盐铁之议起焉。

初，苏武既徙北海上，禀食不至，掘野鼠、去草实而食之。杖汉节牧羊，卧起操持，节旄尽落。武在汉，与李陵俱为侍中；陵降匈奴，不敢求武。久之，单于使陵至海上，为武置酒设乐，因谓武曰："单于闻陵与子卿素厚，故使来说足下，虚心欲相待。终不得归汉，空自苦；亡人之地，信义安所见乎！足下兄弟二人，前皆坐事自杀；来时，太夫人已不幸；子卿妇年少，闻已更嫁矣；独有女弟二人、两女、一男，今复十余年，存亡不可知。人生如朝露，何久自苦如此！陵始降时，忽忽如狂，自痛负汉，加以老母系保宫。子卿不欲降，何以过陵！且陛下春秋高，法令无常，大臣无罪夷灭者数十家。安危不可知，子卿尚复谁为乎！"武曰："武父子无功德，皆为陛下所成就，位列将，爵通侯，兄弟亲近，常愿肝脑涂地。今得杀身自效，虽斧钺、汤镬，诚甘乐之！臣事君，犹子事父也；子为父死，无所恨。愿勿复再言！"陵与武饮数日，复曰："子卿壹听陵言！"武曰："自分已死久矣，王必欲降武，请毕今日之欢，效死于前！"陵见其至诚，喟然叹曰："嗟乎，义士！陵与卫律之罪上通于天！"因泣下沾衿，与武决去。赐武牛羊数十头。

后陵复至北海上，语武以武帝崩。武南乡号哭欧血，旦夕临，数月。及壶衍鞮单于立，母阏氏不正，国内乖离，常恐汉兵袭之，于是卫律为单于谋，与汉和亲。汉使至，求苏武等，匈奴诡言武死。后汉使复至匈奴，常惠私见汉使，教使者谓单于，言："天子射上林中，得雁，足有系帛书，言武等在某泽中。"使者大喜，如惠语以让单于。单于视左右而惊，谢汉使曰："武等实在。"乃归武及马宏等。马宏者，前副光禄大夫王忠使西国，为匈奴所遮；忠战死，马宏生得，亦不肯降。故匈奴归此二人，欲以通善意。于是李陵置酒贺武曰："今足下还归，扬名于匈奴，功显于汉室，虽古竹帛所载，丹青所画，何以过子卿！陵虽驽怯，令汉贳陵罪，全其老母，使得奋大辱之积志，庶几乎曹柯之盟，此陵宿昔之所不忘也。收族陵家，为世大戮，陵尚复何顾乎！已矣，令子卿知吾心耳！"陵泣下数行，因与武决。

单于召会武官属，前已降及物故，凡随武还者九人。既至京师，诏武奉一太牢谒武帝园庙，拜为典属国，秩中二千石，赐钱二百万，公田二顷，宅一区。武留匈奴凡十九岁，始以强壮出，及还，须发尽白。霍光、上官桀与李陵素善，遣陵故人陇西任立政等三人俱至匈奴招之。陵曰："归易耳，丈夫不能再辱！"遂死于匈奴。

秋，七月，罢榷酤官，从贤良、文学之议也。武帝之末，海内虚耗，户口减半。霍光知时务之要，轻徭薄赋，与民休息。至是匈奴和亲，百姓充实，稍复文、景之业焉。

汉昭帝始元元年(乙未,公元前86年)

九月丙子(初二),秺侯金日磾去世。当初汉武帝病危时,曾留下遗诏,封金日磾为秺侯,上官桀为安阳侯,霍光为博陆侯,都是因为先前逮捕叛逆者马何罗等人之功而赐予封爵。金日磾以新皇帝年纪幼小为理由,不肯接受封爵,霍光等也不敢接受。等到金日磾病重时,霍光才将武帝临终时封他们三人为侯的事报告汉昭帝,于是金日磾躺在病床上接受了秺侯的印信和绶带,一天后去世。金日磾的两个儿子金赏、金建都担任侍中,与汉昭帝年龄差不多一般大小,起床、睡觉都在一起。金赏的官职是奉车都尉,金建是驸马都尉。后来金赏继承了父亲金日磾的侯爵,佩戴两种绶带,汉昭帝便对霍光说道:"金氏兄弟二人,不能让他们都佩戴两种绶带吗?"霍光回答说:"只能由金赏一人继承他父亲的侯爵。"汉昭帝笑着说:"封侯不是由我和将军决定吗?"霍光说:"根据先皇的约定,对国家有功的人才能封侯。"于是汉昭帝作罢。

二年(丙申,公元前85年)

有人劝霍光说:"将军没有看到当初吕氏家族覆亡的教训吗?吕氏身处伊尹、周公的地位,主持朝政,专擅大权,却疏远皇族成员,不与他们共享朝权,因此失去了天下人的信任,最后终于灭亡。如今将军身居高位,皇上年幼,应当纳用皇族成员,并多与大臣共商政事,与吕氏家族的做法相反。如果这样,便可以免除祸患。"霍光认为有道理,便在皇室成员中选择可以担任官职的人才,任命楚元王之孙刘辟疆和皇室成员刘长乐都为光禄大夫,刘辟疆还兼任长乐宫卫尉。

六年(庚子,公元前81年)

春季,二月,汉昭帝下诏命有关官员向各郡、国举荐的贤良、文学,了解民间疾苦和教化百姓的要点,大家都建议:"希望取消盐、铁、酒类的专卖制度,罢黜均输官,不要与天下人争利,向百姓表明自身的节俭,然后才可以振兴、教化。"但桑弘羊表示反对,他认为:"盐、铁、酒类的专卖制度和均输措施等,都是国家赖以控制四夷、保卫边疆,使财用充足的根本大业,不能废除。"于是,一场关于盐铁专卖等问题的辩论开始了。

当初,苏武被匈奴放逐到北海边以后,得不到粮食供应,便挖掘野鼠,吃鼠洞中的草籽。他手持汉朝的符节牧羊,无论睡卧还是起身都带着它,以致节杖上的毛缨全部脱落了。苏武在汉朝时,与李陵同为侍中,李陵投降匈奴后,不敢求见苏武。过了很长时间，单于派李陵来到北海边，为苏武摆下酒席，并以乐队助兴。李陵对苏武说：“单于听说我与你一向情谊深厚，所以派我来劝你，单于愿意对你虚心相待。你终究不能再回汉朝，自己在这荒无人烟的地方白白受苦，你的信义节操，又有谁看到呢！你的两个兄弟，先前已都因罪自杀；我来此时，你母亲也已不幸去世；你的夫人年轻，听说已经改嫁别人了；只剩下两个妹妹、两个女儿、一个儿子，如今又过了十几年，是否还在人世，不得而知。人的一生，就像早晨的露水一般短暂，你又何必长久地如此自苦！我刚投降匈奴时，精神恍惚，像要发疯，恨自己辜负汉朝，还连累老母被拘禁牢狱。你不愿归降匈奴的心情，怎么会超过我！况且皇上年事已高，法令变化无常，大臣无罪而被抄杀满门的达数十家，安危不可知，你还要为谁这样做呢！”苏武说：“我父子本无才德功绩，全靠皇上栽培，才得以身居高位，与列侯、将军并列，且使我们兄弟得以亲近皇上，所以我常常希望能够肝脑涂地，报答皇上的大恩。如今得以杀身报效皇上，即使是斧钺加身，汤锅烹煮，我也心甘情愿！为臣的侍奉君王，就如同儿子侍奉父亲一般，儿子为父亲而死，没有遗憾。希望你不要再说了。”李陵与苏武一连饮酒数日，又劝道：“子卿你再听我一句话。”苏武说：“我自己料想必死已经很久了，大王你一定要我苏武投降，就请结束今日的欢聚，让我死在你的面前！”李陵见苏武一片至诚，长叹道：“唉！你真是忠义之士！我与卫律的罪过上通于天！”不觉泪湿衣襟，与苏武告别而去。赐给苏武牛羊数十头。

后来，李陵又来到北海边，告诉苏武汉武帝已然去世。苏武一连数月，每天早晚面对南方号啕痛哭，甚至吐血。壶衍鞮单于即位后，其母阏氏行为不正，国内分崩离析，常常害怕汉军前来袭击，于是卫律为单于定计，要求与汉朝和亲。汉使来到匈奴，要求放苏武等人回国，匈奴假称苏武已死。后来汉使又来到匈奴，常惠暗中面见汉使，教使者对单于说：“汉天子在上林苑射猎，射下一只大雁，雁脚上系着一块写字的绸缎，上面说苏武等人在某湖泽之地。”使者大喜，按常惠之言责问单于。单于环视左右侍从，大吃一惊，然后向汉使道歉说：“苏武确实还活着。”这才将苏武及马宏等人放还。马宏先前是汉朝派往西域各国的使者，光禄大夫王忠的副使，因受到匈奴军队的拦截，王忠战死，马宏被俘，也不肯投降匈奴。所以匈奴这次将苏武、马宏二人放回，是想向汉朝表示他们的善意。于是，李陵摆设酒筵祝贺苏武说：“如今你返回祖国，名声传遍匈奴，功劳显扬于汉朝，即使是史籍所记载、丹青所描画的人物，又怎能超过你！我虽然愚笨怯懦，假如当年汉朝能宽恕我的罪过，保全我的老母，使我能够忍辱负重，春秋时曹刿劫持齐桓公于柯盟的壮举正是我当时念念不忘的志向。谁知汉朝竟将我满门抄斩，这是当世最残酷的杀戮，我还能再顾念什么呢！如今一切都已过去，现在不过是想让你知道我的心罢了！”李陵泪流满面，便与苏武告别。

单于召集当年随苏武前来的汉朝官员及随从，除先前已归降匈奴和去世的以外，共有九人与苏武一同回到汉朝。苏武一行来到长安后，汉昭帝诏令苏武用牛、羊、猪各一头，以最隆重的仪式祭拜汉武帝的陵庙，封苏武为典属国，品秩为中二千石，并赏赐苏武钱二百万、公田二顷、住宅一所。苏武被扣留匈奴共十九年，去时正当壮年，归来时头发、胡须全都白了。霍光、上官桀一向都和李陵关系很好，所以特派李陵的旧友陇西人任立政等三人一同前往匈奴劝说李陵回国。李陵对他们说：“回去容易，但大丈夫不能两次受辱！”于是老死于匈奴。

秋季，七月，汉昭帝接受贤良、文学们的建议，撤销负责酒类专卖的官员。汉武帝末年，国家财力虚耗，户口减少了一半。霍光了解当时的要务，减轻赋税和徭役，使百姓得到休息。如今与匈奴恢复和亲，百姓生活充实，渐渐恢复了汉文帝、汉景帝时期的定安、繁荣局面。

汉纪十六

第二十四卷

孝昭皇帝下元平元年（丁未，前 74）

初，卫太子纳鲁国史良娣，生子进，号史皇孙。皇孙纳涿郡王夫人，生子病已，号皇曾孙。皇曾孙生数月，遭巫蛊事，太子三男、一女及诸妻、妾皆遇害，独皇曾孙在，亦坐收系郡邸狱。故廷尉监鲁国丙吉受诏治巫蛊狱，吉心知太子无事实，重哀皇曾孙无辜，择谨厚女徒渭城胡组、淮阳郭徵卿，令乳养曾孙，置闲燥处。吉日再省视。

巫蛊事连岁不决，武帝疾，来往长杨、五柞宫，望气者言长安狱中有天子气，于是武帝遣使者分条中都官，诏狱系者无轻重，一切皆杀之。内谒者令郭穰夜到郡邸狱，吉闭门拒使者不纳，曰："皇曾孙在。他人无辜死者犹不可，况亲曾孙乎！"相守至天明，不得入。穰还，以闻，因劾奏吉。武帝亦寤，曰："天使之也。"因赦天下。郡邸狱系者，独赖吉得生。

既而吉谓守丞谁如："皇孙不当在官。"使谁如移书京兆尹，遣与胡组俱送；京兆尹不受，复还。及组日满当去，皇孙思慕，吉以私钱雇组令留，与郭徵卿并养，数月，乃遣组去。后少内啬夫白吉曰："食皇孙无诏令。"时吉得食米、肉，月月以给皇曾孙。曾孙病，几不全者数焉，吉数敕保养乳母加致医药，视遇甚有恩惠。吉闻史良娣有母贞君及兄恭，乃载皇曾孙以付之。贞君年老，见孙孤，甚哀之，自养视焉。

后有诏掖庭养视，上属籍宗正。时掖庭令张贺，尝事戾太子，思顾旧恩，哀曾孙，奉养甚谨，以私钱供给，教书。既壮，贺欲以女孙妻之。是时昭帝始冠，长八尺二寸。贺弟安世为右将军。辅政，闻贺称誉皇曾孙，欲妻以女，怒曰："曾孙乃卫太子后也，幸得以庶人衣食县官足矣，勿复言予女事！"于是贺止。时暴室啬夫许广汉有女，贺乃置酒请广汉，酒酣，为言"曾孙体近，下乃关内侯，可妻也"。广汉许诺。明日，妪闻之，怒。广汉重令人为介，遂与曾孙；贺以家财聘之。曾孙因依倚广汉兄弟及祖母家史氏，受《诗》于东海澓中翁，高材好学，然亦喜游侠，斗鸡走狗，以是具知闾里奸邪，吏治得失。数上下诸陵，周遍三辅，尝困于莲勺卤中。尤乐杜、鄠之间，率常在下杜。时会朝请，舍长安尚冠里。

及昌邑王废，霍光与张安世诸大臣议所立，未定。丙吉奏记光曰："将军事孝武皇帝，受褓襁之属，任天下之寄。孝昭皇帝早崩亡嗣，海内忧惧，欲亟闻嗣主。发丧之日，以大谊立后；所立非其人，复以大谊废之；天下莫不服焉。方今社稷、宗庙、群生之命在将军之壹举，窃伏听于众庶，察其所言诸侯、宗室在列位者，未有所闻于民间也。而遗诏所养武帝曾孙名病已在掖庭、外家者，吉前使居郡邸时，见其幼少；至今十八九矣，通经术，有美材，行安而节和。愿将军详大义，参以蓍龟岂宜，褒显先使入侍，令天下昭然知之，然后决定大策，天下幸甚！"杜延年亦知曾孙德美，劝光、安世立焉。

秋，七月，光坐庭中，会丞相以下议所立，遂复与丞相敞等上奏曰："孝武皇帝曾孙病已，年十八，师受《诗》《论语》《孝经》，躬行节俭，慈仁爱人，可以嗣孝昭皇帝后，奉承祖宗庙，子万姓。臣昧死以闻！"皇太后诏曰："可。"光遣宗正德至曾孙家尚冠里，洗沐，赐御衣；太仆以猎车迎曾孙，就斋宗正府。庚申，入未央宫，见皇太后，封为阳武侯。已而群臣奏上玺绶，即皇帝位，谒高庙；尊皇太后为太皇太后。

初，许广汉女适皇曾孙，一岁，生子奭。数月，曾孙立为帝，许氏为婕妤。是时霍将军有小女与皇太后亲，公卿议更立皇后，皆心拟霍将军女，亦未有言。上乃诏求微时故剑。大臣知指，白立许婕妤为皇后。十一月，壬子，立皇后许氏。霍光以后父广汉刑人，不宜君国；岁余，乃封为昌成君。

中宗孝宣皇帝上之上地节二年（壬子，前68）

春，霍光病笃。车驾自临问，上为之涕泣。光上书谢恩，愿分国邑三千户以封兄孙奉车都尉山为列侯，奉兄去病祀。即日，拜光子禹为右将军。三月，庚午，光薨。上及皇太后亲临光丧，中二千石治冢，赐梓宫、葬具皆如乘舆制度，谥曰宣成侯。

上思报大将军德，乃封光兄孙山为乐平侯，使以奉车都尉领尚书事。魏相因昌成君许广汉奏封事，言："《春秋》讥世卿，恶宋三世为大夫及鲁季孙之专权，皆危乱国家。自后元以来，禄去王室，政由冢宰。今光死，子复为右将军，兄子秉枢机，昆弟、诸婿据权势，在兵官，光夫人显及诸女皆通籍长信宫，或夜诏门出入，骄奢放纵，恐浸不制，宜有以损夺其权，破散阴谋，以固万世之基，全功臣之世。”又故事：诸上书者皆为二封，署其一曰“副”，领尚书者先发副封，所言不善，屏去不奏。相复因许伯白去副封以防壅蔽。帝善之，诏相给事中，皆从其议。

帝兴于闾阎，知民事之艰难。霍光既薨，始亲政事，厉精为治，五日一听事。自丞相以下各奉职奏事，敷奏其言，考试功能。侍中、尚书功劳当迁及有异善，厚加赏赐，至于子孙，终不改易。枢机周密，品式备具，上下相安，莫有苟且之意。及拜刺史、守、相，辄亲见问，观其所由，退而考察所行以质其言，有名实不相应，必知其所以然。常称曰：“庶民所以安其田里而亡叹息愁恨之心者，政平讼理也。与我共此者，其唯良二千石乎！”以为太守，吏民之本，数变易则下不安；民知其将久，不可欺罔，乃服从其教化。故二千石有治理效，辄以玺书勉厉，增秩、赐金，或爵至关内侯；公卿缺，则选诸所表，以次用之。是以汉世良吏，于是为盛，称中兴焉。

汉昭帝元平元年（丁未，公元前74年）

当初，前太子刘据纳姓史的鲁国女子为良娣，生了一个儿子名叫刘进，号称史皇孙。史皇孙娶涿郡女子王夫人，生一子名叫刘病已，号称皇曾孙。皇曾孙生下几个月，就赶上巫术之祸，前太子刘据及其三子一女连同他的诸妻妾全部被害，只剩下皇曾孙一人，也因连坐被关入大鸿胪所属的郡邸狱。原廷尉监鲁国人丙吉受汉武帝诏命，负责审理巫术案。丙吉知道刘据并无犯罪事实，对皇曾孙无辜受到连累深为哀怜，便选择谨慎忠厚的女囚犯渭城人胡组、淮阳人郭徵卿，命她们住在宽敞干爽的地方哺养皇曾孙刘病已。丙吉每日前往探视两次。

巫蛊案连年不能结束。汉武帝患病，往来于长杨、五柞两宫。观望云气的方士说，长安监狱中有一股天子之气，于是汉武帝下诏命使臣分别通知京中各官府，凡各监狱在押的犯人，无论罪行轻重，一律处死。内谒者令郭穰于夜晚来到郡邸狱传达汉武帝诏令，丙吉关闭大门，不让郭穰进去，说道：“皇曾孙在此。其他人尚且不应无辜被杀，何况是皇上的亲曾孙呢！”双方僵持到天明，郭穰未能进去。郭穰返回，将此事奏明汉武帝，并弹劾丙吉。汉武帝也已醒悟，说道：“是上天让丙吉这样做的。”于是下诏大赦天下。在长安的监狱中，唯独郡邸狱的囚犯，靠丙吉得以保住了性命。

不久，丙吉对狱丞官谁如说：“皇曾孙不应住在监狱之中。”派谁如写信给京兆尹，将皇曾孙与胡组一起送去，因京兆尹不肯接受，又回到狱中。等到胡组服刑期满，应当离去时，皇曾孙对她甚为依恋，于是丙吉自己出钱雇胡组留下，让她与郭徵卿一起抚养皇曾孙，又过了几个月，才放胡组离去。后少内啬夫禀告丙吉说："没有得到皇上的诏令，不能供给皇曾孙饮食。"当时丙吉的俸禄里有米和肉，便按月供给皇曾孙。皇曾孙患病，好几次几乎性命不保，丙吉总是督促养育皇曾孙的乳母请医喂药，对皇曾孙恩惠很深。丙吉听说皇曾孙的祖母史良娣的母亲贞君和兄长史恭尚在，便用车将皇曾孙送给他们抚养。贞君年纪已老，见女儿的孙子如此孤苦无依，极为哀怜，便亲自抚养。

后汉武帝下诏，命掌管宫女事务的掖庭抚养皇曾孙，并命宗正为其登记皇族属籍。当时，担任掖庭令的张贺曾经是原太子刘据的宾客，感念太子旧恩，哀怜皇曾孙，于是小心奉养，自己出钱供给其日用，教其读书。皇曾孙长大后，张贺想把自己的孙女嫁给他。此时汉昭帝刚刚举行完加冠礼，身高八尺二寸。张贺的弟弟张安世以右将军的身份辅政，听哥哥称赞皇曾孙，并想把女儿嫁给他，便生气地对哥哥说："皇曾孙为前太子的后代，能以一个平民的身份由国家养着，已经是很侥幸的事，不要再提嫁女之事了！"于是张贺作罢。当时，暴室啬夫许广汉也有一个女儿，于是张贺摆下酒席，请许广汉前来赴宴。饮到兴浓时，张贺对许广汉说："皇曾孙为皇上近亲，将来最不济也是一个关内侯，你可将女儿嫁给他。"许广汉答应了。第二天，许广汉的妻子听说此事，非常生气。但许广汉主意已定，重新请人做媒，将女儿嫁给皇曾孙。张贺用自己的家财为皇曾孙备办婚事。从此，皇曾孙以许广汉兄弟和祖母娘家史家为依靠，又跟随东海人澓中翁学习《诗经》。皇曾孙聪明好学，但也喜爱游侠之事，斗鸡走狗，所以对下层社会的奸邪丑恶和官吏的好坏得失了解得十分清楚。皇曾孙多次周游往来于各皇陵所在，足迹遍及三辅地区，有一次，曾经在莲勺县盐池一带为人所困辱。他特别喜欢杜县、鄠县一带地区，经常住在下杜。有时参加朝会，就住在长安尚冠里。

及至昌邑王刘贺被废黜之后，霍光与张安世及各位大臣商议重新确定皇位继承人，但一时未能决定。丙吉上书霍光说："当年将军曾侍奉孝武皇帝，孝武皇帝临终前，将襁褓中的孤儿和整个国家都托付给了将军。孝昭皇帝又过早去世，没有留下后嗣，全国上下都非常忧愁恐惧，急切盼望听到新主继位。给孝昭皇帝发丧的时候，将军以大义为其选立后嗣，后发现所立之人不当，又以大义将其废黜，天下人无不敬服。如今，社稷、宗庙、百姓的命运全部系于将军的一举一动之中。我曾听百姓们议论，了解到民间对现在身为诸侯或居于高位的皇族成员，都没有好评。而奉遗诏养育在掖庭及其外曾祖史家的孝武皇帝曾孙刘病已，我以前在郡邸狱时，见他年纪幼小，如今已有十八九岁了，通晓儒家经术，很有才干，举止安详，性格平和。希望将军对刘病已的主要方面详加考察，再参考占卜的结果，看让他承继帝位是否合适。可先让他入宫侍奉太后，以显示对他的褒扬，使天下人都知道他，然后再决定大计。若能如此，天下人就太幸运了。”杜延年也知道皇曾孙刘病已品德美好，劝霍光、张安世立他为皇位继承人。

秋季，七月，霍光坐在庭中，召集丞相及以下大臣共同议定皇位继承人。于是，霍光再次会同丞相杨敞等上奏皇太后说：“孝武皇帝曾孙刘病已，年十八岁，从师学习《诗经》《论语》《孝经》，行为节俭，仁慈爱人，可以作为孝昭皇帝的继承人，侍奉宗庙，治理天下百姓。我等冒死奏明太后！”皇太后下诏：“可以。”霍光派宗正刘德来到尚冠里刘病已家中，侍奉其洗浴，更换太后所赐御衣，由太仆用轻便车辆将刘病已迎接到宗正府进行斋戒。庚申（二十五日），刘病已进入未央宫，见皇太后，被封为阳武侯。随即，由群臣奉上皇帝玉玺、绶带，刘病已正式即皇帝位，拜谒汉高祖祭庙，尊皇太后为太皇太后。

当初，许广汉的女儿嫁给皇曾孙刘病已，一年后生下一子，名叫刘奭。数月之后，刘病已即皇帝位，封许氏为婕妤。此时，霍光有一小女儿，与皇太后有亲属关系，所以公卿大臣商议立皇后，心中都认为应立霍光的女儿，但也没有明说。汉宣帝下诏寻找微贱时用的宝剑，大臣们懂得皇上的心意，便奏请立许婕妤为皇后。十一月壬子（十九日），许氏被立为皇后。霍光认为其父亲许广汉是受过刑的人，不宜做封国的国君。一年多以后，才封许广汉为昌成君。

汉宣帝地节二年（壬子，公元前68年）

春季，霍光病重，汉宣帝亲自前往探望，为他流泪。霍光上书谢恩，表示希望能在自己的封地中分出三千户，封兄长霍去病的孙子奉车都尉霍山为列侯，以祀奉霍去病的香火。当日，汉宣帝任命霍光之子霍禹为右将军。三月庚午（初八），霍光去世。汉宣帝与皇太后亲自前往霍光灵堂进行祭悼，命令中二千石官员负责霍光墓的修建事务，赏赐棺木、葬具等，都与御用规格一样；赐霍光谥号为“宣成侯”。

汉宣帝想报答大将军霍光拥立自己做皇帝的大德，便封霍光兄长霍去病的孙子霍山为乐平侯，命他以奉车都尉的身份主管尚书事务。魏相通过昌成君许广汉向汉宣帝上了一道秘密奏章，说道：“《春秋》讥讽由贵族世代为卿的制度，厌恶春秋时宋国三代没有大夫和鲁国季孙氏专擅国政，都使国家陷于危亡混乱之中。我朝自孝武皇帝后元以来，皇室不能控制各级官员的俸禄，朝政大事都由职权最高的大臣决定。如今霍光虽死，他的儿子仍为右将军，侄儿掌管中枢事务，兄弟、女婿们都身居权要之职，或担任军事将领，霍光的夫人显以及几个女儿都在长信宫门录有姓名，甚至半夜也能叫开宫门出入。霍氏一门骄奢放纵，恐怕会渐渐难以控制，所以应设法削弱他们的权势，消灭他们可能会生出的阴谋，以巩固皇家的万世基业，也保全功臣的后代子孙。”依照惯例，凡上书朝廷，都是一式两份，其中一份注明为副本，由主管尚书事务的人先打开副本审视，如所奏之事不妥，则不予上奏。魏相又通过许广汉向汉宣帝建议，取消奏章副本，防止阻塞言路而蒙蔽皇上。汉宣帝认为很对，下诏命魏相担任给事中，全部采纳了魏相的意见。

汉宣帝出身于民间，了解下层人民的艰难困苦。霍光死后，汉宣帝开始亲自主持朝政，励精图治，每隔五天，就要召集群臣，听取他们对朝政事务的意见。自丞相以下，群臣各就自己负责的事务分别奏报，再将他们陈述的意见分别下达有关部门试行，考察、检验其功效。凡任侍中、尚书的官员有功应当升迁，或有特殊成绩，就厚加赏赐，甚至及于他们的子孙，长久不改变。中枢机构严密，法令、制度完备，上下相安无事，没有人抱着苟且敷衍的态度办事。至于任命州刺史、郡太守、封国丞相等高级地方官吏，汉宣帝总是亲自召见询问，观察他的抱负和打算，再考察他的行为，看是否与他当初说的一样。凡查出有言行不统一的，一定要追究其原因何在。汉宣帝常说：“老百姓之所以能安居家乡，没有叹息、怨愁，主要就在于为政公平清明，处理诉讼之事合乎情理。能与我一起做到这一点的，不正是那些优秀的郡太守和封国丞相等二千石官员吗！”汉宣帝认为，郡太守为治理官吏和百姓的关键，如变换频繁则容易引起治下百姓的不安。百姓们知道他们的郡太守将长期留任，不可欺罔，才能服从郡太守的教化。所以，凡地方二千石官员治理地方有成效的，汉宣帝总是正式颁布诏书加以勉励，增加其官阶俸禄，赏赐黄金，甚至赐爵为关内侯，遇有公卿职位空缺，则按照他们平时所受奖励的先后、多少依次挑选补任。因此，汉朝的好官，是以这一时期最多，号称中兴。

汉纪十七

第二十五卷

中宗孝宣帝上之下元康二年（丁巳，前64）

上欲立皇后，时馆陶主母华婕妤及淮阳宪王母张婕妤、楚孝王母卫婕妤皆爱幸。上欲立张婕妤为后；久之，惩艾霍氏欲害皇太子，乃更选后宫无子而谨慎者。二月，乙丑，立长陵王婕妤为皇后，令母养太子；封其父奉光为邛成侯。后无宠，希得进见。

魏相好观汉故事及便宜章奏，数条汉兴已来国家便宜行事及贤臣贾谊、晁错、董仲舒等所言，奏请施行之。相敕掾史按事郡国，及休告，从家还至府，辄白四方异闻。或有逆贼、风雨灾变，郡不上，相辄奏言之。与御史大夫丙吉同心辅政，上皆重之。

丙吉为人深厚，不伐善。自曾孙遭遇，言绝口不道前恩，故朝廷莫能明其功也。会掖庭宫婢则令民夫上书，自陈尝有阿保之功，章下掖庭令考问，则辞引使者丙吉知状。掖庭令将则诣御史府以视吉，吉识，谓则曰："汝尝坐养皇曾孙不谨，督笞汝，汝安得有功！独渭城胡组、淮阳郭徵卿有恩耳。"分别奏组等共养劳苦状。诏吉求组、徵卿；已死，有子孙，皆受厚赏。诏免则为庶人，赐钱十万。上亲见问，然后知吉有旧恩而终不言，上大贤之。

三年（戊午，前63）

乙未，诏曰："朕微眇时，御史大夫丙吉，中郎将史曾、史玄，长乐卫尉许舜，侍中、光禄大夫许延寿皆与朕有旧恩，及故掖庭令张贺，辅导朕躬，修文学经术，恩惠卓异，厥功茂焉。《诗》不云乎：'无德不报'，封贺所子弟子侍中、中郎将彭祖为阳都侯，追赐贺谥曰阳都哀侯，吉为博阳侯，曾为将陵侯，玄为平台侯，舜为博望侯，延寿为乐成侯。"贺有孤孙霸，年七岁，拜为散骑、中郎将，赐爵关内侯。故人下至郡邸狱复作尝有阿保之功者，皆受官禄、田宅、财物，各以恩深浅报之。

吉临当封，病；上忧其不起，将使人就加印绋而封之，及其生存也。太子太傅夏侯胜曰：“此未死也！臣闻有阴德者必飨其乐，以及子孙。今吉未获报而疾甚，非其死疾也。”后病果愈。

张安世自以父子封侯，在位太盛，乃辞禄，诏都内别藏张氏无名钱以百万数。安世谨慎周密，每定大政，已决，辄移病出。闻有诏令，乃惊，使吏之丞相府问焉。自朝廷大臣，莫知其与议也。尝有所荐，其人来谢，安世大恨，以为“举贤达能，岂有私谢邪！”绝弗复为通。有郎功高不调，自言安世，安世应曰：“君之功高，明主所知，人臣执事，何长短而自言乎！”绝不许。已而郎果迁。安世自见父子尊显，怀不自安，为子延寿求出补吏，上以为北地太守；岁余，上闵安世年老，复征延寿为左曹、太仆。

汉宣帝元康二年（丁巳，公元前64年）

汉宣帝打算立皇后。当时，馆陶公主的母亲华婕妤及淮阳宪王的母亲张婕妤、楚孝王的母亲卫婕妤都受到汉宣帝的宠爱。汉宣帝想立张婕妤为皇后，但迟迟不决，鉴于前皇后霍成君企图害死皇太子刘奭的教训，便挑选后宫中没有儿子且行为谨慎的人立为皇后。二月，乙丑（二十六日），汉宣帝立长陵人王婕妤为皇后，命她作为皇太子的母亲，负起养育太子的责任；封其父王奉光为邛成侯。新皇后因为不受宠爱，很少能见到皇上。

魏相喜欢阅读有关汉朝旧事的记载和前人提出改良建议的奏章，多次列举汉朝建国以来推行的于国有益的措施以及贤臣贾谊、晁错、董仲舒等人的建议，奏请汉宣帝批准实行。丞相府的官员因公事到郡国，或者休假从家回到相府，魏相都命他们将各地发生的奇闻异事报告给他。如果有的地区出现逆贼或自然灾害，郡府不向朝廷报告，总是由魏相奏闻朝廷。魏相与御史大夫丙吉同心协力辅佐朝政，汉宣帝对二人都很倚重。

丙吉为人深沉忠厚，不夸耀自己的功劳。自汉宣帝即位以来，丙吉绝口不提以前对汉宣帝的恩惠，所以朝中无人知道他的功劳。正巧一个名叫则的掖庭所属宫婢让自己的平民丈夫上书朝廷，陈述自己对皇帝曾有抚育之功，汉宣帝命掖庭令负责查问此事，宫婢则在供词中提到丙吉了解当时的情况。掖庭令将宫婢则带到御史府来见丙吉，丙吉认识她，对她说：“你当年抚育皇曾孙时，因照顾不周，我还曾责打过你，你有什么功劳！只有渭城人胡组、淮阳人郭徵卿对皇曾孙有恩。”于是分别将胡组等当年共同辛勤抚养的情况上奏汉宣帝。汉宣帝下诏，命寻访胡组、郭徵卿，但二人已然去世，只有子孙尚在，都受到丰厚的赏赐。汉宣帝又下诏赦免则的官奴婢身份，使她成为平民，赐给她十万钱，并亲自召见，询问当年情况，这才知道丙吉对自己有旧恩，却一直不肯透露，因此对丙吉的贤德大为感动。

三年（戊午，公元前63年）

乙未（三月初二），汉宣帝下诏说：“朕为平民时，御史大夫丙吉，中郎将史曾、史玄，长乐卫尉许舜，侍中、光禄大夫许延寿都对朕有旧恩。还有已故掖庭令张贺对朕辅导教育，使朕研习儒术，恩惠卓著，功劳最大。《诗经》上说：‘没有不应报答的恩情。’今特封张贺的养子侍中、中郎将张彭祖为阳都侯，追赐张贺谥号为阳都哀侯，丙吉为博阳侯，史曾为将陵侯，史玄为平台侯，许舜为博望侯，许延寿为乐成侯。”张贺有一孤孙名叫张霸，年仅七岁，被任命为散骑、中郎将，赐爵为关内侯。凡是汉宣帝从前的老相识，下至当初在郡邸狱中按刑律服劳役的妇女中，曾对他有抚育之恩的人，都被赐给官禄、土地、房屋、财物，分别按照恩德的深浅予以报答。

丙吉在受封时身患疾病，汉宣帝担心他一病不起，准备派人将博阳侯印信送到他的身边，让他能在生前受封。太子太傅夏侯胜说：“丙吉这次不会死！我听说，凡是积有阴德的人，必然能在生前受到回报，并延及子孙。如今丙吉尚未得到陛下的报答而病重，这个病不会死。”后丙吉的病果然痊愈。

张安世自认为父子都被封侯，权位太盛，便向汉宣帝请求辞去俸禄。汉宣帝命大司农所属都内衙门单独为张安世收藏这笔无名钱，达到数百万。张安世做事谨慎周密，每次与皇帝商议大事，决定后，他总是称病退出。等听到皇帝颁布诏令后，再假装大吃一惊，派人到丞相府去询问。所以即使是朝廷大臣，也无人知道他曾参与此事的决策。张安世曾向朝廷举荐过一个人，此人前来道谢，张安世非常生气，认为：“为国家举荐贤能，难道可以私相酬谢吗！”从此与此人绝交。有一位郎官功劳很大，却没有调升，自己去求张安世为他说话。张安世对他说道：“你的功劳很大，皇上是知道的，做人臣子的，怎么能自说长短处！”坚决不答应他。不久，这位郎官果然升官了。张安世见自己父子地位尊显，内心深感不安，便为儿子张延寿请求出任地方官。汉宣帝任命张延寿为北地太守。一年多后，汉宣帝怜恤张安世年老，又将张延寿调回朝廷，担任左曹、太仆。

汉纪十八

第二十六卷

中宗孝宣皇帝中神爵元年（庚申，前61）

上诏破羌、强弩将军诣屯所，以十二月与充国合，进击先零。时羌降者万余人矣，充国度其必坏，欲罢骑兵，屯田以待其敝。作奏未上，会得进兵玺书，充国子中郎将卬惧，使客谏充国曰："诚令兵出，破军杀将，以倾国家，将军守之可也。即利与病，又何足争！一旦不合上意，遣绣衣来责将军，将军之身不能自保，何国家之安！"充国叹曰："是何言之不忠也！本用吾言，羌虏得至是邪！往者举可先行羌者，吾举辛武贤；丞相御史复白遣义渠安国，竟沮败羌。金城、湟中谷斛八钱，吾谓耿中丞：'籴三百万斛谷，羌人不敢动矣！'耿中丞请籴百万斛，乃得四十万斛耳；义渠再使，且费其半。失此二册，羌人致敢为逆。失之豪厘，差以千里，是既然矣。今兵久不决，四夷卒有动摇，相因而起，虽有知者不能善其后，羌独足忧邪！吾固以死守之，明主可为忠言。"

遂上屯田奏曰："臣所将吏士、马牛食所用粮谷、茭稿，调度甚广，难久不解，徭役不息，恐生他变，为明主忧，诚非素定庙胜之册。且羌易以计破，难用兵碎也，故臣愚心以为击之不便！计度临羌东至浩亹，羌虏故田及公田，民所未垦，可二千顷以上，其间邮亭多坏败者。臣前部士入山，伐林木六万余枚，在水次。臣愿罢骑兵，留步兵万二百八十一人，分屯要害处，冰解漕下，缮乡亭，浚沟渠，治湟峡以西道桥七十所，令可至鲜水左右。田事出，赋人三十晦；至四月草生，发郡骑及属国胡骑各千，就草为田者游兵，以充入金城郡，益积畜，省大费。今大司农所转谷至者，足支万人一岁食，谨上田处及器用簿。"

充国奏每上，辄下公卿议臣。初是充国计者什三；中什五；最后什八。有诏诘前言不便者，皆顿首服。魏相曰："臣愚不习兵事利害。后将军数画军册，其言常是，臣任其计必可用也。"上于是报充国，嘉纳之；亦以破羌、强弩将军数言当击，以是两从其计，诏两将军与中郎将卬出击。强弩出，降四千余人；破羌斩首二千级；中郎将卬斩首降者亦二千余级；而充国所降复得五千余人。诏罢兵，独充国留屯田。

二年（辛酉，前60）

夏，五月，赵充国奏言："羌本可五万人军，凡斩首七千六百级，降者三万一千二百人，溺河湟、饿死者五六千人，定计遗脱与煎巩、黄羝俱亡者不过四千人。羌靡忘等自诡必得，请罢屯兵！"奏可。充国振旅而还。

所善浩星赐迎说充国曰："众人皆以破羌、强弩出击，多斩首、生降，虏以破坏。然有识者以为虏势穷困，兵虽不出，即自服矣。将军即见，宜归功于二将军出击，非愚臣所及。如此，将军计未失也。"充国曰："吾年老矣，爵位已极，岂嫌伐一时事以欺明主哉！兵势，国之大事，当为后法。老臣不以余命壹为陛下明言兵之利害，卒死，谁当复言之者！"卒以其意对。上然其计，罢遣辛武贤归酒泉太守，官充国复为后将军。

汉宣帝神爵元年（庚申，公元前61年）

汉宣帝下诏书命破羌将军辛武贤、强弩将军许延寿率兵前往赵充国屯兵之处，于十二月与赵充国会合，进攻先零。当时，羌人投降汉军已一万有余了，赵充国估计羌人肯定要失败，打算撤除骑兵，以步兵在当地屯垦戍卫，等待羌人因自身疲惫而败亡。奏章写好，还未上奏，恰于此时接到汉宣帝命其进兵的诏书。赵充国的儿子中郎将赵卬感到害怕，便让幕僚去劝赵充国说："假如出兵会损兵折将，倾覆国家，将军坚持己见，防守不出也还可以。而如果只是利与弊的区别，又有什么可争执的呢？一旦违背了皇上之意，派御史前来责问，将军本身不能自保，又怎能保证国家的安全！"赵充国叹息说："这话是多么不忠！若是原来就采纳我的意见，羌人能发展到这一步吗！当初，推荐先去西羌巡行的人选，我推荐了辛武贤；而丞相、御史又奏请皇上，派义渠安国前去，结果败坏了大事。金城、湟中地区谷价一斛八钱，我曾对司农中丞耿寿昌说：'只要我们购买三百万斛谷物储备，羌人就不敢轻举妄动了。'而耿寿昌请求购买一百万斛，实际只得四十万斛而已，义渠安国再次出行，又用去一半。这两项计划都未实现，才使羌人敢于叛逆。正所谓失之毫厘，差以千里！如今战事长期不能结束，如果四方蛮夷突然动摇，借机相继起兵造反，即使高明的人也无法收拾，岂止是羌人值得忧虑！我誓死也要坚持我的意见，皇上圣明，可以向他陈述我的忠言。”

于是，赵充国上书请求屯田说：“我率领的将士、马牛食用的粮食、草料须大范围地从各处征调，羌乱长久不能解除，则徭役不会止息，又恐发生其他变故，为陛下增加忧虑，确实不是朝廷克敌制胜的上策。况且，对羌人之叛，用智谋瓦解较易，用武力镇压则较难，所以我认为进攻不是上策！据估计，从临羌向东至浩亹，羌人旧有的私田和公田，民众没有开垦的荒地，约有两千顷以上，其间驿站多数颓坏。我以前曾派士卒入山，砍伐林木六万余株，存于湟水之滨。我建议：撤除骑兵，留步兵一万二百八十一人，分别屯驻在要害地区，待到河水解冻，木材顺流而下，正好用来修缮乡亭，疏浚沟渠，在湟峡以西建造桥梁七十座，使至鲜水一带的道路畅通。明年春耕时，每名屯田兵卒分给三十亩土地；到四月草木长出后，征调郡属骑兵和属国胡人骑兵各一千，到草地为屯田者充当警卫。屯田收获的粮食，运入金城郡，增加积蓄，节省大量费用。现在大司农运来的粮食，足够一万人一年所食，谨呈上屯田区划及需用器具清册。”

赵充国每次上奏，汉宣帝都给公卿大臣讨论研究。开始，认为赵充国意见正确的人为十分之三，后增加到十分之五，最后更增至十分之八。汉宣帝询问开始不同意赵充国意见的人为什么改变观点，这些人都叩首承认自己原来的意见不对。丞相魏相说：“我对军事上的利害关系不了解，后将军赵充国曾多次筹划军事方略，他的意见通常都很正确，我担保他的计划一定行得通。”于是汉宣帝回复赵充国，嘉勉并采纳了赵充国的计划，又因破羌将军辛武贤、强弩将军许延寿多次建议进兵攻击，所以也同时批准，下诏命两将军与中郎将赵卬率部出击。许延寿出击羌人，招降四千余人；辛武贤斩首二千人；赵卬斩首及招降也有二千余人；而赵充国又招降了五千余人。汉宣帝下诏罢兵，只留下赵充国在当地负责屯田事务。

二年（辛酉，公元前60年）

夏季，五月，赵充国上奏说：“羌人部众和军队本约五万人，前后被斩首共七千六百人，投降三万一千二百人，在黄河、湟水中淹死以及饿死的有五六千人，计算起来，剩下跟随其首领煎巩、黄羝一起逃亡的不过四千人。现已归降的羌人首领靡忘等自己保证可以擒获这些人，所以我请求罢除屯田部队。”汉宣帝批准所奏。赵充国整顿部队返回。

赵充国的好友浩星赐前往迎接赵充国，对他说：“大家都认为破羌、强弩二将军率兵出击，多有斩获、招降，所以才使羌人败亡。然而，有见识的人则认为羌人已到穷途末路，即使不发兵出击，也会很快自行投降。将军见到皇上时，应归功于破羌、强弩二位将军率兵出击，你自己并不能与之相比。这样做对你并无什么损失。”赵充国说：“我年岁大了，爵位也到头了，岂能为避免夸耀一时功劳的嫌疑而欺骗皇上！军事措施是国家大事，应当为后人立下榜样。我如不利用自己的余生专为皇上明白分析军事上的利害，一旦去世，谁能再对皇上说这些呢！”终于将自己的想法奏明汉宣帝。汉宣帝接受了他的意见，免除辛武贤破羌将军职务，派其仍回酒泉太守原任。赵充国恢复了后将军职务。

汉纪十九

第二十七卷

中宗孝宣皇帝下甘露元年（戊辰，前 53）

皇太子柔仁好儒，见上所用多文法吏，以刑绳下，常侍燕从容言：“陛下持刑太深，宜用儒生。”帝作色曰：“汉家自有制度，本以霸王道杂之；奈何纯任德教，用周政乎！且俗儒不达时宜，好是古非今，使人眩于名实，不知所守，何足委任！”乃叹曰：“乱我家者太子也！”

淮阳宪王好法律，聪达有材，王母张婕妤尤幸。上由是疏太子而爱淮阳宪王，数嗟叹宪王曰：“真我子也！”常有意欲立宪王，然用太子起于微细，上少依倚许氏，及即位而许后以杀死，故弗忍也。久之，上拜韦玄成为淮阳中尉，以玄成尝让爵于兄，欲以感谕宪王；由是太子遂安。

二年（己巳，前 52）

匈奴呼韩邪单于款五原塞，愿奉国珍，朝三年正月。诏有司议其仪。丞相、御史曰：“圣王之制，先京师而后诸夏，先诸夏而后夷狄。匈奴单于朝贺，其礼仪宜如诸侯王，位次在下。”太子太傅萧望之以为：“单于非正朔所加，故称敌国，宜待以不臣之礼，位在诸侯王上。外夷稽首称藩，中国让而不臣，此则羁縻之谊，谦亨之福也。《书》曰：‘戎狄荒服’，言其来服荒忽亡常。如使匈奴后嗣卒有鸟窜鼠伏，阙于朝享，不为畔臣，万世之长策也。”天子采之，下诏曰：“匈奴单于称北蕃，朝正朔。朕之不德，不能弘覆。其以客礼待之，令单于位在诸侯王上，赞谒称臣而不名。”

汉宣帝甘露元年（戊辰，公元前53年）

皇太子刘奭性格温柔仁厚，喜欢儒家经术，看到汉宣帝任用的官员大多为精通法令的人，依靠刑法控制臣下，曾在陪侍汉宣帝进餐的时候，从容进言说："陛下过于依赖刑法，应重用儒生。"汉宣帝生气地说："我大汉自有大汉的制度，本来就是'王道'与'霸道'兼用，怎能像周朝那样，纯用所谓'礼义教化'呢！况且俗儒不识时务，喜欢肯定古人古事，否定今人今事，使人分不清何为'名'，何为'实'，不知所守，怎能委以重任！"于是叹息道："败坏我家基业的人将是太子！"

淮阳王刘钦喜欢研究法律，聪明通达，很有才干。其母张婕妤特别受汉宣帝宠爱。因此，汉宣帝疏远太子刘奭，疼爱淮阳王刘钦，曾几次赞叹刘钦说："真是我的儿子！"曾有意要立刘钦为太子，但因刘奭生于自己微贱之时，那时自己曾靠刘奭的母亲许氏娘家照顾，而即位后，许皇后又被人害死，所以不忍心。过了很长一段时间，汉宣帝任命韦玄成为淮阳中尉，因韦玄成曾让爵位给其兄长，汉宣帝想以此感动、教育刘钦。于是太子刘奭的地位才稳固了。

二年（己巳，公元前52年）

匈奴呼韩邪单于抵达五原边塞，表示愿奉献本国珍宝，于甘露三年正月来长安朝见汉宣帝。汉宣帝下诏命主管官员商议朝见仪式。丞相、御史大夫都说："依古代圣王的制度，先京师而后诸侯，先诸侯而后夷狄。匈奴单于前来朝贺，其礼仪应与诸侯王相同，位次排在诸侯王之后。"太子太傅萧望之认为："单于不奉汉朝正朔，本不是我国的臣属，所以称为匹敌之国，应不用臣属的礼仪对待他，使其位次在诸侯王之上。外夷向我国低头，自愿居于藩属地位；我国谦让，不以臣属之礼对待他，为的是笼络于他，显示我国的谦虚大度。《尚书》有言：'戎狄外族很难驯服。'说明外夷的归附反复无常。如果将来匈奴的后代子孙突然像飞鸟远窜、老鼠潜伏一般不再前来朝见进贡，也不算我国的背叛之臣，这才是万代的长远策略。"汉宣帝采纳了萧望之的意见，下诏说："匈奴单于自称我国北方藩属，将于明年正月初一前来朝见。朕的恩德不够，不能受此隆重大礼。应以国宾之礼相待，使单于的位次在诸侯王之上，拜谒时只称臣，不具名。"

汉纪二十

第二十八卷

孝元皇帝上初元二年（甲戌，前47）

乐陵侯史高以外属领尚书事，前将军萧望之、光禄大夫周堪为之副。望之名儒，与堪皆以师傅旧恩，天子任之，数宴见，言治乱，陈王事。望之选白宗室明经有行散骑、谏大夫刘更生给事中，与侍中金敞并拾遗左右。四人同心谋议，劝导上以古制，多所欲匡正；上甚乡纳之。史高充位而已，由此与望之有隙。

中书令弘恭、仆射石显，自宣帝时久典枢机，明习文法；帝即位多疾，以显久典事，中人无外党，精专可信任，遂委以政，事无大小，因显白决，贵幸倾朝，百僚皆敬事显。显为人巧慧习事，能深得人主微指，内深贼，持诡辩，以中伤人，忤恨睚眦，辄被以危法；亦与车骑将军高为表里，议论常独持故事，不从望之等。

望之等患苦许、史放纵，又疾恭、显擅权，建白以为："中书政本，国家枢机，宜以通明公正处之。武帝游宴后庭，故用宦者，非古制也。宜罢中书宦官，应古不近刑人之义。"由是大与高、恭、显忤。上初即位，谦让，重改作，议久不定，出刘更生为宗正。

望之、堪数荐名儒、茂材以备谏官，会稽郑朋阴欲附望之，上书言车骑将军高遣客为奸利郡国，及言许、史弟子罪过。章视周堪，堪白："令朋待诏金马门。"朋奏记望之曰："今将军规模，云若管、晏而休，遂行日昃，至周、召乃留乎？若管、晏而休，则下走将归延陵之皋，没齿而已矣。如将军兴周、召之遗业，亲日昃之兼听，则下走其庶几愿竭区区奉万分之一！"望之始见朋，接待以意；后知其倾邪，绝不与通。朋，楚士，怨恨，更求入许、史，推所言许、史事，曰："皆周堪、刘更生教我；我关东人，何以知此！"于是侍中许章白见朋。朋出，扬言曰："我见言前将军小过五，大罪一。"待诏华龙行污秽，欲入堪等，堪等不纳，亦与朋相结。

恭、显令二人告望之等谋欲罢车骑将军，疏退许、史状，候望之出休日，令朋、龙上之。事下弘恭问状，望之对曰：“外戚在位多奢淫，欲以匡正国家，非为邪也。”恭、显奏：“望之、堪、更生朋党相称举，数谮诉大臣，毁离亲戚，欲以专擅权势。为臣不忠，诬上不道，请谒者召致廷尉。”时上初即位，不省召致廷尉为下狱也，可其奏。后上召堪、更生，曰：“系狱。”上大惊曰：“非但廷尉问邪！”以责恭、显，皆叩头谢。上曰：“令出视事。”恭、显因使史高言：“上新即位，未以德化闻于天下，而先验师傅。即下九卿、大夫狱，宜因决免。”于是制诏丞相、御史：“前将军望之，傅朕八年，无他罪过。今事久远，识忘难明，其赦望之罪，收前将军、光禄勋印绶；及堪、更生皆免为庶人。”

上复征周堪、刘更生，欲以为谏大夫；弘恭、石显白，皆以为中郎。

上器重萧望之不已，欲倚以为相；恭、显及许、史子弟、侍中、诸曹皆侧目于望之等。更生乃使其外亲上变事，言“地震殆为恭等，不为三独夫动。臣愚以为宜退恭、显以章蔽善之罚，进望之等以通贤者之路。如此，则太平之门开，灾异之愿塞矣”。书奏，恭、显疑其更生所为，白请考奸诈，辞果服；遂逮更生系狱，免为庶人。

会望之子散骑、中郎伋亦上书讼望之前事，事下有司，复奏：“望之前所坐明白，无谮诉者，而教子上书，称引亡辜之诗，失大臣体，不敬；请逮捕。”弘恭、石显等知望之素高节，不诎辱，建白：“望之前幸得不坐，复赐爵邑，不悔过服罪，深怀怨望，教子上书，归非于上，自以托师傅，终必不坐，非颇屈望之于牢狱，塞其怏怏心，则圣朝无以施恩厚！”上曰：“萧太傅素刚，安肯就吏！”显等曰：“人命至重，望之所坐，语言薄罪，必无所忧。”上乃可其奏。冬，十二月，显等封诏以付谒者，敕令召望之手付。因令太常急发执金吾车骑驰围其第。使者至，召望之。望之以问门下生鲁国朱云，云者，好节士，劝望之自裁。于是望之仰天叹曰：“吾尝备位将相，年逾六十矣，老入牢狱，苟求生活，不亦鄙乎！”字谓云曰：“游，趣和药来，无久留我死！”竟饮鸩自杀。天子闻之惊，拊手曰：“曩固疑其不就牢狱，果然杀吾贤傅！”是时，太官方上昼食，上乃却食，为之涕泣，哀动左右。于是召显等责问；以议不详，皆免冠谢，良久然后已。上追念望之不忘，每岁时遣使者祠祭望之冢，终帝之世。

臣光曰：甚矣孝元之为君，易欺而难寤也！夫恭、显之谮诉望之，其邪说诡计，诚有所不能辨也。至于始疑望之不肯就狱，恭、显以为必无忧。已而果自杀，则恭、显之欺亦明矣。在中智之君，孰不感动奋发以底邪臣之罚！孝元则不然。虽涕泣不食以伤望之，而终不能诛恭、显，才得其免冠谢而已。如此，则奸臣安所惩乎！是使恭、显得肆其邪心而无复忌惮者也。

汉元帝初元二年（甲戌，公元前47年）

乐陵侯史高以外戚的身份主管尚书事宜，前将军萧望之、光禄大夫周堪做他的副手。萧望之是当时著名的大儒，他与周堪都曾担任过元帝的老师，旧情很深。元帝对二人很信任，屡次宴请接见二人，谈论历代的安危兴衰，陈述国家的大政方针。萧望之推荐皇族出身，精通儒家经典，品行纯正的散骑、谏大夫刘向任给事中，与侍中金敞同在元帝左右，纠正元帝的过失。四人同心合力，筹谋商议，规劝引导元帝实行古代制度，打算多方纠正政治上的失误。元帝对此，心意十分向往，且纳用其言。史高不过在高位上充数罢了，因此跟萧望之有了嫌隙。

中书令弘恭、仆射石显，从宣帝时代，就长期掌管中枢机要，熟悉法令条文。元帝即位后多病，因为石显长期担任要职，又是宦官，无婚姻之家，少骨肉之亲，在朝廷中没有党羽，精明干练，可以信任，于是就把大权托付给他。朝廷事无大小，都通过石显转奏，再由皇帝裁断。石显的权势，超越所有朝臣，文武百官，都对他恭敬地侍奉。石显为人乖巧聪明，通晓事理，很能领会皇帝隐藏在内心深处的旨意。他心肠阴险狠毒，以似是而非的狡辩诬陷他人，任何一点小小的怨恨，都会被他滥用法律加害。他跟车骑将军史高内外勾结，在讨论国家大事时，常坚持奉行旧制度，不接受萧望之等人的主张。

萧望之等人憎恶许氏家族和史高家族的放纵，又痛恨弘恭、石显的专权，于是向元帝建议："中书是传宣诏书的地方，位居朝廷中枢，掌管机要，应该由光明正大的人士担任那里的工作。武帝因为常在后宫游玩宴乐，才改用宦官，这不是古代的制度。应解除宦官兼任中书官职的规定，这才符合古代君主不近受过刑罚之人的礼制。"这项建议激化了萧望之与史高、弘恭、石显的矛盾。而元帝刚即位不久，谦让谨慎，不想轻易改变祖先的安排。所以这件事久议不决，最后把刘向由中朝调出，改任外朝官宗正。

萧望之、周堪多次向元帝推荐著名儒士和学者，作为谏官人选。会稽郡人郑朋暗中试图投靠萧望之，于是上书元帝，揭发车骑将军史高派遣门客到各地营私，以及许、史两大家族子弟的罪恶。元帝把这份奏章拿给周堪过目，周堪建议说："命令郑朋在金马门等待召见。"郑朋遂上一份签呈给萧望之，说："现在将军为国家谋划法制，只不过像管仲、晏婴那样罢了，还是忙得过了中午才吃饭，直追周公、召公的勋业才停止？如果像管仲、晏婴便止休，那么我将回故乡延陵看守祖先的坟墓，直到老死。如果将军复兴周公、召公留下的事业，不倦地兼听群言，那么我也许愿意竭尽小小的力量，奉献给您！"萧望之开始接见郑朋，推心置腹相待。后来看出他是一个投机取巧的邪恶之徒，与他断绝了往来。郑朋是楚地士人，由失望而怨恨，于是就改而投靠许、史家族。对他过去所做的事解释说："那都是周堪、刘向教唆我干的，我远在函谷关以东，怎么知道朝廷里的事？"侍中许章于是奏请元帝亲自召见郑朋。在跟元帝对话后，郑朋出了皇宫，宣称："我向圣上检举萧望之有五项小过，一项大罪。"待诏华龙，品行恶劣，也想加入周堪等人组成的派系，周堪等不肯接纳，于是华龙也与郑朋勾结在一起。

弘恭、石显命令郑朋、华龙二人控告萧望之等密谋罢黜车骑将军史高，使圣上疏远许、史两大家族。等到萧望之休假那天，让郑朋、华龙呈递奏章。元帝交付弘恭查办。在询问萧望之时，萧望之回答说："外戚身居高位，大多荒淫奢侈，我期望圣上疏远他们，是为了扶正国家，并没有邪恶的意念。"弘恭、石显上奏说："萧望之、周堪、刘向，结党营私，互相称许推荐，多次诋毁国家重臣，离间陛下的亲戚，图谋控制朝廷，独揽权势。作为一个臣子是不忠，诬陷陛下是无道。请派谒者把全案移送廷尉。"当时元帝即位不久，不了解移送廷尉是关进监狱，于是就批准了奏请。后来，元帝要召周堪、刘向，左右回答说："他们已被逮捕关押。"元帝大惊说："不是仅仅由廷尉问话吗！"责备弘恭、石显，二人都叩头谢罪。元帝说："快让他们出来做事！"弘恭、石显唆使史高对元帝说："陛下刚刚即位，没有以德感人而闻名全国，却先用法律核验师傅。既然已把九卿、大夫级官员下狱，应就此将他们免职。"元帝于是下诏给丞相、御史："前将军萧望之，做过我八年的师傅，没有其他罪过，现今事情久远，记忆遗忘，难于明了，赦免他的罪过，收回他的前将军、光禄勋印绶；而周堪、刘向一律免官，贬为庶人。"

元帝再次征召周堪、刘向，准备任命他们当谏大夫。弘恭、石显向元帝进言，从中作梗，元帝于是任命二人当中郎。

元帝一直非常尊重萧望之，想倚重他，让他担任丞相。弘恭、石显，与许、史两家族的兄弟，以及侍中、诸曹，都怨恨萧望之等人。刘向于是指使他的外亲就地震灾难上书说：“地震发生，大概是针对弘恭等来的，而不是因为萧望之、周堪、刘向三个匹夫。我非常愚昧，但我认为，应该罢黜弘恭、石显，以示对于压制善良的惩罚。应该进升萧望之等，以便疏通贤者的道路。如果是这样，则天下太平的大门洞开，灾异的泉源也就阻塞了。”奏章呈上之后，弘恭、石显怀疑是刘向干的，要求元帝准许追究其中的奸诈真相。上书人在供词中果然承认是受刘向指使。于是逮捕刘向，囚禁于牢狱，免官，贬为平民。

恰好萧望之的儿子散骑、中郎萧伋也上书为其父的前案呼冤。奏章交付给有关部门。有关部门复查后上奏说：“萧望之以前被指控的罪证很明确，并不是诬告陷害。他却教唆儿子，向陛下上书，引用《诗经》上关于无罪的诗篇。有失大臣体统，不敬，请逮捕审讯。”弘恭、石显等了解萧望之平素气节高尚，不可能接受下狱的屈辱，因此建议说：“萧望之侥幸没有牵连进前案中去，而又得赐爵位封邑，他不悔过认罪，反而满腹牢骚，教唆儿子上书，把过失推到陛下身上。自以为是陛下的师傅，无论怎么都不会治罪。如果不用监狱的痛苦压制萧望之，阻止他的怨恨，那么陛下就再也无法施厚恩于臣子了！”元帝说：“萧太傅素来性情刚烈，怎么肯去坐牢？”石显等人说：“人所最重视的是性命，而萧望之被指控的，不过语言上的轻罪，必定不会有什么可担忧的。”元帝于是同意奏请。冬季，十二月，石显等把诏书封好，交给谒者，命令让萧望之亲自拆封。同时下令太常迅速调发执金吾所属车马，赶来包围萧望之住宅。谒者到达萧宅，召萧望之。萧望之就此问他的学生鲁国人朱云，朱云是崇尚节操之士，劝萧望之自杀。当时，萧望之仰天长叹说：“我曾经立于将相之列，而今年纪已超过六十。这么老的年纪被关进监狱，去苟且求生，岂不鄙贱？”遂呼唤朱云的字说：“游，快把药和好，不要延长我等死的时间！”于是饮下鸩酒，自杀身死。元帝接到报告，大为震惊，拍手说：“我本来就怀疑他不会去坐牢，果然杀了我的好师傅。”这时，太官正呈上午餐，元帝不肯进食，泪流满面，悲哀感动了旁边的人。于是召石显等责问，石显等承认当初判断错误，都摘掉官帽，叩头请罪，过了很久，事情才算了结。元帝追思哀悼萧望之，不能忘情，每年四季都派使节去他坟墓前祭祀，直到自己去世。

臣司马光曰：元帝这位君王，太容易受欺骗而又难以醒悟了！弘恭、石显诬陷萧望之，其阴谋诡计，诚然有时候很难分辨。至于他开始怀疑萧望之不肯入狱，弘恭、石显却说必定不会出现意外，不久萧望之果然自杀，则弘恭、石显的欺诈，已经很明显了。属于中等智慧的君王，谁不情绪激动，勃然大怒，给奸邪的臣子以惩罚！而元帝则不然，虽然以痛哭流涕、不进食来哀悼师傅，却终究不能杀掉弘恭、石显，只不过使他们脱下官帽谢罪而已。如此，奸臣怎么惩治呢？这正是导致弘恭、石显肆意妄为而不再有忌惮的原因。

汉纪二十一

第二十九卷

孝元皇帝下建昭三年(乙酉,前36)

冬,使西域都护、骑都尉北地甘延寿、副校尉山阳陈汤共诛斩郅支单于于康居。

始,郅支单于自以大国,威名尊重,又乘胜骄,不为康居王礼,怒杀康居王女及贵人、人民数百,或支解投都赖水中;发民作城,日作五百人,二岁乃已。又遣使责阖苏、大宛诸国岁遗,不敢不予。汉遣使三辈至康居,求谷吉等死,郅支困辱使者,不肯奉诏;而因都护上书,言"居困厄,愿归计强汉,遣子入侍"。其骄嫚如此。

汤为人沉勇,有大虑,多策略,喜奇功,与延寿谋曰:"夷狄畏服大种,其天性也。西域本属匈奴,今郅支单于威名远闻,侵陵乌孙、大宛,常为康居画计,欲降服之;如得此二国,数年之间,城郭诸国危矣。且其人剽悍,好战伐,数取胜;久畜之,必为西域患。虽所在绝远,蛮夷无金城、强弩之守。如发屯田吏士,驱从乌孙众兵,直指其城下,彼亡则无所之,守则不足自保,千载之功可一朝而成也!"延寿以为然,欲奏请之。汤曰:"国家与公卿议,大策非凡所见,事必不从。"延寿犹与不听。会其久病,汤独矫制发城郭诸国兵、车师戊己校尉屯田吏士。延寿闻之,惊起,欲止焉。汤怒,按剑叱延寿曰:"大众已集会,竖子欲沮众邪!"延寿遂从之。部勒行陈,汉兵、胡兵合四万余人。延寿、汤上疏自劾奏矫制,陈言兵状,即日引军分行,别为六校:其三校从南道逾葱岭,径大宛;其三校都护自将,发温宿国,从北道入赤谷,过乌孙,涉康居界,至阗池西。而康居副王抱阗将数千骑寇赤谷城东,杀略大昆弥千余人,驱畜产甚多,从后与汉军相及,颇寇盗后重。汤纵胡兵击之,杀四百六十人,得其所略民四百七十人,还付大昆弥,其马、牛、羊以给军食。又捕得抱阗贵人伊奴毒。入康居东界,令军不得为寇。间呼其贵人屠墨见之,谕以威信,与饮、盟,遣去。径引行，未至单于城可六十里，止营。复捕得康居贵人具色子男开牟以为导。具色子，即屠墨母之弟，皆怨单于，由是具知郅支情。明日，引行，未至城三十里，止营。

单于遣使问："汉兵何以来？"应曰："单于上书言：'居困厄，愿归计强汉，身入朝见'，天子哀闵单于，弃大国，屈意康居，故使都护将军来迎单于妻子。恐左右惊动，故未敢至城下。"使数往来相答报，延寿、汤因让之："我为单于远来，而至今无名王、大人见将军受事者，何单于忽大计，失客主之礼也！兵来道远，人畜罢极，食度且尽，恐无以自还，愿单于与大臣审计策！"

明日，前至郅支城都赖水上，离城三里，止营傅陈。望见单于城上立五采幡帜，数百人被甲乘城；又出百余骑往来驰城下，步兵百余人夹门鱼鳞陈，讲习用兵。城上人更招汉军曰："斗来！"百余骑驰赴营，营皆张弩持满指之，骑引却。颇遣吏士射城门骑、步兵，骑、步兵皆入。延寿、汤令军："闻鼓音，皆薄城下，四面围城，各有所守，穿堑，塞门户，卤楯为前，戟弩为后，仰射城楼上人。"楼上人下走；土城外有重木城，从木城中射，颇杀伤外人。外人发薪烧木城，夜，数百骑欲出，外迎射，杀之。

初，单于闻汉兵至，欲去。疑康居怨己，为汉内应，又闻乌孙诸国兵皆发，自以无所之。郅支已出，复还，曰："不如坚守。汉兵远来，不能久攻。"单于乃被甲在楼上，诸阏氏、夫人数十皆以弓射外人。外人射中单于鼻，诸夫人颇死；单于乃下。夜过半，木城穿；中人却入土城，乘城呼。时康居兵万余骑，分为十余处，四面环城，亦与相应和。夜，数奔营，不利，辄却。平明，四面火起，吏士喜，大呼乘之，钲、鼓声动地。康居兵引却；汉兵四面推卤楯，并入土城中。单于男女百余人走入大内。汉兵纵火，吏士争入，单于被创死。军候假丞杜勋斩单于首。得汉使节二及谷吉等所赍帛书；诸卤获以畀得者。凡斩阏氏、太子、名王以下千五百一十八级；生虏百四十五人，降虏千余人，赋予城郭诸国所发十五王。

汉元帝建昭三年（乙酉，公元前36年）

冬季，命西域都护、骑都尉、北地郡人甘延寿，和副校尉、山阳郡人陈汤一同出兵，在康居王国斩杀郅支单于。

最初，郅支单于自以为匈奴汗国是一个大国，威名远扬，颇受别国尊重，又乘军事胜利而十分骄傲。因为不得康居王礼敬，一怒之下杀了康居王的女儿及康居贵族、平民数百人，有的还截其四肢，扔到都赖水里。他强迫康居人为他建筑城垣，每日有五百名工匠施工，历时二年才完成。又派出使节，前往阖苏王国、大宛王国，责令每年进贡。两国畏惧郅支单于，不敢不给。汉朝前后派出三批使节，前往康居郅支单于处，查问谷吉等人的遗体下落。郅支逼迫侮辱汉朝使节，不肯接受汉朝皇帝的诏书，只是通过西域都护上书，说："居住的地方环境困苦，愿意归顺强大的汉朝，还打算派儿子去当人质。"其态度傲慢如此。

陈汤为人沉着勇敢，能深思熟虑，富有计策谋略，渴望建立奇特的功勋，他向甘延寿建议说："边境各族畏惧匈奴，这是天性。西域各国，本来都属匈奴管辖，而今郅支单于的威名传播很远，不断侵略乌孙王国和大宛王国，经常给康居王国出谋划策，企图使乌孙、大宛投降归顺。如果把这两国征服，只要几年时间，西域城邦国家都会陷于危险的境地。郅支单于性情剽悍，喜好战争，不断取得胜利。日子一久，必将成为西域的灾难。虽然他现在地处遥远，幸而他们没有坚固的城堡和强劲的弓弩，无法固守。我们如果征发屯田的军队，并率领乌孙王国的军队，一直挺进到他的城堡之下，他要逃没有地方可逃，要守则兵力不足以自保，千载难逢的功业可以在一天早上完成。"甘延寿认为有理，准备先奏请朝廷批准。陈汤说："圣上一定会召集公卿商议，远大的策略，不是平庸的官僚所能了解，肯定不同意。"甘延寿迟疑，不肯听他的话。正好甘延寿久病卧床，陈汤单独行动，假传圣旨，征发各城邦国家的军队、车师戊己校尉的屯田部队。甘延寿听说了这件事，大惊而起，要加阻止，陈汤大怒，手按剑柄，叱责甘延寿说："大军已经集中会合，你小子打算阻止大军吗？"甘延寿于是顺从。他俩部署、集结汉朝和西域多国兵力，共有四万余人。甘延寿、陈汤上奏章自我弹劾假传圣旨之罪，陈述所以如此做的理由。发出奏章的当天，大军出发，分成六路纵队，其中三路纵队沿南道越过葱岭，穿过大宛王国。另三路纵队，由都护甘延寿亲自率领，从温宿国出发，由北道经乌孙王国首府赤谷城，穿过乌孙王国，进入康居王国边界，挺进到阗池西岸。而这时康居王国的副王抱阗，率领数千骑兵，在赤谷城东方攻击乌孙王国大昆弥地区，屠杀及俘虏千余人，抢走牛、羊、马等大批牲畜，然后从后面追上汉军，夺取汉军后部的大批辎重。陈汤命西域兵迎战，杀四百六十人，夺回抱阗所掳掠的乌孙百姓四百七十人，交给大昆弥。而夺回的马匹、牛、羊，则留下来作为军队食物。又逮捕到抱阗手下的贵族伊奴毒。进入康居王国东部国界后，陈汤严明军纪，不准烧杀抢掠。秘密召康居王国的贵族屠墨来会晤，向他展示汉朝的威力与决心，摆下酒席，共同盟誓，然后送他回去。大军继续挺进，在距新筑的单于城约六十里处，安营扎寨。这时，又俘虏康居王国另一贵族具色子男开牟，让他做向导。具色子男开牟是屠墨的舅父，也痛恨郅支单于的凶暴。汉朝军队于是对郅支单于内部的情况了如指掌。第二天，大军继续挺进，距单于城三十里，扎下营寨。

郅支单于派使节前来询问："汉朝军队到这里来的目的何在？"汉军的官员回答说："你们单于曾经上书汉朝皇帝，说：'居住环境困苦，愿意归降强大的汉朝，亲身到长安朝见。'皇帝怜悯单于放弃幅员广大的国土，委屈地住在康居，所以派遣都护将军，率军前来迎接单于及妻子儿女。恐怕单于的左右惊动，所以没有敢于直接到达城下。"双方使节来往了几次之后，甘延寿、陈汤出面，责备郅支单于的使节说："我们为了单于，不远万里来到此地，然而，一直到今天，他还没有派出一位名王、显贵，前来晋见都护将军。为什么单于对大事这么疏忽，不讲主人待客人的礼节？我们从遥远的地方到此，人马困乏已极，而粮草又快用完，恐怕连回程都不够用，请单于跟大臣们慎重考虑。"

次日，大军挺进到都赖水畔，在距单于城三里外扎营，构筑阵地，遥望单于城上，五色旗帜迎风飘扬，数百匈奴人披甲戴胄，登上城楼守备。又从城中冲出一百余名骑兵，往来奔驰城下。一百余名匈奴步兵，在城门两侧，结成"鱼鳞阵"，正做战斗演习。城上守军还向汉朝军队挑战说："你们来打吧！"一百余名匈奴骑兵直冲汉营，汉营的强弩全部拉满，箭矢外指。匈奴骑兵不敢攻击而撤退。强弩部队射击城门外操练的匈奴骑兵、步兵，匈奴兵全部退入城内。甘延寿、陈汤下令总攻，说："听到鼓声，都直扑城下，四面包围，各军记住所分配的位置，开凿洞穴，堵塞射击孔。盾牌在前，戟弩在后，仰射城楼上的守军。"攻击开始，城楼上的匈奴守军退下逃走。土城之外，还有由两层木樯构成的重木城。匈奴人由木城射击，使汉朝远征军多有伤亡。于是远征军以薪纵火，焚烧木城。入夜，匈奴守军骑兵数百名突围，汉军予以迎头痛击，箭如雨下，全部歼灭。

当初，郅支单于听说汉朝军队到达，打算离开此城。可是，怀疑康居王对他怨恨，与汉朝勾结，里应外合，又听说乌孙王国等西域各国，都派出军队，自以为无处可以投奔。所以，他已逃出单于城，却又返回，说："不如坚守。汉朝军队远征万里，不可能持久进攻。"郅支单于全身披甲，在城楼上指挥作战。他的阏氏、夫人共数十名，也都用弓箭射城外的汉军。汉朝的弩兵射中郅支单于的鼻子，而他的夫人也多有死亡。郅支单于于是从城楼下来。午夜之后，木城被攻破，木城中的匈奴军退入土城，登上城头，呼号呐喊。这时，康居王国一万余人的骑兵援军来到郅支城附近，分散在十余处，环绕城的东西南北四面部署，跟城上的匈奴守军互相呼应。乘着夜色，多次向汉朝军队的营地冲击，然而不能得手，每次都退下来。天将亮时，四面火起，官兵振奋，乘火势大喊，鼓号之声动地。康居军队再向后撤。汉朝军队推举盾牌，从四面同时冲入土城中。郅支单于率匈奴男女一百余人逃入王宫，汉朝军队纵火焚烧王宫，官兵争先冲入，郅支单于身受重伤而死。军候假丞杜勋，砍下郅支单于人头。在王宫中搜出汉朝使臣的符节两只以及谷吉等携带的写在帛上的书信。凡是抢掠的财物，都归抢掠者所有。斩阏氏、太子、名王及以下共一千五百一十八人，生擒一百四十五人，投降的一千余人，分配给领兵围剿单于的西域十五个国王。

汉纪二十二

第三十卷

孝成皇帝上之上阳朔元年（丁酉，前24）

时大将军凤用事，上谦让无所颛。左右尝荐光禄大夫刘向少子歆通达有异材，上召见，歆诵读诗赋，甚悦之，欲以为中常侍；召取衣冠，临当拜，左右皆曰："未晓大将军。"上曰："此小事，何须关大将军！"左右叩头争之，上于是语凤，凤以为不可，乃止。

王氏子弟皆卿、大夫、侍中、诸曹，分据势官，满朝廷。杜钦见凤专政泰重，戒之曰："愿将军由周公之谦惧，损穰侯之威，放武安之欲，毋使范雎之徒得间其说！"凤不听。

时上无继嗣，体常不平。定陶共王来朝，太后与上承先帝意，遇共王甚厚，赏赐十倍于他王，不以往事为纤介；留之京师，不遣归国。上谓共王："我未有子，人命不讳，一朝有他，且不复相见，尔长留侍我矣！"其后天子疾益有瘳，共王因留国邸，旦夕侍上；上甚亲重之。大将军凤心不便共王在京师，会日食，凤因言："日食，阴盛之象。定陶王虽亲，于礼当奉藩在国；今留侍京师，诡正非常，故天见戒，宜遣王之国！"上不得已于凤而许之。共王辞去，上与相对涕泣而决。

王章素刚直敢言，虽为凤所举，非凤专权，不亲附凤，乃奏封事，言"日食之咎，皆凤专权蔽主之过"。上召见章，延问以事。章对曰："天道聪明，佑善而灾恶，以瑞应为符效。今陛下以未有继嗣，引近定陶王，所以承宗庙，重社稷，上顺天心，下安百姓，此正议善事，当有祥瑞，何故致灾异！灾异之发，为大臣专政者也。今闻大将军猥归日食之咎于定陶王，建遣之国，苟欲使天子孤立于上，颛擅朝事以便其私，非忠臣也。且日食，阴侵阳，臣颛君之咎。今政事大小皆自凤出，天子曾不壹举手，凤不内省责，反归咎善人，推远定陶王。且凤诬罔不忠，非一事也。前丞相乐昌侯商，本以先帝外属，内行笃，有威重，位历将相，国家柱石臣也，其人守正，不肯屈节随凤委曲；卒用闺门之事为凤所罢，身以忧死，众庶愍之。又凤知其小妇弟张美人已尝适人，于礼不宜配御至尊，托以为宜子，内之后宫，苟以私其妻弟；闻张美人未尝任身就馆也。且羌、胡尚杀首子以荡肠正世，况于天子，而近已出之女也！此三者皆大事，陛下所自见，足以知其余及他所不见者。凤不可令久典事，宜退使就第，选忠贤以代之！”

自凤之白罢商，后遣定陶王也，上不能平；及闻章言，天子感寤，纳之，谓章曰："微京兆尹直言，吾不闻社稷计。且唯贤知贤，君试为朕求可以自辅者。”于是章奏封事，荐信都王舅琅邪太守冯野王，忠信质直，智谋有余。上自为太子时，数闻野王名，方倚以代凤。章每召见，上辄辟左右。时太后从弟子侍中音独侧听，具知章言，以语凤。凤闻之，甚忧惧。杜钦令凤出就第，上疏乞骸骨，其辞指甚哀。太后闻之，为垂涕，不御食。上少而亲倚凤，弗忍废，乃优诏报凤，强起之；于是凤起视事。

上使尚书劾奏章："知野王前以王舅出补吏，而私荐之，欲令在朝，阿附诸侯；又知张美人体御至尊，而妄称引羌胡杀子荡肠，非所宜言”；下章吏。廷尉致其大逆罪，以为“比上夷狄，欲绝继嗣之端；背畔天子，私为定陶王”。章竟死狱中，妻子徙合浦。自是公卿见凤，侧目而视。

冯野王惧不自安，遂病；满三月，赐告，与妻子归杜陵就医药。大将军凤风御史中丞劾奏："野王赐告养病而私自便，持虎符出界归家，奉诏不敬。”杜钦奏记于凤曰："二千石病，赐告得归，有故事；不得去郡，亡著令。《传》曰：'赏疑从予'，所以广恩劝功也；'罚疑从去'，所以慎刑，阙难知也。今释令与故事而假不敬之法，甚违'阙疑从去'之意。即以二千石守千里之地，任兵马之重，不宜去郡，将以制刑为后法者，则野王之罪在未制令前也。刑赏大信，不可不慎！”凤不听，竟免野王官。

汉成帝阳朔元年（丁酉，公元前24年）

当时，大将军王凤掌握国家大权，成帝谦让软弱，没有实权。成帝身边的侍臣，曾向他推荐光禄大夫刘向的幼子刘歆，说他博学卓识有奇才。成帝召见刘歆，刘歆为他诵读诗赋。成帝非常喜欢他，想任命他为中常侍，命左右取来中常侍的衣冠，正准备行拜官礼时，左右侍从之人都说："还没有让大将军知道。"成帝说："这是小事，何必通报大将军！"左右之人叩头力争，于是成帝便告诉了王凤。王凤认为不可以，此事便作罢。

王氏子弟全都当上卿、大夫、侍中、诸曹，分别占据显官要职，达官显贵充满朝廷。杜钦见王凤过于专权，告诫他说："我希望将军采取周公的谦恭谨慎态度，减少穰侯魏冉的威风，放弃武安侯田蚡的贪欲，不要使范雎之流得以从中挑拨离间！"王凤不听。

这时，成帝没有继嗣，身体又常患病。定陶王刘康来朝见，太后与成帝秉承先帝的遗愿，待他十分优厚，给予的赏赐是其他诸侯王的十倍，对当初夺嫡之事，也不存丝毫责问。成帝把他留在京师，不让他归国，还对他说："我没有儿子，人命无常，不必避讳，一旦有别的变化，将再也看不见你了。你就长期留在京师，随侍在我身边吧！"后来，成帝病情渐渐减轻，刘康于是留居在封国驻京府邸，日夜进宫服侍成帝，成帝对他十分亲近看重。大将军王凤对刘康留居京师感到不方便，恰好发生日食，王凤就乘机说："发生日食，是阴气过盛的征象。定陶王虽亲，按礼应当在自己的封国当藩王。如今留在京师侍奉天子，是不正常的，因此天现异象发出警告。陛下应遣送定陶王返回封国！"成帝无法违抗王凤，只好同意。刘康辞行，成帝和他相对流泪而别。

王章一向刚直敢言，他虽由王凤举荐，但不赞成王凤专权，不亲近依附王凤。他上密封奏书说："发生日食，都应归咎于王凤专权，蒙蔽主上。"成帝召见王章，进一步询问。王章回答说："上天行事，耳聪目明，保佑善良，惩罚邪恶，用祥瑞或灾异作为效验的征兆。如今陛下因为没有亲子，而召见亲近定陶王，这是为了承接宗庙，以国家为重，上顺天意，下安民心，这是正确的决定和善事，上天应当报以祥瑞，怎么会招致灾异！灾异的发生，是因为大臣专权。现在听说大将军错将日食的发生归咎于定陶王，建议遣送他回封国。假如是想使天子在上面孤立，而由他专擅朝政，以便实现私欲，那他就不是忠臣了。而且发生日食，是阴气侵抑阳气，应归咎于臣下专权而压抑君王。如今大小政事都由王凤决定，天子连手都没有举过一次，王凤不从内心反省自责，反而归咎于善良的人，把定陶王排挤到远方。而且王凤诬陷欺骗不忠之事，不止一件。前丞相、乐昌侯王商，本是先帝的亲戚，品行敦厚，威望很高，历任将相，是国家栋梁之臣。他坚持正义，不肯违心地屈膝追随王凤。最后被王凤用闺房阴私之事而致罪罢黜，忧伤而死，百姓都怜惜他。又如，王凤明知他小妾的妹妹张美人已嫁过人，按礼不适宜上配至尊的皇帝，王凤却托言张美人适宜生男孩，将她献入后宫，用不正当的手段为小妾的妹妹谋取私利。然而，听说到现在张美人也未曾怀孕。而且，即使是羌人、胡人，还要杀死头胎婴儿，以洗女人的肠肚，使未来所生之子血统纯正。何况是天子，怎能亲近已嫁过人的女子！以上所说的三件都是大事，是陛下亲眼所见到的，根据这些，足以推知其余和另外那些所看不到的事情。陛下不可让王凤长期主持国事，应让他退官回到府第，另选忠诚贤能的人代替他！”

自从因王凤的弹劾，王商被罢黜，到后来遣送定陶王归国，成帝心里一直郁愤不平，此时听了王章的话，有所感触而醒悟，打算采纳他的建议。成帝对王章说：“若不是京兆尹直言，我听不到国家大计。况且只有贤能者才了解贤能者，请你试为朕找一位能够辅政的人。”于是王章再上密封奏书，举荐信都王刘兴的舅父、琅邪太守冯野王，说他忠诚正直，又富于谋略。成帝从当太子时，就多次听说冯野王的声名，于是准备依靠他代替王凤。王章每次进见，成帝都命左右随从退出。但当时太后堂弟之子、侍中王音独自窃听，全部了解王章谈话的内容，并报告了王凤。王凤听了甚为忧虑恐惧。杜钦劝王凤搬出大将军府，回到原来的侯府，上书请求辞职退休，措辞十分哀痛。太后闻讯，为王凤流下眼泪，不肯进食。成帝从小就亲近倚靠王凤，不忍心罢黜他，就下诏以礼安抚，勉强他继续任职。于是王凤复行视事。

成帝让尚书弹劾王章，说：“王章明知冯野王先前因为是诸侯王的舅父，而外放补官，而却因私心，违制推荐，想让他在朝中任职，以阿谀攀附诸侯。又明知张美人已入宫侍奉皇帝，却狂妄地引述羌胡杀子洗肠的风俗，这不是所应说的话。”把王章交付司法官吏处理。廷尉说成是大逆罪，认为：“把皇帝比做羌胡蛮族，想使皇上绝嗣，背叛天子，私心为定陶王打算。”王章终于死在狱中，妻子儿女流放到合浦。从此，公卿见到王凤，都侧目而视。

冯野王恐惧不自安，就得了疾病。病假满三个月后，成帝批准他带职养病，他就跟妻子回到故乡杜陵就医。大将军王凤暗示御史中丞弹劾他说：“冯野王被皇上赐准带职养病，却私自趁便拿着虎符越过郡界回家，犯了奉诏不敬之罪。”杜钦给王凤上书说：“官秩为二千石的官员得了病，被批准带职养病而就此回家的，有前例可鉴。法令中并没有不许离郡的条文。经传上说：‘拿不准该不该赏赐的，姑且给予赏赐。’目的在于广施恩德，勉励有功之人。还说：‘拿不准该不该惩罚的，姑且赦免。’目的在于谨慎刑罚，免生差错。现在，不顾法令和前例，而以不敬的法条治罪，完全违背了‘拿不准该不该惩罚的，姑且赦免’的古训。即使认为二千石的高级官员管辖千里之地，负有军事上的重任，不应轻易离开辖郡，准备制定律条作为以后的法令，那么冯野王的罪过也在新的条文制定之前。刑罚和赏赐，关系国家的重大信誉，不可不慎重！”王凤不听，竟然罢免了冯野王的官职。

汉纪二十三

第三十一卷

孝成皇帝上之下鸿嘉三年（癸卯，前18）

初，许皇后与班婕妤皆有宠于上。上尝游后庭，欲与婕妤同辇载，婕妤辞曰：“观古图画，贤圣之君皆名臣在侧，三代末主乃有嬖妾；今欲同辇，得无近似之乎！”上善其言而止。太后闻之，喜曰：“古有樊姬，今有班婕妤！”

其后，上微行过阳阿主家，悦歌舞者赵飞燕，召入宫，大幸；有女弟，复召入，姿性尤醲粹，左右见之，皆啧啧嗟赏。有宣帝时披香博士淖方成在帝后，唾曰：“此祸水也，灭火必矣！”姊、弟俱为婕妤，贵倾后宫。许皇后、班婕妤皆失宠。于是赵飞燕谮告许皇后、班婕妤挟媚道，祝诅后宫，詈及主上。冬，十一月，甲寅，许后废处昭台宫，后姊谒等皆诛死，亲属归故郡。考问班婕妤，婕妤对曰：“妾闻‘死生有命，富贵在天’。修正尚未蒙福，为邪欲以何望！使鬼神有知，不受不臣之诉；如其无知，诉之何益！故不为也。”上善其对，赦之，赐黄金百斤。赵氏姊、弟骄妒，婕妤恐久见危，乃求共养太后于长信宫。上许焉。

永始元年（乙巳，前16）

上欲立赵婕妤为皇后，皇太后嫌其所出微甚，难之。太后姊子淳于长为侍中，数往来通语东宫；岁余，乃得太后指，许之。夏，四月，乙亥，上先封婕妤父临为成阳侯。谏大夫河间刘辅上书，言：“昔武王、周公，承顺天地以飨鱼、乌之瑞，然犹君臣祗惧，动色相戒。况于季世，不蒙继嗣之福，屡受威怒之异者乎！虽夙夜自责，改过易行，畏天命，念祖业，妙选有德之世，考卜窈窕之女，以承宗庙，顺神祇心，塞天下望，子孙之祥犹恐晚暮！今乃触情纵欲，倾于卑贱之女，欲以母天下，不畏于天，不愧于人，惑莫大焉！里语曰：‘腐木不可以为柱；人婢不可以为主。’天人之所不予，必有祸而无福，市道皆共知之，朝廷莫肯壹言。臣窃伤心，不敢不尽死！”书奏，上使侍御史收缚辅，系掖庭秘狱，群臣莫知其故。

初，太后兄弟八人，独弟曼早死，不侯。太后怜之。曼寡妇渠供养东宫，子莽幼孤，不及等比。其群兄弟皆将军、五侯子，乘时侈靡，以舆马声色佚游相高。莽因折节为恭俭，勤身博学，被服如儒生；事母及寡嫂，养孤兄子，行甚敕备；又外交英俊，内事诸父，曲有礼意。大将军凤病，莽侍疾，亲尝药，乱首垢面，不解衣带连月。凤且死，以托太后及帝，拜为黄门郎，迁射声校尉。久之，叔父成都侯商上书，愿分户邑以封莽。长乐少府戴崇、侍中金涉、中郎陈汤等皆当世名士，咸为莽言，上由是贤莽，太后又数以为言。五月，乙未，封莽为新都侯，迁骑都尉、光禄大夫、侍中。宿卫谨敕，爵位益尊，节操愈谦，散舆马、衣裘振施宾客，家无所余；收赡名士，交结将、相、卿、大夫甚众。故在位者更推荐之，游者为之谈说，虚誉隆洽，倾其诸父矣。敢为激发之行，处之不惭恧。尝私买侍婢，昆弟或颇闻知，莽因曰：“后将军朱子元无子，莽闻此儿种宜子。”即日以婢奉朱博。其匿情求名如此！

六月，丙寅，立皇后赵氏，大赦天下。

皇后既立，宠少衰。而其女弟绝幸，为昭仪，居昭阳舍，其中庭彤朱而殿上髹漆；切皆铜沓，黄金涂；白玉阶；壁带往往为黄金，函蓝田璧、明珠、翠羽饰之；自后宫未尝有焉。赵后居别馆，多通侍郎、宫奴多子者，昭仪尝谓帝曰：“妾姊性刚，有如为人构陷，则赵氏无种矣！”因泣下凄恻。帝信之，有白后奸状者，帝辄杀之。由是后公为淫恣，无敢言者，然卒无子。

汉成帝鸿嘉三年（癸卯，公元前18年）

最初，许皇后与班婕妤都受成帝宠爱。有一次，成帝在后宫庭院游玩，想跟班婕妤同乘一辆车，班婕妤推辞说：“我观看古代的图画，圣贤的君王身旁，都跟随着名臣，而三代末世的君王身旁，才有宠妾。现在陛下想让我同车，是不是有些相似呢！”成帝对她的回答很赞赏，也就不再勉强。太后听说了，高兴地说：“古代有樊姬，今天有班婕妤！”

此后，成帝微服出行，到阳阿公主的家，喜欢上公主家的歌舞女赵飞燕，把她召入宫中，大加宠爱。赵飞燕有个妹妹，也被召入宫，姿容特别美艳，毫无瑕疵。成帝左右的人看见她，都惊叹赞赏。有位汉宣帝时的披香博士淖方成，当时正站在成帝身后，却唾口水说：“这是祸水呀，定会扑灭汉王朝之火！”赵飞燕姐妹俩都被封为婕妤，一时尊贵荣宠，压倒后宫。许皇后、班婕妤都失宠了。于是赵飞燕向成帝进谗言说，许皇后、班婕妤用妖术诅咒后宫得宠的美人，甚至连皇上都骂到了。冬季，十一月，甲寅（十六日），许后被废，迁居昭台宫。许后的姐姐许谒等人全被诛杀，许后的亲属被逐归原郡。审讯班婕妤时，班婕妤回答说：“我听说‘死生有命，富贵在天’。我修行持正，尚且没有享到幸福，如果做奸邪的事，就更不用想有好结果了。假使鬼神有知，不会听取诅咒主上的恶诉；假使鬼神无知，向鬼神诉说又有什么用呢？所以用妖术诅咒之事，我不会做的。”成帝认为她说的有道理，就赦免了她，并赐黄金百斤。赵氏姐妹骄横妒忌，班婕妤怕时间长了，终为所害，就请求到长信宫侍奉太后。皇上予以批准。

永始元年（乙巳，公元前16年）

成帝想封赵飞燕为皇后，但皇太后嫌她出身太微贱，从中阻拦。太后姐姐的儿子淳于长任侍中，多次往来于东宫，为成帝传话。经过一年多，才得到太后的旨意，予以允许。夏季，四月，乙亥（十五日），成帝先封赵飞燕的父亲赵临为成阳侯。谏大夫、河间人刘辅上书说：“往昔武王、周公承顺天地，因而有白鱼入王舟、火焰变乌鸦的祥瑞，然而君臣仍然心怀恭敬和恐惧，脸为变色，互相诫勉。何况现在正处末世，没有太子降生的福气，却屡次遭受上天降威震怒的变异呢！虽然日夜自责检讨，改过易行，敬畏天命，思念祖宗大业，精选品德高尚的家族，从中稽考挑选窈窕淑女，以承奉宗庙，顺从神灵之心，满足天下人的希望，然而要想有生子生孙的福气，仍然恐怕太晚！可是陛下现在却放纵情欲，倾心迷恋卑贱之女，想让这样的女子做天下之母，既不畏惧上天，又不愧于人，陛下的迷惑，没有比现在更大的了！俚语说：‘腐木不可用做梁柱，婢女不可成为主人。’上天和人民都不赞成的事情，必然有祸而无福，这是街市小民和路人都懂得的道理，朝廷却没有人肯说一句话，我为此痛心，不敢不冒死劝谏。”奏章上去后，成帝派侍御史逮捕了刘辅，囚禁在宫廷秘密监狱里。群臣都不知道他被捕的原因。

最初，太后有兄弟八人，唯独弟弟王曼早死，没有封侯。太后怜惜他，把王曼的遗孀渠供养在东宫。王曼的儿子王莽，从小成孤儿，不能与其他人相比。那些兄弟的父亲都是将军、王侯，可以凭父亲当时的地位恣意奢华，在车马声色放荡游乐方面互相竞赛。而王莽屈己下人，态度谦恭，勤学苦修，学识渊博，穿着像一般的儒生。侍奉母亲跟寡嫂，抚养亡兄的孤儿，十分尽心周到。同时，在外结交的都是些俊杰之士，在内对待诸位伯父叔父，能委曲迁就，礼敬有加。大将军王凤病重时，王莽侍候他，亲口尝药，一连几个月都不能解衣入睡，因而蓬头垢面。王凤将死时，把王莽托付给太后及成帝，王莽因此被封为黄门郎，以后又升任射声校尉。很久以后，叔父成都侯王商上书，表示愿分出自己封地上的土地和百姓，请求皇上封给王莽。长乐少府戴崇、侍中金涉、中郎陈汤等，都是当代名士，也都为王莽美言。成帝因而认为王莽贤能，太后又屡次以此嘱咐成帝。五月，乙未（初六），封王莽为新都侯，升为骑都尉、光禄大夫、侍中。王莽在宫廷服务谨慎尽心，爵位越尊贵，他的礼节操守越谦恭。他把自己的车马、衣物、皮裘周济给门下宾客，而自己却家无余财。他收罗赡养名士，结交很多将、相、卿、大夫。因而在位的官员轮番向皇帝推荐他，善游说的人也为他到处宣传，虚假不实的声誉隆盛无比，压过了他的诸位伯父叔父。他敢于做违俗立异的事情，而又安然处之，毫无愧色。王莽曾私下买了一个婢女，兄弟中有人听说了，王莽于是辩解：“后将军朱子元没有儿子，我听说此女有宜男相。”当天就把婢女奉送给朱博。他就是这样隐匿真情博取名声！

六月，丙寅（七日），成帝封赵飞燕为皇后，大赦天下。

赵飞燕当上皇后以后，成帝对她的宠爱稍有衰退。而她的妹妹却受宠空前，被封为昭仪，赐住昭阳舍，居处中庭全用朱红色，而殿上则漆成黑色。门限全用铜包，再涂以黄金。台阶用白玉雕成。屋内墙壁上带状的横木，处处嵌有黄金环，环内镶上蓝田玉璧、明珠、翠羽来装饰。其奢华是后宫从来没有过的。赵皇后居住在另外一个宫殿，跟侍郎和多子的宫奴屡次私通。赵昭仪曾对成帝说：“我姐姐性格刚烈，假如被人指控陷害，则我们赵氏就要绝种了！”趁势哭得十分凄恻。成帝相信了她的话，有报告皇后奸情的人，成帝就把他杀死。从此，赵皇后公然恣意宣淫，没有人敢报告了，然而始终不生孩子。

汉纪二十四

第三十二卷

孝成皇帝中绥和元年（癸丑，前8）

上召丞相翟方进、御史大夫孔光、右将军廉褒、后将军朱博入禁中，议“中山、定陶王谁宜为嗣者？”方进、根、褒、博皆以为：“定陶王，帝弟之子。《礼》曰：‘昆弟之子，犹子也。为其后者，为之子也。’定陶王宜为嗣。”光独以为：“礼，立嗣以亲。以《尚书·盘庚》殷之及王为比，兄终弟及。中山王，先帝之子，帝亲弟，宜为嗣。”上以“中山王不材；又礼，兄弟不得相入庙”，不从光议。二月，癸丑，诏立定陶王欣为皇太子，封中山王舅谏大夫冯参为宜乡侯，益中山国三万户，以慰其意。使执金吾任宏守大鸿胪，持节征定陶王。定陶王谢曰：“臣材质不足以假充太子之宫；臣愿且得留国邸，旦夕奉问起居，俟有圣嗣，归国守藩。”书奏，天子报“闻”。戊午，孔光以议不合意，左迁廷尉；何武为御史大夫。

上以太子既奉大宗后，不得顾私亲，十一月，立楚孝王孙景为定陶王。太子议欲谢；少傅阎崇以为“为人后之礼，不得顾私亲，不当谢”，太傅赵玄以为“当谢”，太子从之，诏问所以谢状，尚书劾奏玄，左迁少府；以光禄勋师丹为太傅。

初，太子之幼也，王祖母傅太后躬自养视；及为太子，诏傅太后、丁姬自居定陶国邸，不得相见。顷之，王太后欲令傅太后、丁姬十日一至太子家，帝曰：“太子承正统，当共养陛下，不得复顾私亲。”王太后曰：“太子小而傅太后抱养之；今至太子家，以乳母恩耳，不足有所妨！”于是令傅太后得至太子家；丁姬以不养太子，独不得。

卫尉、侍中淳于长有宠于上，大见信用，贵倾公卿，外交诸侯、牧、守，赂遗、赏赐累巨万，淫于声色。许后姊孊为龙雒思侯夫人，寡居；长与孊私通，因取为小妻。许后时居长定宫，因孊赂遗长，欲求复为婕妤。长受许后金钱乘舆、服御物前后千余万，诈许为白上，立为左皇后。嬺每入长定宫，辄与嬺书，戏侮许后，嫚易无不言；交通书记，赂遗连年。

时曲阳侯根辅政，久病，数乞骸骨。长以外亲居九卿位，次第当代根。侍中、骑都尉、光禄大夫王莽心害长宠，私闻其事。莽侍曲阳侯病，因言："长见将军久病意喜，自以当代辅政，至对衣冠议语署置。"具言其罪过。根怒曰："即如是，何不白也！"莽曰："未知将军意，故未敢言！"根曰："趣白东宫！"莽求见太后，具言长骄佚，欲代曲阳侯；私与长定贵人姊通，受取其衣物。太后亦怒曰："儿至如此！往，白之帝！"莽白上；上以太后故，免长官，勿治罪，遣就国。

初，红阳侯立不得辅政，疑为长毁谮，常怨毒长；上知之。及长当就国，立嗣子融从长请车骑，长以珍宝因融重遗立。立因上封事，为长求留曰："陛下既托文以皇太后故，诚不可更有他计。"于是天子疑焉，下有司按验。吏捕融，立令融自杀以灭口。上愈疑其有大奸，遂逮长系洛阳诏狱，穷治。长具服戏侮长定宫，谋立左皇后，罪至大逆，死狱中。

方进智能有余，兼通文法吏事，以儒雅缘饰，号为通明相，天子器重之。又善求人主微指，奏事无不当意。方淳于长用事，方进独与长交，称荐之。及长坐大逆诛，上以方进大臣，为之隐讳，方进内惭，上疏乞骸骨，上报曰："定陵侯长已伏其辜，君虽交通，传不云乎：'朝过夕改，君子与之。'君何疑焉！其专心壹意，毋怠医药，以自持。"

上以王莽首发大奸，称其忠直；王根因荐莽自代。丙寅，以莽为大司马，时年三十八。莽既拔出同列，继四父而辅政，欲令名誉过前人，遂克己不倦。聘诸贤良以为掾、史，赏赐、邑钱悉以享士，愈为俭约。母病，公卿列侯遣夫人问疾，莽妻迎之，衣不曳地，布蔽膝，见之者以为僮使，问知其夫人。其饰名如此。

汉成帝绥和元年（癸丑，公元前8年）

成帝召丞相翟方进、御史大夫孔光、右将军廉褒、后将军朱博进宫，讨论中山王刘兴和定陶王刘欣，谁更适合继承帝位。翟方进、王根、廉褒、朱博都认为："定陶王是皇上弟弟的儿子，《礼记》说：'兄弟的儿子，如同自己的儿子。立他为后嗣，就成为儿子。'定陶王适合立为嗣子。"只有孔光认为："依礼，立后嗣应以血缘关系亲疏为根据。此照《尚书·盘庚》记载的商朝君王传位的方式，是哥哥去世，弟弟继位。中山王是先帝的儿子，皇上的亲弟弟，应立他为后嗣。”成帝以“中山王没有才干；再者，依礼，兄弟的牌位不能一同进入宗庙”为理由，没有听从孔光的建议。二月，癸丑（初九），成帝下诏立定陶王刘欣为皇太子。封中山王的舅父、谏大夫冯参为宜乡侯，再增加中山国采邑三万户人家，以示安慰。成帝派执金吾任宏，暂时署理大鸿胪职，持符节征召定陶王入京。定陶王上书辞谢说：“以我的才能资质，不足以充当太子。我愿暂时留住京师的定陶国邸，早晚进宫问安，等到皇上有了亲子，我就返回藩国守土。”成帝览奏，批复说：“已阅。”戊午（十四日），成帝因为孔光的建议不合自己心意，将他贬调为廷尉。任命何武为御史大夫。

成帝因太子既然已继承大宗，就不能再顾念自己的骨肉亲人，于是在十一月，封楚孝王的孙子刘景为定陶王，使刘欣生父一脉得以延续。刘欣与左右商议，准备上书叩谢皇恩。少傅阎崇认为：“既当别人的继承人，依礼，就不能再顾念自己的骨肉亲人，不应当叩谢。”太傅赵玄却认为：“应当叩谢。”太子听从了赵玄的建议。成帝诏问太子因何叩谢的情况后，尚书上奏弹劾赵玄，赵玄被贬降为少府，而任命光禄勋师丹为太傅。

最初，太子幼年时，是由祖母傅太后亲自抚养。等到成为太子，成帝诏令傅太后和太子亲母丁姬留居京师的定陶国邸，不许相见。不久，皇太后想让傅太后、丁姬十天一次去太子宫探望，成帝说：“太子已承继正统，理当奉养太后陛下，不能再顾念自己的骨肉亲人。”太后说：“太子小时候是傅太后抱养大的，现在允许她到太子宫探望，不过是以乳娘的恩情对待她，不足以造成什么妨碍。”于是下令傅太后可以到太子家探望，丁姬因为没有抚养太子，只有她不能去。

卫尉、侍中淳于长在成帝面前很得宠，大受信任和重用，权贵压倒公卿。他在外结交诸侯、州牧、太守，那些人贿赂他的钱财，和皇帝给予的赏赐，累积巨万，他整日放纵于声色之中。许皇后的姐姐许孊，是龙雒思侯夫人，寡居在家，淳于长与她私通，因而娶她为妾。许皇后这时居住在长定宫，通过姐姐许孊贿赂淳于长，谋求再当婕妤。淳于长接受了许后的金钱和御用的车马、衣物器具等，前后千余万钱的贿赂，欺骗许后，假装许诺为她向成帝请求，立为左皇后。许孊每次到长定宫探望许后，淳于长就让许孊捎书信给许后，戏弄侮辱她，侮辱轻薄，无所不言。这种书信往来及贿赂，连续很多年。

这时曲阳侯王根为辅政大臣，久病在床，多次请求辞职。淳于长以外戚的身份，又位居九卿，按顺序应当代替王根而掌权柄。侍中、骑都尉、光禄大夫王莽对淳于长的得宠心怀妒忌，就暗中打听他的那些坏事。王莽在伺候曲阳侯王根的病时，趁机说："淳于长见将军久病，感到高兴，自以为应当代替将军辅政，甚至已对士大夫及贵族子弟谈论到任官设署等事。"接着一一说出淳于长的罪过。王根大怒说："如果有这等事，为什么不告诉我！"王莽说："不知将军心里的想法，因此没敢说。"王根说："快去禀告太后！"王莽求见太后，详细讲述了淳于长骄奢淫逸，想代替曲阳侯，以及与废后许氏的姐姐私通，收取许氏的衣物等贿赂。太后也发怒说："这孩子放肆到这种地步！快去奏告皇上！"王莽又报告了成帝，成帝因为淳于长是太后的亲属，虽免去了他的官职，但不治其罪，把他遣送回封国。

最初，红阳侯王立不能得到辅政大臣的位置，怀疑是淳于长诽谤诬陷的结果，时常怨恨他。这种情况，皇上也清楚。等到淳于长将回封国，王立的嫡长子王融，请求淳于长把车辆马匹送给他，淳于长让王融捎回赠送给王立的珍宝重礼。王立因此上密封奏书，请求成帝把淳于长留在京师。他说："陛下既然在诏书中说为因皇太后而不加罪淳于长，就实在不应该再有其他惩罚。"于是引起成帝怀疑，就把此事交付有关官署去追查验证。主管官吏逮捕了王融，王立令王融自杀以灭口。成帝愈发怀疑这其中有大的奸谋，就逮捕了淳于长，关押在洛阳诏狱，对他严厉追究，淳于长全部供出戏弄侮辱废后许氏、承诺立她为左皇后等事，罪名达到"大逆"，就在狱中处死。

翟方进的智谋才能绰绰有余，又兼精通法令条文和行政事务，善用儒学经典装饰自己的举止谈吐，使其高雅不俗，被人称为通达明理的丞相，受到天子的器重。他又善于揣摩皇上的心思，所奏之事，没有不合皇上心意的。当淳于长受重用时，翟方进只与淳于长结交，在成帝面前称赞和推荐他。等到淳于长犯大逆罪被处死，成帝因为翟方进是朝廷重臣，为他隐瞒掩饰。翟方进内心惭愧，上疏请求退休，成帝回答说："定陵侯淳于长已伏罪，你虽与他交往，古书不是说：'早上的过失，晚上改正了，君子都赞许。'你还疑虑什么呢？请专心一意休养，不要耽误了医药，自己保重。"

成帝因为王莽首先揭发重大奸恶，称赞他忠心正直。王根因而保荐王莽代替自己。丙寅（二十六日），任命王莽为大司马，时年三十八岁。王莽既然超出同列受到提拔，继四位伯父、叔父，成为辅政大臣，就想让自己的名誉超越前人，于是克制自己的欲望，修养不倦。聘请各位贤良做掾、史等属官，将皇帝的赏赐和封国的收入全部用来供养名士。他越发俭朴节约，母亲患病，公卿列侯都派夫人去探问，王莽的妻子出来迎客，衣裙的长度不拖地，穿着布围裙，看见她的人，还以为是奴婢，询问之下，才知是王莽夫人。他就是这样矫饰做作，以博取名声。

汉纪二十五

第三十三卷

孝成皇帝下绥和二年（甲寅，前7）

二月，壬子，丞相方进薨。

时荧惑守心，丞相府议曹平陵李寻奏记方进，言："灾变迫切，大责日加，安得但保斥逐之戮！阖府三百余人，唯君侯择其中，与尽节转凶。"方进忧之，不知所出。会郎贲丽善为星，言大臣宜当之。上乃召见方进。还归，未及引决，上遂赐册，责让以政事不治，灾害并臻，百姓穷困，曰："欲退君位，尚未忍，使尚书令赐君上尊酒十石，养牛一，君审处焉！"方进即日自杀。上秘之，遣九卿策赠印绶，赐乘舆秘器、少府供张，柱槛皆衣素。天子亲临吊者数至，礼赐异于他相故事。

臣光曰：晏婴有言："天命不慆，不贰其命。"祸福之至，安可移乎！昔楚昭王、宋景公不忍移灾于卿佐，曰："移腹心之疾，置诸股肱，何益也！"藉其灾可移，仁君犹不忍为，况不可乎！使方进罪不至死而诛之，以当大变，是诬天也；方进有罪当刑，隐其诛而厚其葬，是诬人也；孝成欲诬天、人而卒无所益，可谓不知命矣。

丙戌，帝崩于未央宫。

帝素强无疾病，是时，楚思王衍、梁王立来朝，明旦，当辞去，上宿供张白虎殿；又欲拜左将军孔光为丞相，已刻侯印，书赞。昏夜，平善，乡晨，傅绔袜欲起，因失衣，不能言，昼漏上十刻而崩。民间哗，咸归罪赵昭仪。皇太后诏大司马莽杂与御史、丞相、廷尉治，问皇帝起居发病状；赵昭仪自杀。

夏，四月，丙午，太子即皇帝位，谒高庙；尊皇太后曰太皇太后，皇后曰皇太后。

大赦天下。

哀帝初立，躬行俭约，省减诸用，政事由己出，朝廷翕然望至治焉。

有诏问丞相、大司空："定陶共王太后宜当何居？"丞相孔光素闻傅太后为人刚暴，长于权谋，自帝在襁褓，而养长教道至于成人，帝之立又有力；光心恐傅太后与政事，不欲与帝旦夕相近，即议以为："定陶太后宜改筑宫。"大司空何武曰："可居北宫。"上从武言。北宫有紫房复道通未央宫，傅太后果从复道朝夕至帝所，求欲称尊号，贵宠其亲属，使上不得由直道行。高昌侯董宏希指，上书言："秦庄襄王，母本夏氏，而为华阳夫人所子，及即位后，俱称太后。宜立定陶共王后为帝太后。"事下有司，大司马王莽、左将军、关内侯、领尚书事师丹劾奏宏："知皇太后至尊之号，天下一统，而称引亡秦以为比喻，诖误圣朝，非所宜言，大不道！"上新立，谦让，纳用莽、丹言，免宏为庶人。傅太后大怒，要上，欲必称尊号。上乃白太皇太后，令下诏尊定陶恭王为恭皇。

诏曰："《春秋》，母以子贵。宜尊定陶太后曰恭皇太后、丁姬曰恭皇后，各置左右詹事，食邑如长信宫、中宫。"追尊傅父为崇祖侯，丁父为褒德侯；封舅丁明为阳安侯，舅子满为平周侯，皇后父晏为孔乡侯，皇太后弟侍中、光禄大夫赵钦为新城侯。太皇太后诏大司马莽就第，避帝外家；莽上疏乞骸骨。帝遣尚书令诏起莽，又遣丞相孔光、大司空何武、左将军师丹、卫尉傅喜白太皇太后曰："皇帝闻太后诏，甚悲！大司马即不起，皇帝即不敢听政！"太后乃复令莽视事。

汉成帝绥和二年（甲寅，公元前7年）

二月，壬子（十三日），丞相翟方进去世。

当时星象显示火星停留在心宿。丞相府议曹平陵人李寻向翟方进上呈文说："灾害天变迫切，严厉的谴责天天增加，怎样才能做到只受斥逐的惩罚！整个丞相府有三百余人，请您从中挑选合适的人与他一起尽节，转移凶险。"翟方进感到忧愁，不知如何是好。正好郎官贲丽精通天文星象，说大臣应当代替天子身当灾祸。于是成帝召见翟方进。翟方进从宫里回来，还没来得及自裁，成帝就下册书，斥责他把国家政事管理得乱七八糟，天灾人祸同时并作，百姓穷困。并说："本打算把你免职，但尚未忍心，派尚书令赐予你上等好酒十石，肥牛一头，你好自为之！"翟方进即日自杀。成帝对此事保密，派九卿拿着皇帝的册书，赠翟方进印信绶带，赐御用冥器车马，由少府供设帷帐，房柱和栏杆都裹以白布。成帝数次亲临吊唁，礼仪之隆重，赏赐之多，不同于其他丞相。

臣司马光曰：晏婴曾说："天命不容怀疑，命运只有一个，无法改变。"祸福降临，难道可以转移吗？从前楚昭王、宋景公不忍将灾祸转移到大臣身上，说："把心腹的疾患，转移到四肢，有什么好处呢！"假如灾祸可以转移，仁慈的君王还不忍心那样做，何况不可转移呢！假使翟方进罪不至死而诛杀了他，以承当天变，这是诬蔑上天；假使翟方进有罪应当处以死刑，却秘密诛杀，又赐以厚葬，这是欺骗人心。孝成皇帝想欺天、欺人，但最后并没有好处，可以说是不知天命。

三月，丙戌（十八日），成帝在未央宫驾崩。

成帝一向身体强壮，没有疾病。当时，楚王刘衍、梁王刘立来京朝见，第二天早晨就要辞行归国。成帝铺设帷帐，宿于白虎殿。成帝又想拜左将军孔光为丞相，已刻好侯爵的印信，准备了封拜诏书。黄昏和夜间，还一切平静如常，临近清晨，成帝穿裤袜要起床，突然衣服滑落，不能言语，当计时的昼漏到十刻时，成帝驾崩。民间喧哗，都归罪于赵昭仪。皇太后诏令大司马王莽，与御史、丞相、廷尉一起追究审理，查问成帝起居和发病的情况。赵昭仪自杀。

夏季，四月，丙午（初八），太子即皇帝位。拜谒汉高祖刘邦的祭庙。尊皇太后为太皇太后，皇后为皇太后。大赦天下。

哀帝即位之初，亲自厉行节俭，减省各项费用，政事由自己裁决处理，朝廷上下一致希望能天下大治。

哀帝下诏询问丞相、大司空："定陶共王太后应当居住在什么地方才合适？"丞相孔光素来听说傅太后为人刚强暴烈，工于心计，善于弄权，哀帝在襁褓中时，便由她抚养教导，以至成人，哀帝能继位，她又出了大力，孔光担心傅太后会干预政事，不想使她与皇帝早晚接近，于是就建议说："定陶太后应另行修筑宫室居住。"大司空何武却说："可以住在北宫。"哀帝听从何武的建议。北宫有紫房复道通到未央宫，傅太后果然从复道早晚去哀帝住所，请求哀帝加封她尊号，提拔宠信她的亲属，使哀帝无法以正道行事。高昌侯董宏迎合哀帝、傅太后的心意，上书说："秦庄襄王的母亲，本来是夏氏，后来庄襄王被华阳夫人认为嗣子。等到继位后，夏氏、华阳夫人都被尊称为太后。应该尊定陶共王后为帝太后。”哀帝把此奏章交给有关官署讨论，大司马王莽、左将军、关内侯、主管尚书事师丹联合上奏弹劾董宏说：“董宏明知皇太后是最为尊贵的称号，现今天下一统，他却援引亡秦的事例作为比喻，贻误圣朝，这不是应该说的话，犯了大逆不道之罪。”哀帝新继位，态度谦让，采纳了王莽、师丹的意见，把董宏免官，贬为平民。傅太后勃然大怒，要挟哀帝，非要称尊号不可。哀帝于是转告太皇太后，太皇太后同意下诏尊定陶恭王为恭皇。

哀帝下诏说：“《春秋》说，母以子贵。所以应尊定陶太后为恭皇太后，尊丁姬为恭皇后。各自设置左右詹事，采邑如同长信宫皇太后和中宫皇后。”同时追尊傅太后的父亲为崇祖侯，丁姬的父亲为褒德侯。封哀帝舅父丁明为阳安侯，舅父的儿子丁满为平周侯，傅皇后的父亲傅晏为孔乡侯。又封皇太后赵飞燕的弟弟、侍中、光禄大夫赵钦为新城侯。太皇太后王政君诏令大司马王莽离开朝廷，回到府第，以避开哀帝的外戚。王莽上书请求退休。哀帝派尚书令持诏书命令王莽出来任职。又派丞相孔光、大司空何武、左将军师丹、卫尉傅喜向太皇太后报告说：“皇上听到太皇太后的诏书，十分悲痛！如果大司马不出来任职，皇上就不敢听政了。”太皇太后于是又命令王莽上朝处理政事。

汉纪二十六

第三十四卷

孝哀皇帝中建平四年（戊午，前3）

驸马都尉、侍中云阳董贤得幸于上，出则参乘，入御左右，赏赐累巨万，贵震朝廷。常与上卧起；尝昼寝，偏藉上袖，上欲起，贤未觉，不欲动贤，乃断袖而起。又诏贤妻得通引籍殿中，止贤庐。又召贤女弟以为昭仪，位次皇后。昭仪及贤与妻旦夕上下，并侍左右。以贤父恭为少府，赐爵关内侯。诏将作大匠为贤起大第北阙下，重殿，洞门，土木之功，穷极技巧。赐武库禁兵、上方珍宝。其选物上弟尽在董氏，而乘舆所服及其副也。及至东园秘器、珠襦、玉匣，豫以赐贤，无不备具。又令将作为贤起冢茔义陵旁，内为便房，刚柏题凑，外为徼道，周垣数里，门阙罘罳甚盛。

上欲侯董贤而未有缘，侍中傅嘉劝上定息夫躬、孙宠告东平本章，去宋弘，更言因董贤以闻，欲以其功侯之，皆先赐爵关内侯。顷之，上欲封贤等而心惮王嘉，乃先使孔乡侯晏持诏书示丞相、御史。于是嘉与御史大夫贾延上封事言："窥见董贤等三人始赐爵，众庶匈匈，咸曰贤贵，其余并蒙恩；至今流言未解。陛下仁恩于贤等不已，宜暴贤等本奏语言，延问公卿、大夫、博士、议郎，考合古今，明正其义，然后乃加爵土；不然，恐大失众心，海内引领而议。暴评其事，必有言当封者，在陛下所从；天下虽不说，咎有所分，不独在陛下。前定陵侯淳于长初封，其事亦议，大司农谷永以长当封；众人归咎于永，先帝不独蒙其讥。臣嘉，臣延，材驽不称，死有余责，知顺指不迕，可得容身须臾；所以不敢者，思报厚恩也。"上不得已，且为之止。

上使中黄门发武库兵，前后十辈，送董贤及上乳母王阿舍。执金吾毋将隆奏言："武库兵器，天下公用。国家武备，缮治造作，皆度大司农钱。大司农钱，自乘舆不以给共养；共养劳赐，一出少府。盖不以本臧给末用，不以民力共浮费，别公私，示正路也。古者诸侯、方伯得颛征伐，乃赐斧钺，汉家边吏职任距寇，亦赐武库兵，皆任事然后蒙之。《春秋》之谊，家不臧甲，所以抑臣威，损私力也。今贤等便僻弄臣，私恩微妾，而以天下公用给其私门，契国威器，共其家备，民力分于弄臣，武兵设于微妾，建立非宜，以广骄僭，非所以示四方也。孔子曰：'奚取于三家之堂！'臣请收还武库。"上不说。

汉哀帝建平四年（戊午，公元前3年）

驸马都尉、侍中、云阳人董贤很得哀帝的宠爱，出则陪同乘车，入则随侍左右，赏赐累积有巨万，他的显贵震动了朝廷。董贤常与哀帝睡在一张床上，有一次睡午觉，董贤斜身压住了哀帝的袖子，哀帝想起床，但董贤还没睡醒，哀帝不愿惊动他，于是就把袖子割断了再起床。哀帝又诏命董贤的妻子可以经向门使通报姓名记录在案后进入皇宫，住在董贤在宫中的住所。又召董贤的妹妹入宫，封为昭仪，地位仅次于皇后。昭仪与董贤夫妻日夜侍奉哀帝，一同跟随左右。哀帝还任命董贤的父亲董恭为少府，赐爵关内侯。哀帝又下诏，命令将作大匠为董贤在北宫门外建筑宏大的宅邸，里面有前后大殿，殿门宽阔，工程浩大，豪华精巧绝伦。又赐给他武器库里宫中专用的兵器和皇宫的珍宝，宫中上等的珍宝物品，全都被挑选进了董贤的家里，而皇帝所用的不过是次一等的了。甚至连皇家丧葬用的棺木、珍珠连缀制成的寿衣、玉璧制成的寿裤，都预先赐给了董贤，无不齐备。又下令让将作大匠在哀帝的陵墓义陵旁为董贤建筑墓园，内修别室，还用坚实的柏木，大头朝内排垒在棺外。墓园外修筑巡察道路，围墙有数里之长。门阙和用作守望防御的网状障墙十分堂皇。

哀帝想封董贤侯爵，又没有什么借口。侍中傅嘉劝哀帝更改息夫躬、孙宠告发东平王的奏章，抹去宋弘的名字，改说成是由于董贤报告，皇上才得以知晓。哀帝想用这个功劳封董贤侯爵，就先把进行告发的有功人员全赐封为关内侯。不久，哀帝想封董贤等人，又心里顾忌王嘉反对，便先派孔乡侯傅晏将诏书拿给丞相、御史看。于是王嘉与御史大夫贾延上密封奏书说："我们看到董贤等三人当初被赐封关内侯时，众人议论纷纷，都说董贤是因为贵宠而得赐封，捎带着其余两人也一起蒙恩受封，至今流言没有平息。陛下对董贤等施加仁恩不已，就应该公布董贤等人的奏章原文，询问公卿、大夫、博士、议郎，请他们考查是否合乎古今前例，使此事能名正名顺，然后再加封他们爵位采邑。不然的话，恐怕会大失众心，天下人要伸长脖子议论抨击。若公开评论此事，必有说应当加封的人，陛下不过是听从采纳其建议，如此，天下人虽然不高兴，责任也有人分担，不单在陛下一人了。从前定陵侯淳于长初封爵之时，也曾经有议论，大司农谷永认为淳于长应当加封，众人怪罪于谷永，先帝因而没有单独蒙受讥刺。臣王嘉、臣贾延，无才无能不称职，虽死仍有余责，明知顺从陛下的旨意，不违逆陛下，可以暂时保全身家性命。所以不敢这样做，是想报答陛下的厚恩啊！"哀帝不得已，暂且停止这样做。

哀帝派中黄门到武库拿兵器，前后十次，送到董贤和哀帝乳母王阿的住所。执金吾毋将隆上奏说："武库兵器，是天下公用的东西。国家武器装备的建造制作，都是用大司农的钱。大司农的钱，连天子的生活费用等都不供给。天子的生活费用和犒劳赏赐臣下的钱，一律出自少府。这就是不把国家用于根本的储藏用在不重要的事情上，不以民财人力供应无谓的消耗。区别公私，以表示所行是正路。古代诸侯、方伯受命主持讨伐，天子才赐给他们斧钺。汉朝边疆官吏接受抗拒侵略的任务和职务时，也赐给他们武库兵器，都是先接受军事和军职，然后接受兵器。《春秋》之义，强调臣民之家不可以私藏武器铠甲，目的在于抑制臣子的武威，削弱私家的力量。而今董贤等不过是陛下亲近宠爱的弄臣、对陛下有私情的卑贱奴仆，而陛下却把国家公用的东西送进私人家门，取走国家的威武之器，供应他们家用，使人民的财力分散于弄臣，国家的武库兵器摆设在卑贱奴仆之家，所做不当，将使骄横僭越愈演愈烈，不能够给四方做出好的榜样。孔子说：'雍乐怎么会出现在三家的庙堂！'我请陛下把兵器收还武库。"哀帝听后不高兴。

汉纪二十七

第三十五卷

孝哀皇帝下元寿二年（庚申，前1）

六月，戊午，帝崩于未央宫。

帝睹孝成之世禄去王室，及即位，屡诛大臣，欲强主威以则武、宣。然而宠信谗谄，憎疾忠直，汉业由是遂衰。

太皇太后闻帝崩，即日驾之未央宫，收取玺绶。太后召大司马贤，引见东箱，问以丧事调度；贤内忧，不能对，免冠谢。太后曰："新都侯莽，前以大司马奉送先帝大行，晓习故事，吾令莽佐君。"贤顿首："幸甚！"太后遣使者驰召莽，诏尚书，诸发兵符节、百官奏事、中黄门、期门兵皆属莽。莽以太后指，使尚书劾贤，帝病不亲医药，禁止贤不得入宫殿司马中；贤不知所为，诣阙免冠徒跣谢。己未，莽使谒者以太后诏即阙下册贤曰："贤年少，未更事理，为大司马，不合众心，其收大司马印绶，罢归第！"即日，贤与妻皆自杀；家惶恐，夜葬。莽疑其诈死；有司奏请发贤棺，至狱诊视，因埋狱中。太皇太后诏"公卿举可大司马者"。莽故大司马，辞位避丁、傅，众庶称以为贤，又太皇太后近亲，自大司徒孔光以下，举朝皆举莽。

太皇太后与莽议立嗣。安阳侯王舜，莽之从弟，其人修饬，太皇太后所信爱也，莽白以舜为车骑将军。秋，七月，遣舜与大鸿胪左咸使持节迎中山王箕子以为嗣。

九月，辛酉，中山王即皇帝位，大赦天下。

平帝年九岁，太皇太后临朝，大司马莽秉政，百官总己以听于莽。莽权日盛，孔光忧惧，不知所出，上书乞骸骨；莽白太后，帝幼少，宜置师傅，徙光为帝太傅，位四辅，给事中，领宿卫、供养，行内署门户，省服御食物。以马宫为大司徒，甄丰为右将军。

孝平皇帝上元始元年（辛酉，1）

春，正月，王莽风益州，令塞外蛮夷自称越裳氏重译献白雉一、黑雉二。莽白太后下诏，以白雉荐宗庙。于是群臣盛陈莽功德，“致周成白雉之瑞；周公及身在而托号于周，莽宜赐号曰安汉公，益户畴爵邑”。太后诏尚书具其事。莽上书言：“臣与孔光、王舜、甄丰、甄邯共定策；今愿独条光等功赏，寝置臣莽，勿随辈列。”甄邯白太后下诏曰：“‘无偏无党，王道荡荡。’君有安宗庙之功，不可以骨肉故蔽隐不扬，君其勿辞！”莽复上书固让数四，称疾不起；左右白太后，“宜勿夺莽意，但条孔光等”，莽乃肯起。二月，丙辰，太后下诏：“以太傅、博山侯光为太师，车骑将军、安阳侯舜为太保，皆益封万户；左将军、光禄勋丰为少傅，封广阳侯；皆授四辅之职。侍中、奉车都尉邯封承阳侯。”四人既受赏，莽尚未起。群臣复上言：“莽虽克让，朝所宜章，以时加赏，明重元功，无使百僚元元失望！”太后乃下诏：“以大司马、新都侯莽为太傅，干四辅之事，号曰安汉公，益封二万八千户。”于是莽为惶恐，不得已而起，受太傅、安汉公号，让还益封事，云：“愿须百姓家给，然后加赏。”群臣复争，太后诏曰：“公自期百姓家给，是以听之，其令公奉赐皆倍故。百姓家给人足，大司徒、大司空以闻。”莽复让不受，而建言褒赏宗室群臣，立故东平王云太子开明为王；又以故东平思王孙成都为中山王，奉孝王后；封宣帝耳孙信等三十六人皆为列侯；太仆王恽等二十五人皆赐爵关内侯。又令诸侯王公、列侯、关内侯无子而有孙若同产子者，皆得以为嗣；宗室属未尽而以罪绝者，复其属；天下吏比二千石以上年老致仕者，参分故禄，以一与之，终其身。下及庶民鳏寡，恩泽之政，无所不施。

汉哀帝元寿二年（庚申，公元前1年）

六月，戊午（二十六日），哀帝在未央宫驾崩。

哀帝目睹了孝成皇帝时代政权脱离王室情形，及至登极，他屡次诛杀大臣，想效法汉武帝和汉宣帝，加强君主之威。然而他宠任奸佞，听信谗言，憎恨忠直之臣，汉朝的大业从此便衰落了。

太皇太后得到哀帝驾崩的消息，当天就驾临未央宫，收走了皇帝的玉玺、绶带。太后召大司马董贤，在东厢接见，询问他关于哀帝丧事的布置安排。董贤内心忧惧，不能回答，只有脱下官帽谢罪。太后说：“新都侯王莽，先前曾以大司马身份，办理过先帝的丧事，熟悉旧例，我命他来辅佐你。”董贤叩头说：“那就太好了！”太后派使者骑马速召王莽，并下诏给尚书：所有征调军队的符节、百官奏事、中黄门和期门武士等，都归王莽掌管。王莽遵照太后旨令，命尚书弹劾董贤，说他在哀帝病重时不亲自侍奉医药，因此禁止董贤进入宫殿禁卫军中。董贤不知如何才好，到皇宫大门，脱下官帽，赤着脚叩头谢罪。己未（二十七日），王莽派谒者拿着太后诏书，就在宫门口罢免了董贤，说：“董贤年轻，未经历过事理，当大司马不合民心。着即收回大司马印信、绶带，免去官职，遣回宅第。”当天，董贤与妻子都自杀了。其家人惶恐万分，趁夜将他悄悄埋葬。王莽疑心他诈死，于是主管官员奏请发掘董贤棺柩，把棺柩抬到监狱验视，就将他埋葬在狱中。太皇太后诏令“公卿举荐可担任大司马的人选。”王莽从前是大司马，为避开丁、傅两家才辞去职务，众人都认为他贤能，又是太皇太后的近亲，满朝文武百官自大司徒孔光以下，全都推举他担任大司马。

太皇太后与王莽商议选立皇位继承人。安阳侯王舜，是王莽的堂弟，为人正直谨慎，受到太皇太后的信任宠爱，王莽就奏请太皇太后，任命王舜为车骑将军。秋季，七月，派王舜和大鸿胪左咸持符节迎接中山王刘箕子，立为皇位继承人。

九月，辛酉（初一），中山王刘箕子即帝位，大赦天下。

平帝时年九岁，太皇太后临朝听政，大司马王莽把持国政。百官各自负责本职，最后都听王莽裁决。王莽的权势日益上升，孔光忧虑恐惧，不知如何才好，上书请求退休。王莽奏报太后，认为皇帝年幼，应该为他配置师傅。于是调任孔光为皇帝的太傅，位居四辅，兼给事中，负责皇宫宿卫和皇帝的供养，兼管禁中官署门户，察看皇帝服饰、御用、食物等。任命马宫为大司徒，甄丰为右将军。

汉平帝元始元年（辛酉，公元1年）

春季，正月，王莽暗示益州地方官，命令塞外蛮族自称越裳氏部落，通过几道翻译，向天子进献一只白野鸡，两只黑野鸡。王莽向太皇太后报告此事，建议太后下诏，用白野鸡祭献宗庙。于是群臣大肆歌颂王莽的功德，认为他“像周公姬旦使周成王获得白野鸡的祥瑞一样。姬旦活着时就被称为‘周公’，因此王莽也应该被赐号为‘安汉公’，并增加他的采邑人户，使与公爵爵位相称”。太皇太后诏令尚书备办此事。王莽上书说：“我与孔光、王舜、甄丰、甄邯共同制定迎立今上的策略，现在我希望仅让孔光等人论功行赏，抛开我王莽，不要与他们列在一起。”甄邯向太皇太后报告，太皇太后下诏说：“《尚书》说：‘不偏向，不结党，圣王之道，宽广坦荡。’你有安定宗庙的大功，不能因为你是我的骨肉亲戚，就遮盖隐讳，不加宣扬褒奖。请你不要推辞了。”王莽又四次上书坚持推让，称病不上朝。左右臣子对太后说：“还是不要硬改变王莽谦让的心意，只论功赏赐孔光等人吧。”王莽才肯起床。二月，丙辰（二十八日），太皇太后下诏：“任命太傅、博山侯孔光为太师，车骑将军、安阳侯王舜为太保，均增加采邑民户到万户。任命左将军、光禄勋甄丰为少傅，封广阳侯。以上三人都分别授予四辅的职务。封侍中、奉车都尉甄邯为承阳侯。”四人接受封赏后，王莽仍未起来上朝理事。群臣又进言：“王莽虽然克己谦让，但朝廷对应当表彰的大臣，还是应及时加以封赏，以表明重视元勋，不要使百官和人民失望！”于是太皇太后下诏：“任命大司马、新都侯王莽为太傅，主管四辅事务，称‘安汉公’，增加采邑民户到二万八千户。”于是王莽惶恐，不得已而起来，接受太傅、安汉公的封号，但推辞了增加的采邑民户。他说：“我愿等到百姓家家自足，然后才能接受赏赐。”群臣又力争，太皇太后下诏说：“安汉公自己约定要等到百姓家家自足之后才接受赏赐，因此，听从安汉公的意见，不过要让俸禄和赏赐都增加一倍。等到百姓家家自足时，大司徒、大司空再行奏报。”王莽仍然谦让不接受，而建议褒奖赏赐宗室和群臣。于是，立已故东平王刘云的太子刘开明为东平王；又立已故东平思王的孙子刘成都为中山王，为中山孝王的后嗣；封汉宣帝的曾孙刘信等三十六人都为列侯；又赐太仆王恽等二十五人爵位，均为关内侯；又命诸侯王公、列侯、关内侯，凡无儿子，但有孙子或同母兄弟的儿子的，都可作为继承人；皇族近亲支系的后裔，因犯罪而被开除宗室谱籍的，恢复原来的身份；全国官秩为比二千石以上的官员，年老退休的，以原俸禄的三分之一作为退休金，直到死亡。下至平民百姓、鳏夫寡妇，都使用恩惠照顾政策，无所不施。

汉纪二十八

第三十六卷

孝平皇帝下元始四年（甲子，4）

群臣奏言："昔周公摄政七年，制度乃定。今安汉公辅政四年，营作二旬，大功毕成，宜升宰衡位在诸侯王上。"诏曰："可。"仍令议九锡之法。

五年（乙丑，5）

吏民以莽不受新野田而上书者前后四十八万七千五百七十二人，及诸侯王公、列侯、宗室见者皆叩头言："宜亟加赏于安汉公。"于是莽上书言："诸臣民所上章下议者，事皆寝勿上，使臣莽得尽力毕制礼作乐；事成，愿赐骸骨归家，避贤者路。"甄邯等白太后，诏曰："公每见辄流涕叩头言，愿不受赏；赏即加，不敢当位。方制作未定，事须公而决，故且听公制作；毕成，群公以闻，究于前议。其九锡礼仪亟奏！"

五月，策命安汉公莽以九锡，莽稽首再拜，受绿韨，衮冕，衣裳，玚琫、玚珌，句履，鸾路、乘马，龙旂九旒，皮弁、素积，戎路、乘马，彤弓矢、卢弓矢，左建朱钺，右建金戚，甲、胄一具，秬鬯二卣，圭瓒二，九命青玉珪二，朱户，纳陛，署宗官、祝官、卜官、史官，虎贲三百人。

王恽等八人使行风俗还，言天下风俗齐同，诈为郡国造歌谣、颂功德，凡三万言。闰月，丁酉，诏以羲和刘秀等四人使治明堂、辟雍，令汉与文王灵台、周公作洛同符。太仆王恽等八人使行风俗，宣明德化，万国齐同，皆封为列侯。

泉陵侯刘庆上书言："周成王幼小，周公居摄。今帝富于春秋，宜令安汉公行天子事，如周公。"群臣皆曰："宜如庆言。"

时帝春秋益壮，以卫后故，怨不悦。冬，十二月，莽因腊日上椒酒，置毒酒中；帝有疾。莽作策，请命于泰畤，愿以身代，藏策金縢，置于前殿，敕诸公勿敢言。丙午，帝崩于未央宫。大赦天下。莽令天下吏六百石以上皆服丧三年。奏尊孝成庙曰统宗；孝平庙曰元宗。敛孝平，加元服，葬康陵。

太后与群臣议立嗣。时元帝世绝，而宣帝曾孙有见王五人，列侯四十八人，莽恶其长大，曰："兄弟不得相为后。"乃悉征宣帝玄孙，选立之。

王莽上居摄元年（丙寅，6）

三月，己丑，立宣帝玄孙婴为皇太子，号曰孺子。婴，广戚侯显之子也。年二岁；托以卜相最吉，立之。尊皇后曰皇太后。

四月，安众侯刘崇与相张绍谋曰："安汉公莽必危刘氏，天下非之，莫敢先举，此乃宗室之耻也。吾帅宗族为先，海内必和。"绍等从者百余人遂进攻宛；不得入而败。

绍从弟竦与崇族父嘉诣阙自归；莽赦弗罪。竦因为嘉作奏，称莽德美，罪状刘崇："愿为宗室倡始，父子兄弟负笼荷锸，驰之南阳，猪崇宫室，令如古制；及崇社宜如亳社，以赐诸侯，用永监戒！"于是莽大说，封嘉为率礼侯，嘉子七人皆赐爵关内侯；后又封竦为淑德侯。长安为之语曰："欲求封，过张伯松。力战斗，不如巧为奏。"自后谋反皆污池云。

群臣复白："刘崇等谋逆者，以莽权轻也；宜尊重以填海内。"五月，甲辰，太后诏莽朝见太后称"假皇帝"。

汉平帝元始四年（甲子，公元 4 年）

文武百官奏称："从前，周公代周成王处理国政七年，国家的制度才处理妥当。而今，安汉公辅助国政四年，修建明堂等用了二十天，却大功全部完成。所以，应该把宰衡的地位，提高到侯爵亲王之上。"下诏说："可以。"同时下令讨论九锡礼仪之法。

五年（乙丑，公元 5 年）

官吏、平民因为王莽不接受新野县的田地而上书的，前后达四十八万七千五百七十二人，以及诸侯王、公卿、列侯和皇族被接见的，都叩头说："应该赶快对安汉公加以奖赏。"于是王莽上书说："官民所上奏章交下来讨论的，应全部搁置不再呈上，使我得以尽力完成制作礼仪和乐章。等到制作完成，我愿退休返回故乡，避开贤能人才上进的道路。”右将军甄邯等奏报太后，太后下诏给王莽：“安汉公每次进见，都流着眼泪，叩头陈情，不愿接受奖赏。如果加以奖赏，您就不敢处在高位。现在制作礼乐制度的工作没有完成，这件大事，必须靠您决定，所以暂且由您制作礼乐。等工作完成，群臣报告之后，再研究大家从前的建议。但关于九锡礼仪，仍要迅速制定奏报。”

五月，颁策书加赐王莽九锡，王莽叩头再拜，接受了绿色的蔽膝和龙冠、礼服，用金玉装饰的佩刀，鞋头突出的履，有铃大车和套马，装饰着九束绦子的大龙旗，皮帽子和细褶白布衫，军车和套马，红色的弓和箭，黑色的弓和箭，立在左边的红色钺斧，立在右边的有金饰的戚斧，铠甲和头盔一套，美酒二卣，玉勺两只，九级青玉两枚，规定家里可以安装红漆大门和修建檐内台阶。设置宗官、祝官、卜官、史官，拥有护卫勇士三百人。

王恽等八位使者考察风俗回京，说全国风俗整齐划一，并编造各地民歌民谣，颂扬功德，共有三万字。闰月丁酉（初四），平帝下诏命羲和刘秀等四人，负责兴建明堂、辟雍，使汉朝的土木工程，跟周朝文王兴建灵台、周公兴建洛阳城相符。太仆王恽等八人，周游全国，考察风俗，宣扬阐明朝廷的恩德教化，使风俗整齐划一。刘秀等四人和王恽等八人，全封列侯。

泉陵侯刘庆上书：“周成王年龄幼小，由周公居位摄政。当今圣上年龄还轻，应当让安汉公代行天子的职务，像周公一样。”群臣都说：“应当照刘庆所说的办。”

这时，平帝的年龄渐长，因母亲卫皇太后的缘故，怨恨不快。冬季，十二月，王莽借着腊日向平帝进献椒酒的时机，在椒酒中下了毒。平帝中毒害病。王莽写下策书，到泰畤祈祷，请求保全平帝的性命，愿意用自身代平帝去死。他把策书收藏在金柜里，放在前殿，告诫各大臣不准说出去。丙午，平帝在未央宫驾崩。大赦天下。王莽命令官秩六百石以上的官员，一律服丧三年。建议尊称成帝庙叫作统宗，平帝庙叫作元宗。收殓孝平帝，戴上成人冠帽，埋葬在康陵。

太后与文武百官，商议遴选继任皇帝。这时元帝的后代断绝了，而宣帝的曾孙为王的有五人，为列侯的四十八人，王莽厌恶他们已经长大，便说：“兄弟之间不能互相作为后代。”于是全部征召宣帝玄孙，逐一选择。

王莽居摄元年（丙寅，公元6年）

三月，己丑（初一），册立宣帝玄孙刘婴作皇太子，称号叫作孺子。刘婴是广戚侯刘显的儿子，年仅二岁。王莽声称，卜卦的结果，认为他最吉利，所以才册立。尊王皇后为皇太后。

四月，安众侯刘崇跟封国丞相张绍商量道："安汉公王莽一定要危害刘家。天下人反对他，竟没有人敢首先起事，这是我们皇族的耻辱。我率领同族的人倡首，全国必定响应。"张绍等跟随者共一百多人于是进攻宛城，但没有攻进去就失败了。

张绍的堂弟张竦和刘崇的远房伯叔刘嘉前往朝廷自首，王莽赦免了他们，没有加罪。张竦代替刘嘉撰写奏章，歌颂王莽美德，痛斥刘崇有罪，声称："愿意给皇族带头，父子兄弟背着箩筐，扛着锸锹，跑到南阳郡去，掘毁刘崇的宫室使之成为蓄积污水的池沼，像古代的制度一样。还有，刘崇的土地神社应当像亡国的亳社一样毁掉，把它分赐给各王侯，用来作永远的鉴戒！"于是王莽非常高兴，封刘嘉为率礼侯，刘嘉的七个儿子都封为关内侯。后来又封张竦为淑德侯。长安人为这件事编成俗语说："要想封，去找张柏松。拼命斗，不如巧上奏。"从此以后，凡是谋反的人，都把他们的房屋掘毁成污池。

群臣又上报："刘崇等人敢于造反，就是因为王莽的权力还小，应当提高他的权力地位去镇服全国。"五月甲辰（十七日），太后命令王莽在朝见她的时候自称"假皇帝"。

汉纪二十九

第三十七卷

王莽中始建国元年（己巳，9）

春，正月，朔，莽帅公侯卿士奉皇太后玺韨上太皇太后，顺符命，去汉号焉。

莽乃策命孺子为定安公，封以万户，地方百里；立汉祖宗之庙于其国，与周后并行其正朔、服色；以孝平皇后为定安太后。读策毕，莽亲执孺子手，流涕歔欷曰："昔周公摄位，终得复子明辟；今予独迫皇天威命，不得如意！"哀叹良久。中傅将孺子下殿，北面而称臣。百僚陪位，莫不感动。

莽以刘之为字"卯、金、刀"也，诏正月刚卯、金刀之利皆不得行，乃罢错刀、契刀及五铢钱，更作小钱，径六分，重一铢，文曰"小钱直一"，与前"大钱五十"者为二品，并行。欲防民盗铸，乃禁不得挟铜、炭。

莽曰："古者一夫田百亩，什一而税，则国给民富而颂声作。秦坏圣制，废井田，是以兼并起，贪鄙生，强者规田以千数，弱者曾无立锥之居。又置奴婢之市，与牛马同阑，制于民臣，颛断其命，缪于'天地之性人为贵'之义。减轻田租，三十而税一，常有更赋，罢癃咸出；而豪民侵陵，分田劫假。厥名三十税一，实什税五也。故富者犬马余菽粟，骄而为邪；贫者不厌糟糠，穷而为奸；俱陷于辜，刑用不错。今更名天下田曰'王田'，奴婢曰'私属'，皆不得卖买。其男口不盈八而田过一井者，分余田予九族、邻里、乡党。故无田、今当受田者，如制度。敢有非井田圣制、无法惑众者，投诸四裔，以御魑魅，如皇始祖考虞帝故事！"

二年（庚午，10）

国师公刘秀言："周有泉府之官，收不售，与欲得，即《易》所谓'理财正辞，禁民为非’者也。”莽乃下诏曰：“《周礼》有赊贷，《乐语》有五均，传记各有筦焉。今开赊贷、张五均、设诸筦者，所以齐众庶，抑并兼也。”遂于长安及洛阳、邯郸、临菑、宛、成都立五均司市、钱府官。司市常以四时仲月定物上中下之贾，各为其市平。民卖五谷、布帛、丝绵之物不售者，均官考检厥实，用其本贾取之；物贵过平一钱，则以平贾卖与民；贱减平者，听民自相与市。又民有乏绝欲赊贷者，钱府予之；每月百钱收息三钱。

又以《周官》税民，凡田不耕为不殖，出三夫之税；城郭中宅不树艺者为不毛，出三夫之布；民浮游无事，出夫布一匹；其不能出布者冗作，县官衣食之。诸取金、银、连、锡、鸟、兽、鱼、鳖于山林、水泽及畜牧者，嫔妇桑蚕、织纴、纺绩、补缝，工匠、医、巫、卜、祝及他方技，商贩、贾人，皆各自占所为于其所之，县官除其本，计其利十分之，而以其一为贡；敢不自占、自占不以实者，尽没入所采取而作县官一岁。

羲和鲁匡复奏请榷酒酤，莽从之。又禁民不得挟弩、铠，犯者徙西海。

定安公太后自刘氏之废，常称疾不朝会。时年未二十，莽敬惮伤哀，欲嫁之，乃更号曰黄皇室主，欲绝之于汉；令孙建世子盛饰，将医往问疾。后大怒，鞭笞其傍侍御，因发病，不肯起。莽遂不复强也。

莽恃府库之富，欲立威匈奴，乃更名匈奴单于曰“降取服于”，下诏遣立国将军孙建等率十二将分道并出：五威将军苗䜣、虎贲将军王况出五原；厌难将军陈钦、震狄将军王巡出云中；振武将军王嘉、平狄将军王萌出代郡；相威将军李棽、镇远将军李翁出西河；诛貉将军杨俊、讨濊将军严尤出渔阳；奋武将军王骏、定胡将军王晏出张掖；及偏裨以下百八十人，募天下囚徒、丁男、甲卒三十万人，转输衣裘、兵器、粮食，自负海江、淮至北边，使者驰传督趣，以军兴法从事。先至者屯边郡，须毕具乃同时出；穷追匈奴，内之丁令。分其国土人民以为十五，立呼韩邪子孙十五人皆为单于。

莽以钱币讫不行，复下书曰：“宝货皆重则小用不给，皆轻则僦载烦费；轻重大小各有差品，则用便而民乐。”于是更作金、银、龟、贝、钱、布之品，名曰宝货。钱货六品，金货一品，银货二品，龟货四品，贝货五品，布货十品，凡宝货五物、六名、二十八品。铸作钱布，皆用铜，殽以连、锡。百姓溃乱，其货不行。莽知民愁，乃但行小钱直一与大钱五十，二品并行；龟、贝、布属且寝。盗铸钱者不可禁，乃重其法，一家铸钱，五家坐之，没入为奴婢。吏民出入持钱，以副符传，不持者厨传勿舍，关津苛留。公卿皆持以入宫殿门，欲以重而行之。是时百姓便安汉五铢钱，以莽钱大小两行，难知，又数变改，不信，皆私以五铢钱市买；讹言大钱当罢，莫肯挟。莽患之，复下书："诸挟五铢钱、言大钱当罢者，比非井田制，投四裔！"及坐卖买田宅、奴婢、铸钱，自诸侯、卿大夫至于庶民，抵罪者不可胜数。于是农商失业，食货俱废，民人至涕泣于市道。

三年（辛未，11）

吏士屯边者所在放纵，而内郡愁于征发，民弃城郭，始流亡为盗贼，并州、平州尤甚。莽令七公、六卿号皆兼称将军，遣著武将军逯并等镇名都，中郎将、绣衣执法各五十五人，分镇缘边大郡，督大奸猾擅弄兵者。皆乘便为奸于外，挠乱州郡，货赂为市，侵渔百姓。莽下书切责之曰："自今以来，敢犯此者，辄捕系，以名闻！"然犹放纵自若。北边自宣帝以来，数世不见烟火之警，人民炽盛，牛马布野；及莽挠乱匈奴，与之构难，边民死亡系获，数年之间，北边虚空，野有暴骨矣。

天凤元年（甲戌，14）

莽复申下金、银、龟、贝之货，颇增减其贾直，而罢大、小钱，改作货布、货泉二品并行。又以大钱行久，罢之恐民挟不止，乃令民且独行大钱；尽六年，毋得复挟大钱矣。每一易钱，民用破业而大陷刑。

王莽始建国元年（己巳，公元9年）

春季，正月朔（初一），王莽率领公侯卿士捧着新制的皇太后玉玺，呈上太皇太后，遵从上天的符命，去掉汉朝的名号。

王莽下策书命孺子为定安公，把居民一万户，土地纵横各一百里，赐封给他。在封国里建立汉朝祖宗的祠庙，与周朝的后代一样，都使用自己的历法和车马服饰的颜色。把孝平皇后立为定安太后。宣读策书完毕，王莽亲自握着孺子的手，流着眼泪抽泣道："从前周公代理王位，最后能够把明君的权力归还周成王；现在我偏偏迫于上天威严的命令，不能够如自己的意！"悲伤叹息很久。中傅带着孺子下殿，向着北面自称臣下。百官陪在旁边，没有人不受感动。

王莽认为"刘（劉）"字由"卯、金、刀"组成，因而下诏，"正月刚卯"佩饰和金刀钱都不准再使用。于是，废除错刀币、契刀币以及五铢钱，改铸小钱，直径六分，重量一铢，上面有“小钱值一”的字样，加上以前的“大钱五十”的货币为两类，同时发行。为了防止民间私自铸造，便下禁令不准挟带铜、炭。

王莽下诏：“古代一夫分田一百亩，按十分之一交租税，就能够国家丰裕，百姓富足，于是歌颂的舆论兴起来了。秦破坏圣人制度，废除井田，因此并吞土地的现象出现了，贪婪卑鄙的行为发生了，强者占田数千亩，贫者竟没有立锥之地。又设置买卖奴婢的市场，他们与牛马一同关闭在栅栏之内，被地方官吏控制，专横地裁决他们的命运，违背了‘天地之间的生命，人类最宝贵’的原则。汉朝减轻土地税，按三十分之一征税，但是经常有代役税，病残而丧失劳力的都要交纳。加以土豪劣绅侵犯欺压，利用租佃关系掠夺财物，于是名义上按三十分之一征税，实际上征收了十分之五的税。所以富人的狗马有吃不完的粮食，因骄奢而做邪恶的事；穷人却吃不饱酒渣糠皮，因贫困而做邪恶的事。他们都陷于犯罪，刑罚因此不 能搁置不用。现在把全国的田改名叫‘王田’，奴婢叫‘私属’，都不准买卖。那些家庭人口男性不满八人，而占有田亩超过一井的，把多余的田亩分给亲属、邻居和同乡亲友。原来没有田，现在应当分得田的，按照规定办。敢有反对井田这种圣人首创的制度，无视法律惑乱民众的，把他们流放到四方极远的地方，去抵挡妖怪鬼神，如同我的始祖虞舜帝惩罚四凶的旧例。”

二年（庚午，公元 10 年）

国师公刘秀奏称：“周王朝有泉府之官，收购民间卖不出去的产品，供应民间缺乏的货物，也就是《易经》说：‘管理财富，端正言行，禁止人民为非作歹。’”于是王莽下诏说：“《周礼》上有由官府办理赊贷的记载，《乐语》上有五均的设立，史书上有关于诸筦的记载。现在，开展赊贷，设立五均、诸筦，目的在于使民众均平，遏止富豪侵吞兼并。”于是在长安以及洛阳、邯郸、临菑、宛、成都设立五均司市、钱府官。司市于每季的第二个月，对货物定出上、中、下三等价钱，保持市价的稳定。民间卖不出去的五谷、麻布、丝绸、棉絮等，均官经过调查，认为确实之后，依照成本收购。一旦物价上涨，超过平价一钱，均官将所藏货物以平价卖给百姓。如物价比平价低，则听凭百姓自由交易。另外百姓如果无钱需要赊贷，则钱府可以借给，每月一百钱收利息三钱。

同时，新朝朝廷依照古书《周礼》，规定：凡有田不耕种，称为不殖，要罚交三个人的赋税；城市中房宅不种树的称为不毛，罚交三个人的布匹；平民游手好闲，无所事事，处罚布匹一匹。缴纳不出布匹的，则应为官府做工，由官府给他衣食。凡是在山林水泽开采金矿、银矿、铅矿、锡矿的工人，捕捉鸟兽的猎人，捞取鱼鳖的渔夫，以及从事畜牧业的牧民，种桑养蚕、织布纺线、缝纫的妇女，工匠、医生、巫师、算卦的人，祭司及有其他技能的人等和小贩、商人，全都要在所前往的地方自己申报经营所得，由地方官府除去其成本，在纯利中征收十分之一作为贡税。胆敢不自行申报，或申报不实的，把经营所得没收，并处罚为官府服役一年。

羲和鲁匡又奏请酒类由官府专卖，王莽批准。又下令禁止民间挟带弩弓和铠甲，违犯者流放到西海郡。

定安太后自从汉朝灭亡，时常称病，不去朝见。当时她还不满二十岁，王莽对她既尊敬害怕，又忧伤哀怜，打算让她改嫁。于是取消定安太后称号，改称黄皇室主，想使她跟汉朝一刀两断。命孙建的儿子刻意装扮，带着御医，前往问病。定安太后大怒，鞭打她身旁的侍从，于是真的患病，不肯起床。王莽便不再勉强她。

王莽仗恃国库储藏丰富，打算对匈奴显示国威，于是把匈奴单于改称为“降奴服于”，下诏派立国将军孙建率领十二位将领，分道并进，讨伐匈奴：五威将军诉苗、虎贲将军王况从五原出击；厌难将军陈钦、震狄将军王巡从云中出击；振武将军王嘉、平狄将军王萌从代郡出击；相威将军李棽、镇远将军李翁从西河出击；诛貉将军杨俊、讨濊将军严尤从渔阳出击；奋武将军王骏、定胡将军王晏从张掖出击。此外，还有偏裨将领一百八十人。募集天下囚犯、成年男子、兵士，共三十万人。转运军服皮衣、兵器和粮食，从沿海、长江、淮河流域到北部边郡，使者乘坐倚车疾行，监督催促，按战时法令行事。先到达的部队在边郡驻扎，等全部到齐才同时出击。目标是穷追匈奴，直追到丁令部落。把匈奴国土百姓分成十五个部分，物色呼韩邪单于的子孙十五人，全都立为单于。

王莽因为钱币一直不流通，又下诏说：“钱币都是大面额，则不能应付小额交易；钱币都是小面额，则运输装载就麻烦费事。轻重大小各有等级，那么使用方便，百姓就欢迎。”于是，更铸宝币六种：金币、银币、龟币、贝币、钱币、布币。其中钱币六种，金币一种，银币二种，龟币四种，贝币五种，布币十种。总计，货币共有五类、六种名称、二十八个等级。钱币、布币都用铜铸作，其中混杂铅锡。因为货币的种类太多，百姓生活陷于混乱，货币不能流通。王莽了解人民的怨愁，于是只使用值一钱的小钱和值五十的大钱，两种并行，龟币、贝币、布币暂且停止使用。私自铸钱的无法禁止，便加重那方面的刑罚，一家铸钱，邻居五家连坐，将这些人送到官府做奴婢。官吏和平民外出要携带钱币作为通行副证，不携带的人，旅舍不允许住宿，关卡和渡口要盘问留难，公卿大臣都要携带它才能进入宫殿大门，想要用这样的办法提高它的身价从而得以流通。当时，百姓认为汉五铢钱方便适用，而王莽钱因有大有小，两种钱同时发行，难以分辨，并且不断变化，所以不信任它，都私下用五铢钱在市场上购买商品，并谣传说大钱会废除，没有人肯于挟带。王莽深感烦恼，再下诏书："凡是挟带五铢钱，说大钱要废除的人，比照'诽谤井田制'罪状，放逐到四方边远地区！"连同被指控买卖田宅、买卖奴婢、盗铸钱币的人，从封国国君、朝廷官员到平民，犯法的人不计其数。于是农民、商人失业，全国经济崩溃，百姓甚至在街市道路上哭泣。

三年（辛未，公元11年）

驻扎在边塞的部队在当地放纵扰民，而内地各郡因征兵催税，苛刻迫急，百姓不堪愁苦，纷纷抛弃家园，开始流浪逃亡，成为盗贼，并州、平州尤其严重。王莽下令七公、六卿都兼任将军，派著武将军逯并等，镇守各大名城；另派中郎将、绣衣执法各五十五人，分别镇守沿边大郡，监察擅动干戈兴兵作乱的刁徒。而这些人都利用镇守之便在外地干坏事，扰乱州郡，行贿受贿像做买卖一样，掠夺百姓的财物。王莽下诏书严厉斥责："自今以后，胆敢再犯这类罪行的，就逮捕监禁，把名字报上来。"然而还是照样胡作非为。中国北部边疆，自从汉宣帝以来，百姓已数代看不见烽火的警报，人口繁殖，牛马遍野。及至王莽扰乱匈奴，与匈奴结成仇怨，沿边百姓或死亡，或被俘虏，几年之间，北方边疆一片荒凉，野外有无人掩埋的白骨。

天凤元年（甲戌，公元14年）

王莽又下令恢复金币、银币、龟币、贝币，对价值略加调整。取消大钱、小钱，改由新发行的货布、货泉两种钱币代替。但是，因为大钱流通已久，一旦废除，恐怕无法禁绝人们携带，于是特准百姓暂且使用大钱，以六年为期，六年后完全禁绝。每改变一次币制，百姓随着破产一次，往往因而陷于刑网。

汉纪三十

第三十八卷

王莽下地皇二年（辛巳，21）

初，四方皆以饥寒穷愁起为盗贼，稍群聚，常思岁熟得归乡里，众虽万数，不敢略有城邑，转掠求食，日阕而已；诸长吏牧守皆自乱斗中兵而死，贼非敢欲杀之也，而莽终不谕其故。是岁，荆州牧发奔命二万人讨绿林贼；贼帅王匡等相率迎击于云杜，大破牧军，杀数千人，尽获辎重。牧欲北归，马武等复遮击之，钩牧车屏泥，刺杀其骖乘，然终不敢杀牧。贼遂攻拔竟陵，转击云杜、安陆，多略妇女，还入绿林中，至有五万余口，州郡不能制。

三年（壬午，22）

初，长沙定王发生舂陵节侯买，买生戴侯熊渠，熊渠生考侯仁。仁以南方卑湿，徙封南阳之白水乡，与宗族往家焉。仁卒，子敞嗣；值莽篡位，国除。节侯少子外为郁林太守，外生钜鹿都尉回，回生南顿令钦。钦娶湖阳樊重女，生三男：縯，仲，秀，兄弟早孤，养于叔父良。縯性刚毅，慷慨有大节，自莽篡汉，常愤愤，怀复社稷之虑，不事家人居业，倾身破产，交结天下雄俊。秀隆准日角，性勤稼穑；縯常非笑之，比于高祖兄仲。秀姊元为新野邓晨妻，秀尝与晨俱过穰人蔡少公，少公颇学图谶，言"刘秀当为天子"；或曰："是国师公刘秀乎？"秀戏曰："何用知非仆邪！"坐者皆大笑。晨心独喜。

宛人李守，好星历、谶记，为莽宗卿师，尝谓其子通曰："刘氏当兴，李氏为辅。"及新市、平林兵起，南阳骚动，通从弟轶谓通曰："今四方扰乱，汉当复兴。南阳宗室，独刘伯升兄弟泛爱容众，可与谋大事。"通笑曰："吾意也！"会秀卖谷于宛，通遣轶往迎秀，与相见，因具言谶文事，与相约结，定计议。通欲以立秋材官都试骑士日，劫前队大夫甄阜及属正梁丘赐，因以号令大众，使轶与秀归春陵举兵以相应，于是召诸豪杰计议曰："王莽暴虐，百姓分崩；今枯旱连年，兵革并起，此亦天亡之时，复高祖之业，定万世之秋也！"众皆然之。于是分遣亲客于诸县起兵，縯自发舂陵子弟。诸家子弟恐惧，皆亡匿，曰："伯升杀我！"及见秀绛衣大冠，皆惊曰；"谨厚者亦复为之！"乃稍自安。凡得子弟七八千人，部署宾客，自称"柱天都部"。秀时年二十八。

刘縯欲进攻宛，至小长安聚，与甄阜、梁丘赐战；时天密雾，汉军大败。秀单马走，遇女弟伯姬，与共骑而奔；前行，复见姊元，趣令上马，元以手挥曰："行矣，不能相救，无为两没也！"会追兵至，元及三女皆死，縯弟仲及宗从死者数十人。

新市、平林见汉兵数败，阜、赐军大至，各欲解去，縯甚患之。会下江兵五千余人至宜秋，縯即与秀及李通造其壁曰："愿见下江一贤将，议大事。"众推王常。縯见常，说以合从之利，常大悟曰："王莽残虐，百姓思汉。今刘氏复兴，即真主也；诚思出身为用，辅成大功。"縯曰："如事成，岂敢独飨之哉！"遂与常深相结而去。常还，具为余将成丹、张印言之。丹、印负其众曰："大丈夫既起，当各自为主，何故受人制乎！"常乃徐晓说其将帅曰："王莽苛酷，积失百姓之心，民之讴吟思汉，非一日也，故使吾属因此得起。夫民所怨者，天所去也；民所思者，天所与也。举大事，必当下顺民心，上合天意，功乃可成；若负强恃勇，触情恣欲，虽得天下，必复失之。以秦、项之势，尚至夷覆，况今布衣相聚草泽，以此行之，灭亡之道也。今南阳诸刘举兵，观其来议者，皆有深计大虑，王公之才，与之并合，必成大功，此天所以佑吾属也！"下江诸将虽屈强少识，然素敬常，乃皆谢曰："无王将军，吾属几陷于不义！"即引兵与汉军、新市、平林合。于是诸部齐心同力，锐气益壮。

王莽地皇二年（辛巳，公元21年）

起初，各地人民都由于饥寒贫苦才起来做盗贼，众人聚集在一起，时常盼望着年景好时能够返回家园。聚众虽然以万计，但不敢攻占城市，劫掠到食物，当天吃完而已。各县长官和州牧、郡太守都是自己乱斗被武器杀伤而死的，盗贼并不敢存心杀死他们，可是王莽始终不懂得这个道理。这一年，荆州牧动员称作奔命的部队二万人攻击绿林贼寇，贼寇首领王匡等率部众在云杜迎战，大破州府官军，杀数千人，把所有的军用物资全部掳获。荆州牧准备向北撤退，绿林将领马武等再予截击，钩住荆州牧车上挡泥的装饰板，刺杀在车上陪乘的人。然而，却始终不敢杀害州牧。贼寇于是攻陷竟陵，转而袭击云杜、安陆，大量掳掠妇女，退回绿林山中。此时已增加到五万余人，州郡官府已无法制止。

三年（壬午，公元22年）

最初，汉朝长沙定王刘发，生了春陵节侯刘买，刘买生了戴侯刘熊渠，刘熊渠生了考侯刘仁。刘仁因南方地势低下，气候潮湿，被改封到南阳郡的白水乡，与宗族迁居于此。刘仁死后，儿子刘敞继承爵位，正逢王莽篡夺帝位，封国撤除。春陵节侯刘买的小儿子刘外当郁林太守，刘外生了钜鹿都尉刘回，刘回生了南顿令刘钦。刘钦娶湖阳樊重的女儿为妻，生了三个儿子：刘縯、刘仲、刘秀。兄弟幼年丧父，由叔父刘良抚养。刘縯性情刚强有毅力，慷慨有大节。自从王莽篡夺汉朝政权之后，他时常愤愤不平，心怀光复汉朝的志向，不经营家产，反而卖田卖宅，用来结交天下英雄俊杰。刘秀生得鼻梁高耸，额角隆起，性格勤勉，爱好种田。刘縯常讥笑他，把他比做刘邦的哥哥刘喜。刘秀的姐姐刘元，是新野县邓晨的妻子，刘秀曾经跟邓晨一块儿拜访穰县蔡少公，少公对图谶颇有研究，说："刘秀当作天子！"有人接着说："这说的是国师公刘秀吧？"刘秀开玩笑说："你怎么知道不是我呢？"在座的人都哄堂大笑。只有邓晨暗喜。

宛城人李守，喜好星象与谶书，担任王莽的宗卿师，曾对他的儿子李通说："刘姓当会复兴，李姓将做辅佐大臣。"等到新市兵、平林兵崛起，南阳郡人心浮动，李通的堂弟李轶对李通说："现在天下动乱，汉朝当会重新兴盛。南阳刘姓皇族，只有刘伯升兄弟博爱，对人宽大，可以与其磋商大事。"李通笑着说："我正有此意。"正好刘秀运粮食到宛城贩卖。李通派李轶前往迎接刘秀，与其相见，详细地谈了谶文的事，于是互相结交，商定了计划。李通打算在立秋那天，趁着骑兵武士大检阅的时候，劫持前队大夫甄阜和属正梁丘赐，然后发号施令，聚众起兵，让李轶与刘秀回到春陵起兵，以互相呼应。于是刘縯召集当地豪杰商量说："王莽凶残暴虐，百姓分崩离析，而今又连年大旱，到处兵荒马乱，这是上天灭亡他的时候，是恢复高祖的大业，建立千秋万世的功劳的时候！"大家都表示同意。于是分别派出亲友宾客到各县起事，刘縯自己则发动春陵的子弟。各家子弟都感到害怕，纷纷逃避躲藏，说："刘縯害死我了！"到看见刘秀身着红衣，头戴大冠，改穿将军服装，都吃了一惊，说："谨慎忠厚的人也干上了呀！”心里才逐渐安定。共集结子弟七八千人，安排下属，自称柱天都部。刘秀当时二十八岁。

刘縯打算进攻宛城，挺进到小长安聚，与前队大夫甄阜、属正梁丘赐交战。当时，大雾迷漫，刘縯率领的汉军大败。刘秀单骑逃命，遇到妹妹刘伯姬，兄妹共乘一马奔跑。向前行进，又遇到姐姐刘元，刘秀叫她火速上马。刘元挥手说：“跑吧，你们无法救我，不要死在一起！”这时追兵已到，刘元跟她的三个女儿都被官府军诛杀。刘縯的弟弟刘仲及刘姓宗族一同死亡的有数十人。

新市兵、平林兵看到汉兵多次遭到挫败，而甄阜、梁丘赐的军队要大举进攻，纷纷打算逃走，刘縯忧心如焚。正好下江兵五千余人进抵宜秋聚，刘縯带着刘秀、李通亲自到他们营寨拜访，说：“我们愿见下江的一位贤明将领，商议大事。”下江兵推举王常。刘縯见到王常，陈述联合作战的利益。王常大大省悟，说：“王莽残酷暴虐，百姓思念汉朝。而今刘姓家族复兴，就是真正的天下之主。我愿挺身而出效力，辅佐大业成功。”刘縯说：“如果事业成功，我岂敢独自享受？”于是与王常深相结交，告辞而去。王常回来，把他的想法告诉下江兵的其他将领成丹、张卬。成丹、张卬自负他们的兵力强大，说：“大丈夫既然起事，应该自己当主子，为什么受别人控制呢？”王常于是不慌不忙地向他们分析说：“王莽苛刻残酷，不断丧失民心。百姓歌唱吟咏，思念汉朝，已经不是一天的事了。正因为如此，我们才能够趁机崛起。民心怨恨的，上天定会铲除；民心盼望的，上天定会赐予。兴起大事业，必须下顺民心，上合天意，然后大功才可以成就。如果仗恃自己强大勇猛，感情用事，为所欲为，虽然得到天下，必然会再失掉它。以秦王朝和西楚霸王项羽的势力，尚且归于消灭，何况而今我们这些平民，在山林水泽聚集成群，如果也任情纵欲，那是走灭亡之路。而今，南阳郡刘姓家族起兵，观察他们派来跟我们商谈的这几位，都有深谋远虑，有王爵公爵的才能。与他们合作，必然成就大功，这是上天用来保我们的啊！”下江兵的将领们虽然倔强，而又缺少见识，然而向来尊敬王常，于是一致道歉说：“如果没有王将军，我们几乎陷于不义！”立即率军与汉军、新市兵、平林兵会合。于是各部同心协力，士气高昂。

汉纪三十一

第三十九卷

淮阳王更始元年(癸未,23)

春陵戴侯曾孙玄在平林兵中,号更始将军。时汉兵已十余万,诸将议以兵多而无所统一,欲立刘氏以从人望。南阳豪杰及王常等皆欲立刘縯;而新市、平林将帅乐放纵,惮威明,贪玄懦弱,先共定策立之,然后召縯示其议。

二月,辛巳朔,设坛场于淯水上沙中,玄即皇帝位,南面立,朝群臣;羞愧流汗,举手不能言。于是大赦,改元,以族父良为国三老,王匡为定国上公,王凤为成国上公,朱鲔为大司马,刘縯为大司徒,陈牧为大司空,余皆九卿将军。由是豪杰失望,多不服。

王莽欲外示自安,乃染其须发,立杜陵史谌女为皇后;置后宫,位号视公、卿、大夫、元士者凡百二十人。

三月,王凤与太常偏将军刘秀等徇昆阳、定陵、郾,皆下之。

王莽闻严尤、陈茂败,乃遣司空王邑驰传,与司徒王寻发兵平定山东;征诸明兵法六十三家以备军吏,以长人钜毋霸为垒尉,又驱诸猛兽虎、豹、犀、象之属以助威武。邑至洛阳,州郡各选精兵,牧守自将,定会者四十三万人,号百万;余在道者,旌旗、辎重,千里不绝。夏,五月,寻、邑南出颍川,与严尤、陈茂合。

诸将见寻、邑兵盛,皆反走,入昆阳,惶怖,忧念妻孥,欲散归诸城。刘秀曰:“今兵谷既少而外寇强大,并力御之,功庶可立;如欲分散,势无俱全。且宛城未拔,不能相救;昆阳即拔,一日之间,诸部亦灭矣。今不同心胆,共举功名,反欲守妻子财物邪!”诸将怒曰:“刘将军何敢如是!”秀笑而起。会候骑还,言:“大兵且至城北,军陈数百里,不见其后。”诸将素轻秀,及迫急,乃相谓曰:“更请刘将军计之。”秀复为图画成败,诸将皆曰:“诺。”时城中唯有八九千人,秀使王凤与廷尉大将军王常守昆阳，夜与五威将军李轶等十三骑出城南门，于外收兵。

时莽兵到城下者且十万，秀等几不得出。寻、邑纵兵围昆阳，严尤说邑曰：“昆阳城小而坚，今假号者在宛，亟进大兵，彼必奔走；宛败，昆阳自服。”邑曰：“吾昔围翟义，坐不生得以见责让，今将百万之众，遇城而不能下，非所以示威也。当先屠此城，蹀血而进，前歌后舞，顾不快邪！”遂围之数十重，列营百数，钲鼓之声闻数十里，或为地道、冲輣撞城；积弩乱发，矢下如雨，城中负户而汲。王凤等乞降，不许。寻、邑自以为功在漏刻，不以军事为忧。严尤曰：“《兵法》：‘围城为之阙’，宜使得逸出以怖宛下。”邑又不听。

刘秀至郾、定陵，悉发诸营兵；诸将贪惜财物，欲分兵守之。秀曰：“今若破敌，珍宝万倍，大功可成；如为所败，首领无余，何财物之有！”乃悉发之。六月，己卯朔，秀与诸营俱进，自将步骑千余为前锋，去大军四五里而陈；寻、邑亦遣兵数千合战，秀奔之，斩首数十级。诸将喜曰：“刘将军平生见小敌怯，今见大敌勇，甚可怪也！且复居前，请助将军！”秀复进，寻、邑兵却，诸部共乘之，斩首数百千级。连胜，遂前，诸将胆气益壮，无不一当百，秀乃与敢死者三千人从城西水上冲其中坚。寻、邑易之，自将万余人行陈，敕诸营皆按部毋得动，独迎与汉兵战，不利，大军不敢擅相救；寻、邑陈乱，汉兵乘锐崩之，遂杀王寻。城中亦鼓噪而出，中外合势，震呼动天地；莽兵大溃，走者相腾践，伏尸百余里。会大雷、风，屋瓦皆飞，雨下如注，滍川盛溢，虎豹皆股战，士卒赴水溺死者以万数，水为不流。王邑、严尤、陈茂轻骑乘死人渡水逃去，尽获其军实辎重，不可胜算，举之连月不尽，或燔烧其余。士卒奔走，各还其郡，王邑独与所将长安勇敢数千人还洛阳，关中闻之震恐。于是海内豪杰翕然响应，皆杀其牧守，自称将军，用汉年号以待诏命；旬月之间，遍于天下。

新市、平林诸将以刘縯兄弟威名益盛，阴劝更始除之。秀谓曰：“事欲不善。”縯笑曰：“常如是耳。”更始大会诸将，取宝剑视之；绣衣御史申屠建随献玉玦；更始不敢发。舅樊宏谓縯曰：“建得无有范增之意乎？”縯不应。李轶初与縯兄弟善，后更谄事新贵；秀戒縯曰：“此人不可复信！”縯不从。縯部将刘稷，勇冠三军，闻更始立，怒曰：“本起兵图大事者，伯升兄弟也。今更始何为者邪！”更始以稷为抗威将军，稷不肯拜；更始乃与诸将陈兵数千人，先收稷，将诛之；縯固争。李轶、朱鲔因劝更始并执縯，即日杀之；以族兄光禄勋赐为大司徒。秀闻之，自父城驰诣宛谢。司徒官属迎吊秀，秀不与交私语，惟深引过而已，未尝自伐昆阳之功；又不敢为縯服丧，饮食言笑如平常。更始以是惭，拜秀为破虏大将军，封武信侯。

邓晔开武关迎汉兵。李松将三千余人至湖，与晔等共攻京师仓，未下。晔以弘农掾王宪为校尉，将数百人北渡渭，入左冯翊界。李松遣偏将军韩臣等径西至新丰击破莽波水将军，追奔至长门宫。王宪北至频阳，所过迎降。诸县大姓各起兵称汉将军，率众随宪。李松、邓晔引军至华阴，而长安旁兵四会城下；又闻天水隗氏方到，皆争欲入城，贪立大功、卤掠之利。莽赦城中囚徒，皆授兵，杀豨，饮其血，与誓曰："有不为新室者，社鬼记之！"使更始将军史谌将之。渡渭桥，皆散走；谌空还。众兵发掘莽妻、子、父、祖冢，烧其棺椁及九庙、明堂、辟雍，火照城中。

火及掖庭、承明，黄皇室主所居。黄皇室主曰："何面目以见汉家！"自投火中而死。莽避火宣室前殿，火辄随之。莽绀袀服，持虞帝匕首；天文郎按式于前，莽旋席随斗柄而坐，曰："天生德于予，汉兵其如予何！"庚戌，且明，群臣扶掖莽自前殿之渐台，公卿从官尚千余人随之。王邑昼夜战，罢极，士死伤略尽；驰入宫，间关至渐台，见其子侍中睦解衣冠欲逃，邑叱之，令还，父子共守莽。军人入殿中，闻莽在渐台，众共围之数百重。台上犹与相射，矢尽，短兵接；王邑父子、𩴍恽、王巡战死，莽入室。下餔时，众兵上台，苗䜣、唐尊、王盛等皆死。商人杜吴杀莽，校尉东海公宾就斩莽首；军人分莽身，节解脔分，争相杀者数十人。

传莽首诣宛，悬于市；百姓共提击之，或切食其舌。

淮阳王更始元年（癸未，公元23年）

春陵戴侯刘熊渠的曾孙刘玄，在平林兵中，称更始将军。这时汉兵已有十余万人，将领们议论，军队虽多，却没有共同的领袖。于是打算拥立一位汉朝的刘姓皇族，以便顺从大家的希望。南阳郡的豪杰与下江兵王常等，都主张立刘縯。而新市兵、平林兵的将领乐于放纵，害怕刘縯的威武严明，贪图刘玄的懦弱，抢先共同定下策略拥立刘玄，造成既成事实，然后召来刘縯告知决议。

二月，辛巳朔（初一），在水畔沙滩中设置坛场，刘玄登极，面向南方站立，接受群臣朝拜。他感到羞愧，满脸流汗，只举手而说不出话来。于是宣布大赦，改变年号，任命堂叔刘良当国三老，王匡当定国上公，王凤当成国上公，朱鲔当大司马，刘縯当大司徒，陈牧当大司空，其他将领都当九卿将军。从此，英雄豪杰感到失望，多有不服。

王莽想要显示自己的心情是安定的，于是染黑了胡子和头发，立杜陵人史谌的女儿做皇后。此外还设置后宫，遴选嫔妃一百二十人，地位封号分别比照公、卿、大夫、元士。

三月，王凤和太常偏将军刘秀等率领汉军攻掠昆阳、定陵、郾等城，都予攻克。

王莽知道了严尤、陈茂失败，就派遣司空王邑乘坐传车急速出发，和司徒王寻一起发兵去平定崤山以东地区。同时征召通晓六十三家兵法的人为军官，任用巨人钜毋霸为中垒校尉，又赶来虎、豹、犀、象等猛兽以助军威。王邑到了洛阳，各州郡选派精锐的士兵，由州郡的长官亲自带领，定期会集起来的有四十三万人，号称百万；其余的正在路上走，旌旗、辎重千里不绝。夏季，五月，王寻、王邑离开颍川南下，同严尤、陈茂会合。

汉军的将领们看到王寻、王邑兵多势众，都往回跑，进入昆阳城，惊慌不安，担忧老婆孩子，想从这里分散而到其他城邑去。刘秀对他们说："现在城内兵、粮既少，而城外敌军又强大，合力抵抗敌军，也许可以立功；如果分散，势必不能一一保全。况且刘縯部队还没有攻下宛城，不能前来救援；假如昆阳被敌军占领，只要一天的工夫，我军各部也就都完了。现在怎么能不同心同力，共举大业，反而想要守着妻子财物呢？"将领们发怒说："刘将军怎么敢这样说！"刘秀笑而起身。正在此时，侦察的骑兵回来，报告说："敌人大军即将来到城的北面，军阵达几百里，看不到它的尾部。"将领们一向轻视刘秀，到了这样紧急的时候，才互相议论道："再去请刘将军谋划这件事。"刘秀又给将领们描述成败因素，将领们都说："是的。"这时城中只有八九千人，刘秀让王凤和廷尉大将军王常守卫昆阳，自己夜里同五威将军李轶等十三人骑马驰出昆阳城的南门，在外面收集士兵。

当时开到昆阳城下的王莽军将近十万，刘秀等人几乎不能出去。王寻、王邑纵兵包围昆阳，严尤向王邑献策说："昆阳城小而坚固，现在假冒皇帝名号的刘玄在宛城，我们大军迅速向那里进兵，他必定奔逃；宛城方面的汉军一旦失败，昆阳城里的汉军自然向我军降服。"王邑说："我以前围攻翟义，因没有活捉住他而受到责备，如今带领百万之众，遇城而不能攻下，这就不能显示军威了。应当先攻陷屠杀此城，踏着血泊前进，前歌后舞，难道不痛快吗？"于是把昆阳包围了几十重，列营上百个，钲鼓之声响彻几十里，还挖掘地道，用战车撞城；用许多弓弩向城内乱射，矢下如雨，城内的人为了躲避飞矢，背着门板出外打水。王凤等乞求投降，不被理睬。王寻、王邑自以为片刻就可成功，不担心军事上会出其他事故。严尤建议说："《兵法》上写着：'围城要留下缺口'，应让被围之敌得以逃出，从而使围攻宛城的绿林军害怕。"王邑又不听取这个建议。

刘秀到了郾、定陵等地，调发各营的全部军队；将领们贪惜财物，想要分出一部分兵士留守。刘秀说："现在如果打垮敌人，有万倍的珍宝，大功可成；如果被敌人打败，头都被杀掉了，还有什么财物！"于是征发了全部军队。六月，己卯朔（初一），刘秀和各营部队一同出发，亲自带领步兵和骑兵一千多人为先头部队，在距离王莽大军四五里远的地方摆开阵势。王寻、王邑也派几千人来交战，刘秀带兵冲了过去，斩了几十人首级。将领们高兴地说："刘将军平时看到弱小的敌军都胆怯，现在见到强敌反而英勇，太奇怪了！还是我们在前面吧，请让我们协助将军！"刘秀又向前进兵，王寻、王邑的部队退却；汉军各部一同冲杀过去，斩了数百上千个首级。汉军接连获胜，继续进兵，将领们胆气更壮，没有一个不是以一当百。刘秀就和敢于牺牲的三千人从城西水岸边攻击王莽军的主将营垒。王寻、王邑轻视汉军，亲自带领一万余人巡行军阵，戒令各营都按兵不动，单独迎上来同汉军交战，不利，大部队又不敢擅自相救；王寻、王邑所部阵乱，汉军乘机击溃敌军，终于杀了王寻。昆阳城中的汉军也击鼓大喊而冲杀出来，里应外合，呼声震天动地；王莽军大溃，逃跑者互相践踏，倒在地上的尸体遍布一百多里。适值迅雷、大风，屋瓦全都被风刮得乱飞，大雨好似从天上倒灌下来，水暴涨，虎豹都吓得发抖，掉入水中溺死的士兵上万，河水因此不能流动。王邑、严尤、陈茂等以轻骑踏着死人渡过水逃走。汉军获得王莽军抛下的全部军用物资，不可胜计，接连几个月都运不完，有些余下的就被烧掉。王莽军的士兵奔跑，各还故乡，只有王邑和他带领的长安勇士几千人回到洛阳，关中听到这个消息十分惊惧。于是海内豪杰一致响应，都杀掉当地的州郡长官，自称将军，用更始年号，等待更始皇帝的诏命；一个月之内，这种形势遍于天下。

新市兵、平林兵的将领们因为刘縯兄弟威名日盛，秘密建议更始帝刘玄除掉他俩。刘秀对刘縯说："看情况，更始帝打算跟我们过不去。"刘縯笑着说："一向就是如此。"不久，刘玄集合全体将领，教刘縯拿出他的宝剑，接过来仔细观察。这时，绣衣御史申徒建跟着呈上玉玦，暗示更始帝早下决断，但更始帝不敢动手。刘縯的舅舅樊宏对刘縯说："申徒建莫非有范增的意图？"刘縯不做回答。李轶最初跟刘縯兄弟感情很好，可是后来转而谄媚拥有权柄的新贵，刘秀告诫刘縯："对这个人不能再信任了！"刘縯不听从。刘縯的部将刘稷，勇冠三军，听说刘玄即位的消息，大怒说："当初起兵图谋大事的，是刘縯兄弟。而今更始是干什么的呢！"刘玄任命刘稷当抗威将军，刘稷不肯拜受这一任命。刘玄于是与将领们部署数千军队，先逮捕刘稷，准备诛杀。刘縯坚持反对。李轶、朱鲔趁机建议刘玄同时逮捕刘縯，并于当天跟刘稷一齐斩首。刘玄任命堂兄光禄勋刘赐当大司徒。刘秀听到这个消息，从父城奔回宛城，向刘玄请罪。司徒所属官员迎接刘秀，表示哀悼，刘秀不与他们谈一句私话，唯有深自责备而已，不曾自己夸耀保卫昆阳的战功，又不敢为刘縯服丧；饮食言谈欢笑跟平常一样。刘玄因此惭愧，任命刘秀当破虏大将军，封武信侯。

邓晔打开武关关门，迎接汉兵。李松率三千人抵达湖县，与邓晔等会合，共同进攻京师仓，没有攻下。邓晔任命弘农掾王宪当校尉，率领数百人北渡渭河，进入左冯翊境内。李松派遣偏将军韩臣等，一直向西推进到新丰，攻击王莽波水将军窦融。窦融败退，韩臣追击，直抵长门宫。王宪部队推进到频阳，沿途地方官府都迎而降服。各县大姓分别起兵，自称是汉朝将军，率领部众追随王宪。李松、邓晔率军抵达华阴时，长安附近的部队已从四方汇集到城下。大家听说天水隗家军也将抵达，都争着要第一个入城，贪图建立大功和抢劫财宝。王莽赦免城里监狱的犯人，都发给武器，杀猪饮血，跟他们立誓说："如有不为新朝效力的人，社鬼记住他！"让更始将军史谌率领着他们。这些人渡过渭桥，都四散逃跑了，只剩史谌一个人回来。各路士兵挖掘王莽的妻子、儿子、父亲、祖父的坟墓，焚烧他们的棺材以及九庙、明堂和辟雍，火光映照城中。

大火蔓延到掖庭、承明殿，这里是黄皇室主居住的地方。黄皇室主说："我还有什么脸面再见汉朝人？"自己纵身投入火中而死。王莽避火到了未央宫宣室前殿，火总是跟着他。王莽穿着全套天青色的衣服，拿着虞帝匕首。天文郎在前面按着占测时日的栻，王莽转动坐席随着斗柄所指的方向坐着，说道："上天把这样的品德赋予我，汉军能把我怎么样？"庚戌（初三），天快亮了，群臣搀扶着王莽，从前殿去渐台，公卿等随从官吏还有一千多人跟着他。王邑白天黑夜都在战斗，疲倦极了，士兵死伤快完了，他飞马进入宫中，辗转来到了渐台，看见他的儿子侍中王睦脱下衣帽想要逃走，王邑喝住他，让他转回，父子俩一同守卫着王莽。兵士进入殿中，听说王莽在渐台，众人将其包围了数百重。台上仍用弓箭与包围的士兵对射，箭用尽了，便短兵相接。王邑父子、𨱇恽、王巡战斗而死，王莽躲进内室。下午五时三刻，大批士兵上了渐台，苗䜣、唐尊、王盛等人都死在台上。商县人杜吴杀死了王莽，校尉东海人公宾就砍下了王莽的脑袋。兵士们分裂了王莽的身躯，四肢关节、肌肉被切割成许多块，争着去砍杀的有几十人。

王莽的脑袋被传送到宛城，挂在街市示众，百姓都去掷击它，有人切下他的舌头来吃。

汉纪三十二

第四十卷

世祖光武皇帝上之上建武元年（乙酉，25）

异、恂移檄上状，诸将入贺，因上尊号。将军南阳马武先进曰："大王虽执谦退，奈宗庙社稷何！宜先即尊位，乃议征伐。今此谁贼而驰骛击之乎？"王惊曰："何将军出此言？可斩也！"乃引军还蓟。复遣吴汉率耿弇、景丹等十三将军追尤来等，斩首万三千余级，遂穷追至浚靡而还。贼散入辽西、辽东，为乌桓、貊人所钞击略尽。

还至中山，诸将复上尊号；王又不听。行到南平棘，诸将复固请之；王不许。诸将且出，耿纯进曰："天下士大夫，捐亲戚，弃土壤，从大王于矢石之间者，其计固望攀龙鳞，附凤翼，以成其所志耳。今大王留时逆众，不正号位，纯恐士大夫望绝计穷，则有去归之思，无为久自苦也。大众一散，难可复合。"纯言甚诚切，王深感曰："吾将思之。"

行至鄗，召冯异，问四方动静。异曰："更始必败，宗庙之忧在于大王，宜从众议！"会儒生强华自关中奉《赤伏符》来诣王曰："刘秀发兵捕不道，四夷云集龙斗野，四七之际火为主。"群臣因复奏请。六月己未，王即皇帝位于鄗南；改元，大赦。

赤眉进至华阴，军中有齐巫，常鼓舞祠城阳景王，巫狂言："景王大怒曰：'当为县官，何故为贼！'"有笑巫者辄病，军中惊动。方望弟阳说樊崇等曰："今将军拥百万之众，西向帝城，而无称号，名为群贼，不可以久；不如立宗室，挟义诛伐，以此号令，谁敢不从！"崇等以为然，而巫言益盛。前至郑，乃相与议曰："今迫近长安，而鬼神若此，当求刘氏共尊立之。"

先是，赤眉过式，掠故式侯萌之子恭、茂、盆子三人自随。恭少习《尚书》，随樊崇等降更始于洛阳，复封式侯，为侍中，在长安。茂与盆子留军中，属右校卒史刘侠卿，主牧牛。及崇等欲立帝，求军中景王后，得七十余人，唯茂、盆子及前西安侯孝最为近属。崇等曰："闻古者天子将兵称上将军"，乃书札为符曰"上将军"。又以两空札置笥中，于郑北设坛场，祠城阳景王，诸三老、从事皆大会；列盆子等三人居中立，以年次探札，盆子最幼，后探，得符；诸将皆称臣，拜。盆子时年十五，被发徒跣，敝衣赭汗，见众拜，恐畏欲啼。茂谓曰："善臧符！"盆子即啮折，弃之。以徐宣为丞相，樊崇为御史大夫，逢安为左大司马，谢禄为右大司马，其余皆列卿、将军。盆子虽立，犹朝夕拜刘侠卿，时欲出从牧儿戏；侠卿怒止之，崇等亦不复候视也。

九月，赤眉入长安；更始单骑走，从厨城门出。式侯恭以赤眉立其弟，自系诏狱；闻更始败走，乃出，见定陶王祉，祉为之除械，相与从更始于渭滨。右辅都尉严本，恐失更始为赤眉所诛，即将更始至高陵，本将兵宿卫，其实围之。更始将相皆降赤眉，独丞相曹竟不降，手剑格死。

辛未，诏封更始为淮阳王；吏民敢有贼害者，罪同大逆；其送诣吏者封列侯。

冬，十月，癸丑，车驾入洛阳，幸南宫，遂定都焉。

赤眉下书曰："圣公降者，封为长沙王；过二十日，勿受。"更始遣刘恭请降，赤眉使其将谢禄往受之。更始随禄，肉袒，上玺绶于盆子。赤眉坐更始，置庭中，将杀之；刘恭、谢禄为请，不能得，遂引更始出。刘恭追呼曰："臣诚力极，请得先死！"拔剑欲自刎；樊崇等遽共救止之。乃赦更始，封为畏威侯。刘恭复为固请，竟得封长沙王。更始常依谢禄居，刘恭亦拥护之。

三辅苦赤眉暴虐，皆怜更始，欲盗出之；张印等深以为虑，使谢禄缢杀之。刘恭夜往，收藏其尸；帝诏邓禹葬之于霸陵。

汉光武帝建武元年（乙酉，公元25年）

冯异、寇恂发送文书呈报战果，将领们进帐祝贺，乘机请刘秀称帝。将军南阳人马武首先说："大王您虽然谦恭退让，但国家宗庙社稷托付给谁？您应先即帝位，然后再讨论征讨的事。像现在名号未正，东闯西杀，到底谁是贼呢？"刘秀很吃惊，说："将军怎么说出这种话？够杀头的罪了！"于是率军返回蓟县，又派吴汉率领耿弇、景丹等十三位将军追击尤来等贼军，斩首一万三千余人，紧接着穷追到浚靡县才返回。贼军散入辽西、辽东，被乌桓、貊人抢掠击杀，几乎死尽。

刘秀回到中山县，将领们再次请求他称帝，他再次拒绝。大军走到南平棘，将领们再次坚决恳请，他仍然不答应。将领们将要退出，耿纯进谏说："天下的士大夫舍弃亲属，背井离乡，在箭雨飞石之中跟随大王，他们一心向往的，本是攀龙附凤，以成就志向。现在您拖延时间，违背众意，不确定尊号，我恐怕士大夫会失去希望，无计可施，从而产生退归故里的想法，不会长期忍耐下去。众人一散，就很难再聚合到一处了。"耿纯的话非常诚恳殷切，刘秀十分感谢，说："我将予以考虑。"

刘秀的军队走到鄗县，刘秀召见冯异打听各方军情。冯异说："更始必败，忧虑宗庙的大任在您身上，您应当听从大家的建议。"这时，恰好儒生强华从关中拿着《赤伏符》来晋见刘秀，符上说："刘秀发兵惩奸贼，四方云集龙斗野，四七二八汉当立。"群臣因此再次奏请。六月，己未（二十二日），刘秀在鄗县之南即皇帝位，改年号，大赦天下。

赤眉军进抵华阴，随军有一位齐地的巫师，常常击鼓舞蹈，祭祀城阳景王刘章。巫师口出狂言："景王大怒说：'应当做天子，为什么当盗贼！'"凡是嘲笑巫师的人，都患了病，为此全军震惊。方望的弟弟方阳劝说樊崇等人："现在将军拥有百万大军，向西面对帝王都城，却没有称号，被人称作盗贼，不可能长期维持下去。不如拥立一位刘氏宗室，挟天子的名义诛杀讨伐，以此号令天下，谁敢不服从！"樊崇等认为说得很对，而巫师的狂言也越来越厉害。向前进军抵达郑县，于是共同商议说："现在已经逼近长安，而鬼神的旨意是这样，应该寻求一位刘氏宗室，共同尊他为皇帝。"

早先，赤眉军经过式县，劫持故式侯刘萌的儿子刘恭、刘茂、刘盆子，让三人随军。刘恭幼时学习《尚书》，后来跟从樊崇等在洛阳投降更始皇帝刘玄，重新封为式侯，担任侍中，后到长安。刘茂和刘盆子留在军中，归右校卒史刘侠卿管辖，负责放牛。等到樊崇等想要拥立皇帝时，在军中寻找景王刘章的后代，找到七十余人，其中只有刘茂、刘盆子以及前西安侯刘孝血统最为亲近。樊崇等人说："听说古时候，天子亲自领兵，称为上将军。"于是用一片木简做符，上写"上将军"三个字，又把两片未写字的木简也放在竹筒中。在郑县北面修筑坛场，祭祀城阳景王刘章，各位三老、从事全都聚会于此。请刘盆子等三人居台中排列站立，按照长幼顺序抽签。刘盆子年纪最小，最后抽，抽中了符。将领们全都向刘盆子称臣叩拜。刘盆子当时十五岁，披散着头发，光着双脚，穿着破衣服，紫涨着脸，浑身冒汗。他看见众将跪拜，惊恐得要哭出来。刘茂对他说："把你的符藏好！"刘盆子却立即把木简放到口中咬断，扔掉。他任命徐宣为丞相，樊崇为御史大夫，逢安为左大司马，谢禄为右大司马，其余的全被任命为卿、将军。刘盆子虽被立为皇帝，但每天早晚还要叩拜刘侠卿。他时常想到外面去和牧童们嬉戏，刘侠卿愤怒地制止他。樊崇等人也不再来问候探视。

九月，赤眉军进入长安，刘玄一个人骑马从厨城门逃出长安。刘玄所封的式侯刘恭因为赤眉军拥立他的弟弟刘盆子做皇帝，就把自己绑缚起来，进入诏狱。听说刘玄兵败逃跑，才出狱，去见定陶王刘祉。刘祉替他除去身上的刑具，一起到渭水河畔跟随刘玄。右辅都尉严本害怕刘玄被赤眉军所杀，就挟持刘玄到高陵，严本亲自率兵守卫，实际是把刘玄包围起来。刘玄的文武官员全都投降了赤眉军，只有丞相曹竟不降，手持宝剑格斗而死。

辛未（初六），刘秀下诏封刘玄为淮阳王。诏书说，无论官吏或百姓敢有杀害刘玄的，罪与大逆相同；有把刘玄送到官府的，封为侯爵。

冬季，十月，癸丑（十八日），刘秀进入洛阳，临幸南宫，于是定都。

赤眉拥立的刘盆子颁布诏书说："刘玄如果投降，封为长沙王。超过二十天就不再接受。"刘玄派遣刘恭去请降。赤眉命右大司马谢禄前往接受刘玄投降。刘玄跟着谢禄，光着臂膀，向刘盆子呈上玉玺、绶带。赤眉将领们让刘玄坐在大庭中央，准备杀他。刘恭、谢禄替他求情，不被采纳。然后赤眉将领们把刘玄拉出去行刑。刘恭一面追一面大声喊："陛下！我已经尽了最大的努力，请让我先死！"拔剑就要自刎，樊崇等急忙一同上前救助，制止了他。这才赦免了刘玄，封为畏威侯。刘恭又坚持替刘玄请求，刘玄终于得以被封为长沙王。刘玄常常依靠谢禄，和他在一起居住，刘恭也支持保护他。

三辅人民苦于赤眉军的暴虐，全都怜悯刘玄，想把他从赤眉军中救出来。张卬等深感忧虑，于是让谢禄勒死刘玄。刘恭连夜前往，收藏刘玄的尸体。刘秀听说，命邓禹把他安葬在霸陵。

汉纪三十三

第四十一卷

世祖光武皇帝上之下建武四年（戊子，28）

隗嚣使马援往观公孙述。援素与述同里闬，相善，以为既至，当握手欢如平生；而述盛陈陛卫以延援入，交拜礼毕，使出就馆。更为援制都布单衣、交让冠，会百官于宗庙中，立旧交之位，述鸾旗、旄骑，警跸就车，磬折而入，礼飨官属甚盛，欲授援以封侯大将军位。宾客皆乐留。援晓之曰："天下雌雄未定，公孙不吐哺走迎国士，与图成败，反修饰边幅，如偶人形，此子何足久稽天下士乎！"因辞归，谓嚣曰："子阳，井底蛙耳，而妄自尊大！不如专意东方。"

嚣乃使援奉书雒阳。援初到，良久，中黄门引入。帝在宣德殿南庑下，但帻，坐，迎笑，谓援曰："卿遨游二帝间；今见卿，使人大惭。"援顿首辞谢，因曰："当今之世，非但君择臣，臣亦择君矣！臣与公孙述同县，少相善；臣前至蜀，述陛戟而后进臣。臣今远来，陛下何知非刺客奸人，而简易若是！"帝复笑曰："卿非刺客，顾说客耳。"援曰："天下反复，盗名字者不可胜数；今见陛下恢廓大度，同符高祖，乃知帝王自有真也。"

五年（己丑，29）

帝使来歙持节送马援归陇右。隗嚣与援共卧起，问以东方事，曰："前到朝廷，上引见数十，每接燕语，自夕至旦，才明勇略，非人敌也。且开心见诚，无所隐伏，阔达多大节，略与高帝同；经学博览，政事文辨，前世无比。"嚣曰："卿谓何如高帝？"援曰："不如也。高帝无可无不可；今上好吏事，动如节度，又不喜饮酒。"嚣意不怿，曰："如卿言，反复胜邪！"

初，窦融等闻帝威德，心欲东向，以河西隔远，未能自通，乃从隗嚣受建武正朔；嚣皆假其将军印绶。嚣外顺人望，内怀异心，使辩士张玄说融等曰："更始事已成，寻复亡灭，此一姓不再兴之效也！今即所有主，便相系属，一旦拘制，自令失柄，后有危败，虽悔无及。方今豪杰竞逐，雌雄未决，当各据土宇，与陇、蜀合从，高可为六国，下不失尉佗。"融等召豪杰议之，其中识者皆曰："今皇帝姓名见于图书，自前世博物道术之士谷子云、夏贺良等皆言汉有再受命之符，故刘子骏改易名字，冀应其占。及莽末，西门君惠谋立子骏，事觉被杀，出谓观者曰：'谶文不误，刘秀真汝主也！'此皆近事暴著，众所共见者也。况今称帝者数人，而雒阳土地最广，甲兵最强，号令最明，观符命而察人事，他姓殆未能当也！"众议或同或异。

融遂决策东向，遣长史刘钧等奉书诣雒阳。先是，帝亦发使遗融书以招之，遇钧于道，即与俱还。帝见钧欢甚，礼飨毕，乃遣令还，赐融玺书曰："今益州有公孙子阳，天水有隗将军。方蜀、汉相攻，权在将军，举足左右，便有轻重。以此言之，欲相厚岂有量哉！欲遂立桓、文，辅微国，当勉卒功业；欲三分鼎足，连衡合从，亦宜以时定。天下未并，吾与尔绝域，非相吞之国。今之议者，必有任嚣教尉佗制七郡之计。王者有分土，无分民，自适己事而已。"因授融为凉州牧。玺书至河西，河西皆惊，以为天子明见万里之外。

汉光武帝建武四年（戊子，公元28年）

隗嚣派马援前往成都观察公孙述的情况。马援和公孙述是同乡，关系很好，他以为到达之后，公孙述一定像平时那样和他握手言欢。但公孙述让许多卫士排列在殿阶下，戒备森严，然后请马援进入。行过交拜礼之后，公孙述让马援出去，到宾馆休息。又替马援制作布衣服和交让冠。在宗庙中召集百官，设立了旧交老友的座位。公孙述用绣着鸾鸟的旗帜、披头散发的骑士作前导，开路清道，实行警戒，登车出发。他向左向迎候的官员屈身作答后，进入宗庙。礼仪祭品及百官的阵容十分盛大。公孙述准备封马援侯爵，任命当大将军。马援带领的宾客们都乐意留下来。马援向他们解释说："天下胜负未定，公孙述不懂得吐出口中的饭，奔走迎接有才干的人，与他共同图谋成败的大事，他反而注重烦琐的小节，就像一个木偶人，这种人怎么能够长久留住天下有志之士呢？"因此告辞返回，对隗嚣说："公孙述不过是井底之蛙罢了，却妄自尊大！我们不如一心与东方的刘秀往来。”

于是隗嚣派马援带着给刘秀的信到洛阳去。马援初到，等了很久，中黄门引进。刘秀在宣德殿南面的廊屋里，只戴着头巾，坐在那里，笑迎马援。刘秀对马援说：“您在两个皇帝之间游历，今天见到您，令人非常惭愧。”马援叩头辞谢，于是说：“当今的天下，不但君主选择臣子，臣子也选择君主。我和公孙述同是一县的人，自幼关系很好。我前些时候到成都，公孙述让武士持戟立在殿阶下，然后才接见我。我今天远道而来，您怎么知道我不是刺客或奸恶的人，而这样平易地接见我！”刘秀又笑着说：“您不是刺客，不过是说客罢了。”马援说：“天下大局，反复未定，盗用帝王称号的人不计其数。今天我看见您恢宏大度，和高祖一样，才知道自有真正的天子。”

五年（己丑，公元29年）

刘秀派遣来歙持符节送马援回到陇右。隗嚣和马援一同睡觉、起床，询问东方的情况。马援说：“先前到朝廷，皇上接见我有数十次。每次接见，都在一起闲谈，从晚上一直到天亮。他的聪明才智，勇气谋略，不是他人所能匹敌的。并且心胸开阔，坦率真诚，无所隐藏，豁达而注重大节，和汉高祖很相像。他博读经书，政事处理得条理清楚，前世的帝王没人能够和他相比。”隗嚣说：“你认为他和汉高祖相比，怎样？”马援说：“不如。高祖没有什么可以不可以，而当今皇上喜好处理政务，行动符合规矩，又不喜欢喝酒。”隗嚣感到不高兴，说：“要像你说的那样，皇上反而比高祖更高明了！”

当初，窦融等听说刘秀的威望恩德，一心向往东方，因为河西和洛阳相隔遥远，自己不能直接联系，于是自隗嚣那里接受东汉“建武”的年号。隗嚣一并授给他将军印信和绶带。隗嚣表面上顺应众望，实际上怀有二心，他派善辩之士张玄劝说窦融等人道：“更始的大事已经成功，但很快又灭亡，这是刘氏一姓不能再起的证明。如果马上就认定君主，隶属于他，一旦受到束缚和制约，自己就会失掉权力。以后跟着他败亡，后悔莫及。当今英雄豪杰相互竞争，胜败未定。我们应当各守地盘，和陇西隗嚣、西蜀公孙述结成合纵联盟。搞得好可以成为战国时代的六国之一，搞不好也可成为南海尉佗。”窦融等召集豪杰们商议，其中有见识的人都说：“当今皇帝的名字，在预言书中可以看到，前辈的法术大师谷子云、夏贺良等都认为，汉朝有再度兴起的祥瑞征兆，所以刘歆改名为刘秀，希望应和预言书上的话。等到王莽末年，西门君惠谋划拥立刘歆做皇帝，事情败露被杀。西门在被绑缚刑场的途中，对围观的人说：‘预言书上的话不错，刘秀确实是你们的君主！’这是近年发生的事，人人皆知，大家亲眼所见。何况当今号称皇帝的几个人中，刘秀拥有的土地最多，兵力最为强盛，军令最为严明。观察预言书上的话，考察世间的事情，其他姓氏的人恐怕不能担当君主。”大家商议，有的赞同，有的反对。

窦融于是决定归顺东方的刘秀，派长史刘钧等人带着给刘秀的信到洛阳去。在这之前，刘秀也派使者给窦融送信招致他。刘秀的使者在路上遇到刘钧，就和刘钧一起返回洛阳。刘秀见到刘钧十分高兴，和他以礼相见，设宴款待，然后，让他回去汇报，赐给窦融诏书说：“现在益州有公孙述，天水有隗嚣。公孙述和隗嚣两家正互相攻打，胜败的命运掌握在将军手中，您有着举足轻重的作用。由此说来，您打算帮助某一方时，力量岂能计量！如果要创立齐桓公、晋文公的霸业，辅佐我这个弱小的政权，就应当努力完成这一功业；如果想实现三足鼎立的局面，连横合纵，也应该抓住时机决定。天下还没有统一，我和您土地不接壤，不会互相吞并。现在谈论这件事的人，一定有像任嚣让尉佗控制七个郡那样的计策。君王可以分封土地，但不分割百姓。自己做适合自己的事情罢了。”于是任命窦融当凉州牧。诏书传到河西，整个地区震惊，认为天子明察，远到万里之外。

汉纪三十四

第四十二卷

世祖光武皇帝中之上建武六年（庚寅，30）

帝乃诏隗嚣，欲从天水伐蜀。嚣上言：“白水险阻，栈阁败绝。述性严酷，上下相患，须其罪恶孰著而攻之，此大呼响应之势也。”帝知其终不为用，乃谋讨之。

隗嚣遂发兵反。使王元据陇坻，伐木塞道。诸将因与嚣战，大败，各引兵下陇；嚣追之急，马武选精骑为后拒，杀数千人，诸军乃得还。

八年（壬辰，32）

夏，闰四月，帝自将征隗嚣，光禄勋汝南郭宪谏曰：“东方初定，车驾未可远征。”乃当车拔佩刀以断车靷。帝不从，西至漆。诸将多以王师之重，不宜远入险阻，计冘豫未决；帝召马援问之。援因说隗嚣将帅有土崩之势，兵进有必破之状；又于帝前聚米为山谷，指画形势，开示众军所从道径，往来分析，昭然可晓。帝曰：“虏在吾目中矣！”明旦，遂进军，至高平第一。

窦融率五郡太守及羌虏小月氏等步骑数万，辎重五千余两，与大军会。是时军旅草创，诸将朝会礼容多不肃，融先遣从事问会见仪适。帝闻而善之，以宣告百僚，乃置酒高会，待融等以殊礼。

遂共进军，数道上陇。使王遵以书招牛邯，下之，拜邯太中大夫。于是嚣大将十三人、属县十六、众十余万皆降。嚣将妻子奔西城，从杨广。

九年（癸巳，33）

隗嚣病且饿，餐糗糒，恚愤而卒。王元、周宗立嚣少子纯为王，总兵据冀。公孙述遣将赵匡、田弇助纯。帝使冯异击之。

十年(甲午,34)

初,隗嚣将安定高峻拥兵据高平第一,建威大将军耿弇等围之,一岁不拔。帝自将征之,寇恂谏曰:“长安道里居中,应接近便,安定、陇西必怀震惧;此从容一处,可以制四方也。今士马疲倦,方履险阻,非万乘之固也。前年颍川,可为至戒。”帝不从,进幸汧。峻犹不下,帝遣寇恂往降之。恂奉玺书至第一,峻遣军师皇甫文出谒,辞礼不屈;恂怒,将诛之。诸将谏曰:“高峻精兵万人,率多强弩,西遮陇道,连年不下,今欲降之而反戮其使,无乃不可乎?”恂不应,遂斩之,遣其副归告峻曰:“军师无礼,已戮之矣!欲降,急降;不欲,固守!”峻惶恐,即日开城门降。诸将皆贺,因曰:“敢问杀其使而降其城,何也?”恂曰:“皇甫文,峻之腹心,其所取计者也。今来,辞意不屈,必无降心。全之则文得其计,杀之亡其胆,是以降耳。”诸将皆曰:“非所及也!”

汉光武帝建武六年(庚寅,公元30年)

刘秀于是给隗嚣下诏,打算让他从天水出兵攻打公孙述。隗嚣上书说:“白水关险恶,难以通过,栈道残破断绝,无法利用。公孙述性情严厉残暴,上下相互不信任,等到他的罪恶显露出来再攻打他,就能造成一呼而内外响应的形势。”刘秀知道隗嚣终不能被己所用,于是策划出兵讨伐他。

隗嚣于是起兵叛变。命王元防守陇坻,砍伐树木,堵塞道路。东汉将领们因此和隗嚣交战,被打得大败,各自率兵逃下陇山。隗嚣急速追赶,东汉将军马武挑选精锐骑兵断后,杀敌数千人,各路军队才得以返回。

八年(壬辰,公元32年)

夏季,闰四月,刘秀亲自率军征伐隗嚣。光禄勋汝南人郭宪劝阻说:“东方刚刚平定,陛下不能远征。”于是挡住车,拔出佩刀,砍断引车前行的皮带。刘秀不听,西行至漆县。将领们多数都认为,皇上率领的军队重要,不宜远行深入到险恶、阻塞的地方。刘秀拿不定主意,召见马援询问意见。马援于是说,隗嚣的将领们已有土崩瓦解之势,如果进军,就会有必破之状。他又在刘秀面前,用米聚成山谷,指出敌我双方的形势,展示大军进攻的路线,来回分析,十分清晰明白。刘秀说:“敌人的情况都在我的眼里了！”第二天一早，大军出发，抵达高平县第一城。

窦融率领五郡太守以及羌族、小月氏等步骑兵数万人、辎重车五千余辆，和刘秀的大军会合。当时军队还处于草创时期，将领们朝拜皇帝的礼仪多不整肃。窦融先派从事请示朝见的恰当礼仪。刘秀听后认为很好，宣告百官让他们效法。于是设置盛大的酒宴，用特别的尊贵礼仪招待窦融等。

于是，联军共同进军，分成几路上陇山。刘秀命王遵写信招降牛邯。牛邯投降，刘秀任命他当太中大夫。于是隗嚣的十三位大将、所属的十六个县、部众十余万人全部归降。隗嚣带着妻子儿女逃往西城，投奔杨广。

九年（癸巳，公元 33 年）

隗嚣患病，又赶上饥荒，只能吃到黄豆干饭，愤恨而死。王元、周宗拥立隗嚣的幼子隗纯为王，统兵据守冀县。公孙述派遣将领赵匡、田弇协助隗纯。刘秀派遣冯异攻击。

十年（甲午，公元 34 年）

最初，隗嚣的将领安定人高峻带领军队据守高平县第一城。建威大将军耿弇等包围该城，一年未能攻陷。刘秀准备亲自征伐，寇恂劝告说：“长安的位置在洛阳和高平的中间，接应近便。陛下坐镇长安，安定、陇西之人必定心中震恐。这样，从容地待在一处，就可以控制四方。现在人困马乏，要到险阻的地方，对陛下是不安全的。去年颍川郡盗贼蜂起的往事，应当引以为大戒。”刘秀不听，进军到汧县。高峻依然不降，刘秀派遣寇恂前往劝降。寇恂带着刘秀的诏书到达第一城，高峻派遣军师皇甫文出城拜见。皇甫文的言辞礼节毫不卑屈。寇恂大怒，准备诛杀。将领们劝阻说：“高峻有精兵一万人，多半都是强弩射手，在西面堵塞陇道，连年不能攻下。现在准备招降高峻，却反而屠戮他的来使，恐怕不行吧？”寇恂不答应，于是诛杀皇甫文。放他的副使回去。转告高峻说：“军师无礼，已经杀死了！要投降，赶快投降；不想投降，继续坚守！”高峻惊慌恐惧，当天打开城门投降。将领们全都向寇恂祝贺，顺便问他：“请教您，杀了他的使节而又能使他献城投降，为什么呢？”寇恂说：“皇甫文是高峻的心腹，是为高峻谋划的智囊。这次前来，言辞态度强硬，肯定没有归降的意思。如果保全他则皇甫文的计策得逞，杀掉他则使高峻丧胆，所以高峻投降。”将领们全都叹服说：“您的智慧不是我们所能赶得上的！”

汉纪三十五

第四十三卷

世祖光武皇帝中之下建武十三年（丁酉，37）

帝在兵间久，厌武事，且知天下疲耗，思乐息肩，自陇、蜀平后，非警急，未尝复言军旅。皇太子尝问攻战之事，帝曰："昔卫灵公问陈，孔子不对。此非尔所及。"邓禹、贾复知帝偃干戈，修文德，不欲功臣拥众京师，乃去甲兵，敦儒学。帝亦思念，欲完功臣爵土，不令以吏职为过，遂罢左、右将军官。耿弇等亦上大将军、将军印绶，皆以列侯就第，加位特进，奉朝请。

十五年（己亥，39）

帝以天下垦田多不以实自占，又户口、年纪互有增减，乃诏下州郡检核。于是刺史、太守多为诈巧，苟以度田为名，聚民田中，并度庐屋、里落，民遮道啼呼；或优饶豪右，侵刻羸弱。

时诸郡各遣使奏事，帝见陈留吏牍上有书，视之云："颍川、弘农可问，河南、南阳不可问。"帝诘吏由趣，吏不肯服，抵言"于长寿街上得之"。帝怒。时东海公阳年十二，在幄后言曰："吏受郡敕，当欲以垦田相方耳。"帝曰："即如此，何故言河南、南阳不可问？"对曰："河南帝城，多近臣；南阳帝乡，多近亲；田宅逾制，不可为准。"帝令虎贲将诘问吏，吏乃实首服，如东海公对。上由是益奇爱阳。

十七年（辛丑，41）

郭后宠衰，数怀怨怼，上怒之。冬，十月，辛巳，废皇后郭氏，立贵人阴氏为皇后。诏曰："异常之事，非国休福，不得上寿称庆。"郅恽言于帝曰："臣闻夫妇之好，父不能得之于子，况臣能得之于君乎！是臣所不敢言。虽然，愿陛下念其可否之计，无令天下有议社稷而已。”帝曰：“恽善恕己量主，知我必不有所左右而轻天下也！”帝进郭后子右翊公辅为中山王，以常山郡益中山国，郭后为中山太后；其余九国公皆为王。

甲申，帝幸章陵，修园庙，祠旧宅，观田庐，置酒作乐，赏赐。时宗室诸母因酣悦相与语曰：“文叔少时谨信，与人不款曲，唯直柔耳，今乃能如此！”帝闻之，大笑曰：“吾治天下，亦欲以柔道行之。”

十九年（癸卯，43）

郭后既废，太子彊意不自安。郅恽说太子曰：“久处疑位，上违孝道，下近危殆，不如辞位以奉养母氏。”太子从之，数因左右及诸王陈其恳诚，愿备藩国。上不忍，迟回者数岁。六月，戊申，诏曰：“《春秋》之义，立子以贵。东海王阳，皇后之子，宜承大统。皇太子彊，崇执谦退，愿备藩国，父子之情，重久违之。其以彊为东海王，立阳为皇太子，改名庄。”

陈留董宣为雒阳令。湖阳公主苍头白日杀人，因匿主家，吏不能得。及主出行，以奴骖乘，宣于夏门亭候之，驻车叩马，以刀画地，大言数主之失；叱奴下车，因格杀之。主即还宫诉帝，帝大怒，召宣，欲棰杀之。宣叩头曰：“愿乞一言而死。”帝曰：“欲何言？”宣曰：“陛下圣德中兴，而纵奴杀人，将何以治天下乎？臣不须棰，请得自杀！”即以头击楹，流血被面。帝令小黄门持之。使宣叩头谢主，宣不从；强使顿之，宣两手据地，终不肯俯。主曰：“文叔为白衣时，藏亡匿死，吏不敢至门；今为天子，威不能行一令乎？”帝笑曰：“天子不与白衣同！”因敕：“强项令出！”赐钱三十万；宣悉以班诸吏。由是能搏击豪强，京师莫不震栗。

九月，壬申，上行幸南阳；进幸汝南南顿县舍，置酒会，赐吏民，复南顿田租一岁。父老前叩头言：“皇考居此日久，陛下识知寺舍，每来辄加厚恩，愿赐复十年。”帝曰：“天下重器，常恐不任，日复一日，安敢远期十岁乎！”吏民又言：“陛下实惜之，何言谦也！”帝大笑，复增一岁。

汉光武帝建武十三年（丁酉，公元37年）

刘秀在军旅中时间很长，厌倦战争，而且知道天下百姓疲惫贫困，渴望休息。自从陇、蜀平定之后，除非有危险紧急的情况，未曾再谈论军事。皇太子曾向他请教打仗的事，刘秀说："从前卫灵公请教战争的事，孔子不肯答复。这不是你应该问的。"邓禹、贾复知道刘秀决定放下武器，用礼乐教化进行统治，不愿功臣们身在洛阳而拥有重兵，于是二人交出军权，潜心研究儒家经典。刘秀也考虑到功臣们今后的去向，想保全他们的爵位和封地，不让他们因为职务而有过失，于是撤销左将军、右将军的官职。耿弇等也交出大将军、将军的印信绶带，全都以侯爵的身份离开朝廷，回到自己的宅第。他们被加以特进之衔，定期参加朝会。

十五年（己亥，公元39年）

刘秀因为全国的耕地面积自行申报，多不据实，并且户口、年龄都有增减，于是下诏，令各州郡进行检查核实。当时州刺史、郡太守多行诡诈，投机取巧，他们胡乱地以丈量土地为名，把农民聚集到田中，连房屋、乡里村落也一并丈量，百姓挡在道路上啼哭呼喊；有的官吏优待豪强，侵害苛待贫弱的百姓。

当时各郡各自派使者呈递奏章，刘秀发现陈留郡官吏的简牍上面有字，看到上面写的是："颍川、弘农可以问，河南、南阳不可问。"刘秀责问陈留的官吏是怎么回事，官吏不肯承认，抵赖说是在长寿街上捡到的，刘秀大怒。当时东海公刘阳只有十二岁，在帐子后面说："那是官吏接受郡守下的指令，将要同其他郡丈量土地的情况做比较。"刘秀说："既然这样，为什么说河南、南阳不可问？"刘阳回答说："河南是京都，有很多陛下亲近的臣僚；南阳是陛下的故乡，有很多皇亲国戚。他们的田地住宅都超过规定，不能做标准。"刘秀命虎贲中郎将责问陈留官吏，那个官吏才据实承认，正像东海公刘阳所回答的一样。刘秀于是更加喜爱刘阳，认为他不同寻常。

十七年（辛丑，公元41年）

郭皇后失宠，常怀有怨恨，刘秀对她很生气。冬季，十月，辛巳（十九日），废黜皇后郭氏，立贵人阴氏为皇后。下诏说："这是一件异常的事，不是国家之福，不准祝福庆贺。"郅恽对刘秀说："我听说夫妇之间的私情，做父亲的尚且不能干涉儿子，何况我们做臣子的，能够干涉君王吗？所以，我不敢说什么。尽管如此，希望陛下考虑是否可行，不要让天下人议论社稷而已。"刘秀说："你善于用自己的心揣度君王，知道我一定会适当处理，不会轻视天下人的反应。”刘秀封郭后的儿子右翊公刘辅为中山王，把常山郡并入中山国。封郭后为中山太后。其余九位皇子，全从公爵晋封为王。

十月，甲申（二十二日），刘秀前往章陵。修葺先人墓园祭庙，祭祀旧宅，巡视田地农舍，摆设酒宴，演奏乐曲，进行赏赐。当时刘氏宗室的伯母、姑母、婶娘们因喝酒喝得酣畅高兴，在一起说：“刘秀小时候谨慎守信，和人交往不殷勤应酬，仅知柔和而已，今天竟能如此！”刘秀听说以后，大笑说：“我治理天下，也要推行柔和之道。”

十九年（癸卯，公元43年）

郭皇后被废，皇太子刘彊心不自安。郅恽劝告太子说：“长久地处在不稳定的位置上，上违背孝道，下靠近危险。不如辞去太子之位，以奉养母亲。”刘彊听从劝告，多次托刘秀左右亲信和诸王表达他的诚意，希望退居藩国。刘秀不忍心这样做，迟疑徘徊了几年。本年六月，戊申（二十六日），刘秀下诏：“《春秋》大义，选立继承人，以身份高贵为标准。东海王刘阳是皇后之子，应该继承皇位。皇太子刘彊，坚决谦让，愿退居藩国。出于父子之情，难以长久违背他的愿望。今封刘彊为东海王；立刘阳为皇太子，改名刘庄。”

陈留人董宣担任洛阳令。刘秀的姐姐湖阳公主的奴仆白天杀人，就藏在公主家里，官吏不能逮捕他。后来公主出门，让这奴仆陪同乘车。董宣在夏门亭等候，叫车停下，上前扣住了马缰绳，用刀划着地，大声数落公主的过失，怒喝那奴仆下车，接着就杀死了他。公主立即回宫告诉了刘秀。刘秀大怒，召董宣前来，要用刑杖把他打死。董宣叩头说：“我请求说句话再死。”刘秀说：“打算说什么？”董宣说：“陛下圣德，复兴汉室，却放纵奴仆杀人，将怎么治理天下呢？我不等着被打死，请让我自杀吧！”就头撞大柱，流了一脸血，刘秀命太监拽住他。后来让董宣叩头向公主道歉，董宣不服从，就叫人使劲按他的脑袋。董宣两手撑着地面，到底不肯低头。公主对刘秀说：“你当平民百姓的时候，窝藏逃犯，官吏不敢上门来找；现在当了皇帝，威权就不能行使在一个县令的身上吗？”刘秀笑着说：“天子跟平民不同！”接着命令：“硬脖子县令出去！”刘秀赏钱三十万，董宣都分给了手下官吏。从此他能够打击豪强，京城的人，无不震惊害怕。

九月，壬申（二十一日），刘秀前往南阳。又前往汝南郡南顿县，设置盛大酒宴，赏赐官民，下令免除南顿县田租一年。父老们上前叩头，说：“陛下的父亲住在本县时间很长，陛下对本县的官府衙门也很熟悉，每次圣驾来临都赐予厚恩。愿陛下免除本县田租十年。”刘秀说：“帝王之位是天下大器，常常担心不能胜任，过一天是一天，怎么敢远推到十年呢？”大家又说：“陛下实际是吝惜，为什么要说谦恭的话呢？”刘秀大笑。于是又增加一年。

汉纪三十六

第四十四卷

世祖光武皇帝下建武二十五年（己酉，49）

初，援尝有疾，虎贲中郎将梁松来候之，独拜床下，援不答。松去后，诸子问曰："梁伯孙，帝婿，贵重朝廷，公卿已下莫不惮之，大人奈何独不为礼？"援曰："我乃松父友也，虽贵，何得失其序乎！"

援兄子严、敦并喜讥议，通轻侠，援前在交趾，还书诫之曰："吾欲汝曹闻人过失，如闻父母之名，耳可得闻，口不可得言也。好论议人长短，妄是非政法，此吾所大恶也；宁死，不愿闻子孙有此行也。龙伯高敦厚周慎，口无择言，谦约节俭，廉公有威，吾爱之重之，愿汝曹效之。杜季良豪侠好义，忧人之忧，乐人之乐，父丧致客，数郡毕至，吾爱之重之，不愿汝曹效也。效伯高不得，犹为谨敕之士，所谓'刻鹄不成尚类鹜'者也；效季良不得，陷为天下轻薄子，所谓'画虎不成反类狗'者也。"伯高者，山都长龙述也；季良者，越骑司马杜保也；皆京兆人。会保仇人上书，讼"保为行浮薄，乱群惑众，伏波将军万里还书以诫兄子，而梁松、窦固与之交结，将扇其轻伪，败乱诸夏"。书奏，帝召责松、固，以讼书及援诫书示之，松、固叩头流血，而得不罪。诏免保官，擢拜龙述为零陵太守。松由是恨援。

及援讨武陵蛮，军次下隽，有两道可入，从壶头则路近而水崄，从充则涂夷而运远。耿舒欲从充道；援以为弃日费粮，不如进壶头，扼其喉咽，充贼自破；以事上之，帝从援策。进营壶头，贼乘高守隘，水疾，船不得上；会暑甚，士卒多疫死，援亦中病，乃穿岸为室以避炎气。贼每升险鼓噪，援辄曳足以观之，左右哀其壮意，莫不为之流涕。耿舒与兄好畤侯弇书曰："前舒上书当先击充，粮虽难运而兵马得用，军人数万，争欲先奋。今壶头竟不得进，大众怫郁行死，诚可痛惜！前到临乡，贼无故自致，若夜击之，即可殄灭，伏波类西域贾胡，到一处辄止，以是失利。今果疾疫，皆如舒言。”弇得书奏之，帝乃使梁松乘驿责问援，因代监军。

会援卒，松因是构陷援。帝大怒，追收援新息侯印绶。初，援在交趾，常饵薏苡实，能轻身，胜障气，军还，载之一车。及卒后，有上书谮之者，以为前所载还皆明珠文犀。帝益怒。

援妻孥惶惧，不敢以丧还旧茔，稿葬城西，宾客故人，莫敢吊会。严与援妻子草索相连，诣阙请罪。帝乃出松书以示之，方知所坐，上书诉冤，前后六上，辞甚哀切。

前云阳令扶风朱勃，诣阙上书曰：“窃见故伏波将军马援，拔自西州，钦慕圣义，间关险难，触冒万死，经营陇、冀，谋如涌泉，势如转规，兵动有功，师进辄克。诛锄先零，飞矢贯胫；出征交趾，与妻子生诀。间复南讨，立陷临乡，师已有业，未竟而死；吏士虽疫，援不独存。夫战或以久而立功，或以速而致败，深入未必为得，不进未必为非，人情岂乐久屯绝地不生归哉！惟援得事朝廷二十二年，北出塞漠，南渡江海，触冒害气，僵死军事，名灭爵绝，国土不传，海内不知其过，众庶未闻其毁，家属杜门，葬不归墓，怨隙并兴，宗亲怖栗，死者不能自列，生者莫为之讼，臣窃伤之！夫明主醲于用赏，约于用刑，高祖尝与陈平金四万斤以间楚军，不问出入所为，岂复疑以钱谷间哉！愿下公卿，平援功罪，宜绝宜续，以厌海内之望。”帝意稍解。

初，勃年十二，能诵《诗》《书》，常候援兄况，辞言娴雅，援裁知书，见之自失。况知其意，乃自酌酒慰援曰：“朱勃小器速成，智尽此耳，卒当从汝禀学，勿畏也。”勃未二十，右扶风请试守渭城宰。及援为将军封侯，而勃位不过县令。援后虽贵，常待以旧恩而卑侮之，勃愈身自亲。及援遇谗，唯勃能终焉。

中元二年（丁巳，57）

二月，戊戌，帝崩于南宫前殿，年六十二。帝每旦视朝，日昃乃罢，数引公卿、郎将讲论经理，夜分乃寐。皇太子见帝勤劳不怠，承间谏曰：“陛下有禹、汤之明，而失黄、老养性之福，愿颐爱精神，优游自宁。”帝曰：“我自乐此，不为疲也！”虽以征伐济大业，及天下既定，乃退功臣而进文吏，明慎政体，总揽权纲，量时度力，举无过事，故能恢复前烈，身致太平。

汉光武帝建武二十五年（己酉，公元49年）

起初，马援曾经患病，虎贲中郎将梁松前往探望。梁松独自在床下拜见，而马援没有还礼。梁松走后，马援的儿子们问道："梁伯孙是皇上的女婿，朝廷显贵，公卿以下的官员没有不惧怕他的，为何唯独您对他不礼敬？"马援答道："我是他父亲的朋友，他身份虽贵，可怎能不讲辈分呢？"

马援的侄子马严、马敦都爱发议论，结交游侠。马援先前在交趾时，曾写信回家告诫他们："我希望你们在听到他人过失的时候，就像听到自己父母的名字一样，耳可以听，而口却不能讲。好议论他人是非，随意褒贬时政和法令，这是我最厌恶的事情。我宁可死，也不愿听到子孙有此类行径。龙伯高为人宽厚谨慎，言谈合乎礼法，谦恭而俭朴，廉正而威严，我对他既敬爱，又尊重，希望你们效法他。杜季良为人豪侠仗义，将别人的忧虑当作自己的忧虑，将别人的快乐当做自己的快乐。他父亲去世开吊，几郡的客人全来了。我对他又敬爱又尊重，却不希望你们效法他。效法龙伯高不成，还可以做恭谨之士，正如人们所说的'刻鸿鹄不成还像鸭'；若是效法杜季良不成，就会堕落成天下的轻浮子弟，正如人们所说的'画虎不成反似狗'了。"龙伯高，即山都县长龙述；杜季良，即越骑司马杜保，两人都是京兆人。适逢杜保的仇人上书，指控杜保"行为浮躁，蛊惑人心，伏波将军马援远从万里之外写信回家告诫侄儿不要与他来往，而梁松、窦固却同他结交，对他的轻薄伪诈行为煽风点火，败坏扰乱国家"。奏书呈上，光武帝召梁松、窦固责问，出示指控的奏书和马援告诫侄儿的书信。梁松、窦固叩头流血，才未获罪。诏命免去杜保官职，将龙述擢升为零陵太守。梁松由此憎恨马援。

到后来，马援征讨武陵蛮人，大军到达下隽。有两条道路可入蛮界：一从壶头，这条路近而水势深险；一从充县，这条路是坦途，但运输线太长。耿舒主张走充县，马援却认为那样会消耗时日和军粮，不如进军壶头，扼住蛮人咽喉，则充县之敌将不攻自破。两种意见上报朝廷，光武帝批准了马援的战略。于是汉军进兵壶头。蛮贼登高，把守险要，水流湍急，汉军船只不能上行。适逢酷暑，很多士兵患瘟疫而死，马援也被传染，于是在河岸凿窟栖身以避暑热。每当蛮贼爬到高处擂鼓呐喊，马援便蹒跚跛行着察看敌情，左右随从无不为他的壮志所感而哀痛流泪。耿舒在给他哥哥好畤侯耿弇的信中写道："当初我曾上书建议先打充县，尽管粮草运输困难，但兵马前进无阻，大军数万，人人奋勇争先。而如今竟在壶头滞留，官兵忧愁抑郁，行将病死，实在令人痛惜！前在临乡，敌兵无故自来，如果乘夜出击，就可以将他们全歼。但马援就像个做生意的西域商人，所到之处，处处停留，这就是失利的原因。现在果然遇到了瘟疫，完全同我预言的一样。”耿弇收到信后上奏朝廷，于是光武帝派梁松乘驿车前去责问马援，并就此代理监军事务。

正当此时，马援去世，梁松乘机陷害马援。光武帝大怒，下令收回马援的新息侯印信。当初，马援在交趾时经常服食薏苡仁，因为此物可使身体轻健，抵御瘴气。班师时，曾载回了一车。等到马援死后，却有人上书诬告他当初用车载的全是上好的珍珠和犀角。于是光武帝益发愤怒。

马援的妻子儿女又慌又怕，不敢将马援的棺柩运回祖坟，便草草葬在城西。他门下的宾客旧友，没有人来祭吊。马严和马援的妻子把自己用草绳捆绑起来，连在一起，到皇宫门口请罪。于是光武帝拿出梁松的奏书给他们看，他们方才得知马援的罪名，便上书鸣冤，前后共六次，情辞十分哀伤悲切。

前任云阳县令、扶风人朱勃前往皇宫门阙上书说：“我看见已故的伏波将军马援，从西州崛起，钦敬仰慕皇上圣明仁义，历经艰险，万死一生，在陇、冀两地征战。他的智谋如泉水一样喷涌不绝，行动如转动圆规一样灵活迅速。他用兵战无不胜，出师攻无不克。剿伐先零时，飞箭曾射穿他的小腿；出征交趾时，以为此行必死，曾与妻儿诀别。过了不久又再度南征，很快攻陷临乡，大军已经建立功业，但未完成而马援先死。军官士兵虽然遭受瘟疫，而马援也没有独自生还。战争有以持久而取胜的，也有因速战而败亡的；深入敌境未必就正确，不深入也未必为不对。论人之常情，难道有乐意久驻危险之地不生还的吗？马援得以为朝廷效力二十二年，在北方出塞到大漠，在南方渡江漂海。他触冒瘟疫，死在军中，名声被毁，失去爵位，封国失传。天下不知他所犯的过错，百姓不知对他的指控。他的家属紧闭门户，遗体不能归葬祖坟。对马援的怨恨和嫌隙一时并起，马氏家族震恐战栗。已死的人，不能自己剖白；活着的人，不能为他分辩。我为此感到痛心！圣明的君王重于奖赏，轻于刑罚。高祖曾经交给陈平四万斤金用以离间楚军，并不问账目与用途，又岂能疑心那些钱谷的开销呢？请将马援一案交付公卿议论，评判他的功罪，决定是否恢复爵位，以满足天下人的愿望。”光武帝的怒气稍有消解。

起初，朱勃十二岁时就能背诵《诗经》《书经》，经常拜望马援之兄马况，言辞温文尔雅。当时马援才开始读书，看到朱勃，他自觉不如，若有所失。马况看出了马援的心情，就亲自斟酒安慰他说：“朱勃是小器，早成，聪明才智仅此而已，他最终将从学于你，不要怕他。”朱勃还不到二十岁，右扶风便试用他代理渭城县宰。而等到马援做了将军并封侯的时候，朱勃的官位还不过是个县令。马援后来虽然身居显贵，仍然常常以旧恩照顾朱勃，但又轻视和怠慢他，而朱勃本人的态度却愈发亲近。及至马援受到诬陷，唯有朱勃能够最终保持忠诚不渝。

中元二年（丁巳，公元57年）

二月，戊戌（初五），光武帝在南宫前殿驾崩，享年六十二岁。光武帝生前，每日早晨主持朝会，午后才散，屡屡召见卿、郎将讲说经书义理，到半夜才睡。皇太子见光武帝辛勤劳苦而不知疲倦，找机会劝谏道："陛下有夏禹、商汤的圣明，却没有黄帝、老子涵养本性的福分。希望您爱惜身体而颐养精神，悠游岁月而自求宁静。"光武帝说："我自己乐于做这些事，不为此感到劳累！"光武帝虽以武力建立帝业，但到了天下安定之后，却并不重用有功的武将，反而提拔文官。他清醒谨慎地制定国策，大权总揽，审时度势，量力而为，措施得当，所以能恢复前代的功业，在有生之年实现了天下太平。

汉纪三十七

第四十五卷

显宗孝明皇帝下永平十三年（庚午，70）

楚王英与方士作金龟、玉鹤，刻文字为符瑞。男子燕广告英与渔阳王平、颜忠等造作图书，有逆谋；事下案验。有司奏："英大逆不道，请诛之。"帝以亲亲不忍。十一月，废英，徙丹阳泾县，赐汤沐邑五百户；男女为侯、主者，食邑如故；许太后勿上玺绶，留住楚宫。先是有私以英谋告司徒虞延者，延以英藩戚至亲，不然其言。及英事觉，诏书切让延。

十四年（辛未，71）

楚王英至丹阳，自杀。诏以诸侯礼葬于泾。

是时，穷治楚狱，遂至累年。其辞语相连，自京师亲戚、诸侯、州郡豪杰及考按吏，阿附坐死、徒者以千数，而系狱者尚数千人。

英阴疏天下名士，上得其录，有吴郡太守尹兴名，乃征兴及掾史五百余人诣廷尉就考。诸吏不胜掠治，死者大半；惟门下掾陆续、主簿梁宏、功曹史驷勋，备受五毒，肌肉消烂，终无异辞。续母自吴来雒阳，作食以馈续。续虽见考，辞色未尝变，而对食悲泣不自胜。治狱使者问其故，续曰："母来不得见，故悲耳。"问："何以知之？"续曰："母截肉未尝不方，断葱以寸为度，故知之。"使者以状闻，上乃赦兴等，禁锢终身。

颜忠、王平辞引隧乡侯耿建、朗陵侯臧信、濩泽侯邓鲤、曲成侯刘建。建等辞未尝与忠、平相见。是时，上怒甚，吏皆惶恐，诸所连及，率一切陷入，无敢以情恕者。侍御史寒朗心伤其冤，试以建等物色，独问忠、平，而二人错愕不能对。朗知其诈，乃上言："建等无奸，专为忠、平所诬；疑天下无辜，类多如此。"帝曰："即如是，忠、平何故引之？"对曰："忠、平自知所犯不道，故多有虚引，冀以自明。"帝曰："即如是，何不早奏？"对曰："臣恐海内别有发其奸者。"帝怒曰："吏持两端！"促提下捶之。左右方引去，朗曰："愿一言而死。"帝曰："谁与共为章？"对曰："臣独作之。"上曰："何以不与三府议？"对曰："臣自知当必族灭，不敢多污染人。"上曰："何故族灭？"对曰："臣考事一年，不能穷尽奸状，反为罪人讼冤，故知当族灭。然臣所以言者，诚冀陛下一觉悟而已。臣见考囚在事者，咸共言妖恶大故，臣子所宜同疾，今出之不如入之，可无后责。是以考一连十，考十连百。又公卿朝会，陛下问以得失，皆长跪言：'旧制，大罪祸及九族；陛下大恩，裁止于身，天下幸甚！'及其归舍，口虽不言而仰屋窃叹，莫不知其多冤，无敢牾陛下言者。臣今所陈，诚死无悔！"帝意解，诏遣朗出。

后二日，车驾自幸洛阳狱录囚徒，理出千余人。时天旱，即大雨。马后亦以楚狱多滥，乘间为帝言之，帝恻然感悟，夜起彷徨，由是多所降宥。

十六年（癸酉，73）

固使假司马班超与从事郭恂俱使西域。超行到鄯善，鄯善王广奉超礼敬甚备，后忽更疏懈。超谓其官属曰："宁觉广礼意薄乎？"官属曰："胡人不能常久，无他故也。"超曰："此必有北虏使来，狐疑未知所从故也。明者睹未萌，况已著邪！"乃召侍胡，诈之曰："匈奴使来数日，今安在乎？"侍胡惶恐曰："到已三日，去此三十里。"超乃闭侍胡，悉会其吏士三十六人，与共饮，酒酣，因激怒之曰："卿曹与我俱在绝域，今虏使到裁数日，而王广礼敬即废。如令鄯善收吾属送匈奴，骸骨长为豺狼食矣，为之奈何？"官属皆曰："今在危亡之地，死生从司马！"超曰："不入虎穴，不得虎子。当今之计，独有因夜以火攻虏，使彼不知我多少，必大震怖，可殄尽也。灭此虏，则鄯善破胆，功成事立矣。"众曰："当与从事议之。"超怒曰："吉凶决于今日！从事文俗吏，闻此必恐而谋泄，死无所名，非壮士也。"众曰："善！"初夜，超遂将吏士往奔虏营。会天大风，超令十人持鼓藏虏舍后，约曰："见火然，皆当鸣鼓大呼。"余人悉持兵弩，夹门而伏。超乃顺风纵火；前后鼓噪，虏众惊乱，超手格杀三人，吏兵斩其使及从士三十余级，余众百许人悉烧死。明日乃还，告郭恂，恂大惊，既而色动。超知其意，举手曰："掾虽不行，班超何心独擅之乎！"恂乃悦。超于是召鄯善王广，以虏使首示之，一国震怖。超告以汉威德，"自今以后，勿复与北虏通"。广叩头，"愿属汉，无二心"，遂纳子为质。还白窦固，固大喜，具上超攻效，并求更选使使西域。帝曰："吏如班超，何故不遣，而更选乎！今以超为军司马，令遂前功。”

固复使超使于寘，欲益其兵；超愿但将本所从三十六人，曰：“于寘国大而远，今将数百人，无益于强；如有不虞，多益为累耳。”是时于寘王广德雄张南道，而匈奴遣使监护其国。超既至于寘，广德礼意甚疏。且其俗信巫，巫言：“神怒，何故欲向汉？汉使有騧马，急求取以祠我！”广德遣国相私来比就超请马。超密知其状，报许之，而令巫自来取马。有顷，巫至，超即斩其首；收私来比，鞭笞数百。以巫首送广德，因责让之。广德素闻超在鄯善诛灭虏使，大惶恐，即杀匈奴使者而降。超重赐其王以下，因镇抚焉。于是诸国皆遣子入侍，西域与汉绝六十五载，至是乃复通焉。超，彪之子也。

汉明帝永平十三年（庚午，公元 70 年）

楚王刘英和方士制作金龟、玉鹤，刻上文字，用作将为皇帝的天赐凭证。有个叫燕广的男子，告发刘英与渔阳人王平、颜忠等编造符谶之书，蓄谋造反。朝廷将此事下交有关部门追查核实。主管官员上奏道：“刘英大逆不道，请将他处死。”明帝因手足之亲而不忍批准。十一月，废掉刘英王位，将他迁往丹阳郡泾县，赏赐五百户赋税。刘英的儿子和女儿当侯、当公主的，依旧享用原有食邑。命刘英的母亲许太后不必上交她的玺印绶带，留在楚王宫中居住。先前，曾有人暗中将刘英的逆谋告诉司徒虞延，但虞延认为刘英是明帝手足至亲，不相信密报。及至刘英逆谋暴露，明帝下诏严厉责备虞延。

十四年（辛未，公元 71 年）

楚王刘英抵达丹阳郡后自杀。明帝下诏，命令以诸侯之礼将他葬在泾县。

当时，朝廷极力追究楚王之案，以至连年不止。案中的供词互相牵连，从京城皇亲国戚、诸侯、州郡豪杰，直到审案官吏，因附从反逆而被处死、流放的数以千计，而关在狱中的还有几千人。

刘英曾暗中将天下名人记录在册。明帝得到这个名单，见上面有吴郡太守尹兴的名字，便召尹兴及其属官五百多人到廷尉受审。属官们经受不住苦刑拷打，大部分人死去。唯有门下掾陆续、主簿梁宏、功曹吏驷勋，虽受尽五种毒刑，肌肉溃烂，但到底也不改口供。陆续的母亲从吴郡来到洛阳，做了食物送给陆续。陆续以往虽遭拷打，言辞神色从不改变，但面对饭菜却痛哭流涕，不能自制。审案官问是何缘故，陆续说："母亲来了，而我们不能相见，所以悲伤。"审案官问："你怎么知道她来了？"陆续说："我母亲切肉无不方方正正，切葱也总是一寸长短。我见到这食物，所以知道她来了。"审案官将此情况上报后，明帝便赦免尹兴等人，但限制他们终生不准做官。

颜忠、王平的供词牵连到隧乡侯耿建、朗陵侯臧信、濩泽侯邓鲤、曲成侯刘建。耿建等人声称从未同颜忠和王平见过面。当时，明帝十分愤怒，审案官员全都惶恐不安，凡被牵连者，几乎一律判罪定案，无人敢根据实情予以宽恕。侍御史寒朗怜悯耿建等人冤枉，便以耿建等人的形貌特征，单独讯问颜忠和王平。颜、王二人仓皇惊愕不能应对。寒朗知道其中有诈，便上书说："耿建等人没有罪过，只是被颜忠和王平诬陷了。我怀疑天下的无辜罪人，遭遇多与此相似。"明帝问："如果是这样，那么颜忠、王平为什么要牵连他们？"寒朗回答道："颜忠、王平自己知道犯了大逆不道之罪，所以虚招了许多人，企图以此来表白自己。"明帝问："如果是这样，你为什么不早报告？"寒朗回答说："我担心国内另有人真能揭发出耿建等人的奸谋。"明帝生气地说："你这审案官，骑墙滑头！"便催人把寒朗拉下去责打。左右侍卫刚要拉走寒朗，寒朗说："我想说一句话再死。"明帝问："谁和你一起写的奏章？"回答说："是我一个人写的。"明帝问："为什么不和三府商议？"回答说："我自己知道一定会有灭族之罪，不敢多连累他人。"明帝问："为什么是灭族之罪？"回答说："我审案一年，不能彻底清查奸谋的实情，反而为罪人辩冤，所以知道该当灭族之罪。然而我所以上奏，实在是盼望陛下能一下子觉悟罢了。我见审问囚犯的官员，众口一词地说臣子对叛逆大罪应同仇敌忾，如今判人无罪不如判人有罪，可以以后免受追究。因此，官员审讯一人便牵连十人，审讯十人便牵连百人。还有，公卿上朝的时候，当陛下询问案情处理是否得当，他们全都直身跪着回答：'依照以往制度，大罪要诛杀九族，而陛下大恩，只处决当事者，天下人太幸运了！'而等他们回到家里，口中虽无怨言，却仰望屋顶暗自叹息。没有人不知道这里多有冤枉，但不敢忤逆陛下而直言。我今天说出这番话，真是死而不悔！"明帝怒气消解，便下令将寒朗放走。

两天以后，明帝亲临洛阳监狱甄别囚犯，释放了一千多人。当时正值天旱，立刻降下了大雨。马皇后也认为楚王之案多有滥捕滥杀，便乘机向明帝进言。明帝醒悟过来，恻然而悲，夜间起床来回走动，从此对罪犯多所宽赦。

十六年（癸酉，公元73年）

窦固派副司马班超和从事郭恂一同出使西域。班超到达鄯善国时，鄯善王广用十分尊敬周到的礼节接待他，但后来忽然变得疏远懈怠了。班超对他的部下说：“你们可曾觉出广的态度冷淡了吗？”部下说：“胡人行事无常性，并没有别的原因。”班超说：“这一定是因为有北匈奴的使者前来，而鄯善王心里犹豫，不知所从。明眼人能够在事情未发生前看出端倪，何况事情已显著暴露！”于是他召来胡人侍者，假装已知实情，说：“匈奴使者来了几天，如今在什么地方？”胡人侍者慌忙答道：“已经来了三天，离此地三十里。”于是班超就把胡人侍者关起来，召集全体属员，共三十六人，和他们一同饮酒。饮到酣畅之时，班超借酒激怒众人说：“你们和我同在绝远荒域，如今北匈奴使者才来了几天，而鄯善王就已不讲礼节了，若是使者命令鄯善王把我们抓起来送给匈奴，那么我们的骨头就要永远喂给豺狼了。我们应该怎么办？”部下一致回答：“如今处在危亡之地，我们跟随司马同生共死！”班超说：“不入虎穴，不得虎子。如今可行的办法，只有乘夜用火进攻匈奴人，使对方不知我们到底有多少人马，必定大为震恐，这样便可将他们一网打尽。除掉了北匈奴使者，那么鄯善人就会胆战心惊，我们便成功了。”众人说：“应当和从事商议此事。”班超生气地说：“命运的吉凶就在今天决定！而从事不过是平庸的文吏，听到我们的打算定要害怕，计谋便会泄露，到那时候，我们死得没有名堂，就不是英雄了。”众人说：“好！”一入夜，班超便带领部下奔向北匈奴使者的营地。当时正刮着大风，班超命令十人拿鼓，躲到匈奴人的帐房后面，相约道：“看见火起，就要一齐擂鼓呐喊。”其余的人全都手持刀剑弓弩，埋伏在帐门两侧。于是班超顺风放火，大火一起，帐房前后鼓声齐鸣，杀声震耳。匈奴人惊慌失措，一时大乱。班超亲手格杀三人，下属官兵斩杀北匈奴使者及其随从共三十余人，其余约一百人全部被火烧死。班超等人次日返回，将事情的经过告诉了郭恂。郭恂大为震惊，接着神色一变。班超明白了他的意思，举手声称：“从事虽然没有前去参与行动，可班超怎有心一人居功！”郭恂这才大喜。于是班超叫来鄯善王广，给他看匈奴使者的首级，鄯善全国震恐。班超将汉朝的国威和恩德告诉鄯善王，并说：“从今以后，不要再同北匈奴来往。”广叩头声称：“我愿臣属汉朝，没有二心。”于是将王子送到汉朝充当人质。班超归来后，向窦固讲述了出使经过，窦固十分高兴，将班超的功劳一一上报，并请求重新选派使者出使西域。明帝说：“有班超这样的官员，为什么不派遣，而要另选他人呢？现任命班超为军司马，让他完成先前的功业。”

窦固又让班超出使于寘国，想为他增加随行兵马，但班超只愿带领原来跟从的三十六人。他说："于寘是个大国，道路遥远，如今率领几百人前往，无益于显示强大。而如有不测之事发生，人多反而成为累赘。"当时，于寘王广德称雄于西域南道，但该国仍受匈奴使者的监护。班超到达于寘后，广德待他礼仪态度十分疏淡。于寘又有信巫之俗，而巫师声称："神已发怒，问我们为何要倾向汉朝？汉朝的使者有一匹黑唇黄马，快去找来给我做祭品！"于是广德派宰相私来比向班超索求赠马。班超暗中获知底细，便答应此事，但要巫师亲自前来取马。不久，巫师来了，班超便立刻将他斩首，并逮捕了私来比，痛打数百皮鞭。班超将巫师的首级送给广德，借机对他进行谴责。广德早已听说过班超在鄯善斩杀北匈奴使者的事迹，大为惊恐，便随即杀死匈奴使者投降。班超重赏于寘王及其大臣，就此镇服安抚于寘。于是西域各国全都派出王子到汉朝做人质。西域与汉朝的关系曾中断了六十五年，至此才恢复交往。班超是班彪之子。

汉纪三十八

第四十六卷

肃宗孝章皇帝上元和元年（甲申，84）

九月，辛丑，幸章陵；十月，己未，进幸江陵；还，幸宛。召前临淮太守宛人朱晖，拜尚书仆射。晖在临淮，有善政，民歌之曰："强直自遂，南阳朱季，吏畏其威，民怀其惠。"时坐法免，家居，故上召而用之。十一月，己丑，车驾还宫。尚书张林上言："县官经用不足，宜自煮盐，及复修武帝均输之法。"朱晖固执以为不可，曰："均输之法，与贾贩无异，盐利归官，则下民穷怨，诚非明主所宜行。"帝因发怒切责诸尚书，晖等皆自系狱。三日，诏敕出之，曰："国家乐闻驳义，黄发无愆；诏书过耳，何故自系！"晖因称病笃，不肯复署议。尚书令以下惶怖，谓晖曰："今临得谴让，奈何称病，其祸不细！"晖曰："行年八十，蒙恩得在机密，当以死报。若心知不可，而顺旨雷同，负臣子之义！今耳目无所闻见，伏待死命。"遂闭口不复言。诸尚书不知所为，乃共劾奏晖。帝意解，寝其事。后数日，诏使直事郎问晖起居，太医视疾，太官赐食，晖乃起谢；复赐钱十万，布百匹，衣十领。

鲁国孔僖、涿郡崔骃同游太学，相与论："孝武皇帝，始为天子，崇信圣道，五六年间，号胜文、景；及后恣己，忘其前善。"邻房生梁郁上书，告"骃、僖诽谤先帝，刺讥当世"，事下有司，骃诣吏受讯。僖以书自讼曰："凡言诽谤者，谓实无此事而虚加诬之也。至如孝武皇帝，政之美恶，显在汉史，坦如日月，是为直说书传实事，非虚谤也。夫帝者，为善为恶，天下莫不知，斯皆有以致之，故不可以诛于人也。且陛下即位以来，政教未过而德泽有加，天下所具知也，臣等独何讥刺哉！假使所非实是，则固应悛改，傥其不当，亦宜含容，又何罪焉！陛下不推原大数，深自为计，徒肆私忌以快其意，臣等受戮，死即死耳；顾天下之人，必回视易虑，以此事窥陛下心，自今以后，苟见不可之事，终莫复言者矣。齐桓公亲扬其先君之恶以唱管仲，然后群臣得尽其心。今陛下乃欲为十世之武帝远讳实事，岂不与桓公异哉！臣恐有司卒然见构，衔恨蒙枉，不得自叙，使后世论者擅以陛下有所比方，宁可复使子孙追掩之乎！谨诣阙伏待重诛。”书奏，帝立诏勿问，拜僖兰台令史。

汉章帝元和元年（甲申，公元84年）

九月，辛丑（十八日），章帝临幸章陵。十月，己未（初七），又临幸江陵。在归途之中，又临幸宛城。章帝召见前任临淮太守、宛人朱晖，将他任命为尚书仆射。朱晖在临淮任上做了不少好事，人民歌颂道：“刚强自专，南阳朱季，官怕其威，民怀其惠。”当时朱晖因犯法免职，正在家中闲居，因此章帝召他出来任用。十一月，己丑（初七），章帝返回京城皇宫。尚书张林上奏说：“国家经费不足，应当由官府自行煮盐专卖，并恢复武帝时的均输法。”朱晖坚决反对这一建议，他说：“实行均输法，会使官员和商贩没有区别。而将卖盐所得之利归于官府，盐民就会因为贫困产生怨恨，这实在不是圣明君王所应做的事情。”于是章帝大怒，严厉斥责尚书台官员，朱晖等人全都自投监狱等待问罪。三天以后，章帝下诏将他们释放，说道：“我乐于听反对的意见，老先生并没有罪，只是诏书的斥责过分罢了，你们为什么要自投监狱！”朱晖于是自称病重，不肯再在奏议上署名。尚书令以下官员十分惊慌恐惧，对朱晖说：“如今正面临谴责，怎么可以称病，此祸不小！”朱晖说：“我年近八十，而蒙受皇恩，能够参与尚书机密，应当以死相报。如果我心知事不可行，却顺从旨意附和，那就违背了做臣子的大义！如今我耳不听，眼不见，伏身等待诛杀。”便闭口不再说话。尚书们不知如何是好，于是就一同上书弹劾朱晖。章帝怒气已平，便将此事搁置。又过了几天，章帝下诏，命值班的郎官问候朱晖，派御医前往诊病，太官送去食物。朱晖这才起来谢恩。章帝又赏赐他十万钱，一百匹布，十套衣服。

鲁国人孔僖、涿郡人崔骃同在太学读书，他们在一起谈论道：“孝武皇帝刚即位的时候，信仰圣人之道，最初五六年的政绩，被人称作胜过文、景二帝。但到后来放纵自己，抛弃了从前的善政。”邻屋的另一位太学生梁郁听到议论，上书控告他们：“崔骃、孔僖诽谤先帝，讽刺当朝。”此案交付有关部门审理。崔骃去见官吏。孔僖上书自我申辩说：“但凡说到诽谤，是指无中生有地进行诬蔑。至于孝武皇帝，他政绩上的得失，都显示在汉史上，清楚如日月一样，而我们的议论，只是直述史书记载的事实，并不是诽谤。身为皇帝，无论做好事还是坏事，天下人无不知晓，那都是能够了解到的，因此不能对议论者进行责备。况且陛下即位以来，政治、礼教没有过失，而恩德增加，这是天下人俱知的事实。我们偏要讽刺什么呢！假如我们批评的是事实，那么本应诚心改正，倘若不当，也应包涵，又为什么要向我们问罪！陛下不推求研究国家命运，深入考虑本朝国策，而只是大搞个人忌讳，以求快意。我们被诛杀，死就死罢了，只怕天下人定将转过目光，改变看法，以这件事来窥测陛下的心思。从今以后，即使见到不对的事，却终不肯再出来说话了。春秋时，齐桓公曾亲自公布前任国君的罪恶，向管仲请教处理的办法，从此以后，群臣才尽心地为他效力。而如今陛下却要为远在十世的武帝掩盖事实真相，这岂不是与齐桓公大相径庭！我担心有关部门会突然定案，让我衔恨蒙冤，不能自做申辩，因而使后世评论历史的人擅将陛下有所比喻，难道可以再要子孙为陛下掩饰吗？我谨来到皇宫门前，伏身等候严厉的处罚。”奏书呈上，章帝立即下诏停止追究，并将孔僖任命为兰台令史。

汉纪三十九

第四十七卷

肃宗孝章皇帝下元和二年（乙酉，85）

乙丑，帝耕于定陶。辛未，幸泰山，柴告岱宗；进幸奉高。壬申，宗祀五帝于汶上明堂；丙子，赦天下。进幸济南。三月，己丑，幸鲁；庚寅，祠孔子于阙里，及七十二弟子，作六代之乐，大会孔氏男子二十以上者六十二人。帝谓孔僖曰："今日之会，宁于卿宗有光荣乎？"对曰："臣闻明王圣主，莫不尊师贵道。今陛下亲屈万乘，辱临敝里，此乃崇礼先师，增辉圣德；至于光荣，非所敢承！"帝大笑曰："非圣者子孙焉有斯言乎！"拜僖郎中。

冬，南单于遣兵与北虏温禺犊王战于涿邪山，斩获而还。武威太守孟云上言："北虏以前既和亲，而南部复往抄掠，北单于谓汉欺之，谋欲犯塞，谓宜还南所掠生口以慰安其意。"诏百官议于朝堂。太尉郑弘、司空第五伦以为不可许，司徒桓虞及太仆袁安以为当与之。弘因大言激厉虞曰："诸言当还生口者，皆为不忠！"虞廷叱之，伦及大鸿胪韦彪皆作色变容。司隶校尉举奏弘等，弘等皆上印绶谢。诏报曰："久议沈滞，各有所志，盖事以议从，策由众定，訚訚衎衎，得礼之容，寝嘿抑心，更非朝廷之福。君何尤而深谢！其各冠履！"帝乃下诏曰："江海所以长百川者，以其下之也。少加屈下，尚何足病！况今与匈奴君臣分定，辞顺约明，贡献累至，岂宜违信，自受其曲！其敕度辽及领中郎将庞奋，倍雇南部所得生口以还北虏；其南部斩首获生，计功受赏，如常科。"

三年（丙戌，86）

司空第五伦以老病乞身；五月，丙子，赐策罢，以二千石俸终其身。伦奉公尽节，言事无所依违。性质悫，少文采，在位以贞白称。或问伦曰："公有私乎？"对曰："昔人有与吾千里马者，吾虽不受，每三公有所选举，心不能忘，亦终不用也。若是者，岂可谓无私乎！"

汉章帝元和二年（乙酉，公元85年）

二月，乙丑（十五日），章帝在定陶举行耕藉之礼。辛未（二十一日），临幸泰山，燃柴祭告岱宗。继而前往奉高。壬申（二十二日），在汶上明堂祭祀五帝。丙子（二十六日），大赦天下。继而临幸济南。三月，己丑（初十），临幸鲁。庚寅（十一日），在阙里祭祀孔子以及孔子的七十二位弟子，奏黄帝、尧、舜、禹、汤、周等六代古乐，并举行大会，召见孔家二十岁以上的男子共六十二人。章帝对孔僖说："今天的大会，对你们家族是不是很荣耀？"孔僖回答道："我听说，圣明的君王无不尊重师道。如今陛下以天子的身份亲自屈驾，光临我们卑微的乡里，这是崇敬先师，发扬君王的圣德。至于说荣耀，我们可不敢当！"章帝大笑，说道："不是圣人的子孙，怎能说出这样的话！"于是将孔僖任命为郎中。

冬季，南匈奴单于发兵，同北匈奴温禺犊王在涿邪山交战。南匈奴得胜，斩杀并俘虏北匈奴的百姓和牲畜后返回。武威太守孟云上书说："北匈奴先前已同汉朝和解，而南匈奴又去进行抢掠，北匈奴单于说汉朝是在欺弄他，因而打算进犯边塞。我建议，应当让南匈奴归还抢来的俘虏和牲畜，以安抚北匈奴。"章帝下诏，命群臣在朝堂会商。太尉郑弘、司空第五伦认为不应归还，司徒桓虞和太仆袁安则认为应当归还。双方意见争执不下，郑弘因而大声激怒桓虞说："凡是声称应当归还俘虏和牲畜的，都是不忠之人！"桓虞也在朝堂呵斥郑弘，第五伦和大鸿胪韦彪全都愤怒得变了脸色。于是司隶校尉上书弹劾郑弘等人，郑弘等人全都交上印信绶带谢罪。章帝下诏答复道："问题反复讨论，迟迟不决，群臣们的意见，各不相同。大事需要集思广益，政策需由众人商定。忠诚、正直而和睦，这才符合朝廷之礼，而缄默不语压抑情志，更不是朝廷之福。你们有什么过失要谢罪？请各自戴上官帽，穿上鞋！"于是章帝便下诏决定："江海所以成为百川的首领，是由于其地势低下。汉朝略受委屈，又有什么危害！何况如今在汉朝与北匈奴之间，君臣的名分已确定。北匈奴言辞恭顺而守约，不断进贡，难道我们应当违背信义，自陷于理亏的境地？现命令度辽将军兼中郎将庞奋，用加倍的价格赎买南匈奴所抢得的俘虏和牲畜，归还给北匈奴。而南匈奴曾杀敌擒虏，应当论功行赏，一如惯例。”

三年（丙戌，公元 86 年）

司空第五伦因年老患病请求退休。五月，丙子（初三），章帝赐策书，将第五伦免官，赏给他二千石的终身俸禄。第五伦奉公尽节，发表政见时观点鲜明，从不模棱两可。他天性质朴诚实，少有文采，为官以清白著称。有人问第五伦说：“阁下有私心吗？”他回答道：“从前曾有人送我千里马，我虽未接受，但每当要三公举荐人才的时候，心中总不忘此事，只是最终也没有举荐这个人。像这样，难道能说没有私心吗？”

汉纪四十

第四十八卷

孝和皇帝下永元十四年（壬寅，102）

班超久在绝域，年老思土，上书乞归曰："臣不敢望到酒泉郡，但愿生入玉门关。谨遣子勇随安息献物入塞，及臣生在，令勇目见中土。"朝廷久之未报，超妹曹大家上书曰："蛮夷之性，悖逆侮老；而超旦暮入地，久不见代，恐开奸宄之原，生逆乱之心。而卿大夫咸怀一切，莫肯远虑，如有卒暴，超之气力不能从心，便为上损国家累世之功，下弃忠臣竭力之用，诚可痛也！故超万里归诚，自陈苦急，延颈逾望，三年于今，未蒙省录。妾窃闻古者十五受兵，六十还之，亦有休息，不任职也。故妾敢触死为超求哀，匄超余年，一得生还，复见阙庭，使国家无劳远之虑，西域无仓卒之忧，超得长蒙文王葬骨之恩，子方哀老之惠。"帝感其言，乃征超还。八月，超至雒阳，拜为射声校尉；九月，卒。

初，太傅邓禹尝谓人曰："吾将百万之众，未尝妄杀一人，后世必有兴者。"其子护羌校尉训，有女曰绥，性孝友，好书传，常昼修妇业，暮诵经典，家人号曰"诸生"。叔父陔曰："尝闻活千人者子孙有封。兄训为谒者，使修石臼河，岁活数千人，天道可信，家必蒙福。"绥后选入宫为贵人，恭肃小心，动有法度，承事阴后，接抚同列，常克己以下之，虽宫人隶役，皆加恩借，帝深嘉焉。尝有疾，帝特令其母、兄弟入亲医药，不限以日数，贵人辞曰："宫禁至重，而使外舍久在内省，上令陛下有私幸之讥，下使贱妾获不知足之谤，上下交损，诚不愿也！"帝曰："人皆以数入为荣，贵人反以为忧邪！"每有宴会，诸姬竞自修饰，贵人独尚质素，其衣有与阴后同色者，即时解易，若并时进见，则不敢正坐离立，行则偻身自卑，帝每有所问，常逡巡后对，不敢先后言。阴后短小，举指时失仪，左右掩口而笑，贵人独怆然不乐，为之隐讳，若己之失。帝知贵人劳心曲体，叹曰："修德之劳，乃如是乎！"后阴后宠衰，贵人每当御见，辄辞以疾。时帝数失皇子，贵人忧继嗣不广，数选进才人以博帝意。阴后见贵人德称日盛，深疾之；帝尝寝病，危甚，阴后密言："我得意，不令邓氏复有遗类！"贵人闻之，流涕言曰："我竭诚尽心以事皇后，竟不为所祐。今我当从死，上以报帝之恩，中以解宗族之祸，下不令阴氏有人豕之讥。"即欲饮药。宫人赵玉者固禁止之，因诈言"属有使来，上疾已愈"，贵人乃止。明日，上果瘳。及阴后之废，贵人请救，不能得；帝欲以贵人为皇后，贵人愈称疾笃，深自闭绝。冬，十月，辛卯，诏立贵人邓氏为皇后；后辞让，不得已，然后即位。郡国贡献，悉令禁绝，岁时但供纸墨而已。帝每欲官爵邓氏，后辄哀请谦让，故兄骘终帝世不过虎贲中郎将。

汉和帝永元十四年（壬寅，公元 102 年）

班超久在遥远的边域，因年老而思念故乡，上书请求回国。奏书说："我不敢企望能到酒泉郡，但愿能活着进入玉门关。现在派遣我的儿子班勇随同安息国的进贡使者入塞，趁我尚在人世，让班勇亲眼看到中原的风土。"奏书呈上，朝廷久不答复。班超的妹妹曹大家上书说："蛮夷生性欺老，而班超已经年迈，随时可能故世，却久不被人替代。我担心这将打开奸恶的源泉，使蛮夷萌生叛逆之心。但大臣们都只顾眼前，不肯做长远考虑。如果猝然有变，班超力不从心，将对上损害国家累世建立的功业，对下毁弃忠臣竭力经营的成果，实在是令人痛惜！因此，班超万里之外表示忠诚，陈述困苦急迫之情，伸长脖颈遥望，至今已经三年，但朝廷却没有考虑批准他的请求。我曾听说，在古代，十五岁当兵，六十岁复员，也有休息之日，年老便不再任职。因此我胆敢冒死代班超哀求，请在班超的余年，让他能够活着回来，再次看到京都城阙和皇家宫廷，使国家没有远方的忧虑，西域没有猝然的变故，而班超也能蒙受周文王埋葬骸骨的厚恩和田子方哀怜老马的仁慈。"和帝被这份奏书所感动，于是召班超回国。本年八月，班超抵达洛阳，被任命为射声校尉。九月，班超去世。

当初，太傅邓禹曾对人说："我率领百万兵众，却不曾错杀一人，后世必有子孙兴起。"他的儿子、护羌校尉邓训，有个女儿名叫邓绥，性情孝顺友爱，喜好读书，经常白天学习妇女的活计，晚上诵读儒家经典，家人称她为"女学生"。她的叔父邓陔说："我曾听说，救活一千人的，子孙将会受封。我的兄长邓训当谒者时，奉命修石臼河，每年救活数千人。天道可以信赖，我家必定蒙福。”后来，邓绥被选入后宫，当了贵人。她谦恭小心，举止合乎法度，侍奉阴皇后和同其他嫔妃相处时，总是克制自己，居人之下。即使是对宫人和做杂役的奴仆，也都施以恩惠和帮助。和帝对她深为赞赏。邓绥曾患病，和帝特命她的母亲和兄弟入宫照料医药，不限定天数。邓绥辞让说：“皇宫是最重要的禁地，而让外戚久住在内，上会给陛下招来宠幸私亲的讥讽，下将使我遭到不知足的非议，上下都要受损，我实在不愿如此！”和帝说：“人们都以亲属多次进宫为荣耀，你反而以此为忧虑吗！”每逢宴会，嫔妃们都争着修饰自己，唯独邓贵人喜欢朴素无华。她的衣服如有和阴皇后一样颜色的，便立即脱下换掉。若是和阴皇后同时进见，则不敢正坐或并立，行走时微躬上身，表示自己身份卑微。每当和帝有所询问，她总是退让在后，不敢先于阴皇后开口。阴皇后身材矮小，举止时有不合礼仪之处，左右随从之人掩口窃笑，唯独邓贵人忧而不乐，为阴皇后隐瞒遮掩，仿佛是自己的过失一样。和帝知道邓贵人的苦心和委屈，叹息道：“修养德性的辛劳，竟达到这种样子！”后来，阴皇后失宠，邓贵人每当遇到和帝召见，就借病推辞。当时和帝接连失去皇子，邓贵人担心后嗣不多，屡次挑选才人进献，以博取和帝的欢心。阴皇后见邓贵人的德望一天比一天高，十分嫉妒。和帝曾经卧病，情况非常危险，阴皇后暗中说：“我若是能够得意，就不让邓家再留下活口！”邓贵人听到这番话，流泪说道：“我全心全意地侍奉皇后，竟然得不到她的护佑。我今天应当跟随皇上去死，上报皇上的大恩，中解家族的灾祸，下不使阴氏如吕太后那样有‘人彘’的讥讽。”说完，就要喝毒药自杀。有个叫赵玉的宫人坚决阻止她，于是谎称：“适才有差人来，皇上的病已经好了。”邓贵人这才作罢。次日，和帝果然病愈。及至阴皇后被罢黜，邓贵人求情挽救，没有成功。和帝打算将邓贵人立为皇后，而邓贵人却愈发谦恭，她声称病重，闭门深居，把自己隔绝起来。本年冬季，十月辛卯（二十四日），和帝下诏，将邓贵人立为皇后。邓贵人表示辞让，不得已，然后才即位为皇后。她下令：各郡、各封国一律不再进贡物品，每年四季只供应纸墨而已。每当和帝想封邓氏家族官爵时，邓皇后总是苦苦哀求，表示谦让。因此，在和帝生前，她的哥哥邓骘的官职没有超过虎贲中郎将。

汉纪四十一

第四十九卷

孝安皇帝上元初二年（乙卯，115）

怀令虞诩说尚曰：“兵法：弱不攻强，走不逐飞，自然之势也。今虏皆马骑，日行数百里，来如风雨，去如绝弦，以步追之，势不相及，所以虽屯兵二十余万，旷日而无功也。为使君计，莫如罢诸郡兵，各令出钱数千，二十人共市一马，以万骑之众，逐数千之虏，追尾掩截，其道自穷。便民利事，大功立矣！”尚即上言，用其计，遣轻骑击杜季贡于丁奚城，破之。

太后闻虞诩有将帅之略，以为武都太守。羌众数千遮诩于陈仓崤谷，诩即停军不进，而宣言“上书请兵，须到当发”。羌闻之，乃分钞傍县。诩因其兵散，日夜进道，兼行百余里，令吏士各作两灶，日增倍之，羌不敢逼。或问曰：“孙膑减灶而君增之；兵法日行不过三十里，以戒不虞，而今日且二百里：何也？”诩曰：“虏众多，吾兵少，徐行则易为所及，速进则彼所不测。虏见吾灶日增，必谓郡兵来迎，众多行速，必惮追我。孙膑见弱，吾今示强，势有不同故也。”既到郡，兵不满三千，而羌众万余，攻围赤亭数十日。诩乃令军中，强弩勿发，而潜发小弩；羌以为矢力弱，不能至，并兵急攻。诩于是使二十强弩共射一人，发无不中，羌大震，退。诩因出城奋击，多所伤杀。明日，悉陈其兵众，令从东郭门出，北郭门入，贸易衣服，回转数周；羌不知其数，更相恐动。诩计贼当退，乃潜遣五百余人于浅水设伏，候其走路；虏果大奔，因掩击，大破之，斩获甚众，贼由是败散。诩乃占相地势，筑营壁百八十所，招还流亡，假赈贫民，开通水运。诩始到郡，谷石千，盐石八千，见户万三千；视事三年，米石八十，盐石四百，民增至四万余户，人足家给，一郡遂安。

汉安帝元初二年（乙卯，公元115年）

怀县县令虞诩向中郎将任尚建议说："依据兵法，弱的不去进攻强的，走的不去追赶飞的，这是自然之势。如今羌兵全都骑马，每天可行数百里，来时像疾风骤雨，去时像离弦飞箭，而我军用步兵追赶，是势必追不上的。所以，尽管集结兵力二十余万，旷日持久，却没有战功。我为阁下打算，不如让各郡郡兵复员，命他们每人出数千钱，二十人合买一匹马，这样便可用一万骑兵去驱逐数千敌寇，尾追截击，羌人自然走投无路。既方便了人民，也有利于战事，大功便可以建立了！"于是任尚根据虞诩的建议上书，被朝廷采纳。任尚派轻骑兵在丁奚城打败了羌人杜季贡。

邓太后听说虞诩有将帅的韬略，将他任命为武都郡太守。数千羌军在陈仓崤谷集拦截虞诩。虞诩得知后，立即下令部队停止前进，宣称："我已上书请求援兵，等援兵到后，再动身出发。"羌军听说以后，便分头前往邻县劫掠。虞诩乘羌军兵力分散的机会，日夜前进，兼程行进了一百余里。他让官兵每人各做两个灶，以后每日增加一倍。于是羌军不敢逼近。有人问虞诩："以前孙膑使用过减灶的计策，而您却增加灶的数量；兵法说每日行军不超过三十里，以保持体力，防备不测，而您如今却每天行军将近二百里，这是什么道理？"虞诩说："敌军兵多，我军兵少，走慢了容易被追上，走快了对方便不能测知我军的底细。敌军见我军的灶数日益增多，必定以为郡兵已来接应。我军人数既多，行动又快，敌军必然不敢追赶。孙膑有意向敌人示弱，我现在有意向敌人示强，这是由于形势不同。"虞诩到达郡府以后，兵员不足三千，而羌军有一万余人，围攻赤亭达数十日。虞诩便向部队下令，不许使用强弩，只许暗中使用小弩。羌人误认为汉军弓弩力量微弱，射不到自己，便集中兵力猛烈进攻。于是虞诩命令每二十只强弩集中射一个敌人，射无不中。羌军大为震恐，纷纷退下。虞诩乘胜出城奋战，杀伤众多敌人。次日，他集合全部兵众，命令他们先从东门出城，再从北门入城，然后改换服装，往复循环多次。羌人不知城中有多少汉军，于是更加惊恐不安。虞诩估计羌军将要撤走，便秘密派遣五百余人在河道浅水处设下埋伏，守住羌军的逃路。羌军果然大举奔逃，汉军乘机突袭，大败羌军，杀敌擒虏数量极多。羌军从此溃败离散。于是虞诩查看研究地形，修建营堡一百八十处，并招回流亡的百姓，赈济贫民，开通水路运输。虞诩刚到任时，谷价每石一千钱，盐价每石八千钱，仅存户口一万三千户。而在任三年之后，米价每石八十钱，盐价每石四百钱，居民增加到四万多户。人人富足，家家丰裕，从此一郡平安。

汉纪四十二

第五十卷

孝安皇帝中延光元年（壬戌，122）

汝南太守山阳王龚，政崇宽和，好才爱士。以袁阆为功曹，引进郡人黄宪、陈蕃等；宪虽不屈，蕃遂就吏。阆不修异操而致名当时，蕃性气高明，龚皆礼之，由是群士莫不归心。

宪世贫贱，父为牛医。颍川荀淑至慎阳，遇宪于逆旅，时年十四；淑竦然异之，揖与语，移日不能去，谓宪曰："子，吾之师表也。"既而前至袁阆所，未及劳问，逆曰："子国有颜子，宁识之乎？"阆曰："见吾叔度耶？"是时同郡戴良，才高倨傲，而见宪未尝不正容，及归，罔然若有失也。其母问曰："汝复从牛医儿来邪？"对曰："良不见叔度，自以为无不及；既睹其人，则瞻之在前，忽然在后，固难得而测矣。"陈蕃及同郡周举尝相谓曰："时月之间，不见黄生，则鄙吝之萌复存乎心矣。"太原郭泰，少游汝南，先过袁阆，不宿而退；进，往从宪，累日方还。或以问泰，曰："奉高之器，譬诸氿滥，虽清而易挹。叔度汪汪若千顷陂，澄之不清，淆之不浊，不可量也。"宪初举孝廉，又辟公府。友人劝其仕，宪亦不拒之，暂到京师，即还，竟无所就，年四十八终。

二年（癸亥，123）

北匈奴连与车师入寇河西，议者欲复闭玉门、阳关以绝其患。敦煌太守张珰上书曰："臣在京师，亦以为西域宜弃，今亲践其土地，乃知弃西域则河西不能自存。谨陈西域三策：北虏呼衍王常展转蒲类、秦海之间，专制西域，共为寇钞。今以酒泉属国吏士二千余人集昆仑塞，先击呼衍王，绝其根本，因发鄯善兵五千人胁车师后部，此上计也。若不能出兵，可置军司马，将士五百人，四郡供其犁牛、谷食，出据柳中，此中计也。如又不能，则宜弃交河城，收鄯善等悉使入塞，此下计也。”朝廷下其议，陈忠上疏曰：“西域内附日久，区区东望扣关者数矣，此其不乐匈奴、慕汉之效也。今北虏已破车师，势必南攻鄯善，弃而不救，则诸国从矣。若然，则虏财贿益增，胆势益殖，威临南羌，与之交通，如此，河西四郡危矣。河西既危，不可不救，则百倍之役兴，不訾之费发矣。议者但念西域绝远，恤之烦费，不见孝武苦心勤劳之意也。方今敦煌孤危，远来告急；复不辅助，内无以慰劳吏民，外无以威示百蛮，蹙国减土，非良计也。臣以为敦煌宜置校尉，按旧增四郡屯兵，以西抚诸国。”帝纳之，于是复以班勇为西域长史，将兵五百人出屯柳中。

汉安帝延光元年（壬戌，公元 122 年）

汝南太守山阳人王龚，为官崇尚宽厚平和，喜爱人才贤士。他任命袁阆为功曹，本郡人黄宪、陈蕃等受到举荐。尽管黄宪不肯服从征召，陈蕃却因此就任官职。袁阆并不标新立异，当时却很有名望，陈蕃则性格气质清高爽朗。王龚对他们全都以礼相待，因此士人们无不对王龚十分向往。

黄宪家世贫贱，父亲是一名牛医。颍川人荀淑来到慎阳，在旅店遇到黄宪，黄宪当时十四岁，荀淑对他大感惊异，拱手为礼而交谈，很久都不肯离去。他对黄宪说：“您就是我的老师。”接着他前往袁阆处，没来得及讲寒暄的话，迎面便说：“贵郡有个像孔子学生颜回那样的人，你可认识他？”袁阆说：“是遇到了我们的黄叔度吗？”当时，同郡人戴良富有才华而心气高傲，而见了黄宪，却总是十分恭敬，等到回家后，则感到惘然若有所失。他的母亲问道：“你又是从牛医儿子那里来吗？”戴良回答说：“我没看到黄叔度时，自以为没有地方不如他，相见以后，却好像看他就在前面，而忽然又在后面出现，实在高深莫测。”陈蕃与同郡人周举曾交谈，一致认为：“如果三个月不见黄宪，那么卑鄙可耻的念头就会重新在内心萌芽了。”太原人郭泰，少年时曾在汝南郡游历。他先去拜访袁阆，没有留下过夜便告辞了。又去拜访黄宪，却一连住了几天才返回。有人问郭泰是什么原因，郭泰说：“袁奉高的才具，好比泉水，虽清但容易舀取。而黄叔度却像千顷汪洋，无法使它澄清，也无法使它浑浊，不可估量。”黄宪最初曾被本郡推举为孝廉，后来又受到三公府的征召。黄宪的友人劝他去做官，他也并不拒绝，但只是暂时前往京城，随即就回来了，竟什么官也没做。黄宪四十八岁时去世。

二年（癸亥，公元123年）

北匈奴接连与车师侵入河西地区，议论此事的官员主张再次关闭玉门关和阳关，以杜绝外患。敦煌太守张珰上书说："我在京城时，也曾认为应当放弃西域，而如今亲自踏上这块土地，才知道如果放弃西域，那么河西地区就不能独自存在。我谨献上有关西域的上中下三策：北匈奴呼衍王经常辗转来往于蒲类海和秦海之间，控制西域地区，带领西域各国一同侵略汉朝。现在可以派酒泉属国的部队二千余人集合到昆仑塞，先去攻打呼衍王，除掉祸根，随即征调鄯善国军队五千人威胁车师后国，这是上策。如果不能出兵，可以设置军司马，领兵五百人，由河西四郡武威、酒泉、张掖、敦煌供给犁、牛、粮食，出塞进据柳中，这是中策。如果还不行，那么就应放弃交河城，收揽鄯善等友好国家的人民，让他们全部进入塞内。这是下策。"朝廷让群臣讨论张珰的建议。陈忠上书说："西域归心汉朝已久，有不少国家热诚地向往东方，到边关探询请求，这是他们不满匈奴、仰慕汉朝的证明。如今北匈奴已经打败了车师，势必向南进攻鄯善。如果我们放弃他们而不去援救，各国就要归附北匈奴了。若是如此，那么北匈奴的财富就会愈发增多，胆量就会愈发变大，威势逼近南羌地区，与羌人联络，这样河西四郡就危险了。河西地区既然危险，不可不去救援，那么就要征发百倍的徭役，动用无数的资财了。议论此事的人，只想到西域距离极远，照顾这一地区花费太多，却看不到孝武皇帝苦心操劳的本意。目前敦煌孤立危险，从远方向朝廷告急，再不给予帮助，对内无法安慰官吏和人民，对外无法向各异族示威，势必削减自己的领土，这不是好计策。我认为应当在敦煌设置校尉，依照旧例增加河西四郡的驻军，以镇抚四方各国。"安帝采纳了他的意见。于是重新将班勇任命为西域长史，率兵五百人出塞，驻扎柳中。

汉纪四十三

第五十一卷

孝安皇帝下延光四年（乙丑，125）

庚申，帝至宛，不豫。乙丑，帝发自宛；丁卯，至叶，崩于乘舆。年三十二。

皇后与阎显兄弟、江京、樊丰等谋曰："今晏驾道次，济阴王在内，邂逅公卿立之，还为大害。"乃伪云"帝疾甚"，徙御卧车。所在上食、问起居如故。驱驰行四日，庚午，还宫。辛未，遣司徒刘熹诣郊庙、社稷，告天请命；其夕，发丧。尊皇后曰皇太后。太后临朝。以显为车骑将军、仪同三司。太后欲久专国政，贪立幼年，与显等定策禁中，迎济北惠王子北乡侯懿为嗣。济阴王以废黜，不得上殿亲临梓宫，悲号不食；内外群僚莫不哀之。

阎显忌大将军耿宝位尊权重，威行前朝，乃风有司奏："宝及其党与中常侍樊丰、虎贲中郎将谢恽、侍中周广、野王君王圣、圣女永等更相阿党，互作威福，皆大不道。"辛卯，丰、恽、广皆下狱，死；家属徙比景。贬宝及弟子林虑侯承皆为亭侯，遣就国；宝于道自杀。王圣母、子徙雁门。于是以阎景为卫尉，耀为城门校尉，晏为执金吾，兄弟并处权要，威福自由。

北乡侯病笃，中常侍孙程谓济阴王谒者长兴渠曰："王以嫡统，本无失德；先帝用谗，遂至废黜。若北乡侯不起，相与共断江京、阎显，事无不成者。"渠然之。又中黄门南阳王康，先为太子府史，及长乐太官丞京兆王国等并附同于程。江京谓阎显曰："北乡侯病不解，国嗣宜以时定，何不早征诸王子，简所置乎！"显以为然。辛亥，北乡侯薨；显白太后，秘不发丧，更征诸王子，闭宫门，屯兵自守。

十一月，乙卯，孙程、王康、王国与中黄门黄龙、彭恺、孟叔、李建、王成、张贤、史汎、马国、王道、李元、杨佗、陈予、赵封、李刚、魏猛、苗光等聚谋于西钟下，皆截单衣为誓。丁巳，京师及郡国十六地震。是夜，程等共会崇德殿上，因入章台门。时江京、刘安及李闰、陈达等俱坐省门下，程与王康共就斩京、安、达。以李闰权势积为省内所服，欲引为主，因举刃胁闰曰："今当立济阴王，毋得摇动！"闰曰："诺。"于是扶闰起，俱于西钟下迎济阴王即皇帝位，时年十一。召尚书令、仆射以下从辇幸南宫，程等留守省门，遮扞内外。帝登云台，召公卿、百僚，使虎贲、羽林士屯南、北宫诸门。

阎显时在禁中，忧迫不知所为，小黄门樊登劝显以太后诏召越骑校尉冯诗、虎贲中郎将阎崇将兵屯平朔门以御程等。显诱诗入省，谓曰："济阴王立，非皇太后意，玺绶在此。苟尽力效功，封侯可得。"太后使授之印曰："能得济阴王者，封万户侯；得李闰者，五千户侯。"诗等皆许诺，辞以"卒被召，所将众少"。显使与登迎吏士于左掖门外，诗因格杀登，归营屯守。

显弟卫尉景遽从省中还外府，收兵至盛德门。孙程传召诸尚书使收景。尚书郭镇时卧病，闻之，即率直宿羽林出南止车门，逢景从吏士拔白刃呼曰："无干兵！"镇即下车持节诏之，景曰："何等诏！"因斫镇，不中。镇引剑击景堕车，左右以戟叉其胸，遂禽之，送廷尉狱，即夜死。

戊午，遣使者入省，夺得玺绶，帝乃幸嘉德殿，遣侍御史持节收阎显及其弟城门校尉耀、执金吾晏，并下狱，诛；家属皆徙比景。迁太后于离宫。己未，开门，罢屯兵。壬戌，诏司隶校尉："惟阎显、江京近亲，当伏辜诛，其余务崇宽贷。"封孙程等皆为列侯：程食邑万户，王康、王国食九千户，黄龙食五千户，彭恺、孟叔、李建食四千二百户，王成、张贤、史泛、马国、王道、李元、杨佗、陈予、赵封、李刚食四千户，魏猛食二千户，苗光食千户，是为十九侯，加赐车马、金银、钱帛各有差。

汉安帝延光四年（乙丑，公元125年）

三月庚申（初三），安帝抵宛，觉得身体不适。乙丑（初八），从宛出发。丁卯（初十），抵达叶县，就死在车上。年仅三十二岁。

皇后和她的兄弟阎显等，以及宦官江京、樊丰等密谋说："如今皇帝死在道上，他的亲生儿子济阴王却留在京都洛阳。消息一旦传出，如果公卿大臣集会，拥立济阴王继承帝位，将给我们带来大祸。"于是谎称皇帝病重，将尸首抬上卧车，所过之处，贡献饮食、问候起居，和往常一样。车队急行四天，于庚午（十三日）返抵皇宫。辛未（十四日），派司徒刘熹前往郊庙、社稷，祷告天地。当晚，发丧，尊皇后为皇太后。太后临朝主政，任命其兄阎显为车骑将军、仪同三司。太后为了长期把持朝廷大权，想选立一个年幼的皇帝。于是和阎显等在禁宫中定策，决定迎立济北惠王的儿子、北乡侯刘懿继位。而济阴王因在此前已遭废黜，反而不得上殿在棺木前哀悼父亲，他悲痛号哭，饮食不进。宫廷内外文武百官，无不为之哀伤。

阎显顾忌大将军耿宝位尊权重，威望又高，于是指使有关官吏弹劾："耿宝和他的同党中常侍樊丰、虎贲中郎将谢恽、侍中周广、野王君王圣、王圣的女儿永等人，互相结党营私，作威作福，都大逆不道。"辛卯（初五），樊丰、谢恽、周广都被捕下狱处死，家属流放比景。耿宝和侄儿林虑侯耿承都贬为亭侯，遣归封国。耿宝在途中自杀。王圣母子，流放雁门。于是，阎显又任命其弟阎景为卫尉，阎耀为城门校尉，阎晏为执金吾，兄弟同居权力中枢，任意作威作福。

北乡侯刘懿病重，中常侍孙程对济阴王谒者长兴渠说："济阴王是皇帝嫡子，原本没有过失，先帝听信奸臣谗言，竟被废黜。如果北乡侯的病不能痊愈，我与你联合除掉江京、阎显，没有不成功之理。"长兴渠同意。此外，中黄门、南阳郡人王康，先前曾担任太子府史，以及长乐太官丞、京兆王国等人，也都赞成孙程的意见。江京对阎显说："北乡侯的病不愈，继位人应该按时确定，何不及早征召诸王之子，从中选择可以继位的人？"阎显认为有理。辛亥（二十七日），北乡侯去世。阎显急忙禀告太后，暂时秘不发丧，再征召诸王之子进宫，关闭宫门，驻兵把守。

十一月，乙卯（初二），孙程、王康、王国和中黄门黄龙、彭恺、孟叔、李建、王成、张贤、史泛、马国、王道、李元、杨佗、陈予、赵封、李刚、魏猛、苗光等，在西钟楼下秘密聚会，每人撕下一幅衣襟进行盟誓。丁巳（初四），京都洛阳和十六个郡和封国发生地震。当晚，孙程等先在崇德殿上集合，然后进入章台门。当时，江京、刘安和李闰、陈达等正好都坐在禁门下，孙程和王康一齐动手，斩杀江京、刘安和陈达。因李闰长久享有权势，为宫内人所信服，想让他来领头。所以举刀胁迫李闰说："你必须答应拥戴济阴王为帝，不得动摇！"李闰回答："是。"于是，大家将李闰扶起来，都到西钟楼下迎济阴王即皇帝位，当时济阴王十一岁。接着召集尚书令、仆射以下官吏跟随御车，进入南宫。孙程等留守禁门，断绝内外交通。皇帝登上云台，召集公卿百官。派遣虎贲和羽林卫士分别驻守南宫和北宫的所有宫门。

阎显这时正在宫中，闻讯后惊惶失措，不知如何应变。小黄门樊登劝阎显用太后诏命征召越骑校尉冯诗、虎贲中郎将阎崇，率军驻守平朔门，以抵御孙程等人。于是，阎显用征召的办法引诱冯诗入宫，并对他说：“济阴王即位，不是皇太后的旨意，皇帝玺印还在这里。如果你能尽力效劳，可以得到封侯。”太后派人送来印信说：“能拿获济阴王的，封万户侯。拿获李闰的，封五千户侯。”冯诗等人虽都承诺，但报告说：“因仓促被召，带兵太少。”阎显派冯诗等和樊登去左掖门外迎接增援的将士，冯诗等趁机斩杀樊登，归营固守。

阎显的弟弟卫尉阎景仓促从宫中返回外府，收兵抵达盛德门。孙程传诏书命令尚书们逮捕阎景。当时，尚书郭镇正卧病在床，一听到命令，立即率领值班的羽林卫士，从南止车门出来，正遇上阎景的部属拔刀大叫：“不要挡道！”郭镇立即下车持节宣读诏书，阎景说：“什么诏书！”于是举刀砍郭镇，没有砍中。郭镇拔剑将阎景击落车下，羽林卫士用戟叉住他的胸脯，将其活捉，送至廷尉狱囚禁，当夜死去。

戊午（初五），派使者入北宫，夺到皇帝玺印。于是，皇帝亲临嘉德殿，派遣侍御史持符节，将阎显及其弟城门校尉阎耀、执金吾阎晏一并逮捕，下狱处死，家属全都流放比景。将太后迁往离宫。己未（初六），打开宫门，撤走驻兵。壬戌（初九），下诏给司隶校尉：“只有阎显、江京近亲应当被诛杀，其他的人，均须从宽处理。”孙程等都被封为列侯：孙程食邑万户，王康、王国食邑九千户，黄龙食邑五千户，彭恺、孟叔、李建各食邑四千二百户，王成、张贤、史泛、马国、王道、李元、杨佗、陈予、赵封、李刚，各食邑四千户，魏猛食邑二千户，苗光食邑千户，号为十九侯。同时，分别等级，赏赐车马、金银和钱帛。

汉纪四十四

第五十二卷

孝顺皇帝下永和三年（戊寅，138）

初，尚书令左雄荐冀州刺史周举为尚书；既而雄为司隶校尉，举故冀州刺史冯直任将帅。直尝坐臧受罪，举以此劾奏雄。雄曰："诏书使我选武猛，不使我选清高。"举曰："诏书使君选武猛，不使君选贪污也！"雄曰："进君，适所以自伐也。"举曰："昔赵宣子任韩厥为司马，厥以军法戮宣子仆，宣子谓诸大夫曰：'可贺我矣！吾选厥也任其事。'今君不以举之不才误升诸朝，不敢阿君以为君羞；不寤君之意与宣子殊也。"雄悦，谢曰："吾尝事冯直之父，又与直善；今宣光以此奏吾，是吾之过也！"天下益以此贤之。

是时，宦官竞卖恩势，唯大长秋良贺清俭退厚。及诏举武猛，贺独无所荐。帝问其故，对曰："臣生自草茅，长于宫掖，既无知人之明，又未尝交加士类。昔卫鞅因景监以见，有识知其不终。今得臣举者，匪荣伊辱，是以不敢！"帝由是赏之。

汉安元年（壬午，142）

丁卯，遣侍中河内杜乔、周举，守光禄大夫周栩、冯羡，魏郡栾巴、张纲、郭遵、刘班分行州郡，表贤良，显忠勤；其贪污有罪者，刺史、二千石驿马上之，墨绶以下便辄收举。乔等受命之部，张纲独埋其车轮于雒阳都亭，曰："豺狼当路，安问狐狸！"遂劾奏"大将军冀、河南尹不疑，以外威蒙恩，居阿衡之任，而专肆贪叨，纵恣无极，谨条其无君之心十五事，斯皆臣子所切齿者也"。书御，京师震竦。时皇后宠方盛，诸梁姻戚满朝，帝虽知纲言直，不能用也。杜乔至兖州，表奏泰山太守李固政为天下第一，上征固为将作大匠。八使所劾奏，多梁冀及宦者亲党；互为请救，事皆寝遏。侍御史河南种暠疾之，复行案举。廷尉吴雄、将作大匠李固亦上言："八使所纠，宜急诛罚。"帝乃更下八使奏章，令考正其罪。

章为冀州刺史，有故人为清河太守，章行部，欲案其奸臧，乃请太守为设酒肴，陈平生之好甚欢。太守喜曰："人皆有一天，我独有二天！"章曰："今夕苏孺文与故人饮者，私恩也；明日冀州刺史案事者，公法也。"遂举正其罪；州境肃然。后以摧折权豪忤旨，坐免。时天下日敝，民多愁苦，论者日夜称章，朝廷遂不能复用也。祐为胶东相，政崇仁简，民不忍欺。啬夫孙性，私赋民钱，市衣以进其父，父得而怒曰："有君如是，何忍欺之！"促归伏罪。性惭惧诣，持衣自首。祐屏左右问其故，性具谈父言。祐曰："掾以亲故受污秽之名，所谓'观过斯知仁矣'。"使归谢其父，还以衣遗之。

汉顺帝永和三年（戊寅，公元138年）

最初，尚书令左雄，推荐冀州刺史周举为尚书。接着，左雄任司隶校尉，又推荐前任冀州刺史冯直有将帅之才。因冯直曾经犯过贪污罪，周举便就此弹劾左雄。左雄说："圣旨让我推荐武猛的人才，不是让我推荐品行清白高洁的人才。"周举回答说："圣旨是让你推荐武猛的人才，但也没有教你推荐犯有贪污罪的人。"左雄又说："我推荐了您，反受您的打击，恰恰是自作自受。"周举回答说："过去，赵宣子任用韩厥为司马，韩厥却用军法将赵宣子的奴仆杀掉，赵宣子对各位大夫说：'你们应该向我祝贺，我推荐韩厥，他果然尽忠职守。'而今，承蒙您不嫌弃我没有才能，而误将我推荐到朝廷，所以，我不敢迎合您，让您蒙羞。可是，想不到您的看法和赵宣子完全不一样。"左雄大为高兴，向周举道歉说："我曾经做过冯直父亲的部属，又和冯直是好朋友。如今你因此而弹劾我，正是我的过错。"从此，天下的人对左雄更为尊敬。

这时，宦官倚仗皇帝的宠信，争相卖弄权势，唯有大长秋良贺清廉淡泊，谦让敦厚。等到皇帝下诏，命各人推荐武力勇猛的人才时，唯独良贺没有举荐。顺帝问他什么原因，良贺回答说："我出生于荒野民间，在宫廷中长大，既没有识别人的聪明，又没有和有才能的人士交往。过去，卫鞅由宦官景监推荐，有识之士就预见到他没有好结果。现在，能得到我推荐的人，他不仅不会引以为荣，反而觉得是一种耻辱。因此我不敢举荐。"顺帝从此赏识良贺。

汉安元年（壬午，公元 142 年）

八月丁卯（二十一日），东汉朝廷派遣侍中河内人杜乔、周举，代理光禄大夫周栩、冯羡，魏郡人栾巴、张纲、郭遵、刘班，分别到各州郡进行视察，表扬有德行和忠于职守的地方官吏。对于贪赃枉法的人，属于刺史、郡太守等二千石以上的官吏，将他们的罪行用驿马迅速上奏朝廷；属于县令、县长及以下的官吏，便就地直接逮捕法办。杜乔等接受使命后出发到各州郡，唯独张纲把车轮埋在洛阳城的都亭，他说："豺狼当道，怎么去问狐狸？"于是上书弹劾："大将军梁冀、河南尹梁不疑，因身为外戚而蒙受皇恩，肩负辅佐皇帝的重任，却大肆贪污，任情纵欲。谨列举出他目无君王、贪赃枉法的十五件大事，这都是做臣子的人所切齿痛恨的。"奏章呈上去后，京都洛阳为之震惊。当时，皇后梁妠正大受宠幸，梁氏家族亲戚布满朝廷，顺帝虽知道张纲说得对，但不能采纳。杜乔到兖州视察以后，向朝廷上表，称泰山郡太守李固的政绩为天下第一。于是，顺帝将李固征召到京都洛阳，任命他为将作大匠。八位使者向朝廷所弹劾的地方官吏，多数是梁冀和宦官的亲友和同党。由于皇亲和宦官互相请托和庇护，所有的弹劾案都被搁置。侍御史、河南人种暠对此感到痛恨，再次进行举报。廷尉吴雄、将作大匠李固也上书说："八位使者所指控的地方官吏，应迅速惩处。"顺帝这才把八位使者的弹劾奏章，重新交付给有关官吏，命令审查定罪。

苏章任冀州刺史，他的一位故人是清河郡太守，苏章在辖区巡视，准备查问他的贪赃枉法罪行。于是他请这位太守备下酒和菜肴，畅叙平生友情，甚为欢洽。太守高兴地说："别人都只有一个天，唯独我有两个天！"以为老朋友苏章定能为他遮盖罪恶。苏章说："今天晚上，我苏孺文跟故人喝酒，这是私情；明天，冀州刺史调查案情，则是国法。"于是举发并判定了他的罪名，全州肃然。苏章后因打击权贵而违背皇帝圣旨，获罪免官。当时，朝政日趋凋敝，人民更加忧愁困苦，议论时事的人日夜称赞苏章，但朝廷却不能再任用他。吴祐出任胶东国相，为政崇尚仁爱简约，百姓都不忍心欺骗他。有一位乡啬夫，名叫孙性，私自赋敛百姓钱财，买衣服送给自己的父亲。父亲得到衣服，大怒说："你有这样的长官，怎么忍心欺骗他？"催促他回去认罪。孙性怀着惭愧和畏惧的心情，拿着衣服，到官府自首。吴祐教左右退出，询问缘故，孙性就把父亲所说的话，全都告诉了吴祐。吴祐安慰他说："你为父亲的缘故而蒙受了贪污的恶名，真是所谓：看他的过失，知道他有仁爱的品德。"他命孙性回家向父亲道谢，又把衣服赠给了孙性的父亲。

汉纪四十五

第五十三卷

孝桓皇帝上之上建和三年（己丑，149）

前朗陵侯相荀淑卒。淑少博学有高行，当世名贤李固、李膺皆师宗之。在朗陵，莅事明治，称为神君。有子八人：俭、绲、靖、焘、汪、爽、肃、专，并有名称，时人谓之八龙。所居里旧名西豪，颍阴令渤海苑康以为昔高阳氏有才子八人，更命其里曰高阳里。

膺性简亢，无所交接，唯以淑为师，以同郡陈寔为友。荀爽尝就谒膺，因为其御；即还，喜曰："今日乃得御李君矣！"其见慕如此。

陈寔出于单微，为郡西门亭长。同郡钟皓以笃行称，前后九辟公府，年辈远在寔前，引与为友。皓为郡功曹，辟司徒府；临辞，太守问："谁可代卿者？"皓曰："明府欲必得其人，西门亭长陈寔可。"寔闻之曰："钟君似不察人，不知何独识我！"太守遂以寔为功曹。时中常侍侯览托太守高伦用吏，伦教署为文学掾，寔知非其人，怀檄请见，言曰："此人不宜用，而侯常侍不可违，寔乞从外署，不足以尘明德。"伦从之。于是乡论怪其非举，寔终无所言。伦后被征为尚书，郡中士大夫送至纶氏，伦谓众人曰："吾前为侯常侍用吏，陈君密持教还而于外白署，比闻议者以此少之，此咎由故人畏惮强御，陈君可谓'善则称君，过则称己'者也。"寔固自引愆，闻者方叹息，由是天下服其德。后为太丘长，修德清静，百姓以安。邻县民归附者，寔辄训导譬解发遣，各令还本。司官行部，吏虑民有讼者，白欲禁之；寔曰："讼以求直，禁之，理将何申！其勿有所拘。"司官闻而叹息曰："陈君所言若是，岂有冤于人乎！"亦竟无讼者。以沛相赋敛违法，解印绶去；吏民追思之。

和平元年(庚寅,150)

葬顺烈皇后。增封大将军冀万户,并前合三万户;封冀妻孙寿为襄城君,兼食阳翟租,岁入五千万,加赐赤绂,比长公主。寿善为妖态以蛊惑冀,冀甚宠惮之。冀爱监奴秦宫,官至太仓令,得出入寿所,威权大震,刺史、二千石皆谒辞之。冀与寿对街为宅,殚极土木,互相夸竞,金玉珍怪,充积藏室;又广开园圃,采土筑山,十里九阪,深林绝涧,有若自然,奇禽驯兽飞走其间。冀、寿共乘辇车,游观第内,多从倡伎,酣讴竟路,或连日继夜以骋娱恣。客到门不得通,皆请谢门者;门者累千金。又多拓林苑,周遍近县,起兔苑于河南城西,经亘数十里,移檄所在调发生兔,刻其毛以为识,人有犯者,罪至死刑。尝有西域贾胡不知禁忌,误杀一兔,转相告言,坐死者十余人。又起别第于城西,以纳奸亡;或取良人悉为奴婢,至数千口,名曰自卖人。冀用寿言,多斥夺诸梁在位者,外以示谦让,而实崇孙氏。孙氏宗亲冒名为侍中、卿、校、郡守、长吏者十余人,皆贪饕凶淫,各使私客籍属县富人,被以他罪,闭狱掠拷,使出钱自赎,赀物少者至于死。又扶风人士孙奋,居富而性吝,冀以马乘遗之,从贷钱五千万,奋以三千万与之。冀大怒,乃告郡县,认奋母为其守藏婢,云盗白珠十斛、紫金千斤以叛,遂收考奋兄弟死于狱中,悉没其赀财亿七千余万。冀又遣客周流四方,远至塞外,广求异物,而使人复乘势横暴,妻略妇女,殴击吏卒;所在怨毒。

时皇子有疾,下郡县市珍药;而冀遣客赍书诣京兆,并货牛黄。京兆尹南阳延笃发书收客,曰:"大将军椒房外家,而皇子有疾,必应陈进医方,岂当使客千里求利乎!"遂杀之。冀惭而不得言。有司承旨求其事,笃以病免。

汉桓帝建和三年(己丑,公元149年)

前任朗陵侯国相荀淑去世。荀淑年轻时,不仅学问渊博,而且德行高尚,当时最著名的贤人李固、李膺,都像对待老师一样地尊崇他。荀淑在朗陵侯国任职,治理政事明快果断,被人们奉若神明。荀淑共有八个儿子:荀俭、荀绲、荀靖、荀焘、荀汪、荀爽、荀肃、荀专,都享有盛名,当时人称他们为"八龙"。荀淑所居住的里名,原来叫西豪里,颍阴县令渤海人苑康,因从前高阳氏有八个多才的儿子,就将西豪里改名为高阳里。

李膺性格简朴正直,跟人很少交往,只把荀淑当作老师,和同郡人陈寔结交。荀爽曾经去拜见李膺，就势给李膺驾车。回来后，他高兴地说：“今天，我竟得以为李君驾车了！”李膺就是这样被人倾慕。

陈寔出身贫贱，担任颍川郡西门亭长。同郡人钟皓，以行为惇厚著称，前后九次被三公府征聘，年龄和辈分都远在陈寔之上，却跟陈寔成为好友。钟皓原任郡功曹，后被征聘到司徒府去任职，他向郡太守辞行时，郡太守问：“谁可以接替你的职务？”钟皓回答说：“如果您一定想要得到合适的人选，西门亭长陈寔可以胜任。”陈寔听到消息后说：“钟君似乎不会推荐人，不知为什么单单举荐我？”于是，郡太守就任命陈寔为郡功曹。当时，中常侍侯览嘱托郡太守高伦任用自己所推荐的人为吏，高伦便签署命令，将这个人命为文学掾。陈寔知道这个人不能胜任，就拿着高伦签署的命令求见，对高伦说：“这个人不可任用，然而侯常侍的意旨也不可违抗。不如由我来签署任命，这样的话，就不会玷污您完美的品德。”高伦听从。于是，乡里的舆论哗然，都奇怪陈寔怎么会举用这样不合适的人，而陈寔始终不做分辩。后来，高伦被征召到朝廷去担任尚书，郡太守府的官吏和士绅们都来为他送行，一直送到纶氏县。高伦对大家说：“我前些时把侯常侍推荐的人任命为吏，陈寔却把我签署的任命书秘密送还，而改由他来任用。我接连听说议论此事的人因此轻视陈寔，而这件事的责任，是因为我畏惧侯览的势力太大，才这样做的，而陈君可以称得上把善行归于主君，把过错归于自己的人。”但陈寔仍然坚持是自己的过失，听到的人无不叹息。从此，天下的人都佩服他的品德。后来，陈寔担任太丘县的县长，修饬德教，无为而治，使百姓得以安居乐业。邻县的人民都来归附，陈寔总是对他们进行开导和解释，然后遣送他们回到原县。上级官员来县视察，本县的官吏恐怕人民上诉，请求陈寔加以禁止。陈寔说：“上诉的目的，是为了求得公平，如果加以禁止，将怎样讲理！不要限制。”前来视察的主管官员听到后，叹息说：“陈寔君说这样的话，难道会冤枉人吗？”终究也没有人来越级上诉。后来陈寔担任沛国相，被指控违法征收赋税，他便解下印信，离职而去。官吏和人民都很怀念他。

和平元年（庚寅，公元150年）

安葬梁太后，谥号为顺烈皇后。增封大将军梁冀食邑一万户，连同以前所封食邑，共三万户。封梁冀的妻子孙寿为襄城君，同时收取阳翟县的租税，每年收入达五千万钱之多，加赐红色的绶带，与长公主相同。孙寿善于做出各种妖媚的姿态来迷惑梁冀，梁冀对她既很宠爱，又非常害怕。梁冀所宠爱的管家奴秦宫，做官做到太仓令，可以出入孙寿的住所，威势和权力都很大，州刺史和郡太守等二千石高级地方官吏，在赴任之前都要谒见秦宫，向他辞行。梁冀和孙寿分别在街道两旁相对兴建住宅，建筑工程穷极奢华，互相竞争夸耀，金银财宝，奇珍怪物，充满房舍。又大举开拓园林，从各处运来土石，堆砌假山，十里大道，有九里都紧傍池塘，林木深远，山涧流水，宛如天然生成。奇异的珍禽和驯养的走兽在园林中飞翔奔跑。梁冀和孙寿共同乘坐人力辇车，在家宅之内游玩观赏，后面还跟随着许多歌舞艺人，一路欢唱。有时，甚至夜以继日地纵情娱乐。客人登门拜访和求见，也不许通报。求见的人全都向看门的人行贿，以致看门的人家产达千金之多。梁冀在京都洛阳邻近各县都修筑了园林，在河南洛阳城西建立了一处兔苑，面积纵横数十里，发布文书，命令当地官府向人民征调活兔，每只兔都剃掉一撮兔毛，作为标志。若有人胆敢猎取苑兔，甚至要判处死刑。曾有一位西域的胡商，不知道这个兔苑的禁令，误杀了一只兔，结果人们互相控告，因罪至死的达十余人。梁冀又在洛阳城西兴建了一座别墅，用来收容奸民和藏匿逃亡犯。甚至抢夺良家子女，都用来充当奴婢，多达数千人，称他们为"自卖人"。梁冀采纳孙寿的建议，罢免了许多梁姓家族成员的官职，表面上显示梁冀的谦让，而实际上却抬高了孙氏家族的地位。在孙氏家族中假冒虚名担任侍中、卿、校、郡守、长吏的，共有十余人，全都贪得无厌、穷凶极恶。他们派自己的私人宾客，分别到所管辖的各县，调查登记当地富人，然后加以罪名，将富人逮捕关押，严刑拷打，让富人出钱赎罪。家财不足的，因为出不起那么多钱，甚至活活被打死。扶风人士孙奋，富有而吝啬，梁冀曾送给他一匹乘马，要求借贷五千万钱，而孙奋只借给他三千万钱。梁冀大怒，于是派人到孙奋所在的郡县，诬告孙奋的母亲是梁冀家里看守库房的婢女，曾经偷盗白珍珠十斛、紫金一千斤逃亡。于是将孙奋兄弟逮捕下狱，严刑拷打至死，全部没收孙奋的家产，共值一亿七千余万钱。梁冀还派遣门客周游四方，甚至远到塞外，四处征求各地的异物，而这些被派出的门客，又都仗着梁冀的势力横征暴敛，抢夺百姓的妻子和女儿，殴打地方官吏和士卒，他们所到之处，都激起怨恨。

这时，皇子有病，下令各郡县购买珍贵的药材。梁冀也趁此机会，派门客带着他写的书信去京兆，要求同时购买牛黄。京兆尹南阳人延笃打开梁冀所写的书信一看，便将梁冀派来的门客逮捕，说："大将军是皇亲国戚，而皇子有病，必应进献医方，怎么会派门客到千里之外谋利呢？"于是将其斩杀。梁冀虽然感到羞惭，但不能开口。其后，有关官吏奉承梁冀的意旨，追查这一杀人案件，以延笃有病为理由，将他免职。

汉纪四十六

第五十四卷

孝桓皇帝上之下延熹二年（己亥，159）

梁皇后恃姊、兄荫势，恣极奢靡，兼倍前世，专宠妒忌，六宫莫得进见。及太后崩，恩宠顿衰。后既无嗣，每宫人孕育，鲜得全者。帝虽迫畏梁冀，不敢谴怒，然进御转希，后益忧恚。秋，七月，丙午，皇后梁氏崩。乙丑，葬懿献皇后于懿陵。

梁冀一门，前后七侯，三皇后，六贵人，二大将军，夫人、女食邑称君者七人，尚公主者三人，其余卿、将、尹、校五十七人。冀专擅威柄，凶恣日积，宫卫近侍，并树所亲，禁省起居，纤微必知。其四方调发，岁时贡献，皆先输上第于冀，乘舆乃其次焉。吏民赍货求官、请罪者，道路相望。百官迁召，皆先到冀门笺檄谢恩，然后敢诣尚书。下邳吴树为宛令，之官辞冀，冀宾客布在县界，以情托树，树曰："小人奸蠹，比屋可诛。明将军处上将之位，宜崇贤善以补朝阙。自侍坐以来，未闻称一长者，而多托非人，诚非敢闻！"冀默然不悦。树到县，遂诛杀冀客为人害者数十人。树后为荆州刺史，辞冀，冀鸩之，出，死车上。辽东太守侯猛初拜，不谒冀，冀托以他事腰斩之。

冀秉政几二十年，威行内外，天子拱手，不得有所亲与，帝既不平之；及陈授死，帝愈怒。和熹皇后从兄子郎中邓香妻宣，生女猛，香卒，宣更适梁纪；纪，孙寿之舅也。寿以猛色美，引入掖庭，为贵人，冀欲认猛为其女，易猛姓为梁。冀恐猛姊婿议郎邴尊沮败宣意，遣客刺杀之。又欲杀宣，宣家与中常侍袁赦相比，冀客登赦屋，欲入宣家，赦觉之，鸣鼓会众以告宣。宣驰入白帝，帝大怒，因如厕，独呼小黄门史唐衡，问："左右与外舍不相得者，谁乎？"衡对："中常侍单超、小黄门史左悺与梁不疑有隙；中常侍徐璜、黄门令具瑗常私忿疾外舍放横，口不敢道。"于是帝呼超、悺入室，谓曰："梁将军兄弟专朝，迫胁内外，公卿以下，从其风旨，今欲诛之，于常侍意如何？"超等对曰："诚国奸贼，当诛日久；臣等弱劣，未知圣意如何耳。"帝曰："审然者，常侍密图之。"对曰："图之不难，但恐陛下腹中狐疑。"帝曰："奸臣胁国，当伏其罪，何疑乎！"于是召璜、瑗，五人共定其议，帝啮超臂出血为盟。超等曰："陛下今计已决，勿复更言，恐为人所疑。"

冀心疑超等，八月，丁丑，使中黄门张恽入省宿，以防其变。具瑗敕吏收恽，以"辄从外入，欲图不轨"。帝御前殿，召诸尚书入，发其事，使尚书令尹勋持节勒丞、郎以下皆操兵守省，敛诸符节送省中，使具瑗将左右厩驺、虎贲、羽林、都候剑戟士合千余人，与司隶校尉张彪共围冀第，使光禄勋袁盱持节收冀大将军印绶，徙封比景都乡侯。冀及妻寿即日皆自杀；不疑、蒙先卒。悉收梁氏、孙氏中外宗亲送诏狱，无少长皆弃市；他所连及公卿、列校，刺史、二千石，死者数十人。太尉胡广、司徒韩缜、司空孙朗皆坐阿附梁冀，不卫宫，止长寿亭，减死一等，免为庶人。故吏、宾客免黜者三百余人，朝廷为空。是时，事猝从中发，使者交驰，公卿失其度，官府市里鼎沸，数日乃定；百姓莫不称庆。收冀财货，县官斥卖，合三十余万万，以充王府用，减天下税租之半，散其苑囿，以业穷民。

汉桓帝延熹二年（己亥，公元159年）

梁皇后仗恃姊姊梁太后和哥哥大将军梁冀的庇护和势力，穷极奢华，比前世加倍，独占桓帝的宠爱，嫉妒成性，六宫的其他嫔妃都不得侍奉桓帝。等到梁太后去世，桓帝对她的恩宠顿时衰退。梁皇后自己没有儿子，每当其他嫔妃怀有身孕，很少能得到保全。桓帝虽然畏惧梁冀，不敢谴责和发怒，然而让梁皇后来陪侍的次数变得稀少，梁皇后越来越忧愁愤恨。秋季，七月丙午（初八），梁皇后去世。乙丑（二十七日），将她安葬在懿陵，谥号为懿献皇后。

梁冀家族一门，前后共有七个侯，三个皇后，六个贵人，两个大将军，夫人和女儿享有食邑而称君的七人，娶公主为妻的三人，其他担任卿、将、尹、校等官职的五十七人。梁冀把持朝廷威权，独断专行，凶暴放肆，日甚一日。宫廷禁军和皇帝最亲近的侍卫和随从中，都有他的亲信，皇宫内部皇帝的起居，再细小的情况，他都必定了如指掌。向四方征调的物品，以及各地每年按时向皇帝贡献的礼品，都先将最好的呈送给梁冀，皇帝还得排在他的后面。官吏和百姓带着财物，到梁冀家里请求做官或者免罪的，在道路上前后相望。文武百官升迁或被征召，都要先到梁冀家门呈递谢恩书，然后才敢到尚书台去接受指示。下邳国人吴树被任命为宛县县令，上任之前向梁冀辞行，梁冀的宾客散布在宛县县境的很多，梁冀托吴树照顾他们。吴树说："邪恶的小人是残害百姓的蛀虫，即便是近邻，也应诛杀。将军高居上将之位，应该崇敬贤能，弥补朝廷的缺失。可是，自从我随同您坐下以后，没有听见您称赞一位长者，而嘱托我照顾很多不恰当的人，我实在不敢听！"梁冀沉默不语，心里很不高兴。吴树到县上任后，便将梁冀的宾客中为人民所痛恨的数十人诛杀。吴树后来升任荆州刺史，上任前向梁冀辞行，梁冀请他喝下了毒酒。吴树出来，死在车上。东郡太守侯猛，刚刚接受任命时，没有去谒见梁冀，梁冀就另外找了一个罪名将他腰斩。

梁冀把持朝政将近二十年，威势和权力震动内外，桓帝只好拱手，什么事都不能亲自参与。对于这种情况，桓帝早已愤愤不平，及至陈授死去，他愈发愤怒。和熹皇后邓绥的侄儿、郎中邓香的妻子宣，生下女儿邓猛。邓香死后，宣改嫁给梁纪为妻。梁纪，即梁冀之妻孙寿的舅父。孙寿因邓猛美貌，把她送进掖庭，被桓帝封为贵人。梁冀打算把邓猛认作自己的女儿，将邓猛改姓为梁猛，可是害怕邓猛的姊夫、议郎邴尊从中破坏，说服岳母宣予以拒绝，于是派刺客将邴尊杀死。其后，梁冀又想杀害邓猛的母亲宣。宣家和中常侍袁赦的家相邻，当梁冀派遣的刺客爬上袁赦家的屋顶，准备进入宣家时，被袁赦发觉。于是袁赦擂鼓聚集众人，通知宣家。宣急忙奔入皇宫，向桓帝报告，桓帝勃然大怒。于是，他单独招呼小黄门史唐衡跟随他上厕所，问道："我的左右侍卫，和皇后娘家不投合的，有谁？"唐衡回答说："中常侍单超、小黄门史左悺和梁不疑有仇。中常侍徐璜、黄门令具瑗，经常私下对皇后娘家放纵骄横表示愤恨，只是不敢开口。"于是，桓帝将单超、左悺叫进内室，对他俩说："梁将军兄弟在朝廷专权，胁迫内外，三公、九卿以下，都得按着他们的旨意行事，现在，我想要诛杀他们，你们二位的意思如何？"单超等回答说："梁冀兄弟的确是国家的奸贼，早就应该诛杀；只是我们的力量太弱小，不知圣意如何罢了。"桓帝又说："确实如你们所说，那么，请你们秘密谋划。"单超等回答说："谋划并不困难，只恐怕陛下心中狐疑不决。"桓帝说："奸臣威胁国家，应当定罪伏法，为什么狐疑不决呢！"于是，把徐璜、具瑗叫来，桓帝和五个宦官共同定计，桓帝将单超的手臂咬破出血，作为盟誓。单超等人对桓帝说："陛下如今既然已下定决心，千万不要再提这件事，怕会引起猜疑。"

梁冀果然对单超等产生猜疑，八月，丁丑（初十），派遣中黄门张恽入宫住宿，以防范意外变故。具瑗命令属吏逮捕张恽，罪名是：“擅自从外入宫，想要图谋不轨。”桓帝登上前殿，召集各位尚书前来，揭发了这件事，派遣尚书令尹勋持节统率丞、郎以下官吏，命全都手执兵器，守卫省阁，将所有代表皇帝和朝廷的符节收集起来，送进内宫。又派遣具瑗率领左右御厩的骑士、虎贲、羽林卫士、都候所属的剑戟士，共计一千余人，和司隶校尉张彪一同包围梁冀的府第。派光禄勋袁盱持节，向梁冀收缴了他的大将军印信，将他改封为比景都乡侯。梁冀和他的妻子孙寿，当天双双自杀。梁不疑、梁蒙在此以前已经去世。将梁氏和孙氏家族，包括他们在朝廷和地方的亲戚，全部逮入诏狱，不论男女老幼，全都押往闹市斩首，尸体暴露街头。受牵连的公卿、列校、州刺史、二千石官员，被诛杀的有数十人。太尉胡广、司徒韩缜、司空孙朗，都因阿附梁冀，没有去保卫宫廷而停留在长寿亭，被指控有罪，以减死罪一等论处，免去官职，贬为平民。此外，梁冀的旧时属吏和宾客，被免官的有三百余人，整个朝廷，为之一空。当时，事情突然从皇宫中发动，使者来往奔驰，三公九卿等朝廷大臣都失去常态，官府和大街小巷犹如鼎中的开水一片沸腾，数日之后，方才安定，百姓们无不称快，表示庆祝。桓帝下令没收梁冀的财产，由官府变卖，收入共计三十余亿，全都上缴国库，减收当年全国租税的一半。并将梁冀的园林分散给贫民耕种。

汉纪四十七

第五十五卷

孝桓皇帝中延熹九年（丙午，166）

初，帝为蠡吾侯，受学于甘陵周福，及即位，擢福为尚书。时同郡河南尹房植有名当朝，乡人为之谣曰："天下规矩，房伯武；因师获印，周仲进。"二家宾客，互相讥揣，遂各树朋徒，渐成尤隙。由是甘陵有南北部，党人之议自此始矣。

汝南太守宗资以范滂为功曹，南阳太守成瑨以岑晊为功曹，皆委心听任，使之褒善纠违，肃清朝府。滂尤刚劲，疾恶如仇。滂甥李颂，素无行，中常侍唐衡以属资，资用为吏；滂寝而不召。资迁怒，捶书佐朱零，零仰曰："范滂清裁，今日宁受笞而死，滂不可违。"资乃止。郡中中人以下，莫不怨之。于是二郡为谣曰："汝南太守范孟博，南阳宗资主画诺；南阳太守岑公孝，弘农成瑨但坐啸。"

太学诸生三万余人，郭泰及颍川贾彪为其冠，与李膺、陈蕃、王畅更相褒重。学中语曰："天下模楷，李元礼；不畏强御，陈仲举；天下俊秀，王叔茂。"于是中外承风，竞以臧否相尚，自公卿以下，莫不畏其贬议，屣履到门。

宛有富贾张泛者，与后宫有亲，又善雕镂玩好之物，颇以赂遗中官，以此得显位，用势纵横。岑晊与贼曹史张牧劝成瑨收捕泛等；既而遇赦，瑨竟诛之，并收其宗族宾客，杀二百余人，后乃奏闻。小黄门晋阳赵津，贪暴放恣，为一县巨患。太原太守平原刘瓆使郡吏王允讨捕，亦于赦后杀之。于是中常侍侯览使张泛妻上书讼冤，宦者因缘谮诉瑨、瓆。帝大怒，征瑨、瓆，皆下狱。有司承旨，奏瑨、瓆罪当弃市。

山阳太守翟超以郡人张俭为东部督邮。侯览家在防东，残暴百姓；览丧母还家，大起茔冢。俭举奏览罪，而览伺候遮截，章竟不上。俭遂破览冢宅，藉没资财，具奏其状，复不得御。徐璜兄子宣为下邳令，暴虐尤甚。尝求故汝南太守李暠女不能得，遂将吏卒至暠家，载其女归，戏射杀之。东海相汝南黄浮闻之，收宣家属，无少长，悉考之。掾史以下固争，浮曰："徐宣国贼，今日杀之，明日坐死，足以瞑目矣！"即案宣罪弃市，暴其尸。于是宦官诉冤于帝，帝大怒，超、浮并坐髡钳，输作左校。

太尉陈蕃、司空刘茂共谏，请瓆、瑨、超、浮等罪；帝不悦。有司劾奏之，茂不敢复言。蕃乃独上疏曰："今寇贼在外，四支之疾；内政不理，心腹之患。臣寝不能寐，食不能饱，实忧左右日亲，忠言日疏，内患渐积，外难方深。陛下深宜割塞近习与政之源，引纳尚书朝省之士，简练清高，斥黜佞邪。如是天和于上，地洽于下，休祯符瑞，岂远乎哉！"帝不纳。宦官由此疾蕃弥甚，选举奏议，辄以中诏谴却，长史以下多至抵罪，犹以蕃名臣，不敢加害。

瑨、瓆竟死狱中。瑨、瓆素刚直，有经术，知名当时，故天下惜之。岑晊、张牧逃窜获免。

河南张成，善风角，推占当赦，教子杀人。司隶李膺督促收捕，既而逢宥获免；膺愈怀愤疾，意按杀之。成素以方伎交通宦官，帝亦颇讯其占；宦官教成弟子牢脩上书，告"膺等养太学游士，交结诸郡生徒，更相驱驰，共为部党，诽讪朝廷，疑乱风俗"。于是天子震怒，班下郡国，逮捕党人，布告天下，使同忿疾。案经三府，太尉陈蕃却之曰："今所按者，皆海内人誉，忧国忠公之臣，此等犹将十世宥也，岂有罪名不章而致收掠者乎！"不肯平署。帝愈怒，遂下膺等于黄门北寺狱，其辞所连及，太仆颍川杜密、御史中丞陈翔及陈寔、范滂之徒二百余人。或逃遁不获，皆悬金购募，使者四出相望。陈寔曰："吾不就狱，众无所恃。"乃自往请囚。范滂至狱，狱吏谓曰："凡坐系者，皆祭皋陶。"滂曰："皋陶，古之直臣，知滂无罪，将理之于帝，如其有罪，祭之何益！"众人由此亦止。陈蕃复上书极谏，帝讳其言切，托以蕃辟召非其人，策免之。

汉桓帝延熹九年（丙午，公元166年）

起初，当桓帝还是蠡吾侯的时候，曾经跟着甘陵国人周福读过书。等到他当了皇帝以后，擢升周福担任尚书。当时，和周福同郡的河南尹房植，在朝廷也很有名望。于是，乡里的人编了一首歌谣说："天下为人言行正派，有房植；靠当老师做官，有周福。"两家的宾客，互相讥笑和攻击，于是各人树立自己的党羽和门徒，逐渐结成怨仇。因此，甘陵国的士人便分为南北两个部党，对党人的议论从此开始。

汝南郡太守宗资任命范滂为功曹，南阳郡太守成瑨任命岑晊为功曹，都非常信任，让他们奖励善良，惩罚邪恶，整顿和澄清太守府的吏治。范滂尤其刚毅强劲，看见罪恶犹如见到仇敌。范滂的外甥李颂一向没有德行，中常侍唐衡将他托付给汝南郡太守宗资，宗资任用李颂为吏，范滂却将公文搁置案头，不肯召见。宗资迁怒他人，捶打书佐朱零。朱零抬头对宗资说："这是范滂刚正的决断，今天我宁愿被笞打而死，也不违背范滂的决定。"宗资方才作罢。郡太守府中的中级官吏以下无不怨恨。于是，两郡就传出讽刺性的谣言说："汝南郡的太守是范滂，南阳郡人宗资只不过负责在文书上签字。南阳郡的太守是岑晊，弘农郡人成瑨只是闲坐着吟咏。"

太学学生共有三万余人，郭泰和颍川郡人贾彪是他们的首领。他俩和李膺、陈蕃、王畅互相褒扬标榜。学生中间流行这样一句赞美他们的话："天下楷模是李膺，不怕强梁横暴是陈蕃，天下才智出众是王畅。"于是朝廷内外受这样的风气影响，竞相以品评朝政的善恶得失为时尚，自三公九卿以下的朝廷大臣，无不害怕受到这种舆论的谴责和非议，都争先恐后地登门和他们结交。

宛县有一位富商名叫张泛，他和皇宫的某一位妃子沾点亲戚，而又善于雕刻供人赏玩嗜好的物品，经常不断地送给宦官作礼物，因此，在地方上很有地位，仗恃权势横行霸道。岑晊和贼曹史张牧说服太守成瑨，将张泛等人逮捕。不久遇着朝廷颁布大赦令，成瑨竟然不顾，将张泛诛杀，并收捕他的宗族和宾客共二百余人，全部处死，事后方才奏报朝廷。小黄门晋阳县人赵津，贪污残暴，骄纵恣肆，成了全县的大祸害。太原郡太守平原郡人刘瓆，派遣郡吏王允将赵津逮捕，也是在朝廷颁布赦令之后，将赵津诛杀。于是中常侍侯览指使张泛的妻子，向朝廷上书替张泛鸣冤，宦官又趁着这个机会，诬陷成瑨和刘瓆。桓帝勃然大怒，将成瑨、刘瓆二人征召回京都洛阳，囚禁监狱。有关官吏秉承宦官的意旨，弹劾成瑨、刘瓆罪大恶极，应当绑赴市场，斩首示众。

山阳郡太守翟超任命该郡人张俭担任东部督邮。中常侍侯览家在防东县，残害百姓。侯览母亲病故时，他回到家乡兴建高大的坟墓。张俭向朝廷上书，弹劾侯览的罪行，然而侯览伺机拦截张俭的奏章，使奏章无法呈送到皇帝面前。于是张俭便摧毁侯览的坟墓和住宅，没收所有的家赀和财产，再详细奏报侯览的罪状。奏章仍然不能上达。中常侍徐璜的侄儿徐宣，担任下邳县令，更加残暴酷虐。他曾经要求娶前汝南郡太守李暠的女儿为妻，因为没有得到手，就率领吏卒冲进李暠家里，将李暠的女儿抢回自己家中，以箭射女作为游戏，将她杀死。东海国宰相汝南郡人黄浮听说这件事后，逮捕徐宣和他的家属，不分男女老幼，一律用严刑拷问。掾史以下的属吏竭力劝阻，黄浮说："徐宣是国家的蠹贼，今天杀掉他，明天我坐罪抵命，死也瞑目。"立即判处将徐宣绑赴市场斩首，尸体示众。于是宦官向桓帝控诉，桓帝勃然大怒，翟超、黄浮两人都被坐罪，剃掉头发，并送往左校营罚服苦役。

太尉陈蕃和司空刘茂联名上书劝说桓帝，请求赦免成瑨、刘瓆、翟超、黄浮等人的罪，桓帝很不高兴。于是有关官吏便对陈蕃和刘茂进行弹劾，刘茂不敢再说话。陈蕃仍单独上书说："现在，外面的盗贼，只不过是人体四肢的毛病；而内政不能治理，才是心腹的祸患。我寝不能安，食不能饱，真正忧虑的是，陛下的左右亲近，越发受到宠信，忠言却越发稀少，内患一天比一天严重，外忧一天比一天加深。我盼望陛下应该切断和堵塞宦官参与朝政的本源，任用尚书台和朝廷大臣，精心挑选清廉高洁的人士，斥退和废黜奸佞小人。如能这样，则上天气和，地下融洽，吉利和祥瑞的征兆，难道还需很长时间才能出现？"桓帝没有采纳。宦官因此更加痛恨陈蕃，凡是遇到陈蕃上呈有关选择举用贤能的奏章，都宣称是皇帝的指示，严加谴责，加以退回。长史以下的官吏，很多都被判处罪刑。只因陈蕃是朝廷的著名大臣，暂时还不敢对他加以谋害。

成瑨、刘瓆竟然死在狱中。成瑨、刘瓆一向刚强正直，通晓经学，是当时的知名人士，所以，天下的人无不惋惜。岑晊、张牧逃亡流窜在外，幸免于难。

河南尹人张成精通占候之术，他预先推算朝廷将要颁布大赦令，就教他的儿子杀人。司隶校尉李膺督促属吏，逮捕张成父子。不久，果然遇着朝廷颁布赦令，应该赦免。李膺心中更加愤怒，竟将张成父子处斩。但张成一向用占候术和宦官结交，桓帝有时候也向张成讯问占候。于是宦官指使张成的徒弟牢脩上书，控告"李膺等人专门蓄养太学的游士，结交各郡派到京都洛阳求学的学生和门徒，互相标榜，结成朋党，诽谤朝廷，迷惑和扰乱风俗。"奏章呈上后，桓帝盛怒，下诏各郡、各封国，逮捕党人，并且明白布告天下，使大家同仇敌忾。公文经过太尉、司徒、司空三府，太尉陈蕃将诏书退回，说："这次所搜捕的，都是海内享有盛名，忧心国事，忠于国家的大臣，即令他们犯了什么罪过，也应该宽恕十世。岂有罪名暧昧不明，而遭逮捕拷打？"拒绝联合签署。桓帝更加发怒，便直接下令，逮捕李膺等人，囚禁在黄门北寺监狱。李膺等人的供词牵连涉及的有太仆颍川郡人杜密、御史中丞陈翔，以及太学学生陈寔、范滂等二百余人。有的人事先逃亡，未能逮捕归案，朝廷则悬赏缉拿，派遣出去搜捕党人的使者，到处可以见到。陈寔说：“我不到监狱，大家都没有依靠。”于是，自己前往监狱请求囚禁。范滂被捕，送到监狱，狱吏对他说：“凡是获罪系狱的人犯，都要祭拜皋陶。”范滂回答说：“皋陶是古代的正直大臣，如果他知道我范滂没有犯罪，将会代我向天帝申诉，如果我犯了罪，祭祀他又有什么裨益？”所以，其他的囚犯也都不再祭祀。陈蕃再次上书，极力规劝桓帝。桓帝忌讳陈蕃言辞激切，假托陈蕃推荐征召的官员不称职，下诏免除陈蕃的官职。

汉纪四十八

第五十六卷

孝灵皇帝上之上建宁二年（己酉，169）

初，李膺等虽废锢，天下士大夫皆高尚其道而污秽朝廷，希之者唯恐不及，更共相标榜，为之称号：以窦武、陈蕃、刘淑为三君，君者，言一世之所宗也；李膺、荀翌、杜密、王畅、刘祐、魏郎、赵典、朱寓为八俊，俊者，言人之英也；郭泰、范滂、尹勋、巴肃及南阳宗慈、陈留夏馥、汝南蔡衍、泰山羊陟为八顾，顾者，言能以德行引人者也；张俭、翟超、岑晊、苑康及山阳刘表、汝南陈翔、鲁国孔昱、山阳檀敷为八及，及者，言其能导人追宗者也；度尚及东平张邈、王孝、东郡刘儒、泰山胡母班、陈留秦周、鲁国蕃向、东莱王章为八厨，厨者，言能以财救人者也。及陈、窦用事，复举拔膺等；陈、窦诛，膺等复废。

宦官疾恶膺等，每下诏书，辄申党人之禁。侯览怨张俭尤甚，览乡人朱并素佞邪，为俭所弃，承览意指，上书告俭与同乡二十四人别相署号，共为部党，图危社稷，而俭为之魁。诏刊章捕俭等。冬，十月，大长秋曹节因此讽有司奏“诸钩党者故司空虞放及李膺、杜密、朱寓、荀翌、翟超、刘儒、范滂等，请下州郡考治。”是时上年十四，问节等曰：“何以为钩党？”对曰：“钩党者，即党人也；”上曰：“党人何用为恶而欲诛之邪？”对曰：“皆相举群辈，欲为不轨。”上曰：“不轨欲如何？”对曰：“欲图社稷。”上乃可其奏。

或谓李膺曰：“可去矣！”对曰：“事不辞难，罪不逃刑，臣之节也。吾年已六十，死生有命，去将安之！”乃诣诏狱，考死；门生故吏并被禁锢。侍御史蜀郡景毅子顾为膺门徒，未有录牒，不及于谴，毅慨然曰：“本谓膺贤，遣子师之，岂可以漏脱名籍，苟安而已！”遂自表免归。

汝南督邮吴导受诏捕范滂，至征羌，抱诏书闭转舍，伏床而泣，一县不知所为。滂闻之曰："必为我也。"即自诣狱。县令郭揖大惊，出，解印绶，引与俱亡，曰："天下大矣，子何为在此！"滂曰："滂死则祸塞，何敢以罪累君，又令老母流离乎！"其母就与之诀，滂白母曰："仲博孝敬，足以供养。滂从龙舒君归黄泉，存亡各得其所。惟大人割不可忍之恩，勿增感戚！"仲博者，滂弟也。龙舒君者，滂父龙舒侯相显也。母曰："汝今得与李、杜齐名，死亦何恨！既有令名，复求寿考，可兼得乎！"滂跪受教，再拜而辞。顾其子曰："吾欲使汝为恶，恶不可为；使汝为善，则我不为恶。"行路闻之，莫不流涕。

凡党人死者百余人，妻子皆徙边，天下豪桀及儒学有行义者，宦官一切指为党人；有怨隙者，因相陷害，睚眦之忿，滥入党中。州郡承旨，或有未尝交关，亦离祸毒，其死、徙、废、禁者又六七百人。

张俭亡命困迫，望门投止，莫不重其名行，破家相容，后流转东莱，止李笃家。外黄令毛钦操兵到门，笃引钦就席曰："张俭负罪亡命，笃岂得藏之！若审在此，此人名士，明廷宁宜执之乎？"钦因起抚笃曰："蘧伯玉耻独为君子，足下如何专取仁义！"笃曰："今欲分之，明廷载半去矣。"钦叹息而去。笃导俭以北海戏子然家，遂入渔阳出塞。其所经历，伏重诛者以十数，连引收考者布遍天下，宗亲并皆殄灭，郡县为之残破。俭与鲁国孔褒有旧，亡抵褒，不遇，褒弟融，年十六，匿之。后事泄，俭得亡走，国相收褒、融送狱，未知所坐。融曰："保纳舍藏者，融也，当坐。"褒曰："彼来求我，非弟之过。"吏问其母，母曰："家事任长，妾当其辜。"一门争死，郡县疑不能决，乃上谳之，诏书竟坐褒。及党禁解，俭乃还乡里，后为卫尉，卒，年八十四。夏馥闻张俭亡命，叹曰："孽自己作，空污良善，一人逃死，祸及万家，何以生为！"乃自翦须变形，入林虑山中，隐姓名，为冶家佣，亲突烟炭，形貌毁瘁，积二三年，人无知者。馥弟静载缣帛追求饷之，馥不受曰："弟奈何载祸相饷乎！"党禁未解而卒。

初，范滂等非讦朝政，自公卿以下皆折节下之，太学生争慕其风，以为文学将兴，处士复用。申屠蟠独叹曰："昔战国之世，处士横议，列国之王至为拥彗先驱，卒有坑儒烧书之祸，今之谓矣。"乃绝迹于梁、砀之间，因树为屋，自同佣人。居二年，滂等果罹党锢之祸，唯蟠超然免于评论。

臣光曰：天下有道，君子扬于王庭以正小人之罪，而莫敢不服。天下无道，君子囊括不言以避小人之祸，而犹或不免。党人生昏乱之世，不在其位，四海横流，而欲以口舌救之，臧否人物，激浊扬清，撩虺蛇之头，跷虎狼之尾，以至身被淫刑，祸及朋友，士类歼灭而国随以亡，不亦悲乎！夫唯郭泰既明且哲，以保其身，申屠蟠见几而作，不俟终日，卓乎其不可及已！

汉灵帝建宁二年（己酉，公元169年）

起初，李膺等虽然遭到废黜和禁锢，但天下的士族和文人都很尊敬他们，认为是朝廷政治恶浊，盼望能跟他们结交，唯恐不被他们接纳，而他们也互相赞誉，各人都有美号。称窦武、陈蕃、刘淑为三君，所谓君，说他们是一代宗师；李膺、荀翌、杜密、王畅、刘祐、魏郎、赵典、朱寓为八俊，所谓俊，说他们是一代英雄俊杰；郭泰、范滂、尹勋、巴肃，以及南阳郡人宗慈、陈留郡人夏馥、汝南郡人蔡衍、泰山郡人羊陟为八顾，所谓顾，说他们是一代德行表率；张俭、翟超、岑晊、苑康，以及山阳郡人刘表、汝南郡人陈翔、鲁国人孔昱、山阳郡人檀敷为八及，所谓及，说他们是一代导师；度尚以及东平国人张邈、王孝，东郡人刘儒，泰山郡人胡母班，陈留郡人秦周，鲁国人蕃响，东莱郡人王章为八厨，所谓厨，说他们是一代舍财救人的侠士。等到后来，陈蕃、窦武掌握朝廷大权，重新举荐和提拔李膺等人。陈蕃、窦武被诛杀，李膺等人再度被废黜。

宦官们对李膺等人非常痛恨，所以皇帝每次颁布诏书，都要重申对党人的禁令。中常侍侯览对张俭的怨恨尤为厉害。侯览的同郡人朱并素来奸佞邪恶，曾被张俭尖刻抨击过，便秉承侯览的旨意，上书检举说，张俭和同郡二十四人，分别互起称号，共同结成朋党，企图危害国家，而张俭是他们的首领。灵帝下诏，命将朱并的姓名从竹简上削掉，公布这份奏章，逮捕张俭等人。冬季，十月，大长秋曹节暗示有关官吏奏报："互相牵连结党的，有前司空虞放，以及李膺、杜密、朱寓、荀翌、翟超、刘儒、范滂等，请交付州郡官府拷讯审问。"当时，灵帝年仅十四岁，问曹节说："什么叫作互相牵连结党？"曹节回答说："互相牵连结党，就是党人。"灵帝又问："党人有什么罪恶，一定要诛杀？"曹节又回答说："他们互相推举，结成朋党，准备有不轨行动。"灵帝又问："不轨行动，想干什么？"曹节回答说："打算推翻朝廷。"于是，灵帝便批准。

有人告诉李膺说："你应该逃了。"李膺说："侍奉君王不辞艰难，犯罪不逃避刑罚，这是臣属的节操。我年已六十，生死有命，逃向何方？"便主动前往诏狱报到，被酷刑拷打而死。他的学生和过去的部属都被禁锢，不许再做官。侍御史蜀郡人景毅的儿子景顾是李膺的学生，因为在名籍上没有写他的名字，所以没有受到处罚。景毅感慨地说：“我本来就认为李膺是一代贤才，所以才教儿子拜他为师，岂可以因为名籍上脱漏而苟且偷安？”便自己上书检举自己，免职回家。

汝南郡督邮吴导接到逮捕范滂的诏书，抵达征羌侯国时，紧闭驿站旅舍的屋门，抱着诏书伏在床上哭泣，全县的人都不知道发生了什么事情。范滂得到消息后说：“一定是为我而来。”即自行到监狱报到。县令郭揖大吃一惊，把他接出来，解下印信，要跟范滂一道逃亡，说：“天下大得很，你怎么偏偏到这个地方来？”范滂回答说：“我死了，则灾祸停止，怎么敢因为我犯罪来连累你，而又使我的老母亲流离失所！”他的母亲来和他诀别，范滂告诉母亲说：“范仲博孝顺恭敬，足可供养您。我则跟从龙舒君归于九泉之下。生者和死者，都各得其所。只求您舍弃不能忍心的恩情，不要增加悲伤。”范仲博是范滂的弟弟。龙舒君是范滂的父亲，即已故的龙舒侯国宰相范显。母亲说：“你今天得以和李膺、杜密齐名，死有何恨！既已享有美名，又要盼望长寿，岂能双全？”范滂跪下，聆听母亲教诲，听完以后，再拜而别。临行时，回头对儿子说：“我想教你作恶，但恶不可作；想教你行善，但我未曾作恶。”行路的人听见，无不感动流涕。

因党人案而死的共有一百余人，他们的妻子和儿女都被放逐到边郡。天下英雄豪杰，以及有良好品行和道义的儒家学者，宦官一律把他们指控为党人。有私人怨恨的，也乘机争相陷害，甚至连瞪了一眼的小积忿，也滥被指控为党人。州郡官府秉承上司的旨意，有的人和党人从来没有牵连和瓜葛，也遭到惩处。因此而被处死、放逐、废黜、禁锢的人，又有六七百人之多。

张俭逃亡，困急窘迫，每当望见人家门户，便投奔请求收容。主人无不敬重他的声名和德行，宁愿冒着家破人亡的危险也要收容他。后来他辗转逃到东莱郡，住在李笃家里。外黄县令毛钦手持兵器来到李笃家中，李笃领着毛钦就座以后说：“张俭是背负重罪的逃犯，我怎么会窝藏他！假如他真的在我这里，这人是有名的人士，您难道非捉拿他不可？”毛钦因而站起身来，抚摸着李笃的肩膀说：“蘧伯玉以单独为君子而感到耻辱，你为何一个人专门获得仁义？”李笃回答说：“而今就想和你分享，你已经获得了一半。”于是毛钦叹息告辞而去。李笃便引导张俭经由北海郡戏子然家，再进入渔阳郡，逃出塞外。张俭自逃亡以来，所投奔的人家，因为窝藏和收容他而被官府诛杀的有十余人，被牵连遭到逮捕和审问的几乎遍及全国，这些人的亲属也都同时被灭绝，甚至有的郡县因此而残破不堪。张俭和鲁国人孔褒是旧友，当他去投奔孔褒时，正好遇上孔褒不在家，孔褒的弟弟孔融年仅十六岁，做主把张俭藏匿在家。后来事情被泄露，张俭虽然得以逃走，但鲁国宰相将孔褒、孔融逮捕，送到监狱关押，不知道应该判处谁来坐罪。孔融说："接纳张俭并把他藏匿在家的，是我孔融，应当由我坐罪。"孔褒说："张俭是来投奔我的，不是弟弟的罪过。"负责审讯的官吏征求他俩母亲的意见，母亲说："一家的事，由家长负责，罪在我身。"一家母子三人，争相赴死，郡县官府疑惑不能裁决，就上报朝廷。灵帝下诏，将孔褒诛杀抵罪。等到党禁解除以后，张俭才返回家乡，后来又被朝廷任命为卫尉，去世时，享年八十四岁。当初，夏馥听到张俭逃亡的消息，叹息说："自己作孽，应由自己承当，却凭空去牵连善良的人。一人逃命，使万家遭受灾祸，何必活下去！"于是他把胡须剃光，改变外貌，逃入林虑山中，隐姓埋名，充当冶铸金属人家的佣工，亲自挖掘烟炭，形容憔悴，为时二三年，没有人知道他是谁。夏馥的弟弟夏静带着缣帛，追着要馈赠与他。夏馥不肯接受，并且对夏静说："你为什么带着灾祸来送给我？"党禁还没有解除，他便去世了。

起初，范滂等非议和抨击朝廷政事。自三公、九卿以下文武官员，都降低自己的身份，对他恭敬备至。太学学生争先恐后地仰慕和学习他的风度，认为文献经典之学将再度兴起，隐居的士人将会重新得到重用。只有申屠蟠独自叹息说："过去，战国时代隐居的士人肆意议论国家大事，各国的国王甚至亲自为他们执帚扫除，作为前导，结果产生焚书坑儒的灾祸。这正是今天所面临的形势。"于是在梁国和砀县之间，再也见不到他的行迹。他靠着大树，建筑一栋房屋，把自己变成佣工模样。大约居住了两年，范滂等果然遭受党锢大祸，只有申屠蟠超脱世事，才免遭抨击。

臣司马光曰：天下政治清明，正人君子在朝廷上扬眉吐气，依法惩治小人的罪过，没有人敢不服从。天下政治混乱，正人君子闭口不言，以躲避小人的陷害，尚且不能避免。党人生在政治昏暗混乱的时代，又不担任朝廷的高官显位，面对天下民怨沸腾，却打算用舆论去挽救。评论人物的善恶，斥恶奖善，这就犹如用手去撩拨毒蛇的头，用脚践踏老虎和豺狼的尾巴，以致自身遭受酷刑，灾祸牵连朋友。读书人被大批杀害，王朝也跟着覆亡，岂不可悲！其中只有郭泰最为明智，竟能择安去危，保全自身。申屠蟠见机行动，不到一天，立刻回头，他的卓识远见，不是平常人所能赶得上的！

汉纪四十九

第五十七卷

孝灵皇帝上之下光和二年（己未，179）

王甫、曹节等奸虐弄权，扇动内外，太尉段颎阿附之。节、甫父兄子弟为卿、校、牧、守、令、长者布满天下，所在贪暴。甫养子吉为沛相，尤残酷，凡杀人，皆磔尸车上，随其罪目，宣示属县，夏月腐烂，则以绳连其骨，周遍一郡乃止，见者骇惧。视事五年，凡杀万余人。尚书令阳球常拊髀发愤曰："若阳球作司隶，此曹子安得容乎！"既而球果迁司隶。

甫使门生于京兆界辜榷官财物七千余万，京兆尹杨彪发其奸，言之司隶。彪，赐之子也。时甫休沐里舍，颎方以日食自劾。球诣阙谢恩，因奏甫、颎及中常侍淳于登、袁赦、封昺等罪恶，辛巳，悉收甫、颎等送雒阳狱，及甫子永乐少府萌、沛相吉。球自临考甫等，五毒备极；萌先尝为司隶，乃谓球曰："父子既当伏诛，亦以先后之义，少以楚毒假借老父。"球曰："尔罪恶无状，死不灭责，乃欲论先后求假借邪！"萌乃骂曰："尔前奉事吾父子如奴，奴敢反汝主乎！今日临厄相挤，行自及也！"球使以土窒萌口，棰扑交至，父子悉死于杖下，颎亦自杀。乃僵磔甫尸于夏城门，大署榜曰："贼臣王甫。"尽没入其财产，妻子皆徙比景。

球既诛甫，欲以次表曹节等，乃敕中都官从事曰："且先去权贵大猾，乃议其余耳。公卿豪右若袁氏儿辈，从事自办之，何须校尉邪！"权门闻之，莫不屏气。曹节等皆不敢出沐。会顺帝虞贵人葬，百官会丧还，曹节见磔甫尸道次，慨然抆泪曰："我曹可自相食，何宜使犬舐其汁乎！"语诸常侍："今且俱入，勿过里舍也。"节直入省，白帝曰："阳球故酷暴吏，前三府奏当免官，以九江微功，复见擢用。愆过之人，好为妄作，不宜使在司隶，以骋毒虐。"帝乃徙球为卫尉。时球出谒陵，节敕尚书令召拜，不得稽留尺一。球被召急，因求见帝，曰："臣无清高之行，横蒙鹰犬之任，前虽诛王甫、段颎，盖狐狸小丑，未足宣示天下，愿假臣一月，必令豺狼鸱枭各服其辜。"叩头流血。殿上呵叱曰："卫尉捍诏邪！"至于再三，乃受拜。

汉灵帝光和二年（己未，公元179年）

王甫、曹节等人奸邪暴虐，玩弄权势，朝廷内外无不插手，太尉段颎又迎合顺从他们。曹节、王甫的父亲和兄弟，以及养子，侄儿们，都分别担任九卿、校尉、州牧、郡太守、县令、长等重要官职，几乎布满全国各地，他们所到之处，贪污残暴。王甫的养子王吉担任沛国的宰相，更为残酷，每逢杀人，都把尸体剖成几块放到囚车上，张贴罪状，拉到所属各县陈尸示众。遇到夏季尸体腐烂，则用绳索把骨骼穿连起来，游遍一郡方才罢休，看到这种惨状的人，无不震骇恐惧。他在任五年，共诛杀一万余人。尚书令阳球曾用手拍着大腿发愤说："如果有一天我阳球担任了司隶校尉，这一群宦官崽子怎能容他们横行？"过了不久，阳球果然调任司隶校尉。

这时，正好王甫派他的门生在京兆的境界内独自侵占公家财物七千余万钱，被京兆尹杨彪检举揭发，并呈报给司隶校尉。杨彪是杨赐的儿子。当时，王甫正在家中休假，段颎也正好因发生日食而对自己提出弹劾。阳球入宫谢恩，于是趁着这个机会，向灵帝当面弹劾王甫、段颎，以及中常侍淳于登、袁赦、封昱等人的罪恶。辛巳（初八），便将王甫、段颎等，以及王甫的养子、永乐少府王萌，沛国的宰相王吉，全都逮捕，关押在洛阳监狱。阳球亲自审问王甫等人，五种酷刑全都用上。王萌先前曾经担任过司隶校尉，于是他对阳球说："我们父子当然应该被诛杀，但求你念及我们前后同官，宽恕我的老父亲，教他少受点苦刑。"阳球说："你的罪恶举不胜举，即便是死了也不会磨灭你的罪过，还跟我说什么前后同官，请求宽恕你的老父？"王萌便破口大骂说："你从前侍奉我们父子，就像一个奴才一样，奴才竟然胆敢反叛你的主子！今天乘人之危，落井下石，你会自己受到报应。"阳球命从人用泥土塞住王萌的嘴巴，鞭棍齐下，王甫父子全被活活打死。段颎也自杀。于是阳球把王甫的僵尸剖成几块，堆放在夏城门示众，并且张贴布告说："这是贼臣王甫！"把王甫的家产全部没收，并将他的家属全都放逐到比景。

阳球既已将王甫诛杀，打算按照次序，弹劾曹节等人，于是，他告诉中都官从事说："暂且先将权贵大奸除掉，再商议除掉其他的奸佞。至于三公、九卿中的豪强大族，像袁姓家族那一群小孩子，你这位从事自己去惩办就行了，何必还要我这位校尉出面动手！"权贵豪门听到这个消息，无不吓得不敢大声呼吸。曹节等人连休假日也都不敢出宫回家。正好遇着顺帝的妃子虞贵人去世，举行葬礼，文武百官送葬回城，曹节看见已被剁碎了的王甫尸体抛弃在道路旁边，禁不住悲愤地擦着眼泪说："我们可以自相残杀，却怎能教狗来舔我们的血？"于是他对其他中常侍说："现在我们暂且都一起进宫，不要回家。"曹节一直来到后宫，向灵帝禀报说："阳球过去本是一个暴虐的酷吏，司徒、司空、太尉等三府曾经对他提出过弹劾，应当将他免官。只因他在担任九江郡太守任期内微不足道的功劳，才再任命他做官。犯过罪的人，喜爱胡作非为，不应该教他担任司隶校尉，任他暴虐。"灵帝便调任阳球为卫尉。当时，阳球正在外出拜谒皇家陵园，曹节命尚书令立即召见阳球，宣布这项任命，不得拖延诏令。阳球见到被召急迫，因此请求面见灵帝，说："我虽然没有清洁高尚的德行，却承蒙陛下教我担任犹如飞鹰和走狗一样的重任。前些时虽然诛杀王甫、段颎，不过是几个狐狸小丑，不足以布告天下。请求陛下准许我再任职一个月，一定会让犹如豺狼和恶鸟一样的奸佞邪恶全都低头认罪。"说罢，又叩头不止地向灵帝请求，竟然出血。宦官们在殿上大声斥责说："卫尉，你敢违抗圣旨呀！"一连呵斥了两三次，阳球只好接受任命。

汉纪五十

第五十八卷

孝灵皇帝中光和四年（辛酉，181）

是岁，帝作列肆于后宫，使诸采女贩卖，更相盗窃争斗；帝著商贾服，从之饮宴为乐。又于西园弄狗，著进贤冠，带绶。又驾四驴，帝躬自操辔，驱驰周旋；京师转相仿效，驴价遂与马齐。

帝好为私蓄，收天下之珍货，每郡国贡献，先输中署，名为“导行费”。中常侍吕强上疏谏曰：“天下之财，莫不生之阴阳，归之陛下，岂有公私！而今中尚方敛诸郡之宝，中御府积天下之缯，西园引司农之藏，中厩聚太仆之马，而所输之府，辄有导行之财，调广民困，费多献少，奸吏因其利，百姓受其敝。又，阿媚之臣，好献其私，容谄姑息，自此而进。旧典：选举委任三府，尚书受奏御而已；受试任用，责以成功，功无可察，然后付之尚书举劾，请下廷尉覆按虚实，行其罪罚；于是三公每有所选，参议掾属，咨其行状，度其器能；然犹有旷职废宫，荒秽不治。今担任尚书，或有诏用，如是，三公得免选举之负，尚书亦复不坐，责赏无归，岂肯空自劳苦乎！”书奏，不省。

六年（癸亥，183）

初，钜鹿张角奉事黄、老，以妖术教授，号“太平道”。咒符水以疗病，令病者跪拜首过，或时病愈，众共神而信之。角分遣弟子周行四方，转相诳诱，十余年间，徒众数十万，自青、徐、幽、冀、荆、扬、兖、豫八州之人，莫不毕应。或弃卖财产，流移奔赴，填塞道路，未至病死者亦以万数。郡县不解其意，反言角以善道教化，为民所归。

角遂置三十六方；方，犹将军也，大方万余人，小方六七千，各立渠帅；讹言“苍天已死，黄天当立，岁在甲子，天下大吉”。以白土书京城寺门及州郡官府，皆作“甲子”字。大方马元义等先收荆、扬数万人，期会发于邺。元义数往来京师，以中常侍封谞、徐奉等为内应，约以三月五日内外俱起。

中平元年（甲子，184）

春，角弟子济南唐周上书告之。于是收马元义，车裂于雒阳。诏三公、司隶按验宫省直卫及百姓有事角道者，诛杀千余人；下冀州逐捕角等。角等知事已露，晨夜驰敕诸方，一时俱起，皆著黄巾以为标帜，故时人谓之“黄巾贼”。二月，角自称天公将军，角弟宝称地公将军，宝弟梁称人公将军，所在燔烧官府，劫略聚邑，州郡失据，长吏多逃亡；旬月之间，天下响应，京师震动。安平、甘陵人各执其王应贼。

帝召群臣会议。北地太守皇甫嵩以为宜解党禁，益出中藏钱、西园厩马以班军士。嵩，规之兄子也。上问计于中常侍吕强，对曰：“党锢久积，人情怨愤，若不赦宥，轻与张角合谋，为变滋大，悔之无救。今请先诛左右贪浊者，大赦党人，料简刺史、二千石能否，则盗无不平矣。”帝惧而从之。壬子，赦天下党人，还诸徙者；唯张角不赦。发天下精兵，遣北中郎将卢植讨张角，左中郎将皇甫嵩、右中郎将朱儁讨颍川黄巾。

汉灵帝光和四年（辛酉，公元181年）

这一年，灵帝在后宫修建了许多商业店铺，让宫女们行商贩卖。于是，后宫中相互盗窃和争斗的事情屡有发生。灵帝穿上商人的服装，与行商的宫女们一起饮酒作乐。灵帝又在西园玩狗，狗的头上戴着文官的帽子，身上披着绶带。他还手执缰绳，亲自驾驶着四头驴拉的车子，在园内来回奔驰。京城洛阳的人竞相仿效，致使驴的售价与马价相等。

灵帝还喜好积蓄私房钱，收集天下的各种奇珍异宝。每次各郡、国向朝廷进贡，都要先精选出一部分珍品，送交管理皇帝私人财物的中署，叫作“导行费”。中常侍吕强上书规劝说：“普天之下的财富，无不生于阴阳，都归陛下所有，难道有公私之分！而现在，中尚方广敛各郡的珍宝，中御府堆满天下出产的丝织品，西园里收藏着理应由大司农管理的钱物，骥厩中则饲养着本该归太仆管理的马匹。而各地向朝廷交纳贡品，都要送上导行费。这样，征调数量增加，人民贫困，花费增多，贡品却少。贪官污吏从中取利，黎民百姓深受其苦。更有一些阿谀献媚的臣子，喜欢进献私人财物，陛下对他们姑息纵容，这种不良之风因此越来越盛。依照以往制度，选拔官员的事情应由三府负责，尚书只负责将三府的奏章转呈给陛下。被选拔者通过考核，加以委任，并责求他们拿出政绩。没有政绩者，才交付尚书进行弹劾，提请转给廷尉核查虚实，加以处罚。因此，三公在选拔人才时，都要与僚属仔细评议，了解这些人的品行，评估他们的才干。尽管如此严格，仍然有些官员不能胜任，使政务荒废。如今只由尚书负责选拔官员，或由陛下颁下诏书，直接任用，这样，三公就免除了选拔不当的责任，尚书也不再因此获罪。奖惩都得不到，难道谁还肯自己白白地辛劳吗？”奏章呈上，灵帝未加理睬。

六年（癸亥，公元 183 年）

最初，钜鹿人张角信奉黄帝、老子，以法术和咒语等传授门徒，号称“太平道”。他用念过咒语的符水治病，先让病人下跪，说出自己所犯的错误，然后喝下符水。有些病人竟然就此痊愈，于是，人们将他信奉如神明。张角派他的弟子走遍四方，不断诳骗引诱，十余年的时间，信徒多达数十万，青州、徐州、幽州、冀州、荆州、扬州、兖州和豫州等八州之人，无不响应。有的信徒卖掉自己的家产，前往投奔张角，他们塞满道路，尚未到达而死在途中的也数以万计。郡、县的官员不了解张角的真实意图，反而讲张角教民向善，因而为百姓所拥戴。

张角设置三十六个方，方，犹如将军。大方统率一万余人，小方统率六七千人，各立首领。他宣称：“苍天已死，黄天当立，岁在甲子，天下大吉。”并用白土在京城洛阳各官署及各州、郡官府的大门上都写上“甲子”二字。他们计划，由大方马元义等先集结荆州、扬州的党徒数万人，按期会合，在邺城起事。马元义多次前往京城洛阳，以中常侍封谞、徐奉等人为内应，约定于次年的三月五日，京城内外同时发动。

中平元年（甲子，公元 184 年）

春季，张角的弟子济南人唐周上书告密。于是，朝廷逮捕了马元义，在洛阳用车裂的酷刑将他处死。灵帝下诏，命令三公和司隶校尉调查皇宫及朝廷官员、禁军将士和普通百姓中信奉张角“太平道”者，处死了一千余人。同时还下令让冀州的官员捉拿张角等人。张角等得知计划已经泄露，便派人昼夜兼程赶往各地，通知各方首领，一时间各方全都起兵，他们个个头戴黄巾作为标志，因此当时人称他们为“黄巾贼”。

二月，张角自称天公将军，他弟弟张宝称地公将军，张梁称人公将军。他们焚烧当地官府，劫掠城镇。州郡官员无力抵抗，大多弃职逃跑。不过一个月的时间，天下纷纷响应，京城洛阳为之震动。安平国和甘陵国的人民分别生擒了安平王和甘陵王，响应黄巾军。

灵帝召集群臣商议对策。北地郡太守皇甫嵩认为，应该解除禁止党人做官的禁令，并拿出皇帝私人所有的中藏府钱财以及西园骥厩中的良马，赏赐给出征的将士。皇甫嵩是皇甫规哥哥的儿子。灵帝询问中常侍吕强的意见，吕强说："对党人的禁令时间已经很长了，人心怨恨愤怒，若不予以赦免，他们将轻举妄动，与张角联合起来，叛乱之势便会更趋扩大，到那时，后悔就来不及了。现在，请先将陛下左右贪赃枉法的官员处死，大赦所有的党人，并考察各地刺史、郡守的能力。如果这样做，叛乱就不会不平息了。"灵帝对黄巾军的势力感到害怕，接受了吕强的建议。壬子(初七)，大赦天下党人，已经被流放到边疆地区的党人及其家属都可以重返故乡，唯有张角不在赦免范围之内。与此同时，征调全国各地的精兵，派遣北中郎将卢植去征讨张角，左中郎将皇甫嵩、右中郎将朱儁征讨在颍川地区活动的黄巾军。

汉纪五十一

第五十九卷

孝灵皇帝下中平六年（己巳，189）

蹇硕忌大将军进，与诸常侍共说帝遣进西击韩遂；帝从之。进阴知其谋，奏遣袁绍收徐、兖二州兵，须绍还而西，以稽行期。

初，帝数失皇子，何皇后生子辩，养于道人史子眇家，号曰“史侯”。王美人生子协，董太后自养之，号曰“董侯”。群臣请立太子。帝以辩轻佻无威仪，欲立协，犹豫未决。会疾笃，属协于蹇硕。丙辰，帝崩于嘉德殿。硕时在内，欲先诛何进而立协，使人迎进，欲与计事；进即驾往。硕司马潘隐与进早旧，迎而目之。进惊，驰从儳道归营，引兵入屯百郡邸，因称疾不入。

戊午，皇子辩即皇帝位，年十四。尊皇后曰皇太后。太后临朝。赦天下，改元为光熹。封皇弟协为勃海王。协年九岁。以后将军袁隗为太傅，与大将军何进参录尚书事。

进既秉朝政，忿蹇硕图己，阴规诛之。袁绍因进亲客张津，劝进悉诛诸宦官。进以袁氏累世贵宠，而绍与从弟虎贲中郎将术皆为豪杰所归，信而用之。复博征智谋之士何颙、荀攸及河南郑泰等二十余人，以颙为北军中侯，攸为黄门侍郎，泰为尚书，与同腹心。攸，爽之从孙也。

蹇硕疑不自安，与中常侍赵忠、宋典等书曰：“大将军兄弟秉国专朝，今与天下党人谋诛先帝左右，扫灭我曹，但以硕典禁兵，故且沈吟。今宜共闭上閤，急捕诛之。”中常侍郭胜，进同郡人也，太后及进之贵幸，胜有力焉，故亲信何氏；与赵忠等议，不从硕计，而以其书示进。庚午，进使黄门令收硕，诛之，因悉领其屯兵。

袁绍复说何进曰：“前窦武欲诛内宠而反为所害者，但坐言语漏泄；五营兵士皆畏服中人，而窦氏反用之，自取祸灭。今将军兄弟并领劲兵，部曲将吏皆英俊名士，乐尽力命，事在掌握，此天赞之时也。将军宜一为天下除患，以垂名后世，不可失也！”进乃白太后，请尽罢中常侍以下，以三署郎补其处。太后不听，曰：“中官统领禁省，自古及今，汉家故事，不可废也。且先帝新弃天下，我奈何楚楚与士人共对事乎！”进难违太后意，且欲诛其放纵者。绍以为中官亲近至尊，出纳号令，今不悉废，后必为患。而太后母舞阳君及何苗数受诸宦官赂遗，知进欲诛之，数白太后为其障蔽；又言：“大将军专杀左右，擅权以弱社稷。”太后疑以为然。进新贵，素敬惮中官，虽外慕大名而内不能断，故事久不决。

绍等又为画策，多召四方猛将及诸豪杰，使并引兵向京城，以胁太后；进然之。主簿广陵陈琳谏曰：“谚称‘掩目捕雀’，夫微物尚不可欺以得志，况国之大事，其可以诈立乎！今将军总皇威，握兵要，龙骧虎步，高下在心，此犹鼓洪炉燎毛发耳。但当速发雷霆，行权立断，则天人顺之。而反委释利器，更征外助，大兵聚会，强者为雄，所谓倒持干戈，授人以柄，功必不成，只为乱阶耳！”进不听。典军校尉曹操闻而笑曰：“宦者之官，古今宜有，但世主不当假之权宠，使至于此。既治其罪，当诛元恶，一狱吏足矣，何至纷纷召外兵乎！欲尽诛之，事必宣露，吾见其败也。”

何进召卓使将兵诣京师。侍御史郑泰谏曰：“董卓强忍寡义，志欲无厌，若借之朝政，授以大事，将恣凶欲，必危朝廷。明公以亲德之重，据阿衡之权，秉意独断，诛除有罪，诚不宜假卓以为资援也！且事留变生，殷鉴不远，宜在速决。”尚书卢植亦言不宜召卓，进皆不从。泰乃弃官去，谓荀攸曰：“何公未易辅也。”

孝献皇帝甲初平元年（庚午，190）

春，正月，关东州郡皆起兵以讨董卓，推勃海太守袁绍为盟主；绍自号车骑将军，诸将皆板授官号。绍与河内太守王匡屯河内，冀州牧韩馥留邺，给其军粮。豫州刺史孔伷屯颍川，兖州刺史刘岱、陈留太守张邈、邈弟广陵太守超、东郡太守桥瑁、山阳太守袁遗、济北相鲍信与曹操俱屯酸枣，后将军袁术屯鲁阳，众各数万。豪桀多归心袁绍者；鲍信独谓曹操曰：“夫略不世出，能拨乱反正者，君也。苟非其人，虽强必毙。君殆天之所启乎！”

汉灵帝中平六年（己巳，公元189年）

蹇硕忌恨大将军何进，与诸常侍共同劝说灵帝派遣何进西征韩遂，灵帝同意了。何进暗中获悉他们的阴谋后，上奏请求派袁绍到徐州和兖州去调集军队，要等到袁绍回来再进行西征，以便拖延行期。

当初，灵帝连续死去了几个儿子，因此，何皇后生下儿子刘辩后，就送到道人史子眇家去抚养，故被称为“史侯”。王美人生下儿子刘协，由董太后亲自抚养，被称为“董侯”。群臣请求灵帝立太子。灵帝认为刘辩为人轻佻，缺乏威仪，想立刘协，但犹豫未决。正在这时，灵帝病重，把刘协托付给蹇硕。丙辰（四月十一日），灵帝于嘉德殿驾崩。蹇硕当时在皇宫中，想先杀何进，然后立刘协为皇帝。他派人去接何进要与他商议事情，何进即刻乘车前往。蹇硕的司马潘隐与何进早有交谊，在迎接他时用眼神示意。何进大惊，驰车抄近道跑回自己控制的军营，率军进驻各郡国在京城的官邸，声称有病，不再进宫。

戊午（十三日），皇子刘辩即帝位，当时他十四岁。尊称母亲何皇后为皇太后。何太后临朝主持朝政，大赦天下，改年号为光熹。封皇弟刘协为勃海王，当时他只有九岁。任命后将军袁隗为太傅，与大将军何进共同主持尚书事务。

何进既已掌握朝政大权，怨恨蹇硕想谋害自己，暗中计划将他杀死。袁绍通过何进的亲信门客张津，劝说何进将所有的宦官一网打尽。何进因袁氏历代都有人做高官，袁绍与堂弟虎贲中郎将袁术又为天下豪杰所拥戴，因此相信并任用他们。又广泛征聘有智谋的人士何颙、荀攸及河南人郑泰等二十人，任命何颙为北军中侯，荀攸为黄门侍郎，郑泰为尚书，把他们都作为自己的心腹。荀攸是荀爽的族孙。

蹇硕心里疑虑不安，写信给中常侍赵忠、宋典等人说：“大将军何进兄弟控制朝政，独断专行，如今与天下的党人策划要诛杀先帝左右的亲信，消灭我们。只是因为我统率禁军，所以暂且迟疑。现在应该一起动手，关闭宫门，赶快将何进逮捕处死。”中常侍郭胜与何进是同郡之人，何太后及何进能有贵宠的地位，他帮了很大的忙，因此他亲近信赖何氏。郭胜与赵忠等人商议后，拒绝蹇硕的提议，而把蹇硕的信送给何进看。庚午（二十五日），何进令黄门令逮捕蹇硕，将他处死，于是把禁军全部置于自己指挥之下。

袁绍又向何进建议说：“从前窦武他们想要消灭宦官，反而被宦官所杀害，只是因为消息泄露。五营兵士一向畏惧宦官的权势，而窦氏反而利用他们，所以自取灭亡。如今将军兄弟同时统帅禁军劲族，部下将领官吏都是俊杰名士，乐于为您效命，事情全在掌握之中，这是天赐良机。将军应该一举为天下除去大害，垂名后世，不要错过这个机会！”何进于是向太后建议，请求全部撤换中常侍及以下的宦官，委派三署郎官代替他们的职务。何太后不答应，说：“从古至今，都是由宦官来管理皇宫内的事情，这条汉朝的传统制度，不能废掉。何况先帝刚刚去世，我怎能衣冠整齐地与士人相对共事呢！”何进难以违背太后的意思，打算暂且诛杀最跋扈的宦官。袁绍认为宦官最亲近太后和皇帝，百官的奏章及皇帝诏命都由他们来回传递，现在如果不彻底除掉，将来一定会有后患。但是何太后的母亲舞阳君和弟弟何苗多次接受宦官们的贿赂，知道何进要消灭宦官，屡次向何太后进言阻止，又说：“大将军擅自杀害左右近臣，专权独断，削弱国家。”太后心中疑虑，认为他们的话有理。何进新近掌握重权，但他一向对宦官们既尊敬又畏惧，虽然羡慕得到除去宦官的美名，但心中不能当机立断，因此事情拖下来，久久不能决定。

袁绍又为何进出谋划策，劝他多召各地的猛将和英雄豪杰，让他们都率军向京城洛阳进发，以此来威胁何太后，何进同意了这一计划。主簿、广陵人陈琳劝阻说：“民间有一句谚语，叫‘闭起眼睛捉麻雀’。像那样的小事，尚且不可用欺诈手段达到目的，何况国家大事，怎么可以用欺诈办成呢？如今将军身集皇家威望，手握兵权，龙行虎步，为所欲为。这样对付宦官，好比是用炉火去烧毛发。只要您发动，用雷霆万钧之势当机立断，发号施令，那么上应天意，下顺民心，很容易达到目的。然而如今反而放弃手中的权柄，去征求外援。等到各地大军聚集时，强大者就将称雄，这样做就是所谓倒拿武器，而把手柄交给别人一样，必定不会成功，只会带来大乱罢了。”何进不听。典军校尉曹操听说后笑着说：“在宫中服务的宦官，古今都应该有，只是君王不应该给予大权和宠信，使他们发展到现在这个程度。既然要惩治他们，应当除去首恶，只要一个狱吏就足够了。何至于纷纷攘攘地征召各地部队呢！假如要想将他们一网打尽，事情必然会泄露，我将看到此事的失败。”

何进召董卓率军到洛阳来。侍御史郑泰劝谏说：“董卓为人强悍，不讲仁义，又贪得无厌。假如朝廷依靠他的支持，授以兵权，他将为所欲为，必然会威胁到朝廷的安全。您作为皇帝国戚，掌握国家大权，可以依照本意独断独行，惩治那些罪人，实在不应该依靠董卓作为外援！而且事情拖得太久，就会起变化，先前窦武之事的教训并不久远，应该赶快决断。”尚书卢植也认为不应当召董卓，何进都不接受。郑泰于是辞职而去，告诉荀攸说：“何进是个不容易辅佐的人。”

汉献帝初平元年（庚午，公元190年）

春季，正月，函谷关以东的各州、郡全都起兵讨伐董卓，推举勃海太守袁绍为盟主。袁绍自称车骑将军，诸将全都被临时授予官号。袁绍与河内郡太守王匡驻军河内，冀州牧韩馥留守邺城，供应军粮。豫州刺史孔伷驻军颍川，兖州刺史刘岱、陈留郡太守张邈、张邈的弟弟广陵郡太守张超、东郡太守桥瑁、山阳郡太守袁遗、济北国相鲍信和曹操都驻军酸枣，后将军袁术驻军鲁阳。各路军马都有数万人。各路豪杰多拥戴袁绍，只有鲍信对曹操说："现在谋略超群，能拨乱反正的人，就是阁下了。假如不是这种人才，尽管强大，却必将失败。您恐怕是上天派来的吧！"

汉纪五十二

第六十卷

孝献皇帝乙初平二年（辛未，191）

二月，丁丑，以董卓为太师，位在诸侯王上。

卓谓长史刘艾曰："关东军败数矣，皆畏孤，无能为也。惟孙坚小戆，颇能用人，当语诸将，使知忌之。孤昔与周慎西征边、韩于金城，孤语张温，求引所将兵为慎作后驻，温不听。温又使孤讨先零叛羌，孤知其不克而不得止，遂行，留别部司马刘靖将步骑四千屯安定以为声势。叛羌欲截归道，孤小击辄开，畏安定有兵故也。虏谓安定当数万人，不知但靖也。而孙坚随周慎行，谓慎求先将万兵造金城，使慎以二万作后驻。边、韩畏慎大兵，不敢轻与坚战，而坚兵足以断其运道。儿曹用其言，凉州或能定也。温既不能用孤，慎又不能用坚，卒用败走。坚以佐军司马，所见略与人同，固自为可；但无故从诸袁儿，终亦死耳！"乃使东中郎将董越屯渑池，中郎将段煨屯华阴，中郎将牛辅屯安邑，其余诸将布在诸县，以御山东。辅，卓之婿也。卓引还长安。孙坚修塞诸陵，引军还鲁阳。

绍客逄纪谓绍曰："将军举大事而仰人资给，不据一州，无以自全。"绍曰："冀州兵强，吾士饥乏，设不能办，无所容立。"纪曰："韩馥庸才，可密要公孙瓒使取冀州，馥必骇惧，因遣辩士为陈祸福，馥迫于仓卒，必具逊让。"绍然之，即以书与瓒。瓒遂引兵而至，外托讨董卓而阴谋袭馥，馥与战不利。会董卓入关，绍还军延津，使外甥陈留高幹及馥所亲颍川辛评、荀谌、郭图等说馥曰："公孙瓒将燕、代之卒乘胜来南，而诸郡应之，其锋不可当。袁车骑引军东向，其意未可量也，窃为将军危之！"馥惧，曰："然则为之奈何？"谌曰："君自料宽仁容众为天下所附，孰与袁氏？"馥曰："不如也。""临危吐决，智勇过人，又孰与袁氏？"馥曰："不如也。"谌曰："袁氏一时之杰，将军资三不如之势，久处其上，彼必不为将军下也。夫冀州，天下之重资也，彼若与公孙瓒并力取之，危亡可立而待也。夫袁氏，将军之旧，且为同盟，当今之计，若举冀州以让袁氏，彼必厚德将军，瓒亦不能与之争矣。是将军有让贤之名，而身安于泰山也。”馥性恇怯，因然其计。……绍遂领冀州牧，承制以馥为奋威将军，而无所将御，亦无官属。绍以广平沮授为奋武将军，使监护诸将，宠遇甚厚。魏郡审配、钜鹿田丰并以正直不得志于韩馥，绍以丰为别驾，配为治中，及南阳许攸、逢纪、颍川荀谌皆为谋主。

三年（壬申，192）

卓忍于诛杀，诸将言语有蹉跌者，便戮于前，人不聊生。司徒王允与司隶校尉黄琬、仆射士孙瑞、尚书杨瓒密谋诛卓。中郎将吕布，便弓马，膂力过人，卓自以遇人无礼，行止常以布自卫，甚爱信之，誓为父子。然卓性刚褊，尝小失卓意，卓拔手戟掷布，布拳捷避之，而改容顾谢，卓意亦解。布由是阴怨于卓。卓又使布守中阁，而私于傅婢，益不自安。王允素善待布，布见允，自陈卓几见杀之状，允因以诛卓之谋告布，使为内应。布曰：“如父子何？”曰：“君自姓吕，本非骨肉。今忧死不暇，何谓父子？掷戟之时，岂有父子情邪！”布遂许之。

夏，四月，丁巳，帝有疾新愈，大会未央殿。卓朝服乘车而入，陈兵夹道，自营至宫，左步右骑，屯卫周匝，令吕布等捍卫前后。王允使士孙瑞自书诏以授布，布令同郡骑都尉李肃与勇士秦谊、陈卫等十余人伪著卫士服，守北掖门内以待卓。卓入门，肃以戟刺之；卓衷甲，不入，伤臂，堕车，顾大呼曰：“吕布何在！”布曰：“有诏讨贼臣！”卓大骂曰：“庸狗，敢如是邪！”布应声持矛刺卓，趣兵斩之。主簿田仪及卓仓头前赴其尸，布又杀之，凡所杀三人。布即出怀中诏版以令吏士曰：“诏讨卓耳，余皆不问。”吏士皆正立不动，大称万岁。百姓歌舞于道，长安中士女卖其珠玉衣装市酒肉相庆者，填满街肆。弟旻、璜等及宗族老弱在郿，皆为其群下所斫射死。暴卓尸于市，天时始热，卓素充肥，脂流于地，守尸吏为大炷，置卓脐中然之，光明达曙，如是积日。诸袁门生聚董氏之尸，焚灰扬之于路。坞中有金二三万斤，银八九万斤，锦绮奇玩积如丘山。以王允录尚书事，吕布为奋威将军、假节，仪比三司，封温侯，共秉朝政。

汉献帝初平二年（辛未，公元191年）

二月，丁丑（十二日），任命董卓为太师，地位在诸侯王之上。

董卓对长史刘艾说："关东的叛军屡败，都畏惧我，不会有什么作为。只有孙坚有点不知死活，挺会用人，应该告诉诸将，让他们知道提防。我从前与周慎到金城郡西征边章、韩遂，我向张温请求率领部下做周慎的后援，张温不同意。张温又派我去讨伐先零的叛乱羌人，我知道不能取胜，但又不能不去，于是出发，留下别部司马刘靖率领四千步、骑兵驻在安定，作为呼应。羌军想切断我的归路，我只作轻微攻击就冲开了阻截，这是因为他们害怕安定的驻军。羌军以为安定会有数万大军，不知只有刘靖一支部队。孙坚随周慎作战，向周慎请求先率一万人前往金城，让周慎率二万人为后援。边章、韩遂害怕周慎的大军，不敢轻易与孙坚开战，而孙坚的军队足以切断他们的粮道。假如周慎那帮小子能用孙坚的计谋，凉州或许能够平安。而张温既不能听从我，周慎又不能听从孙坚，最后只能战败而退走。孙坚是个佐军司马，见解却与我大致相同，确实是可用之才。只是他无缘无故地跟随袁家的那些公子，最终还是会送命的！"于是，董卓派东中郎将董越驻守渑池，中郎将段煨驻守华阴，中郎将牛辅驻守安邑，其余的将领分布各县，以抵御山东联军的进攻。牛辅是董卓的女婿。董卓回到长安。孙坚在修复历代皇帝的陵墓后，率军回到鲁阳。

袁绍的门客逢纪对袁绍说："将军倡导大事，却要依靠别人供应粮草，如果不能占据一个州作为根据地，就不能保全自己。"袁绍说："冀州兵强，而我的部下又饥又乏，假如不能成功，就没有立足之处了。"逢纪说："韩馥是一个庸才，您可秘密联络公孙瓒，让他攻打冀州。韩馥必然惊慌恐惧，我们便乘机派遣有口才的使节去为他分析祸福，韩馥迫于突然发生的危机，必然肯把冀州出让给您。"袁绍觉得有理，就写信给公孙瓒。公孙瓒率军到冀州，表面上声称去讨伐董卓，而密谋袭击韩馥。韩馥与公孙瓒交战，失败。正好董卓进入函谷关，袁绍便率军返回延津，派外甥、陈留人高幹与韩馥所亲信的颍川人辛评、荀谌、郭图等人去游说韩馥："公孙瓒统率燕、代两地的军队乘胜南下，各郡纷纷响应，军锋锐不可当。袁绍又率军向东移动，意图不可估量，我们为将军担心。"韩馥心中恐慌，问他们说："既然这样，那么该怎么办呢？"荀谌说："您自己判断一下，宽厚仁义，能为天下豪杰所归附，比得上袁绍吗？"韩馥说："比不上。"荀谌又问："那么，临危不乱，遇事果断，智勇过人，比得上袁绍吗？"韩馥说："比不上。"荀谌再问："数世以来，广布恩德，使天下家家受惠，比得上袁绍吗？"韩馥说："比不上。"荀谌说："袁绍是这一时代的人中豪杰，将军以三方面都不如他的条件，却又长期在他之上，他必然不会屈居将军之下。冀州是天下物产丰富的重要地区，他要是与公孙瓒合力夺取冀州，将军立刻就会陷入危亡的困境。袁绍是将军的旧交，又曾结盟共讨董卓，现在的办法是，如果把冀州让给袁绍，他必然感谢您的厚德，而公孙瓒也无力与他来争。这样，将军便有让贤的美名，而自身则比泰山还要安稳。”韩馥性情怯懦，于是同意了他们的计策。袁绍于是兼任冀州牧，以皇帝的名义任命韩馥为奋威将军，但既没有兵，也没有官属。袁绍任命广平人沮授为奋武将军，派他监护所有将领，对他十分宠信。魏郡人审配、巨鹿人田丰都因为人正直，不为韩馥欣赏，袁绍任命田丰为别驾，审配为治中，与南阳人许攸、逢纪、颍川人荀谌都成为袁绍的主要谋士。

三年（壬申，公元 192 年）

董卓性情残暴，随意杀人，部下将领言语稍有差错，就被当场处死，致使人人自危。司徒王允与司隶校尉黄琬、仆射士孙瑞、尚书杨瓒等密谋除掉董卓。中郎将吕布精于骑射，力气超过常人。董卓知道自己待人寡恩无礼，害怕遭到暗害，无论去什么地方，都常常让吕布做自己的随从侍卫，对他十分宠信，发誓说情同父子。但是董卓性情刚愎，曾经为了一件不合自己心意的小事，拔出手戟掷向吕布。吕布身手矫健，避开手戟，又和颜悦色地向董卓道歉，董卓才息怒作罢。吕布从此暗中怨恨董卓。董卓又命吕布守卫中阁，吕布乘机与董卓的一位侍女私通，越发心中不安。王允一向待吕布很好。吕布见王允时，主动说出几乎被董卓所杀的事情，于是王允将诛杀董卓的计划告诉吕布，并让他做内应。吕布说：“但我们有父子之情，怎么办？”王允说：“你自姓吕，与他本没有骨肉关系，如今顾虑自己的生死都来不及，还谈什么父子！他在掷戟之时，难道有父子之情吗！”吕布于是应允。

夏季，四月，丁巳，献帝患病初愈，在未央殿大会朝中百官。董卓身穿朝服，乘车入朝。从军营到皇宫的道路两侧警卫密布，左侧是步兵，右侧是骑兵，戒备森严，由吕布等在前后侍卫。王允命士孙瑞自己书写诏书交给吕布。吕布让同郡人、骑都尉李肃与勇士秦谊、陈卫等十余人冒充卫士，身穿卫士的服装，埋伏在北掖门等待董卓。董卓一进门，李肃举戟刺去，董卓内穿铁甲，未能刺入，只伤了他的手臂，跌到车下。董卓回头大喊：“吕布在哪里？”吕布说：“奉皇帝诏令，讨伐贼臣！”董卓大骂说：“狗崽子，你胆敢如此！”吕布没等董卓骂完，就手持铁矛将他刺死，并催促士兵砍下他的头颅。主簿田仪及董卓的奴仆扑到董卓的尸前，又被吕布杀死，共杀了三个人。吕布随即从怀中取出诏书，命令官兵们说：“皇帝下诏，只讨董卓，其他人一概不问。”官兵们听后都立正不动，高呼万岁。百姓大街道上唱歌跳舞，以示庆祝。长安城中的士人、妇女卖掉珠宝首饰及衣服，用来买酒买肉，互相庆贺，街市拥挤得水泄不通。董卓的弟弟董旻、董璜以及留在郿坞的董氏家族老幼，都被他们的部下用刀砍死，或用箭射死。董卓的尸体被拖到市中示众。当时天气渐热，董卓一向身体肥胖，油脂流到地上，看守尸体的官吏便做了一个大灯捻，放在董卓的肚脐上点燃，从晚上烧到天亮，就这样一连烧了几天。受过董卓迫害的袁氏家族的门生们，把已被斩碎的董卓尸体收拢起来，焚烧成灰，扬撒在大路上。郿坞中藏有黄金二三万斤，白银八九万斤，绫罗绸缎、奇珍异宝堆积如山。献帝任命王允主持尚书事务；吕布为奋威将军、假节，礼仪等待遇均与三公相等，封温侯，与王允一起主持朝政。

汉纪五十三

第六十一卷

孝献皇帝丙兴平二年（乙亥，195）

董卓初死，三辅民尚数十万户，李傕等放兵劫掠，加以饥馑，二年间，民相食略尽。李傕、郭汜、樊稠各相与矜功争权，欲斗者数矣，贾诩每以大体责之，虽内不能善，处相含容。

傕数设酒请郭汜，或留汜止宿。汜妻恐汜爱傕婢妾，思有以间之。会傕送馈，妻以豉为药，擿以示汜曰："一栖不两雄，我固疑将军信李公也。"他日，傕复请汜，饮大醉，汜疑其有毒，绞粪汁饮之，于是各治兵相攻矣。

帝使侍中、尚书和傕、汜，傕、汜不从。汜谋迎帝幸其营，夜有亡者，告傕。三月，丙寅，傕使兄子暹将数千兵围宫。以车三乘迎帝。太尉杨彪曰："自古帝王无在人家者，诸君举事，奈何如是！"暹曰："将军计定矣。"于是群臣步从乘舆以出，兵即入殿中，掠宫人、御物。帝至傕营，傕又徙御府金帛置其营，遂放火烧宫殿、官府、民居悉尽。帝复使公卿和傕、汜，汜留杨彪及司空张喜、尚书王隆、光禄勋刘渊、卫尉士孙瑞、太仆韩融、廷尉宣播、大鸿胪荣郃、大司农朱儁、将作大匠梁邵、屯骑校尉姜宣等于其营以为质。朱儁愤懑发病死。

郭汜飨公卿，议攻李傕。杨彪曰："群臣共斗，一人劫天子，一人质公卿，可行乎！"汜怒，欲手刃之。彪曰："卿尚不奉国家，吾岂求生邪！"中郎将杨密固谏，汜乃止。傕召羌、胡数千人，先以御物缯彩与之，许以宫人、妇女，欲令攻郭汜。汜阴与傕党中郎将张苞等谋攻傕。丙申，汜将兵夜攻傕门，矢及帝帘帷中，又贯傕左耳。苞等烧屋，火不然。杨奉于外拒汜，汜兵退，苞等因将所领兵归汜。

李傕、郭汜相攻连月，死者以万数。六月，傕将杨奉谋杀傕，事泄，遂将兵叛傕，傕众稍衰。庚午，镇东将军张济自陕至，欲和傕、汜，迁乘舆权幸弘农。帝亦思旧京，遣使宣谕，十反，汜、傕许和，欲质其爱子。傕妻爱其男，和计未定，而羌、胡数来窥省门，曰："天子在此中邪！李将军许我宫人，今皆何在？"帝患之，使侍中刘艾谓宣义将军贾诩曰："卿前奉职公忠，故仍升荣宠；今羌、胡满路，宜思方略。"诩乃召羌、胡大帅饮食之，许以封赏，羌、胡皆引去，傕由此单弱。于是复有言和解之计者，傕乃从之，各以女为质。

秋，七月，甲子，车驾出宣平门，当渡桥，汜兵数百人遮桥曰："此天子非也？"车不得前。傕兵数百人，皆持大戟在乘舆车前，兵欲交，侍中刘艾大呼曰："是天子也！"使侍中杨琦高举车帷，帝曰："诸君何敢迫近至尊邪？"汜兵乃却。既渡桥，士众皆称万岁。夜到霸陵，从者皆饥，张济赋给各有差。傕出屯池阳。

冬，十月，以曹操为兖州牧。

于是董承等以新破傕等，可复东引。庚申，车驾发东，董承、李乐卫乘舆，胡才、杨奉、韩暹、匈奴右贤王于后为拒。傕等复来战，奉等大败，死者甚于东涧。光禄邓渊、廷尉宣播、少府田芬、大司农张义皆死。司徒赵温、太常王绛、卫尉周忠、司隶校尉管郃为傕所遮，欲杀之，贾诩曰："此皆大臣，卿奈何害之！"乃止。李乐曰："事急矣，陛下宜御马。"上曰："不可舍百官而去，此何辜哉！"兵相连缀四十里，方得至陕，乃结营自守。

乘舆居棘篱中，门户无关闭，天子与群臣会，兵士伏篱上观，互相镇压以为笑。

帝又遣太仆韩融至弘农与傕、汜等连和，傕乃放遣公卿百官，颇归所掠宫人及乘舆器服。已而粮谷尽，宫人皆食菜果。

是时，长安城空四十余日，强者四散，羸者相食，二三年间，关中无复人迹。

汉献帝兴平二年（乙亥，公元195年）

董卓刚死的时候，三辅地区的百姓还有数十万户。由于李傕等人纵兵抢掠，加上饥荒，百姓吃人肉充饥，两年之间，几乎死尽。李傕、郭汜、樊稠相互夸耀自己的功勋，争权夺利，有几次要冲突起来。贾诩每次都责备他们要以大局为重，因此，虽然他们内部不能友好相处，但表面还是团结一致。

李傕经常摆下酒宴款待郭汜，有时还留郭汜住宿在自己家中。郭汜的妻子恐怕郭汜会喜欢上李家的侍女，想用计阻止郭汜前往。正好李傕送来食物，郭汜妻把豆豉说成毒药，挑出来给郭汜看，说：“一群鸡中容不下两只公鸡，我实在不明白将军为什么这样信任李傕。”另一天，李傕又宴请郭汜，郭汜饮酒过量而大醉。他疑心酒里有毒，就喝下粪汁来使自己呕吐。于是，他们各自部署队伍，相互攻击。

献帝派侍中、尚书去调解李傕和郭汜的矛盾，但李傕、郭汜都不服从。郭汜阴谋劫持献帝到他的军营，夜里，有人逃到李傕营中，将郭汜的计划告诉李傕。三月，丙寅（二十五日），李傕派侄子李暹率领数千名兵士包围皇宫，用三辆车迎接献帝到自己营中。太尉杨彪说：“自古以来，帝王从没有住在臣民家中的，你们做事，怎么能这样呢！”李暹说：“将军的计划已经定了。”于是，群臣徒步跟在献帝的车后出宫。军队立即就进入宫殿，抢掠宫女和御用器物。献帝到李傕营中后，李傕又将御府所收藏的金帛搬到自己营里，随即放火将宫殿、官府和百姓的房屋全部烧光。献帝又派公卿调解李傕、郭汜的矛盾，郭汜就把太尉杨彪及司空张喜、尚书王隆、光禄勋刘渊、卫尉士孙瑞、太仆韩融、廷尉宣璠、大鸿胪荣郃、大司农朱儁、将作大匠梁邵、屯骑校尉姜宣等都扣留在营中，作为人质。朱儁十分气愤，发病而死。

郭汜设宴款待被扣的朝廷大臣，商议进攻李傕。太尉杨彪说：“你们这些臣属互相争斗，一个人劫持天子，一个人将公卿做人质，这怎么能行呢！”郭汜大怒，想要亲手用刀杀死杨彪，杨彪说：“你连皇上都不尊奉，我难道还会求生吗？”中郎将杨密竭力劝阻，郭汜这才作罢。李傕召集数千名羌人和胡人，先以御用物品和绸缎赏赐他们，许诺还将赏赐宫女和民间妇女，打算要他们进攻郭汜。郭汜则暗中与李傕的党羽中郎将张苞等勾结，策划进攻李傕。丙申（二十五日），郭汜率军乘夜进攻李傕营门，飞箭射到献帝御帐的帷帘中，还贯穿了李傕的左耳。张苞等人在营内放火烧房，但火没有燃着。李傕部下杨奉在营外抵抗郭汜，郭汜军撤退，张苞于是率领部下投奔郭汜。

李傕、郭汜相互攻击，一连几个月，死者数以万计。六月，李傕部将杨奉打算谋杀李傕，计划泄露，便率领部下背叛李傕，李傕的势力逐渐衰落。庚午，镇东将军张济从陕县来到长安，打算调解李傕与郭汜的争端，迎接献帝前往弘农。献帝也思念旧京洛阳，便派遣使者到李傕、郭汜营中传达圣旨。使者反复十次，李傕与郭汜才答应讲和，打算互相交换爱子，作为人质。李傕的妻子疼爱儿子，所以和约没有谈成。而在这段时间，李傕部下的羌人与胡人不断地到献帝住地的大门窥探，说：“皇帝在这里面吗！李傕答应赐给我们的宫女，如今都在什么地方？”献帝不安，派侍中刘艾对宣义将军贾诩说："你以前对国家忠心耿耿，恪尽职守，因此得到提升，享受荣宠。如今羌人与胡人塞满道路，你应该筹划一个对策。"于是，贾诩大开酒宴，款待羌人和胡人的首领，许诺授予他们爵位和赏赐财物，这些羌人和胡人才全部离去，李傕从此势力单弱。于是又有人提出和解的建议时，李傕便同意与郭汜讲和，相互交换女儿作人质。

秋季，七月，甲子，献帝乘车出宣平门，正要过护城河桥，郭汜部下数百名士兵在桥上拦住去路，问："这是不是天子！"献帝车驾无法前进。李傕部下数百名士兵，全都手执大戟守在车前，两军就要交手，侍中刘艾大声喊："真的是天子！"让侍中杨琦把车帘高高掀起，献帝说："你们怎敢这样迫近至尊！"郭汜的兵才撤退，渡过桥后，官兵一起高呼："万岁！"晚上走霸陵，侍从官员与卫士都饥饿不堪，张济根据各人官职大小，分别给予饮食。李傕离开长安，驻军池阳。

冬季，十月，任命曹操为兖州牧。

于是董承等人认为李傕等刚刚被打败，可以继续东行。庚申（二十四日），献帝一行向东进发，董承、李乐保护车驾，胡才、杨奉、韩暹与匈奴右贤王去卑率军作为后卫。李傕等又来进攻，杨奉等大败，死亡人数比在弘农东涧时还多。光禄勋邓渊、廷尉宣播、少府田芬、大司农张义全都被杀。司徒赵温、太常王绛、卫尉周忠、司隶校尉管郃被李傕俘虏，李傕要杀死他们，贾诩说："这些人都是朝中大臣，你怎么能杀害他们！"李傕这才作罢。李乐对献帝说："形势十分危急，陛下应该上马。"献帝说："我不能丢下百官，自己逃命，他们有什么罪！"军队断断续续地在道路上连接有四十里长，然后到达陕县，于是筑起营寨固守。

献帝住在以荆棘为篱的房中。门窗不能关闭，献帝与群臣们举行朝会时，兵士们就趴在篱笆上观望，相互拥挤取乐。

献帝又派太仆韩融到弘农，与李傕、郭汜等讲和，李傕这才放走被他俘虏的公卿百官，并归还了不少被掠去的宫女和御用物品。不久，粮食吃光，宫女们全都以野菜、野果充饥。

这时候，长安城中无人管理，达四十余天。身强力壮的都四散逃命，老幼病弱的只能自相残杀，靠吃人肉度日。两三年间，关中地区不再有人的踪迹。

汉纪五十四

第六十二卷

孝献皇帝丁建安二年（丁丑，197）

袁绍与操书，辞语骄慢。操谓荀彧、郭嘉曰："今将讨不义而力不敌，何如？"对曰："刘、项之不敌，公所知也。汉祖惟智胜项羽，故羽虽强，终为所禽。今绍有十败，公有十胜，绍虽强，无能为也。绍繁礼多仪，公体任自然，此道胜也。绍以逆动，公奉顺以率天下，此义胜也。桓、灵以来，政失于宽，绍以宽济宽，故不摄，公纠之以猛，上下知制，此治胜也。绍外宽内忌，用人而疑之，所任唯亲戚子弟，公外易简而内机明，用人无疑，唯才所宜，不间远近，此度胜也。绍多谋少决，失在后事，公得策辄行，应变无穷，此谋胜也。绍高议揖让以收名誉，士之好言饰外者多归之，公以至心待人，不为虚美，士之忠正远见而有实者皆愿为用，此德胜也。绍见人饥寒，恤念之，形于颜色，其所不见，虑或不及，公于目前小事，时有所忽，至于大事，与四海接，恩之所加，皆过其望，虽所不见，虑无不周，此仁胜也。绍大臣争权，谗言惑乱，公御下以道，浸润不行，此明胜也。绍是非不可知，公所是进之以礼，所不是正之以法，此文胜也。绍好为虚势，不知兵要，公以少克众，用兵如神，军人恃之，敌人畏之，此武胜也。"操笑曰："如卿所言，孤何德以堪之！"嘉又曰："绍方北击公孙瓒，可因其远征，东取吕布；若绍为寇，布为之援，此深害也。"彧曰："不先取吕布，河北未易图也。"操曰："然，吾所惑者，又恐绍侵扰关中，西乱羌、胡，南诱蜀、汉，是我独以兖、豫抗天下六分之五也，为将奈何？"彧曰："关中将帅以十数，莫能相一，唯韩遂、马腾最强，彼见山东方争，必各拥众自保，今若抚以恩德，遣使连和，虽不能久安，比公安定山东，足以不动。侍中、尚书仆射钟繇有智谋，若属以西事，公无忧矣。"操乃表繇以侍中守司隶校尉，持节督关中诸军，特使不拘科制。繇至长安，移书腾、遂等，为陈祸福，腾、遂各遣子入侍。

三年（戊寅，198）

初，袁绍每得诏书，患其有不便于己者，欲移天子自近，使说曹操以许下埤湿，雒阳残破，宜徙都鄄城以就全实；操拒之。田丰说绍曰："徙都之计，既不克从，宜早图许，奉迎天子，动托诏书，号令海内，此算之上者。不尔，终为人所禽，虽悔无益也。"绍不从。

曹操欲自击布，诸将皆曰："刘表、张绣在后，而远袭吕布，其危必也。"荀攸曰："表、绣新破，势不敢动。布骁猛，又恃袁术，若从横淮、泗间，豪杰必应之。今乘其初叛，众心未一，往可破也。"操曰："善！"此行，泰山屯帅臧霸、孙观、吴敦、尹礼、昌豨等皆附于布。操与刘备遇于梁，进至彭城。陈宫谓布："宜逆击之，以逸待劳，无不克也。"布曰："不如待其来，蹙著泗水中。"冬，十月，操屠彭城。广陵太守陈登率郡兵为操先驱，进至下邳。布自将屡与操战，皆大败，还保城，不敢出。

操掘堑围下邳，积久，士卒疲敝，欲还。荀攸、郭嘉曰："吕布勇而无谋，今屡战皆北，锐气衰矣。三军以将为主，主衰则军无奋意。陈宫有智而迟，今及布气之未复，宫谋之未定，急攻之，布可拔也。"乃引沂、泗灌城，月余，布益困迫，临城谓操军士曰："卿曹无相困我，我当自首于明公。"陈宫曰："逆贼曹操，何等明公！今日降之，若卵投石，岂可得全也！"

布将侯成亡其名马，已而复得之，诸将合礼以贺成，成分酒肉先入献布。布怒曰："布禁酒而卿等酝酿，为欲因酒共谋布邪！"成忿惧，十二月，癸酉，成与诸将宋宪、魏续等共执陈宫、高顺，率其众降。布与麾下登白门楼。兵围之急，布令左右取其首诣操，左右不忍，乃下降。

布见操曰："今日已往，天下定矣。"操曰："何以言之？"布曰："明公之所患不过于布，今已服矣。若令布将骑，明公将步，天下不足定也。"顾谓刘备曰："玄德，卿为坐上客，我为降虏，绳缚我急，独不可一言邪！"操笑曰："缚虎不得不急。"乃命缓布缚，刘备曰："不可。明公不见吕布事丁建阳、董太师乎！"操颔之。布目备曰："大耳儿，最叵信！"

操谓陈宫曰："公台平生自谓智有余，今竟何如！"宫指布曰："是子不用宫言，以至于此。若其见从，亦未必为禽也。"操曰："奈卿老母何？"宫曰："宫闻以孝治天下者不害人之亲，老母存否，在明公，不在宫也。”操曰：“奈卿妻子何？”宫曰：“宫闻施仁政于天下者不绝人之祀，妻子存否，在明公，不在宫也。”操未复言。宫请就刑，遂出，不顾，操为之泣涕，并布、顺皆缢杀之，传首许市。操召陈宫之母，养之终其身，嫁宫女，抚视其家，皆厚于初。

汉献帝建安二年（丁丑，公元197年）

袁绍在给曹操的信中，措辞十分傲慢。曹操对荀彧、郭嘉说：“现在，我准备讨伐悖逆君臣大义的袁绍，但势力没有他强大，应该怎么办？”他们回答说：“刘邦的势力比不上项羽，是您所知道的。刘邦只靠谋略战胜项羽，所以项羽虽强，最终仍被击败。如今，袁绍有十项失败因素，而您有十项胜利因素，袁绍虽然强大，却不会有什么作为。袁绍讲究排场，礼仪繁多；而您待人接物出于自然，这是在处世之道上胜过他。袁绍身为臣子，如果起兵进攻，便是叛逆；而您尊奉天子以统率天下，这是在道义上胜过他。自从桓帝、灵帝以来，政令失于松弛，袁绍却用松弛来补救松弛，因此缺乏法纪，令出不行；而您用严厉来纠正松弛，使得大小官员都知道遵守法纪，这是在治理上胜过他。袁绍外表宽厚而内心猜忌，用人好起疑心，只信任亲戚子弟；而您外表平易近人，内心机敏善察，用人不疑，只看才干，不问远近亲疏，这是在器度上胜过他。袁绍计谋多而决断少，往往错过时机；而您制定了策略就立即施行，可应付无穷的变化，这是在谋略上胜过他。袁绍喜欢高谈阔论，谦恭揖让，以沽名钓誉，因此，那些华而不实的士大夫多去投奔他；而您以至诚待人，不虚情假意，忠诚正直、有远见和真才实学之士都愿为您效力，这是在品德上胜过他。袁绍看到他人饥寒交迫，怜悯之情便在面色上显露出来，但对没有看到的，就有时考虑不周；而您对于眼前的小事，经常忽略不管，但对于大事，以及与全国各地的交往，您所施的恩惠却往往出人意外，对于看不到的事情，也考虑得无不十分周全，这是在仁义上胜过他。袁绍手下的大臣争权夺利，互进谗言，混淆视听；而您管理属下有方，谗言诬陷行不通，这是在明智上胜过他。袁绍做事没有标准，所是所非不可知；而您对正直、有功的人礼敬，对邪恶、犯罪的人以法律制裁、这是在文治上胜过他。袁绍喜欢虚张声势，而不知兵家要诀；而您善于以弱胜强，用兵如神，部下信赖，敌人畏惧，这是在武功上胜过他。”曹操笑道：“照你们的分析，我有什么德能担当得起！”郭嘉又说：“袁绍正在北方攻击公孙瓒，可乘他远征之机，先向东收拾吕布。如果袁绍攻我，吕布在旁支援，就会成为大害。”荀彧说：“不先击败吕布，我们就不容易攻击占据河北的袁绍。”曹操说：“你们分析得对。我感到为难的是，又怕袁绍扰乱关中，向西联合羌人、胡人，向南勾结蜀、汉地方势力，那样的话，则我将仅以兖州、豫州来对抗全国其余六分之五的地区，该怎么办呢？”荀彧说：“关中将领数以十计，各自为政，不能统一，其中韩遂、马腾势力最强，他们看到崤山以东地区发生争斗，必然各自拥兵自保，如今，要是用恩德去安抚他们，派使者去与他们联合，虽然不会长久安定，但足以维持到您克定崤山以东。侍中、尚书仆射钟繇有智谋，如果让他处理关中事务，您就不必忧虑了。”曹操于是上表推荐，并由朝廷批准，任命钟繇以侍中兼任司隶校尉持符节，监督关中地区诸军，还授予他不受法令制度约束的特权。钟繇到达长安后，发送文书给马腾、韩遂等，为他们陈述利害，马腾、韩遂等都表示服从朝廷，各自派遣儿子到朝廷任职，充当人质。

三年（戊寅，公元198年）

起初，袁绍每接到诏书，对其中一些于自己不利的措施，很觉烦恼，因此想把天子迁到离自己较近的持方。他派使者去游说曹操，指出许都地势低而潮湿，洛阳已经残破，最好迁都到鄄城，以靠近富裕的地区，便于供应。曹操拒绝了这个建议。袁绍的谋士田丰劝袁绍说：“迁都的建议既然已被拒绝，应当早日进攻许都，奉迎天子。然后，就可利用皇帝的诏书，号令全国，这是上策。不这样，最终会受制于人，就算后悔也没有用了。”袁绍未予采纳。

曹操打算亲自去进击吕布，诸将都说：“刘表、张绣在后，如果您率军远袭吕布，必然会发生危机。”荀攸说：“刘表、张绣新近受创，在此情势下，不敢有所举动。吕布为人骁勇，又倚仗袁术的势力，如果他纵横淮河、泗水之间，必有其他豪杰起来响应。如今趁他刚刚背叛朝廷，众心不定，大军前往，可以将他击破。”曹操说：“很好！”等到曹操大军出动时，泰山军首领臧霸、孙观、吴敦、尹礼、吕豨等都归附于吕布。曹操在梁地遇到刘备，一同进驻彭城。陈宫对吕布说：“应当迎击他们，以逸待劳，无往不胜！”吕布说：“不如等待他们自己前来，我把他们赶到泗水中淹死。”冬季，十月，曹操在彭城屠城。广陵郡太守陈登率领广陵郡郡兵作为曹操的先锋，进抵下邳。吕布亲自率军，屡次与曹操交战，全都大败，只好退守城池，不敢出战。

曹操挖掘壕沟包围下邳城。但很久未能攻克，兵士十分疲惫，他打算撤军。荀攸、郭嘉说：“吕布有勇无谋，现在连战连败，锐气已衰。三军完全要看主将的情况，主将锐气一衰，则三军斗志全消。陈宫虽有智谋，但机变不够。现在应该乘吕布锐气未复，陈宫智谋未定的时机，发动猛攻，可以消灭吕布。”于是，曹军开凿沟渠，引沂水、泗水来灌城。又过了一个月，吕布更加困窘，登上城头对曹军士兵说：“你们不要这样逼迫我，我要向明公自首。”陈宫说：“曹操不过是个逆贼，怎么配称明公！我们现在投降，就好像用鸡蛋去敲石头，岂能保住性命！”

吕布部将侯成丢失一匹好马，不久又找回来，将领们联合送礼给侯成，向他道贺。侯成设宴招待诸将，先分一份酒肉献给吕布。吕布发怒说：“我下令禁酒，而你们又违令酿酒，打算借饮酒来共同算计我吗？”侯成又气又怕。十二月，癸酉（二十四日），侯成与宋宪、魏续等将领共同捉住陈宫、高顺，率领部众归降曹操。吕布率领左右亲兵登上白门楼，曹军四面紧逼，吕布命令左右亲兵砍下他的人头去投降曹操，亲兵们不忍下手，吕布于是下楼投降。

吕布见到曹操，说：“从今以后，天下可以平定了。”曹操说：“为什么这样讲？”吕布说：“您所顾忌的人，不过是我吕布。现在，我已归顺，如果让我率领骑兵，您自统步兵，则天下无人能敌。”吕布又回头对刘备说：“刘玄德，你是座上客，我为阶下囚，绳子把我捆得太紧，难道不能帮我说句话吗？”曹操笑着说：“捆绑猛虎，不能不紧。”于是下令给吕布松绑，刘备说：“不行，您没有看到吕布侍奉丁原与董卓的情形吗？”曹操点头赞同。吕布瞪着刘备说：“大耳朵的家伙，最不可信！”

曹操对陈宫说：“你平生自以为智谋有余，现在怎么样？”陈宫指着吕布说：“这个人不用我的计策，才落到这样的下场。如果他听我的话，也未必就被你捉住。”曹操说：“那你的老母怎么办呢？”陈宫说：“我听说，以孝道治理天下的人，不伤害别人的双亲，我老母的生死，决定于您，而不在我。”曹操说：“你的妻子儿女怎么办？”陈宫说：“我听说施仁政于天下的人，不灭绝别人的后代，妻子儿女的生死，也决定于您，而不在我。”曹操没有再说话。陈宫请求受刑，于是走出门，不再回头，曹操忍不住为他落泪。陈宫与吕布、高顺全都被绞死，他们的头颅被送到京师许都。曹操把陈宫的母亲召来，赡养她直到去世；又把他的女儿嫁出去，对陈宫家属的持养照顾，比当初陈宫跟随自己时还要丰厚。

汉纪五十五

第六十三卷

孝献皇帝戊建安四年（己卯，199）

绍简精兵十万、骑万匹，欲以攻许。沮授谏曰："近讨公孙瓒，师出历年，百姓疲敝，仓库无积，未可动也。宜务农息民，先遣使献捷天子；若不得通，乃表曹操隔我王路，然后进屯黎阳，渐营河南，益作舟船，缮修器械，分遣精骑抄其边鄙，令彼不得安，我取其逸，如此，可坐定也。"郭图、审配曰："以明公之神武，引河朔之强众，以伐曹操，易如覆手，何必乃尔！"授曰："夫救乱诛暴，谓之义兵；恃众凭强，谓之骄兵；义者无敌，骄者先灭。曹操奉天子以令天下，今举师南向，于义则违。且庙胜之策，不在强弱。曹操法令既行，士卒精练，非公孙瓒坐而受攻者也。今弃万安之术而兴无名之师，窃为公惧之！"图、配曰："武王伐纣，不为不义；况兵加曹操，而云无名！且以公今日之强，将士思奋，不及时以定大业，所谓'天与不取，反受其咎'，此越之所以霸，吴之所以灭也。监军之计在于持牢，而非见时知几之变也。"绍纳图言。图等因是谮授曰："授监统内外，威震三军，若其浸盛，何以制之！夫臣与主同者亡，此《黄石》之所忌也。且御众于外，不宜知内。"绍乃分授所统为三都督，使授及郭图、淳于琼各典一军。骑都尉清河崔琰谏曰："天子在许，民望助顺，不可攻也！"绍不从。

许下诸将闻绍将攻许，皆惧，曹操曰："吾知绍之为人，志大而智小，色厉而胆薄，忌克而少威，兵多而分画不明，将骄而政令不壹，土地虽广，粮食虽丰，适足以为吾奉也。"孔融谓荀彧曰："绍地广兵强，田丰、许攸智士也，为之谋；审配、逢纪忠臣也，任其事；颜良、文丑勇将也，统其兵。殆难克乎！"彧曰："绍兵虽多而法不整，田丰刚而犯上，许攸贪而不治，审配专而无谋，逢纪果而自用；此数人者，势不相容，必生内变。颜良、文丑，一夫之勇耳，可一战而禽也。"

秋，八月，操进军黎阳，使臧霸等将精兵入青州以捍东方，留于禁屯河上。九月，操还许，分兵守官渡。

五年（庚辰，200）

曹操还军官渡，绍乃议攻许，田丰曰：“曹操既破刘备，则许下非复空虚。且操善用兵，变化无方，众虽少，未可轻也，今不如以久持之。将军据山河之固，拥四州之众，外结英雄，内修农战，然后简其精锐，分为奇兵，乘虚迭出以扰河南，救右则击其左，救左则击其右，使敌疲于奔命，民不得安业，我未劳而彼已困，不及三年，可坐克也。今释庙胜之策而决成败于一战，若不如志，悔无及也。”绍不从。丰强谏忤绍，绍以为沮众，械系之。于是移檄州群，数操罪恶。二月，进军黎阳。

袁绍遣其将颜良攻东郡太守刘延于白马。沮授曰：“良性促狭，虽骁勇，不可独任。”绍不听。夏，四月，曹操北救刘延。荀攸曰：“今兵少不敌，必分其势乃可。公到延津，若将渡兵向其后者，绍必西应之，然后轻兵袭白马，掩其不备，颜良可禽也。”操从之。绍闻兵渡，即分兵西邀之。操乃引军兼行趣白马，未至十余里，良大惊，来逆战。操使张辽、关羽先登击之。羽望见良麾盖，策马刺良于万众之中，斩其首而还，绍军莫能当者。遂解白马之围，徙其民，循河而西。

绍军至延津南，操勒兵驻营南阪下，使登垒望之，曰：“可五六百骑。”有顷，复白：“骑稍多，步兵不可胜数。”操曰：“勿复白。”令骑解鞍放马。是时，白马辎重就道。诸将以为敌骑多，不如还保营。荀攸曰：“此所以饵敌，如何去之！”操顾攸而笑。绍骑将文丑与刘备将五六千骑前后至。诸将复白：“可上马。”操曰：“未也。”有顷，骑至稍多，或分趣辎重。操曰：“可矣。”乃皆上马。时骑不满六百，遂纵兵击，大破之，斩丑。丑与颜良，皆绍名将也，再战，悉禽之，绍军夺气。

曹操出兵与袁绍战，不胜，复还，坚壁。绍为高橹，起土山，射营中，营中皆蒙楯而行。操乃为霹雳车，发石以击绍楼，皆破；绍复为地道攻操，操辄于内为长堑以拒之。操众少粮尽，士卒疲乏，百姓困于征赋，多叛归绍者。操患之，与荀彧书，议欲还许，以致绍师。彧报曰：“绍悉众聚官渡，欲与公决胜败。公以至弱当至强，若不能制，必为所乘，是天下之大机也。且绍，布衣之雄耳，能聚人而不能用。以公之神武明哲而辅以大顺，何向而不济！今谷食虽少，未若楚、汉在荥阳、成皋间也。是时刘、项莫肯先退者，以为先退则势屈也。公以十分居一之众，画地而守之，搤其喉而不得进，已半年矣。情见势竭，必将有变。此用奇之时，不可失也。”操从之，乃坚壁持之。

操见运者，抚之曰："却十五日为汝破绍，不复劳汝矣。"绍运谷车数千乘至官渡。荀攸言于操曰："绍运车旦暮至，其将韩猛锐而轻敌，击，可破也！"操曰："谁可使者？"攸曰："徐晃可。"乃遣偏将军河东徐晃与史涣邀击猛，破走之，烧其辎重。

冬，十月，绍复遣车运谷，使其将淳于琼等将兵万余人送之，宿绍营北四十里。沮授说绍："可遣蒋奇别为支军于表，以绝曹操之钞。"绍不从。

许攸曰："曹操兵少而悉师拒我，许下余守，势必空弱。若分遣轻军，星行掩袭，许可拔也。许拔，则奉迎天子以讨操，操成禽矣。如其未溃，可令首尾奔命，破之必也。"绍不从，曰："吾要当先取操。"会攸家犯法，审配收系之，攸怒，遂奔操。

操闻攸来，跣出迎之，抚掌笑曰："子卿远来，吾事济矣！"既入坐，谓操曰："袁氏军盛，何以待之？今有几粮乎？"操曰："尚可支一岁。"攸曰："无是，更言之！"又曰："可支半岁。"攸曰："足下不欲破袁氏邪，何言之不实也！"操曰："向言戏之耳。其实可一月，为之奈何？"攸曰："公孤军独守，外无救援而粮谷已尽，此危急之日也。袁氏辎重万余乘，在故市、乌巢，屯军无严备，若以轻兵袭之，不意而至，燔其积聚，不过三日，袁氏自败也。"操大喜，乃留曹洪、荀攸守营，自将步骑五千人，皆用袁军旗帜，衔枚缚马口，夜从间道出，人抱束薪，所历道有问者，语之曰："袁公恐曹操钞略后军，遣兵以益备。"闻者信以为然，皆自若。既至，围屯，大放火，营中惊乱。会明，琼等望见操兵少，出陈门外，操急击之，琼退保营，操遂攻之。

绍闻操击琼，谓其子谭曰："就操破琼，吾拔其营，彼固无所归矣！"乃使其将高览、张郃等攻操营。郃曰："曹公精兵往，必破琼等，琼等破，则事去矣，请先往救之。"郭图固请攻操营。郃曰："曹公营固，攻之必不拔。若琼等见禽，吾属尽为虏矣。"绍但遣轻骑救琼，而以重兵攻操营，不能下。

绍骑至乌巢，操左右或言："贼骑稍近，请分兵拒之。"操怒曰："贼在背后，乃白！"士卒皆殊死战，遂大破之，斩琼等，尽燔其粮谷，士卒千余人，皆取其鼻，牛马割唇舌，以示绍军。绍军将士皆恟惧。郭图惭其计之失，复谮张郃于绍曰："郃快军败。"郃忿惧，遂与高览焚攻具，诣操营降。曹洪疑不敢受，荀攸曰："郃计画不用，怒而来奔，君有何疑！"乃受之。

于是绍军惊扰，大溃。绍及谭等幅巾乘马，与八百骑渡河。操追之不及，尽收其辎重、图书、珍宝。余众降者，操尽坑之，前后所杀七万余人。

沮授不及绍渡，为操军所执，乃大呼曰："授不降也，为所执耳！"操与之有旧，迎谓曰："分野殊异，遂用圮绝，不图今日乃相禽也！"授曰："冀州失策，自取奔北。

授知力俱困，宜其见禽。”操曰：“本初无谋，不相用计，今丧乱未定，方当与君图之。”授曰：“叔父、母弟，县命袁氏，若蒙公灵，速死为福。”操叹曰：“孤早相得，天下不足虑也。”遂赦而厚遇焉。授寻谋归袁氏，操乃杀之。

操收绍书中，得许下及军中人书，皆焚之，曰：“当绍之强，孤犹不能自保，况众人乎！”

绍为人宽雅，有局度，喜怒不形于色，而性矜愎自高，短于从善，故至于败。

汉献帝建安四年（己卯，公元199年）

袁绍挑选了精兵十万，良马万匹，打算攻打许都。沮授劝阻他说：“近来讨伐公孙瓒，连年出兵，百姓疲困不堪，仓库中又没有积蓄，不能出兵。应当抓紧农业生产，使百姓休养生息。先派遣使者将消灭公孙瓒的捷报呈献天子，如果捷报不能上达天子，就可以上表指出曹操断绝我们与朝廷的联系，然后出兵进驻黎阳，逐渐向黄河以南发展。同时多造船只，整修武器，分派精锐的骑兵去骚扰曹操的边境，使他不得安定，而我们以逸待劳，这样，坐着就可以统一全国。”郭图、审配说：“以您用兵如神的谋略，统率北方的强兵，去讨伐曹操，易如反掌，何必那样费事？”沮授说：“用兵去救乱除暴，被称为义兵；倚仗人多势众，被称为骄兵。义兵无敌，骄兵先亡。曹操尊奉天子以号令天下，如今我们要是举兵南下，就违背了君臣大义。而且，克敌制胜的谋略，不在于强弱。曹操法令严明，士兵训练有素，不是公孙瓒那样坐等被打的人。如今要舍弃万全之计而出动无名之师，我为您担忧！”郭图、审配说：“周武王讨伐商纣王，并不是不义；何况我们是讨伐曹操，怎么能说是师出无名？而且以您今天的强盛，将士们急于立功疆场，不乘此时机奠定大业，就正像古人所说的：‘不接受上天给予的赏赐，就会反受其害。’这正是春秋时期越国所以兴盛，吴国所以灭亡的原因。监军沮授的计策过于持重，不是随机应变的谋略。”袁绍采纳了郭图等的意见。郭图等乘机向袁绍讲沮授的坏话，说：“沮授总管内外，威震三军，如果势力逐渐扩张，将怎样控制他！臣下的权威与君主一样，就一定会灭亡，这是兵书《黄石》指出的大忌。而且统军在外的人，不应同时主持内部政务。”袁绍就把沮授所统领的军队分为三部分，由三位都督指挥，派沮授、郭图与淳于琼各统一军。骑都尉、清河人崔琰劝阻袁绍说：“天子在许都，民心倾向于那边，不能进攻！”袁绍不听。

许都的将领们听说袁绍要来进攻，都心中害怕。曹操说："我知道袁绍的为人，志向很大而智谋短浅，外表勇武而内心胆怯，猜忌刻薄而缺少威信，人马虽多而调度无方，将领骄横而政令不一，他的土地虽然广大，粮食虽然丰足，却正好是为我们预备的。"孔融对荀彧说："袁绍地广兵强，有田丰、许攸这样的智士为他出谋划策，审配、逄纪这样的忠臣为他办事，颜良、文丑这样的勇将为他统领军队，恐怕难以战胜吧！"荀彧说："袁绍的兵马虽多，但法纪不严。田丰刚直，但冒犯上司；许攸贪婪，又治理无方；审配专权，却没有谋略；逄纪处事果断，但自以为是。这几个人，势必不能相容，一定会生内讧。颜良、文丑不过是匹夫之勇，一仗就可以捉住他们。"

秋季，八月，曹操进军黎阳，派臧霸等充领精兵，到青州去保卫东方边境，留于禁驻扎在黄河之畔。九月，曹操返回许都，分兵驻守官渡。

五年（庚辰，公元200年）

曹操率军回到官渡，袁绍才开始计议进攻许都。田丰说："曹操既然击败刘备，则许都已不再空虚。而且曹操善于用兵，变化无穷，兵马虽少，却不可轻视。现在，不如按兵不动，与他相持。将军据守山川险固，拥有四州的民众，对外结交英雄，对内抓紧农耕，加强战备。然后，挑选精锐之士，分出来组成奇兵，频繁攻击薄弱之处，扰乱黄河以南。敌军救右，我军则击其左；救左，则击其右，使得敌军疲于奔命，百姓无法安心生产，我们没有劳苦，而敌军已经陷入困境，不到三年，就可坐等胜利。现在放弃必胜的谋略，而要以一战来决定成败，万一不能如愿，后悔就来不及了。"袁绍没有采纳。田丰竭力劝谏，冒犯了袁绍，袁绍认为田丰扰乱军心，给他戴上刑具，关押起来。于是，袁绍用公文通告各州、郡，宣布曹操的罪状。二月，袁绍进军黎阳。

袁绍派大将颜良到白马进攻东郡太守刘延，沮授说："颜良性情急躁狭隘，虽然骁勇，但不可让他独当一面。"袁绍不听。夏季，四月，曹操率军向北援救刘延。荀攸说："如今我们兵少，不是袁军的对手，只有分散他的兵力才行。您到延津后，做出准备渡河袭击袁绍后方的样子，袁绍必然向西应战。然后，您率军轻装急进，袭击白马，攻其不备，就可击败颜良。"曹操听从了荀攸的计策。袁绍听说曹军要渡河，就分兵向西阻截。曹操于是率军急速向白马挺进，还差十余里，颜良才得到消息，大吃一惊，前来迎战。曹操派张辽、关羽作先锋，关羽望见颜良的旌旗伞盖，策马长驱直入，在万众之中刺死颜良，斩下他的头颅而归，袁绍军中无人能够抵挡。于是，解开白马之围，曹操把全城百姓沿黄河向西迁徙。

袁绍大军到达延津以南，曹操部署军队在南阪下安营，派人登上营垒瞭望。瞭望的人报告说："敌军大约有五六百骑兵。"一会儿，又报告说："骑兵逐渐增多，步兵不可胜数。"曹操说："不必再报告了。"命令骑兵解下马鞍，放马休息。这时，从白马运送的辎重已经上路，将领们认为敌军骑兵多，不如回去守卫营垒。荀攸说："这正是引敌上钩，怎么能离开？"曹操看着荀攸微微一笑。袁绍的骑兵将领文丑与刘备率领五六千骑兵先后赶到，曹军将领们都说："可以上马了。"曹操说："还没到时候。"又过了一会儿，袁军的骑兵更多了，有的已分别攻击曹军的辎重车队，曹操说："时候到了。"于是曹军全体骑兵上马。当时曹军骑兵不到六百人，曹操挥军猛击，大破袁军，斩杀文丑。文丑与颜良都是袁绍军中有名的大将，两次交战，先后被曹军杀死，袁绍军中士气大衰。

曹操出兵与袁绍交战，没有取胜，又退回营垒，坚守不出。袁绍军中建造高楼，堆起土山，居高临下地向曹营射箭，曹军在营中行走，都要用盾牌遮挡飞箭。曹操制成霹雳车，发射石块，将袁绍的高楼全都击毁。袁绍又挖地道进攻，曹军在营内挖一道长长的深沟，以抵御袁军从地下来攻。曹操兵少粮尽，士兵疲惫不堪，百姓无法交纳沉重的赋税，纷纷背叛而降附袁绍。曹操大为忧虑，给荀彧写信，说准备用退回许都的办法，引诱袁军深入。荀彧回信说："袁绍集中全部军队到官渡，打算与您一决胜负。您以最弱者抵抗最强者，如果不能制敌，就将为敌所制，这正是夺取天下的关键。而且，袁绍只是布衣中的英雄罢了，能把人才招集在自己身边，却不能任用。以您的神武明智，加上尊奉天子、名正言顺，有谁能阻拦得住！如今，粮食虽少，但还没有到楚、汉在荥阳、成皋对峙时的困境。那时刘邦、项羽谁也不肯先向后撤，是因为先退就会处于劣势。您的军队只有袁绍军队的十分之一，但您坚守不动，扼住袁军的咽喉，使袁军无法前进，已长达半年。情势显现，已到终结，必将发生变化，这正是出奇制胜的时机，一定不能放弃。"曹操听从荀彧的劝告，于是坚守营垒，与袁绍相持。

曹操见到运输粮草的人，安抚他们说："再过十五天，为你们击败袁绍，就不再辛苦你们运粮了。"袁绍的运粮车数千辆来到官渡，荀攸对曹操说："袁绍的运送辎重的车队马上就要来了，押运的大将韩猛勇敢而轻敌，进攻他，可以把他击败！"曹操说："派谁去合适？"荀攸说："徐晃最合适。"于是，曹操派遣偏将军河东人徐晃与史涣在半路截击韩猛，击退韩猛，烧毁辎重。

冬季，十月，袁绍又派大批车辆运粮草，让大将淳于琼等率领一万余人护送，停留在袁绍大营以北四十里处。沮授劝袁绍说："可派遣蒋奇率一支军队，在运粮队的外围巡逻，以防曹操派军袭击。"袁绍不听。

许攸说："曹操兵少，而集中全力来抵抗我军，许都由剩下的人守卫，防备一定空虚，如果派一支队伍轻装前进，连夜奔袭，可以攻陷许都。占领许都后，就奉迎天子以讨伐曹操，必能捉住曹操。假如他未立刻溃散，也能使他首尾不能兼顾，疲于奔命，一定可将他击败。"袁绍不同意，说："我一定要先捉住曹操。"正在这时，许攸家里有人犯法，留守邺城的审配将他们逮捕，许攸知道后大怒，就投奔曹操。

曹操听说许攸前来，等不及穿鞋，光着脚出来迎接他，拍手笑着说："许子卿，你远道而来，我的大事可成功了！"入座以后，许攸对曹操说："袁军势大，您有什么办法对付他？现在还有多少粮草？"曹操说："还可以支持一年。"许攸说："没有那么多，再说一次。"曹操又说："可以支持半年。"许攸说："您不想击破袁绍吗？为什么不说实话呢！"曹操说："刚才只是开玩笑罢了，其实只可应付一个月，怎么办呢？"许攸说："您孤军独守，外无救援，而粮草已尽，这是危急的关头。袁绍有一万多辆辎重车，在故市、乌巢，守军戒备不严密，如果派轻装部队袭击，出其不意而来，焚毁他们的粮草与军用物资，不出三天，袁绍大军就会自行溃散。"曹操大喜，于是留下曹洪、荀攸防守大营，亲自率领五千名步骑兵出击。军队一律用袁军的旗号，兵士嘴里衔着小木棍，把马嘴绑上，以防发出声音，夜里从小道出营，每人抱一捆柴草。经过的路上遇到有人盘问，就回答说："袁公恐怕曹操袭击后方辎重，派兵去加强守备。"听的人信以为真，全都毫无戒备。到达乌巢后，围住袁军辎重，四面放火，袁军营中大乱。正在这时，天已渐亮，淳于琼等看到曹军兵少，就在营外摆开阵势，曹操进军猛击，淳于琼等抵挡不住，退守营寨，于是曹军开始进攻。

袁绍听到曹操袭击淳于琼的消息，对儿子袁谭说："就算曹操攻破淳于琼，我去攻破他的大营，让他无处可归。"于是，派遣大将高览、张郃去攻打曹军大营。张郃说："曹操亲率精兵前去袭击，必能攻破淳于琼等，他们一败，辎重被毁，则大势已去，请先去救援淳于琼。"郭图坚持要先攻曹操营寨。张郃说："曹操营寨坚固，一定不能攻克。如果淳于琼等被捉，我们都将成为俘虏。"袁绍只是派轻兵去援救淳于琼，而派重兵进攻曹军大营，未能攻下。

袁绍增援的骑兵到达乌巢，曹操左右有人说："敌人的骑兵逐渐靠近，请分兵抵抗。"曹操怒喝道："敌人到了背后，再来报告！"曹军士兵都拼死作战，于是大破袁军，斩杀淳于琼等，烧毁袁军全部粮秣。将一千余名袁军士兵的鼻子全都割下，将所俘获的牛马的嘴唇、舌头也割下，拿给袁绍军队看。袁军将士看到后，大为恐惧。郭图因自己的计策失败，心中羞愧，就又去袁绍那里诬告张郃，说："张郃听说我军失利，十分幸灾乐祸。"张郃听说后，又恨又怕，就与高览烧毁了攻营的器械，到曹营去投降。曹洪生怕中计，不敢接受他们投降。荀攸说："张郃因为计策不为袁绍采用，一怒之下来投奔，您有什么可怀疑的！"于是接受张郃、高览的投降。

于是袁军惊恐，全面崩溃。袁绍与袁谭等戴着头巾，骑着快马，率领八百名骑士渡过黄河而逃。曹军追赶不及，但缴获了袁绍的全部辎重、图书和珍宝。袁军残部投降，全部被曹操活埋掉，先后杀死的有七万余人。

沮授来不及跟上袁绍渡河逃走，被曹军俘虏，于是他大喊："我不是投降，只是被擒！"曹操和他是老相识，亲自来迎接他，对他说："咱们处在不同的地区，一直被隔开不能相见，想不到今天你会被我捉住。"沮授说："袁绍失策，自取失败。我的才智和能力全都无法施展，该当被擒。"曹操说："袁绍缺乏头脑，不能采用你的计策，如今天下战乱未定，我要与你一同创立功业。"沮授说："我叔父与弟弟的性命，都控制在袁绍手中。如果蒙您看重，就请快些杀我，这才是我的福气。"曹操叹息说："我如果早就得到你，天下大事都不值得担忧了。"于是赦免沮授，并给予他优厚待遇。不久，沮授策划逃回袁绍军中，曹操这才将他杀死。

曹操收缴袁绍的往来书信，得到许都官员及自己军中将领写给袁绍的信，他将这些信全部烧掉，说："当袁绍强盛之时，连我都不能自保，何况众人呢！"

袁绍为人宽厚文雅，有气度，喜怒不形于色，但性格刚愎自用，难于采纳别人的正确意见，所以最终失败。

汉纪五十六

第六十四卷

孝献皇帝己建安八年（癸未，203）

春，二月，曹操攻黎阳，与袁谭、袁尚战于城下，谭、尚败走，还邺。夏，四月，操追至邺，收其麦；诸将欲乘胜遂攻之，郭嘉曰："袁绍爱此二子，莫适立也。今权力相侔，各有党与，急之则相保，缓之则争心生。不如南向荆州以待其变；变成而后击之，可一举定也。"操曰："善！"五月，操还许，留其将贾信屯黎阳。

袁尚自将攻袁谭，大破之，谭奔平原，婴城固守。尚围之急，谭遣辛评弟毗诣曹操请救。

辛毗至西平见曹操，致谭意，群下多以为刘表强，宜先平之，谭、尚不足忧也。荀攸曰："天下方有事，而刘表坐保江、汉之间，其无四方之志可知矣。袁氏据四州之地，带甲数十万，绍以宽厚得众心；使二子和睦以守其成业，则天下之难未息也。今兄弟遘恶，其势不两全，若有所并则力专，力专则难图也；及其乱而取之，天下定矣，此时不可失也。"操从之。

后数日，操更欲先平荆州，使谭、尚自相敝，辛毗望操色，知有变，以语郭嘉。嘉白操，操谓毗曰："谭必可信，尚必可克不？"毗对曰："明公无问信与诈也，直当论其势耳。袁氏本兄弟相伐，非谓他人能间其间，乃谓天下可定于己也。今一旦求救于明公，此可知也。显甫见显思困而不能取，此力竭也。兵革败于外，谋臣诛于内，兄弟谗阋，国分为二，连年战伐，介胄生虮虱，加以旱蝗，饥馑并臻；天灾应于上，人事困于下，民无愚智，皆知土崩瓦解，此乃天亡尚之时也。今往攻邺，尚不还救，即不能自守；还救，即谭踵其后。以明公之威，应困穷之敌，击疲敝之寇，无异迅风之振秋叶矣。天以尚与明公，明公不取而伐荆州；荆州丰乐，国未有衅。仲虺有言，'取乱侮亡’。方今二袁不务远略而内相图，可谓乱矣；居者无食，行者无粮，可谓亡矣。朝不谋夕，民命靡继，而不绥之，欲待他年；他年或登，又自知亡而改修厥德，失所以用兵之要矣。今因其请救而抚之，利莫大焉。且四方之寇，莫大于河北，河北平，则六军盛而天下震矣。”操曰：“善！”乃许谭平。

冬，十月，操至黎阳。尚闻操渡河，乃释平原还邺。

九年（甲申，204）

二月，袁尚复攻袁谭于平原，留其将审配、苏由守邺。曹操进军至洹水，苏由欲为内应，谋泄，出奔操。操进至邺，为土山、地道以攻之。尚武安长尹楷屯毛城，以通上党粮道。夏，四月，操留曹洪攻邺，自将击楷，破之而还；又击尚将沮鹄于邯郸，拔之。

五月，操毁土山、地道，凿堑围城，周回四十里，初令浅，示若可越。配望见，笑之，不出争利。操一夜浚之，广深二丈，引漳水以灌之；城中饿死者过半。

尚兵既至，诸将皆以为：“此归师，人自为战，不如避之。”操曰：“尚从大道来，当避之；若循西山来者，此成禽耳。”尚果循西山来，东至阳平亭，去邺十七里，临滏水为营。夜，举火以示城中，城中亦举火相应。配出兵城北，欲与尚对决围。操逆击之，败还，尚亦破走，依曲漳为营，操遂围之。未合，尚惧，遣使求降；操不听，围之益急。尚夜遁，保祁山，操复进围之；尚将马延、张顗等临陈降，众大溃，尚奔中山。尽收其辎重，得尚印绶、节钺及衣物，以示城中，城中崩沮。审配令士卒曰：“坚守死战！操军疲矣，幽州方至，何忧无主！”操出行围，配伏弩射之，几中。

配兄子荣为东门校尉，八月，戊寅，荣夜开门内操兵。配拒战城中，操兵生获之。辛评家系邺狱，辛毗驰往，欲解之，已悉为配所杀。操兵缚配诣帐下，毗逆以马鞭击其头，骂之曰：“奴，汝今日真死矣！”配顾曰：“狗辈，正由汝曹，破我冀州，恨不得杀汝也；且汝今日能杀生我邪！”有顷，操引见，谓配曰：“曩日孤之行围，何弩之多也！”配曰：“犹恨其少！”操曰：“卿忠于袁氏，亦自不得不尔。”意欲活之。配意气壮烈，终无桡辞，而辛毗等号哭不已，遂斩之。冀州人张子谦先降，素与配不善，笑谓配曰：“正南，卿竟何如我？”配厉声曰：“汝为降虏，审配为忠臣，虽死，岂羡汝生邪！”临行刑，叱持兵者令北向，曰：“我君在北也。”操乃临祀绍墓，哭之流涕；慰劳绍妻，还其家人宝物，赐杂缯絮，禀食之。

十年（乙酉，205）

春，正月，曹操攻南皮，袁谭出战，士卒多死。操欲缓之，议郎曹纯曰："今县师深入，难以持久，若进不能克，退必丧威。"乃自执桴鼓以率攻者，遂克之。谭出走，追斩之。

汉献帝建安八年（癸未，公元203年）

春季，二月，曹操进攻黎阳，与袁谭、袁尚在黎阳城下展开大战，袁谭、袁尚败走，退回邺城。夏季，四月，曹操大军追到邺城，收割了地里的小麦。曹军将领都提出要乘胜攻打邺城，郭嘉说："袁绍生前喜欢这两个儿子，没能决定让谁做继承人。如今，他们权力相等，各有党羽辅佐。情况危急，就相互援救；局势稍有缓和，就又会争权夺利。不如先向南进取荆州，等待他们兄弟内讧，然后再进攻，可以一举平定。"曹操说："好！"五月，曹操回到许都，留部将贾信驻守黎阳。

袁尚亲自统帅大军进攻袁谭，袁谭大败，逃到平原，据城固守。袁尚将城围住，发动猛攻。袁谭派辛评的弟弟辛毗到曹操那里求救。

辛毗到西平拜见曹操，转达袁谭求救的请求。曹操部下官员多认为刘表势大，应当先消灭刘表，袁谭、袁尚自相残杀，不足忧虑。荀攸说："目前，正是天下英雄争霸之机，而刘表坐守江、汉之间，可知他胸无占有四方的大志。袁氏家族占据四州之地，有兵马数十万，袁绍以宽厚而得民心，假如他的两个儿子和睦相处，共守已有的基业，则天下灾难不能平息。如今他们兄弟相争，势不两立，如果一个人吞并了另一个人，则力量就会集中起来，力量集中后，再想进取就困难了。应该乘他们相持不下时动手夺取，天下就可以平定了。这个机会不能失去。"曹操表示同意。

过了几天，曹操又打算先平定荆州，让袁谭、袁尚自相削弱。辛毗观察曹操脸色，知道他又改变主意，就去告诉郭嘉。郭嘉报告曹操，曹操对辛毗说："袁谭是否一定可信？袁尚是否一定能被攻克？"辛毗说："您不要问是否有诈，只应看整个形势的发展变化。袁谭、袁尚兄弟相争，并未考虑到别人会乘机利用，只是认为天下可由自己平定。如今，袁谭向您求救，表明他已走投无路；袁尚看到袁谭陷入困境，却不能一举攻破袁谭，说明袁尚也已智穷力竭。他们的形势是军队在外战败，谋士在内被杀，兄弟内讧，土地割裂，连年征战，将士的甲胄里都长出虱子。再加上旱灾与蝗灾，造成饥荒，天灾人祸，上下交应，百姓无论智慧或是愚笨，都已知道袁氏统治将要土崩瓦解，这正是上天灭亡袁尚的时机。如今您去攻打邺城，袁尚不撤军回救，邺城就不能自守；袁尚返回救援，袁谭就会在后攻击。以您的军威，对付穷困之敌，进击疲惫之军，犹如疾风去吹落秋叶一般。上天把袁尚赏赐给您，您却不去进攻袁尚，而要讨伐荆州。荆州富裕安乐，没有机会可供您利用。从前仲虺说：'敌人有内乱则夺取，敌人有覆亡迹象则侵入。'如今，袁氏兄弟不顾长远大局，自相攻击，可称为内乱；居民饥饿，行人无粮，可称为覆亡的迹象。黄河以北的百姓朝不虑夕，性命全无保障，而您不立即去安抚，却要等到以后。以后如果赶上丰收，袁氏兄弟又醒悟到已濒于危亡而痛改前非，则您就将失去用兵的机会。现在，利用袁谭求救而去援助，对您是最有利的。而且您的敌人，没有比占据黄河以北的袁氏更强大的了。您平定黄河以北后，就军威大盛，震动天下了。"曹操说："对！"于是，答应出兵救援袁谭。

冬季，十月，曹操进军到黎阳。袁尚听到曹军渡过黄河的消息，解除对平原的包围，撤回邺城。

九年（甲申，公元204年）

二月，袁尚又到平原去进攻袁谭，留部将审配、苏由镇守邺城。曹操进军到洹水，苏由打算为曹操作内应，因密谋泄露，苏由就出城投奔曹操。曹操大军到达邺城后，上筑土山，下挖地道，发动进攻。袁尚委任的武安县县长尹楷驻军毛城，以保护通向上党的粮道。夏季，四月，曹操留曹洪继续攻打邺城，亲自统军进攻尹楷，击败尹楷后回师。又去进攻镇守邯郸的袁尚部将沮鹄，攻陷邯郸。

五月，曹操毁去土山、地道，开凿壕沟，包围邺城，围圈达四十里。最初让挖得很浅，看去好像可以越过。审配在城上看见，放声大笑，没有派兵出来破坏。曹操派人乘夜疏浚，一夜之间，挖成深二丈、宽二丈的深壕，把漳河水引入壕沟，完全断绝了邺城内外的联系。城中人饿死大半。

袁尚的援军到达以后，曹军将领们都认为："这是思归之军，人人都将拼死作战，不如先避开。"曹操说："袁尚如果从大路来，应当避开；如果沿着西山来，则将被我们击败。"袁尚果然沿着西山向邺城出发，到距邺城十七里的阳平亭，在滏水边扎营。晚上，点火告知城中守军，城中也点火相应。审配率军出城，驻在城北，准备与袁尚内外夹击，冲破曹军的包围。曹操迎击审配，审配抵挡不住，退回城里。袁尚也被曹军击败，退到漳河拐弯处安营。曹操于是包围袁尚营寨，还未完全围住时，袁尚畏惧，派使者向曹操请求投降，曹操拒绝接受，加紧部署包围。袁尚乘夜逃走，退守祁山。曹操又进军包围，袁尚部将马延、张颉等临阵投降，袁尚全军溃散，袁尚逃往中山。曹军俘获了袁尚的全部辎重，得到袁尚的印绶、节杖、黄钺以及衣物等，拿去给邺城守军看，守军斗志顿时崩溃。审配命令将士们说："坚守死战！曹操已经疲惫不堪了，袁熙率领的幽州援军就要来到，我们还怕没有人来做主吗！"曹操出营巡视围城部队，审配埋伏强弩射击，几乎射中曹操。

审配哥哥的儿子审荣为邺城东门校尉。八月，戊寅（初二），审荣乘夜打开城门，放曹军入城。审配在城中抵抗，被曹军生擒。辛评的家眷被关在邺城监狱中，辛毗赶去，打算救护他们，但全家都已被审配下令杀死。曹军士兵把审配绑起来带到大帐，辛毗迎面用马鞭猛抽审配头部，大骂他说："奴才，你今天死定了！"审配瞪着辛毗说："狗东西，正是由于你们这些人，冀州才遭到曹军蹂躏，我恨不能亲手杀死你。而且，你今天能决定我的生死吗！"过了一会儿，曹操接见审配，对他说："那天我巡视围城部队，你怎么有那么多弓弩！"审配说："我还恨弓弩少！"曹操说："你效忠于袁氏，也不得不那样做。"有心宽恕审配。但审配意气壮烈，始终不说一句屈服求饶的话，而辛毗等人在旁号哭不止，曹操遂下令杀死审配。冀州人张子谦先投降了曹操，他一向与审配关系不好，笑着对审配说："审配，你到底比我怎么样？"审配厉声叱责他说："你是投降的俘虏，而我是忠臣，虽然一死，难道羡慕你活吗！"等到行刑时，审配大声命令刽子手让自己面向北方，说："我的君主在北方。"曹操亲自去袁绍墓前祭祀，痛哭流涕。安慰袁绍的妻子，退还袁家的金银财宝，并赐给绸缎丝绵等，发给生活费用。

十年（乙酉，公元 205 年）

春季，正月，曹操进攻南皮，袁谭率军出战，曹军伤亡惨重。曹操准备稍微减缓攻势，议郎曹纯说："如今，咱们孤军深入，难以持久，如果进不能攻克敌城，一后退就会大损军威。"曹操于是亲自擂动战鼓，命令部下进攻，遂攻陷南皮。袁谭出逃，被曹军追上杀死。

汉纪五十七

第六十五卷

孝献皇帝庚建安十三年（戊子，208）

曹操自江陵将顺江东下。诸葛亮谓刘备曰："事急矣，请奉命求救于孙将军。"遂与鲁肃俱诣孙权。亮见权于柴桑，说权曰："海内大乱，将军起兵江东，刘豫州收众汉南，与曹操共争天下。今操芟夷大难，略已平矣，遂破荆州，威震四海。英雄无用武之地，故豫州遁逃至此，愿将军量力而处之！若能以吴、越之众与中国抗衡，不如早与之绝；若不能，何不按兵束甲，北面而事之！今将军外托服从之名而内怀犹豫之计，事急而不断，祸至无日矣。"权曰："苟如君言，刘豫州何不遂事之乎？"亮曰："田横，齐之壮士耳，犹守义不辱；况刘豫州王室之胄，英才盖世，众士慕仰，若水之归海。若事之不济，此乃天也，安能复为之下乎！"权勃然曰："吾不能举全吴之地，十万之众，受制于人。吾计决矣！非刘豫州莫可以当曹操者；然豫州新败之后，安能抗此难乎？"亮曰："豫州军虽败于长坂，今战士还者及关羽水军精甲万人，刘琦合江夏战士亦不下万人。曹操之众，远来疲敝，闻追豫州，轻骑一日一夜行三百余里，此所谓'强弩之末势不能穿鲁缟'者也。故《兵法》忌之，曰'必蹶上将军'。且北方之人，不习水战；又，荆州之民附操者，逼兵势耳，非心服也。今将军诚能命猛将统兵数万，与豫州协规同力，破操军必矣。操军破，必北还；如此，则荆、吴之势强，鼎足之形成矣。成败之机，在于今日！"权大悦，与其群下谋之。

是时，曹操遗权书曰："近者奉辞伐罪，旌麾南指，刘琮束手。今治水军八十万众，方与将军会猎于吴。"权以示臣下，莫不响震失色。长史张昭等曰："曹公，豺虎也，挟天子以征四方，动以朝廷为辞；今日拒之，事更不顺。且将军大势可以拒操者，长江也；今操得荆州，奄有其地，刘表治水军，蒙冲斗舰乃以千数，操悉浮以沿江，兼有步兵，水陆俱下，此为长江之险已与我共之矣，而势力众寡又不可论。愚谓大计不如迎之。”鲁肃独不言。权起更衣，肃追于宇下。权知其意，执肃手曰：“卿欲何言？”肃曰：“向察众人之议，专欲误将军，不足与图大事。今肃可迎操耳，如将军不可也。何以言之？今肃迎操，操当以肃还付乡党，品其名位，犹不失下曹从事，乘犊车，从吏卒，交游士林，累官故不失州郡也。将军迎操，欲安所归乎？愿早定大计，莫用众人之议也！”权叹息曰：“诸人持议，甚失孤望。今卿廓开大计，正与孤同。”

时周瑜受使至番阳，肃劝权召瑜还。瑜至，谓权曰：“操虽托名汉相，其实汉贼也。将军以神武雄才，兼仗父兄之烈，割据江东，地方数千里，兵精足用，英雄乐业，当横行天下，为汉家除残去秽；况操自送死，而可迎之邪！请为将军筹之：今北土未平，马超、韩遂尚在关西，为操后患；而操舍鞍马，仗舟楫，与吴、越争衡，今又盛寒，马无藁草；驱中国士众远涉江湖之间，不习水土，必生疾病。此数者用兵之患也，而操皆冒行之，将军禽操，宜在今日。瑜请得精兵数万人，进住夏口，保为将军破之！”权曰：“老贼欲废汉自立久矣，徒忌二袁、吕布、刘表与孤耳；今数雄已灭，惟孤尚存。孤与老贼势不两立，君言当击，甚与孤合，此天以君授孤也。”因拔刀斫前奏案曰：“诸将吏敢复有言当迎操者，与此案同！”乃罢会。

是夜，瑜复见权曰：“诸人徒见操书言水步八十万而各恐慑，不复料其虚实，便开此议，甚无谓也。今以实校之，彼所将中国人不过十五六万，且已久疲；所得表众亦极七八万耳，尚怀狐疑。夫以疲病之卒御狐疑之众，众数虽多，甚未足畏。瑜得精兵五万，自足制之，愿将军勿虑！”权抚其背曰：“公瑾，卿言至此，甚合孤心。子布、元表诸人，各顾妻子，挟持私虑，深失所望；独卿与子敬与孤同耳，此天以卿二人赞孤也。五万兵难卒合，已选三万人，船粮战具俱办。卿与子敬、程公便在前发，孤当续发人众，多载资粮，为卿后援。卿能办之者诚决，邂逅不如意，便还就孤，孤当与孟德决之。”遂以周瑜、程普为左右督，将兵与备并力逆操；以鲁肃为赞军校尉，助画方略。

进，与操遇于赤壁。

时操军众，已有疾疫。初一交战，操军不利，引次江北。瑜等在南岸，瑜部将黄盖曰：“今寇众我寡，难与持久。操军方连船舰，首尾相接，可烧而走也。”乃取蒙冲斗舰十艘，载燥荻、枯柴，灌油其中，裹以帷幕，上建旌旗，豫备走舸，系于其尾。先以书遗操，诈云欲降。时东南风急，盖以十舰最著前，中江举帆，余船以次俱进。操军吏士皆出营立观，指言盖降。去北军二里余，同时发火，火烈风猛，船往如箭，烧尽北船，延及岸上营落。顷之，烟炎张天，人马烧溺死者甚众。瑜等率轻锐继其后，雷鼓大震，北军大坏。操引军从华容道步走，遇泥泞，道不通，天又大风，悉使羸兵负草填之，骑乃得过。羸兵为人马所蹈藉，陷泥中，死者甚众。刘备、周瑜水陆并进，追操至南郡。时操军兼以饥疫，死者太半。操乃留征南将军曹仁、横野将军徐晃守江陵，折冲将军乐进守襄阳，引军北还。

汉献帝建安十三年（戊子，公元208年）

曹操从江陵出发，将要顺长江东下。诸葛亮对刘备说："形势危急，我请求奉命去向孙将军求救。"于是他就和鲁肃一起去见孙权。诸葛亮在柴桑见到孙权，对孙权说："天下大乱，将军在长江以东起兵，刘备在汉水以南召集部众，与曹操共同争夺天下。现在，曹操基本已经消灭北方的主要强敌，接着南下攻破荆州，威震四海。在曹操大军面前，英雄无用武之地，所以刘备逃到这里，希望将军量力来加以安排。如果将军能以江东的人马，与占据中原的曹操相抗衡，不如及早与操断绝关系；如果不能，为什么不早点解除武装，向他称臣？现在，将军表面上服从朝廷，而心中犹豫不决，事情已到危急关头而不果断处理，大祸马上就要临头了。"孙权说："假如像你说的那样，刘备为什么不服从曹操？"诸葛亮说："田横，不过是齐国的壮士，还坚守节义，不肯屈辱投降；何况刘备是皇室后裔，英雄才略，举世无双，士大夫们对他的仰慕，如同流水归向大海。如果大事不成，这是天意，怎么能再居于曹操之下呢？"孙权勃然大怒，说："我不能把全部吴国故地和十万精兵拱手奉送，去受曹操的控制。我的主意已定！除刘备以外，再没有能抵挡曹操的人，但刘备新近战败之后，怎么能担当这项重任呢？"诸葛亮说："刘备的军队虽然在长坂大败，但现在陆续回来的战士和关羽的水军加起来有一万精兵，刘琦集结江夏郡的战士，也不下一万人。曹操的军队远道而来，已经疲惫。听说在追赶刘备时，轻骑兵一天一夜奔驰三百余里，这正是所谓'强弩射出的箭，到了力量已尽的时候，连鲁国生产的薄绸都穿不透'。所以《兵法》以此为禁忌，说'必定会使上将军受挫'。而且，北方地区的人，不善于进行水战。另外，荆州地区的民众归附曹操，只是在他军队的威逼之下，并不是心悦诚服。如今，将军如能命令猛将统领数万大军，与刘备齐心协力，一定能打败曹军。曹操失败后，必然退回北方，这样荆州与东吴的势力就强大起来，可以形成鼎足三分的局势。成败的关键，就在于今天！"孙权听后非常高兴，就去与他的部属们商议。

这时，曹操写信给孙权说：“最近，我奉天子之命，讨伐有罪的叛逆，军旗指向南方，刘琮降服。如今，我统领水军八十万人，将要与将军在吴地一道打猎。”孙权把这封书信给部属们看，他们无不惊惶失色。长史张昭等人说：“曹操是豺狼虎豹，挟持天子以征讨四方，动不动就用朝廷的名义来发布命令。今天我们如果进行抗拒，就更显得名不正而言不顺。况且将军可以抵抗曹操的，是依靠长江天险。现在，曹操占有荆州的土地，刘表所训练的水军，包括数以千计的蒙冲战船，已由曹操接管，曹操让全部船只沿长江而下，再加上步兵，水陆并进。这样，长江天险已由曹操与我们共有，而双方势力的众寡又不能相提并论。因此，依我们的愚见，最好是迎接曹操，投降朝廷。”只有鲁肃一言不发。孙权起身上厕所，鲁肃追到房檐下，孙权知道鲁肃的意思，握着鲁肃的手说：“你想说什么？”鲁肃说：“刚才，我观察众人的议论，只是想贻误将军，不足以与他们商议大事。现在，像我鲁肃这样的人可以迎降曹操，但将军却不可以。为什么这样说呢？现在我在迎接曹操，曹操一定会把我交给乡里父老去评议，以确定名位，也还会做一个下曹从事，能乘坐牛车，有吏卒跟随，与士大夫们结交，步步升官，也能当上州、郡的长官。可是将军迎接曹操，打算到哪里去安身呢？希望将军能早定大计，不要听那些人的意见。”孙权叹息说：“这些人的说法，太让我失望了。如今，你阐明的策略，正与我想的一样。”

当时，周瑜奉命去了番阳，鲁肃劝孙权把他召回来。周瑜来到后，对孙权说：“曹操虽然名义上是汉朝的丞相，但实际上是汉朝的贼臣。将军以神武英雄的才略，又凭借父、兄的基业，割据江东，统治的地区有几千里，精兵足够使用，英雄乐于效力，应当横行天下，为汉朝清除邪恶的贼臣。何况曹操自己前来送死，怎么可以去迎降？请允许我为将军分析：如今北方尚未完全平定，马超、韩遂还驻兵函谷关以西，是曹操的后患；而曹操舍弃鞍马，改乘船舰，与生长在水乡的江东人来决一胜负；现在正是严寒，战马缺乏草料；驱使中原地区的士兵远道跋涉来到江湖地区，他们不服水土，必然会发生疾疫。这几方面是用兵的大患，而曹操都贸然行事。将军抓住曹操的时机，正在今天。我请求率领精兵数万人，进驻夏口，保证能为将军击破曹操。”孙权说：“曹操老贼早就想要废掉汉朝皇帝，自己篡位了，只是顾忌袁绍、袁术、吕布、刘表与我孙权。现在，那几个英雄都已被消灭，只剩下我还存在。我与老贼势不两立。你主张迎战曹军，正合我意，是上天把你授给了我！”孙权就势拔出佩刀，砍向面前的奏案，说：“将领官吏们，有胆敢再说应当投降曹操的，就与这个奏案一样！”于是散会。

当天夜里，周瑜又去见孙权，说："众人只看到曹操信中说有水、陆军八十万而各自惊恐，不再去分析其中的虚实，就提出向曹操投降的意见，太不像话。现在咱们据实计算一下，曹操所率领的中原部队不过十五六万人，而且长期征战，早已疲惫；新接收的刘表的部队，至多有七八万人，仍然心怀猜疑。以疲惫的士卒，驾驭心怀猜疑的部众，人数虽多，却并没有什么可怕的。我只要有五万精兵，就足以制服敌军，望将军不要顾虑！"孙权拍着周瑜的背说："周公瑾，你说到这个地步，非常合我的心意。张昭、秦松等人，各顾自己的妻子儿女，怀有私心，非常使我失望。只有你与鲁肃和我的看法相同，这是上天派你们两个人来辅佐我。五万精兵一时难以集结，已挑选了三万人，战船、粮草及武器装备都已备齐，你和鲁肃、程普率兵先行，我当继续调集人马，多运辎重、粮草，作为你的后援。你能战胜曹军，就当机立断；如果失利，就退到我这里来，我当与曹操决一胜负。"于是，孙权任命周瑜、程普为左、右督，率兵与刘备合力迎战曹操；又任命鲁肃为赞军校尉，协助筹划战略。

周瑜大军继续前进，在赤壁与曹操相遇。

当时曹操的部队中已发生疾疫。两军初次交战，曹军失利，退到长江北岸。周瑜等驻军在长江南岸，周瑜部将黄盖说："如今敌众我寡，难以长期相持。曹军正把战船连在一起，首尾相接，可以用火攻，击败曹军。"于是，选取蒙冲战船十艘，装上干荻和枯柴，在里边浇上油，外面裹上帷幕，上边插上旌旗，预先备好快艇，系在船尾。黄盖先派人送信给曹操，谎称打算投降。当时东南风正急，黄盖将十艘战船排在最前面，到江心时升起船帆，其余的船在后依次前进。曹操军中的官兵都走出营来观看，指着船说黄盖来投降了。离曹军还有二里多远，那十艘船同时点火，火烈风猛，船像箭一样向前飞驶，把曹军战船全部烧光，火势还蔓延到曹军设在陆地上的营寨。顷刻间，浓烟烈火，遮天蔽日，曹军人马烧死和淹死的不计其数。周瑜等率领轻装的精锐战士紧随在后，鼓声震天，奋勇向前，曹军大败。曹操率军从华容道步行撤退，遇到泥泞，道路不通，天又刮起大风。曹操让所有老弱残兵背草铺在路上，骑兵才勉强通过。老弱残兵被人马所践踏，陷在泥中，死了很多。刘备、周瑜水陆并进，追赶曹操直到南郡。这时，曹军又饿又病，死了一大半。曹操就留下征南将军曹仁、横野将军徐晃镇守江陵，折冲将军乐进镇守襄阳，自己率军返回北方。

汉纪五十八

第六十六卷

孝献皇帝辛建安十六年（辛卯，211）

扶风法正为刘璋军议校尉，璋不能用，又为其州里俱侨客者所鄙，正邑邑不得志。益州别驾张松与正善，自负其才，忖璋不足与有为，常窃叹息。松劝璋结刘备，璋曰："谁可使者？"松乃举正。璋使正往，正辞谢，佯为不得已而行。还，为松说备有雄略，密谋奉戴以为州主。

会曹操遣钟繇向汉中，璋闻之，内怀恐惧。松因说璋曰："曹公兵无敌于天下，若因张鲁之资以取蜀土，谁能御之！刘豫州，使君之宗室而曹公之深仇也，善用兵；若使之讨鲁，鲁必破矣。鲁破，则益州强，曹公虽来，无能为也！今州诸将庞羲、李异等，皆恃功骄豪，欲有外意。不得豫州，则敌攻其外，民攻其内，必败之道也！"璋然之，遣法正将四千人迎备。主簿巴西黄权谏曰："刘左将军有骁名，今请到，欲以部曲遇之，则不满其心；欲以宾客礼待，则一国不容二君，若客有泰山之安，则主有累卵之危。不若闭境以待时清。"璋不听，出权为广汉长。从事广汉王累，自倒悬于州门以谏，璋一无所纳。

法正至荆州，阴献策于刘备曰："以明将军之英才，乘刘牧之懦弱；张松，州之股肱，响应于内；以取益州，犹反掌也。"备疑未决。庞统言于备曰："荆州荒残，人物殚尽，东有孙车骑，北有曹操，难以得志。今益州户口百万，土沃财富，诚得以为资，大业可成也！"备曰："今指与吾为水火者，曹操也。操以急，吾以宽；操以暴，吾以仁；操以谲，吾以忠；每与操反，事乃可成耳。今以小利而失信义于天下，奈何？"统曰："乱离之时，固非一道所能定也。且兼弱攻昧，逆取顺守，古人所贵。若事定之后，封以大国，何负于信！今日不取，终为人利耳。"备以为然。乃留诸葛亮、关羽等守荆州，以赵云领留营司马，备将步卒数万人入益州。

孙权闻备西上，遣舟船迎妹；而夫人欲将备子禅还吴，张飞、赵云勒兵截江，乃得禅还。

刘璋敕在所供奉备，备入境如归，前后赠遗以巨亿计。备至巴郡，巴郡太守严颜拊心叹曰："此所谓'独坐穷山，放虎自卫'者也。"备自江州北由垫江水诣涪。璋率步骑三万余人，车乘帐幔，精光耀日，往会之。张松令法正白备，便于会袭璋。备曰："此事不可仓卒！"庞统曰："今因会执之，则将军无用兵之劳而坐定一州也。"备曰："初入他国，恩信未著，此不可也。"璋推备行大司马，领司隶校尉；备亦推璋行镇西大将军，领益州牧。所将吏士，更相之适，欢饮百余日。璋增备兵，厚加资给，使击张鲁，又令督白水军。备并军三万余人，车甲、器械、资货甚盛。璋还成都，备北到葭萌，未即讨鲁，厚树恩德以收众心。

十七年（壬辰，212）

刘备在葭萌，庞统言于备曰："今阴选精兵，昼夜兼道，径袭成都，刘璋既不武，又素无豫备，大军卒至，一举便定，此上计也。杨怀、高沛，璋之名将，各杖强兵，据守关头，闻数有笺谏璋，使发遣将军还荆州。将军遣与相闻，说荆州有急，欲还救之，并使装束，外作归形，此二子既服将军英名，又喜将军之去，计必乘轻骑来见将军，因此执之，进取其兵，乃向成都，此中计也。退还白帝，连引荆州，徐还图之。此下计也。若沈吟不去，将致大困，不可久矣。"备然其中计。

及曹操攻孙权，权呼备自救。备贻璋书曰："孙氏与孤本为唇齿，而关羽兵弱，今不往救，则曹操必取荆州，转侵州界，其忧甚于张鲁。鲁自守之贼，不足虑也。"因求益万兵及资粮，璋但许兵四千，其余皆给半。备因激怒其众曰："吾为益州征强敌，师徒勤瘁，而积财吝赏，何以使士大夫死战乎！"张松书与备及法正曰："今大事垂立，如何释此去乎！"松兄广汉太守肃，恐祸及己，因发其谋。于是璋收斩松，敕关戍诸将文书皆勿复得与备关通。备大怒，召璋白水军督杨怀、高沛，责以无礼，斩之；勒兵径至关头，并其兵，进据涪城。

十八年（癸巳，213）

益州从事广汉郑度闻刘备举兵，谓刘璋曰："左将军悬军袭我，兵不满万，士众未附，军无辎重，野谷是资，其计莫若尽驱巴西、梓潼民内、涪水以西，其仓廪野谷，一皆烧除，高垒深沟，静以待之。彼至，请战，勿许，久无所资，不过百日，必将自走，走而击之，此必禽耳。”刘备闻而恶之，以问法正。正曰：“璋终不能用，无忧也。”璋果谓其群下曰：“吾闻拒敌以安民，未闻动民以避敌也。”不用度计。

汉献帝建安十六年（辛卯，公元211年）

扶风人法正担任益州牧刘璋的军议校尉，但未受到刘璋的重用，又受到与他一起客居益州的同州老乡们的鄙视，法正心情郁闷而不得志。益州别驾张松与法正关系亲密，张松对自己的才干十分自负，觉得刘璋庸庸碌碌，不能同他一起有所作为，经常暗中叹息。张松劝刘璋与刘备结交，刘璋说：“谁可以充当使者？”于是张松推荐法正。刘璋派法正担任使者，法正推辞，然后假装是不得已而接受任务出发。法正回来后，对张松说刘备有雄才大略，他们两人密谋策划奉迎刘备作为益州之主。

正在这时，曹操派遣钟繇率军讨伐占据汉中的张鲁，刘璋听到消息后，心中恐惧。张松乘机劝他说：“曹操的兵马天下无敌，如果攻下汉中后，利用张鲁的库存物资来进攻益州，谁能抵抗得住！刘备是您的同宗，曹操的大仇人，又善于用兵，如果让刘备讨伐张鲁，一定能击破张鲁。张鲁一破，则益州势力增强，曹操即使来攻，也无能为力了。现在本州的将领们如庞羲、李异等都自恃功劳，骄横不法，想要向外投靠。如果得不到刘备的帮助，则敌人在外面进攻，百姓在内叛变，一定会失败。”刘璋同意他的见解，派法正率领四千人去迎接刘备。主簿巴西人黄权劝谏刘璋说：“刘备以骁勇闻名于世，现在把他请来，要把他当作部曲来看待，则他不会满意；要以宾客的礼节接待，则一国不容二主。如果客人安如泰山，则主人就会危如累卵。不如关闭边界，以等待时局安定。”刘璋不听，把黄权调出，去担任广汉县县长。从事广汉人王累，把自己倒吊在成都城门来劝阻刘璋，刘璋一概不听。

法正到荆州后，暗中向刘备献计说：“以将军的英明才干，正应利用刘璋的懦弱无能；张松是益州的主要官员，在内响应；这样来攻取益州，易如反掌。”刘备迟疑不决。庞统对刘备说：“荆州荒凉残破，人才已尽，东有孙权，北有曹操，难以得志。如今，益州的户口有一百万，土地肥沃，财产丰富，如果真得到益州作为资本，可成大业！”刘备说：“现在，与我势同水火的，只有曹操。曹操严厉，我则宽厚；曹操凶暴，我则仁慈；曹操诡诈，我则忠信。总与曹操相反，事情才能成功。如果现在因为贪图小利而对天下失去信义，怎么办？”庞统说：“天下大乱之时，本不是靠一种方法就能平定的。而且兼并弱小，进攻愚昧，用不合礼义的方法取得，再用合乎礼义的方法加以治理，这些行为都是古人所崇尚的。如果在事定之后，赐给刘璋面积广大的封地，对信义有什么违背！今天咱们不去夺取，终究会落入别人手中。”刘备同意他的看法。于是留下诸葛亮、关羽等守卫荆州，任命赵云兼任留营司马，刘备亲自率领几万名步兵进入益州。

孙权听到刘备西入益州的消息，派船来接妹妹；孙夫人打算带刘备的儿子刘禅返回吴郡娘家，张飞、赵云部署军队在长江拦截孙权的船队，才把刘禅带回荆州。

刘璋命令沿途各郡、县为刘备提供所需物资，刘备进入益州境内，好像回到家中，刘璋前后赠送各种物资数以亿计。刘备到达巴郡，巴郡太守严颜抚胸叹息说：“这正是应验了‘独自坐在深山中，放出老虎来自卫’的谚语。”刘备自江州向北经垫江从水路到达涪县。刘璋率领步、骑兵三万余人，车辆悬挂着帐帷，耀眼生辉，与阳光互映，到涪县来会见刘备。张松让法正向刘备建议，就在会面时袭击刘璋。刘备说：“这件事不可仓促！”庞统说：“现在，乘会面时捉住刘璋，则将军不必动用武力，就可坐得一州。”刘备说：“刚刚进入别人的地盘，恩德与信义尚未表现出来，不能这样做。”刘璋推举刘备代理大司马，兼任司隶校尉；刘备也推举刘璋代理镇西大将军，兼任益州牧。两人部下的官兵，也相互交往，在一起欢宴一百余日。刘璋给刘备增兵，拨给大量军用物资，让他去进攻张鲁，又命刘备指挥驻在白水的益州部队。加上刘璋拨来的部队，刘备部下已有三万余人，车辆、甲胄、器械及粮草钱财等都很充足。刘璋回到成都，刘备向北进发，到达葭萌，没有立即进攻张鲁，先广施恩德，收买人心。

十七年（壬辰，公元212年）

刘备驻军在葭萌，庞统向刘备建议说：“现在，应暗中挑选精兵，昼夜不停地兼程赶路，直接袭击成都，刘璋既不懂军事，又一向没有预备，大军突然到达，可以一举平定，这是上策。杨怀、高沛都是刘璋部下的名将，各领强兵，据守关头，听说他们多次上书，劝刘璋把将军送回荆州。将军派人去告诉他们，说荆州有紧急情况，您打算回军救援，并让人打点行装，表面上做出要回去的样子。这两个人既佩服将军的英名，又高兴将军离去，我想他们一定会轻装骑马来见将军。乘机把他们捉住，吞并他们的部队，再向成都进军，这是中策。退回白帝城，与荆州力量联合在一起，再慢慢策划进取益州的办法，这是下策。如果迟疑着不离去，将会陷入严重困境，不能再耽误了。”刘备同意采用庞统的中策。

等到曹操进攻孙权，孙权要求刘备回军援救。刘备写信给刘璋，说：“孙权和我本是唇齿相依，而关羽兵力薄弱，现在不去援救，曹操就一定夺取荆州，进而侵犯益州边界，这远比张鲁更值得担心。张鲁是个只求自保的贼寇，不足以使人忧虑。”乘机要求刘璋给他增拨一万名士兵和军用物资，刘璋只允许拨给四千人，军用物资也都只给一半。刘备就以此为借口，激怒他部下的将士说：“我们为益州讨伐强敌，士卒劳苦，而刘璋却爱惜财物，如此吝啬，怎么能使士大夫为他死战呢！”张松写信给刘备和法正说：“现在，大事马上就可完成，怎么能放弃这里离去呢？”张松的哥哥、广汉郡太守张肃知道张松的密谋后，恐怕祸事会连累自己，就告发了张松的阴谋。于是刘璋逮捕张松，把他处斩，同时，向各关口要塞守将发布文书，命令他们都不要再与刘备往来。刘备大怒，召见刘璋部下的白水军督杨怀、高沛，责备他们对客人无礼，把这两人处斩。刘备率领军队直接进驻关头，吞并了杨怀、高沛的部队。继续进军，占领涪城。

十八年（癸巳，公元213年）

益州从事、广汉人郑度听到刘备起兵的消息，对刘璋说：“左将军刘备孤军深入，远道来袭，他部下士兵不到一万人，而且将士并未全心归附他，军队又没有辎重，只能靠抢掠田野的庄稼为食。因此，最好的办法是把巴西与梓潼境内的百姓全部驱赶到内水、涪水以西，把巴西与梓潼仓库中的粮食物资以及田野里的庄稼全部烧掉，咱们高垒深沟，静待变化。刘备率军前来挑战，咱们坚守不出。他们无处抢掠粮草，不过一百天，必然会自动撤退，等他们后退时咱们再出击，一定可以捉到刘备。”刘备听到消息后，十分忧虑，向法正询问对策，法正说：“刘璋最终不会采用郑度的计策，您不必担心。”刘璋果然对部下说：“我听说过抵抗敌人以保护百姓，从未听说要迁徙百姓来躲避敌人的。”不用郑度的计策。

汉纪五十九

第六十七卷

孝献皇帝壬建安十九年（甲午，214）

诸葛亮留关羽守荆州，与张飞、赵云将兵溯流克巴东。至江州，破巴郡太守严颜，生获之。飞呵颜曰："大军既至，何以不降，而敢拒战！"颜曰："卿等无状，侵夺我州。我州但有断头将军，无降将军也！"飞怒，令左右牵去斫头。颜容止不变，曰："斫头便斫头，何为怒邪！"飞壮而释之，引为宾客。分遣赵云从外水定江阳、犍为，飞定巴西、德阳。

刘备围雒城且一年，庞统为流矢所中，卒。法正笺与刘璋，为陈形势强弱，且曰："左将军从举兵以来，旧心依依，实无薄意。愚以为可图变化，以保尊门。"璋不答。雒城溃，备进围成都。诸葛亮、张飞、赵云引兵来会。

马超知张鲁不足与计事，又鲁将杨昂等数害其能，超内怀于邑。备使建宁督邮李恢往说之，超遂从武都逃入氐中，密书请降于备。备使人止超，而潜以兵资之。超到，令引军屯城北，城中震怖。

备围城数十日，使从事中郎涿郡简雍入说刘璋。时城中尚有精兵三万人，谷帛支一年，吏民咸欲死战。璋言："父子在州二十余年，无恩德以加百姓。百姓攻战三年，肌膏草野者，以璋故也，何心能安！"遂开城，与简雍同舆出降，群下莫不流涕。备迁璋于公安，尽归其财物，佩振威将军印绶。

时议者欲以成都名田宅分赐诸将。赵云曰："霍去病以匈奴未灭，无用家为。今国贼非但匈奴，未可求安也。须天下都定，各反桑梓，归耕本土，乃其宜耳。益州人民，初罹兵革，田宅皆可归还，令安居复业，然后可役调，得其欢心；不宜夺之，以私所爱也。"备从之。

法正外统都畿，内为谋主，一餐之德、睚眦之怨，无不报复，擅杀毁伤己者数人。或谓诸葛亮曰：“法正太纵横，将军宜启主公，抑其威福。”亮曰：“主公之在公安也，北畏曹操之强，东惮孙权之逼，近则惧孙夫人生变于肘腋。法孝直为之辅翼，令翻然翱翔，不可复制。如何禁止孝直，使不得少行其意邪！”

诸葛亮佐备治蜀，颇尚严峻，人多怨叹者。法正谓亮曰：“昔高祖入关，约法三章，秦民知德。今君假借威力，跨据一州，初有其国，未垂惠抚；且客主之义，宜相降下，愿缓刑弛禁以慰其望。”亮曰：“君知其一，未知其二。秦以无道，政苛民怨，匹夫大呼，天下土崩；高祖因之，可以弘济。刘璋暗弱，自焉以来，有累世之恩，文法羁縻，互相承奉，德政不举，威刑不肃。蜀土人士，专权自恣，君臣之道，渐以陵替。宠之以位，位极则贱；顺之以恩，恩竭则慢。所以致敝，实由于此。吾今威之以法，法行则知恩；限之以爵，爵加则知荣。荣恩并济，上下有节，为治之要，于斯而著矣。”

汉献帝建安十九年（甲午，公元214年）

诸葛亮让关羽留守荆州，与张飞、赵云率兵溯长江而上，攻克巴东。至江州，打败并生擒了巴郡太守严颜。张飞呵斥严颜：“我大军已到，你为什么不投降，而敢率军顽抗！”严颜说：“你们无理夺取我江州，江州只有断头将军，没有投降将军！”张飞大怒，命令左右部属把严颜拉出去斩首。严颜形容举止不变，说：“砍头便砍头，发什么火！”张飞佩服严颜的胆魄，将他释放，并让他做自己的宾客。诸葛亮派遣赵云经外水出兵平定江阳、犍为，派张飞平定巴西、德阳。

刘备围攻雒城近一年，庞统被流矢射中而死。法正写信给刘璋，分析了形势强弱，并说：“左将军刘备起兵后，对您仍有旧情，实际上没有恶意。我认为您应改变态度，以保住家门的尊贵。”刘璋未予答复。刘备攻破雒城，进而包围了成都。诸葛亮、张飞、赵云也率兵前来会合。

马超知道张鲁是个不值得与其计议大事的人，张鲁的部将杨昂等人又多次诋毁他的才能，因此心中忧郁。刘备派建宁督邮李恢前去游说马超，马超便从武都逃到氐人部落，秘密写信给刘备请求归降。刘备派人制止了马超，但暗中派兵给以帮助。马超来到成都，刘备命他率军驻扎城北，成都城内的人非常震惊，心中恐惧。

刘备包围成都数十天，派从事中郎涿郡人简雍进城劝降刘璋。此时城中还有精兵三万人，粮食和丝帛可以支持一年，官吏和百姓都愿死战到底。刘璋说："我们父子统领益州二十余年，对百姓没有什么恩德。百姓苦战三年，暴尸荒野，实在是因为我刘璋的缘故，我怎能安心！"因此命令打开城门，和简雍同乘一辆车出来投降，部属无不伤心落泪。刘备把刘璋安置在公安这个地方，归还他的全部财物，让他佩带振威将军印绶。

当时，有人建议把成都有名的肥田沃土和住宅分给将领们。赵云说："霍去病曾认为匈奴尚未消灭，不应考虑自己的家业。现在的国贼远非匈奴可比，我们不能贪图安乐。等到天下都安定以后，将士们重归故里，在自己的田地上耕作，才会各得其所。益州的百姓，刚刚遭受兵灾战祸，土地、田宅都应归还原来的主人，使百姓平安定居，恢复生产，然后才可以向他们征发兵役，收取租税，获得他们的好感；不应该夺取他们财物，以私宠自己所爱的将领。"刘备接受了赵云的意见。

法正在外统辖蜀郡，在内是为刘备出谋划策的主要人物。他恩怨分明，对他有过一餐饭的恩惠，他都予以报答；对他有一瞪眼的怨恨，他也无不报复，擅自杀害了一些伤害过自己的人。有人对诸葛亮说："法正肆意横行，将军您应该禀报主公，限制他作威作福。"诸葛亮说："主公在公安的时候，北边畏惧曹操的强大，东边害怕孙权的威胁，近处则担心孙夫人在家中搞出内乱，法正像羽翼一样辅佐主公，使主公能够自由翱翔，不再受制于他人。怎么能禁止法正，而不许他稍稍随心所欲呢！"

诸葛亮辅佐刘备治理蜀地，很强调严刑峻法，很多人怨恨叹息。法正对诸葛亮说："以前汉高祖入函谷关，约法三章，秦地的百姓感恩戴德。如今，您借助权势的力量，占据一州的地方，刚刚建立国家，还没有施加恩惠，进行安抚。况且从外来的客与本地的主之间的关系讲，客人的姿态应当降低，希望您能放宽刑律和禁令，以适应当地人的意愿。"诸葛亮回答说："您只知其一，不知其二。秦因为暴虐无道，政令苛刻，造成人民对它的怨恨，所以一介草民大呼一声，天下就土崩瓦解。汉高祖在这种情况下，可以采用宽大的政策而获得很大成功。刘璋糊涂软弱，从其父刘焉那时起，刘家对蜀地的人有两世的恩惠，全靠典章和礼仪维系上下的关系，互相奉承，德政不能施行，刑罚失掉威严。蜀地的人专权而为所欲为，君臣之道，渐渐破坏。给予高官表示宠爱，官位无法再高时，反而被臣下轻视；用恩惠换取臣下的顺从，恩惠用尽的时候，臣下便会轻狂怠慢。蜀地所以到了破败的地步，实在是由于这样的原因引起的。我现在要树立法令的威严，法令被执行，人们便会知道我们的恩德；以爵位限定官员的地位，加爵的人便会觉得很荣耀。荣耀和恩德相辅相成，上下之间有一定的规矩，治国的主要原则，由此清楚地显示出来了。”

汉纪六十

第六十八卷

孝献皇帝癸建安二十四年（己亥，219）

孙权攻合肥。时诸州兵戍淮南。扬州刺史温恢谓兖州刺史裴潜曰："此间虽有贼，然不足忧。今水潦方生，而子孝县军，无有远备，关羽骁猾，正恐征南有变耳。"已而关羽果使南郡太守麋芳守江陵，将军士仁守公安，羽自率众攻曹仁于樊。仁使左将军于禁、立义将军庞德等屯樊北。八月，大霖雨，汉水溢，平地数丈，于禁等七军皆没。禁与诸将登高避水，羽乘大船就攻之，禁等穷迫，遂降。庞德在堤上，被甲持弓，箭不虚发，自平旦力战，至日过中，羽攻益急；矢尽，短兵接，德战益怒，气愈壮，而水浸盛，吏士尽降。德乘小船欲还仁营，水盛船覆，失弓矢，独抱船覆水中，为羽所得，立而不跪。羽谓曰："卿兄在汉中，我欲以卿为将，不早降何为！"德骂羽曰："竖子，何谓降也！魏王带甲百万，威振天下；汝刘备庸才耳，岂能敌邪！我宁为国家鬼，不为贼将也！"羽杀之。魏王操闻之曰："吾知于禁三十年，何意临危处难，反不及庞德邪！"封德二子为列侯。

羽急攻樊城，城得水，往往崩坏，众皆恟惧。或谓曹仁曰："今日之危，非力所支，可及羽围未合，乘轻船夜走。"汝南太守满宠曰："山水速疾，冀其不久。闻羽遣别将已在郏下，自许以南，百姓扰扰，羽所以不敢遂进者，恐吾军掎其后耳。今若遁去，洪河以南，非复国家有也，君宜待之。"仁曰："善！"乃沈白马与军人盟誓，同心固守。城中人马才数千人，城不没者数板。羽乘船临城，立围数重，外内断绝。羽又遣别将围将军吕常于襄阳。荆州刺史胡脩、南乡太守傅方皆降于羽。

陆浑民孙狼等作乱，杀县主簿，南附关羽。羽授狼印，给兵，还为寇贼，自许以南，往往遥应羽，羽威震华夏。魏王操议徙许都以避其锐，丞相军司马司马懿、西曹属蒋济言于操曰："于禁等为水所没，非战攻之失，于国家大计未足有损。刘备、孙权，外亲内疏，关羽得志，权必不愿也。可遣人劝权蹑其后，许割江南以封权，则樊围自解。"操从之。

初，鲁肃尝劝孙权以曹操尚存，宜且抚辑关羽，与之同仇，不可失也。及吕蒙代肃屯陆口，以为羽素骁雄，有兼并之心，且居国上流，其势难久，密言于权曰："今令征虏守南郡，潘璋住白帝，蒋钦将游兵万人循江上下，应敌所在，蒙为国家前据襄阳，如此，何忧于操，何赖于羽！且羽君臣矜其诈力，所在反覆，不可以腹心待也。今羽所以未便东向者，以至尊圣明，蒙等尚存也。今不于强壮时图之，一旦僵仆，欲复陈力，其可得邪！"权曰："今欲先取徐州，然后取羽，何如？"对曰："今操远在河北，抚集幽、冀，未暇东顾，余土守兵，闻不足言，往自可克。然地势陆通，骁骑所骋，至尊今日取徐州，操后旬必来争，虽以七八万人守之，犹当怀忧。不如取羽，全据长江，形势益张，易为守也。"权善之。

权尝为其子求昏于羽，羽骂其使，不许昏；权由是怒。及羽攻樊，吕蒙上疏曰："羽讨樊而多留备兵，心恐蒙图其后故也。蒙常有病，乞分士众还建业，以治疾为名，羽闻之，必撤备兵，尽赴襄阳。大军浮江昼夜驰上，袭其空虚，则南郡可下而羽可禽也。"遂称病笃。权乃露檄召蒙还，阴与图计。蒙下至芜湖，定威校尉陆逊谓蒙曰："关羽接境，如何远下，后不当可忧也？"蒙曰："诚如来言，然我病笃。"逊曰："羽矜其骁气，陵轹于人，始有大功，意骄志逸，但务北进，未嫌于我；有相闻病，必益无备，今出其不意，自可禽制。下见至尊，宜好为计。"蒙曰："羽素勇猛，既难为敌，且已据荆州，恩信大行，兼始有功，胆势益盛，未易图也。"蒙至都，权问："谁可代卿者？"蒙对曰："陆逊意思深长，才堪负重，观其规虑，终可大任；而未有远名，非羽所忌，无复是过也。若用之，当令外自韬隐，内察形便，然后可克。"权乃召逊，拜偏将军、右部督，以代蒙。逊至陆口，为书与羽，称其功美，深自谦抑，为尽忠自托之意。羽意大安，无复所嫌，稍撤兵以赴樊。逊具启形状，陈其可禽之要。

孙权为笺与魏王操，请以讨羽自效，及乞不漏，令羽有备。操问群臣，群臣咸言宜密之。董昭曰："军事尚权，期于合宜。宜应权以密，而内露之。羽闻权上，若还自护，围则速解，便获其利。可使两贼相对衔持，坐待其敝。秘而不露，使权得志，非计之上。又，围中将吏不知有救，计粮怖惧，傥有他意，为难不小。露之为便。且羽为人强梁，自恃二城守固，必不速退。"操曰："善！"即敕徐晃以权书射著围里及羽屯中，围里闻之，志气百倍；羽果犹豫不能去。

吕蒙至寻阳，尽伏其精兵𦪇𦨶中，使白衣摇橹，作商贾人服，昼夜兼行，羽所置江边屯候，尽收缚之，是故羽不闻知。麋芳、士仁素皆嫌羽轻己，羽之出军，芳、仁供给军资不悉相及，羽言“还，当治之”，芳、仁咸惧。于是蒙令故骑都尉虞翻为书说仁，为陈成败，仁得书即降。翻谓蒙曰：“此谲兵也，当将仁行，留兵备城。”遂将仁至南郡。麋芳城守，蒙以仁示之，芳遂开门出降。蒙入江陵，释于禁之囚，得关羽及将士家属，皆抚慰之，约令军中：“不得干历人家，有所求取。”蒙麾下士，与蒙同郡人，取民家一笠以覆官铠；官铠虽公，蒙犹以为犯军令，不可以乡里故而废法，遂垂涕斩之。于是军中震栗，道不拾遗。蒙旦暮使亲近存恤耆老，问所不足，疾病者给医药，饥寒者赐衣粮。羽府藏财宝，皆封闭以待权至。

关羽闻南郡破，即走南还。曹仁会诸部议，咸曰：“今因羽危惧，可追禽也。”赵俨曰：“权邀羽连兵之难，欲掩制其后，顾羽还救，恐我乘其两疲，故顺辞求效，乘衅因变以观利钝耳。今羽已孤迸，更宜存之以为权害。若深入追北，权则改虞于彼，将生患于我矣，王必以此为深虑。”仁乃解严。魏王操闻羽走，恐诸将追之，果疾敕仁如俨所策。

关羽数使人与吕蒙相闻，蒙辄厚遇其使，周游城中，家家致问，或手书示信。羽人还，私相参讯，咸知家门无恙，见待过于平时，故羽吏士无斗心。

关羽自知孤穷，乃西保麦城。孙权使诱之，羽伪降，立幡旗为象人于城上，因遁走，兵皆解散，才十余骑。权先使朱然、潘璋断其径路。十二月，璋司马马忠获羽及其子平于章乡，斩之，遂定荆州。

汉献帝建安二十四年（己亥，公元219年）

孙权进攻合肥。当时各州的军队都驻守在淮南。扬州刺史温恢对兖州刺史裴潜说：“此处虽然有贼人，却不值得担忧。现在刚刚涨水，征南将军曹仁却孤军深入，没有长远的准备，关羽强悍狡猾，只恐怕征南将军会有变故。”不久，关羽果然令南郡太守麋芳守卫江陵，将军士仁守公安，他自己率军向樊城的曹仁进攻。曹仁派左将军于禁、立义将军庞德等人驻守樊城之北。八月，天降大雨，汉水泛滥，平地水深数丈，于禁等开路兵马都被大水所淹。于禁和将领们登到高处避水，关羽乘大船前来进攻，于禁等无处可逃，于是投降。庞德站在堤上，身穿铠甲，手挽弓，箭无虚发，自清晨拼力死战，到日过中午，关羽的进攻愈来愈急。庞德的箭射尽了，就短兵相接，庞德愈战愈怒，胆气愈壮，但水势愈来愈大，部下的官员和士兵都投降了。庞德乘上小船，想返回曹仁的军营，小船被大水冲翻，失去了弓箭，只有他一人在水中抱住翻船，被关羽俘虏。见关羽时，他站着不肯下跪。关羽对他说："你的兄长在汉中，我准备让你做我的将领，为什么不早早投降呢？"庞德大骂说："小子，什么叫投降！魏王统帅百万大军，威震天下；你家刘备不过是个庸才，岂能和魏王匹敌！我宁可做国家的鬼，也不做贼人的将领！"关羽杀掉了庞德。魏王曹操闻知此事，说："我和于禁相识三十年，怎料在危难之处，于禁反而不如庞德呢！"于是封庞德的两个儿子为列侯。

关羽向樊城发起猛攻，城中进水，处处崩塌，众人都惊恐不安。有人对曹仁说："现在的危难，不是我们的力量所能应付的，应该趁关羽的包围尚未完成，乘轻便船只连夜退走。"汝南太守满宠说："山洪来得快，去得也快，希望不会滞留很久。据说关羽已经派别的部队至郏下，许都以南百姓混乱不安。关羽之所以不敢再向前推进，是顾虑我们攻击他的后路。现在如果我军退走，黄河以南地区，就不再为国家所有了，您应该在这里坚守以待。"曹仁说："你说得对！"于是将白马沉入河中，与将士们盟誓，齐心合力，坚守樊城。城中军队只有数千人，未被水淹没的城墙也仅有几尺高。关羽乘船至城下，立即将樊城重重包围，使其内外断绝。关羽又派别的将领把将军吕常包围在襄阳。荆州刺史胡修、南乡太守傅方都投降了关羽。

陆浑百姓孙狼等造反作乱，杀死了县主簿，向南归附关羽。关羽授给孙狼官印，给他军队，让他回去作寇贼。在许都以南，处处有人与关羽遥相呼应，关羽的威名震动了整个中原。魏王曹操与群臣商议，准备离开许都，以躲避关羽的威风、锐气。丞相军司马司马懿、西曹属蒋济对曹操说："于禁等人战败，是因为大水淹没，并非因为攻战失利，对国家大计没有构成大损害。刘备和孙权，从外表看关系密切，实际上很疏远，关羽得志，孙权必然不愿意。可派人劝孙权威胁关羽的后方，答应孙权把江南封给他，这样樊城之围自然就解除了。"曹操听从了他们的建议。

当初，鲁肃曾经劝说孙权，由于曹操势力仍然存在，应该暂且安抚结交关羽，和他共同对敌，不能失去和睦。乃至吕蒙代替鲁肃驻军陆口，认为关羽一贯勇猛雄武，怀有兼并江南的野心，况且他的军队驻扎在孙权势力的上游，这种形势难以持久，便秘密告诉孙权说："如果现在命令征虏将军孙皎守南郡，潘璋驻守白帝，蒋钦率领流动部队一万人沿长江上下活动，哪里出现敌人，就在哪里投入战斗，而我在我方的上游据守襄阳，这样，何必担忧曹操，何必依赖关羽！况且关羽君臣自负他们的诡诈力量，反复无常，不可以真心相待。现在关羽所以未立即向东进攻我们，是因为您圣贤英明，以及我和其他将领们还存在。如今，不在我们强壮时解除这一后患，一旦我们死去，再想与他较量，还有可能吗？”孙权说：“现在，我准备先攻取徐州，然后再进攻关羽，怎么样？”吕蒙回答说：“如今曹操远在黄河以北，安抚幽州、冀州，来不及考虑东部的事情，其余地区的守军，听说不值得一提，前去进攻，就可以打败。然而陆地交通方便，适合骁勇的骑兵驰骋，您今天夺取了徐州，曹操十天之后就一定会来争夺，尽管用七八万人防守，仍会令人担忧。不如击败关羽，将长江上下游全部占据，我们的势力更加壮大，也就容易守卫了。”孙权很赞同吕蒙的建议。

孙权曾经为自己的儿子向关羽的女儿求婚，关羽骂了孙权的使者，拒绝通婚，孙权因此很恼怒。及至关羽进攻樊城，吕蒙向孙权上书说：“关羽征讨樊城，却留下很多军队防守，一定是害怕我从后面进攻他。我经常患病，请求您允许我以治病为名，率一部分士兵回建业，关羽知道后，必定撤走防守的军队，全部调往襄阳。我大军昼夜乘船溯长江而上，趁他的防守空虚，进行袭击，南郡就可攻取，关羽也会被我擒获。”于是，吕蒙自称病重。孙权则公开发布命令召吕蒙返回，暗中与他进行策划。吕蒙顺江而下至芜湖时，定威校尉陆逊对吕蒙说：“关羽和您的防区相邻，为什么远远离开，以后不会为此而担忧吗？”吕蒙说：“的确如您所说，可是我病得很重。”陆逊说：“关羽自负骁勇，欺压他人，刚刚取得大功，骄傲自大，一心致力向北进攻，对我军未加怀疑，又听说您病重，必然更无防备，如果出其不意，就可以将他擒服。您见到主公，应该妥善筹划此事。”吕蒙说：“关羽素来勇猛善战，我们很难与他为敌，况且他已占据荆州，大施恩德和信义，再加上刚刚取得很大成功，胆略和气势更加旺盛，不易对付。”吕蒙回到建业，孙权询问：“谁可以代替你？”吕蒙回答说：“陆逊思虑深远，有能力担负重任，看他的气度，终究可以大用；而且他没有大名声，不是关羽所顾忌的人，没有人比他更合适了。如果任用他，应该要他在外隐藏锋芒，内里观察形势，寻找可乘之机，然后向敌人进攻，可以取得胜利。”孙权于是召来陆逊，任命他为偏将军、右部督，以接替吕蒙。陆逊至陆口，写信给关羽，称颂关羽的功德，深深地自我谦恭，表示愿意尽忠和托付自己的前程。关羽因此感到很安定，不再有疑心，便逐渐撤出防守的军队赶赴樊城。陆逊把全部情况向孙权做了汇报，陈述可以擒服关羽的战略要点。

孙权写信给魏王曹操，请求允许他讨伐关羽，为朝廷效力，并请求不要把消息泄露出去，使关羽有所防范。曹操问群臣，群臣都说应当保密。董昭却说：“军事行动，注重权变，要求合乎时宜。我们应当答应孙权为他保密，但暗中将消息泄露出去。关羽知道孙权来信的内容以后，若要回兵保护自己，樊城的包围就迅速解除，我们便可获利。同时，还使孙权、关羽像两匹被勒住马衔的斗马一样，相互敌对而动弹不得，我们可以坐着等待他们精疲力尽。如果保守秘密不泄露，使孙权如意，这不是上策。再者，被围的将士不知道有救兵，计算城中粮食不足以持久，心中会惶恐不安。倘若再有其他的想法，危害不会小，还是泄露出去为好。况且关羽为人强悍，自恃江陵、公安两城防守坚固，一定不会很快退兵。”曹操说：“很对！”立即下令徐晃将孙权的书信用箭射入围城之内和关羽军营中。被围的将士得到书信后，士气增长百倍，而关羽果然犹豫不决，不愿撤兵离去。

吕蒙到达寻阳，把精锐士卒都埋伏在名为艑艫的船中，让百姓摇橹，穿商人的衣服，昼夜兼程，将关羽设置在江边守望的官兵全都捉了起来，所以关羽对吕蒙的行动一无所知。麋芳、士仁一直都不满意关羽轻视自己，关羽率兵在外，麋芳、士仁供应军用物资不能全部送到，关羽说：“回去后，当会治罪。”麋芳、士仁都感到恐惧。于是吕蒙命令原骑都尉虞翻写信游说士仁，为其指明得失，士仁得到虞翻信后，便投降了。虞翻对吕蒙说：“这种隐秘的军事行动，应该带着士仁同行，留下军队守城。”于是带着士仁至南郡。麋芳守城，吕蒙要士仁出来与他相见，麋芳于是开城出来投降了。吕蒙到达江陵，把被囚的于禁释放，俘虏了关羽及其将士们的家属，对他们都给以抚慰，对军中下令：“不得骚扰百姓和向百姓索取财物。”吕蒙帐下有一亲兵，与吕蒙是同郡人，从百姓家中拿了一个斗笠遮盖官府的铠甲；铠甲虽然是公物，吕蒙仍认为他违犯了军令，不能因为是同乡而破坏军法，便流着眼泪将这个亲兵处斩了。于是全军震恐战惊。南郡因此道不拾遗。吕蒙还在早晨和晚间派亲信去慰问和抚恤老人，询问他们生活有什么困难，给病人送去医药，对饥寒的人赐予衣服和粮食。关羽库存的财物、珍宝，全部被封闭起来，等候孙权前来处理。

关羽得知南郡失守后，立即向南回撤。曹仁召集将领们商议，众人都说：“如今趁关羽身陷困境，内心恐惧，可派兵追击，将他擒获。”赵俨说：“孙权侥幸趁关羽和我军鏖战之机，试图进攻关羽后路，又顾忌关羽率军回救，怕我军趁其双方疲劳时，从中取利，所以才言辞和顺地请求为我效力，不过是乘事机的变化观望胜败罢了。如今关羽已势力孤单，正仓促奔走，我们更应让他继续存在，去危害孙权。如果对战败的关羽穷追不舍，孙权就将由防备关羽改为给我们制造祸患了，魏王必将对此深为忧虑。”于是，曹仁下令不要再穷追关羽。魏王曹操知道关羽退走，唯恐将领们追击他，果然迅速给曹仁下达命令，正如赵俨的判断。

关羽多次派使者与吕蒙联系，吕蒙每次都厚待关羽的使者，允许在城中各处走动，向关羽部下各家亲属表示慰问，有人亲手写信托使者带走，作为平安的证明。使者返回，关羽部属私下向他询问家中情况，尽知家中平安，所受对待超过以前，因此关羽的将士都无心再战了。

关羽自知孤立困穷，便向西退守麦城。孙权派人诱降，关羽伪装投降，把幡旗做成人像立在城墙上，然后逃遁，士兵都跑散了，跟随他的只有十余名骑兵。孙权已事先命令朱然、潘璋切断了关羽的去路。十二月，潘璋手下的司马马忠在章乡擒获关羽及其儿子关平，予以斩首，于是孙权占据荆州。

魏纪一

第六十九卷

世祖文皇帝上黄初二年（辛丑，221）

蜀中传言汉帝已遇害，于是汉中王发丧制服，谥曰孝愍皇帝。群下竞言符瑞，劝汉中王称尊号。前部司马费诗上疏曰："殿下以曹操父子逼主篡位，故乃羁旅万里，纠合士众，将人以讨贼。今大敌未克而先自立，恐人心疑惑。昔高祖与楚约，先破秦者王之。乃屠咸阳，获子婴，犹怀推让；况今殿下未出门庭，便欲自立邪！愚臣诚不为殿下取也。"王不悦，左迁诗为部永昌从事。夏，四月，丙午，汉中王即皇帝位于武担之南，大赦，改元章武。以诸葛亮为丞相，许靖为司徒。

汉主耻关羽之没，将击孙权。翊军将军赵云曰："国贼，曹操，非孙权也。若先灭魏，则权自服。今操身虽毙，子丕篡盗，当因众心，早图关中，居河、渭上流以讨凶逆，关东义士必裹粮策马以迎王师。不应置魏，先与吴战。兵势一交，不得卒解，非策之上也。"群臣谏者甚众，汉主皆不听。广汉处士秦宓陈天时必无利，坐下狱幽闭，然后贷出。

三年（壬寅，222）

汉主自秭归将进击吴，治中从事黄权谏曰："吴人悍战，而水军沿流，进易退难。臣请为先驱以当寇，陛下宜为后镇。"汉主不从，以权为镇北将军，使督江北诸军；自率诸将，自江南缘山截领，军于夷道猇亭。吴将皆欲迎击之。陆逊曰："备举军东下，锐气始盛；且乘高守险，难可卒攻。攻之纵下，犹难尽克，若有不利，损我大势，非小故也。今但且奖厉将士，广施方略，以观其变。若此间是平原旷野，当恐有颠沛交逐之忧；今缘山行军，势不得展，自当罢于木石之间，徐制其敝耳。"诸将不解，以为逊畏之，各怀愤恨。

汉人自巫峡建平连营至夷陵界，立数十屯，以冯习为大督，张南为前部督，自正月与吴相拒，至六月不决。汉主遣吴班将数千人于平地立营，吴将帅皆欲击之。陆逊曰："此必有谲，且观之。"汉主知其计不行，乃引伏兵八千从谷中出，逊曰："所以不听诸君击班者，揣之必有巧故也。"逊上疏于吴王曰："夷陵要害，国之关限，虽为易得，亦复易失。失之，非徒损一郡之地，荆州可忧，今日争之，当令必谐。备干天常，不守窟穴而敢自送，臣虽不材，凭奉威灵，以顺讨逆，破坏在近，无可忧者。臣初嫌之水陆俱进，今反舍船就步，处处结营，察其布置，必无他变。伏愿至尊高枕，不以为念也。"

闰月，逊将进攻汉军，诸将并曰："攻备当在初，今乃令入五六百里，相守经七八月，其诸要害皆已固守，击之必无利矣。"逊曰："备是猾虏，更尝事多，其军始集，思虑精专，未可干也。今住已久，不得我便，兵疲意沮，计不复生。犄角此寇，正在今日。"乃先攻一营，不利，诸将皆曰："空杀兵耳！"逊曰："吾已晓破之之术。"乃敕各持一把茅，以火攻，拔之；一尔势成，通率诸军，同时俱攻，斩张南、冯习及胡王沙摩柯等首，破其四十余营。汉将杜路、刘宁等穷逼请降。

汉主升马鞍山，陈兵自绕，逊督促诸军，四面蹙之，土崩瓦解，死者万数，汉主夜遁，驿人自担烧铙铠断后，仅得入白帝城，其舟船、器械，水步军资，一时略尽，尸骸塞江而下。汉主大惭恚曰："吾乃为陆逊所折辱，岂非天耶！"将军义阳傅肜为后殿，兵众尽死，肜气益烈。吴人谕之使降，肜骂曰："吴狗，安有汉将军而降者！"遂死之。从事祭酒程畿溯江而退，众曰："后追将至，宜解舫轻行。"畿曰："吾在军，未习为敌之走也。"亦死之。

初，诸葛亮与尚书令法正好尚不同，而以公义相取，亮每奇正智术。及汉主伐吴而败，时正已卒，亮叹曰："孝直若在，必能制主上东行；就使东行，必不倾危矣。"汉主在白帝，徐盛、潘璋、宋谦等各竞表言"备必可禽，乞复攻之"。吴王以问陆逊。逊与朱然、骆统上言曰："曹丕大合士众，外托助国讨备，内实有奸心，谨决计辄还。"

魏文帝黄初二年（辛丑，公元 221 年）

蜀地传言汉献帝已经遇害，于是汉中王刘备下令披麻戴孝，为汉献帝举行丧礼，尊谥汉献帝为孝愍皇帝。群臣纷纷上书，说有很多吉祥之兆，请求刘备即位称帝。前部司马费诗上书说："殿下因为曹操父子逼迫皇帝，篡夺帝位，所以才万里流亡，召集士卒，领兵讨伐曹氏奸贼。如今大敌尚未击败，您却先自称皇帝，恐怕人们会对您的行为产生疑惑。从前，汉高祖与楚人相约，谁先灭掉秦朝，谁就称王。等到攻克咸阳，俘获了秦皇帝子婴，汉高祖对王的称号仍然推让。而殿下如今尚未走出门庭，便要自己称皇帝，愚臣我认为您实在不应该这样做。"汉中王对此很不高兴，将费诗降职为州部永昌从事。夏季，四月，丙午（初六），汉中王刘备在成都西北的武担山之南登基称帝，大赦罪犯，改年号为章武。任命诸葛亮为丞相，许靖为司徒。

刘备因关羽的被杀深感耻辱，准备进攻孙权，翊军将军赵云说："国贼是曹操，而不是孙权。如果先灭掉魏，则孙权自然归服。如今曹操虽然已经死去，他的儿子曹丕窃夺了汉朝的皇位。我们应当顺应民心，尽早夺取关中，占据黄河、渭水上游，以利于征讨凶顽叛逆，函谷关以东的义士，一定会自带军粮，驱策战马迎接陛下的正义之师。我们不应置曹操而不顾，先和孙权开战。两国战端一开，不可能很快结束，这不是上策。"大臣中劝谏的人很多，汉主都不同意。广汉郡一个不愿为官的士人秦宓，上书陈述天时对蜀军必定不利，因此而被治罪入狱拘押，后来才被赦免。

三年（壬寅，公元 222 年）

汉主刘备从秭归出兵，进攻吴国。治中从事黄权劝谏说："吴人强悍善战，而我们的水军顺长江而下，前进容易，撤退困难。请陛下派我率军为前锋，向敌人发动攻击，陛下应该在后方坐镇。"汉主没有采纳，却任命黄权为镇北将军，派他统领长江以北的各路蜀军。同时，亲率将士，沿长江南岸翻山越岭向吴进发，驻军在夷道县的猇亭。吴国将领都请求出兵迎击，陆逊说："刘备率军沿长江东下，锐气正盛，而且凭据高山，坚守险要，很难向他们发起迅猛的进攻。即使攻击成功，也不能完全将他们击败，如果攻击不利，将损伤我们的主力，绝不是小小的失误。目前，我们只有褒奖和激励将士，多方采纳和实施破敌的策略，观察形势变化。如果这一带为平原旷野，我们还要担心有互相追逐的困扰；如今他们沿着山岭部署军队，不但兵力无法展开，反而困在树木乱石之中，自己渐渐精疲力竭，我们要有耐心，等待他们自己败坏而加以攻击。"各位将领仍不理解，认为陆逊惧怕刘备大军，对他强烈不满。

蜀军自巫峡建平扎营，直至夷陵附近，设立数十座营盘，以冯习为总指挥，张南为前军指挥，从正月开始与吴军对峙，到六月仍未决战。汉主命令吴班率数千人在平地扎营，吴军将领都要求出击，陆逊说：“这一定有诡诈，我们暂且观察。”汉主见计划无法实现，只好命令八千伏兵从山谷中出来。陆逊说：“我之所以没有听从诸位进攻吴班的建议，是因为我估计到刘备一定有计谋。”陆逊向吴王上书说：“夷陵是军事要地，它的得失，关系到我们的生死存亡。夷陵虽然易得，也容易再失去。失去夷陵，不仅仅是损失了一个郡，就连荆州也令人担忧。今日争夺夷陵，一定要彻底取得胜利。刘备违背常情，不守护自己的巢穴，竟胆敢自己送上门来，臣下虽然不才，凭借大王的威灵，名正言顺地讨伐逆贼，大败敌军就在眼前，没有什么可忧虑的。我当初担心刘备会水陆并进，现在他却舍水路不走，从陆路进发，随处扎营，观察他的军事部署，一定不会有什么变化了。希望至尊的大王高枕而卧，不必把这件事老挂在心上。”

闰六月，陆逊要向蜀军发动进攻，部下将领都说：“发动进攻，应在刘备立足未稳的时候，如今蜀军已深入我国五六百里，和我们对峙七八个月，占据了险要，加强了防守，现在进攻不会顺利。”陆逊说：“刘备是个很狡猾的家伙，再加之经验丰富，蜀军刚集结时，他思虑周详，我们无法向他发动攻击。如今蜀军已驻扎很长时间，却仍找不到我军的漏洞，将士疲惫，心情沮丧，再也无计可施。现在正是我们对他前后夹击的好机会。”于是，下令先向蜀军的一个营垒发动攻击，战斗失利，将领们都说：“白白损兵折将！”陆逊说：“我已经有了破敌之策。”命令战士每人拿一束茅草，用火攻击，取得胜利；这样一来，又乘势领各路军队全面出击，攻破蜀军营垒四十余座。蜀将杜路、刘宁走投无路，只得向吴军请求投降。

汉主登上马鞍山，环绕自己布置军队，陆逊督促各军四面围攻，紧缩包围圈，蜀军土崩瓦解，战死一万余人。汉主连夜逃走，驿站官员亲自挑着兵器铠甲在险要路口焚烧，以阻挡吴军的追击，汉主才得以逃入白帝城。蜀军的船只、器械，水陆军的军用物资，一下子全被夺取；尸体塞满长江江面，顺流而下。汉主既惭愧又失望地说：“我被陆逊羞辱，这是天意啊！”将军义阳人傅肜掩护大军退却，部下全部战死，他却愈战愈勇，吴军劝他投降，他大骂说：“吴国的狗东西，哪有汉将军会投降的！”终于血战而死。从事祭酒程畿逆长江乘船退却，部下说：“后面追兵紧迫，应把两船连结的方舟拆开，轻舟撤退。”程畿说：“我从军以来，还未学过如何逃跑。”也战死了。

从前，诸葛亮和尚书令法正的爱好、崇尚不同，但是二人都以公事为重，各取所长，诸葛亮很赞赏法正的智谋。汉主攻吴惨败的时候，法正已经去世，诸葛亮感叹说：

“如果法正仍然在世，一定能够阻止主公进攻吴国的行动；即使东下，也绝不会失败。”汉主逃至白帝城，吴将徐盛、潘璋、宋谦等人争相上表请求“继续进攻，一定能够生擒刘备”。吴王问陆逊怎么办。陆逊和朱然、骆统上书说：“曹丕正在调集军队，表面上宣称帮助我们讨伐刘备，实际包藏祸心，请您下令全军退回。”

魏纪二

第七十卷

世祖文皇帝下黄初四年（癸卯，223）

汉主病笃，命丞相亮辅太子，以尚书令李严为副。汉主谓亮曰：“君才十倍曹丕，必能安国，终定大事。若嗣子可辅，辅之；如其不才，君可自取。”亮涕泣曰：“臣敢不竭股肱之力，效忠贞之节，继之以死！”汉主又为诏敕太子曰：“人五十不称夭，吾年已六十有余，何所复恨，但以卿兄弟为念耳。勉之，勉之！勿以恶小而为之，勿以善小而不为！惟贤惟德，可以服人。汝父德薄，不足效也。汝与丞相从事，事之如父。”夏，四月，癸巳，汉主殂于永安，谥曰昭烈。

丞相亮奉丧还成都，以李严为中都护，留镇永安。

五月，太子禅即位，时年十七。尊皇后曰皇太后，大赦，改元建兴。封丞相亮为武乡侯，领益州牧，政事无巨细，咸决于亮。亮乃约官职，修法制，发教与群下曰：“夫参署者，集众思，广忠益也。若远小嫌，难相违覆，旷阙损矣。违覆而得中，犹弃敝跻而获珠玉。然人心苦不能尽，惟徐元直处兹不惑。又，董幼宰参署七年，事有不至，至于十反，来相启告。苟能慕元直之十一，幼宰之勤渠，有忠于国，则亮可以少过矣。”又曰：“昔初交州平，屡闻得失；后交元直，勤见启诲；前参事于幼宰，每言则尽；后从事于伟度，数有谏止。虽资性鄙暗，不能悉纳，然与此四子终始好合，亦足以明其不疑于直言也。”伟度者，亮主簿义阳胡济也。

亮尝自校簿书，主簿杨颙直入，谏曰：“为治有体，上下可不相侵。请为明公以作家譬之：今有人，使奴执耕稼，婢典炊爨，鸡主司晨，犬主吠盗，牛负重载，马涉远路；私业无旷，所求皆足，雍容高枕，饮食而已。忽一旦尽欲以身亲其役，不复付任，劳其体力，为此碎务，形疲神困，终无一成。岂其智之不如奴婢鸡狗哉？失为家主之法也。

是故古人称‘坐而论道，谓之王公；作而行之，谓之士大夫’。故丙吉不问横道死人而忧牛喘，陈平不肯知钱谷之数，云‘自有主者’，彼诚达于位分之体也。今明公为治，乃躬自校簿书，流汗终日，不亦劳乎！”亮谢之。及颙卒，亮垂泣三日。

汉尚书义阳邓芝言于诸葛亮曰：“今主上幼弱，初即尊位，宜遣大使重申吴好。”亮曰：“吾思之久矣，未得其人耳，今日始得之。”芝问：“其人为谁？”亮曰：“即使君也。”乃遣芝以中郎将修好于吴。冬，十月，芝至吴，时吴王犹未与魏绝，狐疑，不时见芝。芝乃自表请见曰：“臣今来，亦欲为吴，非但为蜀也。”吴王见之，曰：“孤诚愿与蜀和亲，然恐蜀主幼弱，国小势逼，为魏所乘，不自保全耳。”芝对曰：“吴、蜀二国，四州之地。大王命世之英，诸葛亮亦一时之杰也。蜀有重险之固，吴有三江之阻。合此二长，共为唇齿，进可并兼天下，退可鼎足而立，此理之自然也。大王今若委质于魏，魏必上望大王之入朝，下求太子之内侍，若不从命，则奉辞伐叛，蜀亦顺流见可而进，如此，江南之地非复大王之有也。”吴王默然良久曰：“君言是也。”遂绝魏，专与汉连和。

魏文帝黄初四年（癸卯，公元223年）

汉主病重，命令丞相诸葛亮辅佐太子刘禅，以尚书令李严做诸葛亮的副手。汉主对诸葛亮说：“你的才干胜过曹丕十倍，必定能安定国家，完成大业。如果刘禅还可以辅佐，你就辅佐他；如果他没有才德，你可取而代之。”诸葛亮淌着泪说：“臣下怎敢不竭尽全力辅佐太子，忠贞不贰地为国效命，至死不渝！”汉主又下诏给太子：“人活五十而死不能称为夭折，我已经活了六十多岁，还有什么遗憾，只是牵挂你们兄弟。要努力，再努力啊！不要因坏事很小就去做，也不要因为好事很小就不去做！只有贤明和德行，才会使人折服。父亲德行浅薄，不值得你们效法。你与丞相共同处理政务，对待他要像父亲一样。”夏季，四月，癸巳，汉主刘备病逝于永安，谥号为昭烈皇帝。

丞相诸葛亮护送灵车回到成都，由李严做中都护，留下镇守永安。

五月，太子刘禅即位为蜀汉皇帝，当时十七岁，尊奉皇后为皇太后，大赦罪犯，改年号为建兴。封丞相诸葛亮为武乡侯，兼任益州牧，国事无论大小，都取决于诸葛亮。于是诸葛亮精简官职，修订法制，向百官发下文告说：“所谓参预朝政，署理政务，就是要集合众人的心思，采纳有益国家的意见。如果因为一些小隔阂而彼此疏远，就无法听到不同意见，我们的事业将会受到损失。听取不同意见而能得出正确的结论，如同扔掉破草鞋而获得珍珠美玉。然而人们很难做到这一点，只有徐庶在听取各种意见时不受困惑。还有董和，参预朝政、署理政务七年，某项措施有不稳妥之处，反复十次征求意见，向我报告。如果能做到徐庶的十分之一，像董和那样勤勉、尽职、效忠，我就可以减少过失了。”他又说：“过去我结交崔州平，他多次指出我的优缺点；后来又结交徐庶，得到很多启发和教诲；先前与董和商议事情，他每次都能做到知无不言，言无不尽；随后又与胡伟度共事，他的多次劝谏，使我避免了很多失误。我虽然生性愚昧，见识浅陋，对他们给我的教益不能全部吸取，然而和这四人的关系始终很好，也可表明我对直言是不疑的。”胡伟度，就是诸葛亮的主簿义阳人胡济。

诸葛亮曾经亲自校对公文，主簿杨颙径直入内劝他说：“治理国家是有制度的，上司和下级做的工作不能混淆。请您允许我以治家做比喻：现在有一个人，命奴仆耕田，婢女烧饭，雄鸡报晓，狗咬盗贼，以牛拉车，以马代步；家中事务无一旷废，要求的东西都可得到满足，优闲自得，高枕无忧，只是吃饭饮酒而已。忽然有一天，对所有的事情都要亲自去做，不用奴婢、鸡狗、牛马，结果劳累了自己的身体，陷身琐碎事务之中，弄得疲惫不堪，精神萎靡，却一事无成。难道他的才能不及奴婢和鸡狗吗？不是，而是因为他忘记了作为一家之主的职责。所以古人说‘坐着讨论问题，做出决定的人是王公；执行命令，亲身去做事情的人，称作士大夫’。因此，丙吉不过问路上杀人的事情，却担心耕牛因天热而喘；陈平不去了解国家的钱、粮收入，而说‘这些自有具体负责的人知道’，他们都真正懂得各司其职的道理。如今您管理全国政务，却亲自校改公文，终日汗流浃背，不是太劳累了吗？”诸葛亮深深表示感谢。杨颙去世，诸葛亮哭泣了三天。

汉尚书、义阳人邓芝对诸葛亮说：“如今皇上年幼弱小，刚刚即位，应派重要使臣到吴再次申明和好的愿望。”诸葛亮说：“我对此事已考虑很久了，只是一直没有合适的人选，现在找到了。”邓芝问：“这人是谁？”诸葛亮说：“就是使君你啊。”于是派邓芝以中郎将的身份与吴重建友好关系。冬季，十月，邓芝到达吴。当时吴王尚未和魏断绝关系，所以犹豫不决，没有立即接见邓芝。邓芝便自己上表请求接见，上表说：“臣下这次来，也是为吴着想，不仅仅只为蜀的利益。”吴王这才接见了他，说；“孤确实愿意与蜀和好，可是恐怕蜀国君主幼弱，疆域狭窄，势力不强，给魏以可乘之机，你们无法保全自己。”邓芝对他说：“吴、蜀两国，占有四个州的地域。大王您是当世的英雄，诸葛亮也是一代人杰。蜀国地势险要，防守坚固，吴国有长江等三条大江的阻隔。两国的优势加在一起，再联合起来像唇齿一样相辅相依，进可兼并天下，退可与魏鼎足而立，这是很自然的道理。假如大王归附于魏，魏一定会进一步提出无理要求，上逼您朝拜，下求太子做人质，如果不服从，便以讨伐叛逆为借口，发动进攻，蜀则顺流东下，趁机分取利益，到那时，江南之地可就不再为大王您所有了。”吴王沉默了很久，说：“你说得很对。”于是和魏断绝关系，专与蜀汉和好。

魏纪三

第七十一卷

烈祖明皇帝上之下太和二年（戊申，228）

初，征西将军夏侯渊之子楙尚太祖女清河公主，文帝少与之亲善，及即位，以为安西将军，都督关中，镇长安，使承渊处。

诸葛亮将入寇，与群下谋之。丞相司马魏延曰："闻夏侯楙，主婿也，怯而无谋。今假延精兵五千，负粮五千，直从褒中出，循秦岭而东，当子午而北，不过十日，可到长安。楙闻延奄至，必弃城逃走。长安中惟御史、京兆太守耳。横门邸阁与散民之谷，足周食也。比东方相合聚，尚二十许日，而公从斜谷来，亦足以达。如此，则一举而咸阳以西可定矣。"亮以为此危计，不如安从坦道，可以平取陇右。十全必克而无虞，故不用延计。

亮扬声由斜谷道取郿，使镇东将军赵云、扬武将军邓芝为疑兵，据箕谷。帝遣曹真都督关右诸军军郿。亮身率大军攻祁山，戎陈整齐，号令明肃。始，魏以汉昭烈既死，数岁寂然无闻，是以略无备豫；而卒闻亮出，朝野恐惧，于是天水、南安、安定皆叛应亮，关中响震，朝臣未知计所出，帝曰："亮阻山为固，今者自来，正合兵书致人之术，破亮必也。"乃勒兵马步骑五万，遣右将军张郃督之，西拒亮。丁未，帝行如长安。

初，越嶲太守马谡，才器过人，好论军计，诸葛亮深加器异；汉昭烈临终，谓亮曰："马谡言过其实，不可大用，君其察之！"亮犹谓不然，以谡为参军，每引见谈论，自昼达夜。及出军祁山，亮不用旧将魏延、吴懿等为先锋，而以谡督诸军在前，与张郃战于街亭。

谡违亮节度，举措烦扰，舍水上山，不下据城。张郃绝其汲道，击，大破之，士卒离散。亮进无所据，乃拔西县千余家还汉中。收谡下狱，杀之。亮自临祭，为之流涕，抚其遗孤，恩若平生。蒋琬谓亮曰："昔楚杀得臣，文公喜可知也。天下未定而戮智计之士，岂不惜乎！"亮流涕曰："孙武所以能制胜于天下者，用法明也；是以扬干乱法，魏绛戮其仆。四海分裂，兵交方始，若复废法，何用讨贼邪！"

或劝亮更发兵者，亮曰："大军在祁山、箕谷，皆多于贼，而不破贼，乃为贼所破，此病不在兵少也，在一人耳。今欲减兵省将，明罚思过，校变通之道于将来；若不能然者，虽兵多何益！自今已后，诸有忠虑于国者，但勤攻吾之阙，则事可定，贼可死，功可跻足而待矣。"于是考微劳，甄壮烈，引咎责躬，布所失于境内，厉兵讲武，以为后图，戎士简练，民忘其败矣。

魏明帝太和二年（戊申，公元228年）

起初，征西将军夏侯渊的儿子夏侯楙和太祖的女儿清河公主结了婚，文帝年少时和他亲近友好，等到继了帝位，便任命他为安西将军，都督关中，镇守长安，让他承接夏侯渊的防区。

诸葛亮将要攻打魏国，和部下商量这次军事行动。丞相司马魏延说："听说夏侯楙是魏帝的女婿，此人胆怯而没有智谋。现请给我五千人的精锐部队，带着五千人口粮，直接从褒中出发，沿着秦岭向东，到子午道后折向北方，用不了十天工夫，可以抵达长安。夏侯楙听到我突然来到，一定弃城逃走。长安城中就只有御史、京兆太守了。横门粮仓的存粮以及百姓逃散剩下的粮食，足以供给军粮。等到魏国在东方集结起军队，还要二十多天时间，而您从斜谷出来接应，也完全可以到达。这样，就可以一举而平定咸阳以西的地区了。"诸葛亮认为这是危而不妥的计策，不如安全地从平坦的路上出去，可以稳稳当当地取得陇右地区，有百分之百的把握取胜而不会有失，所以不用魏延之计。

诸葛亮扬言从斜谷取郿城，命令镇东将军赵云、扬武将军邓芝充当疑兵，据守箕谷；明帝派遣曹真都督关右地区各军驻扎在郿城。诸葛亮亲自统率大军进攻祁山，军阵整齐，号令严明。起初，魏认为蜀汉昭烈帝刘备已经去世，几年来没有什么动静，因此放松了防备；而今突然听到诸葛亮出兵，朝廷和民众都很惧怕。于是，天水、南安、安定等郡都背叛魏国而响应诸葛亮，关中震动，朝廷大臣不知有什么对策，明帝说："诸葛亮本来依据山险固守，现在亲自前来，正合乎兵书所说招敌前来的策略，一定能够打败诸葛亮。"于是统领步兵和骑兵五万大军，命右将军张郃监管军务，向西抵御诸葛亮。丁未，明帝到达长安。

起初，越嶲太守马谡，才气和抱负超过常人，喜好议论军事谋略，诸葛亮对他深为器重；昭烈帝刘备临终之时对诸葛亮说："马谡言语浮夸，超过实际才能，不可委任大事，您要对他多加考察。"诸葛亮不以为然，让马谡做参军，时常接见一起谈论，从白天直到黑夜。等到出兵祁山，诸葛亮不用旧将魏延、吴懿等为先锋，而是让马谡统领各军在前，同张郃在街亭交战。

马谡违背诸葛亮的指挥调度，军事行动混乱无章，放弃水源上山驻扎，不在山下据守城邑。张郃断绝马谡取水的道路，发动进攻并大败马谡，蜀军溃散。诸葛亮前进没有据点，就搬迁西县一千多人家回到汉中。把马谡关进监狱，杀了他。诸葛亮亲自吊丧，为他痛哭流涕，安抚他的子女，如同平素一样恩待他们。蒋琬对诸葛亮说："古时候晋国同楚国交战，楚国杀了领兵的得臣，晋文公喜形于色。现在天下没有平定，而杀了智谋之士，难道不惋惜吗？"诸葛亮流着眼泪说："孙武能够制敌而取胜于天下的原因，是用法严明；所以晋悼公的弟弟扬干犯法，魏绛就杀了为他驾车的人。现在天下分裂，交战刚刚开始，如果又废弃军法，怎么能够讨伐敌人呢？"

有人劝说诸葛亮再次发兵，诸葛亮说："大军在祁山、箕谷的时候，都多于敌军，但没有打败敌人，反而被敌人打败，问题不在于兵少，而在于将领。现在我打算减少兵将，显明责罚，反思过失，将来另想变通的办法。如果不能这样，即使兵多也没有什么用处！从今以后，凡是一心为国家分忧效忠的人，只要多多批评我的过错，那么大事就可以安定，敌人就可以打垮，大功就可翘足而待了。"于是考察有功将士，连微小的功劳也不遗漏，对壮烈之士，一一加以甄别，引过自责，把自己的过失在境内公开宣布，练兵讲武，准备将来进取。将士精简干练，民众忘记既往的兵败了。

魏纪四

第七十二卷

烈祖明皇帝中之上青龙二年（甲寅，234）

春，二月，亮悉大众十万由斜谷入寇，遣使约吴同时大举。

诸葛亮至郿，军于渭水之南。司马懿引军渡渭，背水为垒拒之，谓诸将曰："亮若出武功，依山而东，诚为可忧；若西上五丈原，诸将无事矣。"亮果屯五丈原。

雍州刺史郭淮言于懿曰："亮必争北原，宜先据之。"议者多谓不然，淮曰："若亮跨渭登原，连兵北山。隔绝陇道，摇荡民夷，此非国之利也。"懿乃使淮屯北原。堑垒未成，汉兵大至，淮逆击却之。

亮以前者数出，皆以运粮不继，使己志不伸，乃分兵屯田为久驻之基，耕者杂于渭滨居民之间，而百姓安堵，军无私焉。

司马懿与诸葛亮相守百余日，亮数挑战，懿不出。亮乃遗懿巾帼妇人之服；懿怒，上表请战，帝使卫尉辛毗杖节为军师以制之。护军姜维谓亮曰："辛佐治杖节而到，贼不复出矣。"亮曰："彼本无战情，所以固请战者，以示武于其众耳。将在军，君命有所不受，苟能制吾，岂千里而请战邪！"

亮遣使者至懿军，懿问其寝食及事之烦简，不问戎事。使者对曰："诸葛公夙兴夜寐，罚二十以上，皆亲览焉；所啖食不至数升。"懿告人曰："诸葛孔明食少事烦，其能久乎！"

亮病笃，汉主使尚书仆射李福省侍，因谘以国家大计。福至，与亮语已，别去，数日复还。亮曰："孤知君还意，近日言语虽弥日，有所不尽，更来求决耳。公所问者，公琰其宜也。"福谢："前实失不咨请，如公百年后，谁可任大事者，故辄还耳。乞复请蒋琬之后，谁可任者？"亮曰："文伟可以继之。"又问其次，亮不答。

是月，亮卒于军中。长史杨仪整军而出。百姓奔告司马懿，懿追之。姜维令仪反旗鸣鼓，若将向懿者，懿敛军退，不敢逼。于是仪结陈而去，入谷然后发丧。百姓为之谚曰：“死诸葛走生仲达。”懿闻之，笑曰：“吾能料生，不能料死故也。”懿按行亮之营垒处所，叹曰：“天下奇才也！”追至赤岸，不及而还。

诸军还成都，大赦，谥诸葛亮曰忠武侯。初，亮表于汉主曰：“成都有桑八百株，薄田十五顷，子弟衣食，自有余饶，臣不别治生以长尺寸。若臣死之日，不使内有余帛，外有赢财，以负陛下。”卒如其所言。

丞相长史张裔常称亮曰：“公赏不遗远，罚不阿近，爵不可以无功取，刑不可以贵势免，此贤愚之所以佥忘其身者也！”

初，长水校尉廖立，自谓才名宜为诸葛亮之副，常以职位游散，怏怏怨谤无已，亮废立为民，徙之汶山。及亮卒，立垂泣曰：“吾终为左衽矣！”李平闻之，亦发病死。平常冀亮复收己，得自补复，策后人不能故也。

汉主以左将军吴懿为车骑将军，假节，督汉中，以丞相长吏蒋琬为尚书令，总统国事，寻加琬行都护，假节，领益州刺史。时新丧元帅，远近危悚，琬出类拔萃，处群僚之右，既无戚容，又无喜色，神守举止，有如平日，由是众望渐服。

魏明帝青龙二年（甲寅，公元234年）

春季，二月，诸葛亮倾十万大军从斜谷出兵攻魏，并派遣使节前往吴国，相约同时大举出兵。

诸葛亮到达郿县，大军驻扎在渭水的南面。司马懿率领军队渡过渭水，背水立营抵御诸葛亮，对将领们说：“诸葛亮如果从武功出兵，依山而往东，确实可怕；如果向西前往五丈原，将领们就没事了。”诸葛亮果然驻扎在五丈原。

雍州刺史郭淮对司马懿说：“诸葛亮肯定争夺北原，应当先去占据它。”议论的人多数都说不必这样，郭淮说：“如果诸葛亮跨过渭水登上北原，和北山连兵，断绝长安通往陇西的道路，使百姓和羌人动荡不安，这对国家是不利的。”司马懿便让郭淮驻防在北原。营垒还没有筑成，蜀军大部队已经到来，郭淮迎战，击退了蜀军。

诸葛亮因为前几次出兵，都是由于运粮跟不上，使自己的志向不能伸展，就分出部队实行屯田，作为长期驻军的基础，屯田的士兵和渭水之滨居民杂处在一起，而百姓安居乐业，蜀军并无私弊。

司马懿同诸葛亮相持了一百多天，诸葛亮多次挑战，司马懿就是不出兵。诸葛亮就把妇女使用的头巾、发饰和衣服送给司马懿，司马懿恼羞成怒，上表请求出战。明帝派遣卫尉辛毗执持符节，作为军师来节制司马懿的行动。护军姜维对诸葛亮说："辛毗持符节来到，贼军不会再出战了。"诸葛亮说："司马懿本来就无心作战，所以一定要请求出战，是向部众表示敢于用武而已。将领在军中，君主的命令可以不接受，如果他能制胜我军，难道还要远隔千里而请求作战吗？"

诸葛亮派遣使者到司马懿军中，司马懿向使者询问诸葛亮的睡眠、饮食和办事多少，不打听军事情况，使者答道："诸葛公早起晚睡，凡是二十杖以上的责罚，都亲自披阅；所吃的饭食不到几升。"司马懿告诉人说："诸葛孔明进食少而事务烦，他还能活得长久吗！"

诸葛亮病重，汉后主派遣尚书仆射李福前来问候，同时询问国家大事。李福来到，和诸葛亮谈话完毕，辞别而去，几天之后又回来。诸葛亮说："我知道您返回来的意图，我们近来虽然整天谈话，但有些事还没有交代，于是您又来听取决定了。您所要问的事，蒋琬适合。"李福道歉说："日前确实不曾询问，如您百年之后，谁可以担负重任，所以就又返回。再请问蒋琬之后，谁可承担重任？"诸葛亮说："费祎可以继任。"又问费祎之后谁可以，诸葛亮没有回答。

这个月，诸葛亮在军中去世，长史杨仪整顿军队而退。百姓跑着去报告司马懿，司马懿追赶蜀军。姜维命令杨仪调转战旗方向，擂响战鼓，像是即将对司马懿进攻。司马懿收军后退，不敢向前逼近。于是杨仪结阵离去，进入斜谷之后才发丧。百姓为此事编了一句谚语说："死诸葛亮吓走活仲达。"司马懿听到后笑着说："这是我能够意料诸葛亮活着，不能料想诸葛亮已死的缘故。"司马懿到诸葛亮驻军的营垒处所察看，感叹说："真是天下的奇才啊！"追到赤岸，没有追上蜀军而还。

各路大军返回成都，大赦天下，赐诸葛亮谥号为忠武侯。当初，诸葛亮曾上表汉主说："我在成都有桑树八百株，薄田十五顷，家中子弟衣食，自有富裕，我没有别的收入增加家产。臣死去之日，必不让家内有多余的绢帛，家外有多余的钱财，而有负陛下。"最后，果如其所言。

丞相长史张裔常称赞诸葛亮："他行赏不遗忘疏远的人，处罚不宽恕亲近的人，封爵不允许无功者取得，刑责不因为是权贵而免除。这就是贤能者和一般人都能够忘身报国的原因。"

当初，长水校尉廖立，自以为才气名声适宜做诸葛亮的副手，常因职位调动频繁，抱怨诽谤，怏怏不已。诸葛亮罢免廖立为平民，放逐到汶山。到诸葛亮去世，廖立流着泪说："我终生要做野人了！"李平听到噩耗，也发病而死。这是由于李平常常希望诸葛亮再次收用自己，得以补过，而料想后来的当权者不能这样做。

汉后主任左将军吴懿为车骑将军，授予符节，督领汉中，任丞相长史蒋琬为尚书令，总管国事，不久又给蒋琬加官行都护，授予符节，兼益州刺史。当时刚刚失去统帅，远近都惶惶不安，蒋琬则出类拔萃，处在百官之首，既没有悲戚的面容，也没有高兴的样子，神态举止，如同平日，于是逐渐赢得人心。

魏纪五

第七十三卷

烈祖明皇帝中之下青龙三年（乙卯，235）

春，正月，戊子，以大将军司马懿为太尉。

夏，四月，汉主以蒋琬为大将军、录尚书事；费祎代琬为尚书令。

帝好土功，既作许昌宫，又治洛阳宫，起昭阳太极殿，筑总章观，高十余丈，力役不已，农桑失业。司空陈群上疏曰："昔禹承唐、虞之盛，犹卑宫室而恶衣服。况今丧乱之后，人民至少，比汉文、景之时，不过汉一大郡。加以边境有事，将士劳苦，若有水旱之患，国家之深忧也。昔刘备自成都至白水，多作传舍，兴费人役，太祖知其疲民也。今中国劳力，亦吴、蜀之所愿；此安危之机也，惟陛下虑之！"帝答曰："王业、宫室，亦宜并立，灭贼之后，但当罢守御耳，岂可复兴役邪！是固君之职，萧何之大略也。"群曰："昔汉祖惟与项羽争天下，羽已灭，宫室烧焚，是以萧何建武库、太仓，皆是要急，然高祖犹非其壮丽。今二虏未平，诚不宜与古同也。夫人之所欲，莫不有辞，况乃天王，莫之敢违。前欲坏武库，谓不可不坏也；后欲置之，谓不可不置也。若必作之，固非臣下辞言所屈；若少留神，卓然回意，亦非臣下之所及也。汉明帝欲起德阳殿，钟离意谏，即用其言，后乃复作之；殿成，谓群臣曰：'钟离尚书在，不得成此殿也。'夫王者岂惮一人，盖为百姓也。今臣曾不能少凝圣，不及意远矣。"帝乃为之少有减省。

少府杨阜上疏曰："陛下奉武皇帝开拓之大业，守文皇帝克终之元绪，诚宜思齐往古圣贤之善治，总观季世放荡之恶政。曩使桓、灵不废高祖之法度，文、景之恭俭，太祖虽有神武，于何所施，而陛下何由处斯尊哉！今吴、蜀未定，军旅在外，诸所缮治，惟陛下务从约节。"帝优诏答之。

阜复上疏曰："尧尚茅茨而万国安其居，禹卑宫室而天下乐其业；及至殷、周，或堂崇三尺，度以九筵耳。桀作璇室象廊，纣为倾宫鹿台，以丧其社稷，楚灵以筑章华而身受祸，秦始皇作阿房，二世而灭。夫不度万民之力以从耳目之欲，未有不亡者也。陛下当以尧、舜、禹、汤、文、武为法则，夏桀、殷纣、楚灵、秦皇为深诫，而乃自暇自逸，惟宫台是饰，必有颠覆危亡之祸矣。君作元首，臣为股肱，存亡一体，得失同之。臣虽驽怯，敢忘争臣之义！言不切至，不足以感悟陛下；陛下不察臣言，恐皇祖、烈考之祚坠于地。使臣身死有补万一，则死之日犹生之年也，谨叩棺沐浴，伏俟重诛！”奏御，帝感其忠言，手笔诏答。

帝尝著帽，被缥绫半袖。阜问帝曰："此于礼何法服也？"帝默不答。自是不法服不以见阜。

阜又上疏欲省宫人诸不见幸者，乃召御府吏问后宫人数。吏守旧令，对曰："禁密，不得宣露！"阜怒，杖吏一百，数之曰："国家不与九卿为密，反与小吏为密乎！"帝愈严惮之。

魏明帝青龙三年（乙卯，公元235年）

春季，正月，戊子（初八），任命大将军司马懿为太尉。

夏季，四月，汉后主任命蒋琬担任大将军、录尚书事，费祎接替蒋琬担任尚书令。

明帝热衷于土木建筑工程，已经兴建了许昌宫，又修复洛阳宫，建起昭阳太极殿，筑成总章观，观高十余丈。于是不停地征调劳役，农桑之事几乎停顿。司空陈群上书说："古代大禹承继唐尧、虞舜的昌盛基业，还是居住低矮的宫室，身穿粗劣的衣服，何况如今正在战乱之后，人口很少，比之汉文帝、汉景帝之时，不超过当时的一个大郡。加之边疆战事不断，将士劳累辛苦，如果出现水灾、旱灾，就会成为国家的深重忧虑。以前刘备从成都出发到白水，沿途大建居室馆所，耗费大量人力，太祖知道他是使民众疲惫。而今中原大用民力，也正是吴国、西蜀所希望的，这是关系国家安危的关键问题，愿陛下考虑！"明帝答道："帝王之业和帝王宫殿，也应该并行建立，消灭敌人之后，只需罢兵防守，怎么可以再大兴劳役呢？这本来是你的职责，同萧何当初修治未央宫一样。"陈群说："从前汉高祖只与项羽争夺天下，项羽已然被灭，而宫室都被烧毁，所以萧何修建了武器库、粮库，都是紧急需要，然而高祖还责怪修建得过于华丽。而今吴、蜀两国还没平定，实在不应与古代等同并论。人们要想满足私欲，没有找不到托词的，何况帝王，更没有人敢于违抗。陛下以前想要拆毁武器库，说是不可不拆毁；以后打算重新设置，又说不可不设置。如果一定要兴建，固然不是臣下的话所能改变的；如果稍加留意历史教训，陛下回心转意，高瞻远瞩就不是臣下所能比得上的。汉明帝打算修建德阳殿，钟离意直言规劝，就采纳了他的意见，但以后又重新兴建；宫殿建成后，明帝对群臣说：‘如果钟离尚书还在，此殿就建不成了。’作为帝王怎么可以只怕一个人？应该一切为百姓考虑。现在我不能使陛下稍稍听取一些意见，比起钟离意差得太远了。”为此，明帝稍有减省。

少府杨阜上书说：“陛下承继武皇帝开拓的帝王大业，保持文皇帝一贯遵循的方向，实在应该向古代圣贤的治世看齐，总观各朝末世放荡的弊政。以前假使汉桓帝、汉灵帝不废弛汉高祖的法令制度，不破坏汉文帝、汉景帝的谦恭节俭，我们太祖虽有神武之威，又往何处施展，而陛下又怎么能够处在至尊地位呢？而今吴、蜀两国还没平定，军队在外戍边，各项修缮整治工程，请陛下务必简约节省。”明帝下诏对他的意见表示称赞。

杨阜又上书说：“尧帝推崇简陋的茅屋，万国安居，大禹居住低矮的宫室，天下乐业。到了商朝和周朝，殿堂堂基不过高三尺，宽只能容纳九张席子而已。夏桀用玉石建造居室，用象牙装饰走廊，商纣建造倾宫、鹿台，因而断送了王朝大业。楚灵王因修筑章华台而身遭大祸，秦始皇修建阿房宫，传位二世即归灭亡。如果不估量民力的极限，只为满足自己耳目的享受，没有哪一个不灭亡的。陛下应当以尧、舜、禹、商汤、文王、武王为榜样，以夏桀、殷纣、楚灵王、秦始皇的教训为鉴戒，现在却贪图自己闲暇安逸，只是关心宫殿台阁的修饰，一定有朝廷颠覆国家灭亡的灾祸。君王好比是头脑，大臣好比是四肢，生死与共，利害相同。我虽然愚蠢胆怯，岂敢忘记诤臣的大义，言辞不激切，便不足以感动陛下；陛下如不体察我的进言，恐怕皇祖、先帝创建的大业将坠落在地。如果我身死而能于事有万分之一的补救，那么我死去了也如同活着。谨敲击棺木，沐浴更衣，听候诛杀。”奏章呈上后，明帝被他的忠言感动，亲笔写诏回答。

明帝曾经头戴便帽，身穿淡青色短袖绸衫。杨阜问明帝：“这是符合礼制的哪一种服装？”明帝沉默不语，从此以后不穿礼制规定的标准服装不见杨阜。

杨阜又上书打算减省宫女中那些不被皇帝宠幸的人，于是召来御府吏员询问后宫人数，吏员遵守原有的规定，答道：“这是宫中的秘密，不能泄露。”杨阜大怒，责打他一百棍，数落他说：“国家对九卿没有秘密，反而对小吏有什么秘密吗？”明帝更加惧惮杨阜。

魏纪六

第七十四卷

烈祖明皇帝下景初二年（戊午，238）

春，正月，帝召司马懿于长安，使将兵四万讨辽东。议臣或以为四万兵多，役费难供。帝曰："四千里征伐，虽云用奇，亦当任力，不当稍计役费也。"帝谓懿曰："公孙渊将何计以待君？"对曰："渊弃城豫走，上计也；据辽东拒大军，其次也；坐守襄平，此成禽耳。"帝曰："然则三者何出？"对曰："唯明智能审量彼我，乃豫有所割弃。此既非渊所及，又谓今往孤远，不能支久，必先拒辽水，后守襄平也。"帝曰："还往几日？"对曰："往百日，攻百日，还百日，以六十日为休息，如此，一年足矣。"

六月，司马懿军至辽东，公孙渊使大将军卑衍、杨祚将步骑数万屯辽隧，围堑二十余里。诸将欲击之，懿曰："贼所以坚壁，欲老吾兵也，今攻之，正堕其计。且贼大众在此，其巢窟空虚；直指襄平，破之必矣。"乃多张旗帜，欲出其南，衍等尽锐趣之。懿潜济水，出其北，直趣襄平；衍等恐，引兵夜走。诸军进至首山，渊复使衍等逆战，懿击，大破之，遂进围襄平。

雨霁，懿乃合围，作土山地道，楯橹钩冲，昼夜攻之，矢石如雨。渊窘急，粮尽，人相食，死者甚多，其将杨祚等降。八月，渊使相国王建、御史大夫柳甫请解围却兵，当君臣面缚。懿命斩之，檄告渊曰："楚、郑列国，而郑伯犹肉袒牵羊迎之。孤天子上公，而建等欲孤解围退舍，岂得礼邪！二人老耄，传言失指，已相为斩之。若意有未已，可更遣年少有明决者来！"渊复遣侍中卫演，乞克日送任，懿谓演曰："军事大要有五：能战当战，不能战当守，不能守当走；余二事，但有降与死耳。汝不肯面缚，此为决就死也，不须送任！"壬午，襄平溃，渊与子脩将数百骑突围东南走，大兵急击之，斩渊父子于梁水之上。懿既入城，诛其公卿以下及兵民七千余人，筑为京观。辽东、带方、乐浪、玄菟四郡皆平。

三年（己未，239）

春，正月，懿至，入见，帝执其手曰："吾以后事属君，君与曹爽辅少子。死乃可忍，吾忍死待君，得相见，无所复恨矣！"乃召齐、秦二王以示懿，别指齐王芳谓懿曰："此是也，君谛视之，勿误也！"又教齐王令前抱懿颈。懿顿首流涕。是日，立齐王为皇太子。帝寻殂。

帝沈毅明敏，任心而行，料简功能，屏绝浮伪。行师动众，论决大事，谋臣将相，咸服帝之大略。性特强识，虽左右小臣，官簿性行，名迹所履，及其父兄子弟，一经耳目，终不遗忘。

太子即位，年八岁；大赦。尊皇后曰皇太后，加曹爽、司马懿侍中，假节钺，都督中外诸军、录尚书事。诸所兴作宫室之役，皆以遗诏罢之。爽、懿各领兵三千人更宿殿内，爽以懿年位素高，常父事之，每事谘访，不敢专行。

初，并州刺史东平毕轨及邓飏、李胜、何晏、丁谧皆有才名，而急于富贵，趋时附势，明帝恶其浮华，皆抑而不用。曹爽素与亲善，及辅政，骤加引擢，以为腹心。晏，进之孙；谧，斐之子也。晏等咸共推戴爽，以为重权不可委之于人。丁谧为爽画策，使爽白天子发诏，转司马懿为太傅，外以名号尊之，内欲令尚书奏事，先来由己，得制其轻重也。爽从之。二月，丁丑，以司马懿为太傅，以爽弟羲为中领军，训为武卫将军，彦为散骑常侍、侍讲，其余诸弟皆以列侯侍从，出入禁闼，贵宠莫盛焉。

爽事太傅，礼貌虽存，而诸所兴造，希复由之。爽徙吏部尚书卢毓为仆射，而以何晏代之，以邓飏、丁谧为尚书，毕轨为司隶校尉。晏等依势用事，附会者升进，违忤者罢退，内外望风，莫敢忤旨。黄门侍郎傅嘏谓爽弟羲曰："何平叔外静而内躁，铦巧好利，不念务本，吾恐必先惑子兄弟，仁人将远而朝政废矣！"晏等遂与嘏不平，因微事免嘏官。又出卢毓为廷尉，毕轨又枉奏毓免官，众论多讼之，乃复以为光禄勋。孙礼亮直不挠，爽心不便，出为扬州刺史。

魏明帝景初二年（戊午，公元238年）

春季，正月，明帝从长安召回司马懿，命他率军四万人讨伐辽东。参与谋议的大臣有的认为四万兵员太多，军费难以提供。明帝说："四千里远征讨伐，虽说要出奇制胜，但也应当依靠实力，不应斤斤计较军费。"明帝对司马懿说："公孙渊放弃守城先行逃走，是上策；据守辽东抗拒大军，是中策；如死守襄平，必被生擒。”明帝说：“那么，三者中他将采用哪一种？”回答说：“只有明智的人，才能审慎度量敌我双方的力量，才会预先有所舍弃。这既不是公孙渊的才智所能达到的，他又会认为我军是孤军远征，不能支持长久，一定是先在辽水抗拒，然后退守襄平。”明帝说：“往返需多少天？”回答说：“进军一百天，攻战一百天，返回一百天，以六十天作为休息日，这样的话，一年足够了。”

六月，司马懿大军到达辽东，公孙渊命大将军卑衍、杨祚统率步、骑兵数万人驻扎在辽隧，围城挖掘了长达二十余里的壕沟。魏军将领们想要攻城，司马懿说：“敌人所以坚守壁垒不肯决战，是打算拖死我军，现在攻打他们，正中其计。而且敌人主力在此，他们的老巢必定空虚，我军直指襄平，必能攻破。”于是，打出许多战旗，佯作要向南方出动，卑衍等率全部精锐部队随之向南。司马懿率军暗中渡过辽河，向北挺进，直扑襄平。卑衍等大为惊恐，率军连夜撤回。魏各路大军进抵首山，公孙渊再命卑衍等迎战。司马懿迎击，大败卑衍，遂进军包围襄平。

雨止，司马懿随即合拢包围圈，高堆土山，深挖地道，用楯干、橹车、钩梯、冲车，日夜攻城，射箭与飞石密集如雨。公孙渊窘迫危急，粮食已尽，以至人与人互相格杀残食，死亡极多，部将杨祚等投降。八月，公孙渊派遣相国王建、御史大夫柳甫请求解围退兵，如果同意，君臣定当自缚面降。司马懿命斩来使，用檄文通知公孙渊说：“楚国和郑国地位相等，可是郑伯还光着脊背牵羊出城迎降。我是天子的上公，而王建等想要我解围后退，难道不失礼吗？这两个老糊涂，传话失去意指，已被我杀掉。如还有请降之意，就另派年轻有明快决断的人前来。”公孙渊又派侍中卫演，请求指定日期，派送人质。司马懿对卫演说：“军事大要有五条，能战则战，不能战就当坚守，不能坚守就当逃走。剩下的两条路，就只有投降和死了。公孙渊不肯自缚面降，这是决心去死，不必送来人质！”壬午，襄平城败溃，公孙渊和儿子公孙脩带领数百骑兵从东南突围逃走，魏军急忙追击，在梁水岸边斩杀了公孙渊父子。司马懿既已进入襄平城，诛杀城中公卿以下官吏及兵民七千余人，积尸封土，筑成大坟，辽东、带方、乐浪、玄菟四郡全部平定。

三年（己未，公元239年）

春季，正月，司马懿回到京师，入见明帝。明帝拉着他的手说：“我把后事嘱托给您，您要与曹爽一起辅佐幼子。死岂是可以忍住的，我强忍着不死是为等待您。能够与您相见，再无遗恨了。”于是召来齐王曹芳、秦王曹询拜见司马懿，又指着齐王曹芳对司马懿说：“就是他了，您仔细看看，不要看错！”又教齐王曹芳上前抱住司马懿的脖颈，司马懿叩头流泪。这一天，立齐王曹芳为皇太子，明帝旋即去世。

明帝深沉刚毅，聪明敏捷，但纵情任性。能够择别官吏的事功和能力，排除虚浮不实。每次发兵出征，讨论决定大事，谋臣将相，全都佩服明帝的远大谋略。记忆力极强，即使是左右的卑微小官，其档案中所记禀性行为、主要事迹和经历，及家中父兄子弟的情况，一经过目，终身不忘。

太子曹芳即位，时年八岁。大赦天下，尊称皇后为皇太后，给曹爽、司马懿加封侍中官职，授符节、黄钺，为都督中外诸军事、录尚书事。各处修建宫殿的劳役，都以遗诏的名义罢除。曹爽、司马懿各自领兵三千人轮流在宫内宿卫，曹爽因司马懿年纪已大，地位一向很高，经常把他当作父辈侍奉，每有事情必去拜访咨询，不敢独断专行。

最初，并州刺史东平人毕轨及邓飏、李胜、何晏、丁谧都有才名，但急于富贵，趋炎附势，明帝厌恶他们虚浮不实，都加抑制而不录用。曹爽一向与他们亲近友好，到掌权辅政，马上引荐提升，成为心腹。何晏是何进的孙子，丁谧是丁斐之子。何晏等都共同推戴曹爽，认为大权不能托付给别人。丁谧替曹爽出谋划策，让曹爽禀告皇帝发布诏书，改任司马懿为太傅，外表上用虚名使他尊贵，实际上打算让尚书主事，上奏先由曹爽过目，以便控制轻重缓急，曹爽听从其计。二月，丁丑（二十一日），任命司马懿担任太傅，曹爽之弟曹羲担任中领军，曹训担任武卫将军，曹彦担任散骑常侍、侍讲，其余兄弟都以列侯身份侍从，出入宫廷禁地，尊贵宠信没有超过他们的了。

曹爽侍奉太傅，外表仍恭敬有礼，但各项决定很少再经他认可。曹爽让吏部尚书卢毓为仆射，而让何晏取而代之，任命邓飏、丁谧担任尚书，毕轨担任司隶校尉。何晏等依仗曹爽势力用事，迎合的人升官进职，违抗的人罢黜斥退，朝廷内外都看风向行事，不敢违抗他们的意旨。黄门侍郎傅嘏对曹爽的兄弟曹羲说：“何晏外表文静而内心浮躁，巧取好利，不求务本，我恐怕他一定先诱惑你们兄弟，仁人志士将远远离去，而朝政将要荒废了。”何晏等于是对傅嘏心怀不满，因细微小事免去他的官职。又让卢毓从尚书省出来担任廷尉，毕轨又上奏诬陷，卢毓被免官，舆论多为卢毓辩冤，才又任命他为光禄勋。孙礼耿直不屈，曹爽感到不便，就让他出京担任扬州刺史。

魏纪七

第七十五卷

邵陵厉公中正始九年（戊辰，248）

大将军爽，骄奢无度，饮食衣服，拟于乘舆；尚方珍玩，充牣其家；又私取先帝才人以为伎乐。作窟室，绮疏四周，数与其党何晏等纵酒其中。弟羲深以为忧，数涕泣谏止之，爽不听。爽兄弟数俱出游，司农沛国桓范谓曰："总万机，典禁兵，不宜并出，若有闭城门，谁复内入者？"爽曰："谁敢尔邪！"

冬，河南尹李胜出为荆州刺史，过辞太傅懿。懿令两婢侍。持衣，衣落；指口言渴，婢进粥，懿不持杯而饮，粥皆流出沾胸。胜曰："众情谓明公旧风发动，何意尊体乃尔！"懿使声气才属，说："年老枕疾，死在旦夕。君当屈并州，并州近胡，好为之备！恐不复相见，以子师、昭兄弟为托。"胜曰："当还忝本州，非并州。"懿乃错乱其辞曰："君方到并州？"胜复曰："当忝荆州。"懿曰："年老意荒，不解君言。今还为本州，盛德壮烈，好建功勋！"胜退，告爽曰："司马公尸居余气，形神已离，不足虑矣。"他日，又向爽等垂泣曰："太傅病不可复济，令人怆然！"故爽等不复设备。

太傅懿阴与其子中护军师、散骑常侍昭谋诛曹爽。

嘉平元年（己巳，249）

春，正月，甲午，帝谒高平陵，大将军爽与弟中领军羲、武卫将军训、散骑常侍彦皆从。太傅懿以皇太后令，闭诸城门，勒兵据武库，授兵出屯洛水浮桥；召司徒高柔假节行大将军事，据爽营；太仆王观行中领军事，据羲营。因奏爽罪恶于帝曰："臣昔从辽东还，先帝诏陛下、秦王及臣升御床，把臣臂，深以后事为念。臣言：'太祖、高祖亦属臣以后事，此自陛下所见，无所忧苦。万一有不如意，臣当以死奉明诏。'今大将军爽，背弃顾命，败乱国典，内则僭拟，外则专权，破坏诸营，尽据禁兵，群官要职，皆置所亲，殿中宿卫，易以私人，根据盘互，纵恣日甚。又以黄门张当为都监，伺察至尊，离间二宫，伤害骨肉，天下汹汹，人怀危惧。陛下便为寄坐，岂得久安！此非先帝诏陛下及臣升御床之本意也。臣虽朽迈，敢忘往言！太尉臣济等皆以爽为有无君之心，兄弟不宜典兵宿卫，奏永宁宫，皇太后令敕臣如奏施行。臣辄敕主者及黄门令：'罢爽、羲、训吏兵，以侯就第，不得逗留，以稽车驾；敢有稽留，便以军法从事！'臣辄力疾将兵屯洛水浮桥，伺察非常。"爽得懿奏事，不通；迫窘不知所为，留车驾宿伊水南，伐木为鹿角，发屯田兵数千人以为卫。

懿使侍中高阳许允及尚书陈泰说爽，宜早自归罪，又使爽所信殿中校尉尹大目谓爽，唯免官而已，以洛水为誓。泰，群之子也。

初，爽以桓范乡里老宿，于九卿中特礼之，然不甚亲也。及懿起兵，以太后令召范，欲使行中领军。范欲应命，其子止之曰："车驾在外，不如南出。"范乃出。至平昌城门，城门已闭。门候司蕃，故范举吏也，范举手中版示之，矫曰："有诏召我，卿促开门！"蕃欲求见诏书，范呵之曰："卿非我故吏邪，何以敢尔？"乃开之。范出城，顾谓蕃曰："太傅图逆，卿从我去！"蕃徒行不能及，遂避侧。懿谓蒋济曰："智囊往矣！"济曰："范则智矣；然驽马恋栈豆，爽必不能用也。"

范至，劝爽兄弟以天子诣许昌，发四方兵以自辅。爽疑未决，范谓羲曰："此事昭然，卿用读书何为邪！于今日卿等门户，求贫贱复可得乎！且匹夫质一人，尚欲望活；卿与天子相随，令于天下，谁敢不应也！"俱不言。范又谓羲曰："卿别营近在阙南，洛阳典农治在城外，呼召如意。今诣许昌，不过中宿，许昌别库，足相被假；所忧当在谷食，而大司农印章在我身。"羲兄弟默然不从，自甲夜至五鼓，爽乃投刀于地曰："我亦不失作富家翁！"范哭曰："曹子丹佳人，生汝兄弟，犊耳！何图今日坐汝等族灭也！"

爽乃通懿奏事，白帝下诏免己官，奉帝还宫。爽兄弟归家，懿发洛阳吏卒围守之；四角作高楼，令人在楼上察视爽兄弟举动。爽挟弹到后园中，楼上便唱言："故大将军东南行！"爽愁闷不知为计。

戊戌，有司奏"黄门张当私以所择才人与爽，疑有奸"。收当付廷尉考实，辞云："爽与尚书何晏、邓飏、丁谧、司隶校尉毕轨、荆州刺史李胜等阴谋反逆，须三月中发。"于是收爽、羲、训、晏、飏、谧、轨、胜并桓范皆下狱，劾以大逆不道，与张当俱夷三族。

魏邵陵厉公正始九年（戊辰，公元 248 年）

大将军曹爽骄奢无度，饮食衣服，与皇帝相同，尚方署中的珍宝玩好，也充满了他的家，他还私自留用明帝的宫中女官做歌舞乐伎。他掘开地面建造地下宫室，在四周雕饰了华丽的花纹，并经常与他的党羽何晏等人在里面饮酒作乐。他的弟弟曹羲深深地为此忧虑，多次哭泣着劝阻他别再这样做，但曹爽不听。曹爽兄弟几个经常一起出去游玩，司农、沛国人桓范对他说："您总理万机，掌管城内禁兵，弟兄们不宜同时出城，如果有人关闭城门，又有谁在城内接应呢？"曹爽说："谁敢这样做呢！"

冬季，河南令尹李胜出任荆州刺史，到太傅司马懿家去辞行。司马懿让两个婢女侍奉着出来接见。让他更衣，他却把衣服掉在地上；指着嘴说口渴，婢女端来了粥，司马懿拿不动碗，就由婢女端着喝，粥从嘴边流出，沾满了前胸。李胜说："大家都说您的中风旧病复发，没想到您的身体竟这样糟！"司马懿气喘吁吁地说："我年老体弱卧病不起，不久就要死了。你屈就并州刺史，并州靠近胡地，要很好地加强戒备。恐怕我们不能再见面了，我把我的儿子司马师和司马昭兄弟托付给你。"李胜说："我是回去愧居本家乡的州官，不是并州。"司马懿装聋，故意听错他的话说："你刚刚到过并州？"李胜又说："是愧居荆州。"司马懿说："我年老耳聋思绪迷乱，没听明白你的话。如今你回到本家乡的州，正好轰轰烈烈地大展德才建立功勋。"李胜告退后，禀告曹爽说："司马公只是比死人多一口气，形体与精神已经分离，离死不远，不足以忧虑了。"过了几天，他又流着泪向曹爽等人说："太傅的病体不能再复原了，实在令人悲伤。"因此曹爽等人不再对司马懿加以戒备。

太傅司马懿暗地里和他的儿子中护军司马师、散骑常侍司马昭密谋诛杀曹爽。

嘉平元年（己巳，公元 249 年）

春季，正月，甲午（初六），魏帝祭扫高平陵，大将军曹爽和他的弟弟中领军曹羲、武卫将军曹训、散骑常侍曹彦等都随侍同行。太傅司马懿以皇太后名义下令，关闭了各个城门，率兵占据了武库，并派兵出城据守洛水浮桥；命令司徒高柔持节代理大将军职事，占据曹爽营地；太仆王观代理中领军职事，占据曹羲营地。然后向魏帝禀奏曹爽的罪恶说："我过去从辽东回来时，先帝诏令陛下、秦王和我到御床跟前，拉着我的手臂，深为后事忧虑。我说道：'太祖、高祖也曾把后事嘱托给我，这是陛下您亲眼见到的，没有什么可忧虑烦恼的。万一发生什么不如意的事，我当誓死执行您的诏令。'如今大将军曹爽，背弃先帝的遗命，败坏扰乱国家的制度；在朝内则超越本分自比君主，在外部则专横跋扈独揽大权；破坏各个军营的编制，完全把持了禁卫部队；各种重要官职，都安置他的亲信担任；皇宫的值宿卫士，也都换上了他自己的人；这些人相互勾结盘踞在一起，恣意妄为日甚一日。曹爽又派宦官黄门张当担任都监，侦察陛下的情况，挑拨离间陛下和太后二宫的关系，伤害骨肉之情，天下动荡不安，人人心怀畏惧。这种形势下，陛下也只是暂时寄居天子之位，岂能长治久安。这绝不是先帝诏令陛下和我到御床前谈话的本意。我虽老朽不堪，怎敢忘记以前说的话？太尉蒋济等人也都认为曹爽有篡夺君位之心，他们兄弟不宜掌管部队担任皇家侍卫，我把这些意见上奏皇太后，皇太后命令我按照奏章所言施行。我已擅自做主告诫主管人及黄门令说：'免去曹爽、曹羲、曹训的官职兵权，以侯爵的身份退职归家，不得逗留而延滞陛下车驾，如敢于延滞车驾，就以军法处置。'我还擅自做主勉力支撑病体率兵驻扎在洛水浮桥，侦察非常情况。"曹爽得到司马懿的奏章，没有通报魏帝。他惶急窘迫不知所措，于是就把魏帝车驾留宿于伊水之南，伐木构筑了防卫工事，并调遣了数千名屯田兵士为护卫。

司马懿派遣侍中、高阳人许允和尚书陈泰去劝说曹爽，告诉他应该尽早归降认罪；又派曹爽所信任的殿中校尉尹大目去告诉曹爽，只是免去他的官职而已，并指着洛水发了誓。陈泰是陈群之子。

当初，曹爽因桓范是他同乡年长的故旧，所以在九卿之中对桓范特别加以礼遇，但关系不太亲近。司马懿起兵时，以太后的名义下令，想要让桓范担任中领军之职。桓范打算接受任命，但他的儿子劝阻他说："皇帝的车驾在外，您不如出南门去投奔。"于是桓范就离城出去。走到平昌城门时，城门已经关闭。守门将领司蕃是桓范过去提拔的官吏，桓范把手中的版牒向他一亮，谎称说："有诏书召我前往，请你快点开门。"司蕃想要亲眼看看诏书，桓范大声呵斥说："你难道不是我过去手下的官吏吗？怎敢如此对我？"司蕃只好打开城门。桓范出城以后，回过头来对司蕃说："太傅图谋叛逆，你还是跟我走吧！"司蕃步行追赶不及，只好在道旁躲避。司马懿得知后对蒋济说："曹爽的智囊去了！"蒋济说："桓范是很有智谋的，但曹爽就像劣马贪恋马房的草料一样，因顾恋他的家室而不能做长远打算，所以必然不能采纳桓范的计谋。"

桓范到了之后，劝说曹爽兄弟把天子挟持到许昌，然后调集四方兵力辅助自己。曹爽仍犹豫不决，桓范就对曹羲说："这件事明摆着只能如此办理，真不知你读书是干什么用的！在今天的形势下，像你们这样门第的人想要求得贫贱平安的日子还可能吗？而且普通百姓有一人被劫作人质，人们尚且希望他能存活，何况你们与天子在一起，挟天子以令天下，谁敢不从。”他们都默然不语。桓范又对曹爽说：“你的中领军别营近在城南，洛阳典农的治所也在城外，你可随意召唤调遣他们。如今到许昌去，不过两天两夜的路程，许昌的武器库，也足以武装军队，我们所忧虑的当是粮食问题，但大司农的印章在我身上，可以签发征调。”然而曹羲兄弟却默然不动，从初夜一直坐到五更，最后曹爽把刀扔在地上说：“即使投降，我仍然不失为富贵人家！”桓范悲痛地哭泣道：“曹子丹这样有才能的人，却生下你们这群如猪如牛的兄弟！没想到今日受你们的连累要灭族了。”

于是曹爽向魏帝通报了司马懿上奏的事，告诉魏帝下诏书免除自己的官职，并侍奉魏帝回宫。曹爽兄弟回家以后，司马懿派洛阳的兵士包围了曹府并日夜看守；府宅的四角搭起了高楼，派人在楼上监视曹爽兄弟的举动。曹爽若是挟着弹弓到后园去，楼上的人就高声叫喊：“故大将军向东南去了。”弄得曹爽愁闷不已，不知如何是好。

戊戌（初十），有关部门奏告“黄门张当私自把选择的才人送给曹爽，怀疑他们之间隐有奸谋”。于是逮捕了张当，交廷尉讯问查实。张当交待说：“曹爽与尚书何晏、邓飏、丁谧，司隶校尉毕轨，荆州刺史李胜等人阴谋反叛，等到三月中旬起事”。于是把曹爽、曹羲、曹训、何晏、邓飏、丁谧、毕轨、李胜以及桓范等人都逮捕入狱，以大逆不道罪劾奏朝廷，与张当一起都被诛灭三族。

魏纪八

第七十六卷

高贵乡公上正元元年（甲戌，254）

春，二月，杀中书令李丰。初，丰年十七八，已有清名，海内翕然称之。其父太仆恢不愿其然，敕使闭门断客。曹爽专政，司马懿称疾不出，丰为尚书仆射，依违二公间，故不与爽同诛，丰子韬，以选尚齐长公主。司马师秉政，以丰为中书令。是时，太常夏侯玄有天下重名，以曹爽亲，不得在势任，居常怏怏；张缉以后父去郡家居，亦不得意；丰皆与之亲善。师虽擢用丰，丰私心常在玄。丰在中书二岁，帝数召丰与语，不知所说。师知其议己，请丰相见以诘丰，丰不以实告；师怒，以刀镮筑杀之，送尸付廷尉，遂收丰子韬及夏侯玄、张缉等皆下廷尉。钟毓按治，云："丰与黄门监苏铄，永宁署令乐敦，冗从仆射刘贤等谋曰：'拜贵人日，诸营兵皆屯门，陛下临轩，因此同奉陛下，将群僚人兵，就诛大将军；陛下傥不从人，便当劫将去耳。'"又云："谋以玄为大将军，缉为车骑将军；玄、缉皆知其谋。"庚戌，诛韬、玄、缉、铄、敦、贤，皆夷三族。

帝以李丰之死，意殊不平。安东将军司马昭镇许昌，诏召之使击姜维。九月，昭领兵入见，帝幸平乐观以临军过。左右劝帝因昭辞，杀之，勒兵以退大将军；已书诏于前，帝惧，不敢发。

昭引兵入城，大将军师乃谋废帝。甲戌，师以皇太后令召群臣会议，以帝荒淫无度，亵近倡优，不可以承天绪；群臣皆莫敢违。乃奏收帝玺绶，归藩于齐。使郭芝入白太后，太后方与帝对坐，芝谓帝曰："大将军欲废陛下，立彭城王据！"帝乃起去。太后不悦。芝曰："太后有子不能教，今大将军意已成，又勒兵于外以备非常，但当顺旨，将复何言！"太后曰："我欲见大将军，口有所说。"芝曰："何可见邪！但当速取玺绶！”太后意折，乃遣傍侍御取玺绶著坐侧。芝出报师，师甚喜。又遣使者授帝齐王印绶，出就西宫。帝与太后垂涕而别，遂乘王车，从太极殿南出，群臣送者数十人，司马孚悲不自胜，余多流涕。

师又使使者请玺绶于太后。太后曰：“彭城王，我之季叔也，今来立，我当何之！且明皇帝当永绝嗣乎！高贵乡公，文帝之长孙，明皇帝之弟子，于礼，小宗有后大宗之义，其详议之。”丁丑，师更召群臣，以太后令示之，乃定迎高贵乡公髦于元城。髦者，东海定王霖之子也，时年十四，使太常王肃持节迎之。

魏高贵乡公正元元年（甲戌，公元254年）

春季，二月，魏国杀中书令李丰。当初，李丰十七八岁时，已经颇有清雅之名，海内人士交口称誉。他的父亲太仆李恢不愿让他这样，所以就令他闭门谢客，不与人往来。曹爽独揽朝政时，司马懿称病不出，当时李丰任尚书仆射，就在曹爽、司马懿二人之中周旋反复，因此没有与曹爽一起被诛杀。李丰的儿子李韬，被选中娶齐长公主为妻。司马师主持朝政时，任命李丰为中书令。当时，太常夏侯玄在天下极有威望，但因为与曹爽是亲戚，不能担任有权势的职位，平时常常怏怏不乐；张缉因为是皇后之父而免去郡守闲居在家，他也很不得意；李丰与夏侯玄和张缉关系十分亲密。司马师虽然提拔了李丰，但李丰心里更为看重夏侯玄。李丰担任中书令的两年中，皇帝多次召见李丰一起交谈，但不知说些什么。司马师知道他们是在议论自己，所以请李丰来相见，向他询问，但李丰却不以实言相告；司马师勃然大怒，就用刀把上的铁环捶死了李丰，把尸体送交廷尉，接着又逮捕了李丰之子李韬和夏侯玄、张缉等人，都送交廷尉收监。钟毓负责审讯治狱，他说：“李丰与黄门监苏铄、永宁宫署令乐敦、冗从仆射刘贤等人阴谋策划说：‘拜贵人的那天，各营的兵力都把守在宫门口，陛下临近前廊时，借此机会共同侍奉陛下，再率领众官兵士，近前去诛杀大将军；陛下如果不听从，就要挟持着他离开。’”又说：“他们阴谋商定以夏侯玄为大将军，张缉为骠骑将军；夏侯玄、张缉都知道这个阴谋。”庚戌（二十二日），诛杀李韬、夏侯玄、张缉、苏铄、乐敦、李贤等人，并诛灭三族。

魏帝对李丰之死，心中颇为愤愤不平。安东将军司马昭镇守许昌，诏令召入京然后去攻打姜维。九月，司马昭领兵来觐见魏帝，魏帝到平乐观检阅他的军队。左右亲信劝魏帝借司马昭进见辞行的机会杀掉他，然后再领兵击退大将军司马师；在此之前已经写好诏书，但魏帝害怕，不敢发。

司马昭领兵入城，大将军司马师就阴谋废掉魏帝。甲戌（十九日），司马师假传皇太后的命令召集群臣开会议论，以魏帝荒淫无度宠幸亲近歌舞艺人为理由，认为他不能再承担帝王的重任了。群臣都不敢反对。于是上奏章要没收魏帝的御玺，贬为齐王。又让郭芝入宫告诉太后。太后正在与魏帝对坐闲谈，郭芝就对魏帝说："大将军想要废掉陛下，立彭城王曹据为帝！"魏帝站起来就走了。太后很不高兴。郭芝说："太后有儿子却不能教育，现在大将军主意已定，又领兵在外以防备非常事变，只能顺着他的旨意，还有什么可说的！"太后说："我要见大将军，对他有话说。"郭芝说："有什么可见的！现在只应该快点取来御玺！"太后无奈，就让身边的侍从官取来御玺放在座位旁。郭芝出来报告司马师，司马师很高兴。又派使者把齐王之印绶给魏帝，让他出来住在西宫。魏帝与太后垂泪而别，然后乘坐亲王规格的车子，从太极殿出来往南而行，群臣出来送别的有数十人，司马孚悲痛欲绝，其他人也都挥泪相送。

司马师又派使者向太后索要御玺，太后说："彭城王是我的小叔，他立为天子，我该到哪儿去？再说，明皇帝难道就永绝后嗣了吗？高贵乡公是文皇帝的长孙，明皇帝之弟的儿子，按照礼制，可以选择小宗的后代来继承大宗的统绪，你们再详细议论议论。"丁丑（二十二日），司马师再次召集群臣，把太后的命令给他们看，然后决定到元城迎接高贵乡公曹髦。曹髦是东海定王曹霖之子，当时年仅十四岁，让太常王肃持符节去迎接他。

魏纪九

第七十七卷

元皇帝上景元元年（庚辰，260）

帝见威权日去，不胜其忿。五月，己丑，召侍中王沈、尚书王经、散骑常侍王业，谓曰："司马昭之心，路人所知也。吾不能坐受废辱，今日当与卿自出讨之。"王经曰："昔鲁昭公不忍季氏，败走失国，为天下笑。今权在其门，为日久矣，朝廷四方皆为之致死，不顾逆顺之理，非一日也。且宿卫空阙，兵甲寡弱，陛下何所资用；而一旦如此，无乃欲除疾而更深之邪！祸殆不测，宜见重详。"帝乃出怀中黄素诏投地曰："行之决矣！正使死何惧，况不必死邪！"于是入白太后。沈、业奔走告昭，呼经欲与俱，经不从。帝遂拔剑升辇，率殿中宿卫苍头官僮鼓噪而出。昭弟屯骑校尉伷遇帝于东止车门，左右呵之，伷众奔走。中护军贾充自外入，逆与帝战于南阙下，帝自用剑。众欲退，骑督成倅弟太子舍人济问充曰："事急矣，当云何！"充曰："司马公畜养汝等，正为今日。今日之事，无所问也！"济即抽戈前刺帝，殒于车下。昭闻之，大惊，自投于地。太傅孚奔往，枕帝股而哭甚哀，曰："杀陛下者，臣之罪也！"

昭入殿中，召群臣会议。尚书左仆射陈泰不至，昭使其舅尚书荀颉召之，泰曰："世之论者以泰方于舅，今舅不如泰也。"子弟内外咸共逼之，乃入，见昭，悲恸，昭亦对之泣曰："玄伯，卿何以处我？"泰曰："独有斩贾充，少可以谢天下耳。"昭久之曰："卿更思其次。"泰曰："泰言惟有进于此，不知其次。"昭乃不复更言。颉，彧之子也。

太后下令，罪状高贵乡公，废为庶人，葬以民礼。收王经及其家属付廷尉。经谢其母，母颜色不变，笑而应曰："人谁不死，正恐不得其所；以此并命，何恨之有！"及就诛，故吏向雄哭之，哀动一市。王沈以功封安平侯。庚寅，太傅孚等上言，请以王礼葬高贵乡公，太后许之。

魏元帝景元元年（庚辰，公元260年）

魏帝见自己的权力威势日渐削弱，感到不胜愤恨。五月，己丑（初七），召见侍中王沈、尚书王经、散骑常侍王业，对他们说："司马昭的野心，连路上的行人都知道。我不能坐等被废黜的耻辱，今日我将亲自与你们一起出去讨伐他。"王经说："古时鲁昭公因不能忍受季氏的专权，讨伐失败而出走，丢掉了国家，被天下人所耻笑。如今权柄掌握在司马昭之手已经很久了，朝廷内以及四方之臣都为他效命而不顾逆顺之理，也不是一天了。而且宫中宿卫空缺，兵力十分弱小，陛下凭借什么？而您一旦这样做，不是想要除去疾病却反而使病更厉害了吗？祸患恐怕难以预测，应该重新加以详细研究。"魏帝这时就从怀中拿出黄绢诏书扔在地上说："这样做已经决定了！纵使死了又有什么可怕的，何况不一定会死呢！"说完就进内宫禀告太后。王沈、王业跑出去告诉司马昭，想叫王经与他们一起去，但王经不去。魏帝随即拔剑登辇，率领殿中宿卫和奴仆们呼喊着出了宫。司马昭的弟弟屯骑校尉司马伷在东止车门遇到魏帝，魏帝左右之人怒声呵斥他们，司马伷的兵士被吓得逃走了。中护军贾充从外而入，迎面与魏帝战于南面宫阙之下，魏帝亲自用剑拼杀。众人想要退却，骑督成倅之弟太子舍人成济问贾充说："事情紧急了，你说怎么办？"贾充说："司马公养你们这些人，正是为了今日。今日之事，没什么可问的！"于是成济立即抽出长戈上前刺杀魏帝，把他杀死于车下。司马昭闻讯大惊，自己跪倒在地上。太傅司马孚奔跑过去，把魏帝的头枕在自己的腿上哭得十分悲哀，哭喊着说："陛下被杀，是我的罪过啊！"

司马昭进入殿中，召集群臣议论。尚书左仆射陈泰不来，司马昭让陈泰之舅尚书荀颉去叫他，陈泰说："人们议论说我陈泰可以和您相比，今天看来您不如我陈泰。"但子弟们里里外外都逼着陈泰去，这才不得已而入宫，见到司马昭，悲恸欲绝，司马昭也对着他流泪，说："玄伯，你将怎样对待我呢？"陈泰说："只有杀掉贾充，才能稍稍谢罪于天下。"司马昭考虑了很久才说："你再想想其他办法。"陈泰说："我说的只能是这些，不知其他。"司马昭就不再说话了。荀颉是荀彧之子。

太后下令，列举高贵乡公的罪状，把他废为庶人，以百姓的丧礼安葬。拘捕了王经及其家属交付廷尉处置。王经向他母亲谢罪，他母亲脸色不变，笑着回答说：“人谁能不死，只恐怕死的不得其所。为此事大家同死，还有什么遗恨！”到被诛杀的那天，故吏向雄为之痛哭，悲哀之情感动了整个街市之人。王沈因有功被封为安平侯。庚寅（初八），太傅司马孚等人向朝廷进言，请求以藩王的丧礼安葬高贵乡公，太后同意了。

魏纪十

第七十八卷

元皇帝下景元三年（壬午，262）

昭欲大举伐汉，朝臣多以为不可，独司隶校尉钟会劝之。昭谕众曰："自定寿春以来，息役六年，治兵缮甲以拟二虏。今吴地广大而下湿，攻之用功差难，不如先定巴蜀，三年之后，因顺流之势，水陆并进，此灭虢取虞之势也。计蜀战士九万，居守成都及备他境不下四万，然则余众不过五万。今绊姜维于沓中，使不得东顾，直指骆谷，出其空虚之地以袭汉中，以刘禅之暗，而边城外破，士女内震，其亡可知也。"乃以钟会为镇西将军，都督关中。征西将军邓艾以为蜀未有衅，屡陈异议；昭使主簿师纂为艾司马以谕之，艾乃奉命。

姜维表汉主："闻钟会治兵关中，欲规进取，宜并遣左右车骑张翼、廖化，督诸军分护阳安关口及阴平之桥头，以防未然。"黄皓信巫鬼，谓敌终不自致，启汉主寝其事，群臣莫知。

四年（癸未，263）

诏诸军大举伐汉，遣征西将军邓艾督三万余人自狄道趣甘松、沓中，以连缀姜维；雍州刺史诸葛绪督三万余人自祁山趣武街桥头，绝维归路。钟会统十余万众分从斜谷、骆谷、子午谷趣汉中。以廷尉卫瓘持节监艾、会军事，行镇西军司。瓘，觊之子也。

会过幽州刺史王雄之孙戎，问："计将安出？"戎曰："道家有言，'为而不恃'。非成功难，保之难也。"或以问参相国军事平原刘寔曰："钟、邓其平蜀乎？"寔曰："破蜀必矣，而皆不还。"客问其故，寔笑而不答。

汉人闻魏兵且至，乃遣廖化将兵诣沓中为姜维继援，张翼、董厥等诣阳安关口为诸围外助。大赦，改元炎兴。敕诸围皆不得战，退保汉、乐二城，城中各有兵五千人。翼、厥北至阴平，闻诸葛绪将向建威，留住月余待之。钟会率诸军平行至汉中。九月，钟会使前将军李辅统万人围王含于乐城，护军荀恺围蒋斌于汉城。会径过西趣阳安口，遣人祭诸葛亮墓。

初，汉武兴督蒋舒在事无称，汉朝令人代之，使助将军傅佥守关口，舒由是恨。钟会使护军胡烈为前锋，攻关口。舒诡谓佥曰："今贼至不击而闭城自守，非良图也。"佥曰："受命保城，惟全为功；今违命出战，若丧师负国，死无益矣。"舒曰："子以保城获全为功，我以出战克敌为功，请各行其志。"遂率其众出；佥谓其战也，不设备。舒率其众迎降胡烈，烈乘虚袭城，佥格斗而死。佥，肜之子也。钟会闻关口已下，长驱而前，大得库藏积谷。

邓艾遣天水太守王颀直攻姜维营，陇西太守牵弘邀其前，金城太守杨欣趣甘松。维闻钟会诸军已入汉中，引兵还，欣等追蹑于强川口，大战，维败走。闻诸葛绪已塞道屯桥头，乃从孔函谷入北道，欲出绪后；绪闻之，却还三十里。维入北道三十余里，闻绪军却，寻还，从桥头过，绪趣截维，较一日不及。维遂还至阴平，合集士众，欲赴关城；未到，闻其已破，退趣白水，遇廖化、张翼、董厥等，合兵守剑阁以拒会。

姜维列营守险，会攻之不能克，粮道险远，军食乏，欲引还。邓艾上言："贼已摧折，宜遂乘之，若从阴平由邪径经汉德阳亭趣涪，出剑阁西百里，去成都三百余里，奇兵冲其腹心，出其不意，剑阁之守必还赴涪，则会方轨而进，剑阁之军不还，则应涪之兵寡矣。"遂自阴平行无人之地七百余里，凿山通道，造作桥阁。山谷高深，至为艰险，又粮运将匮，濒于危殆，艾以毡自裹，推转而下。将士皆攀木缘崖，鱼贯而进。先登至江油，蜀守将马邈降。诸葛瞻督诸军拒艾，至涪，停住不进。尚书郎黄崇，权之子也，屡劝瞻宜速行据险，无令敌得入平地，瞻犹豫未纳；崇再三言之，至于流涕，瞻不能从。艾遂长驱而前，击破瞻前锋，瞻退住绵竹。艾以书诱瞻曰："若降者，必表为琅邪王。"瞻怒，斩艾使，列陈以待艾。艾遣子惠唐亭侯忠出其右，司马师纂等出其左。忠、纂战不利，并引还，曰："贼未可击！"艾怒曰："存亡之分，在此一举，何不可之有！"叱忠、纂等，将斩之。忠、纂驰还更战，大破，斩瞻及黄崇。瞻子尚叹曰："父子荷国重恩，不早斩黄皓，使败国殄民，用生何为！"策马冒陈而死。

汉人不意魏兵卒至，不为城守调度；闻艾已入平土，百姓扰扰，皆迸山泽，不可禁制。汉主使群臣会议，或以蜀之与吴，本为与国，宜可奔吴；或以为南中七郡，阻险斗绝，易以自守，宜可奔南。光禄大夫谯周以为："自古以来，无寄他国为天子者，若入吴国，亦当臣服。且治政不殊，则大能吞小，此数之自然也。由此言之，则魏能并吴，吴不能并魏明矣。等为称臣，为小孰与为大，再辱之耻何与一辱！且若欲奔南，则当早为之计，然后可果；今大敌已近，祸败将及，群小之心，无一可保，恐发足之日，其变不测，何至南之有乎！"或曰："今艾已不远，恐不受降，如之何？"周曰："方今东吴未宾，事势不得不受，受之不得不礼。若陛下降魏，魏不裂土以封陛下者，周请身诣京都，以古义争之。"众人皆从周议。汉主犹欲入南，狐疑未决。周上疏曰："南方远夷之地，平常无所供为，犹数反叛，自丞相亮以兵威逼之，穷乃率从。今若至南，外当拒敌，内供服御，费用张广，他无所取，耗损诸夷，其叛必矣！"汉主乃遣侍中张绍等奉玺绶以降于艾。北地王谌怒曰："若理穷力屈，祸败将及，便当父子君臣背城一战，同死社稷，以见先帝可也，奈何降乎！"汉主不听。是日，谌哭于昭烈之庙，先杀妻子而后自杀。

姜维等闻诸葛瞻败，未知汉主所向，乃引军东入于巴。钟会进军至涪，遣胡烈等追维。维至郪，得汉主敕命，乃令兵悉放仗，送节传于胡烈，自从东道与廖化、张翼、董厥等同诣会降。将士咸怒，拔刀斫石。于是诸郡县围守皆被汉主敕罢兵降。钟会厚待姜维等，皆权还其印绶节盖。

邓艾在成都，颇自矜伐，谓蜀士大夫："诸君赖遭艾，故得有今日耳，如遇吴汉之徒，已殄灭矣。"艾以书言于晋公昭曰："兵有先声而后实者，今因平蜀之势以乘吴，吴人震恐，席卷之时也。然大举之后，将士疲劳，不可便用，且徐缓之。留陇右兵二万人、蜀兵二万人，煮盐兴冶，为军农要用。并作舟船，豫为顺流之事。然后发使告以利害，吴必归化，可不征而定也。今宜厚刘禅以致孙休，封禅为扶风王，锡其资财，供其左右。郡有董卓坞，为之宫舍，爵其子为公侯，食郡内县，以显归命之宠；开广陵、城阳以待吴人，则畏威怀德，望风而从矣！"昭使监军卫瓘喻艾："事当须报，不宜辄行。"艾重言曰："衔命征行，奉指授之策，元恶既服，至于承制拜假，以安初附，谓合权宜。今蜀举众归命，地尽南海，东接吴、会，宜早镇定。若待国命，往复道途，延引日月。《春秋》之义：'大夫出疆，有可以安社稷、利国家，专之可也。'今吴未宾，势与蜀连，不可拘常，以失事机。《兵法》：'进不求名，退不避罪。'艾虽无古人之节，终不自嫌以损国家计也！"

钟会内有异志，姜维知之，欲构成扰乱，乃说会曰："闻君自淮南已来，算无遗策，晋道克昌，皆君之力。今复定蜀，威德振世，民高其功，主畏其谋，欲以此安归乎！何不法陶朱公泛舟绝迹，全功保身邪！”会曰：“君言远矣，我不能行。且为今之道，或未尽于此也。”维曰：“其他则君智力之所能，无烦于老夫矣。”由是情好欢甚，出则同舆，坐则同席。会因邓艾承制专事，乃与卫瓘密白艾有反状。会善效人书，于剑阁要艾章表、白事，皆易其言，令辞指悖傲，多自矜伐；又毁晋公昭报书，手作以疑之。

咸熙元年（甲申，264）

春，正月，壬辰，诏以槛车征邓艾。晋公昭恐艾不从命，敕钟会进军成都，又遣贾充将兵入斜谷。昭自将大军从帝幸长安，以诸王公皆在邺，乃以山涛为行军司马，镇邺。

钟会遣卫瓘先至成都收邓艾，会以瓘兵少，欲令艾杀瓘，因以为艾罪。瓘知其意，然不可得距，乃夜至成都，檄艾所统诸将，称：“奉诏收艾，其余一无所问；若来赴官军，爵赏如先；敢有不出，诛及三族！”比至鸡鸣，悉来赴瓘，唯艾帐内在焉。平旦，开门，瓘乘使者车，径入至艾所；艾尚卧未起，遂执艾父子，置艾于槛车。诸将图欲劫艾，整仗趣瓘营；瓘轻出迎之，伪作表草，将申明艾事，诸将信之而止。

丙子，会至成都，送艾赴京师。会所惮惟艾，艾父子既禽，会独统大众，威震西土，遂决意谋反。会欲使姜维将五万人出斜谷为前驱，会自将大众随其后。既至长安，令骑士从陆道、步兵从水道，顺流浮渭入河，以为五日可到孟津，与骑兵会洛阳，一旦天下可定也。会得晋公书云：“恐邓艾或不就征，今遣中护军贾充将步骑万人径入斜谷，屯乐城，吾自将十万屯长安，相见在近。”会得书惊，呼所亲语之曰：“但取邓艾，相国知我独办之；今来大重，必觉我异矣，便当速发。事成，可得天下；不成，退保蜀、汉，不失作刘备也！”丁丑，会悉请护军、郡守、牙门骑督以上及蜀之故官，为太后发哀于蜀朝堂，矫太后遗诏，使会起兵废司马昭，皆班示坐上人，使下议讫，书版署置，更使所亲信代领诸军；所请群官，悉闭著益州诸曹屋中，城门宫门皆闭，严兵围守。卫瓘诈称疾笃，出就外廨。会信之，无所复惮。

姜维欲使会尽杀北来诸将，已因杀会，尽坑魏兵，复立汉主，密书与刘禅曰：“愿陛下忍数日之辱，臣欲使社稷危而复安，日月幽而复明。”会欲从维言诛诸将，犹豫未决。

会帐下督丘建本属胡烈，会爱信之。建愍烈独坐，启会，使听内一亲兵出取饮食，诸牙门随例各内一人。烈绐语亲兵及疏与子渊曰：“丘建密说消息，会已作大坑，白棓数千，欲悉呼外兵入，人赐白帢，拜散将，以次棓杀，内坑中。”诸牙门亲兵亦咸说此语，一夜，转相告，皆遍。己卯，日中，胡渊率其父兵雷鼓出门，诸军不期皆鼓噪而出，曾无督促之者，而争先赴城。时会方给姜维铠杖，白外有匈匈声，似失火者，有顷，白兵走向城。会惊，谓维曰：“兵来似欲作恶，当云何？”维曰：“但当击之耳！”会遣兵悉杀所闭诸牙门郡守，内人共举机以拄门，兵斫门，不能破。斯须，城外倚梯登城，或烧城屋，蚁附乱进，矢下如雨，牙门郡守各缘屋出，与其军士相得。姜维率会左右战，手杀五六人，众格斩维，争前杀会。会将士死者数百人，杀汉太子璿及姜维妻子，军众钞略，死丧狼藉。卫瓘部分诸将，数日乃定。

邓艾本营将士追出艾于槛车，迎还。卫瓘自以与会共陷艾，恐其为变，乃遣护军田续等将兵袭艾，遇于绵竹西，斩艾父子。艾之入江油也，田续不进，艾欲斩续，既而舍之，及瓘遣续，谓曰：“可以报江油之辱矣。”镇西长史杜预言于众曰：“伯玉其不免乎！身为名士，位望已高，既无德音，又不御下以正，将何以堪其责乎！”瓘闻之，不候驾而谢预。预，恕之子也。邓艾余子在洛阳者悉伏诛，徙其妻及孙于西城。

魏元帝景元三年（壬午，公元262年）

司马昭想要大举讨伐蜀汉，朝臣们大都认为不可，只有司隶校尉钟会赞成。司马昭告谕众人说：“自从平定寿春以来，已经六年没有战事了，我们要整治军队去攻打两个敌国。如今吴国土地广大而地势低湿，攻打它施展兵力较为困难，不如先平定巴蜀，三年之后，就顺流而下，水陆并进，这就是春秋时晋献公先灭虢国再乘势攻取虞国的那种形势。蜀国的战士共计有九万，居守成都以及防卫其他边境的不下四万人，这样剩余的战士不过五万人。如今把姜维牵制在沓中，让他不能向东出兵。我们发兵直向骆谷，通过他们的空虚地带去袭击汉中，以刘禅的暗弱无能，又加上边境城市在外面被攻破，蜀国的男女老少就会在内地震恐不安，这样敌人的灭亡就是意料之中的事。”于是任命钟会为镇西将军，都督关中。征西将军邓艾认为蜀国没有可乘之机，屡次陈述不同意见；司马昭让主簿师纂担任邓艾的司马去给他讲明道理，于是邓艾也就奉命行事了。

姜维向汉后主上表说：“听说钟会在关中整治军队，想图谋进攻，应该派遣左右车骑将军张翼、廖化率领诸军分别守护阳安关口和阴平的桥头，以防患于未然。”黄皓相信鬼神巫术，认为敌人终究不会自己找上门来，于是就奏明汉后主让他不提这件事，因而群臣没人知道。

四年（癸未，公元263年）

司马昭令诸军大举进攻蜀汉，派征西将军邓艾率领三万人从狄道奔赴甘松、沓中，以牵制姜维；派雍州刺史诸葛绪率领三万多人从祁山奔赴武街、桥头，断绝姜维的退路。钟会统兵十万余人分别从斜谷、骆谷、子午谷奔赴汉中。让廷尉卫瓘持符节监督邓艾、钟会的军事，兼镇西军司。卫瓘是卫觊之子。

钟会去拜访幽州刺史王雄之孙王戎，问他："我将怎样去干？"王戎说："道家有句话说'为而不恃'，也就是说成功并不难，而保持它则很难。"有人问参相国军事、平原人刘寔说："钟会、邓艾能平定蜀国吗？"刘寔说："破蜀是必然的，但他们都回不来。"对方问是什么原因，刘寔笑而不答。

蜀汉听到魏兵将至，就派遣廖化率兵到沓中作姜维的后援，派张翼、董厥等人到阳安关口帮助各个外围据点。实行大赦，改年号为炎兴。命令各外围据点不得与敌人交战，退守汉、乐二城，城中各有兵力五千人。张翼、董厥向北到达阴平，听到诸葛绪将向建威发兵，就留住一个多月等待敌兵。钟会率诸军齐头并进，到达汉中。九月，钟会让前将军李辅统兵万人把王含包围在乐城，让护军荀恺把蒋斌包围在汉城。钟会直接从西路奔向阳安口，派人祭奠了诸葛亮墓。

当初，蜀汉的武兴督蒋舒在位庸碌无为，蜀汉朝廷让人代替了他，派助将军傅佥把守关口，蒋舒因此怀恨在心。钟会派护军胡烈为前锋，进攻关口。蒋舒诡诈地向傅佥说："如今敌兵到了，不去进击而闭城自守，不是好的计策。"傅佥说："你以保全此城为功劳，我以出战打败敌人为功劳，希望我们各行其志。"于是率领他的兵士出城；傅佥认为他是去交战，因此没有防备。蒋舒率领他的士兵迎接投降了胡烈，胡烈乘虚袭击城池，傅佥格斗拼杀而死。傅佥是傅彤之子。钟会听到关口已被攻克，就长驱直入，获得大量库藏的粮食。

邓艾派遣天水太守王颀直攻姜维营垒，陇西太守牵弘在前面阻截，金城太守杨欣奔赴甘松。姜维听说钟会诸军已经进入汉中，就领兵返回，杨欣等人在后面紧追至强川口，激烈交战，姜维败走。姜维又听到诸葛绪已经阻塞道路占据了桥头，于是就从孔函谷进入北部道路，想绕到诸葛绪的身后，诸葛绪知道后往回退却三十里。姜维进入北道三十多里后，听到诸葛绪退兵，赶紧往回走，从桥头过去，诸葛绪赶上去阻截姜维，但晚了一天没有赶上。姜维于是退至阴平，聚集军队，想要奔赴关城；还没到达，听说关城已破，于是退兵奔向白水，遇到了廖化、张翼、董厥等人，兵合一处据守剑阁以抵御钟会。

姜维排列营垒据守险要之地，钟会进攻不能取胜，而且运粮道路既危险又遥远，想要领兵撤回。邓艾上书说："敌兵已经受到摧折，应乘胜进军，如果从阴平出发由小路经过汉朝的德阳亭奔赴涪县，从剑阁之西一百里处进军，离成都三百余里，在这里出奇兵冲击其腹心之地，那么剑阁的守军必然往回奔赴涪县，而钟会就可以两车并行着向前推进。如果剑阁的守军不往回撤，那么接应涪县的兵力就会很少了。"于是从阴平出发走了七百余里的无人之地，凿山开路，架桥梁建阁道，山高谷深，非常艰险，运来的粮食也将吃尽，濒临危险的绝境，邓艾用毡毯裹住自己，翻转着滚下山去，将士们也都攀缘着树木崖壁，鱼贯而进。邓艾首先到达江油，蜀国守将马邈投降。诸葛瞻率诸军抵御邓艾，到达涪县后，停住不进。尚书郎黄崇是黄权之子，他屡次劝说诸葛瞻应迅速前进占据险要，不让敌人进入平地，诸葛瞻犹豫不决没有采纳；黄崇再三劝说，甚至流下眼泪，但诸葛瞻仍然不听。于是邓艾长驱直入，击败诸葛瞻的前锋，诸葛瞻退兵驻扎在绵竹。邓艾写信劝诱诸葛瞻说："如果投降，必定表奏你为琅邪王。"诸葛瞻大怒，杀掉邓艾的使者，排列阵势以等待邓艾进攻。邓艾派他儿子惠唐亭侯邓忠攻其右翼，派司马师纂等人攻其左翼。邓忠与师纂战斗不利，都撤兵而还，说："敌兵还不能攻破！"邓艾大怒，说："存亡之别就在此一举，有什么不能的。"怒叱邓忠、师纂等人，说再攻不破就要杀了他们。邓忠、师纂跑回来再战，大败敌兵，杀了诸葛瞻和黄崇。诸葛瞻之子诸葛尚叹息说："我们父子蒙受国家重恩，没有早点杀了黄皓，致使国败民亡，活着还有什么用！"于是骑马冲入敌阵而死。

蜀汉人没想到魏兵突然而至，没做守城的准备；听说邓艾已经进入平地，百姓们惊恐万状，都逃往山林大泽，不可禁止。汉后主召集群臣讨论，有人认为蜀与吴本来是友好邻邦，应该投奔到吴国；有人认为南中七郡，山势陡峭险峻，容易防守，应该奔向南面。光禄大夫谯周却认为："自古以来，没有寄居别国仍为天子的，如果到吴国去，也当臣服于吴。而且治国之道从来就没有什么不同，大国吞并小国，这是形势发展的自然趋势。从这点上说，魏国能吞并吴国，而吴国不能吞并魏国，这是很明显的事。同样是称臣，对小国称臣就不如对大国称臣，与其忍受两次受辱之耻不如一次受辱！而且如果想要奔赴南方，就应当及早计划好，才能成功；如今大敌已经临近，灾祸失败也将要降临，而且众小人之心，没有一个可保其不变，恐怕我们出发的时候，其变化不可预料，怎么能到达南中呢？”有人说：“如今邓艾已经不远，恐怕他不接受我们投降，怎么办呢？”谯周说：“现在吴国还没有臣服于魏，事情的形势使他不得不接受，接受了也不得不待之以礼。如果陛下投降魏国，而魏国不划分土地封给陛下的话，我请求只身到洛阳，用古代的大义与他们争辩。”众人都听从了谯周的建议。汉后主仍然想入南中，犹豫不决。谯周上疏说：“南方偏远蛮夷之地，平常就不交纳供奉租税，还多次反叛，自丞相诸葛亮用武力威逼他们，走投无路才顺服。如今如果去南中，外要抗拒敌兵，内要供奉日常粮食物品，费用浩大，没有其他地方可以收取，只能耗损各个夷人部族，那他们必然会反叛。”于是汉后主就派侍中张绍等人奉着御玺向邓艾投降。北地王刘谌愤怒地说：“如果我们理穷力屈，灾祸败亡将至，就应当父子君臣一起背城一战，共同为社稷而死，这样才能见先帝于地下，为什么要投降？”汉后主不听。这一天，刘谌哭诉于昭烈帝刘备之庙，先杀了妻子儿女，然后自杀而死。

姜维等人听说诸葛瞻失败，但不知汉后主的意向，于是率军向东进入巴中。钟会进军到涪县，派遣胡烈等人追击姜维。姜维到达郪县，得到汉后主的命令，于是命令士兵都放下武器，把符节凭证交给胡烈，自己从东道与廖化、张翼、董厥等一起到钟会那里投降。将士们都十分震怒，气得挥刀砍石。至此各郡县和驻点的部队都接到汉后主的命令而罢兵投降。钟会给了姜维等人优厚的待遇，把印绶、符节、车盖等都暂时还给了他们。

邓艾在成都，颇为居功自傲，他对蜀国的士大夫们说：“诸君多亏是遇到了我，所以才能有今日，如果遇到东汉初年吴汉那样的人，恐怕已经死光了。”邓艾写信对晋公司马昭说：“用兵有先造声势然后发兵的情形，如今乘平定蜀国的威势去攻打吴国，吴人必将受到震恐，这是一举攻灭吴国的大好时机。但是我们在大规模用兵之后，将士们都十分疲劳，不能立即用兵，应暂缓一些时日。我想留下陇右兵二万人、蜀兵二万人，在这里煮盐炼铁，以备军事农事之用。同时制作舟船，预先为顺流攻吴做准备。然后派出使者告以利害，吴国必定归顺，可以不用征战就平定吴国。如今应厚待刘禅以招致孙休，封刘禅为扶风王，赐给他资财，供给他左右侍奉之人。扶风郡有董卓坞，可当作他的宫舍，赐给他儿子以公侯的爵位，以郡内的县为食邑，以此来显示归顺所受到的恩宠。再开放广陵、城阳二郡作为封国以等待吴人归顺，这样他们畏惧我们的威严，感念我们的恩德，就会望风而顺从了。”司马昭让监军卫瓘去晓谕邓艾说：“做事当须上报，不宜立即按己意实行。”邓艾严厉地说：“我受命出征，奉行指示给我的计策，现在首恶已经归服，至于秉承旨意授予他们官爵，以安抚刚刚依附之人，我认为也是合乎权宜的计策。如今蜀举国上下都已归顺，国土南至南海，东接吴国，应该尽早使其平定下来。如果等待朝廷命令，来往于道路，就会拖延时日。《春秋》之义说：‘大夫出国在外，如果有可以安社稷、利国家之事，自行决断是可以的。’如今吴国尚未归服，形势与蜀国相连，所以不可拘于常理，而失去机会。《兵法》上说：‘进不求名，退不避罪。’我虽然没有古人的节操，也终究不会自生疑忌而损害国家利益！”

钟会内心怀有叛离之志，姜维已有所察觉，就想促成他的作乱，于是就劝说钟会：“听说您自淮南之战以来，计策从未有过失误，司马氏能够昌盛，全依赖您的力量。如今又平定了蜀国，威德振世，百姓颂扬您的功劳，主上畏惧您的谋略，您还想因此安然而归吗？何不效法陶朱公范蠡泛舟湖上远避是非，以保全自己的功名性命呢！”钟会说：“您说得太远了，我不能离开。而且从现在的形势看，还没有到这种地步。”姜维说：“其他的事情凭您的智慧、力量就能做到，用不着我多说了。”从此他们俩感情融洽关系密切，出则同车，坐则同席。钟会因邓艾承旨专权行事，就与卫瓘一起密报邓艾有谋反的表现。钟会善于模仿别人的字体，就在剑阁拦截了邓艾的奏章和上报事情的书信，改写了其中的话，让言辞狂悖傲慢，有很多居功自夸之处，同时又毁掉晋公司马昭的回信，亲手重新再写以使邓艾生疑。

咸熙元年（甲申，公元 264 年）

春季，正月，壬辰，诏令用囚车押回邓艾。晋公司马昭怕邓艾不从命，就命令钟会进军成都，又派遣贾充率兵入斜谷。司马昭则亲自率领大军跟着魏帝到达长安，因诸王公都在邺城，就任命山涛为行军司马镇守邺城。

钟会派卫瓘先到成都拘捕邓艾，钟会因卫瓘兵力少，想让邓艾杀掉卫瓘，再借此事定邓艾的罪。卫瓘知道他的意图，但又不能抗拒命令，于是在深夜到达成都，传檄文给邓艾所统领的将领，声称：“我奉诏来拘捕邓艾，其余的人一概不予追究；你们投向官军这一边，则如先前平蜀时一样再加爵赏，如胆敢不出，则要诛及三族！”等到鸡鸣时分，诸将都跑到卫瓘这里，只有邓艾帐内之人未来。到早晨，打开营门，卫瓘乘坐使者车，直接进入邓艾帐内；邓艾还躺着未起，于是把邓艾父子抓起来，把邓艾置于囚车中。诸将想要劫持邓艾，就整兵奔向卫瓘的营帐；卫瓘不带卫兵只身出来迎接，又假装书写表章，说将要申明邓艾没有反心。诸将相信了他而未劫持。

丙子（十五日），钟会到了成都，派人把邓艾押送京师。钟会所忌惮者只有邓艾，邓艾父子既已被擒，钟会则独自统领大众，威震西部地区，于是下定决心阴谋反叛。

钟会想让姜维率五万人出斜谷为前锋，自己率领大众跟随其后。到长安之后，命令骑兵从陆路走，步兵从水路走，顺流从渭水进入黄河，认为五日即可到达孟津，再与骑兵会合于洛阳，很快就能平定天下。恰在此时，钟会收到了晋公的信，信中说："恐怕邓艾不甘心接受惩处，现已派遣中护军贾充率领步骑兵一万人直接进斜谷，驻扎在乐城，我亲自率十万人驻扎在长安，近日即可相见。"钟会接到书信大惊失色，叫来亲信之人对他们说："如果只取邓艾，相国知道我能独自办理；如今带来重兵，必定觉察到我有变异，我们应当迅速发难。事情成功了，就可得天下；不成功，就退保蜀汉，仍可做个刘备一样的人。"丁丑（十六日），钟会把护军、郡守、牙门骑督以上以及过去的蜀国官吏都请了来，在成都的朝堂为郭太后致哀，并假造了太后的遗诏，说让钟会起兵废掉司马昭，把遗诏向座上众人宣布，让大家议论之后，开始授官任职，又让所亲信之人代领诸军；把所请来的群官，都关在益州各官署的屋中，关闭了城门宫门，派重兵把守。卫瓘诈称病重，出来住在外面的官舍。钟会相信他，对他也无所忌惮。

姜维想让钟会杀尽从北方来的诸将，自己再借机杀掉钟会，全部坑杀魏国兵士，重立汉主。他给刘禅写密信说："希望陛下再忍受数日之辱，我要让国家危而复安，日月幽而复明。"钟会想听从姜维的意见诛杀诸将，但仍犹豫不决。

钟会的帐下督丘建，本属于胡烈手下，钟会喜爱并信任他。丘建怜悯胡烈一人独自被囚，就请求钟会，让他允许一名亲兵进出取饮食，各牙门将也都随此例让一人进来侍奉。胡烈欺骗亲兵并让他传递消息给儿子胡渊说："丘建秘密地透露消息，说钟会已经挖了大坑，做了数千根白色大棒，想叫外面的兵士全部进来，每人赐一白帽，授散将之职，依次击杀诸将，埋入坑中。"诸牙门将的亲兵也都说同样的话，一夜之间，辗转相告，大家都知道了。己卯（十八日），中午时分，胡渊率领其父的兵士擂鼓而出，各军也都不约而同地呐喊着跑出来，竟然连督促之人都没有，就争先恐后地跑向城里。当时钟会正在给姜维铠甲兵器，报告说外面有汹汹嘈杂之声，好像是失火似的，一会儿，又报告说有兵跑往城里。钟会大惊，问姜维说："兵来似乎是想作乱，应当怎么办？"姜维说："只能攻击他们！"钟会派兵去杀那些被关起来的牙门将、郡守，而里面的人都拿起几案顶住门，兵士砍门却砍不破。过了一会儿，城外的人爬着梯子登上城墙，有的人焚烧城内的屋子，兵士们像蚂蚁那样乱哄哄地涌进来，箭如雨下，那些牙门将、郡守都从屋子上爬出来，与他们手下的军士汇合在一处。姜维带着钟会左右拼杀，亲手杀死五六人，众人格杀了姜维，又争相向前杀死了钟会。钟会的将士死了数百人，兵士们又杀了蜀汉太子刘璿和姜维的妻子儿女，并到处抢掠，死伤满地一片狼藉。卫瓘部署诸将，过了几天才平定下来。

邓艾本营的将士追上囚车把邓艾救出并迎接回来。卫瓘认为自己与钟会共同陷害邓艾，恐怕他回来会有变乱，就派遣护军田续等人领兵去袭击邓艾，在绵竹西边遇上，于是杀了邓艾父子。当初邓艾进入江油时，田续不往前进，邓艾想杀了他，后来又放了他。卫瓘派遣田续时，对他说："你可以为江油受的耻辱报仇了。"镇西长史杜预对众人说："卫瓘是免不了一死了！他身为名士，地位声望很高，但是既没有足以表示美德的言语，又不能用正道驾驭下属，他怎能承担自己的责任呢？"卫瓘听到后，不等驾车就跑去向杜预致歉。杜预是杜恕之子。邓艾其余的儿子在洛阳者皆被诛杀，又把他的妻子及孙子迁到西城县。

晋纪一

第七十九卷

世祖武皇帝上之上泰始五年（己丑，269）

帝有灭吴之志。壬寅，以尚书左仆射羊祜都督荆州诸军事，镇襄阳；征东大将军卫瓘都督青州诸军事，镇临菑；镇东大将军东莞王伷都督徐州诸军事，镇下邳。

祜绥怀远近，甚得江、汉之心，与吴人开布大信，降者欲去，皆听之，减戍逻之卒，以垦田八百余顷。其始至也，军无百日之粮；及其季年，乃有十年之积。祜在军，常轻裘缓带，身不被甲，铃阁之下，侍卫不过十数人。

八年（壬辰，272）

二月，辛卯，皇太子纳贾妃。妃年十五，长于太子二岁，妒忌多权诈，太子嬖而畏之。

秋，七月，以贾充为司空，侍中、尚书令、领兵如故。充与侍中任恺皆为帝所宠任，充欲专名势而忌恺，于是朝士各有所附，朋党纷然。帝知之，召充、恺宴于式乾殿而谓之曰："朝廷宜壹，大臣当和。"充、恺等各拜谢。既而充、恺以帝已知而不责，愈无所惮，外相崇重，内怨益深。充乃荐恺为吏部尚书，恺侍觐转希；充因与荀勖、冯紞承间共谮之，恺由是得罪，废于家。

八月，吴主征昭武将军、西陵督步阐。阐世在西陵，猝被征，自以失职，且惧有谗，九月，据城来降，遣兄子玑、璿诣洛阳为任。诏以阐为都督西陵诸军事、卫将军、开府仪同三司、侍中，领交州牧，封宜都公。

羊祜归自江陵，务修德信以怀吴人。每交兵，刻日方战，不为掩袭之计。将帅有欲进谲计者，辄饮以醇酒，使不得言。祜出军行吴境，刈谷为粮，皆计所侵，送绢偿之。每会众江、沔游猎，常止晋地，若禽兽先为吴人所伤而为晋兵所得者，皆送还之。于是吴边人皆悦服。祜与陆抗对境，使命常通。抗遗祜酒，祜饮之不疑；抗疾，求药于祜，祜以成药与之，抗即服之。人多谏抗，抗曰：“岂有鸩人羊叔子哉！”抗告其边戍曰：“彼专为德，我专为暴，是不战而自服也。各保分界而已，无求细利。”吴主闻二境交和，以诘抗，抗曰：“一邑一乡不可以无信义，况大国乎！臣不如此，正是彰其德，于祜无伤也。”

羊祜不附结中朝权贵，荀勖、冯统之徒皆恶之。从甥王衍尝诣祜陈事，辞甚清辩；祜不然之，衍拂衣去。祜顾谓宾客曰：“王夷甫方当以盛名处大位，然败俗伤化，必此人也。”及攻江陵，祜以军法将斩王戎。衍，戎之从弟也，故二人皆憾之，言论多毁祜。时人为之语曰：“二王当国，羊公无德。”

晋武帝泰始五年（己丑，公元269年）

晋武帝有灭吴的志向。二月，壬寅（十一日），任命尚书左仆射羊祜统领荆州诸项军事，镇守襄阳；任命征东大将军卫瓘统领青州诸项军事，镇守临淄；任命镇东大将军、东莞王司马伷统领徐州各项军事，镇守下邳。

羊祜对远近百姓都安抚关切，在江、汉地区深得人心。他与吴人开诚布公讲信用，投降的吴人想离开，都听从他们的心愿。羊祜裁减守边、巡逻的士兵，让他们开垦了八百多顷农田。他刚到那里的时候，军队的粮食不足以维持百日，等到了后期，已经有了够吃十年的积粮。羊祜在军中，时常穿着轻暖的裘皮衣服，衣带宽松，不披挂铠甲。他居住的地方，侍卫也不过十几人。

八年（壬辰，公元272年）

二月，辛卯（十七日），晋皇太子纳贾妃。贾妃年龄十五，比太子大两岁。她生性妒忌，机巧狡诈，太子宠爱她又怕她。

秋季，七月，晋朝任命贾充为司空，其侍中、尚书令、领兵等职务依旧。贾充与侍中任恺都被晋武帝所宠爱、信任，贾充想独占名誉、权势而嫉妒任恺，于是朝中官吏各自都有依附的靠山，结成各种朋党。晋武帝知道了这些情况，召来贾充、任恺，在式乾殿宴请他们，说：“朝廷应当是一个统一的整体，大臣之间要和睦相处。”贾充、任恺各自下拜认错。以后贾充、任恺认为晋武帝已经知道了他们之间不和却又没有责备他们，更加无所顾忌，表面上他们互相推崇、尊重，内心里的怨恨却越来越深。贾充于是荐举任恺任吏部尚书，任恺侍从会见皇帝的机会变少了，贾充便与荀勖、冯紞一起乘机诬陷任恺，任恺因此获罪，被罢免待在家里。

八月，吴主征召昭武将军、西陵督步阐。步阐世代居住在西陵，突然被召，自以为是因公事失职，而且害怕有人进了谗言，九月，占据西陵城投降晋国，派侄子步玑、步璿到洛阳去当人质。晋朝诏令任命步阐为都督西陵诸事、卫将军、开府仪同三司、侍中，兼任交州牧，封步阐为宜都公。

羊祜从江陵回来以后，致力于整治道德信义以使吴人归顺。每次与吴国交战，都要约定日期才开战，不做乘其不备、突然袭击的打算。将帅当中有要献诡诈计谋的人，羊祜总是给他喝醇厚的美酒，使他酒醉不能说话。羊祜的军队外出在吴境内行走，割了谷子做口粮，全都记下所取的数量，然后送去绢偿还。每次与部众在长江、沔水一带打猎，经常只限于晋的领地，如果禽兽先被吴人所杀伤而后被晋兵所得，都要送还吴人。于是吴国边境的百姓对羊祜心悦诚服。羊祜与陆抗在边境相对，双方的使者常奉命相互来往，陆抗送给羊祜的酒，羊祜喝起来从不生疑；陆抗病了，向羊祜求药，羊祜把成药送给他，陆抗也马上就服下。许多人谏阻陆抗，陆抗说："怎么会有用毒酒杀人的羊祜？"陆抗对守边的士兵说："别人专门行恩惠，我们专门作恶，这就等于不战而自己就屈服了。现在双方各自保住疆界就可以了，我们不要再想占小便宜。"吴主听说双方边境交往和谐，就以此事责难陆抗，陆抗说："一邑一乡都不可以不讲信义，更何况大国呢！我如果不这样做，正是显扬了羊祜的恩惠，对羊祜毫无损伤。"

羊祜不攀附结交朝廷中的权贵，荀勖、冯紞之徒都憎恨他。羊祜堂外甥王衍曾经去羊祜那里陈述事情，言辞非常清晰明辨；羊祜对他并不赞赏，王衍拂衣而去。羊祜回过头对宾客们说："王衍应当能以极大的名声达到高位，然而败坏风俗、损伤教化的必定是他。"等到攻打江陵时，羊祜曾依军法要斩王戎。王衍是王戎的堂弟，所以两人都怨恨羊祜，言谈之间经常诽谤羊祜。当时的人为此有句话说："二王执掌朝政，羊公一无是处。"

晋纪二

第八十卷

世祖武皇帝上之下泰始九年（癸巳，273）

诏选公卿以下女备六宫，有蔽匿者以不敬论；采择未毕，权禁天下嫁娶。帝使杨后择之，后惟取洁白长大而舍其美者，帝爱卞氏女，欲留之。后曰："卞氏三世后族，不可屈以卑位。"帝怒，乃自择之，中选者以绛纱系臂，公卿之女为三夫人、九嫔，二千石、将、校女补良人以下。

咸宁五年（己亥，279）

益州刺史王濬上疏曰："孙皓荒淫凶逆，宜速征伐。若一旦皓死，更立贤主，则强敌也。臣作船七年，日有朽败；臣年七十，死亡无日。三者一乖，则难图也。诚愿陛下无失事机。"帝于是决意伐吴。会安东将军王浑表孙皓欲北上，边戍皆戒严，朝廷乃更议明年出师。王濬参军何攀奉使在洛，上疏称："皓必不敢出，宜因戒严，掩取甚易。"

杜预上表曰："自闰月以来，贼但敕严，下无兵上。以理势推之，贼之穷计，力不两完，必保夏口以东以延视息，无缘多兵西上，空其国都。而陛下过听，便用委弃大计，纵敌患生，诚可惜也。向使举而有败，勿举可也。今事为之制，务从完牢，若或有成，则开太平之基，不成不过费损日月之间，何惜而不一试之！若当须后年，天时人事，不得如常，臣恐其更难也。今有万安之举，无倾败之虑，臣心实了，不敢以暧昧之见自取后累，惟陛下察之。"旬月未报，预复上表曰："羊祜不先博谋于朝臣，而密与陛下共施此计，故益令朝臣多异同之议。凡事当以利害相校，今此举之利十有八九，而其害一二，止于无功耳。必使朝臣言破败之形，亦不可得，直是计不出己，功不在身，各耻其前言之失而固守之也。自顷朝廷事无大小，异意锋起，虽人心不同，亦由恃恩不虑后患，故轻相同异也。自秋已来，讨贼之形颇露，今若中止，孙晧或怖而生计，徙都武昌，更完修江南诸城，远其居民，城不可攻，野无所掠，则明年之计或无所及矣！”帝方与张华围棋，预表适至，华推枰敛手曰：“陛下圣武，国富兵强，吴主淫虐，诛杀贤能，当今讨之，可不劳而定，愿勿以为疑！”帝乃许之。以华为度支尚书，量计运漕。贾充、荀勖、冯𬘘固争之，帝大怒，充免冠谢罪。仆射山涛退而告人曰：“自非圣人，外宁必有内忧，今释吴为外惧，岂非算乎！”

冬，十一月，大举伐吴，遣镇军将军琅邪王伷出涂中，安东将军王浑出江西，建威将军王戎出武昌，平南将军胡奋出夏口，镇南大将军杜预出江陵，龙骧将军王濬、巴东监军鲁国唐彬下巴、蜀，东西凡二十余万。命贾充为使持节、假黄钺、大都督，以冠军将军杨济副之；充固陈伐吴不利，且自言衰老，不堪元帅之任。诏曰：“君若不行，吾便自出。”充不得已，乃受节钺，将中军南屯襄阳，为诸军节度。

晋武帝泰始九年（癸巳，公元273年）

晋武帝下诏，挑选公卿以下人家的女子补充六宫，有隐蔽藏匿的以不敬论处；挑选未结束时，暂时禁止天下嫁娶。晋武帝让杨皇后去挑选美女，杨皇后只挑选皮肤洁白、身材修长的而舍弃了容貌美丽的女子。晋武帝喜爱卞氏之女，想把她留下。杨皇后说：“卞氏是三代为皇后的家族，不能屈尊以就后宫的卑微地位。”晋武帝动了怒，就自己挑选，凡是中选的女子，就用深红色的纱巾系在臂上。公卿之家的女子封为三夫人、九嫔；俸禄二千石的官员以及将校之女，补充良人以下的位置。

咸宁五年（己亥，公元279年）

晋朝益州刺史王濬上疏说：“孙晧荒淫，凶暴反常，应当迅速地征讨他。如果一旦孙晧死了，吴国又立了一个贤明的君王，那么就成为我们的强敌了。我造船已经七年，每天都有船因腐烂而毁坏；我年已七十，离死亡没有几天了。这三点只要一有失误，那么伐吴的大事就难以实现。我真诚地希望陛下不要失去机会。”晋武帝于是下定决心伐吴。这时，安东将军王浑上表说孙晧要北上，吴国边境地区已经戒备森严。朝廷于是又商议明年再出兵。王濬的参军何攀奉命出使正在洛阳，他上疏说：“孙晧必然不敢出兵，应当乘着吴国防备严密而突然袭击，这样更容易取胜。”

杜预上表说：“自从闰月以来，贼人只是防备得严，下游地区并不见吴兵沿江而上。依道理及形势推测，贼人已无计可施，其兵力不足以保全两边，必然要保住夏口以东地区以便苟延残喘，没有理由派很多兵士向西，而使国都空虚。但是陛下却由于误听，而丢开大计，放纵敌人而留下了后患，实在是可惜。过去假如举兵有可能失败，那么也可以不举兵。现在事情已经做了决定，务必要做得完美牢靠，假如能成功，那么就开创了太平的基础；如果不能成功，损失耗费也不过在数日几月之间，何必吝惜而不去试一试呢！如果还要等到以后，那么天时人事就不能和往常一样了，我担心到时会更难。当前的举动万分妥帖，绝没有覆灭失败的忧虑，我已下定了决心，决不敢以暧昧不明的态度以自取日后的麻烦，请陛下明察。”一个月过去了，杜预还没有得到晋武帝的答复，杜预于是又上表说：“羊祜事先没有广泛地和大臣们商议、谋划，却秘密地与陛下一起推行这个计划，所以就更使得朝廷大臣有很多不同的议论。任何事情都应当把利益与损害相互比较，现在这一行动的利益占十之八九，而弊害只占十之一二，最多只是没有功劳而已。如果一定要让大臣们说出计划的弊端，也是不可能的，他们之所以对计划有不同的看法，只是因为计划不是他们制定的，自己没有功劳，即使对自己以前说的话有过失感到羞愧，但还要坚持自己的意见，以保住面子而已。近来，朝廷中的事情无论大小，总是各种意见蜂起，虽说人心各有不同，但也是由于倚仗着恩宠而不考虑后患，所以很轻易地表示自己相同或者不同的意见。自从入秋以来，讨贼的举动越来越显露出来，现在假如中止行动，孙晧或许会因恐怖而产生出新的计划，迁都武昌，更完备地修整长江以南各城，把居民迁到很远的地方去，使城不可以攻，原野之中找不到东西，那么明年的计划或许就用不上了。”当时，晋武帝正在和张华下围棋，杜预所上表章正好送到了，张华推开棋盘拱手说：“陛下圣明英武，国富兵强；吴主邪恶凶残，诛杀贤良有才能的人。现在就去讨伐他，可以不受劳累而平定，希望您不要再犹豫了！”晋武帝接受了他的意见。任命张华为度支尚书，按计划从水路运粮。贾充、荀勖、冯𬘘等人不同意伐吴，坚持他们的意见，晋武帝大怒，贾充立即脱帽认罪。仆射山涛退朝回来和别人说：“古人云：‘只有圣人能做到内外无患，假如不是圣人，外部安宁了就必然有内部的忧患。’以晋目前的情况来看，放着吴作外部威胁，难道不是良计吗？”

冬季，十一月，晋朝大举出兵讨伐吴，派遣镇军将军、琅邪王司马伷从涂中出兵，安东将军王浑从江西出兵，建威将军王戎出武昌，平南将军胡奋出夏口，镇南大将军杜预出江陵，龙骧将军王濬和巴东监军鲁国人唐彬从巴、蜀进军，东西合计共有二十余万人。任命贾充为使持节、假黄钺、大都督，任命冠军将军杨济协助贾充，做贾充的副手。贾充坚持陈述伐吴不利，而且自称已经衰老，不能担当元帅的重任。晋武帝下诏说："你如果不去，那么我就亲自出征。"贾充不得已，于是接受了符节与斧钺，率领中军向南驻扎在襄阳，负责各部队的部署、调度与节制。

晋纪三

第八十一卷

世祖武皇帝中太康元年（庚子，280）

杜预向江陵，王浑出横江，攻吴镇、戍，所向皆克。二月戊午，王濬、唐彬击破丹阳监盛纪。吴人于江碛要害之处，并以铁锁横截之；又作铁锥，长丈余，暗置江中，以逆拒舟舰。濬作大筏数十，方百余步，缚草为人，被甲持仗，令善水者以筏先行，遇铁锥，锥辄著筏而去。又作大炬，长十余丈，大数十围，灌以麻油，在船前，遇锁，然炬烧之，须臾，融液断绝，于是船无所碍。庚申，濬克西陵，杀吴都督留宪等。壬戌，克荆门、夷道二城，杀夷道监陆晏。杜预遣牙门周旨等帅奇兵八百泛舟夜渡江，袭乐乡，多张旗帜，起火巴山。吴都督孙歆惧，与江陵督伍延书曰："北来诸军，乃飞渡江也。"旨等伏兵乐乡城外，歆遣军出拒王濬，大败而还。旨等发伏兵随歆军而入，歆不觉，直至帐下，虏歆而还。乙丑，王濬击杀吴水军都督陆景。杜预进攻江陵，甲戌，克之，斩伍延。于是沅、湘以南，接于交、广，州郡皆望风送印绶。预杖节称诏而绥抚之。凡所斩获吴都督、监军十四，牙门、郡守百二十余人。胡奋克江安。

杜预与众军会议，或曰："百年之寇，未可尽克，方春水生，难于久驻，宜俟来冬，更为大举。"预曰："昔乐毅藉济西一战以并强齐，今兵威已振，譬如破竹，数节之后，皆迎刃而解，无复著手处也。"遂指授群帅方略，径造建业。

吴主闻王浑南下，使丞相张悌督丹阳太守沈莹、护军孙震、副军师诸葛靓帅众三万渡江逆战。至牛渚，沈莹曰："晋治水军于蜀久矣，上流诸军，素无戒备，名将皆死，幼少当任，恐不能御也。晋之水军必至于此，宜畜众力以待其来，与之一战，若幸而胜之，江西自清。今渡江与晋大军战，不幸而败，则大事去矣！"悌曰："吴之将亡，贤愚所知，非今日也。吾恐蜀兵至此，众心骇惧，不可复整。及今渡江，犹可决战。若其败丧，同死社稷，无所复恨。若其克捷，北敌奔走，兵势万倍，便当乘胜南上，逆之中道，不忧不破也。若如子计，恐士众散尽，坐待敌到，君臣俱降，无一人死难者，不亦辱乎！”

三月，悌等济江，围浑部将城阳都尉张乔于杨荷；乔众才七千，闭栅请降。诸葛靓欲屠之，悌曰：“强敌在前，不宜先事其小；且杀降不祥。”靓曰：“此属以救兵未至，力少不敌，故且伪降以缓我，非真伏也。若舍之而前，必为后患。”悌不从，抚之而进。悌与扬州刺史汝南周浚，结陈相对，沈莹帅丹阳锐卒、刀楯五千，三冲晋兵，不动。莹引退，其众乱，将军薛胜、蒋班因其乱而乘之，吴兵以次奔溃，将帅不能止，张乔自后击之，大败吴兵于版桥。诸葛靓帅数百人遁去，使过迎张悌，悌不肯去，靓自往牵之曰：“存亡自有大数，非卿一人所支，奈何故自取死！”悌垂涕曰：“仲思，今日是我死日也！且我为儿童时，便为卿家丞相所识拔，常恐不得其死，负名贤知顾。今以身徇社稷，复何道邪！”靓再三牵之，不动，乃流泪放去，行百余步，顾之，已为晋兵所杀，并斩孙震、沈莹等七千八百级，吴人大震。

王濬自武昌顺流径趣建业；吴主遣游击将军张象帅舟师万人御之，象众望旗而降。濬兵甲满江，旌旗烛天，威势甚盛，吴人大惧。

时王浑、王濬及琅邪王伷皆临近境，吴司徒何植、建威将军孙晏悉送印节诣浑降。吴主用光禄勋薛莹、中书令胡冲等计，分遣使者奉书于浑、濬、伷以请降。又遗其群臣书，深自咎责，且曰：“今大晋平治四海，是英俊展节之秋，勿以移朝改朔，用损厥志。”使者先送玺绶于琅邪王伷。壬寅，王濬舟师过三山，王浑遣信要濬暂过论事，濬举帆直指建业，报曰：“风利，不得泊也。”是日，濬戎卒八万，方舟百里，鼓噪入于石头，吴主皓面缚舆榇，诣军门降。濬解缚焚榇，延请相见。收其图籍，克州四，郡四十三，户五十二万三千，兵二十三万。

晋武帝太康元年（庚子，公元 280 年）

杜预向江陵进发，王浑从横江出兵，攻打吴国的兵镇及边防营垒，攻无不克。二月，戊午（初一），王濬、唐彬打败了丹阳监盛纪。吴人把江边浅滩上的要害区域，用铁锁拦住，还打造了一丈多长的大铁锥，暗中放进江里，用以阻挡战船。王濬造了几十个大木筏，每一个木筏，长、宽都有一百余步。王濬让人扎了许多草人，草人披铠甲，拿兵器，放在大木筏上，让水性好的人与木筏走在前面，遇到铁锥，铁锥就扎到木筏上，被木筏带走了。王濬又造了许多大火把，火把长十几丈，有几十围粗，用麻油浇在火把上，把火把放在船的前面，遇到铁锁就点燃火把，一会儿工夫，铁锁就被火把烧得融化而断开，于是战船就无所阻挡。庚申（初三），王濬攻克了西陵，杀了吴都督留宪等人。壬戌（初五），又攻下了荆门、夷道两座城，杀了夷道监陆晏。杜预派遣牙门周旨等人率领八百名奇兵，在夜里泛舟渡过长江，袭击乐乡。周旨竖起许多旗帜，又在巴山点起火。吴都督孙歆非常恐惧，写信给江陵督伍延说："从北边过来的军队，是飞渡过江的。"周旨等人把军队埋伏在乐乡城外。孙歆派兵出城去打王濬，结果大败而回。周旨等人让伏兵尾随孙歆的军队进了城，孙歆没有觉察，周旨的兵一直到了孙歆的帐幕之下，活捉孙歆而回。乙丑（初八），王濬打败了吴水军都督陆景，把他杀了。杜预进攻江陵，甲戌（十七日），攻克了江陵，杀了伍延。这时候，沅、湘以南地区以及地界相接的交、广等州郡，都闻声把印绶送来。杜预手持符节按照皇帝的诏命安抚了这些州郡。到此时为止，总共俘获、斩杀吴都督、监军十四人，牙门、郡守一百二十多人。胡奋也攻克了江安。

杜预与众将领议事，有人说："百年的寇贼，不可能一下子彻底消灭，现在正是春季，有雨水，军队难以长时间驻扎，最好等到冬季来临，再大举发兵。"杜预说："从前，乐毅凭借济西一仗而一举吞并了强大的齐国。目前，我军兵威已振，这就好比劈竹子，破开数节之后，就都迎刃而解了，不会再有吃力的地方了。"于是，指点传授众将领计策谋略，部队一直到了建业。

吴主听说王浑领兵南下，就派丞相张悌，督率丹阳太守沈莹、护军孙震、副军师诸葛靓率领部众三万人渡过长江迎战。走到牛渚时，沈莹说："晋在蜀地整治水军已经有很长时间了。我上流各部队，素来没有戒备，名将又都死了，只剩些年少之人担当重任，恐怕抵挡不住。晋的水军必然要到这些地方，我们应当集中大家的力量等他们到来，与晋打一仗，假如有幸能够取胜，那么长江以北的地区自然就太平了。如果现在渡江与晋大军交战，不幸而打败了，那么大事就完了。"张悌说："吴将要亡国，这是无论聪明还是愚笨的人都知道的事实，不是今日才有的事。我担心蜀地之兵到了这里，我军恐惧惊慌，就不可能再整肃起来了。趁着现在渡江，尚且还能与晋决一死战。如果败亡，就一同为国而死，再没有什么可遗憾的了；假如能够取胜，那么敌军奔逃，我军声势就将倍增，然后就乘胜向南进军，在半路上迎击敌人，那就不愁不能破敌。要是依了你的计谋，恐怕兵士都四散奔逃；坐等敌军到来，君臣就一起投降，没有一个人死于国难，这难道不是耻辱吗？"

三月，张悌等人渡过长江，在杨荷包围了王浑的部将、城阳都尉张乔。张乔手下只有七千人，他关闭了栅栏请求投降。诸葛靓想把他们都杀了，张悌说："强敌还在前面，不宜先去做无关紧要的事情，况且杀了投降的人不吉利。"诸葛靓说："这些人是因为救兵还没有到、力量弱小抵挡不住，所以才暂且假装投降以拖延时间，并不是真正的屈服了。如果放了他们，和我们一起往前走，必然会成为后患。"张悌不听，安抚他们往前走。张悌与扬州刺史、汝南人周浚，组成阵列相对。沈莹率领丹阳精兵以及手持大刀、盾牌的士兵共五千人，三次向晋兵发起冲锋，但是却冲击不动晋兵。沈莹领兵退却，部众开始乱起来，这时，晋将军薛胜、蒋班乘吴兵混乱之机打过来，吴兵接二连三地奔逃溃散，将帅们也制止不住，张乔又从背后杀过来，结果在版桥，晋军大破吴兵。诸葛靓带着几百人逃走，他派人去接张悌，张悌不肯离开，诸葛靓又亲自拉他走，说："存亡自有气数，并不是你一个人所能支撑的，为什么一定要自己求死呢？"张悌流泪说："诸葛靓，今天是我死的日子。况且我还是幼儿的时候，就被你家丞相诸葛亮所赏识提拔。我常常怕我死得没有意义，辜负了名贤对我的了解与照顾。我今天以身殉国，还有什么可说的呢！"诸葛靓再三拉他走，还是拉不动他，于是就流着眼泪放开手，走了。走了一百多步远，回过头去看张悌，他已经被晋兵杀了。同时被斩首的，还有孙震、沈莹等七千八百人。吴人受到了极大的震动。

王濬从武昌顺着长江直接向建业进逼。吴主派遣游击将军张象率领舟师一万人抵抗。张象的部下望见王濬的旌旗就投降了。这时候，江中满满的全都是身披铠甲的王濬的士兵，旌旗映照着天空，威猛的气势极其盛大，吴人异常恐惧。

这时，王浑、王濬以及琅邪王司马伷都已逼近建业附近。吴司徒何植、建威将军孙晏都把印玺、符节送到王浑那里投降了。吴主采用光禄勋薛莹、中书令胡冲等人的计谋，分别派遣使者向王浑、王濬、司马伷上书信请求投降。吴主又给大臣们一封信，在信中深深地谴责了自己的罪过，还说："当前，大晋平治四海，这正是杰出优秀的人才发挥、施展其气节操守的时期，不要因为改朝换代就因此丧失了志向。"吴主的使者先把印玺送到琅邪王司马伷那里。壬寅（十五日），王濬的舟师经过三山，王浑派信使邀请王濬暂时过来商议事情，王濬正扬帆直逼建业，回复王浑说："船行正顺风，不便停下来。"这一天，王濬的八万士兵，乘着相连百里的战船，擂鼓呐喊进入石头城。吴主孙皓反绑双手，载着棺材，到军营门前投降。王濬为孙皓松了绑，焚烧了棺材，请他相见。晋接收了吴的地图、户籍，攻克了吴的四个州，四十三个郡，五十二万三千户，二十三万名士兵。

白话资治通鉴

VERNACULAR HISTORY AS A MIRROR

下

〔北宋〕司马光 著

张宏儒 主编

岳麓书社·长沙

博集天卷 CS-BOOKY

目录

白话资治通鉴

下

隋纪六

第一百八十二卷

炀皇帝中大业九年（癸酉，613）

帝谓侍臣曰："高丽小虏，侮慢上国；今拔海移山，犹望克果，况此虏乎！"乃复议伐高丽。左光禄大夫郭荣谏曰："戎狄失礼，臣下之事；千钧之弩，不为鼷鼠发机，奈何亲辱万乘以敌小寇乎！"帝不听。

时所在盗起：齐郡王薄、孟让，北海郭方预，清河张金称，平原郝孝德，河间格谦，勃海孙宣雅各聚众攻剽，多者十余万，少者数万人。

夏，四月，庚午，车驾渡辽。壬申，遣宇文述与上大将军杨义臣趣平壤。

左光禄大夫王仁恭出扶余道。仁恭进军至新城，高丽兵数万拒战，仁恭帅劲骑一千击破之，高丽婴城固守。帝命诸将攻辽东，听以便宜从事。飞楼、橦、云梯、地道四面俱进，昼夜不息，而高丽应变拒之，二十余日不拔，主客死者甚众。冲梯竿长十五丈，骁果吴兴沈光升其端，临城与高丽战，短兵接，杀十数人，高丽竞击之而坠；未及地，适遇竿有垂絙，光接而复上。帝望见，壮之，即拜朝散大夫，恒置左右。

素恃功骄倨，朝宴之际，或失臣礼，帝心衔而不言，素亦觉之。及素薨，帝谓近臣曰："使素不死，终当夷族。"玄感颇知之，且自以累世贵显，在朝文武多父之故吏，见朝政日紊，而帝多猜忌，内不自安，乃与诸弟潜谋作乱。帝方事征伐，玄感自言："世荷国恩，愿为将领。"帝喜曰："将门必有将，相门必有相，固不虚也。"由是宠遇日隆，颇预朝政。

帝伐高丽，命玄感于黎阳督运，遂与虎贲郎将王仲伯、汲郡赞治赵怀义等谋，故逗遛漕运，不时进发，欲令渡辽诸军乏食；帝遣使者促之，玄感扬言水路多盗，不可前后而发。

玄感选运夫少壮者得五千余人，丹阳、宣城篙梢三千余人，刑三牲誓众，且谕之曰："主上无道，不以百姓为念，天下骚扰，死辽东者以万计。今与君等起兵以救兆民之弊，何如？"众皆踊跃称万岁。乃勒兵部分。唐祎自玄感所逃归河内。

先是，玄感阴遣家僮至长安，召李密及弟玄挺赴黎阳。及举兵，密适至，玄感大喜，以为谋主，谓密曰："子常以济物为己任，今其时矣！计将安出？"密曰："天子出征，远在辽外，去幽州犹隔千里。南有巨海，北有强胡，中间一道，理极艰危。公拥兵出其不意，长驱入蓟，据临渝之险，扼其咽喉。归路既绝，高丽闻之，必蹑其后，不过旬月，资粮皆尽，其众不降则溃，可不战而擒，此上计也。"玄感曰："更言其次。"密曰："关中四塞，天府之国，虽有卫文升，不足为意。今帅众鼓行而西，经城勿攻，直取长安，收其豪杰，抚其士民，据险而守之。天子虽还，失其根本，可徐图也。"玄感曰："更言其次。"密曰："简精锐，昼夜倍道，袭取东都，以号令四方。但恐唐祎告之，先已固守。若引兵攻之，百日不克，天下之兵四面而至，非仆所知也。"玄感曰："不然，今百官家口并在东都，若先取之，足以动其心。且经城不拔，何以示威！公之下计，乃上策也。"遂引兵向洛阳，遣杨玄挺将骁勇千人为前锋，先取河内。唐祎据城拒守，玄挺无所获。

丙辰，玄挺直抵太阳门，弘策将十余骑驰入宫城，自余无一人返者，皆归于玄感。

辽东城久不拔，帝遣造布囊百余万口，满贮土，欲积为鱼梁大道，阔三十步，高与城齐，使战士登而攻之，又作八轮楼车，高出于城，夹鱼梁道，欲俯射城内，指期将攻，城内危蹙。会杨玄感反书至，帝大惧，引纳言苏威入帐中，谓曰："此儿聪明，得无为患？"威曰："夫识是非，审成败，乃谓之聪明，玄感粗疏，必无所虑。但恐因此浸成乱阶耳。"帝又闻达官子弟皆在玄感所，益忧之。兵部侍郎斛斯政素与玄感善，玄感之反，政与之通谋，玄纵兄弟亡归，政潜遣之。帝将穷治玄纵等党与，政内不自安，戊辰，亡奔高丽。庚午，夜二更，帝密召诸将，使引军还，军资、器械、攻具，积如丘山，营垒、帐幕，按堵不动，皆弃之而去。众心恟惧，无复部分，诸道分散。

隋炀帝大业九年（癸酉，公元613年）

炀帝对侍臣说："高丽这个小虏，竟敢侮慢我隋朝上国，如今就是拔海移山，也是可以办到的，何况这个小虏呢！"于是又商议出兵征伐高丽。左光禄大夫郭荣劝道：

“戎狄之国无礼，是臣子应该处理的事情，千钧之弩，不会为小老鼠而发射，陛下何必亲自征讨这样的小小敌寇呢！”炀帝不听。

当时盗贼到处蜂起：齐郡人王薄、孟让，北海人郭方预，清河人张金称，平原人郝孝德，河间人格谦，勃海人孙宣雅分别聚众攻城抢劫，他们多的达十余万人，少的有几万人。

夏季，四月，庚午（二十七日），炀帝的车驾渡过辽水。壬申（二十九日），炀帝派遣宇文述和上大将军杨义臣率军进军平壤。

左光禄大夫王仁恭率军出扶余道，王仁恭进军到达新城，高丽军队几万人阻击隋军，王仁恭率领劲骑一千名击败高丽军，高丽军队闭城固守。炀帝命令诸将进攻辽东，允许诸将可相机从事。隋军用飞楼、橦、云梯、地道，从城池四面昼夜不停地进攻，但高丽守军随机应变抗击隋军，隋军攻城二十余天还未攻克，双方都有大批人员阵亡。隋军所用的冲梯竿长十五丈，骁果吴兴人沈光爬到冲梯顶端，面对城墙与高丽士兵交战。双方短兵相接，沈光杀死高丽士兵十余人，高丽士兵竞相攻击沈光，沈光从冲梯上掉下来，还没掉到地上，正好冲梯的竿上有垂下的绳索，沈光抓住绳子又向上爬，炀帝望见这种场面，感到沈光的行为极为英勇，就任命他为朝散大夫，常让他随侍左右。

杨素依恃自己有功，骄横倨傲，在朝宴上有时就有失做臣子的礼节，炀帝心中怀恨但不说。杨素也觉察出来了。等杨素去世，炀帝对身旁的侍臣说：“假使杨素不死，最终也得被诛灭九族。”杨玄感很清楚这一点，而且他认为自己是累世显贵，朝廷中的文武大臣很多人都是他父亲过去的部下，他看到朝政日益混乱，炀帝对他又很猜忌，心里感到非常不安，就和他的几个弟弟暗地策划谋反。炀帝正在准备征伐高丽，杨玄感请求说：“我家世世代代蒙受国恩，愿做征伐高丽的将领。”炀帝高兴地说：“将门必出将，相门必出相，果然不假。”因此对杨玄感的宠信日重。他越来越多地参预朝政。

炀帝征伐高丽，他命令杨玄感在黎阳督运军资。杨玄感就和虎贲郎将王仲伯、汲郡赞治赵怀义等人策划商议，故意迟滞漕运，不按时发运军资，想让渡过辽河的各路隋军缺乏军粮，炀帝派遣使者催促杨玄感，杨玄感声称水路有很多盗贼，不能先后分散发运。

杨玄感从输送军粮的民夫中挑选身强力壮者五千余人，丹阳、宣城的船夫三千余人，杀三牲誓师。他还对这些人说：“皇帝无道，不体恤百姓，使天下受到骚扰，死在辽东的人数以万计，现在我与你们起兵以拯救百姓于水火，怎么样？”大家都踊跃高呼万岁。于是杨玄感统率部署军队。唐祎从杨玄感的军中逃回河内。

当初，杨玄感暗地派家奴到长安，召李密和他弟弟杨玄挺到黎阳来。等杨玄感起兵时李密正好赶到，杨玄感大为高兴。他让李密做自己的谋主，对李密讲：“你常常以拯救百姓为己任，现在是时候了！我们的策略将如何呢？”李密说：“天子出征，远在辽外，就是距幽州也还有千里之遥，南面有大海，北面有强大的胡人，中间夹着一条道，按理来说是极其险恶的。您率兵出其不意，长驱入蓟，据守临渝关的险要，扼住这条路的咽喉，征伐高丽的隋军归路便被切断，高丽人知道了，必然追踪于隋军之后。不出一个月，隋军的军资粮秣都消耗殆尽，隋军不是投降就是溃散，皇帝就可以不战而擒了。这是上计。”杨玄感说：“再说说其次的策略。”李密说：“关中之地四面都有要塞屏障，是天府之国，虽然有卫文升，但他不足为虑，如今您统帅部众向西击鼓进军，经过城池不要攻取，直取长安，招收长安的豪杰之士，抚慰长安的士民，凭借险要据守长安，天子虽然从高丽返回，但失掉了根本之地，我们就可以慢慢进取了。杨玄感说：“再说说再次的策略。”李密说：“挑选精锐士卒，昼夜兼程，袭取东都，借以号令四方。但恐怕唐祎告诉了东都守备，东都事先做好了固守的准备，要是率兵进攻东都，百日内攻城不下，全国各地的军队到来，其结果就不是我所能预料的了。”杨玄感说：“不对。如今文武百官的家属都在东都，要是先攻取东都，就足以扰乱百官们的心。而且，如果经过城池却不攻取，怎能显示我军的威风？你的下策，正是我的上策。”于是杨玄感率兵向洛阳进发，他派杨玄挺率领骁勇之士一千人为前锋，先攻取河内。唐祎凭借城池据守，杨玄挺一无所获。

丙辰（六月十四日），杨玄挺直抵太阳门，裴弘策只带着十余名骑兵驰马逃入宫城，此外再没有一人返回，全部归降了杨玄感。

辽东城许久攻取不下，炀帝派人制作一百余万个布袋，每个布袋装满土，打算用布袋堆积成一条宽三十步、与城墙同样高的像鱼脊梁一样的坡道，让士兵们登道攻城。他又命人制作八轮楼车，楼车高于城墙，设置在鱼梁道两旁，打算向下射杀城内的人。隋军很快就要攻城了，城内已危在旦夕，恰好报告杨玄感谋反的公文到了，炀帝大为惊恐，他让纳言苏威进入帐中，说：“这个孩子很聪明，恐怕要成为祸患了。”苏威说：“能辨别是非、判断成败的人才可以说是聪明。杨玄感为人粗疏，不必为他谋反而忧患，但是，只怕因此而逐渐成为动乱的来由。”炀帝又听说达官的子弟都在杨玄感那里，越加忧虑。兵部侍郎斛斯政平时就和杨玄感交情很好，杨玄感谋反，斛斯政曾与他一起谋划，杨玄纵兄弟逃回内地是斛斯政暗地帮忙。炀帝要追究查办杨玄纵等党羽，斛斯政内心极为恐惧不安，戊辰（六月二十六日），他逃跑投奔了高丽。庚午（六月二十八日），夜里二更时分，炀帝秘密召集诸将，让他们率军撤退。所有的军资器械、攻城之具堆积如山，营垒、帐幕，都原地不动，遗弃而去。隋军人人惊惶恐惧，军队部署已乱，各路兵马分离涣散。

隋纪七

第一百八十三卷

炀皇帝下大业十二年（丙子，616）

江都新作龙舟成，送东都；宇文述劝幸江都，右候卫大将军酒泉赵才谏曰："今百姓疲劳，府藏空竭，盗贼蜂起，禁令不行，愿陛下还京师，安兆庶。"帝大怒，以才属吏，旬日，意解，乃出之。朝臣皆不欲行，帝意甚坚，无敢谏者。建节尉任宗上书极谏，即日于朝堂杖杀之。甲子，帝幸江都，命越王侗与光禄大夫段达、太府卿元文都、检校民部尚书韦津、右武卫将军皇甫无逸、右司郎卢楚等总留后事。津，孝宽之子也。帝以诗留别宫人曰："我梦江都好，征辽亦偶然。"奉信郎崔民象以盗贼充斥，于建国门上表谏；帝大怒，先解其颐，然后斩之。

恭皇帝上义宁元年（丁丑，617）

初，唐公李渊娶于神武肃公窦毅，生四男，建成、世民、玄霸、元吉；一女，适太子千牛备身临汾柴绍。

世民聪明勇决，识量过人。见隋室方乱，阴有安天下之志，倾身下士，散财结客，咸得其欢心。世民娶右骁卫将军长孙晟之女。

文静坐与李密连昏，系太原狱，世民就省之。文静曰："天下大乱，非高、光之才，不能定也。"世民曰："安知其无，但人不识耳。我来相省，非儿女子之情，欲与君议大事也。计将安出？"文静曰："今主上南巡江、淮，李密围逼东都，群盗殆以万数。当此之际，有真主驱驾而用之，取天下如反掌耳。太原百姓皆避盗入城，文静为令数年，知其豪杰，一旦收拾，可得十万人，尊公所将之兵复且数万，一言出口，谁敢不从！以此乘虚入关，号令天下，不过半年，帝业成矣。"世民笑曰："君言正合吾意。"

乃阴部署宾客，渊不之知也。世民恐渊不从，犹豫久之，不敢言。

会突厥寇马邑，渊遣高君雅将兵与马邑太守王仁恭并力拒之。仁恭、君雅战不利，渊恐并获罪，甚忧之。世民乘间屏人说渊曰："今主上无道，百姓困穷，晋阳城外皆为战场；大人若守小节，下有寇盗，上有严刑，危亡无日。不若顺民心，兴义兵，转祸为福，此天授之时也。"渊大惊曰："汝安得为此言，吾今执汝以告县官！"因取纸笔，欲为表。世民徐曰："世民观天时人事如此，故敢发言；必欲执告，不敢辞死！"渊曰："吾岂忍告汝，汝慎勿出口！"明日，世民复说渊曰："今盗贼日繁，遍于天下，大人受诏讨贼，贼可尽乎！要之，终不免罪。且世人皆传李氏当应图谶，故李金才无罪，一朝族灭。大人设能尽贼，则功高不赏，身益危矣！唯昨日之言，可以救祸，此万全之策也，愿大人勿疑。"渊乃叹曰："吾一夕思汝言，亦大有理。今日破家亡躯亦由汝，化家为国亦由汝矣！"

隋炀帝大业十二年（丙子，公元616年）

江都新制造的龙舟完工，送到东都。宇文述劝炀帝巡游江都，右候卫大将军酒泉人赵才劝阻说："如今百姓疲惫劳苦，国库空竭，盗贼蜂起，禁令不行，希望陛下返回京师，安抚天下百姓。"炀帝勃然大怒，把赵才交司吏处治，过了十天，炀帝才平息了怒气，将赵才放出。朝中的大臣都不想让炀帝出行，但炀帝去江都之意非常坚决，没有敢于进谏的人。建节尉任宗上书极力劝谏，当天就在朝堂上被用杖打死。甲子（初十），炀帝驾临江都，他命令越王杨侗与光禄大夫段达、太府卿元文都、检校民部尚书韦津、右武卫将军皇甫无逸、右司郎卢楚等人共同负责留守东都之事。韦津是韦孝宽的儿子。炀帝以诗向宫人留别："我梦江都好，征辽亦偶然。"奉信郎崔民象以盗贼充斥全国为由，在建国门上表劝阻江都之行，炀帝勃然大怒，先摘掉崔民象的下巴，然后将他斩杀。

隋恭帝义宁元年（丁丑，公元617年）

当初，唐公李渊娶了神武肃公窦毅的女儿为妻，窦氏生了四个儿子，即李建成、李世民、李玄霸、李元吉，还有一个女儿，嫁给太子千牛备身临汾人柴绍。

李世民为人聪明、勇猛、果断、有见识，胆量过人。他看到隋朝皇室正处于混乱之中，就暗中怀有要安定天下的抱负。他礼贤下士，散发资财以结交宾客，赢得了大家的爱戴拥护。李世民娶了右骁卫将军长孙晟的女儿为妻。

刘文静因犯有与李密通婚的罪，被关在太原的监狱里。李世民去探望他，刘文静说："天下大乱，没有汉高祖、汉光武帝那样的才能是不能安定天下的。"李世民说："怎么知道没有这样的人？只是人们看不出来罢了。我来探望您，不是出于儿女情长，而是打算和您商议大事。您有什么谋划吗？"刘文静说："如今皇帝上南方巡游江、淮，李密包围逼近东都，群盗大概得以万来计算。在这个时候，若有真天子驱使驾驭这些人，夺取下天易如反掌。太原百姓为躲避盗贼都搬入城内，我做了几年县令，了解其中的豪杰之士，一旦把他们收拢来，可得到十万人。您父亲所率领的军队又有几万人，一言出口，谁敢不服从！以此兵力乘虚入关，号令天下，不过半年，帝王之业就可以成功。"李世民笑道："您的话正合我的心意。"于是他就暗中部署宾客，李渊不知道这些事。李世民怕李渊不答应，犹豫了很久，不敢向李渊说。

正逢突厥人侵犯马邑，李渊派高君雅率兵与马邑太守王仁恭同力抗击突厥人。王仁恭、高君雅与突厥交战不利，李渊怕一起被治罪，非常忧虑。李世民乘机屏去左右的人劝说李渊："如今主上昏庸无道，百姓困顿贫穷，晋阳城外都成了战场，大人要是恪守小节，那么下有流寇盗贼，上有严刑峻法，您的危亡就要来到了。不如顺应民心，兴起义兵，转祸为福，这是上天授予的时机。"李渊大吃一惊说："你怎么说这种话，我现在就将你抓起来向官府告发！"说着就取来纸笔，要写状表。世民慢慢地说："我观察天时人事到了如此地步，才敢说这样的话。如果一定要告发我，我不敢辞死！"李渊说："我哪里忍心告发你，你要谨慎，不要随便说！"第二天，李世民又劝李渊："如今盗贼日益增多，遍布天下，大人受诏讨贼，可贼讨得尽吗？总而言之，最后还是不免获罪。而且世人都传说李氏当应验图谶，所以李金才无罪却在一个早晨的工夫就被灭族了。大人要是能将贼剿灭尽，那么功高也不会受奖，而您自己会更危险了啊！只有昨天的话可以使您避祸，这是万全之策，希望大人不要疑虑。"李渊叹息说："我一夜都在考虑你的话，你说的很是有理，今天就是家破人亡也由你，变家为国也由你啦！"

隋纪八

第一百八十四卷

恭皇帝下义宁元年（丁丑，617）

寂等乃请尊天子为太上皇，立代王为帝，以安隋室；移檄郡县；改易旗帜，杂用绛白，以示突厥。渊曰："此可谓'掩耳盗钟'，然逼于时事，不得不尔。"乃许之，遣使以此议告突厥。

渊开仓以赈贫民，应募者日益多。渊命为三军，分左右，通谓之义士。裴寂等上渊号为大将军，癸巳，建大将军府；壬子，李渊以子元吉为太原太守，留守晋阳宫，后事悉以委之。癸丑，渊帅甲士三万发晋阳，立军门誓众，并移檄郡县，谕以尊立代王之意；西突厥阿史那大奈亦帅其众以从。甲寅，遣通议大夫张纶将兵徇稽胡。丙辰，渊至西河，慰劳吏民，赈赡穷乏；民年七十以上，皆除散官，其余豪俊，随才授任，口询功能，手注官秩，一日除千余人；受官皆不取告身，各分渊所书官名而去。渊入雀鼠谷；壬戌，军贾胡堡，去霍邑五十余里。代王侑遣虎牙郎将宋老生帅精兵二万屯霍邑，左武侯大将军屈突通屯河东以拒渊。

渊以书招李密。密自恃兵强，欲为盟主，使祖君彦复书曰："与兄派流虽异，根系本同。自唯虚薄，为四海英雄共推盟主。所望左提右挈，戮力同心，执子婴于咸阳，殪商辛于牧野，岂不盛哉！"且欲使渊以步骑数千自至河内，面结盟约。渊得书，笑曰："密妄自矜大，非折简可致。吾方有事关中，若遽绝之，乃是更生一敌；不如卑辞推奖以骄其志，使为我塞成皋之道，缀东都之兵，我得专意西征。俟关中平定，据险养威，徐观鹬蚌之势以收渔人之功，未为晚也。"乃使温大雅复书曰："吾虽庸劣，幸承余绪，出为八使，入典六屯。颠而不扶，通贤所责。所以大会义兵，和亲北狄，共匡天下，志在尊隋。天生烝民，必有司牧，当今为牧，非子而谁？老夫年逾知命，愿不及此。欣戴大弟，攀鳞附翼，唯弟早膺图箓，以宁兆民！宗盟之长，属籍见容，复封于唐，斯荣足矣。殪商辛于牧野，所不忍言；执子婴于咸阳，未敢闻命。汾晋左右，尚须安辑；盟津之会，未暇卜期。”密得书甚喜，以示将佐曰：“唐公见推，天下不足定矣！”自是信使往来不绝。

渊赏霍邑之功，军吏疑奴应募者不得与良人同。渊曰：“矢石之间，不辨贵贱，论勋之际，何有等差，宜并从本勋授。”壬午，渊引见霍邑吏民，劳赏如西河，选其丁壮使从军；关中军士欲归者，并授五品散官，遣归。或谏以官太滥，渊曰：“隋氏吝惜勋赏，此所以失人心也，奈何效之！且收众以官，不胜于兵乎！”

渊欲引兵西趣长安，犹豫未决。裴寂曰：“屈突通拥大众，凭坚城，吾舍之而去，若进攻长安不克，退为河东所踵，腹背受敌，此危道也。不若先克河东，然后西上。长安恃通为援，通败，长安必破矣。”李世民曰：“不然。兵贵神速，吾席累胜之威，抚归顺之众，鼓行而西，长安之人望风震骇，智不及谋，勇不及断，取之若振槁叶耳。若淹留自弊于坚城之下，彼得成谋修备以待我，坐费日月，众心离沮，则大事去矣。且关中蜂起之将，未有所属，不可不早招怀也。屈突通自守虏耳，不足为虑。”渊两从之，留诸将围河东，自引军而西。

丙子，渊引军西行，所过离宫园苑皆罢之，出宫女还其亲属。冬，十月，辛巳，渊至长安，营于春明门之西北，诸军皆集，合二十余万。渊命各依壁垒，毋得入村落侵暴。屡遣使至城下谕卫文升等以欲尊隋之意，不报。辛卯，命诸军进围城。甲午，渊迁馆于安兴坊。

甲辰，李渊命诸军攻城，约“毋得犯七庙及代王、宗室，违者夷三族！”孙华中流矢卒。十一月，丙辰，军头雷永吉先登，遂克长安。代王在东宫，左右奔散，唯侍读姚思廉侍侧。军士将登殿，思廉厉声诃之曰：“唐公举义兵、匡帝室，卿等毋得无礼！”众皆愕然，布立庭下。渊迎王于东宫，迁居大兴殿后，听思廉扶王至顺阳阁下，泣拜而去。思廉，察之子也。渊还，舍于长乐宫，与民约法十二条，悉除隋苛禁。

壬戌，李渊备法驾迎代王即皇帝位于天兴殿，时年十三，大赦改元，遥尊炀帝为太上皇。甲子，渊自长乐宫入长安。以渊为假黄钺、使持节、大都督内外诸军事、尚书令、大丞相，进封唐王。以武德殿为丞相府，改教称令，日于虔化门视事。乙丑，榆林、灵武、平凉、安定诸郡皆遣使请命。丙寅，诏军国机务，事无大小，文武设官，位无贵贱，宪章赏罚，咸归相府；唯郊祀天地，四时禘祫奏闻。

隋恭帝义宁元年（丁丑，公元617年）

裴寂等人就请李渊尊炀帝为太上皇，立代王杨侑为皇帝，以安定隋朝皇室；传布檄文到各郡县；改换旗帜，杂用红、白两种颜色，以此向突厥示意不完全与隋朝皇室相同。李渊说："这可以说是'掩耳盗钟'，但是形势所迫，不得不如此啊。"于是就同意这样做，派使者将这个决定通知突厥。

李渊开仓赈济贫民，应募当兵的人日益增多。李渊命令将招募来的人分为三军，分左、右军，通称为义士。裴寂等人给李渊上尊号为大将军。癸巳（六月十四日），设置大将军府。壬子（七月初四），李渊任命儿子李元吉为太原太守，留守晋阳宫，一切后方事务都委托他处理。癸丑（七月初五），李渊统率甲士三万人从晋阳出发，在军营门前誓师，并向各郡县发布檄文，宣布尊立代王为帝的意义。西突厥的阿史那大奈也率其部众跟随李渊出征。甲寅（七月初六），李渊派通议大夫张纶率兵攻略稽胡部落。丙辰（七月初八），李渊到达西河，慰劳西河的官吏百姓，赈济贫民。凡年纪在七十岁以上的人，都授予散官的职务，其余的豪强俊杰，都根据才能授予职务。李渊一边询问来人的功劳、才能，一边注册授予的官职等级。一天就任命官员一千余人。接受官职的人都不拿任命状，他们各自拿着李渊所写的官名状离去。李渊率军进入雀鼠谷。壬戌（七月十四日），在贾胡堡驻军，距霍邑五十余里。代王杨侑派遣虎牙郎将宋老生率领精兵两万人在霍邑驻防。左武侯大将军屈突通驻军河东以抵御李渊。

李渊写书信招附李密。李密自恃兵强势大想自做盟主。他让祖君彦回信说："我和兄长虽然家支派系不同，但同是李姓，根系是相同的。我自认为势单力薄，但却被天下的英雄共推为盟主。希望互相扶持，同心协力，完成在咸阳抓住秦子婴、在牧野灭掉商纣这样的大业，岂不很宏伟吗？"他还想让李渊亲自率领步骑兵几千人到河内郡，二人当面缔结盟约。李渊接到信后，笑着说："李密妄自尊大，不是书信就能招来的，我在关中正有战事，若马上断绝了与他的来往，就是又树了一个敌人，不如用阿谀奉承之语吹捧他，使他心志骄横，让他替我挡住成皋之道，牵制东都之兵，我就可以专心一意地进行西征。待到关中平定以后，我们依据险要之地，养精蓄锐，慢慢地观看鹬蚌之争以坐收渔人之利，也并不晚啊。"于是他让温大雅回信说："我虽然平庸愚昧，幸而承继了祖宗的功业，使我出任为八使之要职，回朝任将军。国家有难而不出来扶助，是所有的贤人君子都要责备的，所以我才大规模地招集义兵，与北狄和亲，共同救助天下，志向在于尊崇隋朝皇室。天生众生，必要有管理他们的人，而今为治民之官的人，不是您又能是谁呢？老夫我已过了知命之年，没有这个心愿了。我很高兴拥戴您，这已经是攀鳞附翼了，希望您早些应验图谶，以安定万民！您是宗盟之长，我的宗属之籍都还须得到您的容纳。您将我还封在唐地，这样的殊荣已经够了。将商纣诛灭于牧野这样的大业，我是不敢说的，至于在咸阳抓住秦子婴之事，我也是不敢听命于您的。汾晋一带，还需要我安抚管理，盟津之会盟，我还顾不上卜定日期。”李密收到李渊的信后很是高兴，他将信给僚佐们看，说：“唐公推举我，天下很容易就平定了！”从此，双方的信使往来不绝。

李渊奖赏攻取霍邑的有功将士，军吏们怀疑以奴隶身份应募的人不能和良人同样论功。李渊说：“在箭雨与石飞之间战斗，不分贵贱，论功行赏时，为什么就有等级差别？应该同样按功颁赏授官。”壬午（八月初四），李渊接见了霍邑的吏民，慰劳赏赐，如同西河郡一样，并挑选霍邑强壮的男丁从军。关中的军士要回乡的，都授予五品散官，让他们回去。有人劝李渊说授官太多，李渊说：“隋氏吝惜勋位赏赐，因而失去人心。我怎么能效仿他们呢？况且用官职来收拢众人，不比用兵要好吗？”

李渊想率兵向西直达西安，但仍犹豫不决。裴寂说：“屈突通拥有大批军队，凭借着坚固的城池，我们若舍弃他而去，进攻长安而不能攻克，后退就会遇到河东方面的追击，腹背受敌，这是危险的策略。不如先攻下河东，然后挥师西上。长安是依恃屈突通为后援的，屈突通被打败，长安也必定被攻破。”李世民说：“不对！兵贵神速，我们乘着屡战屡胜的军威，安抚归顺的众军，大张旗鼓地西进，长安的人就会望风而震惊骇惧，智慧还来不及谋划，勇敢还来不及决断，取长安就如同震动树上的枯叶一样容易。我们要是滞留，自己将自己耽误在坚城之下，他们则有时间加强防备以对待我们。而我们白白浪费了时间，大家的心就会沮丧溃散，那么大事就全完了。况且关中蜂拥而起的将领还没有归属，不能不早些将他们招抚来。屈突通是仅能自守之敌，不足为虑。”两方面的意见李渊都采纳了，他留下诸将包围河东，自己率军西进。

丙子（九月二十九日），李渊率军西行，所经过的炀帝的离宫园苑全部关闭，放出宫女归还其亲属。冬季，十月，辛巳（初四），李渊到达长安，在春明门西北扎营，各路军队全部汇集，共二十余万人。李渊命令各部队驻扎在营垒内，不得侵扰村落中的百姓。他屡次派使者到城下对卫文升等人宣称自己尊奉隋朝皇室的意思，卫文升等人不做答复。辛卯（十四日），李渊命令诸军进发围城。甲午（十七日），李渊将营署迁到安兴坊。

甲辰（十月二十七日），李渊命令各军攻城。规定“不得侵犯七庙和代王、隋朝宗室，违令的人诛灭三族！”孙华中流箭而死。十一月，丙辰（初九），军头雷永吉先行登城，于是攻克了长安。代王杨侑在东宫，他身边的人奔逃溃散，只有侍读姚思廉侍立在杨侑身旁。李渊的军士将登入殿堂，姚思廉厉声斥责军士道："唐王兴举义兵，扶助帝室，你们不得无礼！"军士们都愕然，在庭院中排列站立。李渊到东宫迎奉代王杨侑，把他迁居到大兴殿后面，让姚思廉扶着代王杨侑到顺阳阁下，李渊流泪跪拜而去。姚思廉是姚察的儿子。李渊返回，住在长乐宫，与百姓约法十二条，将隋朝的苛政酷令全部废除。

壬戌（十一月十五日），李渊排列仪仗迎接代王杨侑在天兴殿即皇帝位。杨侑当时年仅十三岁。他下诏大赦天下，改年号，遥尊炀帝为太上皇。甲子（十一月十七日），李渊从长乐宫进入长安，杨侑特赐李渊持黄钺、持节，委以大都督内外诸军事、尚书令、大丞相，晋封为唐王。李渊以武德殿为丞相府，把所颁公文由教改称为令，每天在虔化门处理政事。乙丑（十一月十八日），榆林、灵武、平凉、安定诸郡都派遣使者前来请求任命。丙寅（十一月十九日），杨侑下诏：凡军政事务无论大小，以及文武官员的任职无论贵贱，典章制度的执行惩处，全部归丞相府处理。只有在郊外祭祀天地以及四季祭祀祖先要上奏杨侑。

唐纪一

第一百八十五卷

高祖神尧大圣光孝皇帝上之上武德元年（戊寅，618）

时江都粮尽，从驾骁果多关中人，久客思乡里，见帝无西意，多谋叛归，郎将窦贤遂帅所部西走，帝遣骑追斩之，而亡者犹不止，帝患之。虎贲郎将扶风司马德戡素有宠于帝，帝使领骁果屯于东城，德戡与所善虎贲郎将元礼、直阁裴虔通谋曰："今骁果人人欲亡，我欲言之，恐先事受诛；不言，于后事发，亦不免族灭，奈何？又闻关内沦没，李孝常以华阴叛，上囚其二弟，欲杀之。我辈家属皆在西，能无此虑乎！"二人皆惧，曰："然则计将安出？"德戡曰："骁果若亡，不若与之俱去。"二人皆曰："善！"因转相招引，内史舍人元敏，虎牙郎将赵行枢，鹰扬郎将孟秉，符玺郎牛方裕，直长许弘仁、薛世良，城门郎唐奉义，医正张恺，勋侍杨士览等皆与之同谋，日夜相结约，于广座明论叛计，无所畏避。

赵行枢与将作少监宇文智及素厚，杨士览，智及之甥也，二人以谋告智及，智及大喜。德戡等期以三月望日结党西遁，智及曰："主上虽无道，威令尚行，卿等亡去，正如窦贤取死耳。今天实丧隋，英雄并起，同心叛者已数万人，因行大事，此帝王之业也。"德戡等然之。行枢、薛世良请以智及兄右屯卫将军许公化及为主，结约既定，乃告化及。化及性驽怯，闻之，变色流汗，既而从之。

德戡等引兵自玄武门入，帝闻乱，易服逃于西阁。虔通与元礼进兵排左阁，魏氏启之，遂入永巷，问："陛下安在？"有美人出，指之。校尉令狐行达拔刀直进，帝映窗扉谓行达曰："汝欲杀我邪？"对曰："臣不敢，但欲奉陛下西还耳。"因扶帝下阁。虔通，本帝为晋王时亲信左右也，帝见之，谓曰："卿非我故人乎！何恨而反？"对曰："臣不敢反，但将士思归，欲奉陛下还京师耳。"帝曰："朕方欲归，正为上江米船未至，今与汝归耳！”虔通因勒兵守之。

至旦，孟秉以甲骑迎化及，化及战栗不能言，人有来谒之者，但俯首据鞍称罪过。化及至城门，德戡迎谒，引入朝堂，号为丞相。裴虔通谓帝曰：“百官悉在朝堂，陛下须亲出慰劳。”进其从骑，逼帝乘之；帝嫌其鞍勒弊，更易新者，乃乘之。虔通执辔挟刀出宫门，贼徒喜噪动地。化及扬言曰：“何用持此物出，亟还与手。”帝问：“世基何在？”贼党马文举曰：“已枭首矣！”于是引帝还至寝殿，虔通、德戡等拔白刃侍立。帝叹曰：“我何罪至此？”文举曰：“陛下违弃宗庙，巡游不息。外勤征讨，内极奢淫，使丁壮尽于矢刃，女弱填于沟壑，四民丧业，盗贼蜂起。专任佞谀，饰非拒谏。何谓无罪！”帝曰：“我实负百姓。至于尔辈，荣禄兼极，何乃如是！今日之事，孰为首邪？”德戡曰：“溥天同怨，何止一人！”化及又使封德彝数帝罪，帝曰：“卿乃士人，何为亦尔？”德彝赧然而退。帝爱子赵王杲，年十二，在帝侧，号恸不已，虔通斩之，血溅御服。贼欲弑帝，帝曰：“天子死自有法，何得加以锋刃！取鸩酒来！”文举等不许，使令狐行达顿帝令坐。帝自解练巾授行达，缢杀之。

又杀内史侍郎虞世基、御史大夫裴蕴、左翊卫大将军来护儿、秘书监袁充、右翊卫将军宇文协、千牛宇文晶、梁公萧钜等及其子。

化及自称大丞相，总百揆。以皇后令立秦王浩为帝，居别宫，令发诏画敕书而已，仍以兵监守之。

唐高祖武德元年（戊寅，公元618年）

当时江都的粮食吃完了，随炀帝南来的骁果大多是关中人，长期在外，思恋故乡，见炀帝没有回长安的意思，大都策划逃回乡。郎将窦贤便带领部下西逃。炀帝派骑兵追赶，杀了他，但仍然不断有人逃跑，令炀帝很头痛。虎贲郎将扶风人司马德戡一向得炀帝信任，炀帝派他统领骁果，驻扎在东城，司马德戡与平时要好的虎贲郎将元礼、直阁裴虔通商量，说：“现在骁果人人想逃跑，我想说，又怕说早了被杀头；不说，事情真发生了，也逃不了族灭，怎么办？又听说关内沦陷，李孝常以华阴反叛，皇上囚禁了他的两个弟弟，准备杀掉，我们这些人的家属都在西边，能不担心这事吗？”元、裴二人都慌了，问：“既然如此，有什么好办法吗？”司马德戡说：“如果骁果逃亡，我们不如和他们一齐跑。”元、裴二人都说：“好主意！”于是相互联络，内史舍人元敏，虎牙郎将赵行枢，鹰扬郎将孟秉，符玺郎牛方裕，直长许弘仁、薛世良，城门郎唐奉义，医正张恺，勋侍杨士览等人都参与同谋，日夜联系，在大庭广众之下公开商议逃跑的事，毫无顾忌。

赵行枢与将作少监宇文智及历来很要好，杨士览是宇文智及的外甥，赵、杨二人把他们的计划告诉了宇文智及，智及很高兴。司马德戡等人定于三月月圆那天结伴西逃，宇文智及说："皇上虽然无道，可是威令还在，你们逃跑，和窦贤一样是找死，现在实在是老天爷要隋灭亡，英雄并起，同样心思想反叛的已有数万人，乘此机会起大事，正是帝王之业。"司马德戡等人同意他的意见。赵行枢、薛世良要求由宇文智及的兄长右屯卫将军许公宇文化及为首领，协商定了，才告诉宇文化及。宇文化及性格怯懦，能力低下，听说后，脸色都变了，直冒冷汗，接着听从了众人的安排。

司马德戡等人领兵从玄武门进入宫城，炀帝听到消息，换了衣服逃到西阁。裴虔通和元礼进兵推撞左阁门，魏氏开阁，乱兵进了永巷，问："陛下在哪里？"有个美人出来指出了炀帝的所在。校尉令狐行达拔刀冲上去，炀帝躲在窗后对令狐行达说："你想杀我吗？"令狐行达回答："臣不敢，不过是想奉陛下西还长安罢了。"说完扶炀帝下阁。裴虔通本来是炀帝做晋王时的亲信，炀帝见到他，对他说："你不是我的旧部吗！有什么仇要谋反？"裴虔通回答："臣不敢谋反，但是将士想回家，我不过是想奉陛下回京师罢了。"炀帝说："朕正打算回去，只为长江上游的运米船未到，现在和你们回去吧！"裴虔通于是领兵守住炀帝。

天明后，孟秉派武装骑兵迎接宇文化及，宇文化及浑身颤抖说不出话，有人来参见，他只会低头靠在马鞍上连说："罪过。"表示感谢。宇文化及到宫城门前，司马德戡迎接他入朝堂，称丞相。裴虔通对炀帝说："百官都在朝堂，需陛下亲自出去慰劳。"送上自己随从的坐骑，逼炀帝上马，炀帝嫌他的马鞍笼头破旧，换过新的才上马。裴虔通牵着马缰绳提着刀出宫城门，乱兵欢声动地。宇文化及扬言："哪用让这家伙出来，赶快弄回去结果了。"炀帝问："虞世基在哪儿？"乱党马文举说："已经枭首了。"于是将炀帝带回寝殿，裴虔通、司马德戡等拔出兵刃站在边上。炀帝叹息道："我有什么罪该当如此？"马文举说："陛下抛下宗庙不顾，不停地巡游，对外频频作战，对内极尽奢侈荒淫。致使强壮的男人都死于刀兵之下，妇女弱者死于沟壑之中，民不聊生，盗贼蜂起；一味任用奸佞，文过饰非，拒不纳谏，怎么说没罪！"炀帝说："我确实对不起老百姓，可你们这些人，荣华富贵都到了头，为什么还这样？今天这事，谁是主谋？"司马德戡说："整个天下的人都怨恨，哪止一个人！"宇文化及又派封德彝宣布炀帝的罪状。炀帝说:“你可是士人,怎么也干这种事?”封德彝羞红了脸,退了下去。炀帝的爱子赵王杨杲才十二岁,在炀帝身边不停地嚎啕大哭,裴虔通杀了赵王,血溅到炀帝的衣服上。这些人要杀炀帝,炀帝说:“天子自有天子的死法,怎么能对天子动刀,取鸩酒来!”马文举等人不答应,让令狐行达按着炀帝坐下。炀帝自己解下练巾交给令狐行达,令狐行达绞死了炀帝。

乱兵又杀了内史侍郎虞世基、御史大夫裴蕴、左翊卫大将军来护儿、秘书监袁充、右翊卫将军宇文协、千牛宇文皛、梁公萧钜等人及其儿子。

宇文化及自称大丞相,总理百官。以炀帝皇后的命令立秦王杨浩为皇帝,住在别宫,只让皇帝签署发布诏敕而已,仍然派兵监守。

唐纪二

第一百八十六卷

高祖神尧大圣光孝皇帝上之中武德元年（戊寅，618）

世充简练精锐得二万余人，马二千余匹。壬子，出师击密，旗幡之上皆书永通字，军容甚盛。癸丑，至偃师，营于通济渠南，作三桥于渠上。密留王伯当守金墉，自引精兵出偃师，阻邙山以待之。

密召诸将会议，裴仁基曰："世充悉众而至，洛下必虚，可分兵守其要路，令不得东，简精兵三万，傍河西出以逼东都。世充还，我且按甲；世充再出，我又逼之。如此，则我有余力，彼劳奔命，破之必矣。"密曰："公言大善。今东都兵有三不可当：兵仗精锐，一也；决计深入，二也；食尽求战，三也。我但乘城固守，蓄力以待之。彼欲斗不得，求走无路，不过十日，世充之头可致麾下。"陈智略、樊文超、单雄信皆曰："计世充战卒甚少，屡经摧破，悉已丧胆。《兵法》曰，'倍则战'，况不啻倍哉！且江、淮新附之士，望因此机展其勋效，及其锋而用之，可以得志。"于是诸将喧然，欲战者什七八，密惑于众议而从之。仁基苦争不能得，击地叹曰："公后必悔之。"魏徵言于长史郑颋曰："魏公虽骤胜，而骁将锐卒多死，战士心怠，此二者难以应敌。且世充乏食，志在死战，难与争锋，未若深沟高垒以拒之，不过旬月，世充粮尽，必自退，追而击之，蔑不胜矣。"颋曰："此老生之常谈耳。"徵曰："此乃奇策，何谓常谈！"拂衣而起。

密新破宇文化及，有轻世充之心，不设壁垒。世充夜遣二百余骑潜入北山，伏溪谷中，命军士皆秣马蓐食。甲寅旦，将战，世充誓众曰："今日之战，非直争胜负，死生之分，在此一举。若其捷也，富贵固所不论；若其不捷，必无一人获免。所争者死，非独为国，各宜勉之！"迟明，引兵薄密。密出兵应之，未及成列，世充纵兵击之。世充士卒皆江、淮剽勇，出入如飞。世充先索得一人貌类密者，缚而匿之，战方酣，使牵以过陈前，噪曰："已获李密矣！"士卒皆呼万岁。其伏兵发，乘高而下，驰压密营，纵火焚其庐舍。密众大溃，其将张童仁、陈智略皆降，密与万余人驰向洛口。

李密将至，上遣使迎劳，相望于道。密大喜，谓其徒曰："我拥众百万，一朝解甲归唐，山东连城数百，知我在此，遣使招之，亦当尽至。比于窦融，功亦不细，岂不以一台司见处乎！"己卯，至长安，有司供待稍薄，所部兵累日不得食，众心颇怨。既而以密为光禄卿、上柱国，赐爵邢国公。密既不满望，朝臣又多轻之，执政者或来求贿，意甚不平。独上亲礼之，常呼为弟，以舅子独孤氏妻之。

李密骄贵日久，又自负归国之功，朝廷待之不副本望，郁郁不乐。尝遇大朝会，密为光禄卿，当进食，深以为耻；退，以告左武卫大将军王伯当。伯当心亦怏怏，因谓密曰："天下事在公度内耳。今东海公在黎阳，襄阳公在罗口，河南兵马，屈指可计，岂得久如此也！"密大喜，乃献策于上曰："臣虚蒙荣宠，安坐京师，曾无报效，山东之众皆臣故时麾下，请往收而抚之。凭借国威，取王世充如拾地芥耳！"上闻密故将士多不附世充，亦欲遣密往收之，群臣多谏曰："李密狡猾好反，今遣之，如投鱼于泉，放虎于山，必不反矣！"上曰："帝王自有天命，非小子所能取。借使叛去，如以蒿箭射蒿中耳！今使二贼交斗，吾可以坐收其弊。"辛未，遣密诣山东，收其余众之未下者。密请与贾闰甫偕行，上许之，命密及闰甫同升御榻，赐食，传饮卮酒曰："吾三人同饮是酒以明同心，善建功名，以副朕意。丈夫一言许人，千金不易。有人确执不欲弟行，朕推赤心于弟，非他人所能间也。"密、闰甫再拜受命。上又以王伯当为密副而遣之。

上使李密分其麾下之半留华州，将其半出关。长史张宝德预在行中，恐密亡去，罪相及；上封事，言其必叛。上意乃中变，又恐密惊骇，乃降敕书劳来，令密留所部徐行，单骑入朝，更受节度。

密至稠桑，得敕，谓贾闰甫曰："敕遣我去，无故复召我还，天子向云，'有人确执不许'，此谮行矣。吾今若还，无复生理，不若破桃林县，收其兵粮，北走渡河。比信达熊州，吾已远矣。苟得至黎阳，大事必成。公意如何？"闰甫曰："主上待明公甚厚；况国家姓名，著在图谶，天下终当一统。明公既已委质，复生异图，任瓌、史万宝据熊、榖二州，此事朝举，彼兵夕至，虽克桃林，兵岂暇集，一称叛逆，谁复容人！为明公计，不若且应朝命，以明元无异心，自然浸润不行；更欲出就山东，徐思其便可也。"密怒曰："唐使吾与绛、灌同列，何以堪之！且谶文之应，彼我所共。今不杀我，听使东行，足明王者不死，纵使唐遂定关中，山东终为我有。天与不取，乃欲束手投人！”

密因执使者，斩之。庚子旦，密给桃林县官曰：“奉诏暂还京师，家人请寄县舍。”乃简骁勇数十人，著妇人衣，戴幂䍦，藏刀裙下，诈为妻妾，自帅之入县舍，须臾，变服突出，因据县城。驱掠徒众，直趣南山，乘险而东，遣人驰告故将伊州刺史襄城张善相，令以兵应接。

右翊卫将军史万宝镇熊州，谓行军总管盛彦师曰：“李密，骁贼也，又辅以王伯当，今决策而叛，殆不可当也。”彦师笑曰：“请以数千之众邀之，必枭其首。”万宝曰：“公以何策能尔？”彦师曰：“兵法尚诈，不可为公言之。”即帅众逾熊耳山南，据要道，令弓弩夹路乘高，刀楯伏于溪谷，令之曰：“俟贼半渡，一时俱发。”或问曰：“闻李密欲向洛州，而公入山，何也？”彦师曰：“密声言向洛，实欲出人不意，走襄城，就张善相耳。若贼入谷口，我自后追之，山路险隘，无所施力，一夫殿后，必不能制。今吾先得入谷，擒之必矣。”

李密既渡陕，以为余不足虑，遂拥众徐行，果逾山南出。彦师击之，密众首尾断绝，不得相救，遂斩密及伯当，俱传首长安。彦师以功赐爵葛国公，仍领熊州。

唐高祖武德元年（戊寅，公元618年）

王世充挑出二万多精锐，马二千多匹。壬子（九月初十），出兵攻打李密，旗帜上都写上“永通”二字，军容很强大。癸丑（九月十一日），到偃师，驻扎在通济渠南边，在渠水上搭设了三座桥梁。李密留王伯当守卫金墉城，自己带领精兵去偃师，以邙山为屏障等候王世充的军队。

李密召集各位将领开会商议，裴仁基说：“王世充率领他的全部军队到这儿，洛阳必然空虚，我们可以分出兵力把守王世充军队要经过的要道，使他不能再向东前进，另挑选三万精兵，沿黄河向西进逼东都。王世充回军，我方就按兵不动；王世充再次出军，我方就再逼东都。这样，我方还有富余的力量，对方疲于奔命，肯定能打败他。”李密说：“您说得很好。但现在东都的军队有三个不可抵挡：武器精良，这是一；决计深入我方，这是二；粮食吃完了决战，这是三。我们只要利用城池坚守，保持力量等待，对方想交战打不成，求退兵又没退路，过不了十天，王世充的头就可以到我们手中。”陈智略、樊文超、单雄信都说：“算算王世充的士兵少得很，又好几次打了败仗，都已经吓破了胆。《兵法》说，‘己方力量比对方多一倍则作战’，何况不止是一倍！况且刚刚来归附的江淮人士，正希望乘此机会一展身手建立功勋，趁他们的锐气利用他们作战，正可以成功。”于是众将领大声表示赞同，想打的占十分之七八，李密受众人的意见影响，决定照办。裴仁基苦苦争辩却不能说服众人，敲着地叹息道：“阁下以后一定会后悔今天的决定。”魏徵对长史郑颋说：“魏公虽然屡次打了胜仗，但是精兵骁将伤亡很多，战士心身很疲倦，有这两点很难应敌，况且王世充缺粮，志在决一死战，很难和他争战以决胜负，不如挖深壕沟，加高壁垒以拒敌，过不了十天半个月，王世充粮食吃完了，必然自己退兵，那时再追击他，没有不胜的。”郑颋说：“这是老生常谈了。”魏徵道：“这是奇策，怎么说是老生常谈！”拂袖而去。

李密刚刚打败了宇文化及，有些轻视王世充，不设防御敌人的围墙。王世充派二百多骑兵夜里秘密进入北邙山，埋伏在山谷中，命令士兵喂好马匹吃饱饭。甲寅（九月十二日）清晨，准备出击，王世充告诫众将士说：“今天这一仗，不仅仅是争胜负，而是生与死全在此一举。如果胜了，荣华富贵自然不在话下；如果败了，一个人也逃不了。我们争相赴死，不单是为了国家，各位要努力作战！”天亮后，带兵逼近李密。李密出兵应战，还没来得及排好队，王世充就放兵攻击。王世充的士兵都是长江、淮河流域的人，剽悍勇猛，出入迅捷。王世充事先找到一个长得很像李密的人，捆起来藏好，战斗正激烈时，让人牵着通过阵前，大喊：“已经捉住李密了！”士兵们都呼万岁。王世充埋伏的骑兵出击，从高处冲下来，驰向李密营地，放火焚烧房屋。李密部众溃散，将领张童仁、陈智略都投降了王世充，李密和一万多人逃往洛口。

李密就要到长安了，高祖接连不断地派人前去迎接慰问。李密非常高兴，对他的部下说：“我拥有百万兵力，一朝脱去战袍归顺唐，崤山以东几百座城镇，知道我在这里，派人去招降，也会全部来归顺的；比起窦融，功劳也不小，还能不给我安排一个要职吗？”己卯（十月初八），李密到长安，负责部门对他们的供应颇差，李密部下的士兵接连几天没饭吃，众人心里颇生怨气。不久唐以李密为光禄卿、上柱国，赐他邢国公的爵位。李密没能满足原来的期望，大臣们大多又轻视他，有些掌权的人向李密索取贿赂，李密内心很不满意；唯有高祖对待他很好，经常称他为弟，将舅舅的女儿独孤氏嫁给他。

李密长期地位崇高又骄纵，自己又仗着有归附国家的功劳，朝廷给他的待遇与他的愿望不符，因此郁郁不乐。曾经适逢大朝会，李密作为光禄卿应当进奉食物，他深深以此为耻，退朝后，告诉了左武卫大将军王伯当。王伯当心里也郁郁不乐，因此对李密说："天下的事情都在您的掌握中。现在东海公徐世勣在黎阳，襄阳公在罗口，黄河以南的兵马屈指可数，怎么能长期这样下去？"李密非常高兴，于是向高祖献策："臣空受荣宠，安坐京师，不曾报效国家；山东之众都是臣过去的部下，请让臣前往山东收抚，凭借国家的威力，取王世充不过像拾地下的草介一样！"高祖听说李密的旧将士大多不服王世充，也准备派遣他前往收服，群臣大多劝谏说："李密狡猾好反，现在派他去山东，犹如放鱼于泉，放虎归山，肯定不会回来了！"高祖说："帝王自有天命，不是小子所能取得的。假如他叛离，就像用蒿子做的箭射到蒿子里，不值得可惜！现在让二贼互相争斗，我们可以坐收渔利。"辛未（十一月二十九日），派李密往崤山以东，收服他尚未归附的余部。李密请求和贾闰甫一同去，皇上答应了他的请求，命李密和贾闰甫一起登上御榻，赐给他们食品，传着喝了卮中的酒说："我们三人同饮这酒用来表明同心，二位好好建立功勋，以称朕的心意，大丈夫答应人一句话，千金也不能改变。有人确实坚持不愿让兄弟去，朕以真心对兄弟，不是别人能够离间的。"李密、贾闰甫再三拜谢受命。高祖又以王伯当为李密的副手，派他去山东。

高祖让李密把他手下的人马分一半留在华州，带一半出关。长史张宝德在出行的中途，恐怕李密逃亡，自己受牵连，于是上密封的奏章，说李密必叛。高祖便中途改变想法，又怕李密受惊动，于是降下敕书慰问，命李密留下部队慢慢前进，一个人骑马入朝，另外接受安排。

李密到稠桑，接到敕书，对贾闰甫说："敕书派我去山东，又无缘无故召我回去，天子曾经有言，'有人坚持不让你东去'，这种谮言起作用了。我现在如果回去，必定要被杀了，不如攻陷桃林县，取了县里的军队、粮食，向北渡过黄河。等消息到了熊州，我们已经走远了。假如能到黎阳，大事肯定能成功，您以为怎么样？"贾闰甫说："主上对待明公您非常好，何况国家的李姓，符合图谶，天下最终要统一。明公您既然已经归顺了，却又产生了别的意图；任瓌、史万宝在熊、榖二州，这事早晨发动，晚上他们的军队就会赶到，虽然攻陷桃林，哪里有时间召集士兵，一旦被称为叛逆，谁又能容纳？我为明公您设想，不如暂且按朝廷的命令行事，以表明根本没有异心，自然那些谮言也就不起作用了。您再想出关前往山东，可以慢慢考虑怎么合适。"李密生气地说："唐让我和绛侯周勃、灌婴一样不能割地封王，怎么能忍受？况且他和我都应了谶文。今天不杀我，听凭我向东前进，足以证明王者不死；纵然唐平定了关中，山东最后也是我的。老天爷给的不拿，却要白送给人吗！"

李密于是捉住使者，把他杀了。庚子（十二月三十日）清晨，李密骗桃林县官说：

“我奉诏暂时返回京师，家人请求寄居在县衙。”于是挑选了几十名骁勇，穿着妇女的服装，戴着面罩，把刀藏在裙子下，冒充妻妾，李密自己带着进入县衙，一会儿，换了服装突然出现，乘机占据了县城。驱赶县里百姓，直奔南山，凭借险要向东而行，派人骑马通报旧部将领伊州刺史襄城人张善相，命令他派兵接应。

右翊卫将军史万宝镇守熊州，对行军总管盛彦师说：“李密是骁贼，又有王伯当辅助，现在决定反叛，几乎是不可抵抗的。”彦师笑着说：“请用几千兵马截击，必能砍了李密的头。”万宝说：“您用什么办法能这样？”彦师说：“兵法推崇使诈，不能对您讲。”随即率兵翻过熊耳山，到山南占据要道，命令弓弩手埋伏在路两旁高处，持刀盾的士卒埋伏在溪谷，下令说：“等贼人过河到一半，一同攻击。”有人问：“听说李密准备去洛州，而您却进了山，这是为什么？”彦师说：“李密声称去洛州，实际是想出人不意，经襄城投奔张善相。如果贼进了谷口，我们从后面追赶，山路险要，没办法施展力量，一个人殿后，就肯定拿他们没办法。现在我们抢先进谷，肯定能捉住他们。”

李密过了陕州后，认为其他地方不足为虑，于是带着众人慢慢前进，果然翻过山从南面出山。盛彦师发动攻击，李密的部队首尾断绝了联系，相互不能救援。于是杀了李密和王伯当，首级都传送到长安。彦师因为功劳被赐予葛国公爵位，仍然镇守熊州。

唐纪三

第一百八十七卷

高祖神尧大圣光孝皇帝上之下武德二年（己卯，619）

刘武周进逼并州，齐王元吉给其司马刘德威曰："卿以老弱守城，吾以强兵出战。"辛巳，元吉夜出兵，携其妻妾弃州奔还长安。元吉始去，武周兵已至城下，晋阳土豪薛深以城纳武周。上闻之，大怒，谓礼部尚书李纲曰："元吉幼弱，未习时事，故遣窦诞、宇文歆辅之。晋阳强兵数万，食支十年，兴王之基，一旦弃之。闻宇文歆首画此策，我当斩之！"纲曰："王年少骄逸，窦诞曾无规谏，又掩覆之，使士民愤怨，今日之败，诞之罪也。歆谏，王不悛，寻皆闻奏，乃忠臣也，岂可杀哉！"明日，上召纲入，升御座曰："我得公，遂无滥刑。元吉自为不善，非二人所能禁也。"并诞赦之。卫尉少卿刘政会在太原，为武周所虏，政会密表论武周形势。

武周据太原，遣宋金刚攻晋州，拔之，虏右骁卫大将军刘弘基，弘基逃归。金刚进逼绛州，陷龙门。

刘武周将宋金刚进攻浍州，陷之，军势甚锐。裴寂性怯，无将帅之略，唯发使骆驿，趣虞、泰二州居民入城堡，焚其积聚。民惊扰愁怨，皆思为盗。

时王行本犹据蒲反，未下，亦与武周相应，关中震骇。上出手敕曰："贼势如此，难与争锋，宜弃大河以东，谨守关西而已。"秦王世民上表曰："太原，王业所基，国之根本；河东富实，京邑所资，若举而弃之，臣窃愤恨。愿假臣精兵三万，必冀平殄武周，克复汾、晋。"上于是悉发关中兵以益世民所统，使击武周。乙卯，幸华阴，至长春宫以送之。

唐高祖武德二年(己卯,公元619年)

刘武周进逼并州,齐王李元吉欺骗他的司马刘德威说:“你带老弱守城,我带强兵出战。”辛巳(九月十六日),李元吉半夜出兵,携带妻妾放弃并州逃回长安。李元吉刚离开,刘武周的大军就抵达城下,晋阳当地豪强薛深献城池接纳了刘武周。高祖闻讯,极为震怒,对礼部尚书李纲说:“元吉年轻,不熟悉时事,所以才派窦诞、宇文歆辅佐他。晋阳有几万强兵,足够吃十年的粮食,它是王业兴起的根基,却一下就放弃了。听说是宇文歆首先提出这主意,我一定要杀了他!”李纲说:“齐王年轻骄奢放纵,窦诞不曾有所规谏,反而为他掩饰,使百姓愤怒,今天的失败,是窦诞的罪过。宇文歆劝谏,齐王不改,他将所有的情况上奏朝廷,是忠臣,怎么能杀掉?”第二天,高祖召李纲入见,登上御座说道:“我有了你,才能够没有滥施刑罚。元吉自己不学好,不是窦诞、宇文歆两个人能禁止得了的。”于是连窦诞也一起赦免了罪过。卫尉少卿刘政会在太原,被刘武周俘虏,政会秘密上表分析了刘武周的形势。

刘武周占据太原,派宋金刚进攻并攻克了晋州,俘虏了唐右骁卫大将军刘弘基,刘弘基逃回了唐。宋金刚进逼绛州,攻陷了龙门。

刘武周的将领宋金刚进攻并攻克了浍州,军势很猛。裴寂性格怯懦,没有将帅的才干,只是不断地派出使者,催促虞、泰二州的居民进入城堡,并焚毁了他们的积蓄。百姓惊恐不安忧愁抱怨,都想去当强盗。

当时王行本还占据着蒲反,没有被攻下,也与刘武周相互呼应,关中震惊,高祖下亲笔敕书道:“贼势到如此地步,很难与他们抗争,宜放弃黄河以东地区,谨守关西。”秦王李世民上表称:“太原是王业的基础,国家的根本;河东地区富饶,京城靠它供给,如果全部放弃,臣深感愤恨。希望给臣三万精兵,必定可望消灭刘武周,收复汾、晋。”于是高祖征发关中所有兵力扩充李世民的部队,让他攻打刘武周。乙卯(十月二十日),高祖驾临华阴,至长春宫为秦王送行。

唐纪四

第一百八十八卷

高祖神尧大圣光孝皇帝中之上武德二年（己卯，619）

秦王世民引兵自龙门乘冰坚渡河，屯柏壁，与宋金刚相持。时河东州县，俘掠之余，未有仓廪，人情恇扰，聚入城堡，征敛无所得，军中乏食。世民发教谕民，民闻世民为帅而来，莫不归附，自近及远，至者日多，然后渐收其粮食，军食以充。乃休兵秣马，唯令偏裨乘间抄掠，大军坚壁不战，由是贼势日衰。

世民尝自帅轻骑觇敌，骑皆四散，世民独与一甲士登丘而寝。俄而贼兵四合，初不之觉，会有蛇逐鼠，触甲士之面，甲士惊寤，遂白世民俱上马，驰百余步，为贼所及，世民以大羽箭射殪其骁将，贼骑乃退。

诸将咸请与宋金刚战，世民曰："金刚悬军深入，精兵猛将，咸聚于是，武周据太原，倚金刚为扞蔽。军无蓄积，以虏掠为资，利在速战。我闭营养锐以挫其锋，分兵汾、隰，冲其心腹，彼粮尽计穷，自当遁走。当待此机，未宜速战。"

三年（庚辰，620）

秦王世民追及寻相于吕州，大破之，乘胜逐北，一昼夜行二百余里，战数十合。至高壁岭，总管刘弘基执辔谏曰："大王破贼，逐北至此，功亦足矣，深入不已，不爱身乎！且士卒饥疲，宜留壁于此，俟兵粮毕集，然后复进，未晚也。"世民曰："金刚计穷而走，众心离沮。功难成而易败，机难得而易失，必乘此势取之。若更淹留，使之计立备成，不可复攻矣。吾竭忠徇国，岂顾身乎！"遂策马而进，将士不敢复言饥。追及金刚于雀鼠谷，一日八战，皆破之，俘斩数万人。夜，宿于雀鼠谷西原，世民不食二日，不解甲三日矣，军中止有一羊，世民与将士分而食之。丙辰，陕州总管于筠自金刚所逃来。世民引兵趣介休，金刚尚有众二万，出西门，背城布陈，南北七里。世民遣总管李世勣与战，小却，为贼所乘，世民帅精骑击之，出其陈后，金刚大败，斩首三千级。金刚轻骑走，世民追之数十里，至张难堡。浩州行军总管樊伯通、张德政据堡自守，世民免胄示之，堡中喜噪且泣，左右告以王不食，献浊酒、脱粟饭。

尉迟敬德收余众守介休，世民遣任城王道宗、宇文士及往谕之，敬德与寻相举介休及永安降。世民得敬德，甚喜，以为右一府统军，使将其旧众八千，与诸营相参。屈突通虑其变，骤以为言，世民不听。

刘武周闻金刚败，大惧，弃并州走突厥。金刚收其余众，欲复战，众莫肯从，亦与百余骑走突厥。

世民至晋阳，武周所署仆射杨伏念以城降。唐俭封府库以待世民，武周所得州县皆入于唐。

上议击王世充，世充闻之，选诸州镇骁勇皆集洛阳，置四镇将军，募人分守四城。秋，七月，壬戌，诏秦王世民督诸军击世充。陕东道行台屈突通二子在洛阳，上谓通曰："今欲使卿东征，如卿二子何？"通曰："臣昔为俘囚，分当就死，陛下释缚，加以恩礼。当是之时，臣心口相誓，期以更生余年为陛下尽节，但恐不获死所耳。今得备先驱，二儿何足顾乎！"上叹曰："徇义之士，一至此乎！"

刘武周降将寻相等多叛去。诸将疑尉迟敬德，囚之军中，行台左仆射屈突通、尚书殷开山言于世民曰："敬德骁勇绝伦，今既囚之，心必怨望，留之恐为后患，不如遂杀之。"世民曰："不然，敬德若叛，岂在寻相之后邪！"遽命释之，引入卧内，赐之金，曰："丈夫意气相期，勿以小嫌介意，吾终不信谗言以害忠良，公宜体之。必欲去者，以此金相资，表一时共事之情也。"辛巳，世民以五百骑行战地，登魏宣武陵。王世充帅步骑万余猝至，围之，单雄信引槊直趋世民，敬德跃马大呼，横刺雄信坠马，世充兵稍却，敬德翼世民出围。世民、敬德更帅骑兵还战，出入世充陈，往反无所碍。屈突通引大兵继至，世充兵大败，仅以身免。擒其冠军大将军陈智略，斩首千余级，获排稍兵六千。世民谓敬德曰："公何相报之速也！"赐敬德金银一箧，自是宠遇日隆。

初，王世充侵建德黎阳，建德袭破殷州以报之。自是二国交恶，信使不通。及唐兵逼洛阳，世充遣使求救于建德。建德中书侍郎刘彬说建德曰："天下大乱，唐得关西，郑得河南，夏得河北，共成鼎足之势。今唐举兵临郑，自秋涉冬，唐兵日增，郑地日蹙，唐强郑弱，势必不支，郑亡，则夏不能独立矣。不如解仇除忿，发兵救之，夏击其外，郑攻其内，破唐必矣。唐师既退，徐观其变，若郑可取则取之，并二国之兵，乘唐师之老，天下可取也！”建德从之，遣使诣世充，许以赴援。又遣其礼部侍部李大师等诣唐，请罢洛阳之兵，秦王世民留之，不答。

四年（辛巳，621）

秦王世民选精锐千余骑，皆皂衣玄甲，分为左右队，使秦叔宝、程知节、尉迟敬德、翟长孙分将之。每战，世民亲被玄甲帅之为前锋，乘机进击，所向无不摧破，敌人畏之。行台仆射屈突通、赞皇公窦轨引兵按行营屯，猝与王世充遇，战不利。秦王世民帅玄甲救之，世充大败，获其骑将葛彦璋，俘斩六千余人。世充遁归。

辛丑，世民移军青城宫，壁垒未立，王世充帅众二万自方诸门出，凭故马坊垣堑，临穀水以拒唐兵，诸将皆惧。世民以精骑陈于北邙，登魏宣武陵以望之，谓左右曰："贼势窘矣，悉众而出，徼幸一战，今日破之，后不敢复出矣！”命屈突通帅步卒五千渡水击之，戒通曰："兵交则纵烟。”烟作，世民引骑南下，身先士卒，与通合势力战。世民欲知世充陈厚薄，与精骑数十冲之，直出其背，众皆披靡，杀伤甚众。既而限以长堤，与诸骑相失，将军丘行恭独从世民，世充数骑追及之，世民马中流矢而毙。行恭回骑射追者，发无不中，追者不敢前。乃下马以授世民，行恭于马前步执长刀，距跃大呼，斩数人，突陈而出，得入大军。世充亦帅众殊死战，散而复合者数四，自辰至午，世充兵始退。世民纵兵乘之，直抵城下，俘斩七千人，遂围之。

秦王世民围洛阳宫城，城中守御甚严，大炮飞石重五十斤，掷二百步，八弓弩箭如车辐，镞如巨斧，射五百步。世民四面攻之，昼夜不息，旬余不克。城中欲翻城者凡十三辈，皆不果发而死。唐将士皆疲弊思归，总管刘弘基等请班师，世民曰："今大举而来，当一劳永逸。东方诸州已望风款服，唯洛阳孤城，势不能久，功在垂成，奈何弃之而去！”乃下令军中曰："洛阳未破，师必不还，敢言班师者斩！”众乃不敢复言。上闻之，亦密敕世民使还，世民表称洛阳必可克，又遣参谋军事封德彝入朝面论形势。德彝言于上曰："世充得地虽多，率皆羁属，号令所行，唯洛阳一城而已，智尽力穷，克在朝夕。今若旋师，贼势复振，更相连结，后必难图！”上乃从之。世民遗世充书，谕以祸福，世充不报。

唐高祖武德二年（己卯，公元619年）

秦王李世民乘冰冻坚硬，带兵从龙门渡过黄河，驻扎在柏壁，与宋金刚对峙。当时黄河以东的州县遭抢劫后，没有粮仓，人们惧怕侵扰，聚居在城堡中，征集不到东西，军队缺粮。李世民发布王教晓谕百姓，百姓听说李世民率军前来，无不前来归顺，由近及远，前来的人日益增加，然后唐军逐渐征收粮食，军粮因此充足。于是休兵喂马，只命非主力部队的将佐找空子抄掠，大军则坚壁不战，宋金刚的势力因此日益衰落。

李世民曾经亲自带轻骑兵去侦察敌情，随从的骑兵四下分散，世民只和一名穿铠甲的士卒登上山丘睡觉。不久，敌人从四下包围了二人，开始二人毫不知觉，恰巧蛇追老鼠，碰到了甲士的脸，甲士惊醒后告诉了李世民，二人一起上马，才走了百余步，就被敌人追上，李世民用大羽箭射死了敌人的骁将，敌骑兵于是退去。

各位将领都请求与宋金刚交战，李世民说："宋金刚孤军深入，麾下集中了精兵猛将，刘武周占据太原，依仗宋金刚为屏障。宋金刚的军队没有储备，靠掠夺补充军需，利于速战。我们关闭营门不出，养精蓄锐，可以挫败他的锐气；分兵攻汾州、隰州，骚扰他的要害之地，他们粮尽无计可施，自然会退军。我们应当等待这个机会，目前不宜速战。"

三年（庚辰，公元620年）

秦王李世民在吕州追上刘武周的将领寻相，将他打得大败，并乘胜追击逃敌，一昼夜走了二百多里，打了几十仗。到高壁岭，总管刘弘基抓住马缰绳规劝道："大王打败敌人，追击逃敌到了这里，功劳也足够了，不断深入，就不爱惜自己吗？况且士兵们饥饿疲惫，应当在此停留扎营，等到兵马粮草都齐备了，然后再进击也不晚。"李世民说："宋金刚无计可施才逃跑，军心涣散；功劳难立，失败却很容易，机会难得，失去却很容易，一定要趁此机会消灭他。如果我们滞留不前，让他有时间考虑对策加强防备，就不可能轻易打败他了。我尽心竭力效忠国家，怎么能只顾惜自己的身体呢？"于是打马追击，将士们也不敢再提饥饿。唐军在雀鼠谷追上宋金刚，一天交锋八次，都打了胜仗，杀死、俘虏了几万人。当夜，在雀鼠谷西原宿营，李世民已经两天没有吃东西，三天没有脱下战袍了，全军只有一只羊，世民与将士们分吃了这一只羊。丙辰（四月二十三日），唐陕州总管于筠从宋金刚手下脱身逃回唐军中。李世民带兵赴介休，宋金刚还有二万人，出西门，背对城墙排列战阵，南北长七里。李世民派总管李世勣出战，不利，稍稍退却，宋金刚乘机反扑，李世民率领精骑从宋金刚背后袭击，宋金刚大败，唐军杀了三千人。宋金刚骑马逃走，李世民追出几十里，来到张难堡。唐浩州行军总管樊伯通、张德政占据堡垒自卫，李世民摘下头盔示意堡内，堡中守军见后欢呼雀跃，高兴得流下泪来。随从告诉守军秦王还未进食，守军献上浊酒、粗米饭。

尉迟敬德收拾残部守介休，李世民派任城王李道宗、宇文士及前去晓谕，尉迟敬德于是和寻相以介休、永安二县降唐。李世民得到尉迟敬德非常高兴，任命尉迟敬德为右一府统军，并让他仍然统领八千旧部，和各营相杂在一起。屈突通恐怕尉迟敬德会反复，屡次向李世民提起，但李世民不听。

刘武周听说宋金刚失败，大为惊恐，放弃并州逃入突厥。宋金刚收拾残部，准备再战，但众人都不肯跟随他与唐作战，于是宋金刚也和一百多骑兵逃往突厥。

李世民到晋阳，刘武周任命的仆射杨伏念以晋阳城投降。唐俭封存了刘武周的仓库留待李世民处置，刘武周先后占领的州县全部并入唐。

唐高祖商议攻打王世充之事，王世充闻讯，从各州镇选拔骁勇，都集中到洛阳，设置四镇将军，又招募人分别守卫洛阳四城。秋季，七月，壬戌（初一），高祖下诏命秦王李世民统率诸军攻打王世充。唐陕东道行台的左仆射屈突通的两个儿子都在洛阳，皇上对屈突通说："现在想让你东征洛阳，你的两个儿子怎么办？"屈突通回答道："臣下我过去作为阶下囚，理当被处死的，陛下不但释放了我，还施予很多恩惠。那时我就在内心发誓，希望能在有生之年为陛下尽节，只是唯恐没有机会尽节捐躯罢了。如今有幸得以充任前锋，两个儿子又有什么值得顾惜的！"高祖赞叹道："真是一位舍生取义之士，竟能做到这样！"

降唐的原刘武周将领寻相等人大多又叛唐而去。唐军诸将怀疑尉迟敬德也会叛离，将他囚禁在军中，行台左仆射屈突通、尚书殷开山向李世民进言道："尉迟敬德骁勇绝伦，现在被囚禁，内心必然怨恨，留着恐怕会成为后患，不如索性杀了他。"李世民说："不然，敬德如果真要叛离，又怎么会在寻相之后呢？"马上下令放开尉迟敬德，把他带入卧室之中，赐给他金子，说："男子汉大丈夫相互之间讲的是意气相投，不要因为一点小仇怨而介意，我最终没有相信谗言而害了忠良，您应该明白。如果您一定要走，这点金子就算作路费以表这一段共事之情。"辛巳（九月二十一日），李世民带五百骑兵巡视战区地形，登上魏宣武帝陵，王世充率领一万多步兵骑兵突然而至，包围了李世民，单雄信挺长枪直奔李世民而去，尉迟敬德跳上马大喊着横里将单雄信刺下马，王世充军稍稍后退，敬德又护卫着李世民突出包围。李世民、尉迟敬德重新率骑兵回击，出入王世充队伍，如入无人之境。屈突通带领大军随后赶到，王世充军队大败，王世充只身逃脱；唐军活捉了王世充的冠军大将军陈智略，斩首一千多级，俘虏六千手持盾牌长矛的士兵。李世民对尉迟敬德说："怎么这么快就得到了您的回报？"赐给尉迟敬德一箱金银，尉迟敬德从此日见宠遇。

当初，王世充侵占了窦建德的黎阳，窦建德便攻破殷州报复王世充。从此郑、夏两国关系恶化，不再互派使节通信。等到唐军逼近洛阳，王世充派遣使节向窦建德求救。窦建德的中书侍郎刘彬劝他说："天下大乱，唐得关西，郑得河南，夏得河北，形成三足鼎立之势。如今唐起兵攻郑，从秋到冬，唐军日见增多，郑国地域日益缩小，唐强郑弱，势必不能支撑，郑灭亡，夏也不能单独存立了。不如放弃仇怨，发兵救郑，夏从外袭击，郑自内反攻，一定能打败唐军。唐军退兵后，再慢慢观察形势变化，如果郑可取就取郑，合并两国的兵力，趁唐军疲劳，可以夺取天下！"窦建德听从此论，派人见王世充，答应出师援救。窦建德又派遣礼部侍郎李大师等人赴唐军，请求唐停止进攻洛阳，秦王李世民留下使者，但不予答复。

四年（辛巳，公元621年）

秦王李世民挑选一千多精锐骑兵，全部着黑衣黑甲，分为左右队，分别由秦叔宝、程知节、尉迟敬德、翟长孙统领。每次作战，李世民都亲自披上黑甲率领他们作为先锋，乘机进击，所向披靡，令敌人畏惧。行台仆射屈突通、赞皇公窦轨带兵巡行营屯，突然与王世充遭遇，交战失利，秦王李世民带领黑甲队救援，王世充大败，唐军俘获王世充的骑将葛彦璋，俘虏歼灭了六千多敌人。王世充逃跑回城。

辛丑（二月十三日），李世民将军营转移到青城宫，尚未修好壁垒，王世充就率二万兵马从方诸门而出，凭借旧马坊的墙垣沟堑，靠近縠水抵御唐军，唐诸将全都惊慌。李世民让精骑在北邙山列阵，自己登上北魏宣武帝陵观察郑军，对身边的人说："贼子的处境已然窘迫了，倾巢而出，想侥幸打一战，今日打败他，以后他再也不敢出战了！"李世民命令屈突通率领五千步兵过縠水进击王世充，并告诫屈突通道："军队一交锋立即放烟火。"待到起烟，李世民带领骑兵向南冲击，身先士卒，与屈突通汇合兵力奋力战斗。李世民想了解王世充军阵兵力分布情况，率几十精锐骑兵冲入敌阵，一直冲到敌阵背后，不可阻挡，杀伤很多敌人。不久因长堤所限，李世民和众骑兵走散，唯有将军丘行恭跟随着李世民，几名王世充的骑兵追上来，李世民的坐骑中箭倒毙。丘行恭调转马头射击追赶的郑兵，箭无虚发，追兵不敢向前。于是丘行恭下马将自己的坐骑让给李世民，自己在马前步行，手执长刀跳跃大喊斩杀几人，冲出王世充军阵，得以回归唐军大部队。王世充也率领部下殊死战斗，军队几次三番打散后重又集合起来，从上午辰时直到中午，王世充的军队才退军。李世民挥军追击，直到城下，俘虏歼灭了七千人，于是包围了洛阳。

秦王李世民包围了洛阳宫城。城中王世充的防御十分严密，大炮可以射五十斤重的石头，投出二百步远，有八个弓的弩，箭杆像车辐，箭镞如同巨斧，可以射五百步远。李世民四面攻城，昼夜不停，十几天未能攻克。城中先后有十三个人想以城倒戈应唐，均没有来得及发动就被杀死。唐军将士都疲惫不堪想回关中，总管刘弘基等人请求班师回朝，李世民说："如今大举而来，应当一劳永逸。洛阳以东的各州已望风归服，唯有洛阳一座孤城，其势已不能持久，成功在即，怎么能放弃而回朝呢？"于是下令全军："洛阳不破，决不回军，再有胆敢提起班师的一律斩首。"众人才不敢再提班师一事。高祖听说后，也下密敕让李世民还军，李世民上表说明洛阳必定可以攻克，又派参谋军事封德彝回朝面陈军前形势。封德彝对皇上说："王世充得到的地方虽然多，但都不过是略有联系的部属，实际号令所能管辖的只不过洛阳一城而已，他已经智尽力穷，克城之日就在近期之内。现在如果回师，他的势力就会重新振作起来，再加上各地互相联合，以后想要消灭他就难了！"于是高祖听从李世民的建议。李世民写信给王世充，晓以祸福利害，王世充没有回复。

唐纪五

第一百八十九卷

高祖神尧大圣光孝皇帝中之中武德四年(辛巳,621)

唐兵围洛阳,掘堑筑垒而守之。城中乏食,绢一匹直粟三升,布十匹直盐一升,服饰珍玩,贱如土芥。民食草根木叶皆尽,相与澄取浮泥,投米屑作饼食之,皆病,身肿脚弱,死者相枕倚于道。皇泰主之迁民入宫城也,凡三万家,至是无三千家。虽贵为公卿,糠核不充,尚书郎以下,亲自负戴,往往馁死。

窦建德陷管州,杀刺史郭士安,又陷荥阳、阳翟等县,水陆并进,泛舟运粮,溯河西上。王世充之弟徐州行台世辩遣其将郭士衡将兵数千会之,合十余万,号三十万,军于成皋之东原,筑宫板渚,遣使与王世充相闻。

世民曰:"世充兵摧食尽,上下离心,不烦力攻,可以坐克。建德新破海公,将骄卒惰,吾据武牢,扼其咽喉。彼若冒险争锋,吾取之甚易。若狐疑不战,旬月之间,世充自溃。城破兵强,气势自倍,一举两克,在此行矣。若不速进,贼入武牢,诸城新附,必不能守。两贼并力,其势必强,何弊之承!吾计决矣!"通等又请解围据险以观其变,世民不许。中分麾下,使通等副齐王元吉围守东都,世民将骁勇三千五百人东趣武牢。时正昼出兵,历北邙,抵河阳,趋巩而去。王世充登城望见,莫之测也,竟不敢出。

窦建德迫于武牢不得进,留屯累月,战数不利,将士思归。丁巳,秦王世民遣王君廓将轻骑千余抄其粮运,又破之,获其大将军张青特。

凌敬言于建德曰:"大王悉兵济河,攻取怀州、河阳,使重将守之,更鸣鼓建旗,逾太行,入上党,徇汾、晋,趣蒲津,如此有三利:一则蹈无人之境,取胜可以万全;二则拓地收众,形势益强;三则关中震骇,郑围自解。为今之策,无以易此。"建德将从之，而王世充遣使告急相继于道，王琬、长孙安世朝夕涕泣，请救洛阳，又阴以金玉啖建德诸将，以挠其谋。诸将皆曰："凌敬书生，安知战事，其言岂可用也！"建德乃谢敬曰："今众心甚锐，天赞我也，因之决战，必将大捷，不得从公言。"敬固争之，建德怒，令扶出。

谍者告曰："建德伺唐军刍尽，牧马于河北，将袭武牢。"五月，戊午，秦王世民北济河，南临广武，察敌形势，因留马千余匹，牧于河渚以诱之，夕还武牢。己未，建德果悉众而至，自板渚出牛口置陈，北距大河，西薄汜水，南属鹊山，亘二十里，鼓行而进。诸将皆惧，世民将数骑升高丘而望之，谓诸将曰："贼起山东，未尝见大敌，今度险而嚣，是无纪律，逼城而陈，有轻我心。我按甲不出，彼勇气自衰，陈久卒饥，势将自退，追而击之，无不克者。与公等约，甫过日中，必破之矣！"建德意轻唐军，遣三百骑涉汜水，距唐营一里所止。遣使与世民相闻曰："请选锐士数百与之剧。"世民遣王君廓将长槊二百以应之，相与交战，乍进乍退，两无胜负，各引还。王琬乘隋炀帝骢马，铠仗甚鲜，迥出陈前以夸众。世民曰："彼所乘真良马也！"尉迟敬德请往取之，世民止之曰："岂可以一马丧猛士。"敬德不从，与高甑生、梁建方三骑直入其陈，擒琬，引其马驰归，众无敢当者。世民使召河北马，待其至乃出战。

建德列陈，自辰至午，士卒饥倦，皆坐列，又争饮水，逡巡欲退。世民命宇文士及将三百骑经建德陈西，驰而南上，戒之曰："贼若不动，尔宜引归，动则引兵东出。"士及至陈前，陈果动，世民曰："可击矣！"时河渚马亦至，乃命出战。世民帅轻骑先进，大军继之，东涉汜水，直薄其陈。建德群臣方朝谒，唐骑猝来，朝臣趋就建德，建德召骑兵使拒唐兵，骑兵阻朝臣不得过，建德挥朝臣令却，进退之间，唐兵已至，建德窘迫，退依东陂。窦抗引兵击之，战小不利。世民帅骑赴之，所向皆靡。淮阳王道玄挺身陷陈，直出其后，复突陈而归，再入再出，飞矢集其身如猬毛，勇气不衰，射人，皆应弦而仆。世民给以副马，使从己。于是诸军大战，尘埃涨天。世民帅史大奈、程知节、秦叔宝、宇文歆等卷旆而入，出其陈后，张唐旗帜，建德将士顾见之，大溃，追奔三十里，斩首三千余级。建德中槊，窜匿于牛口渚。车骑将军白士让、杨武威逐之，建德坠马，士让援槊欲刺之，建德曰："勿杀我，我夏王也，能富贵汝。"武威下擒之，载以从马，来见世民。世民让之曰："我自讨王世充，何预汝事，而来越境，犯我兵锋！"建德曰："今不自来，恐烦远取。"建德将士皆溃去，所俘获五万人，世民即日散遣之，使还乡里。

世充将王德仁弃故洛阳城而遁，亚将赵季卿以城降。秦王世民囚窦建德、王琬、长孙安世、郭士衡等至洛阳城下，以示世充。世充与建德语而泣，仍遣安世等入城言败状。世充召诸将议突围，南走襄阳，诸将皆曰："吾所恃者夏王，夏王今已为擒，虽得出，终必无成。"丙寅，世充素服帅其太子、群臣、二千余人诣军门降。世民礼接之，世充俯伏流汗。世民曰："卿常以童子见处，今见童子，何恭之甚邪？"世充顿首谢罪。于是部分诸军，先入洛阳，分守市肆，禁止侵掠，无敢犯者。

窦建德之败也，其诸将多盗匿库物，及居闾里，暴横为民患，唐官吏以法绳之，或加捶挞，建德故将皆惊惧不安。高雅贤、王小胡家在洺州，欲窃其家以逃，官吏捕之，雅贤等亡命至贝州。会上征建德故将范愿、董康买、曹湛及雅贤等，于是愿等相谓曰："王世充以洛阳降唐，其将相大臣段达、单雄信等皆夷灭，吾属至长安，必不免矣。吾属自十年以来，身经百战，当死久矣，今何惜余生，不以之立事。且夏王得淮安王，遇以客礼，唐得夏王即杀之。吾属皆为夏王所厚，今不为之报仇，将无以见天下之士！"乃谋作乱，卜之，以刘氏为主吉，因相与之漳南，见建德故将刘雅，以其谋告之。雅曰："天下适安定，吾将老于耕桑，不愿复起兵！"众怒，且恐泄其谋，遂杀之。故汉东公刘黑闼，时屏居漳南，诸将往诣之，告以其谋，黑闼欣然从之。黑闼方种蔬，即杀耕牛与之共饮食定计，聚众得百人。甲戌，袭漳南县据之。是时，诸道有事则置行台尚书省，无事则罢之。朝廷闻黑闼作乱，乃置山东道行台于洺州，魏、冀、定、沧并置总管府。丁丑，以淮安王神通为山东道行台右仆射。

十二月，乙卯，刘黑闼陷冀州，杀刺史麴稜。黑闼既破淮安王神通，移书赵、魏，故窦建德将卒争杀唐官吏以应黑闼。庚申，遣右屯卫大将军义安王孝常将兵讨黑闼。黑闼将兵数万进逼宗城，黎州总管李世勣先屯宗城，弃城走保洺州。甲子，黑闼追击世勣等，破之，杀步卒五千人，世勣仅以身免。丙寅，洺州土豪翻城应黑闼，黑闼于城东南告天及祭窦建德而后入。后旬日，引兵攻拔相州，执刺史房晃，右武卫将军张士贵溃围走。黑闼南取黎、卫二州，半岁之间，尽复建德旧境。又遣使北连突厥，颉利可汗遣俟斤宋邪那帅胡骑从之。右武卫将军秦武通、洺州刺史陈君宾、永宁令程名振皆自河北遁归长安。

丁卯，命秦王世民、齐王元吉讨黑闼。

唐高祖武德四年(辛巳,公元621年)

唐军包围洛阳,挖沟筑垒困守。洛阳城内缺粮,一匹绢才值三升粟,十匹布才值一升盐,服饰珍玩,贱如土芥。百姓把草根树叶都吃光了,就一起澄取浮泥,放入米屑做成饼吃,食后都得病,身体肿胀,脚跟发软,饿死的人交错着倒在路上。当初皇泰主迁百姓入宫城时,有三万家,到这时不足三千家。就是地位高贵的公卿,这时连粗糠都吃不饱,尚书郎以下官吏,需自己亲自参加劳动,还往往饿死。

窦建德攻陷管州,杀了管州刺史郭士安;又攻陷了荥阳、阳翟等县,水陆并进,用船运粮,向西溯黄河而上。王世充的弟弟徐州行台王世辩派遣手下的将领郭士衡带几千兵马与窦建德会合,共十几万人,号称有三十万,在成皋东原扎营,在板渚修筑宫室,派人和王世充互通消息。

李世民说:"王世充损兵折将,粮食吃尽,上下离心,我们不必花气力攻打,可以坐等他败亡。窦建德刚刚打败了孟海公,将领骄傲,士卒疲惫,我们占据武牢,等于扼住他的咽喉。他如果冒险决战,我们可以轻而易举打败他;如果他犹豫不决,不来交战,要不了十天半个月,王世充自己就会溃败。破城后我们兵力增强,士气军势自然倍增,一下打败两个敌人,就在这一仗了。如果不迅速进军,窦建德进入武牢,周围各城新归附,必然不能坚守;两敌合力,势力必然强大,怎么会有机可乘呢?我的计划决定了!"屈突通等人又请求解除洛阳之围,凭借险要以观敌人变化,李世民不答应。于是将军队平分为两部分,由屈突通等人辅助齐王李元吉围困东都,李世民率领三千五百名骁勇向东奔赴武牢。李世民于正午时分出发,过北邙,至河阳,取道巩县而去。王世充登上洛阳城望见唐军行动,不知唐军意图,竟不敢出城交战。

窦建德在武牢受阻不能前进,停留了一个多月,打了几仗都未能取胜,将士们人心思归。丁巳(四月三十日),秦王李世民派王君廓率领一千多轻骑抢夺窦建德的运粮队,再次打败了他,并俘获窦建德的大将军张青特。

凌敬对窦建德说:"大王您不如出动全部兵力渡过黄河,攻取怀州、河阳,派重将守卫,又擂响战鼓竖起战旗,翻越太行山,进入上党,略地汾州、晋州,奔赴蒲津。这样做有三点好处:一是进入无人之境,取胜可以说是万无一失;二是开拓领土招收兵马,国势更加强盛;三是关中的唐国受震骇,郑国洛阳之围自然会解除。眼下的计策,没有比这更妥当的了。"窦建德准备按照凌敬的建议行事,但是王世充连续不断地派人来告急,王琬、长孙安世也日夜哭泣请求窦建德援救洛阳,又暗地里用金玉收买窦建德手下的将领,阻挠凌敬的计划。诸将都说:"凌敬是个书生,哪里懂得打仗的事,他的话怎么能听呢？”于是窦建德向凌敬道歉说：“现在大家士气很高，这是上天在帮助我，趁此机会决战，必定能大胜，不能照您的意见办了。”凌敬再三争辩，窦建德不高兴，命人把他架了出去。

唐军密探报告：“窦建德探听到唐军草料用完，在黄河以北放马，准备袭击武牢。”五月，戊午（初一），秦王李世民向北渡过黄河，从南面逼近广武，侦察敌情，乘机留下一千多匹马，在黄河边放牧以引诱窦建德，当晚返回武牢。己未（初二），窦建德果然倾巢而出，从板渚出牛口列战阵，北靠黄河，西临汜水，南连鹊山，连绵二十里，擂鼓前进。唐军诸将都十分惊慌，李世民带几名骑兵登上高丘瞭望敌阵，对诸将说：“敌人从山东起兵，还没有碰见过强大的对手；如今身涉险境却很喧嚣，是没有纪律；逼近城池排列战阵，有轻视我们的意思。我们如果按兵不动，他们的勇气自然就会衰竭，列阵时间一长，士卒饥饿，势必就会自动撤退，我们再追上去攻击，必然会取胜。我和各位相约，一过正午，肯定能打败他们！”窦建德轻视唐军，派三百骑兵涉过汜水，在离唐营一里地方停下。派人通报李世民说：“请挑选几百名精兵和他们打着玩玩。”李世民派王君廓带领二百名长枪手应战，相互交锋，骤进骤退，双方不分胜负，各自返回营地。王琬骑着隋炀帝的青骢马，铠甲兵器都很新，远离阵前向众人夸耀。李世民说：“他骑的真是匹好马！”尉迟敬德请求去夺马，李世民制止他说：“怎么能为了一匹马损失一员猛士呢？”尉迟敬德不听，和高甄生、梁建方三人骑马直冲入敌阵，活捉了王琬，牵着他的坐骑奔回唐营，众人没有敢阻挡的。李世民派人征调黄河以北的牧马，等到来后才出战。

窦建德排列战阵，从早晨到中午，士卒们饥饿疲惫，都成排地坐了下来，又争着喝水，迟疑着想撤退。李世民命令宇文士及带三百骑兵经过窦建德军阵西边向南奔驰，告诫他：“敌人如果不动，你就带兵返回，如果动了，就领兵东进。”宇文士及到窦建德阵前，敌阵果然动了，李世民说：“可以打了！”这时黄河滩上的牧马也已到达，于是下令出击。李世民率领轻骑先出发，大军跟随在后，向东涉过汜水，直扑敌阵。窦建德的群臣正在朝谒，唐军骑兵突然降临，朝臣都跑向窦建德，窦建德召骑兵抵御唐军，因朝臣阻隔骑兵过不去，窦建德挥手令朝臣退下，这一进一退之际，唐军已到阵前，窦建德形势窘迫，后撤靠近东面的山坡。窦抗带兵攻打他，交战后形势稍不利。李世民率领骑兵赴援，所向披靡。淮阳王李道玄挺身冲锋陷阵，直冲出敌阵后方，又重新返回冲入阵中，几番进出，身上聚集的箭像刺猬毛一样，勇气仍然不减，放箭射人，都应声倒地。李世民把自己备用的战马送给他，让他跟随自己。于是各军大战，战场上尘土飞扬，遮天蔽日。李世民率领史大奈、程知节、秦叔宝、宇文歆等人将旌旗卷起，冲入敌阵，从阵后而出，打开唐军旗帜，窦建德的士兵回头看见唐旗在阵后飘扬，迅速崩溃，唐军追出三十里，杀了三千多人。窦建德被长枪刺中，逃窜到牛口渚躲避。唐车骑将军白士让、杨武威追逐窦建德，窦建德落马，白士让挺枪欲刺，窦建德说："别杀我，我是夏王，献上我可以使你们得到富贵荣华。"杨武威下马捉住窦建德，用备用马驮着窦建德，来见李世民。李世民斥责窦建德道："我们讨伐王世充，与你有什么相干，竟跑到你的领土之外，来与我们交战！"窦建德说："现在我不自己来，恐怕以后还得烦您远途去攻取。"窦建德的将士都逃走了，唐军俘虏了五万人，李世民当天就遣散了俘虏，让他们返回家乡。

王世充的将领王德仁放弃旧洛阳城逃跑，副将赵季卿以城降唐。秦王李世民押解着窦建德、王琬、长孙安世、郭士衡等人到洛阳城下，给王世充看。王世充流着泪和窦建德接话，于是李世民让长孙安世等人进城叙说失败的情况。王世充召集诸将商议突围，准备南奔襄阳，众将领都说："我们依赖的是夏王窦建德，如今夏王已被俘，我们就是突围，最终也无法成功。"丙寅（五月初九），王世充身穿白衣带领郑国的太子、百官及二千多人到军营门前投降。李世民按礼节接受他们投降，王世充俯下身汗流浃背。李世民说道："你总认为我是个小孩，如今见了小孩，为什么这么恭敬？"王世充叩头谢罪。于是李世民分派出一部分人，先进入洛阳，分别把守市场商铺，禁止骚扰抢掠，没有一人敢违犯禁令。

窦建德败亡时，他手下的将领有不少盗窃了仓库中的财物藏起来，待到在民间安居，又暴虐横行乡里，成了老百姓的祸害。唐朝官吏将他们绳之以法，有时用鞭子痛笞他们，因此窦建德的旧将领都惊恐不安。高雅贤、王小胡的家在洺州，打算私下带着家财逃跑，官吏追捕他们，高雅贤等人逃到贝州。恰好高祖征召窦建德的旧将范愿、董康买、曹湛以及高雅贤等人，于是范愿等人互相商量："王世充以洛阳降唐，他的将相大臣段达、单雄信等人都遭满门抄斩；我们到长安，肯定也逃不脱。自大业十年以来，我们这些人身经百战，早就该死了，现在为什么还吝惜余生，而不用有生之年干一番大事呢？况且夏王抓住唐淮安王李神通，以客人的礼节对待他，而唐捉住夏王却马上杀了他。我们这些人都受到夏王的厚待，现在不替他报仇，以后怎么见天下的人？"于是策划反叛，占卜的结果，以姓刘的人为首领吉利，于是一同到漳南县，去见窦建德的旧将领刘雅，将计划告诉了刘雅。刘雅说："天下刚刚安定，我打算在乡下养老，不想再起兵！"众人很生气，又怕计划被泄露，于是杀了刘雅。窦建德所封汉东公刘黑闼，这时在漳南隐居，众将领去拜见他，告诉了他计划，刘黑闼欣然从命。刘黑闼正在种菜，当即杀了耕牛和众将领一同边吃边商定大计，集合了一百人。甲戌（七月十九日），他们袭击并占领了漳南县。当时，各道如若有事就设置行台尚书省，无事就停罢。唐朝廷得知刘黑闼作乱，于是在洺州设置了山东行台，在魏、冀、定、沧等州都设置了总管府。丁丑（七月二十二日），唐任命淮安王李神通为山东道行台右仆射。

十二月，乙卯（初三），刘黑闼攻陷冀州，杀唐冀州刺史麹稜。刘黑闼打败淮安王李神通后，致函赵、魏两地，窦建德的旧部纷纷起兵杀死唐朝官吏响应刘黑闼。庚申（初八），唐派遣右屯卫大将军义安王李孝常带兵讨伐刘黑闼。刘黑闼带几万兵马进逼宗城，唐黎州总管李世勣驻扎在宗城，此时放弃宗城逃走，退保洺州。甲子（十二日），刘黑闼追击李世勣等人，打败了唐军，杀了五千名士兵，李世勣只身逃脱。丙寅（十四日），洺州当地豪强在城中反叛响应刘黑闼。刘黑闼在洺州城东南祭告上天及窦建德然后进入洺州城。此后十天，带兵攻下相州，捉住唐相州刺史房晃，右武卫将军张士贵突围逃走。刘黑闼向南攻取了黎、卫两州，半年之间，恢复了全部窦建德旧地。刘黑闼又派遣使节北面联合突厥，颉利可汗派俟斤宋邪那率领突厥骑兵随刘黑闼征战。唐右武卫将军秦武通、洺州刺史陈君宾、永宁县令程名振都从河北逃回长安。

丁卯（十二月十五日），唐高祖命令秦王李世民、齐王李元吉率兵讨伐刘黑闼。

唐纪六

第一百九十卷

高祖神尧大圣光孝皇帝中之下武德五年（壬午，622）

春，正月，刘黑闼自称汉东王，改元天造，定都洺州。以范愿为左仆射，董康买为兵部尚书，高雅贤为右领军，征王琮为中书令，刘斌为中书侍郎；窦建德时文武悉复本位。其设法行政，悉师建德，而攻战勇决过之。

丙子，李艺取刘黑闼定、栾、廉、赵四州，获黑闼尚书刘希道，引兵与秦王世民会洺州。

刘黑闼攻洺水甚急。城四旁皆有水，广五十余步，黑闼于城东北筑二甬道以攻之；世民三引兵救之，黑闼拒之，不得进。世民恐王君廓不能守，召诸将谋之，李世勣曰："若甬道达城下，城必不守。"行军总管郯勇公罗士信请代君廓守之。世民乃登城南高冢，以旗招君廓，君廓帅其徒力战，溃围而出；士信帅左右二百人乘之入城，代君廓固守。黑闼昼夜急攻，会大雪，救兵不得往，凡八日，丁丑，城陷。黑闼素闻其勇，欲生之，士信词色不屈，乃杀之，时年二十。

秦王世民与刘黑闼相持六十余日。黑闼潜师袭李世勣营，世民引兵掩其后以救之，为黑闼所围，尉迟敬德帅壮士犯围而入，世民与略阳公道宗乘之得出。道宗，帝之从子也。世民度黑闼粮尽，必来决战，乃使人堰洺水上流，谓守吏曰："待我与贼战，乃决之。"丁未，黑闼帅步骑二万南渡洺水，压唐营而陈，世民自将精骑击其骑兵，破之，乘胜蹂其步兵。黑闼帅众殊死战，自午至昏，战数合，黑闼势不能支。王小胡谓黑闼曰："智力尽矣，宜早亡去。"遂与黑闼先遁，余众不知，犹格战。守吏决堰，洺水大至，深丈余，黑闼众大溃，斩首万余级，溺死数千人，黑闼与范愿等二百骑奔突厥，山东悉平。

唐高祖武德五年（壬午，公元622年）

春季，正月，刘黑闼自称汉东王，改年号为天造，都城设在洺州。任命范愿为左仆射，董康买为兵部尚书，高雅贤为右领军，征召王琮为中书令，刘斌为中书侍郎，窦建德时期的文武官员全部恢复了原来的职位。刘黑闼的法令行政，全部效法窦建德，但他作战勇猛果敢则超过窦建德。

丙子（二月二十四日），李艺夺取刘黑闼占据的定、栾、廉、赵四州，抓获刘黑闼的尚书刘希道，然后带兵与秦王李世民在洺州会师。

刘黑闼攻洺水很猛。洺水城四周都是水，水宽五十多步，刘黑闼在城东北修建两条甬道用来攻城；秦王李世民三次带军救援，都受到刘黑闼的阻拦，无法前进。李世民怕王君廓守不住城池，召集众将领商议救援之事，李世勣说："如果甬道修到城下，城池必定失守。"行军总管郯勇公罗士信请求代替王君廓守城。李世民于是登上城南的一座高土堆，用旗语招王君廓，王君廓率领部下奋战，突出包围，罗士信趁机率二百士卒进城，代替王君廓坚守城池。刘黑闼昼夜猛攻洺水，恰逢大雪，唐军无法增援，经过八天，丁丑（二月二十五日），洺水城陷落。刘黑闼早就听说罗士信勇猛，不想杀他，罗士信言语态度威武不屈，于是刘黑闼杀了他，当时罗士信仅二十岁。

秦王李世民与刘黑闼相持六十多天。刘黑闼暗中率军袭击李世勣的营地，李世民带兵突然袭击刘黑闼的背后以救援李世勣，结果被刘黑闼包围，尉迟敬德率领壮士冲入包围圈，李世民与略阳公李道宗趁势脱险。李道宗是皇帝的侄子。李世民推测刘黑闼的粮食已经吃光，必定前来决战，于是命人在洺水上游筑坝截断河水，对看守堤坝的官吏说："等我和敌人交战时，就决开堤坝。"丁未（三月二十六日），刘黑闼率领两万步兵骑兵向南渡过洺水，逼近唐军营寨列阵，李世民亲自统率精锐骑兵攻打刘黑闼的骑兵，打败了刘军，乘胜冲击踩踏其步兵。刘黑闼带领部队殊死战斗，从中午到黄昏，几度交锋，刘黑闼的兵力无法再坚持下去。王小胡对刘黑闼说："我们的计谋和体力都已穷尽，应该快点逃走。"王小胡便和刘黑闼先逃跑，其余的将士不知道头领已经逃走，还在继续格斗。唐看守堤坝的官吏决开堤坝，洺水一下子涌到战场，水深一丈多，刘黑闼的军队大败，一万多人被杀，几千人被淹死，刘黑闼与范愿等二百人骑马逃入突厥，唐平定了整个山东地区。

唐纪七

第一百九十一卷

高祖神尧大圣光孝皇帝下之上武德九年（丙戌，626）

建成夜召世民，饮酒而鸩之。世民暴心痛，吐血数升，淮安王神通扶之还西宫。

建成、元吉与后宫日夜谮诉世民于上，上信之，将罪世民。

世民召玄龄谋之，玄龄曰："大王功盖天地，当承大业！今日忧危，乃天赞也。愿大王勿疑。"乃与府属杜如晦共劝世民诛建成、元吉。

建成、元吉以秦府多骁将，欲诱之使为己用，密以金银器一车赠左二副护军尉迟敬德，并以书招之曰："愿迂长者之眷，以敦布衣之交。"敬德辞曰："敬德，蓬户瓮牖之人，遭隋末乱离，久沦逆地，罪不容诛。秦王赐以更生之恩，今又策名藩邸，唯当杀身以为报。于殿下无功，不敢谬当重赐。若私交殿下，乃是贰心，徇利忘忠，殿下亦何所用！"建成怒，遂与之绝。敬德以告世民，世民曰："公心如山岳，虽积金至斗，知公不移。相遗但受，何所嫌也！且得以知其阴计，岂非良策！不然，祸将及公。"既而元吉使壮士夜刺敬德，敬德知之，洞开重门，安卧不动，刺客屡至其庭，终不敢入。元吉乃谮敬德于上，下诏狱讯治，将杀之，世民固请，得免。又谮左一马军总管程知节，出为康州刺史。知节谓世民曰："大王股肱羽翼尽矣，身何能久！知节以死不去，愿早决计。"又以金帛诱右二护军段志玄，志玄不从。建成谓元吉曰："秦府智略之士，可惮者独房玄龄、杜如晦耳。"皆谮之于上而逐之。

世民腹心唯长孙无忌尚在府中，与其舅雍州治中高士廉、右候车骑将军三水侯君集及尉迟敬德等，日夜劝世民诛建成、元吉。世民犹豫未决。

会突厥郁射设将数万骑屯河南，入塞，围乌城，建成荐元吉代世民督诸军北征，上从之，命元吉督右武卫大将军李艺、天纪将军张瑾等救乌城。元吉请尉迟敬德、程知节、段志玄及秦府右三统军秦叔宝等与之偕行，简阅秦王帐下精锐之士以益元吉军。率更丞王晊密告世民曰："太子语齐王：'今汝得秦王骁将精兵，拥数万之众，吾与秦王饯汝于昆明池，使壮士拉杀之于幕下，奏云暴卒，主上宜无不信。吾当使人进说，令授吾国事。敬德等既入汝手，宜悉坑之，孰敢不服！'"世民以晊言告长孙无忌等，无忌等劝世民先事图之。世民叹曰："骨肉相残，古今大恶。吾诚知祸在朝夕，欲俟其发，然后以义讨之，不亦可乎！"敬德曰："人情谁不爱其死！今众人以死奉王，乃天授也。祸机垂发，而王犹晏然不以为忧，大王纵自轻，如宗庙社稷何！大王不用敬德之言，敬德将窜身草泽，不能留居大王左右，交手受戮也！"无忌曰："不从敬德之言，事今败矣。敬德等必不为王有，无忌亦当相随而去，不能复事大王矣！"世民曰："吾所言亦未可全弃，公更图之。"敬德曰："王今处事有疑，非智也；临难不决，非勇也。且大王素所畜养勇士八百余人，在外者今已入宫，擐甲执兵，事势已成，大王安得已乎！"

世民访之府僚，皆曰："齐王凶戾，终不肯事其兄。比闻护军薛实尝谓齐王曰：'大王之名，合之成"唐"字，大王终主唐祀。'齐王喜曰：'但除秦王，取东宫如反掌耳。'彼与太子谋乱未成，已有取太子之心。乱心无厌，何所不为！若使二人得志，恐天下非复唐有。以大王之贤，取二人如拾地芥耳，奈何徇匹夫之节，忘社稷之计乎！"世民犹未决，众曰："大王以舜为何如人？"曰："圣人也。"众曰："使舜浚井不出，则为井中之泥，涂廪不下，则为廪上之灰，安能泽被天下，法施后世乎！是以小杖则受，大杖则走，盖所存者大故也。"世民命卜之，幕僚张公谨自外来，取龟投地，曰："卜以决疑，今事在不疑，尚何卜乎！卜而不吉，庸得已乎！"于是定计。

庚申，世民帅长孙无忌等入，伏兵于玄武门。张婕妤窃知世民表意，驰语建成。建成召元吉谋之，元吉曰："宜勒宫府兵，托疾不朝，以观形势。"建成曰："兵备已严，当与弟入参，自问消息。"乃俱入，趣玄武门。上时已召裴寂、萧瑀、陈叔达等，欲按其事。

建成、元吉至临湖殿，觉变，即跋马东归宫府。世民从而呼之，元吉张弓射世民，再三不彀，世民射建成，杀之。尉迟敬德将七十骑继至，左右射元吉坠马。世民马逸入林下，为木枝所絓，坠不能起。元吉遽至，夺弓将扼之，敬德跃马叱之。元吉步欲趣武德殿，敬德追射，杀之。翊卫车骑将军冯翊冯立闻建成死，叹曰："岂有生受其恩而死逃其难乎！"乃与副护军薛万彻、屈咥直府左车骑万年谢叔方帅东宫、齐府精兵二千驰趣玄武门。张公谨多力，独闭关以拒之，不得入。云麾将军敬君弘掌宿卫兵，屯玄武门，挺身出战，所亲止之曰："事未可知，且徐观变，俟兵集，成列而战，未晚也。"君弘不从，与中郎将吕世衡大呼而进，皆死之。君弘，显隽之曾孙也。守门兵与万彻等力战良久，万彻鼓噪欲攻秦府，将士大惧。尉迟敬德持建成、元吉首示之，宫府兵遂溃。万彻与数十骑亡入终南山。冯立既杀敬君弘，谓其徒曰："亦足以少报太子矣！"遂解兵，逃于野。

上方泛舟海池，世民使尉迟敬德入宿卫，敬德擐甲持矛，直至上所。上大惊，问曰："今日乱者谁邪？卿来此何为？"对曰："秦王以太子、齐王作乱，举兵诛之，恐惊动陛下，遣臣宿卫。"上谓裴寂等曰："不图今日乃见此事，当如之何？"萧瑀、陈叔达曰："建成、元吉本不预义谋，又无功于天下，疾秦王功高望重，共为奸谋。今秦王已讨而诛之，秦王功盖宇宙，率土归心，陛下若处以元良，委之国事，无复事矣！"上曰："善！此吾之夙心也。"时宿卫及秦府兵与二宫左右战犹未已，敬德请降手敕，令诸军并受秦王处分，上从之。天策府司马宇文士及自东上阁门出宣敕，众然后定。上又使黄门侍郎裴矩至东宫晓谕诸将卒，皆罢散。上乃召世民，抚之曰："近日以来，几有投杼之惑。"世民跪而吮上乳，号恸久之。

诸将欲尽诛建成、元吉左右百余人，籍没其家，尉迟敬德固争曰："罪在二凶，既伏其诛，若及支党，非所以求安也！"乃止。是日，下诏赦天下。凶逆之罪，止于建成、元吉，自余党与，一无所问。其僧、尼、道士、女冠并宜依旧。国家庶事，皆取秦王处分。

癸亥，立世民为皇太子。又诏："自今军国庶事，无大小悉委太子处决，然后闻奏。"

唐高祖武德九年（丙戌，公元626年）

李建成在夜间叫来李世民，与他饮酒，以经过鸩羽浸泡的毒酒毒害他。李世民突然心脏痛楚，吐了几升血，淮安王李神通搀扶着他返回西宫。

李建成、李元吉与后宫的嫔妃日夜不停地向高祖诬陷李世民，高祖信以为真，便准备惩治李世民。

李世民传召房玄龄计议此事，房玄龄说："大王的功劳足以遮盖天地，应当继承皇帝的伟大勋业。现在大王心怀忧虑戒惧，正是上天在帮助大王啊。希望大王不要疑惑不定了。”于是，房玄龄与秦王府属杜如晦共同劝说李世民诛杀李建成与李元吉。

由于秦王府拥有许多骁勇的将领，李建成与李元吉打算引诱他们为己所用，便暗中将一车金银器物赠送给左二副护军尉迟敬德，并且写就一封书信招引他说：“希望得到您的屈驾眷顾，以便加深我们之间的布衣之交。”尉迟敬德推辞说：“我是编蓬为户、破瓮做窗人家的小民，遇到隋朝末年战乱不息、百姓流亡的时局，长期沦落在抗拒朝廷的境地里，罪大恶极，死有余辜。秦王赐给我再生的恩典，现在我又在秦王府注册为官，只应当以死报答秦王。我没有为殿下立过尺寸之功，不敢凭空接受殿下如此丰厚的赏赐。倘若我私自与殿下交往，就是对秦王怀有二心，就是因贪图财利而忘掉忠义，殿下要这种人又有什么用处呢！”李建成大怒，便与他断绝了往来。尉迟敬德将此事告诉了李世民，李世民说：“您的心就像山岳那样坚实牢靠，即使他赠送给您的金子堆积得顶住了北斗星，我知道您的心还是不会动摇的。他赠给您什么，您就接受什么，这又有什么值得猜疑的呢！况且，这样做能够了解他的阴谋，难道不是一个上好的计策吗！否则，祸事就将降临到您的头上了。”不久，李元吉指使勇士在夜间刺杀尉迟敬德，尉迟敬德得知这一消息以后，将层层门户敞开，自己安然躺着不动，刺客屡次来到他的院子，终究没敢进屋。于是，李元吉向高祖诬陷尉迟敬德，敬德被关进奉诏命特设的监狱里审问处治，准备将他杀掉，由于李世民再三请求保全他的性命，这才得以不死。李元吉又诬陷左一马军总管程知节，高祖将他外放为康州刺史。程知节对李世民说：“大王的辅佐之臣快走光了，大王自身又怎么能够长久呢！我誓死不离开京城，希望大王及早将计策决定下来。”李元吉又用金银布帛引诱右二护军段志玄，段志玄不肯从命。李建成对李元吉说：“在秦王府有智谋才略的人物中，值得畏惧的是房玄龄和杜如晦。”李建成与李元吉又向高祖诬陷他们二人，使他们遭到斥逐。

李世民的亲信只剩下长孙无忌还留在秦王府中，他与他的舅舅雍州治中高士廉、右候车骑将军三水人侯君集以及尉迟敬德等人，夜以继日地劝说李世民诛讨李建成和李元吉，李世民犹豫不决。

适逢突厥郁射设带领数万骑兵驻扎在黄河以南，进入边塞，包围乌城，李建成便推荐李元吉代替李世民督率各军北征突厥。高祖听从了他的建议，命令李元吉督率右武卫大将军李艺、天纪将军张瑾等人前去援救乌城。李元吉请求让尉迟敬德、程知节、段志玄以及秦王府右三统军秦叔宝等人与自己一同前往，检阅并挑选秦王军中精悍勇锐的将士，来增强李元吉的军队。率更丞王晊秘密禀告李世民说：“太子对齐王说：‘现在，你已经得到秦王骁勇的将领和精悍的士兵，拥有数万人马了。我与秦王在昆明池为你饯行，让勇士就在帐幕里用杖击杀秦王，上奏时就说他暴病身亡，皇上应该不会不相信。我自当让人进言申说，使皇上将国家事务交给我。尉迟敬德等人被你掌握以后，应该将他们悉数活埋，有谁敢不服呢！’”李世民将王晊的话告诉了长孙无忌等人，长孙无忌等人劝说李世民在事发以前设法对付他们。李世民叹息着说：“骨肉相互残杀，是古往今来的大丑事。我诚然知道祸事即将来临，但我打算在祸事发动以后，再仗义讨伐他们，这不也是可以的吗！”尉迟敬德说：“说到人之常情，有谁能够舍得去死！现在大家誓死拥戴大王，这是上天所授。祸患的机括就要发动，大王却仍旧态度安然，不为此事担忧。即使大王把自己看得很轻，又怎么对得起宗庙社稷呢！如果大王不肯采用我的主张，我就准备逃身荒野了。我是不能够留在大王身边，拱手任人宰割的！”长孙无忌说：“如果大王不肯听从尉迟敬德的主张，事情现在便没有指望了。尉迟敬德等人肯定不会再追随大王，我也应当跟着他们离开大王，不能够再侍奉大王了！”李世民说：“我讲的意见也不能够完全舍弃，您再计议一下吧。”尉迟敬德说：“如今大王处理事情犹豫不定，这是不明智的；面临危难，不能决断，这是不果敢的。况且，大王平时畜养的八百多名勇士，凡是在外面的，现在已经进入宫中，他们穿好衣甲，握着兵器，起事的形势已经形成，大王怎么能够制止得住呢！”

李世民就此事征求秦王府僚属的意见，大家都说：“齐王凶恶乖张，是终究不愿意侍奉自己的兄长的。近来听说护军薛实曾经对齐王说：‘大王的名字，合起来可以成为一个唐字，看来大王终究是要主持大唐的祭祀的。’齐王欢喜地说：‘只要能够除去秦王，捉拿太子就易如反掌了。’李元吉与太子谋划作乱还没有成功，就已经有了捉拿太子的心思。作乱的心思没个满足，又有什么事情做不出来呢！假使这两个人如愿以偿了，恐怕天下就不再归大唐所有。凭着大王的贤能，捉拿这两个人就像拾取地上的草芥一般容易，怎么能够为了信守平常人的节操，而忘记了国家大计呢！”李世民仍然没有做出决定。大家说：“大王认为虞舜是什么样的人呢？”李世民说：“是圣人。”大家说：“假如虞舜在疏浚水井的时候没有躲过父亲与哥哥在上面填土的毒手，他便化为井中的泥土了，假如他在涂饰粮仓的时候没有逃过父亲和哥哥在下面放火的毒手，他便化为粮仓上的灰烬了，还怎么能够使自己恩泽遍及天下，法度流传后世呢！所以，虞舜在遭到父亲用小棍棒笞打的时候便忍受了，在遭到父亲用大棍棒笞打的时候便逃走了，这恐怕是因为虞舜心里所想的是大事啊。”李世民让人卜算是否应该采取行动，恰好秦王幕府的僚属张公谨从外面进来，便将龟甲拿过来扔在地上说：

“占卜是为了决定疑难之事的，现在事情并无疑难，还占卜什么呢！如果卜算的结果是不吉利的，难道就能够不采取行动了吗？”于是，大家便定下了采取行动的计划。

庚申（六月初四），李世民率领长孙无忌等人入朝，将兵力埋伏在玄武门。张婕妤暗中得知了李世民上表的大意，急忙前去告诉李建成。李建成将李元吉叫来商议此事，李元吉说：“我们应当统率好东宫与齐王府中的军队，托称有病，不去上朝，以便观察形势。”李建成说：“军队的防备已很严密了，我与你应当入朝参见，亲自打听消息。”于是，二人一起入朝，向着玄武门走来。当时，高祖已经将裴寂、萧瑀、陈叔达等人召集前来，准备查验这件事情了。

李建成与李元吉来到临湖殿的时候，察觉到发生了变故，立即勒转马头，准备向东返回东宫和齐王府。李世民跟在后面招呼他们，李元吉拉开弓射李世民，一连两三次，都没有将弓拉开，李世民箭射李建成，却将他射死了。尉迟敬德带领骑兵七十人相继赶到，他身边的将士将李元吉射下马来。李世民乘坐骑奔入树林，被树枝挂住，倒在地上，不能起来。李元吉迅速赶到，夺过弓来，准备掐死李世民，尉迟敬德跃马奔来大声呵斥他。李元吉打算步行前往武德殿，尉迟敬德追着射他，将他射死了。翊卫车骑将军冯翊人冯立得知李建成死去消息以后，叹息说：“难道能够在人家活着时蒙受其恩惠，人家一死便逃避其祸难吗！”于是，他与副护军薛万彻、屈咥直府左车骑万年人谢叔方率领东宫和齐王府的精锐兵马两千人，急驰玄武门。张公谨膂力过人，他独自关闭了大门，挡住冯立等人，冯立等人无法进入。云麾将军敬君弘掌管着宿卫军，驻扎在玄武门。他挺身而起，准备出战，与他亲近的人阻止他说：“事情未见分晓，姑且慢慢观察事态的发展变化，等到兵力集合起来，结成阵列再出战，也是为时不晚的啊。”敬君弘不肯听从，便与中郎将吕世衡大声呼喊着奔向前去，结果全部战死。敬君弘是敬显隽的曾孙。把守玄武门的士兵与薛万彻等人奋力交战，持续了很长时间，薛万彻擂着鼓，呼喊着，准备进攻秦王府，将士们大为恐惧。这时，尉迟敬德提着李建成和李元吉的头颅，给薛万彻等人看，东宫和齐王府的人马因而溃散，薛万彻与骑兵数十人逃进终南山。冯立杀死敬君弘以后，对手下人说：“这也足够略微报答太子了。”于是，他丢掉兵器，落荒而逃。

高祖正在海池划船。李世民让尉迟敬德入宫担任警卫，尉迟敬德身披铠甲，手握长矛，径直来到高祖所在的地方。高祖极为震惊，便问他说：“今天作乱的人是谁呀？你到这里来做什么？”尉迟敬德回答说：“由于太子和齐王作乱，秦王起兵诛杀了他们。秦王担心惊动陛下，便派我担任警卫。”高祖对裴寂等人说：“不料今天竟然会出现这种事情，你们认为应当怎么办呢？”萧瑀和陈叔达说：“李建成与李元吉原来就没有参与举义反隋的谋议，又没有为天下立下功劳。他们嫉妒秦王功勋大，威望高，便一起策划邪恶的阴谋。现在，秦王已经声讨并诛杀了他们，秦王的功绩布满天下，我国疆域以内的人们都诚心归向于他。如果陛下能够决定立他为太子，将国家政务交托给他，就不会再发生事端了。”高祖说：“好！这也正是我平素的心愿啊。”当时，宿卫军和秦王府的兵马与东宫和齐王府的亲信交战还没有停止，尉迟敬德请求高祖颁布亲笔敕令，命令各军一律接受秦王的处置，高祖听从了他的建议。天策府司马宇文士及由东上阁门出来宣布敕令，大家便安定下来。高祖又让黄门侍郎裴矩前往东宫晓谕开导各个将士，将士们便都散开。于是，高祖传召李世民前来，抚慰他说：“近些日子以来，我几乎出现了类似曾母误听曾参杀人而丢开织具逃走的疑惑。”李世民跪了下来，伏在高祖的胸前，长时间地放声痛哭。

各位将领准备将李建成和李元吉的一百多名亲信全部诛除，将他们的家产没收官府，尉迟敬德再三争辩说：“罪过都在两个元凶身上，他们已经受到死刑的处罚了。倘若还要牵连他们的党羽，就不是谋求安定的做法了！”于是各位将领停止追杀下去。当天，高祖颁诏赦免天下罪囚，叛逆的罪名只加给李建成和李元吉二人，对其余的党羽，一概不加追究。僧人、尼姑和男女道士都应当依照原先颁布的诏令处理。国家的各项政务，全部听候秦王的处置。

癸亥（六月初七），高祖将李世民立为皇太子，还颁布诏书说：“从今天起，军队和国家的各项事务，无论大小，全部交付太子处置决定，然后再报告朕知。”

唐纪八

第一百九十二卷

太宗文武大圣大广孝皇帝上之上贞观元年（丁亥，627）

上以兵部郎中戴胄忠清公直，擢为大理少卿。上以选人多诈冒资荫，敕令自首，不首者死。未几，有诈冒事觉者，上欲杀之。胄奏："据法应流。"上怒曰："卿欲守法而使朕失信乎？"对曰："敕者出于一时之喜怒，法者国家所以布大信于天下也。陛下忿选人之多诈，故欲杀之，而既知其不可，复断之以法，此乃忍小忿而存大信也！"上曰："卿能执法，朕复何忧！"胄前后犯颜执法，言如涌泉，上皆从之，天下无冤狱。

二年（戊子，628）

春，正月，辛亥，右仆射长孙无忌罢。时有密表称无忌权宠过盛者，上以表示之，曰："朕于卿洞然无疑，若各怀所闻而不言，则君臣之意有不通。"又召百官谓之曰："朕诸子皆幼，视无忌如子，非他人所能间也。"无忌自惧满盈，固求逊位，皇后又力为之请，上乃许之，以为开府仪同三司。

上问魏徵曰："人主何为而明，何为而暗？"对曰："兼听则明，偏信则暗。昔尧清问下民，故有苗之恶得以上闻；舜明四目，达四聪，故共、鲧、驩兜不能蔽也。秦二世偏信赵高，以成望夷之祸；梁武帝偏信朱异，以取台城之辱；隋炀帝偏信虞世基，以致彭城阁之变。是故人君兼听广纳，则贵臣不得拥蔽，而下情得以上通也。"上曰："善！"

二月，上谓侍臣曰："人言天子至尊，无所畏惮。朕则不然，上畏皇天之监临，下惮群臣之瞻仰，兢兢业业，犹恐不合天意，未副人望。"魏徵曰："此诚致治之要，愿陛下慎终如始，则善矣。"

上谓房玄龄等曰："为政莫若至公。昔诸葛亮窜廖立、李严于南夷，亮卒而立、严皆悲泣，有死者，非至公能如是乎！又高颎为隋相，公平识治体，隋之兴亡，系颎之存没。朕既慕前世之明君，卿等不可不法前世之贤相也！"

唐太宗贞观元年（丁亥，公元627年）

太宗认为兵部郎中戴胄忠诚清正耿直，提升他为大理寺少卿。当时许多候选官员都假冒资历和门荫，太宗令他们自首，否则即处死。没过几天，有假冒被发觉的，太宗要杀掉他。戴胄上奏道："根据法律应当流放。"太宗大怒道："你想遵守法律而让我失信于天下吗？"戴胄回答道："敕令出于君主一时的喜怒，法律则是国家用来向天下人昭示最大信用的。陛下气愤于候选官员的假冒，所以想要杀他们，但是现在知道这样做不合适，再按照法律来裁断，这就是忍住一时的小愤而保全大的信用啊！"太宗说："你如此执法，朕还有何忧虑！"戴胄前后多次冒犯皇上而执行法律，奏答时滔滔不绝，太宗都听从他的意见，国内没有冤案。

二年（戊子，公元628年）

春季，正月，辛亥（初三），尚书右仆射长孙无忌离职。当时有人上密表称长孙无忌权力过大，荣宠太盛，太宗将密表拿给长孙无忌看，并说："朕对你丝毫不怀疑，假如各有所闻而不说，则君臣的想法便不能沟通。"又召集百官对他们说："朕的儿子均年幼，所以视无忌如亲子一般，不是其他人所能离间的。"长孙无忌自己担心富贵至极会带来灾祸，一再请求让位，长孙皇后也尽力为他请求，太宗于是准许离职，改封为开府仪同三司。

太宗问魏徵："君主如何做称为明，如何做称为暗？"魏徵答道："能听取各方面的意见，就是明，偏听偏信，就是暗。从前尧帝体恤下情，详细询问民间疾苦，所以能够知道有苗的恶行；舜帝目明能远视四方，耳聪能远听四方，所以共工、鲧、驩兜不能掩匿罪过。秦二世偏信赵高，造成望夷宫的灾祸；梁武帝偏信朱异，招来台城的羞辱；隋炀帝偏信虞世基，导致彭城阁的变故。所以君主善于听取各方面意见，则亲贵大臣就无法阻塞言路，下情也就得以上达。"太宗说："非常对！"

二月，太宗对亲近的大臣说："人们都说君主至为尊贵，无所畏惧。朕则并非如此，上怕皇天的监督，下惧群臣的注视，兢兢业业，还怕不符合上天的旨意和百姓的期望。”魏徵说：“这的确是达到治世的要旨，希望陛下能慎始慎终，那就好了。”

太宗对房玄龄等人说：“处理政务没有比大公无私更重要的了。以前诸葛亮流放廖立、李严到南夷之地，诸葛亮死的时候，廖立悲痛万分，李严哀伤而死，如果不是大公无私能这样吗？再如高颎为隋朝丞相，公正无私，颇识治国之本，隋朝的兴亡，与高颎的生死相关。朕既然仰慕前代的明君，你们也不可不效法前代的贤相啊！”

唐纪九

第一百九十三卷

太宗文武大圣大广孝皇帝上之中贞观二年（戊子，628）

徵状貌不逾中人，而有胆略，善回人主意，每犯颜苦谏。或逢上怒甚，徵神色不移，上亦为霁威。尝谒告上冢，还，言于上曰："人言陛下欲幸南山，外皆严装已毕，而竟不行，何也？"上笑曰："初实有此心，畏卿嗔，故中辍耳。"上尝得佳鹞，自臂之，望见徵来，匿怀中，徵奏事固久不已，鹞竟死怀中。

上曰："为朕养民者，唯在都督、刺史，朕常疏其名于屏风，坐卧观之，得其在官善恶之迹，皆注于名下，以备黜陟。县令尤为亲民，不可不择。"乃命内外五品已上，各举堪为县令者，以名闻。

三年（己丑，629）

丁巳，上谓房玄龄、杜如晦曰："公为仆射，当广求贤人，随才授任，此宰相之职也。比闻听受辞讼，日不暇给，安能助朕求贤乎！"因敕"尚书细务属左右丞，唯大事应奏者，乃关仆射"。

玄龄明达政事，辅以文学，夙夜尽心，惟恐一物失所。用法宽平，闻人有善，若己有之，不以求备取人，不以己长格物。与杜如晦引拔士类，常如不及。至于台阁规模，皆二人所定。上每与玄龄谋事，必曰："非如晦不能决。"及如晦至，卒用玄龄之策。盖元龄善谋，如晦能断故也。二人深相得，同心徇国，故唐世称贤相，推房、杜焉。玄龄虽蒙宠待，或以事被谴，辄累日诣朝堂，稽颡请罪，恐惧若无所容。

故事：凡军国大事，则中书舍人各执所见，杂署其名，谓之五花判事。中书侍郎、中书令省审之，给事中、黄门侍郎驳正之。上始申明旧制，由是鲜有败事。

茌平人马周，客游长安，舍于中郎将常何之家。六月，壬午，以旱，诏文武官极言得失。何武人不学，不知所言，周代之陈便宜二十余条。上怪其能，以问何，对曰："此非臣所能，家客马周为臣具草耳。"上即召之；未至，遣使督促者数辈。及谒见，与语，甚悦，令直门下省，寻除监察御史，奉使称旨。上以常何为知人，赐绢三百匹。

四年（庚寅，630）

上皇闻擒颉利，叹曰："汉高祖困白登，不能报。今我子能灭突厥，吾托付得人，复何忧哉！"上皇召上与贵臣十余人及诸王、妃、主置酒凌烟阁，酒酣，上皇自弹琵琶，上起舞，公卿迭起为寿，逮夜而罢。

诸宰相侍宴，上谓王珪曰："卿识鉴精通，复善谈论，玄龄以下，卿宜悉加品藻，且自谓与数子何如？"对曰："孜孜奉国，知无不为，臣不如玄龄。才兼文武，出将入相，臣不如李靖。敷奏详明，出纳惟允，臣不如温彦博。处繁治剧，众务毕举，臣不如戴胄。耻君不及尧、舜，以谏争为己任，臣不如魏徵。至于激浊扬清，嫉恶好善，臣于数子，亦有微长。"上深以为然，众亦服其确论。

唐太宗贞观二年（戊子，公元628年）

魏徵相貌平平，但是很有胆略，善于挽回皇帝的主意，常常犯颜直谏。有时碰上太宗非常恼怒的时候，他面不改色，太宗的神威也为之收敛。他曾经告假去祭扫祖墓，回来后，对太宗说："人们都说陛下要临幸南山，外面都已严阵以待、整装完毕，而您最后又没去，不知为什么？"太宗笑着说："起初确实有这个打算，害怕你又来嗔怪，所以中途停止了。"太宗曾得到一只好鹞鹰，将它置于臂膀上，远远望见魏徵走过来，便藏在怀里；魏徵站在那里上奏朝政大事，很久不停下来，鹞鹰最后竟死在太宗的怀里。

太宗说："为朕养护百姓的，唯有都督、刺史，朕常常将他们的名字书写在屏风上，坐卧都留心观看，得知在任内的善恶事迹，均注于他们的名下，以备升迁和降职时参考。县令尤其与百姓亲近，不可不慎加选择。"于是下令朝廷内外五品以上官员，各荐举能胜任县令职位的人，呈报他们的姓名。

三年（己丑，公元629年）

丁巳（三月十六日），太宗对房玄龄、杜如晦说："你们身为仆射，应当广求天下贤才，因才授官，这是宰相的职责。近来听说你们受理词讼案情，每天忙不过来，怎么能帮助朕求得贤才呢？"因此下令："尚书省琐细事务归尚书左右丞掌管，只有应当奏明的大事，才由左右仆射处理。"

房玄龄通晓政务，又有文才，昼夜操劳，唯恐偶有差池；运用法令宽和平正，听到别人的长处，便如同自己所有，待人不求全责备，不以己之所长要求别人，与杜如晦提拔后进，不遗余力。至于尚书省的制度程式，均系二人所定。太宗每次与房玄龄谋划政事，一定要说："非杜如晦不能敲定。"等到杜如晦来，最后还是采用房玄龄的建议。这是因为房玄龄善于谋略，杜如晦长于决断。二人深相投合，同心为国出力。所以唐朝称为贤相者，首推房、杜二人。房玄龄虽然多蒙太宗宠爱，有时因某事受谴责，总是一连数日到朝堂内，磕头请罪，恐惧得好像无地自容。

按以前的惯例，诏书凡涉及军国大事，则让中书舍人各执所见，大家分别署名，称之为五花判事。中书侍郎、中书令加以审核，给事中、黄门侍郎予以驳正。太宗开始申明旧的规制，于是很少有错误。

茌平人马周，游历来到长安，住在中郎将常何家里。六月，壬午（十二日），天下大旱，诏令文武百官畅言得失。常何乃一介武夫，不学无术，不知道说什么，马周便代他上呈建议二十多条。太宗惊奇常何的能力。便问常何，常何答道："这不是我能写的，而是我的客人马周代我起草的。"太宗立刻召见马周，马周还没有来，又派人催促了几次。马周到宫中谒见太宗，太宗与他谈论，十分高兴，令其暂在门下省做事，不久又任命为监察御史，奉使出巡很合旨意。太宗认为常何知人善任，赐给绢帛三百匹。

四年（庚寅，公元630年）

太上皇李渊听说擒住了颉利可汗，感叹道："当年汉高祖刘邦被匈奴围困在白登城，不能报仇；现在我的儿子能一举剿灭突厥，证明我托付的人是对的，我还有什么忧虑呢！"太上皇召集太宗皇帝与十几位显贵大臣，以及诸王、王妃、公主等，在凌烟阁摆下酒宴，酒喝到兴处，太上皇自己弹奏琵琶，太宗翩翩起舞，公卿大臣纷纷起身祝寿，一直到深夜才散。

众位宰相陪太宗饮宴，太宗对王珪说："你精通鉴别人才，又很健谈，房玄龄以下的宰臣，望你能详细加以品评，而且自己衡量与他们相比如何。”王珪答道：“勤勤恳恳地侍奉大唐，尽心竭力无所保留，我不如房玄龄。文武全才，出将入相，我不如李靖。议事详尽周到，传达诏令，反映群臣意见，都平允恰当，我不如温彦博。处理繁重、艰难的事务都能办好，我不如戴胄。唯恐君王赶不上尧、舜，专以苦言强谏为己任，我不如魏徵。说到辨别清浊，疾恶奖善，我与他们相比，倒是略有长处。”太宗非常赞同，众人也钦佩他的高论。

唐纪十一

第一百九十五卷

太宗文武大圣大广孝皇帝中之上贞观十二年(戊戌,638)

吏部尚书高士廉、黄门侍郎韦挺、礼部侍郎令狐德、中书侍郎岑文本撰《氏族志》成,上之。先是,山东人士崔、卢、李、郑诸族,好自矜地望,虽累叶陵夷,苟他族欲与为昏姻,必多责财币,或舍其乡里而妄称名族,或兄弟齐列而更以妻族相陵。上恶之,命士廉等遍责天下谱谍,质诸史籍,考其真伪,辩其昭穆,第其甲乙,褒进忠贤,贬退奸逆,分为九等。士廉等以黄门侍郎崔民幹为第一。上曰:"汉高祖与萧、曹、樊、灌皆起闾阎布衣,卿辈至今推仰,以为英贤,岂在世禄乎!高氏偏据山东,梁、陈僻在江南,虽有人物,盖何足言!况其子孙才行衰薄,官爵陵替,而犹卬然以门地自负,贩鬻松槚,依托富贵,弃廉忘耻,不知世人何为贵之!今三品以上,或以德行,或以勋劳,或以文学,致位贵显。彼衰世旧门,诚何足慕!而求与为昏,虽多输金帛,犹为彼所偃蹇,我不知其解何也!今欲厘正讹谬,舍名取实,而卿曹犹以崔民幹为第一,是轻我官爵而徇流俗之情也。"乃更命刊定,专以今朝品秩为高下,于是以皇族为首,外戚次之,降崔民幹为第三。凡二百九十三姓,千六百五十一家,颁于天下。

十四年(庚子,640)

二月,丁丑,上幸国子监,观释奠,命祭酒孔颖达讲《孝经》,赐祭酒以下至诸生高第帛有差。是时上大征天下名儒为学官,数幸国子监,使之讲论,学生能明一大经已上皆得补官。增筑学舍千二百间,增学生满二千二百六十员,自屯营飞骑,亦给博士,使授以经,有能通经者,听得贡举。于是四方学者云集京师,乃至高丽、百济、新罗、高昌、吐蕃诸酋长亦遣子弟请入国学，升讲筵者至八千余人。上以师说多门，章句繁杂，命孔颖达与诸儒撰定《五经》疏，谓之《正义》，令学者习之。

唐太宗贞观十二年（戊戌，公元638年）

吏部尚书高士廉、黄门侍郎韦挺、礼部侍郎令狐德棻、中书侍郎岑文本编撰《氏族志》，书成，上奏给太宗。这以前，山东崔、卢、李、郑等世家大族，喜欢自我标榜门第族望，虽然好几代已衰落，但如果非世族人家想与他们通婚，定要多索财物，导致当时的风俗有人丢弃原来的里贯而冒称名门士族，有的兄弟二人族望相等便以妻族背景相互比斗。太宗非常厌恶这些，命高士廉等人普查全国的谱牒，质证于史籍，考辨其真伪，辨别其昭穆伦序，编排行次，褒扬奖进忠贤，贬斥奸逆，分做九等。士廉等人将黄门侍郎崔民幹列为第一。太宗说："汉高祖与萧何、曹参、樊哙、灌婴等人均以布衣起兵，你们至今仍然十分推重景仰，认为是一代英豪，难道在乎他们的世卿世禄地位吗？高氏偏守山东，梁、陈二朝僻居江南，虽然也有个别英豪，又何足挂齿！何况他们的子孙才气衰竭，德行浇薄，官爵降低，然而还很骄傲地以门第族望自负，挂羊头卖狗肉，依赖高贵人家，寡廉鲜耻，不知道世上的人为什么认为他们尊贵？如今三品以上公卿大臣，有的以仁德行世，有的以功勋称道，有的以文章练达，致身显赫。那些衰微的世族们，不值得羡慕。然而那些希望与世族们通婚的，即使多供给金银财物，还为他们所看不起，朕不知道他们在想什么！如今想要厘正错谬，舍弃虚名追求实际，而你们仍然将崔民幹列为第一位，这是轻视大唐的官爵而依循流俗的观念。"于是下令重新刊正，专以当朝品秩高下制定标准，于是便以皇族李姓为首位，外戚次之，将崔民幹降为第三。共定二百九十三姓，一千六百五十一家，颁行全国。

十四年（庚子，公元640年）

二月，丁丑（初十），太宗临幸国子监，观看释奠礼，命国子监祭酒孔颖达讲解《孝经》，赏赐祭酒以下直至成绩优异的诸生多少不等的绢帛。此时太宗大量征召全国名儒学者为学官，并多次亲临国子监，让他们讲论古代经典，学生中如有能够通晓《礼记》《春秋左氏传》中的一种或更多的均得补为官员。又扩建学舍一千二百间，增加学生满二千二百六十人，连屯营飞骑，也派去博士，给他们传授经典，有能通晓经义的，便可入贡举。于是全国各地学生云集长安，甚至高句丽、百济、新罗、高昌、吐蕃等首领也派他们的子弟请求入国子监学习，一时间就读学生达八千多人。太宗认为古书师出多门，注释也较为繁杂，便命孔颖达与其他学者共同撰定《五经》的注疏，称之为《正义》，令学生们研习。

唐纪十二

第一百九十六卷

太宗文武大圣大广孝皇帝中之中贞观十五年（辛丑，641）

丁丑，命礼部尚书江夏王道宗持节送文成公主于吐蕃。赞普大喜，见道宗，尽子婿礼，慕中国衣服、仪卫之美，为公主别筑城郭宫室而处之，自服纨绮以见公主。其国人皆以赭涂面，公主恶之，赞普下令禁之；亦渐革其猜暴之性，遣子弟入国学，受《诗》《书》。

乙巳，上谓侍臣曰："朕有二喜一惧。比年丰稔，长安斗粟直三四钱，一喜也；北虏久服，边鄙无虞，二喜也。治安则骄侈易生，骄侈则危亡立至，此一惧也。"

十七年（癸卯，643）

郑文贞公魏徵寝疾，上遣使者问讯，赐以药饵，相望于道。又遣中郎将李安俨宿其第，动静以闻。上复与太子同至其第，指衡山公主欲以妻其子叔玉。戊辰，徵薨，命百官九品以上皆赴丧，给羽葆鼓吹，陪葬昭陵。其妻裴氏曰："徵平生俭素，今葬以一品羽仪，非亡者之志。"悉辞不受，以布车载柩而葬。上登苑西楼，望哭尽哀。上自制碑文，并为书石。上思徵不已，谓侍臣曰："人以铜为镜，可以正衣冠；以古为镜，可以见兴替；以人为镜，可以知得失。魏徵没，朕亡一镜矣！"

戊申，上命图画功臣赵公长孙无忌、赵郡元王孝恭、莱成公杜如晦、郑文贞公魏徵、梁公房玄龄、申公高士廉、鄂公尉迟敬德、卫公李靖、宋公萧瑀、褒忠壮公段志玄、夔公刘弘基、蒋忠公屈突通、郧节公殷开山、谯襄公柴绍、邳襄公长孙顺德、郧公张亮、陈公侯君集、郯襄公张公谨、卢公程知节、永兴文懿公虞世南、渝襄公刘政会、莒公唐俭、英公李世勣、胡壮公秦叔宝等于凌烟阁。

唐太宗贞观十五年（辛丑，公元641年）

丁丑（正月十五日），太宗令礼部尚书、江夏王李道宗持旌节护送文成公主到吐蕃。吐蕃赞普非常高兴，见到李道宗，完全按婿礼行事，羡慕唐朝的服装和仪仗之美，将公主安置在特意营筑的城郭宫室之内，自己穿戴着精美的丝绸服装与公主见面。吐蕃人的脸上都涂着红褐色，公主感到厌恶，赞普便下令禁止涂面；并且逐渐改变其猜忌粗暴的本性，派遣本族子弟到长安国子学，学习《诗经》《尚书》等典籍。

乙巳（八月十六日），太宗对身边大臣说："朕有两件喜事一件忧事。连年丰收，长安城一斗粟仅值三四钱，这是一喜；北方部族久已服顺，边境没有祸患，这是二喜。政治安定则容易滋生骄奢淫逸，骄奢淫逸则立刻招致危亡，此是一件值得忧虑的事。"

十七年（癸卯，公元643年）

郑文贞公魏徵卧病不起，太宗派人前去问讯，赐给他药饵，送药的人往来不绝。又派中郎将李安俨在魏徵的宅院里留宿，一有动静便立即报告。太宗又和太子一同到其住处，指着衡山公主，想要将她嫁给魏徵的儿子魏叔玉。戊辰（正月十七日），魏徵去世，太宗命九品以上文武百官均去奔丧，赐给手持羽葆的仪仗队和吹鼓手，陪葬在昭陵。魏徵的妻子说："魏徵平时生活俭朴，如今用鸟羽装饰旌旗，用一品官的礼仪安葬，这并不是死者的愿望。"全都推辞不受，仅用布罩上车子载着棺材安葬。太宗登上禁苑西楼，望着魏徵灵车痛哭，非常悲哀。太宗亲自撰写碑文，并且书写墓碑。太宗不停地思念魏徵，对身边的大臣说："人们用铜做成镜子，可以用来整齐衣帽；将历史作为镜子，可以观察到历朝的兴衰更替；将人比作镜子，可以确知自己行为的得失。魏徵死去了，朕失去了一面绝好的镜子。"

戊申（二月二十八日），太宗命人在凌烟阁画上朝廷的大功臣。他们是：赵公长孙无忌、赵郡元王李孝恭、莱成公杜如晦、郑文贞公魏徵、梁公房玄龄、申公高士廉、鄂公尉迟敬德、卫公李靖、宋公萧瑀、褒忠壮公段志玄、夔公刘弘基、蒋忠公屈突通、郧节公殷开山、谯襄公柴绍、邳襄公长孙顺德、勋公张亮、陈公侯君集、郯襄公张公谨、卢公程知节、永兴文懿公虞世南、渝襄公刘政会、莒公唐俭、英公李世勣、胡壮公秦叔宝等二十四人。

唐纪十三

第一百九十七卷

太宗文武大圣大广孝皇帝中之下贞观十七年（癸卯，643）

夏，四月，庚辰朔，承基上变，告太子谋反。敕长孙无忌、房玄龄、萧瑀、李世勣与大理、中书、门下参鞫之，反形已具。上谓侍臣："将何以处承乾？"群臣莫敢对，通事舍人来济进曰："陛下不失为慈父，太子得尽天年，则善矣！"上从之。济，护儿之子也。

乙酉，诏废太子承乾为庶人，幽于右领军府。上欲免汉王元昌死，群臣固争，乃赐自尽于家，而宥其母、妻、子。侯君集、李安俨、赵节、杜荷等皆伏诛。左庶子张玄素，右庶子赵弘智、令狐德棻等以不能谏争，皆坐免为庶人。余当连坐者，悉赦之。詹事于志宁以数谏，独蒙劳勉。以纥干承基为祐川府折冲都尉，爵平棘县公。

承乾既废，上御两仪殿，群臣俱出，独留长孙无忌、房玄龄、李世勣、褚遂良，谓曰："我三子一弟，所为如是，我心诚无聊赖！"因自投于床，无忌等争前扶抱；上又抽佩刀欲自刺，遂良夺刀以授晋王治。无忌等请上所欲，上曰："我欲立晋王。"无忌曰："谨奉诏。有异议者，臣请斩之！"上谓治曰："汝舅许汝矣，宜拜谢。"治因拜之。上谓无忌等曰："公等已同我意，未知外议何如？"对曰："晋王仁孝，天下属心久矣，乞陛下试召问百官，有不同者，臣负陛下万死。"上乃御太极殿，召文武六品以上，谓曰："承乾悖逆，泰亦凶险，皆不可立。朕欲选诸子为嗣，谁可者？卿辈明言之。"众皆欢呼曰："晋王仁孝，当为嗣。"上悦。是日，泰从百余骑至永安门，敕门司尽辟其骑，引泰入肃章门，幽于北苑。

丙戌，诏立晋王治为皇太子，御承天门楼，赦天下，酺三日。上谓侍臣曰："我若立泰，则是太子之位可经营而得。自今太子失道，藩王窥伺者，皆两弃之，传诸子孙，永为后法。且泰立，承乾与治皆不全；治立，则承乾与泰皆无恙矣。”

闰月，辛亥，上谓侍臣曰：“朕自立太子，遇物则诲之，见其饭，则曰：‘汝知稼穑之艰难，则常有斯饭矣。’见其乘马，则曰：‘汝知其劳逸，不竭其力，则常得乘之矣。’见其乘舟，则曰：‘水所以载舟，亦所以覆舟，民犹水也，君犹舟也。’见其息于木下，则曰：‘木从绳则正，后从谏则圣。’”

九月，庚辰，新罗遣使言百济攻取其国四十余城，复与高丽连兵，谋绝新罗入朝之路，乞兵救援。上命司农丞相里玄奖赍玺书赐高丽曰：“新罗委质国家，朝贡不乏，尔与百济各宜戢兵，若更攻之，明年发兵击尔国矣！”

唐太宗贞观十七年（癸卯，公元643年）

夏季，四月，庚辰朔（初一），纥干承基上书告发太子李承乾谋反。太宗敕令长孙无忌、房玄龄、萧瑀、李世勣与大理寺、中书省、门下省一同参与审问，谋反的情形已经昭彰。太宗对身边的大臣说：“你们看将如何处置承乾？”众位大臣不敢应答，通事舍人来济进言说：“陛下不失为慈父的形象，让太子享尽自然寿数，就不错了。”太宗听从其意见。来济是来护儿的儿子。

乙酉（初六），太宗下诏废黜太子李承乾为平民，幽禁在右领军府。太宗想要免除汉王李元昌的死罪，群臣执意争辩，于是便赐他在家中自尽，宽宥他的母亲、妻子儿女。侯君集、李安俨、赵节、杜荷等人皆处斩。左庶子张玄素，右庶子赵弘智、令狐德棻等人以不能劝谏太子，均获罪免为平民。其余应当连坐的，全部赦免。詹事于志宁因为曾多次劝谏，单独蒙受嘉勉。任命纥干承基为祐川府折冲都尉，封爵平棘县公。

李承乾被废掉太子之位后，太宗亲御两仪殿，群臣都退朝，只留下长孙无忌、房玄龄、李世勣、褚遂良四人，太宗对他们说：“朕的三个儿子、一个弟弟，如此作为，我的心里实在是苦闷，百无聊赖。”于是将身体向床头撞去，长孙无忌等人争抢上前抱住他；太宗又抽出佩刀想要自杀，褚遂良夺下刀交给晋王李治。长孙无忌等请求太宗告知有什么要求，太宗说：“朕想要立晋王为太子。”无忌说：“我等谨奉诏令；如有异议者，我请求将其斩首。”太宗对李治说：“你舅父许诺你为太子，你应当拜谢他。”李治拜谢长孙无忌。太宗对长孙无忌等人说：“你们已经与朕的意见相同，但不知外朝议论如何？”答道：“晋王仁义孝敬，天下百姓属心很久了，望陛下召见文武百官试探问一下，如有不同意的，就是臣等有负陛下罪该万死。”太宗于是亲临太极殿，召见六品以上文武大臣，对他们说：“李承乾大逆不道，李泰也居心险恶，都不能立为太子。朕想要从众位皇子中选一人为继承人，谁可以为太子？你们须当面明讲。”众人都高声说道：“晋王仁义孝敬，应当做太子。”太宗十分高兴。这一天，李泰率领一百多骑兵到永安门；太宗敕令城门官员遣散李泰的护骑，带李泰进入肃章门，将其幽禁在北苑。

丙戌（初七），太宗下诏立晋王李治为皇太子，太宗亲临承天门楼，大赦天下，饮宴三天。太宗对身边大臣说：“朕如果立李泰为太子，那就表明太子的位置可以苦心经营而得到。自今往后，太子失德背道，而藩王企图谋取的，两人都要弃置不用，这一规定传给子孙后代，永为后代效法。而且李泰为太子，则李承乾和李治均难以保全，李治为太子，则李承乾与李泰均安然无恙。”

闰六月，辛亥（初四），太宗对身边大臣说：“朕自从立李治为太子，遇见任何事情都亲加教诲，看见他用饭，就说：‘你知道耕稼的艰难，就能常吃上这些饭了。’看见他骑马，就说：‘你知道马要劳逸结合，不耗尽马的力量，就能经常骑着它了。’看见他坐船，则说：‘水能够载船，也能够翻船，百姓便如同这水，君主便如同这船。’见到他在树下休息，则说：‘木头依从墨线处理才能正直，君主纳谏言才为圣君。’”

九月，庚辰（初四），新罗派使节来称百济攻取他国中四十多座城，又与高丽国联合，图谋断绝新罗到唐朝的通道，因而请求派兵救援。太宗命令司农寺丞相里玄奖带皇帝玺书前往高丽，对他们说：“新罗归顺我大唐，每年不停朝贡，你们与百济都停止兵战，假如再行攻打，明年大唐就要发兵攻伐你们国家。”

唐纪十四

第一百九十八卷

太宗文武大圣大广孝皇帝下之上贞观十九年（乙巳，645）

上以辽左早寒，草枯水冻，士马难久留，且粮食将尽，癸未，敕班师。先拔辽、盖二州户口渡辽，乃耀兵于安市城下而旋，城中皆屏迹不出。城主登城拜辞，上嘉其固守，赐缣百匹，以励事君。命李世勣、江夏王道宗将步骑四万为殿。

凡征高丽，拔玄菟、横山、盖牟、磨米、辽东、白岩、卑沙、麦谷、银山、后黄十城，徙辽、盖、岩三州户口入中国者七万人。新城、建安、驻骅三大战，斩首四万余级，战士死者几二千人，战马死者什七八。上以不能成功，深悔之，叹曰："魏徵若在，不使我有是行也！"命驰驿祀徵以少牢，复立所制碑，召其妻子诣行在，劳赐之。

丙午，至营州。诏辽东战亡士卒骸骨并集柳城东南，命有司设太牢，上自作文以祭之，临哭尽哀。其父母闻之，曰："吾儿死而天子哭之，死何所恨！"上谓薛仁贵曰："朕诸将皆老，思得新进骁勇者将之，无如卿者，朕不喜得辽东，喜得卿也。"

二十年（丙午，646）

二月，乙未，上发并州。三月，己巳。车驾还京师。上谓李靖曰："吾以天下之众困于小夷，何也？"靖曰："此道宗所解。"上顾问江夏王道宗，具陈在驻骅时乘虚取平壤之言。上怅然曰："当时匆匆，吾不忆也。"

唐太宗贞观十九年(乙巳,公元645年)

太宗认为辽东一带早寒,草木干枯水结冰,士兵马匹都不宜久留,而且粮食快要用光了,癸未(九月十八日),便敕令班师还朝。先让辽东、盖牟二城的百姓举家渡过辽水,于是在安市城下显耀兵力,而后凯旋,城中高丽人都藏身不出。城主登上城楼答礼为唐军送行,太宗称赞他能够坚守城池,赐给城主绸缎一百匹,用来鼓励他侍奉高丽国王。命令李世勣与江夏王李道宗领步骑兵四万人殿后。

此次征伐高丽,总共攻克玄菟、横山、盖牟、磨米、白岩、辽东、卑沙、麦谷、银山、后黄十座城,迁徙辽、盖、岩三州户口加入唐朝户籍共七万人。新城、建安、驻跸三次较大的战役,杀死高丽兵四万多人,唐朝将士死亡近二千人,战马损失十分七八。太宗认为未能最后取胜,深自懊悔,感叹道:"如果魏徵在的话,不会让我此番出兵的!"命人乘驿马昼夜兼程到京城,用猪和羊祭祀魏徵,重新竖立贞观十七年曾毁坏的石碑,征召他妻子儿女到太宗所在行宫,亲自慰问赏赐。

丙午(十月十一日),唐军回到营州。太宗下诏令将在辽东阵亡的士兵的尸骨一并汇集在柳城东南,命令有关部门摆设牛羊猪祭祀,太宗亲自写诔文祭奠亡灵,并亲临灵堂痛哭,十分悲哀。死者的父母们听说此事后,都说:"我们的儿子死了,皇上亲自为他们哭灵,死还有什么遗憾!"太宗对薛仁贵说:"朕手下的各位将领都已经老了,考虑能得到骁勇善战的后起之秀为统兵将领,没有人能赶得上你了,朕对于得到辽东并不高兴,高兴的是得到了你。"

二十年(丙午,公元646年)

二月,乙未(初二),太宗从并州出发。三月,己巳(初七),太宗车驾回到了京城长安。太宗对李靖说:"我倾全国兵力却受困于小小的高丽,这是什么缘故?"李靖说:"这一点李道宗能够解释。"太宗又问江夏王李道宗,李道宗详细陈述在驻跸山时曾提出过乘机攻取平壤的话。太宗怅然若失,说道:"当时匆匆忙忙,我已经记不起来了。"

唐纪十五

第一百九十九卷

高宗天皇大圣大弘孝皇帝上之上永徽六年（乙卯，655）

中书舍人饶阳李义府为长孙无忌所恶，左迁壁州司马。敕未至门下，义府密知之，问计于中书舍人幽州王德俭，德俭曰："上欲立武昭仪为后，犹豫未决者，直恐宰臣异议耳。君能建策立之，则转祸为福矣。"义府然之，是日，代德俭直宿，叩阁上表，请废皇后王氏，立武昭仪，以厌兆庶之心。上悦，召见，与语，赐珠一斗，留居旧职。昭仪又密遣使劳勉之，寻超拜中书侍郎。于是卫尉卿许敬宗、御史大夫崔义玄、中丞袁公瑜皆潜布腹心于武昭仪矣。

上一日退朝，召长孙无忌、李勣、于志宁、褚遂良入内殿。遂良曰："今日之召，多为中宫，上意既决，逆之必死。太尉元舅，司空功臣，不可使上有杀元舅及功臣之名，遂良起于草茅，无汗马之劳，致位至此，且受顾托，不以死争之，何以下见先帝！"勣称疾不入。无忌等至内殿，上顾谓无忌曰："皇后无子，武昭仪有子，今欲立昭仪为后，何如？"遂良对曰："皇后名家，先帝为陛下所娶。先帝临崩，执陛下手谓臣曰：'朕佳儿佳妇，今以付卿。'此陛下所闻，言犹在耳。皇后未闻有过，岂可轻废！臣不敢曲从陛下，上违先帝之命！"上不悦而罢。明日又言之，遂良曰："陛下必欲易皇后，伏请妙择天下令族，何必武氏。武氏经事先帝，众所具知，天下耳目，安可蔽也。万代之后，谓陛下为如何！愿留三思！臣今忤陛下，罪当死。"因置笏于殿阶，解巾叩头流血曰："还陛下笏，乞放归田里。"上大怒，命引出。昭仪在帘中大言曰："何不扑杀此獠！"无忌曰："遂良受先朝顾命，有罪不可加刑。"于志宁不敢言。

他日，李勣入见，上问之曰："朕欲立武昭仪为后，遂良固执以为不可。遂良既顾命大臣，事当且已乎？"对曰："此陛下家事，何必更问外人！"上意遂决。许敬宗宣言于朝曰："田舍翁多收十斛麦，尚欲易妇，况天子欲立后，何豫诸人事而妄生异议乎！"昭仪令左右以闻。庚午，贬遂良为潭州都督。

唐高宗永徽六年（乙卯，公元655年）

中书舍人、饶阳人李义府为长孙无忌所厌恶，降职为壁州司马。敕令还未到门下省，李义府已经暗中得知，便向中书舍人、幽州人王德俭问计，德俭说："高宗想要立武昭仪为皇后，正在犹豫不决，只是担心宰相们会有异议。你如果能提建议立武氏为后，则转祸为福了。"李义府同意他的话，这一天，他代替德俭值宿，叩门向高宗上表章，请求废掉王皇后，立武昭仪为后，以满足黎民百姓的愿望。高宗十分高兴，亲自召见李义府，与他谈话，赐给珍珠一斗，留下他官居原职。武氏又暗中派人慰劳勉励他，不久破格提拔为中书侍郎。在此之后，卫尉卿许敬宗、御史大夫崔义玄、御史中丞袁公瑜都暗中向武氏表达其效忠之心。

有一天高宗退朝后，宣召长孙无忌、李世勣、于志宁、褚遂良进入内殿。褚遂良对人说："今天皇上宣召，多半是为了后宫的事，皇上的主意既已定了，违抗者必是死罪。太尉长孙无忌是元舅，司空李世勣是功臣，不可以让皇上承担杀元舅与功臣的不好名声。我褚遂良乃平民起家，没有汗马功劳，到了今日这个地位，而且接受先帝托孤，不以死谏诤，无颜去见先帝！"李世勣称病没去内殿。无忌等人到了内殿，高宗对他们说："皇后没有子嗣，武昭仪有，如今朕想立武昭仪为皇后，你们看怎么样？"褚遂良答道："皇后出身名家，是先帝为陛下娶的。先帝临死的时候，拉着陛下的手对我说：'朕的好儿子好儿媳，如今就交付给你了。'这些话都是陛下亲耳听到的，言犹在耳。未听说皇后有什么过错，怎么能够轻易废掉呢！我不敢曲意顺从陛下，以违背先帝的遗愿！"高宗十分不高兴，只好作罢。第二天又言及此事，褚遂良说："陛下一定要更换皇后，我请求遴选全国的世家望族，何必非武氏不可。武氏曾经侍奉过先帝，这是众所周知，天下人的耳目，怎么能遮掩呢？千秋万代之后，人们又将怎么评价陛下呢？愿陛下三思而后行！我今日触怒陛下，罪该处死。"说完将朝笏放在殿内台阶上，解下头巾磕头直到血流满面，说道："还给陛下朝笏，乞求放我回老家去。"高宗勃然大怒，命人将他带出去。武昭仪在隔帘内大声说道："何不就地杀了这老东西！"长孙无忌说："褚遂良是先朝顾命大臣，有罪也不可以加刑。"于志宁不敢说话。

又一天，李世勣进宫见高宗，高宗问他："朕想要立武昭仪为皇后，褚遂良固执己见认为不可以。褚遂良既是顾命大臣，他反对，那么这件事就应该算了吗？"李世勣答道："这是陛下的家事，何必又去问外人呢！"高宗废后主意于是定了下来。许敬宗在朝中扬言道："庄稼汉多收了十斛麦子，还想着要换个老婆呢，何况天子要立皇后，人们又何必管那么多事而妄生异议呢！"武昭仪让身边的人将此话讲给高宗听。庚午（九月初三），将褚遂良贬为潭州都督。

唐纪十六

第二百卷

高宗天皇大圣大弘孝皇帝上之下永徽六年（乙卯，655）

冬，十月，己酉，下诏称："王皇后、萧淑妃谋行鸩毒，废为庶人，母及兄弟，并除名，流岭南。"许敬宗奏："故特进赠司空王仁祐告身尚存，使逆乱余孽犹得为荫，并请除削。"从之。

乙卯，百官上表请立中宫，乃下诏曰："武氏门著勋庸，地华缨黻，往以才行选入后庭，誉重椒闱，德光兰掖。朕昔在储贰，特荷先慈，常得侍从，弗离朝夕，宫壶之内，恒自饬躬，嫔嫱之间，未尝迕目，圣情鉴悉，每垂赏叹，遂以武氏赐朕，事同政君，可立为皇后。"

十一月，丁卯朔，临轩命司空李勣赍玺绶册皇后武氏。是日，百官朝皇后于肃义门。

故后王氏、故淑妃萧氏，并囚于别院，上尝念之，间行至其所，见其室封闭极密，惟窍壁以通食器，恻然伤之，呼曰："皇后、淑妃安在？"王氏泣对曰："妾等得罪为宫婢，何得更有尊称！"又曰："至尊若念畴昔，使妾等再见日月，乞名此院为回心院。"上曰："朕即有处置。"武后闻之，大怒，遣人杖王氏及萧氏各一百，断去手足，捉酒瓮中，曰："令二妪骨醉！"数日而死，又斩之。王氏初闻宣敕，再拜曰："愿大家万岁！昭仪承恩，死自吾分。"淑妃骂曰："阿武妖猾，乃至于此！愿他生我为猫，阿武为鼠，生生扼其喉。"由是宫中不畜猫。寻又改王氏姓为蟒氏，萧氏为枭氏。武后数见王、萧为祟，被发沥血如死时状。后徙居蓬莱宫，复见之，故多在洛阳，终身不归长安。

显庆五年（庚申，660）

冬，十月，上初苦风眩头重，目不能视，百司奏事，上或使皇后决之。后性明敏，涉猎文史，处事皆称旨。由是始委以政事，权与人主侔矣。

唐高宗永徽六年（乙卯，公元655年）

冬季，十月，己酉（十三日），高宗下诏说："王皇后、萧淑妃因阴谋用毒酒杀人，废黜为平民。她们的母亲兄弟一并削除官爵，流放岭南。"许敬宗上奏说："已故特进赠司空王仁祐授官的凭信还保存着，这将使逆乱的余孽还得以受荫任官，请一并削除他的官爵。"高宗采纳他的意见。

乙卯（十九日），百官上奏表请求立皇后，于是高宗下诏说："武氏出身于有大功劳的家庭，累世都任官职，以前因才德出众选入后宫，声誉满后宫，品德光照宫闱。朕从前当太子时，她蒙受我已故母亲的特殊恩宠，时常侍从皇帝，日夜不离左右，在后宫中经常检点自己的行为，嫔妃之间未曾闹矛盾，皇帝看得很清楚，时常赞赏，于是将武氏赏赐给朕，就像汉宣帝将宫女王政君赏赐给了皇太子一样。武氏可以立为皇后。"

十一月，丁卯朔（初一），高宗让司空李世勣携带印玺在殿前册封武氏为皇后。当天，百官朝拜皇后于肃义门。

原皇后王氏，原淑妃萧氏，一同被囚禁在后宫别院，高宗曾思念她们，私下去囚禁她们的地方，看见囚室封闭得极为严密，只在墙壁上凿开小洞以便送食物的器具能进出。他为她们感到悲伤，呼喊道："皇后、淑妃在哪里？"王氏哭泣回答说："我等犯罪已成宫中奴婢，哪里还得再有后、妃等尊贵的称号！"又说："至尊如果思念从前的情分，让我等再见天日，请将这个院子命名为回心院。"高宗说："朕即有所安排。"武后听说后，大怒，派人将王氏和萧氏各杖打一百下，砍去手足，投入酒瓮中，说："让这两个女人连骨头都喝醉！"数日后她们死去，又被砍下脑袋。当王氏听到宣布处置她们的命令时，拜了两拜说："祝愿皇帝万岁！武昭仪承受皇恩，死自然是我的本分。"萧氏大骂道："阿武邪恶狡诈，竟然到了这种地步！愿来生我变为猫，她变为鼠，我活生生地扼住她的咽喉。"从此宫中不养猫。不久又改王氏姓蟒氏，萧氏姓枭氏。武后多次看见王氏和萧氏的鬼魂作祟，披散着头发，浑身滴血，如同死时候的模样。她后来移居蓬莱宫，还是看见同样情形，所以她多居住在洛阳，终身不回长安。

显庆五年（庚申，公元660年）

冬季，十月，高宗开始因风邪两眼昏花头重，眼睛不能看东西，各部门上奏事情，高宗有时让皇后决定。皇后生性聪明机智，广泛阅读文史书籍，处理事情都符合高宗的旨意。从此高宗将国家政事委托她，她的权势与皇帝等同了。

唐纪十八

第二百零二卷

高宗天皇大圣大弘孝皇帝中之下上元二年（乙亥，675）

上苦风眩甚，议使天后摄知国政。中书侍郎同三品郝处俊曰："天子理外，后理内，天之道也。昔魏文著令，虽有幼主，不许皇后临朝，所以杜祸乱之萌也。陛下奈何以高祖、太宗之天下，不传之子孙而委之天后乎！"中书侍郎昌乐李义琰曰："处俊之言至忠，陛下宜听之！"上乃止。

天后多引文学之士著作郎元万顷、左史刘祎之等，使之撰《列女传》《臣轨》《百僚新戒》《乐书》，凡千余卷。朝廷奏议及百司表疏，时密令参决，以分宰相之权，时人谓之北门学士。祎之，子翼之子也。

太子弘仁孝谦谨，上甚爱之。礼接士大夫，中外属心。天后方逞其志，太子奏请，数迕旨，由是失爱于天后。义阳、宣城二公主，萧淑妃之女也，坐母得罪，幽于掖庭，年逾三十不嫁。太子见之惊恻，遽奏请出降，上许之。天后怒，即日以公主配当上翊卫权毅、王遂古。己亥，太子薨于合璧宫，时人以为天后鸩之也。

壬寅，车驾还洛阳宫。五月，戊申，下诏："朕方欲禅位皇太子，而疾遽不起，宜申往命，加以尊名，可谥为孝敬皇帝。"

六月，戊寅，立雍王贤为皇太子，赦天下。

永隆元年（庚辰，680）

秋，七月，吐蕃寇河源，左武卫将军黑齿常之击却之。擢常之为河源军经略大使。常之以河源冲要，欲加兵戍之，而转输险远，乃广置烽戍七十余所，开屯田五千余顷，岁收五百余万石，由是战守有备焉。

先是，剑南募兵于茂州。西南筑安戎城，以断吐蕃通蛮之路。吐蕃以生羌为乡导，攻陷其城，以兵据之，由是西洱诸蛮皆降于吐蕃。吐蕃尽据羊同、党项及诸羌之地，东接凉、松、茂、巂等州，南邻天竺，西陷龟兹、疏勒等四镇，北抵突厥，地方万余里，诸胡之盛，莫与为比。

太子贤闻宫中窃议，以贤为天后姊韩国夫人所生，内自疑惧。明崇俨以厌胜之术为天后所信，常密称“太子不堪承继，英王貌类太宗”，又言“相王相最贵”。天后尝命北门学士撰《少阳正范》及《孝子传》以赐太子，又数作书诮让之，太子愈不自安。

及崇俨死，贼不得，天后疑太子所为。太子颇好声色，与户奴赵道生等狎昵，多赐之金帛，司议郎韦承庆上书谏，不听。天后使人告其事。诏薛元超、裴炎与御史大夫高智周等杂鞫之，于东宫马坊搜得皂甲数百领，以为反具。道生又款称太子使道生杀崇俨。上素爱太子，迟回欲宥之，天后曰：“为人子怀逆谋，天地所不容。大义灭亲，何可赦也！”甲子，废太子贤为庶人，遣右监门中郎将令狐智通等送贤诣京师，幽于别所，党与皆伏诛，仍焚其甲于天津桥南以示士民。承庆，思谦之子也。

乙丑，立左卫大将军、雍州牧英王哲为皇太子，改元，赦天下。

唐高宗上元二年（乙亥，公元675年）

唐高宗受严重风眩病的困扰，商议由天后武氏代理国家政事，中书侍郎、同三品郝处俊说：“皇帝治理外朝，皇后治理后宫，是天经地义的。从前魏文帝曹丕曾立下法令，虽然皇帝幼小，也不许太后临朝听政，为的是防止祸乱发生。陛下为何不将高祖、太宗的天下传给子孙，而托付给天后呢！”中书侍郎昌乐人李义琰说：“郝处俊的话是最忠诚的，陛下应当听取！”唐高宗于是放弃原来的打算。

天后武氏广泛招揽文人学士，如著作郎元万顷、左史刘祎之等，要他们撰写《列女传》《臣轨》《百僚新戒》《乐书》，共一千多卷。朝廷的奏议及各部门的表疏，时常秘密地让他们参与裁决，以此来削减宰相的权力，当时的人称这批人为北门学士。刘祎之就是刘子翼的儿子。

太子李弘仁爱孝顺、谦虚谨慎，唐高宗很喜欢他。他对士大夫能以礼相待，得到了朝廷内外的爱戴。天后武氏正要施展个人抱负，太子李弘奏事多次违反她的旨意，因此武氏不喜欢他。义阳、宣城二位公主，是萧淑妃的女儿，因受母亲牵连而获罪，被囚禁在后宫中，年过三十不能结婚。太子李弘见到这种情况，既吃惊又同情，便立即上奏请求准许她们出嫁，得到唐高宗的批准。武氏很恼火，当天便把她们分别嫁给正在值班的翊卫权毅、王遂古。己亥（四月二十五日），太子李弘死于合璧宫，当时人以为是被天后武氏用酒毒死的。

壬寅（二十八日），唐高宗回到洛阳宫。五月，戊申（初五），唐高宗下诏说："朕正准备把帝位禅让给太子，而他忽然一病不起。应当重申以前的旨意，给予尊贵的名号，可定谥号为孝敬皇帝。"

六月，戊寅（初五），唐朝立雍王李贤为皇太子，赦免天下罪人。

永隆元年（庚辰，公元680年）

秋季，七月，吐蕃侵扰河源，左武卫将军黑齿常之把他们击退。唐朝提升黑齿常之为河源军经略大使。黑齿常之因为河源地处要冲，打算增兵戍守，但运输道路遥远而且艰险，于是增设烽火台戍守点七十余处，开屯田五千余顷，每年收获粮食五百余万石，从此战争和防守都有足够的粮食贮备。

在这以前，剑南招募士兵，在茂州西南修筑安戎城，用它来阻断吐蕃通蛮的道路。吐蕃用生羌人为向导，攻陷安戎城，并驻兵镇守，从此西洱诸蛮都投降吐蕃。吐蕃全部据有羊同、党项及诸羌住地，东面连接唐朝的凉、松、茂、嶲等州，南面与天竺相邻，西边攻陷龟兹、疏勒等四镇，北边抵达突厥，地方万余里，诸胡中最强盛的也不能与之相比。

太子李贤听到宫中私下议论说，他是天后武氏的姐姐韩国夫人所生，暗自疑惑畏惧。明崇俨凭借用诅咒制胜的迷信法术获得天后武氏的信任，常私下说"太子不能够继承帝位，英王李哲的相貌像唐太宗"，又说"相王李轮相貌最显贵"。天后武氏曾命北门学士撰《少阳正范》及《孝子传》赏赐给太子，又几次写信谴责他，太子心里越来越不安。

及至明崇俨死去，捕不到杀死他的盗贼，天后武氏便怀疑这事是太子所干。太子颇好音乐、女色，与家奴赵道生等亲近，多赏赐他们金帛，司议郎韦承庆上书规劝，太子不听。天后武氏指使人告发这些事。唐高宗命令薛元超、裴炎与御史大夫高智周等一起审问太子，在东宫马坊搜查出黑甲数百件，作为谋反物证；赵道生又供认太子指使他杀死明崇俨。唐高宗一贯喜爱太子，迟疑不决，想赦免他，天后武氏说："作为人子而有叛逆之心，天地所不容。应该大义灭亲，怎么可以赦免！"甲子（八月二十二日），废太子李贤为平民，派遣右监门中郎将令狐智通等送李贤到京师，幽禁于别所，同党都被处死，搜查出的黑甲在洛阳天津桥南焚烧示众。韦承庆就是韦思谦的儿子。

乙丑（二十三日），唐朝立左卫大将军、雍州牧英王李哲为太子，更改年号，大赦天下。

唐纪十九

第二百零三卷

高宗天皇大圣大弘孝皇帝下弘道元年（癸未，683）

上自奉天宫疾甚，宰相皆不得见。丁未，还东都，百官见于天津桥南。

十二月，丁巳，改元，赦天下。上欲御则天门楼宣赦，气逆不能乘马，乃召百姓入殿前宣之。是夜，召裴炎入，受遗诏辅政，上崩于贞观殿。遗诏太子柩前即位，军国大事有不决者，兼取天后进止。废万泉、芳桂、奉天等宫。

庚申，裴炎奏太子未即位，未应宣敕，有要速处分，望宣天后令于中书、门下施行。甲子，中宗即位，尊天后为皇太后，政事咸取决焉。太后以泽州刺史韩王元嘉等，地尊望重，恐其为变，并加三公等官以慰其心。

则天顺圣皇后上之上光宅元年（甲申，684）

立太子妃韦氏为皇后，擢后父玄贞自普州参军为豫州刺史。

中宗欲以韦玄贞为侍中，又欲授乳母之子五品官，裴炎固争，中宗怒曰："我以天下与韦玄贞何不可！而惜侍中邪！"炎惧，白太后，密谋废立。二月，戊午，太后集百官于乾元殿，裴炎与中书侍郎刘祎之、羽林将军程务挺、张虔勖勒兵入宫，宣太后令，废中宗为庐陵王，扶下殿。中宗曰："我何罪？"太后曰："汝欲以天下与韦玄贞，何得无罪！"乃幽于别所。

己未，立雍州牧豫王旦为皇帝。政事决于太后，居睿宗于别殿，不得有所预。立豫王妃刘氏为皇后。后，德威之孙也。

垂拱二年（丙戌，686）

春，正月，太后下诏复政于皇帝。睿宗知太后非诚心，奉表固让。太后复临朝称制。辛酉，赦天下。

三月，戊申，太后命铸铜为匭：其东曰“延恩”，献赋颂、求仕进者投之；南曰“招谏”，言朝政得失者投之；西曰“伸冤”，有冤抑者投之；北曰：“通玄”，言天象灾变及军机秘计者投之。命正谏、补阙、拾遗一人掌之，先责识官，乃听投表疏。

徐敬业之反也，侍御史鱼承晔之子保家教敬业作刀车及弩，敬业败，仅得免。太后欲周知人间事，保家上书，请铸铜为匭以受天下密奏。其器共为一室，中有四隔，上各有窍，以受表疏，可入不可出。太后善之。未几，其怨家投匭，告保家为敬业作兵器，杀伤官军甚众，遂伏诛。

太后自徐敬业之反，疑天下人多图己，又自以久专国事，且内行不正，知宗室大臣怨望，心不服，欲大诛杀以威之。乃盛开告密之门，有告密者，臣下不得问，皆给驿马，供五品食，使诣行在。虽农夫樵人，皆得召见，廪于客馆，所言或称旨，则不次除官，无实者不问。于是四方告密者蜂起，人皆重足屏息。

唐高宗弘道元年（癸未，公元683年）

高宗自从在奉天宫病重，连宰相都不得进见。丁未（十一月二十四日），回东都洛阳，百官朝见于天津桥南。

十二月，丁巳（初四），唐朝更改年号，大赦天下。高宗想上则天门楼宣布赦令，因气喘不能乘马，便召集百姓到殿前宣布赦令。这天夜里，高宗召裴炎入宫，接受遗诏，辅佐朝政。高宗在贞观殿驾崩。他在遗诏中命令太子在他灵柩前即帝位，军国大事有不能决断的，兼请天后处置。废除万泉、芳桂、奉天等宫。

庚申（初七），裴炎上奏说太子尚未即帝位，不宜由他直接发布诏令，有急需处理的重要事情，希望发布天后的命令由中书省、门下省施行。甲子（十一日），唐中宗即皇帝位，尊天后武氏为皇太后，政事全取决于她。太后因泽州刺史韩王李元嘉等地位尊贵，威望很高，恐怕他们发动变乱，便都给他们加三公等官衔以安定他们的情绪。

则天皇后光宅元年（甲申，公元684年）

唐朝立太子妃韦氏为皇后；皇后父亲韦玄贞由普州参军提升为豫州刺史。

中宗打算任命韦玄贞为侍中，又打算授给乳母的儿子五品官，裴炎坚持不同意见，中宗大怒，说："我将天下交给韦玄贞有什么不可以！难道还吝惜侍中职位！"裴炎畏惧，报告太后，并密谋废立皇帝的事。二月，戊午（初六），太后召集百官于乾元殿，裴炎与中书侍郎刘祎之、羽林将军程务挺、张虔勖领兵入宫，宣布太后命令，废中宗为庐陵王，扶他下殿。中宗说："我犯了什么罪？"太后说："你想将天下交给韦玄贞，怎么会没有罪！"于是将他幽禁在别的地方。

己未（初七），唐朝立雍州牧豫王李旦为皇帝。政事取决于太后，让皇帝睿宗居于别殿，对政事不得有所干预。立豫王妃刘氏为皇后。皇后就是刘德威的孙女。

垂拱二年（丙戌，公元686年）

春季，正月，太后下诏将朝政交还给皇帝。睿宗知道太后并非诚心，上表坚决辞让；太后又临朝行使皇帝的权力。辛酉（二十日），大赦天下。

三月，戊申（初八），太后命令铸造铜匦：东边的名叫"延恩"，进献赋颂文字和要求做官的人可将奏表投入；南边的名叫"招谏"，谈论朝政得失的人可将奏表投入；西边的名叫"伸冤"，有冤屈的人可将奏表投入；北边的名叫"通玄"，讲天象灾异和军机秘计的人可将奏表投入。命令正谏、补缺、拾遗各一人掌管，要先找到认识自己的官员作保，然后才允许将表疏投入。

徐敬业造反时，侍御史鱼承晔的儿子鱼保家教徐敬业制造刀、车和弩，徐敬业败亡，他仅得以免死。太后想遍知人间的事情，鱼保家便上书，请求铸铜匦以接受天下人的秘密上奏。这个铜匦合为一室，中间隔成四小间，每间上面各有孔，以便将表疏投入，只能入不能出。太后认为很好。不久，与鱼保家有仇怨的人投表疏，告发他曾为徐敬业制造兵器，杀伤很多官军，于是他被处死。

太后从徐敬业造反后，怀疑天下人多想算计自己，又因自己长期专擅国家事务，而且操行不正，知道皇族大臣心怀不满，心中不服，就想大加诛杀以威慑他们。于是大开告密的渠道，有告密的人，臣下不得过问，都提供驿站的马匹，供应五品官标准的伙食，送往太后的住地。虽是农夫或打柴人，都被召见，由客馆供给食宿，所说的事如符合旨意，就破格授官，与事实不符，也不问罪。于是四方告密的人蜂拥而起，人们都吓得不敢迈步，不敢出声。

唐纪二十一

第二百零五卷

则天顺圣皇后中之上长寿元年（壬辰，692）

春，一月，丁卯，太后引见存抚使所举人，无问贤愚，悉加擢用，高者试凤阁舍人、给事中，次试员外郎、侍御史、补阙、拾遗、校书郎。试官自此始。时人为之语曰："补阙连车载，拾遗平斗量；欋推侍御史，碗脱校书郎。"有举人沈全交续之曰："糊心存抚使，眯目圣神皇。"为御史纪先知所擒，劾其诽谤朝政，请杖之朝堂，然后付法，太后笑曰："但使卿辈不滥，何恤人言！宜释其罪。"先知大惭。太后虽滥以禄位收天下人心，然不称职者，寻亦黜之，或加刑诛。挟刑赏之柄以驾御天下，政由己出，明察善断，故当时英贤亦竞为之用。

五月，丙寅，禁天下屠杀及捕鱼虾。江淮旱，饥，民不得采鱼虾，饿死者甚众。

右拾遗张德，生男三日，私杀羊会同僚，补阙杜肃怀一餤，上表告之。明日，太后对仗，谓德曰："闻卿生男，甚喜。"德拜谢。太后曰："何从得肉？"德叩头服罪。太后曰："朕禁屠宰，吉凶不预。然卿自今召客，亦须择人。"出肃表示之。肃大惭，举朝欲唾其面。

夏官侍郎李昭德密言于太后曰："魏王承嗣权太重。"太后曰："吾侄也，故委以腹心。"昭德曰："侄之于姑，其亲何如子之于父？子犹有篡弑其父者，况侄乎！今承嗣既陛下之侄，为亲王，又为宰相，权侔人主，臣恐陛下不得久安天位也！"太后矍然曰："朕未之思。"秋，八月，戊寅，以文昌左相、同凤阁鸾台三品武承嗣为特进，纳言武攸宁为冬官尚书，夏官尚书、同平章事杨执柔为地官尚书，并罢政事。以秋官侍郎新郑崔元综为鸾台侍郎，夏官侍郎李昭德为凤阁侍郎，检校天官侍郎姚璹为文昌左丞，检校地官侍郎李元素为文昌右丞，与司宾卿崔神基并同平章事。璹，思廉之孙；

元素，敬玄之弟也。辛巳，以营缮大匠王璿为夏官尚书、同平章事。承嗣亦毁昭德于太后，太后曰："吾任昭德，始得安眠，此代吾劳，汝勿言也。"

是时，酷吏恣横，百官畏之侧足，昭德独廷奏其奸。太后好祥瑞，有献白石赤文者，执政诘其异，对曰："以其赤心。"昭德怒曰："此石赤心，他石尽反邪？"左右皆笑。襄州人胡庆以丹漆书龟腹曰："天子万万年。"诣阙献之。昭德以刀刮尽，奏请付法。太后曰："此心亦无恶。"命释之。

太后自垂拱以来，任用酷吏，先诛唐宗室贵戚数百人，次及大臣数百家，其刺史、郎将以下，不可胜数。每除一官，户婢窃相谓曰："鬼朴又来矣。"不旬月，辄遭掩捕、族诛。监察御史朝邑严善思，公直敢言。时告密者不可胜数，太后亦厌其烦，命善思按问，引虚伏罪者八百五十余人。罗织之党为之不振，乃相与构陷善思，坐流驩州。太后知其枉，寻复召为浑仪监丞。善思名譔，以字行。

则天皇后长寿元年（壬辰，公元692年）

春季，一月，丁卯（初一），太后接见存抚使所荐举的人员，无论有才能与否，都加以任用，才高的试任凤阁舍人、给事中，其次的试任员外郎、侍御史、补阙、拾遗、校书郎。试任制度从此开始。当时人编顺口溜说："补阙接连用车载，拾遗平常用斗量；耙子推成堆的侍御史，模子脱出的校书郎。"有个被荐举的人沈全交，补充说："面浆糊心的存抚使，眯了眼睛的圣神皇。"御史纪先知将他擒获，弹劾他诽谤朝政，请求在朝堂上对他施杖刑，然后依法治罪。太后笑着说："只要使你们自己称职，何必怕人家说话！应该宽免他的罪。"纪先知大为惭愧。太后虽然滥用禄位以笼络天下人心，但对不称职的人，也随即撤职，或加以判刑或处死。她掌握着刑罚和赏赐的权柄以驾驭天下人，政令由自己做出，明察事理，善于决断，所以当时的杰出人才也竞相为她所用。

五月，丙寅（初一），朝廷禁止天下屠杀牲畜及捕捞鱼虾。江、淮间旱灾，发生饥荒，百姓不得捕鱼虾，饿死的人很多。

右拾遗张德，生儿子三天，私自杀羊宴请同事，补阙杜肃怀揣宴席上的一些食物，上表告发。第二天，太后临朝听政，对张德说："听说你生了儿子，很高兴。"张德拜谢。太后说："从哪里弄来的肉？"张德叩头认罪。太后说："朕禁止屠宰牲畜，有吉凶之事时例外。但你今后请客，也必须选择人。”说完拿出杜肃的奏表给他看。杜肃十分惭愧，满朝文武官员都想啐他的脸。

夏官侍郎李昭德私下对太后说：“魏王武承嗣权太重。”太后说：“他是我的侄儿，所以任为亲信。”李昭德说：“侄儿对于姑姑，怎么能比得上儿子对于父亲亲近？儿子还有杀死父亲的，何况侄儿呢！现在武承嗣既是陛下的侄儿，是亲王，又任宰相，权势与君主等同，我恐怕陛下不能久安于天子之位！”太后震惊地说：“朕没有想到这点。”秋季，八月，戊寅（十六日），朝廷任命文昌左相、同凤阁鸾台三品武承嗣为特进，纳言武攸宁为冬官尚书，夏官尚书、同平章事杨执柔为地官尚书，一并罢去相职；任命秋官侍郎新郑人崔元综为鸾台侍郎，夏官侍郎李昭德为凤阁侍郎，检校天官侍郎姚璹为文昌左丞，检校地官侍郎李元素为文昌右丞，与司宾卿崔神基并任同平章事。姚璹是姚思廉的孙子；李元素是李敬玄的弟弟。辛巳（十九日），朝廷任命营缮大匠王璿为夏官尚书、同平章事。武承嗣也向太后诋毁李昭德，太后说：“我任用李昭德，才睡得安稳，他可以为我代劳，你不要说了。”

当时，酷吏恣意横行，百官畏惧他们，不敢正面站立，只有李昭德敢于在朝廷揭露他们的邪恶。太后迷信祥瑞，有人进献有赤色花纹的白石，主管官员责问他这石头有什么特别之处，回答说：“因为它的心是赤色的，忠诚。”李昭德大怒说：“这块石头的心忠诚，其他石头全都造反吗？”身边的人都发笑。襄州人胡庆用红漆在龟的腹部书写“天子万万年”几个字，到皇宫门口进献。李昭德用刀把字刮除净尽，奏请将进献者法办。太后说：“这个人用心并不坏。”命令释放他。

太后自垂拱年间以来，任用酷吏，首先处死唐朝皇族和贵戚数百人，然后杀大臣数百家，杀刺史、郎将以下的官吏更数不清。每任命一名官吏，宫中守门的官婢便私下互相说道：“做鬼的材料又来了。”不满一个月，这些官吏即遭突然逮捕，举族被杀。监察御史朝邑人严善思公正耿直敢说话。当时告密的人多到数不清，太后也厌烦，命令严善思查问，结果承认诬告服罪而死的有八百五十余人。罗织罪名害人的集团为之丧气，他们便共同诬陷严善思，结果他被流放驩州。太后知道他冤枉，不久又召他回来担任浑仪监丞。严善思名叫谟，字善思，人们习惯称呼他的字。

唐纪二十二

第二百零六卷

则天顺圣皇后中之下神功元年（丁酉，697）

尚乘奉御张易之，行成之族孙也，年少，美姿容，善音律。太平公主荐易之弟昌宗入侍禁中，昌宗复荐易之，兄弟皆得幸于太后，常傅朱粉，衣锦绣。昌宗累迁散骑常侍，易之为司卫少卿；拜其母臧氏、韦氏为太夫人，赏赐不可胜纪，仍敕凤阁侍郎李迥秀为臧氏私夫。迥秀，大亮之族孙也。武承嗣、三思、懿宗、宗楚客、晋卿皆候易之门庭，争执鞭辔，谓易之为五郎，昌宗为六郎。

久视元年（庚子，700）

正月，戊寅，内史武三思罢为特进、太子少保。天官侍郎、同平章事吉顼贬安固尉。

太后以顼有干略，故委以腹心。顼与武懿宗争赵州之功于太后前。顼魁岸辩口，懿宗短小伛偻，顼视懿宗，声气陵厉。太后由是不悦，曰："顼在朕前，犹卑我诸武，况异时讵可倚邪！"他日，顼奏事，方援古引今，太后怒曰："卿所言，朕饫闻之，无多言！太宗有马名师子骢，肥逸无能调驭者。朕为宫女侍侧，言于太宗曰：'妾能制之，然须三物，一铁鞭，二铁楇，三匕首。铁鞭击之不服，则以楇楇其首，又不服，则以匕首断其喉。'太宗壮朕之志。今日卿岂足污朕匕首邪！"顼惶惧流汗，拜伏求生，乃止。诸武怨其附太子，共发其弟冒官事，由是坐贬。

辞日，得召见，涕泣言曰："臣今远离阙庭，永无再见之期，愿陈一言。"太后命之坐，问之，顼曰："合水土为泥，有争乎？"太后曰："无之。"又曰："分半为佛，半为天尊，有争乎？"曰："有争矣。"顼顿首曰："宗室、外戚各当其分，则天下安。今太子已立而外戚犹为王，此陛下驱之使他日必争，两不得安也。”太后曰：“朕亦知之。然业已如是，不可何如。”

六月，改控鹤为奉宸府，以张易之为奉宸令。太后每内殿曲宴，辄引诸武、易之及弟秘书监昌宗饮博嘲谑。太后欲掩其迹，乃命易之、昌宗与文学之士李峤等修《三教珠英》于内殿。武三思奏昌宗乃王子晋后身。太后命昌宗衣羽衣，吹笙，乘木鹤于庭中，文士皆赋诗以美之。

太后又多选美少年为奉宸内供奉，右补阙朱敬则谏曰：“陛下内宠有易之、昌宗，足矣。近闻右监门卫长史侯祥等，明自媒衒，丑慢不耻，求为奉宸内供奉，无礼无仪，溢于朝听。臣职在谏诤，不敢不奏。”太后劳之曰：“非卿直言，朕不知此。”赐彩百段。

易之、昌宗竞以豪侈相胜。弟昌仪为洛阳令，请属无不从。尝早朝，有选人姓薛，以金五十两并状邀其马而赂之。昌仪受金，至朝堂，以状授天官侍郎张锡。数日，锡失其状，以问昌仪，昌仪骂曰：“不了事人！我亦不记，但姓薛者即与之。”锡惧，退，索在铨姓薛者六十余人，悉留注官。锡，文瓘之兄子也。

则天皇后神功元年（丁酉，公元 697 年）

尚乘奉御张易之，是张行成的同族侄孙，年轻、貌美，精通音律。太平公主推荐张易之的弟弟张昌宗入侍宫中，张昌宗又推荐张易之，兄弟二人都得到太后的宠幸，常涂脂抹粉，穿华丽的衣服。张昌宗连续升官后任散骑常侍，张易之任司卫少卿；授给他们的母亲臧氏、韦氏太夫人的封号，赏赐多得数不清，又命令凤阁侍郎李迥秀为臧氏的姘夫。李迥秀，是李大亮的同族侄孙。武承嗣、武三思、武懿宗、宗楚客、宗晋卿等人，时常等候在张易之家门口，争着为他执马鞭牵马，称张易之为五郎，张昌宗为六郎。

久视元年（庚子，公元 700 年）

正月，戊寅（二十八日），内史武三思被罢免为特进、太子少保。天官侍郎、同平章事吉顼降职为安固县尉。

太后因吉顼有才干谋略，所以以他为亲信。吉顼与武懿宗在太后面前争在赵州和突厥作战的功劳。吉顼体格魁梧能言善辩，武懿宗矮小驼背，吉顼怒视武懿宗，声色俱厉。太后因此不高兴，说："吉顼在朕面前，还敢轻视我们姓武的，以后难道还可以依靠吗？"后来，吉顼面奏事情，正引证古今，太后发怒说："你所说的，朕听够了，不要多说了！太宗有马名叫师子骢，肥壮任性，没有人能驯服它。朕当时作为宫女侍奉在太宗身边，对太宗说：'我能制服它，但需要有三件东西：一是铁鞭，二是铁棍，三是匕首。用铁鞭抽打它，不服，则用铁棍敲击它的脑袋，又不服，则用匕首割断它的喉管。'太宗夸奖朕的志气。今天你难道值得玷污朕的匕首吗！"吉顼害怕得浑身流汗，跪伏地上请求免死，太后这才没有杀他。姓武的亲贵们怨恨他依附太子，共同揭发他弟弟假冒官吏的事，因此被降职。

辞行的那天，他获得太后召见，流着泪对太后说："我现在远离朝廷，永远没有再见到陛下的机会，请准许进一言。"太后让他坐下，问他想说什么，他说："水和土合成泥，有争斗吗？"太后说："没有。"又说："分一半给佛家，一半给道教，有争斗吗？"太后说："这就有争斗了。"吉顼叩头说："皇族、外戚各守本分，则天下安定。现在已经立太子而外戚还当王，这是陛下驱使他们以后必然相互争斗，双方都不得安生。"太后说："朕也知道，但事情已经这样，无可奈何。"

六月，朝廷改控鹤监为奉宸府，任命张易之为奉宸令。太后每次在内宫私宴，即召来武姓亲贵、张易之和他弟弟秘书监张昌宗，一起饮酒、赌博、调笑。太后为了掩盖这种劣迹，便命令张易之、张昌宗和文学侍从李峤在内宫编撰《三教珠英》。武三思上奏说张昌宗是古代周灵王太子晋转世。太后便命令张昌宗穿羽毛做的衣服，吹笙，在内宫庭院乘坐木鹤。文学侍从们都作诗赞美他。

太后又挑选许多美貌少年充任奉宸内供奉，右补阙朱敬则进谏说："陛下的内宫宠臣有张易之、张昌宗，已足够了。近来听说右监门卫长史侯祥等人，公开自我介绍与炫耀，丑恶放肆而无耻，谋求充当奉宸内供奉，无视礼仪法度，满朝百官都知道。我担任谏官，不敢不上奏。"太后勉励他说："不是你直言相告，朕不知道这件事。"赏赐他彩绸一百段。

张易之、张昌宗以豪华奢侈相攀比。他们的弟弟张昌仪任洛阳县令，私下送贿赂求他办事没有不答应的。一次早上入宫朝见太后时，有一名姓薛的候选官员，拿着五十两金子和要求任职的文书拦住他的坐骑贿赂他。张昌仪收下金子，到朝廷后把文书交给天官侍郎张锡。几天后，张锡把文书遗失，便问张昌仪，张昌仪骂他，说："糊涂人！我也记不得了，只要是姓薛的即授官。"张锡畏惧他，退朝后，找出姓薛的候选官员六十多人，全部留下注授官职。张锡是张文瓘哥哥的儿子。

唐纪二十三

第二百零七卷

中宗大和大圣大昭孝皇帝上神龙元年（乙巳，705）

太后疾甚，麟台监张易之、春官侍郎张昌宗居中用事，张柬之、崔玄暐与中台右丞敬晖、司刑少卿桓彦范、相王府司马袁恕己谋诛之。柬之谓右羽林卫大将军李多祚曰："将军今日富贵，谁所致也？"多祚泣曰："大帝也。"柬之曰："今大帝之子为二竖所危，将军不思报大帝之德乎！"多祚曰："苟利国家，惟相公处分，不敢顾身及妻子？"因指天地以自誓。遂与定谋。

初，柬之与荆府长史阌乡杨元琰相代，同泛江，至中流，语及太后革命事，元琰慨然有匡复之志。及柬之为相，引元琰为右羽林将军，谓曰："君颇记江中之言乎？今日非轻授也。"柬之又用彦范、晖及右散骑侍郎李湛皆为左、右羽林将军，委以禁兵。易之等疑惧，乃更以其党武攸宜为右羽林大将军，易之等乃安。

俄而姚元之自灵武至，柬之、彦范相谓曰："事济矣！"遂以其谋告之。彦范以事白其母，母曰："忠孝不两全，先国后家可也。"时太子于北门起居，彦范、晖谒见，密陈其策，太子许之。

癸卯，柬之、玄暐、彦范与左威卫将军薛思行等帅左右羽林兵五百余人至玄武门，遣多祚、湛及内直郎、驸马都尉安阳王同皎诣东宫迎太子。太子疑，不出，同皎曰："先帝以神器付殿下，横遭幽废，人神同愤，二十三年矣。今天诱其衷，北门、南牙，同心协力，以诛凶竖，复李氏社稷，愿殿下暂至玄武门以副众望。"太子曰："凶竖诚当夷灭，然上体不安，得无惊怛！诸公更为后图。"李湛曰："诸将相不顾家族以徇社稷，殿下奈何欲纳之鼎镬乎！请殿下自出止之。"太子乃出。

同皎扶抱太子上马，从至玄武门，斩关而入。太后在迎仙宫，柬之等斩易之、昌宗于庑下，进至太后所寝长生殿，环绕侍卫。太后惊起，问曰：“乱者谁邪？”对曰：“张易之、昌宗谋反，臣等奉太子令诛之，恐有漏泄，故不敢以闻。称兵宫禁，罪当万死！”太后见太子曰：“乃汝邪？小子既诛，可还东宫。”彦范进曰：“太子安得更归！昔天皇以爱子托陛下，今年齿已长，久居东宫，天意人心，久思李氏。群臣不忘太宗、天皇之德，故奉太子诛贼臣。愿陛下传位太子，以顺天人之望！”李湛，义府之子也。太后见之，谓曰：“汝亦为诛易之将军邪？我于汝父子不薄，乃有今日！”湛惭不能对。又谓崔玄暐曰：“他人皆因人以进，惟卿朕所自擢，亦在此邪？”对曰：“此乃所以报陛下之大德。”

于是收张昌期、同休、昌仪，皆斩之，与易之、昌宗枭首天津南。是日，袁恕己从相王统南牙兵以备非常，收韦承庆、房融及司礼卿崔神庆系狱，皆易之之党也。初，昌仪新作第，甚美，逾于王主，或夜书其门曰：“一日丝能作几日络？”灭去，复书之，如是六七。昌仪取笔注其下曰：“一日亦足。”乃止。

甲辰，制太子监国，赦天下。以袁恕己为凤阁侍郎、同平章事，分遣十使赍玺书宣慰诸州。乙巳，太后传位于太子。

丙午，中宗即位。赦天下，惟张易之党不原；其为周兴等所枉者，咸令清雪，子女配没者皆免之。相王加号安国相王，拜太尉、同凤阁鸾台三品，太平公主加号镇国太平公主。皇族先配没者，子孙皆复属籍，仍量叙官爵。

丁未，太后徙居上阳宫，李湛留宿卫。戊申，帝帅百官诣上阳宫，上太后尊号曰则天大圣皇帝。

唐中宗神龙元年（乙巳，公元705年）

太后病得非常严重，麟台监张易之和春官侍郎张昌宗居宫中执政，张柬之、崔玄暐与中台右丞敬晖、司刑少卿桓彦范以及相王府司马袁恕己谋划杀掉张易之和张昌宗。张柬之问右羽林卫大将军李多祚说：“将军今日的荣华富贵，是谁给的？”李多祚流着眼泪回答说：“是高宗大帝给的。”张柬之说：“现在大帝的儿子受到张易之和张昌宗这两个小子的威胁，难道将军不想报答大帝的恩德吗！”李多祚回答说：“只要对国家有利，我一切都听相公安排，不敢顾及自身以及妻儿的安危。”于是自己指天发誓，并且与张柬之、崔玄暐等人一同定下了铲除张易之和张昌宗的计谋。

当初，张柬之接替荆州都督府长史阌乡人杨元琰的职务，二人一同泛舟于长江之中，当小船漂到江心时，谈到了武则天以周代唐的事，杨元琰慷慨激昂，有匡复大唐的志向。张柬之入朝做了宰相后，便推荐杨元琰担任右羽林将军，并且提醒他说："您大概还记得我们当初在江心泛舟时所说的话吧？今天这项任命可不是随便给您的呀。"张柬之还任用了桓彦范、敬晖以及右散骑侍郎李湛，都让他们担任左、右羽林将军，把禁军交给他们指挥。这件事引起了张易之等人的怀疑和忧虑，张柬之于是又任用他的党羽武攸宜为右羽林大将军，张易之等人才放了心。

不久，姚元之从灵武回朝，张柬之和桓彦范交谈说："大事就要成功了！"于是把商量好的计谋告诉姚元之。桓彦范将这事禀告了他的母亲，母亲勉励他说："忠孝不能两全，应当先为国家大事着想，然后再考虑自家的小事。"当时太子李显都从北门入宫向天子问安，桓彦范和敬晖前往拜见，秘密地把他们的计策告诉太子，太子允许他们这样去做。

癸卯（正月二十二日），张柬之、崔玄暐、桓彦范与左威卫将军薛思行等人率领左右羽林兵五百余人来到玄武门，派李多祚、李湛及内直郎、驸马都尉安阳人王同皎到东宫去迎接太子李显。太子有所怀疑，没有出来，王同皎说："先帝把皇位传给殿下，殿下无故遭到幽禁废黜，皇天后土、士民百姓无不义愤填膺，已经有二十三年了。现在上天诱导人心。北门的羽林诸将与南牙朝臣得以同心协力，立志诛灭凶恶的小人，恢复李氏的江山社稷，希望殿下暂时到玄武门去以满足大家的期望。"太子回答说："凶恶的小人的确应该翦除，但是天子圣体欠安，你们这样做能不使天子受惊吗！请诸位日后再图此事。"李湛说："诸位将帅宰相为了国家不顾身家性命，殿下为什么非要让他们面临鼎镬的酷刑呢！请殿下亲自去制止他们好了。"太子这才出来。

王同皎将太子抱到马上，并陪同太子来到玄武门，攻破宫门进入宫中。此时武则天在迎仙宫，张柬之等人在迎仙宫的走廊里将张易之和张昌宗斩首，然后进至武则天居住的长生殿，在她周围环绕侍卫。武则天吃惊地坐起来，问道："是谁作乱？"张柬之回答说："张易之、张昌宗阴谋造反，臣等已奉太子的命令将他们杀掉了，因为担心可能会走漏消息，所以没有向您禀告。在皇宫禁地举兵诛杀逆贼，惊动天子，臣等罪该万死！"武则天看见太子李显也在人群之中，便对他说："这件事是你让干的吗？这两个小子已经被诛杀了，你可以回到东宫里去了。"桓彦范上前说："太子哪能还回到东宫里去呢？当初天皇把心爱的太子托付给陛下，现在他年纪已大，却一直在东宫当太子，天意民心，早已思念李家。群臣不敢忘怀太宗、天皇的恩德，所以尊奉太子诛灭犯上作乱的逆臣。希望陛下将帝位传给太子，以顺从上天与下民的心愿！”李湛是李义府的儿子，武则天发现了他，对他说：“你也是杀死张易之的将军吗？我平时对你们父子不薄，想不到竟然有今天的变故！”李湛满面羞惭，无法回答。武则天又对崔玄時说：“别的人都是经他人推荐之后提拔的，只有你是朕亲手提拔的，你怎么也在这里呢？”崔玄時说：“我这样做正是为了报答陛下对我的大恩大德。”

接下来逮捕了张昌期、张同休、张昌仪等人，将他们全部处斩，并在神都天津桥的南边将上述人犯与张易之、张昌宗二人一道枭首示众。在这一天里，为防范突然事变的发生，袁恕己随从相王李旦统率南牙兵马，他们将韦承庆、房融及司礼卿崔神庆等逮捕下狱，这些人都是张易之的同党。先前，张昌仪新建起一幢非常豪华的宅第，规模比诸王及诸位公主的宅第还要宏大，有人晚上在他的门上写道：“一日的丝能织几日的薄纱？”张昌仪让人把字迹除掉，结果又被人写上，这种情况总共出现了六七次。张昌仪用笔在门上写道：“即使是只织一天，我也感到满足。”此后便没有再出现这种情况。

甲辰（二十三日），武则天颁下制书，决定由太子李显代行处理国政，大赦天下。任命袁恕己为凤阁侍郎、同平章事，派遣十位使者分别携带天子的玺书前往各州进行安抚工作。乙巳（二十四日），武则天将帝位传给太子李显。

丙午（二十五日），唐中宗李显即皇帝位。中宗下诏大赦天下，只有张易之的党羽们不在赦免之列；那些被周兴等人冤枉的人，都让进行清理和昭雪，他们的子女中如有被发配流放或者被没入官府做奴婢的，都予以赦免。唐中宗还加相王李旦封号为安国相王，并任命他为太尉、同凤阁鸾台三品；加太平公主封号为镇国太平公主。此外，皇族先前被发配或没入官府为奴的，他们的子孙都恢复皇族身份，并且根据具体情况封授官爵。

丁未（二十六日），武则天搬到上阳宫居住，李湛留下负责警卫。戊申（二十七日），唐中宗带领文武百官来到上阳宫，上武则天尊号为则天大圣皇帝。

唐纪二十四

第二百零八卷

中宗大和大圣大昭孝皇帝中神龙元年（乙巳，705）

甲寅，复国号曰唐。郊庙、社稷、陵寝、百官、旗帜、服色、文字皆如永淳以前故事。复以神都为东都，北都为并州，老君为玄元皇帝。

甲子，立妃韦氏为皇后，赦天下。追赠后父玄贞为上洛王、母崔氏为妃。

二张之诛也，洛州长史薛季昶谓张柬之、敬晖曰："二凶虽除，产、禄犹在，去草不去根，终当复生。"二人曰："大事已定，彼犹机上肉耳，夫何能为！所诛已多，不可复益也。"季昶叹曰："吾不知死所矣。"朝邑尉武强刘幽求亦谓桓彦范、敬晖曰："武三思尚存，公辈终无葬地；若不早图，噬脐无及。"不从。

上女安乐公主适三思子崇训。上官婉儿，仪之女孙也，仪死，没入掖庭，辩慧善属文，明习吏事。则天爱之，自圣历以后，百司表奏多令参决。及上即位，又使专掌制命，益委任之，拜为婕妤，用事于中。三思通焉，故党于武氏，又荐三思于韦后，引入禁中，上遂与三思图议政事，张柬之等皆受制于三思矣。上使韦后与三思双陆，而自居旁为之点筹；三思遂与后通，由是武氏之势复振。

张柬之等数劝上诛诸武，上不听。柬之等曰："革命之际，宗室诸李，诛夷略尽；今赖天地之灵，陛下返正，而武氏滥官僭爵，按堵如故，岂远近所望邪！愿颇抑损其禄位以慰天下！"又不听。柬之等或抚床叹愤，或弹指出血，曰："主上昔为英王，时称勇烈，吾所以不诛诸武者，欲使上自诛之以张天子之威耳。今反如此，事势已去，知复奈何！"

癸巳，敬晖等帅百官上表，以为："五运迭兴，事不两大。天授革命之际，宗室诛窜殆尽，岂得与诸武并封！今天命惟新，而诸武封建如旧，并居京师，开辟以来未有斯理。愿陛下为社稷计，顺遐迩心，降其王爵以安内外。”上不许。

敬晖等畏武三思之谗，以考功员外郎崔湜为耳目，伺其动静。湜见上亲三思而忌晖等，乃悉以晖等谋告三思，反为三思用；三思引为中书舍人。湜，仁师之孙也。

先是，殿中侍御史南皮郑愔谄事二张，二张败，贬宣州司士参军，坐赃，亡入东都，私谒武三思。初见三思，哭甚哀，既而大笑。三思素贵重，甚怪之，愔曰：“始见大王而哭，哀大王将戮死而灭族也。后乃大笑，喜大王之得愔也。大王虽得天子之意，彼五人皆据将相之权，胆略过人，废太后如反掌。大王自视势位与太后孰重？彼五人日夜切齿欲噬大王之肉，非尽大王之族不足以快其志。大王不去此五人，危如朝露，而晏然尚自以为泰山之安，此愔所以为大王寒心也。”三思大悦，与之登楼，问自安之策，引为中书舍人，与崔湜皆为三思谋主。

三思与韦后日夜谮晖等，云：“恃功专权，将不利于社稷。”上信之。三思等因为上画策：“不若封晖等为王，罢其政事，外不失尊宠功臣，内实夺之权。”上以为然，甲午，以侍中齐公敬晖为平阳王，桓彦范为扶阳王，中书令汉阳公张柬之为汉阳王，南阳公袁恕己为南阳王，特进、同中书门下三品博陵公崔玄晔为博陵王，罢知政事，赐金帛鞍马，令朝朔望。仍赐彦范姓韦氏，与皇后同籍。寻又以玄晔检校益州长史、知都督事，又改梁州刺史。三思令百官复修则天之政，不附武氏者斥之，为五王所逐者复之，大权尽归三思矣。

唐中宗神龙元年（乙巳，公元705年）

甲寅（二月初四），唐中宗下诏恢复大唐国号，并规定郊庙、社稷、陵寝、百官、旗帜、服色、文字等都恢复唐高宗永淳年间以前的旧制，神都又恢复东都旧名，北都恢复并州旧名，老君仍称为玄元皇帝。

甲子（十四日），唐中宗将他的妃子韦氏立为皇后，大赦天下；又追赠韦后之父韦玄贞为上洛王，追赠韦后之母崔氏为上洛王妃。

张易之、张昌宗被诛灭后，洛州长史薛季昶对张柬之和敬晖说：“张易之、张昌宗这两个元凶虽然已被铲除，但像西汉初年外戚吕产、吕禄这样的人还在朝中任职，锄草时不铲掉草根，终究还会长出草来。”张柬之、敬晖回答说：“现在大局已定，你说的那些人不过是案板上的肉罢了，还能有什么作为！现在杀的人已经够多的了，不能再多杀了。”薛季昶叹口气说：“我不知道将死在哪里了。”朝邑尉武强人刘幽求也对桓彦范和敬晖说：“武三思还没有受到惩处，你们这些人终究会死无葬身之地；如果现在不及早做准备，等到大祸临头再后悔就来不及了。”桓彦范和敬晖也没有采纳他的建议。

唐中宗的女儿安乐公主嫁给了武三思的儿子武崇训。上官婉儿是上官仪的孙女，上官仪被杀后，她被没入后宫。上官婉儿聪明伶俐，能言善辩，写得一手好文章，又熟悉官府事务。武则天十分喜欢她，自圣历年间以后，经常让她参与对各衙门所上表章奏疏的处理；唐中宗即位后，更加信任她，又让她专门负责草拟皇帝的命令，封她为婕妤，让她执掌宫中事务。上官婉儿与武三思私通，所以偏袒武氏，她又向韦后推荐武三思，将武三思领进宫中，唐中宗于是开始与武三思商议政事，张柬之等人从此都受到了武三思的遏制。唐中宗让韦后与武三思一起玩一种叫作双陆的游戏，自己则坐在一旁为他们数筹码；武三思于是又开始与韦后私通，武氏的势力因此又强大起来。

张柬之等人屡次劝告唐中宗诛灭武氏集团，唐中宗都不听。张柬之等人说：“武则天改唐为周的时候，李唐宗室被诛杀殆尽；现在多亏天地神灵的庇佑，陛下又重登帝位，但武氏却像以往一样安稳地把持着他们所窃取的官爵职位，这种情形难道是朝野之士所希望看到的吗？希望陛下减少他们的俸禄，削夺他们的官爵，以告慰天下之人！”唐中宗仍然没有采纳他们的建议。张柬之等人有的拍着几案叹息，有的弹击手指以致出血，纷纷说：“皇上过去作英王时，在人们眼里是一个勇武刚烈的人，我们之所以没有诛灭武氏集团，是为了让皇上能亲自诛杀他们以扩大天子的声威。现在皇上却反过头来重用武氏集团成员，大势已去，谁知以后又会怎么样！”

癸巳（五月十五日），敬晖等人率领文武百官上表唐中宗，认为：“五德之运轮流兴起，没有两德同时盛大的事情。天授年间改朝换代之际，李唐宗室被诛杀流徙殆尽，哪里有与武氏同殿受封的权利！现在上天又重新眷顾李姓，但武氏仍然像以往那样受封为王，与李姓宗室一起居住在京师，开天辟地以来从未有过这样的道理。希望陛下为大唐江山着想，顺从朝野士民的心愿，削夺他们的王爵以安定人心。”唐中宗没有同意他们的建议。

敬晖等人害怕武三思的谗言陷害，便把考功员外郎崔湜当作自己的耳目，以便随时刺探武三思的消息。崔湜见中宗亲近武三思而猜忌敬晖等人，便把敬晖等人的全部打算告诉了武三思，反而成了为武三思效劳的人。武三思推荐崔湜做了中书舍人。崔湜是崔仁师的孙子。

在这以前，殿中侍御史南皮县人郑愔巴结张易之和张昌宗，二张败死之后，被贬为宣州司士参军，又因犯贪赃罪，逃到东都，私下拜见武三思。郑愔刚见到武三思时，哭得很悲哀，一会儿又放声大笑。武三思向来位尊任重，对郑愔的悲喜无常感到非常奇怪。郑愔解释道："我在刚刚见到大王时之所以痛哭失声，是在为大王将被戮尸灭族而感到悲哀。悲哀之后又放声大笑，是在为大王能得到郑愔的帮助从而得以免祸而感到高兴。大王您虽然深得天子的欢心，但张柬之、敬晖、桓彦范、崔玄暐和袁恕己五人手中都掌握着将相大权，并且个个胆略过人，以至于废掉太后的帝位都易如反掌。大王您考虑自己与太后相比哪一个权势地位更重一些？那五个人对您恨之入骨，日夜都想吃下您的肉，如果不能把大王灭族，他们是不会称心如意的。大王您如果不尽快除掉这五个人，您的生命安全就会像早晨的露水一样没有保障，可是您却还是怡然自乐，自以为像泰山一样安然无恙，这就是我郑愔为大王您感到痛心的原因。"武三思十分高兴，与郑愔一起上楼，向他请教使自己平安无祸的办法，并荐举他做了中书舍人，与崔湜一道成为自己的谋主。

武三思与韦后天天在唐中宗面前诬陷敬晖等人，说他们"倚仗功劳专擅朝政，将对大唐的江山社稷不利"。中宗相信了他们两人的谗言。武三思等人趁机为中宗出谋划策："不如封敬晖等人为王，同时罢免他们所担任的职务，这样的话，表面不失为尊宠功臣，而实际上又能剥夺他们的权力。"唐中宗认为这样做很好。甲午（五月十六日），唐中宗封侍中、齐公敬晖为平阳王，谯公桓彦范为扶阳王，中书令、汉阳公张柬之为汉阳王，南阳公袁恕己为南阳王，特进、同中书门下三品、博陵公崔玄暐为博陵王，同时免去他们的宰相职务，赏赐上述五人金帛鞍马，只要求他们于每月初一、十五朝见天子；又赐桓彦范姓韦氏，让他与韦后同族。不久唐中宗又任命崔玄暐为检校益州长史、知都督事，后来又改任他为梁州刺史。随后武三思便下令文武百官重新恢复执行武则天时期的政策，凡是拒不趋附武氏集团的人都被排斥，那些被张柬之、桓彦范等人贬逐的人又重新得到起用，朝政大权全部落入武三思之手。

唐纪二十五

第二百零九卷

睿宗玄真大圣大兴孝皇帝上景云元年（庚戌，710）

散骑常侍马秦客以医术，光禄少卿杨均以善烹调，皆出入宫掖，得幸于韦后，恐事泄被诛。安乐公主欲韦后临朝，自为皇太女；乃相与合谋，于饼馅中进毒。六月，壬午，中宗崩于神龙殿。

韦后秘不发丧，自总庶政。癸未，召诸宰相入禁中，征诸府兵五万人屯京城，使驸马都尉韦捷、韦灌，卫尉卿韦璿，左千牛中郎将韦锜，长安令韦播，郎将高嵩分领之。璿，温之族弟；播，从子；嵩，其甥也。中书舍人韦元徼巡六街。又命左监门大将军兼内侍薛思简等将兵五百人驰驿戍均州，以备谯王重福。以刑部尚书裴谈、工部尚书张锡并同中书门下三品，仍充东都留守。吏部尚书张嘉福、中书侍郎岑羲、吏部侍郎崔湜并同平章事。羲，长倩之从子也。

太平公主与上官昭容谋草遗制，立温王重茂为皇太子，皇后知政事，相王旦参谋政事。宗楚客密谓韦温曰："相王辅政，于理非宜。且于皇后，嫂叔不通问，听朝之际，何以为礼！"遂帅诸宰相表请皇后临朝，罢相王政事。苏瓌曰："遗诏岂可改邪！"温、楚客怒，瓌惧而从之，乃以相王为太子太师。

甲申，梓宫迁御太极殿，集百官发丧，皇后临朝摄政，赦天下，改元唐隆。进相王旦太尉，雍王守礼为豳王，寿春王成器为宋王，以从人望。命韦温总知内外守捉兵马事。

丁亥，殇帝即位，时年十六。尊皇后为皇太后，立妃陆氏为皇后。

宗楚客与太常卿武延秀、司农卿赵履温、国子祭酒叶静能及诸韦共劝韦后遵武后故事，南北卫军、台阁要司皆以韦氏子弟领之，广聚党众，中外连结。楚客又密上书称引图谶，谓韦氏宜革唐命。谋害殇帝，深忌相王及太平公主，密与韦温、安乐公主谋去之。

相王子临淄王隆基，先罢潞州别驾，在京师，阴聚才勇之士，谋匡复社稷。初，太宗选官户及蕃口骁勇者，著虎文衣，跨豹文鞯，从游猎，于马前射禽兽，谓之百骑。则天时稍增为千骑，隶左右羽林。中宗谓之万骑，置使以领之。隆基皆厚结其豪杰。

兵部侍郎崔日用素附韦、武，与宗楚客善，知楚客谋，恐祸及己，遣宝昌寺僧普润密诣隆基告之，劝其速发。隆基乃与太平公主及公主子卫尉卿薛崇暕，苑总监赣人钟绍京、尚衣奉御王崇晔、前朝邑尉刘幽求、利仁府折冲麻嗣宗谋先事诛之。韦播、高嵩数榜捶万骑，欲以立威，万骑皆怨。果毅葛福顺、陈玄礼见隆基诉之，隆基讽以诛诸韦，皆踊跃请以死自效。万骑果毅李仙凫亦预其谋。或谓隆基当启相王，隆基曰："我曹为此以徇社稷，事成福归于王，不成以身死之，不以累王也。今启而见从，则王预危事；不从，将败大计。"遂不启。

庚子，晡时，隆基微服与幽求等入苑中，会钟绍京廨舍。绍京悔，欲拒之，其妻许氏曰："忘身徇国，神必助之。且同谋素定，今虽不行，庸得免乎！"绍京乃趋出拜谒，隆基执其手与坐。时羽林将士皆屯玄武门，逮夜，葛福顺、李仙凫皆至隆基所，请号而行。向二鼓，天星散落如雪，刘幽求曰："天意如此，时不可失！"福顺拔剑直入羽林营，斩韦璿、韦播、高嵩以徇，曰："韦后鸩杀先帝，谋危社稷，今夕当共诛诸韦，马鞭以上皆斩之。立相王以安天下。敢有怀两端助逆党者，罪及三族。"羽林之士皆欣然听命。乃送璿等首于隆基，隆基取火视之，遂与幽求等出苑南门，绍京帅丁匠二百余人，执斧锯以从，使福顺将左万骑攻玄德门，仙凫将右万骑攻白兽门，约会于凌烟阁前，即大噪，福顺等共杀守门将，斩关而入。隆基勒兵玄武门外，三鼓，闻噪声，帅总监及羽林兵而入，诸卫兵在太极殿宿卫梓宫者，闻噪声，皆被甲应之。韦后惶惑走入飞骑营，有飞骑斩其首献于隆基。安乐公主方照镜画眉，军士斩之。斩武延秀于肃章门外，斩内将军贺娄氏于太极殿西。

初，上官昭容引其从母之子王昱为左拾遗，昱说昭容母郑氏曰："武氏，天之所废，不可兴也。今婕妤附于三思，此灭族之道也，愿姨思之！"郑氏以戒昭容，昭容弗听。及太子重俊起兵讨三思，索昭容，昭容始惧，思昱言，自是心附帝室，与安乐公主各树朋党。及中宗崩，昭容草遗制立温王，以相王辅政，宗、韦改之。及隆基入宫，昭容执烛帅宫人迎之，以制草示刘幽求。幽求为之言，隆基不许，斩于旗下。

时少帝在太极殿，刘幽求曰："众约今夕共立相王，何不早定！"隆基遽止之，捕索诸韦在宫中及守诸门，并素为韦后所亲信者皆斩之。比晓，内外皆定。辛巳，隆基出见相王，叩头谢不先启之罪。相王抱之泣曰："社稷宗庙不坠于地，汝之力也。"遂迎相王入辅少帝。

闭宫门及京城门，分遣万骑收捕诸韦亲党。斩太子少保、同中书门下三品韦温于东市之北。中书令宗楚客衣斩衰、乘青驴逃出，至通化门，门者曰："公，宗尚书也。"去布帽，执而斩之，并斩其弟晋卿。相王奉少帝御安福门，慰谕百姓。初，赵履温倾国资以奉安乐公主，为之起第舍，筑台穿池无休已，掀紫衫，以项挽公主犊车。公主死，履温驰诣安福楼下舞蹈称万岁；声未绝，相王令万骑斩之。百姓怨其劳役，争割其肉立尽。秘书监汴王邕娶韦后妹崇国夫人，与御史大夫窦从一各手斩其妻首以献。邕，凤之孙也。左仆射、同中书门下三品韦巨源闻乱，家人劝之逃匿，巨源曰："吾位大臣，岂可闻难不赴！"出至都街，为乱兵所杀，时年八十。于是枭马秦客、杨均、叶静能等首，尸韦后于市。崔日用将兵诛诸韦于杜曲，襁褓儿无免者，诸杜滥死非一。

唐睿宗景云元年（庚戌，公元710年）

散骑常侍马秦客精于医术，光禄少卿杨均善于烹调，两人借此得以随意出入后宫，并与韦后勾搭成奸，他们担心此事泄露出去会被处死；安乐公主希望韦后能临朝主持政事，自己好当皇太女；于是这些人共同策划杀掉唐中宗，他们在进给中宗吃的糕饼里投放了毒药，六月，壬午（初二），唐中宗在神龙殿驾崩。

韦后不公布中宗驾崩的消息，自己总揽了朝廷的大小事务。癸未（初三），韦后将诸位宰相召进宫中，又调集各府兵共五万人驻扎在长安城中，指派驸马都尉韦捷、韦灌，卫尉卿韦璿，左千牛中郎将韦锜，长安令韦播，郎将高嵩分头统领这些兵马。韦璿是韦温的族弟；韦播是韦温的侄子；高嵩是韦温的外甥。韦后又命令中书舍人韦元负责巡察城中六街，还命令左监门大将军兼内侍薛思简等人带领五百名士兵迅速前往均州戍守，以防范均州刺史谯王李重福。韦后任命刑部尚书裴谈、工部尚书张锡为同中书门下三品，让他们仍然担任东都留守。韦后又任命吏部尚书张嘉福、中书侍郎岑羲、吏部侍郎崔湜为同平章事。岑羲是岑长倩的侄子。

太平公主与上官昭容商议起草唐中宗遗诏，立温王李重茂为太子，由韦皇后主持政事，相王李旦参谋政事。宗楚客私下对韦温说："由相王辅政在道理上有些讲不通，再说相王与韦后乃是叔嫂关系，不应互相问候，两人在一起处理朝廷政务的时候，又如何执行礼的规定呢！”于是宗楚客率领宰相们一同上表，请求韦皇后临朝主持政事，免去相王李旦参谋政事的职务。苏瓌质问道：“先帝的遗诏怎么可以随意更改呢！”韦温和宗楚客大怒，苏瓌非常害怕，便顺从了他们，于是任命相王李旦为太子太师。

甲申（初四），韦后将唐中宗的灵柩迁到太极殿，召集文武百官公布中宗驾崩的消息，并宣布由她自己临朝摄政，大赦天下囚徒，改年号为唐隆。韦后还将相王李旦提升为太尉，改封雍王李守礼为豳王，改封寿春王李成器为宋王，以便顺从人们的愿望。此外，韦后又任命韦温总管朝廷内外守捉兵马事务。

丁亥（初七），年仅十六岁的殇帝即位。殇帝将韦皇后尊为皇太后，将妃子陆氏立为皇后。

宗楚客伙同太常卿武延秀、司农卿赵履温、国子祭酒叶静能以及韦家诸人一同劝说皇太后韦氏沿用武则天的惯例登基称帝，当时守卫宫城的南北禁卫军以及地位重要的尚书省诸司，都已经被韦氏子弟所控制，他们大量网罗党羽，在朝廷内外互相勾结。宗楚客又秘密地上书皇太后韦氏，引用图谶来说明韦氏理当取代大唐朝而君临天下。宗楚客还打算害死殇帝，只是十分担心相王李旦与太平公主会从中作梗，于是与韦温和安乐公主密谋除掉他们。

相王李旦的儿子临淄王李隆基，在此之前已被免去潞州别驾的职务，他在京师私下招集智勇双全之士，谋划匡复大唐社稷。当初唐太宗选拔官户和蕃口中骁勇善战的人员，让他们身穿绘有虎皮花纹的衣服，使用绘有豹皮花纹的马鞍，在太宗巡游狩猎时，就让他们随侍在鞍前马后一同射杀飞禽走兽，这些人被称为百骑；武则天时期逐渐增为千骑，隶属于左右羽林军；唐中宗把这支部队称为万骑，并设置官员统领。李隆基对万骑兵中的豪杰之士都深相结纳。

兵部侍郎崔日用平素一向依附韦后及武氏集团，与宗楚客交情也很好，他得知宗楚客的阴谋以后，担心自己会因此遇祸，便派宝昌寺僧人普润秘密地去向李隆基报告，并劝李隆基尽快发难。李隆基于是与太平公主及其子卫尉卿薛崇暕、西京苑总监赣县人钟绍京、尚衣奉御王崇晔、前任朝邑尉刘幽求、利仁府折冲麻嗣宗等人策划先行举兵发难，铲除韦氏集团。韦播、高嵩二人为了树立自己的威严，多次鞭打万骑兵，从而引起万骑兵对他们的普遍怨恨。果毅葛福顺和陈玄礼向李隆基诉说此事，李隆基暗示他们应当诛除韦后集团，两人听后都精神振奋地表示愿效死力。万骑果毅李仙凫也参与了具体谋划。有人建议李隆基应当把这件事告诉他的父亲相王李旦，李隆基回答说:“我们这些人是为了大唐的江山社稷才干这种事的，事成之后福分归于相王，万一事情失败了我们为宗庙牺牲也就是了，不必因此而连累相王。如果告诉了他，他同意这样做，就等于让他也参与这种极为危险的事；若是他不同意这样做，那就只会坏了大事。”于是李隆基没有把这件事告诉其父相王李旦。

庚子(二十日)，申时，李隆基身穿便服与刘幽求等人进入禁苑之中，到钟绍京的住所集合。此时钟绍京已有后悔之意，便想将李隆基拒之门外，他的妻子许氏对他说:“为了国家大事而不计个人安危的人必得神助，再说你平常就一直与他们共同谋划这件事，现在即使你不去亲自参加，又哪里能够脱得了干系呢!”钟绍京听完后赶忙开门出来拜见李隆基，李隆基拉着他的手与他一起坐下。这时左右羽林军将士都驻扎在玄武门，等到夜色降临之际，葛福顺和李仙凫都来到李隆基处，求问起事的信号以便行事。将近二更时，夜空的流星散落如雪，刘幽求说道:“天意如此，机不可失!”葛福顺拔剑直闯羽林营，将韦璿、韦播、高嵩三人斩首示众，高声喝道:“韦后毒死先帝，谋危社稷，今晚大家要齐心协力，铲除韦家人及其死党，凡是长得高过马鞭的人一律斩杀；拥立相王为帝以安定天下。倘若有人胆敢首鼠两端帮助逆党，判的罪要连及三族。”羽林军将士全都欣然从命。于是葛福顺将韦璿等人的首级送给李隆基，李隆基在灯下看过之后，便与刘幽求等人一同走出禁苑南门，钟绍京率领着工匠二百余人，手持斧子锯子跟在后面。李隆基派葛福顺率领左万骑攻打玄德门，派李仙凫率领右万骑攻打白兽门，双方约定在凌烟阁前会师后，即大声鼓噪。葛福顺等人分别杀掉守门的兵将，攻入宫中。李隆基率兵守在玄武门外，三更时分，听到宫中鼓噪声之后，即率领总监及羽林兵进入宫中，在太极殿负责守卫中宗灵柩的南牙卫兵们听到鼓噪之后，全都披挂整齐响应李隆基等人。韦后惶惑中逃入飞骑营，有一个飞骑兵将韦后斩首，并把首级献给李隆基。安乐公主正对着镜子画眉，被士兵斩杀。此外还将武延秀斩首于肃章门外，将内将军贺娄氏斩首于太极殿西。

当初，上官昭容举荐她的姨母之子王昱为左拾遗，王昱劝上官昭容的母亲郑氏说:“武氏已被上天废弃，是不可能再次复兴的，现在婕妤依附武三思，是自取灭族，希望姨母仔细考虑一下!”郑氏于是用这些道理来告诫上官昭容，但上官昭容根本不听劝告。太子李重俊起兵讨伐武三思的时候，曾四处搜捕上官昭容，上官昭容这才感到恐惧，想起了王昱曾经说过的话。此后上官昭容才倾心依附唐中宗，与安乐公主各自结成帮派。中宗驾崩后，上官昭容起草遗诏，将温王李重茂立为太子，由相王李旦辅政；宗楚客、韦后将这个内容改掉了。在李隆基率军进入宫中时，上官昭容手执灯笼率领宫人迎接，并把她起草的中宗遗诏的底稿拿给刘幽求看。刘幽求为她向李隆基求情，李隆基没有答应，下令将上官昭容在旗下斩首。

这时少帝住在太极殿，刘幽求对众人说道："大家约好了今晚上拥立相王为帝，现在为什么不早一点儿定下来呢！"李隆基急忙制止了他，下令将士们捕捉宫中和把守宫中各门的韦氏族人，平常得到韦后信任重用的人也一起斩首。天将破晓，宫内外均已平定。辛巳（二十一日），李隆基出宫拜见其父相王李旦，为自己起事之前未能告诉相王而叩头谢罪。相王李旦流着眼泪抱住李隆基说："大唐宗庙社稷得以保全，全是你的功劳！"李隆基于是率军迎接相王李旦入宫辅佐少帝。

李隆基下令将京城各门及所有宫门关闭，然后又派遣万骑兵分头搜捕韦家的亲属徒党。将太子少保、同中书门下三品韦温斩首于东市之北。中书令宗楚客身穿丧服，骑着一头黑驴外逃，在他到通化门时被守门的兵士认出。兵士对他说："您就是宗尚书吧！"说完摘下他的孝帽并将他斩首，同他一起被杀的还有他的弟弟宗晋卿。相王李旦侍奉少帝来到安福门安抚百姓。起初，赵履温不惜耗尽国家资财以讨安乐公主的欢心，没完没了地为安乐公主起宅第、修园林，甚至于用手按住自己的紫色官服，用脖子拉着公主坐的牛车。安乐公主被杀后，赵履温赶忙跑到安福楼下手舞足蹈地山呼万岁；声音未落，相王李旦便下令万骑兵将其斩首。老百姓早已因赵履温屡次增派劳役而对他恨之入骨，此时见他被杀，便争相割下他尸体上的肉，转眼就只剩下一副骷髅。秘书监汴王李邕的妻子是韦后的妹妹崇国夫人，他与御史大夫窦从一分别砍下各自妻子的首级进献给相王李旦。李邕是李凤的孙子。左仆射、同中书门下三品韦巨源听到李隆基起事的消息后，家人劝他外逃躲避，他回答说："我身为朝廷大臣，怎么能有难不赴！"说完便走出家门，来到大街上，被乱兵所杀，时年八十岁。此时李隆基已派人将马秦客、杨均、叶静能枭首示众，并将韦后暴尸街头。崔日用带兵到京城南边的杜曲诛杀韦氏家族的其他成员，连尚在襁褓中的婴儿也不放过，居住在杜曲的杜氏家族也有很多人被冤杀。

唐纪二十六

第二百一十卷

玄宗至道大圣大明孝皇帝上之上先天元年（壬子，712）

太平公主使术者言于上曰："彗所以除旧布新，又帝座及心前星皆有变，皇太子当为天子。"上曰："传德避灾，吾志决矣。"太平公主及其党皆力谏，以为不可，上曰："中宗之时，群奸用事，天变屡臻。朕时请中宗择贤子立之以应灾异，中宗不悦，朕忧恐数日不食。岂可在彼则能劝之，在己则不能邪！"太子闻之，驰入见，自投于地，叩头请曰："臣以微功，不次为嗣，惧不克堪，未审陛下遽以大位传之，何也？"上曰："社稷所以再安，吾之所以得天下，皆汝力也。今帝座有灾，故以授汝，转祸为福，汝何疑邪！"太子固辞。上曰："汝为孝子，何必待柩前然后即位邪！"太子流涕而出。

壬辰，制传位于太子，太子上表固辞。太平公主劝上虽传位，犹宜自总大政。上乃谓太子曰："汝以天下事重，欲朕兼理之邪？昔舜禅禹，犹亲巡狩，朕虽传位，岂忘家国！其军国大事，当兼省之。"

八月，庚子，玄宗即位，尊睿宗为太上皇。上皇自称曰朕，命曰诰，五日一受朝于太极殿。皇帝自称曰予，命曰制、敕，日受朝于武德殿。三品以上除授及大刑政决于上皇，余皆决于皇帝。

开元元年（癸丑，713）

太平公主依上皇之势，擅权用事，与上有隙，宰相七人，五出其门。文武之臣，太半附之，与窦怀贞、岑羲、萧至忠、崔湜及太子少保薛稷、雍州长史新兴王晋、左羽林大将军常元楷、知右羽林将军事李慈、左金吾将军李钦、中书舍人李猷、右散骑常侍贾膺福、鸿胪卿唐晙及僧慧范等谋废立，又与宫人元氏谋于赤箭粉中置毒进于上。

晋，德良之孙也。元楷、慈数往来主第，相与结谋。

王琚言于上曰："事迫矣，不可不速发。"左丞张说自东都遣人遗上佩刀，意欲上断割。荆州长史崔日用入奏事，言于上曰："太平谋逆有日，陛下往在东宫，犹为臣子，若欲讨之，须用谋力。今既光临大宝，但下一制书，谁敢不从？万一奸宄得志，悔之何及！"上曰："诚如卿言；直恐惊动上皇。"日用曰："天子之孝在于安四海。若奸人得志，则社稷为墟，安在其为孝乎！请先定北军，后收逆党，则不惊动上皇矣。"上以为然。以日用为吏部侍郎。

秋，七月，魏知古告公主欲以是月四日作乱，令元楷、慈以羽林兵突入武德殿，怀贞、至忠、羲等于南牙举兵应之。上乃与岐王范、薛王业、郭元振及龙武将军王毛仲、殿中少监姜皎、太仆少卿李令问、尚乘奉御王守一、内给事高力士、果毅李守德等定计诛之。皎，謩之曾孙；令问，靖弟客师之孙；守一，仁皎之子；力士，潘州人也。

甲子，上因王毛仲取闲厩马及兵三百余人，自武德殿入虔化门，召元楷、慈，先斩之，擒膺福、猷于内客省以出，执至忠、羲于朝堂，皆斩之。怀贞逃入沟中，自缢死，戮其尸，改姓曰毒。上皇闻变，登承天门楼。郭元振奏，皇帝前奉诰诛窦怀贞等，无他也。上寻至楼上，上皇乃下诰罪状怀贞等，因赦天下，惟逆人亲党不赦。薛稷赐死于万年狱。

乙丑，上皇诰："自今军国政刑，一皆取皇帝处分。朕方无为养志，以遂素心。"是日，徙居百福殿。

太平公主逃入山寺，三日乃出，赐死于家，公主诸子及党与死者数十人。薛崇简以数谏其母被挞，特免死，赐姓李，官爵如故。籍公主家，财货山积，珍物侔于御府，厩牧羊马、田园息钱，收入数年不尽。慧范家亦数十万缗。改新兴王晋之姓曰厉。

唐玄宗先天元年（壬子，公元712年）

太平公主指使一个懂天文历法的人向唐睿宗进言说："彗星的出现标志着将要除旧布新，再说位于天市垣内的帝座以及心前星均有变化，所主之事乃是皇太子应当登基即位。"唐睿宗说："将帝位传给有德之人，以避免灾祸，我的决心已定。"太平公主和她的同伙们都极力谏阻，认为这样做不行，唐睿宗说："中宗皇帝在位时，一群奸佞小人专擅朝政，上天屡次用灾异来表示警告。朕当时请求中宗选择贤明的儿子立为皇帝以避免灾祸，但中宗很不高兴，朕也因此而担忧恐惧以至于几天吃不下饭。朕怎么能够对中宗可以劝他禅位，对自己却不能做到这一点呢！”太子李隆基知道这个消息后，赶忙入宫朝见，跪在地上边叩头边说：“臣因尺寸之功，就被破格立为皇嗣，即使是做太子还担心无法胜任，陛下又突然要将帝位传给臣，不清楚这究竟是为了什么！”唐睿宗对太子说：“大唐的宗庙社稷之所以再次安然无恙，我之所以能够君临天下，都是由于你立下大功。现在帝座星有灾异出现，所以我将帝位禅让给你，以便能转祸为福，你还有什么可疑惑的呢！”太子李隆基还是坚决推辞不受。唐睿宗说：“你是一个孝子，为什么非要等到站在我的灵柩前才能即皇帝之位呢！”太子只好流着眼泪走了出来。

壬辰（七月二十五日），唐睿宗颁发制命，决定将帝位传给太子李隆基，太子上表坚决推辞。太平公主劝说唐睿宗，最好在禅让之后，还要亲自执掌朝政大事。于是唐睿宗对太子说：“你是不是觉得国家事务十分繁重，要让朕帮你处理一些事务呢？想当初唐尧将帝位禅让给虞舜后，还要亲自到各地去巡视，现在朕虽然将帝位传给了你，哪里就能对家国之事漠不关心呢！此后凡有军国大事，朕还是会参与处理的。”

八月，庚子（初三），唐玄宗即皇帝位，将唐睿宗尊奉为太上皇。太上皇自称为“朕”，所发布的命令称为“诰”，每五天一次在太极殿接受群臣朝见。皇帝自称为“予”，所发布的命令称为“制”“敕”，每天都在武德殿接受群臣朝见。凡涉及三品以上官员的任命以及重大的刑狱政务由太上皇决定，其余政务均由皇帝决断。

开元元年（癸丑，公元 713 年）

太平公主倚仗太上皇唐睿宗的势力专擅朝政，与唐玄宗发生尖锐的冲突，朝中七位宰相之中，有五位是出自她的门下，文臣武将之中也有一半以上的人依附她。太平公主与窦怀贞、岑羲、萧至忠、崔湜以及太子少保薛稷、雍州长史新兴王李晋、左羽林大将军常元楷、知右羽林将军事李慈、左金吾将军李钦、中书舍人李猷、右散骑常侍贾膺福、鸿胪寺卿唐晙和胡僧慧范等一起图谋废掉唐玄宗，此外，太平公主又与宫女元氏合谋，准备在进献给玄宗皇帝服用的天麻粉中投毒。李晋是李德良的孙子。常元楷和李慈多次前往太平公主的私宅，与她订下作乱的计谋。

王琚对唐玄宗进言道：“形势已十分紧迫，陛下不可不迅速行动了。”尚书左丞张说从东都洛阳派人给唐玄宗送来了一把佩刀，意思是请玄宗及早决断，铲除太平公主的势力。荆州长史崔日用入朝奏事，对唐玄宗说：“太平公主图谋叛逆，是由来已久的事情。当初，陛下在东宫做太子时，在名分上还是臣子，如果那时想铲除太平公主，需要施用计谋。现在陛下已为全国之主，只需颁下一道制书，有哪一个敢于抗命不从？如果犹豫不决，万一奸邪之徒的阴谋得逞，那时候再后悔可就来不及了！”唐玄宗说：“你说得非常正确，只是朕担心会惊动太上皇。”崔日用又说道：“天子的大孝在于使四海安宁。倘若奸党得志，则社稷宗庙将化为废墟，陛下的孝行又怎么体现出来呢！请陛下首先控制住左右羽林军和左右万骑军，然后再将太平公主及其党羽一网打尽，这样就不会惊动太上皇了。”唐玄宗认为他说得很对，便任命他为吏部侍郎。

秋季，七月，魏知古告发太平公主计划在本月四日发动叛乱，指使常元楷、李慈率领羽林军突入武德殿，另派窦怀贞、萧至忠、岑羲等人在南牙举兵响应。唐玄宗于是与岐王李范、薛王李业、郭元振以及龙武将军王毛仲、殿中少监姜皎、太仆少卿李令问、尚乘奉御王守一、内给事高力士、果毅李守德等人定计率先下手诛除太平公主集团。姜皎是姜謩的曾孙；李令问是李靖之弟李客师的孙子；王守一是王仁皎的儿子；高力士是潘州人。

甲子（初三），唐玄宗通过王毛仲调用闲厩中的马匹以及禁兵三百余人，从武德殿进入虔化门，召见常元楷和李慈二人先将他们斩首，在内客省逮捕了贾膺福和李猷并将他们带出，又在朝堂上逮捕了萧至忠和岑羲，下令将上述四人一起斩首。窦怀贞逃入城壕之中自缢而死，唐玄宗下令斩戮他的尸体，并将他的姓改为毒氏。太上皇唐睿宗听到事变发生的消息后，登上了承天门的门楼。郭元振上奏唐睿宗道：“皇帝只是奉太上皇诰命诛杀窦怀贞等奸臣逆党，并没有发生什么其他的事。”玄宗皇帝也随后来到门楼之上，唐睿宗于是颁发诰命列举窦怀贞等人的罪状，并大赦天下，只是逆臣的亲属党羽不在赦免之列。薛稷被赐死在万年县狱中。

乙丑（初四），太上皇唐睿宗发布诰命：“从现在起，所有军国政务与刑赏教化，均由皇帝处理。朕正好清静无为，修心养性，以遂平生夙愿。”在这一天，太上皇移居到百福殿居住。

太平公主逃入山寺，直到事发三天以后才出来，被唐玄宗下诏赐死在她自己的家中，她的儿子以及党羽被处死的达数十人。薛崇简因为平日屡次谏阻其母太平公主而受到责打，所以例外地被免于死刑，唐玄宗将他赐姓为李氏，并准许他留任原职。唐玄宗还下令将太平公主的所有财产没收充公，在抄家时发现公主家中的财物堆积如山，珍宝器玩可以与皇家府库媲美，厩中牧养的羊马、拥有的田地园林和放债应得的利息，几年也没收不完。胡僧慧范也拥有家产达数十万缗。唐玄宗又下令将新兴王李晋的姓氏改为厉。

唐纪二十八

第二百一十二卷

玄宗至道大圣大明孝皇帝上之下开元六年（戊午，718）

广州吏民为宋璟立遗爱碑。璟上言："臣在州无他异迹，今以臣光宠，成彼谄谀。欲革此风，望自臣始，请敕下禁止。"上从之。于是他州皆不敢立。

七年（己未，719）

三月，乙卯，以左武卫大将军、检校内外闲厩使、苑内营田使王毛仲行太仆卿。毛仲严察有干力，万骑功臣、闲厩官吏皆惮之，苑内所收常丰溢。上以为能，故有宠。虽有外第，常居闲厩侧内宅，上或时不见，则悄然若有所失。宦官杨思勖、高力士皆畏避之。

九月，甲寅，徙宋王宪为宁王。上尝从复道中见卫士食毕，弃余食于窦中，怒，欲杖杀之，左右莫敢言。宪从容谏曰："陛下从复道中窥人过失而杀之，臣恐人人不自安。且陛下恶弃食于地者，为食可以养人也。今以余食杀人，无乃失其本乎！"上大悟，蹶然起曰："微兄，几至滥刑。"遽释卫士。是日，上宴饮极欢，自解红玉带，并所乘马以赐宪。

选人宋元超于吏部自言侍中璟之叔父，冀得优假。璟闻之，牒吏部云："元超，璟之三从叔，常在洛城，不多参见。既不敢缘尊辄隐，又不愿以私害公。向者无言，自依大例，既有声听，事须矫枉，请放。"

八年（庚申，720）

侍中宋璟疾负罪而妄诉不已者，悉付御史台治之。谓中丞李谨度曰："服不更诉者出之，尚诉未已者且系。”由是人多怨者。会天旱有魃，优人作魃状戏于上前，问魃：“何为出？”对曰：“奉相公处分。”又问：“何故？”魃曰：“负冤者三百余人，相公悉以系狱抑之，故魃不得不出。”上心以为然。

丁卯，以源乾曜为侍中，张嘉贞为中书令。乾曜上言：“形要之家多任京官，使俊乂之士沉废于外。臣三子皆在京，请出其二人。”上从之。因下制称乾曜之公，命文武官效之，于是出者百余人。

张嘉贞吏事强敏，而刚躁自用。中书舍人苗延嗣、吕太一，考功员外郎员嘉静，殿中侍御史崔训皆嘉贞所引进，常与之议政事。四人颇招权，时人语曰：“令公四俊，苗、吕、崔、员。”

上禁约诸王，不使与群臣交结。光禄少卿驸马都尉裴虚己与岐王范游宴，仍私挟谶纬。戊子，流虚己于新州，离其公主。万年尉刘庭琦、太祝张谔数与范饮酒赋诗，贬庭琦雅州司户，谔山茌丞。然待范如故，谓左右曰：“吾兄弟自无间，但趋竞之徒强相托附耳。吾终不以此责兄弟也。”上尝不豫，薛王业妃弟内直郎韦宾与殿中监皇甫恂私议休咎。事觉，宾杖死，恂贬锦州刺史。业与妃惶惧待罪，上降阶执业手曰：“吾若有心猜兄弟者，天地实殛之。”即与之宴饮，仍慰谕妃，令复位。

十三年（乙丑，725）

王毛仲有宠于上，百官附之者辐凑。毛仲嫁女，上问何须。毛仲顿首对曰：“臣万事已备，但未得客。”上曰：“张说、源乾曜辈岂不可呼邪？”对曰：“此则得之。”上曰：“知汝所不能致者一人耳，必宋璟也。”对曰：“然。”上笑曰：“朕明日为汝召客。”明日，上谓宰相：“朕奴毛仲有婚事，卿等宜与诸达官悉诣其第。”既而日中，众客未敢举箸，待璟，久之，方至，先执酒西向拜谢，饮不尽卮，遽称腹痛而归。璟之刚直，老而弥笃。

唐玄宗开元六年（戊午，公元718年）

广州的官吏百姓为宋璟修建遗爱碑。宋璟向玄宗进言说：“臣任广州都督期间并无优异的政绩，现在由于臣地位显耀，才造成那些人的阿谀奉承；要革除这种恶劣的风气，希望从臣这儿开始，请陛下降敕禁止为臣立碑。”玄宗采纳了他的建议。于是其他各州都不敢再干立碑的事。

七年（己未，公元719年）

三月，乙卯（二十六日），唐玄宗任命左武卫大将军、检校内外闲厩使、苑内营田使王毛仲担任太仆寺卿。王毛仲谨严精明，有才干能力，万骑军中的有功之臣和闲厩官吏都惧怕他，苑中的收入一般很丰盛。唐玄宗认为他很有才干，因此受到了玄宗的宠爱。王毛仲虽然在外面有宅第，却常常住在宫内闲厩旁边的宅中，有时玄宗见不到他，就会感到若有所失。宦官杨思勖和高力士都对他十分敬畏。

九月，甲寅，玄宗将宋王李宪改封为宁王。有一次玄宗在楼阁之间的天桥上发现卫士将吃剩的饭菜倒在坑穴中，感到非常生气，想要将这个卫士用刑杖活活打死。玄宗身边的人没有敢说话的。李宪不慌不忙地规劝道："陛下从天桥上偷偷地发现他人的过失，就要将其处死，臣担心这样做会使得人人自危。再说陛下憎恶他人将饭菜倒在地上，是因为饭菜能够养活人，如果现在因为一点点剩饭剩菜就要杀人，恐怕与陛下的本意不符吧！"玄宗恍然大悟，急忙站起来回答说："幸亏有了皇兄的规谏，否则几乎要滥用刑罚了。"说完赶忙将卫士释放。在这一天的宴席上，玄宗极为高兴，亲自解下自己的红玉带，连同自己所乘的坐骑一起赏赐给李宪。

候选的官员宋元超在吏部自称是侍中宋璟的叔父，希望因此能得到关照。宋璟得知此事后，发文书给吏部说："宋元超是我同高祖的叔父，由于他定居在洛城，因而未能经常前去参见。我既不敢因为他是长辈就为之隐瞒，又不愿以私害公。以往他没有提出这层关系，吏部自然可以照章办事，现在他既然已把我们的关系声张出去，那么就必须矫枉过正了，请不要录用他。"

八年（庚申，公元720年）

侍中宋璟很厌恶那些明明有罪却没完没了地四处告状的人，便将这些人全都交付御史台治罪。他对御史中丞李谨度说："你应当将那些已认罪不再上诉的人释放，把那些还在不停地申诉的人先关起来。"所以很多人怨恨他。正赶上旱神作怪，天下大旱，宫中演滑稽戏的俳优在玄宗面前扮作旱神模样演戏，其中一个演员问"旱神"道："你为什么到人间来降灾呢？""旱神"回答说："我是奉了丞相的命令降临人间的。"又问："这是为什么？""旱神"接着回答："蒙冤者达三百余人，丞相将他们全都关进监狱，借此压制他们，所以我不得不到人间降灾以示警告。"唐玄宗心中对此也有同感。

丁卯（五月十五日），唐玄宗任命源乾曜为侍中，任命张嘉贞为中书令。源乾曜进言：“现在出身于权贵之家的人大多在京师任官，德高望重之士反在京外任职。臣有三个儿子，均在京城任官，请陛下将其中两个外放任职。”玄宗答应了他的请求，并须下制命称赞源乾曜公正无私，命令文武百官向他学习，于是到京外任职的达一百余人。

张嘉贞处理公务精明强干，只是性情急躁刚愎自用。中书舍人苗延嗣、吕太一，考功员外郎员嘉静和殿中侍御史崔训都是张嘉贞提拔任用的，张嘉贞也常与这四个人商议朝政大事。这四个人处处揽权，当时的人这样流传说：“中书令张公的四位俊才，是苗延嗣、吕太一、崔训和员嘉静。”

唐玄宗禁止诸王与群臣交结。光禄少卿驸马都尉裴虚己与岐王李范一起游观宴饮，并且私自挟带谶纬之书；戊子（十月初九），唐玄宗将裴虚己流放到新州，并让霍国公主与他离婚。万年县尉刘庭琦和太常寺太祝张谔也因屡次与李范在一起饮酒赋诗而分别被贬为雅州司户和山茌县丞。但玄宗仍然像以往那样善待李范，他对左右侍臣说：“朕的兄弟自然没有问题，不过是那些趋炎附势的小人极力巴结而已。朕决不会因此而责怪自己的兄弟。”有一次玄宗生了病，薛王李业之妃的弟弟、内直郎韦宾与殿中监皇甫恂私议吉凶之事；事发后，韦宾被用刑杖打死，皇甫恂被贬为锦州刺史。李业与其妃子十分惶恐，只等着玄宗治罪了，唐玄宗走下台阶拉着李业的手说：“我如果有猜忌兄弟之心，天地不容。”并且与他一同入席饮酒，此外还好言安慰李业之妃，让她仍当王妃。

十三年（乙丑，公元725年）

王毛仲深得唐玄宗的宠幸，巴结他的文武官员数不胜数。王毛仲的女儿将要出嫁，玄宗问他还缺什么东西。王毛仲叩头回答道：“臣万事均已齐备，只是没有请到客人。”玄宗问道：“张说、源乾曜这类人难道喊不来吗？”王毛仲回答说：“这些已经请到了。”唐玄宗说：“朕知道你请不动的只有一个人，那就是宋璟。”王毛仲说：“正是。”玄宗笑着说：“朕明天亲自替你请客人。”第二天，玄宗对宰相说：“朕的奴才王毛仲为女儿办喜事，你们应当与各位朝廷要员一起去他家贺喜。”直到正午时分，所有的来宾还都不敢动筷子，只等宋璟一人，过了很久，宋璟才到，他先端起酒杯向西行礼拜谢君命，然后未等喝完这一杯酒，便忽然说腹中疼痛难忍而退席回家。宋璟为人刚直，老而更甚。

唐纪三十

第二百一十四卷

玄宗至道大圣大明孝皇帝中之中开元二十四年（丙子，736）

张守珪使平卢讨击使、左骁卫将军安禄山讨奚、契丹叛者，禄山恃勇轻进，为虏所败。夏，四月，辛亥，守珪奏请斩之。禄山临刑呼曰："大夫不欲灭奚、契丹邪，奈何杀禄山！"守珪亦惜其骁勇，乃更执送京师。张九龄批曰："昔穰苴诛庄贾，孙武斩宫嫔，守珪军令若行，禄山不宜免死。"上惜其才，敕令免官，以白衣将领。九龄固争曰："禄山失律丧师，于法不可不诛。且臣观其貌有反相，不杀必为后患。"上曰："卿勿以王夷甫识石勒，枉害忠良。"竟赦之。

安禄山者，本营州杂胡，初名阿荦山。其母，巫也；父死，母携之再适突厥安延偃。会其部落破散，与延偃兄子思顺俱逃来，故冒姓安氏，名禄山。又有史窣干者，与禄山同里闬，先后一日生。及长，相亲爱，皆为互市牙郎，以骁勇闻。张守珪以禄山为捉生将，禄山每与数骑出，辄擒契丹数十人而返。狡猾，善揣人情，守珪爱之，养以为子。

窣干尝负官债亡入奚中，为奚游弈所得，欲杀之；窣干绐曰："我，唐之和亲使也，汝杀我，祸且及汝国。"游弈信之，送诣牙帐。窣干见奚王，长揖不拜，奚王虽怒，而畏唐，不敢杀，以客礼馆之，使百人随窣干入朝。窣干谓奚王曰："王遣人虽多，观其才皆不足以见天子。闻王有良将琐高者，何不使之入朝！"奚王即命琐高与牙下三百人随窣干入朝。窣干将至平卢，先使人谓军使裴休子曰："奚使琐高与精锐俱来，声云入朝，实欲袭军城，宜谨为之备，先事图之。"休子乃具军容出迎，至馆，悉坑杀其从兵，执琐高送幽州。张守珪以窣干为有功，奏为果毅，累迁将军。后入奏事，上与语，悦之，赐名思明。

秋，八月，壬子，千秋节，群臣皆献宝镜。张九龄以为以镜自照见形容，以人自照见吉凶。乃述前世兴废之源，为书五卷，谓之《千秋金镜录》，上之，上赐书褒美。

初，上欲以李林甫为相，问于中书令张九龄，九龄对曰："宰相系国安危，陛下相林甫，臣恐异日为庙社之忧。"上不从。时九龄方以文学为上所重，林甫虽恨，犹曲意事之。侍中裴耀卿与九龄善，林甫并疾之。是时，上在位岁久，渐肆奢欲，怠于政事。而九龄遇事无细大皆力争；林甫巧伺上意，日思所以中伤之。

上之为临淄王也，赵丽妃、皇甫德仪、刘才人皆有宠，丽妃生太子瑛，德仪生鄂王瑶，才人生光王琚。及即位，幸武惠妃，丽妃等爱皆弛；惠妃生寿王瑁，宠冠诸子。太子与瑶、琚会于内第，各以母失职有怨望语。驸马都尉杨洄尚咸宜公主，常伺三子过失以告惠妃。惠妃泣诉于上曰："太子阴结党与，将害妾母子，亦指斥至尊。"上大怒，以语宰相，欲皆废之。九龄曰："陛下践阼垂三十年，太子诸王不离深宫，日受圣训，天下之人皆庆陛下享国久长，子孙蕃昌。今三子皆已成人，不闻大过，陛下奈何一旦以无根之语，喜怒之际，尽废之乎！且太子天下本，不可轻摇。昔晋献公听骊姬之谗杀申生，三世大乱。汉武帝信江充之诬罪戾太子，京城流血。晋惠帝用贾后之谮废愍怀太子，中原涂炭。隋文帝纳独孤后之言黜太子勇，立炀帝，遂失天下。由此观之，不可不慎。陛下必欲为此，臣不敢奉诏。"上不悦。林甫初无所言，退而私谓宦官之贵幸者曰："此主上家事，何必问外人！"上犹豫未决。惠妃密使官奴牛贵儿谓九龄曰："有废必有兴，公为之援，宰相可长处。"九龄叱之，以其语白上，上为之动色，故讫九龄罢相，太子得无动。林甫日夜短九龄于上，上浸疏之。

上即位以来，所用之相，姚崇尚通，宋璟尚法，张嘉贞尚吏，张说尚文，李元纮、杜暹尚俭，韩休、张九龄尚直，各其所长也。九龄既得罪，自是朝廷之士，皆容身保位，无复直言。

李林甫欲蔽塞人主视听，自专大权，明召诸谏官谓曰："今明主在上，群臣将顺之不暇，乌用多言！诸君不见立仗马乎？食三品料，一鸣辄斥去。悔之何及！"补阙杜琎尝上书言事，明日，黜为下邽令。自是谏争路绝矣。

唐玄宗开元二十四年（丙子，公元 736 年）

幽州节度使张守珪派遣平卢讨击使、左骁卫将军安禄山讨伐反叛的奚与契丹，安禄山逞勇恃强，冒险轻敌，打了败仗。夏季，四月，辛亥（初二），张守珪上奏请求杀了安禄山。安禄山在临刑前大声高呼说：“张大夫你难道不想消灭奚与契丹吗？为何要杀掉我安禄山！”张守珪也觉得安禄山骁勇善战，爱其才，于是就送往京师。张九龄在奏文中批道：“春秋时代齐国的大将穰苴杀了骄横的监军庄贾，吴国的孙武杀了不听命令的宫女。如果张守珪已下了军令，安禄山不应该免死。”玄宗因为爱惜安禄山的才能，下敕令免去其官，成为无官职的将领。张九龄坚持说：“安禄山违令败军，按照法律，不可不杀。再说我观其面貌有反相，不杀必为后患”玄宗说：“你不要像晋朝王夷甫看石勒那样看安禄山，枉害了忠良之士。”最后竟赦免了安禄山。

安禄山本是营州地方的杂种胡人，原名阿荦山。他的母亲是一个女巫，阿荦山的父亲死后，她带着儿子嫁给了突厥人安延偃。适逢突厥部落败散，阿荦山和安延偃哥哥的儿子安思顺逃到幽州，于是冒姓安氏，名叫禄山。还有一个杂种胡人名叫史窣干，与安禄山原是街坊邻居，两人生日相差一天。长大后，成为朋友，都做了互市牙郎，以勇敢而闻名。张守珪以安禄山为捉生将，每次带领数名骑兵出去，都要擒获数十名契丹人而回。又加上安禄山狡猾，善于揣摩人的心意，所以深受张守珪的喜爱，以为养子。

史窣干曾经因欠了官债，逃入奚族地区，被奚族巡逻兵抓获，要杀掉他，史窣干就欺骗他们说“我是唐朝的和亲使，你如果杀了我，你们的国家就要遭殃。”巡逻兵相信了他的话，就把他送到奚王的牙帐。史窣干见到奚王，只作揖而不拜，奚王虽然愤怒，但因为害怕唐朝，也不敢杀他，还把他当作宾客，让他住到馆舍里，又让一百人随史窣干入朝。史窣干对奚王说：“大王你虽然派了这么多的人入朝，但看他们的才能都不可以见我们的天子。听说大王有一名良将名叫琐高，为何不让他一起入朝！”于是奚王就命令琐高与部下的三百人随史窣干一起入朝。快到了平卢，史窣干先派人对军使裴休子说：“奚王派琐高带领精兵来了，声言入朝，实际上是想袭击军城，应该早为防备，先下手为强。”于是裴休子就整好军队来出迎，到了馆舍，把随从的奚兵全部活埋，然后抓住琐高送往幽州。张守珪认为史窣干立了大功，就奏请任命他为果毅，后又升为将军。后来史窣干入朝奏事，玄宗与他谈话，十分喜欢他，就赐名为思明。

秋季，八月壬子（初五），是玄宗生日，称为千秋节，群臣都奉献宝镜。张九龄认为用镜子自照可以见自己的形貌，将自己与别人相对照可以知道吉凶祸福。于是撰写了一部关于过去朝代兴盛衰败原因的书，共为五卷，名为《千秋金镜录》，献给玄宗。玄宗赐信赞扬他。

先前，玄宗想要任命李林甫为宰相，征求中书令张九龄的意见，张九龄回答说："宰相一身系国家之安危，陛下如果任命李林甫为宰相，恐怕以后要成为国家的祸患。"玄宗不听。当时张九龄因为有文学才能，正受到玄宗的器重，李林甫虽然怨恨他，但表面上还不得不奉承他。侍中裴耀卿与张九龄关系密切，所以也受到李林甫的嫉恨。这时玄宗做皇帝已有多年，生活逐渐奢侈腐化，懒于处理政事。而张九龄遇到事情，不论大小，觉得有不对之处，都要与玄宗争论。李林甫却善于窥伺玄宗的意图，日夜想着如何陷害中伤张九龄。

玄宗在当临淄王的时候，赵丽妃、皇甫德仪和刘才人都受到宠爱，赵丽妃生了太子李瑛、皇甫德仪生了鄂王李瑶，刘才人生了光王李琚。玄宗即帝位后，又爱上武惠妃，赵丽妃等人都被冷落。武惠妃生了寿王李瑁，李瑁受到的宠爱超过了其他皇子。太子曾与李瑶、李琚在禁中的宅第中聚会，都因为自己的母亲失宠而心中怨恨，大发牢骚。驸马都尉杨洄娶的是武惠妃的女儿咸宜公主，常常暗中打听三个皇子的过失，然后去告诉武惠妃。武惠妃哭泣着告诉玄宗说："太子阴谋网罗党羽，想要谋害我们母子，而且斥责皇上。"玄宗听后大怒，把此事告诉了宰相，想要废掉太子和鄂王、光王。张九龄说："陛下登上皇位将近三十年了，太子和诸王都没有离开过深宫，每天都受到皇上的训诫，天下的人都庆幸陛下治理有方，在位长久，子孙繁盛。现在三个皇子都已年长成人，没听说有什么大的过失，陛下为何要听信那些无稽之谈，以一时的喜怒，把他们全部废掉呢！再说太子是天下的根本，不可轻易动摇他的地位。春秋时代晋献公因为听信骊姬的谗言杀了太子申生，引起晋国三世大乱。汉武帝因为相信江充的诬告，治了戾太子的罪，使京城发生了流血事件。晋惠帝因为相信贾后的诬陷，废掉了愍怀太子，使五胡乱华，中原涂炭。隋文帝听信了独孤皇后的话，废掉了太子杨勇而立隋炀帝，以至失掉了天下。由此来看，对废立太子的事不可不谨慎对待。陛下如果一定要那样做，我难以遵命。"玄宗听后不高兴。李林甫起初没有说什么，而退朝后私下却对受玄宗器重的宦官说："这种事情是皇上的家事，何以要与外人商量！"玄宗仍然犹豫不决。武惠妃又暗中让官奴牛贵儿对张九龄说："有废必有立，你如果能够从中助一臂之力，就可以长做宰相。"张九龄斥责了牛贵儿，并把这些话告诉了玄宗，玄宗因此有所感悟，所以一直到张九龄罢相，太子的地位没有动摇。李林甫一有机会就在玄宗面前说张九龄的坏话，所以玄宗逐渐疏远张九龄。

玄宗即皇帝位以来，所任用的宰相中，姚崇善于调解各方面的关系，宋璟执法严厉，张嘉贞重视吏治，张说善于写文章，李元纮与杜暹能够节俭治国，韩休与张九龄个性直率，这些人都有所长。张九龄因罪被罢相后，朝廷中的百官从此都明哲保身，没有人再敢于直言。

李林甫想要堵塞住玄宗的视听，自己大权独揽，就把谏官们召来明确地告诉他们说："现在有贤明的君主在上，群臣顺从皇帝都顾不过来，哪里还用得着再多说什么！你们难道没有看见那些立在正殿下面作为仪仗用的马匹吗？虽然吃的是三品等级的粮料，但如果要嘶鸣叫唤，都要立刻被拉下去，到那时后悔也来不及了。"补阙杜琎曾经向玄宗上书谈论政事，第二天就被贬为下邽县令。从此玄宗的谏争之路断绝了。

唐纪三十一

第二百一十五卷

玄宗至道大圣大明孝皇帝中之下天宝三载（甲申，744）

三月，己巳，以平卢节度使安禄山兼范阳节度使，以范阳节度使裴宽为户部尚书。礼部尚书席建侯为河北黜陟使，称禄山公直；李林甫、裴宽皆顺旨称其美。三人皆上所信任，由是禄山之宠益固不摇矣。

初，武惠妃薨，上悼念不已，后宫数千，无当意者。或言寿王妃杨氏之美，绝世无双。上见而悦之，乃令妃自以其意乞为女官，号太真；更为寿王娶左卫郎将韦昭训女。潜内太真宫中。太真肌态丰艳，晓音律，性警颖，善承迎上意，不期岁，宠遇如惠妃，宫中号曰“娘子”，凡仪体皆如皇后。

四载（乙酉，745）

八月，壬寅，册杨太真为贵妃；赠其父玄琰兵部尚书，以其叔父玄珪为光禄卿，从兄铦为殿中少监，锜为驸马都尉。癸卯，册武惠妃女为太华公主，命锜尚之。及贵妃三姊，皆赐第京师，宠贵赫然。

五载（丙戌，746）

杨贵妃方有宠，每乘马则高力士执辔授鞭，织绣之工专供贵妃院者七百人，中外争献器服珍玩。岭南经略使张九章，广陵长史王翼，以所献精美，九章加三品，翼入为户部侍郎；天下从风而靡。民间歌之曰：“生男勿喜女勿悲，君今看女作门楣。”妃欲得生荔支，岁命岭南驰驿致之，比至长安，色味不变。

至是，妃以妒悍不逊，上怒，命送归兄铦之第。是日，上不怿，比日中，犹未食，左右动不称旨，横被棰挞。高力士欲尝上意，请悉载院中储偫送贵妃，凡百余车，上自分御膳以赐之。及夜，力士伏奏请迎贵妃归院，遂开禁门而入。自是恩遇愈隆，后宫莫得进矣。

六载（丁亥，747）

戊寅，以范阳、平卢节度使安禄山兼御史大夫。

禄山体充肥，腹垂过膝，尝自称腹重三百斤。外若痴直，内实狡黠。常令其将刘骆谷留京师诇朝廷指趣，动静皆报之；或应有笺表者，骆谷即为代作通之。岁献俘虏、杂畜、奇禽、异兽、珍玩之物，不绝于路，郡县疲于递运。

禄山在上前，应对敏给，杂以诙谐，上尝戏指其腹曰："此胡腹中何所有？其大乃尔！"对曰："更无余物，正有赤心耳！"上悦。又尝命见太子，禄山不拜。左右趣之拜，禄山拱立曰："臣胡人，不习朝仪，不知太子者何官？"上曰："此储君也，朕千秋万岁后，代朕君汝者也。"禄山曰："臣愚，向者惟知有陛下一人，不知乃更有储君。"不得已，然后拜。上以为信然，益爱之。上尝宴勤政楼，百官列坐楼下，独为禄山于御座东间设金鸡障，置榻使坐其前，仍命卷帘以示荣宠。命杨铦、杨锜、贵妃三姊皆与禄山叙兄弟。禄山得出入禁中，因请为贵妃儿。上与贵妃共坐，禄山先拜贵妃。上问何故，对曰："胡人先母而后父。"上悦。

唐玄宗天宝三载（甲申，公元744年）

三月，己巳（初五），任命平卢节度使安禄山兼任范阳节度使，任命范阳节度使裴宽为户部尚书。礼部尚书席建侯为河北黜陟使，称赞安禄山公正无私，李林甫、裴宽也都顺旨意称颂安禄山。这三个人都是玄宗所信任的臣子，于是安禄山受到玄宗的宠信愈加稳固不可动摇。

起初，武惠妃死后，玄宗怀念不已，虽然后宫中有宫女数千，但没有称心如意的。这时有人告诉说，寿王李瑁的妃子杨氏美貌绝世。玄宗见后十分喜欢，于是命杨妃自己请求为女道士，号为太真，又另外为寿王李瑁娶了左卫郎将韦昭训的女儿为妃子。然后暗中把太真接入宫中。太真肌体丰满，容貌艳丽，通晓音乐，天资聪慧，善于奉迎玄宗的心意。进宫不满一年，受到的宠爱就如武惠妃一样，宫中都称她为“娘子”，一切礼仪与皇后相同。

四载（乙酉，公元745年）

八月，壬寅（十七日），玄宗册封杨太真为贵妃，追赠其父亲杨玄琰为兵部尚书，任命其叔父杨玄珪为光禄卿，堂兄杨铦为殿中少监，杨锜为驸马都尉。癸卯（十八日），册封武惠妃的女儿为太华公主，并命杨锜娶其为妻。杨贵妃的三个姐姐，都在京师赐给宅第，宠贵无比。

五载（丙戌，公元746年）

杨贵妃正受到玄宗的宠爱，每次骑马时，高力士都为她执鞭牵马，专门为杨贵妃织绣衣服的工匠多达七百人，朝野内外都争着奉献器物衣服珍宝。岭南经略使张九章与广陵长史王翼因为所进献的物品精美而被加官，张九章为三品官，王翼入朝为户部侍郎。天下的官吏都纷纷效法。因此民间歌唱道：“生男莫喜女莫悲，君今看女显门威。”杨贵妃喜欢吃新鲜荔枝，玄宗就命令岭南每年都用驿马飞驰送来，到了长安，色味仍然不变。

这时，杨贵妃因为嫉妒、泼悍、无礼，激怒了玄宗，所以就下令把贵妃送回她哥哥杨铦的家里。这一天，玄宗闷闷不乐，到了中午，还没有吃饭，左右人的行动都不满他的意，常被鞭打。高力士想要试玄宗的意，就请把贵妃院中储备待用的器物送给贵妃，总共装了一百多车，玄宗又把自己吃的食物分赐给贵妃。到了晚上，高力士又跪下奏请接回贵妃，于是打开宫门让贵妃入宫。从此杨贵妃愈发受到宠爱，后宫其他人都受到冷落。

六载（丁亥，公元747年）

戊寅（正月），玄宗任命范阳、平卢节度使安禄山兼御史大夫。

安禄山身体肥胖，大腹便便，垂过膝盖，曾自言腹重三百斤。他外表看似老实，实际上内心狡猾，常令部将刘骆谷留在京师刺探朝廷的动向，一举一动都向他报告。如有事要向皇上奏表，刘骆谷就替他代写上奏。安禄山每年都向朝廷奉献俘虏、杂畜、奇禽、异兽和珍宝玩物，一路不绝，以至沿途郡县都因转运这些东西而疲乏。

安禄山在玄宗面前应对敏捷，常常还夹杂着一些诙谐幽默的言语，玄宗曾经开玩笑指着安禄山的肚子说："你这个胡人肚子中有什么东西，竟然这么大！"安禄山回答说："没有什么东西，只有对陛下的一片赤心！"玄宗听后十分高兴。玄宗又曾让安禄山去见太子，安禄山见后不礼拜。左右的人催促他礼拜，安禄山却站立着说："我是胡人，不懂得朝廷中的礼仪，不知道太子是什么官？"玄宗说："太子就是将来的皇上，朕去世之后，代朕做君王统治你的就是他。"安禄山说："我愚蠢浅陋，过去只知有陛下一人，不知还有太子。"不得已，然后才拜见。玄宗相信安禄山的这些话而更加宠爱他。玄宗曾在勤政楼设宴，百官都坐在楼下，却单独为安禄山于自己的座位东边设置了画金鸡的障子，设了床榻，使安禄山坐在前面，并命令卷起帘子以示宠爱。又命杨铦、杨锜、贵妃等都与安禄山叙兄弟之情。安禄山可以出入宫中，便乘机奏请做杨贵妃的儿子。玄宗与贵妃一起坐，安禄山却先拜贵妃。唐玄宗问他为什么先拜贵妃，安禄山回答说："我们胡人的习惯是先母而后父。"玄宗听后十分高兴。

唐纪三十二

第二百一十六卷

玄宗至道大圣大明孝皇帝下之上天宝八载（己丑，749）

先是，折冲府皆有木契、铜鱼，朝廷征发，下敕书、契、鱼，都督、郡府参验皆合，然后遣之。自募置彍骑，府兵日益堕坏，死及逃亡者，有司不复点补；其六驮马牛、器械、糗粮，耗散略尽。府兵入宿卫者，谓之侍官，言其为天子侍卫也。其后本卫多以假人，役使如奴隶，长安人羞之，至以相诟病。其戍边者，又多为边将苦使，利其死而没其财。由是应为府兵者皆逃匿，至是无兵可交。五月，癸酉，李林甫奏停折冲府上下鱼书；是后府兵徒有官吏而已。其折冲、果毅，又历年不迁，士大夫亦耻为之。其彍骑之法，天宝以后，稍亦变废，应募者皆市井负贩、无赖子弟，未尝习兵。时承平日久，议者多谓中国兵可销，于是民间挟兵器者有禁；子弟为武官，父兄摈不齿。猛将精兵，皆聚于西北，中国无武备矣。

十载（辛卯，751）

上命有司为安禄山治第于亲仁坊，敕令但穷壮丽，不限财力。既成，具幄帟器皿，充牣其中，有帖白檀床二，皆长丈，阔六尺；银平脱屏风，帐方丈六尺；于厨厩之物皆饰以金银，金饭罂二，银淘盆二，皆受五斗，织银丝筐及笊篱各一。他物称是。虽禁中服御之物，殆不及也。上每令中使为禄山护役，筑第及造储偫赐物，常戒之曰："胡眼大，勿令笑我。"

禄山入新第，置酒，乞降墨敕请宰相至第。是日，上欲于楼下击毬，遽为罢戏，命宰相赴之。日遣诸杨与之选胜游宴，侑以梨园教坊乐。上每食一物稍美，或后苑校猎获鲜禽，辄遣中使走马赐之，络绎于路。

甲辰，禄山生日，上及贵妃赐衣服、宝器、酒馔甚厚。后三日，召禄山入禁中，贵妃以锦绣为大襁褓，裹禄山，使宫人以彩舆舁之。上闻后宫欢笑，问其故，左右以贵妃三日洗禄儿对。上自往观之，喜，赐贵妃洗儿金银钱，复厚赐禄山，尽欢而罢。自是禄山出入宫掖不禁，或与贵妃对食，或通宵不出，颇有丑声闻于外，上亦不疑也。

安禄山求兼河东节度。二月，丙辰，以河东节度使韩休珉为左羽林将军，以禄山代之。

户部郎中吉温见禄山有宠，又附之，约为兄弟。说禄山曰："李右丞相虽以时事亲三兄，不必肯以兄为相；温虽蒙驱使，终不得超擢。兄若荐温于上，温即奏兄堪大任，共排林甫出之，为相必矣。"禄山悦其言，数称温才于上，上亦忘曩日之言。会禄山领河东，因奏温为节度副使、知留后，以大理司直张通儒为留后判官，河东事悉以委之。

是时，杨国忠为御史中丞，方承恩用事。禄山登降殿阶，国忠常扶掖之。禄山与王铁俱为大夫，权任亚于李林甫。禄山见林甫，礼貌颇倨。林甫阳以他事召王大夫，铁至，趋拜甚谨；禄山不觉自失，容貌益恭。林甫与禄山语，每揣知其情，先言之，禄山惊服。禄山于公卿皆慢侮之，独惮林甫，每见，虽盛冬，常汗沾衣。林甫乃引与坐于中书厅，抚以温言，自解披袍以覆之。禄山忻荷，言无不尽，谓林甫为十郎。既归范阳，刘骆谷每自长安来，必问："十郎何言？"得美言则喜；或但云"语安大夫，须好检校！"辄反手据床曰："噫嘻，我死矣！"

禄山既兼领三镇，赏刑己出，日益骄恣。自以曩时不拜太子，见上春秋高，颇内惧，又见武备堕弛，有轻中国之心。孔目官严庄、掌书记高尚因为之解图谶，劝之作乱。

唐玄宗天宝八载（己丑，公元749年）

先前，府兵制下的折冲府都有木契、铜鱼，朝廷如果要征发府兵，就颁下敕书、木契和铜鱼，经都督府和郡府检验，木契、铜鱼都对合，然后才能发兵。自从招募了彍骑以后，府兵日益衰落，其中有死的，有跑的，官吏不再清点补充。府兵装备的六驮马牛、武器和干粮也都消耗散尽。原来府兵入朝宿卫者被称为侍官，意思是去保卫天子。后来宿卫的府兵多雇人顶替，军官也像奴隶一样役使士兵，以至长安城中的人以做侍官为耻辱，把他们作为戏笑时辱骂的对象。而被派往边疆戍边的府兵也多被边将当作苦力役使，为的是这些府兵死后边将可以吞掉他们的财产。所以那些应该当府兵的人纷纷逃亡，这时各折冲府已没有兵员可交。五月，癸酉（初十），李林甫奏请停止折冲府上下的铜鱼和敕书，从此府兵只保留原来的官吏。又因为府兵的折冲都尉和果毅都尉多年得不到升迁，士大夫们都以做这类官为耻辱。招募彍骑的办法，从天宝年间以后，也逐渐变化，并被荒废，应募的人都是一些市中商贩和刁滑之辈，未经过严格的训练。当时天下太平日久，大多数人都认为内地可以裁掉军队，因此在民间禁止私人携带兵器，子弟做武官的，父母兄弟都瞧不起他们。唐朝的猛将精兵都聚集在西北方，而国内空虚，没有任何武备。

十载（辛卯，公元 751 年）

玄宗命令有关官吏为安禄山于亲仁坊建造宅第，并下敕书说不管耗费多少钱财，越壮丽越好。宅第建成以后，又装饰了各种幄帐，放置了许多日用器物，以至都放满了宅屋。其中有帖白檀香木床两个，都是长一丈，宽六尺；用银平脱工艺制成的屏风，长宽一丈六尺。厨房和马厩中所用的物品也都用金银装饰，其中有金饭罂两个，银淘盆两个，都能装五斗粮，还有织银丝筐和笊篱各一个。其他器物还有许多。就是宫禁中皇上所使用的器物，大概都比不上。玄宗命令宦官监工，在建造宅第和制作屋中所用的器物时，玄宗常常告诫监工的宦官说：“胡人大方，不要让他笑我小气。”

安禄山住进新建的宅第后，设置酒宴，并请求玄宗下敕书让宰相至宅第赴宴。这一天，玄宗原来准备在楼下击毬，却立刻取消了游戏，命令宰相去赴会。又每天让杨家的人与安禄山选择风景优美的地方游玩宴会，并让梨园弟子和教坊乐队陪伴。玄宗每吃到一种鲜美的食物，或者在后苑中猎获了鲜禽，都要派宦官骑马赐给安禄山，以至走马络绎，不绝于路。

甲辰（二十日），安禄山生日，玄宗和杨贵妃赏赐给安禄山许多衣服、珍宝器物以及丰盛的酒菜食物。过了三天，又把安禄山召进宫中，杨贵妃用锦绣做成的大襁褓裹住安禄山，让宫女用彩轿抬起。唐玄宗听见后宫中的欢声笑语，就问是在干什么，左右的人说是贵妃为儿子安禄山三天洗身。玄宗亲自去观看，十分高兴，赏赐给杨贵妃洗儿金银钱，又重赏安禄山，尽兴而散。从此安禄山可以自由出入宫中，不加禁止，有时与杨贵妃同桌而食，有时一夜不出宫，宫外的许多人都知道这件丑事，而玄宗却不怀疑。

安禄山请求兼任河东节度使。二月丙辰（初二），唐玄宗任命河东节度使韩休珉为左羽林将军，由安禄山代任河东节度使。

户部郎中吉温见安禄山受到玄宗的宠信，就又依附于安禄山，与他结拜为兄弟。并对安禄山说："李右丞相现在虽然与你亲善，但是一定不会推荐你为宰相。我虽然为他效力受他驱使，但终久得不到提拔。你如果能够向皇上推荐我，我就向皇上上奏说你能够担当大任，我们联合起来排斥李林甫出朝，你就一定能够当宰相。"安禄山觉得吉温的话很有道理，所以多次在玄宗面前说吉温有才能，玄宗也忘记了过去所说的话。这时安禄山兼任河东节度使，就上奏吉温为节度副使、知留后事，并任命大理司直张通儒为留后判官，把河东镇的政事全权委托给他们。

这时杨国忠为御史中丞，正受到玄宗的重用。安禄山上下殿前的台阶时，杨国忠常扶着他。安禄山与王铁都为御史大夫，王铁的权位仅次于李林甫。安禄山看见李林甫时，态度十分傲慢。李林甫就假装有事召来王铁，王铁见到李林甫时，态度十分谦恭。安禄山不自觉地有所失态，态度也恭敬起来。李林甫与安禄山谈话时，总是揣摩他的心意，先说了出来，使安禄山惊讶叹服。安禄山对于其他公卿朝士都十分傲慢，有时还侮辱他们，但独独害怕李林甫，每当见到李林甫时，虽然是寒冬季节，也汗流沾衣。而李林甫却把安禄山引进中书省办事的厅中坐下，用好言相慰问，并解下自己的披袍给安禄山穿上。安禄山十分感激，对李林甫无话不谈，并称李林甫为十郎。安禄山回到范阳后，刘骆谷每次从长安回来，安禄山一定要问："十郎说什么了吗？"如果听到李林甫赞扬他，就十分高兴。如果听到李林甫说："告诉安大夫，要检点一些！"安禄山就反手握着床说："噫嘻，我活不成了！"

安禄山一身兼任范阳、平卢、河东三镇节度使，手握大权，赏罚由己，日益骄横。自认为过去见太子没有下拜，而如今玄宗年事已高，十分惧怕。又看到唐朝的武备松弛，有轻视朝廷之心。孔目官严庄和掌书记高尚又借机为他讲解预卜吉凶祸福的图谶，劝他起兵叛乱。

唐纪三十三

第二百一十七卷

玄宗至道大圣大明孝皇帝下之下天宝十四载（乙未，755）

安禄山专制三道，阴蓄异志，殆将十年，以上待之厚，欲俟上晏驾然后作乱。会杨国忠与禄山不相悦，屡言禄山且反，上不听；国忠数以事激之，欲其速反以取信于上。禄山由是决意遽反，独与孔目官、太仆丞严庄，掌书记、屯田员外郎高尚，将军阿史那承庆密谋，自余将佐皆莫之知，但怪其自八月以来，屡飨士卒，秣马厉兵而已。会有奏事官自京师还，禄山诈为敕书，悉召诸将示之曰："有密旨，令禄山将兵入朝讨伐杨国忠，诸君宜即从军。"众愕然相顾，莫敢异言。十一月，甲子，禄山发所部兵及同罗、奚、契丹、室韦凡十五万众，号二十万，反于范阳。命范阳节度副使贾循守范阳，平卢节度副使吕知诲守平卢，别将高秀岩守大同。诸将皆引兵夜发。

诘朝，禄山出蓟城南，大阅誓众，以讨杨国忠为名，榜军中曰："有异议扇动军人者，斩及三族！"于是引兵而南。禄山乘铁舆，步骑精锐，烟尘千里，鼓噪震地。时海内久承平，百姓累世不识兵革，猝闻范阳兵起，远近震骇。河北皆禄山统内，所过州县，望风瓦解，守令或开门出迎，或弃城窜匿，或为所擒戮，无敢拒之者。禄山先遣将军何千年、高邈将奚骑二十，声言献射生手，乘驿诣太原。乙丑，北京副留守杨光翙出迎，因劫之以去。太原具言其状。东受降城亦奏禄山反。上犹以为恶禄山者诈为之，未之信也。

庚午，上闻禄山定反，乃召宰相谋之。杨国忠扬扬有德色，曰："今反者独禄山耳，将士皆不欲也。不过旬日，必传首诣行在。"上以为然，大臣相顾失色。上遣特进毕思琛诣东京，金吾将军程千里诣河东，各简募数万人，随便团结以拒之。辛未，安西节度使封常清入朝，上问以讨贼方略，常清大言曰："今太平积久，故人望风惮贼。

然事有逆顺，势有奇变，臣请走马诣东京，开府库，募骁勇，挑马棰渡河，计日取逆胡之首献阙下！”上悦。壬申，以常清为范阳、平卢节度使。常清即日乘驿诣东京募兵，旬日，得六万人；乃断河阳桥，为守御之备。

丁丑，以荣王琬为元帅，右金吾大将军高仙芝副之，统诸军东征。出内府钱帛，于京师募兵十一万，号曰天武军，旬日而集，皆市井子弟也。

十二月，丙戌，高仙芝将飞骑、彍骑及新募兵、边兵在京师者合五万人，发长安。上遣宦者监门将军边令诚监其军，屯于陕。

安禄山引兵向荥阳，太守崔无诐拒之；士卒乘城者，闻鼓角声，自坠如雨。癸巳，禄山陷荥阳，杀无诐，以其将武令珣守之。禄山声势益张，以其将田承嗣、安忠志、张孝忠为前锋。封常清所募兵皆白徒，未更训练，屯武牢以拒贼；贼以铁骑蹂之，官军大败。常清收余众，战于葵园，又败；战上东门内，又败。丁酉，禄山陷东京，贼鼓噪自四门入，纵兵杀掠。常清战于都亭驿，又败；退守宣仁门，又败；乃自苑西坏墙西走。

封常清帅余众至陕，陕郡太守窦廷芝已奔河东，吏民皆散。常清谓高仙芝曰：“常清连日血战，贼锋不可当。且潼关无兵，若贼豕突入关，则长安危矣。陕不可守，不如引兵先据潼关以拒之。”仙芝乃帅见兵西趣潼关。贼寻至，官军狼狈走，无复部伍，士马相腾践，死者甚众。至潼关，修完守备，贼至，不得入而去。禄山使其将崔乾祐屯陕，临汝、弘农、济阴、濮阳、云中郡皆降于禄山。是时，朝廷征兵诸道，皆未至，关中恟惧。会禄山方谋称帝，留东京不进，故朝廷得为之备，兵亦稍集。

上议亲征，辛丑，制太子监国，谓宰相曰：“朕在位垂五十载，倦于忧勤，去秋已欲传位太子；值水旱相仍，不欲以余灾遗子孙，淹留俟稍丰。不意逆胡横发，朕当亲征，且使之监国。事平之日，朕将高枕无为矣。”杨国忠大惧，退谓韩、虢、秦三夫人曰：“太子素恶吾家专横久矣，若一旦得天下，吾与姊妹并命在旦暮矣！”相与聚哭。使三夫人说贵妃，衔土请命于上，事遂寝。

高仙芝之东征也，监军边令诚数以事干之，仙芝多不从。令诚入奏事，具言仙芝、常清桡败之状，且云：“常清以贼摇众，而仙芝弃陕地数百里，又盗减军士粮赐。”上大怒，癸卯，遣令诚赍敕即军中斩仙芝及常清。初，常清既败，三遣使奉表陈贼形势，上皆不之见。常清乃自驰诣阙，至渭南，敕削其官爵，令还仙芝军，白衣自效。常清草遗表曰：“臣死之后，望陛下不轻此贼，无忘臣言！”时朝议皆以为禄山狂悖，不日授首，故常清云然。令诚至潼关，先引常清，宣敕示之；常清以表附令诚上之。常清既死，陈尸蘧蒢。仙芝还，至听事，令诚索陌刀手百余人自随，乃谓仙芝曰："大夫亦有恩命。"仙芝遽下，令诚宣敕。仙芝曰："我遇敌而退，死则宜矣。今上戴天，下履地，谓我盗减粮赐则诬也。"时士卒在前，皆大呼称枉，其声震地，遂斩之。以将军李承光摄领其众。

河西、陇右节度使哥舒翰病废在家，上藉其威名，且素与禄山不协，召见，拜兵马副元帅，将兵八万以讨禄山，仍敕天下四面进兵，会攻洛阳。翰以病固辞，上不许，以田良丘为御史中丞，充行军司马，起居郎萧昕为判官，蕃将火拔归仁等各将部落以从，并仙芝旧卒，号二十万，军于潼关。翰病，不能治事，悉以军政委田良丘；良丘复不敢专决，使王思礼主骑，李承光主步，二人争长，无所统壹。翰用法严而不恤，士卒皆懈弛，无斗志。

唐玄宗天宝十四载（乙未，公元755年）

安禄山一身兼任三道节度使，阴谋作乱已将近十年，只是因为玄宗待他很好，所以想等到玄宗死后再反叛。这时杨国忠因为与安禄山不和，多次上言说他要谋反，玄宗不信。杨国忠又多次以事激怒安禄山，想让他立刻反叛以取信于玄宗。安禄山于是决意举兵反叛，只与孔目官、太仆丞严庄和掌书记、屯田员外郎高尚以及将军阿史那承庆等人密谋，其他将领都不让知道。其他将领只是觉得奇怪，不知道安禄山为什么从八月份以来多次招待士卒，秣马厉兵，准备打仗。这时有入朝奏事官从京师回来，安禄山就假造敕书，把将领都召来告诉他们说："皇上有密诏给我，让我率兵入朝讨伐杨国忠，你们应该听我指挥随军行动。"众将领听完后都十分惊愕，彼此相看而不敢反对。十一月甲子（初九），安禄山率领所统辖的三镇军队及同罗、奚、契丹、室韦兵共十五万人，号称二十万，在范阳起兵反叛。安禄山又命令范阳节度副使贾循留守范阳，平卢节度副使吕知诲留守平卢，别将高秀岩守卫大同，其余的将领都率兵深夜出发。

第二天早晨，安禄山出蓟城南门，召集全军检阅誓师，以讨伐杨国忠为名，在军中发文告说："谁要是煽动军人反对这一行动，灭杀他的三族！"然后率兵向南进军。安禄山坐着铁车，精锐步骑兵浩浩荡荡，战尘千里，鼓角震地。当时唐朝国内长治久安，老百姓几代没有经过战争，猛然得知范阳兵起，远近惊骇。河北地区都在安禄山的统辖之内，所以叛军经过的州县望风瓦解，郡守与县令有的大开城门迎接敌人，有的弃城逃命，有的被叛军俘虏杀害，没有人敢于抵抗。安禄山先派将军何千年与高邈率领奚族骑兵二十名，声称是向朝廷献射生手，乘驿马到太原。乙丑（初十），北京副留守杨光翙出城迎接，被劫持而去。太原向朝廷报告了这一情况，东受降城也上奏说安禄山反叛。玄宗还认为这是恨安禄山的人故意捏造事实，不相信真有其事。

庚午（十五日），玄宗得知安禄山确实率兵造反，才召来宰相商议应变之策。杨国忠得意洋洋地说："现在要反叛的只有安禄山一个人，所部将士都不想反叛。不过十天，一定会把安禄山的头颅割下来送到行在。"玄宗信以为然，大臣们听后则大惊失色。玄宗派特进毕思琛往东京，金吾将军程千里往河东，各招募数万人，各随便利，编组教练，以便抗拒叛军。辛未（十六日），安西节度使封常清入朝，玄宗向他问平叛之计，常清夸大其辞地说："现在因为天下太平已久，所以人人看见叛军都十分害怕。但事情有逆顺，形势会突变。我请求立刻到东京，打开府库，招募勇士，然后跃马挥师渡过黄河，用不了几天就会把逆贼安禄山的头颅取下献给陛下！"玄宗大喜。壬申（十七日），任命封常清为范阳、平卢节度使。封常清当天即乘驿马到东京募兵，十天募得六万人。然后毁坏河阳桥，准备抵御叛军的进攻。

丁丑（二十二日），玄宗任命荣王李琬为元帅，右金吾大将军高仙芝为副元帅，统帅各路军队东征。又拿出内府中的金钱布帛，在京师招募军队十一万，号为天武军，十天便集合起来，成员都是市民子弟。

十二月丙戌（初一），副元帅高仙芝率领飞骑、彍骑及新招募的兵，再加上留在京师的边镇兵共五万人，从长安出发。玄宗派监门将军宦官边令诚去监军，屯于陕郡。

安禄山率兵进军荥阳，太守崔无诐率官兵拒守，登上城头的士兵听见叛军的鼓角之声，吓得直往下掉。癸巳（初八），安禄山攻陷荥阳，杀了崔无诐，让部将武令珣守卫。安禄山叛军的声势更加浩大，他命令部将田承嗣、安忠志、张孝忠为先锋进攻东京。封常清所招募的兵都是一些没有经过军事训练而临时招来的平民，他率领这些兵屯驻武牢关以抵御叛军。叛军的精锐骑兵一阵冲锋，官军大败。封常清收罗残兵，与叛军战于葵园，又被打败。战于上东门内，官军又败。丁酉（十二日），安禄山攻陷东京，叛军呐喊着从四面的城门涌入城内，纵兵烧杀抢掠。封常清与叛军战于都亭驿，又被打败；只好退守宣仁门，又败于叛军；于是就推倒禁苑的西墙向西逃走。

封常清率领残兵逃到陕郡，陕郡太守窦廷芝已逃往河东，官吏和民众也都已逃跑。封常清对高仙芝说："我连日与叛军血战，叛军锐不可当。再说潼关无兵守卫，如果叛军突入关中，京城长安就危险了。陕郡不能守，不如率兵先占据潼关以抗御叛军。”于是高仙芝就率领所有的兵西向潼关。不久叛军追至，官军狼狈而逃，不成队伍，士卒与战马互相践踏，死了许多。退到了潼关，整饬防守器械，叛军追兵赶到，不能够入关而退去。安禄山派部将崔乾祐率兵屯于陕郡，临汝、弘农、济阴、濮阳、云中等郡都降于安禄山。这时朝廷向诸道所征的兵都还没有赶到，关中民众十分惊慌。正好安禄山谋划着称帝，留在东京不再进攻，所以朝廷才得到喘息的时间备战，所征的兵也陆续赶到。

玄宗想要亲自挂帅去征讨安禄山，辛丑（十六日），下制书令太子监国，对宰相们说：“朕在皇帝位快五十年了，懒于处理政事，去年秋天就想传位给太子，又逢水灾旱灾不断，朕不想把这些灾祸留给子孙去承担，想等到形势好转后再传位。不料逆胡安禄山举兵谋反，朕一定要亲自去征讨，让太子监国。待叛乱平定后，朕将高枕无忧地退位。”杨国忠听后大为恐惧，退朝后对韩国、虢国和秦国三夫人说：“太子早就恨我们杨家专权，如果让他当皇帝得天下，我与姊妹们的生命将会危在旦夕！”杨家诸姊妹相聚哭泣。杨国忠就让三夫人去劝说杨贵妃，杨贵妃又死命地阻拦玄宗，这件事遂不能实行。

高仙芝率兵东征，监军宦官边令诚多次因事求他，高仙芝大都不听。边令诚入朝奏事，向玄宗报告了高仙芝、封常清战败的情况，并且说：“封常清借叛军的强大势力动摇军心，高仙芝无故丧失陕郡数百里之地，还盗减军士的粮食和物资。”玄宗大为愤怒，癸卯（十八日），派边令诚手持敕书到军中杀高仙芝及封常清。起初封常清兵败后，三次派使者入朝上表陈述叛军的形势，玄宗都不见。于是封常清就亲自骑马入朝报告，到了渭南，玄宗下敕书剥夺了他的官职和爵位，让他回到高仙芝的军中作为一名普通的士卒去效命。封常清草写了上给玄宗的遗表说：“我死了以后，希望陛下千万不要轻视逆贼安禄山，不要忘记我说的话！”当时朝臣都认为安禄山狂傲叛逆，用不了多长时间就会失败，所以封常清这样告诫玄宗。边令诚到了潼关，先把封常清叫来，向他宣示了敕书。封常清把自己草写的遗表交给边令诚呈送玄宗。封常清被杀后，尸体陈放在一张粗席子上面。高仙芝回到官署后，边令诚带领着陌刀手一百余人，对高仙芝说：“皇帝也有恩命给高大夫。”高仙芝听后立刻下厅，边令诚遂宣示敕书。高仙芝说：“我遇到叛军没有抵抗而退却，死了是应该的。但是现在上有天下有地，说我盗减士兵的军粮和物资实在是冤枉。”当时高仙芝部下的士卒都在场，大呼高仙芝冤枉，吼声震地，但边令诚还是杀了他。然后命令将军李承光代理统领军队。

河西、陇右节度使哥舒翰因病在家中休养，玄宗因为他有威名，而且素来与安禄山关系不和，于是就召见他，拜为兵马副元帅，率兵八万去征讨安禄山。还下敕让各地进军，集兵收复洛阳。哥舒翰因病坚辞不受，玄宗不答应，并任命田良丘为御史中丞兼行军司马，起居郎萧昕为判官，蕃人将领火拔归仁等都率领部落军队归哥舒翰指挥，再加上高仙芝原来的军队，号为二十万，守卫潼关。哥舒翰因病不能料理军务，就把军政大事都委托给田良丘处理。田良丘又不敢一人决定大事，于是就让王思礼统领骑兵，李承光统领步兵，又因为这二人争权，军令无法统一。哥舒翰用法严厉而不体恤士卒，所以士卒们意志松懈，士气低落，没有战斗力。

唐纪三十四

第二百一十八卷

肃宗文明武德大圣大宣孝皇帝上之下至德元载（丙申，756）

是时，天下以杨国忠骄纵召乱，莫不切齿。又，禄山起兵以诛国忠为名，王思礼密说哥舒翰，使抗表请诛国忠，翰不应。思礼又请以三十骑劫取以来，至潼关杀之，翰曰："如此，乃翰反，非禄山也。"或说国忠："今朝廷重兵尽在翰手，翰若援旗西指，于公岂不危哉！"国忠大惧，乃奏："潼关大军虽盛，而后无继，万一失利，京师可忧，请选监牧小儿三千于苑中训练。"上许之，使剑南军将李福德等领之。又募万人屯灞上，令所亲杜乾运将之，名为御贼，实备翰也。翰闻之，亦恐为国忠所图，乃表请灞上军隶潼关。六月，癸未，召杜乾运诣关，因事斩之。国忠益惧。

会有告崔乾祐在陕，兵不满四千，皆羸弱无备，上遣使趣哥舒翰进兵复陕、洛。翰奏曰："禄山久习用兵，今始为逆，岂肯无备！是必羸师以诱我，若往，正堕其计中。且贼远来，利在速战；官军据险以扼之，利以坚守。况贼残虐失众，兵势日蹙，将有内变；因而乘之，可不战擒也。要在成功，何必务速！今诸道征兵尚多未集，请且待之。"郭子仪、李光弼亦上言："请引兵北取范阳，覆其巢穴，质贼党妻子以招之，贼必内溃。潼关大军，唯应固守以弊之，不可轻出。"国忠疑翰谋己，言于上，以贼方无备，而翰逗留，将失机会。上以为然，续遣中使趣之，项背相望。翰不得已，抚膺恸哭。丙戌，引兵出关。

己丑，遇崔乾祐之军于灵宝西原。乾祐据险以待之，南薄山，北阻河，隘道七十里。庚寅，官军与乾祐会战。乾祐伏兵于险，翰与田良丘浮舟中流以观军势，见乾祐兵少，趣诸军使进。王思礼等将精兵五万居前，庞忠等将余兵十万继之，翰以兵三万登河北阜望之，鸣鼓以助其势。乾祐所出兵不过万人，什什伍伍，散如列星，或疏或密，或前或却，官军望而笑之。乾祐严精兵，陈于其后。兵既交，贼偃旗如欲遁者，官军懈，不为备。须臾，伏兵发，贼乘高下木石，击杀士卒甚众。道隘，士卒如束，枪槊不得用。翰以毡车驾马为前驱，欲以冲贼。日过中，东风暴急，乾祐以草车数十乘塞毡车之前，纵火焚之。烟焰所被，官军不能开目，妄自相杀，谓贼在烟中，聚弓弩而射之。日暮，矢尽，乃知无贼。乾祐遣同罗精骑自南山过，出官军之后击之，官军首尾骇乱，不知所备，于是大败。或弃甲窜匿山谷，若相挤排入河溺死，嚣声振天地，贼乘胜蹙之。后军见前军败，皆自溃，河北军望之亦溃。翰独与麾下数百骑走，自首阳山西渡河入关。关外先为三堑，皆广二丈，深丈，人马坠其中，须臾而满；余众践之以度，士卒得入关者才八千余人。辛卯，乾祐进攻潼关，克之。

翰至关西驿，揭榜收散卒，欲复守潼关。蕃将火拔归仁等以百余骑围驿，入谓翰曰："贼至矣，请公上马。"翰上马出驿，归仁帅众叩头曰："公以二十万众一战弃之，何面目复见天子！且公不见高仙芝、封常清乎？请公东行。"翰不可，欲下马。归仁以毛絷其足于马腹，及诸将不从者，皆执之以东。会贼将田乾真已至，遂降之，俱送洛阳。安禄山问翰曰："汝常轻我，今定何如？"翰伏地对曰："臣肉眼不识圣人。今天下未平，李光弼在常山，李祗在东平，鲁炅在南阳，陛下留臣，使以尺书招之，不日皆下矣。"禄山大喜，以翰为司空、同平章事。谓火拔归仁曰："汝叛主，不忠不义。"执而斩之。翰以书招诸将，皆复书责之。禄山知不效，乃囚诸苑中。潼关既败，于是河东、华阴、冯翊、上洛防御使皆弃郡走，所在守兵皆散。

是日，翰麾下来告急，上不时召见，但遣李福德等将监牧兵赴潼关。及暮，平安火不至，上始惧。壬辰，召宰相谋之。杨国忠自以身领剑南，闻安禄山反，即令副使崔圆阴具储偫，以备有急投之，至是首唱幸蜀之策。上然之。癸巳，国忠集百官于朝堂，惶懅流涕；问以策略，皆唯唯不对。国忠曰："人告禄山反状已十年，上不之信，今日之事，非宰相之过。"仗下，士民惊扰奔走，不知所之，市里萧条。国忠使韩、虢入宫，劝上入蜀。

甲午，百官朝者什无一二。上御勤政楼，下制，云欲亲征，闻者皆莫之信。

以京兆尹魏方进为御史大夫兼置顿使；京兆少尹灵昌崔光远为京兆尹，充西京留守；将军边令诚掌宫闱管钥。托以剑南节度大使颍王璬将赴镇，令本道设储偫。是日，上移仗北内。既夕，命龙武大将军陈玄礼整比六军，厚赐钱帛，选闲厩马九百余匹，外人皆莫之知。乙未，黎明，上独与贵妃姊妹、皇子、妃、主、皇孙、杨国忠、韦见素、魏方进、陈玄礼及亲近宦官、宫人出延秋门，妃、主、皇孙之在外者，皆委之而去。上过左藏，杨国忠请焚之，曰：“无为贼守。”上愀然曰：“贼来不得，必更敛于百姓，不如与之，无重困吾赤子。”是日，百官犹有入朝者，至宫门，犹闻漏声，三卫立仗俨然。门既启，则宫人乱出，中外扰攘，不知上所之。于是王公、士民四出逃窜，山谷细民争入宫禁及王公第舍，盗取金宝，或乘驴上殿。又焚左藏大盈库。崔光远、边令诚帅人救火，又募人摄府、县官分守之，杀十余人，乃稍定。光远遣其子东见禄山，令诚亦以管钥献之。

丙申，至马嵬驿，将士饥疲，皆愤怒。陈玄礼以祸由杨国忠，欲诛之，因东宫宦者李辅国以告太子，太子未决。会吐蕃使者二十余人遮国忠马，诉以无食，国忠未及对，军士呼曰：“国忠与胡虏谋反！”或射之，中鞍。国忠走至西门内，军士追杀之，屠割支体，以枪揭其首于驿门外，并杀其子户部侍郎暄及韩国、秦国夫人。御史大夫魏方进曰：“汝曹何敢害宰相！”众又杀之。韦见素闻乱而出，为乱兵所挝，脑血流地。众曰：“勿伤韦相公。”救之，得免。军士围驿，上闻喧哗，问外何事，左右以国忠反对。上杖屦出驿门，慰劳军士，令收队，军士不应。上使高力士问之，玄礼对曰：“国忠谋反，贵妃不宜供奉，愿陛下割恩正法。”上曰：“朕当自处之。”入门，倚杖倾首而立。久之，京兆司录韦谔前言曰：“今众怒难犯，安危在晷刻，愿陛下速决！”因叩头流血。上曰：“贵妃常居深宫，安知国忠反谋？”高力士曰：“贵妃诚无罪，然将士已杀国忠，而贵妃在陛下左右，岂敢自安！愿陛下审思之，将士安则陛下安矣。”上乃命力士引贵妃于佛堂，缢杀之。舆尸置驿庭，召玄礼等入视之。玄礼等乃免胄释甲，顿首请罪，上慰劳之，令晓谕军士。玄礼等皆呼万岁，再拜而出，于是始整部伍为行计。谔，见素之子也。国忠妻裴柔与其幼子晞及虢国夫人、夫人子裴徽皆走，至陈仓，县令薛景仙帅吏士追捕，诛之。

丁酉，上将发马嵬，朝臣惟韦见素一人，乃以韦谔为御史中丞，充置顿使。将士皆曰：“国忠谋反，其将吏皆在蜀，不可往。”或请之河、陇，或请之灵武，或请之太原，或言还京师。上意在入蜀，虑违众心，竟不言所向。韦谔曰：“还京，当有御贼之备。今兵少，未易东向，不如且至扶风，徐图去就。”上询于众，众以为然，乃从之。及行，父老皆遮道请留，曰：“宫阙，陛下家居，陵寝，陛下坟墓，今舍此，欲何之？”上为之按辔久之，乃令太子于后宣慰父老。父老因曰：“至尊既不肯留，某等愿帅子弟从殿下东破贼，取长安。若殿下与至尊皆入蜀，使中原百姓谁为之主？”须臾，众至数千人。太子不可，曰：“至尊远冒险阻，吾岂忍朝夕离左右。且吾尚未面辞，当还白至尊，更禀进止。”涕泣，跋马欲西。建宁王倓与李辅国执鞚谏曰：“逆胡犯阙，四海分崩，不因人情，何以兴复！今殿下从至尊入蜀，若贼兵烧绝栈道，则中原之地拱手授贼矣。人情既离，不可复合，虽欲复至此，其可得乎！不如收西北守边之兵，召郭、李于河北，与之并力东讨逆贼，克复两京，削平四海，使社稷危而复安，宗庙毁而更存，扫除宫禁以迎至尊，岂非孝之大者乎！何必区区温凊，为儿女之恋乎！”广平王俶亦劝太子留。父老共拥太子马，不得行。太子乃使俶驰白上。上总辔待太子，久不至，使人侦之，还白状，上曰：“天也！”乃分后军二千人及飞龙厩马从太子，且谕将士曰：“太子仁孝，可奉宗庙，汝曹善辅佐之。”又谕太子曰：“汝勉之，勿以吾为念。西北诸胡，吾抚之素厚，汝必得其用。”太子南向号泣而已。又使送东宫内人于太子，且宣旨欲传位，太子不受。俶、倓，皆太子之子也。

太子既留，莫知所适。广平王俶曰：“日渐晏，此不可驻，众欲何之？”皆莫对。建宁王倓曰：“殿下昔尝为朔方节度大使，将吏岁时致启，倓略识其姓名。今河西、陇右之众皆败降贼，父兄子弟多在贼中，或生异图。朔方道近，士马全盛，裴冕衣冠名族，必无贰心。贼入长安方虏掠，未暇徇地，乘此速往就之，徐图大举，此上策也。”众皆曰：“善！”至渭滨，遇潼关败卒，误与之战，死伤甚众。已，乃收余卒，择渭水浅处，乘马涉渡，无马者涕泣而返。太子自奉天北上，比至新平，通夜驰三百里，士卒、器械失亡过半，所存之众不过数百。新平太守薛羽弃郡走，太子斩之。是日，至安定，太守徐瑴亦走，又斩之。

壬寅，上至散关，分扈从将士为六军。使颍王璬先行诣剑南，寿王瑁等分将六军以次之。丙午，上至河池郡。崔圆奉表迎车驾，具陈蜀土丰稔，甲兵全盛。上大悦，即日，以圆为中书侍郎、同平章事，蜀郡长史如故。以陇西公瑀为汉中王、梁州都督、山南西道采访防御使。瑀，琎之弟也。

安禄山不意上遽西幸，遣使止崔乾祐兵留潼关，凡十日，乃遣孙孝哲将兵入长安，以张通儒为西京留守，崔光远为京兆尹；使安忠顺将兵屯苑中，以镇关中。孝哲为禄山所宠任，尤用事，常与严庄争权；禄山使监关中诸将，通儒等皆受制于孝哲。孝哲豪侈，果于杀戮，贼党畏之。禄山命搜捕百官、宦者、宫女等，每获数百人，辄以兵卫送洛阳。王、侯、将、相扈从车驾、家留长安者，诛及婴孩。陈希烈以晚节失恩，怨上，与张均、张垍等皆降于贼。禄山以希烈、垍为相，自余朝士皆授以官。于是贼势大炽，西胁汧、陇，南侵江、汉，北割河东之半。然贼将皆粗猛无远略，既克长安，以为得志，日夜纵酒，专以声色宝贿为事，无复西出之意，故上得安行入蜀，太子北行亦无追迫之患。

太子至平凉数日，朔方留后杜鸿渐、六城水陆运使魏少游、节度判官崔漪、支度判官卢简金、盐池判官李涵相与谋曰："平凉散地，非屯兵之所，灵武兵食完富，若迎太子至此，北收诸城兵，西发河、陇劲骑，南向以定中原，此万世一时也。"乃使涵奉笺于太子，且籍朔方士马、甲兵、谷帛、军须之数以献之。涵至平凉，太子大悦。会河西司马裴冕入为御史中丞，至平凉见太子，亦劝太子之朔方，太子从之。鸿渐，暹之族子；涵，道之曾孙也。鸿渐、漪使少游居后，葺次舍，庀资储，自迎太子于平凉北境，说太子曰："朔方，天下劲兵处也。今吐蕃请和，回纥内附，四方郡县大抵坚守拒贼以俟兴复。殿下今理兵灵武，按辔长驱，移檄四方，收揽忠义，则逆贼不足屠也。"少游盛治宫室，帷帐皆仿禁中，饮膳备水陆。秋，七月，辛酉，太子至灵武，悉命撤之。

裴冕、杜鸿渐等上太子笺，请遵马嵬之命，即皇帝位，太子不许。冕等言曰："将士皆关中人，日夜思归，所以崎岖从殿下远涉沙塞者，冀尺寸之功。若一朝离散，不可复集。愿殿下勉徇众心，为社稷计！"笺五上，太子乃许之。是日，肃宗即位于灵武城南楼，群臣舞蹈，上流涕歔欷。尊玄宗为上皇天帝，赦天下，改元。以杜鸿渐、崔漪并知中书舍人事，裴冕为中书侍郎、同平章事。改关内采访使为节度使，徙治安化，以前蒲关防御使吕崇贲为之。以陈仓令薛景仙为扶风太守，兼防御使；陇右节度使郭英乂为天水太守，兼防御使。时塞上精兵皆选入讨贼，惟余老弱守边，文武官不满三十人，披草莱，立朝廷，制度草创，武人骄慢。大将管崇嗣在朝堂，背阙而坐，言笑自若，监察御史李勉奏弹之，系于有司。上特原之，叹曰："吾有李勉，朝廷始尊！"勉，元懿之曾孙也。旬日间，归附者渐众。

癸巳，灵武使者至蜀，上皇喜曰："吾儿应天顺人，吾复何忧！"丁酉，制："自今改制敕为诰，表疏称太上皇。四海军国事，皆先取皇帝进止，仍奏朕知，俟克复上京，朕不复预事。"己亥，上皇临轩，命韦见素、房琯、崔涣奉传国宝玉册诣灵武传位。

唐肃宗至德元载（丙申，公元756年）

这时，人们都认为安禄山叛乱是因为杨国忠骄横放纵所致，无不对杨国忠切齿痛恨。而且安禄山起兵是以讨伐杨国忠为名，所以王思礼就悄悄地劝哥舒翰，让他上表请求玄宗杀掉杨国忠，哥舒翰没有答应。王思礼又请求率领三十个骑兵把杨国忠劫持出京师，到潼关把他杀掉，哥舒翰说："如果这样做就是我谋反，而不是安禄山谋反。"有人劝杨国忠说："现在朝廷的重兵都在哥舒翰掌握之中，他如果挥兵西向京城，您不就危险了吗！"杨国忠大为恐惧，于是就上奏玄宗说："现在潼关虽然有大军把守，但后无援兵，一旦潼关失守，京师就难保，请求挑选牧马的士卒三千人于禁苑中训练，以应付不测。"玄宗同意，于是就派剑南军将李福德等人统领这支队伍。杨国忠又招募了一万人屯兵于灞上，命令他的亲信杜乾运率领，名义上是抵御叛军，实际上却是为了防备哥舒翰。哥舒翰得知后，也怕被杨国忠谋算，于是就上表玄宗请求把驻扎在灞上的军队归于潼关军队统一指挥。六月，癸未（初一），哥舒翰把杜乾运召到潼关，借机杀了他，杨国忠更加害怕。

这时有人告诉玄宗说崔乾祐在陕郡的兵力不到四千，都是老弱兵，而且没有准备，玄宗就派人催促哥舒翰出兵收复陕郡和洛阳。哥舒翰上奏说："安禄山善于用兵，现在刚举兵反叛，怎么能够不设防呢！这一定是故意示弱来引诱我们，如果出兵攻打，正中了他的计谋。再说叛军远来，利在速战速决，我们据险扼守，利在长期坚持。何况叛军残暴，失去人心，兵势正在变为不利，将会有内乱，到那时再乘机进攻，就可不战而获胜。我们最主要是要取胜，何必要立刻出兵呢！现在各地所征的兵大多都还没有到达，请暂且等待一段时间。"郭子仪与李光弼也上言说："请让我们率兵向北攻取范阳，直捣叛军巢穴，抓住他们的妻子、儿子作为人质用来招降，这样叛军内部必定大乱。坚守潼关的大军应该固守以挫敌锐气，不可轻易出战。"杨国忠怀疑哥舒翰想要谋害他，就告诉玄宗说叛军没有准备，而哥舒翰却逗留拖延，将要失去战机。玄宗信以为然，于是又派宦官去催促出兵，连续不断。哥舒翰没有办法，抚胸痛哭。丙戌（初四），亲自率兵出关。

己丑（初七），官军与崔乾祐的叛军相遇于灵宝西原。崔乾祐的军队占据着险要之地，南靠大山，北据黄河天险，有狭道七十里。庚寅（初八），官军与崔乾祐的叛军交战。崔乾祐先把精兵埋伏在险要的地方，哥舒翰与田良丘乘船在黄河中观察军情，看见崔乾祐兵少，就命令大军前进。王思礼等率领精兵五万在前，庞忠等率领其余的十万在后，哥舒翰率兵三万登上黄河北岸的高丘观察指挥，并鸣鼓助战。崔乾祐出兵不到一万，三五成群，稀稀拉拉，队伍有疏有密，士兵有前有后，官军看见后都大笑叛军不会用兵。而崔乾祐却把精兵摆在阵后。两军一交战，叛军偃旗息鼓假装败逃，官军斗志松懈，毫无准备。不一会，叛军伏兵齐发，占据着高地，用滚木石块打击官军，官军死伤惨重。又因为道路狭窄，士卒拥挤，刀枪伸展不开。哥舒翰又让马拉毡车为前队，去冲击叛军。过了中午，东风骤起，崔乾祐把数十辆草车塞于毡车之前，放火焚烧。顿时大火熊熊，烟雾蔽天，官军睁不开眼睛，敌我不分，互相冲杀，以为叛军在烟火中，就召集弓箭手和弩机手射击。持续到天黑，箭已射尽，才知道没有叛军。这时崔乾祐派同罗精锐骑兵过南山，从官军后面发起进攻，官军腹背受敌，首尾大乱，不知道如何抵挡，因此大败。有的丢盔弃甲逃入山谷，有的互相拥挤被推入黄河中淹死，喊声震天动地，叛军又乘胜追击。官军后面的将士看见前军大败，也纷纷溃逃，黄河北岸的军队看见了也向后逃跑。哥舒翰仅与部下数百骑兵得以逃脱，从首阳山西面渡过黄河，进入潼关。潼关城外先前挖了三条深沟，都是宽二丈，深一丈，过关的人马坠落沟中，很快就填满了沟，后面的人踏着他们得以通过，残兵逃入关内的才八千多人。辛卯（初九），崔乾祐率兵攻陷潼关。

哥舒翰到了关西驿站，张贴告示收罗逃散的士卒，想重新守卫潼关。这时蕃人将领火拔归仁等率领一百余名骑兵包围了驿站，进去对哥舒翰说："叛军来了，请您赶快上马。"哥舒翰上马出驿站后，火拔归仁率部下叩头说："您率领二十万军队，一战而全军覆没，还有什么脸面去见天子呢！再说您没有看到封常清与高仙芝的下场吗？还不如向东去归降安禄山。"哥舒翰不同意，想要下马。火拔归仁就用毛绳把他的双脚捆绑在马肚子下，对于将领中不愿意投降的，也都捆起来押往东方。这时叛军将领田乾真赶到，火拔归仁就投降了他，被一起送往洛阳。安禄山问哥舒翰说："你过去总是看不起我，现在怎么样呢？"哥舒翰伏地而拜回答说："我凡人肉眼不识圣人。现在天下还没有平定，李光弼率兵在常山，吴王李祗在东平，鲁炅在南阳，陛下如果能够留我一条性命，让我写信招降他们，用不了多长时间就会平定。"安禄山很高兴，于是就拜哥舒翰为司空、同平章事。又对火拔归仁说："你背叛了你的主人，是不忠不义。"然后就杀了他。哥舒翰写信招降其他将帅，他们都复信责备他的背叛行为。安禄山知道没有什么效果，就把哥舒翰囚禁于禁苑中。潼关既已失守，于是河东、华阴、冯翊、上洛等郡的防御使都弃郡而逃，部下的守兵也纷纷逃命。

潼关失守的当天，哥舒翰的部下到朝廷报告情况危急，玄宗当时没有召见，只是派李福德等人率领监牧小儿组成的军队开赴潼关增援。到了晚上，没看到报告平安的烽火，玄宗才感到惧怕。壬辰（初十），玄宗把宰相召来商议对策。杨国忠因为自己兼任剑南节度使，安禄山反叛后，即命令节度副使崔圆暗中准备物资，以防备危急时到剑南使用，所以这时他首先提出到蜀中避难。玄宗赞成他的意见。癸巳（十一日），杨国忠召集百官于朝堂，神色惊惧，痛哭流涕地问他们有什么计策，百官都不回答。杨国忠说："人们告安禄山的反状已有十年了，但皇上总是不相信。现在事情发展到这种地步，不是宰相的过错。"罢朝后卫兵退下，这时长安城中的百姓惊慌逃命，都不知道该往哪里躲避，店铺关门，城里一片萧条。杨国忠又让韩国夫人与虢国夫人入宫，劝说玄宗到蜀中去避难。

甲午（十二日），百官上朝的不到十分之一二。玄宗登临勤政楼，下制书说要亲自率兵征讨安禄山，听到的人都不相信。

玄宗又任命京兆尹魏方进为御史大夫兼置顿使，京兆少尹灵昌人崔光远为京兆尹，兼西京留守，让将军边令诚掌管宫殿的钥匙。玄宗假称剑南节度大使颖王李璬将要赴镇，命令剑南道准备所用物资。当天，玄宗移居大明宫。天黑以后，玄宗命令龙武大将军陈玄礼集合禁军六军，重赏他们金钱布帛，又挑选了闲厩中的骏马九百余匹，所做的这些事情外人都不知晓。乙未（十三日），天刚发亮，玄宗只与杨贵妃姊妹、皇子、皇妃、公主、皇孙、杨国忠、韦见素、魏方进、陈玄礼及亲信宦官、宫人从延秋门出发，在宫外的皇妃、公主及皇孙都弃而不顾，只管自己逃难。玄宗路过左藏库，杨国忠请求放火焚烧，并说："不要把这些钱财留给叛贼。"玄宗心情凄惨地说："叛军来了没有钱财，一定会向百姓征收，还不如留给他们，以减轻百姓们的苦难。"这一天，百官还有入朝的，到了宫门口，还能听到漏壶滴水的声音，仪仗队的卫士们仍然整齐地站在那里，待宫门打开后，则看见宫人乱哄哄地出逃，宫里宫外一片混乱，都不知道皇上在哪里。于是王公贵族、平民百姓四出逃命，山野小民争着进入皇宫及王公贵族的宅第，盗抢金银财宝，有的还骑驴跑到殿里，还放火焚烧了左藏大盈库。崔光远与边令诚带人赶来救火，又招募人代理府、县长官分别守护，杀了十多个人，局势才稳定下来。崔光远派他的儿子去见安禄山，边令诚也把宫殿各门的钥匙献给安禄山。

丙申（十四日），玄宗一行到了马嵬驿，随从的将士因为饥饿疲劳，心中怨恨愤怒。龙武大将军陈玄礼认为天下大乱都是杨国忠一手造成的，想杀掉他，于是就让东宫宦官李辅国转告太子，太子犹豫不决。这时有吐蕃使节二十余人拦住杨国忠的马，向他诉说没有吃的，杨国忠还没有来得及回答，士卒们就喊道："杨国忠与胡人谋反！"有人用箭射击，射中了杨国忠坐骑的马鞍。杨国忠急忙逃命，逃至马嵬驿西门内，被士兵追上杀死，并肢解了他的尸体，把头颅挂在矛上插于西门外示众，然后杀了他的儿子户部侍郎杨暄与韩国夫人、秦国夫人。御史大夫魏方进说："你们胆大妄为，竟敢谋害宰相！"士兵们又把他杀了。韦见素听见外面大乱，跑出驿门察看，被乱兵用鞭子抽打得头破血流。众人喊道："不要伤了韦相公。"韦见素才免于一死。士兵们又包围了驿站，玄宗听见外面的喧哗之声，就问是什么事，左右侍从回答说是杨国忠谋反。玄宗走出驿门，慰劳军士，命令他们撤走，但军士不答应。玄宗又让高力士去问话，陈玄礼回答说："杨国忠谋反被诛，杨贵妃不应该再侍奉陛下，愿陛下能够割爱，把杨贵妃处死。"玄宗说："这件事由我自行处置。"然后进入驿站，拄着拐杖侧首而立。过了一会儿，京兆司录参军韦谔上前说道："现在众怒难犯，形势十分危急，安危在片刻之间，希望陛下赶快做出决断！"说着不断地跪下叩头，以至血流满面。玄宗说："杨贵妃居住在戒备森严的宫中，不与外人交结，怎么能知道杨国忠谋反呢？"高力士说："杨贵妃确实是没有罪，但将士们已经杀了杨国忠，而杨贵妃还在陛下的左右侍奉，他们怎么能够安心呢！希望陛下好好地考虑一下，将士安宁陛下就会安全。"玄宗这才命令高力士把杨贵妃引到佛堂内，用绳子勒死了她。然后把尸体抬到驿站的庭中，召陈玄礼等人入驿站察看。陈玄礼等人脱去甲胄，叩头谢罪，玄宗安尉他们，并命令告谕其他的军士。陈玄礼等都高喊万岁，拜了两拜而出，然后整顿军队准备继续行进。韦谔是韦见素的儿子。杨国忠的妻子裴柔与她的小儿子杨晞、虢国夫人与她的儿子裴徽都乘乱逃走，到了陈仓县，被县令薛景仙率领官吏抓获杀掉。

丁酉（十五日），玄宗将要从马嵬驿出发，朝臣中只有韦见素一人随行，于是就任命韦谔为御史中丞，并兼任置顿使。这时将士们都说："杨国忠谋反被杀，而他的部下亲信都在蜀中，不能去那里避难。"有人请求去河西、陇右，有人请求去灵武，有人请求去太原，还有的请求回京师。玄宗想去蜀中，又恐怕违背众心，所以沉默不言。韦谔说："如果要返回京师，就要有足够的兵力抵御叛军。而现在兵力单薄，不要轻易向东。不如暂时到扶风郡，再慢慢考虑去向。"玄宗征求大家的意见，大家都同意，于是准备去扶风。等到出发时，当地的父老乡亲拦在路中请求玄宗留下，并说："森严宏伟的宫殿是陛下的家室，那些列祖列宗的陵园是陛下先人的葬地，现在都舍弃不顾，想要到哪里去呢？"玄宗骑在马上停留了很长时间，然后命令太子留在后面安慰这些父老乡民。父老们因此对太子说："皇上既然不愿意留下来，我们愿意率领子弟跟随殿下向东讨伐叛军，收复长安。如果殿下与皇上都逃向蜀中，那么谁为中原的百姓们做主呢？"不一会儿，来到太子跟前的多达数千人。太子不肯，并说："父皇冒艰历险，远出避难，我怎么忍心早晚都不在他身边呢！再说我也没有当面向他辞别，我要回去告诉父皇，然后听候他的吩咐。"说着涕泣流泪，要回马西行。这时建宁王李倓与宦官李辅国拉着太子的马笼头进谏说："逆胡安禄山举兵反叛，进犯长安，以至四海沸腾，国家分裂，如果不服从民意，怎么能够复兴大唐天下呢！现在殿下随从皇上入蜀中避难，如果叛军焚烧断绝了通向蜀中的栈道，那么中原大地就拱手送给叛军了。人心既已分离，就难以再聚合，到那时就是想要有所作为，恐怕也不可能了。不如现在收聚西北边防的镇兵，再加上郭子仪与李光弼在河北地区的兵力，与他们合兵东讨叛贼，收复两京，平定四海，挽救国家于危难之中，使大唐的帝业得以继续，然后再打扫宫殿，迎接皇上返回京师，这难道不是最好的孝顺行为吗！何必因为区区温情，而做儿女之恋呢！”广平王李俶也劝太子留下来。父老乡亲们都拦住太子的马，使他无法前行。于是太子就让广平王李俶驰马去报告玄宗。玄宗骑在马上等待太子，久等不见，就派人去打听，被派去的人回来报告了太子的情况，玄宗说：“这真是天意！”于是就从后军中分出二千人，再加上一批最好的飞龙厩马给予太子，并且告谕将士说：“太子仁义孝顺，能够继承我们大唐的帝业，希望你们好好辅佐他。”然后又告谕太子说：“希望你好自为之，不要为我而担心。西北地区的各族胡人，我一直待他们厚道，你一定能用得上。”太子听后向南号叫哭泣。玄宗又派人把太子东宫中的宫女送给太子，并且宣旨说要传帝位给太子，太子不接受。广平王李俶和建宁王李倓都是太子的儿子。

太子留下来以后，不知道该往哪里去。广平王李俶说：“天已经快黑了，此地不宜久留，大家觉得到哪里去好呢？”众人都不说话。这时建宁王李倓说：“殿下过去曾经做过朔方节度大使，朔方镇的将领官吏每年送来问安书，我大略记得他们的姓名。现在河西与陇右的兵都因战败投降了叛军，父兄子弟多有在叛军中的，到那里去恐怕有危险。而朔方距离较近，军队完好，兵马强盛，再说河西行军司马裴冕出自世家大族，一定不会有二心。叛军正在进入长安大肆抢掠财物，还顾不上向外攻城略地，趁此机会应该立刻往朔方，到那里以后再图谋大计，这是最好的战略。”大家听后都说：“好！”到了渭河岸边，遇上了潼关战败后退下来的士卒，误以为是叛军而交战，死伤了许多人。不久弄清楚后，就又收罗散兵，选择了一处水浅的地方，乘马渡过渭水，没有马匹的人只好流泪返回。太子从奉天县向北，到达新平，一夜行进了三百里，清点士卒和武器装备，已丢失大半，留下来的人也不过数百。新平太守薛羽弃郡逃跑，被太子杀掉。当天到了安定郡，太守徐嗀也要逃跑，太子又把他杀了。

壬寅（二十日），玄宗到达散关，把护卫的士兵分为六军，派颍王李璬先往剑南，寿王李瑁等分别率领六军随后。丙午（二十五日），玄宗到达河池郡。蜀郡长史崔圆持表书前来迎接，并说蜀中富饶，粮食丰收，兵马强盛。玄宗非常高兴，当天就任命崔圆为中书侍郎、同平章事，仍兼蜀郡长史。又任命陇西公李瑀为汉中王、梁州都督、山南西道采访及防御使。李瑀是李琎的弟弟。

安禄山没料想玄宗那么快就会西去避难。就派人让崔乾祐留兵潼关，十天后才派孙孝哲率兵进入长安，任命张通儒为西京留守，崔光远为京兆尹。派安忠顺率重兵驻守在禁苑中，以镇抚关中地区。孙孝哲是安禄山最宠信的心腹，喜欢专权用事，常常与严庄争权。安禄山派孙孝哲监督关中诸将帅的军队，张通儒等人都受他的节制。孙孝哲性情粗犷，处事果断，用刑严厉，叛军将领都十分害怕他。安禄山命令搜捕朝臣、宦官和宫女，每抓到数百人时，就派兵护送到洛阳。对于跟随玄宗避难而家还留在长安的王侯将相，连婴儿也杀死。陈希烈因为晚年失去玄宗的信任，所以心中怨恨，就与张均、张垍兄弟等人投降了叛军。安禄山任命陈希烈、张垍为宰相，其余投降的朝臣都授以官职。因此叛军的势力大盛，向西威胁汧阳、陇州，向南侵扰江南与汉水流域，向北占领了河东道的一半。但是叛军将领都勇猛有余，而智谋不足，既已攻陷长安，志骄意满，日夜纵酒取乐，沉湎于声色珍宝财物，再也没有向西进攻的意图，所以玄宗得以安全地避入蜀中，而太子北上也不必担心敌军的追赶逼迫。

太子李亨到达平凉数天以后，朔方留后杜鸿渐、六城水陆运使魏少游、节度判官崔漪、支度判官卢简金与盐池判官李涵等人商议说："平凉地势平坦，不是屯驻军队之地，而灵武兵强粮足，如果把太子迎接到该地，向北召集诸郡之兵，向西征发河西、陇右的精锐骑兵，然后挥师南下，平定中原，这实在是千载难逢的大好时机。"于是就派李涵持笺表上于太子，并且把朔方镇的士卒、马匹、武器、粮食、布帛以及其他军用物资的账籍一同奉献给太子。李涵到平凉见太子后，太子非常高兴。这时河西司马裴冕入朝为御史中丞，路过平凉见到太子，也奉劝太子去朔方，太子同意。杜鸿渐是杜暹同族的侄子。李涵是李道的曾孙。杜鸿渐与崔漪让魏少游留下来修葺房舍，准备食物用具，自己去平凉的北面去迎接太子，并对太子说："朔方镇是天下精兵强将所聚之地。现在境外吐蕃求和，回纥归附，境内的郡县大都坚守城池，抵御叛军，等待大唐王朝的复兴。殿下如果能够集兵于灵武，然后挥师长驱，南下平叛，传告四方郡县，收揽忠义之士，则反叛的逆贼就不难平定。"魏少游留下来后，大力修治宫室，就连所用的帐幕都模仿皇宫中的样子，所备的饮食水陆之物都有。秋季，七月，辛酉（初九），太子到达灵武，命令把这些奢侈品全部撤去。

裴冕、杜鸿渐等人向太子上笺表，请求他遵照玄宗在马嵬驿的命令即皇帝位，太子不同意。裴冕等人对太子说："殿下所率领的将士都是关中人，日夜思念着家乡，他们所以经历艰险跟随殿下到这种荒沙野城中来，就是希望能够建功立业。这些人一旦离散，就难以再聚集到一起。希望殿下能够顺应人心，也为国家着想！”一连五次上笺奏，太子才同意。当天，肃宗于灵武城南楼即帝位，群臣拜舞，肃宗也流涕歔欷。尊称玄宗为上皇天帝，大赦天下，改天宝十五载为至德元载。肃宗任命杜鸿渐、崔漪为中书舍人，裴冕为中书侍郎、同平章事。改关内采访使为节度使，把治所迁到安化郡，任命前蒲关防御使吕崇贲为节度使。又任命陈仓县令薛景仙为扶风太守，兼防御使；陇右节度使郭英乂为天水太守，兼防御使。当时塞外的精兵都入内地讨伐叛军，只剩下老弱残兵防守边疆，文武官吏不到三十人，他们披荆斩棘，建立朝廷，但因为制度草创，武人骄横傲慢。大将管崇嗣在朝堂中背对宫阙而坐，言笑自若，监察御史李勉上奏弹劾他，并把他关了起来。肃宗特地下令赦免了管崇嗣，并感叹说：“我只是因为有李勉这样的人，朝廷才开始有尊严！”李勉是李元懿的曾孙。肃宗即帝位后十多天内，归附的人越来越多。

癸巳（八月十二日），灵武派出的使者到了蜀中，玄宗高兴地说：“我儿子顺应天命人心，即皇帝位，我还有什么忧愁的呢！”丁酉（十六日），玄宗下制书说：“从今以后改制敕为诰令，所上的表疏称太上皇。国家的军政大事都先听候皇帝的处置，然后再奏报朕知即可。等收复京城后，朕就不再参预政事。”己亥（十八日），玄宗亲临殿前的台阶，命令韦见素、房琯与崔涣奉送传国宝器与玉册往灵武传皇帝位。

唐纪三十五

第二百一十九卷

肃宗文明武德大圣大宣孝皇帝中之上至德元载（丙申，756）

上问李泌曰："今敌强如此，何时可定？"对曰："臣观贼所获子女金帛，皆输之范阳，此岂有雄据四海之志邪！今独虏将或为之用，中国之人惟高尚等数人，自余皆胁从耳。以臣料之，不过二年，天下无寇矣。"上曰："何故？"对曰："贼之骁将，不过史思明、安守忠、田乾真、张忠志、阿史那承庆等数人而已。今若令李光弼自太原出井陉，郭子仪自冯翊入河东，则思明、忠志不敢离范阳、常山，守忠、乾真不敢离长安，是以两军絷其四将也，从禄山者，独承庆耳。愿敕子仪勿取华阴，使两京之道常通，陛下以所征之兵军于扶风，与子仪、光弼互出击之，彼救首则击其尾，救尾则击其首，使贼往来数千里，疲于奔命，我常以逸待劳，贼至则避其锋，去则乘其弊，不攻城，不遏路。来春复命建宁为范阳节度大使，并塞北出，与光弼南北掎角以取范阳，覆其巢穴。贼退则无所归，留则不获安，然后大军四合而攻之，必成擒矣。"上悦。

二载（丁酉，757）

安禄山自起兵以来，目渐昏，至是不复睹物，又病疽，性益躁暴，左右使令，小不如意，动加棰挞，或时杀之。既称帝，深居禁中，大将希得见其面，皆因严庄白事。庄虽贵用事，亦不免棰挞，阉宦李猪儿被挞尤多，左右人不自保。禄山嬖妾段氏，生子庆恩，欲以代庆绪为后，庆绪常惧死，不知所出。庄谓庆绪曰："事有不得已者，时不可失。"庆绪曰："兄有所为，敢不敬从。"又谓猪儿曰："汝前后受挞，宁有数乎！不行大事，死无日矣！"猪儿亦许诺。庄与庆绪夜持兵立帐外，猪儿执刀直入帐中，斫禄山腹。左右惧，不敢动。禄山扪枕旁刀，不获，撼帐竿，曰："必家贼也。"肠已流出数斗，遂死。掘床下深数尺，以毡裹其尸埋之，诫宫中不得泄。乙卯旦，庄宣言于外，云禄山疾亟。立晋王庆绪为太子，寻即帝位，尊禄山为太上皇，然后发丧。庆绪性昏懦，言辞无序，庄恐众不服，不令见人。庆绪日纵酒为乐，兄事庄，以为御史大夫、冯翊王，事无大小，皆取决焉；厚加诸将官爵以悦其心。

郭子仪以河东居两京之间，得河东则两京可图。时贼将崔乾祐守河东，丁丑，子仪潜遣人入河东，与唐官陷贼者谋，俟官军至，为内应。

郭子仪自洛交引兵趣河东，分兵取冯翊。己丑夜，河东司户韩旻等翻河东城迎官军，杀贼近千人。崔乾祐逾城得免，发城北兵攻城，且拒官军，子仪击破之。乾祐走，子仪追击之，斩首四千级，捕虏五千人。乾祐至安邑，安邑人开门纳之，半入，闭门击之，尽殪。乾祐未入，自白径岭亡去。遂平河东。

上至凤翔旬日，陇右、河西、安西、西域之兵皆会，江、淮庸调亦至洋川、汉中。上自散关通表成都，信使骆驿。长安人闻车驾至，从贼中自拔而来者日夜不绝。西师憩息既定，李泌请遣安西及西域之众，如前策并塞东北，自归、檀南取范阳。上曰：“今大众已集，庸调亦至，当乘兵锋捣其腹心，而更引兵东北数千里，先取范阳，不亦迂乎？”对曰：“今以此众直取两京，必得之。然贼必再强，我必又困，非久安之策。”上曰：“何也？”对曰：“今所恃者，皆西北守塞及诸胡之兵，性耐寒而畏暑，若乘其新至之锐，攻禄山已老之师，其势必克。两京春气已深，贼收其余众，遁归巢穴，关东地热，官军必困而思归，不可留也。贼休兵秣马，伺官军之去，必复南来，然则征战之势未有涯也。不若先用之于寒乡，除其巢穴，则贼无所归，根本永绝矣。”上曰：“朕切于晨昏之恋，不能待此决矣。”

安庆绪以史思明为范阳节度使，兼领恒阳军事，封妫川王；以牛廷介领安阳军事；张忠志为常山太守兼团练使，镇井陉口；余各令归旧任，募兵以御官军。先是安禄山得两京，珍货悉输范阳。思明拥强兵，据富资，益骄横，浸不用庆绪之命；庆绪不能制。

唐肃宗至德元载（丙申，公元756年）

肃宗问李泌说：“现在叛军如此强大，不知什么时候才能够平定？”李泌回答说：“我看到叛军把抢掠的子女与财物都运往老巢范阳，这难道有雄据天下的志向吗！现在只是那些胡人将领为安禄山卖力，汉人只有高尚等几个人，其余的都不过是一些胁从。以我的看法，不过两年，天下就会平定。”肃宗说：“这有什么道理？”李泌回答说：“叛军中勇将不过是史思明、安守忠、田乾真、张忠志、阿史那承庆等几个人。现在我们如果命令李光弼率兵从太原出井陉关，郭子仪率兵从冯翊进入河东，这样史思明与张忠志便不敢离开范阳与常山，安守忠与田乾真则不敢离开长安，我们以两支军队拖住了叛军的四员骁将，跟随安禄山的只有阿史那承庆了。希望下敕书命令郭子仪不要攻取华阴，使两京之间的道路畅通，陛下率领所征召的军队驻扎于扶风，与郭子仪、李光弼交互攻击叛军，叛军如果救援这头，就攻击他们的那头，如果救援那头，就攻击这头，使叛军在数千里长的战线上往来，疲于奔命，我们则以逸待劳，叛军如果来交战，就避开他的锋芒，如果要撤退，就乘机攻击，不攻占城池，不切断来往的道路。明年春天再任命建宁王李倓为范阳节度大使，从塞北出击，与李光弼形成南北夹击之势，以攻取范阳，颠覆叛军的巢穴。这样叛军想要撤退则归路已断，要留在两京则不得安宁，然后各路大军四面合击而进攻，就一定能够平息叛军。”肃宗听后很高兴。

二载（丁酉，公元 757 年）

安禄山从起兵反叛以来，视力逐渐下降，至此已看不清东西，又因为身上长了毒疮，性情更加暴躁，对左右的官员稍不如意，就用鞭子抽打，有时干脆杀掉。称帝以后，居于深宫之中，大将难得见他的面，都是通过严庄向安禄山报告。严庄虽然贵有权势，但也免不了被鞭打。宦官李猪儿挨的打尤其多，安禄山左右的人都感到自身难保。安禄山的爱妾段氏生子名叫庆恩，想要替代安庆绪为太子。所以安庆绪常常害怕被杀死，不知道怎么办才好。严庄对安庆绪说：“事情往往有迫不得已的时候，机不可失。”安庆绪说：“老兄如果要想有所为，我怎么敢不跟从。”严庄又对李猪儿说：“你前后挨的毒打难道还有数吗！如果再不干大事，恐怕离死就不远了！”李猪儿也答应一块儿行动。于是严庄与安庆绪夜里手持武器立在帐幕外面，李猪儿手执大刀直入帐中，向安禄山的腹部砍去。安禄山左右的人因为恐惧都不敢动。安禄山用手摸枕旁的刀，没有拿到，于是就用手摇动帐幕的竿子说：“这一定是家贼干的。”这时肠子已流出一大堆，随即死去。严庄等在安禄山的床下挖了数尺深的坑，用毡包裹了安禄山的尸体，埋了进去，并告诫宫中人不得向外泄露真相。乙卯（正月初六）早晨，严庄向外宣布说安禄山病重，立晋王安庆绪为太子。不久安庆绪即皇帝位，尊称安禄山为太上皇，然后才发丧。安庆绪性情昏庸懦弱，说话时语无伦次，严庄恐怕众人不服，所以不让安庆绪出来见人。安庆绪每天以饮酒为乐，称严庄为兄，任命他为御史大夫，封冯翊王爵位，大小事情都由严庄决定，并加封诸将的官爵，借以取悦人心。

郭子仪认为河东居于东京与西京之间，如果占据了河东则两京就容易收复。当时叛军大将崔乾祐率兵守卫河东，丁丑（二十八日），郭子仪秘密地派人潜入河东，与陷于叛军中的唐朝官员密谋，等待唐军来攻时，作为内应。

郭子仪从洛交率兵向河东进发，途中分兵攻取了冯翊。己丑（二月十一日）夜晚，河东司户参军韩旻等翻越河东城来迎接官军，杀死叛军近一千人。叛军大将崔乾祐跳过城墙得以逃脱，然后他召集驻扎在城北的士兵来攻城，并阻击郭子仪的军队，被郭子仪击败。崔乾祐领兵退逃，郭子仪领兵追击，杀死四千人，俘虏五千人。崔乾祐逃至安邑，安邑人打开城门，让他入城，当叛军人马进去一半时，安邑人闭门袭击，把进入城中的敌人全部杀死。崔乾祐没有入城，从白径岭逃走。郭子仪于是平定了河东。

肃宗到达凤翔十天，陇右、河西、安西、西域的援兵都来相会，江、淮地区所征收的丝织品与布匹也运到洋川、汉中。肃宗从散关向在成都的玄宗上表书，信使络绎不绝。长安城中的民众听说皇上到达，纷纷从叛军的统治下逃出，奔向朝廷，日夜不绝。西方增援的部队既已休整充足，李泌请求肃宗按原来制定的战略，派遣安西及西域兵进军东北，从归州、檀州向南攻取范阳。肃宗说："现在大军已集，征收的丝织品、布匹等庸调也到达，应该以强兵直捣叛军的腹心，而您却要领兵向东北数千里，先攻取范阳，不是迂腐的计策吗？"李泌回答说："现在让大军直接攻取两京，一定能够收复，但是叛军还会东山再起，我们又会陷入困难的境地，这不是久安之策。"肃宗说："你说的有什么根据？"李泌说："我们现在所依靠的是西北各军镇的守兵以及西域各国的胡兵，他们能够忍耐寒冷而害怕暑热，如果借新到之兵的锐气，攻击安禄山已经疲劳的叛军，定能够取胜。但是两京已到了春天，叛军如果收集残兵，逃回老巢，而关东地区气候炎热，官军必定会由于炎热的气候而想要西归，难以在那里久留。叛军休整兵马，看见官军撤退，一定会卷土重来，这样与叛军的交战就会无休无止。不如先向北方寒冷的地区用兵倾覆叛军的巢穴，那样叛军就会无路可退，可以一举彻底平息叛乱。"肃宗说："朕急于收复两京，迎接上皇回来，不能按照你的战略行事。"

安庆绪任命史思明为范阳节度使，并兼任指挥恒阳军事，封爵为妫川王；又命令牛廷介指挥安阳军事；任命张忠志为常山太守兼团练使，镇守井陉口。其余的将领仍各任旧职，招募军队抵御官军。先前安禄山攻陷两京时，把两京中的珍宝财物全部运往范阳。史思明手握重兵，拥有财物，更加骄横，逐渐不听从安庆绪的命令，安庆绪不能节制。

唐纪三十六

第二百二十卷

肃宗文明武德大圣大宣孝皇帝中之下至德二载（丁酉，757）

郭子仪以回纥兵精，劝上益征其兵以击贼。怀仁可汗遣其子叶护及将军帝德等将精兵四千余人来至凤翔。上引见叶护，宴劳赐赉，惟其所欲。丁亥，元帅广平王俶将朔方等军及回纥、西域之众十五万，号二十万，发凤翔。俶见叶护，约为兄弟，叶护大喜，谓俶为兄。回纥至扶风，郭子仪留宴三日。叶护曰："国家有急，远来相助，何以食为！"宴毕，即行。日给其军羊二百口，牛二十头，米四十斛。

庚子，诸军俱发；壬寅，至长安西，陈于香积寺北沣水之东。李嗣业为前军，郭子仪为中军，王思礼为后军。贼众十万陈于其北，李归仁出挑战，官军逐之，逼于其阵，贼军齐进，官军却，为贼所乘，军中惊乱，贼争趣辎重。李嗣业曰："今日不以身饵贼，军无孑遗矣。"乃肉袒、执长刀，立于阵前，大呼奋击，当其刀者，人马俱碎，杀数十人，阵乃稍定。于是嗣业帅前军各执长刀，如墙而进，身先士卒，所向摧靡。都知兵马使王难得救其裨将，贼射之中眉，皮垂鄣目。难得自拔箭，掣去其皮，血流被面，前战不已。贼伏精骑于阵东，欲袭官军之后，侦者知之，朔方左厢兵马使仆固怀恩引回纥就击之，翦灭殆尽，贼由是气索。李嗣业又与回纥出贼阵后，与大军夹击，自午及酉，斩首六万级，填沟堑死者甚众，贼遂大溃。余众走入城，迨夜，嚣声不止。

仆固怀恩言于广平王俶曰："贼弃城走矣，请以二百骑追之，缚取安守忠、李归仁等。"俶曰："将军战亦疲矣，且休息，俟明旦图之。"怀恩曰："归仁、守忠，贼之骁将，骤胜而败，此天赐我也，奈何纵之！使复得众，还为我患，悔之无及！战尚神速，何明旦也！"俶固止之，使还营。怀恩固请，往而复反，一夕四五起。迟明，谍至，守忠、归仁与张通儒、田乾真皆已遁矣。癸卯，大军入西京。

初，上欲速得京师，与回纥约曰："克城之日，土地、士庶归唐，金帛、子女皆归回纥。"至是，叶护欲如约。广平王俶拜于叶护马前曰："今始得西京，若遽俘掠，则东京之人皆为贼固守，不可复取矣，愿至东京乃如约。"叶护惊跃下马答拜，跪捧王足，曰："当为殿下径往东京。"即与仆固怀恩引回纥、西域之兵自城南过，营于浐水之东。百姓、军士、胡虏见俶拜，皆泣曰："广平王真华、夷之主！"上闻之喜曰："朕不及也！"俶整众入城，百姓老幼夹道欢呼悲泣。俶留长安，镇抚三日，引大军东出。以太子少傅虢王巨为西京留守。

甲辰，捷书至凤翔，百寮入贺。上涕泗交颐，即日，遣中使啖庭瑶入蜀奏上皇，命左仆射裴冕入京师，告郊庙及宣慰百姓。

郭子仪引蕃、汉兵追贼至潼关，斩首五千级，克华阴，弘农二郡。关东献俘百余人，敕皆斩之。监察御史李勉言于上曰："今元恶未除，为贼所污者半天下，闻陛下龙兴，咸思洗心以承圣化，今悉诛之，是驱之使从贼也。"上遽使赦之。

张通儒等收余众走保陕，安庆绪悉发洛阳兵，使其御史大夫严庄将之，就通儒以拒官军，并旧兵步骑犹十五万。己未，广平王至曲沃。回纥叶护使其将军鼻施吐拨裴罗等引军旁南山搜伏，因驻军岭北。郭子仪等与贼遇于新店，贼依山而陈，子仪等初与之战，不利，贼逐之下山。回纥自南山袭其背，于黄埃中发十余矢。贼惊顾曰："回纥至矣！"遂溃。官军与回纥夹击之，贼大败，僵尸蔽野。严庄、张通儒等弃陕东走，广平王俶、郭子仪入陕城，仆固怀恩等分道追之。

严庄先入洛阳告安庆绪。庚申夜，庆绪帅其党自苑门出，走河北，杀所获唐将哥舒翰、程千里等三十余人而去。许远死于偃师。

壬戌，广平王俶入东京。回纥意犹未厌，俶患之。父老请率罗绵万匹以赂回纥，回纥乃止。

丙寅，上至望贤宫，得东京捷奏。丁卯，上入西京。百姓出国门奉迎，二十里不绝，舞跃呼万岁，有泣者。上入居大明宫。御史中丞崔器令百官受贼官爵者皆脱巾徒跣立于含元殿前，搏膺顿首请罪，环之以兵，使百官临视之。太庙为贼所焚，上素服向庙哭三日。是日，上皇发蜀郡。

唐肃宗至德二载（丁酉，公元757年）

郭子仪认为回纥兵精，能征善战，就劝肃宗多征回纥兵以平叛。回纥怀仁可汗派他的儿子叶护和将军帝德等率领精兵四千余人来到凤翔，肃宗接见叶护，设宴招待，赏赐财物，随其所愿，无不满足。丁亥（九月十二日），元帅广平王李俶率领朔方等各镇兵及回纥、西域各国兵共十五万，号称二十万，从凤翔出发。李俶见到回纥叶护，二人约为兄弟，叶护十分高兴，称李俶为兄。回纥人到达扶风，郭子仪留他们宴请三天。叶护说："国家在危难之中，我们远来援助，还没有作战，哪里顾得上大吃大喝！"宴会后便立即出发。唐朝每天供给回纥军羊二百头，牛二十头，米四十斛。

庚子（二十五日），各路大军同时出发，壬寅（二十七日），到达长安城西，在香积寺北面沣水东岸结成阵列。李嗣业为前军，郭子仪为中军，王思礼为后军。叛军十万在北面列阵，叛将李归仁出阵挑战，官军追击，逼近叛军阵中，叛军一齐进发，官军退却，叛军乘机突进，官军十分吃惊，顿时大乱，叛军争着抢夺军用物资。这时李嗣业说；"今天如果不拼死抵抗，官军就会彻底灭亡。"于是就袒露上身，手执长刀，立于阵前，大声呼喊，奋勇杀敌，叛军遇到他的刀锋，人马纷纷落地，接连杀死数十人，才稳住了官军的阵地。然后李嗣业率领前军各持长刀，排成横队，如墙向前推进，自己身先士卒，叛军纷纷后退，官军所向披靡。都知兵马使王难得为了救他的裨将，被叛军射中眼眉，垂下的肉皮遮住了眼睛。王难得自己拔去箭头，扯掉肉皮，血流满面，但仍然奋勇作战，不下战场。叛军埋伏精兵于阵地东面，想要从后面袭击官军，被官军侦察发觉，朔方左厢兵马使仆固怀恩领回纥兵袭击叛军伏兵，叛军被全部消灭，因而士气大落。李嗣业又与回纥兵绕道至叛军阵后，与大军前后夹击，从午时至酉时，共杀敌六万余人，被填于沟堑中的死者无数，叛军大败而溃退。其余的残兵逃入长安城中，夜晚喧叫声不止。

仆固怀恩对广平王李俶说："叛军要放弃长安城逃走，请让我率领二百名骑兵追击，捉住安守忠、李归仁等人。"李俶说："将军作战已经很疲劳了，暂且休息，等到明天再作计议。"仆固怀恩说："李归仁与安守忠都是叛军中骁勇善战的大将，现在骤然被我们打败，实在是天赐良机，为何要放虎归山呢！如果让他们收拾残兵，再来与我们作战，那时后悔就来不及了！再说兵贵神速，为何要等到明天呢！"但广平王李俶坚持不同意，让仆固怀恩返回营中。仆固怀恩坚请不已，来来回回，一夜达四五次。等到天亮，侦察人员回来，报告说叛军守将安守忠、李归仁与张通儒、田乾真等都已逃跑。癸卯（二十八日），唐朝大军进入西京。

起初，肃宗急于收复京师，与回纥相约定："收复了京城之日，土地与男子归唐朝所有，金帛与女人全部归于回纥。"这时，回纥叶护要按约定办事。广平王李俶拜于回纥叶护马前说："现在刚克复了西京，如果大肆进行抢掠，那么在东京的人就会为叛军死守，难以再攻取，希望到东京后再履行约定。"回纥叶护吃惊地跳下马回拜，并跪下来捧着广平王的脚，说："我当率军为殿下立刻前往东京。"于是与仆固怀恩率领回纥、西域的军队从长安城南经过，扎营于浐水东岸。百姓、军士以及胡人见到广平王李俶纷纷下拜，都哭泣着说："广平王真不愧汉夷各族的主人！"肃宗得知后高兴地说："朕不如广平王！"于是广平王李俶整军入京城，城中百姓不分男女老幼，都夹道欢呼悲泣。李俶留在长安，镇守安抚了三天后，率领大军向东去收复洛阳。任命太子少傅虢王李巨为西京留守。

甲辰（二十九日），报捷的文书到达凤翔，百官都入宫祝贺。肃宗泪流满面，当天即派宦官啖庭瑶入蜀中上奏玄宗，又命令左仆射裴冕先入京师，告慰祖宗陵庙并安抚百姓。

郭子仪率领蕃、汉兵马追击叛军至潼关，杀敌五千人，攻克了华阴、弘农二郡。关东向朝廷献来俘虏一百余人，肃宗下敕书让把他们全部杀掉，这时监察御史李勉向肃宗进言说："现在发动叛乱的元凶还没有被除掉，战乱波及了大半个国家，许多人都受到了牵连，他们得知陛下即皇帝位，率兵平叛，都想着洗心革面，来服从陛下，现在如果把这些被俘的人全部杀掉，是逼迫那些跟随反叛的人继续作乱。"肃宗听后立即命令赦免了他们。

叛军大将张通儒等收罗残兵退保陕郡，安庆绪调集了洛阳的全部兵力，命令他的御史大夫严庄率领，与张通儒合兵，共有步、骑兵十五万阻挡官军。己未（十月十五日），广平王李俶率兵到达曲沃。回纥叶护命令其部将鼻施吐拨裴罗等率兵顺着南山搜寻叛军，于是驻军于岭北。郭子仪等人率兵与叛军相遇于新店，叛军依山而布阵，郭子仪初战不利，被叛军赶到山下。这时回纥军从南山袭击叛军的背面，在漫天黄尘中射了十余箭。叛军回头一看，吃惊地说："回纥兵来了！"于是溃败。官军与回纥军乘机前后夹击，叛军被打得大败，尸横遍野。严庄与张通儒等人放弃陕郡向东败逃，广平王李俶与郭子仪进入陕城，仆固怀恩率兵分头追击叛军。

严庄先进入洛阳向安庆绪报告败状。庚申（十六日）夜晚，安庆绪率领他的部下从苑门逃出，逃向河北，并在逃走前杀了所俘虏的朝廷将领哥舒翰、程千里等三十余人。许远死于偃师县。

壬戌（十八日），广平王李俶率兵进入东京。回纥军还不满足，李俶十分忧虑。东京父老百姓请求以一万匹丝织品贿赂回纥军，回纥军才罢休。

丙寅（二十二日），肃宗到达咸阳望贤宫，收到了东京克复的捷报。丁卯（二十三日），肃宗进入西京。城中百姓出城门外二十里来迎接，一路不绝，拜舞跳跃，高呼万岁，还有人哭泣。肃宗入居大明宫。御史中丞崔器命令接受过安禄山叛军官爵的人都解下头巾赤脚立于含元殿前，让他们自己捶打自己的胸口，叩头谢罪，周围站立着持武器的士卒，并让百官在含元殿台上观看。因为太庙被叛军烧毁，肃宗身着白色的服装，向着太庙大哭三天。当天，玄宗从蜀郡出发。

唐纪三十七

第二百二十一卷

肃宗文明武德大圣大宣孝皇帝下之上乾元二年（己亥，759）

春，正月，己巳朔，史思明筑坛于魏州城北，自称大圣燕王，以周挚为行军司马。李光弼曰："思明得魏州而按兵不进，此欲使我懈惰，而以精锐掩吾不备也。请与朔方军同逼魏城，求与之战，彼惩嘉山之败，必不敢轻出。得旷日引久，则邺城必拔矣。庆绪已死，彼则无辞以用其众也。"鱼朝恩以为不可，乃止。

郭子仪等九节度使围邺城，筑垒再重，穿堑三重，壅漳水灌之。城中井泉皆溢，构栈而居，自冬涉春，安庆绪坚守以待史思明，食尽，一鼠直钱四千，淘墙及马矢以食马。人皆以为克在朝夕，而诸军既无统帅，进退无所禀。城中人欲降者，碍水深，不得出。城久不下，上下解体。

思明乃自魏州引兵趣邺，使诸将去城各五十里为营，每营击鼓三百面，遥胁之。又每营选精骑五百，日于城下抄掠，官军出，辄散归其营；诸军人马牛车日有所失，樵采甚艰，昼备之则夜至，夜备之则昼至。时天下饥馑，转饷者南自江、淮，西自并、汾，舟车相继。思明多遣壮士窃官军装号，督趣运者，责其稽缓，妄杀戮人，运者骇惧；舟车所聚，则密纵火焚之；往复聚散，自相辨识，而官军逻捕不能察也。由是诸军乏食，人思自溃。思明乃引大军直抵城下，官军与之刻日决战。

三月，壬申，官军步骑六十万陈于安阳河北，思明自将精兵五万敌之，诸军望之，以为游军，未介意。思明直前奋击，李光弼、王思礼、许叔冀、鲁炅先与之战，杀伤相半；鲁炅中流矢。郭子仪承其后，未及布陈，大风忽起，吹沙拔木，天地昼晦，咫尺不相辨，两军大惊，官军溃而南，贼溃而北，弃甲仗辎重委积于路。子仪以朔方军断河阳桥保东京。战马万匹，惟存三千；甲仗十万，遗弃殆尽。东京士民惊骇，散奔山谷；

留守崔圆、河南尹苏震等官吏南奔襄、邓；诸节度各溃归本镇。士卒所过剽掠，吏不能止，旬日方定。惟李光弼、王思礼整勒部伍，全军以归。

子仪至河阳，将谋城守，师人相惊，又奔缺门。诸将继至，众及数万，议捐东京，退保蒲、陕。都虞候张用济曰："蒲、陕荐饥，不如守河阳，贼至，并力拒之。"子仪从之。使都游弈使灵武韩游瓌将五百骑前趣河阳，用济以步卒五千继之。周挚引兵争河阳，后至，不得入而去。用济役所部兵筑南、北两城而守之。段秀实帅将士妻子及公私辎重自野戍渡河，待命于河清之南岸，荔非元礼至而军焉。诸将各上表谢罪，上皆不问，惟削崔圆阶封，贬苏震为济王府长史，削银青阶。

史思明审知官军溃去，自沙河收整士众，还屯邺城南。安庆绪收子仪营中粮，得六七万石，与孙孝哲、崔乾祐谋闭门更拒思明。诸将曰："今日岂可复背史王乎！"思明不与庆绪相闻，又不南追官军，但日于军中飨士。张通儒、高尚等言于庆绪曰："史王远来，臣等皆应迎谢。"庆绪曰："任公往。"思明见之涕泣，厚礼而归之。经三日，庆绪不至。思明密召安太清令诱之，庆绪窘蹙，不知所为，乃遣太清上表称臣于思明，请待解甲入城，奉上玺绶。思明省表，曰："何至如此！"因出表遍示将士，咸称万岁。乃手疏唁庆绪而不称臣，且曰："愿为兄弟之国，更作藩篱之援。鼎足而立，犹或庶几；北面之礼，固不敢受。"并封表还之。庆绪大悦，因请歃血同盟，思明许之。庆绪以三百骑诣思明营，思明令军士擐甲执兵以待之，引庆绪及诸弟入至庭下。庆绪再拜稽首曰："臣不克荷负，弃失两都，久陷重围，不意大王以太上皇之故，远垂救援，使臣应死复生，摩顶至踵，无以报德。"思明忽震怒曰："弃失两都，亦何足言。尔为人子，杀父夺其位，天地所不容。吾为太上皇讨贼，岂受尔佞媚乎！"即命左右牵出，并其四弟及高尚、孙孝哲、崔乾祐皆杀之；张通儒、李庭望等悉授以官。思明勒兵入邺城，收其士马，以府库赏将士，庆绪先所有州、县及兵皆归于思明。遣安太清将兵五千取怀州，因留镇之。思明欲遂西略，虑根本未固，乃留其子朝义守相州，引兵还范阳。

史思明自称大燕皇帝，改元顺天，立其妻辛氏为皇后，子朝义为怀王，以周挚为相，李归仁为将，改范阳为燕京，诸州为郡。

观军容使鱼朝恩恶郭子仪，因其败，短之于上。秋，七月，上召子仪还京师，以李光弼代为朔方节度使、兵马元帅。士卒涕泣，遮中使请留子仪。子仪绐之曰："我饯中使耳，未行也。"因跃马而去。

光弼愿得亲王为之副，辛巳，以赵王系为天下兵马元帅，光弼副之，仍以光弼知诸节度行营。光弼以河东骑五百驰赴东都，夜，入其军。光弼治军严整，始至，号令一施，士卒、壁垒、旌旗、精采皆变。是时朔方将士乐子仪之宽，惮光弼之严。

唐肃宗乾元二年（己亥，公元759年）

春季，正月，己巳朔（初一），史思明在魏州城北建筑祭坛，祭天称王，自称大圣燕王，任命周挚为行军司马。李光弼说："史思明攻占魏州后，按兵不动，是想松懈我们的意志，然后用精兵突然袭击我们的不备。请让我与朔方军联兵进逼魏州城，向史思明挑战，史思明鉴于嘉山之败的经验，必定不敢轻易出战。这样旷日持久，我们就能够收复邺城。如果安庆绪败死，史思明就会失去号召力，难以指挥叛军。"而观军容使宦官鱼朝恩却认为此计不可行，只好作罢。

郭子仪等九节度使包围了邺城，筑垒两道，挖壕三重，堵塞漳河水灌城。邺城中井泉都水满溢出，人们只好构栈而住，从冬天一直到春天，安庆绪死死坚守，等待史思明率兵解围，城中粮食吃尽，以至一只老鼠值钱四千，士卒挖出墙中的麦秸及马粪来喂养战马。人们都认为邺城危在旦夕，必能攻克，但是官军的各路军队因为没有统帅，进退没有统一指挥，城中的人想要投降，但因为水深不得出城。这样邺城久攻不下，官军疲困解体，没有士气。

这时，史思明才率兵从魏州进军邺城，命令诸将在距离邺城五十里处扎营，每个营中击鼓三百面，遥为安庆绪声援，威胁官军。史思明又从每个营中挑选精锐骑兵五百，每天到城下抢掠，官军如果出来交战，他们就散归自己的军营中。这样官军各路的人马牛车每天都有丧失，甚至连采集薪柴都很艰难。官军白天防备，叛军骑兵就在夜里来骚扰，如果夜里防备，叛军就白天来。当时天下饥荒，军中所用粮饷都是南从江、淮地区，西自并州、汾州运来，船车相继不断。于是史思明派壮士穿上官军的服装，窃取官军的号令，去督促运粮者，斥责他们缓慢，随便杀戮，使转运的人心中惊骇恐惧。他们又在运送粮饷船车聚集的地方，暗中放火焚烧。神出鬼没，聚散无常，他们自己能够相识别，但巡逻的官军士卒却抓不到，也侦察不出行迹。因此官军各路军队都缺乏粮食，人心涣散。史思明这才率领大军直抵城下，与官军定好了决战的日期。

三月，壬申（初六），官军步、骑兵六十万在安阳河北岸摆开阵势，史思明亲自率领精兵五万来交战，官军望见，以为是流动部队，不加介意。史思明身先士卒，率军冲锋，李光弼、王思礼、许叔冀与鲁炅先领兵迎战，杀伤各半，鲁炅还被乱箭射中。郭子仪率兵紧跟在后面，还未及布阵，大风急起，吹沙拔木，天地一片昏暗，咫尺之间，人马不辨，两军都大吃一惊，接着官军向南溃退，叛军向北溃退，所丢弃的武器盔甲等军用物资满路都是。郭子仪命令朔方军切断了河阳桥，以确保东京的安全。一万匹战马仅剩下三千，十万盔甲兵器差不多全部丧失。东京城中的官吏民众十分惊恐，都纷纷逃向山中，留守崔圆与河南尹苏震等官吏向南逃奔襄州、邓州，各路节度使也率领自己的兵马逃回本镇。这些败兵沿路大肆抢掠，胡作非为，当地官吏和军中将帅无法制止，十多天才安定下来。只有李光弼与王思礼整理队伍，全军返回。

郭子仪到达河阳，想要坚守河阳城，因为部队自相惊扰，又逃奔缺门。这时部将都陆续赶到，点检人马，才有几万，大家商议放弃东京，退保蒲州、陕州。都虞候张用济说："蒲州与陕州连年饥荒，不如坚守河阳，叛军如果来攻，就全力坚守。"郭子仪同意。于是就派都游弈使灵武人韩游瓌率领五百骑兵先进军河阳，张用济率领五千步兵继后。叛军的行军司马周挚领兵来争夺河阳，因为晚到一步，无法入城而退去。张用济让士兵筑南、北两城准备坚守。段秀实率领镇西将士的家眷以及公私物资从野戍渡过黄河，在河清县南面待命，荔非元礼到后遂驻军于此。各路将帅都上表谢罪，肃宗都不责问，只是削夺了崔圆的封爵与官阶，并贬苏震为济王府长史，削夺银青光禄大夫官阶。

史思明得知官军败退，就从沙河整顿兵马，还军邺城南面。安庆绪收集了郭子仪军队败退时留在营中的粮食，有六七万石，于是就与孙孝哲、崔乾祐等计谋闭城门抗拒史思明。这时各位将领说："我们现在怎么能够背叛史王呢！"而史思明既不与安庆绪通报情况，也不南下追击官军，只是每天在军中宴请士卒。张通儒、高尚等人对安庆绪说："史王远道率兵来救援我们，我们都应该去迎接感谢。"安庆绪说："随你们去吧。"史思明见到张通儒、高尚等，痛哭流涕，重加礼赏，然后让他们回去。过了三天，安庆绪还不来。于是史思明就暗中把安太清召来，让他诱骗安庆绪，安庆绪无计可施，不知道怎么办才好，只好派安太清向史思明上表称臣，并说等待史思明安顿好部队入城后，就奉上皇帝印玺。史思明看了表书后说："你何必要这样呢！"并把表书拿出来让将士们看，将士们都呼喊万岁。因此史思明就亲手写信安慰安庆绪，并不称臣，只是说："愿与你作为兄弟邻国，互相援助。我们之间地位平等，鼎足而立，这还差不多；如果向我称臣，万不敢接受。"并把表书封缄后还给安庆绪。安庆绪十分高兴，因此请求与史思明歃血结盟，史思明同意。于是安庆绪带领三百名骑兵来到史思明军营中，史思明命令士卒全副武装以防备安庆绪，然后引安庆绪与他的几个弟弟进入庭中。安庆绪叩头再拜，说："作为臣下我治军无方，丧失东西二京，长期陷于重兵包围之中，没有想到大王看在我父亲太上皇的情分上，远来救危，使我得以复生，恩深如海，终生难以报答。"史思明忽然大怒说："丢失两京，何足挂齿。你身为人子，杀父篡位，为天地之所不容。我是为太上皇讨伐你这个逆贼，怎么肯受你讨好的假话欺骗呢！"当即命令左右的人把安庆绪拉出去了，连同他的四个弟弟以及高尚、孙孝哲、崔乾祐等全部杀掉。张通儒、李庭望等人都被授以官职。然后史思明整军入邺城，收集了安庆绪的兵马，把府库中的财物分赏给将士，安庆绪原先所占据的州、县以及兵马都归史思明所有。史思明又派安太清率兵五千攻取怀州，因此留安太清镇守怀州。史思明想立刻率兵向西发展，考虑到后方还不稳固，于是就把他的儿子史朝义留下镇守相州，自己率兵返回范阳。

史思明自称大燕皇帝，改年号为顺天，立妻子辛氏为皇后，儿子史朝义为怀王，任命周挚为宰相，李归仁为大将，改范阳为燕京，各州改称为郡。

宦官观军容使鱼朝恩忌恨郭子仪，因此借相州之败，在肃宗面前进谗言。秋季，七月，肃宗召郭子仪回京师，任命李光弼为朔方节度使、兵马元帅。朔方士卒痛哭流涕，拦住传达命令的宦官，请求把郭子仪留下来。郭子仪欺骗士卒们说："我先去送别传达命令的宦官，不是要离开。"借此跳上马而去。

李光弼希望能让一位亲王为天下兵马元帅，自己为副元帅。辛巳（十七日），肃宗任命赵王李系为天下兵马元帅，李光弼为副元帅，仍以李光弼主持诸节度行营。李光弼率领河东镇的五百骑兵驰往东都赴任，在夜晚进入朔方军。李光弼治军严整，到达朔方军营中后，号令一经下达，朔方军的士卒、营垒、旌旗等军容为之一变。这时朔方军的将士都喜欢郭子仪的宽厚，而害怕李光弼的严厉。

唐纪三十八

第二百二十二卷

肃宗文明武德大圣大宣孝皇帝下之下上元二年（辛丑，761）

或言："洛中将士皆燕人，久戍思归，上下离心，击之，可破也。"陕州观军容使鱼朝恩以为信然，屡言于上，上敕李光弼等进取东京。光弼奏称："贼锋尚锐，未可轻进。"朔方节度使仆固怀恩，勇而愎，麾下皆蕃、汉劲卒，恃功，多不法，郭子仪宽厚曲容之，每用兵临敌，倚以集事。李光弼性严，一裁之以法，无所假贷。怀恩惮光弼而心恶之，乃附朝恩，言东都可取。由是中使相继，督光弼使出师，光弼不得已，使郑陈节度使李抱玉守河阳，与怀恩将兵会朝恩及神策节度使卫伯玉攻洛阳。

戊寅，陈于邙山。光弼命依险而陈，怀恩陈于平原，光弼曰："依险则可以进，可以退；若平原，战而不利则尽矣。思明不可忽也。"命移于险，怀恩复止之。史思明乘其陈未定，进兵薄之，官军大败，死者数千人，军资器械尽弃之。光弼、怀恩渡河走保闻喜，朝恩、伯玉奔还陕，抱玉亦弃河阳走，河阳、怀州皆没于贼。朝廷闻之，大惧，益兵屯陕。

史思明猜忍好杀，群下小不如意，动至族诛，人不自保。朝义，其长子也，常从思明将兵，颇谦谨，爱士卒，将士多附之，无宠于思明。思明爱少子朝清，使守范阳，常欲杀朝义，立朝清为太子，左右颇泄其谋。思明既破李光弼，欲乘胜西入关，使朝义将兵为前锋，自北道袭陕城，思明自南道将大军继之。三月，甲午，朝义兵至礓子岭，卫伯玉逆击，破之。朝义数进兵，皆为陕兵所败。思明退屯永宁，以朝义为怯，曰："终不足成吾事！"欲按军法斩朝义及诸将。戊戌，命朝义筑三隅城，欲贮军粮，期一日毕。朝义筑毕，未泥，思明至，诟怒之，令左右立马监泥，斯须而毕。思明又曰："俟克陕州，终斩此贼。"朝义忧惧，不知所为。

思明在鹿桥驿，令腹心曹将军将兵宿卫；朝义宿于逆旅，其部将骆悦、蔡文景说朝义曰："悦等与王，死无日矣！自古有废立，请召曹将军谋之。"朝义俯首不应。悦等曰："王苟不许，悦等今归李氏，王亦不全矣。"朝义泣曰："诸君善为之，勿惊圣人！"悦等乃令许叔冀之子季常召曹将军，至，则以其谋告之。曹将军知诸将尽怨，恐祸及己，不敢违。是夕，悦等以朝义部兵三百被甲诣驿，宿卫兵怪之，畏曹将军，不敢动。悦等引兵入至思明寝所，值思明如厕，问左右，未及对，已杀数人，左右指示之。思明闻有变，逾垣至厩中，自鞴马乘之，悦傔人周子俊射之，中臂，坠马，遂擒之。思明问："乱者为谁？"悦曰："奉怀王命。"思明曰："我朝来语失，宜其及此。然杀我太早，何不待我克长安！今事不成矣。"悦等送思明于柳泉驿，囚之，还，报朝义曰："事成矣。"朝义曰："不惊圣人乎？"悦曰："无。"时周挚、许叔冀将后军在福昌，悦等使许季常往告之，挚惊倒于地；朝义引军还，挚、叔冀来迎，悦等劝朝义执挚，杀之。军至柳泉，悦等恐众心未壹，遂缢杀思明，以毡裹其尸，橐驼负归洛阳。

朝义即皇帝位，改元显圣。密使人至范阳，敕散骑常侍张通儒等杀朝清及朝清母辛氏并不附己者数十人。其党自相攻击，战城中数月，死者数千人，范阳乃定。朝义以其将柳城李怀仙为范阳尹、燕京留守。时洛阳四面数百里，州、县皆为丘墟，而朝义所部节度使皆安禄山旧将，与思明等夷，朝义召之，多不至，略相羁縻而已，不能得其用。

宝应元年（壬寅，762）

甲寅，上皇崩于神龙殿，年七十八。乙卯，迁坐于太极殿。上以寝疾，发哀于内殿，群臣发哀于太极殿。蕃官剺面割耳者四百余人。丙辰，命苗晋卿摄冢宰。上自仲春寝疾，闻上皇登遐，哀慕，疾转剧，乃命太子监国。甲子，制改元，复以建寅为正月，月数皆如其旧，赦天下。

初，张后与李辅国相表里，专权用事，晚年，更有隙。内射生使三原程元振党于辅国。上疾笃，后召太子谓曰："李辅国久典禁兵，制敕皆从之出，擅逼迁圣皇，其罪甚大，所忌者吾与太子。今主上弥留，辅国阴与程元振谋作乱，不可不诛。"太子泣曰："陛下疾甚危，二人皆陛下勋旧之臣，一旦不告而诛之，必致震惊，恐不能堪也。"后曰："然则太子姑归，吾更徐思之。"太子出，后召越王系谓曰："太子仁弱，不能诛贼臣，汝能之乎？"对曰："能。"系乃命内谒者监段恒俊选宦官有勇力者二百余人，授甲于长生殿后。乙丑，后以上命召太子。元振知其谋，密告辅国，伏兵于陵霄门以俟之。太子至，以难告。太子曰：“必无是事，主上疾亟召我，我岂可畏死而不赴乎！”元振曰：“社稷事大，太子必不可入。”乃以兵送太子于飞龙厩，且以甲卒守之。是夜，辅国、元振勒兵三殿，收捕越王系、段恒俊及知内侍省事朱光辉等百余人，系之。以太子之命迁后于别殿。时上在长生殿，使者逼后下殿，并左右数十人幽于后宫，宦官宫人皆惊骇逃散。丁卯，上崩。辅国等杀后并系及兖王僩。是日，辅国始引太子素服于九仙门与宰相相见，叙上皇晏驾，拜哭，始行监国之令。戊辰，发大行皇帝丧于两仪殿，宣遗诏。己巳，代宗即位。

唐肃宗上元二年（辛丑，公元 761 年）

有人说：“洛中的将士都是燕地人，因长期戍守洛中，都思归故乡，军中上下离心离德，这时攻击他们，就可以将他们打败。”陕州观军容使鱼朝恩信以为然，多次在肃宗面前提到此事，于是肃宗命令李光弼等人去攻取东京。李光弼上奏说：“贼军士气还很盛，不可轻举冒进。”朔方节度使仆固怀恩生性勇敢，但刚愎自用，他的部下都是蕃、汉劲旅，他们依仗有功，做了许多违法乱纪的事情，郭子仪对他们宽仁厚待，委曲包容，每次在临敌用兵之际，都依靠他们成事。而李光弼生性严厉，将他们一一绳之以法，决不宽容。仆固怀恩害怕李光弼，内心又十分厌恶他，于是附和鱼朝恩的意见，说东京可以攻取。由此，中使一个接着一个，督促李光弼出师，李光弼迫不得已，派遣郑陈节度使李抱玉镇守河阳，自己与仆固怀恩率领军队会合鱼朝恩及神策节度使卫伯玉进攻洛阳。

戊寅（二月二十三日），官军在邙山布阵。李光弼下令军队依据险要地形布阵，当时仆固怀恩在平原地带布阵，李光弼对他说：“依据险要地形布阵，可以进攻，也可以退守；如果在平原地带布阵，交战不利就全完了。我们不能小看史思明这个人。”于是命令军队转移到险要的地方布阵，但仆固怀恩又制止了这种做法。这时，史思明乘官军阵势还没有部署完毕，发兵进攻，结果官军大败，死了数千人，军资器械全部丢弃。李光弼、仆固怀恩渡过黄河，退保闻喜，鱼朝恩、卫伯玉逃回陕州，李抱玉也放弃河阳城逃跑，于是河阳、怀州都陷入叛军之手。朝廷得知此事，大为惊恐，便增兵驻守陕州。

史思明猜忌残忍，好杀无辜，部下稍不如他的意，动辄就诛杀九族，因而人人都不能自保。史朝义是史思明的长子，经常跟随史思明带兵，比较恭谦谨慎，爱惜士兵，将士们多归心于他，但史朝义没有受到史思明的宠爱。史思明偏爱小儿子史朝清，派他镇守范阳，时常想杀掉史朝义，立史朝清为太子，史思明的随从对他的打算颇有泄露。史思明已经击败李光弼的军队，想乘胜西进入关，便派遣史朝义率兵作为前锋，自北道袭击陕城，史思明亲率大军自南道进攻。三月甲午（初九），史朝义军至礓子岭，遭到唐军卫伯玉部的反击而失败。史朝义数次进攻，均被卫伯玉部打败。史思明退兵驻守永宁，以为史朝义临阵胆怯，史思明说："史朝义终究不能成就我的大事！"想要按军法斩杀史朝义及其部下诸位将领。戊戌（十三日），史思明命令史朝义修筑三隅城，打算贮存军粮，限期一天修完。史朝义修筑完毕，尚未抹泥，史思明来到，大肆怒骂史朝义，命令随从骑在马上监督抹泥，片刻之间完成。史思明又说："等攻克陕州，终究要杀掉史朝义。"史朝义十分忧虑恐惧，不知如何是好。

史思明在鹿桥驿，命令心腹曹将军率军值宿警卫。这时史朝义在旅馆住宿，他的部将骆悦、蔡文景劝史朝义说："我们与您已经死到临头了！自古以来就有废立君王之事，请您召见曹将军，共商大事。"史朝义低着头，没有回答。骆悦等人又说："您假如不允许的话，我们今天就归附李氏，那么您也就完了。"史朝义哭着说："诸位好好处理这件事，不要惊吓我父亲！"骆悦等人就命令许叔冀的儿子许季常去召见曹将军，他来到后，就将他们的计划告诉了他。曹将军知道诸位将领都心怀怨恨，害怕自己受害，不敢违抗。当天傍晚，骆悦等人率领史朝义的士兵三百人，全副武装来到驿站，值宿的卫兵颇觉奇怪，但他们惧怕曹将军，不敢拦阻。骆悦等人带兵闯入史思明的卧室，正好史思明上厕所了，于是问他身边的人，没等他们回答，骆悦已经杀掉了好几个人，史思明身边的人指出了他的去向。史思明听到情况有变，跳墙来到马厩里，自己驾马逃跑，骆悦的侍从周子俊发箭，射中手臂，史思明坠落马下，于是被他们抓住。史思明问道："谁在作乱？"骆悦回答说："奉怀王史朝义的命令。"史思明说："早晨我说话失口，应该得到这样的下场。但是这样杀我太早了，为什么不等到攻克长安呢！如今不能成就大业了。"骆悦等人将史思明押送柳泉驿，囚禁起来，然后回去报告史朝义说："大事已经完成。"史朝义说："没有惊吓我父亲吗？"骆悦回答说："没有。"当时周挚、许叔冀率领后军驻扎在福昌，骆悦等人派许季常前去通告此事，周挚惊倒在地。史朝义率领军队回来，周挚、许叔冀出来迎接，骆悦等人劝史朝义拿下周挚，将他杀了。军队到达柳泉，骆悦等人害怕众心不一，于是勒杀史思明，用毡毯裹尸，用骆驼驮运回洛阳。

史朝义即帝位，改年号为显圣。他秘密派人到范阳，命令散骑常侍张通儒等人杀掉史朝清以及史朝清的母亲辛氏，还有数十名不归附自己的人。叛军自相攻击，在城中打了几个月，死掉数千人，范阳这才平定。史朝义任命他的部将柳城人李怀仙为范阳尹、燕京留守。当时洛阳四周数百里，州、县城都成为废墟，而史朝义所部节度使都是安禄山的旧部将，与史思明同辈，史朝义召见他们，他们多不前来，相互之间大致仅仅维持君臣关系而已，不能为史朝义所用。

宝应元年（壬寅，公元762年）

甲寅（四月初五），太上皇玄宗在神龙殿驾崩，享年七十八岁。乙卯（初六），将太上皇的神座迁到太极殿。肃宗因为卧病不起，在内殿举哀，大臣们在太极殿举哀。有四百多名蕃官划破面孔、割耳表示哀悼。丙辰（初七），肃宗命令苗晋卿总摄朝政。自从仲春以来，肃宗卧病不起，听说太上皇驾崩，十分哀痛，病情由此加重，便命令太子监理国政。甲子（十五日），肃宗下诏改年号为宝应，又以建寅（夏历六月）为正月，其他月份都恢复旧称。大赦天下。

从前，张皇后与李辅国内外勾结，掌握大权，独断专行，晚年时，二人有了裂痕。内射生使三原人程元振与李辅国结成一党。肃宗病情恶化，张皇后召见太子，对他说："李辅国长期执掌禁军，皇上的制敕都从他手中发出，又擅自威逼太上皇迁到太极宫，他的罪行很大，所顾忌的就是我和太子你了。如今皇上已处在弥留之际，李辅国暗中与程元振图谋作乱，不能不杀。"太子哭着说："陛下病情十分危急，他们二人都是陛下有功勋的旧臣，一旦不告诉陛下而杀掉他们，必然会使陛下震惊，恐怕承受不住。"张皇后说："那么太子暂且回去，我再慢慢考虑。"太子出去后，张皇后召见越王李系，对他说："太子仁慈软弱，不能杀掉贼臣，你能够办这件事吗？"李系回答说："能。"于是李系便命令内谒者监段恒俊挑选勇敢有力的宦官二百多人，在长生殿后授给他们铠甲兵器。乙丑（十六日），张皇后假传皇上的命令召见太子。程元振知道了张皇后的阴谋，悄悄地将此事告诉了李辅国，又在陵霄门埋下伏兵，等待太子的到来。太子来到后，程元振告诉他皇后发难。太子说："一定没有这样的事，皇上病重才召见我，我难道可以怕死而不去吗！"程元振说："社稷事大，太子万万不可入宫。"于是派士兵将太子送到飞龙厩，并且让全副武装的士兵守住他。当天夜里，李辅国、程元振率军来到三殿，逮捕越王李系、段恒俊以及掌管内侍省事务的朱光辉等一百多人，将他们囚禁起来。又以太子的命令将张皇后迁到别殿。当时肃宗在长生殿，使者逼着张后离开长生殿，将她和左右数十人一起幽禁在后宫，宦官和宫女都惊恐害怕，纷纷逃散。丁卯（十八日），肃宗驾崩。李辅国等人杀掉张皇后和李系以及兖王李僩。这一天，李辅国才带着太子，让他身着素服，在九仙门与宰相相见，讲述太上皇驾崩以后宫中的一系列变故，并且哭拜，太子这才开始行使监国的权力。戊辰（十九日），太子在两仪殿给大行皇帝发丧，宣读遗诏。己巳（二十日），唐代宗即位。

唐纪三十九

第二百二十三卷

代宗睿文孝武皇帝上之下广德元年（癸卯，763）

吐蕃入大震关，陷兰、廓、河、鄯、洮、岷、秦、成、渭等州，尽取河西、陇右之地。唐自武德以来，开拓边境，地连西域，皆置都督、府、州、县。开元中，置朔方、陇右、河西、安西、北庭诸节度使以统之，岁发山东丁壮为戍卒，缯帛为军资，开屯田，供糗粮，设监牧，畜马牛，军城戍逻，万里相望。及安禄山反，边兵精锐者皆征发入援，谓之行营，所留兵单弱，胡虏稍蚕食之；数年间，西北数十州相继沦没，自凤翔以西，邠州以北，皆为左衽矣。

吐蕃之入寇也，边将告急，程元振皆不以闻。冬，十月，吐蕃寇泾州，刺史高晖以城降之，遂为之乡导，引吐蕃深入；过邠州，上始闻之。辛未，寇奉天、武功，京师震骇。诏以雍王适为关内元帅，郭子仪为副元帅。出镇咸阳以御之。

子仪闲废日久，部曲离散，至是召募，得二十骑而行，至咸阳，吐蕃帅吐谷浑、党项、氐、羌二十余万众，弥漫数十里，已自司竹园渡渭，循山而东。子仪使判官中书舍人王延昌入奏，请益兵，程元振遏之，竟不召见。癸酉，渭北行营兵马使吕月将将精卒二千破吐蕃于盩厔之西。乙亥，吐蕃寇盩厔，月将复与力战，兵尽，为虏所擒。

上方治兵，而吐蕃已度便桥，仓猝不知所为，丙子，出幸陕州，官吏藏窜，六军逃散。郭子仪闻之，遽自咸阳归长安，比至，车驾已去。上才出苑门，渡浐水，射生将王献忠拥四百骑叛还长安，胁丰王珙等十王西迎吐蕃。遇子仪于开远门内，子仪叱之，献忠下马，谓子仪曰："今主上东迁，社稷无主，令公身为元帅，废立在一言耳。"子仪未应。珙越次言曰："公何不言！"子仪责让之，以兵援送行在。丁丑，车驾至华州，官吏奔散，无复供拟，扈从将士不免冻馁。会观军容使鱼朝恩将神策军自陕来迎，上乃幸朝恩营。丰王珙见上于潼关，上不之责，退至幕中，有不逊语，群臣奏议诛之，乃赐死。

戊寅，吐蕃入长安，高晖与吐蕃大将马重英等立故邠王守礼之孙承宏为帝，改元，置百官，以前翰林学士于可封等为相。吐蕃剽掠府库市里，焚闾舍，长安中萧然一空。苗晋卿病卧家，遣人舆入，迫胁之，晋卿闭口不言，虏不敢杀。于是六军散者所在剽掠，士民避乱，皆入山谷。

辛巳，上至陕，百官稍有至者。郭子仪引三十骑自御宿川循山而东，谓王延昌曰："六军将士逃溃者多在商州，今速往收之，并发武关防兵，数日间，北出蓝田以向长安，吐蕃必遁。"过蓝田，遇元帅都虞候臧希让、凤翔节度使高升，得兵近千人。子仪与延昌谋曰："溃兵至商州，官吏必逃匿而人乱。"使延昌自直径入商州抚谕之。诸将方纵兵暴掠，闻子仪至，皆大喜听命。子仪恐吐蕃逼乘舆，留军七盘，三日乃行，比至商州，行收兵，并武关防兵合四千人，军势稍振。子仪乃泣谕将士以共雪国耻，取长安，皆感激受约束。子仪请太子宾客第五琦为粮料使，给军食。上赐子仪诏，恐吐蕃东出潼关，征子仪诣行在。子仪表称："臣不收京城无以见陛下，若出兵蓝田，虏必不敢东向。"上许之。鄜延节度判官段秀实说节度使白孝德引兵赴难，孝德即日大举，南趣京畿，与蒲、陕、商、华合势进击。

吐蕃既立广武王承宏，欲掠城中士、女、百工，整众归国。子仪使左羽林大将军长孙全绪将二百骑出蓝田观虏势，令第五琦摄京兆尹，与之偕行，又令宝应军使张知节将兵继之。全绪至韩公堆，昼则击鼓张旗帜，夜则多然火，以疑吐蕃。前光禄卿殷仲卿聚众近千人，保蓝田，与全绪相表里，帅二百余骑直渡浐水。吐蕃惧，百姓又绐之曰："郭令公自商州将大军不知其数至矣！"虏以为然，稍稍引军去。全绪又使射生将王甫入城阴结少年数百，夜击鼓大呼于朱雀街，吐蕃惶骇，庚寅，悉众遁去。高晖闻之，帅麾下三百余骑东走，至潼关，守将李日越擒而杀之。

壬辰，诏以元载判元帅行军司马，以第五琦为京兆尹。癸巳，以郭子仪为西京留守。甲午，子仪发商州。己亥，以鱼朝恩部将皇甫温为陕州刺史，周智光为华州刺史。

王甫自称京兆尹，聚众二千余人，署置官属，暴横长安中。壬寅，郭子仪至浐水西，甫按兵不出。或谓子仪，城不可入。子仪不听，引三十骑徐进，使人传呼召甫；甫失据，出迎拜伏，子仪斩之，其兵尽散。白孝德与邠宁节度使张蕴琦将兵屯畿县，子仪召之入城，京畿遂安。

十二月，丁亥，车驾发陕州。左丞颜真卿请上先谒陵庙，然后还宫，元载不从，真卿怒曰："朝廷岂堪相公再坏邪！"载由是衔之。甲午，上至长安，郭子仪帅城中百官及诸军迎于浐水东，伏地待罪。上劳之曰："用卿不早，故及于此。"

以鱼朝恩为天下观军容宣慰处置使，总禁兵，权宠无比，筑城于鄠县及中渭桥，屯兵以备吐蕃。以骆奉仙为鄠县筑城使，遂将其兵。

唐代宗广德元年（癸卯，公元763年）

吐蕃侵入大震关，攻陷兰州、廓州、河州、鄯州、洮州、岷州、秦州、成州、渭州等地，河西、陇右地区均为吐蕃占领。自从武德年间以来，唐朝向外开拓疆域，地域与西域相连。在这些地区都设置了都督、府、州、县等。开元年间，朝廷设置朔方、陇右、河西、安西、北庭各节度使管理西北地区，每年征发崤山以东的壮丁为戍守士卒，丝织品为军费，开荒屯田，为军队提供食粮，设置监牧，蓄养牛马，军城和巡逻哨所，万里相望。及至安禄山反叛，边镇的精锐部队都被抽调回来援救朝廷，称为行营。剩下留守边镇的部队势单力薄，吐蕃军队便逐渐地将他们蚕食。数年时间，西北地区数十州相继沦陷，自凤翔以西，邠州以北，均为吐蕃军队所占领。

吐蕃军队入侵唐朝，边镇将领告急，但是程元振不向代宗禀报。冬季，十月，吐蕃军队进犯泾州，泾州刺史高晖举城投降。于是，高晖为吐蕃军队做向导，引导他们向内地深入。吐蕃军队经过邠州时，代宗才知道这个消息。辛未（初二），吐蕃军队进犯奉天、武功，京师大为震惊。代宗下诏任命雍王李适为关内元帅，郭子仪为副元帅，出镇咸阳抵御吐蕃军队的进攻。

郭子仪闲居京师已久，部下早已离散。这时，郭子仪才临时招募，征得骑兵二十人启程。到咸阳时，吐蕃率领吐谷浑、党项、氐、羌等各族军队二十多万人，漫山遍野，前后达数十里，已经从司竹园渡过渭河，顺着山脉向东涌来。郭子仪派遣判官中书舍人王延昌入朝奏报军情，请求增兵支援。程元振阻拦，王延昌竟然没有被代宗召见。癸酉（初四），渭北行营兵马使吕月将率领精锐部队二千人，在盩厔以西打败了吐蕃军队。乙亥（初六），吐蕃军队进犯盩厔，吕月将再次与敌军拼死作战，士兵全部战死，吕月将也为吐蕃军队擒获。

代宗正在操练军队，这时，吐蕃军队已经跨过便桥，代宗临事仓促，不知所措。丙子（初七），代宗逃往陕州，官吏躲藏逃窜，禁军部队则一哄而散。郭子仪闻听此事，急忙从咸阳赶回长安，等到长安时，代宗已经走了。代宗才出宫苑门，渡过浐水，射生将王献忠就率领四百骑兵反叛返回长安，胁迫丰王李珙等十王西去迎接吐蕃军队。当他们走到开远门内时，遇上郭子仪。郭子仪大声呵斥，王献忠跳下马来，跟郭子仪说道："如今皇上已经东迁，国家无主，您身为元帅，皇上的废立就在于您一句话了！"郭子仪没有回答，李珙上前说道："你为什么不说话！"郭子仪训斥他们一番，然后派兵护送他们前往行在。丁丑（初八），代宗到达华州，这时，州府官吏早已逃散，无法为代宗一行提供食宿，随从将士不免饥寒交迫。幸亏碰上观军容使鱼朝恩率领神策军从陕州前来迎驾，于是代宗前往鱼朝恩的营帐。丰王李珙在潼关拜见代宗，代宗没有责怪他。然而，李珙退回到营帐中，出言不逊。大臣们上奏建议杀掉李珙，于是代宗将他赐死。

戊寅（初九），吐蕃军队进入长安，高晖与吐蕃大将马重英等立已故邠王李守礼之孙李承宏为皇帝，更改年号，设置百官，任命前翰林学士于可封等人为宰相，吐蕃军队大肆抢劫府库市里的财物，焚毁居宅，长安城中一片萧条。苗晋卿正病卧在家，吐蕃派人将他抬来，胁迫他出任伪职，苗晋卿闭口不言，吐蕃也不敢杀他，此时溃散的禁军也到处抢劫，士人平民纷纷逃入山谷，躲避战乱。

辛巳（十二日），代宗到达陕州，一些官员也有逐渐到达的。郭子仪率领三十名骑兵从御宿川沿着山麓向东开来。郭子仪对王延昌说："溃逃的禁军将士多在商州，如今，我们应当迅速前去收容他们，同时，征调防守武关的军队。几天之内，我军北出蓝田，直指长安，吐蕃军队必定会望风而逃的。"郭子仪经过蓝田时，遇到元帅都虞候臧希让、凤翔节度使高升，又得到近千名士兵。郭子仪和王延昌商量说："溃逃的士兵到达商州，当地官吏一定会躲藏起来，那么当地就会人心大乱。"郭子仪派王延昌抄近路去商州安抚人心。诸将正在纵兵掳掠，听说郭子仪要来，都非常欣喜，甘愿听命。郭子仪恐怕吐蕃军队去进逼代宗的驻地，让军队停留在七盘。三日后，郭子仪才率军启程。等到达商州，郭子仪就收容残兵，与武关守军合起来共达四千人，这时军队的力量稍有振作。于是，郭子仪哭着晓喻将士，勉励他们要共雪国耻，攻取长安，将士们颇受感动，都表示愿意受郭子仪的统帅。郭子仪请太子宾客第五琦担任粮料使，供给军粮。代宗赐郭子仪诏书，因为担心吐蕃军队东出潼关，召他前往陕州。郭子仪上表说："我不收复京城，无法来见陛下。如果我出兵蓝田，吐蕃军队一定不敢向东出击。"代宗表示同意。鄜延节度判官段秀实劝说节度使白孝德率军前来急救国难，白孝德即日大举南下，奔赴京畿，与蒲州、陕州、商州、华州的军队同心协力，共击吐蕃军队。

吐蕃已经立广武王李承宏为皇帝，想掳掠长安城中的士人、妇女和工匠，然后整队回国。郭子仪派左羽林大将军长孙全绪率领二百骑兵出蓝田，前去观察吐蕃军队的形势，命令第五琦代理京兆尹，让他与全绪一起行动，又命令宝应军使张知节率军跟随其后。长孙全绪到达韩公堆，白天击鼓摇旗，夜里就燃起许多火堆，用来迷惑吐蕃军队。前光禄卿殷仲卿则聚集近一千人的军队保卫蓝田，与长孙全绪内外呼应，又率领二百多骑兵直接渡过浐水。吐蕃军队害怕，而老百姓又哄骗他们说："郭令公已经从商州率领大军来了！军队多得数不清！"吐蕃军队信以为真，逐渐率军撤退。长孙全绪又派射生将王甫入城秘密纠集数百名少年，夜里在朱雀街击鼓呐喊，吐蕃军队更加惶恐不安，庚寅（二十一日），他们便都逃跑了。高晖听到吐蕃军队已逃跑，也率领部下三百多名骑兵向东出逃，到达潼关时，被潼关守将李日越抓获并杀死。

壬辰（二十三日），代宗下诏任命元载兼任元帅行军司马，第五琦为京兆尹。癸巳（二十四日），任命郭子仪为西京留守。甲午（二十五日），郭子仪从商州出发。己亥（三十日），代宗任命鱼朝恩部将皇甫温为陕州刺史，周智光为华州刺史。

王甫自称京兆尹，聚集二千多人，设置属吏，并在长安城中横行霸道。壬寅（十一月初三），郭子仪来到浐水西岸，王甫按兵不动。有人跟郭子仪说，不能到城里去。郭子仪不听，带领三十名骑兵慢慢向城里走去，同时派人去传呼王甫；王甫进退两难，只得出来伏拜迎接，于是，郭子仪杀掉了他，其部下也一哄而散。白孝德和邠宁节度使张蕴琦率兵驻扎在京畿各县，郭子仪将他们召入京城。于是京畿地区得到安宁。

十二月，丁亥（十九日），代宗从陕州启程返京。左丞颜真卿请求代宗先拜谒祖宗陵庙，然后回宫，元载不听从他的建议，颜真卿愤怒地说："难道朝廷还能经受住你再去败坏吗！"元载由此对他怀恨在心。甲午（二十六日），代宗到达长安，郭子仪率领城中群臣和军队，在浐水东岸迎接代宗，并且伏地等待代宗惩处。代宗慰问郭子仪说："朕没能及早任用你，所以落到这种地步。"

代宗任命鱼朝恩为天下观军容宣慰处置使，总管禁军，权势和宠幸无人能比。代宗又下令在鄠县以及中渭桥修筑城池，屯兵防备吐蕃进攻。代宗任命骆奉仙为鄠县筑城使。于是，骆奉仙掌握了那里的军队。

唐纪四十一

第二百二十五卷

代宗睿文孝武皇帝中之下大历十年（乙卯，775）

二月，乙丑，田承嗣诱卫州刺史薛雄，雄不从，使盗杀之，屠其家，尽据相、卫四州之地，自置长吏，掠其精兵良马，悉归魏州。逼魏知古与共巡磁、相二州，使其将士割耳剺面，请承嗣为帅。

初，成德节度使李宝臣、淄青节度使李正己，皆为田承嗣所轻。宝臣弟宝正娶承嗣女，在魏州，与承嗣子维击毬，马惊，误触维死。承嗣怒，囚宝正，以告宝臣。宝臣谢教敕不谨，封杖授承嗣，使挞之。承嗣遂杖杀宝正，由是两镇交恶。及承嗣拒命，宝臣、正己皆上表请讨之，上亦欲因其隙讨承嗣。夏，四月，乙未，敕贬承嗣为永州刺史，仍命河东、成德、幽州、淄青、淮西、永平、汴宋、河阳、泽潞诸道发兵前临魏博，若承嗣尚或稽违，即令进讨；罪止承嗣及其侄悦，自余将士弟侄苟能自拔，一切不问。

时朱滔方恭顺，与宝臣及河东节度使薛兼训攻其北，正己与淮西节度使李忠臣等攻其南。五月，乙未，承嗣将霍荣国以磁州降。丁未，李正己攻德州，拔之。李忠臣统永平、河阳、怀、泽步骑四万进攻卫州。六月，辛未，田承嗣遣其将裴志清等攻冀州，志清以其众降李宝臣。甲戌，承嗣自将围冀州，宝臣使高阳军使张孝忠将精骑四千御之，宝臣大军继至，承嗣烧辎重而遁。孝忠，本奚也。

田承嗣以诸道兵四合，部将多叛而惧，秋，八月，遣使奉表，请束身归朝。

十一年（丙辰，776）

二月，庚辰，田承嗣复遣使上表，请入朝。上乃下诏，赦承嗣罪，复其官爵，听与家属入朝，其所部拒朝命者，一切不问。

十二年（丁巳，777）

平卢节度使李正己先有淄、青、齐、海、登、莱、沂、密、德、棣十州之地，及李灵曜之乱，诸道合兵攻之，所得之地，各为己有，正己又得曹、濮、徐、兖、郓五州，因自青州徙治郓州，使其子前淄州刺史纳守青州。正己用刑严峻，所在不敢偶语；然法令齐一，赋均而轻，拥兵十万，雄据东方，邻藩皆畏之。是时田承嗣据魏、博、相、卫、洺、贝、澶七州，李宝臣据恒、易、赵、定、深、冀、沧七州，各拥众五万；梁崇义据襄、邓、均、房、复、郢六州，有众二万；相与根据蟠结，虽奉事朝廷而不用其法令，官爵、甲兵、租赋、刑杀皆自专之，上宽仁，一听其所为。朝廷或完一城，增一兵，辄有怨言，以为猜贰，常为之罢役；而自于境内筑垒、缮兵无虚日。以是虽在中国名藩臣，而实如蛮貊异域焉。

唐代宗大历十年（乙卯，公元775年）

二月，乙丑（初一），田承嗣引诱卫州刺史薛雄造反，薛雄不从，田承嗣便派强盗杀掉薛雄，屠杀他的家属，占据相州、卫州等四州的全部地区，自行设置长吏，将那里的精兵良马全都掳掠到魏州。田承嗣逼迫魏知古与他一起巡视磁州、相州，又让他的将士割耳划脸，请田承嗣担任主帅。

从前，成德军节度使李宝臣和淄青节度使李正己，都被田承嗣所瞧不起。李宝臣的弟弟李宝正娶田承嗣的女儿，在魏州与田承嗣的儿子田维打马球，马受了惊，误将田维踢死。田承嗣恼怒，囚禁了李宝正，然后告诉李宝臣。李宝臣以管教不严表示歉意，裹扎了一束棍棒交给田承嗣，让他杖责李宝正。于是田承嗣打死李宝正，从此两镇结了怨仇。及至田承嗣拒从皇命，李宝臣和李正己都上表请求讨伐他，代宗也打算趁他们有裂痕时进行讨伐。夏季，四月乙未，代宗下敕贬田承嗣为永州刺史，仍旧下令河东、成德、幽州、淄青、淮西、永平、汴宋、河阳、泽潞各道调动军队前去魏博，假如田承嗣还拖延违抗，即命令他们进军讨伐；只惩治田承嗣和他的侄子田悦的罪行，其余将士、弟侄假如能自我悔改，概不追究。

那时朱滔很恭顺，他与李宝臣及河东节度使薛兼训从北面进攻，李正己与淮西节度使李忠臣等人从南面进攻。五月，乙未（初三），田承嗣的部将霍荣国献出磁州向朝廷投降。丁未（十五日），李正己进攻德州，并将德州攻克。李忠臣统率永平、河阳、怀、泽等道四万步、骑兵进攻卫州。六月辛未（初九），田承嗣派遣他的部将裴志清等人进攻冀州，裴志清却率领他的部下投降了李宝臣。甲戌（十二日），田承嗣亲自率军围攻冀州，李宝臣派高阳军使张孝忠率领精锐骑兵四千人前去抵御，李宝臣的大部队随后到达，田承嗣烧毁辎重逃跑。张孝忠本是奚族人。

田承嗣因为各道军队四面合力进攻，他的部将又多叛变，心中恐惧，秋季，八月，派遣使者上表，请求约束自身归顺朝廷。

十一年（丙辰，公元776年）

二月，庚辰（二十二日），田承嗣再次派遣使者上表，请求入朝。代宗颁下诏书，赦免田承嗣之罪，恢复官爵，允许他与家属入朝，他的部下抗拒过朝廷命令的人，概不追究。

十二年（丁巳，公元777年）

平卢节度使李正己起先占有淄、青、齐、海、登、莱、沂、密、德和棣等十州地区，等到李灵曜叛乱，各道合兵进攻，所得的土地都各自据为己有，李正己又得到曹、濮、徐、兖和郓等五州，因而将治所从青州迁到郓州，派他的儿子前淄州刺史李纳镇守青州。李正己使用严酷的刑法，当地人们都不敢相对私语，但他法令统一，赋税平均而不繁重，拥有十万军队，雄据东方，邻近的藩镇都害怕他。此时，田承嗣占据魏、博、相、卫、洺、贝和澶等七州，李宝臣占据恒、易、赵、定、深、冀和沧等七州，各自拥有五万军队；梁崇义占据襄、邓、均、房、复和郢等六州，拥有二万军队。他们互相依靠勾结，虽然拥戴朝廷，但不用朝廷的法令，官爵、士兵、租赋和刑杀都由自己掌握。代宗宽宏仁厚，听任他们为所欲为。朝廷有时修补一城，增加一兵，他们就有怨言，认为朝廷怀疑他们有二心，朝廷往往因此而罢役。而他们自己在境内天天修筑堡垒，整治军队。因此，他们名为朝廷藩臣，实际同境外蛮貊一样。

唐纪四十四

第二百二十八卷

德宗神武圣文皇帝三建中四年（癸亥，783）

庚戌，初行税间架、除陌钱法。时河东、泽潞、河阳、朔方四军屯魏县，神策、永平、宣武、淮南、浙西、荆南、江泗、沔鄂、湖南、黔中、剑南、岭南诸军环淮宁之境。旧制，诸道军出境，皆仰给度支；上优恤士卒，每出境，加给酒肉，本道粮仍给其家，一人兼三人之给，故将士利之。各出军才逾境而止，月费钱百三十余万缗，常赋不能供。判度支赵赞乃奏行二法：所谓税间架者，每屋两架为间，上屋税钱二千，中税千，下税五百，吏执笔握算，入人室庐计其数。或有宅屋多而无他资者，出钱动数百缗。敢匿一间，杖六十，赏告者钱五十缗。所谓除陌钱者，公私给与及卖买，每缗官留五十钱，给他物及相贸易者，约钱为率。敢隐钱百，杖六十，罚钱二千，赏告者钱十缗，其赏钱皆出坐事之家。于是愁怨之声，盈于远近。

上发泾原诸道兵救襄城。冬，十月，丙午，泾原节度使姚令言将兵五千至京师。军士冒雨，寒甚，多携子弟而来，冀得厚赐遗其家，既至，一无所赐。丁未，发至浐水，诏京兆尹王翃犒师，惟粝食菜馅；众怒，蹴而覆之，因扬言曰："吾辈将死于敌，而食且不饱，安能以微命拒白刃邪！闻琼林、大盈二库，金帛盈溢，不如相与取之。"乃擐甲张旗鼓噪，还趣京城。令言入辞，尚在禁中，闻之，驰至长乐阪，遇之。军士射令言，令言抱马鬣突入乱兵，呼曰："诸君失计！东征立功，何患不富贵，乃为族灭之计乎！"军士不听，以兵拥令言而西。上遽命赐帛，人二匹；众益怒，射中使。又命中使宣慰，贼已至通化门外，中使出门，贼杀之。又命出金帛二十车赐之；贼已入城，喧声浩浩，不复可遏。百姓狼狈骇走，贼大呼告之曰："汝曹勿恐，不夺汝商货僦质矣！不税汝间架陌钱矣！"上遣普王谊、翰林学士姜公辅出慰谕之；贼已陈于丹凤门外，小民聚观者以万计。

初，神策军使白志贞掌召募禁兵，东征死亡者志贞皆隐不以闻，但受市井富儿赂而补之，名在军籍受给赐，而身居市廛为贩鬻。司农卿段秀实上言："禁兵不精，其数全少，卒有患难，将何待之！"不听。至是，上召禁兵以御贼，竟无一人至者。贼已斩关而入，上乃与王贵妃、韦淑妃、太子、诸王、唐安公主自苑北门出，王贵妃以传国宝系衣中以从；后宫诸王、公主不及从者什七八。

初，鱼朝恩既诛，宦官不复典兵，有窦文场、霍仙鸣者，尝事上于东宫，至是，帅宦官左右仅百人以从，使普王谊前驱，太子执兵以殿。司农卿郭曙以部曲数十人猎苑中，闻跸，谒道左，遂以其众从。曙，暧之弟也。右龙武军使令狐建方教射于军中，闻之，帅麾下四百人从，乃使建居后为殿。

姜公辅叩马言曰："朱泚尝为泾帅，坐弟滔之故，废处京师，心尝怏怏。臣谓陛下既不能推心待之，则不如杀之，毋贻后患。今乱兵若奉以为主，则难制矣。请召使从行。"上仓猝不暇用其言，曰："无及矣！"遂行。夜至咸阳，饭数匕而过。时事出非意，群臣皆不知乘舆所之。卢杞、关播逾中书垣而出。白志贞、王翃及御史大夫于颀、中丞刘从一、户部侍郎赵赞、翰林学士陆贽、吴通微等追及上于咸阳。颀，頔之从父兄弟；从一，齐贤之从孙也。

贼入宫，登含元殿，大呼曰："天子已出，宜人自求富！"遂欢噪，争入府库，运金帛，极力而止。小民因之，亦入宫盗库物，通夕不已。其不能入者，剽夺于路。诸坊居民各相帅自守。姚令言与乱兵谋曰："今众无主，不能持久，朱太尉闲居私第，请相与奉之。"众许诺。乃遣数百骑迎泚于晋昌里第。夜半，泚按辔列炬，传呼入宫，居含元殿，设警严，自称权知六军。

戊申旦，泚徙居白华殿，出榜于外，称："泾原将士久处边陲，不闲朝礼，辄入宫阙，至惊乘舆，西出巡幸。太尉已权临六军，应神策军士及文武百官凡有禄食者，悉诣行在；不能往者，即诣本司。若出三日，检勘彼此无名者，皆斩！"于是百官出见泚，或劝迎乘舆；泚不悦，百官稍稍遁去。

源休以使回纥还，赏薄，怨朝廷，入见泚，屏人密语移时，为泚陈成败，引符命，劝之僭逆。泚喜，然犹未决。宿卫诸军举白幡降者，列于阙前甚众。泚夜于苑门出兵，旦自通化门入，骆驿不绝，张弓露刃，欲以威众。

唐德宗建中四年（癸亥，公元783年）

庚戌（六月初五），开始施行税间架法和除陌钱法。当时，河东、泽潞、河阳、朔方四军屯驻在魏县，神策、永平、宣武、淮南、浙西、荆南、江泗、沔鄂、湖南、黔中、剑南、岭南各军环绕在淮宁周围。根据原有制度，各道军队开出本道，一概由度支提供给养。德宗优待体恤士兵，每当出境时，增加酒肉供给，士兵在本道的口粮仍然拨给他们的家庭，一人可以得到三人的给养，所以将士愿从中获利，于是各自出军，才越过本道便停下来，每月消耗钱一百三十余万缗，通常的赋税无法保证供给。判度支赵赞于是上奏施行税间架和除陌钱二法。所谓税间架法，每房屋两架为一间，上等房屋征税二千钱，中等的征税一千，下等的征税五百。吏人拿着笔，握着计算工具，进入百姓家中，计算应征税额。有些住宅房屋多而没有其他资财的人家，交出的税钱动不动就是数百缗。敢于隐藏房屋一间的，杖责六十，奖赏告发人钱五十缗。所谓除陌钱法，就是凡公家私人所给予和买卖所得的钱，官家每缗钱中留取五十钱，对于给予其他物品和以物易物所得到的，约计成钱，进行计算。敢于瞒钱一百的，杖责六十，罚钱二千，奖赏告发人钱十缗，这奖赏钱一律出在获罪的人家。于是，愁苦怨恨之声，充满了远近各地。

德宗征发泾原各道兵马援助襄城。冬季，十月，丙午（初二），泾原节度使姚令言领兵五千人来到京城。士兵冒雨而行，甚是寒冷，他们多数携带着自家子弟前来，希望得到丰厚的赏赐送回家中，来到以后，却没有得到任何赏赐。丁未（初三），泾原军出发来到浐水，诏命京兆尹王翃犒劳军队，送去的只有粗米饭和菜饼。众人愤怒了，便踢翻了犒劳品，并借机扬言说："我们将要赴敌而死，却连口饱饭都吃不上，怎么能够拿自己的小命去往雪白的刀刃上撞呢?！听说皇上琼林、大盈两个内库里金银锦帛装得满满的，我们不如一块儿去取吧。"于是众人穿上铠甲，举起旗帜，擂鼓呐喊，回军开向京城。姚令言入朝辞行，还在宫中，听说此事，乘马急驰来到长乐阪，与众人相遇。士兵用箭射姚令言，姚令言伏在马背上冲进哗乱的士兵之中，呼喊道："诸位打错了主意！这次东征，前去立功，还愁不能富贵吗？怎么竟做这种要满族抄斩的打算呢?！"士兵不听劝告，用兵器簇拥着姚令言西进京城。德宗急忙命令赐给锦帛，每人两匹。众人更加愤怒，用箭射中使。德宗又命令中使前去安抚，而乱兵已经来到通化门外，中使才出了通化门，乱兵便将他杀死。德宗又命令拿出金银锦帛二十车赐给乱兵，但是乱兵已经进入城内，喧哗之声浩大，再不能够遏止。百姓惊惶狼狈而逃，乱兵大声喊叫着告诉他们："你们不必恐慌，不会夺取你们的商货典当的利钱了，不会向你们征缴间架税和除陌钱了！”德宗派遣普王李谊与翰林学士姜公辅出来劝慰乱兵，而乱兵已经在丹凤门外结成阵列，围观的百姓数以万计。

当初，神策军使白志贞主持招募禁兵，对东征死亡的兵员一概隐瞒不报，但凡收受到市井商贾富人的贿赂，便将他补为兵员。这些人名字写在军籍里，享受供给与赏赐，而自身仍然住在商肆之中贩卖货物。司农卿段秀实上言：“禁兵不精良，员额全都缺少，倘若猝然发生祸难，那将如何防御呢？”德宗不听段秀实的进言。至此，德宗召集禁兵去抵御乱兵，竟然没有一人到来。乱兵已经杀开关门而入，德宗这才与王贵妃、韦淑妃、太子、诸王、唐安公主等人从宫苑的北门出走，王贵妃把传国之宝系在衣服中从行，后宫中的诸王、公主来不及跟从德宗出走的人有十分之七八。

当初，鱼朝恩既已诛除，宦官不再掌管军事。有名叫窦文场、霍仙鸣的，曾经在德宗居东宫时侍奉过他，至此，他们带领宦官侍从近一百人跟随德宗出走。德宗让普王李谊在前面开路，太子手握兵器殿后。司农卿郭曙带着家兵数十人在禁苑中打猎，听说德宗车驾出行，便在道东谒见，并带着他的家兵随行。郭曙是郭暖的弟弟。右龙武军使令狐建正在军中教练射箭，得知消息后，便率领部下四百人从行，于是德宗让令狐建在后面作为殿军。

姜公辅挽住德宗的马缰进言说：“朱泚曾经担任过泾原的节帅，由于受到弟弟朱滔牵连，遭到废黜，闲居京城，内心一度郁郁不乐。我认为陛下既然不能推心置腹地对待他，便不如将他杀掉，不要留下后患。现在哗乱的士兵如果拥戴他为首领，那就难于控制了。请将朱泚召来，让他随从出走。”德宗在仓促间无暇照着姜公辅的话去办，说：“来不及了！”便出发了。夜里来到咸阳，大家只吃了几勺饭便过去了。当时，事情出于意料，群臣都不知道德宗的去向。卢杞、关播从中书省逾墙而出。白志贞、王翃以及御史大夫于颀、中丞刘从一、户部侍郎赵赞、翰林学士陆贽、吴通微等人在咸阳追上了德宗。于颀是于頔的叔伯兄弟。刘从一是刘齐贤的从孙。

乱兵进入宫中，登上含元殿，大声喊叫着说：“皇上已经出走，应该让人各自想法发财了！”于是乱兵欢呼鼓噪，争着进入府库，运走金银锦帛，直到运不动了，才停止下来。乘此时机，百姓也进入宫中，盗窃库房中的物品，彻夜不止。那些未能进入宫中库房的人们，便在路上抢劫。诸坊的居民都各自聚在一起自行守卫。姚令言和哗乱士兵商议说：“现在大家没有主子，不可能长久。朱太尉正在私人府第中闲居，请一起拥戴他吧。”大家答应，便派出几百人骑马到晋昌里府第迎接朱泚。半夜时分，朱泚紧扣马缰缓行，张列火炬，前后传呼着进入宫中，在含元殿住下，设置了严密的警戒，自称暂且统辖六军。

戊申（初四），早晨，朱泚移居白华殿，在宫外张出告示，声称："泾原的将士长期身居边疆，不熟悉朝廷的礼仪，便进入宫中，使圣上受到惊动，西出巡幸。朱太尉已经暂且统辖六军。神策军士兵以及文武百官凡是靠俸禄过活的，应当全部前往圣上出巡的地方，不能前往的，可到本官官署来。如果超过三天，查出两处都未具名的人，一概斩首。"于是百官只好出来见朱泚。有的人劝说朱泚前去迎接德宗，朱泚不高兴，于是百官逐渐逃走。

源休出使回纥归来，由于赏赐菲薄而埋怨朝廷，这时他入宫去见朱泚，摈退在场的人，秘密交谈了一段时间。他为朱泚陈述古今成败之理，征引符命之说，劝朱泚称帝。朱泚大喜，但还犹豫未决。在宫中为皇上值宿警卫的各支军队举起白旗归降朱泚的人，排列在宫门前面，为数很多。朱泚在夜间由宫苑大门放出士兵，到天亮再由通化门进来，络绎不绝，弩张剑拔，打算以此向群众示威。

唐纪四十五

第二百二十九卷

德宗神武圣文皇帝四建中四年（癸亥，783）

泚攻城益急，穿堑环之。泚移帐于乾陵，下视城中，动静皆见之，时遣使环城招诱士民，笑其不识天命。

神策河北行营节度使李晟疾愈，闻上幸奉天，帅众将奔命。张孝忠迫于朱滔、王武俊，倚晟为援，不欲晟行，数沮止之。晟乃留其子凭，使娶孝忠女为妇，又解玉带赂孝忠亲信，使说之，孝忠乃听晟西归，遣大将杨荣国将锐兵六百与晟俱。晟引兵出飞狐道，昼夜兼行，至代州。丁丑，加晟神策行营节度使。

朱泚攻围奉天经月，城中资粮俱尽。上尝遣健步出城觇贼，其人恳以苦寒为辞，跪奏乞一襦袴。上为之寻求不获，竟悯默而遣之。时供御才有粝米二斛，每伺贼之休息，夜，缒人于城外，采芜菁根而进之。上召公卿将吏谓曰："朕以不德，自陷危亡，固其宜也。公辈无罪，宜早降以救室家。"群臣皆顿首流涕，期尽死力，故将士虽困急而锐气不衰。

上之幸奉天也，粮料使崔纵劝李怀光令入援，怀光从之。纵悉敛军资与怀光皆来。怀光昼夜倍道，至河中，力疲，休兵三日。河中尹李齐运倾力犒宴，军尚欲迁延。崔纵先辇货财渡河，谓众曰："至河西，悉以分赐。"众利之，西屯蒲城，有众五万。齐运，恽之孙也。

李晟行且收兵，亦自蒲津济，军于东渭桥；其始有卒四千，晟善于抚御，与士卒同甘苦，人乐从之，旬月间至万余人。

神策兵马使尚可孤讨李希烈，将三千人在襄阳，自武关入援，军于七盘，败泚将仇敬，遂取蓝田。可孤，宇文部之别种也。

镇国军副使骆元光，其先安息人，骆奉先养以为子，将兵守潼关近十年，为众所服。朱泚遣其将何望之袭华州，刺史董晋弃州走行在。望之据其城，将聚兵以绝东道；元光引关下兵袭望之，走还长安。元光遂军华州，召募士卒，数日，得万余人。泚数遣兵攻元光，元光皆击却之，贼由是不能东出。上即以元光为镇国军节度使，元光乃将兵二千西屯昭应。

马燧遣其行军司马王权及其子汇将兵五千人入援，屯中渭桥。

于是泚党所据惟长安而已，援军游骑时至望春楼下。李忠臣等屡出兵，皆败，求援于泚，泚恐民间乘弊抄之，所遣兵皆昼伏夜行。

泚内以长安为忧，乃急攻奉天，使僧法坚造云梯，高广各数丈，裹以兕革，下施巨轮，上容壮士五百人；城中望之恟惧。上以问群臣，浑瑊、侯仲庄对曰："臣观云梯势甚重，重则易陷，臣请迎其所来凿地道，积薪蓄火以待之。"神武军使韩澄曰："云梯小伎，不足上劳圣虑，臣请御之。"乃度梯之所傃，广城东北隅三十步，多储膏油松脂薪苇于其上。丁亥，泚盛兵鼓噪攻南城，韩游瓌曰："此欲分吾力也。"乃引兵严备东北。戊子，北风甚讯，泚推云梯，上施湿毡，悬水囊，载壮士攻城，翼以辒，置人其下，抱薪负土填堑而前，矢石火炬所不能伤。贼并兵攻城东北隅，矢石如雨，城中死伤者不可胜数。贼已有登城者，上与浑瑊对泣，群臣惟仰首祝天。上以无名告身自御史大夫、实食五百户以下千余通授，使募敢死士御之，仍赐御笔，使视其功之大小书名给之，告身不足则书其身，且曰："今便与卿别。"俯伏流涕，上拊其背，歔欷不自胜。时士卒冻馁，又乏甲胄，瑊抚谕，激以忠义，皆鼓噪力战。瑊中流矢，进战不辍，初不言痛。会云梯辗地道，一轮偏陷，不能前却，火从地中出，风势亦回，城上人投苇炬，散松脂，沃以膏油，欢呼震地。须臾，云梯及梯上人皆为灰烬，臭闻数里，贼乃引退。于是三门皆出兵，太子亲督战，贼徒大败，死者数千人。将士伤者，太子亲为裹疮。入夜，泚复来攻城，矢及御前三步而坠；上大惊。

李怀光自蒲城引兵趣泾阳，并北山而西，先遣兵马使张韶微服间行诣行在，藏表于蜡丸。韶至奉天，值贼方攻城，见韶，以为贱人，驱之使与民俱填堑；韶得间，逾堑抵城下呼曰："我朔方军使者也。"城上人下绳引之，比登，身中数十矢，得表于衣中而进之。上大喜，舁韶以徇城，四隅欢声如雷。癸巳，怀光败泚兵于醴泉。泚闻之惧，引兵遁归长安。众以为怀光复三日不至，则城不守矣。

朱泚至长安，但为城守之计，时遣人自城外来，周走呼曰："奉天破矣！"欲以惑众。泚既据府库之富，不爱金帛以悦将士，公卿家属在城者皆给月俸。神策及六军从车驾及哥舒曜、李晟者，泚皆给其家粮；加以缮完器械，日费甚广。及长安平，府库尚有余蓄，见者皆追怨有司之暴敛焉。

唐德宗建中四年（癸亥，公元783年）

朱泚攻打奉天城愈发急迫，他凿通沟堑，将全城环绕起来。朱泚将军帐迁移到乾陵，由此向下察看城中的动静虚实，全都能够看清。朱泚还不时派人环绕着奉天城引诱城中的将士和百姓，嘲笑他们看不清天命所归。

神策、河北行营节度使李晟的疾病痊愈了，听说德宗出行奉天，便率领众将领前去赴命。张孝忠被朱滔、王武俊所逼迫，有赖于李晟的声援，不想让李晟离去，有好几次阻止他前往。于是李晟将自己的儿子李凭留下来，让他娶张孝忠的女儿为媳妇；又解下玉带贿赂张孝忠的亲信，让他劝说张孝忠。于是张孝忠听任李晟西进归朝，还派遣大将杨荣国带领精锐兵马六百人与李晟同去。李晟领兵经过飞狐道，日夜兼程，来到代州。丁丑（十一月初四），德宗加任李晟为神策行营节度使。

朱泚攻打、围困奉天已经有一个月了，城中的物资和粮食都已用光。德宗曾经派遣善于行走的人出城察看敌情，该人说是天气寒冷，跪着恳求德宗，要一件短袄和套裤。德宗为他寻找，未能找到，最后还是难过地默然打发他去了。当时供给德宗的粮食，仅有粗米二斛，官吏每每窥伺敌军的休息时间，夜里将人系在绳索上放到城外，去采集蔓菁根，献给皇上。德宗将公卿将官召集起来，对他们说："朕因无德，自陷于危亡之中，固然是应该的。诸位没有罪过，最好及早投降，以便救出自己的家人。"群臣都伏地叩头，痛哭流涕，相互约定要竭尽自己最大的力量。所以将士们虽然置身于困苦危急之中，但是他们的锐气却并不衰减。

德宗出行奉天时，粮料使崔纵劝说李怀光前往增援，李怀光听从了他的主张。崔纵将军中物资悉数聚集起来，与李怀光一起前来。李怀光日夜兼程，来到河中，人力疲乏，让士兵休息三天。河中尹李齐运全力设宴犒劳，军队还想拖延不行。崔纵先将物资钱财运过黄河，然后对大家说："到了河西，便将它们全部分给大家。"众人贪图其利，西进蒲城屯驻，当时有五万人。李齐运是李恽的孙子。

李晟一边行进，一边招集士兵，也从蒲津渡过黄河，在东渭桥驻扎下来。在渡河之初，他只有士兵四千人，由于他善于抚恤与驾驭士兵，与士兵同甘共苦，人们都愿意跟随他，所以军队在一个月之间便发展到万余人。

神策兵马使尚可孤讨伐李希烈，在襄阳带领三千人，由武关前往增援，在七盘驻扎，打败了朱泚的将领仇敬，于是攻取蓝田。尚可孤是宇文部的别支。

镇国军副使骆元光，他的先人是安息人，骆奉先将他收为养子。他带兵防守潼关将近十年，兵众都服从他的指挥。朱泚派遣他的将领何望之袭击华州，华州刺史董晋放弃了州城，逃奔行在。何望之占领华州城后，准备集中兵力，以便截断东行的道路。骆元光带领潼关兵袭击何望之，何望之逃回长安。于是骆元光驻军华州，招募士兵，不过几天，招得一万余人。朱泚多次派兵进攻骆元光，都被骆元光击退，敌军自此不能东出。德宗随即任命骆元光为镇国军节度使。骆元光领兵两千人，向西屯驻昭应。

马燧派遣他的行军司马王权及其儿子王汇带兵五千人前去增援奉天，在中渭桥屯驻。

当时，朱泚一伙所占领的地盘只有长安而已，援军的巡哨骑兵有时前进到望春楼的下面。李忠臣等人屡次出兵，都被打败，便向朱泚求援。朱泚唯恐民间乘己疲困，前来抄袭，他所派遣的兵马都是昼伏夜行。

朱泚心中为长安感到忧虑，便加紧进攻奉天。他让僧人法坚制造云梯，长宽各有数丈，外面包裹着牛皮，下面安装着巨大的轮子，上面可以容纳勇士五百人，城中的人们望见，都感到忧恐畏惧。德宗询问群臣的意见，浑瑊、侯仲庄回答说："我们看云梯势必甚为沉重，沉重就容易下陷。我们请求迎着云梯的来路开凿地道，积蓄柴禾与火种，等待它的到来。"神武军使韩澄说："靠云梯攻城这种小小伎俩，不足以烦劳圣上费心，请让我来对付云梯。"韩澄估量了云梯的指向，于是将城墙东北角拓宽了三十步，在上面储备了大量的膏油、松脂和柴禾、芦苇等。丁亥（十四日），朱泚军大举出动，擂鼓呐喊，攻打奉天南城。韩游瓌说："这是打算分散我军的力量。"于是，他领兵严密防备奉天城的东北面。戊子（十五日），北风甚是猛烈，朱泚军推出云梯，上面包裹着浸湿的毡子，悬挂水袋，运载勇士攻城。两侧用兵车遮护着，将士兵安置在兵车棚顶之下，让兵士抱柴背土，填平壕沟，向前冲锋。乱箭、飞石、火炬不能伤害他们。敌军合兵进攻城东北角，箭石如雨，城中死伤的人无法计算，敌军已经有人登上城了。德宗与浑瑊相对而泣，群臣只好仰首祷告上天。德宗将一千余份自御史大夫、实封食邑五百户以下的空白委任官职文凭"告身"交给浑瑊，让他募集敢死之士去抵御敌军，还将御笔赐给他，让他根据人们所立功劳的大小，在告身上填写上名字加以委任，如果告身不够用，便写在该人身上，战后再给告身。而且说："现在我就与你永别。"浑瑊趴在地上，泪流满面，德宗抚摸着他的后背，抽咽不能自已。当时，士兵又冻又饿，又缺乏铠甲头盔，浑瑊对他们抚慰劝导，用忠义激发他们，士兵们都擂鼓呐喊，奋力而战。浑瑊中了乱箭，仍然向前奋战不止，初时也未讲疼痛。恰好云梯碾压地道，一只轮子偏倒陷落，不能向前或后退，火从地道中冒出来，大风也往回吹，城上的人们投下芦苇火把，撒上松脂，浇上膏油，欢呼之声，震动大地。不一会儿，云梯和梯上的人全部化为灰烬，散发的焦臭之气，数里以外都可以闻到，于是敌军退却。此时奉天城东、南、北三门都发兵出击，太子亲自督战，敌军徒众大败，死亡的人有数千。对于受伤的将士，太子亲自为他们包扎伤口。到了夜晚，朱泚再来攻城，箭落到德宗面前三步远的地方，德宗大惊。

李怀光从蒲城领兵直趋泾阳，傍着北山向西而行。事先，他派遣兵马使张韶穿着老百姓的衣服抄小道前往行在，将表章藏在蜡丸之中。张韶来到奉天，正当敌军刚刚攻城，见到张韶，以为是卑贱之人，便驱使他与老百姓一起填塞壕沟。张韶看准间隙，越过壕沟，抵达城下呼喊道："我是朔方军的使者。"城上的人放下绳索，把他拉到城上。及至登到城上，张韶身上被射中几十枝箭，他将藏在衣服中的表章进呈德宗。德宗大为高兴，让人抬着张韶在城中绕行宣示，四处欢声雷动。癸巳（二十日），李怀光在澧泉将朱泚军打败。朱泚听闻后，害怕起来，于是领兵逃回长安。大家认为，倘若李怀光再有三天不来，奉天城便要失陷了。

朱泚回到长安以后，只做守城的打算，时常派人从城外来，绕城奔走呼喊说："奉天城攻破啦！"企图借此迷惑民众。朱泚据有朝廷库存的财富以后，便不惜用金帛取悦将士，对留在城中的公卿家属一概每月支付薪俸。对于神策军和随从德宗车驾的六军以及哥舒曜、李晟等人，朱泚一概向他们的家属供给粮食。加上修治完善各种器械，每日耗费甚巨。但及至长安平定，朝廷府库中仍有剩余的财产，看到的人都追溯怨恨有关部门的横征暴敛。

唐纪四十六

第二百三十卷

德宗神武圣文皇帝五兴元元年（甲子，784）

朱泚自奉天败归，李晟谋取长安。刘德信与晟俱屯东渭桥，不受晟节制；晟因德信至营中，数以沪涧之败及所过剽掠之罪，斩之；因以数骑驰入德信军，劳其众，无敢动者，遂并将之，军势益振。

李怀光既胁朝廷逐卢杞等，内不自安，遂有异志。又恶李晟独当一面，恐其成功，奏请与晟合军；诏许之。晟与怀光会于咸阳西陈涛斜，筑垒未毕，泚众大至。晟谓怀光曰："贼若固守宫苑，或旷日持久，未易攻取；今去其巢穴，敢出求战，此天以贼赐明公，不可失也！"怀光曰："军适至，马未秣，士未饭，岂可遽战邪！"晟不得已乃就壁。晟每与怀光同出军，怀光军士多掠人牛马，晟军秋毫不犯。怀光军士恶其异己，分所获与之，晟军终不敢受。

怀光屯咸阳累月，逗留不进；上屡遣中使趣之，辞以士卒疲弊，且当休息观衅。诸将数劝之攻长安，怀光不从，密与朱泚通谋。李晟屡奏，恐其有变，为所并，请移军东渭桥；上犹冀怀光革心，收其力用，寝晟奏不下。

李晟以为："怀光反状已明，缓急宜有备，蜀、汉之路不可壅，请以裨将赵光铣等为洋、利、剑三州刺史，各将兵五百以防未然。"上疑未决，欲亲总禁兵幸咸阳，以慰抚为名，趣诸将进讨。或谓怀光曰："此汉祖游云梦之策也！"怀光大惧，反谋益甚。

上垂欲行，怀光辞益不逊，上犹疑谗人间之，甲子，加怀光太尉，增实食，赐铁券，遣神策右兵马使李卞等往谕旨。怀光对使者投铁券于地曰："圣人疑怀光邪？人臣反，赐铁券；怀光不反，今赐铁券，是使之反也！"辞气甚悖。朔方左兵马使张名振当军门大呼曰："太尉视贼不许击，待天使不敬，果欲反邪！功高太山，一旦弃之，自取族灭，富贵他人，何益哉！我今日必以死争之。”怀光闻之，谓曰：“我不反，以贼方强，故须蓄锐俟时耳。”怀光又言：“天子所居必有城隍。”乃发卒城咸阳，未几，移军据之。张名振曰：“乃者言不反，今日拔军此来，何也？何不攻长安，杀朱泚，取富贵，引军还邠邪！”怀光曰：“名振病心矣！”命左右引去，拉杀之。

李卞等还，言怀光骄慢之状，于是行在始严门禁，从臣皆密装以待。

乙丑，加李晟河中、同绛节度使；上犹以为薄，丙寅，又加同平章事。

丁卯，怀光遣其将赵升鸾入奉天，约其夕使别将达奚小俊烧乾陵，令升鸾为内应以惊胁乘舆。升鸾诣浑瑊自言，瑊遽以闻，且请决幸梁州。上命瑊戒严，瑊出，部勒未毕，上已出城西，命戴休颜守奉天，朝臣将士狼狈扈从。戴休颜徇于军中曰：“怀光已反！”遂乘城拒守。

李晟得除官制，拜哭受命，谓将佐曰：“长安，宗庙所在，天下根本，若诸将皆从行，谁当灭贼者！”乃治城隍，缮甲兵，为复京城之计。先是东渭桥有积粟十余万斛，度支给李怀光军，几尽。是时怀光、朱泚连兵，声势甚盛，车驾南幸，人情扰扰；晟以孤军处二强寇之间，内无资粮，外无救援，徒以忠义感激将士，故其众虽单弱而锐气不衰。又以书遗怀光，辞礼卑逊，虽示尊崇而谕以祸福，劝之立功补过，故怀光惭恧，未忍击之。晟曰：“畿内虽兵荒之余，犹可赋敛。宿兵养寇，患莫大焉！”乃以判官张彧假京兆尹，择四十余人，假官以督渭北刍粟，不旬日，皆充羡；乃流涕誓众，决志平贼。

唐德宗兴元元年（甲子，公元784年）

朱泚从奉天大败而归，李晟谋划攻取长安。刘德信与李晟一道屯驻在东渭桥，但他不接受李晟的管束。李晟借刘德信来到营中之机，列举他在沪涧战败和沿途抢劫掳掠的罪行，将他斩杀。李晟因而以数名骑兵奔入刘德信军中，慰劳他的部众，没有人敢有所举动。于是李晟一并统领了此军，军队的声势益发振作。

李怀光胁迫朝廷贬逐了卢杞等人以后，内心不能自安，于是有了反叛朝廷的意图。李怀光又嫌恶李晟独当一面，唯恐他有所建树，便上奏请求与李晟合兵，德宗颁诏答应了他的请求。李晟与李怀光在咸阳西面的陈涛斜会师，营垒还没有修筑完毕，朱泚军队大批开到。李晟对李怀光说：“假如敌军顽固把守宫城和苑城，也许会空废时日，延宕许久，不容易攻打下来。现在敌军离开了他们的巢穴，竟敢出城挑战，这是上天把敌军赐给明公，决不能放走他们！”李怀光说：“我军刚刚赶到，战马还没有喂料，士兵还没有吃饭，哪能匆匆接战呢？”李晟没有办法，只好自回营垒。每次李晟与李怀光一同派出军队，李怀光的将士常常掠夺百姓的牛马，李晟军却秋毫无犯。李怀光的将士嫌恶李晟军与自己两样，将所得物品分给他们，但李晟军始终不敢接受。

李怀光在咸阳屯驻了好几个月，不肯前进。德宗屡次派遣中使催促他，他便以士兵疲困不堪，而且应当保养兵力，观察敌军的破绽为理由而推辞。诸将领好几次劝说李怀光攻打长安，李怀光不肯听从，还暗中与朱泚勾结合谋。李晟屡屡上奏，唯恐发生变故，被李怀光吞并，请求将军队转移到东渭桥，但德宗仍然希望李怀光洗心革面，争取使他尽力效命，便压了李晟的奏章，不肯批示。

李晟认为：“李怀光造反的情状已经很清楚，在危急的关头，应当有所准备。通往蜀郡、汉中的道路是不能堵塞的，请任命副将赵光铣等人为洋、利、剑三州刺史，让他们各自领兵五百人，以便防患于未然。”德宗迟疑不决，准备亲自总领禁兵出走咸阳，以抚慰将士的名义，督促各将领进军讨伐。有人对李怀光说：“这就是汉高祖巡游云梦泽的计策！”李怀光大为恐惧，图谋反叛更为积极。

德宗将近出行之际，李怀光讲话益发不恭顺。德宗仍然怀疑有好进谗言的人从中离间。甲子（二月二十三日），德宗加封李怀光为太尉，增加食实封，赐铁券，派遣神策右兵马使李卞等人前往传达圣旨。李怀光当着使者的面，把铁券丢在地上说：“皇上怀疑我李怀光吗？臣下造反时，才赐铁券。我不曾造反，现在赐铁券，这是让我造反的吧！”他的言辞和语气都很无礼。朔方左兵马使张名振面对军营的大门大声喊道：“太尉对待敌军，不许出击，对待皇上的使者，很不恭敬，果真是要造反吗？你的功劳像泰山一样高，忽然舍弃了它们，自取灭族，而让他人去享受富贵，这有什么好处呢?！我今天一定要不惜一死，前去争论。”李怀光听了，对他说：“我不会造反，只是以为敌军正当强盛，必须积蓄锐气，等待时机罢了。”李怀光又说：“皇上所住的地方一定要有城壕。”于是，李怀光派出士兵去修筑咸阳城。不久，他迁移军队，占据了咸阳城。张名振说：“以前你说不会造反，现在你调动军队到这里来，这是为什么？为什么你不进攻长安，杀掉朱泚，获取富贵，然后率领军队回到邠州去呢？”李怀光说：“张名振得了精神病了！”命令侍从人员将他拉到外面，杖击至死。

李卞等人回朝，讲了李怀光骄横傲慢的情况，于是行在开始对宫门城关严加警戒，侍从皇上的官员都暗中置办行装，等待离开奉天。

乙丑（二十四日），德宗加封李晟为河中、同绛节度使。德宗仍然认为封拜不够优厚，丙寅（二十五日），又加封李晟同平章事。

丁卯（二十六日），李怀光派遣他的将领赵升鸾进入奉天城，约定在当天傍晚让别将达奚小俊焚烧乾陵，让赵升鸾作为内应，来威胁德宗的车驾。赵升鸾到浑瑊处主动讲了此事，浑瑊赶忙上奏德宗，并且请德宗出走梁州。德宗命令浑瑊戒严。浑瑊从朝中出来，部署尚未停当，德宗已经出城西行，命令戴休颜防守奉天，朝中的臣僚和将士们狼狈不堪地随从而行。戴休颜在军队中当众宣布说："李怀光已经造反了！"于是他登城防守。

李晟接到任官的制书，拜倒在地，哭泣着接受了任命。他对将佐说："长安是宗庙的所在地，是全国的根本。如果各位将领都跟从皇上出行，那将由谁来担当消灭敌军的任务呢？"于是，李晟整治城壕，修缮铠甲兵器，做着收复京城的打算。在此之前，东渭桥有积存的粮食十万余斛，度支供给李怀光军，几乎把粮食用尽。当时，李怀光和朱泚联合用兵，声势很是盛大，德宗向南出走，民情纷乱不堪。李晟仅凭一支孤立无援的军队，处在两个强大的敌寇中间，内部没有资财粮草，外部没有救援，他只用忠义来感发激励将士，所以他的兵力虽然单薄微弱，但锐气并未衰减。李晟又给李怀光去信，措辞执礼都很谦卑恭顺。他虽然表示对李怀光的尊敬与推崇，但开导他去祸就福，规劝他建树功劳，弥补过失，所以李怀光感到惭愧，不忍心向他出击。李晟说："畿辅地区虽然经受战乱，但仍然可以征收赋税。军队停滞不前，姑息敌寇，没有比这更大的祸患了！"于是，李晟使判官张彧代理京兆尹，选择了四十余人，让他们都代理一定的官职，以便督促渭北的粮草。不到十天，各处粮草都充足有余了。于是，李晟流着眼泪与部众起誓，决意平定敌寇。

唐纪四十七

第二百三十一卷

德宗神武圣文皇帝六兴元元年（甲子，784）

庚寅，李晟大陈兵，谕以收复京城。先是，姚令言等屡遣谍人觇晟进军之期，皆为逻骑所获。晟引示以所陈兵，谓曰：“归语诸贼：努力固守，勿不忠于贼也！”皆饮之酒，给钱而纵之。遂引兵至通化门外，曜武而还，贼不敢出。晟召诸将，问兵所从入，皆请“先取外城，据坊市，然后北攻宫阙”。晟曰：“坊市狭隘，贼若伏兵格斗，居人惊乱，非官军之利也。今贼重兵皆聚苑中，不若自苑北攻之，溃其腹心，贼必奔亡。如此，则宫阙不残，坊市无扰，策之上者也！”诸将皆曰：“善！”乃牒浑瑊及镇国节度使骆元光、商州节度使尚可孤，刻期集于城下。

壬辰，尚可孤败泚将仇敬忠于蓝田西，斩之。乙未，李晟移军于光泰门外米仓村。丙申，晟方自临筑垒，泚骁将张庭芝、李希倩引兵大至，晟谓诸将曰：“始吾忧贼潜匿不出，今来送死，此天赞我，不可失也！”命副元帅兵马使吴诜等纵兵击之。时华州营在北，兵少，贼并力攻之，晟命牙前将李演等帅精兵救之。演等力战，贼败走；演等追之，乘胜入光泰门；再战，又破之。会夜，晟敛兵还。贼余众走入白华门，夜，闻恸哭。希倩，希烈之弟也。

丁酉，晟复出兵，诸将请待西师至夹攻之。晟曰：“贼数败，已破胆，不乘胜取之，使其成备，非计也。”贼又出战，官军屡捷；骆元光败泚众于浐西。戊戌，晟陈兵于光泰门外，使李演及牙前兵马使王佖将骑兵，牙前将史万顷将步兵，直抵苑墙神麚村。晟先使人夜开苑墙二百余步，比演等至，贼已树栅塞之，自栅中刺射官军，官军不得进。晟怒，叱诸将曰：“纵贼如此，吾先斩公辈矣！”万顷惧，帅众先进，拔栅而入，佖、演引骑兵继之，贼众大溃，诸军分道并入。姚令言等犹力战，晟命决胜军使唐良臣等步骑蹙之，且战且前，凡十余合，贼不能支。至白华门，有贼数千骑出官军之背，晟帅百余骑回御之，左右呼曰："相公来！"贼皆惊溃。

先是，泚遣张光晟将兵五千屯九曲，去东渭桥十余里，光晟密输款于晟。及泚败，光晟劝泚出亡，泚乃与姚令言帅余众西走，犹近万人。光晟送泚出城，还，降于晟。晟遣兵马使田子奇以骑兵追泚。晟屯含元殿前，舍于右金吾仗，令诸军曰："晟赖将士之力，克清宫禁。长安士庶，久陷贼庭，若小有震惊，非吊民伐罪之意。晟与公等室家相见非晚，五日内无得通家信。"命京兆尹李齐运等安慰居人。晟大将高明曜取贼妓，尚可孤军士擅取贼马，晟皆斩之，军中股栗。公私安堵，秋毫无犯，远坊有经宿乃知官军入城者。

唐德宗兴元元年（甲子，公元784年）

庚寅（五月二十日），李晟将兵马布成巨大的阵列，向将士宣布前去收复京城。在此之前，姚令言等人屡次派遣探子前来刺探李晟进军的日期，但都被巡逻的骑兵俘虏了。这时，李晟领着这些俘虏，让他们观看自己布成阵列的兵马，对他们说："你们回去告诉每一个贼兵贼将，让他们卖力气地坚决防守吧，可不要不忠于朱泚老贼！"李晟让他们都喝了酒，给了一些钱，便将他们放了回去。李晟于是领兵来到通化门外，将武力显示了一番才又回去，敌军不敢出城。李晟召集各位将领，询问军队攻打入城的路线，将领们都主张先夺取外廓城，占领坊市，然后向北攻打宫苑。李晟说："坊市狭窄，倘若贼军在那里埋伏下兵马，与我军搏斗，居民惊惶散乱，对官军并没有好处。现在贼军的重兵都聚集在宫苑中，不如从宫苑北面进攻他们，使他们的核心先行崩溃，敌军肯定就会逃亡。这样做，宫苑不会残破，坊市不受骚扰，这才是上策呢！"各将领都说："好。"于是，李晟给浑瑊以及镇国节度使骆元光、商州节度使尚可孤送去文书，限定日期，在城下会集。

壬辰（二十二日），尚可孤在蓝田西面打败朱泚的将领仇敬忠，并诛杀了他。乙未（二十五日），李晟将军队调到光泰门外的米仓村。丙申（二十六日），李晟正在亲自指挥修筑营垒时，朱泚的骁将张庭芝、李希倩领兵卷地而来，李晟对各将领说："最初我还担心贼军躲藏着不肯出战，现在赶来送死，这是上天助我，良机决不可失！"李晟命令副元帅、兵马使吴诜等人放出兵马，进击敌军。当时，骆元光华州军的营垒在北面，兵马较少，敌军便合力攻打骆元光部，李晟命令牙前将领李演等人率领精锐兵马前去援救。李演等人奋力接战，贼军败走。李演等人追击敌军，乘胜进入光泰门，再次接战，又打败敌军。适逢夜幕降临，李晟收兵回营。敌军的残余人马逃入白华门，夜里可以听到极其悲痛的哭声。李希倩是李希烈的弟弟。

丁酉（二十七日），李晟再次出兵，各将领请求等待西面的浑瑊军赶到后夹攻敌军，李晟说："贼军屡次失败，已经吓破了胆，不乘胜攻取敌军，而使他们做好防备，这不是良策。"敌军又出战，官军屡屡获胜，骆元光又在浐水西面打败了朱泚军。戊戌（二十八日），李晟在光泰门外面摆开军阵，让李演以及牙前兵马使王佖带领骑兵，让牙前将领史万顷带领步兵，直接抵达宫苑墙边的神麚村。李晟事先让人在夜间凿开宫苑的垣墙宽二百余步，待到李演等人到来时，敌军已经竖起栅栏堵塞了宫苑垣墙的缺口，从栅栏里面刺杀、射击官军，官军不能前进。李晟愤怒地大声呵斥各将领说："你们放纵贼军到这般地步，我要先斩诸位了！"史万顷害怕，率领部众首先前进，拔除栅栏，冲了进去，王佖、李演带领骑兵相继而入，敌军纷纷逃散，各军分路一齐进入宫苑。姚令言等人仍然在奋力接战，李晟命令决胜军使唐良臣等人的步兵、骑兵迫近他们，一边接战，一边前进，经过十几个回合，敌军不能支持。来到白华门前时，敌军有骑兵数千人从官军背后出战，李晟率领骑兵一百余人回头抵御他们，李晟身边的人大声喊道："李相公来了！"敌军都惊惶地溃散了。

在此之前，朱泚派遣张光晟领兵五千人在九曲屯驻，该处距离东渭桥有十余里，张光晟暗中向李晟表示归顺。到朱泚战败时，张光晟劝说朱泚出城逃走，朱泚便与姚令言率领残余部众向西面逃跑，这时朱泚仍然有将近一万人。张光晟将朱泚送出城，又回到城中，归降了李晟。李晟派遣兵马使田子奇率领骑兵追击朱泚。李晟在含元殿前驻扎军队，在右金吾仗的房舍住下，他命令各军说："我依靠将士们的努力，得以肃清宫禁。长安的士子庶民，长期失陷在贼寇的统治之下，如果使他们稍微受到些震惊，就不是安抚人民、讨伐罪人的本意了。我与诸位同家里人相见的时候不会太晚了，但五天以内不能与家里人互通消息。"他命令京兆尹李齐运等安慰居民。李晟的大将高明曜占有了敌人的歌妓，尚可孤的将士擅自牵走了敌人的马匹，李晟将他们一概斩杀，军中将士的害怕得连大腿都发抖了。公私相安无事，官军对百姓没有丝毫侵犯，偏远的里坊，有的过了一夜以后才知道官军已经进了都城。

唐纪四十八

第二百三十二卷

德宗神武圣文皇帝七贞元三年（丁卯，787）

二月，壬戌，以检校左庶子崔浣充入吐蕃使。

三月，丁酉，以左庶子李铦充入吐蕃使。

初，吐蕃尚结赞得盐、夏州，各留千余人戍之，退屯鸣沙；自冬入春，羊马多死，粮运不继，又闻李晟克摧沙，马燧、浑瑊等各举兵临之，大惧，屡遣使求和，上未之许。乃遣使卑辞厚礼求和于马燧，且请修清水之盟而归侵地，使者相继于路。燧信其言，留屯石州，不复济河，为之请于朝。

李晟曰："戎狄无信，不如击之。"韩游瓌曰："吐蕃弱则求盟，强则入寇，今深入塞内而求盟，此必诈也！"韩滉曰："今两河无虞，若城原、鄯、洮、渭四州，使李晟、刘玄佐之徒将十万众戍之，河、湟二十余州可复也。其资粮之费，臣请主办。"上由是不听燧计，趣使进兵。燧请与吐蕃使论颊热俱入朝论之，会滉薨，燧、延赏皆与晟有隙，欲反其谋，争言和亲便。上亦恨回纥，欲与吐蕃和，共击之，得二人言，正会己意，计遂定。

延赏数言"晟不宜久典兵，请以郑云逵代之"。上曰："当令自择代者。"乃谓晟曰："朕以百姓之故，与吐蕃和亲决矣。大臣既与吐蕃有怨，不可复之凤翔，宜留朝廷，朝夕辅朕；自择一人可代凤翔者。"晟荐都虞候邢君牙。君牙，乐寿人也。丙午，以君牙为凤翔尹兼团练使。丁未，加晟太尉、中书令，勋、封如故；余悉罢之。

辛亥，马燧入朝。燧既来，诸军皆闭壁不战，尚结赞遽自鸣沙引归，其众乏马，多徒行者。

崔浣见尚结赞，责以负约。尚结赞曰："吐蕃破朱泚，未获赏，是以来，而诸州各城守，无由自达。盐、夏守将以城授我而遁，非我取之也。今明公来，欲践修旧好，固吐蕃之愿也。今吐蕃将相以下来者二十一人，浑侍中尝与之共事，知其忠信。灵州节度使杜希全、泾原节度使李观皆信厚闻于异域，请使之主盟。"

夏，四月，丙寅，浣至长安。辛未，以浣为鸿胪卿，复使入吐蕃语尚结赞曰："希全守灵，不可出境，李观已改官，今遣浑瑊盟于清水。"且令先归盐、夏二州。五月甲申，浑瑊自咸阳入朝，以为清水会盟使。戊子，以兵部尚书崔汉衡为副使，司封员外郎郑叔矩为判官，特进宋奉朝为都监。己丑，瑊将二万余人赴盟所。

乙巳，尚结赞遣其属论泣赞来言："清水非吉地，请盟于原州之土梨树；既盟而归盐、夏二州。"上皆许之。神策将马有麟奏："土梨树多阻险，恐吐蕃设伏兵，不如平凉川坦夷。"时论泣赞已还，丁未，遣使追告之。

浑瑊之发长安也，李晟深戒之以盟所为备不可不严。张延赏言于上曰："晟不欲盟好之成，故戒瑊以严备。我有疑彼之形，则彼亦疑我矣，盟何由成！"上乃召瑊，切戒以推诚待虏，勿自为猜贰以阻虏情。

瑊奏吐蕃决以辛未盟，延赏集百官，以瑊表称诏示之曰："李太尉谓吐蕃和好必不成，此浑侍中表也，盟日定矣。"晟闻之，泣谓所亲曰："吾生长西陲，备谙虏情，所以论奏，但耻朝廷为犬戎所侮耳！"

上始命骆元光屯潘原，韩游瓌屯洛口，以为瑊援。元光谓瑊曰："潘原距盟所且七十里，公有急，元光何从知之！请与公俱。"瑊以诏指固止之。元光不从，与瑊连营相次，距盟所三十余里。元光壕栅深固，瑊壕栅皆可逾也。元光伏兵于营西，韩游瓌亦遣五百骑伏于其侧，曰："若有变，则汝曹西趣柏泉以分其势。"

尚结赞与瑊约，各以甲士三千人列于坛之东西，常服者四百人从至坛下。辛未，将盟，尚结赞又请各遣游骑数十更相觇索，瑊皆许之。吐蕃伏精骑数万于坛西，游骑贯穿唐军，出入无禁；唐骑入虏军，悉为所擒，瑊等皆不知，入幕，易礼服。虏伐鼓三声，大噪而至，杀宋奉朝等于幕中。瑊自幕后出，偶得他马乘之，伏鬣入其衔，驰十余里，衔方及马口，故矢过其背而不伤。唐将卒皆东走，虏纵兵追击，或杀或擒之，死者数百人，擒者千余人，崔汉衡为虏骑所擒。浑瑊至其营，则将卒皆遁去，营空矣。骆元光发伏成陈以待之，虏追骑愕眙。瑊入元光营，追骑顾见邠宁军西驰，乃还。元光以辎重资瑊，与瑊收散卒，勒兵整陈而还。

是日上临朝，谓诸相曰："今日和戎息兵，社稷之福！"马燧曰："然。"柳浑曰："戎狄，豺狼也，非盟誓可结。今日之事，臣窃忧之！"李晟曰："诚如浑言。"上变色曰："柳浑书生，不知边计；大臣亦为此言邪！"皆伏地顿首谢，因罢朝。是夕，韩游瓌表言"虏劫盟者，兵临近镇"。上大惊，街递其表以示浑。明旦，谓浑曰："卿书生，乃能料敌如此其审乎！"上欲出幸以避吐蕃，大臣谏而止。

唐德宗贞元三年（丁卯，公元787年）

二月，壬戌（初七），德宗让检校左庶子崔浣充任入吐蕃使。

三月，丁酉（十三日），德宗让左庶子李铦充任入吐蕃使。

当初，吐蕃尚结赞在得到盐州、夏州后，各自留下一千余人戍守其地，自己退至鸣沙县屯驻。由冬天转入春天后，羊马多数死去，粮食运输供给不上，又听说李晟攻克摧沙堡，马燧、浑瑊等人各自起兵亲临鸣沙，尚结赞大为恐惧，屡次派遣使者请求和好，德宗没有答应他。于是尚结赞派遣使者以谦卑的辞令和丰厚的礼物向马燧求和，而且请求遵守清水会盟的约定，归还他们所侵夺的土地，派出的使者在道路上前后相继。马燧相信了尚结赞的说法，留在石州屯扎，不再渡过黄河，还替尚结赞向朝廷请求。

李晟说："吐蕃不讲信用，不如向他们发起进攻。"韩游瓌说："吐蕃衰弱的时候才请求会盟，强盛的时候便侵犯内地。现在，吐蕃深入到边界之内，反而请求盟会，这一定是在骗人！"韩滉说："如今两河一带没有祸患，假如在原州、鄯州、洮州、渭州四处筑城，让李晟、刘玄佐这些人带领十万人马戍守在那里，河湟地区的二十多个州是可以收复的。他们所需物资粮食的费用，请让我来主持办理。"因此，德宗没有听从马燧的意见，还敦促他进军。马燧请求与吐蕃使者论颊热一同入朝辩论和亲之事，适逢韩滉去世，马燧、张延赏都与李晟有嫌隙，打算反对李晟的谋略，便争着称道和亲有利。德宗也因心恨回纥，准备与吐蕃和好，以便共同进击回纥，听到马、张二人的主张，正符合自己的意愿，于是便拿定了主意。

张延赏屡次说："李晟不适合长期执掌军事，请让郑云逵代替他。"德宗说："应该让他自己选择替代他的人选。"于是德宗对李晟说："为了百姓，朕已经决定与吐蕃和亲了。既然你与吐蕃结有怨仇，就不能再到凤翔去了，最好是留在朝廷，时时辅佐朕。你自己选择一个可以替代你出任凤翔的人选吧。"李晟推荐都虞候邢君牙。邢君牙是乐寿人。丙午（二十二日），德宗任命邢君牙为凤翔尹兼团练使。丁未（二十三日），加封李晟为太尉、中书令，他的勋位、爵号仍然一如往昔，对封拜给他的其余官职，则一概免除了。

辛亥（二十七日），马燧入京朝见。马燧来到朝廷以后，各军都关闭营门，不再出战。尚结赞急忙从鸣沙带领军队退回，他的军队缺少马匹，有许多人只好徒步而行。

崔浣见到尚结赞，责备他背弃盟约。尚结赞说："吐蕃打败朱泚，没有得到赏赐，所以便前来了，然而诸州各自据城防守，还是无法传达我们的要求。盐州、夏州的守城将领把城池交给我们以后便逃走了，这可不是我们攻取下来的。现在您来了，打算履行前言，重新恢复原来的盟好，这正是吐蕃的愿望啊。如今吐蕃将相以下官员前来的有二十一人，浑侍中曾经与他们一起讨伐朱泚，知道他们是讲究忠信的。灵州节度使杜希全、泾原节度使李观信义用事，厚道待人，都闻名于异国，请让他们主持会盟吧。"

夏季，四月，丙寅（十二日），崔浣来到长安。辛未（十七日），德宗任命崔浣为鸿胪卿，让他再次前往吐蕃对尚结赞说："杜希全防守灵州，不能够离开本州疆境，李观已经改任官职。现在派遣浑瑊到清水会盟。"并且让吐蕃先归还盐州、夏州两地。五月，甲申（初一），浑瑊从咸阳入京朝见，德宗任命他为清水会盟使。戊子（初五），德宗任命兵部尚书崔汉衡为清水会盟副使，司封员外郎郑叔矩为判官，特进宋奉朝为都监。己丑（初六），浑瑊带领二万余人前往会盟地点。

乙巳（二十二日），尚结赞派遣他的下属论泣赞前来说："清水不是吉祥的地方，请在原州的土梨树会盟。会盟以后，便归还盐、夏二州。"德宗一概答应下来。神策军将领马有麟上奏说："土梨树多半是险阻之地，恐怕吐蕃会设下埋伏的兵马，不如在平凉川会盟，那里地势平坦。"当时，论泣赞已经回去，丁未（二十四日），德宗派遣使者追赶论泣赞，告诉他这一决定。

浑瑊从长安出发时，李晟深切地告诫他在会盟地点的防备不可不严密。张延赏对德宗说："李晟不希望会盟交好获得成功，所以他才告诫浑瑊严加防备。我们有了怀疑吐蕃的形迹，吐蕃就也要怀疑我们了，会盟还怎么能够成功呢？"于是德宗传召浑瑊，极力告诫他对待吐蕃要有诚意，不要自怀疑忌而拒绝了吐蕃的真情。

浑瑊上奏，吐蕃决定在辛未（闰五月十九日）这一天会盟。张延赏招集百官，把浑瑊的表章拿给大家看，他说："李太尉认为与吐蕃和好必定不能成功，这就是浑侍中的表章，会盟的日期已经确定了。"李晟听说此事后，哭泣着对亲近的人说："我生长在西部边疆，完全熟悉吐蕃的情况，我上奏论说此事的本意，只是不愿意让朝廷遭受吐蕃的侮辱罢了！”

一开始，德宗命令骆元光驻扎在潘原，韩游瓌驻扎在洛口，以此来应援浑瑊。骆元光对浑瑊说：“潘原距离会盟地点将近七十里，倘若你发生了紧急情况，我哪里能够得到你的消息呢！请让我与你一同前往吧。”浑瑊根据诏书的意旨坚决阻止了他。骆元光不肯听命，与浑瑊的营地连接着驻扎下来，距离会盟地点有三十多里。骆元光的壕堑挖得很深，栅栏扎得很牢固，浑瑊的壕堑和栅栏却完全可以轻易跳过去。骆元光在营地西边设下伏兵。韩游瓌也派遣骑兵五百人，在骆元光的旁边埋伏下来，他说：“如果发生变故，你们这班人便向西直奔柏泉，以便分散吐蕃的声势。”

尚结赞与浑瑊约定，双方各自派出身着铠甲的将士三千人，排列在坛场的东西两侧，再派出身着平时服装的将士四百人随着来到坛场下面。辛未（十九日），将要会盟时，尚结赞又要求双方各自派出流动巡逻的骑兵数十人，互相检查对方的行动，浑瑊完全答应了他的要求。吐蕃将精锐的骑兵数万人埋伏在坛场西边，流动巡逻的骑兵在唐朝军队中穿来穿去，进进出出，不受禁止。唐朝的骑兵进入吐蕃军后，全部被吐蕃擒获。浑瑊等人一概没有觉察，走入帐幕，去换礼服。吐蕃擂鼓三通，大声呼喊着赶上前来，在帐幕中杀掉了宋奉朝等人。浑瑊从帐幕后边逃出来，偶然得到一匹别人的马骑了上去，伏在马背上，往马口中戴嚼子，奔驰了十余里地，嚼子才戴到马口上，所以乱箭从他背上掠过去，但他并没有受伤。唐朝的将士都向东逃跑，吐蕃放纵士兵追击，将唐军杀的杀，捉的捉，总计被杀的有数百人，被捉的有一千余人，崔汉衡也被吐蕃骑兵擒获了。浑瑊赶到他的营地时，将士们都已逃跑，营中已空了。骆元光发动伏兵，结成阵列，等待着他，吐蕃追赶而来的骑兵只好瞠目而视。浑瑊进入骆元光的营地，吐蕃追击的骑兵回头看见邠宁军向西奔驰而去，于是回去了。骆元光以本军的辎重资助浑瑊，与浑瑊一起招集逃散的士兵，统率着军队，整顿好阵列，也向回开去。

就在这一天，德宗上朝，对各位宰相说：“今天与吐蕃讲和，停止战争，这是国家的福气啊！”马燧说：“对呀。”柳浑说：“吐蕃豺狼成性，不是会盟立誓便可以约束得住的。今天的事情，我私下里总在为它担心！”李晟说：“正如柳浑所说的那样。”德宗脸色一变，说：“柳浑是一个书生，不晓得边疆大计。你也说这种话吗？”大家都伏地叩头谢罪，于是便结束了朝会。当天傍晚，韩游瓌上表说：“吐蕃劫持了会盟的人，他们的兵马已经来到临近的州镇。”德宗大为震惊，让街使将韩游瓌的表章传示柳浑。第二天早晨，德宗对柳浑说：“你是一个书生，预料敌情竟然能够这般确切啊！”德宗准备出走，以躲避吐蕃人，大臣们规劝他打消了念头。

唐纪四十九

第二百三十三卷

德宗神武圣文皇帝八贞元三年（丁卯，787）

回纥合骨咄禄可汗屡求和亲，且请昏；上未之许。会边将告乏马，无以给之，李泌言于上曰："陛下诚用臣策，数年之后，马贱于今十倍矣！"上曰："何故？"对曰："愿陛下推至公之心，屈己徇人，为社稷大计，臣乃敢言。"上曰："卿何自疑若是！"对曰："臣愿陛下北和回纥，南通云南，西结大食、天竺，如此，则吐蕃自困，马亦易致矣。"上曰："三国当如卿言，至于回纥则不可！"泌曰："臣固知陛下如此，所以不敢早言。为今之计，当以回纥为先，三国差缓耳。"上曰："唯回纥卿勿言。"泌曰："臣备位宰相，事有可否在陛下，何至不许臣言！"上曰："朕于卿言皆听之矣，至于回纥，宜待子孙；于朕之时，则固不可！"泌曰："岂非以陕州之耻邪！"上曰："然。韦少华等以朕之故受辱而死，朕岂能忘之！属国家多难，未暇报之，和则决不可。卿勿更言！"泌曰："害少华者乃牟羽可汗，陛下即位，举兵入寇，未出其境，今合骨咄禄可汗杀之。然则今可汗乃有功于陛下，宜受封赏，又何怨邪！其后张光晟杀突董等九百余人，合骨咄禄竟不敢杀朝廷使者，然则合骨咄禄固无罪矣。"上曰："卿以和回纥为是，则朕固非邪？"对曰："臣为社稷而言，若苟合取容，何以见肃宗、代宗于天上！"上曰："容朕徐思之。"自是泌凡十五余对，未尝不论回纥事，上终不许。泌曰："陛下既不许回纥和亲，愿赐臣骸骨。"上曰："朕非拒谏，但欲与卿较理耳，何至遽欲去朕邪！"对曰："陛下许臣言理，此固天下之福也。"上曰："朕不惜屈己与之和，但不能负少华辈。"对曰："以臣观之，少华辈负陛下，非陛下负之也。"上曰："何故？"对曰："昔回纥叶护将兵助讨安庆绪，肃宗但令臣宴劳之于元帅府，先帝未尝见也。叶护固邀臣至其营，肃宗犹不许。及大军将发，先帝始与相见。所以然者，彼戎狄豺狼也，举兵入中国之腹，不得不过为之防也。陛下在陕，富于春秋，少华辈不能深虑，以万乘元子径造其营，又不先与之议相见之仪，使彼得肆其桀骜，岂非少华辈负陛下邪？死不足偿责矣。且香积之捷，叶护欲引兵入长安，先帝亲拜之于马前以止之，叶护遂不敢入城。当时观者十万余人，皆叹息曰：‘广平王真华、夷主也！’然则先帝所屈者少，所伸者多矣。叶护乃牟羽之叔父也。牟羽身为可汗，举全国之兵赴中原之难，故其志气骄矜，敢责礼于陛下；陛下天资神武，不为之屈。当是之时，臣不敢言其他，若可汗留陛下于营中，欢饮十日，天下岂得不寒心哉！而天威所临，豺狼驯扰，可汗母捧陛下于貂裘，叱退左右，亲送陛下乘马而归。陛下以香积之事观之，则屈己为是乎？不屈为是乎？陛下屈于牟羽乎？牟羽屈于陛下乎？”上谓李晟、马燧曰：“故旧不宜相逢。朕素怨回纥，今闻泌言香积之事，朕自觉少理。卿二人以为何如？”对曰：“果如泌所言，则回纥似可恕。”上曰：“卿二人复不与朕，朕当奈何！”泌曰：“臣以为回纥不足怨，向来宰相乃可怨耳。今回纥可汗杀牟羽，其国人有再复京城之勋，夫何罪乎！吐蕃幸国之灾，陷河、陇数千里之地，又引兵入京城，使先帝蒙尘于陕，此乃必报之仇，况其赞普尚存，宰相不为陛下别白言此，乃欲和吐蕃以攻回纥，此为可怨耳。”上曰：“朕与之为怨已久，又闻吐蕃劫盟，今往与之和，得无复拒我，为夷狄之笑乎？”对曰：“不然。臣曩在彭原，今可汗为胡禄都督，与今国相白婆帝皆从叶护而来，臣待之颇亲厚，故闻臣为相而求和，安有复相拒乎！臣今请以书与之约：称臣，为陛下子，每使来不过二百人，印马不过千匹，无得携中国人及商胡出塞。五者皆能如约，则主上必许和亲。如此，威加北荒，旁詟吐蕃，足以快陛下平昔之心矣。”上曰：“自至德以来，与为兄弟之国，今一旦欲臣之，彼安肯和乎？”对曰：“彼思与中国和亲久矣，其可汗、国相素信臣言，若其未谐，但应再发一书耳。”上从之。

既而回纥可汗遣使上表称儿及臣，凡泌所与约五事，一皆听命。上大喜，谓泌曰：“回纥何畏服卿如此！”对曰：“此乃陛下威灵，臣何力焉！”上曰：“回纥则既和矣，所以招云南、大食、天竺奈何？”对曰：“回纥和，则吐蕃已不敢轻犯塞矣。次招云南，则是断吐蕃之右臂也。云南自汉以来臣属中国，杨国忠无故扰之使叛，臣于吐蕃，苦于吐蕃赋役重，未尝一日不思复为唐臣也。大食在西域为最强，自葱岭尽西海，地几半天下，与天竺皆慕中国，代与吐蕃为仇，臣故知其可招也。”

癸亥，遣回纥使者合阙将军归，许以咸安公主妻可汗，归其马价绢五万匹。

唐德宗贞元三年(丁卯,公元787年)

回纥合骨咄禄可汗屡次谋求通好,而且请求通婚,德宗没有应允。适逢边疆的将领报告缺少马匹,朝廷拨不出马匹来供给他们,李泌便对德宗说:“陛下果真能够采用我的策略,几年以后,马匹的价格便只是现在的十分之一了!”德宗说:“这是怎么回事呢?”李泌回答说:“希望陛下能够用极为公正的态度对待此事,委屈自己,顺从别人,为国家的重大谋略着想,我才敢说出来。”德宗说:“你怎么如此疑虑!”李泌回答说:“我希望陛下在北面与回纥和好,在南面与云南交往,在西面与大食和天竺结交。如果能够做到这些,吐蕃便会自然困难起来,马匹也容易得到了。”德宗说:“对于云南、大食、天竺三国,就按你说的办吧,至于回纥,那是不行的!”李泌说:“我本来就知道陛下是持此态度的,所以不敢及早说出来。为当前考虑,应当将回纥排在首位,其余三国还可以略微往后排些哩。”德宗说:“只有回纥你不要谈。”李泌说:“我占着宰相的职位,裁定事情的可行与不可行,取决于陛下,但是哪至于不允许我讲话呢!”德宗说:“对于你所说的话,朕都可以完全听从。至于回纥,最好等待朕的子孙去解决。在朕在位的时期,那是肯定不行!”李泌说:“莫不是由于陛下在陕州受到的耻辱吧!”德宗说:“是啊。韦少华等人由于朕的原故而蒙受羞辱而死,朕怎么会忘记那些事情?那时适值国家多难,没有余暇来报复他们,至于通好,那是断然不行的。你不用再说了!”李泌说:“残害韦少华的是牟羽可汗。陛下即位后,他发兵前来侵犯,还没有走出国境,现在的合骨咄禄可汗便将他杀了。这样说来,现在的可汗对陛下是有功劳的,应当受到封拜赏赐,又哪里有什么怨恨呢?此后,张光晟杀了突董等九百多人,合骨咄禄还是不敢诛杀朝廷的使者,这样说来,合骨咄禄当然是没有罪过的了。”德宗说:“你认为与回纥和好是对的,那朕当然是不对的了?”李泌回答说:“我是为国家讲这番话的。倘若我去迎合陛下,以求容身,让我以后怎么到天上去见肃宗和代宗呢?”德宗说:“让我慢慢想一想吧。”自此以后,李泌大约奏对了十五次以上,没有一次不谈论有关回纥的事情,但德宗始终不肯答应下来。李泌说:“既然陛下不肯答应与回纥和好,希望准许我退职。”德宗说:“不是朕不接受规劝,只是朕想与你分析其中道理罢了,你怎么至于马上就要离开朕呢?”李泌回答说:“陛下允许我讲清道理,这当然是国家的福气啊。”德宗说:“朕并不顾惜委屈自己去与回纥和好,但朕不能够辜负了韦少华这些人。”李泌回答说:“在我看来,是韦少华这些人辜负了陛下,而不是陛下辜负了他们啊。”德宗说:“为什么这样说呢?”李泌回答说:“过去,回纥叶护领兵帮助朝廷讨伐安庆绪时,肃宗只让我在元帅府设宴慰劳,先帝并不曾接见他们。

叶护坚持邀请我到他的营垒去，肃宗也不肯答应。及至大批的军队将要出发时，先帝才与他们见面。这样做的原因在于，回纥是戎狄，豺狼成性，他们发兵进入中原腹地，我们不能不特别小心防备他们。陛下在陕州时，还很年轻，韦少华这些人不能周密计虑，引着万乘之主的长子径直前往回纥营垒，而且事先没有与回纥议定相见的礼仪，致使他们得以肆意凶暴，这难道不是韦少华这些人辜负了陛下吗？就是他们死了，也是不能够偿清罪责的。而且，香积寺之战获胜时，叶护准备领兵开进长安，先帝亲自在他马前施礼来制止他，于是叶护便不敢开进长安城了。当时，看到这一情景的有十万多人，他们都叹息着说：‘广平王真是华夏与蛮夷的共主啊！’这样说来，先帝对回纥屈尊时较少，而有威严时却较多。叶护便是牟羽的叔父。牟羽身为可汗，率领着全国兵马奔赴中原的祸难，所以他的心志与气度是傲慢自负的，是敢于向陛下要求礼遇的，而陛下天赋的资质是神明威武的，并没有屈服于他。在那个时刻，我不敢说别的，若是牟羽可汗将陛下留在营中，欢饮十天好酒，天下百姓难道能不感到痛心吗？然而，陛下如天的威严所到之处，连豺狼也驯顺起来了，可汗的母亲向陛下双手献上貂皮衣服，喝退周围的人，并亲自送陛下乘马而归。陛下以香积寺的事情来看，说成委屈了陛下是对的呢，还是说成没有委屈陛下是对的呢？这是陛下向牟羽屈服了呢，还是牟羽向陛下屈服了呢？”德宗对李晟和马燧说：“故人最好别再见面。朕素来怨恨回纥，现在听李泌说了香积寺的事情，朕觉着自己少理，你们二人有什么看法？”二人回答说：“果真像李泌讲的那样，回纥似乎可以宽恕。”德宗说：“你们二人也不赞成朕的做法，朕应当怎么去做呢？”李泌说：“我认为没有足够的理由去怨恨回纥，近年以来的宰相才是应当怨恨的。如今回纥可汗诛杀了牟羽，而回纥人又立下两次收复京城的功勋，有什么罪过呢，而吐蕃庆幸我国发生灾祸，攻陷了河陇地区几千里地，还领兵进入京城，致使先帝流亡陕州，这才是一定要报的仇怨，何况当时的赞普尚且在位呢！宰相不向陛下将这件事情分辨明白，就准备与吐蕃和好，以便进攻回纥，这才是应当怨恨的啊。”德宗说：“朕与回纥结下的怨仇为时已久，他们又听说吐蕃在会盟时作乱，现在前往与他们通和，会不会被拒绝，惹来夷狄之人的耻笑呢？”李泌回答说：“不是这样。往日我在彭原时，现在的可汗当时担任胡禄都督，他与现在的国相白婆帝一起跟随叶护前来，我接待他们，颇为亲善优厚，所以他们听说我出任宰相，便向我们请求和好，怎么会再次拒绝我们呢！现在请让我写一封书信与他们约定，让可汗称臣，做陛下的儿子，每次前来的使者，随员不能超过二百人，互市的马匹不能超过一千匹，不允许携带汉人以及胡族商人到塞外去。如果回纥能够遵守这五条约定，那么，陛下就一定要答应与他们和好。这样，陛下的声威可以延展到北部荒远的地方，从侧面震慑吐蕃，这也足以使陛下平素的志向为之一快。”德宗说：“自从至德年间以来，我们与回纥两国结成兄弟关系，现在一下子打算让他们做臣属，他们怎么肯和好呢？”李泌回答说：“他们想与大唐和好已经有很长时间了。他们的可汗、国相素来相信我的话，如果一封信还不能把事情处理妥善的话，只需要再发一封书信就可以了。”德宗听从了李泌的建议。

不久，回纥可汗派遣使者上表自称儿臣，凡是李泌与他们约定的五件事情，全部听从命令。德宗非常高兴，他对李泌说：“怎么回纥这样畏惧并折服于你呢！”李泌回答说：“这是陛下的声威与福气所致，我有什么力量！”德宗说：“回纥已经通和了，又应当怎样招抚云南、大食和天竺呢？”李泌回答说：“与回纥和好了，吐蕃便已经不敢轻易侵犯边界了。接下来招抚云南，就是砍断吐蕃右边的臂膀。自汉朝以来，云南都是中国的臣属。杨国忠没缘由地搅扰他们，使他们背叛朝廷，臣服于吐蕃。他们被吐蕃的繁重赋役压迫得困苦不堪，没有一天不想再做唐朝的臣属啊！大食在西域各国中最为强盛，由葱岭起，直抵西海边，地域几乎占天下的一半。大食与天竺都仰慕中国，而又世代与吐蕃结下怨仇，所以我知道他们是可以招抚的。”

癸亥（九月十三日），德宗打发回纥使者合阙将军回国，答应将咸安公主嫁给可汗，以绢五万匹偿还他们马价。

唐纪五十一

第二百三十五卷

德宗神武圣文皇帝十贞元十年（甲戌，794）

裴延龄奏称官吏太多，自今缺员请且勿补，收其俸为实府库。上欲修神龙寺，须五十尺松，不可得，延龄曰："臣近见同州一谷，木数千株，皆可八十尺。"上曰："开元、天宝间求美材于近畿犹不可得，今安得有之？"对曰："天生珍材，固待圣君乃出，开元、天宝，何从得之！"

延龄奏："左藏库司多有失落，近因检阅使置簿书，乃于粪土之中得银十三万两，其匹段杂货百万有余。此皆已弃之物，即是羡余，悉应移入杂库以供别敕支用。"太府少卿韦少华不伏，抗表称："此皆每月申奏见在之物，请加推验。"执政请令三司详覆；上不许，亦不罪少华。延龄每奏对，恣为诡谲，皆众所不敢言亦未尝闻者，延龄处之不疑。上亦颇知其诞妄，但以其好诋毁人，冀闻外事，故亲厚之。

中书侍郎、同平章事陆贽以上知待之厚，事有不可，常力争之。所亲或规其太锐，贽曰："吾上不负天子，下不负所学，他无所恤。"裴延龄日短贽于上。赵憬之入相也，贽实引之，既而有憾于贽，密以贽所讥弹延龄事告延龄，故延龄益得以为计，上由是信延龄而不直贽。贽与憬约至上前极论延龄奸邪，上怒形于色，憬默而无言。壬戌，贽罢为太子宾客。

十一年（乙亥，795）

陆贽既罢相，裴延龄因谮京兆尹李充、卫尉卿张滂、前司农卿李铦党于贽。会旱，延龄奏言："贽等失势怨望，言于众曰：'天下旱，百姓且流亡，度支多欠诸军刍粮，军中人马无所食，其事奈何！'以动摇众心，其意非止欲中伤臣而已。"后数日，上猎苑中，适有神策军士诉云："度支不给马刍。"上意延龄言为信，遽还宫。夏，四月，壬戌，贬贽为忠州别驾，充为涪州长史，滂为汀州长史，铦为邵州长史。

十二年（丙子，796）

宣歙观察使刘赞卒。

初，上以奉天窘乏，故还宫以来，尤专意聚敛，藩镇多以进奉市恩，皆云"税外方圆"，亦云"用度羡余"，其实或割留常赋，或增敛百姓，或减刻吏禄，或贩鬻蔬果，往往私自入，所进才什一二。李兼在江西有月进，韦皋在西川有日进。其后常州刺史济源裴肃以进奉迁浙东观察使，刺史进奉自肃始。及刘赞卒，判官严绶掌留务，竭府库以进奉，征为刑部员外郎，幕僚进奉自绶始。绶，蜀人也。

十三年（丁丑，797）

十二月，徐州节度使张建封入朝。先是，宫中市外间物，令官吏主之，随给其直。比岁以宦者为使，谓之宫市，抑买人物，稍不如本估。其后不复行文书，置白望数百人于两市及要闹坊曲，阅人所卖物，但称宫市，则敛手付与，真伪不复可辩，无敢问所从来及论价之高下者，率用直百钱物买人直数千物，多以红紫染故衣、败缯，尺寸裂而给之，仍索进奉门户及脚价钱。人将物诣市，至有空手而归者，名为宫市，其实夺之。商贾有良货，皆深匿之；每敕使出，虽沽浆、卖饼者皆撤业闭门。尝有农夫以驴负柴，宦者称宫市取之，与绢数尺，又就索门户，仍邀驴送柴至内。农夫啼泣，以所得绢与之；不肯受，曰："须得尔驴。"农夫曰："我有父母妻子，待此然后食。今以柴与汝，不取直而归，汝尚不肯，我有死而已。"遂殴宦者。街吏擒以闻，诏黜宦者，赐农夫绢十匹。然宫市亦不为之改，谏官御史数谏，不听。建封入朝，具奏之，上颇嘉纳；以问户部侍郎判度支苏弁，弁希宦者意，对曰："京师游手万家，无土著生业，仰宫市取给。"上信之，故凡言宫市者皆不听。

唐德宗贞元十年（甲戌，公元 794 年）

裴延龄上奏声称官吏太多，从今以后，对于官吏中出现的缺员，请暂且不要补充，收取这部分薪俸，用来充实国家的库存。德宗打算修建神龙寺，需要五十尺长的松木，但无法找到，裴延龄说：“近来我在同州看到一处山谷，谷内有好几千棵树木，都是高八十尺的。”德宗说：“开元、天宝年间在京城周围寻找上好的木材尚且无法找到，现在怎么会有这么多的木材？”裴延龄回答说：“上天生出珍贵的木材，当然是等待圣明的君主出世时才会出现，开元、天宝期间，怎么能够得到这些呢！”

裴延龄上奏说：“左藏库执掌的物品损失遗落很多，近来由于检阅使去存放账簿，于是在垃圾中得到银子十三万两，成匹成段的布帛和零杂货物超过一百万。这都是已经丢弃的物品，也就成为额外的收入，应当全部搬到杂库去，好供给陛下另外颁敕支取使用。”太府少卿韦少华不承认这一说法，便上表直言声称：“这都是每月申报上奏的现存物品，请加以推究验查。”主持政务的长官请求命令三司详细审察，德宗没有答应，但也不责怪韦少华。每当裴延龄当面回答德宗提出的问题时，任意去说怪诞的事情，都是大家所不敢说也不曾听说过的，裴延龄却将这些事情说得无可怀疑。德宗也知道裴延龄是荒诞虚妄的，但由于他喜欢恶意诬蔑别人，德宗希望从他那里听到外间的事情，所以亲近厚待他。

中书侍郎、同平章事陆贽因德宗对待他情义深厚，因而凡有不同意的事情，经常竭力争议。有些与他亲近的人规劝他说，这样做过于显露锋芒，陆贽说：“只要我上不辜负天子，下不辜负平生的学问，别的事情就没有值得顾惜的了。”裴延龄天天在德宗面前指责陆贽的短处。赵憬出任宰相，实际在是陆贽引荐了他。不久，他对陆贽有不满意的地方，便暗中将陆贽抨击裴延龄的事情告诉了裴延龄，所以裴延龄愈发能够做好预谋。从此，德宗相信裴延龄而不再认为陆贽是对的了。陆贽与赵憬约好了到德宗面前极力论说裴延龄的邪恶，德宗的怒气在脸色上都表现出来了，而赵憬却沉默不语。壬戌（十二月二十三日），陆贽被罢免为太子宾客。

十一年（乙亥，公元795年）

陆贽被罢黜宰相职务以后，裴延龄接着又诬陷京兆尹李充、卫尉卿张滂、前司农卿李铦与陆贽结党。适逢天旱，裴延龄上奏说：“陆贽等人因失去权势而怨恨不满，他们对大家说：‘天下干旱，百姓将要流离散亡了。度支亏欠各军粮草很多，军中的人马没有吃的，这种事情将怎么办才好！’以此动摇大家的心意，他们的企图恐怕不限于中伤我一个人就算了事。”过了几天，德宗在禁苑中打猎，恰巧有神策军的将士申诉说：“度支不供给喂马的草料。”德宗猜测裴延龄的话是可信的，急忙回到宫中。夏季，四月，壬戌（二十五日），将陆贽贬为忠州别驾，李充贬为涪州长史，张滂贬为汀州长史，李铦贬为邵州长史。

十二年（丙子，公元796年）

宣歙观察使刘赞去世。

当初，德宗因在奉天时财政窘迫困乏，所以自从回到宫中以来，尤其注意搜刮财货。许多藩镇凭着进献贡物来换取德宗的恩宠，贡物都称作“税外方圆”，也称作“用度羡余”，实际上有的是从固定税收中分割出一部分留下来，有的来自对百姓增加征税的数额，有的来自削减官吏的俸禄，有的来自贩卖蔬菜瓜果，经常是藩镇官员中饱私囊，真正能够进献上去的只有十分之一二。李兼在江西每月都要进献贡物，韦皋在西川每天都要进献贡物。后来，常州刺史济源人裴肃凭着进献贡物被升任为浙东观察使，刺史进献贡物便是由裴肃开始的。及至刘赞去世，判官严绶掌管留后事务，竭尽库存来进献贡物，被征召为刑部员外郎，幕僚进贡物便是由严绶开始的。严绶是蜀地人。

十三年（丁丑，公元797年）

十二月，徐州节度使张建封入京朝见。在此之前，宫廷中购买外面的物品，命令官吏主持其事，随时付给购物的价钱。近年以来，任命宦官为使者，称作宫市，低价购买人们的物品，逐渐与本来的价值不相符合了。在此以后，不再行使文书，宦官在长安东、西两市以及地当要冲、繁华热闹的城坊曲巷安排了好几百个四处张望，白白取人物品的人，被称作“白望”。“白望”到处察看人们出卖的物品，只要自称是宫市，人们便只好把物品拱手交付给他们。人们不能够分辨他们身份的真假，也没有人敢询问他们的由来，讲论价钱的高低。他们一般是用价值一百钱的物品换取人们价值好几千钱的物品，经常将陈旧的衣服和变坏的丝帛染成红色、紫色，按照尺寸撕下来付给卖主，还要勒索所谓进奉门户钱和脚价钱。人们带着物品到市场上去，甚至有空着手回家的人。他们名义上叫作宫市，实际上却是向人夺取。商人如果有上好的货物，便都暗中隐藏起来。每当宫廷使者出来时，即使是卖汤水面饼的人家，也都停止营业，关闭门户。曾经有一个农夫，用驴驮着木柴来卖，宦官自称宫市，拿走他的木柴，给了他几尺绢，又就地索取进奉门户钱，还要求用驴将木柴送到内廷去。农夫哭了，把得到的绢又给了宦官，宦官不肯接受，说：“必须得到你的这头驴才行。”农夫说：“我家有父母、妻子、儿女，要靠它赚钱糊口。现在我把木柴给了你，不向你要钱就回去了，而你还是不肯放我，我也只有和你拼了！”于是农夫殴打了宦官，街使的属吏捉住他上报，德宗颁诏将宦官废免，赐给农夫十匹绢。然而，宫市并不因此而改变，谏官与御史们屡次规谏，德宗都不肯听从。张建封入朝以后，将宫市的事情条陈奏上，德宗很是嘉许他，也想采纳他的意见。德宗又就此事询问户部侍郎、判度支苏弁的意见，苏弁迎合宦官的意旨，便回答说：“京城中空手闲荡的人有万家之多，都没有一定的住所和职业，就靠着宫市获取供给。”德宗相信了他的话，所以对所有指责宫市的话，全听不进去了。

唐纪五十三

第二百三十七卷

宪宗昭文章武大圣至神孝皇帝上之上元和二年（丁亥，807）

夏、蜀既平，藩镇惕息，多求入朝。镇海节度使李锜亦不自安，求入朝；上许之，遣中使至京口慰抚，且劳其将士。锜虽署判官王澹为留后，实无行意，屡迁行期，澹与敕使数劝谕之；锜不悦，上表称疾，请至岁暮入朝。上以问宰相，武元衡曰："陛下初即政，锜求朝得朝，求止得止，可否在锜，将何以令四海！"上以为然，下诏征之。锜诈穷，遂谋反。

王澹既掌留务，于军府颇有制置，锜益不平，密谕亲兵使杀之。会颁冬服，锜严兵坐幄中，澹与敕使入谒，有军士数百噪于庭曰："王澹何人，擅主军务！"曳下，脔食之；大将赵琦出慰止，又脔食之；注刃于敕使之颈，诟詈，将杀之；锜阳惊，救之。

冬，十月，己未，诏征锜为左仆射，以御史大夫李元素为镇海节度使。庚申，锜表言军变，杀留后、大将。先是锜选腹心五人为所部五州镇将，姚志安处苏州，李深处常州，赵惟忠处湖州，丘自昌处杭州，高肃处睦州，各有兵数千，伺察刺史动静。至是，锜各使杀其刺史，遣牙将庾伯良将兵三千治石头。常州刺史颜防用客李云计，矫制称招讨副使，斩李深，传檄苏、杭、湖、睦，请同进讨。湖州刺史辛秘潜募乡闾子弟数百，夜袭赵惟忠营，斩之。苏州刺史李素为姚志安所败，生致于锜，具桎梏钉于船舷，未及京口，会锜败，得免。

乙丑，制削李锜官爵及属籍。以淮南节度使王锷统诸道兵为招讨处置使；征宣武、义宁、武昌兵并淮南、宣歙兵俱出宣州，江西兵出信州，浙东兵出杭州，以讨之。

李锜以宣州富饶，欲先取之，遣兵马使张子良、李奉仙、田少卿将兵三千袭之。三人知锜必败，与牙将裴行立同谋讨之。行立，锜之甥也，故悉知锜之密谋。三将营于城外，将发，召士卒谕之曰："仆射反逆，官军四集，常、湖二将继死，其势已蹙。今乃欲使吾辈远取宣城，吾辈何为随之族灭！岂若去逆效顺，转祸为福乎！"众悦，许诺，即夜，还趋城。行立举火鼓噪，应之于内，引兵趋牙门。锜闻子良等举兵，怒，闻行立应之，抚膺曰："吾何望矣！"跣走，匿楼下。亲将李钧引挽强三百趋山亭，欲战；行立伏兵邀斩之。锜举家皆哭，左右执锜，裹之以幕，缒于城下，械送京师。挽强、蕃落争自杀，尸相枕藉。癸酉，本军以闻。乙亥，群臣贺于紫宸殿。上愀然曰："朕之不德，致宇内数有干纪者，朕之愧也，何贺之为！"

十一月，甲申朔，锜至长安，上御兴安门，面诘之。对曰："臣初不反，张子良等教臣耳。"上曰："卿为元帅，子良等谋反，何不斩之，然后入朝？"锜无以对。乃并其子师回腰斩之。

有司籍锜家财输京师。翰林学士裴垍、李绛上言，以为："李锜僭侈，割剥六州之人以富其家，或枉杀其身而取其财。陛下闵百姓无告，故讨而诛之，今辇金帛以输上京，恐远近失望。愿以逆人资财赐浙西百姓，代今年租赋。"上嘉叹久之，即从其言。

唐宪宗元和二年（丁亥，公元807年）

夏州杨惠琳、蜀中刘辟被平定后，藩镇极为恐惧，多数请求入京朝见。镇海节度使李锜也感到不安，请求入京朝见，宪宗答应了他的请求，派遣中使前往京口抚慰他，而且慰劳他部下的将士们。李锜虽然委任判官王澹暂且担任留后，但实际并没有离开的打算，好几次拖延了启程的日期。王澹与宪宗派来的敕使屡次劝告他，李锜心中不快，上表声称身染疾病，请求延缓到年底再入京朝见。宪宗就此事征询宰相的意见，武元衡说："陛下刚刚执掌朝政大权，李锜要求朝见就得以朝见，要求中止朝见就得以中止朝见，由李锜决定去就，将来怎么就够对全国发号施令呢！"宪宗认为有理，便颁发诏书征召他前来。李锜计谋已穷，于是便策划造反。

王澹执掌留后事务后，对军府的建制颇有些改革，李锜愈发愤郁不满，便暗中谕示亲兵杀掉王澹。适逢发放冬季的服装，李锜全副武装地坐在帐幕中间，正当王澹与宪宗敕使进帐谒见时，有数百名将士在庭院中喧噪着说："王澹是什么人，竟敢擅自掌管军中事务！"于是，将士们将他拖了出来，割他的肉吃。大将赵琦出来劝慰阻止将士们，大家又割他的肉吃。将士们用兵器直指宪宗敕使的脖颈痛骂，准备将他杀掉，李锜佯装大惊，将他救了下来。

冬季，十月，己未（初五），宪宗颁诏征调李锜出任左仆射，任命御史大夫李元素为镇海节度使。庚申（初六），李锜上表宣称军队发生变故，杀害了留后与大将。在此之前，李锜选拔出五个亲信，担任他所管辖的五个州的镇守将领，姚志安在苏州，李深在常州，赵惟忠在湖州，丘自昌在杭州，高肃在睦州，各自拥有兵马数千人，伺察刺史的举动。至此，李锜让他们分别杀掉本州刺史，又派遣牙将庾伯良率领兵马三千人修整石头城。常州刺史颜防采用宾客李云的计策，假托制书已有任命，自称招讨副使，斩杀李深，向苏州、杭州、湖州、睦州传送檄文，请各州共同进军讨伐李锜。湖州刺史辛秘暗中募集乡里子弟数百人，在夜间袭击赵惟忠的营地，并将赵惟忠斩杀。苏州刺史李素被姚志安击败，姚志安将李素交送李锜，给李素带上脚镣手铐，再将脚镣手铐钉死在船舷上，但是在没有到达京口以前，赶上李锜失败，李素得以幸免。

乙丑（十一日），宪宗颁布制书，命令革除李锜的官职爵位，并在宗室名册中除名，命令淮南节度使王锷统领各道兵马，出任招讨处置使；征调宣武、义宁、武昌兵马，连同淮南、宣歙兵马一起由宣州进军，江西兵马由信州进军，浙东兵马由杭州进军，以便讨伐李锜。

李锜认为宣州富庶丰饶，准备首先夺取此地，便派遣兵马使张子良、李奉仙和田少卿带领兵马三千人袭击宣州。三人知道李锜肯定要失败，便与牙将裴行立共同策划讨伐李锜。裴行立是李锜的外甥，所以他完全了解李锜的机密策谋。三位将领在镇海军城外扎营，在准备出发时，把将士们召集起来，开导他们说：“李仆射谋反叛逆，官军已经从各地汇集起来，常州和湖州的李深与赵惟忠二位将领接连败死，李锜的形势已经窘迫。现在，李锜准备让我们这些人经长途攻取宣州，我们这些人为什么要跟着他而使自己整个家族遭受诛灭呢？何不脱离李锜，效力朝廷，将祸殃转变为福缘呢？”大家都很高兴，便应承下来了。就在当天夜晚，三位将领回军直奔镇海军城。裴行立点着火，播鼓呐喊，在镇海军城内响应，领兵真奔军府牙门。李锜得知张子良等人起兵，大怒，得知裴行立接应他们后，捶着自己胸口说：“我还有什么希望呢！”他光着脚逃走，躲藏在一座楼下。李锜的亲信将领李钧率领能挽强弓的亲兵三百人直奔山亭，准备交战，裴行立埋伏的兵马截击并斩杀了他。李锜全家人都哭泣，李锜的随从们捉住李锜，用帐幕裹着他，用绳索将他缒到城下，给他带上枷锁，送往京城。李锜的能挽强弓的亲兵和由胡人、奚人等组成的番兵纷纷自杀，尸体纵横交陈。癸酉（十九日），镇海军将本军发生的事情上奏朝廷闻知。乙亥（二十一日），群臣在紫宸殿向宪宗祝贺，宪宗愁容满面地说：“由于朕不施恩德，国内屡次出现违犯法纪的人，朕惭愧得很啊，有什么值得祝贺的呢！”

十一月，甲申朔（初一），李锜被押送到长安，宪宗亲临兴安门，当面责问他。李锜回答说：“我起先并没有造反，是张子良等人教我这样做的。”宪宗说：“你身为主帅，既然张子良等人策划造反，你为什么不将他们杀了，然后再入京朝见？”李锜无法回答了，于是将他连同他的儿子李师回一并腰斩处死。

有关部门没收李锜家财，准备运到京城，翰林学士裴垍与李绛进言认为：“李锜过度奢侈，残酷掠夺润、睦、常、苏、湖、杭六州百姓，使自己家富有，甚至滥杀无辜，从中夺取资财。陛下怜悯百姓无处说理，所以征讨并诛杀了他，现在要将没收的金银丝帛装载成车，转运京城，恐怕会使各地的人们感到失望。希望将李锜的物资钱财颁赐给浙西的百姓，用以代替他们今年应交纳的赋税。”宪宗嘉许赞叹良久，随即听从了他们的建议。

唐纪五十五

第二百三十九卷

宪宗昭文章武大圣至神孝皇帝中之上元和九年（甲午，814）

闰月，丙辰，彰义节度使吴少阳薨。少阳在蔡州，阴聚亡命，牧养马骡，时抄掠寿州茶山以实其军。其子摄蔡州刺史元济，匿丧，以病闻，自领军务。

上自平蜀，即欲取淮西。淮南节度使李吉甫上言："少阳军中上下携离，请徙理寿州以经营之。"会朝廷方讨王承宗，未暇也。及吉甫入相，田弘正以魏博归附。吉甫以为汝州扞蔽东都，河阳宿兵，本以制魏博，今弘正归顺，则河阳为内镇，不应屯重兵以示猜阻。辛酉，以河阳节度使乌重胤为汝州刺史，充河阳、怀、汝节度使，徙理汝州。己巳，弘正检校右仆射，赐其军钱二十万缗，弘正曰："吾未若移河阳军之为喜也。"

吴少阳判官苏兆、杨元卿，大将侯惟清皆劝少阳入朝；元济恶之，杀兆，囚惟清。元卿先奏事在长安，具以淮西虚实及取元济之策告李吉甫，请讨之。时元济犹匿丧，元卿劝吉甫，凡蔡使入奏者，所在止之。少阳死近四十日，不为辍朝，但易环蔡诸镇将帅，益兵为备。元济杀元卿妻及四男以圬射堋。淮西宿将董重质，吴少诚之婿也，元济以为谋主。

李吉甫言于上曰："淮西非如河北，四无党援，国家常宿数十万兵以备之，劳费不可支也。失今不取，后难图矣。"上将讨之，张弘靖请先为少阳辍朝、赠官，遣使吊赠，待其有不顺之迹，然后加兵，上从之，遣工部员外郎李君何吊祭。元济不迎敕使，发兵四出，屠舞阳，焚叶，掠鲁山、襄城，关东震骇。君何不得入而还。

壬戌，以忠武节度副使李光颜为节度使。甲子，以严绶为申、光、蔡招抚使，督诸道兵招讨吴元济；乙丑，命内常侍知省事崔潭峻监其军。戊辰，以尚书左丞吕元膺为东都留守。

十年（乙未，815）

吴元济遣使求救于恒、郓；王承宗、李师道数上表请赦元济，上不从。是时发诸道兵讨元济而不及淄青，师道使大将将二千人趣寿春，声言助官军讨元济，实欲为元济之援也。

上自李吉甫薨，悉以用兵事委武元衡。李师道所养客说李师道曰："天子所以锐意诛蔡者，元衡赞之也，请密往刺之。元衡死，则他相不敢主其谋，争劝天子罢兵矣。"师道以为然，即资给遣之。

王承宗遣牙将尹少卿奏事，为吴元济游说。少卿至中书，辞指不逊，元衡叱出之；承宗又上书诋毁元衡。

六月，癸卯，天未明，元衡入朝，出所居靖安坊东门；有贼自暗中突出射之，从者皆散走，贼执元衡马行十余步而杀之，取其颅骨而去。又入通化坊击裴度，伤其首，坠沟中，度毡帽厚，得不死；傔人王义自后抱贼大呼，贼断义臂而去。京城大骇，于是诏宰相出入，加金吾骑士张弦露刃以卫之，所过坊门呵索甚严。朝士未晓不敢出门。上或御殿久之，班犹未齐。

裴度病疮，卧二旬，诏以卫兵宿其第，中使问讯不绝。或请罢度官以安恒、郓之心，上怒曰："若罢度官，是奸谋得成，朝廷无复纲纪。吾用度一人，足破二贼。"甲子，上召度入对。乙丑，以度为中书侍郎、同平章事。度上言："淮西，腹心之疾，不得不除；且朝廷业已讨之，两河藩镇跋扈者，将视此为高下，不可中止。"上以为然，悉以用兵事委度，讨贼甚急。初，德宗多猜忌，朝士有相过从者，金吾皆伺察以闻，宰相不敢私第见客。度奏："今寇盗未平，宰相宜招延四方贤才与参谋议。"始请于私第见客，许之。

唐宪宗元和九年（甲午，公元814年）

闰八月，丙辰（十二日），彰义节度使吴少阳去世。吴少阳任职蔡州，暗中聚合逃亡的罪犯，放养骡子、马匹，时常抢劫寿州茶山的财物来充实军需。他的儿子摄蔡州刺史吴元济，隐瞒了吴少阳的死讯，以吴少阳患病上报朝廷，由自己统领军中事务。

自从平定蜀中刘辟以来，宪宗就打算攻取淮西。淮南节度使李吉甫进言说："吴少阳军中将士对上面已有背叛之心，请将淮南的治所迁移到寿州去，以便让我来经略规划淮西。”适逢朝廷正在讨伐王承宗，没有余暇考虑他的建议。及至李吉甫担任宰相后，田弘正率领魏博归顺了朝廷，李吉甫认为：“东都有汝州护卫着，在河阳屯驻兵马，本来是为了控制魏博的。现在，田弘正归顺了朝廷，河阳便成了内地的军镇，不应该屯驻重兵，显示对魏博的猜疑。”辛酉（十七日），宪宗任命河阳节度使乌重胤为汝州刺史，充任河阳、怀、汝节度使，将治所迁移汝州。己巳（二十五日），加封田弘正检校右仆射，赐给魏博军钱二十万缗。田弘正说：“没有比迁移河阳军更使我高兴的啦。”

吴少阳的判官苏兆、杨元卿和大将侯惟清等人都曾劝说吴少阳入京朝见。吴元济憎恶他们，诛杀了苏兆，囚禁了侯惟清。事前，杨元卿在长安奏请事情，将淮西的情况和攻取吴元济的计策全部告诉了李吉甫，并请求讨伐吴元济。当时，吴元济仍然在隐瞒吴少阳的死讯，杨元卿劝说李吉甫，对入朝奏事的蔡州使者，各处均要阻止他们入朝。吴少阳死去将近四十天了，但朝廷并没有为他停止上朝表示哀悼，只是改换了围绕着蔡州的各军镇将帅，增调兵马，做好防备。吴元济杀掉杨元卿的妻子和四个儿子，用他们的血涂射箭的靶子。淮西老将董重质是吴少诚的女婿，吴元济便让他作为自己的主谋人。

李吉甫向宪宗进言说：“淮西与河北不同，四周是没有同伙援助的。国家经常屯驻数十万兵马，以便防备淮西，人力与财力都是难以支撑下去的。如果现在失去攻取吴少阳的时机，以后便难以图谋了。”宪宗准备讨伐淮西，张弘靖请求事先为吴少阳停止上朝表示哀悼，给他追赠官爵，派遣使者前去吊丧，赠送助丧的财物，等淮西出现了对朝廷不恭顺的行迹，再以兵力相加。宪宗听从了他的建议，派遣工部员外郎李君何前去吊唁祭奠。吴元济不肯迎接敕使，派出兵马，四面出击，屠杀舞阳县，火烧叶县，掳掠鲁山与襄城，关东震恐惊骇。李君何无法进入淮西，只好回朝。

壬戌（十月十九日），宪宗任命忠武节度副使李光颜为节度使。甲子（二十一日），宪宗任命严绶为申、光、蔡招抚使，督促各道兵马招抚讨伐吴元济。乙丑（二十二日），宪宗命令内常侍知省事崔潭峻担任严绶的监军。戊辰（二十五日），宪宗任命尚书左丞吕元膺为东都留守。

十年（乙未，公元815年）

吴元济派遣使者向恒州与郓州请求援救，王承宗和李师道屡次上表请求赦免吴元济，宪宗不肯听从。当时，朝廷征调各道兵马讨伐吴元济，还没有讨伐淄青，李师道便让大将率领二千人奔赴寿春，声称帮助官军讨伐吴元济，实际却是打算去援助吴元济。

自从李吉甫去世以后，宪宗将采取军事行动的事情全部交托给武元衡。李师道豢养的宾客规劝李师道说："天子专心一意地声讨蔡州的根由，在于有武元衡辅佐他，请让我秘密前去刺杀他。如果武元衡死了，其他宰相不敢主持讨伐蔡州的谋划，就会争着劝说天子停止用兵了。"李师道认为此言有理，当即发给盘资，打发他前去。

王承宗派遣牙将尹少卿奏报事情，为吴元济四处说情。尹少卿来到中书省时，言辞的意旨颇不谦恭，武元衡便将他呵斥出去。王承宗又上书恶意诬蔑武元衡。

六月，癸卯（初三），天色尚未大亮，武元衡前往朝廷，从他居住的靖安坊东门出来。突然，有一个贼人从暗地里出来用箭射他，随从人员纷纷逃散。贼人牵着武元衡的马匹走出十多步以后，将他杀死，砍下他的头颅，便离开了。贼人又进入通化坊，前去刺杀裴度，使他头部受伤，跌落在水沟中。由于裴度戴的毡帽很厚实，因而得以不死。随从王义从背后抱住贼人大声呼叫，贼人砍断他的胳臂，得以走脱。京城的人们都非常惊骇。于是，宪宗颁诏命令，宰相外出时，加派金吾骑士护卫。金吾骑士张满弓弦，亮出兵器，在需要经过的坊市门前喝呼搜索，很是严密。朝中百官在天未亮时不敢走出家门。有时皇上登殿，等了许久，朝班中的官员仍然不能到齐。

裴度创口不愈，卧病二十天，宪宗颁诏命令卫兵住在他的府第中，前去问候的中使接连不断。有人请求免除裴度的官职，以便使恒州王承宗、郓州李师道放下心来。宪宗生气地说："倘若免除裴度的官职，那就是邪恶的阴谋得逞了，朝廷不再有法度可言。我任用裴度一个人，就足够打败王承宗和李师道两个人。"甲子（二十四日），宪宗传召裴度入朝奏对。乙丑（二十五日），宪宗任命裴度为中书侍郎、同平章事。裴度进言说："淮西地区是腹心之患，不能不予根除。而且，朝廷已经讨伐淮西，河南、河北骄横强暴的藩镇，都打算比照此一战事，来决定对朝廷的态度。因此，讨伐吴元济是不能够半途而止的。"宪宗认为言之有理，便将采取军事行动的事务全部交托给裴度，对吴元济的讨伐甚为急切。当初，德宗往往猜疑嫌忌臣下，对于相互往来的朝中百官，金吾卫一概侦察情报，上报德宗，宰相也不敢在私人宅第中会见客人。裴度奏称："如今敌人还没有平定，宰相应当招揽延引各地德才兼备的人才参与谋划计议。"于是，他初次请求在私人宅第中会见宾客，宪宗答应了他的请求。

唐纪五十六

第二百四十卷

宪宗昭文章武大圣至神孝皇帝中之下元和十二年（丁酉，817）

李愬至唐州，军中承丧败之余，士卒皆惮战，愬知之，有出迓者，愬谓之曰："天子知愬柔懦，能忍耻，故使来拊循尔曹。至于战攻进取，非吾事也。"众信而安之。

愬亲行视士卒，伤病者存恤之，不事威严。或以军政不肃为言，愬曰："吾非不知也。袁尚书专以恩惠怀贼，贼易之，闻吾至，必增备，吾故示之以不肃。彼必以吾为懦而懈惰，然后可图也。"淮西人自以尝败高、袁二帅，轻愬名位素微，遂不为备。

李愬谋袭蔡州，表请益兵；诏以昭义、河中、鄜坊步骑二千给之。丁酉，愬遣十将马少良将十余骑巡逻，遇吴元济捉生虞候丁士良，与战，擒之。士良，元济骁将，常为东边患；众请刳其心，愬许之。既而召诘之，士良无惧色。愬曰："真丈夫也！"命释其缚。士良乃自言："本非淮西士，贞元中隶安州，与吴氏战，为其所擒，自分死矣，吴氏释我而用之，我因吴氏而再生，故为吴氏父子竭力。昨日力屈，复为公所擒，亦分死矣，今公又生之，请尽死以报德。"愬乃给其衣服器械，署为捉生将。

丁士良言于李愬曰："吴秀琳拥三千之众，据文城栅，为贼左臂，官军不敢近者，有陈光洽为之谋主也。光洽勇而轻，好自出战，请为公先擒光洽，则秀琳自降矣。"戊申，士良擒光洽以归。

吴秀琳以文城栅降于李愬。戊子，愬引兵至文城西五里，遣唐州刺史李进诚将甲士八千至城下，召秀琳，城中矢石如雨，众不得前。进诚还报："贼伪降，未可信也。"愬曰："此待我至耳。"即前至城下，秀琳束兵投身马足下；愬抚其背慰劳之，降其众三千人。秀琳将李宪有材勇，愬更其名曰忠义而用之，悉迁妇女于唐州。于是唐、邓军气复振，人有欲战之志。贼中降者相继于道，随其所便而置之；闻有父母者，给粟帛遣之，曰：“汝曹皆王人，勿弃亲戚。”众皆感泣。

丁丑，李愬遣方城镇遏使李荣宗击青喜城，拔之。

愬每得降卒，必亲引问委曲，由是贼中险易远近虚实尽知之。愬厚待吴秀琳，与之谋取蔡。秀琳曰：“公欲取蔡，非李祐不可，秀琳无能为也。”祐者，淮西骑将，有勇略，守兴桥栅，常陵暴官军。庚辰，祐率士卒刈麦于张柴村，愬召厢虞候史用诚，戒之曰：“尔以三百骑伏彼林中，又使人摇帜于前，若将焚其麦积者。祐素易官军，必轻骑来逐之。尔乃发骑掩之，必擒之。”用诚如言而往，生擒祐以归。将士以祐向日多杀官军，争请杀之；愬不许，释缚，待以客礼。

时愬欲袭蔡，而更密其谋，独召祐及李忠义屏人语，或至夜分，他人莫得预闻。诸将恐祐为变，多谏愬；愬待祐益厚。士卒亦不悦，诸军日有牒称祐为贼内应，且言得贼谍者具言其事。愬恐谤先达于上，已不及救，乃持祐泣曰：“岂天不欲平此贼邪！何吾二人相知之深而不能胜众口也。”因谓众曰：“诸君既以祐为疑，请令归死于天子。”乃械祐送京师，先密表其状，且曰：“若杀祐，则无以成功。”诏释之，以还愬。愬见之喜，执其手曰：“尔之得全，社稷之灵也！”乃署散兵马使，令佩刀巡警，出入帐中；或与之同宿，密语不寐达曙，有窃听于帐外者，但闻祐感泣声。时唐、随牙队三千人，号六院兵马，皆山南东道之精锐也。愬又以祐为六院兵马使。

吴元济见其下数叛，兵势日蹙，六月，壬戌，上表谢罪，愿束身自归。上遣中使赐诏，许以不死；而为左右及大将董重质所制，不得出。

诸军讨淮、蔡，四年不克，馈运疲弊，民至有以驴耕者。上亦病之，以问宰相。李逢吉等竞言师老财竭，意欲罢兵；裴度独无言，上问之，对曰：“臣请自往督战。”乙卯，上复谓度曰：“卿真能为朕行乎！”对曰：“臣誓不与此贼俱生。臣比观吴元济表，势实窘蹙，但诸将心不壹，不并力迫之，故未降耳。若臣自诣行营，诸将恐臣夺其功，必争进破贼矣。”上悦，丙戌，以度为门下侍郎、同平章事、兼彰义节度使，仍充淮西宣慰招讨处置使。又以户部侍郎崔群为中书侍郎、同平章事。制下，度以韩弘已为都统，不欲更为招讨，请但称宣慰处置使；仍奏刑部侍郎马总为宣慰副使，右庶子韩愈为彰义行军司马，判官、书记，皆朝廷之选，上皆从之。度将行，言于上曰：“臣若贼灭，则朝天有期；贼在，则归阙无日。”上为之流涕。

裴度过襄城南白草原，淮西人以骁骑七百邀之；镇将楚丘曹华知而为备，击却之。度虽辞招讨名，实行元帅事，以郾城为治所。甲申，至郾城。先是，诸道皆有中使监陈，进退不由主将，胜则先使献捷，不利则陵挫百端；度悉奏去之，诸将始得专军事，战多有功。

甲寅，李愬将攻吴房，诸将曰："今日往亡。"曰："吾兵少，不足战，宜出其不意。彼以往亡不吾虞，正可击也。"遂往，克其外城，斩首千余级。余众保子城，不敢出，愬引兵还以诱之，淮西将孙献忠果以骁骑五百追击其背；众惊，将走，愬下马据胡床，令曰："敢退者斩！"返旆力战，献忠死，淮西兵乃退。或劝愬乘胜攻其子城，可拔也。愬曰："非吾计也。"引兵还营。

李祐言于李愬曰："蔡之精兵皆在洄曲，及四境拒守，守州城者皆羸老之卒，可以乘虚直抵其城。比贼将闻之，元济已成擒矣。"愬然之。冬，十月，甲子，遣掌书记郑澥至郾城，密白裴度。度曰："兵非出奇不胜，常侍良图也。"

辛未，李愬命马步都虞候、随州刺史史旻留镇文城，命李祐、李忠义帅突将三千为前驱，自与监军将三千人为中军，命田进诚将三千人殿其后。军出，不知所之；愬曰："但东行！"行六十里，夜，至张柴村，尽杀其戍卒及烽子。据其栅，命士少休，食干糒，整羁靮，留义成军五百人镇之，以断洄曲及诸道桥梁，复夜引兵出门；诸将请所之，愬曰："入蔡州取吴元济！"诸将皆失色。监军哭曰："果落李祐奸计！"时大风雪，旌旗裂，人马冻死者相望。天阴黑，自张柴村以东道路，皆官军所未尝行，人人自以为必死；然畏愬，莫敢违。夜半，雪愈甚，行七十里，至州城；近城有鹅鸭池，愬令击之以混军声。

自吴少诚拒命，官军不至蔡州城下三十余年，故蔡人不为备。壬申，四鼓，愬至城下，无一人知者。李祐、李忠义镢其城，为坎以先登，壮士从之；守门卒方熟寐，尽杀之，而留击柝者，使击柝如故。遂开门纳众，及里城，亦然，城中皆不之觉。鸡鸣，雪止，愬入居元济外宅。或告元济曰："官军至矣！"元济尚寝，笑曰："俘囚为盗耳！晓当尽戮之。"又有告者曰："城陷矣！"元济曰："此必洄曲子弟就吾求寒衣也。"起，听于廷，闻愬军号令曰："常侍传语。"应者近万人。元济始惧，曰："何等常侍，能至于此！"乃帅左右登牙城拒战。

时董重质拥精兵万余人据洄曲。愬曰："元济所望者，重质之救耳！"乃访重质家，厚抚之，遣其子传道持书谕重质；重质遂单骑诣愬降。

愬遣李进诚攻牙城，毁其外门，得甲库，取器械。癸酉，复攻之，烧其南门，民争负薪刍助之，城上矢如猬毛。晡时，门坏，元济于城上请罪，进诚梯而下之。甲戌，愬以槛车送元济诣京师，且告于裴度。是日，申、光二州及诸镇兵二万余人相继来降。

自元济就擒，愬不戮一人，凡元济官吏、帐下、厨厩之卒，皆复其职，使之不疑，然后屯于鞠场以待裴度。

己卯，淮西行营奏获吴元济，光禄少卿杨元卿言于上曰："淮西大有珍宝，臣能知之，往取必得。"上曰："朕讨淮西，为人除害，珍宝非所求也。"

十一月，上御兴安门受俘，遂以吴元济献庙社，斩于独柳之下。

初，淮西之人劫于李希烈、吴少诚之威虐，不能自拔，久而老者衰，幼者壮，安于悖逆，不复知有朝廷矣。自少诚以来，遣诸将出兵，皆不束以法制，听各以便宜自战，故人人得尽其才。韩全义之败于溵水也，于其帐中得朝贵所与问讯书，少诚束以示众曰："此皆公卿属全义书，云破蔡州日，乞一将士妻女为婢妾。"由是众皆愤怒，以死为贼用；虽居中土，其风俗犷戾过于夷貊。故以三州之众，举天下之兵环而攻之，四年然后克之。

唐宪宗元和十二年（丁酉，公元817年）

李愬来到唐州。唐州的军队在经受死丧败亡后，将士们都害怕作战，李愬也知道这种状况。有些人出来迎接李愬，李愬便对他们说："天子知道我柔弱怯懦，能够忍受耻辱，因此让我来抚慰你们。至于采取军事行动，就不是我的事情了。"大家相信了他的话，都放心了。

李愬亲自去看望将士们，慰问抚恤受伤和生病的人，不摆威严的架子。有人进言说军中政事不够整肃，李愬说："我并不是不知道。袁尚书专门以恩惠安抚敌人，敌人轻视他。现在，敌人得知我来了，肯定要增设防备。我故意让敌人看到我军不够整肃，他们肯定以为我是懦弱而又懒惰的，此后才能够设法对付他们。"淮西人自认为曾经打败过高霞寓和袁滋两个主帅，因李愬的名望与官位素来卑微而轻视他，便不再做防备。

李愬策划袭击蔡州，上表请求增派兵力，宪宗颁诏将昭义、河中、鄜坊的步、骑兵两千人拨给了他。丁酉（二月初七），李愬派遣十将马少良率骑兵十余人巡回侦察，遇到吴元济的捉生虞候丁士良，与他交战，将他擒获。丁士良是吴元济骁勇善战的将领，经常危害东部的唐州、邓州等地。大家请求将丁士良的心剜出来，李愬答应下来。不久，李愬把丁士良叫来，当面责问他，丁士良没有一点恐惧的神色。李愬说："丁士良真是一位大丈夫！"他命令为丁士良松绑。于是，丁士良主动说："我原来不是淮西的官吏，贞元年间我隶属安州，与吴氏作战，被吴氏擒获，自忖就要被处死了，吴氏却释放并起用了我。我因为吴氏而得以再次存活下来，所以我为吴氏父子尽力效命。昨天我力不能支，又被您所擒获，我也料想这次可要被处死了，现在您又让我存活下来。请让我竭尽死力，报答您的恩德。”于是，李愬将衣服和器具又给了他，任命他为捉生将。

丁士良向李愬进言说：“吴秀琳拥有三千兵马，据有文城栅，此地犹如敌人的左臂。官军不敢靠近他的缘由，就在于有陈光洽做他的主谋。陈光洽勇敢善战，但是不够稳重，喜欢亲自出来接战，请让我替您首先捉住陈光洽，吴秀琳自然就会投降了。”戊申（十八日），丁士良捉获了陈光洽，带着他回来了。

吴秀琳率文城栅兵马向李愬投降。戊子（二十八日），李愬领兵来到文城西面五里处，派遣唐州刺史李进诚率领兵士八千人来到城下，召呼吴秀琳，城中箭石密集如雨，大家无法上前。李进诚回来报告说：“敌人是假装投降，是不能够相信的。”李愬说：“这是等候我前去哩。”李愬当即来到城下，吴秀琳收起兵器，一头伏在李愬的马前，李愬抚摩着他的脊背，好言安慰他，收降了吴秀琳的三千人马。吴秀琳的将领李宪既有才能，又很勇敢，李愬为他改名为李忠义，并且起用了他。李愬将文城各将领的女眷全部迁移到唐州。于是，唐州与邓州军中的士气又振作起来，人人都有准备打仗的决心。前来投降的敌军在道路上一个接着一个，李愬便根据他们的具体情况，一一做出安置。得知归降者家中有父母需要照料的，便发给粮食与布帛，打发他们回去，还说：“你们都是朝廷的百姓，不能丢下亲属不管。”大家都感动得哭起来。

丁丑（五月十八日），李愬派遣方城镇遏使李荣宗攻克青喜城。

每当李愬得到归降的士兵，一定要亲自领来询问淮西的底细，因此他对敌方的地形和兵力分布都了解清楚了。李愬优待吴秀琳，与他策划夺取蔡州。吴秀琳说：“如果您打算夺取蔡州，非有李祐不可，我是无能为力的。”李祐是淮西的骑兵将领，勇敢而有谋略，防守兴桥栅，经常侵凌欺辱官军。庚辰（二十一日），李祐率领士兵在张柴村收割麦子，李愬叫来厢虞候史用诚，告诫他说：“你带领骑兵三百人在那片树林中埋伏下来，再让人在前面摇动旗帜，做出将要焚烧他们的麦堆的样子。李祐平时小看官军，肯定会率领轻装的骑兵前来驱逐他们。这时，你便派骑兵袭取他，肯定能够将他擒获。”史用诚按照李愬的吩咐前往，活捉李祐而回。由于李祐往日杀害了许多官军，将士们争着请求将他杀掉。李愬不肯答应，给他松了绑，以宾客的礼节对待他。

当时，李愬准备掩袭蔡州，谋划更为隐秘。他单独叫来李祐和李忠义，摈退外人后才进行交谈，有时谈话一直延续到夜半，别人都不能够参与商议。各将领担心李祐制造变故，往往规劝李愬，而李愬对待李祐更为优厚。士兵们也不高兴，各军每天都有文书声称李祐是淮西的内应，而且说是听敌方奸细讲的。李愬担心诽谤事先传到朝廷，自己来不及搭救李祐，便握着李祐的手哭泣着说："难道是上天不愿意平定这伙贼人吗？为什么你我二人相互了解得如此深切，但就是不能够制服众人的议论呢？"因而，李愬对大家说："既然诸位怀疑李祐，请大家让他到天子那里接受死刑吧！"于是，李愬给李祐加上枷锁，将他送往京城，事先暗中上表讲清具体情况，而且说："如果杀了李祐，就无法取得成功。"宪宗颁诏释放李祐，将他还给李愬。李愬见到李祐时，高兴地握着李祐的手说："你得以保全，这是社稷的威灵有知啊！"李愬便任命李祐为散兵马使，让他带着佩刀，巡视警戒，在自己的帐中往来。有时，李愬与他一同就寝，秘密交谈，直到透出曙色也不入睡，有人在帐外暗中偷听，只能听到李祐感动的哭泣声。当时，唐州、随州节度使牙卫队三千人，号称六院兵马，都是山南东道精悍勇锐的军队，李愬又任命李祐为六院兵马使。

吴元济看到部下屡次背叛自己，军事形势日益紧迫，六月，壬戌（初四），他上表认罪，表示愿意亲自回朝投案。宪宗派遣中使向他颁赐诏书，答应可以免他一死。然而，吴元济被自己的亲信和大将董重质等人所控制，无法离开蔡州。

诸军讨伐淮西蔡州，历时四年，没有攻克，物资转运使人们疲惫不堪，以至于有些百姓只好用驴来耕种田地。宪宗也为此忧虑，便就此事询问宰相。李逢吉等人争着说军中士气低落，财物消耗已尽，意思是打算停止用兵。唯独裴度一言不发，宪宗征求他的意见，他回答说："我请求亲自前去督战。"乙卯（七月二十八日），宪宗又对裴度说："你果真能够为朕去走一遭吗？"裴度回答说："我发誓不与这些贼人一起生存。近日我看了吴元济的奏表，他面临的形势实在已经窘困紧迫，但是各将领心不齐，不能够合力紧逼他，所以他还没有降顺。如果我亲自前往行营，各将领唯恐我夺去他们的功劳，肯定争先进军破敌了。"宪宗大悦，丙戌，任命裴度为门下侍郎、同平章事，兼彰义节度使，还充任淮西宣慰招讨处置使，同时任命户部侍郎崔群为中书侍郎、同平章事。制书下达后，裴度因韩弘已经出任都统，不打算再担当招讨使，请求只称宣慰处置使。他还奏请由刑部侍郎马总担任宣慰副使，右庶子韩愈担任彰义行军司马，判官、书记等职，都由朝廷选派，宪宗全部依从了他。在将要启程时，裴度对宪宗说："倘若贼人覆灭了，我不久就会前来朝见陛下；倘若贼人尚在，我就不会回到朝廷中来。"宪宗听得此言，不禁流下了眼泪。

裴度经过襄城南面的白草原时，淮西军派出骁勇的骑兵七百人前来截击他。镇将楚丘人曹华事先得到消息，做好了准备，便将他们击退了。虽然裴度辞去了招讨的名称，实际上是行使元帅的职事，他选定郾城作为自己的官署。甲申（八月二十七日），裴度来到郾城。在此之前，诸道都有中使监督战阵，军队的行动不能由主将做主。打了胜仗，中使率先使人向朝廷报捷；作战失利了，中使便对将帅百般凌辱。裴度奏请将各处监督战阵的中使全部罢除，各将领这才得以专力办理军中事务，在作战中经常取胜。

甲寅（九月二十八日），李愬准备攻打吴房县。诸将领都说："今天是不利前往的往亡日啊。"李愬说："我们兵马为数较少，正面作战，兵力不够用，适于采取出其不意的行动。敌人因今天是往亡日便不会戒备我们，这正是可以进击的时候。"于是，李愬率军前往，攻克了吴房的外城，斩首一千余级。剩下来的吴房兵马防守内城，不敢出战。李愬率领兵马撤回，以便诱使吴房兵马出动，淮西将领孙献忠果然率领骁勇的骑兵五百人在背后追击。大家惊惶失措，准备逃走，李愬跳下马来，靠在胡床上，下达命令说："有胆敢退却的，一概斩杀！"大家回军尽力作战，孙献忠阵亡，淮西兵马这才撤退。有人劝说李愬乘胜攻打吴房的内城，认为是能够攻克的。李愬说："这不是我的计策。"于是，李愬率领兵马返回营地。

李祐向李愬进言说："蔡州的精锐兵马全都被派往洄曲及四周的边境上，在那里防御守备。防守蔡州城的兵力都是老弱残兵，可以乘蔡州空虚，直接抵达蔡州城。及至敌军将领得知消息时，吴元济已经就擒了。"李愬认为言之有理。冬季，十月，甲子（初八），李愬派遣掌书记郑澥前往郾城，秘密禀报裴度。裴度说："用兵打仗，不出奇兵，不能取胜，李常侍提出了一个很好的计划啊！"

辛未（十五日），李愬命令马步都虞候、随州刺史史旻留下来镇守文城，命令李祐与李忠义率领由敢死之士组成的突将三千人作为前导，自己与监军率领三千人作为中军，命令田进诚率领三千人居于军队的后部。军队出发以后，还不知道是往哪里开进。李愬说："只需向着东方行进！"军队走了六十里路，夜晚来到张柴村，将屯戍村中的淮西士兵和守候烽火的人员全部杀死，占领了敌军的栅垒。李愬命令将士稍作休息，吃些干饭，整顿马具，将义成军的五百人留下来镇守张柴村，以便截断洄曲与各条道路间的桥梁。李愬又连夜率领兵马出了张柴村的栅门，各位将领请示进军目标，李愬说："到蔡州去捉拿吴元济！"各位将领都大惊失色。监军哭着说："果然中了李祐的奸计了！"当时，风雪大作，旗帜破裂，冻死的战士与马匹到处可见。加之天色阴暗，由张柴村往东去的道路，都是官军从来没有走过的，人人都暗自以为肯定活不成了。但是，他们畏惧李愬，不敢违抗命令。到了半夜，雪下得更大了。官军走了七十里路，来到蔡州城下。靠近城边有一处喂养鹅鸭的池塘，李愬命令轰打鹅鸭，以便遮掩军队行走的声音。

自从吴少诚抗拒朝命，官军不到蔡州城下已经有三十多年，所以蔡州人没有防备。壬申（十六日），四更时，李愬来到蔡州城下，敌军无人知晓。李祐和李忠义用锄头在城墙上掘出坑坎，率先登城，强壮的士兵便跟在他们身后。看守蔡州城门的士兵正在熟睡，李祐等人将他们全部杀掉，只将巡夜打更的人留了下来，让他依然如故地去敲打木梆。于是，李祐等人打开城门，让大家进去。来到内城时，也是采用这种办法，城中的人们都没有发觉官军。鸡叫时，雪停，这时李愬已经进入吴元济的外宅。有人向吴元济报告说："官军到啦！"吴元济还在躺着，笑着说："不过是被俘的囚徒在做盗窃行径罢了！天亮后我会把他们都杀了。"又有前来报告的人说："州城陷落啦！"吴元济说："这肯定是洄曲的后生们到我这里来要求发放冬季服装的。"他站起身来，走到院子中向外聆听，听到李愬军在发布号令说："常侍传话。"响应号令的有将近一万人。吴元济这才害怕地说："这是个什么样的常侍，竟能够到此地来呢！"于是，吴元济率领亲信，登上牙城，抵御官军。

当时，董重质拥有精锐兵马一万多人，占据着洄曲。李愬说："吴元济盼望的事情，只是董重质前来援救而已！"于是，李愬寻找到董重质的家人，深深地抚慰他们，派遣他的儿子董传道带着书信前去规劝董重质，董重质便单人匹马前往李愬处投降。

李愬派遣李进诚攻打牙城，毁去牙城的外门，得到了兵甲仓库，取出了军用器具。癸酉（十七日），李进诚再次攻打牙城，火烧牙城的南门，百姓争着背来柴草帮助官军，射向城上的箭像刺猬毛一样密集。到了申时，城门毁坏了，吴元济在城上请罪，李进诚用梯子将他接了下来。甲戌（十八日），李愬用囚车将吴元济送往京城，并且向裴度做了报告。这一天，申、光二州以及各城镇军两万多人相继前来归降。

自从吴元济被擒获后，李愬没有杀戮任何一人。凡是吴元济的官吏及帐下、厨房、马厩的士兵，李愬一概恢复他们的职事，使他们没有疑虑。然后，李愬便在鞠球场上驻屯兵马，等候裴度前来。

己卯（二十三日），淮西行营奏称俘获了吴元济。光禄少卿杨元卿向宪宗进言说："淮西有许多珍宝，我知道它们，让我前去寻取，一定能够得到。"宪宗说："朕讨伐淮西，是为民除害，朕并不要在那里寻求珍宝啊！"

十一月，宪宗驾临兴安门，接受战俘，便以吴元济献祭宗庙社稷，将他在独柳下斩杀。

当初，淮西百姓遭受李希烈与吴少诚威压虐待，无法从中摆脱出来，时间久了，老一辈的人们衰弱下去，少一辈的人们强壮起来，他们在悖乱忤逆的环境中心安理得，不知道还有朝廷在上。从吴少诚以来，派遣诸将领外出打仗，一概不用法令制度约束他们，听任他们见机行事，各自为战，所以各将领得以人尽其才。韩全义在溵水战败时，淮西军在韩全义的营帐中得到朝廷权贵写给他的相互问候的书信，吴少诚将书信捆成一束，呈示在大家面前说："这些都是公卿们嘱托韩全义的书信，说是在打破蔡州时，要得到一位将士的妻子或女儿作为婢女姬妾。"因此，大家都心怀愤怒，誓死为叛军效力。虽然蔡州地居中原，但民间的风尚猛悍暴戾超过了异族。所以，吴元济凭着蔡、光、申三州人众作乱，朝廷发动全国的兵力将他包围起来，四面攻打，经过四年时间才将他制服。

唐纪五十九

第二百四十三卷

穆宗睿圣文惠孝皇帝下长庆三年（癸卯，823）

户部侍郎牛僧孺，素为上所厚。初，韩弘之子右骁卫将军公武为其父谋，以财结中外。及公武卒，弘继薨，稚孙绍宗嗣，主藏奴与吏讼于御史府。上怜之，尽取弘财簿自阅视，凡中外主权，多纳弘货，独朱名细字曰："某年月日，送户部牛侍郎钱千万，不纳。"上大喜，以示左右曰："果然，吾不缪知人！"三月，壬戌，以僧孺为中书侍郎、同平章事。

时僧孺与李德裕皆有入相之望；德裕出为浙西观察使，八年不迁，以为李逢吉排己，引僧孺为相。由是牛、李之怨愈深。

四年（甲辰，824）

庚午，上疾复作；壬申，大渐，命太子监国。宦官欲请郭太后临朝称制，太后曰："昔武后称制，几危社稷。我家世守忠义，非武氏之比也。太子虽少，但得贤宰相辅之，卿辈勿预朝政，何患国家不安！自古岂有女子为天下主而能致唐、虞之理乎！"取制书手裂之。太后兄太常卿钊闻有是议，密上笺曰："苟果徇其请，臣请先帅诸子纳官爵归田里。"太后泣曰："祖考之庆，钟于吾兄。"是夕，上崩于寝殿。癸酉，以李逢吉摄冢宰。丙子，敬宗即位于太极东序。

上视朝每晏，戊辰，日绝高尚未坐，百官班于紫宸门外，老病者几至僵踣。谏议大夫李渤白宰相曰："昨日疏论坐晚，今晨愈甚，请出阁待罪于金吾仗。"既坐班退，左拾遗刘栖楚独留，进言曰："宪宗及先帝皆长君，四方犹多叛乱。陛下富于春秋，嗣位之初，当宵衣求理；而嗜寝乐色，日晏方起，梓宫在殡，鼓吹日喧，令闻未彰，恶声遐布。臣恐福祚之不长，请碎首玉阶以谢谏职之旷。”遂以额叩龙墀，见血不已，响闻閤外。李逢吉宣曰：“刘栖楚休叩头，俟进止！”栖楚捧首而起，更论宦官事，上连挥令出。栖楚曰：“不用臣言，请继以死。”牛僧孺宣曰：“所奏知，门外俟进止！”栖楚乃出，待罪于金吾仗，于是宰相赞成其言。上命中使就仗，并李渤宣慰令归。寻擢栖楚为起居舍人，仍赐绯。栖楚辞疾不拜，归东都。

唐穆宗长庆三年（癸卯，公元 823 年）

户部侍郎牛僧孺向来被唐穆宗所器重。当初，宣武节度使韩弘的儿子、右骁卫将军韩公武为了巩固父亲的地位，向朝廷内外的许多当权的官员行贿。后来，韩公武去世。接着，韩弘也去世了，韩弘的小孙子韩绍宗继承家业。这时，韩绍宗家里主管储藏的家奴和宣武的官吏向御史台起诉韩公武行贿的问题。穆宗怜悯韩绍宗，于是，把韩弘家里的财产登记本全部调来，亲自审阅，发现朝廷内外凡当权的官员，大多接受过韩弘的贿赂。登记本上只有一处用红笔小字记载着：“某年某月某日，送户部牛侍郎钱一千万，拒而不收。”穆宗看后大喜，拿来给左右侍从看，并说：“果然不出我所料，我没有看错人！”三月，壬戌（初七），任命牛僧孺为中书侍郎、同平章事。

这时，牛僧孺和李德裕都有升迁宰相的希望，但李德裕被任命为浙西道观察使，以后八年没有升迁，他认为是宰相李逢吉为了排斥自己，而引荐牛僧孺为宰相。从此以后，牛僧孺和李德裕二人之间的怨恨越来越深。

四年（甲辰，公元 824 年）

庚午（正月二十日），唐穆宗疾病再次发作。壬申（二十二日），病重，命皇太子代理朝政。宦官想请郭太后临朝代行皇权，太后说：“过去，武皇后称帝，几乎危害江山社稷，我家世代恪守忠义，绝非武氏所能相比。太子虽然年轻，但如果能有德才兼备的宰相辅佐，你们这些人也都不干预朝政，就不用忧虑国家不安定！自古以来，岂有女人主宰天下，而能达到唐尧、虞舜那样的天下大治呢？”说完，把宦官拟定的制书拿过来撕了。郭太后的兄弟、太常卿郭钊听到宦官的建议，秘密上书给郭太后说：“如果您听从宦官的请求，那么，我就和儿子们把自己的官衔和爵位交还朝廷，然后回家种田。”郭太后哭着说：“祖先庆幸有我的兄弟这样的好后代。”当晚，穆宗在寝殿驾崩。癸酉（二十三日），朝廷任命李逢吉兼任冢宰，主持穆宗的治丧事宜。丙子（二十六日），唐敬宗李湛在太极殿东厢即位。

唐敬宗每次上朝都很晚，戊辰（三月十九日），太阳已经很高了还未来到，百官在紫宸门外列班等待，老弱有病者几乎双腿麻木跌倒。谏议大夫李渤对宰相说："昨天我上疏论皇上上朝太晚，不料今天早晨上朝更晚。皇上不改，请允许我在金吾仗前等候皇上治罪。"敬宗上朝结束，百官退朝后，左拾遗刘栖楚独自留下，对敬宗说："宪宗皇帝和先帝都是成年后即位，但各地仍多有叛乱。陛下年纪正轻，即位之初，应当早起晚睡，勤于政事，以求治理天下。但您却喜好音乐女色，贪睡晚起。现在，先皇帝的棺木还未下葬，治丧的乐队鼓吹声不绝于耳。而陛下勤政的名声尚未显扬，不孝的恶名却已遐迩闻知。我担心国家的命运难以长久，现在，我请求死在陛下面前，作为对我这个谏官失职罪责的惩罚。"说完，用前额叩撞敬宗前面的龙形台阶，流血不止，叩撞声连宫殿外面都能听见。李逢吉宣布敬宗的旨意说："刘栖楚不要再叩头了，现在听候皇上的决定！"刘栖楚用手捧头而起，接着，又上奏宦官专权的问题。敬宗很不耐烦，连连挥手令他出去。刘栖楚说："陛下如果不采纳我的意见，我请求接着死在陛下面前。"牛僧孺又宣布敬宗的旨意说："你的上奏已经知道了，请到门外听候皇上的决定！"刘栖楚于是出去，到金吾仗前等候。这时，宰相都上奏赞成刘栖楚的意见。于是，敬宗派宦官到金吾仗前安抚刘栖楚和李渤，命二人回家。不久，提拔刘栖楚为起居舍人，并赐予五品的红色官服。刘栖楚借口身体有病而不接受，回到东都去了。

唐纪六十

第二百四十四卷

文宗元圣昭献孝皇帝上之下太和六年（壬子，832）

丁未，以前西川节度使李德裕为兵部尚书。

初，李宗闵与德裕有隙，及德裕还自西川，上注意甚厚，朝夕且为相，宗闵百方沮之不能。京兆尹杜悰，宗闵党也，尝诣宗闵，见其有忧色，曰："得非以大戎乎？"宗闵曰："然。何以相救？"悰曰："悰有一策，可平宿憾，恐公不能用。"宗闵曰："何如？"悰曰："德裕有文学而不由科第，常用此为慊慊，若使之知举，必喜矣。"宗闵默然有间，曰："更思其次。"悰曰："不则用为御史大夫。"宗闵曰："此则可矣。"悰再三与约，乃诣德裕。德裕迎揖曰："公何为访此寂寥？"悰曰："靖安相公令悰达意。"即以大夫之命告之。德裕惊喜泣下，曰："此大门官，小子何足以当之！"寄谢重沓。宗闵复与给事中杨虞卿谋之，事遂中止。虞卿，汝士之从弟也。

七年（癸丑，833）

丙戌，以兵部尚书李德裕同平章事。德裕入谢，上与之论朋党事，对曰："方今朝士三分之一为朋党。"时给事中杨虞卿与从兄中书舍人汝士、弟户部郎中汉公、中书舍人张元夫、给事中萧浣等善交结，依附权要，上干执政，下挠有司，为士人求官及科第，无不如志，上闻而恶之，故与德裕言首及之；德裕因得以排其所不悦者。初，左散骑常侍张仲方尝驳李吉甫谥，及德裕为相，仲方称疾不出。三月，壬辰，以仲方为宾客分司。

前邠宁行军司马郑注，依倚王守澄，权势熏灼，上深恶之。九月，丙寅，侍御史李款阁内奏弹注："内通敕使，外连朝士，两地往来，卜射财贿，昼伏夜动，干窃化权，人不敢言，道路以目；请付法司。”旬日之间，章数十上。守澄匿注于右军，左军中尉韦元素，枢密使杨承和、王践言皆恶注。左军将李弘楚说元素曰：“郑注奸猾无双；卵不除，使成羽翼，必为国患。今因御史所劾匿军中，弘楚请以中尉意，诈为有疾，召使治之，来则中尉延与坐，弘楚侍侧，伺中尉举目，擒出杖杀之。中尉因见上叩头请罪，具言其奸，杨、王必助中尉进言。况中尉有翼戴之功，岂以除奸而获罪乎！”元素以为然，召之。注至，蠖屈鼠伏，佞辞泉涌；元素不觉执手款曲，谛听忘倦。弘楚诇伺再三，元素不顾，以金帛厚遗注而遣之。弘楚怒曰：“中尉失今日之断，必不免他日之祸矣！”因解军职去；顷之，疽发背卒。王涯之为相，注有力焉，且畏王守澄，遂寝李款之奏。守澄言注于上而释之；寻奏为侍御史，充右神策判官，朝野骇叹。

庚子，上始得风疾，不能言。于是王守澄荐昭义行军司马郑注善医；上征注至京师，饮其药，颇有验，遂有宠。

唐文宗太和六年（壬子，公元832年）

丁未（十二月），唐文宗任命前剑南西川节度使李德裕为兵部尚书。

当初，李宗闵和李德裕有矛盾。这时，李德裕从西川调来朝廷任职，文宗对他寄予很大希望，急于任命他为宰相，李宗闵千方百计阻止而未果。京兆尹杜悰是李宗闵的党羽，一次，往见李宗闵，发现他面有忧色，就问：“是不是忧虑兵部尚书李德裕即将被拜为宰相？”李宗闵说：“是，但又有什么办法能够阻止他呢？”杜悰说：“我有一计，可以消除您以往对他的仇恨，只是恐怕您不能采纳。”李宗闵说：“什么计策？”杜悰说：“德裕擅长文学，但没有经过科举考试而获得进士的出身，常常为此而感到不快。如果能让他掌管科举考试，他肯定会喜出望外。”李宗闵沉默了一会儿，说：“再考虑其他的办法吧。”杜悰说：“如果您不愿意让他掌管科举考试，那么，就任命他为御史大夫。”李宗闵说：“这条计策可以。”于是，杜悰再三和李宗闵约定，不得泄露消息，然后去见李德裕。李德裕作揖欢迎杜悰，说：“您为什么事情来到我这个被人遗忘的地方？”杜悰说：“靖安相公李宗闵让我来转达他关于安排您职位的意向。”随即把将要任命李德裕为御史大夫的意向透露给李德裕。李德裕听后惊喜不已，不由得流下泪来，说：“御史大夫是朝廷举行大礼时在宫门纠察百官班列的重要职务，作为晚辈，我怎敢担当！”连连请他转达对李宗闵的感谢。李宗闵又和给事中杨虞卿进行商议，结果停止了这项计划。杨虞卿是杨汝士的堂弟。

七年(癸丑，公元833年)

丙戌(二月二十八日)，唐文宗任命兵部尚书李德裕为同平章事。李德裕前来拜谢，文宗和他讨论朋党的问题，李德裕说：“现今朝廷中有三分之一的人都参与了朋党活动。”这时，给事中杨虞卿和他的堂兄中书舍人杨汝士、他弟弟户部郎中杨汉公、中书舍人张元夫、给事中萧浣等人相互交结，关系亲密。他们依附于朝廷中的权贵，在上层攀附宰相，在下层干扰有关部门，为读书人求取官职和科举考试中榜及第，无不达到目的。文宗得知后十分憎恨，所以和李德裕先说起这方面的事。此后，李德裕因此而得以排挤他所不喜欢的人。当初，左散骑常侍张仲方曾经驳斥过朝廷礼官给李德裕父亲李吉甫拟定的谥号太优，这时，李德裕被任命为宰相，张仲方于是借口身体有病，请假而不上朝。三月，壬辰(初五)，朝廷任命张仲方为太子宾客、分司东都。

前邠宁行军司马郑注依赖右神策军中尉王守澄，权势熏天，唐文宗十分憎恨他。九月，丙寅(十三日)，侍御史李款在紫宸殿弹劾郑注说：“郑注在宫中交结宦官，在南衙交结百官，两地往来奔走，收取贿赂，窥测动向，窃取大权，人们都敢怒而不敢言。请求朝廷批准把他交付御史台审查治罪。”在十多天的时间里，他接连几十次上书弹劾郑注。王守澄把郑注藏在右神策军中。左神策中尉韦元素，枢密使杨承和、王践言也都憎恨郑注。这时，左神策军将李弘楚劝韦元素说：“郑注阴险狡诈，举世无双。如果不趁他尚在卵翼的时候及时除去，等到羽毛丰满时，必定成为国家的心腹大患。现在，他被侍御史李款弹劾，躲藏在右神策军中。我请求让我以您的名义去见他，借口说您身体有病，请他前来诊断。来后您请他坐下来谈话，我站在旁边侍候，看到您用眼睛向我示意，我就把他抓出去杀掉。然后，您面见皇上，叩头请罪，把他以往的罪行一一向皇上汇报。届时，枢密使杨承和、王践言肯定会帮您说话。况且您对皇上有拥立的功劳，怎么会因为除去一个奸人而被怪罪？”韦元素认为很有道理，就派李弘楚去召唤郑注。郑注来后，对韦元素点头哈腰，毕恭毕敬，接着夸夸其谈，奸邪的言辞像泉水一样，源源不断。韦元素听得入了迷，不知不觉亲切地拉住他的手，聚精会神，不觉疲倦。李弘楚在旁边多次暗示韦元素应该动手，韦元素根本不理。随后，韦元素赠送郑注大批金银钱帛，送他回去。李弘楚大怒，说：“您失去今天诛杀他的机会，将来必然难免遭受他的陷害。”于是辞职而去，不久背部长疮去世。当初王涯升任宰相时，郑注曾在幕后为他活动。这时，王涯惧怕王守澄的权势，因而把李款弹劾郑注的奏章压下来，不在朝廷讨论。王守澄又在文宗的面前为郑注辩护，于是文宗赦免了郑注。不久，王守澄又奏请朝廷任命郑注为侍御史，充任右神策军判官。朝廷内外无不惊讶感叹。

庚子（十二月十八日），唐文宗中风后不能说话。王守澄向文宗推荐说，昭义行军司马郑注擅长医术。文宗召郑注来京城，吃了他开的药后很有效果。于是，郑注开始得到文宗的宠爱。

唐纪六十一

第二百四十五卷

文宗元圣昭献孝皇帝中太和九年（乙卯，835）

初，宋申锡获罪，宦官益横；上外虽包容，内不能堪。李训、郑注既得幸，揣知上意，训因进讲，数以微言动上。上见其才辨，意训可与谋大事；且以训、注皆因王守澄以进，冀宦官不之疑，遂密以诚告之。训、注遂以诛宦官为己任，二人相挟，朝夕计议，所言于上无不从，声势烜赫。注多在禁中，或时休沐，宾客填门，赂遗山积。外人但知训、注倚宦官擅作威福，不知其与上有密谋也。

上之立也，右领军将军兴宁仇士良有功；王守澄抑之，由是有隙。训、注为上谋，进擢士良以分守澄之权。五月，乙丑，以士良为左神策中尉，守澄不悦。

李训、郑注为上画太平之策，以为当先除宦官，次复河、湟，次清河北，开陈方略，如指诸掌。上以为信然，宠任日隆。

是时李训、郑注连逐三相，威震天下，于是平生丝恩发怨无不报者。

时注与李训所恶朝士，皆指目为二李之党，贬逐无虚日，班列殆空，廷中恟恟，上亦知之。训、注恐为人所摇，九月，癸卯朔，劝上下诏："应与德裕、宗闵亲旧及门生故吏，今日以前贬黜之外，余皆不问。"人情稍安。

郑注求为凤翔节度使，门下侍郎、同平章事李固言不可。丁卯，以固言为山南西道节度使，注为凤翔节度使。李训虽因注得进，及势位俱盛，心颇忌注。谋欲中外协势以诛宦官，故出注于凤翔。其实俟既诛宦官，并图注也。

戊辰，以右神策中尉、行右卫上将军、知内侍省事王守澄为左、右神策观军容使，兼十二卫统军。李训、郑注为上谋，以虚名尊守澄，实夺之权也。

李训、郑注密言于上，请除王守澄。辛巳，遣中使李好古就第赐鸩，杀之，赠扬州大都督。训、注本因守澄进，卒谋而杀之，人皆快守澄之受佞而疾训、注之阴狡，于是元和之逆党略尽矣。

始，郑注与李训谋，至镇，选壮士数百，皆持白棓，怀其斧，以为亲兵。是月，戊辰，王守澄葬于浐水，注奏请入护葬事，因以亲兵自随。仍奏令内臣中尉以下尽集浐水送葬，注因阖门，令亲兵斧之，使无遗类。约既定，训与其党谋："如此事成，则注专有其功，不若使行余、璠以赴镇为名，多募壮士为部曲，并用金吾、台府吏卒，先期诛宦者，已而并注去之。"行余、璠、立言、约及中丞李孝本，皆训素所厚也，故列置要地，独与是数人及舒元舆谋之，他人皆莫之知也。

壬戌，上御紫宸殿。百官班定，韩约不报平安，奏称："左金吾听事后石榴夜有甘露，臣递门奏讫。"因蹈舞再拜，宰相亦帅百官称贺。训、元舆劝上亲往观之，以承天贶，上许之。百官退，班于含元殿。日加辰，上乘软舆出紫宸门，升含元殿。先命宰相及两省官诣左仗视之，良久而还。训奏："臣与众人验之，殆非真甘露，未可遽宣布，恐天下称贺。"上曰："岂有是邪！"顾左、右中尉仇士良、鱼志弘帅诸宦者往视之。宦者既去，训遽召郭行余、王璠曰："来受敕旨！"璠股栗不敢前，独行余拜殿下。时二人部曲数百，皆执兵立丹凤门外，训已先使人召之，令入受敕。独东兵人，邠宁兵竟不至。

仇士良等至左仗视甘露，韩约变色流汗，士良怪之曰："将军何为如是？"俄风吹幕起，见执兵者甚众，又闻兵仗声。士良等惊骇走出，门者欲闭之，士良叱之，关不得上。士良等奔诣上告变。训见之，遽呼金吾卫士曰："来上殿卫乘舆者，人赏钱百缗！"宦者曰："事急矣，请陛下还宫！"即举软舆，迎上扶升舆，决殿后罘罳，疾趋北出。训攀舆呼曰："臣奏事未竟，陛下不可入宫！"金吾兵已登殿；罗立言帅京兆逻卒三百余自东来，李孝本帅御史台从人二百余自西来，皆登殿纵击，宦官流血呼冤，死伤者十余人。乘舆迤逦入宣政门，训攀舆呼益急，上叱之，宦者郗志荣奋拳殴其胸，偃于地。乘舆既入，门随阖，宦者皆呼万岁，百官骇愕散出。训知事不济，脱从吏绿衫衣之，走马而出，扬言于道曰："我何罪而窜谪！"人不之疑。王涯、贾悚、舒元舆还中书，相谓曰："上且开延英，召吾属议之。"两省官诣宰相请其故，皆曰："不知何事，诸公各自便！"士良等知上豫其谋，怨愤，出不逊语，上惭惧不复言。

士良等命左、右神策副使刘泰伦、魏仲卿等各帅禁兵五百人，露刃出阁门讨贼。王涯等将会食，吏白："有兵自内出，逢人辄杀！"涯等狼狈步走，两省及金吾吏卒千余人填门争出；门寻阖，其不得出者六百余人皆死。士良等分兵闭宫门，索诸司，捕贼党。诸司吏卒及民酤贩在中者皆死，死者又千余人，横尸流血，狼藉涂地，诸司印及图籍、帷幕、器皿俱尽。又遣骑各千余出城追亡者，又遣兵大索城中。舒元舆易服单骑出安化门，禁兵追擒之。王涯徒步至永昌里茶肆，禁兵擒入左军。涯时年七十余，被以桎梏，掠治不胜苦，自诬服，称与李训谋行大逆，尊立郑注。王璠归长兴里私第，闭门，以其兵自防。神策将至门，呼曰："王涯等谋反，欲起尚书为相，鱼护军令致意！"璠喜，出见之。将趋贺再三，璠知见绐，涕泣而行；至左军，见王涯曰："二十兄自反，胡为见引？"涯曰："五弟昔为京兆尹，不漏言于王守澄，岂有今日邪！"璠俯首不言。又收罗立言于太平里，及涯等亲属奴婢，皆入两军系之。户部员外郎李元皋，训之再从弟也，训实与之无恩，亦执而杀之。故岭南节度使胡证，家巨富，禁兵利其财，托以搜贾悚入其家，执其子溵，杀之。又入左常侍罗让、詹事浑锈、翰林学士黎埴等家，掠其赀财，扫地无遗。锈，瑊之子也。坊市恶少年因之报私仇，杀人，剽掠百货，互相攻劫，尘埃蔽天。

癸亥，百官入朝，日出，始开建福门，惟听以从者一人自随，禁兵露刃夹道。至宣政门，尚未开。时无宰相御史知班，百官无复班列。上御紫宸殿，问："宰相何为不来？"仇士良曰："王涯等谋反系狱。"因以涯手状呈上，召左仆射令狐楚、右仆射郑覃等升殿示之。上悲愤不自胜，谓楚等曰："是涯手书乎？"对曰："是也！""诚如此，罪不容诛！"因命楚、覃留宿中书，参决机务。使楚草制宣告中外。楚叙王涯、贾悚反事浮泛，仇士良等不悦，由是不得为相。

时坊市剽掠者犹未止，命左、右神策将杨镇、靳遂良等各将五百人分屯通衢，击鼓以警之，斩十余人，然后定。

贾悚变服潜民间经宿，自知无所逃，素服乘驴诣兴安门，自言："我宰相贾悚也，为奸人所污，可送我诣两军！"门者执送西军。李孝本改衣绿，犹服金带，以帽障面，单骑奔凤翔，至咸阳西，追擒之。

甲子，以右仆射郑覃同平章事。

李训素与终南僧宗密善，往投之。宗密欲剃其发而匿之，其徒不可。训出山，将奔凤翔，为盩厔镇遏使宋楚所擒，械送京师。至昆明池，训恐至军中更受酷辱，谓送者曰："得我则富贵矣！闻禁兵所在搜捕，汝必为所夺，不若取我首送之！"送者从之，斩其首以来。

乙丑，以户部侍郎、判度支李石同平章事，仍判度支。前河东节度使李载义复旧任。左神策出兵三百人，以李训首引王涯、王璠、罗立言、郭行余，右神策出兵三百人，拥贾悚、舒元舆、李孝本献于庙社，徇于两市。命百官临视，腰斩于独柳之下，枭其首于兴安门外。亲属无问亲疏皆死，孩稚无遗，妻女不死者没为官婢。百姓观者怨王涯榷茶，或诟詈，或投瓦砾击之。

是日，以令狐楚为盐铁转运使，左散骑常侍张仲方权知京兆尹。时数日之间，杀生除拜，皆决于两中尉，上不豫知。

初，王守澄恶宦者田全操、刘行深、周元稹、薛士幹、似先义逸、刘英诩等，李训、郑注因之遣分诣盐州、灵武、泾原、夏州、振武、凤翔巡边，命翰林学士顾师邕为诏书赐六道，使杀之。会训败，六道得诏，皆废不行。丙寅，以师邕为矫诏，下御史狱。

先是，郑注将亲兵五百，已发凤翔，至扶风。扶风令韩辽知其谋，不供具，携印及吏卒奔武功。注知训已败，复还凤翔。仇士良等使人赍密敕授凤翔监军张仲清令取注，仲清惶惑，不知所为。押牙李叔和说仲清曰："叔和为公以好召注，屏其从兵，于坐取之，事立定矣！"仲清从之，伏甲以待注。注恃其兵卫，遂诣仲清。叔和稍引其从兵，享之于外，注独与数人入。既啜茶，叔和抽刀斩注，因闭外门，悉诛其亲兵。乃出密敕，宣示将士，遂灭注家，并杀副使钱可复、节度判官卢简能、观察判官萧杰、掌书记卢弘茂等及其枝党，死者千余人。可复，徽之子；简能，纶之子；杰，俛之弟也。朝廷未知注死，丁卯，诏削夺注官爵，令邻道按兵观变。以左神策大将军陈君奕为凤翔节度使。戊辰夜，张仲清遣李叔和等以注首入献，枭于兴安门，人情稍安，京师诸军始各还营。

诏将士讨贼有功及娖队者，官爵赐赉各有差。右神策军获韩约于崇义坊，己巳，斩之。仇士良等各进阶迁官有差。自是天下事皆决于北司，宰相行文书而已。宦官气益盛，迫胁天子，下视宰相，陵暴朝士如草芥。每延英议事，士良等动引训、注折宰相。郑覃、李石曰："训、注诚为乱首，但不知训、注始因何人得进？"宦者稍屈，缙绅赖之。

唐文宗太和九年（乙卯，公元835年）

当初，宋申锡被判罪贬官后，宦官更加骄横。文宗虽然外表不露声色，内心却不能容忍。李训、郑注得到文宗信用后，揣摩了解了文宗的心思。于是，李训在给文宗讲读经典时，多次暗示文宗。文宗觉得李训很有才能，能言善辩，认为可以和他商议诛除宦官；同时考虑到李训和郑注都是宦官王守澄推荐的，估计和二人商议，宦官不会疑心，于是把自己的意图秘密地告诉了二人。李训、郑注因此以诛除宦官为己任。二人相互依赖，昼夜商议对策，凡给文宗的建议，文宗无不采纳，声势显赫。郑注经常待在宫中，有时休假在家，要求拜见他的人站满他的门前，贿赂他的财物堆积如山。外面人只知道李训和郑注依靠宦官的权势擅自作威作福，却不知道他们二人和文宗密谋诛除宦官。

当初文宗被拥立为皇帝时，右领军将军、循州兴宁县人仇士良曾经有很大的功劳。但他受到王守澄的压制，于是二人产生了矛盾。这时，李训、郑注向文宗建议，提拔仇士良以便分割王守澄的权力。五月，乙丑（二十一日），文宗任命仇士良为左神策军护军中尉，王守澄得知后很不高兴。

李训、郑注为文宗谋划革除朝廷弊政，收复失地，达到天下大治太平的策略，认为应当首先诛除宦官，其次出兵收复河、湟地区，最后平定河北三镇。二人开陈方略，了如指掌。文宗认为言之有理，对其宠信日益深厚。

这时，李训、郑注接连诬陷贬逐李德裕、路隋、李宗闵三位宰相，权势威震天下。于是，凡是过去对自己稍有恩德的人无不提拔，和自己稍有怨恨的人无不报复。

这时，郑注和李训将他们所厌恶的朝官，都指斥为李德裕和李宗闵的党羽，每天都有人被贬逐。上朝时，百官的班列为之一空，朝廷上下人心恐惧。文宗也得知这种情况。郑注和李训担心被人控告，动摇自己的地位，于是，九月，癸卯朔（初一），二人劝文宗下诏：“凡是李德裕、李宗闵的亲戚朋友，以及他们的学生弟子和原来的部下，除今日以前贬黜的以外，其余一律不再追究。”于是，人心逐渐安定。

郑注请求担任凤翔节度使，门下侍郎、同平章事李固言认为不可。丁卯（二十五日），唐文宗任命李固言为山南西道节度使，郑注为凤翔节度使。李训虽然是通过郑注推荐而被提拔的，但当他的职务和权势都已达到顶点时，心中十分妒忌郑注。他密谋在朝廷里应外合诛除宦官，所以建议郑注担任凤翔节度使。其实，是想等诛除宦官后，连同郑注也一同除掉。

戊辰（二十六日），唐文宗任命右神策军护军中尉、行右卫上将军、知内侍省事王守澄为左、右神策军观军容使，兼十二卫统军。李训、郑注为文宗策划，擢拔王守澄担任荣誉性的最高级军职，以表示对他的尊崇，实际上是削除他的兵权。

李训、郑注秘密地向文宗建议，请求诛杀王守澄。辛巳（十月初九），文宗派遣宦官李好古前往王守澄的住宅，赐王守澄毒酒，把他杀死；随后，追赠王守澄为扬州大都督。李训、郑注本来是通过王守澄的推荐才被提拔的，但最后却密谋把他杀死。所以，百官都为王守澄因奸佞被杀而拍手称快，同时厌恶李训、郑注的阴险狡诈。这样，元和末年暗害唐宪宗的叛贼逆党几乎被诛除干净。

最初，郑注和李训商议，待郑注到凤翔上任后，挑选几百名壮士，每人携带一根白色棍棒，怀揣一把利斧，作为亲兵。二人约定，本月戊辰（二十七日），朝廷在浐河旁埋葬王守澄时，由郑注奏请文宗批准率兵护卫葬礼，于是便可带亲兵随从前往。同时奏请文宗，命神策军护军中尉以下所有宦官都到河旁为王守澄送葬。届时，郑注下令关闭墓门，命亲兵用利斧砍杀宦官，将其全部诛除。计划已经约好，李训又和他的同党密谋说："如果这个计划成功，那么，诛除宦官的功劳就全部归于郑注，不如让郭行余和王璠以赴邠宁、河东上任为名，多招募一些壮士，作为私兵，同时调动韩约统领的金吾兵和御史台、京兆府官吏和士卒，先于郑注一步，在京城诛除宦官，随后，把郑注除掉。"邠宁节度使郭行余、河东节度使王璠、左金吾卫大将军韩约、京兆少尹罗立言和御史中丞李孝本，都是李训所信用的官员，所以担任要职，李训只和这几个人以及宰相舒元舆密谋，其他朝廷百官都一概不知。

壬戌（二十一日），唐文宗御临紫宸殿。百官列班站定后，左金吾卫大将军韩约不按规定报告平安，奏称："左金吾衙门后院的石榴树上，昨晚发现有甘露降临，这是祥瑞的征兆，昨晚我已通过守卫宫门的宦官向皇上报告。"于是，行舞蹈礼，再次下拜称贺，宰相也率领百官向文宗祝贺。李训、舒元舆乘机劝文宗亲自前往观看，以便承受上天赐予的祥瑞。文宗表示同意。接着，百官退下，列班于含元殿。辰时刚过，文宗乘软轿出紫宸门，到含元殿升朝。先命宰相和中书、门下两省的官员到左金吾后院察看甘露，过了很久才回来。李训奏报说："我和众人去检查过了，不像是真正的甘露，不可匆忙向全国宣布。否则，全国各地就会向陛下祝贺。"文宗说："难道还有这种事！"随即命左、右神策军护军中尉仇士良、鱼志弘率领宦官们再次前往左金吾后院察看。宦官走后，李训急忙召集郭行余、王璠，说："快来接受皇上的圣旨！"王璠紧张得两腿发抖，不敢前去，只有郭行余一人拜倒在含元殿下接旨。这时，二人招募的私兵几百人都手执兵器，立在丹凤门外等待命令。李训已经先派人去叫他们来含元殿前，接受文宗下达的诛除宦官的命令。结果，只有郭行余率领的河东兵来了，王璠率领的邠宁兵竟没有来。

仇士良率领宦官到左金吾后院去察看甘露，韩约紧张得浑身流汗，脸色十分难看。仇士良觉得很奇怪，问：“将军为什么这样？”过了一会儿，一阵风把院中的帐幕吹起来，仇士良发现很多手执兵器的士卒，又听到兵器的碰撞声音。仇士良等人大惊，急忙往外跑，守门的士卒正想关门，被仇士良大声呵斥，门闩没有关上。仇士良等人急奔含元殿，向文宗报告发生兵变，被李训看见。李训急呼金吾士卒说：“快来上殿保护皇上，每人赏钱百缗！”宦官对文宗说：“事情紧急，请陛下赶快回宫！”随即抬来软轿，迎上前去搀扶文宗上轿，冲断殿后面的丝网，向北急奔而去。李训拉住文宗的软轿大声说：“我奏请朝政还没有完，陛下不可回宫！”这时，金吾兵已经登上含元殿。同时，罗立言率领京兆府担负巡逻任务的士卒三百多人从东边冲来，李孝本率领御史台随从二百多人从西边冲来，一齐登上含元殿，击杀宦官。宦官血流如注，大声喊冤，死伤十几个人。文宗的软轿一路向北进入宣政门，李训拉住软轿不放，呼喊更加急迫。文宗呵斥李训，宦官郗志荣乘机挥拳奋击李训的胸部，李训被打倒在地。文宗的软轿进入宣政门后，大门随即关上，宦官都大呼万岁。这时，正在含元殿上朝的百官都大吃一惊，四散而走。李训见文宗已入后宫，知道大事不好，于是，换上随从官吏的绿色官服，骑马而逃。一路上大声扬言说：“我有什么罪而被贬逐！”因而，人们也不怀疑。宰相王涯、贾竦、舒元舆回到政事堂，相互商议说：“皇上过一会儿就会开延英殿，召集我们商议朝政。”中书、门下两省的官员来问王涯三人，到底发生了什么事，三人都说：“我们也不知怎么回事，诸位各自随便先去吧！”仇士良等宦官知道文宗参与了李训的密谋，十分愤恨，在文宗面前出语不逊。文宗羞愧惧怕，不再作声。

仇士良等人命令左、右神策军副使刘泰伦、魏仲卿等各率禁兵五百人，持刀露刃从紫宸殿冲出讨伐贼党。这时，王涯等宰相在政事堂正要吃饭，忽然有官吏报告说：“有一大群士兵从宫中冲出，逢人就杀！”王涯等人狼狈逃奔。中书、门下两省和金吾卫的士卒和官吏一千多人争着向门外逃跑。不一会儿，大门被关上，尚未逃出的六百多人全被杀死。仇士良下令分兵关闭各个宫门，搜查南衙各司衙门，逮捕贼党。各司的官吏和担负警卫的士卒，以及正在里面卖酒的百姓和商人一千多人全部被杀，尸体狼藉，流血遍地。各司的大印、地图和户籍档案，衙门的帷幕和办公用具，皆被捣毁、抄掠一空。仇士良等人又命左、右神策军各出动骑兵一千多人出城追击逃亡的贼党，同时派兵在京城大搜捕。舒元舆换上民服后，一人骑马从安化门逃出，被骑兵追上逮捕。王涯步行到永昌里的一个茶馆，被禁兵逮捕，押送到左神策军中。王涯这时已七十多岁，被戴上脚镣手铐，遭受毒打，无法忍受，因而违心地承认和李训一起谋反，企图拥立郑注为皇帝。王璠回到长兴里家中后，闭门不出，用招募的私兵防卫。神策将前来搜捕，到他的门口时，大声喊道：“王涯等人谋反，朝廷打算任命您为宰相，护军中尉鱼志弘派我们来向您致意！”王璠大喜，马上出来相见。神策将再三祝贺他升迁，王璠发现被骗，流着眼泪跟随神策将而去。到了左神策军中，见到王涯，王璠说：“你参与谋反，为什么要牵连我？”王涯说：“你过去担任京兆尹时，如果不把宋申锡诛除宦官的计划透露给王守澄，哪里会发生今天的事?!”王璠自知理亏，低头不语。神策军又在太平里逮捕了罗立言，以及王涯的亲属奴婢，将其都关押在左、右神策军中。户部员外郎李元皋是李训的远房表弟，其实李训并没有提拔重用他，也被逮捕杀死。前岭南节度使胡证是京城的巨富，禁军士卒想掠夺他的财物，借口说贾𫗧藏在他家，进行搜查，把他的儿子胡溵抓住杀死。禁军又到左常侍罗让、詹事浑鏻、翰林学士黎埴等人的家中掠夺财产，扫地无遗。浑鏻是中唐名将浑瑊的儿子。这时，京城的恶少年也乘机报平日的私仇，随意杀人，剽掠商人和百姓的财物，甚至相互攻打，以致尘埃四起，漫天蔽日。

癸亥（二十三日），百官开始上朝。直到太阳已经出来时，大明宫右侧的建福门才刚刚打开。宫中传话说，百官每人只准带一名随从进门。里面禁军手持刀枪，夹道防卫。到宣政门时，大门尚未打开。这时，由于没有宰相和御史大夫率领，百官队伍混乱，不成班列。唐文宗亲临紫宸殿，问：“宰相怎么没有来？”仇士良回答：“王涯等人谋反，已经被逮捕入狱。”接着，把王涯的供词递呈文宗，文宗召左仆射令狐楚、右仆射郑覃上前，让他们观看王涯的供词。文宗既悲伤又气愤，几乎难以自持，问令狐楚和郑覃：“是不是王涯的笔迹？”二人回答说：“是！”文宗说：“如果真的是这样，那就罪不容诛！”于是，命令二人留在政事堂，参与决策朝廷大政方针；同时，又命令狐楚起草制书，将平定李训、王涯等人叛乱宣告朝廷内外。令狐楚在制书中叙述王涯、贾𫗧谋反的事实时，浮泛而不切要害，仇士良等人对此很不满，由此令狐楚未能被擢拔为宰相。

这时，京城街坊和集市中的剽掠仍未停止。朝廷命左、右神策军将领杨镇、靳遂良等人各率五百人分别把守街道的主要路口，敲击街鼓加以警告，同时斩首十几个罪犯，这才安定下来。

贾𫗧换了官服以后，潜藏在百姓家里，过了一夜，感到实在无法逃脱，于是换上丧服，骑驴到兴安门，说：“我是宰相贾𫗧，被奸人所污蔑，你们把我抓起来送到左、右神策军去吧！”守门人随即把他押送到右神策军中。李孝本改换六品、七品官员穿的绿色官服，但仍旧系着只有五品以上官员才能穿戴的金带，用帽子摭住脸，一个人骑着马直奔凤翔，打算投靠郑注，到了咸阳城西，被追兵逮捕。

甲子（二十二日），唐文宗任命右仆射郑覃为同平章事。

李训向来和终南山的僧人宗密关系亲近，于是前往投奔。宗密想为李训剃发，将其装扮成僧人，然后藏在寺院中。他的徒弟们都认为不妥。李训只好出山，打算前往凤翔投靠郑注，被盩厔镇遏使宋楚逮捕，戴上脚镣手铐，押送到京城。走到昆明池，李训恐怕到神策军后被毒打污辱，便对押送他的人说："无论谁抓住我都能得到重赏而富贵！听说禁军到处搜捕，他们肯定会把我夺走。你们不如把我杀了，拿我的首级送到京城！"押送他的人表示同意，于是，割下李训的头送往京城。

乙丑（二十四日），唐文宗任命户部侍郎、判度支李石为同平章事，仍兼任判度支。前河东节度使李载义官复原职。左神策军出兵三百人，以李训的首级引导王涯、王璠、罗立言和郭行余，右神策军出兵三百人，押贾悚、舒元舆和李孝本，献祭太庙和太社，接着，在东、西两市游街示众，命百官前往观看。在京城独柳树下把他们腰斩，首级挂在兴安门外示众。李训等人的亲属不管亲疏老幼，全部被杀。妻子女儿没有死的，没收为官婢。观看的百姓都怨恨王涯主持茶叶专卖，有的人大声怒骂，有的人拿瓦块往他身上打。

同日，唐文宗任命令狐楚为盐铁转运使，左散骑常侍张仲方暂时代理京兆尹。这时，在几天之内，朝廷的大政方针，包括处决罪犯和任免官员，都由左、右神策军护军中尉决定，文宗事前全然不知。

当初，王守澄厌恶宦官田全操、刘行深、周元稹、薛士幹、似先义逸、刘英诩等人，李训、郑注乘机建议文宗派遣他们分别到盐州、灵武、泾原、夏州、振武、凤翔去巡视边防，同时，命翰林学士顾师邕起草诏书，下令盐州等六道杀掉田全操等六人。这时，恰好李训失败，六道接到诏书后，都未执行。丙寅（二十五日），仇士良等人认为顾师邕伪造诏书，把他逮捕，押到御史台监狱。

此前，郑注按照事先和李训的约定，率亲兵五百人已经从凤翔出发，到达扶风县。扶风县令韩辽知道他和李训的密谋，因此，不加接待，携带县印和下属胥吏、士卒逃往武功。这时，郑注得到李训失败的消息，于是又返回凤翔。仇士良等人派人携带文宗的密敕授予凤翔监军张仲清，命令他诛除郑注。张仲清疑惧不知所措。押牙李叔和劝张仲清说："我以您的名义用好言好语召来郑注，然后设计退下他的亲兵，在坐席把他杀死，叛乱即刻就可平定！"张仲清同意，于是，设下伏兵等待郑注。郑注依恃他的亲兵，因而也不怀疑，径直进入凤翔城来见张仲清。李叔和把郑注的亲兵引到门外予以款待，只有郑注和几个随从进入监军使院。郑注刚刚喝完茶，被李叔和抽刀斩首。李叔和随即关闭外门，全部诛杀郑注的亲兵。于是，张仲清出示文宗的密敕，向将士宣布；接着，杀死郑注的家眷，以及节度副使钱可复、节度判官卢简能、观察判官萧杰、掌书记卢弘茂等人和他们的同党，总共一千多人。钱可复是钱徽的儿子；卢简能是卢纶的儿子；萧杰是萧俛的弟弟。这时，朝廷还不知道郑注已经被杀，丁卯（二十六日），文宗下诏，免去郑注的职务和爵位，命令与凤翔邻近的藩镇按兵不动，观察凤翔城中的动静；同时，任命左神策大将军陈君奕为凤翔节度使。戊辰（二十七日）夜晚，张仲清派李叔和等人前往京城献上郑注的首级，朝廷命挂在兴安门上示众。于是，京城的人心逐渐安定，禁军诸军开始各回军营。

唐文宗下诏，凡讨伐贼党有功的禁军将士以及追捕逃亡贼党有功者，各根据功劳大小授予官爵和赏赐财物。右神策军在崇义坊抓获韩约，己巳（二十八日），把他斩首。文宗又下令，仇士良等有功的宦官，各根据功劳大小迁升阶品和职位。从此以后，凡朝政大事都由北司的宦官决定，宰相仅仅奉命下达文书而已。宦官的气焰更加嚣张，逼迫威胁皇上，鄙视宰相，凌辱百官如同草芥。每逢延英殿商议朝政，仇士良等人动不动就拿李训、郑注谋反的事折辱宰相。郑覃、李石说："李训、郑注的确是谋反的为首者，但究竟他们是由谁推荐提拔的呢？"宦官理屈词穷，嚣张气焰逐渐有所收敛。百官由此都倚赖郑覃和李石。

唐纪六十三

第二百四十七卷

武宗至道昭肃孝皇帝中会昌三年（癸亥，843）

初，昭义节度使刘从谏累表言仇士良罪恶，士良亦言从谏窥伺朝廷。及上即位，从谏有马高九尺，献之，上不受。从谏以为士良所为，怒杀其马，由是与朝廷相猜恨。遂招纳亡命，缮完兵械，邻境皆潜为之备。

从谏疾病，谓妻裴氏曰："吾以忠直事朝廷，而朝廷不明我志，诸道皆不我与。我死，他人主此军，是吾家无炊火矣！"乃与幕客张谷、陈扬庭谋效河北诸镇，以弟右骁卫将军从素之子稹为牙内都知兵马使，从子匡周为中军兵马使，孔目官王协为押牙亲事兵马使，以奴李士贵为使宅十将兵马使，刘守义、刘守忠、董可武、崔玄度分将牙兵。谷，郓州人；扬庭，洪州人也。

从谏寻薨，稹秘不发丧。王协为稹谋曰："正当如宝历年样为之，不出百日，旌节自至。但严奉监军，厚遗敕使，四境勿出兵，城中暗为备而已。"使押牙姜崟奏求国医，上遣中使解朝政以医问疾。稹又逼监军崔士康奏称从谏疾病，请命其子稹为留后。上遣供奉官薛士幹往谕指云："恐从谏疾未平，宜且就东都疗之；俟稍瘳，别有任使。仍遣稹入朝，必厚加官爵。"

上以泽潞事谋于宰相，宰相多以为："回鹘余烬未灭，边境犹须警备，复讨泽潞，国力不支，请以刘稹权知军事。"谏官及群臣上言者亦然。李德裕独曰："泽潞事体与河朔三镇不同。河朔习乱已久，人心难化，是故累朝以来，置之度外。泽潞近处心腹，一军素称忠义，尝破走朱滔，擒卢从史。顷时多用儒臣为帅，如李抱真成立此军，德宗犹不许承袭，使李缄护丧归东都。敬宗不恤国务，宰相又无远略，刘悟之死，因循以授从谏。从谏跋扈难制，累上表迫胁朝廷，今垂死之际，复以兵权擅付竖子。朝廷若又因而授之，则四方诸镇谁不思效其所为，天子威令不复行矣！”上曰：“卿以何术制之？果可克否？”对曰：“稹所恃者河朔三镇。但得镇、魏不与之同，则稹无能为也。若遣重臣往谕王元逵、何弘敬，以河朔自艰难以来，列圣许其传袭，已成故事，与泽潞不同。今朝廷将加兵泽潞，不欲更出禁军至山东。其山东三州隶昭义者，委两镇攻之；兼令遍谕将士，以贼平之日厚加官赏。苟两镇听命，不从旁沮挠官军，则稹必成擒矣！”上喜曰：“吾与德裕同之，保无后悔。”遂决意讨稹，群臣言者不复入矣。

上命德裕草诏赐成德节度使王元逵、魏博节度使何弘敬，其略曰：“泽潞一镇，与卿事体不同，勿为子孙之谋，欲存辅车之势。但能显立功效，自然福及后昆。”丁丑，上临朝，称其语要切，曰：“当如此直告之是也！”又赐张仲武诏，以“回鹘余烬未灭，塞上多虞，专委卿御侮”。元逵、弘敬得诏，悚息听命。

李德裕言于上曰：“议者皆云刘悟有功，稹未可亟诛，宜全恩礼。请下百官议，以尽人情。”上曰：“悟亦何功，当时迫于救死耳，非素心徇国也。藉使有功，父子为将相二十余年，国家报之足矣，稹何得复自立！朕以为凡有功当显赏，有罪亦不可苟免也。”德裕曰：“陛下之言，诚得理国之要。”

丙子，诏王元逵、李彦佐、刘沔、王茂元、何弘敬以七月中旬五道齐进，刘稹求降皆不得受。又诏刘沔自将兵取仰车关路以临贼境。

甲戌，薛茂卿破科斗寨，擒河阳大将马继等，焚掠小寨一十七，距怀州才十余里。茂卿以无刘稹之命，故不敢入。时议者鼎沸，以为刘悟有功，不可绝其嗣。又，从谏养精兵十万，粮支十年，如何可取！上亦疑之，以问李德裕，对曰：“小小进退，兵家之常。愿陛下勿听外议，则成功必矣！”上乃谓宰相曰：“为我语朝士：有上疏沮议者，我必于贼境上斩之！”议者乃止。

唐武宗会昌三年（癸亥，公元843年）

当初，昭义节度使刘从谏多次上表指斥左神策军护军中尉仇士良的罪行，仇士良也向朝廷上言，说刘从谏窥伺朝廷的动向。唐武宗即位以后，刘从谏把自己一匹高达九尺的良马献给武宗，武宗拒绝没有接受。刘从谏认为是仇士良从中作梗，大怒，杀掉了这匹良马。从此以后，他和朝廷之间相互猜忌怨恨，于是招收亡命之徒，修造完善各种兵器军械。与昭义邻接的藩镇都秘密地防备他。

后来，刘从谏身患疾病，对他的妻子裴氏说：“我对朝廷忠心直言，但朝廷却不明了我的心意，各个藩镇也都不了解我。我死了以后，如果朝廷另外派人来担任昭义节度使，我们家的香火从此也就断绝了！”于是，他和幕僚张谷、陈扬庭密谋效法河北藩镇，实行割据，任命他的弟弟右骁卫将军刘从素的儿子刘稹为牙内都知兵马使，侄子刘匡周为中军兵马使，孔目官王协为押牙亲事兵马使，家奴李士贵为使宅十将兵马使。命令刘守义、刘守忠、董可武、崔玄度分别统辖亲兵。张谷是郓州人；陈扬庭是洪州人。

不久，刘从谏去世，刘稹封锁消息，不为刘从谏治丧。王协为刘稹谋划说：“现在，只要你按照宝历元年刘悟去世后，刘从谏得以世袭而为节度使那样行事，尊奉监军，对朝廷的使者厚加贿赂，四邻边境切勿出兵侵扰，城中秘密地进行防备。这样，不出一百天，朝廷任命你为节度使的旌节自然就会送来。”于是，刘稹命押牙姜崟向朝廷上奏，请求派宫廷中著名的医生为刘从谏治病。武宗派遣宦官解朝政携朝廷医官前往昭义，为刘从谏诊断。刘稹又逼迫监军崔士康上奏，说刘从谏身患疾病，请求朝廷任命他的侄子刘稹为留后。武宗于是又派供奉官薛士幹出使昭义，传达武宗的旨意说：“朝廷恐怕刘从谏的病一直不好，因此让他暂且到东都洛阳去治病，等到病情逐渐好转，再另外安排任命。并让刘从谏命刘稹到京城朝拜，朝廷必定授予优厚的官爵。”

唐武宗召集宰相商议如何处置昭义的事宜，多数宰相认为：“回鹘的残余还未消灭，边境仍然需要加强防守。现在，又要征讨昭义，恐怕国家的财政难以支持。因此，请求任命刘稹暂为昭义留后。”谏官和上言朝廷的百官也都持同样看法。只有宰相李德裕说：“昭义的情况和河朔地区的魏博、成德、幽州三个割据跋扈的藩镇不同。河朔地区割据跋扈已有很长时间，人心难以感化，所以几朝皇上都承认现状，不再讨伐他们。昭义则邻近京城，处于国家的心腹地区。昭义的将士向来以忠义而闻名，曾经在贞元元年出兵击退幽州节度使朱滔的叛乱，元和三年擒拿本镇的叛将卢从史。过去，朝廷大多任用文官担任昭义节度使。如李抱真，最初组建昭义的军队，有很大的功劳，唐德宗仍不许他的儿子李缄世袭为该镇的节度使，命令他护送父亲的灵柩回归东都洛阳。后来，唐敬宗不理朝政，当时的宰相也缺乏远见卓识，因此在节度使刘悟去世后，命他的儿子刘从谏世袭担任了节度使。刘从谏跋扈骄横，朝廷难以控制，多次上表逼迫威胁朝廷，现在，在临死的时候，又擅自把兵权传给自己的侄子。如果朝廷又沿袭过去的惯例，任命刘稹为节度使，那么全国各地的藩镇谁不想效法他们的做法？这样一来，皇上的威严和诏令也就难以在全国贯彻执行了！”武宗问：“你有什么办法能够制服刘稹？而且，果真能够奏效吗？”李德裕回答说：“刘稹所依赖的是河朔魏博、成德和幽州三个割据藩镇。如果能使成德和魏博不与他相互勾结，那么，刘稹就无所作为了。假如朝廷能够派遣一位德高望重的大臣前往成德和魏博，向两镇的节度使王元逵、何弘敬转达皇上的旨意，说明自从安史之乱以后，历代皇上许可他们传位子孙，世袭节度使，已经成为惯例，和昭义不同。现在，朝廷准备出兵讨伐昭义，但不打算派禁军攻打昭义在太行山以东的邢、洺、磁三州，而命成德和魏博两镇攻讨；同时也向这两个藩镇的将士转达皇上的旨意，在平定昭义的叛乱后，朝廷将给予将士优厚的官爵和赏赐。如果成德和魏博听从朝廷的命令，不从旁阻挠官军的行动，那么，刘稹肯定会被官军擒获！”武宗大喜，说：“我和德裕意见一致，以后保证不后悔。”于是，决心讨伐刘稹，百官再有人上言劝阻，武宗不再听取。

武宗命李德裕起草给成德节度使王元逵、魏博节度使何弘敬的诏令，大略说：“昭义和你们两镇的情况不同，你们不必为自己的子孙考虑，而和刘稹相互勾结，互相依存。只要在讨伐刘稹时卓立战功，朝廷自然承认你们两镇的现状，允许传位于子孙。”丁丑（十九日），武宗上朝时，称赞李德裕起草的诏令切中要害，说：“就应当这样直言不讳地告诉他们！”接着，又命德裕起草给幽州节度使张仲武的诏令，说：“回鹘的残余还没有消灭干净，北方边境不免遭受侵扰。现在，朝廷委任你专门防备。”王元逵、何弘敬二人接到朝廷诏令后，都恐惧惊慌，表示听从。

李德裕对武宗说：“现在，凡是议论昭义的官员都说，刘悟曾经立过战功，因此不可匆忙诛讨他的孙子刘稹，应当保全朝廷对他以往的恩典。我请求陛下将此事交百官讨论，以便让大家充分发表意见。”武宗说：“刘悟有什么功劳！当年他起兵诛杀李师道，只不过是迫于李师道要杀他，为了自救而已，并非一贯忠于朝廷。即使他有战功，父子二人担任将相职务二十多年，国家对他的报答也足够了。现在，刘稹凭什么又要世袭自立！朕认为凡是对国家有功的人，都应当重赏。但如果犯罪，也不可苟且赦免。”李德裕说：“陛下这番话，确实抓住了治理国家的关键。”

丙子（十九日），唐武宗下诏，命王元逵、李彦佐、刘沔、王茂元、何弘敬五个藩镇，于七月中旬共同进兵讨伐刘稹。刘稹如果请求投降，都不得接受。同时又下诏命刘沔亲自率兵，取道仰车关，以兵临昭义的边境。

甲戌（八月十八日），昭义衙内十将薛茂卿率兵攻破河阳的科斗寨，擒获河阳大将马继等人，焚烧并掠夺河阳的小营寨十七个，进兵距怀州十几里才停止。薛茂卿鉴于没有刘稹的命令，所以才没敢进攻怀州。朝廷得知后，议论哗然，百官都认为刘悟过去有功，不应该讨伐灭绝他的后代。又有人说，刘从谏豢养精兵十万，储存的粮食可以支持十年，怎么能够轻易攻取！武宗也感到疑惑，问李德裕，李德裕说："小小失败，是兵家的常事。希望陛下不要听外人的议论，肯定讨伐昭义能够成功！"于是，武宗对宰相说："请向百官转达我的命令，如果有人胆敢上疏劝阻讨伐昭义，我一定要在贼兵的边境上把他斩首！"百官的议论这才停止。

唐纪六十四

第二百四十八卷

武宗至道昭肃孝皇帝下会昌四年（甲子，844）

王协荐王钊为洺州都知兵马使；钊得众心，而多不遵使府约束，同列高元武、安玉言其有贰心。稹召之，钊辞以“到洺州未立少功，实所惭恨，乞留数月，然后诣府”。许之。

王协请税商人，每州遣军将一人主之，名为税商，实籍编户家赀，至于什器无所遗，皆估为绢匹，十分取其二，率高其估。民竭浮财及糗粮输之，不能充，皆忷忷不安。

军将刘溪尤贪残，刘从谏弃不用；溪厚赂王协，协以邢州富商最多，命溪主之。裴问所将兵号“夜飞”，多富商子弟，溪至，悉拘其父兄；军士诉于问，问为之请，溪不许，以不逊语答之。问怒，密与麾下谋杀溪归国，并告刺史崔嘏，嘏从之。丙子，嘏、问闭城，斩城中大将四人，请降于王元逵。时高元武在党山，闻之，亦降。

先是使府赐洺州军士布，人一端，寻有帖以折冬赐。会税商军将至洺州，王钊因人不安，谓军士曰：“留后年少，政非己出。今仓库充实，足支十年，岂可不少散之以慰劳苦之士！使帖不可用也。”乃擅开仓库，给士卒人绢一匹，谷十二石，士卒大喜。钊遂闭城请降于何弘敬。安玉在磁州，闻二州降，亦降于弘敬。尧山都知兵马使魏元谈等降于王元逵，元逵以其久不下，皆杀之。

八月，辛卯，镇、魏奏邢、洺、磁三州降，宰相入贺。李德裕曰：“昭义根本尽在山东，三州降，则上党不日有变矣。”上曰：“郭谊必枭刘稹以自赎。”德裕曰：“诚如圣料。”上曰：“于今所宜先处者何事？”德裕请以卢弘止为三州留后，曰：“万一镇、魏请占三州，朝廷难于可否。”上从之。诏山南东道兼昭义节度使卢钧乘驿赴镇。

潞人闻三州降，大惧。郭谊、王协谋杀刘稹以自赎；稹再从兄中军使匡周兼押牙，谊患之，言于稹曰："十三郎在牙院，诸将皆莫敢言事，恐为十三郎所疑而获罪，以此失山东。今诚得十三郎不入，则诸将始敢尽言，采于众人，必获长策。"稹召匡周谕之，使称疾不入。匡周怒曰："我在院中，故诸将不敢有异图；我出院，家必灭矣！"稹固请之，匡周不得已，弹指而出。

谊令稹所亲董可武说稹曰："山东之叛，事由五舅，城中人人谁敢相保！留后今欲何如？"稹曰："今城中尚有五万人，且当闭门坚守耳。"可武曰："非良策也。留后不若束身归朝，如张元益，不失作刺史。且以郭谊为留后，俟得节之日，徐奉太夫人及室家金帛归之东都，不亦善乎？"稹曰："谊安肯如是？"可武曰："可武已与之重誓，必不负也。"乃引谊入。稹与之密约既定，乃白其母，母曰："归朝诚为佳事，但恨已晚。吾有弟不能保，安能保郭谊！汝自图之！"稹乃素服出门，以母命署谊都知兵马使。王协已戒诸将列于外厅，谊拜谢稹已，出见诸将，稹治装于内厅。李士贵闻之，帅后院兵数千攻谊。谊叱之曰："何不自取赏物，乃欲与李士贵同死乎！"军士乃退，共杀士贵。谊易置将吏，部署军士，一夕俱定。

明日，使董可武入谒稹曰："请议公事。"稹曰："何不言之！"可武曰："恐惊太夫人。"乃引稹步出牙门，至北宅，置酒作乐。酒酣，乃言："今日之事欲全太尉一家，须留后自图去就，则朝廷必垂矜闵。"稹曰："如所言，稹之心也。"可武遂前执其手，崔玄度自后斩之，因收稹宗族，匡周以下至襁褓中子皆杀之。又杀刘从谏父子所厚善者张谷、陈扬庭、李仲京、郭台、王羽、韩茂章、茂实、王渥、贾庠等凡十二家，并其子侄甥婿无遗。仲京，训之兄；台，行余之子；羽，涯之从孙；茂章、茂实，约之子；渥，璠之子；庠，悚之子也。甘露之乱，仲京等亡归从谏，从谏抚养之。凡军中有小嫌者，谊日有所诛，流血成泥。乃函稹首，遣使奉表及书，降于王宰。首过泽州，刘公直举营恸哭，亦降于宰。

乙未，宰以状闻。丙申，宰相入贺。李德裕奏："今不须复置邢、洺、磁留后，但遣卢弘止宣尉三州及成德、魏博两道。"上曰："郭谊宜如何处之？"德裕曰："刘稹孺子耳，阻兵拒命，皆谊为之谋主；及势孤力屈，又卖稹以求赏。此而不诛，何以惩恶！宜及诸军在境，并谊等诛之！"上曰："朕意亦以为然。"乃诏石雄将七千人入潞州，以应谣言。杜悰以馈运不给，谓谊等可赦，上熟视不应。德裕曰："今春泽潞未平，太原复扰，自非圣断坚定，二寇何由可平！外议以为若在先朝，赦之久矣。"上曰："卿不知文宗心地不与卿合，安能议乎！"罢卢钧山南东道，专为昭义节度使。

戊戌，刘稹传首至京师。诏："昭义五州给复一年，军行所边州县免今年秋税。昭义自刘从谏以来，横增赋敛，悉从蠲免。所籍土团并纵遣归农。诸道将士有功者，等级加赏。"

郭谊既杀刘稹，日望旌节；既久不闻问，乃曰："必移他镇。"于是阅鞍马，治行装；及闻石雄将至，惧失色。雄至，谊等参贺毕，敕使张仲清曰："郭都知告身来日当至；诸高班告身在此，晚牙来受之！"乃以河中兵环毬场，晚牙，谊等至，唱名引入，凡诸将桀黠拒官军者，悉执送京师。加何弘敬同平章事。丁未，诏发刘从谏尸，暴于潞州市三日；石雄取其尸置毬场斩剉之。

戊申，加李德裕太尉、赵国公，德裕固辞。上曰："恨无官赏卿耳！卿若不应得，朕必不与卿。"

丁巳，卢钧入潞州。钧素宽厚爱人，刘稹未平，钧已领昭义节度，襄州士卒在行营者，与潞人战，常对陈扬钧之美。及赴镇，入天井关，昭义散卒归之者，钧皆厚抚之，人情大治，昭义遂安。

刘稹将郭谊、王协、刘公直、安全庆、李道德、李佐尧、刘武德、董可武等至京师，皆斩之。

唐武宗会昌四年（甲子，公元844年）

昭义军府押牙王协推荐王钊为洺州都知兵马使。王钊很得部众的心，而其部众大都不遵从节度使府的约束，王钊的同僚将领高元武、安玉声言王钊有二心。刘稹召王钊，王钊推辞说："到洺州来没有立下多少功劳，实在是惭愧自恨，乞求再留任州几个月，然后再回节度使府效劳。"刘稹也只好准许。

王协又请刘稹向商人收税，洺州派遣军将一人主持收税事宜。名义上说是收税，实际上却是把所有百姓的财产都登记造册，以至于连家庭日用器具也一扫无遗。这些器具全用来估价折算成绢匹，按其价值十分收取其二，并动不动就将其价估高，多收税钱。百姓虽然竭尽浮财以及存粮交纳给军府，也无法充实军府的税收，以致群情激愤，上下不安。

昭义军将刘溪尤其贪暴残忍，以前刘从谏对他弃而不用。刘溪用丰厚的财物贿赂王协，王协见邢州富商最多，任命刘溪为邢州主税官。当时裴问所率领的兵将号称

“夜飞”，大多是富商子弟，刘溪到邢州主税，将他们的父兄全部拘捕。夜飞军士向裴问申诉，裴问为他们向刘溪求情，并请求释放士兵家属，刘溪不许，竟用极不礼貌的语言回答裴问。裴问勃然大怒，秘密与麾下谋划杀刘溪，归降朝廷，并告知邢州刺史崔嘏，崔嘏表示赞同。丙子（闰七月二十五日），崔嘏、裴问将邢州城关闭，斩城中四员大将，向成德节度使王元逵请降。当时高元武在党山，闻知此讯，也向官军投降。

先前昭义节度使府曾赐给洺州军士布匹，每人得一端，不久使府又下帖文，要以这一端布折充为冬赐。恰值使府派遣的税商军将来到洺州，致使人心不安。王钊趁机向军士鼓动说：“留后刘稹年少，军政命令并非由刘稹所出。今军府仓库充实，足可支付十年的用度，岂可以不稍微散出一些财物，用以慰劳辛苦备至的士兵！节度使府的使帖我们不能从命。”于是擅自打开仓库，分给士卒每人绢一匹，谷十二石，士卒皆大为欢喜。王钊趁势关闭洺州城门，请降于魏博节度使何弘敬。安玉在磁州，闻知邢州、洺州都已投降，也以磁州请降于何弘敬。尧山都知兵马使魏元谈等也降于成德节度使王元逵，王元逵对魏元谈等人据守尧山久攻不克十分愤恨，于是将他们全都杀掉。

八月，辛卯（十一日），镇州、魏州藩镇使府向朝廷上奏，称邢、洺、磁三州皆已投降，宰相们入朝向唐武宗庆贺。李德裕对唐武宗说：“昭义镇的根本尽在太行山以东，邢、洺、磁三州归降朝廷后，上党肯定在不久之内会有变故。”唐武宗说：“郭谊必定会斩下刘稹的首级，挂在竹竿上，归降朝廷来赎自己的罪。”李德裕回答说：“实际情况必定会如皇上所预料的那样。”唐武宗说：“那么，现在首先应该处理什么事呢？”李德裕请求以卢弘止为邢、洺、磁三州留后，说：“万一镇、魏藩镇请求占有三州，朝廷将难于表态。”唐武宗同意了李德裕的请求，颁下诏书任命山南东道兼昭义节度使卢钧乘驿马赶赴镇治。

潞州人听说邢、洺、磁三州降唐，大为恐惧。郭谊、王协密谋杀刘稹以向朝廷赎罪；刘稹的远房堂兄中军使刘匡周兼任押牙，郭谊对他有顾虑，于是对刘稹说：“由于十三郎刘匡周在牙院，诸位将领都不敢说话言事，恐怕为十三郎猜疑而获罪，正因如此，我们才失去了太行山以东三个州。今天如果使十三郎不入牙院，诸位将领才敢于尽其所言，您如果听计于众人，必定能获得万全长策。”刘稹听后召刘匡周晓以道理，让刘匡周宣称有疾病而不入牙院。刘匡周勃然大怒说：“正由于我在牙院中，诸将领才不敢有异图；我若出牙院，刘家必遭破灭！”刘稹还是坚持要刘匡周出牙院，刘匡周不得已，又气又恨，只得即刻走出了牙院。

郭谊又指使刘稹所信任的董可武游说刘稹说："太行山以东三州的叛变，事由您的五舅裴问发起，现在上党城中人谁敢保护您！您今天想怎么办？"刘稹回答说："目前上党城中尚有五万人，应当紧闭城门坚守吧！"董可武说："这不是良策，留后您不如将自己捆绑起来归降朝廷，如文宗时张元益那样，还不失做一个刺史。应暂让郭谊充任留后，待得到旌节的时候，从容不迫地奉太夫人以及家室财产归居东都洛阳，不是也很好吗？"刘稹说："郭谊怎么肯这么做呢？"董可武说："我已与郭谊立下重誓，必定不会背负誓约的。"于是引郭谊入见刘稹。刘稹与郭谊密谋降唐事宜，密约既定，然后告诉母亲裴氏，裴氏说："归降朝廷当然是一件好事，只恨已经太晚。我弟裴问尚不忠于你，又如何能保证郭谊不背负于你呢！你自己再三考虑吧！"刘稹不加思索，穿着素服出使府牙门，以母亲裴氏之命任郭谊为都知兵马使。这时王协已经告诫诸将领，于使府外庭站立排列，郭谊拜谢刘稹礼毕后，出使府门接见诸位将领，刘稹则于内厅整理行装。李士贵听说事变，率领后院兵数千人攻击郭谊。郭谊向后院兵大喊说："你们为何不各自求取赏物，而想与李士贵同死吗？"军士听后纷纷后退，共同将李士贵杀死。郭谊改换使府将吏，安插自己的亲信，重新部署军士，一个晚上就全部准备就绪。

次日，郭谊又指使董可武入室谒见刘稹，说："郭公请您商讨公事。"刘稹说："为何不到此对我讲？"董可武说："恐怕惊动了太夫人。"于是引刘稹步行出使府牙门，来到使府之北的别宅，摆设酒宴作乐痛饮。当喝得痛快之时，董可武对刘稹说："今天的事是想保全您祖父太尉刘悟传下的一家人，但您必须自己决定去留，这样朝廷才会同情和照顾您的家属。"刘稹回答说："如您所说，我心里也这么想。"于是董可武上前抓住刘稹的手，崔玄度自后面将刘稹斩首。接着，收捕刘稹宗族家人，刘匡周以下以至襁褓之中的婴儿全部杀死。又杀死原刘从谏父子所信任善待的张谷、陈扬庭、李仲京、郭台、王羽、韩茂章、韩茂实、王渥、贾庠等总共十二家，并株连他们的子侄、外甥、女婿等，无一人能幸存。李仲京是李训的兄长；郭台为郭行余的儿子；王羽是王涯的族孙；韩茂章、韩茂实兄弟皆为韩约的儿子；王渥是王璠的儿子；贾庠为贾餗的儿子。唐文宗时甘露之变，李仲京等人逃亡投奔刘从谏，得到刘从谏的保护和抚养。这时郭谊总揽昭义军政大权，凡军中对他稍有嫌隙的人，郭谊都将其诛杀，以致每天都要杀人，血流在地上碾成了血泥。大局稳定后，郭谊将刘稹的首级封装在一个盒子里，派遣使者带着表文和书札，向王宰投降。刘稹的首级经过泽州，刘公直及其营垒的将士痛哭失声，也就一同投降王宰。

乙未（十五日），王宰将情况写成状奏告朝廷。丙申（十六日），宰相们入朝向唐武宗祝贺。李德裕奏言："如今不需要再设置邢、洺、磁留后，只需派遣卢弘止去宣慰这三者以及成德、魏博两道。"唐武宗问："郭谊应当如何处置呢？"李德裕说："刘稹是个傻小子罢了，其调兵遣将抗拒朝廷命令，都是郭谊为他出主意，做谋主；到刘稹势孤力单不能支持时，郭谊又出卖刘稹以求朝廷的赏赐。对这种人不加以诛除，又如何能说是惩治罪魁祸首？应该趁诸征讨大军压境之时，将郭谊等人一并诛除！"唐武宗说："我也认为这样处置为好。"于是下诏命石雄率领七千人进入潞州，以和先前的谣言相应。杜悰则以军饷运输困难，不能供给为由，声言郭谊等人可以赦免，唐武宗对其奏议不予理睬。李德裕说："今年春天泽潞未能平定，太原又出现骚扰，如果不是皇上圣明坚决果断，两处贼寇怎么可能平定！朝外议论认为如果是先朝皇上，像郭谊这种情况早就赦免了。"唐武宗说："你不知文宗心里和你意见不合，怎么能议到一处去呢！"于是，免去卢钧山南东道节度使的职务，让他专任昭义节度使。

戊戌（十八日），刘稹的首级被传送至京师长安。唐武宗颁布诏书："昭义镇所属泽、潞、邢、洺、磁五州免除赋役一年，为攻打刘稹而行军所过的州县，也免除今年秋季的税收。昭义镇所辖之境自刘从谏以来，所增加的无理赋税，全部予以免除。抽调平民所组建的土团也全部解散回家务农。诸道征讨刘稹的军队中有功的将士，按等级给予赏赐。"

郭谊既已杀死刘稹，日夜盼望着朝廷赐予留后的旗子和符节；过了很久也没有音讯，于是郭谊自言自语："必定要移往其他藩镇。"于是开始检阅自己的鞍马，整治自己的行装；待听说石雄将到来，大惊失色。石雄赶到，郭谊等人参贺既毕，宣示皇帝诏书的敕者张仲清说："都知兵马使郭谊的委任状过几天就会到来，其他诸将领的委任状在我这里，晚上牙院参拜时来受命！"于是调河中镇兵马包围毬场。当晚牙院参拜时，郭谊等人纷纷赶到，张仲清点名将他们一个一个地引入毬场，诸将领凡是狡猾凶狠曾死命抗拒官军者，全都逮捕，囚送京师长安。唐武宗又加何弘敬为同平章事衔。丁未（二十七日），武宗下诏命令掘刘从谏墓，将刘从谏尸首暴露于潞州街市三天；石雄又取刘从谏尸首放置于毬场斩杀并剁成碎块。

戊申（二十八日），唐武宗加封李德裕为太尉、赵国公，李德裕坚决推辞。唐武宗说："我只恨没有什么好官赏给你呀！你如果不该得，朕必定不会轻易赏给你的。"

丁巳（九月初七），卢钧进入潞州。卢钧平素待人宽厚爱护，刘稹还未平定时，卢钧已经领昭义节度使衔，襄州士卒在征讨行营与潞州人作战时，常对阵喊话，宣扬卢钧的美德。到卢钧赴镇上任，入天井关，昭义溃散的士卒归镇者，卢钧都善意抚慰，待他们十分厚道，以致上下人情大为融洽，昭义镇于是安定。

刘稹的部将郭谊、王协、刘公直、安全庆、李道德、李佐尧、刘武德、董可武等被押送至京师长安，全被斩首。

唐纪六十五

第二百四十九卷

宣宗元圣至明成武献文睿智章仁神聪懿道大孝皇帝下大中八年（甲戌，854）

上自即位以来，治弑宪宗之党，宦官、外戚乃至东宫官属，诛窜甚众。虑人情不安，丙申，诏："长庆之初，乱臣贼子，顷搜擿余党，流窜已尽，其余族从疏远者，一切不问。"

秋，九月，丙戌，以右散骑常侍高少逸为陕虢观察使。有敕使过硖石，怒饼黑，鞭驿吏见血；少逸封其饼以进。敕使还，上责之曰："深山中如此食岂易得！"谪配恭陵。

上以甘露之变，惟李训、郑注当死，自余王涯、贾悚等无罪，诏皆雪其冤。

上召翰林学士韦澳，托以论诗，屏左右与之语曰："近日外间谓内侍权势何如？"对曰："陛下威断，非前朝之比。"上闭目摇首曰："全未，全未！尚畏之在。卿谓策将安出？"对曰："若与外廷议之，恐有太和之变，不若就其中择有才识者与之谋。"上曰："此乃末策。自衣黄、衣绿至衣绯，皆感恩，才衣紫则相与为一矣！"上又尝与令狐绹谋尽诛宦官，绹恐滥及无辜，密奏曰："但有罪勿舍，有阙勿补，自然渐耗，至于尽矣。"宦者窃见其奏，由是益与朝士相恶，南北司如水火矣。

十三年（己卯，859）

初，上长子郓王温，无宠，居十六宅，余子皆居禁中。夔王滋，第三子也，上爱之，欲以为嗣，为其非次，故久不建东宫。

上饵医官李玄伯、道士虞紫芝、山人王乐药，疽发于背。八月，疽甚，宰相及朝士皆不得见。上密以夔王属枢密使王归长、马公儒，宣徽南院使王居方，使立之。三人及右军中尉王茂玄，皆上平日所厚也。独左军中尉王宗实素不同心，三人相与谋，出宗实为淮南监军；宗实已受敕于宣化门外，将自银台门出，左军副使亓元实谓宗实曰："圣人不豫逾月，中尉止隔门起居；今日除改，未可辨也。何不见圣人而出？"宗实感寤，复入，诸门已踵故事增人守捉矣。亓元实翼导宗实直至寝殿，上已崩，东首环泣矣。宗实叱归长等，责以矫诏；皆捧足乞命。乃遣宣徽北院使齐元简迎郓王。壬辰，下诏立郓王为皇太子，权句当军国政事，仍更名漼。收归长、公儒、居方，皆杀之。癸巳，宣遗制，以令狐绹摄冢宰。

宣宗性明察沈断，用法无私，从谏如流，重惜官赏，恭谨节俭，惠爱民物，故大中之政，讫于唐亡，人思咏之，谓之小太宗。

丙申，懿宗即位。癸卯，尊皇太后为太皇太后。以王宗实为骠骑上将军。李玄伯、虞紫芝、王乐皆伏诛。

唐宣宗大中八年（甲戌，公元854年）

唐宣宗自从即皇帝位以来，整治弑杀唐宪宗的逆党，宦官、外戚以至东宫的官属，很多人受牵连，被诛杀的和被流放的人很多。由于怕造成人心不安，丙申（正月十一日），唐宣宗颁布诏书宣称："长庆初年的乱臣贼子，前一段时间搜捕其余党，已经全部依罪流放，其余与罪犯较疏远的亲族，一概不予追究。"

秋季，九月，丙戌（初四），唐宣宗任命右散骑常侍高少逸为陕虢观察使。有一位宦官敕使路过硖石县，对驿馆供给他食用的饼太黑感到愤怒，用鞭抽打驿吏直到流血。高少逸将那块饼封在盒内送交朝廷，当这位宦官敕使还朝时，唐宣宗斥责他说："在深山中这样的食物，又岂能是容易得到的！"即将他降职发配去守恭陵。

唐宣宗认为甘露之变，唯有李训、郑注应当处死，其余王涯、贾悚等人无罪，颁布诏书昭雪他们的冤枉。

唐宣宗召来翰林学士韦澳，假借讨论诗文，屏去左右近侍对韦澳说："近日禁宫外对内侍宦官的权势有哪些说法？"韦澳回答说："都说陛下对宦官的处置威严果断，不是前朝皇帝可以相比的。"唐宣宗闭上眼睛摇摇头说："都不是这么回事，都不是这么回事！朕对宦官还有畏惧呢。你看有什么良策能对付宦官呢？"韦澳回答说："如果与宫廷之外的宰相大臣谋议诛除宦官，恐怕会有像太和年间那样的变故，还不如就在宦官当中选择一些有才识的人，与他们来谋议。"唐宣宗说："这是末策，朕已试行过，当朕提拔他们，让他们穿上黄色衣裳、绿色衣裳，以至绯衣时，他们都感恩戴德，一旦赐给他们紫衣，他们便与为首作恶的宦官抱成一团，不再听朕的话了！”唐宣宗又曾经与令狐绹密谋，企图将宦官全部诛杀干净，令狐绹恐怕会滥杀无辜，秘密地奏告唐宣宗说：“只要对有罪的宦官不予放过，宦官有缺不予补充，就会自然而然地慢慢消耗，最后死光，用不着您操劳忧虑了。”有宦官偷偷地看到了令狐的奏状，于是更加与外朝士大夫过不去，使南衙朝官与北司宦官势如水火。

十三年（己卯，公元 859 年）

起初，唐宣宗的长子郓王李温不为父亲喜爱，居住于十六宅，而唐宣宗的其他儿子都居住于宫中。夔王李滋，是唐宣宗第三个儿子，倍受父亲宠爱，唐宣宗想以他为皇嗣。因为李滋上有兄长，依照礼法轮不到他当皇太子，所以唐宣宗久久不立太子。

唐宣宗吃了医官李玄伯、道士虞紫芝、山人王乐所炼的丹药，背上长起毒疮。八月，毒疮发作，唐宣宗卧病不起，宰相和朝士都不得见。唐宣宗密将夔王李滋托付给宦官枢密使王归长、马公儒，宣徽南院使王居方，让他们出来立李滋继承皇位。三人和右神策军中尉王茂玄都是唐宣宗平日所信重的人。唯有左神策军中尉王宗实素来就不与他们同心，王归长等三人密谋，将王宗实挤出禁廷，外任淮南监军。王宗实已于宣化门外接受出任淮南监军的敕令，将由银台门出禁宫，左神策军副使亓元实对王宗实说：“皇上卧病不起已一个多月了，中尉您只是隔着门问皇上的起居，今日改任你为淮南监军的诏敕，真假未可分辨。为什么不见到皇上之后再出来呢？”王宗实恍然大悟，再入禁宫，禁宫诸门已按旧规矩增人把守。亓元实引导王宗实直走到唐宣宗的寝殿，唐宣宗已经驾崩，周围的人正都在失声痛哭。王宗实大骂王归长等人，斥责他们假造皇帝的诏命；王归长等人皆跪下乞求饶命。王宗实于是派遣宣徽北院使齐元简去十六宅迎接郓王李温，壬辰（初九），王宗实等以唐宣宗的名义颁布诏书，立郓王为皇太子，暂时掌管军事，并改名为李漼。将王归长、马公儒、王居方收捕，全部杀死。癸巳（初十），宣布唐宣宗的遗诏，以令狐绹摄冢宰，主持后事。

唐宣宗聪明细致，沉着果断，用法不徇私情，能虚心纳谏，从谏如流，不轻易将官位赏人，谦恭谨慎，生活节俭，爱护百姓的财物，所以大中年间的政治较清明，一直到唐朝灭亡，都有人思念歌咏，称唐宣宗为小太宗。

丙申（十三日），唐懿宗即皇帝位。癸卯（二十日），唐懿宗尊皇太后为太皇太后。任命王宗实为骠骑上将军。给唐宣宗吃丹药的李玄伯、虞紫芝、王乐都被处死。

唐纪六十七

第二百五十一卷

懿宗昭圣恭惠孝皇帝中咸通九年（戊子，868）

初，南诏陷安南，敕徐泗募兵二千赴援，分八百人别戍桂州，初约三年一代。徐泗观察使崔彦曾，慎由之从子也，性严刻；朝廷以徐兵骄，命镇之。都押牙尹戡、教练使杜璋、兵马使徐行俭用事，军中怨之。戍桂州者已六年，屡求代还，戡言于彦曾，以军帑空虚，发兵所费颇多，请更留戍卒一年；彦曾从之。戍卒闻之，怒。

都虞候许佶，军校赵可立、姚周、张行实皆故徐州群盗，州县不能讨，招出之，补牙职。会桂管观察使李丛移湖南，新使未至，秋，七月，佶等作乱，杀都将王仲甫，推粮料判官庞勋为主，劫库兵北还，所过剽掠，州县莫能御。

戊午，行及徐城，勋与许佶等乃言于众曰："吾辈擅归，思见妻子耳。今闻已有密敕下本军，至则支分灭族矣！丈夫与其自投网罗，为天下笑，曷若相与戮力同心，赴蹈汤火，岂徒脱祸，兼富贵可求！况城中将士皆吾辈父兄子弟，吾辈一唱于外，彼必响应于内矣。然后遵王侍中故事，五十万赏钱，可翘足待也！"众皆呼跃称善。将士赵武等十二人独忧惧，欲逃去，悉斩之，遣使致其首于彦曾，且为申状，称："勋等远戍六年，实怀乡里；而武等因众心不安，辄萌奸计。将士诚知诖误，敢避诛夷！今既蒙恩全宥，辄共诛首恶以补愆尤。"

初，辛云京之孙谠，寓居广陵，喜任侠，年五十不仕；与杜慆有旧，闻庞勋作乱，诣泗州，劝慆挈家避之，慆曰："安平享其禄位，危难弃其城池，吾不为也！且人各有家，谁不爱之？我独求生，何以安众！誓与将士共死此城耳！"谠曰："公能如是，仆与公同死！"乃还广陵，与其家诀，壬辰，复如泗州。时民避乱，扶老携幼，塞途而来，见谠，皆止之曰："人皆南走，子独北行，取死何为！"谠不应。至泗州，贼已至城下，说急棹小舟得入，慆即署团练判官。

时敕使郭厚本将淮南兵千五百人救泗州，至洪泽，畏贼强，不敢进。辛谠请往求救，杜慆许之。丁未夜，乘小舟潜渡淮，至洪泽，说厚本，厚本不听，比明，复还。己酉，贼攻城益急，欲焚水门，城中几不能御；谠请复往求救。慆曰："前往徒还，今往何益？"谠曰："此行得兵则生返，不得则死之。"慆与之泣别。谠复乘小舟负户突围出，见厚本，为陈利害。厚本将从之，淮南都将袁公弁曰："贼势如此，自保恐不足，何暇救人！"谠拔剑瞋目谓公弁曰："贼百道攻城，陷在朝夕；公受诏救援而逗留不进，岂惟上负国恩！若泗州不守，则淮南遂为寇场，公讵能独存邪！我当杀公而后止耳！"起，欲击之，厚本起，抱止之，公弁仅免。谠乃回望泗州，恸哭终日，士卒皆为之流涕。厚本乃许分五百人与之，仍问将士，将士皆愿行。谠举身叩头以谢将士，遂帅之抵淮南岸，望贼方攻城，有军吏言曰："贼势已似入城，还去则便。"谠逐之，揽得其髻，举剑击之，士卒共救之，曰："千五百人判官，不可杀也。"谠曰："临陈妄言惑众，必不可舍！"众请不能得，乃共夺之。谠素多力，众不能夺。谠曰："将士但登舟，我则舍此人。"众竞登舟，乃舍之。士卒有回顾者，则斫之。驱至淮北，勒兵击贼。慆于城上布兵与之相应，贼遂败走，鼓噪逐之，至晡而还。

泗州援兵既绝，粮且尽，人食薄粥。闰月，己亥，辛谠言于杜慆，请出求救于淮、浙，夜，帅敢死士十人，执长柯斧，乘小舟，潜往斫贼水寨而出。明旦，贼乃觉之，以五舟遮其前，以五千人夹岸追之。贼舟重行迟，谠舟轻行疾，力斗三十余里，乃得免。癸卯，至扬州，见令狐绹；甲辰，至润州，见杜审权。时泗州久无声问，或传已陷，谠既至，审权乃遣押牙赵翼将甲士二千人，与淮南共输米五千斛、盐五百斛以救泗州。

十年（己丑，869）

辛谠以浙西之军至楚州，敕使张存诚以舟助之。徐贼水陆布兵，锁断淮流，浙西军惮其强，不敢进，谠曰："我请为前锋，胜则继之，败则汝走。"犹不可；谠乃募选军中敢死士数十人，牒补职名，先以米舟三艘、盐舟一艘乘风逆流直进，贼夹攻之，矢著舟板如急雨，及锁，谠帅众死战，斧断其锁，乃得过。城上人喧呼动地，杜慆及将佐皆泣迎之。乙酉，城上望见舟师张帆自东来，识其旗浙西军也；去城十余里，贼列火船拒之，帆止不进。慆令谠帅死士出迎之，乘战舰冲贼陈而过，见张存诚帅米舟九艘，曰："将士在道前却，存诚屡欲自杀，仅得至此，今又不进。"谠扬言："贼不多，甚易与耳。"帅众扬旗鼓噪而前，贼见其势猛锐，避之，遂得入城。

先是，辛谠复自泗州引骁勇四百人迎粮于扬、润，贼夹岸攻之，转战百里，乃得出。至广陵，止于公馆，不敢归家，舟载盐米二万石，钱万三千缗，乙未，还至斗山。贼将王弘芝帅众万余，拒之于盱眙，密布战舰百五十艘以塞淮流，又纵火船逆之。谠命以长叉托过，自卯战及未，众寡不敌，官军不利。贼缚木于战舰，旁出四五尺为战棚，谠命勇士乘小舟入其下，矢刃所不能及，以枪揭火牛焚之，战舰既然，贼皆溃走，官军乃得过入城。

时魏博屡围丰县，庞勋欲先击之，丙申，引兵发徐州。

张玄稔尝戍边有功，虽胁从于贼，心尝忧愤，戊午，开门出降。玄稔见承训，肉袒膝行，涕泣谢罪。承训慰劳，即宣敕，拜御史中丞，赐遗甚厚。

玄稔复进言："今举城归国，四远未知，请诈为城陷，引众趋苻离及徐州，贼党不疑，可尽擒也！"承训许之。宿州旧兵三万，承训益以数百骑，皆赏劳而遣之。玄稔复入城，暮发平安火如常日。己未向晨，玄稔积薪数千束，纵火焚之，如城陷军溃之状，直趋苻离，苻离纳之，既入，斩其守将，号令城中，皆听命，收其兵，复得万人，北趋徐州。庞举直、许佶闻之，婴城拒守。

辛酉，玄稔至彭城，引兵围之，按兵未攻，先谕城上人曰："朝廷唯诛逆党，不伤良人；汝曹奈何为贼城守？若尚狐疑，须臾之间，同为鱼肉矣！"于是守城者稍稍弃甲投兵而下。崔彦曾故吏路审中开门纳官军，庞举直、许佶帅其党保子城，日昃，贼党自北门出，玄稔遣兵追之，斩举直、佶首，余党多赴水死，悉捕戍桂州者亲族，斩之，死者数千人，徐州遂平。

庞勋将兵二万自石山西出，所过焚掠无遗。庚申，承训始知，引步骑八万西击之，使朱邪赤心将数千骑为前锋。勋袭宋州，陷其南城，刺史郑处冲守其北城，贼知有备，舍去，渡汴，南掠亳州，沙陀追及之。勋引兵循涣水而东，将归彭城，为沙陀所逼，不暇饮食，至蕲，将济水，李衮发桥，勒兵拒之。贼惶惑不知所之，至县西，官军大集，纵击，杀贼近万人，余皆溺死，降者才及千人，勋亦死，而人莫之识，数日，乃获其尸。贼宿迁等诸寨皆杀其守将而降。宋威亦取萧县，吴迥独守濠州不下。

唐懿宗咸通九年（戊子，公元868年）

起初，南诏蛮军攻陷安南，唐懿宗下敕令徐泗镇招募士兵二千人往安南赴援，并分其中八百人另往桂州屯戍，最初约定三年轮换一批。徐泗观察使崔彦曾是崔慎由的侄子，性情严酷刻薄。朝廷因为徐州士兵骄横，所以任命崔彦曾镇抚徐泗。都押牙尹戡、教练使杜璋、兵马使徐行俭在使府用事掌权，遭到军中将士的怨愤，当时戍守桂州的徐泗士兵已戍边六年，屡次请求轮换回乡，尹戡向崔彦曾上言，说军府帑藏空虚，再调军队往桂州轮换替代，费用太多，请让桂林戍卒再留一年。崔彦曾听从了尹戡的建议。戍卒们得知消息，怒火冲天。

戍军都虞候许佶，军校赵可立、姚周、张行实都是以前的徐州盗贼，州县不能征讨，于是招安出山，进入军队出任牙职。恰值桂管观察使李丛调往湖南镇守，新任观察使尚未到任，秋季，七月，许佶等人发动叛乱，杀死都将王仲甫，推举粮料判官庞勋为主帅，抢劫军用仓库的兵器，武装起来结队北还，他们在所过之地四处劫掠，地方州县不能抵御。

戊午（九月二十八日），庞勋等行至徐城县，庞勋与许佶等人对部众宣称："我辈擅自归来，是因为思念妻儿，日夜想和他们相见啊！今天听说，已有皇帝的密敕到了徐州军府，到徐州我们将被肢解灭族！大丈夫与其自投罗网，为天下人所笑，还不如大家同心协力，赴汤蹈火干一番大事业。这样不仅摆脱祸殃，而且可求得富贵。更何况徐州城内的将士都是我们的父兄子弟，我们在外一声高喊，他们在城内必然响应。然后遵照王智兴侍中过去所做的事去办，五十万缗赏钱，可以翘足以待！"众戍卒听后都欢呼雀跃，拍手称好。只有将士赵武等十二人感到忧虑和恐惧，企图逃之夭夭，庞勋将他们全部处斩，派遣使者将赵武等十二人的首级送交崔彦曾，并且再递上申诉状，宣称："庞勋等远戍桂州六年，实在是怀念故乡故里；而赵武等人因为众心不安，竟萌生奸计，骗我们擅自归来。将士们当然知道被赵武等迷误将受到处罚，怎敢冒着诛灭全家的危险不听府使的命令！今天既承蒙观察使的大恩，得以免罪保全性命，大家也就立即将首恶分子赵武等十二人诛死，以弥补我们所犯下的罪过。"

起初，辛云京的孙子辛谠，在广陵闲居，行侠仗义，已五十岁了却不愿入朝做官。辛谠与杜慆多年友好，听说庞勋在徐泗叛乱，来到泗州，劝杜慆携带家属弃城逃走。杜慆说："平安时期享有朝廷的俸禄官位，危难时期抛弃朝廷委交给我管理的城池，这是我所不能干的！况且人各有自己的家，谁不爱自己的家呢？我独自逃走求生，如何来安定部众的心！我誓与将士同生死，要死也一起死在泗州城！"辛谠说："您能这样做，我也与您一同死在城里！"于是回到广陵，与自己的家属诀别，壬辰（十一月初三），再回到泗州城。当时民众为避战乱，扶老携幼，向南逃亡，道路也被人流所堵塞，逃亡的百姓见到辛谠，都劝阻他说：“人们都往南走，您独自北行，不是去找死吗！”辛谠不搭理。来到泗州，叛军已开到城下，辛谠拼命地划小船，得以入城，杜慆当即任命辛谠为团练判官。

当时朝廷命令郭厚本率领淮南兵士一千五百人救援泗州，到了洪泽，畏惧贼军势力强大，不敢继续前进。辛谠请求去郭厚本那里求救，杜慆同意了。丁未（十八日）夜晚，辛谠乘小船偷渡淮河，来到洪泽，游说郭厚本，郭厚本不听，到天亮，辛谠回到泗州城。己酉（二十日），贼军攻城更加急迫，企图焚烧泗州城的水门，城中将士几乎不能抵御，辛谠请求再往洪泽求救。杜慆说：“您前次去没有搬来救兵，独自回来，今天再去又有何用？”辛谠说：“这次去能搬来救兵就活着回来，搬不到救兵就死在那里。”杜慆于是与辛谠流着眼泪告别。辛谠再乘小船背朝着泗州突围而出，见到郭厚本，陈说利害。郭厚本正要听从辛谠的劝说，淮南镇都将袁公弁说：“叛贼势力这样强大，我们自保恐怕还不足够，还有什么余力去援救别人！”辛谠拔出剑瞪着眼对袁公弁说：“叛贼从四面八方进攻泗州城，泗州城沦陷就在朝夕之间。您受皇上的诏敕率军前来援救，却逗留不进，岂止是上负国家的恩情！如果泗州城守不住，淮南就要成为贼寇逐鹿的战场，您怎么能够独自生存呢？我应当先杀死您，然后自杀！”于是愤然起身，举剑要杀袁公弁，郭厚本忙起来抱住辛谠，按住辛谠的手，袁公弁勉强躲过。辛谠于是回头望着泗州，痛哭终日，士卒们都被感动得流泪。郭厚本于是准许分五百人给辛谠，并问将士谁愿随辛谠去，将士们都表示愿意前往。辛谠转身向将士们叩头，表示感谢，于是率领士兵进抵淮河南岸，看见贼军正在围攻泗州城，有一个军吏叫喊：“贼军势强，似乎已攻入城了，还是回去为好。”辛谠追上前去，抓住军吏的头发，举起剑将杀死他，士兵们都来求情，说：“他是一千五百人的判官，不可杀死。”辛谠说：“临阵信口胡说，妖言惑众，绝对不能免他的死！”大家见求情无效，于是一齐来夺辛谠手中的剑。辛谠很有力气，众人夺不下他的剑。于是辛谠说：“大家只要登上船，我就放下这个人。”众人竞相登船，辛谠这才放手舍下那位军吏。船上士卒有谁回头看，辛谠即用剑砍谁。船行至淮河北岸，辛谠即率领士卒向贼军发动袭击。杜慆在泗州城上布置军队与辛谠相接应，贼军于是被打败退走，官军敲鼓呼喊着追逐，直到午后才回城。

泗州的援兵既已断绝，粮食也将吃尽，人们只能喝稀粥。闰十二月，己亥（初十），辛谠对杜慆说，请求出城向淮、浙地区搬救兵。夜晚，辛谠率领敢死战士十人，手持长柄斧，乘小船，偷偷地砍断贼军水寨栅围逃出。次日早晨，贼军才发现，于是派五艘船阻击辛谠的小船，又派五千军队夹着河岸追击。贼军的船大体重，行动迟缓，辛谠的船小轻便，划得较快，辛谠与贼军奋力拼斗了三十余里，终于突出重围。癸卯（十四日），来到扬州，见到唐淮南节度使令狐绹；甲辰（十五日），又来到润州，见到唐镇海节度使杜审权。当时已很久没有泗州的消息，有传言说泗州已沦陷，辛谠既已赶到，杜审权于是派遣押牙赵翼率领武装得很好的士兵二千人，与淮南共输送大米五千斛、盐五百斛，前往援救泗州。

十年（己丑，公元 869 年）

辛谠率领浙西军队赶到楚州，宦官敕使张存诚率领船队来协助。徐州叛贼在水上和陆上布置了军队，封锁截断了淮河水流，浙西军队畏惧贼军的强大，不敢前进，辛谠对张存诚及诸将领们说："我请求当前锋，得胜你们就跟着我前进，失败你们就赶快撤退。"仍然得不到同意。辛谠于是招募军中的敢死士兵数十人，用牒写下每个人的职位姓名，先驾驶装米的船三艘，装盐的船一艘，乘风逆流而进，直冲泗州城。贼军在两岸夹击，箭头射在船板上，犹如急雨。船行至贼军封锁河道的铁锁前，辛谠率领部众奋力死战，用斧砍断铁锁，船得以通过。泗州城上欢呼之声震天动地，杜慆及部下将佐都哭着赶来迎接。乙酉（正月二十七日），泗州城上官军望见有战船张帆自东方而来，认出船上的旗帜是浙西军。离泗州城有十余里，徐州贼军排列火船进行阻挡，使浙西船队拉下船帆无法前进。杜慆命令辛谠率领敢死士兵出城迎接。辛谠乘战船冲向贼军阵地，冲过敌船后，看见张存诚率领装米的船九艘停在河中，张存诚喊："将士们惧怕贼军不敢前进，在河道中停留，我几次要自杀，才将船开到这里，现在船又不敢前进。"辛谠扬言说："贼军不多，前进并不太难。"于是率领众军扬起军旗，打鼓喧噪，奋力前进。贼军见浙西船队来势相当凶猛，不敢迎战，于是船队得入泗州城。

此前，辛谠再次从泗州率领骁勇士兵四百人到扬州、润州迎粮，贼军在河岸夹击，辛谠转战一百里，才突围而出。来到广陵，住宿于官府旅馆，不敢回家，用船运载盐米二万石、钱一万三千缗回泗州，乙未（四月初八），来到斗山。贼军将领王弘芝率领一万余人，将辛谠阻挡于盱眙县，贼军在淮河密布战船一百五十艘，用以堵塞淮河水道，又放火船冲撞辛谠的船队。辛谠命令将士用长杈将火船拖走，自卯时战到未时，由于寡不敌众，官军处境极为不利。贼军在战船上绑上木头，伸出船侧四五尺作为战棚，辛谠派勇士划小船钻入贼船战棚下，船上的刀箭均打不到，于是勇士们用长矛绑上草，放火烧贼船。贼船既已燃烧，贼军都跳船逃走，辛谠于是得以率船队进入泗州城。

当时魏博军屡次围攻丰县，庞勋打算先将其击败，丙申（初九），庞勋率领军队自徐州出发。

张玄稔曾经戍边有功，虽然被迫跟从贼军，但内心十分忧愤，戊午（九月初四），张玄稔打开宿州城门率众出城投降。张玄稔见康承训时，袒胸露臂，跪地爬行，嚎哭流泪，口称请罪。康承训慰劳张玄稔等人，当即宣布唐懿宗的敕令，拜张玄稔为御史中丞，赐给也相当丰厚。

张玄稔又向康承训进言献策："我今天举宿州城归降朝廷，远方四邻尚不知道，请让我假装为城被攻陷，率部众前往苻离及徐州，贼将党羽不会猜疑我，可将他们全部擒获！"康承训表示同意。宿州原有军队三万人，康承训再增补数百骑兵，均给予赏钱，厚加慰劳，派遣他们出征。张玄稔再入宿州城，至傍晚时像平常一样点燃平安火。己未（初五）凌晨，张玄稔堆积干柴数千捆，纵火焚烧，做出城被攻陷、军队溃散的模样，率领军队直奔苻离城。苻离贼军收纳张玄稔，既入城，张玄稔率军斩苻离贼军守将，向城中军民发号施令，众人都听从命令，于是纠集苻离城中军队，再收得一万人，向北进攻徐州。庞举直、许佶得知张玄稔叛变的情况，紧闭徐州城门拒守。

辛酉（初七），张玄稔赶到彭城，指挥军队将城团团围住，按兵未做进攻，先告谕城上的人说："朝廷只诛杀叛贼逆党，不会伤害好人，你们为什么要为叛贼守城呢？如果还迟疑不降，要不了多少时间，你们就要同叛贼逆党一同去见阎王，成为俎上的鱼肉！"于是城上渐渐有人脱去衣甲，抛下武器而跳下城。原先在崔彦曾手下办过事的官吏路审中打开徐州城门接纳官军，庞举直、许佶率领部下党羽退到内城拒守。太阳偏西时，庞举直等贼党从北门逃出，张玄稔派遣军队追击，砍下庞举直、刘佶的头，其余党羽大都跳到水里淹死。张玄稔将桂州戍卒叛乱者的亲属家族全部逮捕，处斩刑，被杀死的人有好几千，徐州于是被讨平。

庞勋率领军队二万人从石山向西进发，所过之处烧杀抢掠，一无所存。庚申（初六），康承训才知道庞勋的动向，于是率领步兵和骑兵八万人向西讨击庞勋，派遣朱邪赤心率领数千骑兵为前锋。庞勋袭击宋州，攻破宋州南城，宋州刺史郑处冲据守宋州北城，庞勋等知道城里官军有准备，即放弃宋州，渡过汴水，向南攻掠亳州，结果被沙陀骑兵追上。庞勋率领军队沿涣水向东走，企图回彭城，由于沙陀骑兵的追逼，日夜奔波，连吃饭的工夫都没有。赶到蕲县，准备渡河，李衮阻断桥梁，令官军摆好阵势准备抵抗。庞勋及其部众无法渡河，惶恐疑惑不知往哪里去为好，转至蕲县西面，大批官军赶到，纵兵进击，杀死贼军近一万人，其余的人都跳于河中淹死，投降的才一千人，庞勋也战死，但没有人认识他，数天后，才获得他的尸体。贼军设在宿迁县等地的几个营寨的士兵都杀死守将投降。宋威也攻取萧县，只有贼将吴迥据守濠州城未能攻下。

唐纪六十九

第二百五十三卷

僖宗惠圣恭定孝皇帝上之下乾符五年（戊戌，878）

曾元裕奏大破王仙芝于黄梅，杀五万余人，追斩仙芝，传首，余党散去。

黄巢方攻亳州未下，尚让帅仙芝余众归之，推巢为主，号冲天大将军，改元王霸，署官属。巢袭陷沂州、濮州。既而屡为官军所败，乃遗天平节度使张杨书，请奏之。诏以巢为右卫将军，令就郓州解甲；巢竟不至。

六年（己亥，879）

黄巢与浙东观察使崔璆、岭南东道节度使李迢书，求天平节度使，二人为之奏闻；朝廷不许。巢复上表求广州节度使，上命大臣议之。左仆射于琮以为："广州市舶宝货所聚，岂可令贼得之！"亦不许，乃议别除官。六月，宰相请除巢率府率，从之。

九月，黄巢得率府率告身，大怒，诟执政，急攻广州，即日陷之，执节度使李迢，转掠岭南州县。巢使迢草表述其所怀，迢曰："予代受国恩，亲戚满朝，腕可断，表不可草。"巢杀之。

黄巢在岭南，士卒罹瘴疫死者什三四，其徒劝之北还以图大事，巢从之。自桂州编大筏数十，乘暴水，沿湘江而下，历衡、永州，癸未，抵潭州城下。李系婴城不敢出战，巢急攻，一日，陷之，系奔朗州。巢尽杀戍兵，流尸蔽江而下。尚让乘胜进逼江陵，众号五十万。时诸道兵未集，江陵兵不满万人，王铎留其将刘汉宏守江陵，自帅众趣襄阳，云欲会刘巨容之师。铎既去，汉宏大掠江陵，焚荡殆尽，士民逃窜山谷。会大雪，僵尸满野。后旬余，贼乃至。汉宏，兖州人也，帅其众北归为群盗。

广明元年(庚子,880)

秋,七月,黄巢自采石渡江,围天长、六合,兵势甚盛。淮南将毕师铎言于高骈曰:“朝廷倚公为安危,今贼数十万众乘胜长驱,若涉无人之境,不据险要之地以击之,使逾长淮,不可复制,必为中原大患。”骈以诸道兵已散,张璘复死,自度力不能制,畏怯不敢出兵,但命诸将严备,自保而已,且上表告急,称:“贼六十余万屯天长,去臣城无五十里。”先是,卢携谓“骈有文武长才,若悉委以兵柄,黄巢不足平”。朝野虽有谓骈不足恃者,然犹庶几望之。及骈表至,上下失望,人情大骇。诏书责骈散遣诸道兵,致贼乘无备渡江。骈上表言:“臣奏闻遣归,亦非自专。今臣竭力保卫一方,必能济办;但恐贼迤逦过淮,宜急敕东道将士善为御备。”遂称风痹,不复出战。

唐僖宗乾符五年(戊戌,公元878年)

(二月)曾元裕上奏,称在黄梅大破王仙芝率领的贼军,杀五万余人,并追斩王仙芝,传首京师,王仙芝党羽大都散去。

黄巢率军正围攻亳州不下,尚让率领王仙芝余众来归,合兵一处,众人共推黄巢为盟主,号称“冲天大将军”,改年号为王霸,设置官职属僚,又领兵攻陷沂州、濮州。然后却屡次被唐朝官军打败,于是黄巢给唐天平节度使张杨一封求降信,请求代向朝廷上奏。唐僖宗得到奏文后下诏任命黄巢为右卫将军,命令黄巢率部众到郓州解除武装;黄巢没有从命,根本未去郓州。

六年(己亥,公元879年)

黄巢向唐浙东观察使崔璆、岭南东道节度使李迢投书,请求天平节度使的职位,崔璆和李迢为黄巢奏闻于朝廷,朝廷不准。黄巢再向朝廷上表乞求广州节度使的职位,唐僖宗命满朝大臣对此事讨论。左仆射于琮认为:“广州有市舶司,每年蕃船往来,聚集到大量宝货,这样重要的地方岂能让盗贼控制!”于是又不批准,而让大臣们议论给黄巢其他官职。六月,宰相们提出可任黄巢为率府率,唐僖宗表示同意。

九月,黄巢得到朝廷给予的率府率的委任状,大怒,大骂当朝宰相,并率军急攻广州,当天即将广州攻陷,活捉广州节度使李迢,并挥师转掠岭南地区各州县。黄巢又让李迢草写表文向朝廷申述自己想当广州节度使的愿望,李迢回答说:“我世代蒙受国家的恩典，亲戚当官的布满朝廷，我宁愿被斩断手腕，决不为你草写表文。”黄巢将其杀死。

黄巢军在岭南地区，士卒得瘴疫死者有十分之三四，黄巢的部下劝黄巢北还以图大事，黄巢表示赞同。于是自桂州编制大木筏数十个，乘洪水沿湘江顺流而下，穿过衡州、永州，癸未（十月二十七日），抵达潭州城下。李系紧闭城门不敢出来迎战，黄巢急攻一日，将城攻陷，李系逃奔朗州。黄巢将潭州戍兵全部杀死，将尸体抛入湘江，死尸顺流而下把江面都遮盖住了。尚让率军乘胜进逼江陵，号称五十万。当时诸道军队尚未集结，江陵官军兵不满万人，王铎留下部将刘汉宏据守江陵，自己率众赶往襄阳，宣称将要会合刘巨容所率军队。王铎既已离去，刘汉宏趁机对江陵大肆抢劫，几乎将江陵城烧了个干净。士民逃窜于山谷，值天降大雪，大批冻死于山野，山上一片僵尸。十多天后，黄巢的军队才赶到。刘汉宏是兖州人，这时率领其部众向北逃亡成为群盗。

广明元年（庚子，公元880年）

秋季，七月，黄巢军从采石渡过长江，围攻天长、六合，兵势相当强大。淮南军将毕师铎向高骈进言：“朝廷把安危倚仗于您，如今贼众数十万乘胜长途驱进，有如进入无人之境，倘若不及时占据险要之地攻击贼军，让他们越过长淮，就再也没有办法制服他们了，必定要成为中原的大患。”高骈因诸道援军已遣散，张璘又战死，自己感到不能制止黄巢北进，畏惧之心加上懦怯使他不敢出兵，只是命令诸将严加戒备，采取自保策略而已，并且上表朝廷告急，声称：“黄巢贼六十余万众屯聚天长，距我城不到五十里。”先前，卢携声言：“高骈有文武大才，如果将兵柄全都委交于他，平定黄巢将不在话下。”朝野人士虽然有不少人说高骈不足以依恃，但犹对他抱有一线希望。当高骈的表文送达朝廷，朝野上下一片失望，人情震恐。唐僖宗下诏谴责高骈妄自遣散诸道军，致使黄巢贼众乘唐军无备而渡过长江。高骈上表辩解说：“我上奏建议遣归诸道军队，不能算是自我专权。今天我竭尽全力保卫一方，必定是能办到的。只是恐怕贼众连绵曲折渡过淮河，应紧急命令东面诸道将士加强戒备，奋力抵御为是。”于是高骈宣称患有风痹症，不再派兵与黄巢作战。

唐纪七十

第二百五十四卷

僖宗惠圣恭定孝皇帝中之上广明元年（庚子，880）

汝郑把截制置都指挥使齐克让奏黄巢自称天补大将军，转牒诸军云：“各宜守垒，勿犯吾锋！吾将入东都，即至京邑，自欲问罪，无预众人。”上召宰相议之。豆卢瑑、崔沆请发关内诸镇及两神策军守潼关。壬戌，日南至。上开延英，对宰相泣下。

丁卯，黄巢陷东都，留守刘允章率百官迎谒；巢入城，劳问而已，闾里晏然。

十二月，庚辰朔，承范等至潼关，搜菁中，得村民百许，使运石汲水，为守御之备；与齐克让军皆绝粮，士卒莫有斗志。是日，黄巢前锋军抵关下，白旗满野，不见其际，克让与战，贼小却，俄而巢至，举军大呼，声振河、华。克让力战，自午至酉始解，士卒饥甚，遂喧噪，烧营而溃，克让走入关。关左有谷，平日禁人往来，以榷征税，谓之“禁坑”。贼至仓猝，官军忘守之，溃兵自谷而入，谷中灌木寿藤茂密如织，一夕践为坦途。承范尽散其辎囊以给士卒，遣使上表告急，称：“臣离京六日，甲卒未增一人，馈饷未闻影响。到关之日，巨寇已来，以二千余人拒六十万众，外军饥溃，蹋开禁坑。臣之失守，鼎镬甘心；朝廷谋臣，愧颜何寄！或闻陛下已议西巡，苟銮舆一动，则上下土崩。臣敢以犹生之躯奋冒死之语，愿与近密及宰臣熟议，急征兵以救关防，则高祖、太宗之业庶几犹可扶持，使黄巢继安禄山之亡，微臣胜哥舒翰之死！”

辛巳，贼急攻潼关，承范悉力拒之，自寅及申，关上矢尽，投石以击之。关外有天堑，贼驱民千余人入其中，掘土填之，须臾，即平，引兵而度。夜，纵火焚关楼俱尽。承范分兵八百人，使王师会守禁坑，比至，贼已入矣。壬午旦，贼夹攻潼关，关上兵皆溃，师会自杀，承范变服帅余众脱走。至野狐泉，遇奉天援兵二千继至，承范曰：“汝来晚矣！”博野、凤翔军还至渭桥，见所募新军衣裘温鲜，怒曰：“此辈何功而然，我曹反冻馁！”遂掠之，更为贼乡导，以趣长安。

甲申，以翰林学士承旨、尚书左丞王徽为户部侍郎，翰林学士、户部侍郎裴澈为工部侍郎，并同平章事。以卢携为太子宾客、分司。田令孜闻黄巢已入关，恐天子责己，乃归罪于携而贬之，荐徽、澈为相。是夕，携饮药死。澈，休之从子也。

百官退朝，闻乱兵入城，布路窜匿。令孜帅神策兵五百奉帝自金光门出，惟福、穆、泽、寿四王及妃嫔数人从行，百官皆莫知之。上奔驰昼夜不息，从官多不能及。车驾既去，军士及坊市民竞入府库盗金帛。

晡时，黄巢前锋将柴存入长安，金吾大将军张直方帅文武数十人迎巢于霸上。巢乘金装肩舆，其徒皆被发，约以红缯，衣锦绣，执兵以从，甲骑如流，辎重塞途，千里络绎不绝。民夹道聚观，尚让历谕之曰：“黄王起兵，本为百姓，非如李氏不爱汝曹，汝曹但安居无恐。”巢馆于田令孜第，其徒为盗久，不胜富，见贫者，往往施与之。居数日，各出大掠，焚市肆，杀人满街，巢不能禁；尤憎官吏，得者皆杀之。

庚寅，黄巢杀唐宗室在长安者无遗类。辛卯，巢始入宫。壬辰，巢即皇帝位于含元殿，画皂缯为衮衣，击战鼓数百以代金石之乐。登丹凤楼，下赦书；国号大齐，改元金统。谓廣明之号，去唐下体而著黄家日月，以为己符瑞。唐官三品以上悉停任，四品以下位如故。以妻曹氏为皇后。以尚让为太尉兼中书令，赵璋兼侍中，崔璆、杨希古并同平章事，孟楷、盖洪为左右仆射、知左右军事，费传古为枢密使。以太常博士皮日休为翰林学士。璆，邠之子也，时罢浙东观察使，在长安，巢得而相之。

唐僖宗广明元年（庚子，公元880年）

汝郑把截制置都指挥使齐克让向朝廷奏称：黄巢已自称天补大将军，并写牒文转送给唐诸镇军，宣称：“你们应各自据守自己的城垒，不要阻犯我军的兵锋！我将亲率大军攻入东都，接着攻入京师，向朝廷问罪，与你们没有关系。”唐僖宗将宰相们召到内殿商议对策。豆卢瑑、崔沆建议调发在关内的诸藩镇军及左、右神策军去拒守潼关。壬戌（十一月十二日），冬至，唐僖宗开延英殿最高决策会议，由于找不到御敌良策，竟对着宰相们流泪。

丁卯（十七日），黄巢军攻陷东都，唐东都留守刘允章率领百官迎拜；黄巢大军入城，对城中百姓劳问而已，坊里和平常一样，人民生活正常。

十二月，庚辰朔（初一），张承范等率军赶到潼关，在青草茂密处搜得村民一百来人，即让他们为役运石汲水，做守城的准备。这时张承范军与齐克让军都已绝粮，士卒个个都没有斗志。这一天，黄巢军的前锋进抵潼关城下，白旗遍布山野，一望无际。齐克让率军出战，黄巢军小败。接着黄巢率大军赶到，全军大声呐喊，声音震撼黄河、华山。齐克让奋力拼战，自午时至酉时才停战。这时士卒已饿极了，于是呼喊喧闹着把营寨烧毁，溃散而去，齐克让也奔入潼关。潼关左边有山谷，平时禁止人在谷中往来，以便榷征商税，人们称此谷为“禁坑”。黄巢大军来得仓促，官军猝不及防，溃兵自山谷而入禁坑，里面灌木长藤茂密犹如蜘蛛网，一夕之间踏成一条平坦的大道。张承范将辎重和私囊全部散发给士卒，派人上表朝廷告急，表称：“我率军离京六天，士卒没有增加一人，军饷更连影子也未见到。到潼关之日，黄巢巨寇已来到关下，我以二千余人抗拒六十万敌众，在关外的齐克让军因饥饿而溃散，踏开禁坑。我如果将潼关失守，就是处以投身油锅的极刑也心甘情愿；但是朝廷宰相谋臣，羞愧之颜又寄托于何处！听人说陛下已经议论要西巡至蜀中，但如果陛下的金銮轿子一动，恐怕朝廷上下将土崩瓦解。我敢在战死之前，以尚存一刻的身躯，大胆说几句冒死之话，希望陛下与亲近宦官及宰相大臣深思熟虑，紧急征兵来救援潼关的关防，如果潼关能守，我大唐高祖、太宗创立的基业或许还可以扶持，使黄巢步安禄山的后尘遭到灭亡，而微臣我战死了也比哥舒翰要强！”

辛巳（初二），黄巢军猛攻潼关，张承范竭尽全力进行抵抗，自寅时到申时，关上官军弓箭已无矢可射，于是用石头投向黄巢军，潼关外有壕沟，黄巢军驱赶平民千余人来壕中，掘土将壕沟填上，不一会儿，即将壕沟填平。于是黄巢军渡过壕沟。入夜，纵火将关楼全部焚烧干净。张承范于是分八百士兵，交给王师会，令他拒守禁坑，当王师会率军赶到禁坑时，黄巢军已经通过。壬午（初三）早晨，黄巢军夹攻潼关，关上唐守军全部溃散，王师会自杀。张承范身穿便服率领残余士兵逃脱回到长安，行至野狐泉，遇到相继到来的奉天援兵二千人，张承范对他们说：“你们来晚了！”于是退还。博野镇和凤翔镇的军队退至渭桥，见田令孜所招募的新军穿着新衣皮裘，十分愤怒，说：“这些家伙有什么功劳能穿上这样好的衣服，我们殊死拼战反倒受冻挨饿！”于是抢劫新军，并为黄巢军做向导，往长安进发。

甲申（初五），唐僖宗任命翰林学士承旨、尚书左丞王徽为户部侍郎，任翰林学士、户部侍郎裴澈为工部侍郎，二人都为同平章事。贬宰相卢携为太子宾客、分司东都。田令孜听说黄巢率大军已进入关中，恐怕天下人追究自己的责任，于是归罪于卢携，而将他贬官，荐举王徽、裴澈为宰相。这天傍晚，卢携喝毒药自杀身亡。裴澈是裴休的侄子。

百官退出朝堂，听说乱兵已入长安城，分路躲藏。田令孜率领神策军士兵五百人护卫着唐僖宗自金光门出城，只有福王、穆王、泽王、寿王等四王及几个妃嫔随銮驾而去，百官竟无人知晓皇帝去向。唐僖宗昼夜不停地奔驰，随从官员大多跟不上。唐僖宗的车驾既已远去，长安城中的军士及坊市百姓争先恐后地闯入皇家府库盗取金帛。

临近傍晚时，黄巢部下前锋将柴存进入长安城，唐金吾大将军张直方率文武官数十人往霸上迎接黄巢。黄巢坐着用黄金装饰的轿子，其部下全都披着头发，穿着红丝锦绣衣裳，手持兵器跟从着，铁甲骑兵行如流水，辎重车辆塞满道路，大军延绵千里络绎不绝。长安居民夹道聚观，尚让挨个向士民们宣谕说："我黄王起兵，本为了百姓！不像唐朝李氏皇帝不爱你们，你们只管安居乐业，不要恐慌。"黄巢住宿于田令孜的家，其部下将士为盗贼既久，极为富有，看到贫穷的人，往往施舍财物。但居住几天以后，又各自出来大肆抢劫，焚烧坊市，到处杀人，使死尸满街，黄巢无法禁止。黄巢部下尤其憎恨唐朝官吏，凡抓获到的全部杀死。

庚寅（十一日），黄巢将留在长安的唐朝宗室全部杀光，一个不剩。辛卯（十二日），黄巢始入居禁宫。壬辰（十三日），黄巢在含元殿即皇帝位，在黑色丝织物上作画，作为天子礼服，敲响战鼓数百声，以替代金石音乐，作为登基之礼。黄巢登上丹凤楼，颁下赦书：定国号为大齐，改年号为金统。宣称僖宗年号廣明，"廣"字去掉"唐"字的下半截而加上了"黄"家，再将日、月合并"明"字，认为这正是自己将当皇帝的符瑞。黄巢又发布命令，凡唐朝三品以上官员全部停任，四品以下官员保留官位如故。又册立其妻子曹氏为皇后。任命尚让为太尉兼中书令，赵璋为兼侍中，崔璆、杨希古并为同平章事，孟楷、盖洪为左右仆射、知左右军事，费传古为枢密使。又任命太常博士皮日休为翰林学士。崔璆即崔邠的儿子，当时正罢去浙东观察使的官职，居住在长安，被黄巢俘获而任为宰相。

唐纪七十一

第二百五十五卷

僖宗惠圣恭定孝皇帝中之下中和二年（壬寅，882）

黄巢所署同州防御使朱温屡请益兵以扞河中，知右军事孟楷抑之，不报。温见巢兵势日蹙，知其将亡，亲将胡真、谢瞳劝温归国；九月，丙戌，温杀其监军严实，举州降王重荣。温以舅事重荣，王铎承制以温为同华节度使，使瞳奉表诣行在。

以朱温为右金吾大将军、河中行营招讨副使，赐名全忠。

黄巢兵势尚强，王重荣患之，谓行营都监杨复光曰："臣贼则负国，讨贼则力不足，奈何？"复光曰："雁门李仆射，骁勇，有强兵，其家尊与吾先人尝共事相善，彼亦有徇国之志；所以不至者，以与河东结隙耳。诚以朝旨谕郑公而召之，必来，来则贼不足平矣！"东面宣慰使王徽亦以为然。时王铎在河中，乃以墨敕召李克用，谕郑从谠。十一月，克用将沙陀万七千自岚、石路趣河中，不敢入太原境，独与数百骑过晋阳城下与从谠别，从谠以名马、器币赠之。

三年（癸卯，883）

李克用与忠武将庞从、河中将白志迁等引兵先进，与黄巢军战于渭南，一日三战，皆捷；义成、义武等诸军继之，贼众大奔。甲辰，克用等自光泰门入京师，黄巢力战不胜，焚宫室遁去。贼死及降者甚众，官军暴掠，无异于贼，长安室屋及民所存无几。巢自蓝田入商山，多遗珍宝于路，官军争取之，不急追，贼遂逸去。

克用时年二十八，于诸将最少，而破黄巢，复长安，功第一，兵势最强，诸将皆畏之。克用一目微眇，时人谓之"独眼龙"。

四年（甲辰，884）

五月，癸亥，大雨，平地三尺，黄巢营为水所漂，且闻李克用将至，遂引兵东北趣汴州，屠尉氏。尚让以骁骑五千进逼大梁，至于繁台；宣武将丰人朱珍、南华庞师古击却之。全忠复告急于李克用，丙寅，克用与忠武都监使田从异发许州，戊辰，追及黄巢于中牟北王满渡，乘其半济，奋击，大破之，杀万余人，贼遂溃。尚让帅其众降时溥，别将临晋李谠、曲周霍存、甄城葛从周、冤句张归霸及弟归厚帅其众降朱全忠。巢逾汴而北，己巳，克用追击之于封丘，又破之。庚午夜，复大雨，贼惊惧东走，克用追之，过胙城、匡城。巢收余众近千人，东奔兖州；辛未，克用追至冤句，骑能属者才数百人，昼夜行二百余里，人马疲乏，粮尽，乃还汴州，欲裹粮复追之，获巢幼子及乘舆器服符印，得所掠男女万人，悉纵遣之。

甲戌，李克用至汴州，营于城外；朱全忠固请入城，馆于上源驿。全忠就置酒，声乐、馔具皆精丰，礼貌甚恭；克用乘酒使气，语颇侵之，全忠不平。薄暮，罢酒，从者皆沾醉，宣武将杨彦洪密与全忠谋，连车树栅以塞衢路，发兵围驿而攻之，呼声动地。克用醉，不之闻；亲兵薛志勤、史敬思等十余人格斗，侍者郭景铢灭烛，扶克用匿床下，以水沃其面，徐告以难，克用始张目援弓而起。志勤射汴人，死者数十。须臾，烟火四合，会大雨震电，天地晦冥，志勤扶克用帅左右数人逾垣突围，乘电光而行，汴人扼桥，力战得度，史敬思为后拒，战死。克用登尉氏门，缒城得出，监军陈景思等三百余人，皆为汴人所杀。杨彦洪谓全忠曰："胡人急则乘马，见乘马则射之。"是夕，彦洪乘马适在全忠前，全忠射之，殪。

克用妻刘氏，多智略，左右先脱归者以汴人为变告，刘氏神色不动，立斩之，阴召大将约束，谋保军以还。比明，克用至，欲勒兵攻全忠，刘氏曰："公比为国讨贼，救东诸侯之急，今汴人不道，乃谋害公，自当诉之朝廷。若擅举兵相攻，则天下孰能辨其曲直！且彼得以有辞矣。"克用从之，引兵去，但移书责全忠，全忠复书曰："前夕之变，仆不之知，朝廷自遣使者与杨彦洪为谋，彦洪既伏其辜，惟公谅察。"

唐僖宗中和二年（壬寅，公元882年）

黄巢任命的同州防御使朱温多次请求增兵，以固守河中一带，知右军事孟楷把这事压下而不上报。朱温看到黄巢队伍的形势越来越困窘，知道其将以失败告终，亲信将领胡直、谢瞳二人规劝朱温归顺大唐。九月，丙戌（十七日），朱温杀掉监军严实，率同州全部人马投降王重荣。朱温把王重荣当作舅舅来侍奉。王铎秉承旨意，让朱温做同华节度使，派谢瞳恭奉表文到皇帝处所报告。

（十日）唐僖宗以朱温为右金吾大将军、河中行营招讨副使，并赐名为全忠。

黄巢的兵势还比较强大，王重荣对此深表忧虑，他对行营都监杨复光说："对贼寇称臣就辜负了大唐，讨伐贼寇又兵力不足，怎样才好？"杨复光说："雁门节度使李克用，作战勇猛，并拥有强大的军队，他的父亲与我已故的养父曾经一同共事，相处很好，他也有以身殉国的宏大志愿，之所以他不来，是因为他与河东的郑从谠有矛盾。若是诚恳地用朝廷的旨意谕劝郑从谠，从而召唤李克用，李克用一定会来。李克用若来，则平灭贼寇不在话下了！"东面宣慰使王徽也这样认为。当时王铎在河中，就用墨敕召集李克用，谕劝郑从谠。十一月，李克用带领一万七千沙陀人马，从岚州、石州赶往河中，但不敢进入太原境内，只带几百骑兵经过晋阳城与郑从谠告别，郑从谠赠送给他名马、器具和钱币。

三年（癸卯，公元 883 年）

李克用与忠武将军庞从、河中将军白志迁等带领人马先行进军，在渭南与黄巢军队展开激战，一天交战三次，都获得胜利；义成、义武等军相继赶到，黄巢人马只好争相败逃。甲辰（四月初八），李克用等从光泰门进入京师长安，黄巢顽强争战而不能取胜，最后放火焚烧宫殿后逃跑。贼寇战死和投降的人很多，但官军横暴抢掠，与贼寇没有什么两样，长安城内的房屋和百姓所剩无几。黄巢从蓝田进入商山，在路上扔下许多珍宝，官军争抢这些东西，而不急于追击，贼寇于是逃脱了。

李克用当时年仅二十八岁，在各位将领中是最年轻的，可是打败黄巢，收复长安，李克用的功劳实属第一，军队实力也最强大，各位将领对他都很畏惧。李克用的一只眼睛略微小些，当时人们都叫他"独眼龙"。

四年（甲辰，公元 884 年）

五月，癸亥（初三），天下大雨，雨水淹没地面三尺深，黄巢的军营被水淹漫，又听说李克用将要来到，于是带领人马往东北方向的汴州奔去，进屠尉氏。尚让带领精壮骑兵五千逼近大梁，到达繁台，宣武将军丰州人朱珍、南华人庞师古将尚让击退。朱全忠又向李克用告急请求援救，丙寅（初六），李克用与忠武都监使田从异从许州出发，戊辰（初八），在中牟北面的王满渡追赶上黄巢。李克用乘黄巢人马渡到汴河一半的时候，奋勇攻打，击败黄巢的队伍，斩杀一万余人，贼寇于是溃退。尚让率领他的人马向时溥投降，其他将领临晋人李谠、曲周人霍存、甄城人葛从周、冤句人张归霸以及他的堂弟张归厚带领所部向朱全忠投降。黄巢经过汴河向北奔去，己巳（初九），李克用在封丘追上黄巢，又将黄巢打败。庚午（初十）夜间，又下大雨，贼寇惊慌畏惧向东逃跑，李克用穷追不舍，先后经过胙城、匡城。黄巢把剩余的人马收集起将近一千人，向东奔往兖州。辛未（十一日），李克用追到冤句，统领的骑兵仅几百人，一天一夜行程二百余里，士兵和马匹都疲惫不堪，粮食也断绝了，于是回到汴州，想携带这里的粮食再次追击黄巢。李克用捉住黄巢的幼子，缴获了黄巢乘坐的车马和他的器具、服装、符节和印章，并收得黄巢以前掠抢的男女百姓有一万多，把他们全部放回去。

甲戌（十四日），李克用到达汴州，在城外安营扎寨；朱全忠坚持请李克用进入城内，在上源驿为李克用设立馆舍。朱全忠为李克用置办酒席招待，有精彩的歌舞音乐，丰盛的美食佳肴，礼貌十分恭谦。李克用乘着酒兴大发脾气，多有恶语伤人之处，朱全忠心里愤愤不平。到了傍晚，酒宴结束，李克用的随从都饮酒大醉。宣武将军杨彦洪与朱全忠谋划，把马车连起来、用树木做栅栏以堵塞主要道路，然后派出军队包围上源驿攻打李克用，呼喊的声音惊天动地。李克用已醉，不知道这一切，他的亲兵薛志勤、史敬思等十几人展开激烈的搏杀，侍卫郭景铢扑灭蜡烛，搀扶李克用藏到床下，用凉水浇李克用的脸，慢慢地告诉他所发生的灾难，李克用才睁开眼睛拿着弓箭起来。薛志勤用箭射汴州的人，射死几十名。不一会儿，浓烟烈火从四面扑来，恰好天下大雨，电闪雷鸣，天地昏暗，薛志勤扶着李克用率领身边的几名卫兵，越过墙垣突破包围，乘着闪电的光亮向前走。汴州军队把守渡桥，经过激烈的交战李克用才过去，史敬思在后面阻击掩护，战死。李克用登上汴州城的南门尉氏门，用绳子拴住身体溜下去，得以逃出。监军陈景思等三百余人，都被汴州军队杀害。杨彦洪对朱全忠说："北方的胡人遇有急事就乘骑马匹，我们见到有骑马人便射他。"当天晚上，杨彦洪恰好骑着马出现在朱全忠的面前，朱全忠当即射箭，杀死了杨彦洪。

李克用的妻子刘氏，智多善谋，李克用身边的人有的先从汴州城内逃脱回去，把汴州城内朱全忠发动变乱一事告诉给她，刘氏不动声色，立即将逃回来的人斩杀，暗中召集各大将军，谋划以求全军回还。等到天亮，李克用回来，要率领所部官兵去攻打朱全忠，刘氏说："你正在为国家讨伐贼寇，解救东面各路官军的燃眉之急，今天汴州朱全忠一伙人不仁道，竟阴谋杀害你，正应当去呈诉朝廷。如果你擅自带领人马去攻打他，那么天下的人谁还能辨别这件事的是非曲直？而且那样会让朱全忠有话可说了。”李克用听从了妻子刘氏的话，带领军队离去，只是写信责备朱全忠。朱全忠回信说：“前天晚上的变乱，我实在不知道，是朝廷派遣的使臣与杨彦洪相谋划的，杨彦洪既然已经伏罪处死，只有请你体察原谅了。”

唐纪七十二

第二百五十六卷

僖宗惠圣恭定孝皇帝下之上中和四年（甲辰，884）

甲辰，武宁将李师悦与尚让追黄巢至瑕丘，败之。巢众殆尽，走至狼虎谷，丙午，巢甥林言斩巢兄弟妻子首，将诣时溥；遇沙陀博野军，夺之，并斩言首以献于溥。

光启元年（乙巳，885）

初，田令孜在蜀募新军五十四都，每都千人，分隶两神策，为十军以统之，又南牙、北司官共万余员，是时藩镇各专租税，河南北、江、淮无复上供，三司转运无调发之所，度支惟收京畿、同、华、凤翔等数州租税，不能赡，赏赉不时，士卒有怨言。令孜患之，不知所出。先是，安邑、解县两池盐皆隶盐铁，置官榷之；中和以来，河中节度使王重荣专之，岁献三千车以供国用，令孜奏复如旧制隶盐铁。夏，四月，令孜自兼两池榷盐使，收其利以赡军。重荣上章论诉不已，遣中使往谕之，重荣不可。

王重荣求救于李克用，克用方怨朝廷不罪朱全忠，选兵市马，聚结诸胡，议攻汴州，报曰："待吾先灭全忠，还扫鼠辈如秋叶耳！"重荣曰："待公自关东还，吾为虏矣。不若先除君侧之恶，退擒全忠易矣。"时朱玫、李昌符亦阴附朱全忠，克用乃上言："玫、昌符与全忠相表里，欲共灭臣，臣不得不自救，已集蕃、汉兵十五万，决以来年济河，自渭北讨二镇；不近京城，保无惊扰。既诛二镇，乃旋师灭全忠以雪仇耻。"上遣使者谕释，冠盖相望。

朱玫欲朝廷讨克用，数遣人潜入京城，烧积聚，或刺杀近侍，声云克用所为，于是京师震恐，日有讹言。令孜遣玫、昌符将本军及神策鄜、延、灵、夏等军各三万人屯沙苑，以讨王重荣，重荣发兵拒之，告急于李克用，克用引兵赴之。十一月，重荣遣兵攻同州，刺史郭璋出战，败死。重荣与玫等相守月余，克用兵至，与重荣俱壁沙苑，表请诛令孜及玫、昌符；诏和解之，克用不听。十二月，癸酉，合战，玫、昌符大败，各走还本镇，溃军所过焚掠。克用进逼京城，乙亥夜，令孜奉天子自开远门出幸凤翔。

初，黄巢焚长安宫室而去，诸道兵入城纵掠，焚府寺民居什六七，王徽累年补葺，仅完一二，至是复为乱兵焚掠，无孑遗矣。

唐僖宗中和四年（甲辰，公元884年）

甲辰（六月十五日），武宁将军李师悦和尚让追击黄巢到瑕丘，打败黄巢。黄巢的人马没剩下多少，逃到泰山东南部的狼虎谷。丙午（十七日），黄巢的外甥林言斩下黄巢和黄巢的兄弟、妻子的头颅，正要拿着送到时溥那里，遇上了沙陀博野军，将黄巢等人的头颅夺去，并且砍下林言的脑袋，一同献给了时溥。

光启元年（乙巳，公元885年）

起初，田令孜在蜀地招募新的军队设五十四都，每都一千人，分别隶属左右神策军，共组成十个军进行统率，还有南牙、北司的官员共一万余人。当时各藩镇独占田租赋税，河南道、河北道、江南道、淮南道不再向朝廷进贡纳赋。朝廷的盐铁使、度支使、户部使三司转运钱粮而没有调取征发的地方，财政上只是收取京畿、同州、华州和凤翔等几个州的田租赋税，不够用，赏赐不能准时，军中士卒有怨言。田令孜对此很担心，但又不知从何处开辟财源。在这以前，安邑、解县两处池盐都隶属盐铁使，朝廷命官吏管理池盐专卖事宜。中和年间以来，河中节度使王重荣独占池盐收入，每年向朝廷进献三千车盐供国家调用。田令孜上奏请求恢复过去的制度，仍由盐铁使管理安邑、解县两盐池。夏季，四月，田令孜自己兼任安邑、解县两盐池的榷盐使，收取所得利钱来供养军队。王重荣不停地上奏辩论申诉，唐僖宗派遣宦官前往晓谕，王重荣仍不罢休。

王重荣向李克用请求救援，李克用正在怨恨朝廷对朱全忠在上源驿陷害他而不治罪，挑选兵卒购买马匹，聚集联合北方的各胡族部落，商议攻打汴州，他回答王重荣说：“等我先消灭了朱全忠，回头再收拾这些鼠辈就像秋风扫落叶一样容易！”王重荣说：“等您从关东回来，我已成为阶下囚了。不如先除掉皇帝身边的恶棍，然后再退兵擒拿朱全忠就容易了。”当时朱玫、李昌符也暗中归附朱全忠，李克用于是上疏说：“朱玫、李昌符与朱全忠内外勾结，要一起消灭我，我不得不自救。现已集结蕃夷和汉族的军队十五万，决意在明年过河，从渭河的北面讨伐朱玫、李昌符，但不逼近京城，保证长安不会受到惊扰。杀掉朱玫、李昌符二人之后，便撤回军队消灭朱全忠，以报仇雪耻。”唐僖宗接连不断地派遣使臣前往李克用处进行规劝解释。

朱玫想使朝廷讨伐李克用，多次派人偷偷进入京城，纵火焚烧积聚的财物，或者刺杀近臣，放出风声说是李克用干的，于是京师长安震惊恐慌，每天都有谣言传出。田令孜派遣朱玫、李昌符带领他们自身的军队以及神策军，鄜州、延州、灵州、夏州等地的军队共三万人，驻扎在沙苑，以征伐王重荣，王重荣派出军队进行抵抗，并向李克用告急，李克用带领人马赶往这里。十一月，王重荣派遣军队攻打同州，刺史郭璋出来迎战，战败身亡。王重荣与朱玫、李昌符相互对峙一个多月，李克用的军队赶到，与王重荣一起在沙苑设置营垒，进呈表文请求诛杀田令孜及朱玫、李昌符。唐僖宗颁诏劝李克用与田令孜等和解，李克用拒绝接受。十二月，癸酉（二十三日），双方会战，朱玫、李昌符大败，分别逃回自己的镇所，溃败的军队在所经过的地方大肆焚烧抢掠。李克用逼近京城，乙亥（二十五日）夜间，田令孜侍奉唐僖宗从长安城的开远门出奔凤翔。

当初，黄巢离开长安时曾纵火焚烧宫殿房舍，各道官兵进入长安城后大肆抢掠，焚烧的官府、寺庙和民房有十分之六七，经王徽多年修补，仅完成了十分之一二，到这时再次遭到作乱军队的焚烧抢掠，就没有什么遗留的了。

唐纪七十四

第二百五十八卷

昭宗圣穆景文孝皇帝上之上大顺元年（庚戌，890）

赫连铎、李匡威表请讨李克用。朱全忠亦上言："克用终为国患，今因其败，臣请帅汴、滑、孟三军，与河北三镇共除之。乞朝廷命大臣为统帅。"

初，张濬因杨复恭以进，复恭中废，更附田令孜而薄复恭。及复恭再用事，深恨之。上知濬与复恭有隙，特亲倚之；濬亦以功名为己任，每自比谢安、裴度。克用之讨黄巢屯河中也，濬为都统判官。克用薄其为人，闻其作相，私谓诏使曰："张公好虚谈而无实用，倾覆之士也。主上采其名而用之，他日交乱天下，必是人也。"濬闻而衔之。

上从容与濬论古今治乱，濬曰："陛下英睿如此，而中外制于强臣，此臣日夜所痛心疾首也。"上问以当今所急，对曰："莫若强兵以服天下。"上于是广募兵于京师，至十万人。

及全忠等请讨克用，上命三省、御史台四品以上议之，以为不可者什六七，杜让能、刘崇望亦以为不可。濬欲倚外势以挤杨复恭，乃曰："先帝再幸山南，沙陀所为也。臣常虑其与河朔相表里，致朝廷不能制。今两河藩镇共请讨之，此千载一时。但乞陛下付臣兵柄，旬月可平。失今不取，后悔无及。"孔纬曰："濬言是也。"复恭曰："先朝播迁，虽藩镇跋扈，亦由居中之臣措置未得其宜。今宗庙甫安，不宜更造兵端。"上曰："克用有兴复大功，今乘其危而攻之，天下其谓我何？"纬曰："陛下所言，一时之体也；张濬所言，万世之利也。昨计用兵、馈运、犒赏之费，一二年间未至匮乏，在陛下断志行之耳。"上以二相言叶，僶俛从之，曰："兹事今付卿二人，无贻朕羞！"

五月，诏削夺克用官爵，属籍。

官军出阴地关，游兵至于汾州。李克用遣薛志勤、李承嗣将骑三千营于洪洞，李存孝将兵五千营于赵城。镇国节度使韩建以壮士三百夜袭存孝营，存孝知之，设伏以待之；建兵不利，静难、凤翔之兵不战而走。河东兵乘胜逐北，抵晋州西门；张濬出战，又败，官军死者近三千人。静难、凤翔、保大、定难之军先渡河西归，濬独有禁军及宣武军合万人，与韩建闭城拒守，自是不敢复出。存孝引兵攻绛州，十一月，刺史张行恭弃城走。存孝进攻晋州，三日，与其众谋曰："张濬宰相，俘之无益；天子禁兵，不宜加害。"乃退五十里而军；濬、建自含口遁去。存孝取晋、绛二州，大掠慈、隰之境。

先是，克用遣韩归范归朝，附表讼冤，言："臣父子三代，受恩四朝，破庞勋，翦黄巢，黜襄王，存易定，致陛下今日冠通天之冠，佩白玉之玺，未必非臣之力也！若以攻云州为臣罪，则拓跋思恭之取鄜、延，朱全忠之侵徐、郓，何独不讨？赏彼诛此，臣岂无辞！且朝廷当阽危之时，则誉臣为韩、彭、伊、吕；及既安之后，则骂臣为戎、羯、胡、夷。今天下握兵立功之人，独不惧陛下他日之骂乎！况臣果有大罪，六师征之，自有典刑，何必幸臣之弱而后取之邪！今张濬既出师，则固难束手，已集蕃、汉兵五十万，欲直抵蒲、潼，与濬格斗；若其不胜，甘从削夺。不然，方且轻骑叩阍，顿首丹陛，诉奸回于陛下之扆坐，纳制敕于先帝之庙庭，然后自拘司败，恭俟铁质。"表至，濬已败，朝廷震恐。濬与韩建逾王屋至河阳，撤民屋为筏以济河，师徒失亡殆尽。

是役也，朝廷倚朱全忠及河朔三镇；及濬至晋州，全忠方连兵徐、郓，虽遣将攻泽州而身不至。行营乃求兵粮于镇、魏，镇、魏倚河东为扞蔽，皆不出兵；惟华、邠、凤翔、鄜、夏之兵会之。兵未交而孙揆被擒，幽、云俱败，杨复恭复从中沮之，故濬军望风自溃。

唐昭宗大顺元年（庚戌，公元890年）

（四月）赫连铎、李匡威进呈表章请求讨伐李克用。朱全忠也向朝廷进言说："李克用最终是国家祸患，现在趁着他势力衰败，我请求率领汴州、滑州、孟州三路军队，和河北的三镇人马一起去除掉李克用。恳望朝廷任命大臣充任统帅。"

当初，张濬凭借杨复恭的势力得以晋升，杨复恭后来失宠，张濬便又去依附田令孜而疏远了杨复恭。等到杨复恭再次当权，他对张濬深怀忌恨。唐昭宗知道张濬与杨复恭有怨仇，便格外地亲近倚重张濬；张濬也把已有的功名看成是自己所能胜任的，常常把自己比作谢安、裴度。李克用讨伐黄巢驻扎在河中时，张濬充任都统判官。李克用蔑视张濬的为人，听说他做了宰相，私下对传达诏令的使臣说：“张濬喜好空谈而不能务实办事，是个颠覆朝廷的人，皇上听信他的虚名而重用他，将来有一天导致天下大乱的，一定是这个人。”张濬听到这些，对李克用怀恨在心。

昭宗从容地与张濬谈论从古到今的乱世治理，张濬说：“陛下这样英明聪慧，却在内在外受制于宦官、藩镇，这是我日日夜夜所痛心疾首的事。”昭宗向张濬询问当今最为紧迫的事情是什么，张濬回答说：“任何事情都不如增强军队以威服天下重要。”唐昭宗于是大规模招募军队，聚集在京师长安，人数达到十万。

等到朱全忠等人请求讨伐李克用，昭宗便命令尚书省、门下省、中书省和御史台四品以上的官员共同商议这件事，认为不能兴兵讨伐的人占十分之六七，杜让能、刘崇望也认为不能这样做。张濬试图凭借外边的势力来排挤杨复恭，于是说：“先帝第二次巡幸山南，是李克用带着沙陀人马逼迫的。我常常忧虑担心李克用与黄河以北的藩镇内外勾结，致使朝廷不能控制。现在河南的朱全忠、河北的李匡威共同请求讨伐李克用，这是千载难逢的一个时机。只请求陛下授予我统领军队的大权，一个月就可以消灭李克用。如果错失现在的良机而不争取，那么将后悔莫及。”孔纬附和道：“张濬说得对。”杨复恭则说：“先帝流离迁徙，虽然由于藩镇骄横跋扈造成，但也是因为朝中大臣举止不当措施不力。现在朝廷刚刚安定下来，不应当再兴兵大战。”昭宗说：“李克用有打败黄巢收复京城的大功，现在趁着他处于困境而去攻打，天下的人们会怎样说我？”孔纬说：“陛下所说的，是现在一时的体面；张濬所说的，是今后世代的大利。昨天计算调遣军队、运送物资、犒劳奖赏的费用，一两年内都不至于缺乏，就在陛下当机立断兴兵讨伐了！”昭宗因为张濬和孔纬两位宰相一唱一和，不得已依从了他们的意见，说：“这件事现在就交给你们二人去办理，但不要给朕带来羞辱！”

五月，昭宗颁发诏令削去李克用的官职、爵位及赐他李姓后所编的属籍。

张濬统领的官军从阴地关开出，游击的军队到达汾州。李克用派遣薛志勤、李承嗣带领骑兵三千在洪洞县安设营寨，李存孝带领军队五千在赵城县安设营寨。镇国节度使韩建派出强壮士卒三百人在夜间去袭击李存孝的军营，李存孝事先知道了，便设下埋伏等待韩建人马的到来。韩建军队没有得手，静难、凤翔军队也未经交战就后撤，李克用的河东军队乘胜追击，直达晋州城的西门。张濬带领军队出城交战，再次打了败仗，官军被斩杀的将近三千名。静难、凤翔、保大、定难各路军队于是抢先渡过黄河往西回奔，张濬只剩下长安禁军和宣武军总共一万人，与韩建一起关闭晋州城门固守，从此不敢再出城。李存孝带领军队先去攻打绛州，十一月，刺史张行恭放弃绛州城逃跑。李存孝再回兵进攻晋州，围攻了三天，他与属下商议说："张濬身为宰相，我们俘获他也没有什么好处，天子手下的京师禁军，我们不应当斩杀。"于是，李存孝率领军队后退五十里驻扎。张濬、韩建从含口逃走。李存孝攻取了晋州、绛州，大肆抢掠慈州、隰州一带。

在此之前，李克用放韩归范回到朝廷，附带表章诉冤说："我家父子三代人，蒙受武宗、宣宗、懿宗、僖宗四朝皇帝的恩德，攻破庞勋叛逆，翦除黄巢贼寇，废黜襄王李煴，保存易州定州，使得陛下现在头戴帝王的冠冕，身佩洁白的玉玺，这不能说没有我的功劳！如果因为攻打云州而认为我有罪，那么拓跋思恭夺取鄜延，朱全忠攻打徐州的时溥、郓州的朱瑄，为什么朝廷却不进行讨伐？同样的举动，那里受到奖赏，这里却遭受讨伐，我怎么会没有话说呢！况且当朝廷处在危急时刻，就赞誉我是当今的韩信、彭越、伊尹、吕尚；等到天下稍微安定以后，就辱骂我是北戎、羯族、胡人、蛮夷。这样，现在天下掌握重兵立有战功的人，难道就不担心陛下将来有一天会辱骂他们吗?！而且，若是我果真有弥天大罪，派出朝廷的军队进行征伐，自然有刑法惩处，何必趁我的军力衰弱以后再来攻取！现在张濬既然已经出动军队，我就很难束手待擒，我已经集聚了蕃族、汉人的军队五十万，要直抵蒲州、潼关，与张濬决一死战；如果不能获胜，我也甘心被革除官职削去爵位。不然，我就要轻装骑马去敲皇宫的大门，在殿阶前磕头，至陛下屏风宝座下控诉奸恶邪僻之人，去先帝的庙堂缴纳诏令敕书，然后把自己捆绑起来到刑官那里，恭敬地等候用刑被斩。"表章送到时，张濬已经兵败，朝中群臣震惊恐慌。张濬和韩建经过王屋山到达河阳，拆除民众的房屋做成木筏以便渡过黄河，军中士卒失踪死亡，几乎没剩下多少。

这次战役，朝廷想倚助朱全忠和黄河以北三镇。但等到张濬到达晋州，朱全忠才联合徐州、郓州的军队，虽然派遣将领攻打泽州却不亲身前往。张濬的行营于是向镇州、魏州求助军队和粮食，可是镇州、魏州把李克用的河东军队当作自己的屏障，都拒不出兵，只有华州、邠州、凤翔、鄜州、夏州的军队前去和张濬会合。军队还没有交战，孙揆就被擒获，幽州的李匡威、云州的赫连铎都打了败仗，杨复恭又在这中间作梗，因此张濬的军队一战即溃，望风而逃。

唐纪七十五

第二百五十九卷

昭宗圣穆景文孝皇帝上之中景福二年（癸丑，893）

李茂贞恃功骄横，上表及遗杜让能书，辞语不逊。上怒，欲讨之。茂贞又上表，略曰："陛下贵为万乘，不能庇元舅之一身；尊极九州，不能戮复恭之一竖。"又曰："今朝廷但观强弱，不计是非。"又曰："约衰残而行法，随盛壮以加恩；体物锱铢，看人衡纩。"又曰："军情易变，戎马难羁，唯虑甸服生灵，因兹受祸，未审乘舆播越，自此何之！"上益怒，决讨茂贞，命杜让能专掌其事，让能谏曰："陛下初临大宝，国步未夷，茂贞近在国门，臣愚以为未宜与之构怨，万一不克，悔之无及。"上曰："王室日卑，号令不出国门，此乃志士愤痛之秋。药弗瞑眩，厥疾弗瘳。朕不能甘心为孱懦之主，愔愔度日，坐视陵夷。卿但为朕调兵食，朕自委诸王用兵，成败不以责卿！"让能曰："陛下必欲行之，则中外大臣共宜协力以成圣志，不当独以任臣。"上曰："卿位居元辅，与朕同休戚，无宜避事！"让能泣曰："臣岂敢避事！况陛下所欲行者，宪宗之志也；顾时有所未可，势有所不能耳。但恐他日臣徒受晁错之诛，不能弭七国之祸也。敢不奉诏，以死继之！"上乃命让能留中书，计画调度，月余不归。崔昭纬阴结邠、岐，为之耳目，让能朝发一言，二镇夕必知之。李茂贞使其党纠合市人数百千人，拥观军容使西门君遂马诉曰："岐帅无罪，不宜致讨，使百姓涂炭。"君遂曰："此宰相事，非吾所及。"市人又邀崔昭纬、郑延昌肩舆诉之，二相曰："兹事主上专委杜太尉，吾曹不预知。"市人因乱投瓦石，二相下舆走匿民家，仅自免，丧堂印及朝服。上命捕其唱帅者诛之，用兵之意益坚。京师民或亡匿山谷，严刑所不能禁。八月，以嗣覃王嗣周为京西招讨使，神策大将军李锷副之。

乙亥，覃王嗣周帅禁军三万送凤翔节度使徐彦若赴镇，军于兴平。李茂贞、王行瑜合兵近六万，军于盩厔以拒之。禁军皆新募市井少年，茂贞、行瑜所将皆边兵百战之余，壬午，茂贞等进逼兴平，禁军皆望风逃溃，茂贞等乘胜进攻三桥，京城大震，士民奔散，市人复守阙请诛首议用兵者。崔昭纬心害太尉、门下侍郎、同平章事杜让能，密遗茂贞书曰："用兵非主上意，皆出于杜太尉耳。"甲申，茂贞陈于临皋驿，表让能罪，请诛之。让能言于上曰："臣固先言之矣，请以臣为解。"上涕下不自禁，曰："与卿诀矣！"是日，贬让能梧州刺史，制辞略曰："弃卿士之臧谋，构藩垣之深衅，咨询之际，证执弥坚。"又流观军容使西门君遂于儋州，内枢密使李周潼于崖州，段诩于驩州。乙酉，上御安福门，斩君遂、周潼、诩，再贬让能雷州司户。遣使谓茂贞曰："惑朕举兵者，三人也，非让能之罪。"以内侍骆全瓘、刘景宣为左右军中尉。

李茂贞勒兵不解，请诛杜让能然后还镇，崔昭纬复从而挤之。冬，十月，赐让能及其弟户部侍郎弘徽自尽。复下诏布告中外，称"让能举枉错直，爱憎系于一时；鬻狱卖官，聚敛逾于巨万"。自是朝廷动息皆禀于邠、岐，南、北司往往依附二镇以邀恩泽。有崔铤、王超者，为二镇判官，凡天子有所可否，其不逞者，辄诉于铤、超，二人则教茂贞、行瑜上章论之，朝廷少有依违，其辞语已不逊。

制复以茂贞为凤翔节度使兼山南西道节度使、守中书令，于是茂贞尽有凤翔、兴元、洋、陇秦等十五州之地。

唐昭宗景福二年（癸丑，公元 893 年）

李茂贞倚仗有功骄傲强横，向昭宗进呈表章以及给杜让能写信，言语很不恭谦。昭宗十分愤怒，想要讨伐李茂贞。李茂贞再次上表，大略说："陛下身为一统天下的大唐皇帝，却不能庇护皇舅王瓌一人的性命；陛下在天下最受尊崇，却不能斩杀杨复恭这个家伙。"又说："现在朝廷只看各节度使的强弱与否，而不计议是非曲直。"还说："朝廷约束势力弱者对他们行之以法，附和势力强盛者对他们施加恩赏；处事视其轻重而斤斤计较，看人权衡利害而仰人鼻息。"他又说："军中情形千变万化，战争胜负难以约束，我是担心京畿一带的百姓因此遭受祸害，不知道皇帝流离迁徙，今后还能到哪里去！"昭宗更加愤怒，决心讨伐李茂贞，命令杜让能专门掌管征讨事宜。杜让能劝昭宗说："陛下刚刚即位不久，国家的命运还不平安，凤翔的李茂贞离京师长安这样近，我认为不应当与他结下怨仇，万一不能消灭他，那么后悔也来不及了。"昭宗说："现在皇室的地位越来越低下，朝廷的号令在京师以外的地方就得不到推行，这正是仁人志士痛心疾首的时刻。服药不到使眼睛昏花的程度，疾病就不会痊愈。朕不能甘心做一个软弱可欺的君主，默默无闻地度过时日，坐在这里看着别人来欺侮。你只管为朕调动军队粮食，朕亲自委派各王统领军队，不论成功与失败都不会追究你的责任。"杜让能回答说："陛下一定要兴兵讨伐李茂贞，那么朝廷内外的大臣都应当齐心协力效助陛下实现宏图大志，而不应当唯独任用我一人。"昭宗对杜让能说："你身为宰相，与朕应当同甘共苦，不应遇事躲避！"杜让能流着泪说："我怎么敢遇事躲避呢！况且陛下所要施行的事情，是当年宪宗皇帝的志愿；只是天时还有所不利，形势也不允许罢了。只恐怕将来有一天我会像汉景帝时的晁错一样白白遭受杀身大祸，而不能平息吴楚等七国叛乱的战祸。我怎敢不奉行诏令，以死相报！"昭宗于是任命杜让能留在中书省，筹划调度，一个多月没有回家。崔昭纬暗中与邠州、岐州交结，探听消息，杜让能早晨说一句话，邠州、岐州傍晚就一定会知道。李茂贞指使他的党羽纠集集市中成百上千的人，包围在观军容使西门君遂马前诉说："李茂贞大帅没有罪，不应当对他进行征讨，而使百姓遭受战祸。"西门君遂说："这是宰相的事，不是我力所能及的。"那些人又拦截崔昭纬、郑延昌乘坐的轿子进行诉说，两位宰相说："这件事皇帝专门委任太尉杜让能料理，我们事先也不知道。"市中百姓于是四处乱投砖瓦石块，崔昭纬、郑延昌两位宰相慌忙下了轿子跑到民户家里躲藏起来，仅以自身得免，大堂官印和上朝服装都丢失了。唐昭宗命令捕拿这次闹事中倡导的人后处死，出兵讨伐的念头更加坚定。京师长安的人民有的逃到山谷中藏匿起来，虽然动用严酷的刑法也禁止不住。八月，唐昭宗任命续任覃王李嗣周为京西招讨使，神策大将军李钹为副使。

乙亥（九月初十），覃王李嗣周率领禁军三万护送凤翔节度使徐彦若前赴镇所，在兴平驻扎。李茂贞、王行瑜联合军队约近六万人，驻扎在盩厔进行抗击。朝廷禁军都是刚刚从市街上招募来的少年，而李茂贞、王行瑜所带领的都是边防士兵，久经战阵。壬午（十七日），李茂贞等进军逼近兴平，朝廷禁军都望风逃散，李茂贞等乘胜进攻三桥，京师长安大为震惊，士人百姓四处奔逃，市街的百姓又踞守在皇宫门前请求诛杀首先倡议发兵进行征伐的人。崔昭纬存心陷害太尉、门下侍郎、同平章事杜让能，秘密给李茂贞送去书信说："朝廷用兵征伐并不是皇帝的意图，都是太尉杜让能出的主意罢了。"甲申（十九日），李茂贞在长安城西的临皋驿陈列军队，向唐昭宗进呈表章历数杜让能的罪行，请求将他诛杀。杜让能对唐昭宗说："我本来就有言在先，现在就请通过惩处我来排解战事吧。”唐昭宗痛哭流涕不能控制，对杜让能说：“只能与你分别了！”当天，就把杜让能贬职为梧州刺史，诏令大略说：“朕没有听取谋臣的深谋远虑，导致与藩镇之间产生深深的裂痕。他在受咨询的时候，坚持己见。”接着，唐昭宗又把观军容使西门君遂流放到儋州，内枢密使李周潼流放到崖州，段诩流放到驩州。乙酉（二十日），唐昭宗亲临安福门，将西门君遂、李周潼、段诩处斩，将杜让能再次贬为雷州司户，派遣使臣对李茂贞说：“蛊惑朕出兵的，是西门君遂、李周潼和段诩这三个人，不是杜让能的罪过。”朝廷任命宦官骆全瓘、刘景宣为左、右军中尉。

李茂贞控制军队而不解除对京师的威胁，表示只有朝廷杀掉杜让能才会返回凤翔，崔昭纬又在内怂恿施加压力。冬季，十月，昭宗赐令杜让能和他的弟弟户部侍郎杜弘徽自杀。还向朝廷内外颁布诏书，说：“杜让能荐举邪恶的人而不用质朴的人，对人的喜好和憎恶都凭一时决定；他拿案狱官司做买卖，卖官卖爵，搜刮的钱财极多。”从这以后，朝廷的一举一动都要禀告邠州、岐州，朝廷官员和宫内宦官也往往依附李茂贞、王行瑜以博得恩赏提拔。崔铤、王超二人，是邠州、岐州的判官，凡是昭宗对一些事情的决断，使某些人未能得逞，他们就向崔铤、王超申诉，崔、王二人便教唆李茂贞、王行瑜上呈表章进行辩论，朝廷对他们的事稍微有些不同意见，李茂贞、王行瑜便出言不逊。

昭宗颁发诏令重新任命李茂贞为凤翔节度使兼任山南西道节度使、守中书令，于是李茂贞占据了凤翔、兴元、洋州、陇秦等十五个州的全部地盘。

唐纪七十六

第二百六十卷

昭宗圣穆景文孝皇帝上之下乾宁二年（乙卯，895）

李克用大举蕃、汉兵南下，上表称王行瑜、李茂贞、韩建称兵犯阙，贼害大臣，请讨之，又移檄三镇，行瑜等大惧。克用军至绛州，刺史王瑶闭城拒之；克用进攻，旬日，拔之，斩瑶于军门，杀城中违拒者千余人。秋，七月，丙辰朔，克用至河中，王珂迎谒于路。

右军指挥使李继鹏，茂贞假子也，本姓名阎珪，与骆全瓘谋劫上幸凤翔；中尉刘景宣与王行实知之，欲劫上幸邠州；孔纬面折景宣，以为不可轻离宫阙。向晚，继鹏连奏请车驾出幸，于是王行约引左军攻右军，鼓噪震地。上闻乱，登承天楼，欲谕止之，捧日都头李筠将本军，于楼前侍卫。李继鹏以凤翔兵攻筠，矢拂御衣，著于楼桷，左右扶上下楼；继鹏复纵火焚宫门，烟炎蔽天。时有盐州六都兵屯京师，素为两军所惮，上急召令入卫；既至，两军退走，各归邠州及凤翔。城中大乱，互相剽掠，上与诸王及亲近幸李筠营，护跸都头李居实帅众继至。

李克用引兵逼邠州，王行瑜登城，号哭谓克用曰："行瑜无罪，迫胁乘舆，皆李茂贞及李继鹏所为，请移兵问凤翔，行瑜愿束身归朝。"克用曰："王尚父何恭之甚！仆受诏讨三贼臣，公预其一，束身归朝，非仆所得专也。"丁卯，行瑜挈族弃城走。克用入邠州，封府库，抚居人，命指挥使高爽权巡抚军城，奏趣苏文建赴镇。行瑜走至庆州境，部下斩行瑜，传首。

李克用遣掌书记李袭吉入谢恩，密言于上曰："比年以来，关辅不宁，乘此胜势，遂取凤翔，一劳永逸，时不可失。臣屯军渭北，专俟进止。"上谋于贵近，或曰："茂贞复灭，则沙陀大盛，朝廷危矣！"上乃赐克用诏，褒其忠款，而言："不臣之状，行瑜为甚。自朕出幸以来，茂贞、韩建自知其罪，不忘国恩，职贡相继，且当休兵息民。”克用奉诏而止。既而私于诏使曰：“观朝廷之意，似疑克用有异心也。然不去茂贞，关中无安宁之日。”又诏免克用入朝，将佐或言：“今密迩阙庭，岂可不入见天子！”克用犹豫未决，盖寓言于克用曰：“向者王行瑜辈纵兵狂悖，致銮舆播越，百姓奔散。今天子还未安席，人心尚危，大王若引兵渡渭，窃恐复惊骇都邑。人臣尽忠，在于勤王，不在入觐，愿熟图之！”克用笑曰：“盖寓尚不欲吾入朝，况天下之人乎！”乃表称：“臣总帅大军，不敢径入朝觐，且惧部落士卒侵扰渭北居人。”辛亥，引兵东归。表到京师，上下始安。诏赐河东士卒钱三十万缗。克用既去，李茂贞骄横如故，河西州县多为茂贞所据，以其将胡敬璋为河西节度使。

唐昭宗乾宁二年（乙卯，公元895年）

李克用大规模地发动蕃族和汉人的军队向南开进，他向唐昭宗上表声称王行瑜、李茂贞、韩建派兵进犯京师，残害朝中大臣，请求讨伐他们。李克用又向王行瑜、李茂贞、韩建三位节度使发去征讨檄文，王行瑜等大为恐惧。李克用的军队到达绛州，绛州刺史王瑶关闭城门抵抗；李克用发动进攻，十天就将绛州攻克，在军营的大门将王瑶斩杀，并杀掉城内进行抵抗的一千余人。秋季，七月，丙辰朔（初一），李克用到达河中，王珂在路上迎接拜见他。

右军指挥使李继鹏，是李茂贞的养子，原本叫阎珪，他与骆全瓘策划劫持唐昭宗前往凤翔。中尉刘景宣与王行实知道了，则想劫持昭宗前赴邠州。孔纬当面驳斥刘景宣，认为皇帝不能轻易离开长安宫殿。近傍晚时，李继鹏接连上奏请昭宗出走凤翔，王行约见李继鹏要抢先劫走昭宗，便带领他的左军攻打李继鹏的右军，喧闹声惊天动地。昭宗听到外面混乱，便登上承天楼，想谕令制止他们，捧日都头李筠带领自己的军队，在承天楼前护卫昭宗。李继鹏指挥凤翔军队攻打李筠，飞箭掠过昭宗的衣服，落在承天楼椽木上，身边的侍卫搀扶着昭宗下楼；李继鹏又放火焚烧宫门，浓烟烈焰遮盖了天空。当时有盐州六都军队驻扎京师，平时左、右两军都很惧怕他们，昭宗便紧急召令这支军队入宫护卫；盐州六都军队到达后，左、右两军都撤退离去，分别返回邠州和凤翔。长安城内大乱，到处发生抢劫掠夺，昭宗与各王以及亲近人员到李筠的军营躲避，神策军护跸都头李居实率领人马随后也赶到。

李克用带领军队进逼邠州，王行瑜登上城楼，号哭着对李克用说："我王行瑜没有罪过，逼迫威胁皇帝的车驾，都是李茂贞和李继鹏干的事，请你调开军队去讨伐凤翔节度使李茂贞，我王行瑜愿意捆绑自己回到朝廷。"李克用说："王尚父真是太恭谦了！我受朝廷的诏令讨伐你和李茂贞、韩建三个乱臣贼子，你是其中的一个，你想自己捆绑入朝，这不是我能擅自做主的。"丁卯（十一月十五日），王行瑜带着全家族的人弃城逃跑。李克用进入邠州城，封闭官府库房，安抚居民，任命指挥使高爽暂且掌管巡抚军城事宜，又奏请朝廷催促苏文建赶赴镇所。王行瑜逃到庆州境内，部下将他斩杀，把头颅传送朝廷。

李克用派遣军府的掌书记李袭吉进入京师向朝廷谢恩，秘密对唐昭宗说："近些年来，浦、潼、陇、蜀、蓝田诸关和京师长安一带不得安宁，现在乘着朝廷取胜的优势，应一举攻克凤翔，一劳永逸，时机不可丧失。我时下在渭水北部驻扎，专门等候朝廷的命令以便行动。"唐昭宗和朝中权贵及近臣商谋，有人说："李茂贞如果被消灭，那么李克用的势力将大大膨胀，朝廷就危险了！"唐昭宗于是向李克用颁赐诏书，赞扬他对朝廷的忠诚，但又说："叛逆朝廷的罪行，王行瑜十分严重。这次自从朕离开京师出巡以来，李茂贞、韩建已经知道他们自己的罪过，没有忘记朝廷的恩德，进献的赋税贡品接连不断，姑且停止对他们的征伐，让军队休整百姓安宁。"李克用接奉这一诏令后便不再行动。不久，李克用私下里对朝廷传达诏令的使臣说："我看朝廷的意思，似乎怀疑我李克用有别的意图。可是不铲除李茂贞，关中一带就没有安宁的日子。"唐昭宗又诏令李克用不必入京上朝，李克用的将领佐僚中有人说："现在与朝廷近在咫尺，怎么能不进入京师拜见皇帝呢？"李克用自己犹豫不决，盖寓这时对李克用说："从前王行瑜一伙放纵士兵背叛朝廷，致使皇帝车驾流离迁徙，百姓逃散。现在天子返回京师还没有安宁下来，人心尚在忧惧之中，大王你如果带领军队渡过渭水，我担心会再次让京城惊恐。做臣子的效忠朝廷，在于为皇室起兵救难，而不在于入朝拜见皇帝，然望大王你仔细考虑！"李克用笑着说："盖寓尚且不希望我入京上朝，更何况天下的人们呢！"于是，李克用上表朝廷奏称："我统领着大军，不敢随意进入京城拜见皇上，并且担心所部士兵会侵扰渭水以北的居民。"辛亥（十二月二十九日），李克用率领手下人马东返晋阳。他的表文送达京师，上至朝廷下到百姓才安宁下来。唐昭宗诏令赐给河东士兵三十万缗钱。李克用离开后，李茂贞骄横如同以往，河西的州县大多被李茂贞占据，他又任命手下将领胡敬璋为河西节度使。

唐纪七十七

第二百六十一卷

昭宗圣穆景文孝皇帝中之上乾宁四年（丁巳，897）

春，正月，甲申，韩建奏："防城将张行思等告睦、济、韶、通、彭、韩、仪、陈八王谋杀臣，劫车驾幸河中。"建恶诸王典兵，故使行思等告之。上大惊，召建谕之；建称疾不入。令诸王诣建自陈，建表称："诸王忽诣臣理所，不测事端。臣详酌事体，不应与诸王相见。"又称："诸王当自避嫌疑，不可轻为举措。陛下若以友爱含容，请依旧制，令归十六宅，妙选师傅，教以诗书，不令典兵预政。"且曰："乞散彼乌合之兵，用光《麟趾》之化。"建虑上不从，引麾下精兵围行宫，表疏连上。上不得已，是夕，诏诸王所领军士并纵归田里，诸王勒归十六宅，其甲兵并委韩建收掌。建又奏："陛下选贤任能，足清祸乱，何必别置殿后四军！显有厚薄之恩，乖无偏无党之道。且所聚皆坊市无赖奸猾之徒，平居犹思祸变，临难必不为用，而使之张弓挟刃，密迩皇舆，臣窃寒心，乞皆罢。"诏亦从之。于是殿后四军二万余人悉散，天子之亲军尽矣。捧日都头李筠，石门扈从功第一，建复奏斩于大云桥。建又奏："玄宗之末，永王璘暂出江南，遽谋不轨。代宗时吐蕃入寇，光启中朱玫乱常，皆援立宗支以系人望。今诸王衔命四方者，乞皆召还。"又奏："诸方士出入禁庭，眩惑圣听，宜皆禁止，无得入宫。"诏悉从之。建既幽诸王于别第，知上意不悦，乃奏请立德王为太子，欲以解之。丁亥，诏立德王祐为皇太子，仍更名裕。

延王戒丕还自晋阳，韩建奏："自陛下即位以来，与近辅交恶，皆因诸王典兵，凶徒乐祸，致銮舆不安。比者臣奏罢兵权，实虑不测之变。今闻延王、覃王尚苞阴计，愿陛下圣断不疑，制于未乱，则社稷之福。"上曰："何至于是！"数日不报，建乃与知枢密刘季述矫制发兵围十六宅，诸王被发，或缘垣，或升屋，呼曰：“宅家救儿！”建拥通、沂、睦、济、韶、彭、韩、陈、覃、延、丹十一王至石堤谷，尽杀之，以谋反闻。

唐昭宗乾宁四年（丁巳，公元897年）

春季，正月，甲申（初八），韩建向朝廷上奏说：“华州防城将张行思等控告皇室的睦、济、韶、通、彭、韩、仪、陈八王图谋杀害我，要劫持皇上的车驾到河中去。”韩建憎恨各王掌管军队，因此指使张行思等控告他们。昭宗接到韩建的表章大为惊慌，召见韩建，想向他说明，韩建以有病为托词拒不前来。唐昭宗又命令各王到韩建那里去自行陈述，韩建上表道：“各王若忽然来我的住所，变乱之事难以揣测。我仔细斟酌这件事，不应当和各王见面。”韩建又说：“各王应当自动避开嫌疑，不可轻举妄动。陛下如果因为同祖同宗的友爱之情而宽容他们，就请依照旧制，命令诸王回到十六宅，精心挑选师傅，教他们学习诗文书画，而不让他们掌管军队干预朝政。”韩建并且说：“请求解散各王手下的乌合之众，以光大大唐皇室子孙的教化。”韩建担心唐昭宗不依从他的意见，就带领手下精壮士兵围困昭宗的行宫，表章奏疏接二连三地向朝廷呈递。昭宗不得已，在这天傍晚，诏令各王所管领的军中士兵全都解散遣回田间故里，强迫诸王回到十六宅，各王原有的盔甲兵器全部交给韩建掌管。韩建又上奏说：“陛下挑选贤良任用能人，这样足可以清除祸患平定战乱，何必另外设置安圣、捧宸、保宁、宣化这四支亲军呢！显然皇恩有厚薄亲疏之分，与没有偏向没有私党这样的王道相背离。况且这四支陛下亲军里，聚集的都是市镇里巷中游手好闲奸邪狡猾的无赖。他们在平静安居的时候还企图作乱惹祸发动变乱，当朝廷遇到艰难处境他们一定不会为陛下效力的。可是现在却让这帮人拉弓拔刀，紧紧地跟随陛下的车驾，我私下里为陛下担惊受怕，请求立即把亲军全部解散。”昭宗颁下诏书，又依从了韩建的意见。于是，护卫昭宗的四支军队二万余人全部解散，天子的亲军完全裁撤了。捧日都头李筠，当初在石门跟随护卫昭宗，功劳堪数第一，韩建又上奏朝廷，将李筠在华州大云桥斩杀。韩建接着又向昭宗奏道：“玄宗末年，永王李璘暂时调出京师到江南任职，马上就背叛朝廷图谋不轨。代宗时，吐蕃侵入，拥立广武王李承宏。光启年间，朱玫叛逆作乱，拥立襄王李煴。他们都是靠着拥立皇族宗室的分支来笼络民心。现在奉陛下之命驻守在各地的皇室诸王，请求把他们全都召回朝廷。”韩建还奏称：“那些鼓吹仙术的方士在皇宫出出进进，迷惑皇帝的耳目，应当一律禁止，不许他们进入皇宫。”昭宗下诏全都依从韩建的奏请。韩建把皇室各王幽禁在其他府第后，知道昭宗心中不高兴，便上呈奏章请求立德王为太子，想以此来缓解。丁亥（十一日），昭宗颁下诏令，立德王李祐为皇太子，按成制改名为李裕。

延王李戒丕从晋阳返回华州，韩建上奏说：“自从陛下即位以来，朝廷与靠近京师的藩镇关系恶化，这都是因为皇室各王掌管兵权，逞凶作恶之徒喜好惹祸生灾，使陛下的车驾不能安稳。近来我向朝廷奏请罢免各王的兵权，实在是担心会有难以预测的变乱。现在我听说延王李戒丕、覃王李嗣周正在酝酿阴谋诡计，希望陛下圣明果断毫不迟疑，在没有发生变乱前就采取措施，那就是大唐天下的福气了。”唐昭宗看了韩建的奏章说：“哪里至于这样呀！”几天过去都没有答复。韩建于是与知枢密刘季述假借朝廷的诏令发兵围攻各王的住所十六宅，诸王披头散发，有的攀援爬上墙头，有的登高跑到屋顶，狂呼道：“皇上快来救我！”韩建把通王、沂王、睦王、济王、韶王、彭王、韩王、陈王、覃王、延王、丹王这十一个王裹挟到华州西部的石堤谷，全部杀掉，然后向唐昭宗奏报说他们谋反因而处死。

唐纪七十八

第二百六十二卷

昭宗圣穆景文孝皇帝中之中光化三年（庚申，900）

初，崔胤与帝密谋尽诛宦官，及宋道弼、景务脩死，宦官益惧。上自华州还，忽忽不乐，多纵酒，喜怒不常，左右尤自危。于是左军中尉刘季述，右军中尉王仲先，枢密使王彦范、薛齐偓等阴相与谋曰："主上轻佻多变诈，难奉事；专听任南司，吾辈终罹其祸。不若奉太子立之，尊主上为太上皇，引岐、华兵为援，控制诸藩，谁能害我哉！"

十一月，上猎苑中，因置酒，夜，醉归，手杀黄门、侍女数人。明旦，日加辰巳，宫门不开。季述诣中书白崔胤曰："宫中必有变，我内臣也，得以便宜从事，请入视之。"乃帅禁兵千人破门而入，访问，具得其状。出，谓胤曰："主上所为如是，岂可理天下！废昏立明，自古有之，为社稷大计，非不顺也。"胤畏死，不敢违。庚寅，季述召百官，陈兵殿庭，作胤等连名状，请太子监国，以示之，使署名；胤及百官不得已皆署之。上在乞巧楼，季述、仲先伏甲士千人于门外，与宣武进奏官程岩等十余人入请对。季述、仲先甫登殿，将士大呼，突入宣化门，至思政殿前，逢宫人，辄杀之。上见兵入，惊堕床下，起，将走，季述、仲先掖之令坐。宫人走白皇后，后趋至，拜请曰："军容勿惊宅家，有事取军容商量。"季述等乃出百官状白上，曰："陛下厌倦大宝，中外群情，愿太子监国，请陛下保颐东宫。"上曰："昨与卿曹乐饮，不觉太过，何至于是！"对曰："此非臣等所为，皆南司众情，不可遏也。愿陛下且之东宫，待事小定，复迎归大内耳。"后曰："宅家趣依军容语！"即取传国宝以授季述，宦官扶上与后同辇，嫔御侍从者才十余人，适少阳院。季述以银村画地数上曰："某时某事，汝不从我言，其罪一也。"如此数十不止。乃手锁其门，熔铁锢之，遣左军副使李师虔将兵围之，上动静辄白季述，穴墙以通饮食。凡兵器针刀皆不得入，上求钱帛俱不得，求纸笔亦不与。时大寒，嫔御公主无衣衾，号哭闻于外。季述等矫诏令太子监国，迎太子入宫。辛卯，矫诏令太子嗣位，更名缜。以上为太上皇，皇后为太上皇后。甲午，太子即皇帝位，更名少阳院曰问安宫。

季述加百官爵秩，与将士皆受优赏，欲以求媚于众。杀睦王倚；凡宫人、左右、方士、僧、道为上所宠信者，皆榜杀之。每夜杀人，昼以十车载尸出，一车或止一两尸，欲以立威。将杀司天监胡季林，季林曰："军容幽囚君父，更欲多杀无辜乎！"季述惮其言正而止。季述欲杀崔胤，而惮朱全忠，但解其度支盐铁转运使而已。

唐昭宗光化三年（庚申，公元900年）

当初，崔胤与唐昭宗秘密谋划杀死全部宦官，等到宋道弼、景务脩死后，宦官更加恐惧。唐昭宗自华州回到京城以后，精神恍惚，抑郁不乐，常常纵情饮酒，喜怒无常，左右的人尤其人人自危。于是，左军中尉刘季述，右军中尉王仲先，枢密使王彦范、薛齐偓等暗中共同商量说："主上轻浮而多机变欺诈，难于侍奉；并且凡事只听任宰相办理，我等终究要遭受他的祸害。不如立太子为皇帝，尊主上为太上皇，招岐州李茂贞、华州韩建的军队为援助，控制各个藩镇，谁还能加害我们呢！"

十一月，唐昭宗在禁苑中打猎，因此摆酒纵饮，夜里大醉回宫，亲手杀死宦官、侍女数人。天明，时辰已经是辰巳左右，宫门还没有开。刘季述到中书省告诉崔胤说："宫中一定有了变故，我是内臣，能够根据实际情况自行斟酌处理，请进宫察看发生了什么事情。"于是，率领宫禁警卫一千人破门而入，经过访查讯问，获知具体情况。刘季述出来对崔胤说："主上所为如此，岂可管理国家！废黜昏君，拥立明主，自古就有这样做的，为了国家大计，这样做不是叛逆。"崔胤害怕被杀，不敢违抗。庚寅（初六），刘季述召集文武百官到来，在殿庭布置了军队，起草崔胤等请太子代管国事的联名状，出示给文武官员看，让他们签名。崔胤及文武百官不得已，都签了名。昭宗在乞巧楼，刘季述、王仲先在门外埋伏一千名全副武装的将士，与宣武进奏官程岩等十余人进楼请求奏对。刘季述、王仲先刚登殿，将士大声呼喊，突然冲入宣化门，到思政殿前，遇到宫人就杀。昭宗看见军队闯入，被惊吓得掉到床下，起来将要逃走，刘季述、王仲先架着让他坐下。宫人跑去禀报皇后，何皇后快步走来，向刘季述等拜请说："军容使不要惊吓皇上，有事求军容使商量。"刘季述等于是拿出文武百官的联名状，禀告昭宗说："陛下厌倦帝位，内外群臣希望太子代行管理国家事务，请陛下在东宫颐养天年。"昭宗说："昨天与卿等玩乐饮酒，不觉喝得太多。怎么能弄到这种地步！"刘季述等回答说："这联名状不是我等所定，都是南司百官群情激昂，不能阻止啊！请陛下暂且前去东宫，等到事情稍微安定，再迎陛下回归正宫来罢了。"何皇后说："皇上赶快依从军容使的话！"立即取出传国玺印授予刘季述。宦官扶持昭宗与何皇后同乘一车，与嫔御侍从十余人往少阳院去。刘季述用银马鞭画地，数落昭宗说："某时某事，你不听从我的话，这是一条罪。"这样数十次还没完。于是，刘季述亲手锁了少阳院的门，熔化铁水将锁灌实，派遣左军副使李师虔带兵将少阳院包围，昭宗一有动静就禀报刘季述，凿出墙洞来递送饮食。凡是兵器针刀都不能入内，昭宗要些钱帛全不成，要些纸笔也不给。当时天气十分寒冷，嫔御公主没有衣被，号哭之声传到墙外。刘季述等假传昭宗的诏书，令太子代管国事，迎太子入宫。辛卯（初七），刘季述等又假传昭宗的诏书，令太子继承皇位，更名李缜。于是，以昭宗为太上皇，何皇后为太上皇后。甲午（初十），太子即皇帝位，把少阳院改名叫问安宫。

刘季述给百官加封爵位，与将士都受到优厚的赏赐，想要以此向众人讨好。杀了睦王李倚，凡被唐昭宗宠信的宫人、侍臣、方士、僧侣、道人等，都用木棍打死。每夜杀人，白天总是用十辆车载着尸体送出，一车有时只一两具尸体，想要用此树立淫威。刘季述等将要杀司天监胡秀林，秀林说："军容使幽禁君父，还想要多杀无辜吗！"刘季述畏惧他言辞的刚正而住手。刘季述想要杀崔胤，但畏惧朱全忠，于是就只解除了崔胤的度支盐铁转运使而已。

唐纪七十九

第二百六十三卷

昭宗圣穆景文孝皇帝中之下天复三年（癸亥，903）

戊甲，李茂贞独见上，中尉韩全诲、张彦弘，枢密使袁易简、周敬容皆不得对。茂贞请诛全诲等，与朱全忠和解，奉车驾还京。上喜，即遣内养帅凤翔卒四十人收全诲等，斩之。以御食使第五可范为左军中尉，宣徽南院使仇承坦为右军中尉，王知古为上院枢密使，杨虔朗为下院枢密使。是夕，又斩李继筠、李继诲、李彦弼及内诸司使韦处廷等十六人。

庚午，全忠、崔胤同对。胤奏："国初承平之时，宦官不典兵预政。天宝以来，宦官浸盛。贞元之末，分羽林卫为左、右神策军以便卫从，始令宦官主之，以二千人为定制。自是参掌机密，夺百司权，上下弥缝，共为不法，大则构扇藩镇，倾危国家；小则卖官鬻狱，蠹害朝政。王室衰乱，职此之由，不翦其根，祸终不已。请悉罢诸司使，其事务尽归之省寺，诸道监军俱召还阙下。"上从之。是日，全忠以兵驱宦官第五可范等数百人于内侍省，尽杀之，冤号之声，彻于内外。其出使外方者，诏所在收捕诛之，止留黄衣幼弱者三十人以备洒扫。又诏成德节度使王镕选进五十人充敕使，取其土风深厚，人性谨朴也。上愍可范等或无罪，为文祭之。自是宣传诏命，皆令宫人出入；其两军内外八镇兵悉属六军，以崔胤兼判六军十二卫事。

臣光曰：宦官用权，为国家患，其来久矣。盖以出入宫禁，人主自幼及长，与之亲狎，非如三公六卿，进见有时，可严惮也。其间复有性识儇利，语言辩给，伺候颜色，承迎志趣，受命则无违迕之患，使令则有称惬之效。自非上智之主，烛知物情，虑患深远，侍奉之外，不任以事，则近者日亲，远者日疏，甘言卑辞之请有时而从，浸润肤受之诉有时而从。于是黜陟刑赏之政，潜移于近习而不自知，如饮醇酒，嗜其味而忘其醉也。黜陟刑赏之柄移而国家不危乱者，未之有也。

东汉之衰，宦官最名骄横，然皆假人主之权，依凭城社，以浊乱天下，未有能劫胁天子如制婴儿，废置在手，东西出其意，使天子畏之若乘虎狼而挟蛇虺如唐世者也。所以然者非他，汉不握兵，唐握兵故也。

太宗鉴前世之弊，深抑宦官无得过四品。明皇始隳旧章，是崇是长，晚节令高力士省决章奏，乃至进退将相，时与之议，自太子王公皆畏事之，宦官自此炽矣。及中原板荡，肃宗收兵灵武，李辅国以东宫旧隶参预军谋，宠过而骄，不能复制，遂至爱子慈父皆不能庇，以忧悸终。代宗践阼，仍遵覆辙，程元振、鱼朝恩相继用事，窃弄刑赏，壅蔽聪明，视天子如委裘，陵宰相如奴虏。是以来瑱入朝，遇谗赐死；吐蕃深侵郊甸，匿不以闻，致狼狈幸陕；李光弼危疑愤郁，以陨其生；郭子仪摈废家居，不保丘垄；仆固怀恩冤抑无诉，遂弃勋庸，更为叛乱。德宗初立，颇振纲纪，宦官稍绌。而返自兴元，猜忌诸将，以李晟、浑瑊为不可信，悉夺其兵，而以窦文场、霍仙鸣为中尉，使典宿卫，自是太阿之柄，落其掌握矣。宪宗末年，吐突承璀欲废嫡立庶，以成陈洪志之变。宝历狎昵群小，刘克明与苏佐明为逆，其后绛王及文、武、宣、懿、僖、昭六帝，皆为宦官所立，势益骄横。王守澄、仇士良、田令孜、杨复恭、刘季述、韩全诲为之魁杰，至自称“定策国老”，目天子为门生，根深蒂固，疾成膏肓，不可救药矣！文宗深愤其然，志欲除之，以宋申锡之贤，犹不能有所为，反受其殃；况李训、郑注反覆小人，欲以一朝谲诈之谋，翦累世胶固之党，遂至涉血禁涂，积尸省户，公卿大臣，连颈就诛，阖门屠灭，天子阳喑纵酒，饮泣吞气，自比赧、献，不亦悲乎！以宣宗之严毅明察，犹闭目摇首，自谓畏之。况懿、僖之骄侈，苟声色球猎足充其欲，则政事一以付之，呼之以父，固无怪矣。贼污官阙，两幸梁、益，皆令孜所为也。昭宗不胜其耻，力欲清涤，而所任不得其人，所行不由其道。始则张濬覆军于平阳，增李克用跋扈之势；复恭亡命于山南，启宋文通不臣之心；终则兵交阙庭，矢及御衣，漂泊莎城，流寓华阴，幽辱东内，劫迁岐阳。崔昌遐无如之何，更召朱全忠以讨之。连兵围城，再罹寒暑，御膳不足于糗粮，王侯毙踣于饥寒，然后全诲就诛，乘舆东出，翦灭其党，靡有孑遗，而唐之庙社因以丘墟矣！然则宦官之祸，始于明皇，盛于肃、代，成于德宗，极于昭宗。易曰：“履霜坚冰至。”为国家者，防微杜渐，可不慎其始哉！此其为患，章章尤著者也。自余伤贤害能，召乱致祸，卖官鬻狱，沮败师徒，蠹害烝民，不可遍举。

夫寺人之官，自三王之世，具载于《诗》《礼》，所以谨闺闼之禁，通内外之言，安可无也。如巷伯之疾恶，寺人披之事君，郑众之辞赏，吕强之直谏，曹日升之救患，马存亮之弭乱，杨复光之讨贼，严遵美之避权，张承业之竭忠，其中岂无贤才乎！顾人主不当与之谋议政事，进退士大夫，使有威福足以动人耳。果或有罪，小则刑之，大则诛之，无所宽赦；如此，虽使之专横，孰敢焉！岂可不察臧否，不择是非，欲草薙而禽狝之，能无乱乎！是以袁绍行之于前而董卓弱汉，崔昌遐袭之于后而朱氏篡唐，虽快一时之忿而国随以亡。是犹恶衣之垢而焚之，患木之蠹而伐之，其为害岂不益多哉！孔子曰："人而不仁，疾之已甚，乱也。"斯之谓矣！

唐昭宗天复三年（癸亥，公元903年）

戊申（正月初六），李茂贞单独进见昭宗，中尉韩全诲、张彦弘，枢密使袁易简、周敬容都不能进对。李茂贞请求杀死韩全诲等，与朱全忠和好，护送昭宗回长安。昭宗听后非常高兴，立即派遣宦官率领凤翔兵卒四十人拘捕韩全诲等，将他们斩首。任命御食使第五可范为左军中尉，宣徽南院使仇承坦为右军中尉，王知古为上院枢密使，杨虔朗为下院枢密使。这天晚上，又将李继筠、李继诲、李彦弼及皇宫内诸司使韦处廷等十六人斩首。

庚午（二十八日），朱全忠、崔胤一同进宫奏对。崔胤奏称："国初太平的时候，宦官不掌管军权、干预朝政。天宝以来，宦官逐渐强盛。贞元末年，分羽林卫为左、右神策军以便随从护卫，开始令宦官主管，以二千人为定制。从此，宦官参与掌管机密事务，夺取百司权力，上下遮掩，共为不法之事，大则勾结煽动藩镇，倾覆危害国家；小则以官爵狱讼做买卖，败坏朝政。朝廷衰微扰乱，正是由于这个缘由，不铲除它的根源，祸患终究不能停止。请全部罢免诸司使，他们掌管的事务尽归省寺管理，各道监军全都召还京城。"昭宗听从他的建议。当天，朱全忠领兵驱赶宦官第五可范等数百人到内侍省，全部把他们杀死，呼冤喊屈、号啕大哭之声，响彻内外。宦官中有出使外地的，诏令所在地方把他们收捕处死，只留品秩卑微的幼弱宦官三十人以备洒扫。又诏令成德节度使王镕选进五十人充任敕使。因为那地方的风俗淳厚，人性谨朴。昭宗哀怜第五可范等有的无罪，撰文祭奠他们。自这以后，宣布传达诏命，全令宫人出入办理；左、右神策两军所辖的内外八镇军队，也都归属左右龙武、羽林、神策

等六军，任命崔胤兼领六军十二卫事务。

臣司马光曰：宦官当权，成为国家祸患，由来已久了。这是因为宦官经常出入皇宫，君主从小到大，与他们亲近狎昵，不像三公六卿，进见有一定的时间，让君主畏惧。宦官中间又有的性情乖巧，言语敏捷，察言观色，迎合君主的志向兴趣，这样，接受命令就没有违逆抵触的顾虑，使唤差遣就有称心满意的效果。如果不像圣明的君主那样洞察事物的情理，考虑祸患的深远，除了侍奉以外，不委任宦官掌管其他事务，那么，近在内宫的宦官就会一天天地亲近，远在外朝的百官就会一天天地疏远，君主就会有时应允甜言卑辞的请求，听从逐渐渗透的诉说。于是，降革升迁、刑罚奖赏的国家政令，就无形中转由亲信宦官掌握而不能自知，如同饮美酒一样，喜好它的味道而忘记它能醉人了。降革升迁、刑罚奖赏的权力已经转移而国家不发生危险祸乱，是从来没有过的。

东汉衰亡之时，宦官的骄傲专横最为闻名。然而他们都是借助君主的权力，如同城狐社鼠有所仗恃凭依，来扰乱天下。没有能够像唐代这样，劫持胁迫天子如同控制婴儿，废立在手，往东往西全出己意，使天子惧怕他们如同骑着猛虎恶狼而腋下夹着毒蛇一样。所以如此，不是别的原因，是东汉宦官不掌握兵权，唐代宦官掌握兵权的缘故。

唐太宗鉴于前代的弊病，对宦官严加抑制，官阶不得超过四品。唐明皇开始毁坏原有的章程，对宦官尊重任用。晚年让高力士省阅批复章奏，甚至任免将军、宰相，也时常与他商议，自太子王公以下都敬畏地侍奉他，宦官的势焰自此炽烈了。等到中原动荡，肃宗在灵武即位，聚集军队，李辅国作为东宫太子的旧属参与军事计划。过分的宠信使他骄横放纵，不能再加控制，竟至爱子慈父不能庇护，玄宗因忧虑恐惧而死。唐代宗即位，仍蹈覆辙，程元振、鱼朝恩相继当权，暗中玩弄刑赏大权，阻塞蒙蔽视听，看待天子如同放在皇位上的衣裳，欺凌宰相如同奴隶。所以来瑱入京朝见，遇谗言而被赐死；吐蕃深入侵犯京师郊野，隐匿军情不行奏报，致使唐代宗狼狈驾临陕州；李光弼忧惧怀疑，烦闷怨恨，因此丧生；郭子仪被排斥罢官，赋闲家居，不保坟墓；仆固怀恩被冤枉压制，无处申诉，于是舍弃功劳，改为叛乱。唐德宗刚即位，大力整顿法纪，宦官稍被贬斥。但自兴元返京后，猜忌诸将，认为李晟、浑瑊不可信任，全部夺取他们的兵权，而任命窦文场、霍仙鸣为中尉，让他们主管宫禁的值宿警卫，从此军权落入他们手里。唐宪宗末年，吐突承璀想要废掉嫡子，改立庶子，酿成陈洪志之变。宝历年间，敬宗过分亲近宦官，刘克明与苏佐明进行叛逆，此后绛王及文宗、武宗、宣宗、懿宗、僖宗、昭宗六帝，都是宦官所立，势力越发骄横。王守澄、仇士良、田令孜、杨复恭、刘季述、韩全诲是宦官中的首领，以至于自称“定策国老”，视天子为门生，根深蒂固，病入膏肓，不可救药了！唐文宗非常怨恨宦官这样，立志要除掉他们，以宋申锡那样贤德的人，尚且不能够有所作为，反受祸殃，何况李训、郑注这些反复无常的小人，想要用一个早晨施行的诡诈阴谋，剪除数代胶粘固结的死党，竟至鲜血流满宫禁道路，尸体堆积台省门前，公卿大臣一个接一个被杀，全家屠灭，天子假装哑巴，纵情饮酒，泪流满面，不敢出声，自比周赧王、汉献帝，不可悲吗！以唐宣宗的严正坚毅，明察秋毫，尚且闭目摇头，自称害怕，何况懿宗、僖宗那样骄奢淫逸，只要歌舞美女、蹋球游猎可满足欲望，便将一切政事交付宦官，称呼宦官为父亲，就本不足为怪了。贼寇玷污宫殿，皇帝两次驾临梁州、益州，都是田令孜造成的。昭宗不能忍受这样的耻辱，想要尽力清洗，但是任用的人不合适，使用的方法不对头。开始就是张濬在平阳全军覆没，增强了李克用专横暴戾的气势；杨得恭向山南逃命，开启了宋文通不守臣节的心思；结果在皇宫里彼此交战，箭头射中皇上的衣服，昭宗漂泊莎城，流寓华阴，被幽禁在东宫受辱，又被劫持胁迫到岐阳。崔胤无可奈何，再召朱全忠发兵讨伐。朱全忠统帅大军包围岐阳城，皇室再次遭受寒暑之苦，昭宗的御膳不足，王侯遭受饥寒饿死冻僵。然后韩全诲被杀，昭宗圣驾东行，剪除韩全诲的同党，一个不留。然而唐朝的宗庙社稷因此成了坟墓废墟！这样看来，宦官的祸乱，始于明皇，盛于肃宗、代宗，成于德宗，极于昭宗。《易经》说：“行于霜上而知道严寒冰冻将要到来。”治理国家的人，应防微杜渐，怎么能不重视它的起始呢！以上这些是宦官为害尤其明显昭著的事例。另外的恶果如伤害贤才，招致祸乱，买卖官爵，受贿断狱，败坏军队，坑害百姓，不能一一遍举。

寺人的官职，始自夏禹、商汤、周文王三王的时代，备载于《诗》《礼》，用来严守皇宫内室的门禁，传达皇宫内外的话语，怎么能够没有呢？如巷伯的痛恨邪恶，寺人披的忠诚侍奉君主，郑众的辞却赏赐，吕强的直言规劝，曹日昇的解救患难，马存亮的消弭祸乱，杨复光的讨伐逆贼，严遵美的避让权位，张承业的竭尽忠诚，宦官中间难道没有贤才吗？只是国君不应当与他们谋划商议国家政务和进退升降官吏的大事，使他们有威福能够左右他人罢了。倘若宦官有人犯罪，小罪就惩罚他，大罪就杀死他，不予宽恕赦免。这样，即使让他专横跋扈，又有谁敢呢？怎么能够不详察善恶，不区别是非，想要像割除蔓草、捕杀禽兽那样除尽杀绝，能够没有祸乱吗！因此，袁绍屠杀宦官于前而董卓削弱汉室，崔胤再行此事于后而朱全忠篡夺大唐，虽然痛快发泄了一时的愤恨，但国家也随着灭亡了。这如同厌恶衣服上的污垢就烧掉衣服，忧虑树木上的蛀虫就砍伐树木，那造成的损害不是更多吗！孔子说：“人如果不仁慈，痛恨过分，就要发生祸乱了。”说的就是这个道理啊！

唐纪八十

第二百六十四卷

昭宗圣穆景文孝皇帝下之上天复三年（癸亥，903）

初，崔胤假朱全忠兵力以诛宦官，全忠既破李茂贞，并吞关中，威震天下，遂有篡夺之志。胤惧，与全忠外虽亲厚，私心渐异，乃谓全忠曰："长安密迩茂贞，不可不为守御之备。六军十二卫，但有空名，请召募以实之，使公无西顾之忧。"全忠知其意，曲从之，阴使麾下壮士应募以察其变。胤不之知，与郑元规等缮治兵仗，日夜不息。及朱友伦死，全忠益疑胤，且欲迁天子都洛，恐胤立异。

天祐元年（甲子，904）

春，正月，全忠密表司徒兼侍中、判六军十二卫事、充盐铁转运使、判度支崔胤专权乱国，离间君臣，并其党刑部尚书兼京兆尹、六军诸卫副使郑元规，威远军使陈班等，皆请诛之。乙巳，诏责授胤太子少傅、分司，贬元规循州司户，班溱州司户。丙午，下诏罪状胤等；以裴枢判左三军事、充盐铁转运使，独孤损判右三军事、兼判度支；胤所募兵并纵遣之。以兵部尚书崔远为中书侍郎，翰林学士、左拾遗柳璨为右谏议大夫，并同平章事。璨，公绰之从孙也。戊申，朱全忠密令宿卫都指挥使朱友谅以兵围崔胤第，杀胤及郑元规、陈班并胤所亲厚者数人。

初，上在华州，朱全忠屡表请上迁都洛阳，上虽不许，全忠常令东都留守佑国军节度使张全义缮修宫室。

己酉，全忠引兵屯河中。丁巳，上御延喜楼，朱全忠遣牙将寇彦卿奉表，称邠、岐兵逼畿甸，请上迁都洛阳；及下楼，裴枢已得全忠移节，促百官东行。戊午，驱徙士民，号哭满路，骂曰："贼臣崔胤召朱温来倾覆社稷，使我曹流离至此！"老幼繦属，月余不绝。

壬戌，车驾发长安，全忠以其将张廷范为御营使，毁长安宫室百司及民间庐舍，取其材，浮渭沿河而下，长安自此遂丘墟矣。

唐昭宗天复三年（癸亥，公元903年）

当初，崔胤借助朱全忠的兵力来诛杀宦官，朱全忠打败李茂贞，并吞了关中之后，声威震动天下，于是有篡夺帝位的志向。崔胤大惧，与朱全忠表面上虽然亲厚，内心里渐渐背离，于是对朱全忠说："长安靠近李茂贞，不可不做守御的准备。六军十二卫，只有空名，请召募补足，使您没有西顾的忧虑。"朱全忠知道他的意图，勉强依从他，暗地里让部下壮士应募来观察他的变化。崔胤不知道其中的情由，与郑元规等整治兵器，日夜不停。等到宿卫都指挥使朱友伦摔死，朱全忠更加怀疑崔胤，并且想劫持昭宗迁都洛阳，恐怕崔胤另立异论阻止。

天祐元年（甲子，公元904年）

春季，正月，朱全忠上密表揭发司徒兼侍中、判六军十二卫事、充盐铁转运使、判度支崔胤专权乱国，离间君臣，连同他的党羽刑部尚书兼京兆尹、六军诸卫副使郑元规，威远军使陈班等，奏请全部处死。乙巳（初九），昭宗颁布诏令，谴责并改授崔胤为太子少傅、分司，贬郑元规为循州司户，陈班为溱州司户。丙午（初十），昭宗颁下诏令，公布崔胤等的罪状；任命裴枢判左三军事、充盐铁转运使，独孤损判右三军事、兼判度支；崔胤招募的兵士一并放走遣返；任命兵部尚书崔远为中书侍郎，翰林学士、左拾遗柳璨为右谏议大夫，都为同平章事。柳璨是柳公绰的从孙。戊申（十二日），朱全忠密令宿卫都指挥使朱友谅率兵包围崔胤的住宅，杀死崔胤及郑元规、陈班以及崔胤的亲信数人。

当初，昭宗在华州，朱全忠屡次上表请昭宗迁都洛阳，昭宗虽然没有允许，朱全忠却常令东都留守佑国军节度使张全义缮修宫室。

己酉（十三日），朱全忠率兵驻扎河中。丁巳（二十一日），昭宗在延禧楼，朱全忠派遣牙将寇彦卿捧着奏表，称邠州、岐州的军队已经逼近京城管区，请昭宗迁都洛阳；等到昭宗下楼，裴枢已经收到朱全忠迁都的文书，催促文武百官东行。戊午

（二十二日），被驱赶迁徙的士人百姓，号哭满路，大骂道："贼臣崔胤召朱温前来颠覆社稷，使我们颠沛流离到这种地步！"扶老携幼鱼贯而行，一个多月没断。

壬戌（二十六日），昭宗从长安出发，朱全忠任命他的部将张廷范为御营使，拆毁长安的宫室、官署及民间房舍，取出木材，抛入渭河之中，顺黄河漂浮东下，长安自此成为废墟了。

唐纪八十一

第二百六十五卷

昭宗圣穆景文孝皇帝下之下天祐元年（甲子，904）

时李茂贞、杨崇本、李克用、刘仁恭、王建、杨行密、赵匡凝移檄往来，皆以兴复为辞。全忠方引兵西讨，以帝有英气，恐变生于中，欲立幼君，易谋禅代。乃遣判官李振至洛阳，与玄晖及左龙武统军朱友恭、右龙武统军氏叔琮等图之。

八月，壬寅，帝在椒殿，玄晖选龙武牙官史太等百人夜叩宫门，言军前有急奏，欲面见帝。夫人裴贞一开门见兵，曰："急奏何以兵为？"史太杀之。玄晖问："至尊安在？"昭仪李渐荣临轩呼曰："宁杀我曹，勿伤大家！"帝方醉，遽起，单衣绕柱走，史太追而弑之。渐荣以身蔽帝，太亦杀之。又欲杀何后，后求哀于玄晖，乃释之。

癸卯，蒋玄晖矫诏称李渐荣、裴贞一弑逆，宜立辉王祚为皇太子，更名柷，监军国事。又矫皇后令，太子于柩前即位。宫中恐惧，不敢出声哭。丙午，昭宣帝即位，时年十三。

朱全忠闻朱友恭等弑昭宗，阳惊，号哭自投于地，曰："奴辈负我，令我受恶名于万代！"癸巳，至东都，伏梓宫恸哭流涕，又见帝自陈非己志，请讨贼。先是，护驾军士有掠米于市者，甲午，全忠奏朱友恭、氏叔琮不戢士卒，侵扰市肆，友恭贬崖州司户，复姓名李彦威，叔琮贬白州司户，寻皆赐自尽。彦威临刑大呼曰："卖我以塞天下之谤，如鬼神何！行事如此，望有后乎！"

唐昭宗天祐元年（甲子，公元904年）

当时，李茂贞、杨崇本、李克用、刘仁恭、王建、杨行密、赵匡凝往来传移檄文，都以兴复皇室为辞。朱全忠正在率领军队向西讨伐岐州、邠州，因昭宗有英武之气，恐怕宫中产生变故，想要另立幼君，以谋求禅让取代。于是，朱全忠派遣判官李振到洛阳，与蒋玄晖及左龙武统军朱友恭、右龙武统军氏叔琮等谋划。

八月，壬寅（十一日），昭宗在何皇后殿内，枢密使蒋玄晖选择龙武牙官史太等一百人，在夜里敲击宫门，说军事前线有急事奏报，要面见昭宗。夫人裴贞一开门见兵士，说："有急事奏报用兵士做什么？"史太杀了她。蒋玄晖问："陛下在哪里？"昭仪李渐荣对窗大叫道："宁可杀了我们，不要伤害陛下！"昭宗刚醉，急忙起来，穿着单衣绕柱逃跑，史太追上并把他杀死。李渐荣用身体遮挡昭宗，史太也杀了她。史太又要杀何皇后，何皇后向蒋玄晖哀求，才放了她。

癸卯（十二日），蒋玄晖假造诏令，称李渐荣、裴贞一谋杀昭宗，应该立辉王李祚为皇太子，更名李柷，代理军国政事。又假传皇后令，太子于灵柩前即位。宫中一片恐惧气氛，不敢哭出声来。丙午（十五日），昭宣帝即位，时年十三岁。

朱全忠听到朱友恭等杀死昭宗的消息，假装震惊，放声大哭，自己扑倒在地上，说："奴才们害死我了，让我千秋万代蒙受恶名！"癸巳（十月初三），朱全忠到达东都洛阳，伏在昭宗的灵柩上恸哭流涕；又觐见昭宣帝，自陈杀死昭宗不是自己的心意，请求讨伐乱臣贼子。在这之先，护卫皇帝的军士有在市上抢米的，甲午（初四），朱全忠奏参朱友恭、氏叔琮不能约束士卒，侵扰街市店铺，将朱友恭贬为崖州司马，恢复原姓名李彦威，氏叔琮贬为白州司马，不久都赐令自尽。李彦威自杀前大声呼喊说："出卖我来堵塞天下的指责，但拿鬼神怎么办！如此行事，还指望有后代吗！"

后梁纪一

第二百六十六卷

太祖神武元圣孝皇帝上开平元年(丁卯,907)

梁王始御金祥殿,受百官称臣,下书称教令,自称曰寡人。辛亥,令诸笺、表、薄、籍皆去唐年号,但称月、日。

壬戌,梁王更名晃。

甲子,张文蔚、杨涉乘辂自上源驿从册宝,诸司各备仪卫卤簿前导,百官从其后,至金祥殿前陈之。王被衮冕,即皇帝位。

乙亥,下制削夺李克用官爵。是时惟河东、凤翔、淮南称"天祐",西川称"天复"年号;余皆禀梁正朔,称臣奉贡。

契丹遣其臣袍笏梅老来通好,帝遣太府少卿高颀报之。

初,契丹有八部,部各有大人,相与约,推一人为王,建旗鼓以号令诸部,每三年则以次相代。咸通末,有习尔者为王,土宇始大。其后钦德为王,乘中原多故,时入盗边。及阿保机为王,尤雄勇,五姓奚及七姓室韦、达靼咸役属之。阿保机姓邪律氏,恃其强,不肯受代。久之,阿保机击黄头室韦还,七部劫之于境上,求如约。阿保机不得已,传旗鼓,且曰:"我为王九年,得汉人多,请帅种落居古汉城,与汉人守之,别自为一部。"七部许之。汉城,故后魏滑盐县也。地宜五谷,有盐池之利。其后阿保机稍以兵击灭七部,复并为一国。又北侵室韦、女真,西取突厥故地,击奚,灭之,复立奚王而使契丹监其兵。东北诸夷皆畏服之。

是岁,阿保机帅众三十万寇云州,晋王与之连和,面会东城,约为兄弟,延之帐中,纵酒,握手尽欢,约以今冬共击梁。或劝晋王:"因其来,可擒也。"王曰:"仇敌未灭而失信夷狄，自亡之道也。”阿保机留旬日乃去，晋王赠以金缯数万。阿保机留马三千匹，杂畜万计以酬之。阿保机归而背盟，更附于梁，晋王由是恨之。

二年（戊辰，908）

晋王疽发于首，病笃。周德威等退屯乱柳。晋王命其弟内外蕃汉都知兵马使、振武节度使克宁，监军张承业，大将李存璋、吴珙，掌书记卢质立其子晋州刺史存勖为嗣，曰：“此子志气远大，必能成吾事，尔曹善教导之！”辛卯，晋王谓存勖曰：“嗣昭厄于重围，吾不及见矣。俟葬毕，汝与德威辈速竭力救之！”又谓克宁等曰：“以亚子累汝！”亚子，存勖小名也。言终而卒。克宁纲纪军府，中外无敢喧哗。

癸亥，鸩杀济阴王于曹州，追谥曰唐哀皇帝。

后梁太祖开平元年（丁卯，公元907年）

庚戌（四月初四），梁王朱全忠开始登金祥殿，接受唐室文武百官称臣，下行文书称教令，自称寡人。辛亥（初五），命令各种笺、表、簿、籍都去掉唐朝年号，只称月、日。

壬戌（十六日），梁王朱全忠更名为晃。

甲子（十八日），张文蔚、杨涉乘大车自上源驿随从册宝，诸司各备陈仪仗、卫士、车驾在前导引，唐朝的文武百官随后，到金祥殿前排列。梁王朱全忠身披衮袍，头戴冠冕，即皇帝位。

乙亥（二十九日），下令削夺李克用的官职爵位。这时，只有河东、凤翔、淮南称天祐年号，西川称天复年号，其余各镇都接受后梁的年号，向后梁称臣纳贡。

契丹派遣使臣袍笏梅老到大梁互通友好，后梁太祖派遣太府少卿高颀回访。

起初，契丹有八部，每部各有大人，共同约定，推举一人为王，建置旗鼓以号令各部，每三年就依次相代。咸通末年，有名叫习尔的为王，疆土开始扩大。其后钦德为王，趁着中原多难，时常入侵中原边境抢劫。等到阿保机为王，尤其威武勇敢，五姓奚及七姓室韦、达靼都附属于他。阿保机姓邪律氏，仗恃自己强大，不肯在三年任满的时候接受替代。过了很久，阿保机攻打黄头室韦回来，其他七部在边界上胁迫他，要求遵守三年一换王的约定。阿保机无可奈何，只得传与旗鼓，并且说：“我为王九年，得到汉人很多，请率领同种部落在古汉城居住，与汉人共同守护，另外自为一部。”七部应允了他。汉城是原来的后魏滑盐县，土地适宜五谷生长，有盐池之利。后来阿保机逐渐发兵灭亡其他七部，合并成为一国。阿保机又北侵室韦、女真，西取突厥旧地，攻打、灭亡五姓奚，后来又立奚王而让契丹监督他的军队。东北各夷族都敬畏服从他。

这一年，阿保机率领部众三十万侵犯云州，晋王李克用与他和好，在云州东城会面，相约为兄弟，延请到帐中，纵情饮酒，握手尽欢，相约在当年冬天共同攻梁。有人劝晋王说：“趁着阿保机前来，可以擒住他。”晋王说：“仇敌朱全忠没有消灭，却对夷狄失信，是自取灭亡之道啊。”阿保机留住十天才离开云州，晋王赠送给他金缯数万。阿保机留下马三千匹，各种牲畜数以万计，用来酬谢晋王。阿保机回去以后就背叛了盟约，又归附了后梁，晋王李克用因此怨恨阿保机。

二年（戊辰，公元 908 年）

晋王李克用头上生毒疮，病情严重。周德威等撤退到乱柳驻扎。晋王李克用命他的弟弟内外蕃汉都知兵马使与振武节度使李克宁，监军张承业，大将李存璋、吴珙，掌书记卢质等人拥立他的儿子晋州刺史李存勖为嗣，说：“此子志向远大，必能成就我的事业，你们好好教导他！”辛卯（正月十九日），晋王对李存勖说：“李嗣昭困于重围，我来不及见他了。等到葬事完毕，你与周德威等立即竭力救他！”又对李克宁等说：“那亚子烦劳你们照管了！”亚子是李存勖的小名。话说完就死了。李克宁治理军府，内外没有人敢于喧哗。

癸亥（二十二日），后梁太祖派人在曹州用毒酒害死济阴王李柷，追谥称为唐哀皇帝。

后梁纪二

第二百六十七卷

太祖神武元圣孝皇帝中开平四年（庚午，910）

上疑赵王镕贰于晋，且欲因邺王绍威卒除移镇、定。会燕王守光发兵屯涞水，欲侵定州，上遣供奉官杜廷隐、丁延徽监魏博兵三千分屯深、冀，声言恐燕兵南寇，助赵守御；又云分兵就食。赵将石公立戍深州，白赵王镕，请拒之。镕遽命开门，移公立于外以避之。

梁人有亡奔真定，以其谋告镕者，镕大惧，又不敢先自绝；但遣使诣洛阳，诉称“燕兵已还，与定州讲和如故，深、冀民见魏博兵入，奔走惊骇，乞召兵还”。上遣使诣真定慰谕之。未几，廷隐等闭门尽杀赵戍兵，乘城拒守。镕始命石公立攻之，不克，乃遣使求援于燕、晋。

镕使者到晋阳，义武节度使王处直使者亦至，欲共推晋王为盟主，合兵攻梁。晋王会将佐谋之，皆曰：“镕久臣朱温，岁输重赂，结以婚姻，其交深矣；此必诈也，宜徐观之。”王曰：“彼亦择利害而为之耳。王氏在唐世犹或臣或叛，况肯终为朱氏之臣乎？彼朱温之女何如寿安公主！今救死不赡，何顾婚姻！我若疑而不救，正堕朱氏计中。宜趣发兵赴之，晋、赵叶力，破梁必矣。”乃发兵，遣周德威将之，出井陉，屯赵州。

镕使者至幽州，燕王守光方猎，幕僚孙鹤驰诣野谓守光曰：“赵人来乞师，此天欲成王之功业也。”守光曰：“何故？”对曰：“比常患其与朱温胶固。温之志非尽吞河朔不已，今彼自为仇敌，王若与之并力破梁，则镇、定皆敛衽而朝燕矣。王不出师，但恐晋人先我矣。”守光曰：“王镕数负约，今使之与梁自相弊，吾可以坐承其利，又何救焉！”赵使者交错于路，守光竟不为出兵。自是镇、定复称唐天祐年号，复以武顺为成德军。

十二月，己未，上闻赵与晋合，晋兵已屯赵州，乃命王景仁等将兵击之。庚申，景仁等自河阳渡河，会罗周翰兵，合四万，军于邢、洺。

赵王镕复告急于晋，晋王以蕃汉副总管李存审守晋阳，自将兵自赞皇东下，王处直遣将将兵以从。辛巳，晋王至赵州，与周德威合，获梁刍荛者二百人，问之曰："初发洛阳，梁主有何号令？"对曰："梁主戒上将云：'镇州反覆，终为子孙之患。今悉以精兵付汝，镇州虽以铁为城，必为我取之。'"晋王命送于赵。

壬午，晋王进军，距柏乡三十里，遣周德威等以胡骑迫梁营挑战，梁兵不出。癸未，复进，距柏乡五里，营于野河之北，又遣胡骑迫梁营驰射，且诟之。梁将韩勍等将步骑三万，分三道追之，铠胄皆被缯绮，镂金银，光彩炫耀，晋人望之夺气。周德威谓李存璋曰："梁人志不在战，徒欲曜兵耳。不挫其锐，则吾军不振。"乃徇于军曰："彼皆汴州天武军，屠酤佣贩之徒耳，衣铠虽鲜，十不能当汝一。擒获一夫，足以自富，此乃奇货，不可失也。"德威自引千余精骑击其两端，左右驰突，出入数四，俘获百余人，且战且却，距野河而止；梁兵亦退。

德威言于晋王曰："贼势甚盛，宜按兵以待其衰。"王曰："吾孤军远来，救人之急，三镇乌合，利于速战，公乃欲按兵持重，何也？"德威曰："镇、定之兵，长于守城，短于野战。且吾所恃者骑兵，利于平原广野，可以驰突。今压贼垒门，骑无所展其足；且众寡不敌，使彼知吾虚实，则事危矣。"王不悦，退卧帐中，诸将莫敢言。德威往见张承业曰："大王骤胜而轻敌，不量力而务速战。今去贼咫尺，所限者一水耳，彼若造桥以薄我，我众立尽矣。不若退军高邑，诱贼离营，彼出则归，彼归则出，别以轻骑掠其馈饷，不过逾月，破之必矣。"承业入，褰帐抚王曰："此岂王安寝时耶！周德威老将知兵，其言不可忽也。"王蹶然兴曰："予方思之。"时梁兵闭垒不出，有降者，诘之，曰："景仁方多造浮桥。"王谓德威曰："果如公言。"是日，拔营，退保高邑。

后梁太祖开平四年（庚午，公元910年）

后梁太祖怀疑赵王王镕暗中依附于晋，并且想趁着邺王罗绍威去世移调镇、定两处节度使。恰巧燕王刘守光发兵驻扎涞水，想要侵犯定州，梁太祖派遣供奉官杜廷隐、丁延徽监督魏博兵三千分别驻扎深州、冀州，声称担心燕兵南犯，前来帮助赵兵防守抵御；又说分兵到粮多之处就地取得给养。赵将石公立戍守深州，禀报赵王王镕，请求拒绝他们。王镕急速命令打开深州城门，让石公立转移到城外回避梁军。

梁人有逃奔到真定的，把后梁太祖想要移调镇、定的图谋告诉王镕，王镕非常害怕，又不敢先自己断绝与后梁的关系，只是派遣使者到洛阳，诉说："燕兵已经撤走，与定州讲和像从前一样，深州、冀州人民看见魏博军队进城，奔走惊慌，乞求把魏博军队召回。"太祖派遣使者到真定慰劳宣谕他们。过了不久，杜廷隐等关闭城门，把赵的戍防兵士全部杀死，登城抵御防守。王镕才命令石公立攻打，不能攻取，于是派遣使者向燕、晋求援。

王镕的使者到晋阳，义武节度使王处直的使者也到了，想要共同推举晋王李存勖为盟主，合兵攻后梁。晋王会同将佐商议对策，都说："王镕长期向朱温称臣，每年输送众多的财物，结为儿女姻亲，他们的交情太深了。这一定是欺骗手段，应当慢慢观察他们的动静。"李存勖说："他也是择其利害而为之罢了。王氏在唐代尚且有时臣属、有时叛变，怎么肯愿意始终做朱氏的臣子呢？那个朱温的女儿怎么比得上寿安公主！现在救死都不够，哪里还顾得上婚姻！我如果怀疑他而不去援救，正好落入朱氏的计谋之中。应当急速发兵前往，晋、赵协力，打败梁兵是肯定的了。"于是发兵，派遣周德威领兵，出井陉，驻扎赵州。

王镕的使者到幽州，燕王刘守光正在外出打猎，幕僚孙鹤驰往野外打猎的地方对刘守光说："赵人前来乞求援兵，这是上天想要成全大王的功业了。"刘守光说："这是什么缘故？"孙鹤回答说："近来常常忧虑王镕与朱温关系牢固。朱温的志向是不全部吞并河朔不会停止，现在他们自己成为仇敌，大王如果与王镕并力打败梁兵，那么镇州、定州都提起衣襟朝见燕王了。大王您不出兵，只怕晋人已经在我之先发兵了。"刘守光说："王镕屡次背弃盟约，现在让他与梁自相败坏，我可以坐收其利，救他做什么呢！"赵的使者在路上接连不断，刘守光结果不发兵救援。从此镇州王镕、定州王处直又称唐天祐年号，再将武顺军改称成德军。

十二月，己未（初三），太祖听说赵王王镕与晋王李存勖联合，晋兵驻扎赵州，于是命令王景仁等率兵前去攻打。庚申（初四），王景仁等自河阳渡过黄河，会同天雄留后罗周翰的军队，合兵四万，在邢州、洺州扎营。

赵王王镕再次向晋告急，晋王李存勖任命蕃汉副总管李存审守卫晋阳，亲自统率军队自赞皇向东进发，王处直派遣部将率兵五千跟从。辛巳（二十五日），李存勖率兵到达赵州，与周德威会合，俘获割草打柴的后梁兵二百人，问他们说："当初从洛阳出发的时候，梁主有什么号令？”后梁兵回答说：“梁主告诫上将说：‘镇州王镕反复无常，终究要成为子孙的祸患。现在把精锐部队都交付给你，镇州即使用铁铸城，也一定为我夺取。’”李存勖命令把俘获的后梁兵送到赵王王镕那里去。

壬午（二十六日），李存勖率军前进，距离柏乡三十里，派遣周德威等率胡人骑兵逼近后梁营挑战，后梁兵不出。癸未（二十七日），又向前推进，距柏乡五里，在野河的北面扎营，又派遣胡人骑兵逼近后梁营纵马射箭，并且辱骂他们。梁将韩勍等率领步兵、骑兵三万人马，分三路追击挑战的晋兵，铁甲头盔都披着华丽的丝织品，雕刻着金银花纹，光彩闪烁夺目，晋兵望见不禁丧失士气。周德威对李存璋说：“梁人的目的不在争战，只是显示兵威罢了。不挫伤他们的锐气，我军就不能振作。”于是巡视军中说：“他们都是汴州的天武军，原来是屠夫、酒徒、佣工、商贩之类罢了，衣甲虽然鲜艳，十个人不能抵挡你们一个人。擒获他们一个人，足够使自己富裕了，这是奇货，不可失去啊！”周德威亲自带领精锐骑兵一千余人攻击后梁兵的两头，左右奔驰冲击，出入再四，俘获一百余人，边战边退，到野河为止，后梁兵也撤退了。

周德威向晋王说：“贼人的声势很盛，应当按兵不动来等待他们士气衰退。”晋王李存勖说：“我孤军远道而来，救别人的危急，三镇军队是乌合之众，利于速战速决，您却要按兵不动持重求稳，什么缘故呢？”周德威说：“镇州、定州的军队，坚守城池是他们的长处，在城外旷野里作战是他们的短处。我军所仗恃的是骑兵，在平原旷野里作战最为有利，可以纵马奔驰冲击。现在迫近敌人的营垒墙门，战马没有施展它的四足的地方。况且敌众我寡难以持久，如果敌人知道我军的虚实，那就危险了。”李存勖不高兴，退入帐中躺在床上，诸将没有人敢说话。周德威去见监军张承业，说：“大王突然胜利就轻敌，不量力就追求速战。现在离敌人只有咫尺，两军不过一水之隔罢了，敌人如果造桥过河来逼近我军，我军兵众立刻就会被消灭。不如退兵到高邑，引诱敌人离开营垒，他们出来我们就回营，他们回营我们就出来。另派轻捷骑兵抄夺他们输送的粮饷，不过一个多月，打败敌人是必然无疑了。”张承业进去，掀帐拍着晋王李存勖说：“现在难道是大王安稳睡觉的时候吗！周德威老将知兵，他的话不可忽视啊！”李存勖突然站起来说：“我正在思考他的建议！”当时后梁兵关闭营垒不出，有来投降的士兵，盘问他们时回答说：“王景仁正在造许多浮桥。”李存勖对周德威说：“果然像您说的那样。”当天，撤营退保高邑。

后梁纪四

第二百六十九卷

均王上贞明二年（丙子，916）

初，燕人苦刘守光残虐，军士多归地契丹，及守光被围于幽州，其北边士民多为契丹所掠；契丹日益强大。契丹王阿保机自称皇帝，国人谓之天皇王，以妻述律氏为皇后，置百官；至是，改元神册。

述律后勇决多权变，阿保机行兵御众，述律后常预其谋。阿保机尝度碛击党项，留述律后守其帐，黄头、臭泊二室韦乘虚合兵掠之；述律后知之，勒兵以待其至，奋击，大破之，由是名震诸夷。述律后有母有姑，皆踞榻受其拜，曰："吾惟拜天，不拜人也。"晋王方经营河北，欲结契丹为援，常以叔父事阿保机，以叔母事述律后。

刘守光末年衰困，遣参军韩延徽求援于契丹，契丹主怒其不拜，使牧马于野。延徽，幽州人，有智略，颇知属文。述律后言于契丹主曰："延徽能守节不屈，此今之贤者，奈何辱以牧圉！宜礼而用之。"契丹主召延徽与语，悦之，遂以为谋主，举动访焉。延徽始教契丹建牙开府，筑城郭，立市里，以处汉人，使各有配偶，垦艺荒田。由是汉人各安生业，逃亡者益少。契丹威服诸国，延徽有助焉。

顷之，延徽逃奔晋阳。晋王欲置之幕府，掌书记王缄疾之；延徽不自安，求东归省母，过真定，止于乡人王德明家，德明问所之，延徽曰："今河北皆为晋有，当复诣契丹耳。"德明曰："叛而复往，得无取死乎！"延徽曰："彼自吾来，如丧手目；今往诣之，彼手目复完，安肯害我！"既省母，遂复入契丹。契丹主闻其至，大喜，如自天而下，拊其背曰："向者何往？"延徽曰："思母，欲告归，恐不听，故私归耳。"契丹主待之益厚。及称帝，以延徽为相，累迁至中书令。

晋王遣使至契丹，延徽寓书于晋王，叙所以北去之意，且曰："非不恋英主，非不思故乡，所以不留，正惧王缄之谗耳。”因以老母为托，且曰：“延徽在此，契丹必不南牧。”故终同光之世，契丹不深入为寇，延徽之力也。

后梁均王贞明二年（丙子，公元916年）

起初，燕人苦于刘守光对他们的残酷虐待，军士中有很多人归属契丹，刘守光被围困在幽州时，幽州北面的士民们有很多被契丹人掠夺过去，契丹由是日益强大起来。契丹王阿保机自称皇帝，契丹国人称他为天皇王，以他的妻子述律氏为皇后，设置了百官。至此，契丹王改年号为神册。

述律后勇敢果断，又多权变，阿保机每兴师动众，述律后经常参与谋划。阿保机曾经穿过沙漠攻打党项，留下述律后守卫帐幕，黄头、臭泊二室韦打算乘阿保机不在而合伙率兵前来抢掠。述律后知道了这件事后，整治兵众等待他们到来，率兵奋力反击，大破二室韦的士兵，由此，述律后名震诸夷。述律后有母亲、婆婆，述律后都坐在床上接受她们的礼拜，述律后说：“我只拜天，是不拜人的。”晋王李存勖刚刚治理河北时，打算结交契丹作为后援，所以经常把阿保机当作叔父来侍奉，把述律后当作叔母来侍奉。

刘守光的晚年非常衰困弱困窘，派遣参军韩延徽到契丹国去求援，契丹主对于他不行拜见礼十分生气，于是就把他发配到野外牧马。韩延徽是幽州人，很有智谋，也很懂写文章。述律后对契丹主说：“韩延徽能够坚持操守气节而不屈服，是当今的贤者，怎么能侮辱他而让他去放马呢？应当以礼相待而起用他。”于是契丹主召见韩延徽，并和他谈话，非常喜欢他，于是把他当作主要的参谋人物，如果有行动，就要去和他商量。韩延徽初到契丹时就教契丹建牙开府，修筑城郭，设立市场里巷，用来安置汉民，使每个人都有配偶，开垦种植荒田。从此以后，汉族人都各自安居乐业，逃亡的人越来越少。契丹能够威服各国，韩延徽给予了很大帮助。

没多久，韩延徽逃奔到晋阳。晋王打算把他安置在自己的幕府里，掌书记王缄很嫉妒他。韩延徽感到不能自安，所以请求回幽州看望母亲，路过真定时，在同乡人王德明家住下。王德明问他下一步到哪里去，韩延徽说：“现在河北地区都归晋国所有，应当重新回到契丹国去。”王德明说：“你背叛了契丹国，而今又要返回去，这不是去找死吗？”韩延徽说：“契丹国自从我出走后，国王如丧手目，今天我再返回契丹国，契丹国王的手目不是又完备了吗？他怎么能够杀害我呢？”等他看望了母亲以后，就又重新回到了契丹国。契丹国主听说韩延徽回来非常高兴，就好像他是从天而降，国王抚着韩延徽的背说：“前一段你到哪里去了？”韩延徽说：“我很思念母亲，本想请假回去看看，但又害怕国王不答应我，所以我就私自回去了。”从此以后，契丹国主待他更加亲厚。契丹国主称皇帝时，就任命韩延徽为宰相，一直提拔到中书令。

晋王派出使者到契丹国，韩延徽借机给晋王写信，追叙了当初所以北去契丹的原因。并且说：“不是我不留恋英明的君主，也不是我不思念故乡，我之所以不能留在晋国，正是害怕王缄嫉妒我而说我的坏话。”因此又以老母相托，信中又说：“有我韩延徽在此，契丹国一定不会向南侵扰。”所以在李存勖成为后唐庄宗的时期，契丹不向南面深入侵扰，靠的是韩延徽之力。

后梁纪六

第二百七十一卷

均王下贞明六年（庚辰，920）

赵王镕自恃累世镇成德，得赵人心，生长富贵，雍容自逸，治府第园沼，极一时之盛，多事嬉游，不亲政事，事皆仰成于僚佐，深居府第，权移左右，行军司马李蔼、宦者李弘规用事于中外，宦者石希蒙尤以谄谀得幸。

初，刘仁恭使牙将张文礼从其子守文镇沧州，守文诣幽州省其父，文礼于后据城作乱，沧人讨之，奔镇州。文礼好夸诞，自言知兵，赵王镕奇之，养以为子，更名德明，悉以军事委之。德明将行营兵从晋王，镕欲寄以腹心，使都指挥使符习代还，以为防城使。

镕晚年好事佛及求仙，专讲佛经，受符箓，广斋醮，合炼仙丹，盛饰馆宇于西山，每往游之，登山临水，数月方归，将佐士卒陪从者常不下万人，往来供顿，军民皆苦之。是月，自西山还，宿鹘营庄，石希蒙劝王复之他所；李弘规言于王曰："晋王夹河血战，栉风沐雨，亲冒矢石，而王专以供军之资奉不急之费。且时方艰难，人心难测，王久虚府第，远出游从，万一有奸人为变，闭关相距，将若之何？"王将归，希蒙密言于王曰："弘规妄生猜间，出不逊语以劫胁王，专欲夸大于外，长威福耳。"王遂留，信宿无归志。弘规乃教内牙都将苏汉衡帅亲军，擐甲拔刃，诣帐前白王曰："士卒暴露已久，愿从王归！"弘规因进言曰："石希蒙劝王游从不已，且闻欲阴谋弑逆，请诛之以谢众。"王不听，牙兵遂大噪，斩希蒙首，诉于前。王怒且惧，亟归府。是夕，遣其长子副大使昭祚与王德明将兵围弘规及李蔼之第，族诛之，连坐者数十家。又杀苏汉衡，收其党与，穷治反状，亲军大恐。

龙德元年(辛巳,921)

赵王既杀李弘规、李蔼,委政于其子昭祚。昭祚性骄愎,既得大权,向时附弘规者皆族之。弘规部兵五百人欲逃,聚泣偶语,未知所之。会诸军有给赐,赵王忿亲军之杀石希蒙,独不时与,众益惧。王德明素蓄异志,因其惧而激之曰;"王命我尽坑尔曹。吾念尔曹无罪并命,欲从王命则不忍,不然又获罪于王,奈何?"众皆感泣。

是夕,亲军有宿于潭城西门者,相与饮酒而谋之。酒酣,其中骁健者曰:"吾曹识王太保意,今夕富贵决矣!"即逾城入。赵王方焚香受箓,二人断其首而出,因焚府第。军校张友顺帅众诣德明第,请为留后,德明复姓名曰张文礼,尽灭王氏之族,独置昭祚之妻普宁公主以自托于梁。

后梁均王贞明六年(庚辰,公元920年)

赵王王镕依仗世代镇守成德,颇得赵地人心,生活富裕,地位显贵,容仪温文,悠然自得。他修建的府第园池,在当时是最好的。他经常游玩,不问政事,一切政事都依靠僚佐来处理。他深居府第,把大权交给左右官员。行军司马李蔼、宦官李弘规掌管内外事务。宦官石希蒙尤其靠阿谀奉承得到宠爱。

当初,刘仁恭派牙将张文礼随他的儿子刘守文去镇守沧州,刘守文到幽州去看望父亲,张文礼随后占据了沧州城发动叛乱,沧州人讨伐他,他逃到了镇州。张文礼喜欢说大话,自称会打仗,赵王王镕认为他很奇特,于是收为养子,并改名为德明,把全部的军事委托给他。德明率领着行军部队跟随着晋王,王镕想把腹心重地委托给他,于是派都指挥使符习替代德明,让他回来,任防城使。

王镕晚年信佛,喜欢求仙,专门讲习佛经,又学习道家符箓,广设斋醮向仙道祈祷,冶炼金丹。在西山把馆宇装饰得非常华丽,经常去那里游玩。他登山观水,几个月后才回来,陪他的左右将士经常不下一万人。来往食宿,耗资巨大,军民都深受其苦。这个月,王镕从西山回返,住在鹘营庄,石希蒙劝他再到别的地方去玩。李弘规对王镕说:"晋王在黄河两岸和梁军血战,栉风沐雨,亲自冒着箭石率兵前进。而大王专门把供给军队用的物资挪用于一些不急的事情,况且时下正处在困难时期,人心难测,大王如果长期离开府第,远出游玩,万一有奸人叛变,关起关门,把我们隔在外面,该怎么办呢?"赵王准备回去,石希蒙又偷偷地和赵王说:"李弘规胡乱猜想,口出不逊之言来威胁大王，专门对外夸示自己，以提高自己的威福。”于是赵王又留了下来，连续住了两夜还不想回去。李弘规于是让内牙都将苏汉衡率领亲军穿甲持刀，到帐篷前面对赵王说：“士卒们离家在外已经很长时间了，都希望跟从大王回去。”李弘规因此也劝赵王说：“石希蒙劝大王没完没了地游玩，而且还听说他准备谋害大王，请把他杀掉来向大家认错。”赵王不听，于是卫队士卒大声喧哗起来，杀了石希蒙，拿着他的头到赵王面前诉说。赵王十分生气也很害怕，于是赶快回到了府第。当天晚上赵王就派他的长子副大使王昭祚和王德明率兵包围了李弘规和李蔼的住宅，把他们全家都杀掉，受牵连的有几十家。又将苏汉衡杀掉，拘捕了他的党羽，彻底追究他们反叛的情况，赵王的亲兵部队感到十分惊恐。

龙德元年（辛巳，公元921年）

赵王王镕把李弘规、李蔼杀掉后，让他的儿子王昭祚掌管政权。王昭祚性情骄傲，刚愎自用，掌握大权以后，把从前依附李弘规的人都全家斩杀。李弘规部下五百士卒打算逃跑，他们聚集在一起一边哭一边商量，不知道该往哪里去。正好这时赏赐各军，赵王恨他的亲军杀死石希蒙，因此惟独没有及时分给他们，大家更感到害怕。太保王德明平素就怀有异心，这时利用他们心里恐惧刺激他们说：“赵王命令我把你们这些人全部坑杀。我觉得你们没有罪却被杀死，想服从赵王的命令但又不忍心，不杀你们我又得罪了赵王，怎么办呢？”大家都感动得流下了眼泪。

这天晚上，赵王的亲军中有人住在潭城的西门，他们在一起喝酒，相与谋划。喝得高兴的时候，有位勇敢的人说：“我们很明白王太保的意思，今晚上就能让大家富贵了。”说完他们就翻过城墙进入城内，此时赵王正在烧香，接受道士天尊所授符箓，两个人杀死王镕，焚烧了赵王的住宅。军校张友顺率领士卒来到王德明的住地，请他做留后官。王德明恢复了姓名叫张文礼，把王氏家族全部杀掉，只留下王昭祚的妻子普宁公主，以此来托身于后梁。

后唐纪一

第二百七十二卷

庄宗光圣神闵孝皇帝上同光元年（癸未，923）

晋王筑坛于魏州牙城之南，夏，四月，己巳，升坛，祭告上帝，遂即皇帝位，国号大唐，大赦，改元。

甲午，契丹寇幽州，至易定而还。

时契丹屡入寇，钞掠馈运，幽州食不支半年，卫州为梁所取，潞州内叛，人情岌岌，以为梁未可取，帝患之。会郓州将卢顺密来奔。先是，梁天平节度使戴思远屯杨村，留顺密与巡检使刘遂严、都指挥使燕颙守郓州。顺密言于帝曰："郓州守兵不满千人，遂严、颙皆失众心，可袭取也。"郭崇韬等皆以为"悬军远袭，万一不利，虚弃数千人，顺密不可从"。帝密召李嗣源于帐中谋之曰："梁人志在吞泽潞，不备东方，若得东平，则溃其心腹。东平果可取乎？"嗣源自胡柳有渡河之惭，常欲立奇功以补过，对曰："今用兵岁久，生民疲弊，苟非出奇取胜，大功何由可成！臣愿独当此役，必有以报。"帝悦。壬寅，遣嗣源将所部精兵五千自德胜趣郓州。比及杨刘，日已暮，阴雨道黑，将士皆不欲进，高行周曰："此天赞我也，彼必无备。"夜，渡河至城下，郓人不知，李从珂先登，杀守卒，启关纳外兵，进攻牙城，城中大扰。癸卯旦，嗣源兵尽入，遂拔牙城，刘遂严、燕颙奔大梁。

梁主闻郓州失守，大惧，斩刘遂严、燕颙于市，罢戴思远招讨使，降授宣化留后，遣使诘让北面诸将段凝、王彦章等，趣令进战。敬翔知梁室已危，以绳内靴中，入见梁主曰："先帝取天下，不以臣为不肖，所谋无不用。今敌势益强，而陛下弃忽臣言，臣身无用，不如死。"引绳将自经。梁主止之，问所欲言，翔曰："事急矣，非用王彦章为大将，不可救也。"梁主从之，以彦章代思远为北面招讨使，仍以段凝为副。

帝闻之，自将亲军屯澶州，命蕃汉马步都虞候朱守殷守德胜，戒之曰："王铁枪勇决，乘愤激之气，必来唐突，宜谨备之！"守殷，王幼时所役苍头也。

梁主召问王彦章以破敌之期，彦章对曰："三日。"左右皆失笑。彦章出，两日，驰至滑州。辛酉，置酒大会，阴遣人具舟于杨村；夜，命甲士六百，皆持巨斧，载冶者，具鞴炭，乘流而下。会饮尚未散，彦章阳起更衣，引精兵数千循河南岸趋德胜。天微雨，朱守殷不为备，舟中兵举锁烧断之，因以巨斧斩浮桥，而彦章引兵急击南城。浮桥断，南城遂破，时受命适三日矣。守殷以小舟载甲士济河救之，不及。彦章进攻潘张、麻家口、景店诸寨，皆拔之，声势大振。

帝遣宦者焦彦宾急趣杨刘，与镇使李周固守，命守殷弃德胜北城，撤屋为筏，载兵械浮河东下，助杨刘守备，徙其刍粮薪炭于澶州，所耗失殆半。王彦章亦撤南城屋材浮河而下，各行一岸，每遇湾曲，辄于中流交斗，飞矢雨集，或全舟覆没，一日百战，互有胜负。比及杨刘，殆亡士卒之半。己巳，王彦章、段凝以十万之众攻杨刘，百道俱进，昼夜不息，连巨舰九艘，横亘河津以绝援兵。城垂陷者数四，赖李周悉力拒之，与士卒同甘苦，彦章不能克，退屯城南，为连营以守之。

杨刘告急于帝，请日行百里以赴之；帝引兵救之，曰："李周在内，何忧！"日行六十里，不废畋猎，六月，乙亥，至杨刘。梁兵堑垒重复，严不可入，帝患之，问计于郭崇韬，对曰："今彦章据守津要，意谓可以坐取东平；苟大军不南，则东平不守矣。臣请筑垒于博州东岸以固河津，既得以应接东平，又可以分贼兵势。但虑彦章诇知，径来薄我，城不能就。愿陛下募敢死之士，日令挑战以缀之，苟彦章旬日不东，则城成矣。"时李嗣源守郓州，河北声问不通，人心渐离，不保朝夕。会梁右先锋指挥使康延孝密请降于嗣源，延孝者，太原胡人，有罪，亡奔梁，时隶段凝麾下。嗣源遣押牙临漳范延光送延孝蜡书诣帝，延光因言于帝曰："杨刘控扼已固，梁人必不能取，请筑垒马家口以通郓州之路。"帝从之，遣崇韬将万人夜发，倍道趣博州，至马家口渡河，筑城昼夜不息。帝在杨刘，与梁人昼夜苦战。崇韬筑新城凡六日，王彦章闻之，将兵数万人驰至，戊子，急攻新城，连巨舰十余艘于中流以绝援路。时板筑仅毕，城犹卑下，沙土疏恶，未有楼橹及守备；崇韬慰劳士卒，以身先之，四面拒战，遣间使告急于帝。帝自杨刘引大军救之，陈于新城西岸，城中望之增气，大呼叱梁军，梁人断绁敛舰；帝舣舟将渡，彦章解围，退保邹家口。郓州奏报始通。

壬申，帝以大军自杨刘济河，癸酉，至郓州，中夜，进军逾汶，以李嗣源为前锋，甲戌旦，遇梁兵，一战败之，追至中都，围其城。城无守备，少顷，梁兵溃围出，追击，破之。王彦章以数十骑走，龙武大将军李绍奇单骑追之，识其声，曰："王铁枪也！"拔矟刺之，彦章重伤，马踬，遂擒之。

后唐庄宗同光元年（癸未，公元923年）

晋王在魏州牙城的南面修筑祭祀用的坛宇，夏季，四月，己巳（二十五日），晋王登上祭坛，祭告上帝，随即登皇帝宝位，国号为大唐，实行大赦，改年号。

甲午（二十日），契丹人侵略幽州，行至易定又退回。

这时契丹人经常入侵后唐，强夺他们的粮食，幽州一年的粮食不够半年用。卫州被后梁夺取，潞州内部也发生叛乱，人们都感到很危险，认为不能消灭后梁，后唐庄宗皇帝也为此担忧。这时正好后梁郓州将领卢顺密来投奔。在此之前，后梁天平节度使戴思远驻扎在杨村，留下卢顺密和巡检使刘遂严、都指挥使燕颙驻守郓州。卢顺密告诉庄宗说："驻守郓州的士兵不足一千人，刘遂严和燕颙都失掉了民心，可以袭击夺取郓州。"郭崇韬等都认为："孤军远征，万一不利，白白丢掉数千人，卢顺密的话不可听从。"庄宗秘密召见李嗣源，在帷帐中谋划说："梁人的计划是吞并泽州、潞州，东边没有什么防备，如果能取得东平，就击破了他的心腹之地。东平可以夺取吗？"李嗣源自从在胡柳战役中因为没有跟从晋王北渡黄河，一直感到惭愧，经常打算建立奇功来弥补过去的过错。于是他回答庄宗说："现在打了一年多仗，百姓们很疲惫，如果不出奇制胜，怎能成就大的功业？我希望一个人挑起这次战役的重担，一定会有好消息报告皇帝。"庄宗很高兴。壬寅（二十八日），派遣李嗣源率领他所属部队的五千精锐士卒从德胜直取郓州。到达杨刘时，太阳已经落山，阴雨绵绵，道路漆黑，将士们都不想继续前进了。高行周说："这是天助我也，他们一定毫无准备。"黑夜，渡过黄河到了城下，郓州人根本不知道，李从珂首先登上城墙，杀死守城门的士卒，打开城门让队伍进去，接着进攻牙城，城中大乱。癸卯（二十九日）早晨，李嗣源的部队全部进入城内，攻取了牙城。刘遂严、燕颙逃奔到大梁。

后梁主听说郓州失守，十分害怕，在大街上把刘遂严、燕颙斩了，罢免了戴思远的招讨使官职，降为宣化留后。梁主派遣使者去责问驻守在北面的段凝、王彦章等将领，让他们前进作战。敬翔知道后梁王室已经很危险了，于是把绳子装在靴子里进宫内求见后梁主，说："先帝夺取天下的时候，不认为我敬翔没有才能，无论什么谋划都让我参与。现在敌人的势力更加强大，而陛下不听或忽视我的话，我已经没有什么用了，不如死去。”把绳子从靴子里取出来就要上吊自缢。后梁主赶快劝阻，并问他有什么话想说。敬翔说：“现在的事情十分紧急，不用王彦章为大将，不能挽救梁王室的危亡。”后梁主听从了他的建议，让王彦章代替戴思远为北面招讨使，仍然用段凝为副招讨使。

庄宗听说这件事后，亲自率领亲军驻守在澶州，命令蕃汉马步都虞候朱守殷坚守德胜，并告诫他说：“王铁枪勇敢果断，他们乘士卒愤怒激动的气势，一定会突然到来，应当谨慎小心地防备他们。”朱守殷是后唐帝小时候所用的奴仆。

后梁主召见王彦章，问他多长时间可以击败敌人，王彦章回答说：“三天。”左右大臣都哑然失笑。王彦章率兵出发，用了两天时间，飞速到达滑州。辛酉（五月十八日），王彦章大办宴会，并秘密派人在杨村准备舟船。晚上，命令六百名士卒都拿着大斧，船上载着冶炼的工匠，准备了吹火用的皮囊和炭，顺流而下。这时宴会还没有结束，王彦章表面上是出去换衣服，实际上他率领数千精兵沿着黄河南岸直奔德胜。这时天下着小雨，朱守殷没有一点防备，王彦章船上的士兵将城门的锁用火烧断，用大斧把浮桥砍断。王彦章率兵迅速向南城发起进攻。浮桥被砍断，南城就被攻破，此时正好是接受命令以后的第三天。朱守殷用小船载着士卒渡过黄河来援救，但已来不及了。王彦章又向潘张、麻家口、景店诸寨发起进攻，都攻了下来。王彦章的声势大振。

庄宗派遣宦官焦彦宾迅速赶到杨刘，与杨刘镇使李周在那里坚守。命令朱守殷放弃德胜北城，把房屋拆掉做成木筏，载着士兵和武器从黄河上向东漂下，帮助杨刘坚守，又把德胜的粮草薪炭运往澶州，损失了将近一半。王彦章也把德胜南城的房屋拆掉，做成木筏，顺着黄河漂下去。王彦章和朱守殷各走一岸，每遇上黄河弯曲的地方，就在河中间战斗，射出的箭像雨一般密集，有时整船覆没，一日交战百余次，两军互有胜负。到达杨刘时，朱守殷的士卒有一半伤亡。己巳（二十六日），王彦章、段凝率领十万大军向杨刘发起进攻，四面八方一起推进，昼夜不停。把九艘大船连在一起，横放在黄河的渡口上，来阻挡朱守殷的援兵。杨刘城几次都差一点被攻陷，全靠李周与士卒同甘共苦，全力抵御，王彦章才没攻下，于是王彦章率兵退到城南驻扎，把营寨连起来坚守。

杨刘方面向庄宗告急，请求皇帝日行百里赶快到达杨刘。庄宗率兵前往援救，说：“有李周在那里，有什么忧虑的？”于是日行六十里，在路上还照常打猎。六月，乙亥（初二），到达杨刘。后梁军修筑了重重营垒，防守十分严密，很难深入，庄宗十分担忧，就问郭崇韬怎么办好，郭崇韬回答说："现在王彦章据守着重要的渡口，他的意思是想坐取东平。如果大军不向南开进，那么东平就难以坚守。我请求在博州东岸修筑营垒，巩固黄河渡口，既可以接应东平，又可以分散敌人的兵力。只是担心王彦章侦察到我们的情况，直接逼近我们，我们的城就不能修好。希望陛下招募敢死的士卒，每天让他们向敌人挑战以牵制他们，如果王彦章十几天不向东去，城垒就可以修好。"这时李嗣源在郓州坚守，黄河以北的消息一点也不通，人心离散，朝不保夕。正好后梁军右先锋指挥使康延孝秘密请求投降李嗣源，康延孝是太原地区的胡人，因为有罪，逃奔到后梁，当时属于段凝的部下。李嗣源派押牙临漳人范延光把康延孝请求投降的信用蜡封好送到庄宗那里，范延光因此对庄宗说："杨刘把守很坚固，梁军一定攻不下来，请在马家口修筑城堡，打通通往郓州的道路。"庄宗听从了他的意见，派郭崇韬率领万人连夜出发，兼程进奔博州，到马家口渡过黄河，昼夜不停地在那里修筑城堡。庄宗则在杨刘，与后梁军昼夜苦战。郭崇韬修筑新城共用了六天时间，王彦章听到此事，便率领数万大军直奔新城，戊子（十五日），对新城发起猛烈攻击，把十余艘战船连起来放到河的中间，断绝郭崇韬的援兵。当时马家口城垒的板墙刚刚修好，城墙很低小，修墙用的沙土质量也不好，还没有修建瞭望台和守备设施。郭崇韬慰劳士卒，以身率先，四面抗战，同时也派出密使向庄宗告急。庄宗从杨刘率领大军前来援救，在新城西岸摆开阵势。城里的士卒望见援兵来到，斗志倍增，大声斥骂后梁军。后梁军砍断了连接战船的绳子收回战船。庄宗的船刚要渡河，王彦章撤除了包围，退到邹家口坚守。郓州向庄宗奏报的道路才打通。

壬申（十月初二），庄宗率领大军从杨刘渡过黄河。癸酉（初三），到达郓州。半夜，继续进军，过了汶水，命令李嗣源为前锋部队。甲戌（初四）早晨，与后梁军相遇，一战就打败了后梁军，一直追到中都，包围了中都城。城中没有防备，不一会儿，后梁军冲出包围，后唐军奋勇追击，打败了后梁军。王彦章率领几十个骑兵逃跑，龙武大将军李绍奇单人独马追击他。李绍奇听出是王彦章的声音，说："王铁枪！"于是拔出长矟刺向王彦章，王彦章负重伤，马跌倒，于是抓获了他。

后唐纪二

第二百七十三卷

庄宗光圣神闵孝皇帝中同光三年（乙酉，925）

丁酉，帝与宰相议伐蜀，威胜节度使李绍钦素谄事宣徽使李绍宏，绍宏荐“绍钦有盖世奇才，虽孙、吴不如，可以大任”。郭崇韬曰：“段凝亡国之将，奸谄绝伦，不可信也。”众举李嗣源，崇韬曰：“契丹方炽，总管不可离河朔。魏王地当储副，未立殊功，请依故事，以为伐蜀都统，成其威名。”帝曰：“儿幼，岂能独往，当求其副。”既而曰：“无以易卿。”庚子，以魏王继岌充西川四面行营都统，崇韬充东北面行营都招讨制置等使，军事悉以委之。

郭崇韬以北都留守孟知祥有荐引旧恩，将行，言于上曰：“孟知祥信厚有谋，若得西川而求帅，无逾此人者。”又荐邺都副留守张宪谨重有识，可为相。戊申，大军西行。

癸亥，蜀主引兵数万发成都，甲子，至汉州。武兴节度使王承捷告唐兵西上，蜀主以为群臣同谋沮己，犹不信，大言曰：“吾方欲耀武。”遂东行。在道与群臣赋诗，殊不为意。

丁丑，李绍琛攻蜀威武城，蜀指挥使唐景思将兵出降；城使周彦禋等知不能守，亦降。景思，秦州人也。得城中粮二十万斛。绍琛纵其败兵万余人逸去，因倍道趣凤州。李严飞书以谕王承捷。李继曮竭凤翔蓄积以馈军，不能充，人情忧恐。郭崇韬入散关，指其山曰：“吾辈进无成功，不得复还此矣。当尽力一决。今馈运将竭，宜先取凤州，因其粮。”诸将皆言蜀地险固，未可长驱，宜按兵观衅。崇韬以问李愚，愚曰：“蜀人苦其主荒淫，莫为之用。宜乘其人心崩离，风驱霆击，彼皆破胆，虽有险阻，谁与守之！兵势不可缓也。”是日李绍琛告捷。崇韬喜，谓李愚曰：“公料敌如此，吾复何忧！”乃倍道而进。戊寅，王承捷以凤、兴、文、扶四州印节迎降，得兵八千，粮四十万斛。崇韬曰：“平蜀必矣。”即以都统牒命承捷摄武兴节度使。

己卯，蜀主至利州，威武败卒奔还，始信唐兵之来。王宗弼、宋光嗣言于蜀主曰：“东川、山南兵力尚完，陛下但以大军扼利州，唐人安敢悬兵深入！”从之。庚辰，以随驾清道指挥使王宗勋、王宗俨、兼侍中王宗昱为三招讨，将兵三万逆战。从驾兵自绵、汉至深渡，千里相属，皆怨愤，曰：“龙武军粮赐倍于他军，他军安能御敌！”

李绍琛等与蜀三招讨战于三泉，蜀兵大败，斩首五千级，余众溃走。又得粮十五万斛于三泉，由是军食优足。

蜀主闻王宗勋等败，自利州倍道西走，断桔柏津浮梁；命中书令、判六军诸卫事王宗弼将大军守利州，且令斩王宗勋等三招讨。

李绍琛昼夜兼行趣利州。蜀武德留后宋光葆遗郭崇韬书：“请唐兵不入境，当举巡属内附；苟不如约，则背城决战以报本朝。”崇韬复书抚纳之。乙丑，魏王继岌至兴州，光葆以梓、绵、剑、龙、普五州，武定节度使王承肇以洋、蓬、壁三州，山南节度使王宗威以梁、开、通、渠、麟五州，阶州刺史王承岳以阶州，皆降。承肇，宗侃之子也。自余城镇皆望风款附。

后唐庄宗同光三年（乙酉，公元925年）

丁酉（九月初七），庄宗皇帝与宰相商议讨伐前蜀，威胜节度使李绍钦平时巴结讨好宣徽使李绍宏，李绍宏推荐说：“李绍钦有盖世奇才，孙子、吴起都不如他，可以委任他干大事。”郭崇韬说：“原名段凝的李绍钦是亡国之将，他奸诈献媚到了无与伦比的地步，不能相信他。”大家又推举李嗣源，郭崇韬说：“与契丹方面正打得激烈，总管李嗣源不能离开河朔。魏王是君位的继承人，但他没有立过什么特殊功劳，请按照过去的惯例，任命他为讨伐蜀国的统帅，成全他的威名。”庄宗说：“儿子还小，怎么能让他单独前去？应当给他寻找一个副统帅。”后来庄宗又说：“没有人可以代替你。”庚子（初十），任命魏王李继岌出任西川四面行营都统，郭崇韬担任东北面行营都招讨制置等使，军队的全部事务都委托给郭崇韬。

郭崇韬为了报答北都留守孟知祥过去引荐他的旧恩，临出发以前，对庄宗说：“孟知祥忠厚诚实，又有谋略，如果能夺得西川而寻求统帅，那没有人能够超过他。”

郭崇韬还推荐邺都副留守张宪稳重有见识，可以任他为相。戊申（十八日），大军向西出发。

癸亥（十月初四），前蜀主率领数万大军从成都出发。甲子（初五），到达汉州。武兴节度使王承捷报告说后唐兵从西面上来，前蜀主以为是大臣们合谋阻止他，对王承捷所讲的不大相信，于是他夸口说："我正想炫耀一下武力，显示一下我的威风。"于是向东前进。在路上还和大臣们吟诗赋歌，根本不在意。

丁丑（十八日），李绍琛率军向前蜀威武城进攻，前蜀指挥使唐景思率兵投降。城使周彦禋等知道难以坚守，也投降了。唐景思是秦州人。李绍琛夺得城中的粮食二十万斛。李绍琛放走了前蜀军败兵一万余人，然后兼程直奔凤州。李严飞速向王承捷报信。后唐凤翔节度使李继曮把凤翔积蓄的粮食全部馈送军士，但还是不够，人们感到有点担忧和害怕。郭崇韬进入散关后，指着这里的山说："我们如果进攻不能成功，就不能再回到这里来。应当尽力决一死战。现在运来的粮食快要吃完了，应当首先夺取凤州，用那里的粮食。"各位将领都说蜀地险要坚固，不可长驱直入，应当按兵不动，观察一下蜀兵的动向。郭崇韬以此询问李愚，李愚回答说："蜀人对蜀主荒淫无度感到很苦恼，都不想为他效力。应当乘蜀国人心涣散时迅速发起进攻，这样他们都会被吓破了胆，虽然有险阻，又有谁来为他坚守呢？战机不可迟缓。"当天李绍琛又传来捷报，郭崇韬听了之后十分高兴，对李愚说："你料敌如此，我还有什么可忧患的！"因此率军兼程前进。戊寅（十九日），王承捷持凤、兴、文、扶四州的印节来投降，得到八千多降兵，粮食四十万斛。郭崇韬说："平定蜀国是必定无疑了。"因此以都统的命令让王承捷代理武兴节度使。

己卯（二十日），前蜀主到达利州，威武城被打败的士卒逃了回来，他才相信后唐兵已经到来。王宗弼、宋光嗣对前蜀主说："东川、山南的军队还是很完整的，陛下只要用大军据守利州，唐人怎么敢孤军深入！"前蜀主听从了他们的意见。庚辰（二十一日），任命随驾清道指挥使王宗勋、王宗俨、兼侍中王宗昱为三招讨，率兵三万迎战后唐军。随驾的士卒从绵、汉出发到达深渡，相连千里，士卒们都很怨恨，说："皇帝赏赐给龙武军的粮饷是其他军的一倍，其他军队哪里会打仗抵御敌军！"

李绍琛等和前蜀三个招讨在三泉作战，前蜀军大败，五千余人被斩首，其余的士卒都溃逃。李绍琛在三泉又夺得十五万斛粮食，军队的粮食又富足起来。

前蜀主听说王宗勋等战败，从利州快速向西逃跑，沿途拆除了桔柏津的浮桥。并令中书令、判六军诸卫事王宗弼率领大军坚守利州，又令将王宗勋等三个招讨斩杀。

李绍琛昼夜兼程直奔利州。前蜀国武德留后宋光葆送给郭崇韬一封信，信中说：“请求唐军不要进入境内，如果办到，我就将管辖范围内的地方全部归附于唐军。如果不能按约定办，我就背城一战，以此来报答蜀主。”郭崇韬回信表示愿如约接纳他们。乙丑，魏王李继岌到达兴州，宋光葆率梓、绵、剑、龙、普五州，武定节度使王承肇率洋、蓬、壁三州，山南节度使王宗威率梁、开、通、渠、麟五州，阶州刺史王承岳率阶州，全部投降了后唐军。王承肇是王宗侃的儿子。其余城镇都望风归附后唐军。

后唐纪三

第二百七十四卷

庄宗光圣神闵孝皇帝下同光三年（乙酉，925）

初，帝遣宦者李从袭等从魏王继岌伐蜀；继岌虽为都统，军中制置补署一出郭崇韬，崇韬终日决事，将吏宾客趋走盈庭，而都统府惟大将晨谒外，牙门索然，从袭等固耻之。及破蜀，蜀之贵臣大将争以宝货、妓乐遗崇韬及其子廷诲，魏王所得，不过匹马、束帛、唾壶、麈柄而已，从袭等益不平。

王宗弼之自为西川留后也，赂崇韬求为节度使，崇韬阳许之，既而久未得，乃帅蜀人列状见继岌，请留崇韬镇蜀。从袭等因谓继岌曰："郭公父子专横，今又使蜀人请己为帅，其志难测，王不可不为之备。"继岌谓崇韬曰："主上倚侍中如山岳，不可离庙堂，岂肯弃元老于蛮夷之域乎！且此非余之所敢知也，请诸人诣阙自陈。"由是继岌与崇韬互相疑。

会宋光葆自梓州来，诉王宗弼诬杀宋光嗣等；又，崇韬征犒军钱数万缗于宗弼，宗弼靳之，士卒怨怒，夜，纵火喧噪，崇韬欲诛宗弼以自明，己巳，白继岌收宗弼及王宗勋、王宗渥，皆数其不忠之罪，族诛之，籍没其家。蜀人争食宗弼之肉。

癸酉，王承休、王宗汭至成都，魏王继岌诘之曰："居大镇，拥强兵，何以不拒战？"对曰："畏大王神武。"曰："然则何以不降？"对曰："王师不入境。"曰："所俱入羌者几人？"对曰："万二千人。"曰："今归者几人？"对曰："二千人。"曰："可以偿万人之死矣。"皆斩之，并其子。

丙子，以知北都留守事孟知祥为西川节度使、同平章事，促召赴洛阳。

郭崇韬素疾宦官，尝密谓魏王继岌曰："大王他日得天下，騬马亦不可乘，况任宦官！宜尽去之，专用士人。"吕知柔窃听，闻之，由是宦官皆切齿。

时成都虽下，而蜀中盗贼群起，布满山林。崇韬恐大军既去，更为后患，命任圜、张筠分道招讨，以是淹留未还。帝遣宦者向延嗣促之，崇韬不出郊迎，及见，礼节又倨，延嗣怒。李从袭谓延嗣曰："魏王，太子也；主上万福，而郭公专权如是。郭廷诲拥徒出入，日与军中饶将、蜀土豪杰狎饮，指天画地，近闻白其父请表己为蜀帅；又言'蜀地富饶，大人宜善自为谋'。今诸军将校皆郭氏之党，王寄身于虎狼之口，一朝有变，吾属不知委骨何地矣。"因相向垂涕。延嗣归，具以语刘后。后泣诉于帝，请早救继岌之死。

前此帝闻蜀人请崇韬为帅，已不平，至是闻延嗣之言，不能无疑。帝阅蜀府库之籍，曰："人言蜀中珍货无算，何如是之微也？"延嗣曰："臣闻蜀破，其珍货皆入于崇韬父子，崇韬有金万两，银四十万两，钱百万缗，名马千匹，他物称是，廷诲所取，复在其外；故县官所得不多耳。"帝遂怒形于色。及孟知祥将行，帝语之曰："闻郭崇韬有异志，卿到，为朕诛之。"知祥曰："崇韬，国之勋旧，不宜有此。俟臣至蜀察之，苟无他志则遣还。"帝许之。

壬子，知祥发洛阳。帝寻复遣衣甲库使马彦珪驰诣成都观崇韬去就，如奉诏班师则已，若有迁延跋扈之状，则与继岌图之。彦珪见皇后，说之曰："臣见向延嗣言蜀中事势忧在朝夕，今上当断不断，夫成败之机，间不容发，安能缓急禀命于三千里外乎！"皇后复言于帝，帝曰："传闻之言，未知虚实，岂可遽尔果决！"皇后不得请，退，自为教与继岌，令杀崇韬。知祥行至石壕，彦珪夜叩门宣诏，促知祥赴镇，知祥窃叹曰："乱将作矣！"乃昼夜兼行。

明宗圣德和武钦孝皇帝上之上天成元年（丙戌，926）

魏王继岌将发成都，令任圜权知留事，以俟孟知祥。诸军部署已定，是日，马彦珪至，以皇后教示继岌，继岌曰："大军垂发，彼无衅端，安可为此负心事！公辈勿复言。且主上无敕，独以皇后教杀招讨使，可乎？"李从袭等泣曰："既有此迹，万一崇韬闻之，中途为变，益不可救矣。"相与巧陈利害，继岌不得已从之。甲子旦，从袭以继岌之命召崇韬计事，继岌登楼避之。崇韬方升阶，继岌从者李环挝碎其首，并杀其子廷诲、廷信。外人犹未之知。都统推官滏阳李崧谓继岌曰："今行军三千里外，初无敕旨，擅杀大将，大王奈何行此危事！独不能忍之至洛阳邪？"继岌曰："公言是也，悔之无及。"崧乃召书吏数人，登楼去梯，矫为敕书，用蜡印宣之，军中粗定。崇韬左右皆窜匿，独掌书记滏阳张砺诣魏王府恸哭久之。继岌命任圜代崇韬总军政。

后唐庄宗同光三年（乙酉，公元925年）

当初，后唐庄宗皇帝派遣宦官李从袭等跟从魏王李继岌前往讨伐前蜀。李继岌虽然身为都统，但军中的经营谋划、委任官职等全部由郭崇韬掌管。郭崇韬整天处理事务，将吏宾客们你来我往，门庭若市，而都统住的地方只有大将早晨来谒拜，牙门里冷冷清清，李从袭等感到羞辱。攻破前蜀国后，前蜀国的贵臣将领们争着给郭崇韬和他的儿子郭廷诲送宝物、妓艺，而魏王李继岌所得到的，只不过是一些马匹、束帛、唾壶、麈柄等而已，李从袭等更加愤愤不平了。

王宗弼自己当西川留后时，贿赂郭崇韬请求做西川节度使，郭崇韬表面上答应，但过了很久王宗弼还没有得到这个官，于是就带着蜀人来见李继岌，列举了很多理由，请求留下郭崇韬镇守蜀地。李从袭等因此对李继岌说："郭公父子十分专横，现在又让蜀人为自己请求担任统帅，他的志向难以猜透，大王对他不可没有防备。"李继岌对郭崇韬说："主上依靠你如靠大山，不可让你离开庙堂，难道肯把元老丢弃在这蛮夷地区吗？再说这些不是我所敢知道的，请诸位到朝廷里自己去陈说吧！"从此李继岌和郭崇韬之间就相互产生了猜疑。

这时正好宋光葆从梓州来到，他诉说王宗弼诬杀宋光嗣等的情况。又赶上郭崇韬向王宗弼征收数万缗钱想用来慰劳军队，但王宗弼吝惜不肯给，士卒们非常愤怒，晚上，在王宗弼的住处放火喧闹。郭崇韬想杀了王宗弼表明自己清白，己巳（初十），郭崇韬告诉李继岌，把王宗弼、王宗汭、王宗渥抓起来，谴责他们的不忠之罪，然后就把他们以及他们的家属全部斩杀，并没收了他们的家产。王宗弼被杀之后，前蜀人争抢着吃王宗弼的肉。

癸酉（十四日），王承休、王宗汭到达成都，魏王李继岌责问说："你们驻守大镇，拥有强兵，为什么不抵抗？"回答道："害怕大王的神明威武。"李继岌问："那么为什么不投降？"答道："大王的军队没有进入境内。"李继岌问："你们进入羌地共有多少人？"答曰："一万两千人。"李继岌又问："现在回来的有多少人？"他们回答说："两千人。"李继岌最后说："可以给死去的一万人抵命了。"于是就把王承休等两千人以及他们的儿子全部杀死。

丙子（十七日），任命知北都留守事孟知祥为西川节度使、同平章事，并催促他去洛阳。

郭崇韬平素就嫉恨宦官，曾暗中对魏王李继岌说："大王他日得到天下，骟了的马都不能骑，更何况任用宦官！应当把他们全部辞去，专门起用士人。"吕知柔正好在外面偷听到郭崇韬的话，宦官们因此对郭崇韬都恨得咬牙切齿。

当时成都虽然被攻取，但蜀中盗贼四起，布满山林。郭崇韬担心大军撤离，他们成为后患，命令任圜、张筠分路去招抚讨伐他们，郭崇韬于是停留下来没有回洛阳。庄宗派宦官向延嗣催促，郭崇韬没有到郊外去迎接，见了向延嗣后，礼节又十分傲慢，向延嗣十分生气。李从袭对向延嗣说："魏王是太子，主上多福，而郭公如此独裁，郭廷诲和他的同党们经常往来，每天和军队中勇敢的将领们、蜀地的豪杰们喝酒胡混，指天画地、胡吹乱捧。近来又听说他让父亲郭崇韬上表请求为蜀帅，又说'蜀地非常富饶，大人应当为自己妥善地谋划一番'。现在诸军将领都是郭氏的同党，大王寄身在虎狼之口，一旦有变，我们都不知道自己的骨头丢在什么地方啊！"于是面对面地痛哭流涕。向延嗣回到洛阳之后，把这些情况全部告诉了刘后，刘后边哭边告诉给庄宗，并请求及早挽救李继岌，使他免于一死。

在此以前，庄宗听到蜀人请求郭崇韬做他们的统帅，心中已经愤愤不平，这时又听到向延嗣的这番话，不能不表示怀疑。庄宗查看前蜀府库的账簿时，说："人们都说蜀中的珍宝无法计算，为什么账簿上这么少呢？"向延嗣说："我听说蜀国被攻破以后，珍宝都到了郭崇韬父子的手中，郭崇韬有黄金一万两，白银四十万两，钱百万串，名贵的马一千匹，其他的东西与此相当。至于郭廷诲所拿到的还在这些之外，所以朝廷所得到的并不很多。"于是庄宗脸上流露出愤怒的表情。等到孟知祥将要出发到成都时，庄宗对他说："听说郭崇韬有异心，你到了那里，帮我把他杀掉。"孟知祥说："郭崇韬是国家的有功之臣，不应这样处理。等我到了蜀地观察他一段，如果没有异心就送他回来。"庄宗答应了。

壬子（十二月二十四日），孟知祥从洛阳出发。不久，庄宗又派衣甲库使马彦珪迅速赶到成都观察郭崇韬到底愿不愿离开那里。如果能按照庄宗的命令班师回朝则已，如果拖延时间或表现出飞扬跋扈的样子，就和李继岌一起把他杀掉。马彦珪见到皇后，劝她说："我看蜀中形势如果像向延嗣所说，忧患就在朝夕，现在皇上当断不断，成败的时机，间不容发，怎么能够在三千里之外不顾缓急请示呢？"皇后又把这些告诉了庄宗，庄宗说："道听途说的话，不能判断是真是假，怎么可以仓促做出决定呢？"皇后的请求未得允准，只好退出。她自己给李继岌写了个告谕，命令他杀死郭崇韬。孟知祥到达石壕，马彦珪黑夜敲开他的门宣布了后唐帝的命令，催他赶往成都，孟知祥私下叹息地说："乱子将要发生了。"于是他日夜兼程，赶赴成都。

后唐明宗天成元年（丙戌，公元926年）

魏王李继岌将从成都出发，命令任圜暂管留下的事情，等待孟知祥的到来。各路军队已部署好，就在这一天，马彦珪来到成都，把皇后的告谕拿给李继岌看，李继岌说："大军将要出发，郭崇韬也没有造成什么事端，怎么可以做这种对不起人的事呢？你们不能再说这种话了。况且皇上也没有命令，仅凭皇后的告谕就把招讨使杀死，这样做可以吗？"李从袭等哭着说："既然有了这种迹象，万一郭崇韬听说以后，中途发生了变化，那就更不可以挽救了。"于是李从袭等一起花言巧语地向李继岌陈说利害，李继岌不得已只好听从了他们的意见。甲子（正月初七）晨，李从袭以李继岌的命令召见郭崇韬议事，李继岌上楼躲避。郭崇韬刚要上台级，跟随李继岌的李环击碎了他的头，并杀死了他的儿子郭廷诲、郭廷信。外面的人还不知道这件事。都统推官滏阳李崧对李继岌说："现在部队在三千里之外行军，一开始就没有皇上的命令而擅自杀死大将，大王怎么可以做出这种危险的事情！难道不能忍一忍到洛阳再说吗？"李继岌说："你说得很对，但后悔也来不及了。"于是李崧召集了好几个书吏来，登上楼，然后把梯子撤去，假造一个皇帝的命令，又用蜡摹刻了个印盖上，才对外宣谕，这样军中才稍稍安定下来。而郭崇韬的左右亲信们都逃跑躲藏起来，只有掌书记滏阳人张砺到魏王府痛哭了很长时间。李继岌任命任圜代替郭崇韬总管军政。

后唐纪四

第二百七十五卷

明宗圣德和武钦孝皇帝上之下天成元年（丙戌，926）

辛巳，契丹主阿保机卒于夫馀城，述律后召诸将及酋长难制者之妻，谓曰：“我今寡居，汝不可不效我。”又集其夫泣问曰：“汝思先帝乎？”对曰：“受先帝恩，岂得不思！”曰：“果思之，宜往见之。”遂杀之。

契丹述律后爱中子德光，欲立之，至西楼，命与突欲俱乘马立帐前，谓诸酋长曰：“二子吾皆爱之，莫知所立，汝曹择可立者执其辔。”酋长知其意，争执德光辔欢跃曰：“愿事元帅太子。”后曰：“众之所欲，吾安敢违。”遂立之为天皇王。突欲愠，帅数百骑欲奔唐，为逻者所遏；述律后不罪，遣归东丹。天皇王尊述律后为太后，国事皆决焉。太后复纳其侄为天皇王后。

后唐明宗天成元年（丙戌，公元926年）

辛巳（七月二十七日），契丹主阿保机在夫馀城去世。述律后召见诸将以及酋长中难以制服的人的妻子，然后对她们说：“我现在一人独居，你们不可不效法我。”又召集她们的丈夫边哭边问他们说：“你们思念先帝吗？”这些人回答说：“先帝对我们有很大恩情，怎么能不思念他呢？”述律后说：“果然思念他，就应该去见他。”于是就把他们都杀死了。

契丹述律后喜欢中子德光，想立他为契丹主。到了西楼，让他和突欲一起骑着马立在帐前，然后她对各位酋长说：“这两个儿子我都很喜欢，不知道该立那个为契丹主，你们选择一个可以立为契丹主的，然后拉住他的马缰绳。”酋长们知道她的心思，都争着去拉德光的马缰绳，并高兴地跳着说：“愿意侍奉元帅太子。”述律后说：“大家的愿望，我怎么敢违背。”于是立德光为天皇王。突欲心中不平，率几百骑兵想投奔后唐，被巡逻的人所阻止。述律后没有治他罪，只是把他遣送回东丹。天皇王尊述律后为太后，国家大事都由她来决定。太后又聘她的侄女为天皇王的王后。

后唐纪六

第二百七十七卷

明宗圣德和武钦孝皇帝中之下长兴三年（壬辰，932）

东川节度使董璋会诸将谋袭成都，皆曰必克；前陵州刺史王晖曰："剑南万里，成都为大，时方盛夏，师出无名，必无成功。"孟知祥闻之，遣马军都指挥使潘仁嗣将三千人诣汉州诇之。

璋入境，破白杨林镇，执戍将武弘礼，声势甚盛，知祥忧之。赵季良曰："璋为人勇而无恩，士卒不附，城守则难克，野战则成擒矣。今不守巢穴，公之利也。璋用兵精锐皆在前锋，公宜以羸兵诱之，以劲兵待之，始虽小衄，后必大捷。璋素有威名，今举兵暴至，人心危惧，公当自出御之，以强众心。"赵廷隐以季良言为然，曰："璋轻而无谋，举兵必败，当为公擒之。"辛巳，以廷隐为行营马步军都部署，将三万人拒之。

五月，壬午朔，廷隐入辞。董璋檄书至，又有遗季良、廷隐及李肇书，诬之云，季良、廷隐与己通谋，召己令来。知祥以书授廷隐，廷隐不视，投之于地，曰："不过为反间，欲令公杀副使与廷隐耳。"再拜而行。知祥曰："事必济矣。"肇素不知书，视之，曰："璋教我反耳。"囚其使者，然亦拥众为自全计。

璋兵至汉州，潘仁嗣与战于赤水，大败，为璋所擒，璋遂克汉州。

癸未，知祥留赵季良、高敬柔守成都，自将兵八千趣汉州，至弥牟镇，赵廷隐陈于镇北。甲申，迟明，廷隐陈于鸡踪桥，义胜定远都知兵马使张公铎陈于其后。俄而璋望西川兵盛，退陈于武侯庙下，璋帐下骁卒大噪曰："日中曝我辈何为！"璋乃上马。前锋始交，东川右厢马步都指挥使张守进降于知祥，言"璋兵尽此，无复后继，当急击之"。知祥登高冢督战，左明义指挥使毛重威、左冲山指挥使李瑭守鸡踪桥，皆为东川兵所杀；赵廷隐三战不利，牙内都指挥副使侯弘实兵亦却，知祥惧，以马棰指后阵。

张公铎帅众大呼而进，东川兵大败，死者数千人，擒东川中都指挥使元瓌、牙内副指挥使董光演等八十余人。璋拊膺曰："亲兵皆尽，吾何依乎！"与数骑遁去，余众七千人降，复得潘仁嗣。知祥引兵追璋至五侯津，东川马步都指挥使元瓌降。西川兵入汉州府第，求璋不得，士卒争璋军资，故璋走得免。赵廷隐追至赤水，又降其卒三千人。是夕，知祥宿雒县。命李昊草榜谕东川吏民，及草书劳问璋，且言将如梓州，询负约之由，请见伐之罪。乙酉，知祥会廷隐于赤水，遂西还，命廷隐将兵攻梓州。

璋至梓州，肩舆而入，王晖迎问曰："太尉全军出征，今还者无十人，何也？"璋涕泣不能对。至府第，方食，晖与璋从子牙内都虞候延浩帅兵三百大噪而入。璋引妻子登城，子光嗣自杀。璋至北门楼，呼指挥使潘稠使讨乱兵，稠引十卒登城，斩璋首，及取光嗣首以授王晖，晖举城迎降。赵廷隐入梓州，封府库以待知祥。李肇闻璋败，始斩其使以闻。

后唐明宗长兴三年（壬辰，公元932年）

东川节度使董璋聚会众将谋议袭击成都，众将都说一定能够攻克。前陵州刺史王晖说："剑南万里地方，以成都为大郡，现在又正当盛夏，师出无名，一定不能成功。"孟知祥听说董璋来袭，派马军都指挥使潘仁嗣统领三千人马到汉州侦察。

董璋进入西川境内，攻破白杨林镇，抓住守将武弘礼，声势很盛。孟知祥担忧，赵季良说："董璋为人勇猛而没有恩德，士兵心中不依附他。如果他据城固守，就难以攻克；如果进行野战，就容易擒获他了。现在，他不守自己的巢穴，对您是有利的。董璋用兵，精锐都放在前锋，您应用弱兵引诱他，用强兵等待他，开始虽然会有小挫折，最后必然取得大胜利。董璋素来以威武扬名，现在他兴兵骤至，人心害怕，您应当亲自出战去抗御他，来加强兵众的斗志。"赵廷隐认为赵季良的话说得对，也说："董璋轻率而没有谋略，他举兵必然要失败，我应当为您把他捉住。"辛巳（四月二十九日），任赵廷隐为行营马步军都部署，统领三万人抗拒董璋。

五月，壬午朔（初一），赵廷隐来辞别孟知祥。董璋的兴兵文书送到成都，还有给赵季良、赵廷隐及李肇的信，信中造谣说，赵季良、赵廷隐和他自己事先设谋，召唤他来攻西川。孟知祥把来信交给赵廷隐，赵廷隐根本不看，投掷于地，说道："不过是施行反间之计，要使令公杀节度副使和廷隐而已。"便向孟知祥郑重地道别登程了。孟知祥说："事情一定能够成功。"李肇素来不认识字，一看来信，便说："董璋教我反叛哟！"把董璋派来的使者囚禁起来，然而也调集兵马做了自我保全的准备。

董璋的兵马到了汉州，潘仁嗣和他在赤水开战，大败，被董璋擒获，董璋便占领了汉州。

癸未（初二），孟知祥留下赵季良、高敬柔守卫成都，自己带领八千兵马奔向汉州。到达弥牟镇，赵廷隐陈兵于镇北。甲申（初三），天刚亮，赵廷隐在鸡踪桥摆开阵势，义胜定远都知兵马使张公铎在他的后面布开阵势。过了一些时候，董璋望见西川兵势盛大，自己把阵线退到武侯庙下。董璋帐下骁勇的兵卒大声鼓噪说："太阳正当午，把我们大家曝晒在烈日之下要干什么！"董璋这才上马向前进军。前锋刚刚交战，东川右厢马步都指挥使张守进向孟知祥投降，并说："董璋的兵马全部在这里，再没有后继部队，应该快速出击。"孟知祥登上高坟头督战，左明义指挥使毛重威、左冲山指挥使李瑭把守鸡踪桥，都被东川兵所杀；赵廷隐三次交战都失利，牙内都指挥副使侯弘实的兵也退却下来，孟知祥害怕，用马鞭指挥后阵。张公铎率领众兵大喊着进军向前，东川兵大败，死亡数千人，擒获东川中都指挥使元瓌、牙内副指挥使董光演等八十余人。董璋捶打着胸脯说："亲近兵士都丧失了，我还依靠谁啊！"只同几个骑兵逃遁而去，其余兵众七千多人投降了，潘仁嗣也得以被拯救回来。孟知祥领兵追赶董璋到五侯津，东川马步都指挥使元瓌投降。西川兵攻入汉州府第，寻找不见董璋。当时，士兵争着劫掠董璋的军事物资，所以董璋得以走脱。赵廷隐追赶到赤水，又迫降其士卒三千人。这一晚，孟知祥留宿在雒县。命李昊草拟文榜告谕东川吏民。又起草书信慰劳问候董璋，并且说要到梓州去询问董璋为什么不守协约，质问他自己有何罪过以致被攻打。乙酉（初四），孟知祥与赵廷隐在赤水会师，便西还成都，命令赵廷隐统兵进攻梓州。

董璋退至梓州，坐着肩舆回来，王晖迎接时问道："太尉全军出征西川，现在回来的不到十人，是怎么回事？"董璋啼哭着不能答对。到了自家府第，正在吃饭，王晖与董璋的侄子牙内都虞候董延浩带领兵丁三百人大声呼喊着进来。董璋拉着妻子登上城垣，他的儿子董光嗣自杀。董璋跑到北门城楼，呼唤指挥使潘稠让他镇压乱兵。潘稠带着十个兵丁登上城，斩了董璋的头，又取下董光嗣的头，一起交给王晖，王晖便开城迎入西川兵而投降了。赵廷隐进入梓州，封闭了府库财物以等待孟知祥到来。李肇听说董璋失败，才把原来囚禁的董璋派来的使者杀了，并报告孟知祥。

后唐纪七

第二百七十八卷

明宗圣德和武钦孝皇帝下长兴四年（癸巳，933）

言事者请为亲王置师傅，宰相畏秦王从荣，不敢除人，请令王自择。秦王府判官、太子詹事王居敏荐兵部侍郎刘瓒于从荣，从荣表请之。癸丑，以瓒为秘书监、秦王傅，前襄州支使山阳鱼崇远为记室。瓒自以左迁，泣诉，不得免。王府参佐皆新进少年，轻脱谄谀，瓒独从容规讽，从荣不悦。瓒虽为傅，从荣一概以僚属待之，瓒有难色；从荣觉之，自是戒门者勿为通，月听一至府，或竟日不召，亦不得食。

太仆少卿何泽见上寝疾，秦王从荣权势方盛，冀己复进用，表请立从荣为太子。上览表泣下，私谓左右曰："群臣请立太子，朕当归老太原旧第耳。"不得已，丙戌，诏宰相枢密使议之。丁卯，从荣见上，言曰："窃闻有奸人请立臣为太子；臣幼少，且愿学治军民，不愿当此名。"上曰："群臣所欲也。"从荣退，见范延光、赵延寿曰："执政欲以吾为太子，是欲夺我兵柄，幽之东宫耳。"延光等知上意，且惧从荣之言，即具以白上；辛未，制以从荣为天下兵马大元帅。

秦王从荣请严卫、捧圣步骑两指挥为牙兵。每入朝，从数百骑，张弓挟矢，驰骋衢路；令文士试草檄淮南书，陈己将廓清海内之意。从荣不快于执政，私谓所亲曰："吾一旦南面，必族之。"范延光、赵延寿惧，屡求外补以避之。上以为见己病而求去，甚怒，曰："欲去自去，奚用表为！"齐国公主复为延寿言于禁中，云"延寿实有疾，不堪机务"。丙申，二人复言于上曰："臣等非敢惮劳，愿与勋旧迭为之。亦不敢俱去，愿听一人先出。若新人不称职，复召臣，臣即至矣。"上乃许之。戊戌，以延寿为宣武节度使；以山南东道节度使朱弘昭为枢密使、同平章事。制下，弘昭复辞，上叱之曰："汝辈皆不欲在吾侧，吾蓄养汝辈何为！"弘昭乃不敢言。

戊子，帝疾复作，己丑，大渐，秦王从荣入问疾，帝俯首不能举。王淑妃曰：“从荣在此。”帝不应。从荣出，闻宫中皆哭，从荣意帝已殂，明旦，称疾不入。是夕，帝实小愈，而从荣不知。

从荣自知不为时论所与，恐不得为嗣，与其党谋，欲以兵入侍，先制权臣。辛卯，从荣遣都押牙马处钧谓朱弘昭、冯赟曰：“吾欲帅牙兵入宫中侍疾，且备非常，当止于何所？”二人曰：“王自择之。”既而私于处钧曰：“主上万福，王宜竭心忠孝，不可妄信人浮言。”从荣怒，复遣处钧谓二人曰：“公辈殊不爱家族邪？何敢拒我！”二人患之，入告王淑妃及宣徽使孟汉琼，咸曰：“兹事不得康义诚不可济。”乃召义诚谋之，义诚竟无言，但曰：“义诚将校耳，不敢预议，惟相公所使。”弘昭疑义诚不欲众中言之，夜，邀至私第问之，其对如初。

赟驰入右掖门，见弘昭、义诚、汉琼及三司使孙岳方聚谋于中兴殿门外，赟具道处钧之言，因让义诚曰：“秦王言‘祸福在须臾’，其事可知，公勿以儿在秦府，左右顾望！主上拔擢吾辈，自布衣至将相，苟使秦王兵得入此门，置主上何地？吾辈尚有遗种乎？”义诚未及对，监门白秦王已将兵至端门外。汉琼拂衣起曰：“今日之事，危及君父，公犹顾望择利邪？吾何爱余生，当自帅兵拒之耳！”即入殿门，弘昭、赟随之，义诚不得已，亦随之入。

汉琼见帝曰：“从荣反，兵已攻端门，须臾入宫，则大乱矣。”宫中相顾号哭，帝曰：“从荣何苦乃尔！”问弘昭等：“有诸？”对曰：“有之，适已令门者阖门矣。”帝指天泣下，谓义诚曰：“卿自处置，勿惊百姓！”控鹤指挥使李重吉，从珂之子也，时侍侧，帝曰：“吾与尔父，冒矢石定天下，数脱吾于厄；从荣辈得何力，今乃为人所教，为此悖逆！我固知此曹不足付大事，当呼尔父授以兵柄耳。汝为我部闭诸门。”重吉即帅控鹤兵守宫门。孟汉琼被甲乘马，召马军都指挥使朱洪实，使将五百骑讨从荣。

从荣方据胡床，坐桥上，遣左右召康义诚。端门已闭，叩左掖门，从门隙中窥之，见朱洪实引骑兵北来，走白从荣；从荣大惊，命取铁掩心擐之，坐调弓矢。俄而骑兵大至，从荣走归府，僚佐皆窜匿，牙兵掠嘉善坊溃去。从荣与妃刘氏匿床下，皇城使安从益就斩之，并杀其子，以其首献。初，孙岳颇得豫内廷密谋，冯、朱患从荣狼伉，岳尝为之极言祸福之归；康义诚恨之，至是，乘乱密遣骑士射杀之。帝闻从荣死，悲骇，几落御榻，绝而复苏者再，由是疾复剧。从荣一子尚幼，养宫中，诸将请除之，帝泣曰：“此何罪！”不得已，竟与之。癸巳，冯道帅群臣入见帝于雍和殿，帝雨泣呜咽，曰：“吾家事至此，惭见卿等！”

后唐明宗长兴四年（癸巳，公元933年）

奏事的人建议给亲王们设立师傅，宰相惧怕秦王李从荣，不敢派人，请求让秦王自己选择师傅。秦王府判官、太子詹事王居敏荐举兵部侍郎刘瓒给李从荣，李从荣上表请求选派他。癸丑（三月初七），朝廷任命刘瓒为秘书监、秦王傅，前襄州支使山阳人鱼崇远为记室。刘瓒自己以为这是降职，涕泣诉说，不能得到改免。秦王府里的参谋佐辅人员都是新进拔的少年，轻浮放荡而好谄媚阿谀奉承，唯有刘瓒从容冷静地进行规劝，李从荣便不高兴。刘瓒虽为师傅，李从荣以对僚属的态度对待他，刘瓒有难堪之色。李从荣觉察到了，从此告诫守门人不要给他通报，每月让他到府内一次，也许一天也不召见他，也不供膳。

太仆少卿何泽看到明宗卧病，秦王李从荣权势正在发展，他希望自己能重新得到起用，便上表请求立李从荣为太子。明宗看到表章流下眼泪，私下对左右亲近的人说："群臣请求立太子，朕自当归老在太原旧府第了。"不得已，壬戌（八月十八日），下诏让宰相、枢密使议论此事。丁卯（二十三日），李从荣谒见明宗，说道："听说有奸臣请陛下立臣为太子，臣年纪幼小，并且臣愿意学习带兵治民，不愿担当这个名义。"明宗说："这是群臣所要求的。"李从荣退下来，去见范延光、赵延寿说："你们执政的各位要让我当太子，这是想夺我的兵权，把我幽禁在东宫而已。"范延光等知道明宗并不愿立太子，而且畏惧李从荣讲的话，就把他的话如实上奏明宗。辛未（二十七日），明宗下制书，任命李从荣为天下兵马大元帅。

秦王李从荣请求把严卫军和捧圣军的步骑两指挥作为从属于自己的牙兵。每逢他入朝，随从几百骑马的兵勇，张着弓，带着箭，奔驰在通衢大路上；又令文士替他试着起草征讨淮南的宣言，表示他将要平定海内的意志。李从荣对执政者不满意，私下对他的亲信讲："我有朝一日做了皇帝，必定把他们灭门诛杀。"范延光、赵延寿害怕，几次请求补放在外镇为官以躲避灾祸。明宗以为他们是看到自己有病而要求离去，很恼火，说："要走便自己走，何必上表！"赵延寿的妻子齐国公主又替赵延寿在内宫进言，说："赵延寿确实有病，承担不了机要重务。"丙申（九月二十三日），范、赵二人再次上奏明宗说："我们不是怕辛劳，而是愿意与勋旧老臣轮流担负枢要重任。我们也不敢一下都走，希望能允许先走一个。如果新任的人不称职，可以再把我们召回，我们必定马上回来。"明宗这才准许了。戊戌（二十五日），外调赵延寿为宣武节度使，另行调入山南东道节度使朱弘昭为枢密使、同平章事。明宗制命下来，朱弘昭又推辞不受，明宗斥责他说："你们这些人都不想在我身边，我供养你们干什么！"朱弘昭才不敢再说。

戊子（十一月十六日），明宗的病复发，己丑（十七日），病危，秦王李从荣进宫问候，明宗低着头不能抬起。王淑妃说："从荣在这里。"明宗没有回答。李从荣出来，听到宫中人都在恸哭，他以为明宗已经死了，第二天早上，自称有病不进宫省问。这天晚上，明宗实际上是稍见好转，而李从荣却不知道。

李从荣自己知道当时人心舆论对他不利，害怕继承不了皇帝大位，便同他的党羽策划，要用武力入宫侍卫，先要制服权臣。辛卯（十九日），李从荣派都押牙马处钧告诉朱弘昭、冯赟说："我要带兵进入宫内侍候皇上疾病，并且防备非常之变，应该在哪里居处？"朱、冯二人答称："请王爷自己选择地方。"接着私下对马处钧说："皇上平安无事，秦王应该竭尽心力实行忠孝之道，不可乱信坏人的胡说。"李从荣大怒，又派马处钧告诉朱、冯二人："你们两位难道不爱惜自己的家族吗？怎么敢抗拒我！"朱、冯二人害怕，入宫报告王淑妃及宣徽使孟汉琼，都说："这件事不得到康义诚的合作和支持就不可能办好。"便把康义诚召入内廷和他商议办法，康义诚竟然不拿主意，只是说："义诚是带兵的军人，不敢干预朝廷政务，我只听从宰相大人的驱使。"朱弘昭怀疑康义诚不想当着众人表态，夜间，把他邀请到家里再次问他，康义诚对答得和原来一样。

冯赟快马奔入右掖门，见到朱弘昭、康义诚、孟汉琼及三司使孙岳正聚集在中兴殿门外会商，冯赟便把马处钧的传语告诉他们，并因而责难康义诚说："秦王说'是祸是福决于顷刻'，这件事的利害十分清楚，您可不要因为自己儿子在秦王府中供职而左顾右望！皇上提拔我们这些人，从平民百姓高升至将相，假如让秦王的兵卒得以进入这禁内大门，把皇上置于何等地位？我们这些人还能有遗族吗？"康义诚还未来得及回答，监门官进来报告说秦王已经带领兵丁到达端门之外。孟汉琼一甩袖子站起来说道："今天的事，危害到了皇上，您还犹豫观望，计较个人的利害得失吗？我怎么能爱惜自己的余生，只能带领兵士去抗拒他！"立即进入中兴殿门，朱弘昭、冯赟跟着他，康义诚不得已，也随着他进入内宫。

孟汉琼见了明宗，奏报说："秦王从荣造反了，他的兵众已攻到端门，马上要打进宫内来，可要大乱了。"宫里的人相视号哭，明宗说："从荣何苦要这样干！"便向朱弘昭等说："有没有这回事？"朱等回答说："有这回事，刚才已经命令守门人关上了大门。"明宗指着天落泪不止，对康义诚说："请你自己做主去处理，不要惊扰百姓！"控鹤指挥使李重吉，是李从珂的儿子，当时正侍奉在明宗身边，明宗对他说："我和你的父亲，冒着枪林箭雨，平定了天下，几次把我从危难中抢救出来；从荣他们这些人出过什么力，现在竟被人教唆，干这种悖逆不道的事！我本来就知道这种人不足以把大事托付给他们，理当召唤你父亲前来，把掌兵的大权交付给他。你替我部署关闭所有宫门，把它们防守好。”李重吉立即率领控鹤兵士守卫着宫门。孟汉琼披挂铠甲，骑上战马，召来马军都指挥使朱洪实，让他带领五百名骑兵去讨伐李从荣。

此时，李从荣正倚据着胡床，坐在桥上，让左右侍从召唤康义诚来。由于端门已经被关闭，便叩打左掖门，并从门缝中向内窥视，看见朱洪实正率领骑兵从北面驰来，急忙报告李从荣；李从荣大为吃惊，命令取来铁掩心盔甲披挂，坐在那里调拨弓矢。不多久，骑兵大量奔压过来，李从荣退避逃归河南府署，他的僚属都逃窜藏匿起来，牙兵抢掠嘉善坊之后溃逃四散。李从荣和他的妃子刘氏藏躲在床下，皇城使安从益就地把他们杀了，并杀了他的儿子，把他们的首级进献朝廷。起初，孙岳参与内廷密谋，陷得很深，冯赟、朱弘昭害怕李从荣乖戾难于应付，孙岳曾经为他们竭力剖析利害之所归；康义诚很厌恨他，此时便趁着混乱之中暗地派骑兵把他射杀了。明宗听说李从荣被杀，很是吃惊悲伤，几乎从床榻上跌落下来，几次昏厥又复苏过来，从此病情加剧。李从荣有一个儿子还很幼小，养于宫中，众将要求把他杀掉，明宗涕泣着说：“这孩子有什么罪！”不得已竟把孩子交给了众将。癸巳（二十一日），冯道带领群臣入朝，在雍和殿觐见明宗，明宗泪下如雨，呜咽不止，悲痛地说：“我家的事情闹到这样，实在惭愧见到你们众位公卿！”

后唐纪八

第二百七十九卷

潞王下清泰元年（甲午，934）

初，帝在藩镇，爱信牙将慕容迁，及即位，以为控鹤指挥使；帝将北渡河，密与之谋，使帅部兵守玄武门。是夕，帝以五十骑出玄武门，谓迁曰："朕且幸魏州，徐图兴复，汝帅有马控鹤从我。"迁曰："生死从大家。"乃阳为团结；帝既出，即阖门不行。

己巳，冯道等入朝，及端门，闻朱、冯死，帝已北走；道及刘昫欲归，李愚曰："天子之出，吾辈不预谋。今太后在宫，吾辈当至中书，遣小黄门取太后进止，然后归第，人臣之义也。"道曰："主上失守社稷，人臣惟君是奉，无君而入宫城，恐非所宜。潞王已处处张榜，不若归俟教令。"乃归。至天宫寺，安从进遣人语之曰："潞王倍道而来，且至矣，相公宜帅百官至谷水奉迎。"乃止于寺中，召百官。中书舍人卢导至，冯道曰："俟舍人久矣，所急者劝进文书，宜速具草。"导曰："潞王入朝，百官班迎可也；设有废立，当俟太后教令，岂可遽议劝进乎？"道曰："事当务实。"导曰："安有天子在外，人臣遽以大位劝人者邪！若潞王守节北面，以大义见责，将何辞以对！公不如帅百官诣宫门，进名问安，取太后进止，则去就善矣。"道未及对，从进屡遣人趣之曰："潞王至矣，太后、太妃已遣中使迎劳矣，安得百官无班！"道等即纷然而去。既而潞王未至，三相息于上阳门外，卢导过于前，道复召而语之，导对如初。李愚曰："舍人之言是也。吾辈之罪，擢发不足数。"

夏，四月，庚午朔，未明，闵帝至卫州东数里，遇石敬瑭；帝大喜，问以社稷大计，敬瑭曰："闻康义城西讨，何如？陛下何为至此？"帝曰："义诚亦叛去矣。"敬瑭俯首长叹数四，曰："卫州刺史王弘贽，宿将习事，请与图之。"乃往见弘贽问之，弘贽曰："前代天子播迁多矣，然皆有将相、侍卫、府库、法物，使群下有所瞻仰；今皆无之，独以五十骑自随，虽有忠义之心，将若之何？”敬瑭还，见帝于卫州驿，以弘贽之言告。弓箭库使沙守荣、奔洪进前责敬瑭曰：“公明宗爱婿，富贵相与共之，忧患亦宜相恤。今天子播越，委计于公，冀图兴复，乃以此四者为辞，是直欲附贼卖天子耳！”守荣抽佩刀欲刺之，敬瑭亲将陈晖救之，守荣与晖斗死，洪进亦自刎。敬瑭牙内指挥使刘知远引兵入，尽杀帝左右及从骑，独置帝而去。敬瑭遂趣洛阳。

癸酉，太后下令废少帝为鄂王，以潞王知军国事，权以书诏印施行。百官诣至德宫门待罪，王命各复其位。甲戌，太后令潞王宜即皇帝位；乙亥，即位于柩前。

王弘贽迁闵帝于州廨，帝遣弘贽之子殿直峦往鸩之。戊寅，峦至卫州谒见，闵帝问来故，不对。弘贽数进酒，闵帝知其有毒，不饮，峦缢杀之。

闵帝性仁厚，于兄弟敦睦，虽遭秦王忌疾，闵帝坦怀待之，卒免于患。及嗣位，于潞王亦无嫌，而朱弘昭、孟汉琼之徒横生猜间，闵帝不能违，以致祸败焉。

后唐潞王清泰元年（甲午，公元934年）

从前，闵帝在藩镇时，宠信牙将慕容迁，即位为帝后，任用他为控鹤指挥使；闵帝将要北渡黄河去魏州，秘密地与他策划，让他带领所属兵士把守玄武门。当晚，闵帝带了五十名骑兵出玄武门，对慕容迁说：“朕即将去魏州，慢慢再图复兴，你率领有马的控鹤军跟我走。”慕容迁说：“生死跟着皇上。”表面上团结在闵帝周围；等到闵帝出了宫城后，他就关了城门不跟随了。

己巳（二十九日），冯道等人入朝，刚到端门，听说朱弘昭、冯赟已经死了，闵帝已经向北逃走。冯道和刘昫就要回家，李愚说：“天子出走，我们这些人未能参与谋划。现在，太后还在宫中，我们应当到中书省去，派小黄门太监去听取太后如何进止，然后再回自己的宅第，这是人臣的大义啊！”冯道说：“主上把江山社稷丢了，作为人臣只能侍奉君主，没有了君主而进入宫城，恐怕不合适。潞王已经处处张贴榜文，不如回去听候命令。”便回去了。到了天宫寺，安从进派人告诉他说：“潞王加倍赶路而来，即将到达，相公您应该率领百官到城西谷水去迎接。”冯道便在寺中停留下来，召集百官。中书舍人卢导来到，冯道说：“等待舍人先生很久了，现在所急需办的事，是准备劝进的文书，请赶快起草。”卢导说：“潞王入朝，百官列班相迎就可以了；如果有废立之事，应当听候太后的教令，岂能仓促之间草率建议劝进呢？”冯道说：“办事应当从现实出发。”卢导说：“哪有天子在外，人臣却突然拿皇帝大位劝人进据的啊！如果潞王坚持遵守臣节，用君臣大义来责备我们，将用什么话来回对？您不如率领百官进谒宫门，送进名帖问安，听从太后的意旨，那样便去就两善了。”冯道还未及回答，安从进已经几次派人来催促，并说：“潞王来了，太后、太妃已经派遣宫中使者去迎接慰劳了，怎么能百官无人列班！”冯道等人就纷纷散去。过了一会儿潞王尚未到达，三个宰相冯道、李愚、刘昫正停息在上阳门外，卢导从他们面前经过，冯道又召他来谈劝进的事，卢导对答如初。李愚说：“舍人的话是对的。我们这些人的罪过是拔下头发也数不尽了。”

夏季，四月庚午朔（初一），天还没有亮，闵帝到达卫州以东几里的地方，遇到石敬瑭，闵帝大喜，便向他询问如何保存社稷的大计。石敬瑭说：“听说康义诚向西讨伐，怎么样了？陛下为什么来到这里？”闵帝说：“康义诚也叛变离去了。”石敬瑭垂头长叹了好几次，说：“卫州刺史王弘贽是位宿将，懂得很多事情，请您等我和他商量。”于是石敬瑭就去问王弘贽，王弘贽说：“前代天子流亡的也不少，然而都随从有将相、侍卫、府库、法物，使得随从的人有所依恃和希望；现在主上什么也没有，只有五十骑兵跟随着他自己，我们虽然有忠义之心，还能有什么办法呢？”石敬瑭回来，到卫州的驿馆去见闵帝，把王弘贽的话告诉闵帝。弓箭库使沙守荣、奔洪进上前责备石敬瑭说：“您是明宗的爱婿，富贵相互共同享有，忧患也应该相互体谅、承担。现在，天子奔波在外，把希望寄托给您，以图复兴，竟然拿这四样来做托词，这简直是要依附于叛贼而出卖天子呀！”沙守荣抽出佩刀要刺杀石敬瑭，石敬瑭的亲将陈晖挺身相救，沙守荣与陈晖相斗而死，奔洪进也自刎了。石敬瑭的牙内指挥使刘知远带着兵卒进来，杀死闵帝左右及随从的骑兵，只是留下闵帝不顾而去。石敬瑭便向洛阳进发。

癸酉（初四），太后下令废黜闵帝为鄂王，委任潞王李从珂主持军国大事，暂且以书诏印施行政令。百官进诣至德宫门待罪，潞王命他们各还其位。甲戌（初五），太后命令潞王应该即皇帝之位；乙亥（初六），在明宗灵柩前即位。

王弘贽把闵帝从驿馆迁居到州署，末帝李从珂派王弘贽的儿子殿直王峦前往用毒酒去鸩杀他。戊寅（初九），王峦到卫州谒见闵帝，闵帝问他干什么，王峦不回答。王弘贽几次进酒，闵帝知道其中有毒，不肯喝，王峦把他勒死。

闵帝性情宽厚，对于兄弟敦诚和睦，虽然遭到秦王李从荣的忌恨，但闵帝以坦白的心怀对待他，终于避免了祸患。继位以后，对潞王李从珂也没有什么嫌隙，而朱弘昭、孟汉琼那一伙人不停加以猜疑离间，闵帝不能不听从他们，所以招致了祸败。

后晋纪一

第二百八十卷

高祖圣文章武明德孝皇帝上之上天福元年（丙申，936）

初，石敬瑭欲尝唐主之意，累表自陈羸疾，乞解兵柄，移他镇；帝与执政议从其请，移镇郓州。房暠、李崧、吕琦等皆力谏，以为不可，帝犹豫久之。

五月，庚寅夜，李崧请急在外，薛文遇独直，帝与之议河东事，文遇曰："谚有之：'当道筑室，三年不成。'兹事断自圣志；群臣各为身谋，安肯尽言！以臣观之，河东移亦反，不移亦反，在旦暮耳，不若先事图之。"先是，术者言国家今年应得贤佐，出奇谋，定天下，帝意文遇当之，闻其言，大喜，曰："卿言殊豁吾意，成败吾决行之。"即为除目，付学士院使草制。辛卯，以敬瑭为天平节度使，以马军都指挥使、河阳节度使宋审虔为河东节度使。制出，两班闻呼敬瑭名，相顾失色。

甲午，以建雄节度使张敬达为西北蕃汉马步都部署，趣敬瑭之郓州。敬瑭疑惧，谋于将佐曰："吾之再来河东也，主上面许终身不除代；今忽有是命，得非如今年千春节与公主所言乎？我不兴乱，朝廷发之，安能束手死于道路乎！今且发表称疾以观其意，若其宽我，我当事之；若加兵于我，我则改图耳。"幕僚段希尧极言拒之，敬瑭以其朴直，不责也。节度判官华阴赵莹劝敬瑭赴郓州；观察判官平遥薛融曰："融书生，不习军旅。"都押牙刘知远曰："明公久将兵，得士卒心；今据形胜之地，士马精强，若称兵传檄，帝业可成，奈何以一纸制书自投虎口乎！"掌书记洛阳桑维翰曰："主上初即位，明公入朝，主上岂不知蛟龙不可纵之深渊邪？然卒以河东复授公，此乃天意假公以利器。明宗遗爱在人，主上以庶孽代之，群情不附。公明宗之爱婿，今主上以反逆见待，此非首谢可免，但力为自全之计。契丹素与明宗约为兄弟，今部落近在云、应，公诚能推心屈节事之，万一有急，朝呼夕至，何患无成。"敬瑭意遂决。

石敬瑭遣间使求救于契丹，令桑维翰草表称臣于契丹主，且请以父礼事之，约事捷之日，割卢龙一道及雁门关以北诸州与之。刘知远谏曰："称臣可矣，以父事之太过。厚以金帛赂之，自足致其兵，不必许以土田，恐异日大为中国之患，悔之无及。"敬瑭不从。表至契丹，契丹主大喜，白其母曰："儿比梦石郎遣使来，今果然，此天意也。"乃为复书，许俟仲秋倾国赴援。

九月，契丹主将五万骑，号三十万，自扬武谷而南，旌旗不绝五十余里。代州刺史张朗、忻州刺史丁审琦婴城自守，虏骑过城下，亦不诱胁。审琦，洺州人也。

辛丑，契丹主至晋阳，陈于汾北之虎北口。先遣人谓敬瑭曰："吾欲今日即破贼可乎？"敬瑭遣人驰告曰："南军甚厚，不可轻，请俟明日议战未晚也。"使者未至，契丹已与唐骑将高行周、符彦卿合战，敬瑭乃遣刘知远出兵助之。张敬达、杨光远、安审琦以步兵陈于城西北山下，契丹遣轻骑三千，不被甲，直犯其陈。唐兵见其羸，争逐之，至汾曲，契丹涉水而去。唐兵循岸而进，契丹伏兵自东北起，冲唐兵断而为二，步兵在北者多为契丹所杀，骑兵在南者引归晋安寨。契丹纵兵乘之，唐兵大败，步兵死者近万人，骑兵独全。敬达等收余众保晋安，契丹亦引兵归虎北口。敬瑭得唐降兵千余人，刘知远劝敬瑭尽杀之。

是夕，敬瑭出北门，见契丹主。契丹主执敬瑭手，恨相见之晚。敬瑭问曰："皇帝远来，士马疲倦，遽与唐战而大胜，何也？"契丹主曰："始吾自北来，谓唐必断雁门诸路，伏兵险要，则吾不可得进矣。使人侦视，皆无之，吾是以长驱深入，知大事必济也。兵既相接，我气方锐，彼气方沮，若不乘此急击之，旷日持久，则胜负未可知矣。此吾所以亟战而胜，不可以劳逸常理论也。"敬瑭甚叹伏。

契丹主谓石敬瑭曰："吾三千里赴难，必有成功。观汝器貌识量，真中原之主也。吾欲立汝为天子。"敬瑭辞让者数四，将吏复劝进，乃许之。契丹主作册书，命敬瑭为大晋皇帝，自解衣冠授之，筑坛于柳林，是日，即皇帝位。割幽、蓟、瀛、莫、涿、檀、顺、新、妫、儒、武、云、应、寰、朔、蔚十六州以与契丹，仍许岁输帛三十万匹。己亥，制改长兴七年为天福元年，大赦；敕命法制，皆遵明宗之旧。

后晋高祖天福元年（丙申，公元936年）

过去，石敬瑭想试探末帝的意图，多次上表陈诉身体羸弱，请求解除他的兵权，调迁到别的镇所；末帝与执政大臣商议后答应了他的请求，把他移镇郓州。房暠、李崧、吕琦等人都极力谏劝，认为不能这样做，末帝犹疑了很长时间。

五月，庚寅（初二）夜间，李崧因有急事请假在外，薛文遇独自承值夜班，末帝同他议论河东的事情，薛文遇说："俗谚说：'在道路当中盖房，三年也盖不成。'这种事情只能由主上的意志进行决断。群臣各为自身利害做打算，怎么肯什么话都说！以臣看来，河东的事，移镇也反，不移也要反，只是时间早晚而已，不如走在前头，先把他解决了。"以前，术士说国家今年应该得到贤人辅佐，提出奇谋，安定天下。末帝以为这个人当由薛文遇来应验，听到他的话，大为高兴，说道："爱卿的话，很使我心意豁然开朗，不论成功还是失败，我决心施行。"立即命薛文遇写出封授官职的拟议，交付学士院草拟任命制书。辛卯（初三），任命石敬瑭为天平节度使，任用马军都指挥使、河阳节度使宋审虔为河东节度使。制令一出，文武两班听到呼叫石敬瑭的名字，相顾失色。

甲午（初六），末帝任用建雄节度使张敬达为西北蕃汉马步都部署，催促石敬瑭速赴郓州。石敬瑭很是疑惧，便和他的将佐计议说："我第二次来河东时，主上曾当面答应我终身不再派别人来替换我；现在又忽然有了这样的命令，莫不是像今年过千春节时，主上同公主所讲的那样吗？我如果不造反，朝廷要先发制人，怎么能束手被擒，死于道路之间呢！今天我要上表说有病，来观察他对我的意向。如果他对我宽容，我就臣事他；如果他对我用兵，那我就要另做打算了。"幕僚段希尧极力主张抗拒朝廷的命令，石敬瑭因为他为人直率，并不责怪他。节度判官华阴人赵莹劝石敬瑭去郓州赴任；观察判官平遥人薛融说："我是个书生，不懂得遣兵作战的事。"都押牙刘知远说："明公您长期统率兵将，很能受到士兵的拥护；现在正占据着有利的地势，将士和马步军队都很精锐强悍，如果起兵，传发檄文宣示各道，可以完成统一国家的帝王大业，怎么能只为一道朝廷制令便自投虎口呢！"掌书记洛阳人桑维翰说："主上当初即位时，明公您入京朝贺，主上岂能不懂得蛟龙不可纵之归渊的道理？然而到底还是把河东再次交给您，这正是天意要借一把利器给您。先帝明宗的遗爱留给了后人，主上却用旁支的庶子取代大位，群情是不依附于他的。您是明宗的爱婿，可是现在主上却把您当作叛逆看待，这就不是仅仅靠表示低头谢罪所能取得宽免的，只能努力为保全自己想办法了。契丹向来同明宗协约做兄弟之邦，现在，他们的部落近在云州、应州，您如果真能推心置腹地曲意讨好他们，万一有了急变之事，早上给契丹打个招呼，他们晚上就能来到，还担心什么事不能办成吗？"石敬瑭于是便下了造反的决心。

石敬瑭派使者从僻路求救于契丹，让桑维翰草写表章向契丹主称臣，并且请求用对待父亲的礼节来侍奉他，约定事情成功之日，划割卢龙一道及雁门关以北诸州给契丹。刘知远劝谏他说："称臣就可以了，用父亲的礼节对待他就太过分了。用丰厚的金银财宝贿赂他，自然是足以促使他发兵，不必许诺割给他土地，恐怕那样以后要成为中国的大患，后悔就来不及了。"石敬瑭不听。表章送到契丹，契丹国主耶律德光非常高兴，告诉他的母亲述律太后说："孩儿最近梦见石郎派遣使者来，现在果然来了，这真是天意啊。"便向石敬瑭写了回信，答应等到仲秋时节，发动全国人马来支援他。

九月，契丹主耶律德光统领五万骑兵，号称三十万，从代州扬武谷向南进发，旌旗连绵不断达五十余里。代州刺史张朗、忻州刺史丁审琦绕城自守，敌人骑兵经过城下时，也不诱降胁迫他。丁审琦是洺州人。

辛丑（十五日），契丹主到达晋阳，把兵马布列在汾北的虎北口。先派人对石敬瑭说："我打算今天攻打贼兵，行不行？"石敬瑭派人骑快马告诉他们说："南军力量很雄厚，不可以轻视，请等到明天议论好如何开战也不晚。"使者还未到达契丹军营，契丹兵已经同后唐骑将高行周、符彦卿打了起来，石敬瑭便派刘知远出兵助战。张敬达、杨光远、安审琦将步兵列阵在城西北山下，契丹派轻骑兵三千人，不披铠甲，直奔唐兵阵列。唐兵看到契丹兵单薄，争相驱赶，到了汾水之曲，契丹兵涉水而去。唐兵沿着河岸向北进取，契丹伏兵从东北涌起，冲击唐兵，把唐兵截为两段，在北面的步兵大多被契丹所杀，在南面的骑兵引退回到晋安营寨。契丹放开兵马乘乱攻击，唐兵大败，步兵死亡近万人，只有骑兵保全下来。张敬达等收集余众退保晋安，契丹也率领其兵返回虎北口。石敬瑭俘获后唐降兵一千余人，刘知远劝石敬瑭把他们都杀了。

这天晚上，石敬瑭出北门，会见契丹主。契丹主握住石敬瑭的手，只恨相见晚了。石敬瑭问道："皇帝远道而来，兵马疲倦，急切同唐兵作战而取得大胜，这是什么原因？"契丹主说："开始我从北面过来，以为唐兵必然要切断雁门的各条道路，埋伏兵众在险要之地，那样我就不能顺利前进了。我使人侦察，发现断路和伏险都没有，这样，我才得以长驱深入，知道大事必然成功了。兵马相接以后，我方气势正锐盛，彼方气势正沮丧，如果不乘此时急速攻击他，旷日持久，那谁胜谁负就不可预料了。这就是我之所以速战而胜的道理，不能用谁劳谁逸的通常的道理来衡量了。"石敬瑭很是叹服。

契丹主对石敬瑭说："我从三千里以外来帮助你解决危难，必然会成功。观察你的器宇容貌和见识气量，真的是个中原的国主啊。我想扶立你做天子。"石敬瑭推辞逊让了好几次，将吏又反复劝他进大位，于是便答应了。契丹主制作册封的文书，命令石敬瑭为大晋皇帝，自己解下衣服冠冕亲授给他，在柳林搭筑坛台，就在这一天，石敬瑭即皇帝之位，并割让幽、蓟、瀛、莫、涿、檀、顺、新、妫、儒、武、云、应、寰、朔、蔚十六个州给予契丹，仍然答应每年贡帛三十万匹给他们。己亥（十一月十四日），后晋高祖皇帝石敬瑭颁下制令，改长兴七年为天福元年，实行大赦；各种敕命法制都遵守明宗时的旧规。

后晋纪二

第二百八十一卷

高祖圣文章武明德孝皇帝上之下天福二年（丁酉，937）

契丹主自上党过云州，大同节度使沙彦珣出迎，契丹主留之，不使还镇。节度判官吴峦在城中，谓其众曰：“吾属礼义之俗，安可臣于夷狄乎！”众推峦领州事，闭城不受契丹之命，契丹攻之，不克。应州马军都指挥使金城郭崇威亦耻臣契丹，挺身南归。

契丹主过新州，命威塞节度使翟璋敛犒军钱十万缗。初，契丹主阿保机强盛，室韦、奚、霫皆役属焉。奚王去诸苦契丹贪虐，帅其众西徙妫州，依刘仁恭父子，号西奚。去诸卒，子扫剌立。唐庄宗灭刘守光，赐扫剌姓李名绍威。绍威娶契丹逐不鲁之姊。逐不鲁获罪于契丹，奔绍威，绍威纳之；契丹怒，攻之，不克。绍威卒，子拽剌立。及契丹主德光自上党北还，拽剌迎降，时逐不鲁亦卒，契丹主曰：“汝诚无罪，扫剌、逐不鲁负我。”皆命发其骨，硙而飏之。诸奚畏契丹之虐，多逃叛。契丹主劳翟璋曰：“当为汝除代，令汝南归。”己亥，璋表乞征诣阙。既而契丹遣璋将兵讨叛奚，攻云州，有功，留不遣璋，璋郁郁而卒。

张砺自契丹逃归，为追骑所获，契丹主责之曰：“何故舍我去？”对曰：“臣华人，饮食衣服皆不与此同，生不如死，愿早就戮。”契丹主顾通事高彦英曰：“吾常戒汝善遇此人，何故使之失所而亡去？若失之，安可复得邪！”笞彦英而谢砺。砺事契丹主甚忠直，遇事辄言，无所隐避，契丹主甚重之。

三年（戊戌，938）

帝上尊号于契丹主及太后，戊寅，以冯道为太后册礼使，左仆射刘煦为契丹主册礼使，备卤簿、仪仗、车辂，诣契丹行礼；契丹主大悦。帝事契丹甚谨，奉表称臣，谓契丹主为“父皇帝”；每契丹使至，帝于别殿拜受诏敕。岁输金帛三十万之外，吉凶庆吊，岁时赠遗，玩好珍异，相继于道。乃至应天太后、元帅太子、伟王、南北二王、韩延徽、赵延寿等诸大臣皆有赂；小不如意，辄来责让，帝常卑辞谢之。晋使者至契丹，契丹骄倨，多不逊语。使者还，以闻，朝野咸以为耻，而帝事之曾无倦意，以是终帝之世与契丹无隙。然所输金帛不过数县租赋，往往托以民困，不能满数。其后契丹主屡止帝上表称臣，但令为书称“儿皇帝”，如家人礼。

后晋高祖天福二年（丁酉，公元937年）

契丹主耶律德光从上党北上经过云州时，大同节度使沙彦珣出城迎接，契丹主把他留下，不让回镇所。节度判官吴峦在城中对他的下属将士说：“我们属于有礼义之俗的国家，怎么可以做夷狄的臣民啊！”众人推举吴峦领导全州的事务，关上城门不接受契丹的命令，契丹兵攻城，攻不下来。应州马军都指挥使金城人郭崇威也耻于向契丹称臣，挺身南归。

契丹主经过新州，命令威塞节度使翟璋收集犒劳军队的钱十万缗。以前，契丹主耶律德光的父亲耶律阿保机强盛，室韦、奚、霫成为他的属地而为其役使。奚王去诸苦于契丹的贪求和虐待，带领他的属众向西迁徙到妫州，依附于刘仁恭父子，号称西奚。去诸死后，他的儿子扫剌继立。后唐庄宗讨灭刘守光时，赐扫剌姓李，名绍威。李绍威娶了契丹逐不鲁的姐姐。逐不鲁得罪了契丹，投奔李绍威，李绍威接纳了他。契丹发怒，攻打他，没有攻下来。李绍威死后，子拽剌继立。等到契丹主耶律德光从上党北归时，拽剌迎接并投降于他，当时逐不鲁也死了，契丹主耶律德光说：“你实在是没有罪过的，扫剌、逐不鲁有负于我。”便令人把二人的尸骨挖掘出来，磨碎后加以散扬。各处奚人畏惧契丹的暴虐，很多都叛离逃走。契丹主慰劳翟璋说：“我一定找人替代你的职务，让你回到南方。”己亥（十六日），翟璋上表后晋朝廷，请求召他回朝。没有多久，契丹派遣翟璋领兵去讨伐叛变的奚人，进攻云州，有功劳，便把他留下，不让他回去，最后翟璋郁郁而死。

翰林学士张砺从契丹逃归南方，被追赶的契丹骑兵抓获，契丹主责备他说：“你为什么离我而去？”张砺回答说：“我是中原人，饮食、衣服都同此地不一样，活着还不如死了，我愿意您早日把我杀了。”契丹主对着翻译高彦英说：“我常常告诫你要优厚地对待这个人，你为什么让他流离失所而逃走？如果失去他，还能到哪里去获得这样的人！”便笞打高彦英而向张砺道歉。张砺侍奉契丹主很是忠心和直率，遇到问题往往进言，没有什么隐藏和躲避的，契丹主很器重他。

三年（戊戌，公元938年）

后晋高祖给契丹国主耶律德光及述律太后上尊号，戊寅，任命冯道为太后册礼使，左仆射刘煦为契丹主册礼使，配备着卤簿、仪仗、车辂，送至契丹行礼；契丹主极为高兴。后晋高祖侍奉契丹很恭谨，上表称臣，叫契丹主为“父皇帝”；每当契丹的使者来到，后晋高祖在别殿拜接契丹的诏书和敕令。每年除了要输送金帛三十万之外，各种吉凶庆吊，季节馈赠，玩好珍异，运送的车马接连于道路。而且对于述律太后、元帅太子、伟王、南王、北王、韩延徽、赵延寿等诸大臣都有贿赠；他们小有不如意的，便来责备、索取，后晋高祖往往用谦卑的语言谢罪。晋朝的使者到契丹，契丹骄横倨慢，语多不逊。使者回朝，向后晋高祖报告，朝廷内外都以为羞耻，而后晋高祖卑恭对待契丹，从来没有怠慢过，因此，整个后晋高祖在位的时期，同契丹没有发生过嫌隙。然而所输送的金帛，不过是几个县的田租赋税。往往托词说民间困乏，不能满额送到。后来，契丹主多次制止后晋高祖上表称臣，只叫他写信时自称“儿皇帝”，像家庭之间行礼一样。

后晋纪四

第二百八十三卷

齐王上天福八年（癸卯，943）

唐主为人谦谨，初即位，不名大臣，数延公卿论政体，李建勋谓人曰：“主上宽仁大度，优于先帝；但性习未定，苟旁无正人，但恐不能守先帝之业耳。”

唐主以镇南节度使宋齐丘为太保兼中书令，奉化节度使周宗为侍中。唐主以齐丘、宗先朝勋旧，故顺人望召为相，政事皆自决之。

初，唐主为齐王，知政事，每有过失，常梦锡常直言规正；始虽忿怼，终以谅直多之。及即位，许以为翰林学士，齐丘之党疾之，坐封驳制书，贬池州判官。池州多迁客，节度使上蔡王彦俦，防制过甚，几不聊生，惟事梦锡如在朝廷。

宋齐丘待陈觉素厚，唐主亦以觉为有才，遂委任之。冯延己、延鲁、魏岑，虽齐邸旧僚，皆依附觉，与休宁查文徽更相汲引，侵蠹政事，唐人谓觉等为“五鬼”。延鲁自礼部员外郎迁中书舍人、勤政殿学士，江州观察使杜昌业闻之，叹曰：“国家所以驱驾群臣，在官爵而已。若一言称旨，遽跻通显，后有立功者，何以赏之！”未几，唐主以岑及文徽皆为枢密副使。岑既得志，会觉遭母丧，岑即暴扬觉过恶，摈斥之。

初，河阳牙将乔荣从赵延寿入契丹，契丹以为回图使，往来贩易于晋，置邸大梁。及契丹与晋有隙，景延广说帝囚荣于狱，悉取邸中之货。凡契丹之人贩易在晋境者，皆杀之，夺其货。大臣皆言契丹有大功，不可负。戊子，释荣，慰赐而归之。

荣辞延广，延广大言曰：“归语而主，先帝为北朝所立，故称臣奉表。今上乃中国所立，所以降志于北朝者，正以不敢忘先帝盟约故耳。为邻称孙，足矣，无称臣之理。北朝皇帝勿信赵延寿诳诱，轻侮中国。中国士马，尔所目睹。翁怒则来战，孙有十万横磨剑，足以相待。他日为孙所败，取笑天下，毋悔也！”荣自以亡失货财，恐归获罪，且欲为异时据验，乃曰："公所言颇多，惧有遗忘，愿记之纸墨。"延广命吏书其语以授之，荣具以白契丹主。契丹主大怒，入寇之志始决。晋使如契丹，皆絷之幽州，不得见。

桑维翰屡请逊辞以谢契丹，每为延广所沮。帝以延广有定策功，故宠冠群臣；又总宿卫兵，故大臣莫能与之争。河东节度使刘知远，知延广必致寇，而畏其方用事，不敢言，但益募兵，奏置兴捷、武节等十余军以备契丹。

后晋齐王天福八年（癸卯，公元943年）

南唐国主为人谦虚谨慎，初即位，不呼唤大臣的名字，几次邀请公卿议论政治措施，李建勋对人说："主上宽仁大度，比先帝为好；但是性格和习惯尚未定型，如果没有正派人辅佐，只怕不能守住先帝创立的基业。"

南唐国主任用镇南节度使宋齐丘为太保兼中书令，奉化节度使周宗为侍中。国主因为宋齐丘、周宗是先朝的功勋旧臣，所以顺从人望召他们为宰相，但政事都由自己做决定。

从前，南唐国主为齐王，知政事，每当有过失时，常梦锡常常率直上言来规劝更正他；齐王开始虽然厌烦，最后总是因为他诚实正直而称赞他。及至即位称帝，答应让他做翰林学士，宋齐丘的党羽忌恨他，加给他封驳皇帝制书的罪名，贬降为池州判官。池州这个地方有较多贬迁的官属，节度使上蔡人王彦俦防备控制他们很严厉，这些人几乎不能维持生活，唯独对待常梦锡仍如他在朝廷时一样。

宋齐丘对待陈觉素来厚重，南唐国主也认为陈觉是有本事的人，便委以重任。冯延己、冯延鲁、魏岑三个人虽然是齐王府的旧僚属，也都依附于陈觉，他们与休宁人查文徽互相勾结援引，把持败坏政事，南唐人把陈觉等人称作"五鬼"。冯延鲁从礼部员外郎升迁为中书舍人、勤政殿学士，江州观察使杜昌业听说了，感叹地说："国家用来驱使驾驭群臣的，就在于掌握官爵的任免。如果有一句话说中了主上的心意，便骤然把他提拔到通达显要的地位，那么以后再有立功于国家的人，拿什么来赏授他呢！"没过几天，南唐国主把魏岑和查文徽都提拔为枢密副使。魏岑得志以后，赶上陈觉因母亲去世而归家守孝，魏岑就揭露宣扬陈觉的过失和恶行，把他排斥掉。

过去，河阳牙将乔荣，跟随赵延寿投归契丹，契丹任命他为回图使，在契丹和晋境之间往来贩卖贸易，在后晋京都大梁设置了官邸。待到契丹同晋国有了嫌隙时，景延广说服出帝把乔荣囚拘在牢狱里，把他府邸中的财宝都夺取过来。凡是契丹的人在晋国境内贩卖贸易者，都杀了，夺取其财货。晋国的大臣都上言说契丹有过大功，不能辜负。戊子（十三日），释放了乔荣，慰问并赏赐他，让他归返契丹。

乔荣向景延广告辞，景延广说大话："回去告诉你的主子，先帝高祖是北朝所扶立，所以向你们称臣上表章。现在的皇帝乃是中原自己所立，之所以还向北朝降低身份，正是因为不敢忘记先帝同北朝做过盟约。作为邻邦自称为孙，已经足够了，没有再向北朝称臣的道理。北朝的皇帝不要听信赵延寿的诱骗，轻慢欺侮中原。中原的兵将马队，是你亲眼看到的。祖翁如果发怒来侵犯，孙儿有十万横磨凌厉的剑，足以用来相待。以后如果被孙儿打败，被天下人取笑，可不要后悔呀！"乔荣自己认为丢掉了货物和钱财，怕归来获罪，并且想替今后取得证据，就说："您说的内容太多，怕遗忘了说不全，希望把您讲的话用纸墨记录下来。"景延广便让属吏记下他的话交给乔荣，乔荣就拿着证据把情况都告诉了契丹主。契丹主耶律德光大怒，向中原发动进攻的心志便决定下来。晋国使者来到契丹，都被执系在幽州，不能见到契丹主。

桑维翰屡次请求用谦逊的语言向契丹道歉，往往被景延广所阻拦。出帝因为景延广有扶立他继位的功绩，所以恩宠比群臣都高；又因为景延广总管宫廷宿卫将士，朝中大臣不敢同他争论。河东节度使刘知远，知道景延广必然要造反，但是怕景延广正在当权用事，不敢上言，只是更多地募集兵丁，奏请设置兴捷、武节等十多个军，用以防备契丹。

后晋纪五

第二百八十四卷

齐王中开运元年（甲辰，944）

闽拱宸都指挥使朱文进，阁门使连重遇，既弑康宗，常惧国人之讨，相与结婚以自固。闽主曦果于诛杀，尝游西园，因醉杀控鹤指挥使魏从朗。从朗，朱、连之党也。又尝酒酣诵白居易诗云："惟有人心相对间，咫尺之情不能料。"因举酒属二人。二人起，流涕再拜，曰："臣子事君父，安有他志！"曦不应。二人大惧。

李后妒尚贤妃之宠，欲弑曦而立其子亚澄，使人告二人曰："主上殊不平于二公，奈何？"

会后父李真有疾，乙酉，曦如真第问疾。文进、重遇使拱宸马步使钱达弑曦于马上，召百官集朝堂，告之曰："太祖昭武皇帝，光启闽国，今子孙淫虐，荒坠厥绪。天厌王氏，宜更择有德者立之。"众莫敢言。重遇乃推文进升殿，被衮冕，帅群臣北面再拜称臣。文进自称闽主，悉收王氏宗族延喜以下少长五十余人，皆杀之。葬闽主曦，谥曰睿文广武明圣元德隆道大孝皇帝，庙号景宗。以重遇总六军。礼部尚书、判三司郑元弼抗辞不屈，黜归田里，将奔建州，文进杀之。文进下令，出宫人，罢营造，以反曦之政。

二年（乙巳，945）

契丹连岁入寇，中国疲于奔命，边民涂地；契丹人畜亦多死，国人厌苦之。述律太后谓契丹主曰："使汉人为胡主，可乎？"曰："不可。"太后曰："然则汝何故欲为汉主？"曰："石氏负恩，不可容。"太后曰："汝今虽得汉地，不能居也；万一蹉跌，悔何所及！"又谓其群下曰："汉儿何得一向眠！自古但闻汉和蕃，未闻蕃和汉。汉儿果能回意，我亦何惜与和！”

桑维翰屡劝帝复请和于契丹以纾国患，帝假开封军将张晖供奉官，使奉表称臣诣契丹，卑辞谢过。契丹主曰：“使景延广、桑维翰自来，仍割镇、定两道隶我，则可和。”朝廷以契丹语忿，谓其无和意，乃止。及契丹主入大梁，谓李崧等曰：“向使晋使再来，则南北不战矣。”

后晋齐王开运元年（甲辰，公元944年）

闽国拱宸都指挥使朱文进、阁门使连重遇，杀了康宗王昶以后，常常害怕国人声讨他们，便互相结为婚姻，用来巩固自己的势力。闽主王曦对诛杀很随便，他曾经游览西园，因为醉酒杀了控鹤指挥使魏从朗。魏从朗是朱文进、连重遇的党羽。王曦又曾经在酒兴正浓时吟诵白居易的诗道：“唯有人心相对间，咫尺之情不能料。”边诵边举酒对着朱、连二人，二人起立，流涕再拜，说：“臣子侍奉君父，哪能有二心！”王曦没有什么反应，二人大为惶恐。

李后妒忌尚贤妃受到闽主王曦的宠爱，想要谋杀王曦而立她的儿子王亚澄为帝，派人告诉二人说：“主上对你们二位很不满，怎么办？”

适逢李后的父亲李真生病，乙酉（三月十三日），王曦到李真的府第问候疾病。朱文进、连重遇指使拱宸马步使钱达在马上把王曦杀了，召集百官到朝堂，向大家宣告说：“太祖昭武皇帝光辉地开创闽国，现在子孙淫乱暴虐，使他的遗绪荒废坠落，上天厌弃王氏，应该另外选择有德的人，拥立他为皇帝。”众人不敢讲话。连重遇便把朱文进推拥上殿升座，穿上帝王的衣服冠冕，率领群臣向北面对他再拜称臣。朱文进自称闽主，把王氏宗族自王曦的弟弟王延喜以下少长五十余人，全部收拘杀害。埋葬了闽主王曦，谥号为睿文广武明圣元德隆道大孝皇帝，庙号景宗。任用连重遇总领六军。礼部尚书、判三司郑元弼言词抗驳不屈服，罢黜他回归田里，在他将要投奔建州时，朱文进把他杀了。朱文进下令，遣出宫人，停止营建，以此改变王曦的政策。

二年（乙巳，公元945年）

契丹连年入侵，中原疲于奔命，边民受尽苦难；契丹的人和牲畜也死了许多，它的民众对这种状况也厌恶和痛苦。述律太后对契丹主说：“让汉人来当胡人皇帝行不行？”回答说：“不行！”太后说：“那么你为什么要当汉人的皇帝？”回答说：“姓石的辜负了对他们的恩义，不能容忍。”太后说：“你现在虽然取得了汉地，不能居留；万一有了差失，后悔也来不及！”又对她的下属众人说：“汉儿哪曾得以睡一晌好觉！自古只听说汉来和蕃，没有听说过以蕃和汉。汉儿如果能回心转意，我们又何必吝惜与他和好！”

桑维翰屡次劝后晋出帝仍然请和于契丹以缓解国家的祸患，后晋出帝让开封军将张晖临时代理供奉官，让他奉表称臣前去契丹，用谦卑的语言谢过。契丹主说：“让景延广、桑维翰亲自来，再割让镇州、定州两道归属于我国，就可以和。”后晋朝廷因为契丹讲话愤慨，以为它没有和意，便停止求和。后来契丹主耶律德光入主大梁时对李崧等说：“如果当时晋国使者再来我国，那就南北不战了。”

后晋纪六

第二百八十五卷

齐王下开运三年（丙午，946）

契丹主大举入寇，自易、定趣恒州。杜威等至武强，闻之，将自贝、冀而南。彰德节度使张彦泽时在恒州，引兵会之，言契丹可破之状；威等复趣恒州，以彦泽为前锋。甲寅，威等至中度桥，契丹已据桥，彦泽帅骑争之，契丹焚桥而退。晋兵与契丹夹滹沱而军。

始，契丹见晋军大至，又争桥不胜，恐晋军急渡滹沱，与恒州合势击之，议引兵还。及闻晋军筑垒为持久之计，遂不去。

杜威虽以贵戚为上将，性懦怯。偏裨皆节度使，但日相承迎，置酒作乐，罕议军事。

磁州刺史兼北面转运使李穀说威及李守贞曰："今大军去恒州咫尺，烟火相望。若多以三股木置水中，积薪布土其上，桥可立成。密约城中举火相应，夜募将士斫虏营而入，表里合势，虏必遁逃。"诸将以为然，独杜威不可，遣穀南至怀、孟督军粮。

契丹以大军当晋军之前，潜遣其将萧翰、通事刘重进将百骑及羸卒，并西山出晋军之后，断晋粮道及归路。樵采者遇之，尽为所掠；有逸归者，皆称虏众之盛，军中恟惧。翰等至栾城，城中戍兵千余人，不觉其至，狼狈降之。契丹获晋民，皆黥其面曰"奉敕不杀"，纵之南走；运夫在道遇之，皆弃车惊溃。翰，契丹主之舅也。

己未，帝始闻大军屯中度；是夕，关勋至。庚申，杜威奏请益兵，诏悉发守宫禁者得数百人，赴之。又诏发河北及滑、孟、泽、潞刍粮五十万诣军前；督迫严急，所在鼎沸。辛酉，威又遣从者张祚等来告急，祚等还，为契丹所获。自是朝廷与军前声问两不相通。

时宿卫兵皆在行营，人心懔懔，莫知为计。开封尹桑维翰，以国家危在旦夕，求见帝言事；帝方在苑中调鹰，辞不见。又诣执政言之，执政不以为然。退，谓所亲曰："晋氏不血食矣！"

帝欲自将北征，李彦韬谏而止。时符彦卿虽任行营职事，帝留之，使戍荆州口。壬戌，诏以归德节度使高行周为北面都部署，以彦卿副之，共戍澶州；以西京留守景延广戍河阳，且张形势。

奉国都指挥使王清言于杜威曰："今大军去恒州五里，守此何为！营孤食尽，势将自溃。请以步卒二千为前锋；夺桥开道，公帅诸军继之；得入恒州，则无忧矣。"威许诺，遣清与宋彦筠俱进。清战甚锐，契丹不能支，势小却；诸将请以大军继之，威不许。彦筠为契丹所败，浮水抵岸得免。清独帅麾下陈于水北力战，互有杀伤，屡请救于威，威竟不遣一骑助之。清谓其众曰："上将握兵，坐观吾辈困急而不救，此必有异志。吾辈当以死报国耳！"众感其言，莫有退者，至暮，战不息。契丹以新兵继之，清及士众尽死。由是诸军皆夺气。清，洺州人也。

甲子，契丹遥以兵环晋营，内外断绝，军中食且尽。杜威与李守贞、宋彦筠谋降契丹，威潜遣腹心诣契丹牙帐，邀求重赏。契丹主绐之曰："赵延寿威望素浅，恐不能帝中国。汝果降者，当以汝为之。"威喜，遂定降计。丙寅，伏甲召诸将，出降表示之，使署名。诸将骇愕，莫敢言者，但唯唯听命。威遣门使高勋赍诣契丹，契丹主赐诏慰纳之。是日，威悉命军士出陈于外，军士皆踊跃，以为且战，威亲谕之曰："今食尽涂穷，当与汝曹共求生计。"因命释甲。军士皆恸哭，声振原野。威、守贞仍于众中扬言："主上失德，信任奸邪，猜忌于己。"闻者无不切齿。契丹主遣赵延寿衣赭袍至晋营慰抚士卒，曰："彼皆汝物也。"杜威以下，皆迎谒于马前；亦以赭袍衣威以示晋军，其实皆戏之耳。以威为太傅，李守贞为司徒。

壬申，帝始闻杜威等降；是夕，又闻彦泽至滑州，召李崧、冯玉、李彦韬入禁中计事，欲诏刘知远发兵入援。癸酉，未明，彦泽自封丘门斩关而入，李彦韬帅禁兵五百赴之，不能遏。彦泽顿兵明德门外，城中大扰。

帝于宫中起火，自携剑驱后宫十余人将赴火，为亲军将薛超所持。俄而彦泽自宽仁门传契丹主与太后书慰抚之，且召桑维翰、景延广，帝乃命灭火，悉开宫城门。帝坐苑中，与后妃相聚而泣，召翰林学士范质草降表，自称"孙男臣重贵，祸至神惑，运尽天亡。今与太后及妻冯氏，举族于郊野面缚待罪次。遣男镇宁节度使延煦，威信节度使延宝，奉国宝一、金印三出迎"。太后亦上表称"新妇李氏妾"。

傅住儿入宣契丹主命，帝脱黄袍，服素衫，再拜受宣，左右皆掩泣。帝使召张彦泽，欲与计事。彦泽曰："臣无面目见陛下。"帝复召之，彦泽微笑不应。或劝桑维翰逃去。维翰曰："吾大臣，逃将安之！"坐而俟命。彦泽以帝命召维翰，维翰至天街，遇李崧，驻马语未毕，有军吏于马前揖维翰赴侍卫司。维翰知不免，顾谓崧曰："侍中当国，今日国亡，反令维翰死之，何也？"崧有愧色。彦泽踞坐见维翰，维翰责之曰："去年拔公于罪人之中，复领大镇，授以兵权，何乃负恩至此！"彦泽无以应，遣兵守之。

甲戌，张彦泽迁帝于开封府，顷刻不得留，宫中恸哭。帝与太后、皇后乘肩舆，宫人、宦者十余人步从。见者流涕。帝悉以内库金珠自随。彦泽使人讽之曰："契丹主至，此物不可匿也。"帝悉归之，亦分以遗彦泽，彦泽择取其奇货，而封其余以待契丹。彦泽遣控鹤指挥使李筠以兵守帝，内外不通。帝姑乌氏公主赂守门者，入与帝诀，相持而泣，归第自经。帝与太后所上契丹主表章，皆先示彦泽，然后敢发。

帝使取内库帛数段，主者不与，曰："此非帝物也。"又求酒于李崧，崧亦辞以他故不进。又欲见李彦韬，彦韬亦辞不往。帝惆怅久之。

是夕，彦泽杀桑维翰。以带加颈，白契丹主，云其自经。契丹主曰："吾无意杀维翰，何为如是！"命厚抚其家。

高行周、符彦卿皆诣契丹牙帐降。契丹主以阳城之战为彦卿所败，诘之。彦卿曰："臣当时惟知为晋主竭力，今日死生惟命。"契丹主笑而释之。

己卯，延煦、延宝自牙帐还，契丹主赐帝手诏，且遣解里谓帝曰："孙勿忧，必使汝有啖饭之所。"帝心稍安，上表谢恩。

契丹以所献传国宝追琢非工，又不与前史相应，疑其非真，以诏书诘帝，使献真者。帝奏："顷王从珂自焚，旧传国宝不知所在，必与之俱烬。此宝先帝所为，群臣备知。臣今日焉敢匿宝！"乃止。

帝闻契丹主将渡河，欲与太后于前途奉迎；张彦泽先奏之，契丹主不许。有司又欲使帝衔璧牵羊，大臣舆榇，迎于郊外，先具仪注白契丹主，契丹主曰："吾遣奇兵直取大梁，非受降也。"亦不许。又诏晋文武群官，一切如故；朝廷制度，并用汉礼。有司欲备法驾迎契丹主，契丹主报曰："吾方擐甲总戎，太常仪卫，未暇施也。"皆却之。

先是契丹主至相州，即遣兵趣河阳捕景延广。延广苍猝无所逃伏，往见契丹主于封丘。契丹主诘之曰："致两主失欢，皆汝所为也。十万横磨剑安在！"召乔荣，使相辩证，事凡十条。延广初不服，荣以纸所记语示之，乃服。每服一事，辄授一筹。至八筹，延广但以面伏地请死，乃锁之。

后晋齐王开运三年（丙午，公元946年）

契丹主率兵大举入侵，从易州、定州直向恒州。杜威等到达武强，听到这个消息，要从贝州、冀州往南走。彰德节度使张彦泽当时在恒州，领兵前去和杜威等人会师，并陈述契丹可以被打败的理由，杜威等又开往恒州，命张彦泽为前锋。甲寅（十一月二十七日），杜威等来到中度桥，但契丹已占领了桥，张彦泽率骑兵前去争夺，契丹兵把桥烧掉退却了。于是后晋兵马和契丹军队隔着滹沱河驻扎下来。

开始，契丹人见后晋军队浩浩荡荡开来，前来争桥又没取胜，担心对方会强渡滹沱河，和恒州联合夹击，商议退兵返回；但听到后晋军队已筑起营垒做持久的准备，于是就不退兵了。

杜威虽然以皇帝亲戚身份担任上将，但生性懦弱胆小。他手下的将领都是节度使，只是天天奉承迎合，饮酒作乐，很少谈论军事。

磁州刺史兼北面转运使李穀劝说杜威和李守贞道："现在大军距恒州近在咫尺，彼此的烟火都能望见。如果把许多三股木放到水中，在上面放上柴草铺上土，桥就立刻架成了。再密约城中的守军点起火堆为联络信号，趁夜里组织将士砍断敌虏营盘的栅栏冲进去，里外合兵，胡虏一定败逃。"众将领都认为说得对，只有杜威认为不行，派李穀往南到怀、孟二州督运军粮。

契丹用大军挡在后晋军队的前面，又悄悄派出将领萧翰、通事刘重进率领一百名骑兵和羸弱的步卒，沿西山出现在后晋军队的后面，切断后晋军的粮道和退路。打柴的樵夫遇到他们，全被抓走了；有逃跑回来的，都说契丹军队的强盛，后晋军中人心惶惶。萧翰等到达了栾城，城中后晋守军有一千多人，没想到敌人来临，慌乱狼狈中全都投降了。契丹抓到后晋百姓，全都在脸上刺"奉敕不杀"四个字，放他们往南走；运粮的民夫在路上遇见他们，都撂下辎重惊慌溃逃了。萧翰是契丹主耶律德光的舅舅。

己未（十二月初三），后晋出帝才知道大军驻扎在中度桥的消息。这天傍晚，关勋已赶到大梁。庚申（初四），杜威上奏章请求增兵，后晋出帝下诏调全部守卫宫禁的几百人，赶往中度桥；又下诏调发河北及滑、孟、泽、潞各州粮草五十万送到军营。因为督运时间紧迫，催促严急，各地惊扰沸腾。辛酉（初五），杜威又派遣部下张祚等前去告急，张祚等在回来的途中被契丹抓获。从此，朝廷和军队之间消息不通。

当时宫中的宿卫兵都在行营里，人人心里畏惧，不知该怎么办。开封尹桑维翰认为国家的存亡已经危在旦夕，请求朝见皇帝上报情况。后晋出帝正在御苑里玩弄猎鹰，推辞不见。桑维翰又去向执掌权柄的大臣陈述，那些大臣不以为然。桑维翰退下来，对亲近的人说："晋氏的宗庙得不到祭祀了！"

后晋出帝要亲自率兵北征，被李彦韬劝谏阻止。当时符彦卿虽然担任行营的职务，后晋出帝把他留下，让他守卫荆州口。壬戌（初六），下诏命归德节度使高行周为北面都部署，命符彦卿任副职，一起守卫澶州；命西京留守景延广守卫河阳，摆开了迎战的架势。

奉国都指挥使王清向杜威进言道："现在大军离恒州城只有五里，守在这里干什么！军营孤立，粮食吃完，必将自己溃败。请求率步兵二千为先锋，夺取桥梁，开辟道路，您率领各军紧随其后，能够进入恒州，就没有忧虑了。"杜威允许了，派王清和宋彦筠一起前进。王清作战锐不可当，契丹兵不能支撑，稍稍退却；众将领请求立刻派大军随后前进，杜威不允许。宋彦筠被契丹打败了，自己游回岸边，免于一死。王清独自率麾下兵士在河北岸布阵奋力作战，两军互有伤亡；王清屡次向杜威求救，杜威竟然不派一骑前去支援。王清对士兵们说："上将手握重兵，却坐观我们在困急当中不来救援，他一定有叛变之意。我们应该以死报国！"大家为他的话所感动，没有一人后退的，到了日暮，仍然战斗不息。契丹又派新的军队前来进攻，王清和士兵们全都战死。从此后晋各军丧失了士气。王清是洺州人。

甲子（初八），契丹派兵从远处包围了后晋军营，军营与外界联系断绝了，军中粮食将尽。杜威和李守贞、宋彦筠谋划投降契丹，杜威还暗中派遣了心腹到契丹主的牙帐里，邀功求取重赏。契丹主骗他说："赵延寿威望素来浅薄，恐怕不能做中原的皇帝。你果真能投降，就让你当皇帝。"杜威欢喜，于是拟定投降的计划。丙寅（初十），军帐周围埋伏了全副武装的士兵，召集众将领前来，杜威拿出降表来给他们看，让他们署名。众将领惊愕害怕，没有敢说话的，只有"是、是"地听从命令。杜威派门使高勋带降表送给契丹，契丹主赐下诏书抚慰收纳他们。这一天，杜威命全军士兵到营外列阵，军士们十分踊跃，以为就要打仗。杜威亲自告诉他们："现在粮食吃光无路可走，应和你们一同求取生存的办法。"于是命令全军放下武装。军士们都抱头痛哭，哭声震动了原野。杜威、李守贞还在众人中宣扬："君主无德，听信任用奸臣小人，猜忌我们。"听的人没有不咬牙切齿的。契丹主派赵延寿身穿赭袍来到后晋营中抚慰士兵，指着赭袍说："这都将是你的东西。"杜威以下将领都到马前迎接拜见；赵延寿也给杜威穿上赭袍，给后晋将士们看，其实这都是戏弄他们罢了。契丹任命杜威为太傅，李守贞为司徒。

壬申（十六日），后晋出帝才知道杜威等人已投降。当天傍晚，又听说张彦泽已到滑州，就召李崧、冯玉、李彦韬到宫中议事，打算诏命刘知远起兵来援救都城。癸酉（十七日），天还没亮，张彦泽已从封丘门破关冲入城中，李彦韬率领禁军五百名前往迎敌，不能阻止。张彦泽在明德门外驻军，城中大乱。

后晋出帝在宫中点起了火，自己提着宝剑驱赶后宫的十几个人将跳入火中，被亲军将领薛超抱住了。一会儿，张彦泽从宽仁门外传进契丹主给太后的书信以示抚慰，并召桑维翰、景延广前来。后晋出帝于是命令灭火，打开所有的宫门。后晋出帝坐在御苑中和后妃们相聚哭泣，召翰林学士范质草拟降表，自称："孙男臣重贵，祸事来临神鬼迷惑，运数已尽天命灭亡。现在和太后及妻子冯氏，全族大小都在郊野两手反绑向前排列等待降罪。派儿子镇宁节度使石延煦、威信节度使石延宝，奉上国宝一枚、金印三枚出城迎接。"太后也上表称"新妇李氏妾"。

傅住儿入宫内宣示契丹主的命令，后晋出帝脱下黄袍，穿上素色衣衫，再次叩拜听从宣示，宫内左右侍从们都掩面涕泣。后晋出帝让人召张彦泽来，想和他议事。张彦泽说："臣没脸去见陛下。"出帝再次召他去，他只是微笑不答应。

有人劝桑维翰逃走，他说："我是大臣，逃了又往哪里去！"静坐待命。张彦泽以皇帝的命令召桑维翰入宫，桑维翰来到天街时，遇见李崧，停下马来说话未完，就有军吏在马前揖请桑维翰去侍卫司，他知道自己难免一死，回头对李崧说："您这位侍中主持国政，现在国家灭亡，反而要让我去死，为什么呢？"李崧脸上露出惭愧的表情。张彦泽傲慢地倚坐接见桑维翰，桑维翰指责他道："去年从罪人之中把你提拔出来，又让你管辖一个大的藩镇，授予你兵权，你怎么能如此负恩！"张彦泽无话可答，派兵看守住桑维翰。

甲戌（十八日），张彦泽把出帝迁往开封府，片刻不许停留，宫里大哭。出帝和太后、皇后坐着肩舆，宫人、宦官十几人步行跟随。路上见到的人都流下眼泪。出帝把内库的金银珠宝都随身带走，张彦泽派人对他说："契丹主来时，这些东西不可藏匿。"出帝将这些财宝都放回内库，也分一部分给张彦泽；张彦泽选取其中的奇珍异宝，封存其余留待契丹人到来。张彦泽派控鹤指挥使李筠率兵看守出帝，出帝和外界的联系不通。出帝的姑姑乌氏公主贿赂看门人，进来与出帝诀别，然后回到家中上吊自杀。出帝和太后给契丹主所上的表章，都先给张彦泽看过，然后才敢发出。

后晋出帝让人取几段内库的丝帛，管库的人不给，说："这不是你的东西。"又向李崧要酒，李崧也用其他原因推托不送来。他又想见李彦韬，李彦韬也推辞不来。出帝为此惆怅了许久。

这天傍晚，张彦泽杀了桑维翰，用带子套在他脖子上，告诉契丹主，说他是上吊自杀。契丹主说："我无意杀桑维翰，他为什么这样！"命人丰厚地抚恤他的家属。

高行周、符彦卿都到契丹主的牙帐投降。契丹主因阳城之战被符彦卿打败，追问符彦卿，彦卿说："臣当时只知为晋主竭尽全力，今日死生听你决定。"契丹主一笑而释放了他。

己卯（二十三日），石延煦、石延宝从牙帐回来，契丹主赐给出帝手诏，并派解里前去对出帝说："孙儿不要担忧，一定让你有吃饭的地方。"出帝心里稍稍安稳，上表谢恩。

契丹认为所献的传国之宝雕琢不精细，又和前代历史所记不相吻合，怀疑不是真品，下诏书追问出帝，让他献出真宝。出帝上奏道："不久前王从珂自焚时，旧的传国之宝就不知在哪里，一定是和他一起化为灰烬了。这个国宝是先帝所制，众大臣全知道。我今天哪里还敢藏匿国宝啊！"于是作罢。

出帝听说契丹主将要渡黄河，想和太后事先到前面迎接；张彦泽事先奏报，契丹主不同意。有关官员又想让出帝口衔璧、手牵羊，大臣拉着车上的棺材，到郊外迎接；先将这些仪式告诉契丹主，契丹主说："我派奇兵直取大梁，不是来受降的。"也不允许。又下诏书告诉后晋文武百官，一切都照旧；朝廷制度沿用汉人礼仪。有关官署要备法驾去迎接契丹主，契丹主说："我正戎装总理军队，太常仪卫没工夫使用。"一概推却了。

早先，契丹主来到相州，旋即派兵开往河阳捕捉景延广。景延广仓促之间无处逃跑藏匿，就到封丘去见契丹主。契丹主责问他道："导致两主不和，全是你所干的事！你所说的'十万横磨剑'在哪里？"召来乔荣，让他们互相申辩对证，共十件事。景延广最初不服，乔荣把纸上所记的话给他看，景延广才认服，每承认一件事，就给他一个筹码。到第八个筹码时，景延广只能把脸伏在地上请求死罪，于是把他关押起来。

后汉纪一

第二百八十六卷

高祖睿文圣武昭肃孝皇帝上天福十二年（丁未，947）

初，晋置乡兵，号天威军。教习岁余，村民不闲军旅，竟不可用；悉罢之，但令七户输钱十千，其铠仗悉输官。而无赖子弟，不复肯复农业，山林之盗，自是而繁。及契丹入汴，纵胡骑打草谷；又多以其子弟及亲信左右为节度使、刺史，不通政事，华人之狡狯者多往依其麾下，教之妄作威福，掊敛货财，民不堪命。于是所在相聚为盗，多者数万人，少者不减千百，攻陷州县，杀掠吏民。滏阳贼帅梁晖，有众数百，送款晋阳求效用，帝许之。磁州刺史李榖密通表于帝，令晖袭相州；晖侦知高唐英未至，相州积兵器，无守备，丁丑夜，遣壮士逾城入，启关纳其众，杀契丹数百，其守将突围走。晖据州自称留后，表言其状。

契丹主以船数十艘载晋铠仗，将自汴溯河归其国，命宁国都虞候榆次武行德将士卒千余人部送之。至河阴，行德与将士谋曰："今为虏所制，将远去乡里。人生会有死，安能为异域之鬼乎！虏势不能久留中国，不若共逐其党，坚守河阳，以俟天命之所归者而臣之，岂非长策乎！"众以为然。行德即以铠仗授之，相与杀契丹监军使。会契丹河阳节度使崔廷勋以兵送耿崇美之潞州，行德遂乘虚入据河阳，众推行德为河阳都部署。行德遣弟行友奉蜡表间道诣晋阳。

契丹主闻河阳乱，叹曰："我有三失，宜天下之叛我也！诸道括钱，一失也；令上国人打草谷，二失也；不早遣诸节度使还镇，三失也。"

契丹主至临城，得疾；及栾城，病甚，苦热，聚冰于胸腹手足，且啖之。丙子，至杀胡林而卒。国人剖其腹，实盐数斗，载之北去，晋人谓之"帝羓"。

后汉高祖天福十二年（丁未，公元947年）

当初，后晋设置乡兵，号称“天威军”。教习演练了一年多，村民们还是不熟悉军旅作战，结果不能使用。于是又下令解散了，只让每七户交钱十千，原来的兵器铠甲全部交纳官府。而乡兵中的无赖子弟，不再肯干农活，占聚山林的盗贼，从此多了起来。到了契丹进入大梁城，放纵胡人骑兵四处“打草谷”；又大多任命他们的子弟和亲信左右为节度使、刺史，但这些人并不通晓政事，华人中狡狯者往往依附于他们麾下，教他们肆无忌惮地作威作福，苛敛钱财。老百姓活不下去，于是就地相聚成为盗贼，多的有几万人，少的也不低于千儿八百，他们攻陷州县，杀戮抢掠官民。滏阳盗贼头目梁晖，聚众数百人，向晋阳上表归诚请求效力，后汉高祖同意了。磁州刺史李榖向后汉高祖呈密报，命令梁晖袭击相州。梁晖侦察到高唐英还没到，而相州聚积了许多兵器，且没有守备军兵。丁丑（二月二十一日）夜里，派壮士爬过城墙，到城中打开城门，众人涌入，杀死契丹人数百名，他们的守将突围逃跑了。梁晖占据了相州，自称留后，并向后汉高祖上表陈述作战经过。

契丹主用几十艘大船装载着后晋国中的武器铠甲向北运走，计划从汴水沿着黄河而上返回辽国，命令宁国都虞候榆次人武行德率领士卒一千多人护送船只。到达河阴，武行德和将士们商议：“现在我们被胡虏挟制，即将远离家乡。人活着都会死，但怎能去做异国他乡的野鬼呢！胡虏势力必然不能久留中原，不如一起赶走他们，坚守河阳城，等到有天命所归的天子出现而做他的臣民，这难道不是长远之计吗？”大家都觉得他说得对。武行德就把船中的武器发给大家，一起杀死了契丹的监军使。这时，正赶上契丹的河阳节度使崔廷勋派兵送耿崇美到潞州，武行德趁城中空虚占领了河阳。将士们推举武行德为河阳都部署。武行德立即派弟弟武行友将表章封在蜡丸里抄小路送往晋阳。

契丹主听说河阳之乱，感叹道：“我有三个失误，天下应该背叛我啊！允许各道搜刮钱财，这是第一个失误；命北国人‘打草谷’，这是第二个失误；没有及早派各个节度使返回镇所，这是第三个失误。”

契丹主到临城，得了病；到了栾城，已病体沉重，身上滚烫，把冰放在胸腹和手脚上，还吃冰。丙子（四月二十一日），到达杀胡林而去世。契丹人把他的肚子剖开，装进几斗盐，载着尸体北上，后晋人称之为“帝羓”。

后汉纪二

第二百八十七卷

高祖睿文圣武昭肃孝皇帝中天福十二年（丁未，947）

戊戌，帝至邺都城下，舍于高行周营。行周言于帝曰："城中食未尽，急攻，徒杀士卒，未易克也。不若缓之，彼食尽自溃。"帝然之。慕容彦超数因事陵轹行周，行周泣诉于执政，掬粪壤实其口，苏逢吉、杨邠密以白帝。帝深知彦超之曲，犹命二臣和解之；又召彦超于帐中责之，且使诣行周谢。

杜重威声言车驾至即降，帝遣给事中陈观往谕指，重威复闭门拒之。城中食浸竭，将士多出降者。慕容彦超固请攻城，帝从之。丙午，亲督诸将攻城，自寅至辰，士卒伤者万余人，死者千余人，不克而止。彦超乃不敢复言。

初，契丹留幽州兵千五百戍大梁。帝入大梁，或告幽州兵将为变，帝尽杀之于繁台之下。及围邺都，张琏将幽州兵二千助重威拒守，帝屡遣人招谕，许以不死；琏曰："繁台之卒，何罪而戮？今守此，以死为期耳。"由是城久不下。十一月，丙辰，内殿直韩训献攻城之具，帝曰："城之所恃者，众心耳。众心苟离，城无所保，用此何为！"

杜重威之叛，观察判官金乡王敏屡泣谏，不听。及食竭力尽，甲戌，遣敏奉表出降。乙亥，重威子弘琏来见；丙子，妻石氏来见，石氏，即晋之宋国长公主也，帝复遣入城。丁丑，重威开门出降，城中馁死者什七八，存者皆尫瘠无人状。张琏先邀朝廷信誓，诏许以归乡里，及出降，杀琏等将校数十人；纵其士卒北归，将出境，大掠而去。

郭威请杀重威牙将百余人，并重威家赀籍之以赏战士，从之。以重威为太傅兼中书令、楚国公。重威每出入，路人往往掷瓦砾诟之。

臣光曰：汉高祖杀幽州无辜千五百人，非仁也；诱张琏而诛之，非信也；杜重威罪大而赦之，非刑也。仁以合众，信以行令，刑以惩奸。失此三者，何以守国！其祚运之不延也，宜哉！

后汉高祖天福十二年（丁未，公元947年）

戊戌（十月十七日），后汉高祖来到邺都城下讨伐杜重威，住在高行周军营中。高行周对高祖说："城中粮食未尽，现在猛攻，白白损失士卒，不容易攻克城池；不如慢慢围困它，城中粮尽自然溃败。"高祖认为是这样。慕容彦超屡次借事端凌辱高行周，高行周向执政大臣哭诉，用双手捧粪土塞嘴，苏逢吉、杨邠将情况密报高祖。高祖深知慕容彦超理屈，仍命两位大臣和解；又把慕容彦超召到营帐里责备，并让他去向高行周谢罪。

杜重威曾声称高祖的车驾到达就投降，高祖派给事中陈观前去宣布旨意，杜重威却又关城门拒绝。城中粮食逐渐吃光，将士多有出城投降的。慕容彦超坚持请求攻城，高祖同意。丙午（二十五日），高祖亲自督励众将攻城，从寅时攻到辰时，士卒伤了一万多人，死了一千多人，未能攻下而收兵。慕容彦超于是不敢再说攻城。

当初，契丹留下一千五百名幽州兵守卫大梁。高祖进入大梁，有人密报幽州兵将发动兵变，高祖把所有幽州兵都杀死在繁台下面。待此时围困邺都，张琏率二千名幽州兵帮助杜重威拒守，高祖于是屡次派人劝谕招降，许诺不杀。张琏说："繁台下面的幽州兵卒，有什么罪而遭杀戮？现在坚守此城，只求一死罢了。"因此城池久攻不下。十一月丙辰（初六），内殿直韩训进献攻城的器械，高祖说："守城所倚仗的，是众人的心；如果众人离心离德，城池就无人保卫，用这些器械干什么！"

杜重威背叛后汉，观察判官金乡人王敏屡次哭泣劝谏，杜重威不听。此时粮食吃光，气力用尽，甲戌（二十四日），派王敏出城奉上降表。乙亥（二十五日），杜重威的儿子杜弘琏前来朝见；丙子（二十六日），杜重威的妻子石氏来朝见，石氏就是后晋的宋国长公主。高祖再次把他们送回城中。丁丑（二十七日），杜重威大开城门，出城投降。这时，城中十有七八的人都饿死了，活着的也都骨瘦如柴没有人样。张琏先要求朝廷立下诚信的誓言，高祖下诏允许幽州兵返归家乡，但是在他们出降以后，杀张琏等将领军校几十人，释放其他士兵北归家乡。那些幽州兵将出魏州地界时，大肆抢掠而去。

郭威请求杀死杜重威的一百多名牙将，并抄没杜重威家中的资财赏给战士们，高祖同意了。高祖任命杜重威为太傅兼中书令、楚国公。杜重威每次出入，路上的人常常向他扔碎砖烂瓦诟骂他。

臣司马光曰：后汉高祖杀害无辜的幽州士卒一千五百人，是不仁；引诱张琏投降而又杀死他，是不信；杜重威罪恶大却赦免了他，是不刑。仁用以团结大众，信用以执行命令，刑用以惩罚奸佞。失掉这三者，凭什么守卫国家！他的皇位不能延续，也是应该的！

后汉纪四

第二百八十九卷

隐皇帝下乾祐三年（庚戌，950）

帝自即位以来，枢密使、右仆射、同平章事杨邠总机政，枢密使兼侍中郭威主征伐，归德节度使、侍卫亲军都指挥使兼中书令史弘肇典宿卫，三司使、同平章事王章掌财赋。邠颇公忠，退朝，门无私谒，虽不却四方馈遗，有余辄献之，弘肇督察京城，道不拾遗。是时承契丹荡覆之余，公私困竭，章捃摭遗利，吝于出纳，以实府库。属三叛连衡，宿兵累年而供馈不乏；及事平，赐予之外，尚有余积，以是国家粗安。

帝左右嬖幸浸用事，太后亲戚亦干预朝政，邠等屡裁抑之。太后有故人子求补军职，弘肇怒而斩之。武德使李业，太后之弟也，高祖使掌内帑，帝即位，尤蒙宠任。会宣徽使阙，业意欲之，帝及太后亦讽执政；邠、弘肇以为内使迁补有次，不可以外戚超居，乃止。内客省使阎晋卿次当为宣徽使，久而不补；枢密承旨聂文进、飞龙使后匡赞、翰林茶酒使郭允明皆有宠于帝，久不迁官，共怨执政。文进，并州人也。刘铢罢青州归，久奉朝请，未除官，常戟手于执政。

帝初除三年丧，听乐，赐伶人锦袍、玉带。伶人诣弘肇谢，弘肇怒曰："士卒守边苦战，犹未有以赐之，汝曹何功而得此！"皆夺以还官。帝欲立所幸耿夫人为后，邠以为太速；夫人卒，帝欲以后礼葬之，邠复以为不可。帝年益壮，厌为大臣所制。邠、弘肇尝议事于帝前，帝曰："审图之，勿令人有言！"邠曰："陛下但禁声，有臣等在。"帝积不能平，左右因乘间谮之于帝云："邠等专恣，终当为乱。"帝信之。尝夜闻作坊锻声，疑有急兵，达旦不寐。司空、同平章事苏逢吉既与弘肇有隙，知李业等怨弘肇，屡以言激之。帝遂与业、文进、匡赞、允明谋诛邠等，议既定，入白太后，太后曰："兹事何可轻发！更宜与宰相议之。"业时在旁，曰："先帝尝言，朝廷大事不可谋及书生，懦怯误人。”太后复以为言，帝忿曰：“国家之事，非闺门所知！”拂衣而出。乙亥，业等以其谋告阎晋卿，晋卿恐事不成，诣弘肇第欲告之，弘肇以他故辞不见。

丙子旦，邠等入朝，有甲士数十自广政殿出，杀邠、弘肇、章于东庑下。文进亟召宰相、朝臣班于崇元殿，宣云：“邠等谋反，已伏诛，与卿等同庆。”又召诸军将校至万岁殿庭，帝亲谕之，且曰：“邠等以稚子视朕，朕今始得为汝主，汝辈免横忧矣！”皆拜谢而退。又召前节度使、刺史等升殿谕之，分遣使者帅骑收捕邠等亲戚、党与、傔从，尽杀之。

弘肇待侍卫步军都指挥使王殷尤厚，邠等死，帝遣供奉官孟业赍密诏诣澶州及邺都，令镇宁节度使李洪义杀殷，又令邺都行营马军都指挥使郭崇威、步军都指挥使真定曹威杀郭威及监军、宣徽使王峻。洪义，太后之弟也。又急诏征天平节度使高行周、平庐节度使符彦卿、永兴节度使郭从义、泰宁节度使慕容彦超、匡国节度使薛怀让、郑州防御使吴虔裕、陈州刺史李穀入朝。以苏逢吉权知枢密院事，前平卢节度使刘铢权知开封府，侍卫马军都指挥使李洪建权判侍卫司事，内侍省使阎晋卿权侍卫马军都指挥使。洪建，业之兄也。

时中外人情忧骇，苏逢吉虽恶弘肇，而不预李业等谋，闻变惊愕，私谓人曰：“事太匆匆，主上傥以一言见问，不至于此！”业等命刘铢诛郭威、王峻之家，铢极其惨毒，婴孺无免者。命李洪建诛王殷之家，洪建但使人守视，仍饮食之。

丁丑，使者至澶州，李洪义畏懦，虑王殷已知其事，不敢发，乃引孟业见殷；殷囚业，遣副使陈光穗以密诏示郭威。威召枢密吏魏仁浦，示以诏书曰：“奈何？”仁浦曰：“公，国之大臣，功名素著，加之握强兵，据重镇，一旦为群小所构，祸出非意，此非辞说之所能解。时事如此，不可坐而待之。”威乃召郭崇威、曹威及诸将，告以杨邠等冤死及有密诏之状，且曰：“吾与诸公，披荆棘，从先帝取天下，受托孤之任，竭力以卫国家，今诸公已死，吾何心独生！君辈当奉行诏书，取吾首以报天子，庶不相累。”郭崇威等皆泣曰：“天子幼冲，此必左右群小所为，若使此辈得志，国家其得安乎！崇威愿从公入朝自诉，荡涤鼠辈以清朝廷，不可为单使所杀，受千载恶名。”翰林天文赵修己谓郭威曰：“公徒死何益！不若顺众心，拥兵而南，此天启也。”郭威乃留其养子荣镇邺都，命郭崇威将骑兵前驱，戊寅，自将大军继之。

辛巳，鸾脱至大梁。前此帝议欲自往澶州，闻郭威已至河上而止。帝甚有悔惧之色，私谓窦贞固曰：“属者亦太草草。”李业等请空府库以赐诸军，苏禹珪以为未可，业拜禹珪于帝前，曰：“相公且为天子勿惜府库！”乃赐禁军人二十缗，下军半之，将士在北者给其家，使通家信以诱之。

癸未，南、北军遇于刘子陂。帝欲自出劳军，太后曰：“郭威吾家故旧，非死亡切身，何以至此！但按兵守城，飞诏谕之，观其志趣，必有辞理，则君臣之礼尚全，慎勿轻出。”帝不从。时扈从军甚盛，太后遣使戒聂文进曰：“大须在意！”对曰：“有臣在，虽郭威百人，可擒也！”至暮，两军不战，帝还宫。慕容彦超大言曰：“陛下来日宫中无事，幸再出观臣破贼。臣不必与之战，但叱散使归营耳！”

甲申，帝欲再出，太后力止之，不可。既陈，郭威戒其众曰：“吾来诛群小，非敢敌天子也，慎勿先动。”久之，慕容彦超引轻骑直前奋击，郭崇威与前博州刺史李荣帅骑兵拒之。彦超马倒，几获之。彦超引兵退，麾下死者百余人，于是诸军夺气，稍稍降于北军。侯益、吴虔裕、张彦超、袁羲、刘重进皆潜往见郭威，威各遣还营，又谓宋延渥曰：“天子方危，公近亲，宜以牙兵往卫乘舆，且附奏陛下，愿乘间早幸臣营。”延渥未至御营，乱兵云扰，不敢进而还。比暮，南军多归于北。慕容彦超与麾下十余骑奔还兖州。

是夕，帝独与三相及从官数十人宿于七里寨，余皆逃溃。乙酉旦，郭威望见天子旌旗在高阪上，下马免胄往从之，至则帝已去矣。帝策马将还宫，至玄化门，刘铢在门上，问帝左右：“兵马何在？”因射左右。帝回辔，西北至赵村，追兵已至，帝下马入民家，为乱兵所弑。苏逢吉、阎晋卿、郭允明皆自杀；聂文进挺身走，军士追斩之。李业奔陕州，后匡赞奔兖州。郭威闻帝遇弑，号恸曰：“老夫之罪也！”

后汉隐帝乾祐三年（庚戌，公元950年）

后汉隐帝从即位以来，枢密使、右仆射、同平章事杨邠总理机要政务，枢密使兼侍中郭威主持征战，归德节度使、侍卫亲军都指挥使兼中书令史弘肇典领京城警卫，三司使、同平章事王章掌管财政赋税。杨邠十分秉公忠心，退朝回家，门下没有私人拜会，虽然不拒绝四方的馈赠，但有多余的就进献皇上。史弘肇负责京城治安，路上丢了东西没有人捡。这时正好紧承契丹大乱中原之后，官府、百姓的财力困难拮据。王章搜集点滴余利，节约开支，以此充实国库，虽然跟着就有李守贞、王景崇、赵思绾的三镇叛乱互相勾结，却用兵多年而供应没有短缺；到了事态平息，除赏赐之外，还有积余，因此国家基本安定。

后汉隐帝的左右宠臣逐渐被任用，太后的亲戚也干预朝政，杨邠等屡次加以裁减抑制。太后有个旧友的儿子要求补个军职，史弘肇发怒斩了他。武德使李业，是太后的弟弟，后汉高祖让他掌管宫内财物，到了后汉隐帝即位，他特别受到宠幸信任。适逢宣徽使空缺，李业心想补缺，后汉隐帝和太后也给执政官打了招呼；杨邠、史弘肇认为内朝使职的升迁递补有规定次序，不能因为外戚而越级担任，于是作罢。内朝客省使阎晋卿按次序应当担任宣徽使，但迟迟没有递补；枢密承旨聂文进、飞龙使后匡赞、翰林茶酒使郭允明都得到后汉隐帝的宠爱，却长时间没有升官，因此共同怨恨执政官。聂文进是并州人。刘铢免职从青州归来，长期闲散无事，没有委派职务，故此经常用手对执政官指指戳戳怨恨他们 。

隐帝刚解除高祖的三年之丧，就听音乐，赏赐优伶锦袍、玉带。优伶到史弘肇处告谢，史弘肇大怒道："将士守卫边疆殊死苦战尚且没有赏赐这些，你们这等人有什么功劳得到锦袍、玉带！"随即全部没收还归官府。后汉隐帝想立所宠爱的耿夫人为皇后，杨邠认为太快；耿夫人去世，隐帝想用皇后之礼安葬，杨邠又认为不可。后汉隐帝年龄渐渐增大，讨厌被大臣所制约。杨邠、史弘肇曾在隐帝面前议论政事，隐帝说："仔细考虑，不要让人有闲话！"杨邠说："陛下只管闭口不出声，有我们在。"隐帝的积怨久不能平，左右宠臣就乘机向隐帝进谗言说："杨邠等人专横跋扈肆无忌惮，最终定当犯上作乱。"隐帝听信了这话。隐帝曾经夜里听到手工作坊打铁声响，怀疑有人在紧急赶制兵器，到天亮都没入睡。司空、同平章事苏逢吉已与史弘肇有了隔阂，知道李业等人怨恨史弘肇，就多次用言语激他们。隐帝于是和李业、聂文进、后匡赞、郭允明谋划诛杀杨邠等人，商议已定，入内禀告太后。太后说："这事怎么可轻举妄动！应该再同宰相商议。"李业当时在旁边，说："先帝曾经说过，朝廷大事不可同书生谋划，书生胆小怕事会误事害人。"太后又重复她刚才所说的话，隐帝于是生气地说："国家大事，不是闺门女人所能知晓的！"拂袖而出。乙亥（十一月十二日），李业等将他们的密谋告诉阎晋卿，阎晋卿恐怕事情不成，到史弘肇宅第想报告他，史弘肇因为别的事推辞不见。

丙子（十三日）早晨，杨邠等上朝，有几十名全副武装的武士从广政殿出来，在东面廊屋下杀死杨邠、史弘肇、王章。聂文进立刻召集宰相、朝臣在崇元殿按朝班排列，宣旨说："杨邠等人谋划造反，已经伏罪处决，与诸位共同庆贺。"又召集各军将校到万岁殿庭中，隐帝亲自向他们宣布了这事，并且说："杨邠等人把朕当作小孩子来看待，朕今日开始得为你们的君主，你们从此免除权臣专横的忧患了。"众人全都拜谢退下。隐帝又召集在京前节度使、刺史等上殿宣布此事，分头派遣使者率领骑兵逮捕杨邠等人的亲属、党羽、随从，全部杀死。

史弘肇对侍卫步军都指挥使王殷特别厚待，杨邠等死后，隐帝派遣供奉官孟业携带绝密诏书到澶州以及邺都，命令镇宁节度使李洪义杀死王殷，又命令邺都行营马军都指挥使郭崇威、步军都指挥使真定人曹威杀死郭威以及监军、宣徽使王峻。李洪义是太后的弟弟。又紧急下诏征调天平节度使高行周、平卢节度使符彦卿、永兴节度使郭从义、泰宁节度使慕容彦超、匡国节度使薛怀让、郑州防御使吴虔裕、陈州刺史李穀进京入朝。任命苏逢吉临时主持枢密院事务，前平卢节度使刘铢临时主持开封府事务，侍卫马军都指挥使李洪建临时兼管侍卫司事务，内侍省使阎晋卿代理侍卫马军都指挥使。李洪建是李业的哥哥。

当时朝廷内外人心惶惶，苏逢吉虽然厌恶史弘肇，但没有参与李业等人密谋，闻悉事变陡然一惊，私下里对人说："事情干得太草率，皇上倘若有一语问我，绝不会到这个地步！"李业等命令刘铢诛杀郭威、王峻的家属，刘铢极其残忍，连婴儿小孩都没有幸免于难的。命令李洪建诛杀王殷的家属，李洪建只派人守卫监视，仍旧供应饮食。

丁丑（十四日），使者到达澶州，李洪义畏缩胆怯，顾虑王殷已经知道此事，不敢动手，于是带着孟业去见王殷；王殷囚禁孟业，派遣副使陈光穗把绝密诏书拿给郭威看。郭威召见枢密吏魏仁浦，把诏书拿给他看，说："怎么办？"魏仁浦说："您是国家的大臣，功勋名声素来卓著，加上掌握强兵，据守重镇，一旦被小人们所诬陷，灾祸出于不测，这不是用言词所能排解的。事态已经如此，不可坐着等待。"郭威于是召集郭崇威、曹威以及众将，告知杨邠等人蒙冤屈死以及有绝密诏书的情况，并且说："我与杨邠等人，披荆斩棘，跟随先帝夺取天下，接受托孤的重任，尽心竭力保卫国家，如今他们已死，我还有什么心思独自活着！各位应当执行诏书指令，斩取我的脑袋来禀报天子，大概能不受牵累。"郭崇威等都流着泪说："天子年少，这必定是天子身边小人们所干的，倘若让这帮小人得志，国家岂能得到安宁！我郭崇威情愿跟从您进京入朝亲自申诉，扫除无能鼠辈来肃清朝廷污浊，切不可被一个使者所杀，蒙受千古恶名。"翰林天文赵修己对郭威说："您白白送死有什么好处！不如顺应众人之心，领兵南行，这是天赐良机啊。"郭威于是留下他的养子郭荣镇守邺都，命令郭崇威率骑兵前面开路，戊寅（十五日），自己带领大部队接着进发。

辛巳（十八日），鸷脱到达京城大梁。在此之前隐帝提议准备亲自前往澶州，听说郭威已到黄河边上而作罢。隐帝颇有后悔恐惧的神色，私下对窦贞固说：“日前也太草率了。”李业等人请求清空仓库来赏赐各军，苏禹珪认为不可以，李业在隐帝面前叩拜苏禹珪，说：“相公暂且为天子考虑而不要吝惜仓库财物。”于是赏赐禁军每人二十缗钱，其他军队减半，将士在北面郭威军队中的给他们的家里，让眷属通家信来引诱他们。

癸未（二十日），南、北两方军队在刘子陂相遇。隐帝准备亲自出去慰劳军队，太后说：“郭威是我家的旧臣，如果不是生死攸关，哪里会到这个地步！只要按兵不动守在城中，飞传诏书告诉他，观察他的志向，必定有解说道理，那君臣大礼就可以保全，千万不要轻易出去。”隐帝不听。当时扈从军队很多，太后派人告诫聂文进说：“须非常留意！”聂文进回答说：“有我在，即使一百个郭威，也可捉拿来！”到傍晚，两军没有交战，隐帝回宫。慕容彦超说大话道：“陛下明日若宫中无事，恭请再次出来观看臣下如何攻破贼军。我不必同他们交战，只需呼喝驱散他们即可使他们返归营地！”

甲申（二十一日），后汉隐帝想再次出城，太后极力制止，没有成功。已经摆好军阵，郭威训诫部众说：“我来诛讨这帮小人，不是敢与天子对抗，千万不要首先动手。”过了好久，慕容彦超带领轻骑兵径直前进猛烈攻击，郭崇威与前博州刺史李荣率领骑兵抵抗。慕容彦超坐骑摔倒，差点被抓获。慕容彦超带兵撤退，手下死亡一百多人，于是南面各军丧失士气，逐渐向北方军队投降。侯益、吴虔裕、张彦超、袁嶬、刘重进都暗中前往拜见郭威，郭威逐一遣返他们回营，又对宋延渥说：“天子正处危难，您是天子的亲近，应该带领牙帐卫兵前往保卫天子，并请附带启奏陛下，希望有空早日光临臣下军营。”宋延渥没到天子营帐，乱兵纷扰，不敢前进而退回。到了天黑，南面军队大多数投归到北面。慕容彦超与手下十几名骑士逃跑返回兖州。

当晚，隐帝只与窦贞固、苏逢吉、苏禹珪三位宰相以及随从官员数十人在七里寨住宿，其余人都逃跑溃散。乙酉（二十二日）早晨，郭威望见天子的旌旗在高坡上，便下马脱去头盔前往跟随，到达时隐帝已经离去了。隐帝扬鞭赶马准备回宫，到达大梁玄化门，刘铢在城门上，问隐帝周围的人：“兵马在何处？”就向隐帝身边人射箭。隐帝掉转马头，往西北到达赵村，追兵已经赶到，隐帝下马进入百姓家，被乱兵所杀。苏逢吉、阎晋卿、郭允明都自杀；聂文进挺身逃跑，被军士追上斩杀。李业逃奔陕州，后匡赞逃奔兖州。郭威听说隐帝遇害，呼喊痛哭道：“是老夫我的罪过啊！”

后周纪一

第二百九十卷

太祖圣神恭肃文孝皇帝上广顺元年（辛亥，951）

春，正月，丁卯，汉太后下诰，授监国符宝，即皇帝位。监国自皋门入宫，即位于崇元殿，制曰："朕周室之裔，虢叔之后，国号宜曰周。"改元，大赦。

楚王希萼既得志，多思旧怨，杀戮无度，昼夜纵酒荒淫，悉以军府事委马希崇。希崇复多私曲，政刑紊乱。府库既尽于乱兵，籍民财以赏赉士卒，或封其门而取之，士卒犹以不均怨望；虽朗州旧将佐从希萼来者，亦皆不悦，有离心。

刘光辅之入贡于唐也，唐主待之厚，光辅密言："湖南民疲主骄，可取也。"唐主乃以营屯都虞候边镐为信州刺史，将兵屯袁州，潜谋进取。

楚王希萼既克长沙，不赏许可琼，疑可琼怨望，出为蒙州刺史。遣马步都指挥使徐威、左右军马步使陈敬迁、水军都指挥使鲁公绾、牙内侍卫指挥使陆孟俊帅部兵立寨于城西北隅，以备朗兵，不存抚役者，将卒皆怨怒，谋作乱。希崇知其谋，戊寅，希萼宴将吏，徐威等不预，希崇亦辞疾不至。威等使人先驱踶啮马十余入府，自帅其徒执斧斤、白梃，声言絷马，奄至座上，纵横击人，颠踣满地。希萼逾垣走，威等执囚之；执谢彦颙，自顶及踵锉之。立希崇为武安留后，纵兵大掠。幽希萼于衡山县。

希崇既袭位，亦纵酒荒淫，为政不公，语多矫妄，国人不附。

初，马希萼入长沙，彭师暠虽免死，犹杖背黜为民；希崇以为师暠必怨之，使送希萼于衡山，实欲师暠杀之，师暠曰："欲使我为弑君之人乎！"奉事逾谨。丙戌，至衡山，衡山指挥使廖偃，匡图之子也，与其季父节度巡官匡凝谋曰："吾家世受马氏恩，今希萼长而被黜，必不免祸，盍相与辅之！"于是帅庄户及乡人悉为兵，与师暠共立希萼为衡山王，以县为行府，断江为栅，编竹为战舰，以师暠为武清节度使，召募徒众，数日，至万余人，州县多应之。遣判官刘虚己求援于唐。

徐威等见希崇所为，知必无成，又畏朗州、衡山之逼，恐一朝丧败，俱及祸，欲杀希崇以自解。希崇微觉之，大惧，密遣客将范守牧奉表请兵于唐，唐主命边镐自袁州将兵万人西趣长沙。

唐边镐引兵入醴陵。癸巳，楚王希崇遣使犒军。壬寅，遣天策府学士拓跋恒奉笺诣镐请降。恒叹曰："吾久不死，乃为小儿送降状！"癸卯，希崇帅弟侄迎镐，望尘而拜，镐下马称诏劳之。甲辰，希崇等从镐入城，镐舍于浏阳门楼，湖南将吏毕贺，镐皆厚赐之。时湖南饥馑，镐大发马氏仓粟赈之，楚人大悦。

马希萼望唐人立己为潭帅，而潭人恶希萼，共请边镐为帅，唐主乃以镐为武安节度使。

唐边镐趣马希崇帅其族入朝，马氏聚族相泣，欲重赂镐，奏乞留居长沙，镐微哂曰："国家与公家世为仇敌，殆六十年，然未尝敢有意窥公之国。今公兄弟斗阋，困穷自归，若复二三，恐有不测之忧。"希崇无以应，十一月，辛酉，与宗族及将佐千余人号恸登舟，送者皆哭，响震川谷。

后周太祖广顺元年（辛亥，公元951年）

春季，正月，丁卯（初五），后汉太后颁下诰令，授予监国郭威传国玺印，正式即皇帝位。郭威从皋门进入皇宫，在崇元殿即位，下制书说："朕是周代宗室的子孙，虢叔的后裔，国号应该叫周。"改年号，实行大赦。

楚王马希萼既已得志称王，便时常回忆旧日怨仇，诛杀屠戮没有节制，日夜纵酒，荒淫无度，把军政事务全部委托给马希崇。马希崇又多私人好恶，政治刑律混乱不堪。官府仓库已经在战乱中荡然无存，便搜刮没收百姓财产来赏赐士兵，有的封百姓的门而夺取家中财物，士兵仍然因为分配不均而怨恨。即使朗州旧日将佐跟从马希萼一同来的，也都不高兴，渐渐产生背离之心。

刘光辅到南唐进贡，南唐主待他很优厚，刘光辅秘密进言道："湖南百姓疲惫，君主骄横，可以攻取啊！"南唐君主于是任命营屯都虞候边镐为信州刺史，领兵屯驻袁州，暗中谋划进攻夺取湖南。

楚王马希萼既已攻克长沙，没有奖赏许可琼，怀疑许可琼有怨恨，便让他出任蒙州刺史。派遣马步都指挥使徐威、左右军马步使陈敬迁、水军都指挥使鲁公绾、牙内侍卫指挥使陆孟俊率领所部军队在城西北角安营扎寨，用以防备朗州军队，不慰问安抚从事劳役的军队，服役的将士都怨恨愤怒，谋划发动叛乱。马希崇知道将士的阴谋，戊寅（九月十九日），马希萼宴请将领官吏，徐威等人不参加，马希崇也推辞有病而不到。徐威等派人先驱赶十几匹尥蹶子咬人的劣马进入府中，自己带领部下手持斧子、白木棍棒，声称来绊缚劣马，突然闯到坐席上面，任意砍杀赴宴的人，倒下的人躺满一地。马希萼翻墙逃跑，徐威等抓住囚禁了他，抓住谢彦颙，从头到脚剁成碎块。拥立马希崇为武安留后，放纵士兵大肆抢掠。将马希萼幽禁在衡山县。

马希崇继位之后，也纵酒狂饮，荒淫无度，办事不公，言语多虚妄，国中之人都不亲附他。

当初，马希萼进入长沙，彭师暠虽然免于死刑，但仍背受杖刑废黜为民。马希崇认为彭师暠必定仇恨马希萼，便派他送马希萼到衡山，实际要彭师暠杀死马希萼。彭师暠说："这是要让我做弑君犯上的人啊！"反而侍候马希萼愈加小心谨慎。丙戌（二十七日），到达衡山县。衡山指挥使廖偃是廖匡图的儿子，与他叔父节度巡官廖匡凝商量说："我家世代承受马氏恩德，如今马希萼年长而被废黜，必定不能避免杀身大祸，何不一起辅助他！"于是率领庄中佃户和乡里百姓全部组成军队，与彭师暠共立马希萼为衡山王；将县府作为临时王府，横截湘江设置栅栏，编排竹子作为战舰；任命彭师暠为武清节度使，招募部众，数天之后，达到一万多人，邻近州县也大多响应。派遣判官刘虚己向南唐求援。

徐威等人见马希崇的所作所为，知道必定不能成功，又畏惧朗州、衡山的压力，恐怕有朝一日马希崇覆亡，同遭祸殃，打算杀死马希崇来解脱自己。马希崇暗中察觉此事，大为惊恐，秘密派遣客将范守牧携带表书到南唐请求出兵，南唐主命令边镐从袁州领兵一万人向西赶赴长沙。

南唐边镐领兵进入醴陵。癸巳（十月初五），楚王马希崇派遣使者犒劳军队。壬寅（十四日），派遣天策府学士拓跋恒奉持笺书到边镐住处请求投降。拓跋恒叹息说："我活这么久没有死，竟是为了给这小子递送投降书！"癸卯（十五日），马希崇率领兄弟侄子迎接边镐，刚望见远处的行尘便叩拜，边镐下马宣读诏书慰劳马希崇。甲辰（十六日），马希崇等人跟从边镐进入长沙城，边镐住宿在浏阳门楼，湖南将领官吏全来祝贺，边镐都重赏他们。当时湖南闹饥荒，边镐大量散发马氏仓库粮食救济百姓，楚地人民非常喜悦。

马希萼希望南唐人扶立自己为潭州主帅，但潭州人憎恨马希萼，一齐请求边镐为主帅，南唐主于是任命边镐为武安节度使。

南唐边镐催促马希崇带领家族进京入朝，马氏族人相对哭泣，打算用重礼贿赂边镐，上奏乞求留住长沙，边镐微微一笑说："国家与您马家世代互为仇敌，将近六十年，然而未曾敢有窥窬您马氏楚国的意思。如今您兄弟争斗，自己落得困穷下场，倘若再有三心两意，恐怕又会产生无法预测的忧患。"马希崇无言以答，十一月，辛酉（初三），和同宗族人以及将佐一千余人呼喊痛哭登上船只，送行的人也都哭着，哭声震动江河山谷。

后周纪二

第二百九十一卷

太祖圣神恭肃文武孝皇帝中广顺二年（壬子，952）

唐武安节度使边镐，昏懦无断，在湖南，政出多门，不合众心。吉水人欧阳广上书，言："镐非将帅才，必丧湖南，宜别择良帅，益兵以救其败。"不报。

唐主使镐经略朗州，有自朗州来者，多言刘言忠顺，镐由是不为备。唐主召刘言入朝，言不行，谓王逵曰："唐必伐我，奈何？"逵曰："武陵负江湖之险，带甲数万，安能拱手受制于人！边镐抚御无方，士民不附，可一战擒也。"言犹豫未决，周行逢曰："机事贵速，缓则彼为之备，不可图也。"言乃以逵、行逢及牙将何敬真、张仿、蒲公益、朱全琇、宇文琼、彭万和、潘叔嗣、张文表十人皆为指挥使，部分发兵。叔嗣、文表，皆朗州人也。行逢能谋，文表善战，叔嗣果敢，三人多相须成功，情款甚昵。

诸将欲召溆州酋长苻彦通为援，行逢曰："蛮贪而无义，前年从马希萼入潭州，焚掠无遗。吾兵以义举，往无不克，乌用此物，使暴殄百姓哉！"乃止。然亦畏彦通为后患，以蛮酋土团都指挥使刘瑫为群蛮所惮，补西境镇遏使以备之。

冬，十月，逵等将兵分道趣长沙，以孙朗、曹进为先锋使，边镐遣指挥使郭再诚等将兵屯益阳以拒之。戊子，逵等克沅江，执都监刘承遇，裨将李师德帅众五百降之。壬辰，逵等命军士举小舟自蔽，直造益阳，四面斧寨而入，遂克之，杀戍兵二千人。边镐告急于唐。甲午，逵等克桥口及湘阴，乙未，至潭州，边镐婴城自守；救兵未至，城中兵少，丙申夜，镐弃城走，吏民俱溃。醴陵门桥折，死者万余人，道州刺史廖偃为乱兵所杀。丁酉旦，王逵入城，自称武平节度副使、权知军府事，以何敬真为行军司马。遣敬真等追镐，不及，斩首五百级。蒲公益攻岳州，唐岳州刺史宋德权走，刘言以公益权知岳州。唐将守湖南诸州者，闻长沙陷，相继遁去。刘言尽复马氏岭北故地，惟郴、连入于南汉。

唐主削边镐官爵，流饶州。初，镐以都虞候从查文徽克建州，凡所俘犹皆全之，建人谓之“边佛子”；及克潭州，市不易肆，潭人谓之“边菩萨”；既而为节度使，政无纲纪，惟日设斋供，盛修佛事，潭人失望，谓之“边和尚”矣。

后周太祖广顺二年（壬子，公元952年）

南唐武安节度使边镐，昏庸怯懦不决断，在湖南，政令出自多家，不符合民众心意。吉水人欧阳广上书说：“边镐不是将帅之才，必定会丧失湖南，应该另外选择好的主帅，并增加军队来挽救败亡。”没有答复。

南唐主让边镐经营治理朗州，有从朗州来的人，大多说刘言忠诚顺服，边镐因此不做防备。南唐主召刘言进京入朝，刘言不去，对王逵说：“唐必定讨伐我，怎么办？”王逵说：“武陵依托长江、洞庭湖的险要，全副武装的士卒数万，怎么能束手待毙受制于人！边镐治理无方，士人百姓不愿亲附，可以一战就擒获。”刘言犹豫不决，周行逢说：“机密之事贵在神速，动作迟缓的话对方就会做准备，不可谋取了。”刘言于是任命王逵、周行逢以及牙将何敬真、张仿、蒲公益、朱全琇、宇文琼、彭万和、潘叔嗣、张文表十人都为指挥使，部署发兵。潘叔嗣、张文表都是朗州人。周行逢擅长计谋，张文表善于作战，潘叔嗣果断勇敢，三人经常互相配合取胜，情投意合，非常亲密。

众将想召唤溆州酋长苻彦通作为援军，周行逢说：“蛮人贪婪而不讲信义，前年跟从马希萼进入潭州，烧杀抢掠没有遗留。我军以义起事勇往直前，攻无不克，何必动用这家伙，让他暴虐残害百姓呢！”于是作罢。然而又怕苻彦通成为后顾之忧，因蛮人酋长团都指挥使刘瑫被众蛮人部落所畏服，便补授他为西境镇遏使来防备苻彦通。

冬季，十月，王逵等领兵分路奔赴长沙，任命孙朗、曹进为先锋使，边镐派遣指挥使郭再诚等领兵屯驻益阳抵抗。戊子（初五），王逵等攻克沅江，抓获都监刘承遇，副将李师德率部众五百人投降。壬辰（初九），王逵等命令军士举着小船遮蔽自己，直达益阳城下，从四面用斧子砍破寨门进入，于是攻克益阳，杀死戍守士兵二千人。边镐向南唐告急。甲午（十一日），王逵等攻克桥口及湘阴；乙未（十二日），到达潭州，边镐据城亲自守卫。救兵没有到达，城中士兵又少，丙申（十三日）夜晚，边镐弃城逃跑，官吏百姓全都溃逃。潭州城东的醴陵门桥断裂，死的有一万多人，道州刺史廖偃被乱军所杀。丁酉（十四日）清晨，王逵进入潭州城，自称武平节度副使，代理主持军府事务，任命何敬真为行军司马。派遣何敬真等追赶边镐，没有追上，斩得首级五百。蒲公益进攻岳州，南唐岳州刺史宋德权逃跑，刘言任命蒲公益代理主持岳州军政。南唐将领守卫湖南各州的，听说长沙陷落，相继逃跑离去。刘言全部收复马氏大庾岭以北旧地，只有郴州、连州落入南汉之手。

南唐主削去边镐的官职爵位，流放饶州。当初，边镐还是都虞候，跟随查文徽攻克建州，凡是所捕获的俘虏都保全性命，建州人称他“边佛子”；及至攻克潭州，市场照常营业，潭州人称他“边菩萨”；不久当了节度使，为政没有章法，只是每天摆设斋品，大修佛事，潭州人很失望，称他“边和尚”了。

后周纪三

第二百九十二卷

太祖圣神恭肃文武孝皇帝下显德元年（甲寅，954）

初，宿卫之士，累朝相承，务求姑息，不欲简阅，恐伤人情，由是羸老者居多；但骄蹇不用命，实不可用，每遇大敌，不走即降，其所以失国，亦多由此。帝因高平之战，始知其弊，癸亥，谓侍臣曰："凡兵务精不务多，今以农夫百未能养甲士一，奈何浚民之膏泽，养此无用之物乎！且健懦不分，众何所劝！"乃命大简诸军，精锐者升之上军，羸者斥去之。又以骁勇之士多为潘镇所蓄，诏募天下壮士，咸遣诣阙，命太祖皇帝选其尤者为殿前诸班，其骑步诸军，各命将帅选之。由是士卒精强，近代无比，征伐四方，所向皆捷，选练之力也。

世宗睿武孝文皇帝上显德二年（乙卯，955）

帝常愤广明以来中国日蹙，及高平既捷，慨然有削平天下之志。会秦州民夷有诣大梁献策请恢复旧疆者，帝纳其言。

上谓宰相曰："朕每思致治之方，未得其要，寝食不忘。又自唐、晋以来，吴、蜀、幽、并皆阻声教，未能混壹，宜命近臣著《为君难为臣不易论》及《开边策》各一篇，朕将览焉。"

比部郎中王朴献策，以为："中国之失吴、蜀、幽、并，皆由失道。今必先观所以失之之原，然后知所以取之之术。其始失之也，莫不以君暗臣邪，兵骄民困，奸党内炽，武夫外横，因小致大，积微成著。今欲取之，莫若反其所为而已。夫进贤退不肖，所以收其才也；恩隐诚信，所以结其心也；赏功罚罪，所以尽其力也；去奢节用，所以丰其财也；时使薄敛，所以阜其民也。俟群才既集，政事既治，财用既充，士民既附，然后举而用之，功无不成矣！彼之人观我有必取之势，则知其情状者愿为间谍，知其山川者愿为乡导，民心既归，天意必从矣。

“凡攻取之道，必先其易者。唐与吾接境几两千里，其势易扰也。扰之当以无备之处为始，备东则扰西，备西则扰东，彼必奔走而救之。奔走之间，可以知其虚实强弱，然后避实击虚，避强击弱。未须大举，且以轻兵扰之。南人懦怯，闻小有警，必悉师以救之。师数动则民疲而财竭，不悉师则我可以乘虚取之。如此，江北诸州将悉为我有。既得江北，则用彼之民，行我之法，江南亦易取也。得江南则岭南、巴蜀可传檄而定。南方既定，则燕地必望风内附；若其不至，移兵攻之，席卷可平矣。惟河东必死之寇，不可以恩信诱，当以强兵制之，然彼自高平之败，力竭气沮，必未能为边患，宜且以为后图，俟天下既平，然后伺间，一举可擒也。今士卒精练，甲兵有备，群下畏法，诸将效力，期年之后可以出师，宜自夏秋蓄积实边矣。”

上欣然纳之。时群臣多守常偷安，所对少有可取者，惟朴神峻气劲，有谋能断，凡所规画，皆称上意，上由是重其气识，未几，迁左谏议大夫，知开封府事。

敕天下寺院，非敕额者悉废之。禁私度僧尼，凡欲出家者必俟祖父母、父母、伯叔之命。惟两京、大名府、京兆府、青州听设戒坛。禁僧俗舍身、断手足、炼指、挂灯、带钳之类幻惑流俗者。令两京及诸州每岁造僧帐，有死亡、归俗，皆随时开落。是岁，天下寺院存者二千六百九十四，废者三万三百三十六，见僧四万二千四百四十四，尼一万八千七百五十六。

帝以县官久不铸钱，而民间多销钱为器皿及佛像，钱益少，九月，丙寅朔，敕始立监采铜铸钱，自非县官法物、军器及寺观钟磬钹铎之类听留外，自余民间铜器、佛像，五十日内悉令输官，给其直；过期隐匿不输，五斤以上其罪死，不及者论刑有差。上谓侍臣曰：“卿辈勿以毁佛为疑。夫佛以善道化人，苟志于善，斯奉佛矣。彼铜像岂所谓佛邪！且吾闻佛在利人，虽头目犹舍以布施，若朕身可以济民，亦非所惜也。”

臣光曰：若周世宗，可谓仁矣，不爱其身而爱民；若周世宗，可谓明矣，不以无益废有益。

后周太祖显德元年（甲寅，公元954年）

当初，宫禁警卫士兵，历朝相承，只求息事宁人，不想再检查挑选，恐怕伤害人情，因此瘦弱年老的占据多数。但又骄横傲慢，不听命令，实际无法使用，每次遇到大敌，不是逃跑就是投降，各朝之所以丧失国家，也大多由于这个原因。后周世宗通过高平一战，开始知道它的弊端，癸亥（十月二十二日），对侍从大臣说："大凡军队只求精而不求多，如今用一百个农夫也未必能供养得起一名全副武装的士兵，怎么能榨取百姓的血汗，去养活这批无用的东西呢！况且勇健懦弱不加区分，用什么去激励士众！"于是命令各军普遍检查挑选兵员，精锐的提升到上军，瘦弱的逐出军队。又因强健勇猛的战士大多被藩镇所收养，下诏征募天下壮士，全部遣送到京城，命令后来的宋太祖赵匡胤挑选其中最好的组成殿前诸班，其余骑兵、步兵各军，分别命令将帅挑选士兵。由此士兵精干强壮，近代以来没有比得过的，征伐四方，所到之处频传捷报，就是挑选兵员的功效。

后周世宗显德二年（乙卯，公元955年）

后周世宗经常为唐僖宗广明年间以来中原朝廷控制的土地日益缩小而愤慨，及至高平一战奏捷，慨然萌生削平各国统一天下的志向。正好秦州各族百姓有到大梁进献计策请求恢复旧日大唐疆域的，世宗采纳他的意见。

后周世宗对宰相说："朕经常思考达到大治的方略，没有得到其中的要领，睡觉吃饭都不能忘记。另处，自从后唐、后晋以来，吴地、蜀地、幽州、并州都被隔断了政令教化，不能统一，应该命令左右大臣撰写《为君难为臣不易论》和《开边策》各一篇，朕将一一阅览。"

比部郎中王朴进献策文，认为："中原朝廷丧失吴地、蜀地、幽州、并州，都是由于丧失了治国之道。如今一定要首先考察所以丧失土地的根本原因，然后才能知晓所以收取失地的方法。当开始丧失国土时，没有不是因为君主昏庸臣子奸邪，军队骄横百姓穷困，奸人乱党在朝内炙手可热，强将武夫在外面横行霸道，由小变大，积微成著的。如今要收取失地，只不过反其道而行之罢了。进用贤人斥退坏人，是收罗人才的办法；布施恩泽讲究信用，是团结人心的办法；奖赏功劳惩罚罪过，是鼓励大家贡献力量的办法；革除奢侈节约费用，是增加财富的办法；按时使用民力，减少赋税，是使百姓富足的办法。等到群贤毕集，政事理顺，财用充足，士民归附，然后起兵而使用他们，千秋功业没有不成功的了！对方的人民看到我方有必定取胜的形势，知道内部情况的就愿意当间谍，熟悉山川地理的就愿意当向导，民心已归附，那么天意也必然会顺从了。

“大凡进攻夺取的方法，必定先从容易的地方下手。南唐与我们相接的国境将近两千里，这地势很容易骚扰对方。骚扰对方应当从没有防备的地方开始，防备东面就骚扰西面，防备西面就骚扰东面，对方必定东奔西走去救援。东奔西走之间，就可以探明对方的虚实强弱，然后避实击虚，避强击弱。不须大举进攻时，暂且用小部队骚扰。南方人生性懦弱胆小，听说有小小的警报，必定出动全部军队去救援。军队频繁出动就会使百姓疲劳而财物耗竭，不出动全国军队救援，我们就可以乘着空虚夺取土地。像这样，长江以北各州将全部被我们占有。既得长江以北，就可利用他们的百姓，实行我们的办法，那长江以南也容易夺取了。取得江南，那么岭南、巴蜀之地就可以传递檄文而平定。南方既已平定，那燕地必定望风披靡归附中原；倘若它不归顺，就调动军队进攻，犹如卷席子那样很快可以平定了。只有河东北汉是必然要拼死一战的敌人，没法用恩惠信义诱导，应当用强大的军队制服它。然而它从高平失败以后，国力空虚士气沮丧，必定不能再起边患，应该暂且放在以后谋取。等待天下已经平定，然后瞅准时机，一举就可以拿下。如今士兵精干，武器齐全，部下畏服军法，众将愿意效力，一年以后可以出师，应该从夏季、秋季就开始积蓄粮草来充实边疆了。”

后周世宗欣然接受。当时群臣大多墨成常规，苟且偷安，所对策略很少有可取的，只有王朴神情峻逸、气势刚劲，有智谋能决断，凡是有所规划建议，都符合世宗的心意，世宗因此看重王朴的气质胆识，不久，迁升他为左谏议大夫、知开封府事。

后周世宗敕命天下寺院，未经朝廷敕赐匾额的全部废除。禁止私下剃发出家当和尚、尼姑，凡是打算出家的人必须得到祖父母、父母亲、伯伯叔叔的同意，只有东京、西京、大名府、京兆府、青州准许设立受戒的佛坛。禁止僧侣舍身自杀、斩断手足、手指上燃香、裸体挂钩点灯、身带铁钳之类惑乱破坏社会风俗的行为。命令东京、西京以及各州每年编制僧侣名册，如有死亡、返俗，都随时注销。这一年，天下寺院保存的有二千六百九十四座，废除的有三万三百三十六座，现有和尚四万二千四百四十四人，尼姑一万八千七百五十六人。

后周世宗因为朝廷长久没有铸造铜钱，而民间许多人销毁钱币做成器皿以及佛像，铜钱越来越少，九月，丙寅朔（初一），敕令开始设立机构采集铜来铸造钱币，除了朝廷的礼器、兵器以及寺庙道观的钟磬、钹镲、铃铎之类准许保留外，其余民间的铜器、佛像，五十天内全部送交官府，付给等值的钱；超过期限隐藏不交，重量在五斤以上的判死罪，不到五斤的量刑判处不同的罪。世宗对侍从大臣说："你们不要为毁佛而疑虑。佛用善道来教化人，假如立志行善，这就是信佛了。那些铜像岂是所说的佛呢！况且我听说佛的宗旨是在于利人，即使是脑袋、眼睛也都可以舍弃布施给需要的人。倘若朕的身子可用来普济百姓，也不值得吝惜啊！"

臣司马光曰：像周世宗，可以称得上仁爱了，不吝惜自身而爱护百姓；像周世宗，可以称得上英明了，不为无益的东西来废弃有益的东西。

后周纪四

第二百九十三卷

世宗睿武孝文皇帝中显德三年（丙辰，956）

唐主复以右仆射孙晟为司空，遣与礼部尚书王崇质奉表入见，称："自天祐以来，海内分崩，或跨据一方，或迁革异代，臣绍袭先业，奄有江表，顾以瞻乌未定，附凤何从！今天命有归，声教远被，愿比两浙、湖南，仰奉正朔，谨守土疆，乞收薄伐之威，赦其后服之罪，首于下国，俾作外臣，则柔远之德，云谁不服！"又献金千两，银十万两，罗绮二千匹。晟谓冯延己曰："此行当在左相，晟若辞之，则负先帝。"既行，知不免，中夜，叹息谓崇质曰："君家百口，宜自为谋。吾思之熟矣，终不负永陵一培土，余无所知！"

丙午，孙晟等至上所。庚戌，上遣中使以孙晟诣寿春城下，且招谕之。仁赡见晟，戎服拜于城上。晟谓仁赡曰："君受国厚恩，不可开门纳寇。"上闻之，甚怒，晟曰："臣为宰相，岂可教节度使外叛邪！"上乃释之。

唐主使李德明、孙晟言于上，请去帝号，割寿、濠、泗、楚、光、海六州之地。仍岁输金帛百万以求罢兵。上以淮南之地已半为周有，诸将捷奏日至，欲尽得江北之地，不许。德明见周兵日进，奏称："唐主不知陛下兵力如此之盛，愿宽臣五日之诛，得归白唐主，尽献江北之地。"上乃许之。晟因奏遣王崇质与德明俱归。上遣供奉官安弘道送德明等归金陵，赐唐主书，其略曰："但存帝号，何爽岁寒！傥坚事大之心，终不迫人于险。"又曰："俟诸郡之悉来，即大军之立罢。言尽于此，更不烦云；苟曰未然，请从兹绝。"又赐其将相书，使熟议而来。唐主复上表谢。

李德明盛称上威德及甲兵之强，劝唐主割江北之地；唐主不悦。宋齐丘以割地为无益；德明轻佻，言多过实，国人亦不之信。枢密使陈觉、副使李徵古素恶德明与孙晟，使王崇质异其言，因谮德明于唐主曰：“德明卖国求利。”唐主大怒，斩德明于市。

初，唐人以茶盐强民而征其粟帛，谓之博征，又兴营田于淮南，民甚苦之；及周师至，争奉牛酒迎劳。而将帅不之恤，专事俘掠，视民如土芥；民皆失望，相聚山泽，立堡壁自固，操农器为兵，积纸为甲，时人谓之“白甲军”。周兵讨之，屡为所败，先所得唐诸州，多复为唐有。

四年（丁巳，957）

议者以唐援兵尚强，多请罢兵，帝疑之。李穀寝疾在第，二月，丙寅，帝使范质、王溥就与之谋，穀上疏，以为：“寿春危困，破在旦夕，若銮驾亲征，则将士争奋，援兵震恐，城中知亡，必可下矣！”上悦。

后周世宗显德三年（丙辰，公元956年）

南唐主又任命右仆射孙晟为司空，派遣他与礼部尚书王崇质奉持表章入周进见，表称：“自从唐朝天祐以来，天下分崩离析，有的地区割据一方，有的地区改朝换代，臣下继承祖先基业，拥有江表之地，只是因为看那乌鸦都没有落脚，要想附凤攀龙又从何谈起！如今天命已有归宿，声威教化泽被远近，希望比照两浙的吴越、湖南的楚国，敬奉中原号令，谨守土地疆域，乞求收敛征伐的威势，赦免后来臣服的罪过，让我们位列下国之首，做您域外的臣子，那么安抚边远的德政，还有谁不服从！”又贡献黄金千两，白银十万两，罗绮两千匹。孙晟对冯延己说：“此行应当由您左相出使，然而我孙晟如果推辞，那就有负先帝烈祖厚望。”上路以后，自知不免一死，半夜叹息，对王崇质说：“您家有一百多口人，应该好好地为自己盘算。我已经考虑得很成熟了，最后决不辜负永陵烈祖的在天之灵，其余的一无所知了。”

丙午（三月十三日），孙晟等人到达后周世宗所在之处。庚戌（十七日），后周世宗派遣朝廷使者带孙晟到寿春城下，并且让他招安南唐守将。刘仁赡见到孙晟，在城上身着戎装行拜礼。孙晟对刘仁赡说：“您身受国君深厚恩泽，不可打开城门迎纳敌寇。”世宗听说后，十分恼怒，孙晟说：“臣下我身为宰相，岂能教唆节度使叛变投敌呢！”世宗于是释放了他。

南唐主派遣李德明、孙晟对后周世宗说，请求废除帝号，割让寿州、濠州、泗州、楚州、光州、海州等六州之地，并且每年进贡黄金绢帛百万，以求休兵停战。世宗因为淮南之地已经一半被后周占有，各路将领捷报连日到达，便打算取得全部长江以北的地方，不答应唐主所请。李德明眼看后周军队日益推进，上奏称述："唐主不知道陛下的兵力如此强盛，希望给臣下五天不做讨伐的宽限，使臣下得以返归禀告唐主，献出全部长江以北之地。"世宗于是准许他。孙晟便奏请派王崇质与李德明一道返归。世宗派遣供奉官安弘道送李德明等人返归金陵，赐南唐主书信，信中大致说："只管保存帝号，为什么要失去松柏不怕天寒地冻依旧郁郁葱葱的品格！倘若能坚定侍奉大周的信念，终究不会被人逼入险境绝地。"又说："等到江北各州全部献来，我的大军立即休战。话已在此说尽，不再赘述；倘若说还不行，请从此决绝。"又赐给南唐将相书信，让他们仔细商议而来。南唐主又上表道谢。

李德明盛赞后周世宗声威德行和军队强盛，规劝南唐主割让长江以北之地，南唐主不高兴。宋齐丘认为割让土地无济于事；李德明为人轻浮，经常言过其实，国中之人也不相信他的话。枢密使陈觉、副使李徵古素来憎恶李德明和孙晟，让王崇质说得同李德明不一样，趁势对南唐主说李德明的坏话道："李德明出卖国家求取私利。"南唐主勃然大怒，将李德明在街市斩首。

当初，南唐将茶、盐强行配给农民而征收粮食布帛，称为"博征"，又在淮南兴造营田，农民很吃苦头；及至后周军队到达，农民争相奉送牛酒来迎接慰劳。但后周将帅不体贴安抚，反而专门从事掳掠，把农民视为粪土草芥；农民都很失望，相互聚集在山林湖泽，建立城堡壁垒自己固守，拿起农具作为武器，拼缀纸片作为铠甲，当时人称之为"白甲军"。后周军队讨伐他们，屡次被打败，先前所得到南唐各州，大多再为南唐所有。

四年（丁巳，公元957年）

议事的人认为南唐援军还强大，大多请求撤兵，世宗怀疑所议。李穀卧病在家，二月，丙寅（初八），世宗派范质、王溥前去与他商议，李穀上书，认为："寿春危难困苦，朝夕之间可以攻破，倘若皇上亲自出征，将士就会奋勇争先，南唐援军震惊恐慌，城中守军知道危亡，就必定可以攻下了！"世宗很高兴。

后周纪五

第二百九十四卷

世宗睿武孝文皇帝下显德五年（戊午，958）

上欲引战舰自淮入江，阻北神堰，不得渡；欲凿楚州西北鹳水以通其道，遣使行视，还言地形不便，计功甚多。上自往视之，授以规画，发楚州民夫浚之，旬日而成，用功甚省，巨舰数百艘皆达于江，唐人大惊，以为神。

辛卯，上如迎銮镇，屡至江口，遣水军击唐兵，破之。上闻唐战舰数百艘泊东州，将趣海口扼苏、杭路，遣殿前都虞候慕容延钊将步骑，右神武统军宋延渥将水军，循江而下。甲午，延钊奏大破唐兵于东州；上遣李重进将兵趣庐州。

唐主闻上在江上，恐遂南渡，又耻降号称藩，乃遣兵部侍郎陈觉奉表，请传位于太子弘冀，使听命于中国。时淮南惟庐、舒、蕲、黄未下，丙申，觉至迎銮，见周兵之盛，白上，请遣人渡江取表，献四州之地，画江为境，以求息兵，辞指甚哀。上曰："朕本兴师止取江北，尔主能举国内附，朕复何求！"觉拜谢而退。丁酉，觉请遣其属阁门承旨刘承遇如金陵，上赐唐主书，称"皇帝恭问江南国主"，慰纳之。

唐主复遣刘承遇奉表称唐国主，请献江北四州，岁输贡物十万。于是江北悉平，得州十四，县六十。

唐主避周讳，更名景。下令去帝号，称国主，凡天子仪制皆有降损，去年号，用周正朔，仍告于太庙。左仆射、同平章事冯延己罢为太子太傅，门下侍郎、同平章事严续罢为少傅，枢秘使、兵部侍郎陈觉罢守本官。

六年（己未，959）

唐主遣其子纪公从善与钟谟俱入贡，上问谟曰："江南亦治兵，修守备乎？"对曰："既臣事大国，不敢复尔。"上曰："不然。向时则为仇敌，今日则为一家，吾与汝国大义已定，保无他虞；然人生难期，至于后世，则事不可知。归语汝主：可及吾时完城郭，缮甲兵，据守要害，为子孙计。"谟归，以告唐主。唐主乃城金陵，凡诸州城之不完者葺之，戍兵少者益之。

臣光曰：或问臣：五代帝王，唐庄宗、周世宗皆称英武，二主孰贤？臣应之曰：夫天子所以统治万国，讨其不服，抚其微弱，行其号令，壹其法度，敦明信义，以兼爱兆民者也。庄宗既灭梁，海内震动，湖南马氏遣子希范入贡，庄宗曰："比闻马氏之业，终为高郁所夺。今有儿如此，郁岂能得之哉？"郁，马氏之良佐也。希范兄希声闻庄宗言，卒矫其父命而杀之。此乃市道商贾之所为，岂帝王之体哉！盖庄宗善战者也，故能以弱晋胜强梁，既得之，曾不数年，外内离叛，置身无所。诚由知用兵之术，不知为天下之道故也。世宗以信令御群臣，以正义责诸国，王环以不降受赏，刘仁赡以坚守蒙褒，严续以尽忠获存，蜀兵以反覆就诛，冯道以失节被弃，张美以私恩见疏；江南未服，则亲犯矢石，期于必克，既服，则爱之如子，推诚尽言，为之远虑。其宏规大度，岂得与庄宗同日语哉！《书》曰："无偏无党，王道荡荡。"又曰："大邦畏其力，小邦怀其德。"世宗近之矣。

上欲相枢密使魏仁溥，议者以仁溥不由科第，不可为相。上曰："自古用文武才略者为辅佐，岂尽由科第邪！"己丑，加王溥门下侍郎，与范质皆参知枢密院事。以仁浦为中书侍郎、同平章事，枢密使如故。仁溥虽处权要而能谦谨，上性严急，近职有忤旨者，仁溥多引罪归己以救之，所全活什七八，故虽起刀笔吏，致位宰相，时人不以为忝。

上尝问大臣可为相者于兵部尚书张昭，昭荐李涛。上愕然曰："涛轻薄无大臣体，朕问相而卿首荐之，何也？"对曰："陛下所责者细行也，臣所举者大节也。昔晋高祖之世，张彦泽虐杀不辜，涛累疏请诛之，以为不杀必为国患，汉隐帝之世，涛亦上疏请解先帝兵权。夫国家安危未形而能见之，此真宰相器也，臣是以荐之。"上曰："卿言甚善且至公，然如涛者，终不可置之中书。"涛喜诙谐，不修边幅，与弟澣俱以文学著名，虽甚友爱，而多谑浪，无长幼体，上以是薄之。

上以翰林学士单父王著，幕府旧僚，屡欲相之，以其嗜酒无检而罢。

癸巳，大渐，召范质等入受顾命。上曰："王著藩邸故人，朕若不起，当相之。"质等出，相谓曰："著终日游醉乡，岂堪为相！慎勿泄此言。"是日，上殂。

上在藩，多务韬晦，及即位，破高平之寇，人始服其英武。其御军，号令严明，人莫敢犯，攻城对敌，矢石落其左右，人皆失色而上略不动容；应机决策，出人意表。又勤于为治，百司簿籍，过目无所忘，发奸擿伏，聪察如神。闲暇则召儒者读前史，商榷大义。性不好丝竹珍玩之物，常言太祖养成王峻、王殷之恶，致君臣之分不终，故群臣有过则面质责之，服则赦之，有功则厚赏之。文武参用，各尽其能，人无不畏其明而怀其惠，故能破敌广地，所向无前。然用法太严，君臣职事小有不举，往往置之极刑，虽素有才干声明，无所开宥，寻亦悔之，末年浸宽。登遐之日，远迩哀慕焉。

后周世宗显德五年（戊午，公元958年）

后周世宗打算率领战舰从淮水进入长江，但受到北神堰阻挡，没法渡过，就打算开凿楚州西北的鹳水来通淮水、长江的河道。派遣使者巡视，回来说地形条件不便利，预计费工很多。世宗亲自前往视察，口授工程规划，征发楚州民夫疏通河道，十天便完成，花费工日很少，数百艘巨大战舰都直接到达长江，南唐人大为惊讶，认为神奇。

辛卯（三月初十），后周世宗前往迎銮镇，屡次到达长江口，派遣水军攻击南唐军队，打败敌军。世宗听说南唐数百艘战舰停泊在东州，将要赶赴入海口扼守通往苏州、杭州的路，便派遣殿前都虞候慕容延钊带领步兵、骑兵，右神武统军宋延渥带领水军，沿江而下。甲午（十三日），慕容延钊奏报在东州大败南唐军队；世宗派遣李重进率领军队赶赴庐州。

南唐主闻知世宗在长江岸畔，恐怕就要南下渡江，又耻于贬降帝号改称藩臣，于是派遣兵部侍郎陈觉奉持表章，请求传位给太子李弘冀，让他听从后周的命令。当时淮南只有庐州、舒州、蕲州、黄州没有攻下。丙申（十五日），陈觉到达迎銮镇，看到后周军队的强盛，向世宗禀报，请求派人渡过长江拿取表章，进献四州土地，划江为界，来要求休战，言辞旨意非常悲哀。世宗说："朕兴师出兵本只为取得江北之地，你的君主能够率国归附，朕还要求什么呢！"陈觉叩拜道谢而退。丁酉（十六日），陈觉请求派遣他的属官阁门承旨刘承遇前往金陵，世宗赐给南唐主书信，说"皇帝恭问江南国主"，安抚招纳他。

南唐主再派刘承遇奉送表章自称唐国主，请求献出长江北面庐、舒、蕲、黄等四州，每年献送贡品十万。于是长江以北全部平定，得到十四个州、六十个县。

南唐主为避后周世宗祖先名讳，改名为景。下令取消帝号，只称国主，所有原来的天子仪仗规制都有所降低贬损，取消交泰年号，改用后周年号历法，并向太庙报告。左仆射、同平章事冯延己免职后为太子太傅，门下侍郎、同平章事严续免职后为少傅，枢密使、兵部侍郎陈觉免去同平章事，保留原来官职。

六年（己未，公元959年）

南唐主派遣他的儿子纪公李从善与钟谟一道入朝进贡，世宗问钟谟说："江南也在操练军队进行战备吗？"回答说："既已臣事大国，不敢再这样了。"世宗说："不对。昔日是仇敌，今日已成一家，我朝同你们国家的名分大义已经确定，保证没有其他变故；然而人生难以预料，至于后世，则事情更不可知晓。回去对你家君主说：可以趁着我在的时候加固城郭，修缮武器，据守要塞，为子孙后代着想。"钟谟回国，将世宗的话禀告南唐主。南唐主于是修建金陵城墙，凡是各州城池有不坚固的便整治修理，守卫士兵少的便补充增加。

臣司马光曰：有人问臣下，五代帝王之中，唐庄宗、周世宗都号称英武，两位君主中谁更贤明？臣下回答说：天子统治万方国家，讨伐不肯降服者，安抚微小虚弱者，实行其号令，统一其法度，敦厚信用、昭明大义，是用以兼爱亿万百姓的。唐庄宗灭亡梁以后，天下震动，湖南马殷派遣儿子马希范入朝进贡，唐庄宗说："近来听人说马氏的家业，终将被高郁所夺取。如今他有这样的儿子，高郁怎么能得到马氏家业呢？"高郁是马氏的优秀辅佐大臣。马希范的哥哥马希声听说唐庄宗的话，结果假造他父亲的命令杀死了高郁。这只是街市中道路上的行商坐贾所干的事，哪里是帝王的风度啊！唐庄宗是个善于打仗的人，所以能以弱小的晋国战胜强大的梁国，但是取得梁国以后，居然不出几年，众叛亲离，没有安身之处。实在是因为只知用兵方术，而不知治理天下的道理啊。周世宗以信用驾驭群臣，以正义要求各国，王环因不投降而受奖赏，刘仁赡因坚守不屈而蒙褒扬，严续因尽忠报国获得生存，后蜀士兵因朝三暮四而被杀戮，冯道因丧失臣节被遗弃，张美因私人恩惠而被疏远；江南没有归服，就亲身冒着飞矢流石攻打，抱定必胜的信念，降服以后，便像对待子女那样地爱护，推心置腹地把话说尽，为之做长远考虑。他的宏伟规制，博大襟怀，哪能与唐庄宗同日而语啊！《尚书》说："不要偏袒不要结党，为王之道浩浩荡荡。"又说："大国畏惧他的实力，小国怀念他的恩德。"周世宗可谓接近《尚书》上的话了。

后周世宗打算任用枢密使魏仁浦为宰相，参与商议的人认为魏仁浦不从科举及第，不可以担任宰相。世宗说："自古以来任用有文才武略的人作为辅佐，哪里全是从科举及第的呢！"己丑（六月十五日），王溥加官门下侍郎，与范质都参与主持枢密院事务。任命魏仁浦为中书侍郎、同平章事，枢密使之职照旧。魏仁浦虽然处身权力要津而能谦虚谨慎，世宗性格严厉急躁，周围官员有违反旨意的，魏仁浦大多将罪过归于自己来拯救他们，所保全救活的占十分之七八，所以虽然出身于办理文书的小吏，官至宰相，但当时人们并不认为他有愧于居此高位。

世宗曾经问兵部尚书张昭，大臣中何人可为宰相，张昭举荐李涛。世宗惊愕地说："李涛为人轻薄没有大臣的风度，朕问宰相人选而爱卿首先荐举他，为什么？"回答说："陛下所指责的是小事，臣下所荐举的是他的大节。从前晋高祖之世，张彦泽滥杀无辜，李涛屡次上疏请求杀他，认为不杀必定成为国家祸患；到汉隐帝之世，李涛也上书请求解除先帝太祖的兵权。国家的安危还没有形成便能预见，这才是真正能做宰相的人才，臣下因此荐举他。"世宗说："爱卿之言很好而且极为公正，然而像李涛这样的人，终究无法安置在中书省。"李涛喜欢说笑逗乐，不拘小节，与弟弟李澣以文章博学而著名，虽然互相很友爱，却常常调笑放浪，没有长幼的规矩，世宗因此轻视他。

世宗因为翰林学士单父人王著是自己从前幕府的僚属，多次想用他为相，因他嗜好喝酒不检点而作罢。

癸巳（十九日），世宗病情加剧恶化，召见范质等人入宫接受遗嘱。世宗说："王著是我在藩镇府第的老人，朕若一病不起，应当起用他为宰相。"范质等人出宫，相互说："王著终日醉生梦死，哪配当宰相！千万不要泄露这话。"当天，世宗去世。

世宗在藩镇时，很注意韬光养晦，及至即皇帝之位，在高平大破北汉入侵之敌，人们开始佩服他的英勇神武。他统率军队，纪律严明，没有人敢违反，攻打城市面对敌寇，流矢飞石落在身边，别人都惊慌失色，而世宗面不改色镇定自若；应付机变决定策略，出人意料之外。又勤勉治国，各个部门的簿籍，过目不忘，发现奸人粉饰隐患，洞察秋毫犹如神明。闲暇之时便召见儒生文人诵读前代史书，商榷其中主旨大义。生性不喜好乐器、珍宝一类东西。经常说先帝太祖姑息惯养酿成王峻、王殷的大恶，致使君臣的情分有始无终，所以百官群臣有过失就当面对质斥责，服罪改过就赦免他，有功就重赏他。文武人才一齐任用，各人发挥自己的才能。大家无不畏服他的严明而又怀念他的恩惠，所以能攻破敌国拓广领土，所向披靡，一往无前。然而使用刑法过于严厉，百官群臣奉职办事稍有做得不好的，往往处以极刑，即使平素再有才干名望，也没有一点宽容。不久他自己也觉后悔，最后几年逐渐放宽。去世之日，四方远近都哀悼思慕他。